MEMÓRIA & FESTA

MEMÓRIA & FESTA

Fábio de Souza Lessa
Regina Maria da Cunha Bustamante
Organizadores

Mauad X

MAUAD Editora Ltda.
Rua Joaquim Silva, 98, 5º andar
Lapa — Rio de Janeiro — RJ — CEP: 20241-110
Tel.: (21) 3479.7422 — Fax: (21) 3479.7400
www.mauad.com.br

Projeto Gráfico:
Núcleo de Arte/Mauad Editora

Ilustração da capa:

Localização: Hermitage Museum, St. Petersburg. Temática: atleta vitorioso. Proveniência: não fornecida. Forma: ânfora. Estilo: Figuras Vermelhas. Pintor: não fornecido. Data: 490 a.C. Indicação Bibliográfica: YALOURIS, 2004, p. 151, fig. 56; VALAVANIS, 2004, p. 377, fig. 543.

Para contato com a SBEC:
www.classica.org.br

M487

Memória & festa / organizadores Fábio de Souza Lessa e Regina Maria da Cunha Bustamante. – Rio de Janeiro: Mauad, 2005.
il.

Comemorativo dos 20 anos da SBEC
Parte dos trabalhos apresentados no VI Congresso da SBEC/XV Ciclo de Debates em História Antiga, organizado pela SBEC, Universidade Federal do Rio de Janeiro (UFRJ), Fórum de Ciência e Cultura (FCC) e do Centro de Filosofia e Ciências Humanas (CFCH), no Campus da Praia Vermelha, durante a semana de 11 a 15 de janeiro de 2005.
Inclui bibliografia
ISBN 85-7478-178-9

1. História antiga - Congressos. 2. Civilização antiga - Congressos. 3. História social - Até 500 - Congressos. I. Lessa, Fábio de Souza. II. Bustamante, Regina Maria da Cunha. III. Sociedade Brasileira de Estudos Clássicos.

CDD 930
CDU 94(100)"…/05"

MEMÓRIA
& FESTA
MEMÓRIA E FESTA
20 ANOS

SUMÁRIO

APRESENTAÇÃO

Neiva Ferreira Pinto*

A Sociedade Brasileira de Estudos Clássicos, daqui por diante denominada SBEC, é uma entidade civil, de caráter científico-cultural, autônoma, sem fins lucrativos, que congrega instituições, profissionais e estudiosos, além de outros interessados nas culturas da Antigüidade Clássica e em outras culturas com ela relacionadas.

Nossa epígrafe é o artigo 1° do Estatuto da SBEC. Escrito em 1985, tem o tom que se exige dos textos institucionais, mas, agora sabemos, não recobre a intensa e ampla *vida* que se desenvolveu no seio da SBEC nestes 20 anos. *Vida científica, vida artística, vida afetiva.* Vida de muito trabalho, de muita pesquisa, de muito sonho. O estatuto é a base ideal sobre o que se firma a SBEC, mas o que a realiza é o trabalho de seus sócios, que mobiliza a Sociedade ao longo destas duas décadas.

No I Congresso Nacional de Estudos Clássicos, em 1984, em Belo Horizonte, foi proposta e aprovada, em assembléia dos participantes, a criação de uma sociedade científica dedicada aos estudos clássicos. Em 13 de julho de 1985, de novo em Belo Horizonte, uma assembléia aprovou o estatuto da Sociedade Brasileira de Estudos Clássicos. A SBEC foi fundada com entusiasmo e com séria preparação. Desde o início, seu caráter de sociedade científica ficou claramente estabelecido, com o compromisso de uma publicação representativa, que se realiza com a revista *Clássica*, e com encontros científicos regulares, reuniões e congressos previstos em estatuto. Desde então, foram 12 reuniões (anuais, depois, bienais), cinco congressos nacionais, inúmeras semanas, colóquios, seminários, encontros espalhados pelas Secretarias Regionais, por Universidades diversas. O reconhecimento desse trabalho e da importância da SBEC veio com o XII Congresso da Federação Internacional das Associações de Estudos Clássicos (FIEC), em Ouro Preto, em 2004, realizado pela primeira vez no Hemisfério Sul, a convite da SBEC.

* Presidente da Sociedade Brasileira de Estudos Clássicos (SBEC) e Profª. doutora do Departamento de Letras Clássicas da UFJF.

Esse programa foi sempre apoiado pelas Universidades, pelas instituições financiadoras, algumas vezes até mesmo por algum patrocínio empresarial. Esse programa não se teria cumprido sem o trabalho voluntário dos sócios, na diretoria, nos conselhos, nas comissões organizadoras, sem a participação maciça nos encontros. De todos a SBEC se declara devedora e parceira na construção do conhecimento.

Foi longo o percurso para se chegar ao VI CONGRESSO NACIONAL DA SBEC, mais uma vez na Universidade Federal do Rio de Janeiro, com o tema perfeito de *Memória e Festa.*

Pelos vinte anos de trabalho conjunto, de apoio, a SBEC agradece às Universidades Brasileiras, às instituições financiadoras, a todos os colaboradores. Agradece à UFRJ, à CAPES, ao CNPq, à FINEP / Ministério de Ciência e Tecnologia, à FUJB e à FAPERJ e, de modo especial, à Comissão Organizadora presidida pelo incansável Prof. Dr. Fábio de Souza Lessa, a comovente festa de aniversário que foi o VI Congresso Nacional da SBEC, realizado no *Campus* da Praia Vermelha, de 11 a 15 de julho de 2005.

Na apresentação do seu programa, a Comissão Organizadora lembra: *Os espaços da festa e da memória freqüentemente se entrelaçam, pois a festa ritualiza e reatualiza algumas dimensões da memória.* Nessa perspectiva foi construído o VI Congresso: para reatualizar, ao mesmo tempo, os temas da Antigüidade e a história da Sociedade, com uma *festa do discurso.* O resultado, a materialização da memória dessa festa de nossos 20 anos, é o livro que ora se apresenta: *Memória & Festa.*

Os vários temas e as diversas abordagens que encontramos aqui são o espelho claro da vitalidade dos estudos clássicos no Brasil. Estes estudos superaram a armadilha da delimitação excessiva, da restrição a uma época muito estreita, para se tornarem uma múltipla investigação das culturas da Antigüidade, na sua complexidade e nas suas relações com outras culturas. Embora *Memória & Festa* não contenha todos os trabalhos apresentados (386!), cumpre o propósito da SBEC, o objetivo da Comissão Organizadora e o dos participantes do VI Congresso Nacional da SBEC: memória da festa, documento para a História, oferta de conhecimento.

É uma alegria e uma honra, por generosa concessão de seus editores, poder apresentar *Memória & Festa.*

INTRODUÇÃO

MEMÓRIA & FESTA: UM BALANÇO

Fábio de Souza Lessa*

Regina Maria da Cunha Bustamante**

O VI Congresso da SBEC / XV Ciclo de Debates em História Antiga teve como temática MEMÓRIA & FESTA e foi organizado pela Sociedade Brasileira de Estudos Clássicos (SBEC) e pela Universidade Federal do Rio de Janeiro (UFRJ), através do Fórum de Ciência e Cultura (FCC) e do Centro de Filosofia e Ciências Humanas (CFCH), no *Campus* da Praia Vermelha, durante a semana de 11 a 15 de julho de 2005.[1] Foram apresentados 386 trabalhos, entre conferências, palestras e comunicações, e realizados 13 minicursos, além de atividades culturais.[2] Cerca de 250 pessoas se inscreveram e assistiram às apresentações. O evento constituiu-se em um importante fórum, tanto de integração entre os diferentes níveis de ensino (Graduação e Pós-graduação) quanto de divulgação do estágio atual das pesquisas desenvolvidas no meio acadêmico,[3] propiciando o intercâmbio de críticas e sugestões para o seu aperfeiçoamento. O presente livro publiciza parte dos trabalhos apresentados durante o evento.

Nestas duas últimas décadas, evidenciou-se um crescimento significativo dos Estudos Clássicos no Brasil, a despeito dos diversos obstáculos enfrentados pelos seus pesquisadores, tais como as dificuldades de acesso e de aquisição de bibliografia especializada e atualizada no País e a pouca compreensão da importância de pesquisas neste campo. Há o equívoco que consiste em não perceber a atualidade, a modernidade e a pertinência dos estudos da Antigüidade. Há o equívoco de se imaginar que os estudos da Antigüidade dizem respeito a sociedades mortas, a partir de documentos lacunares e duvidosos. Há o equívoco, portanto, de se avaliar o saber com o crivo do burocrata, incompatível com o real desafio do pesquisador: indagar, pesquisar, criticar e fazer

*Professor doutor do Laboratório de História Antiga (LHIA) e do Programa de Pós-graduação em História Comparada (PPGHC) do Departamento de História da UFRJ. Secretário-Geral da SBEC.
** Professora doutora do Laboratório de História Antiga (LHIA) e do Programa de Pós-graduação em História Comparada (PPGHC) do Departamento de História da UFRJ.

surgir os Estudos Clássicos do diálogo entre o antigo e o moderno, ou, se preferir, entre antigos e modernos. Justamente, este foi o desafio que o Congresso se propôs a enfrentar. Problemas urgentes do mundo contemporâneo, como, por exemplo, as questões do corpo, de gênero e sexualidade, das alteridades, do exercício do poder, do cotidiano e da espacialidade, das linguagens e formas de comunicação, da memória e da festa, permitem trazer, para o âmbito da Antigüidade Clássica, campos de visibilidade da vida social, ainda muito pouco explorados. Esta visibilidade nos ajuda a compreender, através do encontro com a diferença, nossos próprios caminhos e opções.

O evento teve como foco de reflexão MEMÓRIA & FESTA. Comemorar e rememorar os 20 anos de fundação da SBEC foi o objetivo precípuo. A cidade do Rio de Janeiro, ex-capital federal, palco de tantas das manifestações político-sociais brasileiras e marcadamente plural no seu aspecto cultural, foi um *locus* privilegiado para se pensar a memória e as festas. Esta temática nos remeteu ainda a uma questão bastante presente nos debates travados nos Estudos Clássicos. Trabalhar com MEMÓRIA & FESTA demanda uma nova abordagem relacionada ao cotidiano, às percepções dos *outros* culturais e à construção da identidade. A festa é fala, memória e mensagem. O lugar simbólico onde cerimonialmente se separam o que deve ser esquecido e o que deve ser resgatado da coisa ao símbolo e posto em evidência de tempos em tempos, comemorado e celebrado. A festa, quando soleniza e comemora a memória, demarca e restabelece laços. Ao lado do tempo da vida cotidiana, tomada em um sistema severo de interditos e precauções diversas, que visam a manter a sociedade nos limites do lícito, se situa o tempo da festa. É o tempo da exceção, do excesso, do exagero, cuja efervescência e exaltação cortam a monotonia cotidiana. Ocorre fora do tempo e do espaço "normais", é marcado por ações, personagens, gestos e roupas característicos, que geram a condensação de algum aspecto, elemento ou relação, colocando-o em foco, em destaque.

Os espaços da festa e da memória freqüentemente se entrelaçam, pois a festa ritualiza e reatualiza algumas dimensões da memória. Podemos afirmar que a memória constitui-se em um elemento essencial do que se costuma chamar *identidade*, cuja busca é uma das atividades fundamentais dos indivíduos e das sociedades. Toda a preocupação e todo o investimento intelectual com o tema da memória – quer individual, quer coletiva – não são esforços em vão. O que sobrevive e passa à posteridade é resultante de um processo seletivo, quer da memória, quer da documentação. O que se encontra disponível para o pesquisador não é o conjunto do que existiu e foi, mas o que restou do que foi registrado, após escolhas e seleções diversas ao longo do tempo. Isto sem falar na ação do tempo, nas mutações que aleatoriamente dizem o que é e o que não é importante – ou interessante – rememorar e comemorar... O passado, pela memória, se atualiza no presente, e a festa é um dos meios privilegiados desta atualização.

O livro contempla 81 textos[4] inseridos em sete eixos temáticos. Destes, dois foram privilegiados – Memória e Festa – por terem sido as temáticas do evento. Os outros abordam temas correlatos: Banquete, Cultura Material, Gênero, Práticas Religiosas e Teatro. Os trabalhos se caracterizaram por uma abordagem interdisciplinar, abarcando pesquisadores em diferentes áreas do conhecimento (Letras, Filosofia, História, Arqueologia, Epigrafia...) de diversas universidades do País e do exterior. Este livro é uma mostra da pluralidade e relevância da produção dos Estudos Clássicos na país. Para a sua publicação, agradecemos, em especial, o financiamento da FINEP / Ministério da Ciência e Tecnologia e do Banco do Brasil.

Os Organizadores

NOTAS

[1] A organização do Congresso foi pluriinstitucional, envolvendo, sob a liderança da UFRJ, as universidades públicas do Rio de Janeiro – UFRJ, UFF, UNIRIO e UERJ -, através dos Departamentos, dos Programas de Pós-graduação e dos laboratórios de pesquisas dos Cursos de História, Filosofia e Letras. Para a realização do evento, houve o apoio imprescindível dos patrocinadores, pelo qual somos gratos: Pró-Reitoria de Pós-Graduação e Pesquisa (PR-2 / UFRJ), Pró-Reitoria de Planejamento e Desenvolvimento (PR-3 / UFRJ), Fundação Universitária José Bonifácio (FUJB / UFRJ), CAPES, CNPq, Banco do Brasil, FINEP / Ministério da Ciência e Tecnologia, FAPERJ, NEASPOC / UFOP e MAUAD Editora. Graças a todos estes esforços conjugados, foi possível comemorar os 20 anos de fundação da Sociedade Brasileira de Estudos Clássicos através deste evento.

[2] Estas foram realizadas pela Escola de Música da UFRJ, pelo Departamento de Letras Clássicas da UFMG e pela Secretaria Municipal de Educação do Rio de Janeiro.

[3] Participaram do evento 65 universidades: 55 nacionais e 10 estrangeiras.

[4] Os conteúdos apresentados nos textos são de responsabilidade dos seus respectivos autores.

B A N Q U E T E S

A CELEBRAÇÃO DO *SEDER* DE *PESSACH*: MEMÓRIA, FESTIVIDADE E REFEIÇÃO RITUAL NO JUDAÍSMO

Cláudia Andréa Prata Ferreira*

Os patriarcas e matriarcas têm como elemento comum um pacto com Deus, no qual se estabelece um compromisso mútuo, que se ratifica a cada geração na transmissão de valores e pela circuncisão. De acordo com o texto bíblico, Avraham, o primeiro hebreu, abandona o lar na Mesopotâmia em cumprimento à ordem divina, na direção de um novo destino (Gn 12, 1-2). A circuncisão é a formalização do pacto entre Avraham e Deus por meio de um sinal físico (Gn 17, 10-11). O pacto se renova com o filho de Avraham, Isaac (Gn 26, 24), e, por sua vez, a promessa divina se repete também com Jacó, filho de Isaac e neto de Avraham (Gn 28, 13-15).

Na palavra hebraica *Israel* temos as iniciais dos nomes dos patriarcas e das matriarcas, a família original que dá origem a *Israel*. Na passagem de *Gênesis 32, 29*, a etimologia sugere o significado de *Israel*: "E disse: Não, Jacob não será mais teu nome, senão Israel, pois lutaste com (o anjo de) Deus e com homens e venceste" (Gn 32, 29). Temos literalmente *sara*: "ele lutou", *ki sarita ím Elohim:* "porque lutaste com Deus" e *el:* "Deus". O verbo *sara* tem o sentido de "lutar", "combater", e pede o uso das preposições *el:* "para", *et:* "indicativo de objeto direto definido – sem equivalência na língua portuguesa" e *im:* "com". A maior parte dos dicionários prefere indicar como significado e etimologia incertos e fornece apenas o sentido de nome masculino e gentílico. Na palavra *Israel* encontramos o *semen*, a semente do significado para a realização de um pacto entre Deus e Israel, que manterá a memória e identidade de um grupo através dos tempos e definirá as regras de sua relação com o divino.

Mencionamos, anteriormente, que as iniciais dos nomes dos Patriarcas (Abraão, Isaac e Jacó) e das Matriarcas (Sara, Rebeca, Lia e Raquel) formam a palavra ISRAEL. O acrograma acima é perfeito com os nomes em hebraico. Em português, tem-se uma idéia aproximada.

A família original se transferiu para a terra do Egito devido a um período de seca em Canaã. Inicialmente, os descendentes de Avraham foram beneficiados pelo posto ocupado por José, filho

*Professora doutora do Setor de Hebraico do Departamento de Letras Orientais e Eslavas da Faculdade de Letras da UFRJ.
claudia@letras.ufrj.br

de Jacó na estrutura política egípcia. No livro de *Êxodo*, encontramos o relato de que, em determinado momento da história egípcia, um novo rei que não conhecera José escravizou os filhos de Israel, que ali permaneceram na condição de escravos durante um período de aproximadamente quatrocentos anos (Ex 1).

Esse episódio constitui motivo de recordação e reflexão que marcam a festividade de *Pessach*, a Páscoa Judaica, que celebra a libertação do cativeiro egípcio. Esse episódio marca não somente a intervenção divina, agindo histórica e concretamente em benefício dos descendentes dos patriarcas, com os quais tinha um pacto, mas reafirma esse pacto com a revelação do que posteriormente conhecemos como *Torá* (Pentateuco). Esse pacto cria o judaísmo propriamente dito como uma religião, com seu texto de referência, estatutos, normas de conduta de vida revelados coletivamente aos descendestes dos patriarcas, os filhos de Israel, que trazem em seu nome a marca do pacto realizado com seus antepassados. Essa marca continuará no nome *Israel*, mas terá um novo alcance com o que foi revelado no Monte Sinai.

A *Torá* estabelece o terceiro elemento do pacto entre Deus e os patriarcas. Se anteriormente a relação pactual era terra-povo, a partir de Moisés e o pacto *sinaítico*, o pacto se renova com uma tríplice condição: terra-povo-*Torá*. Terra, povo e *Torá* são os elementos interdependentes que formam um tripé, que sustenta o judaísmo.

O ato de lembrar no judaísmo torna-se imperativo, pois é ele que garante através da perpetuação da memória que os acontecimentos fundamentais e constitutivos para a formação desse grupo (o judaico) e do pacto com Deus não se percam na memória dos filhos de Israel. Não se trata mais de um grupo de famílias divididas pelas origens das tribos ou de uma revelação individual que passa de pai para filho por fidelidade ao clã, ao patriarca. A lembrança da saída do Egito é fundamental para a compreensão do nascimento do povo e da própria religião. A saída do Egito marca o início do povo judeu como um grupo organizado e regido por suas próprias leis, reveladas ao povo por Moisés, sete semanas após a saída do cativeiro egípcio. Podemos inferir que muitas das leis presentes no texto bíblico tenham sido criadas sob o impacto do efeito do cativeiro egípcio sobre o povo judaico. Encontramos um número expressivo de leis que tratam de questões sociais que se referem ao pobre, ao estrangeiro, aos órfãos e viúvas, trabalhadores, atitudes de tolerância e benevolência, nos quais a lembrança do cativeiro egípcio é freqüentemente mencionada através de um *leitmotiv* que funciona como um imperativo de lembrança – "E lembrarás que servo foste na terra do Egito" (Dt 5,15) – e que perpassa o texto bíblico em diversas passagens. Essa lembrança justifica todas as orientações da legislação social com o intuito de estabelecer procedimentos justos para com os menos favorecidos.

A memória judaica não se encontra restrita à narrativa. Manter a memória restrita ao âmbito da narrativa poderia fazer com que a mesma ficasse paralisada no tempo e sem sentido para as gerações futuras. A memória judaica ganha sentido e realidade somente quando, através da repetição do ritual, o tempo histórico é destruído e podemos experenciar de novo o tempo verdadeiro das origens, o tempo originário. Na festividade de *Pessach* reproduzimos a cada ano a experiência da saída do cativeiro egípcio, a libertação, em que cada indivíduo judeu refaz a sua história como se ele próprio tivesse saído do Egito. O relato dessa saída é vivencial e se destina a todos, não se pretende que as pessoas tenham uma aquisição intelectual do fato, ao contrário, o objetivo é a repetição simbólica da experiência original, que auxilia a compreensão de um fato passado e simultaneamente de um fato presente na vida de cada um que revive essa experiência.[1]

Seder de *Pessach*

> "E este dia será para vós por lembrança, e o celebrareis como festa para o Eterno em vossas gerações; como estatuto perpétuo o celebrareis. E cuidareis dos pães ázimos, porque neste próprio dia tirei os vossos exércitos da terra do Egito, e guardarei este dia para as vossas gerações como estatuto perpétuo" (Êxodo 12,14.17).
>
> "Quando te perguntar teu filho amanhã, dizendo: Que significam os testemunhos, os estatutos e os juízos que o Eterno, nosso Deus, vos ordenou? E dirás a teu filho: Escravos fomos do Faraó no Egito, e nos tirou o Eterno do Egito com mão forte; e nos fez o Eterno sinais e milagres grandes e maus contra o Egito, contra o Faraó e contra toda a sua casa, ante os nossos olhos. E a nós, nos tirou de lá para nos trazer e para nos dar a terra que jurou a nossos pais. E ordenou-nos o Eterno observar todos estes estatutos, e que temêssemos ao Eterno nosso Deus, para que seja bem para nós, todos os dias, e para deixar-nos viver, como até hoje" (Dt 6,20-24).

Da palavra *Pessach* temos *passach*: "saltar"; "passar por cima, pular". Há várias interpretações possíveis: alusão à *passagem* pelo Mar Vermelho, por ocasião do Êxodo do Egito; simbolização da *passagem* dos israelitas da escravidão para a liberdade; vinculação à referência de que Deus omitiu (*saltou; passou por cima*) as casas dos israelitas na noite em que Ele feriu os egípcios; alusão ao carneiro (ou cabrito, que *salta*) que se costumava sacrificar por ocasião da Páscoa; relação com *dançar, pular*, uma vez que, primitivamente, correspondia à Páscoa o Festival da Primavera.

Na ceia pascal judaica (em hebraico, *seder* significa "ordem", donde "ordem do serviço") realizada na comemoração da Páscoa (em hebraico, *Pessach*), os membros da família reúnem-se em torno da mesa festiva para ouvir o relato do pai e narrador.

O ato de narrar torna-se possível à medida que o *narrador* retira da experiência o que ele conta: sua própria experiência ou a relatada pelos outros. Segundo o crítico W.Benjamin (BENJAMIM, W. s.d. v.1. p.114-119; p.197-221), a arte de narrar origina-se na experiência (*Erfahrung*). A palavra alemã *Erfahrung* origina-se do verbo *erfahren*, que significa "chegar a saber". Narrar é a capacidade de cada um trocar experiências com o outro. No seu sentido etimológico completo, o verbo latino *narrare* significa "fazer conhecer". Portanto, *erfahren* e *narrare* fazem chegar o conhecimento ao homem. A mesa é o lugar pedagógico onde o judeu aprende a sua identidade, pois cada prato é um elemento de memória. O ritual e a narrativa permitem ao indivíduo (judeu) fazer uma leitura da sua memória e assim compreender o sentido real da sua identidade.[2]

Quando, na ceia pascal judaica, a criança faz a pergunta convencional ao pai: – *Em que difere esta noite de todas as noites?* (– *Mah nishtaná halaila hazá mikól haleilót*?), a sua pergunta manifesta a necessidade de todos os presentes chegarem a um sentido, e a um sentido atual para a lembrança evocada (Ex 10,2; 12,26-27; 13,8-10; Dt 4,9; 6,6-7.20-25; 32,7).[3]

Para cumprir os ritos do *seder*, várias comidas simbólicas ajudam a ilustrar e a dar sentido ao relato: *z'roach*, *beitzá*, *karpas*, *maror*, *charósset*, *chazéret* e *matzót*.[4]

Ingredientes do *Seder*

Matzá – A *matzá* é o pão ázimo, que simboliza a falta de tempo para fermentar a massa do pão durante os preparativos da fuga do Egito (Ex 12).

A *matzá* simboliza também o *pão da pobreza* que os antepassados (israelitas) tiveram que comer na terra do Egito. E recorda a oferenda pascal, representada pela *matzá*, depois da destruição do Templo de Jerusalém.

Água salgada – Um recipiente com água salgada deve ser preparado de véspera; lembra as lágrimas que os judeus derramaram com o trabalho pesado no Egito.

Z'roach – O pescoço de frango grelhado simboliza o cordeiro pascal trazido ao Templo Sagrado na véspera de *Pessach*. A carne do pescoço é removida e o osso queimado. O *z'roach* não é comido no decorrer do *Seder*. *Z'roach* (literalmente, antebraço) remete ao fato de Deus haver tirado o povo do Egito com "Seu braço estendido".

***Beitzá* (ovo)** – Um ovo cozido duro é colocado no prato do *Seder* para comemorar o sacrifício de *Chaguigá*, que foi oferecido junto com o sacrifício pascal no Templo.

O ovo é também um símbolo de luto, e expressa nosso sentimento de que, atualmente, estamos incapacitados de oferecer este sacrifício. Sua forma arredondada refere-se também ao ciclo de mudança, dessa maneira expressando nossa esperança de que o Templo será reconstruído em breve.

Hagadá – É o eixo fundamental do *Seder*, "Narrativa". Toda a ordem - *Seder* - será feita através dos relatos e orientação da *Hagadá*.

Vinho ou suco – Deve-se adquirir vinho tinto, pois todos deverão beber quatro copos no decorrer do *Seder*. Pode-se beber suco, no lugar do vinho.

Um pouco de vinho ou suco deverá ser derramado ao ser pronunciada cada uma das dez pragas do Egito.

Keará – Por cima das três *matzot* (cobertas) são colocados os seis elementos que compõem a travessa do *Seder*, a *keará*.

Esta travessa contém seis cavidades especiais onde são depositados cada um dos seis símbolos que serão utilizados no decorrer do *Seder* de *Pessach*.

***Maror* (ervas amargas)** – Simbolizam a amarga escravidão do povo judeu no Egito. Para o *maror* pode-se usar raiz-forte crua descascada e ralada; folhas de endívia; talos ou folhas de alface romana lavados e verificados; ou a combinação de todos.[5]

Charósset – Maçãs, peras e nozes liqüidificadas ou raladas, misturadas com uma pequena quantidade de vinho tinto, lembram, na cor e consistência, a argamassa usada no Egito para fabricar tijolos.

Karpás – A cebola crua (ou a batata cozida) é mergulhada na água salgada para despertar a curiosidade das crianças.[6]

Chazéret – Mais ervas amargas (das enumeradas para o *maror*) para serem ingeridas no sanduíche de *matzá* e *maror*.

Nas palavras do Patriarca Raban Gamaliel, no final do século I:

> Em cada geração, cada judeu deve sentir como se ele mesmo tivesse saído do Egito, conforme diz a Torá: "E contarás a teu filho naquele dia: 'Por isto o Eterno me fez sair do Egito'." Deus salvou não só nossos antepassados, como salvou a nós mesmos junto com eles, conforme diz a Torá: "E Ele nos tirou de lá, a fim de trazer-nos a Éretz Israel e dar-nos a terra que prometeu a nossos antepassados (HAGADÁ).

Os mitos simbólicos, a comida, a narração da *Hagadá*[7] (que significa "canto" ou narrativa", livro do serviço religioso de *Pessach*), as orações, enfim, a ceia como um todo, constituem um pacto pela memória e tradição que se renova ciclicamente. O israelita volta-se para as suas tradições para preservar a sua memória e identidade.

Conclusão

A celebração de *Pessach* não lembra apenas um episódio do passado. *Pessach* lembra, através de sua narrativa e de seus pratos, a necessidade imperiosa de o indivíduo pensar a liberdade. Liberdade de pensar, falar, etc. Liberdade para o ser humano desenvolver todas as suas atividades e potencialidades. Eis aí o grande sentido de *Pessach*: fazer o homem pensar sobre si mesmo e as suas condições de vida.

O quarto livro da *Torá*, *Bamidbar* (*Números*), finaliza com as *parashiot Matot-Massê*. Na *parashá Massê* são sumariados os quarenta e dois locais em que os hebreus acamparam nos quarenta anos em que estiveram no deserto.

Segundo o relato bíblico, ao longo do primeiro ano, os hebreus partiram de Ramsés para o deserto do Sinai e acamparam em quatorze locais. No período restante, os hebreus acamparam em vinte locais, e com a morte de Aarão, no quadragésimo ano, partiram de Kadesh para as planícies de Moab, acampando em oito lugares.

Observamos que os hebreus da sua saída do Egito até atingirem a Terra de Israel percorreram um longo percurso permeado de etapas. A passagem pelo deserto funciona como um rito de passagem, em que os hebreus saem do Egito para Israel, ou seja, de uma situação para outra e de um mundo cósmico e social para outro.

A saída do Egito (em hebraico, *Mitsráyim*, derivada da palavra *metsar*, que significa "estreitamento, confinamento e limitações") teve como objetivo transformar o israelita da condição de escravo para a condição de ser humano digno de receber a *Torá*.

NOTAS

[1] Originalmente, a Páscoa judaica era constituída de dois feriados distintos: *Chag HaPessach*, a *Festa do Cordeiro Pascal*, e *Chag Hamatzot*, a *Festa dos Pães Ázimos*, observados muito antes da experiência judaica no cativeiro egípcio.

Nos tempos antigos, quando a maioria dos hebreus vivia no deserto como pastores nômades, as famílias judaicas celebravam a chegada da primavera oferecendo um sacrifício (*Pessach*, o cordeiro pascal). Posteriomente, foi instituído um outro feriado na primavera, de caráter agrícola: *Chag Hamatzot*, quando os lavradores comemoravam o início da colheita de trigo desfazendo-se de toda massa fermentada.

Com o tempo, essas duas festas associaram-se a outro evento que ocorreu na primavera: o Êxodo do Egito. *Chag HaPessach* foi identificado com o fato de Deus ter "passado por cima" (*passach* em hebraico) das casas dos israelitas, poupando-os da décima praga, a morte dos primogênitos egípcios. Por outro lado, *Chag Hamatzot* foi relacionado com o fato de que os judeus, em sua fuga apressada do Egito, não tiveram tempo de esperar a massa crescer, e assaram pães ázimos com a massa não-fermentada.

Quatro nomes de uma mesma Festa – *Pessach* – são conhecidos:

Chag HaPessach – a *Festa do Cordeiro Pascal*, em alusão ao sacrifício feito pelos cativos no Egito antes da última praga. Tal oferenda foi instituída nas gerações posteriores, sendo abolida juntamente com as demais quando da destruição do Segundo Templo.

Chag Hamatzot – a *Festa dos Pães Ázimos*. "Comereis pão sem fermento durante sete dias..." (Êxodo 12,15). Revivemos a pressa em fugir do Egito, não dando tempo de a massa fermentar. Durante os dias da Festa, alimentamo-nos com pães assados unicamente de água e trigo.

Chag HaAviv – a *Festa da Primavera*. A vida começa a brotar no hemisfério Norte nesta época. Com ela, renovam-se nossas esperanças de uma vida melhor para todos. *Pessach*, segundo a *Torá*, deve ser celebrado justamente neste tempo tão propício à reflexão, tanto que, em função da disparidade entre os calendários lunar (judaico) e solar – o primeiro tem alguns dias a menos, o que acarretaria, com o passar dos anos, um distanciamento de *Pessach* da Primavera – a cada dois ou três anos, um mês é adicionado.

Zeman Cherutênu – Época de nossa libertação. Nós, seres humanos, como um todo.

[2] YERUSHALMI, Y.H. (1992) p.30-31. "Não a história, como se supõe comumente, mas apenas o tempo mítico se repete. (...) Se não é possível haver uma volta para o Sinai, então o que aconteceu no Sinai deve ser mantido através dos condutos da memória para aqueles que não estiveram lá naquele dia. (...) Pois o real perigo não está tanto em que o que aconteceu no passado seja esquecido, mas no aspecto mais essencial de *como* aconteceu."

[3] MONLOUBOU, L. (1985) p.19. "A ceia pascal, usando uma expressão de J. Kraus, é um *verbum visibile* (uma palavra visível), vivo, atual, na qual o indivíduo (participante) se acha diretamente inserido."

[4] Tudo isso é colocado no centro da mesa numa travessa especial de *Pessach*, chamada *keará*, que por sua vez é colocada sobre as três *matzót* cobertas segundo o ritual do serviço do *seder*.

O prato, por si só, não tem nenhum valor espiritual. Os elementos espirituais nele apresentados é que determinam o valor do prato. Igualmente, não temos suporte espiritual próprio neste mundo físico.

[5] O valor numérico da palavra *Maror* é 446, o mesmo valor numérico de morte. O *maror* com seu amargor representa as forças que lutam contra a morte: MaROR (M = 40 + R = 200 + O = 6 + R = 200 = 446) tem o mesmo valor numérico que a palavra morte, MaVeT (M = 40 + V = 6 + T = 400 = 446). Mastigando repetidamente o *Maror* sem engolir, sentimos o gosto tão intensamente, que nos relembra o gosto da morte. Mas, ao continuarmos mastigando, o gosto vai se transformando até ficar adocicado.

[6] Os vegetais simbolizam o potencial de crescimento e renascimento e a água salgada, na qual são mergulhados, recorda as lágrimas derramadas pelos nossos antepassados no Egito.

Podemos reordenar as letras da palavra *Karpás* de modo a formar *Samech Perach*, frase que se refere ao trabalho forçado de seiscentas mil pessoas no Egito. O conceito de trabalho forçado é uma metáfora para o julgamento. Molhamos o *Karpás* em água salgada para abrandar qualquer julgamento que haja sobre nós, pois o sal é uma força positiva e a água personifica a misericórdia.

[7] A *Hagadá* ("narrativa") é o livro que lemos durante o *Seder*. Ele conta a história do Êxodo e contém toda a seqüência de rituais que são observados naquela noite. Existem inúmeras edições da *Haga*, em hebraico e traduções.*

BIBLIOGRAFIA

BENJAMIM, Walter. **Obras escolhidas: Magia e técnica, arte e política.** Trad. S.P.Rouanet. 4.ed. São Paulo: Brasiliense, s.d., v.1.

FERREIRA, Cláudia A.P. **O pacto da memória: interpretação e identidade nas fontes bíblica e talmúdica.** Rio de Janeiro: UFRJ/Faculdade de Letras, 2002. Tese de Doutorado.

HAGADÁ de Pessach. Idealização, trad., transliteração, comentários, diagramação e edição Jairo Fridlin. Ilustrações Ruben Rosenberg. São Paulo: Sefer, 1993, 61 p.

MONLOUBOU, L. *et alii*. **A eucaristia na Bíblia**. São Paulo: Paulinas, 1985.

TORÁ. A Lei de Moisés. Edição revisada e ampliada da obra A Lei de Moisés e as Haftarót. Inclui a tradução das Cinco Meguilot por David Gorodovits e Ruben Najmanovich. 1.ed. São Paulo: Sefer, 2001, 685 p.

YERUSHALMI, Yosef Hayim. **Zakhor: história judaica e memória judaica.** Trad. (da 2.ed. original) Lina G. Ferreira. Rio de Janeiro: Imago, 1992, em hebraico e traduções.*

CENA TRIMALCHIONIS: O NARRADOR EM FESTA

Cláudio Aquati*

A *Cena Trimalchionis*, com seu movimento caracteristicamente hiperativo, tem como participantes, como convém a uma festa, personagens com um comportamento extravagante. Exemplo disso é Encólpio e sua tendência à chacota: logo à entrada da casa de Trimalquião, o estudante diz espantar-se descomedidamente com a excêntrica figura de um cão pintada na parede (BAGNANI, 1954, p. 23), o que torna visível seu desejo de ridicularizar o anfitrião já por meio da decoração de sua casa. Esse comportamento vem provocar a primeira reação irreverente de seus companheiros.

> Mas enquanto eu observava todas aquelas coisas estupendas, por um triz não caí de costas e quebrei minhas pernas: à esquerda de quem entrava, não longe da guarita do porteiro, um cão enorme, preso com uma corrente, havia sido pintado na parede. Sobre ele estava escrito em letras garrafais:
>
> CUIDADO COM O CACHORRO
>
> 2 Meus colegas riram, é verdade; eu, no entanto, com o ânimo refeito, não deixei de examinar cuidadosamente a parede toda (*Sat.* 29.1-2).

Aliás, essa reação zombeteira, por sua vez, há de repetir-se ainda com os três estudantes, como indicam diversos trechos da *Cena Trimalchionis*, seja em *Sat.* 32.1:

> Estávamos nesse luxo todo quando Trimalquião em pessoa foi trazido ao som de música e, acomodado entre pequeninos travesseiros, arrancou riso aos menos avisados.

em *Sat.* 47 7:

> Agradecemos a generosidade e a condescendência dele, e o tempo todo refreamos o riso graças a repetidas bicadinhas na bebida. 8 Até aquele momento, mal sabíamos que estávamos, como dizem, apenas no meio do caminho daquela montanha de luxos.

*Professor doutor do Departamento de Estudos Lingüísticos e Literários da UNESP – São José do Rio Preto.
aquati@ibilce.unesp.br

ou em *Sat*. 56 10:

> Rimos por um bom tempo. Já não me lembro mais: foram umas seiscentas dessas.

De resto, o indignado Hermerote não se contém ante a zombaria dos *scholastici*, e apresenta, sobretudo contra Ascilto e Gitão, uma ridícula defesa de seu amigo Trimalquião e de si mesmo, liberto que era, sentindo-se diminuído por aquela "gente de escola":

> — Que é que você está rindo, ô sua besta? Por acaso os arranjos do meu patrão não te agradam? (*Sat*. 57.1-2)

Mas, se tudo é festa, não falta a essa invectiva um desafio à inteligência e cultura dos estudantes, elaborado ridiculamente pelo liberto sob a forma de charadas:

> No fim das contas, se você quer alguma coisa... uma apostinha... eu e você: vamos, aposto um lingote de ouro. Você já vai ver que teu pai perdeu dinheiro, embora você saiba retórica. Toma lá: "O que é, o que é? De longe venho, venho largo. Resolve-me".[9] Vou dizer a você: "O que é, o que é? Corre e do lugar não sai". "O que é, o que é? Cresce e fica menor". Você corre, se espanta, se afoba que nem um rato num penico.[10] Portanto, ou você fica quieto ou não vá incomodar alguém melhor que você, que nem sabe que você nasceu; a não ser que você ache que eu me preocupo com os anéis cor de buxo que você roubou da sua amante (*Sat*. 58.8).

Trimalquião, festivamente, aparta a discussão entre Ascilto e Hermerote, dizendo:

> — Deixem as discussões de lado. De preferência, tudo deve ser delicadeza. E você, Hermerote, deixa o rapazinho. Nele, o sangue está fervendo; você é que precisa ser mais compreensivo. Nessas coisas quem sempre vence é quem é vencido. E você, que durante a discussão agiu como um galo capão, cocococô, não teve bom senso. Portanto, é melhor não perdermos a esportiva. Vamos assistir aos homeristas. (*Sat*. 59.1-2)

Estúpida e paradoxalmente, Trimalquião aconselha Hermerote a considerar que, com pouca idade, Ascilto agiria apenas por impulsos. Por outro lado, como contraste cômico, repare-se na linguagem galhofeira de Trimalquião, que acaba por lançar mão de uma onomatopéia, recurso que calha bem com a festa e com sua psicologia de traços infantilizados (AQUATI, 1997, pp. 80-90).

Fora com esse amigo de Trimalquião que Encólpio, aproveitando-se do ambiente de festa, já entabulara conversa, recebendo em troca diversos esclarecimentos acerca daquela casa e de seu proprietário, que pouco conhecia. Por meio do discurso laudatório e do linguajar agressivo de Hermerote, o leitor fica conhecendo diversos aspectos da vida de Trimalquião e de sua esposa Fortunata, bem como de outros ricos libertos da cidade (e mesmo de seus próprios valores: AUERBACH, 1970, pp. 21-42), companhia ordinária de Trimalquião. Hermerote, maledicente, mas fiel a seu modo, traça um retrato do amigo e de outros libertos, ou antes, uma exaltação de seus recursos materiais: esquadrinha a vida de cada um e conhece minúcias que não lhe dizem respeito nem tampouco a Encólpio. Acerca de Fortunata guarda todo o perfil psicológico; de Trimalquião conhece todo o patrimônio. Dos demais libertos procura descrever-lhes a trajetória: o que cada um fora e o que resultara da vida de cada um.

Ainda quanto à questão do comportamento de Encólpio (e também de seus companheiros Ascilto e Gitão), vale lembrar sua tendência a viver de expedientes, pois os estudantes aproveitam-se da festa para roubar comida, guardando-a para mais tarde:

> Certos então de que um prato banhado segundo um ritual tão escrupuloso fosse sagrado, a um só tempo todos nós nos levantamos e dissemos: "Salve, Augusto, pai da pátria!". Entretanto, mesmo depois dessa saudação, tendo alguns convidados apanhado as frutas, nós próprios enchemos nossos guardanapos; eu principalmente, que não tinha planejado carregar Gitão com um presente tão bom (*Sat.* 60.7).

Contudo, para seu azar, não tiram proveito desse roubo, pois Gitão, no episódio do ataque do cão durante a tentativa de fuga daquela casa que parecia o fim do mundo aos estudantes, para acalmar a fera, lançara-lhe todos os acepipes que trazia acumulados e escondidos nas vestes.

Também Trimalquião é amigo de divertir-se, como mostra seu comportamento e atitudes durante o banquete. Por exemplo, mesmo antes do início da festa revela sua queda para os jogos:

> O que nos chamou a atenção para aquela cena curiosa não foram tanto os escravos — ainda que valessem a pena — mas o próprio patrão deles que, de sandálias, jogava com uma bola verde. E ele não tornava mais a pegar aquela que houvesse batido no chão, mas um escravo tinha uma bolsa cheia e abastecia os jogadores. Reparamos também em coisas incomuns: dois eunucos ficavam em pontos opostos de [3] um círculo; um deles segurava um penico de prata, o outro contava as bolas, não as que em virtude do jogo saltitavam entre as mãos, mas as que caíam no chão.
>
> [4] Aproveitando que nós estivéssemos admirando todo aquele luxo, Menelau correu em nossa direção e disse:
>
> — Aqui está aquele com quem vocês vão jantar. E uma coisa é certa: vocês já estão vendo o começo do banquete. (*Sat.* 27.2)

Também é preciso lembrar que, a certa altura, ele está disposto a dançar, mas é impedido por sua esposa Fortunata, ela que mais tarde dançará o lascivo córdax.

Assim, uma das marcas de Trimalquião é justamente o desejo que tem de brincar, muitas vezes com o objetivo de buscar uma aparência elegante ou sofisticada; para sua infelicidade, porém, nunca tem sucesso nessa tentativa. Em suas brincadeiras, Trimalquião vale-se freqüentemente do fator surpresa: quando os convidados pensam que assistirão a uma cena desagradável, vêem tudo se transformar em «prazer», como em *Sat.* 33.5-8:

> Incontinenti apareceram dois escravos e, sob uma música barulhenta, puseram-se a revistar a palha e logo dividiram os ovos de pavão encontrados. Trimalquião voltou-se para esse lance e disse:
>
> — Amigos, mandei colocar ovos de pavão debaixo da galinha. Mas ao mesmo tempo estou com medo deles já estarem chocos. No entanto, vamos experimentar se por acaso ainda estão tragáveis.
>
> Recebemos colheres pesando pelo menos meia libra e furamos os ovos, falsos, feitos de massa podre. Eu, na verdade, quase joguei fora a minha parte: para mim, aquilo estava com jeito de já ter virado pintinho. Depois, como ouvi um habitual convidado dizer "não sei o que de bom deve ter aqui", tateei a casca com a mão e encontrei um papa-figo bem gordo no meio de uma gema de ovo apimentada.

De modo geral, a aparência do prato é repelente, como indica a reação de Encólpio, mas na verdade o prato é falsificado, pois a sugestão repugnante de Trimalquião de que os ovos poderiam estar chocos é substituída pela presença de um papa-figo bem gordo (*Sat.* 33.8). Deveria ser uma caçoada freqüente de Trimalquião, já que um convidado habitual (*Sat.* 33.8: *ueterem*) esperava que sob aquela aparência repelente se encontrasse um bom petisco.

Mesmo o nome de um escravo dá a Trimalquião a oportunidade de brincar e valer-se do jogo de palavras com a denominação *Carpus* (vocativo *Carpe*) e o verbo *carpo* (imperativo *carpe*):

> — Você está vendo aquele que está cortando o assado: se chama Trincha. Por isso, toda vez que Trimalquião diz "Trincha", com a mesma palavra chama-o pelo nome e lhe dá uma ordem (*Sat.* 36.5-8).

Especialíssima é a observação de Rabaza (1992, p. 4): no quadro da comida que nunca se come, salienta-se na *Cena Trimalchionis* o *aper pilleatus*, "espécie de totem que representaria a identidade", isto é, comida não ingerida que é o que não parece, que representa o que não é, ambigüidade entre outras ambigüidades". Esse mesmo prato é ainda índice do ridículo comportamento contraditório de Trimalquião, afinal, embora aparente ser tão rico, acaba servindo comida requentada, aproveitada do último banquete, aquele, aliás, em que Trimalquião afirmava não ter servido um vinho de primeira qualidade apesar da maior categoria dos convidados.

Em *Sat.* 49.9-10, ao examinar o prato pedido ao cozinheiro, Trimalquião fica absolutamente indignado ao verificar que o porco servido não fora estripado e imediatamente manda desnudar o escravo para açoitá-lo. Muitos intercedem em seu favor, e Trimalquião, teatralmente, perdoa-o sob a condição de que ele limpe prontamente o animal, ali diante deles:

> Tendo novamente vestido sua túnica, o escravo agarrou um punhal e, com a mão vacilando, cortou aqui e ali o ventre do porco. Sem demora, dos cortes que iam se alargando, graças à curvatura formada pelo peso, derramaram-se salsichas com chouriços.

O resultado desse prato é evidente, ainda segundo Rabaza (1992, p. 2): de modo geral, o cozinheiro de Trimalquião "resulta em uma espécie de prestidigitador ou de ilusionista". Ele revela, pois, o elemento festivo de que esse prato se reveste. O porco, aparecendo na forma de enchidos, converte-se em comida moída, desfigurada, alimento e diversão de gente menos privilegiada, das ruas. O contraste, pois, entre forma (*porcus*) e conteúdo (*tomacula*) é clamoroso. O mesmo se dera em *Sat.* 31.11, quando Trimalquião serve *tomacula*, isto é, popularescos salsichões, numa elegante e elitizada grelha de prata, configurando outro gritante contraste cômico.

A verdade é que Trimalquião, cúmplice de todas as farsas que apresenta no banquete, conduz a festa como um maestro. Parece que nada ocorre por acaso ou sem planejamento, como se houvesse por trás das brincadeiras todo um roteiro, tal qual se produzisse um espetáculo teatral.

Genericamente, pois, pode-se citar que fazem parte das brincadeiras de Trimalquião as comidas e a bebida da festa, os jogos, as conversas e as histórias narradas, os sons e as músicas, a algazarra decorrente. Tudo ganha o contorno de brincadeira, indicando o ambiente festivo: por exemplo, a liteira na qual Trimalquião chega ao triclínio acompanhado por um flautista, o jogo de damas que dizia nem ter terminado ainda e que vai continuar à base dos palavrões, os falsos ovos de pavão, o espetáculo de malabarismo e acrobacias que traz para o triclínio, o prato relativo aos doze signos do zodíaco, a menção à sua *depositio barbae* quando jovem, os jogos de palavras que usa, os presentes que distribui como lembrança daquela *cena*, entre muitíssimas outras ocorrências. Além dessas brincadeiras, fora do âmbito específico de Trimalquião, citem-se o exercício que fazem os convidados enquanto tomam uma sauna e, numa brincadeira de mau gosto, o tombo que Habinas dá em Fortunata, fazendo com que a mulher de Trimalquião ficasse de pernas para o ar e descobrindo parte de seu corpo.

Como um último exemplo, pode-se observar como uma deformação do caráter de Trimalquião transforma-se em elemento festivo: o divertimento sensual de que Trimalquião usufrui com seu escravo predileto às costas, que se liga à cena, antes mesmo de a festa começar, em que Trimalquião enxuga os dedos nos cabelos de alguns *pueri delicati*. Na verdade, esse hábito viera de longe, da infância de Trimalquião, herança de seu patrão, além da fortuna digna de um senador (*Sat.* 76.2: *patrimonium laticlauium*) que lhe fora legada e com a qual naturalmente contrasta. Na juventude, Trimalquião fora um *puer delicatus*, isto é, escravo favorito de seu senhor, com quem repartia o leito em amores homossexuais. Trimalquião não percebe que na verdade o patrão o destruía, e não o tornava *hominem inter homines* (*Sat.* 39.4), como pensava. Quando mais velho, também perpetuaria esse tipo de relação com um escravo seu, Creso. Na verdade, Trimalquião mostra-se presa de um processo de deformação psicológica, que o impede de proceder com maturidade, como se pôde ver tanto na questão da infantilidade ligada à paixão pelos jogos, aos trocadilhos com nomes de escravos, às ameaças que resultam em brincadeiras (HENDRY, 1994, p. 23), como na questão da sexualidade, impedida de atingir seu pleno desenvolvimento em razão das práticas a que fora submetido na juventude, comuns a escravos entre os romanos. É Finley (1986, p. 114) que nos orienta na intelecção da deformidade psicológica desenhada por Petrônio em Trimalquião, lembrando que uma análise correta da psicologia do escravo romano deveria considerar seu desenraizamento da pátria e dos parentes; o abuso de tratá-lo, em qualquer idade, com o termo ubíquo *puer*, e a coisificação a que se o submete com os hábitos sexuais dos patrões. Veyne (1961, p. 214) corrobora essa análise e mostra que a terra de origem dos libertos se transformava numa lembrança morta, causando a destruição de seu passado e fazendo deles átomos sem personalidade social, prontos a uma nova existência, o que, parece-me, explica assumirem os valores com os quais são julgados.

Em concordância com as ações referidas, o espaço também aparece revestido de sinais festivos. Embora alguns elementos componham permanentemente a casa de Trimalquião, o modo como são empregados, como são referidos pelo narrador, curioso naquela festa tão estranha e de mau gosto para ele, mostram que contribuem para o hiperativo movimento da *Cena Trimalchionis*.

Dentre os variadíssimos componentes materiais do espaço em que transcorre a festa, destaquem-se, por exemplo, o cão pintado na parede (e que causa a hiperbólica impressão a Encólpio), os painéis também pintados (e ainda dotados de uma legenda) nas paredes a representar a vida de Trimalquião, a ave que recebe os ingressantes, a disposição insólita do triclínio, o teto que se abre para fazer descer perfume sobre os convidados, a sauna em que se exercitam os convidados e em que Trimalquião, bêbado, cantava mal uma série de canções, as portas, distintas, de entrada e saída daquela casa incomum.

Um desses elementos característicos da festa de Trimalquião é o *horologium cum bucinatore*, que dá a conta do tempo que resta de vida a Trimalquião.

> — Quê? Vocês não sabem na casa de quem vai ser o banquete hoje? [9] Trimalquião, homem cheio dos luxos! Até um relógio ele tem no triclínio, mais um tocador de trompa equipado, para saber a qualquer instante o quanto perdeu de vida (*Sat.* 26.8-9).

O sentimento mórbido em relação ao tempo que passa e à morte (em forte oposição ao elemento festivo) aparece muito bem caracterizado aqui, uma vez que, em razão de uma previsão de um certo astrólogo — saliente-se, pois, o elemento superstição —, Trimalquião passa a contar a cada instante o tempo decorrido. Todavia, a considerar que ele ainda tem mais de trinta anos de vida, é possível avaliar as condições do triclínio do liberto, a todo instante estremecido pela reverberação de uma trompa. Pode-se então ter uma idéia do que seria o triclínio de Trimalquião no fim de todo o episódio: após a violenta discussão entre Fortunata e Trimalquião, a afluência da escravaria à mesa e o terrível e agourento canto do galo, via-se que os escravos cantavam para servir, o trompeteiro tocava sua *bucina*, escravos corneteiros tocavam alto e estridentemente uma marcha fúnebre (e em especial um escravo de um agente funerário que acabou acordando toda a vizinhança), e a escravaria toda o chorava; como complemento, aparecem os bombeiros que, arrebentando as portas da casa, invadem o local e tudo tumultuam.

Não menos importantes que os elementos da ação e do espaço, as falas na *Cena Trimalchionis* parecem como elementos constituintes da festa. Ora, chama a atenção, evidentemente, a seqüência das falas (*Sat.* 41.9 a 46.8) em discurso direto, cujos emissores são convidados de Trimalquião, os chamados *colliberti*. Nada mais conveniente para uma festa que uma seqüência de conversas; contudo, é de notar que não se trata exatamente de uma conversa, com uma alternância de turnos mais ou menos freqüente: trata-se, é bem verdade, de uma série de monólogos de temas variados com os quais se examinam mais detalhadamente não só os dados materiais, mas também, e principalmente, os dados psicológicos do grupo social dos libertos. Além dessa seqüência, ocorrem amplos trechos em que uma personagem, um liberto ou um escravo, toma a palavra. É o caso, entre outros, das longas falas de Trimalquião, do discurso de Hermerote, que discorre sobre Trimalquião e Fortunata ou que achincalha os estudantes, a história de lobisomem contada, a descrição da festa da qual vinha chegando Habinas.

No sentido da festa, interessa examinar as histórias — aos moldes de fábulas milésias — que se contam ou pelo próprio Trimalquião ou a seu pedido. Se Trimalquião conta as interessantes historietas do vidro inquebrável e da mão maligna, destaca-se, contudo, a história de lobisomem, contada por Nicerote: os recursos de que se vale esse contador de histórias (e do autor Petrônio em última instância) tornam a narrativa muito atraente: são os dados espaciais e temporais, o suspense, o emprego da etimologia, da prolação de determinadas palavras que divertem aquela platéia praticamente só de homens e, possivelmente, àquela altura já bastante alcoolizados.

Um detalhe, porém, é bastante particular: se na verdade há muitas falas na *Cena Trimalchionis*, elas não são falas dos *scholastici*, representantes da cultura escolar em meio a tantos libertos e escravos, estrangeiros cuja língua materna certamente não era o latim. É que o narrador curioso, bisbilhoteiro (mesmo que ironicamente: *tam dulces fabulas, Sat.* 39.1), parece favorecer a exposição de conversas entre personagens que representam o nível de linguagem não-culto (considerado o padrão do latim clássico), avançando em seu interesse pelo grupo social predominantemente focalizado na *Cena*. Assim, da mesma forma que em várias passagens encontra-se o estímulo de Encólpio a que se pronunciem falas de nível não-culto (*Sat.* 37.1 e 41.9), percebe-se que toda fala que poderia ser de nível culto é substituída por uma simples referência do narrador, e não é relatada: a exigüidade dessas conversas está atestada para Menelau (*Sat.* 27.4), o secretário de Trimalquião (*Sat.* 53.2-5 e 53.7), Agamêmnon (*Sat.* 48.5, 65.5), Encólpio (*Sat.* 49.7, 69.9, 72.5) e Ascilto (*Sat.* 72.6). A forma como as falas de nível culto são omitidas e o tratamento que recebem as falas de nível não-culto (por exemplo, o relato em discurso direto dessas falas, com todos os percalços da língua vulgar registrada por escrito) são dois dados que parecem particularmente importantes na avaliação dos efeitos obtidos pelo narrador em relação à presença desse nível de linguagem exposto na *Cena Trimalchionis*.

Enfim, o registro das falas segundo o modelo desta interpretação, além de atender a certos procedimentos relativos à sátira menipéia, como os ligados ao realismo do submundo, auxilia na caracterização do ambiente e clima festivos, numa reunião em que os convidados se expressam à vontade, sem o constrangimento da cultura escolar do qual não são detentores, exatamente como registra Nicerote na introdução de sua história de lobisomem:

> — Que eu dê adeus a tudo que eu já ganhei na vida se já não faz muito tempo que eu ando estourando de felicidade de te ver assim. Vá lá, que tudo seja só de brincadeira, se bem que eu tenho medo de que essa gente estudada se ria de mim. Só que eu vou contar; eles vão ver. Que me importa quem ri? É melhor o riso que o ridículo (*Sat.* 60.3-4).

Ou Equíon, em sua aguda percepção:

> —Acho que você pensa, Agamêmnon: "Que é que esse chato fica repetindo?" É que você, que pode falar, não fala. Você não é que nem um da gente, e por isso faz pouco do jeito que o pobre fala. A gente sabe que por causa do estudo você virou um idiota. Mas... e daí? (*Sat.* 46.1) 2

Entretanto, para os *scholastici*, a festa vai chegando ao fim. Ao convite de Trimalquião para um novo banho, os estudantes preparam a fuga daquela casa, durante a qual desenha-se um dos tantos sinais de carnavalização da *Cena Trimalchionis*, residente aqui no desrespeito à fórmula ritual exigida por Trimalquião para a saída da casa e declarada pelo atriense:

> — Você está enganado se pensa que pode sair por onde entrou. Nenhum convidado jamais saiu pela mesma porta; entram por uma, saem por outra (*Sat.* 72.10).

Claro, tudo relacionado à fórmula supersticiosa de entrada no triclínio (AQUATI, 1991, p. 307):

> ...estávamos quase entrando no triclínio quando um dos escravos, ali posicionado exatamente para essa função, gritou: — Pé direito! (*Dextro pede!*) (*Sat.* 30.5)

Acerca das duas portas, uma para entrada, outra para saída, que deve cruzar qualquer convidado de Trimalquião, é preciso lembrar que os infernos têm também portas de entrada e saída distintas (CAMERON, 1970, p. 405, nota 06), o que configura uma alusão literária que rebaixa todo o aparato com que Trimalquião recebera seus convidados: a casa de Trimalquião é de alguma forma o inferno, ou, talvez, combinação de sombras, mundo ao qual falta senso de realidade — e coloca toda a festa de Trimalquião na perspectiva de uma contrapartida petroniana da descida de Ulisses e Enéias aos infernos (CAMERON, 1970, p. 406), à qual não falta sequer um Hermerote à guisa de um Tirésias ou Anquises. De resto, uma descida aos infernos aparentemente não é incomum à sátira menipéia, a julgar pela *Necromancia* do próprio Menipo de Gadara ou da *Apocolocintose*, de Sêneca (REGO, 1989, p. 31).

Por outro lado, os estudantes, depois do banho involuntário, passam ao estado de pobres coitados, fechados naquele novo tipo de labirinto (*Sat.* 73.1), fazendo supor que a casa de Trimalquião seria não somente o Hades, como também o labirinto da mitologia (CAMERON, 1970, p. 419), incluindo-se nele um monstruoso anfitrião, o Trimalquião-Minotauro. Nessa passagem é possível, então, como visão crítica da sátira menipéia, enxergar uma alusão, metafórica, à situação da vida social e política da época por detrás de suas palavras: a *homines miserrimi* equivaleria "humanidade contemporânea" ou os próprios romanos e *noui generis labyrintho* à "realidade romana". Tudo se passa como se Petrônio inserisse no discurso das personagens e do narrador palavras críticas dele próprio referentes ainda à sua própria realidade, e essas palavras, incorporando uma ambivalência natural, ganhassem, dentro do contexto da situação, um outro significado válido para a economia da narrativa, que, aliás, é em larga medida irônica e hiperbólica, porque são palavras do narrador que exagera, por deleite, sua própria situação.

O fecho da *Cena Trimalchionis*, com a morte encenada de Trimalquião, indica o renascimento dos estudantes ao romperem as fronteiras da casa do liberto, escaparem da festa e ganharem o mundo. Esse encerramento não deixa de ser singular, pré-assinalado que fora por um anticlímax com sinais específicos que enganosamente levavam o leitor a pensar numa finalização: a fuga a um novo banho e ao banquete e o cachorro que os assusta. A presença desse animal quase no final da *Cena Trimalchionis* parece ser um recurso de que lança mão o autor para levar a cabo a técnica da circularidade, já que fizera com que Encólpio se assustasse com um cão pintado num mural. Todavia, mais interessante é uma estranha e cômica inversão que ocorre: esse cão que assusta os estudantes impede as pessoas de sair, não de entrar, exatamente o contrário dos atributos de um cão de guarda, ou hiperbolicamente, o infernal Cérbero (BALDWIN, 1995, p. 17). Por fim, é preciso observar que todo esse processo que envolve tanto esse *canis pictus* de *Sat.* 29.1 quanto o *canis catenarius* de *Sat.* 72.7 nada mais é que um jogo criado por Trimalquião: o *caue canem* de *Sat.*29.1 é apenas um alerta para o final. No começo não há cão com que se acautelar, porque o cachorro não está lá, mas o aviso, sim. No final está o cachorro, com o qual era preciso tomar cuidado: os estudantes, esquecidos e descuidados, não tomam qualquer precaução, de modo que a pilhéria é certa e Encólpio e Ascilto, com o susto, caem na água. De qualquer forma, a tentativa de fuga é desastrosa para os estudantes: o banho, quente (*Sat.* 72.4), que procuravam evitar, acabam tomando, acresce que frio (*Sat.* 72.8). Também, perdem tudo o que haviam amealhado durante o banquete, em conseqüência do procedimento de Gitão para com o cão, paródia clara de certa passagem da *Eneida* (6.419.23) em que Cérbero é posto para dormir com uma mistura soporífera a fim de franquear a passagem a Enéias (COURTNEY, 1987, p. 409). É, com grande possibilidade, outro elemento festivo planejado por Trimalquião que, por esse meio, indica que, do começo ao fim, está atento à movimentação de sua festa.

Enfim, é evidente que o eixo temático "festa" é rica e criticamente desenvolvido na *Cena Trimalchionis* com recursos bem marcados da paródia, da ironia, da intertextualidade atendendo às características básicas da sátira menipéia, veículo da visão crítica de Petrônio: pobre homem presa fácil do labirinto.

BIBLIOGRAFIA

AQUATI, Cláudio. ***Cena Trimalchionis*. Estudo e tradução**. São Paulo: FFLCH - USP, 1991, Dissertação (Mestrado em Letras).

AQUATI, Cláudio. **O grotesco no *Satíricon***.Tese (Doutorado em Letras). São Paulo: FFLCH - USP, 1997.

AUERBACH, Erich. **Mimesis.** 2.ed. São Paulo: Perspectiva, 1976.

BAGNANI, Gilbert. The house of Trimalchio. **American journal of philology**. v.75, nº01, pp.16-39, 1954.

BALDWIN, Barry. Drunk'n dog: Petronius 72.9. **Petronian Society Newsletter**, vol.25, nº01 e 02, Apr., pp.16-17, 1995.

CAMERON, Averil M. Myth and meaning in Petronius: some modernes comparisons. **Latomus**. v.29, fasc.02, pp.397-425, 1970.

COURTNEY, E. Petronius and the underworld. **American journal of philology**. v.108, nº 02, pp.408-410, 1987.

FINLEY, M. I. **A economia antiga**. 2.ed., Porto: Afrontamento. 1986.

HENDRY, Michael. Trimalchio's *canis catenarius*: a simple solution?. **Petronian Society Newsletter**, vol.24, nº 01 e 02, pp.23-24, Jun.,1994.

PÉTRONE. **Le Satiricon**. Texte établi et traduit par A. Ernout. Paris: Les Belles Lettres, 1950.

PETRÔNIO. **Satíricon**. Trad. de C. Aquati. São Paulo: Cosac & Naif, 2005. (No prelo).

RABAZA, Beatriz et *alii*. **Cena Trimalchionis**: la identidad ficcional del liberto. Araraquara: Sociedade Brasileira de Estudos Clássicos, 1992. (Mimeogr.).

REGO, Enylton José de Sá. **O calundu e a panacéia. Machado de Assis, a sátira menipéia e a tradição luciânica**. Rio de Janeiro: Forense Universitária, 1989.

VEYNE, Paul. Vie de Trimalcion. **Annales**, nº 02, pp.213-247, Mars-Avril, 1961.

VIRGILE. **Énéide**. Texte établi par R. Durand et traduit par A. Bellesort. Paris: Les Belles Lettres, 1952.

MÚSICA E GÊNERO NO BANQUETE: O REGISTRO DA ICONOGRAFIA ÁTICA E DOS TEXTOS ANTIGOS (SÉC. VI-V a.C.)[1]

Fábio Vergara Cerqueira*

Por meio de análises quantitativas e qualitativas, apoiando-se em um intenso diálogo entre o registro imagético e o registro textual, procuraremos apresentar, aqui, algumas constatações referentes aos simbolismos culturais associados aos instrumentos musicais, no âmbito do banquete grego antigo, relativamente à questão de gênero. As abordagens de gênero desenvolvidas neste estudo propõem um modelo compreensivo da organização do universo amoroso grego, evidenciado nas representações do uso dos instrumentos musicais pelos convivas, registradas nas pinturas internas e externas de recipientes cerâmicos áticos.

Caracterização do banquete e de seus componentes musicais

Para começar a conversa, de que banquete tratamos aqui? Trata-se do *sympósion*, uma forma específica de festividade doméstica que se desenvolveu na Hélade a partir de fins do século VII ou inícios do VI. Os *sympósia* constituíam um modelo específico de reunião social, o qual se desenvolveu num processo original de assimilação de influência estrangeira no quadro de uma nova realidade *políade*. Podemos caracterizar o *sympósion*, em termos genéricos, como uma forma de reunião, em que os convivas trocavam idéias, bebiam, cantavam, tocavam instrumentos e recitavam poemas, e, com o avançar da hora, embriagados, eventualmente se entregavam a prazeres de ordem sexual. O aspecto gastronômico, predominante nos *deîpna*, cedia lugar à dimensão etílica, poética, musical e erótica.

Segundo a arqueologia, o *sympósion* propriamente grego se desenvolveu na Grécia continental na passagem do século VII para o VI, como o atestam, num primeiro momento, a cerâmica coríntia, e, subsequentemente, a cerâmica laconiana e ática. A iconografia continental apresenta já algumas peculiaridades dessa forma grega de banquete: os personagens encontram-se reclinados sobre divãs (*klinaí*); as mulheres, sempre *hetairai* e não do círculo familiar dos cidadãos, acompanham com freqüência os personagens masculinos.

*Professor doutor de História Antiga da UFPel. Vice-presidente da SBEC.

O testemunho literário confirma o registro arqueológico. Muitos dos versos de Alcman ambientam-se, já nas últimas décadas do século VII, numa reunião com as características do *sympósion* clássico. Alceu fala de reuniões em que os comensais bebem em conjunto. Nele encontramos os termos *sympósion, sympósia, pósis, sympótēs, sympíneis.*

A literatura e a iconografia nos permitem conhecer detalhadamente o desenrolar do *sympósion* clássico, revelando-nos sua natureza de uma espécie de clube de beberrões. O objetivo do *sympósion* era beber; ou melhor, embebedar-se. Poderíamos descrever detalhadamente o transcorrer desta festa, mas aqui nos interessa uma particularidade sua: o componente musical.

Enquanto bebiam, cantavam e tocavam instrumentos musicais; mais tarde, embalados pelo vinho, muitos dançavam. No *sympósion*, havia uma estreita relação entre a bebedeira e a música. Aristófanes lembra que a forma mais agradável de se beber num banquete era acompanhado por uma ária de *aulós* (ARISTÓFANES. *Acarnenses*, v. 752). Em outra passagem, descreve um personagem que, após ter bebido bastante e escutado tocar *aulós*, ficou enlouquecido de alegria e pôs-se a dançar toda a noite, sem descansar (ARISTÓFANES. *As Vespas*, vv. 1477-79).

Uma das características mais marcantes do banquete, no período entre a segunda metade do séc. VI e as últimas décadas do século V, era que praticamente todos os convivas divertiam-se com a música. Não no sentido de ouvirem ou dançarem; eles, de fato, cantavam ou tocavam algum instrumento; mais que ouvintes, eram agentes musicais ativos. Raros eram os homens de boa sociedade que não sabiam cantar e tocar instrumentos musicais. No escólio a Aristófanes, *As Vespas* 1216, lemos: "*Qual skólion você cantará em resposta a ele? Todos nos sympósia deviam cantar acompanhados da lýra; aqueles que não soubessem cantar seguravam um ramalhete de louro ou mirto enquanto cantavam.*"

As canções do banquete eram denominadas *skólion*. Os *skólia* eram cantados, alternadamente, em solo e em grupo; os comensais se revezavam, um iniciava e outro continuava. Muitos conseguiam entoar sozinhos odes de Stesichoros. Em outros momentos, entoavam em grupo, quase gemendo, oportunidade em que os pouco dotados para o canto, como o Sócrates do *Banquete* de Xenofonte, pegavam carona no coro dos convivas e cantavam junto. O repertório variava bastante, indo dos líricos tradicionais, como Alceu, Safo e Anacreonte, até Homero, Platão, Ésquilo, Simônides, Baquílides, Sófocles e Eurípides (LAMBIN, 1992, p. 223-69).

A partir do último quartel do século V, percebemos sensíveis mudanças no tocante ao elemento musical no banquete. Muitos dos convivas se tornaram reticentes em tocar instrumentos musicais e cantar acompanhando-se com um instrumento enquanto bebiam; preferiram delegar essa função a personagens contratados para divertir. Precisamos localizar essa modificação da postura face à atividade musical no contexto da reação da ideologia do trabalho cidadã à profissionalização do ofício do músico e ao avanço da *Nova Música*, considerada pelos conservadores atenienses como um modismo forasteiro provindo da Ásia Menor.

O repertório do banquete perpetuou-se ao longo de toda Antigüidade. Associado aos beberrazes, foi objeto de crítica de pensadores cristãos, como Clemente de Alexandria, que denunciou "*os excessos sem pudor dos bebedores de vinho*" e "*a florida música prostituída*" das "*harmonias cromáticas*" dos banquetes (CLEMENTE DE ALEXANDRIA. *Pedagogo,* II.4.44; JOÃO CRISTÓSTOMO. *Sobre o psalmo,* XLI.2).

Estudo iconográfico da música no banquete

O estudo do elemento musical na documentação iconográfica foi feito com base na identificação das cenas com instrumentos musicais. Foram inventariadas 165 cenas de *sympósion* com instrumentos. Os pintores mais freqüentes são o Pintor de Brygos (12 vasos), Duris (8) e Makron (3), sugerindo que o período de maior concentração de nossos vasos se situa nos primeiros 30 anos do século V.

Na classificação do material iconográfico no catálogo, separamos a documentação conforme o tipo de instrumento figurado: *aulós*, *bárbitos*, *lýra* e *phórminx*.[2] Considerando a totalidade das cenas em que os tipos de instrumentos estão representados, chegamos à conclusão de que o *aulós* e o *bárbitos* foram os instrumentos mais representativos, como indica o quadro abaixo:

Quadro 1: Comparativo da evolução cronológica dos instrumentos musicais na iconografia do banquete

	600-550	550-525	530-500	505-470	475-445	450-420	425-400
Aulós	1	8	24	37	14	9	8
Bárbitos	0	0	12	16	5	4	0
Lýra	3	1	3	8	3	4	4
Phórminx	0	0	3	0	0	0	0

Se considerarmos o conjunto do período de 600 a 400, dentro da amostragem que alcancei em meu inventário, chegamos aos seguintes números: 60% *aulós*, 22% *bárbitos*, 16% *lýra*, 2% *phórminx*. O predomínio do *aulós* é absoluto. Passadas várias modas, como foi o caso do *bárbitos*, o *aulós* se manteve como o instrumento mais tradicional para o acompanhamento dos *skólia*. Já no séc. VII, Mimnermos, depois de muito sofrimento amoroso, escolheu o som doce do *aulós* para expressar sua ternura por Nanno durante os banquetes (Apud. ATENEU. 13.597). No séc. V, Ibycos compunha suas canções libidinosas e luxuriantes para serem acompanhadas com o *aulós* (Pap. Oxyrhinchos 2735 - i, fr. 1 [S 166]). As elegias, cantadas freqüentemente nos banquetes, eram originalmente acompanhadas pelo *aulós* (PLUTARCO. *Música*, 8)[3]. Havia inclusive um *aulós* próprio para o banquete, que Anacreonte chamava de 'meigo'. Era o *aulòs paidikós*, cujos tubos tinham a metade do tamanho e três orifícios em vez de seis (ANACREONTE, *apud.* ATENEU 4.177a–182c); o *aulòs paroínios* era muito usado pelos convivas (PÓLLUX. IV, 80)[4].

O quadro evidencia também a ascensão e queda do *bárbitos*. Introduzido em Atenas durante a corte de Hípias, com a vinda de Anacreonte, tornou-se logo uma moda entre a boa sociedade ateniense que freqüentava os banquetes. Era visto em Atenas como um instrumento oriundo da Iônia. Acreditavam que Alceu e Safo já utilizassem o *bárbitos* no banquete em Lesbos (Pap. Oxyrrhinchos 1234 - i, fr. 2[1-13])[5]. A predileção pelo *bárbitos* foi mais marcante entre 525 e 470, aproximadamente. A partir do segundo quartel do século V, tornou-se menos comum. Entre os anos 450 e 420, ao ficar raro no banquete, passou a ser representado com freqüência em mãos de mulheres no gineceu. Finalmente, desapareceu da iconografia ática nas duas últimas décadas do século V.

Outro dado que o quadro nos aponta, que será analisado mais detalhadamente, é o lugar secundário da *lýra* no banquete. Sendo um instrumento ligado à educação e, por conseguinte, aos meninos, fica deslocado no *sympósion*, um ambiente adulto e de extravasamento etílico.

A análise específica da iconografia de cada instrumento, em particular, permite abordar algumas questões sociais e culturais significativas. Com esse objetivo, classificamos as cenas dos vasos segundo três critérios: gênero, idade e situação do instrumento (se está pendurado na parede ou sendo tocado). Isso nos permitirá abordar a questão do simbolismo amoroso dos instrumentos e sua relação com as condições de efebo (e *eromenos*), adulto (e *erastés*) e hetaira. Além disso, fica sugerida a relação da *lýra* com o ensino, da *phórminx* com o patronato das Musas, do *bárbitos* com o amor e amizade convivais (entre iguais, livres) e do *aulós* com o amor carnal. Ao longo do texto, os vasos inventariados são citados com a referência "cat.", concernente à sua classificação em: CERQUEIRA, Fábio Vergara. *Os instrumentos musicais na vida diária da Atenas tardo-arcaica e clássica (550-400 a.C.). O testemunho de vasos áticos e de textos antigos.* 3 volumes. Tese de doutorado. São Paulo: Universidade de São Paulo, 2001.

Aulós

Quanto à caracterização social dos executantes de *aulós* (gênero, idade e condição social), a quantificação dos testemunhos iconográficos leva-nos aos seguintes números: mulher, 63 exemplares; adulto, 11; efebo, 30; acólito, 3.

Esses dados nos apontam o predomínio das *hetairas* na arte do *aulós*, ao identificarmos as cenas em que temos mulheres, jovens, adultos ou escravos tocando o instrumento. Do total, 59% são cortesãs, 28% efebos, 10% adultos e 3% acólitos. Cortesãs (cat. 113) e acólitos (cat. 123) complementam um mesmo espaço: atuam como serviçais; elas servem com música, dança e prazer sexual; elas servem o repasto e o vinho, mas eventualmente servem também como objeto sexual dos adultos. A hierarquia fica evidenciada também na posição: hetairas e acólitos tocam o instrumento sempre de pé, diante da *kliné*, diferentemente dos adultos e efebos, que tocam seus instrumentos acomodados sobre a *kliné*. Ora, nos poucos vasos em que um acólito toca um instrumento, toca somente o *aulós*, de forma semelhante às hetairas, às quais não é permitido tocar *lýra* ou *bárbitos* no banquete[6]. Isso reforça o aspecto exposto anteriormente: a forte ligação entre o *aulós* e o amor cortesão, que é um amor do homem livre por um personagem hierarquicamente inferior na escala social, a hetaira; um amor que envolve prazer e poder, mas não necessariamente afeto.

A presença de *aulētrídes* nos banquetes era considerada quase indispensável. O costume foi introduzido entre os gregos em algum momento do séc. VII. O termo *aulētrís* apareceu pela primeira vez num epigrama, falsamente atribuído a Simônides (178). Dispensar os serviços das musicistas de um banquete, após sua disseminação em Atenas, é algo que poderia ser pensado tão-somente em festas nas quais os convivas resolvessem desviar dos hábitos comuns, como no banquete descrito por Platão (*Banquete*, 176e; *Protágoras* 347)[7]. O próprio Platão opõe os banquetes (como *sympósia*) às reuniões comuns (*synodoi*) e refeições (*deîpna*), caracterizando-os como festas aparatadas com *aulētrídes* (*aulētrísi kwmoi*) (PLATÃO. *Teeteto*, 173d). Eram contratadas para, soprando o *aulós*, acompanhar os convivas que cantavam os *skólia*. Mas não vinham somente para isso: eram pagas para tocar o *aulós*, mas também para dar prazer (TEOFRASTO, *Caracteres*, XX, *O impertinente* 10). Na cratera campaniforme Munique 9475 (cat. 117), vemos que um dos convivas tenta acariciar com sua mão a *aulētrís* que passa diante da *kliné* soprando *aulós*, demonstrando assim seu desejo pela musicista.

Observe-se que, distintamente da nudez das cortesãs representadas nas cenas de *porneion*, as *aulētrídes* costumam estar vestidas. É o caso, por exemplo, de uma *kýlix* do Pintor de Colmar (cat.

113 – FIG. 1), em que a *aulētrís* veste um fino *khitón* pregueado com *kolpós*. No entanto, é provável que, na hora certa, tirem suas vestes e entreguem-se aos prazeres desejados pelos convivas adultos e jovens – isso é o que retrata a *kýlix* de New Haven (cat. 108), em que uma moça nua e um jovem deitados sobre uma *kliné* acariciam-se, enquanto ela segura com a mão direita os tubos do *aulós*.

Mesmo vestidas, em muitos casos a sensual transparência das vestimentas insinua um erotismo impregnado na função de *aulētrís* – é o que ocorre numa *kýlix* de Makron do Metropolitan (cat. 114).

Ch. Starr, em seu estudo sobre a *aulētrís*, afirma que era a profissão economicamente melhor remunerada para uma mulher na antiga Atenas (STARR, 1978, p. 407). Compreende-se a preocupação dos legisladores atenienses em impedir que se paguem mais de dois dracmas pelos serviços dessas musicistas, incluindo harpistas e citaristas (ARISTÓTELES, *Constituição de Atenas*, 50.2). Porém, como algumas delas se tornavam muito disputadas, alguns lhes ofereciam remuneração acima daquela estabelecida por lei, como é o caso dos metecos acusados por Hipérides (HIPÉRIDES, *Em defesa de Euxenippos* 3). A remuneração de dois dracmas, fixada por lei, garantia às musicistas um salário diário que equivalia no mínimo a um dia de labuta de um trabalhador manual especializado nos finais do séc. IV (STARR, 1978, p. 406).

Projeção social algumas delas adquiriam, mesmo quando eram escravas. No final do séc. IV, por exemplo, a *aulētrís* Lamia tornou-se amante de um famoso general, Demetrios Poliorcetes, vindo a ser reverenciada como Afrodite Lamia em Atenas e Tebas (DEMOCHARES FGRH F 1; Cf. PLUTARCO. *Demétrios* 27).[8]

Nem sempre essas *aulētrídes* eram bem vistas. Muitas vezes seus hábitos eram associados aos de prostitutas pobres, que devoravam durante o banquete tudo que pudessem comer e beber, dada a sua escassez de recursos materiais (MENANDRO. *A samiana*, 564-7). Mesmo que pudessem constituir uma categoria especial, em termos genéricos as *aulētrídes* eram incluídas na categoria das hetairas (THEOPOMPOS. *FGrH* F 213). Num vaso do Pintor de Ambrosios, lemos a inscrição *obole* junto à figura de uma *aulētrís*, sugerindo talvez a condição de prostituída.

Quanto ao uso do *aulós* no banquete por parte de personagens masculinos, conforme apontamos acima, constatamos sua ocorrência associada a homens adultos em 10% das cenas de banquete com representação deste instrumento. Não havia interdição alguma para os homens livres, adultos ou jovens: podiam tocar o *aulós*, e muitos o faziam com grande prazer (efebos: cat. 129; 131; 132; adultos: cat. 138). A referência mais antiga a um *aulētés* acompanhando o canto de um conviva encontra-se num trímetro de Arquíloco.[9] Os números apontam que muitos jovens aproveitavam essas festas para mostrar as habilidades aprendidas na escola, executando no *aulós* peças do repertório convival. Em muitos casos, as fontes escritas indicam que os *eromenoi* tocavam *aulós*, no banquete, sentados junto a seu amante. Esta é a cena que vemos, provavelmente, nas *kýlikes* Berlim F 2298, do Pintor de Triptolemos (cat. 132) e Munique 2646, de Duris (cat. 129). Os jovens que freqüentavam os banquetes de Teógnis, na conturbada Mégara da segunda metade do séc. VI, costumavam tocar *aulós*. Para ele, são os *auloí* dos jovens amáveis que celebram o amor com graça e belos acentos sonoros. Ele se comprazia em ouvir um efebo soprar o *aulós*, enquanto bebia. Do mesmo modo, afirmava que os jovens se regozijavam em cantar ao som do *aulós* executado por outros rapazes (TEÓGNIS, *Poemas elegíacos*, vv. 238-43; 233-4; 1063-8) - é o que vemos na *kýlix* do Metropolitan, 16.174.41, do Pintor de Colmar (cat. 131), em que um jovem, diferenciando-se dos demais pelo seu boné cita, sopra o *aulós*, enquanto seus companheiros cantam, bebem e brindam.

Aristófanes, igualmente, fala de um menino (*paidárion*), *eromenos* de seu personagem Eurípides das *Tesmoforiazusas*, que o acompanha num banquete levando seu instrumento de sopro. No entanto, escrevendo mais de um século depois de Teógnis, apreciava desdenhar a arte do *aulós*: Eurípides – o personagem aristofânico – pede assim a seu companheiro que toque uma "ária pérsica", isto é, efeminada e voluptuosa (ARISTÓFANES. *Tesmofórias*, v. 1175).

Bárbitos

Comparando-se as cenas em que o *bárbitos* está sendo tocado com aquelas em que aparece no campo ou sendo segurado por um dos personagens, constata-se que é um instrumento que aparece majoritariamente sendo tocado, evidenciando sua adequação ao contexto do banquete: na totalidade do período, em 68% das cenas ele é tocado, nos 32% restantes estando no campo ou sendo segurado.

Quanto à relação do *bárbitos* com grupo de gênero e idade, apresentando-nos a caracterização social dos executantes do *bárbitos*, chegamos aos seguintes números: adulto, 23 exemplares; efebo, 13. Não identificamos sequer um exemplo de acólito ou hetaira tocando *bárbitos*. Apesar de ser reconhecidamente um instrumento de origem estrangeira, associado simbolicamente aos hábitos orientais, introduzidos em Atenas por Anacreonte entre a aristocracia do tempo dos Psistrátidas, o *bárbitos* adquiriu elevado *status* social.

Assim, no contexto do *sympósion*, o *bárbitos* é um instrumento masculino; e, mais que isso, adulto. Na iconografia, aparece associado ao homem adulto numa relação de praticamente 2 (adultos) para 1 (jovem). Inclusive, quando os jovens tocam o *bárbitos* (cat. 141), eles não o fazem enquanto efebos remanescentes do mundo juvenil e escolar; fazem-no como indivíduos masculinos que saem do mundo infantil e ingressam no mundo varonil dominador dos cidadãos. O *bárbitos* marca a passagem. Ao tocar o *bárbitos*, o jovem se pretende adulto, deixando de lado a *lýra* juvenil que o faz ser visto como uma criança.

A utilização do *bárbitos* no *sympósion* e no *kômos* associa-se a um costume particular no universo masculino ateniense: o travestismo[10]. Mantendo-se como uma prerrogativa masculina, o *bárbitos* aparece associado a homens barbudos vestindo trajes femininos: *khitón* com *kolpós*, *kekrýphalos*, *sákkos*, mitra, brincos e até mesmo sombrinhas (ARISTÓFANES. *Tesmofórias*. vv. 137-39; 151-52). O registro da iconografia dos vasos áticos nos aponta o período entre a segunda metade do século VI e a primeira metade do século V como a época de vigência dessa moda difundida entre membros da aristocracia ateniense. A tradição dos textos atribui a introdução desse costume à chegada de Anacreonte (ARISTÓFANES. *Tesmofórias*. vv. 162-3) na corte de Hípias nos finais dos anos 20 do século VI, vindo da corte orientalizada do tirano Polícrates de Samos. Do mesmo modo, muitos autores atribuem a Anacreonte a difusão do *bárbitos* em Atenas. Constata-se assim uma ligação entre o *bárbitos* e a moda dos *drag-queens* atenienses.

Como testemunho iconográfico da associação entre o *bárbitos* e o conviva adulto, consideremos a *kýlix* de Epiktetos, conservada hoje no J. P. Getty Museum e pertencente originariamente à coleção Molly e Walter Bareiss (cat. 145 – FIG. 2), na qual vemos um homem calvo recostado, acomodado sobre uma almofada, acompanhando o seu canto com o *bárbitos*. As convenções iconográficas são muito evidentes para indicar que está cantando: tem a cabeça inclinada para cima e a boca aberta; seu olhar é evasivo, dirigido para cima, para o nada, quase numa absorção e num torpor dionisíacos, próprios da atmosfera do banquete. É o olhar de quem, introspectivo e dominado pela música, busca inspiração[11].

Lýra

O lugar secundário da *lýra* no banquete pode ser averiguado no quadro abaixo:

Quadro 2: Situação da lýra (sendo tocada, no campo ou na mão de um personagem)

	600-550	550-525	530-500	505-470	475-445	450-420	425-400
Tocada	0	0	1	4	1	0	1
No campo	3	1	1	2	0	1	1
Na mão	0	0	1	2	2	3	2

Instrumento pedagógico, mestre da educação juvenil ateniense, entra no *andrón* acompanhando os efebos convidados. No entanto, na maioria das vezes, é abandonado, ficando pendurado na parede (cat. 150), enquanto o *aulós* e o *bárbitos* dominam a cena. Assim, para a totalidade do período, temos 29 cenas (80%) em que a *lýra* está no campo (cat. 149; 150) ou na mão de um dos personagens (cat. 151; 153) e 7 (20%) em que está sendo tocada (cat. 155).

É importante destacarmos, porém, que a *lýra* não ocupou sempre esse lugar secundário: na primeira metade do séc. VI, era ainda o principal instrumento do banquete, fosse identificada como *phórminx*, *khélys* ou *lýra*. Na iconografia coríntia e ática de fins do séc. VII e primeiras décadas do séc. VI, vemos, no campo, um instrumento de corda com carapaça de tartaruga como caixa de ressonância, a *khélys* (*lýra*), inventada por Hermes (cat. 149)[12].

Para Benedetta Bessi, a opção dos pintores por não representar a *lýra* sendo tocada não significaria que ela não o fosse; significaria, outrossim, que tocá-la fosse tido pelos pintores como um ato banal, comum aos outros instrumentos. Assim, os pintores optariam por representar um gesto mais especial, a passagem da *lýra* de um para outro conviva, de modo a se revezarem na execução das melodias. Essa prática de passagem da *lýra* está bem atestada nas fontes literárias; com base nisso, B. Bessi interpreta que os pintores representam esse costume nas cenas em que um conviva segura a *lýra* pela mão, aparentemente oferecendo-a a outro (cat. 151; 153) (PLUTARCO. *Propostas de mesa* I, 1-3; ATENEU, XIV 628d; XV 694 a-b).

A relação da *lýra* com os jovens está evidenciada na quantificação de suas ocorrências iconográficas nos vasos áticos: 12 exemplares (80%) com jovem tocando ou segurando o instrumento; 3 exemplares (20%) com adulto tocando ou segurando; 10 com o instrumento suspenso no campo; nenhuma ocorrência com mulher associada à *lýra*. A fronteira social colocada pela *lýra* é clara: é o instrumento da educação do jovem cidadão ateniense, pelo qual ele assimila a tradição que o insere musicalmente na comunidade.

Se considerarmos o perfil musical do adulto no banquete, veremos que toca *bárbitos* em 23 casos, *aulós* em 11 e empunha a *lýra* em 3, sem tocá-la. Entendemos que era encarado como inadequado para um adulto tocar a *lýra* no banquete, o que eventualmente poderia parecer até ridículo, uma vez que era vista como um instrumento juvenil. Não afirmamos com isto a impossibilidade de um conviva adulto tocar a *lýra* no banquete. Assim, diante do progressivo abandono do *bárbitos* entre os indivíduos da boa sociedade, ocorrido entre os anos 475 e 400, alguns personagens são associados pelos pintores de vaso à *lýra*. Sobre a *kýlix* do Pintor de Euaion (cat. 151), a ação descrita é muito clara: o acólito está alcançando a *lýra* para o conviva com barba, que estende o braço para recebê-la. Essa *kýlix* do segundo quartel do séc. V constitui, para nós, prova de que convivas adultos podiam tocar a *lýra* juvenil nos banquetes.

No final do séc. V valoriza-se mais a questão da imaginária cidadania ateniense da *lýra* em oposição à suposta cidadania tebana do *aulós* e à origem oriental do *bárbitos* e do *aulós*. Compreendemos, assim, a coerência ideológica da cratera de Madri (cat. 153), em que vemos uma *lýra* empunhada por um adulto, num gesto de aclamação, num vaso pintado, provavelmente, pouco após a restauração da democracia ateniense (401 a.C.), no qual o caráter nacionalista da democracia vencedora está simbolizado na presença de uma Niké, absolutamente incomum no contexto do *sympósion*.

Considerações finais: da simbologia dos instrumentos musicais no plano social e amoroso, com ênfase nos estudos de gênero

A utilização dos instrumentos musicais na iconografia do banquete registra uma coerência entre a significação atribuída aos instrumentos e os espaços sociais ocupados pelos agentes que fazem uso deles. O banquete é um ritual cotidiano de lazer pelo qual se afirma a ordem social vigente, a partir da ótica do cidadão livre de boa extração social. No *sympósion*, a primazia masculina do *polîtés*, homem adulto livre e cidadão, se afirma sobre a condição servil de mulheres cortesãs e jovens escravos, que estão a serviço do prazer varonil, bem como sobre jovens livres, futuros cidadãos, com os quais os homens adultos estabelecem relações homoeróticas. Nessa teia de relações sociais e amorosas, os instrumentos musicais não são utilizados de forma aleatória.

O *aulós* aparece ligado ao amor carnal que os homens encontram junto a hetairas e acólitos. A presença de *sybénai* (estojos de *aulós*) em cenas de *porneîon* reforça sua ligação com a dimensão sexual do amor – podemos imaginar, inclusive, a relação metafórica entre o tubo do *aulós* e o pênis. Na simbologia amorosa dos instrumentos, parece haver uma relação do *aulós* com a condição passiva. No contexto das relações de pederastia, muitos poetas, como Teógnis e Anacreonte, discorrendo sobre suas experiências como *erastai* (amantes), referiam-se ao *aulós* tocado por seus *eromenoi* (jovens amados). As estatísticas da iconografia do banquete confirmam que muitos efebos tocavam o *aulós* ao lado de seus amantes.

Diferentemente, quando esses poetas falam sobre como externavam seu amor por meio da música, fazem referência à *lýra*, *phórminx* ou *bárbitos*. Conforme o registro iconográfico, os homens fazem uso predominantemente do *bárbitos* quando estão em companhia de seus jovens amantes e de suas cortesãs. Ao jovem, como aspirante de cidadão e membro da comunidade de homens livres, na condição de efebo, é permitido tocar o *bárbitos* no banquete; além disso, aprecia bastante fazê-lo, pois, enquanto a *lýra* o liga à infância, com o *bárbitos* sente-se como um partícipe do mundo dos adultos.

A *lýra* aparece no banquete ocupando um lugar secundário: é um atributo iconográfico dos efebos, provenientes do mundo escolar. Porém, raramente a tocam; numa festa de adultos, parecia mais adequado deixá-la num canto, suspensa na parede, enquanto o *aulós*, o *bárbitos* e o canto desenham a atmosfera musical. Acrescente-se que, dada a ligação simbólica da *lýra* com o homoerotismo, os pintores evitaram representá-la nas mãos de hetairas.

DOCUMENTAÇÃO ICONOGRÁFICA:

cat. 113 = *Kýlix*. Figuras vermelhas. Pintor de Colmar. (ARV^2 355/45) Paris, Louvre, G 135. 500-490 (FIG.1).

cat. 114 = *Kýlix*. Figuras vermelhas. Makron. Assinado por Hieron como ceramista. (ARV^2 467/118; Para 378; Add^2 245) Nova Iorque, Metropolitan Museum of Art, 20.246. Em torno de 480.

cat. 117 = Cratera em sino. Figuras vermelhas. Sem atribuição. Munique, Antikesammlung, 9475. 400-380.

cat. 123 = *Kýlix*. Figuras vermelhas. Pintor de Euaion. Paris, Louvre, G 467. Em torno de 460.

cat. 129 = *Kýlix*. Figuras vermelhas. Duris. (ARV^2 437/128; Para 375; Add^2 239) Munique, Antikesammlung, 2646. Final do primeiro quartel do século V.

cat. 131 = *Kýlix*. Figuras vermelhas. Pintor de Colmar. (ARV^2 355/35; Add^2 221) Nova Iorque, Metropolitan Museum of Art, 16.174.41. Em torno de 500.

cat. 132 = *Kýlix*. Figuras vermelhas. Pintor de Triptolemos. (ARV^2 364/52) Berlim, Staatliche Museen, F 2298. Em torno de 480.

cat. 138 = *Kýlix*. Figuras vermelhas. Pintor de Antiphon. (ARV^2 339/57; Add^2 218) Munique, Antikesammlung, 2635. Em torno de 490.

cat. 141 = Ânfora de colo. Figuras vermelhas. Euphronios. (ARV^2 15/9; Para 322; Add^2 152) Paris, Louvre, G 30 (N 3298). Entre 525 e 520.

cat. 145 = *Kýlix*. Figuras vermelhas. Epiktetos. (Beazley) Molly and Walter Bareiss Coll. (atualmente, Malibu, J. P. Getty Museum). Último quartel do século VI (FIG. 2).

cat. 149 = Cratera. Figuras negras. Pintor de Ptoon. (ABV 83/1) Paris, Louvre, E 623 (Campana 38). 580-70.

cat. 150 = *Kýlix*. Figuras vermelhas. Pintor de Brygos. (ARV^2 373/36; Para 366) "*But tentatively to the Dokimasia Painter.*" (Para 372, 11 Ter) Copenhague, Museu Nacional, 3880. Final do primeiro quartel do século V.

cat. 151 = *Kýlix*. Figuras vermelhas. Pintor de Euaion, seguidor de Duris. (ARV^2 792/51) Florença, Museo Archeologico, 3946. Segundo quartel do século V.

cat. 153 = Cratera com colunas. Figuras vermelhas. Pintor de Suessula. (ARV^2 1345/8) Madri, Museo Arqueologico Nacional, 11045 (L 211). Últimos anos do século V (possivelmente, posterior a 404-3 a.C.).

cat. 155 = *Kýlix*. Figuras vermelhas. Pintor de Hegesiboulos. Assemelhado a Skythes. (ARV^2 175; Para 339; Add^2 189) Nova Iorque, Metropolitan Museum of Art, 07.286.47. 500-490.

NOTAS

[1] Este artigo corresponde a uma adaptação da primeira sessão (*Sympósion*), do capítulo 2 (Esfera Doméstica), do vol. 1, da minha tese de doutorado, defendida em 2001 no Programa de Antropologia Social da Universidade de São Paulo, denominada: *Os instrumentos musicais na vida diária da Atenas tardo-arcaica e clássica (550-400 a.C.). O testemunho de vasos áticos e de textos antigos.*

[2] O *krotalon* (castanhola) foi registrado somente quando representado junto com outros instrumentos.

[3] Campbell afirma que, apesar de o *aulós* acompanhar a elegia no contexto dos agones, como nas Panatenéias, não se pode generalizar que a poesia elegíaca era composta para o acompanhamento desse instrumento. "*We need not make the assumption that all wirters of elegiac poetry were musical composers who set their poetry to flute accompaniment.*" (p. 67) "*To see the relationship between elegiac poetry and the flute as similar to that between lyric poetry and the lyre is to see a happy parallelism where none exists.*" (p. 68). West afirma que "(...) *pieces in elegiac metre were sung with a piper (male or female) providing the accompaniment, while those in more elaborate metres were accompanied by the singer himself on a lyre or less often on a harp*" (CAMPBELL, 1964, p. 63-8; WEST, 1992, p. 25).

[4] Sobre a tipologia e nomenclatura dos *auloí*, ver: COMOTTI, 1989, pp. 71-72; WEST, 1992, pp. 89-94.

[5] A poetisa Safo foi retratada em três vasos pelos pintores atenienses, sempre identificada por inscrição e associada ao *bárbitos*: a *hydria* Varsóvia 142333 , do Pintor de Safo (Para 246/56); o vaso calatóide Munique 2416, do Pintor de Brygos (ARV^2 385/228); e o vaso do Pintor de Tithonos, de uma coleção privada de Wuppertal.

[6] Temos um único vaso em que uma cortesã está segurando um *bárbitos* no banquete, a *kýlix* de figuras vermelhas Londres E 68 (cat. 122). Nesse caso, trata-se provavelmente do instrumento de um dos convivas.

[7] "*But where the drinkers are men of worth and culture (kaloikagathoi) you will find no girls piping or dancing or harping*" (STARR, 1978, p. 406). A autora parece cair na armadilha do moralismo pregado por Platão, reproduzindo os valores deste, considerando indignos os cidadãos que contratavam *aulētrídes* para seus banquetes. Esses, diferentemente do julgamento de Platão, não se viam necessariamente como homens incultos ou exemplos de má conduta, pois estavam plenamente engajados na moral de sua época, pela qual era definido o conceito de *kaloskagathia*, afinal, os convivas do banquete de Xenofonte parecem ser tão dignos quanto aqueles de Platão.

[8] Depois da campanha de Chipre, onde Demétrios derrotou Ptolomeu, "encontrava-se no butim a célebre Lâmia, requisitada no início por seu talento musical, pois se dizia que ela tocava o aulós excepcionalmente bem, e mais tarde tornou-se famosa por seus modos galantes." Ela acompanhava seu amante Demétrios nos banquetes, presenteando os convivas com a sua performance musical (LE CORSU, p. 155-6).

[9] Arquíloco, fr. 44 (Lasserre & Bonnard), ap. *Pap. Oxy*. 2312, fr. 8: *aidwn, up'auleteros*, "*canto acompanhado pelo aulētés*".

[10] Ver, sobre o travestismo no banquete e *kômos*: CASKEY & BEAZLEY, 1954, p. 58-60; BONNET, 1996, p. 121-31; FRONTISI-DUCROUX. & LISSARRAGUE, 1983, p. 11-32, fig. 2-15; LISSARRAGUE, 1987, p. 16; KURTZ & BOARDMAN, 1986, p. 35-70.

[11] Sobre as convenções iconográficas para registrarem que um personagem está cantando, ver: LISSARRAGUE, 1987, p. 11-33.

[12] *Cf.* Cratera. Figuras negras. Coríntia. Pintor de Athana. Louvre E 629. 590-75. Cratera. Figuras negras. Coríntia. Pintor de Ptoon. Louvre E 823. 580-70.

BIBLIOGRAFIA

BESSI, B. **"La musica del simposio: fonti letterarie e rappresentazioni vascolari."**, AION 1997.

BONNET, Corinne. "Héraclès travesti", *In*: **Héraclès, II. Les femmes et le feminin**. Instittut Historique Belge de Rome. Études de Philologie, d'Archéologie et d'Histoire Ancienne. Roma, 1996.

CAMPBELL, D. A. "Flutes and elegiac couplets." **JHS 84**, 1964.

CASKEY, L. D. & BEAZLEY, J.D. **Attic Vase-Paintings of the Museum of Fine Arts of Boston**, II, 1954.

COMOTTI, G. **Music in Greek and Roman Culture**. Baltimore: John Hopkins University Press, 1989.

FRONTISI-DUCROUX, F. & LISSARRAGUE, F. "De l'ambigüité à l'ambivalence. Un parcours dionysiaque.", *In*: ***AION*** **5**, 1983.

KURTZ, Donna Carol & BOARDMAN, John. "Booners", *In*: **Greek Vases in the Paul Getty Museum. Occasional Papers on Antiquity**, *2*. Malibu: California, vol. 3/1986.

LAMBIN, G. **La chanson grecque dans l'Antiquité**. Paris: CNRS, 1992.

LE CORSU, F. **Plutarque et les femmes dans les Vies Parallèles**. Col. Confluents 7, Paris: Les Belles Lettres.

LISSARRAGUE, F. **Un flot d'images. Une esthétique du banquet**. Paris: Adam Biro, 1987.

Münzen und Medaillen Auktion 51, nº 148, 1975.

SALLES, C. **Nos submundos da Antigüidade**. São Paulo: Brasiliense, 1987.

STARR, C. G. *"An evening with the flute-girls"*. **La Parola del Passato**, 1978.

WEST, M. L. **Ancient Greek Music**. Oxford: Clarendon Press, 1992.

POR QUE SÓCRATES NÃO FICAVA BÊBADO? "BÊBADAFILOSOFIA" NO *SIMPÓSIO*, DE PLATÃO

Gabriele Cornelli*

O espelho da beleza é o bronze,
o vinho é aquele da alma.
Ésquilo**.* **Athénée, *X 427f

Dionísio, bebida embriagante

Não é possível começar a falar de vinho sem iniciar por uma célebre oração, orgulhosamente pagã, a seu deus mais amado, Dionísio, ou Baco. Retiro a oração do último coro da tragédia *Antígona* (1145-1152), de Sófocles:

Ó tu,
Que diriges o coro das estrelas de fogo,
Guarda das palavras noturnas,
Criança, filho de deus, manifeste-se,
O Senhor, junto com as Bacantes que te seguem,
Que dançando loucamente em círculos a noite toda
Celebram-te como Baco, o despenseiro.

Dionísio é despenseiro – diz a última invocação do coro: fundamentalmente, de vinho! A ligação de Dionísio com o vinho é tradicional.

Primeiramente, Dionísio é uma divindade de origem não-grega, como demonstram seus mitos e seus nomes: é filho de Cíbele, possivelmente uma palavra traco-frígia para "terra", e de Zeus. É chamado de Bacchos e de Thýrsos ("bebida embriagante", nome de um antigo deus ugarita),

*Professor doutor de Filosofia Antiga da UNIMEP/UMESP.
gabrielec@uol.com.br

thríambos é seu bastão sagrado e *dithýriambos* é seu hino cúltico, ambos termos ligados à tradição frígia e lídia (BURKERT, 1993, p. 320).

Pois parece que é ao Oriente tão esquecido e negado por tanto ocidentalismo de nossa história – como ensinava Edward Said – que devemos a descoberta da uva e do vinho. Uma para todas vale a citação da belíssima epopéia de Gilgamesh, na qual Utnapishtim, sábio rei e sacerdote do deus Ea, oferece vinho em grande abundância para os trabalhadores da arca da salvação, distribuindo a bebida "como se fosse água de rio" (1999:136). Seja-me permitida aqui uma nota: a relação dos salvadores da humanidade das águas dos dilúvios com o vinho é singularmente fascinante, se se pensa o "porre" arcaico que Noé teria tomado segundo o livro de Gênesis:

> *Noé foi o primeiro agricultor. Plantou uma vinha e tomou o vinho dela, embriagou-se e encontrou-se nu no interior de sua tenda* (Gênesis 1, 20-21).

Dionísio *Thýrsos*, portanto, "bebida embriagante", revela sua origem distante e nossa gratidão ao mundo ao oriente do ocidente.

Falar dos deuses pode ser feito seriamente ou brincando – assim pelo menos pensava o Sócrates de Platão no diálogo *Crátilo*, que escolhia claramente a veia lúdica deste logos, deste discurso, por um motivo óbvio: "mesmo os deuses – dizia ele – adoram brincadeiras!" (*Crátilo* 406b-c). Assim, Sócrates se lança numa verdadeira "viagem" (no sentido extático) etimológica, que, apesar de fantasiosa e brincalhona, novamente quer ressaltar a pertinência de Dionísio ao vinho. Assim *Diónysos* seria o mesmo que o *didoús tón oínon*, isto é, "aquele que doa o vinho", e por isso podemos chamá-lo, jocosamente, de *Didóiniso*. E o *oínos*, o vinho, por ele fazer *oíesthai* (*crer*) de ter *noûs* (*inteligência*) àqueles que bebem, pois sentem-se mais sabedores, seria melhor chamá-lo, o vinho, de *oiónous* ("que faz crer de ter inteligência").

Enfim, um terceiro sinal da íntima relação de Dionísio com o vinho nos é revelado pelo fato de, entre os quatro tipos de festivais dionisíacos oficiais gregos, um deles ser literalmente impregnado pelo vinho: trata-se da célebre festa das Antestérias, ligada diretamente ao saborear do vinho.

Mas com Dionísio despenseiro já entramos no coração da relação filosófica que os gregos antigos estruturaram em relação à bebida.

É o deus da sabedoria, mas de uma sabedoria muito especial, que encontra na figura da *ambigüidade* irredutível sua expressão mais ousada e profunda.

Deus da vida e da morte (que morre e continuamente renasce), da alegria e da dor, da orgia e da castidade, Dionísio é homem e mulher (é andrógino), adulto e criança, animal (em forma de touro) e deus, etc.

Nenhum deus é, provavelmente, mais adequado a representar a ambigüidade filosófica do vinho. Se, no interior da mitologia dionisíaca, o vinho é visto como sinal da vitória da cultura humana (em todos seus sentidos) contra a selvagem natureza, sinal civilizador que amansa leões e panteras, por outro lado o vinho é o estímulo para o aflorar das tendências mais cruas e escondidas da alma humana.

Assim a uva e o vinho, que os gregos sempre levavam para a fundação de novas cidades-colônias ao longo das costas do Mediterrâneo (um pouco como os franceses ou os italianos fizeram neste nosso *outro lado do Ocidente*), enquanto síntese preciosa de sua civilização e costumes, eram percebidos ao mesmo tempo como um grande problema, um perigo para a sociedade, notadamente pela embriaguez, causa de grandes males à cidade.

Mas o que diz disso a filosofia antiga?

Aparentemente Platão parece *cambalear* nesta ambigüidade.

Epistemologia do vinho no *Simpósio*: "nenhum homem jamais viu Sócrates bêbado!"

De um lado – obviamente – denunciando a embriaguez no III livro da *República*, "um grande mal", e no qual aparece uma viva e belíssima descrição do *filoínos*, do amante do vinho, que "acolhe qualquer tipo de vinho alegando qualquer tipo de desculpa para isso" (475a).

Mas, por outro lado, nas *Leis* (672a) Platão admite não ser possível excluir "assim simplesmente este dom de Dionísio, como coisa má e indigna de ser acolhida na cidade". De fato, no II livro da *República*, Platão coloca em seus esboços de história das cidades o uso do vinho como um hábito muito antigo dos cidadãos, e não deixa de notar que os primeiros fármacos (aqueles que curaram os bravos guerreiros de Tróia, por exemplo) utilizavam-se fundamentalmente de vinho (numa mistura com farinha e queijo ralado – mas essa é outra história!). É o caso de Nestor e Macáone, que, estremados pela batalha e ferido este último, são acolhidos na tenda de Hecamede, de lindos cabelos caracolados, que lhes oferece o vinho como remédio *lato sensu*:

> *Hecamede, belas-madeixas, lhes prepara uma infusão (...). Primeiro diante deles pôs uma preciosa mesa, polida, de pés azul-cobalto; sobre ela dispôs, lavor de bronze, uma açafate, e neste, o estimulante de bom beber: cebolas; também flor de trigo sacro e mel; junto, a copa (...). A ancila nela verte vinho de Prâmnio e raspas de queijo caprino ralado a bronze, e branca farinha; a provar da infusão os convida e aplaca a sede de ambos, agrura multiardente; com deleite os dois se põem a discorrer* (Ilíada XI, 624-643).

Este recobrar as forças com vinho e palavras (os discursos de Nestor e Macáone na citação acima) nos lembra de um "encontro" essencial para compreender as origens do pensamento ocidental como aquele do *simpósio* grego. A esta verdadeira instituição da Atenas clássica, encontro da palavra filosófica e do vinho, Platão dedicou um de seus mais importantes diálogos, o *Simpósio*, exatamente, ou *Banquete*.

Para Platão existem dois tipos de simpósio: a) o banquete dos medíocres, dos mal-educados, dos vulgares, que por falta de educação (*apaideusía*), enquanto bebem (pois o banquete em geral não previa alimentação, propriamente), no lugar de se entreter com seu diálogo, pagam flautistas e esquálidas dançarinas de duvidosa fama, e assistem a espetáculos de provável vulgaridade e mau gosto (Protágoras 347c-e); b) o banquete dos bem-educados, em que não há nada disso, e somente vinho e palavras ordenadas (um diálogo em que se escuta e fala por turno). E, é claro, durante o qual se bebe muito vinho (Protágoras 347e; Simpósio 176 a-e).

O tema a ser discutido no banquete do homônimo diálogo é o amor. E exatamente após Sócrates concluir seu discurso sobre a mais alta forma de amor (que é contemplação do belo absoluto, mas passando pelos e não desdenhando os belos corpos – diria Rachel Gazolla) entra na casa de Agatão (anfitrião do simpósio) Alcebíades completamente embriagado, que gritava desesperadamente buscando o próprio Agatão (212D).

Alcebíades, enciumado, tenta seduzir Agatão sob o nariz de Sócrates, e – inicialmente – parece pretender utilizar-se de uma das mais sujas estratégias de bar: aquela de deixar este último bêbado. Mas logo parece lembrar-se de algo:

Traga, Agatão, se a tens, uma grande taça! Aliás, não, nem precisa: dá aqui, rapaz, aquele vaso para refrescar o vinho – disse [Alcebíades], havendo percebido que continha mais de oito copos de vinho. Enchido o vaso, tomou ele antes, e em seguida ordenou que se versasse vinho para Sócrates, acrescentando: "Com Sócrates, porém, amigos, a astúcia a nada me serve: pois ***ele bebe quanto lhe se diz de beber, e mesmo assim não há jeito de embriagá-lo*** (213E-214a)."

Este detalhe ficou despercebido a tanta história da filosofia: Sócrates tinha uma fama bem precisa, a de jamais se embriagar, apesar de beber mais do que todos. Acrescentará mais adiante Alcebíades, contando dos anos transcorridos com o filósofo nos banquetes e nas batalhas: "nenhum homem jamais viu Sócrates bêbado!":

Em seguida, nos aconteceu de fazermos juntos a campanha de Potidéia e ali éramos companheiros de mesa. Então [Sócrates] superava não somente a mim, mas a qualquer outro, na capacidade de tolerar as fadigas, e quando, isolados em um lugar – como acontece na guerra –, éramos obrigados a sofrer a fome, os outros nada valiam em resistência, se comparados com ele. Mas depois, nos momento de festa, ***era o único realmente capaz de gozar delas, e em todas as coisas, como no beber, mesmo quando fosse obrigado contra sua própria inclinação, ganhava de todos****. E, por quanto possa parecer maravilhoso,* ***nenhum homem jamais viu Sócrates bêbado****. Disso, aliás, acredito que teremos uma prova logo mais* (220a).

Como devemos compreender isso?

Parece-me poder dizer que por trás desta tradição há uma tentativa de esboço de uma **epistemologia do vinho**, *in vino veritas* – diriam logo mais os romanos. *Oinós alethês* – já diziam os gregos: *o vinho é verdadeiro*, com uma metonímia epistemologicamente bela e decidida.

A relação única de Sócrates com o vinho se torna um símbolo da íntima relação da filosofia com a bebida de Dionísio: o vinho de Sócrates, que é o vinho da filosofia, ineditamente, **não leva** às atitudes desmedidas, à falta de lucidez, àquela perda do domínio de si que chamamos embriaguez.

O que parece, não é: esta é a revolução epistemológica socrática, bem ilustrada pela famosa caverna do mito, de Sócrates. A verdade precisa ser desnudada (*alétheia = sem roupa*), desmascarada, pois se encontra escondida ("ama esconder-se" – já dizia Heráclito) por detrás da aparência enganadora da realidade.

Assim, os famosos "porres" de Sócrates escondem, por trás, uma inesperada, mas não menos verdadeira, lucidez: a sabedoria de Sócrates parece esconder-se por trás de uma aparência de bêbado. Um toque dramático, no final do diálogo, não podia ser mais preciso, neste sentido: ao final do banquete, quando todos caem finalmente embriagados, Sócrates coloca os outros na cama e segue, depois de se lavar, para o Liceu, onde "transcorre o dia como um outro qualquer" (223d), isto é, filosofando e se ocupando de política.

Sócrates parece desarticular os limites e as fronteiras entre a lucidez e a embriaguez (o estar fora de si): afirma seu ser mais profundo, a verdade dele, no interior da condição clássica e dionisíaca da *alteração* (*ser outro*, precisamente) da consciência de si. Contra toda aparência (e caretice), portanto, para Sócrates estar bêbado é encontrar a verdade mais profunda de si mesmo.

É exatamente neste sentido que repreende, ao longo do diálogo, Alcebíades:

Parece-me que você não está por nada bêbado, Alcebíades. De outra forma não tentaria esconder, dando voltas com tanta destreza em seu argumento, o motivo pelo qual fizeste o teu discurso, e que agora deve ser acrescentado a ele, quase como um apêndice: como se você não tivesse falado, do começo até o fim, com a única intenção de criar discórdia entre eu e Agatão, por tua idéia de que eu deva amar você e nenhum outro, e que Agatão deva ser amado por você e por nenhum outro (222c-d).

Alcebíades não está verdadeiramente bêbado, pois continua mentindo. E o vinho é verdade, é a condição para a verdade, e, neste sentido, exatamente epistemologia. Beber vinho, portanto, para Sócrates, é estratégia epistemológica. Estar bêbado é ser autêntico e, ao mesmo tempo, esconder a verdade por trás do véu do delírio, da loucura, da irracionalidade.

E aqui a "epistemologia bêbada" do Sócrates de Platão encontra a *mito-logia* também bêbada de Dionísio: a verdade está no pensamento alterado, extático, embriagado das bacantes, em suas danças e suas palavras noturnas – como no coro da Antígona acima, das quais Dionísio é guarda, contra toda tentação de evoluírem para as apolíneas palavras diurnas, sérias, comportadas, racionais... e falsas!

Por trás do delírio do bêbado ou do homem em transe – parece dizer Platão – esconde-se a mais profunda verdade, quase ao seu estado mais puro. Freud explica – é o caso de dizer.

Assim o vinho e sua embriaguez se tornam condições *sine qua non* para a verdade de si, que pode ser compreendida somente no êxtase dos sentidos, na liberação das máscaras.

Ética e política do vinho: as *Leis* e a necessidade do vinho para a cidade

Assim, não deve maravilhar aquele que Casertano define sem meio-termos o "encômio do vinho" nas *Leis* (2004: p. 332). Na última obra de Platão, as *Leis*, marcada por um certo cansaço utópico e antropológico, uma certa descrença na utopia da bela cidade ideal, este encômio do vinho só é surpreendente se não for lido no espelho da epistemologia do *Banquete*.

No esforço de definição da melhor constituição política de uma cidade, o diálogo das *Leis* reúne um ateniense, Clínias de Creta, e Megillo, de Esparta. O tema da embriaguez entra como um dos primeiros a serem pensados, já no I livro. O espartano, louvando as duras legislações sobre os prazeres de sua cidade, afirma:

Não há ninguém entre nós que encontre alguém na rua bêbado, incomodando os outros, e não lhe decrete o castigo mais duro, e nem com o pretexto das festas dionisíacas ele iria libertá-lo, como invés tive ocasião de ver entre vocês, nos carros em procissão; e em Tarento, nossa colônia, pude assistir aos espetáculos de toda uma cidade inteira embriagada pelas festas de Dionísio. Nada de semelhante pode acontecer entre nós (637a-b).

A embriaguez não é aceitável nem sequer quando relacionada ao culto de Dionísio. Aqui a presença dele não é obviamente casual. Parece clamar, por assim dizer, por vingança.

De fato, o ateniense se opõe à maneira como a questão da embriaguez é tratada pelo espartano, e o tema se torna a ocasião para a definição do "método certo" (o caminho certo, o *orthê méthodos*) da pesquisa sobre qualquer tema, e notadamente sobre a constituição da cidade melhor: epistemologia, novamente!

> *Todos aqueles que assumem no discurso uma prática e logo depois de enunciá-la a criticam ou a aprovam – diz o Ateniense – parece-me que estejam completamente fora do mapa; e aliás, fazem o mesmo que qualquer um que apreciasse o trigo como um bom alimento, mas logo depois começasse a desprezá-lo, sem se informar sobre seus efeitos e seu rendimento, nem tampouco sobre como, por quem e com quem esteja sendo produzido, ou em que condições se encontra e o próprio e aqueles que deste se alimentam. E exatamente desta forma, parece-me, estamos fazendo em nossos discursos [d]: ouvimos somente sobre a embriaguez esta forma de enunciá-la e logo nos precipitamos quem a louvá-la, quem a condená-la e todos com argumentos totalmente não adequados. Nós, uns e outros, louvamos com os testemunhos de outros que louvam, outros que não somos nós; e mais, enquanto uns, entre nós, pensam de ter razão se conseguem trazer mais destes, do outro lado pensam o mesmo, pelo fato de estar vencendo em batalha aqueles que se abstêm de beber. Mas para nós esta não é uma prova indiscutível [e]. Portanto, se procederemos da mesma forma sobre os outros aspectos da legislação, não me parece que faríamos coisa aceitável, pelo menos ao meu ver. Quero portanto falar desta mesma coisa, a embriaguez, com um outro método, que me parece justo, tentando provar, se conseguir, qual é o caminho certo a ser seguido em todo este gênero de buscas* (*Leis* I 638c-e).

Este outro método, aquele certo, é o da própria filosofia, que foge do simples "achismo" da troca de opiniões culturalmente determinadas e procura o raciocínio mais bem estruturado, a dialética das relações conceituais, com o objetivo da verdade partilhável por todos.

Assim, o ateniense começa a desenhar sua "filosofia do vinho", que é fundamentalmente uma antropologia e uma ética do vinho.

"Beber vinho" é uma questão ética e, portanto, assunto principal de quem faz as leis. Pois a felicidade – todos sabem disso – é saber a justa medida no atingir as duas fontes do prazer e da dor. E isto tanto para o indivíduo quanto para a cidade.

> *A análise (sképsis) de quem estuda as leis está dirigida quase que totalmente sobre o prazer e a dor, nas cidades e nos hábitos de cada um. Estes, como duas fontes, [e] fluem livremente por natureza, e quem beber deles no lugar, no tempo e na justa medida será feliz: a cidade, o indivíduo e todo ser vivo; quem invés fará isso sem discernimento e fora do tempo oportuno, viverá infeliz* (*Leis* 636d-e).

Prazer e dor são os dois opostos conselheiros do ser humano, que é comparado a uma máquina maravilhosa que obedece a estímulos, a desejos diferentes e contrários, e na qual o raciocínio (*logismós*) é coisa bela e mansa, não violenta:

> *[O ser humano] tem em si mesmo dois conselheiros contrários e instintivos que nós chamamos "prazer" e "dor"* (*Leis* 644 c) (...) *Dado, pois, que o raciocínio, mesmo sendo coisa bela, é calmo e não-violento, seu ensino precisa ser desenvolvido por colaboradores para que em nós os estímulos dourados vençam os outros. Assim para nós, máquinas maravilhosas (thaúmata), [b] ainda vale o mito da virtude (mýthos aretês), e de alguma forma ainda poderemos compreender melhor o que significa realmente sermos superiores ou inferiores a nós mesmos* (*Leis* 645 a-b).

O que aconteceria se neste complexo e delicado mecanismo introduzirmos a embriaguez pelo vinho? Aparentemente o pior dos cenários morais: a regressão a uma infância sem memória e à falta de domínio de si mesmo:

Pergunto-me – continua o Ateniense – o que faríamos se nesta máquina maravilhosa que é o ser humano injetaríamos a embriaguez pelo vinho. O que pretendes com esta pergunta ? – objeta Clínias. A nada de especial – responde o Ateniense -: somente saber o que resultará dela com a participação no vinho. Vou tentar me explicar melhor. Isso é que pergunto: o prazer e a dor, a ira e o amor, se tornam mais violentos, se tornam mais intensos pelo vinho? Sim, e de muito! – responde Clínias.[e] E as sensações, as memórias, as opiniões e os pensamentos? Estes também se tornariam mais fortes? Ou invés tudo isso se perde em quem está bêbado pelo vinho? Sim, estas coisas todas o abandonam – responde Clínias. Então – continua o Ateniense – seu estado psicológico se torna idêntico àquele de quando era uma criança pequena? E não será então em nada dono de si mesmo? [646a] Um coitado, portanto, chamaríamos este homem, e no seu máximo grado. Não somente o idoso se torna criança, ao que parece, mas também o bêbado. Disse muito bem, estrangeiro – conclui Clínias (*Leis* 645d-646a).

E mesmo assim, o vinho deve ser experienciado, pois é uma espécie de colocar-se à prova, tornando-se forte frente à tentação de prazeres desmedidos.

Ora, quando queremos tornar cada ser humano livre dos muitos medos, fazemos isso levando-o a experiências destes medos conforme uma norma estabelecida. E quando invés queremos tornar alguém temente, conforme a justiça? Não deveríamos talvez torná-lo capaz de vencer a luta contra seus prazeres, fazendo-lhe enfrentar o exercício da impudência? E não é verdade que ele deverá se ver com sua falta de coragem e vencê-la, para se tornar perfeito na coragem? [d] E que quem não conheceu e experimentou exercitar-se nestas batalhas não é virtuoso, quem quer que seja, nem sequer a metade daquele que é? Será completamente sábio aquele que não terá lutado e vencido com o pensamento, com a prática e com a arte, brincando e trabalhando, os muitos prazeres e desejos que excitam à impudência e à injustiça, mas terá ficado intacto destas experiências todas? (*Leis* 646 c-d).

Assim, o vinho se torna um instrumento para "sondar a alma", pois tem como característica fundamental a de criar uma coragem excessiva, um sentimento de poder e uma total liberdade de palavra e de vontade.

O vinho não tem, de fato, também propriedades contrárias àquelas há pouco enunciadas? Por exemplo, em princípio não torna o ser humano que bebe improvisamente mais alegre [b] do que antes, e quanto mais bebe, mais aumenta o número de esperanças e um certo sentimento de potência? E, em fim, não se alarga numa total liberdade de palavra e de vontade, quase fosse um sábio, liberdade de todo medo, dizendo assim sem algum temor tudo que tem para dizer, e fazendo tudo o que tem para fazer? (*Leis* 649 a-b)

Assim o simpósio nos permite fazer experiência da natureza de cada um de nós (*Leis* II 652a). E, nele, o vinho é o instrumento prazeroso que nos habitua a sofrer e também gozar (659d), pois um justo não deve estar separado do prazer (663a).

Conclusão

A um ensaio como este, para que não pareça simplesmente um *jogo* filosófico *sofístico* e de sabor renascentista, é preciso acrescentar duas linhas, quase a defender o leitor-ouvinte de uma provável "ressaca" metodológica.

O que significa buscar no vinho a verdade da filosofia? O que significa falar das origens de nossa filosofia ocidental e de suas relações íntimas com esta bebida?

Parece-me que, por trás da brincadeira, esconde-se uma verdade do fazer história da filosofia que gostaria de estar aqui confessando em toda sua relevância metodológica.

O melhor olhar sobre o passado, parece-me, é aquele que permite um exercício de distanciamento dele, e não aquele de uma fácil assimilação, quase etiológica, à nossa imagem dele, e de nós mesmos, em seu espelho. Deixar-se maravilhar pela diferença, pela distância, pela contínua novidade, *novitas*, isto é *estranheza* da filosofia em sua história, é a grande contribuição da história da filosofia para a filosofia presente e futura.

Propedêutica da diferença, *esta* história da filosofia é mestra do diálogo. Contra toda tentação de fundamentalismo das idéias e das vidas: a filosofia sempre foi mais do que coube em nossos estritos manuais de instrução filosófica e em nossos anátemas da moda da vez: poço aberto, canteiro de obras, barril vazio. À filosofia sempre "outra", sempre fora de si, perenemente embriagada... e feliz.

BIBLIOGRAFIA

BÍBLIA. Tradução Ecumênica TEB. São Paulo, Loyola, 1994.

BURKERT, Walter. **Religião grega na época clássica e arcaica**. Lisboa: Fundação Calouste Gulbenkian, 1993.

CASERTANO, Giovanni. Il vino di Platone. *In* ROSSETTI, Livio (ed.) **Greek Philosophy in the New Millenium**. Sankt Augustin: Academia Verlag, 2004.

DONÁ, Massimo. **Filosofia del vino**. Milano: Bompiani, 2003.

HAROLDO DE CAMPOS. **Ilíada de Homero**. 4 ed. São Paulo: Arx, 2003.

L´epopea di Gilgamesh (a cura di Sandars), Milano: Adelphi, 1999, p. 136.

PLATONE. **Opere complete**. CD-ROM. Roma: Laterza, 1999.

SOFOCLES. **Antigona**. Lisboa: Calouste Gulbenkian, 2004.

MEMÓRIA E FESTA NO *SYMPÓSION*, DE XENOFONTE

Janaína Silveira Mafra*

Zombeteiros,
assim nos quer a sabedoria:
ela é uma mulher,
ela ama somente um guerreiro
(**Nietzsche.** ***Genealogia da Moral***)

Xenofonte, no começo do *Banquete*, torna explícita a sua intenção de mesclar o sério (*spoudaîos*) com o jocoso (*paidiá*). Ele começa o seu opúsculo com as seguintes palavras: "Mas, em minha opinião, não apenas as ações sérias (*spoudês*) dos homens belos e bons são dignas de memória (*axiomnêmóneuta*), mas também as pueris (*paidiaîs*)". A partir do contexto comemorativo da panatenéia, festa dedicada à deusa Atena (que ocupa no calendário ateniense uma posição cardeal), Sócrates é conduzido a um banquete na casa de Cálias; um banquete oferecido em homenagem à vitória do jovem Autólico nos jogos panatenéicos. É nesse ambiente de dança, música e vinho que Xenofonte faz a sua apresentação do socratismo, trazendo para a cena a memória dos supostos *kaloì kagathoí*. Pretendemos, mediante o registro xenofôntico das figuras eminentes trazidas à baila no *Sympósion*, traçar o jogo das relações existentes entre o ritual comemorativo e a memória.

Sabemos que Xenofonte é muitas vezes considerado pelos comentadores como um autor medíocre e responsável pela construção da imagem de um Sócrates rasteiro e pouco verossímil. A questão que de início nos fazemos é a seguinte: qual o valor histórico da figura de Sócrates construída no *Banquete* de Xenofonte? Robin, em seu livro *La pensée grecque et las origines de l'esprit scientique*, desdenha do valor histórico não só do *Banquete*, mas também dos *Memoráveis*. Segundo ele, Xenofonte só conseguiu ver seu mestre através de sua própria mediocridade

*Mestranda de Filosofia da Faculdade de Filosofia e Ciências Humanas – Universidade Federal de Minas Gerais.
jajamafra@bol.com.br

(ROBIN, 1948, pp.187-188). Essa leitura dos escritos socráticos de Xenofonte é lugar comum entre aqueles que tomam a figura do Sócrates platônico como um paradigma de historicidade[1].

Nós, contudo, consideramos que tanto Xenofonte quanto Platão, ainda que este último tenha recebido influências diretas de Sócrates[2], estão por trás das construções dos personagens presentes em suas narrativas, o que torna muitas vezes difícil para o leitor discernir em suas obras os pensamentos que são genuinamente socráticos. Por que, então, alguns comentadores se recusam a admitir a importância da figura de Sócrates apresentada no *corpus* xenofôntico, sobretudo quando comparada à profundidade do Sócrates apresentado nos diálogos de Platão? Por que não consideram ambos os testemunhos como complementares naquilo que cada um tem de particular? Ademais, a importância histórica de Sócrates no *Banquete* não está atrelada apenas às especulações sobre a autenticidade de sua personagem, mas ao fato de o autor ter trazido para a cena uma outra face de Sócrates. Xenofonte, espírito essencialmente prático, não apresenta o filósofo como uma figura de extraordinária capacidade, mas como um homem comum, capaz de gestos e atitudes dignos de uma circunstância leve e descontraída. Xenofonte não é, portanto, um historiador medíocre responsável pela construção da imagem falsa de um personagem irreal, mas um autor que faz justiça a Sócrates ao tornar a sua figura compatível com os discursos sobre as ações sérias, mas também sobre as ações jocosas e pueris dos homens; discursos apropriados ao ambiente jovial dos banquetes.

O autor do *Sympósion* constrói uma imagem viva de Sócrates, um homem comum que caminha junto dos seus em suas investigações sem a pretensão de guiá-los das alturas. Não queremos dizer, a partir dessas observações, que consideramos ser essa a postura filosófica do Sócrates de Platão, pois se fosse, o desfecho aporético de muitos diálogos socráticos perderia o seu sentido...[3] Contudo, o Sócrates dos *ditos* diálogos socráticos de Platão não trata de assuntos sérios de forma tão jocosa como o Sócrates de Xenofonte, que no *Banquete*, em conversa com os convidados de Cálias, diz o seguinte: "...é preciso fugir dos beijos de jovens belos". O que Cármides, muito à vontade, retruca: "Mas, por que, Sócrates, para nós fazes da beleza algo pavoroso, se, contudo, por Apolo, te vi certa vez... apoiando sua cabeça na de Critóbulo, cujo ombro nu apoiava-se no seu, que também estava nu?". Ao que Sócrates responde de forma prazenteira: "Ai de mim! Foi como se uma fera terrível me tivesse mordido; meu ombro doeu mais de cinco dias como se meu coração tivesse sido mordido. Mas agora Critóbulo, eu te ordeno na presença de todas essas testemunhas, não me toques antes de ter tanto pêlo no rosto quanto tens na cabeça!". Xenofonte encerra a discussão dizendo: "Eis, então, como eles misturavam o jocoso com o sério"[4] (vv. 27-28).

Sympósion significa "reunião de bebedores" (*syn*, todos juntos + *pósis*, ação de beber). Trata-se geralmente de uma reunião de homens públicos que se encontram no interior de um *oikos*. No *Sympósion* de Xenofonte, Cálias oferece um banquete em sua casa em comemoração à vitória de Autólico nos jogos panatenéicos[5], jovem por quem o conviva está enamorado. Os convivas presentes no banquete são, em sua maioria, figuras ilustres: Sócrates, Hermógenes, Antístenes, Cármides, Critóbulo, Cálias, o anfitrião, Autólico e o seu pai, Lícon[6]. Estão presentes também Filipo, um bufão que chega para tomar parte na comemoração sem ter sido convidado, e o Siracusano, que preside o grupo espetacular composto por uma flautista, uma dançarina acrobata e um belo dançarino, que também é um excelente tocador de cítara. O Siracusano faz dinheiro exibindo tais maravilhas.

Xenofonte reconstitui a imagem de um verdadeiro banquete, o seu *Sympósion* nos permite conhecer com riqueza de detalhes esse tipo de reunião, daí o motivo de atribuirmos a esse diálogo um valor histórico considerável. Xenofonte traz à cena as performances presididas pelo Siracusano; tipos de espetáculos recorrentes nos banquetes atenienses. Para o autor, as apresentações de música e dança têm uma importância especial, elas não são utilizadas apenas como entretenimento, mas desempenham também um papel importante no desenvolvimento da narrativa, pois, além de conferirem o seu encadeamento, são objeto de frutíferas discussões e ilustram as falas dos personagens: Cálias, depois de feitas as libações, das mesas terem sido retiradas e do péan[7] ter sido cantado, sugere aos convivas o uso de perfumes, o que Sócrates se recusa a fazer, alegando que o único perfume de que necessita é o da *kalokagathía*[8]. Donde surge a questão da sua ensinabilidade. Diante das posições discordantes dos convivas sobre o assunto, Sócrates resolve adiar a discussão. Mas, como observa Ollier (1995, p. 9), Xenofonte não abandona o problema, ele faz intervir o espetáculo da flautista e da dançarina acrobata que, movimentando-se com ritmo (*rythmôi*), equilibra seus doze arcos. A partir do espetáculo, Sócrates retoma a discussão, dizendo que a performance ritmada da malabarista mostra que até as mulheres, ainda que não tenham força (*iskhúos*) e vigor (*rômês*)[9], podem aprender qualquer coisa. Em seguida, a mesma dançarina participa de uma performance bastante perigosa, ela dá um salto e atravessa de maneira surpreendente um aro repleto de espadas, os espectadores temem que ela sofra algum acidente. Sócrates, depois de assistir, junto aos outros convidados, a tal mostra de valentia, diz a Antístenes, em tom de desafio, que nenhum dos presentes haverá de contradizê-lo (*antiléxein*) que a coragem (*andreía*) é ensinável (*didaktón*); justamente a coragem, um dos aspectos da *kalokagathía*. Outra apresentação suscita a retomada da questão da ensinabilidade da *kalokagathía*, a do jovem que apresenta um número de dança. Sócrates, ao assistir à sua performance, diz ao siracusano que aprenderia com gosto todas as figuras dos movimentos realizados pelo jovem dançarino. Ao ouvir estas palavras o siracusano lhe pergunta para que ele teria necessidade (*khréos*) de aprender tais movimentos, ao que Sócrates responde: "Para dançar, por Zeus!" (*Orkhêsomai*[10] *nê día*). Diante do que todos riram (*egélasan*), mas Sócrates, com a face séria (*espoudakónti tôi prosôpôi*), faz um longo elogio à dança[11]. Ele reconhece que este tipo de exercício torna a saúde melhor e deixa o corpo com proporção e equilíbrio (*isórropos*). A proporção do corpo é também um aspecto da *kalokagathía*. Xenofonte, nos *Memoráveis*, dedica um capítulo inteiro a este assunto, ao falar das vantagens que acompanham a boa disposição do corpo; vantagens como o bem-estar físico e o vigor da alma:

> "As coisas são muito diferentes para os que possuem bom ou mau estado físico. Saúde e vigor é a recompensa dos bem constituídos de corpo. Muitos por serem fortes salvam-se com honra dos azares da guerra, sobrelevam todos os perigos, socorrem os amigos, prestam serviços à pátria e por esses feitos tornam-se dignos de reconhecimento, ganham fama, alcançam as primeiras honras e passam o resto da vida ditosos e considerados (...) Em todos os atos o corpo tem a sua utilidade; e no que quer que o empreguemos, é essencial que ele seja bem constituído. Até nas funções da inteligência, quem não conhece alguém que cometeu erros freqüentes por causa da má constituição física? Falta de memória, morosidade de espírito, preguiça, a própria loucura, não raro, são conseqüências da má disposição do corpo, a qual ataca a inteligência a ponto de fazer-nos esquecer o que sabemos. Ao contrário, são o corpo, o homem está seguro de todos esses males..." (XENOFONTE, Memoráveis, III, 12).

Após a conversação suscitada pela dança, Filipo, o bufão, diverte os convivas dançando de maneira cômica e caricatural. Depois de tanto esforço e com sede, ele deseja tomar vinho em um recipiente (vaso) bem grande (*megálên phiálên*). Cálias, compartilhando da mesma vontade, pede aos serviçais que o vinho seja servido a todos. Sócrates aproveita a ocasião e faz um elogio à bebida, ele diz que o vinho alivia as penas e desperta o bom ânimo. No entanto, ele adverte os convivas de que os corpos são como as plantas: se regadas com exagero, não podem crescer nem desfrutar das brisas, mas se regadas convenientemente crescem direitas, florescem e chegam a dar frutos. Diz ele: "o mesmo acontece se bebemos com exagero, rapidamente nossos corpos e nossas idéias cambalearão e não poderemos respirar direito, muito menos falar razoavelmente. Contudo, se os criados nos servirem em pequenos copos (*mikraîs kúlixi*)[12]... não chegaremos a ficar embriagados por força do vinho, ao contrário, a sua doce persuasão nos trará muito bom humor (*paigniôdésteron*)". Por contraste de opostos, a partir das ações desmedidas de Filipo, Sócrates recomenda a moderação na bebida. A observância da medida é também um aspecto da *kalokagatía* e Sócrates, de certo modo, tenta ensiná-la aos convivas.

Xenofonte faz da comemoração uma ocasião para discutir temas como o bem (*agathós*), o belo (*kalós*) e o amor (*philía*), mas, ao mesmo tempo, uma ocasião para trazer à cena a memória de alguns homens importantes; personalidades singulares que servem como lente de aumento à descrição que o autor faz das figuras típicas da Atenas de seu tempo. Sócrates, depois da apresentação musical do jovem dirigido pelo siracusano, cobra de Cálias o cumprimento de suas palavras: o anfitrião havia prometido aos convivas uma demonstração de sua sabedoria (*epideíxein tên hautoû sophían*); mas, ao ser lembrado de sua promessa, antes de realizá-la, ele impõe a todos uma condição, a saber, que cada um diga o que considera ser o bem (*agathós*), ou ainda, nas palavras de Sócrates, o que cada um julga ser "digno de saber" (*áxion epístasthai* — III, 3). É bem provável que este seja um exemplo dos tipos de jogos recorrentes nos Banquetes[13]. Nos *sumpósia* os convivas participam de jogos e disputas nos quais todos tomam parte nas brincadeiras, seja propondo adivinhações, enigmas ou a defesa justificada de uma opinião, como acontece no *Banquete* de Xenofonte, em que todos, ao dizerem do que se orgulham, acabam disputando entre si: Cálias diz que se orgulha[14] de sua riqueza (*khrêma*); Nicératos, do conhecimento que tem de Homero; Critóbulo, de sua beleza (*kállos*); Lícon, de seu filho (*huiós*); Autólico, de seu pai (*patêr*); Cármides, de sua pobreza (*penía*); Antístenes, de sua riqueza interior (*ploûtos*); Sócrates, do seu talento de proxeneta (*mastropeía*) (*i.e.*, de intermediário nos casos amorosos); o pobre Hermógenes orgulha-se de seus amigos virtuosos e poderosos (*phílon aretêi kaì dunámei*) e Filipo, de fazer rir (*gelôtopoieîn*).

Xenofonte mostra ao leitor que nem a riqueza de Cálias, nem a vã erudição de Nicératos e nem a beleza de Critóbulo são suficientes para tornar um homem melhor, ou seja, um *kalós kagathós*. O autor faz ver, através da figura de Cármides, que a *kalokagathía* encontra um terreno mais favorável na pobreza do que na riqueza, pois a pobreza possibilita ao homem maior liberdade de espírito e de movimento. Antístenes se diz rico a despeito de sua aparência, pois, embora seja pobre, julga possuir a maior das riquezas, e esta, segundo ele, reside em sua alma. Hermógenes, um exemplo de homem pio, revela que os seus amigos são os deuses, de quem ele recebe cuidados por causa de sua devoção. Xenofonte, pela boca de Sócrates, concede a Hermógenes a *kalokagathía*. O autor, sempre disposto a defender o filósofo das acusações que o levaram à morte, aproveita a ocasião para defendê-lo da acusação de impiedade. Sócrates, que diz orgulhar-se de seu proxenetismo, não só o justifica quanto o elogia, o que para nós poderia parecer estranho, não fosse esse o modo lúdico encontrado por ele para designar a atividade do filósofo, figura que se esforça em tornar os homens amantes da virtude e do saber.

A partir do contexto comemorativo do *Banquete*, Xenofonte traça, mediante a conciliação das ações sérias e jocosas de suas personagens, o perfil das figuras típicas da Atenas de sua época, pois, como dissemos no início, em sua opinião "não apenas as ações sérias (*spoudês*) dos homens belos e bons são dignas de memória (*axiomnêmóneuta*), mas também as pueris (*paidiaîs*)".

NOTAS

[15] Sintoma disso são as inúmeras páginas escritas por alguns comentadores sobre os testemunhos de Platão, principalmente quando comparadas às pouquíssimas páginas escritas sobre os testemunhos de Xenofonte. Esta tendência não é observada apenas entre os comentadores modernos — como Francesco Adorno (1986), que dedica várias páginas de seu livro ao Sócrates de Platão e de Aristófanes, dizendo muito pouco a respeito do Sócrates de Xenofonte —, mas também na antigüidade, o que pode ser observado após a leitura das *Vidas, doutrinas e sentenças dos filósofos ilustres* de Diógenes Laércio. O doxógrafo, embora mencione a doçura do estilo literário de Xenofonte, dedica apenas 5 páginas a este filósofo, enquanto dedica 34 a Platão.

[2] Vale lembrar que, segundo Diógenes Laércio, Xenofonte também teria recebido influências diretas de seu mestre: "*On dit que Socrate l' ayant rencontré dans un étroit couloir tendit devant lui son bâton pour lui interdire le passage, et lui demanda où l'on se procurait les choses utiles à la vie. Xénophon le lui dit. Socrate, poursuivant ses questions, lui demanda où se faisaient les gens de bien, et devant son embaras, lui dit: " viens avec moi et tu le sauras". Xénophon devint donc le disciple de Socrate. Il fut le premier à prendre des notes et à faire connaître les paroles de Socrate aux hommes em rédigeant ses Mémorables*" (LAÉRCIO, trad.: Genaille, 1977, pp.102-103).

[3] François Ollier, na sua introdução ao *Banquete*, a fim de enaltecer o testemunho de Xenofonte acerca de Sócrates, acaba não fazendo justiça ao testemunho de Platão, pois dá a entender que este último fala do filósofo como se falasse de um deus (*Cf.* XENOPHON, introd. de François Ollier,1995, p. 9-10). Não concordamos, ao menos neste ponto, com as suas posições, pois pensamos que não precisamos diminuir o testemunho de Platão para reconhecermos a importância do testemunho de Xenefonte; da mesma forma que não precisamos diminuir a importância do testemunho de Xenofonte para enaltecermos o de Platão.

[4] "kaì houtoi mèn dê hoútôs anamìx éskôpsán te kaì espoúdasan", o que literalmente quer dizer: "E assim eles confusamente foram zombeteiros e sérios".

[5] Embora os motivos de um banquete poderiam ser outros, tais como a celebração de festas na cidade, os concursos de poetas, a chegada e a partida de amigos.

[6] Xenofonte, no proêmio, faz Cálias dizer que a presença destas figuras ornamentará a sua casa. O termo utilizado nesta passagem é *kekosmêménos*, um particípio perfeito de *kosméô*, que recobre tanto a significação ética de repartir, dirigir (governar) e honrar quanto a significação estética de adornar e embelezar.

[7] O *paiàn sumposiakós* é um canto em coro em honra aos deuses cantado antes do simpósio.

[8] A expressão *kalokagathía* é empregada diversamente, mas exprime sempre o ideal ético-político de cidadão (*Cf.* CHANTRAINE, 1983, p.486). Juan Garcia Bacca traduz a expressão ou termo por bondade bela, conservando, assim, os seus aspectos ético e estético (*Cf.* a edição mexicana do *Banquete* da Universidade Autônoma do México, 1946).

[9] A edição crítica da *Le Belles Lettres* aponta a possibilidade da ocorrência do termo *gnômês* no lugar de *rômês*. A palavra *gnômês* significa juízo, talento e inteligência. Mas nós consideramos, nesta passagem, mais coerente o emprego do termo *rômês*, que tem a força ou o vigor físico como seu primeiro sentido.

[10] Xenofonte utiliza o verbo *orkhêsomai*, um futuro da voz média de *orkhéomai* (dançar), que expressa a idéia de finalidade. É interessante o modo como o autor faz Sócrates zombar, neste momento, da própria exigência socrática de que as ações tenham sempre uma finalidade útil (ele faz Sócrates dizer que quer aprender a dançar simplesmente para poder dançar). Contudo, nota-se que o autor, na seqüência do texto, acaba fazendo Sócrates assinalar, um a um, os benefícios trazidos pela dança.

[11] Mais uma vez, ao lançar mão dos termos *egélasan* e *espoudakónti*, Xenofonte mescla o sério com o jocoso.

[12] Sócrates substitui o "enorme recipiente" (*megálên phiálên*) de Filipo por "pequenos copos" (*mikraîs kúlixi*) de vinho, que deverão ser tomados com moderação.

[13] O concurso de beleza realizado entre Critóbulo e Sócrates é outro exemplo das brincadeiras que tinham lugar nestas comemorações. O vencedor da disputa, Critóbulo, é premiado com o beijo de cada um dos votantes.

[14] O verbo utilizado por Xenofonte é *phronéô*, que traduzimos livremente, neste contexto, por "ter orgulho".

BIBLIOGRAFIA

ADORNO, Francesco. **Sócrates.** Trad. José Antônio Ribeiro. Lisboa: Edições 70, 1986.

BRANCACCI, Aldo. Socrate, la musique et la danse. Aristophane, Xénophon, Platon. **Les Études Philosophiques**, 2, pp. 193-211, 2004.

CARRIÈRE, Jean-Claude. *Socratisme, platonisme et comédie dans le* Banquet *de Xénophon: Le* Banquet *de Xénophon et le* Phèdre *de Platon. In:* TRÉDÉ, Monique et HOFFMANN, Philippe. **Le rire des anciens.** Paris: Presses de L' école Normale Supérieure, 1998, pp. 243- 271.

CHANTRAINE, p. **Dictionaire étymologique de la lanhue grecque.** Paris: Klincksieck, 1983.JENOFONTE. **Recuerdos de Sócrates / Banquete / Apologia.** Trad.: Juan David Garcia Bacca. México: Universidad Nacional Autônoma de México, 1946.

LAËRCE, Diogène. **Vie, doctrines et sentences des philosophes illustres.** Trad.: Robert Genaille. Paris: Librairie Garnier Frères, 1977.

MAGALHÃES-VILHENA, V. **O problema de Sócrates: o Sócrates histórico e o Sócrates de Platão**. Lisboa: Calouste Gulbenkian, 1984.

ROBIN, Leon. **La pensée grecque et las origines de l'esprit scientifique**. Paris: Albin Michel, 1948.

WOLFF, F. *Socrate et les socratiques*. *In* CANTO-SPERBER, M. **Dictionnaire d' éthique et philosophie morale**. Paris: Presses Universitaires de France, 2001.

XÉNOPHONT. **Banquet, Apologie de Socrate**. Trad.: François Ollier. Paris: Les Belles Lettres, 1995.

SANGUE, SUOR E VINHO

Tereza Virgínia Ribeiro Barbosa*

Este ensaio foi produzido a partir de duas abordagens: tomamos a festa, propriamente dita, enfocada a partir da **Odisséia**, de Homero, 8, vv. 166-200, e assumimos a obra-de-arte como 'festa para os sentidos', 'exuberância intelectual e emocional que conduz para a alegria'. Ainda dentro dessas duas abordagens, refletimos acerca da inserção do gênero trágico nas festas de Dioniso. Paralela e simultaneamente, discutimos a memória corporal advinda dos gregos e presente em nossa cultura.

Principiando, portanto, com a festa propriamente dita, e localizando-nos em Esquéria, ou, se preferirem, Korfú, festejando com o rei Alcínoo. Colocamo-nos como os feácios, que vivem do canto e da poesia e não se distinguem nos ἀεθλοισι[1] – o que não é exatamente um ideal grego. Somos simpáticos aos banhos quentes e leitos macios e ficamos à vontade com a dança e os banquetes finos ao toque da cítara. Sem dificuldade, esperamos poder transportar nossos leitores para lá e, com Esquéria em mente, pela opulência intelectual e emocional auferida nesse reino, esperamos colocá-los frente a frente com Ulisses. Entretanto, durante a festa, não nos esqueçamos de nossas penas, porque elas também podem gerar cantos. Sejamos como Ulisses, que muito pelejou até chegar ao palácio de Alcínoo, que navegou por muitos mares e se deixou curtir pela dor. Assim, embora estejamos em festejos, os que nos conhecem – como humanos que somos – saberão que andamos, há muito, atuando em tragédias e, talvez, por isso, sigamos encantados com paradoxos.

Por este ponto, o dos paradoxos, damos início a uma das abordagens de nossa proposta, mencionada no primeiro parágrafo. Vamos discutir a presença das marcas da *dor que cintila* no santuário da alegria. Pura contingência de humanidade.

Pois bem, vamos observar dois comportamentos (o gestual e o vocabulário) presentes em duas obras, a **Odisséia**, anteriormente citada, e **As Bacantes** de Eurípides, vv. 179-200. O primeiro ocorre em Esquéria; o segundo, narrado por Dioniso, no estábulo do palácio de Penteu. Os corpos que realizarão as ações observadas serão o de Ulisses e o do próprio Dioniso.

---

*Professora doutora do Departamento de Letras Clássicas e do Programa de Pós-graduação em Letras da UFMG.
virginiarb@yahoo.com.br

Optando por uma teoria histórica da tragédia, utilizaremos, como fundamento, a definição de Wilamowitz-Moellendorff (WILAMOWITZ-MOELLENDORFF, 2001, p. 117) para a tragédia:

> " (...) *un épisode tiré de la légende héroïque, ayant son unité propre, traité de façon poétique dans un style noble et destiné à être representé par un choeur de citoyens attique et deux, voire trois, acteurs, dans le sanctuaire de Dionysos comme partie intégrante de la célebration publique du culte du dieu.*"

Como se vê, o helenista propõe uma definição que não se compromete com as inúmeras teorias estéticas e que busca definir a Tragédia Ática pelo que lhe fosse essencial, isto é, o festival de Dioniso. Nós, igualmente, embora ainda ligados à teoria conceptual da tragédia (a teoria aristotélica), julgamos necessário meditar sobre o porquê de sua inserção como uma marca de dor na 'alegria' (o maior festival grego em honra do deus Dioniso). Esse é o paradoxo que julgamos mais instigante: o estudo das tragédias na festa. Focalizaremos apenas as *Grandes Dionísiacas*[2] , festival tardio do séc. VI a. C. , instituído provavelmente por Pisístrato.

As *Grandes Dionisíacas* tinham início, *grosso modo*, já com o período de preparação (προά γων)[3]. O transporte da estátua do deus para uma região vizinha e a purificação do teatro com o sacrifício sangrento de um leitãozinho ainda lactante marcavam a abertura dos festejos, nos quais a entoação de hinos e o cortejo para a instalação da estátua do deus no τέμενος[4] são pontos altos. Além de trazer novamente Dioniso para a cidade, essa procissão (πομπή) preparava, pela manhã e muito provavelmente no dia 10 de *Elaphebolión* (2ª quinzena de março, 1ª de abril), o sacrifício do touro. Várias outras pequenas procissões aconteciam durante a festa: a procissão dos cestos com os instrumentos litúrgicos (κανηφορία), dos pães (ὀβελιαφόροι), dos vasos (σκαφεφόροι), a procissão das águas (ὑδροφορία), a dos odres de vinho (ἀσκοφόροι). Havia também a parada dos órfãos, a proclamação de honrarias para os cidadãos e estrangeiros que se distinguiram por serviços prestados à cidade de Atenas, o acolhimento de embaixadores e a formalização de alianças. A libertação dos presos sob fiança é um outro procedimento muito importante do qual não devemos nos esquecer. E não era só isso: os concursos *de διθύραμβοι, de κῶμοι*[5] , os φαλλοφόροι e as representações dramáticas completavam o brilho das comemorações.

Finalmente, tinha lugar uma assembléia, na qual havia espaço para elogios, reclamações e resoluções. Realizava-se depois um escrutínio sobre a organização do evento. A enumeração, porém, não pretende sugerir a idéia de uma sucessão rigorosa de eventos: segundo Sir Pickard-Cambridge (PICKARD-CAMBRIDGE, A., 1968, pp. 56 - 125.), a ordem dos fatos aqui arrolados não pode ser determinada com certeza.

Ora, essas variadas solenidades duravam mais ou menos seis dias inteiros de regozijo repletos de sacrifícios, regados a libações e movimentados por procissões. Podemos afirmar, portanto, que as representações dramáticas eram, tão somente, um dos muitos elementos constituintes do festival – ponto forte, é verdade, mas apenas uma das formas de espetáculo para celebrar Dioniso e, dentre os espetáculos teatralizados, a tragédia era apenas *uma* das maneiras de honrar o deus[6]. Assim, não é lícito esquecer que a tragédia, gênero dedicado ao que é sério e grave, ocupa um lugar relativamente pequeno no festival e que ela está, tal como as oblações de vítimas e o cheiro do sangue que delas exala, inserida harmoniosamente em um contexto de júbilo e liberação. A tragédia é, pois, um dos momentos para a manifestação da 'dor de ser' em meio ao resplendor da vida. Assim, podíamos nos deter, um pouco mais, nas marcas da dor na festa – e compreender como é espantosa – frente ao gozo e a efervescência – a comemoração que acolhe a dor. Contudo, para além da situação histórica e ritualística dentro da qual a tragédia Ática foi gerada, vamos dar a ela uma dose de autonomia para prosseguir no desenvolvimento de nosso raciocínio.

Recorremos a Northrop Frye, que, ao discutir o estatuto da obra-de-arte, remete-nos para a teoria moral de Schiller (1759-1805)[7] e a teoria estética de Nietzche[8] (1844-1900) - (FRYE, 1973, p. 97). Frye afirma que "se alguma obra literária é emocionalmente depressiva, há alguma coisa errada, ou com o escrito ou com a reação do leitor, pois a arte parece produzir uma espécie de animação que poderíamos chamar de, nos dizeres de Blake, 'exuberância da beleza'." Dessa forma, apoiando-nos em Frye e em Blake – *apud* Frye - e admitindo que a obra-de-arte é a exuberância da beleza, podemos trabalhar com a épica, a tragédia, a comédia, o mimo, a retórica ou o que quer que seja no campo da arte e falar de festa do espírito.

Porém, há um agravante. Retornemos à inserção histórica. O termo arte – tal como o designa Frye, 'obra literária' – não é uma categoria de classificação adequada para a tragédia. Não colocamos em questão sua função estética nem a pujança do belo que nela existe, de maneira alguma. O problema é que sua função original é festejar Dioniso, imiscuir-se nas exaltações do deus. E esse nos parece um motivo muito sério, a tragédia, antes de ser obra literária ou mesmo antes de ser veículo de questões filosóficas, é ritual. Neste sentido, a tragédia da Ática é uma prática cultural que se define por uma abordagem estética que se destina a cumprir um papel em um festival. Na qualidade de 'texto'[9] antigo, a tragédia, em nosso entender, pode ser aprendida como entidade autônoma e auto-suficiente, mas com ressalvas que a resguardem como uma prática social com significados e funções pertinentes ao grande festival de Dioniso. Por isso, propomos, provisoriamente, defini-la como uma 'festarte'. Consideramos o seu valor estético indiscutível; mas não desprezamos o seu valor histórico-contextual e as circunstâncias de sua origem. Parece-nos que a hipótese (festarte – termo que intenta preservar sua história e a consciência estética do poeta) funciona como uma solução satisfatória para nos entendermos quanto ao que temos a dizer. Assim vamos embora, primeiramente, para Esquéria, ou, como sugerimos antes, para Korfú, ou, se desejarem, para 'Pasárgada, porque lá somos amigos do rei'. Pela exuberância intelectual e emocional advinda da tragédia inserida na festa de Dioniso, estamos liberados para viver a festa perene do reino de Alcinoo. Procuramos o incitamento e a expulsão das nossas emoções pessoais e reais, as quais serão cataticamente transformadas numa onda de alegria, numa transmutação da experiência do poeta em *mímesis*, da vida em 'festarte', da rotina em jogo e teatro. Viver de *mímesis*, sob o signo da despreocupação ou relaxação que acompanha a disciplina perfeita, como os feácios.

Portanto, que se entenda, a partir desse ponto, a tragédia por 'festarte'.

E, se festas são ocasiões magníficas de compreensão de comportamentos, de denúncia alegre de hipocrisias, de rompimentos com a seriedade, com as regras e tabus, as festas e também a 'festarte' são um caminho eficaz para vencer a ordem instituída. Em contrapartida, paradoxalmente, essas mesmas festas, incluindo nelas a 'festarte', são mantenedoras de comportamentos, valores e violências sociais, visto serem, ao mesmo tempo, observadoras e repetidoras desses mesmos comportamentos, valores e violências. Destarte, as denúncias, os rompimentos e superação da ordem estabelecida convivem com a ação mantenedora. A ocasião de rememoração de sucessos e ressentimentos vividos gera um produto 'virtual': uma realidade desejada que se concretiza através da realidade possível do espetáculo. É por isso que não podemos falar de 'festarte' sem pensar em Dioniso, sobretudo o Dioniso da tragédia. Da grandiosa tragédia que se associa, invariavelmente, à vitória, ao regozijo e ao fracasso nacional. Aceitando essa ligação, porém, como negar a perplexidade? Diremos, como Jocasta: como uma palavra pode ter dupla força?[10]

Não tentaremos responder, pois isso, para o momento, não nos interessa; estamos em Esquéria e presenciamos, no meio da grande festa, uma *perfórmance* do padecente Ulisses. Observemos suas memórias corporais, repertórios impressos no efêmero.

Para tanto, vamos nos apoiar na teoria desenvolvida por D. Taylor (TAYLOR, 2002, p. 13-43) em seu ensaio intitulado 'Encenando a memória social: Yuyachkani'. Em quéchua, o termo *yuyachkani* designa a memória corporificada distinta daquela memória registrada em materiais permanentes e tangíveis sempre disponíveis para revisão e reinterpretação. Taylor apresenta dois conceitos interessantes: o de *arquivo* e o de *repertório de um conhecimento corporificado*. O *repertório*, foco desse estudo, preserva a memória do corpo por *performances*, gestos, movimentos de dança, cantos, lembranças traumáticas impressas no ato passageiro, enfim, todos os atos que normalmente são concebidos como conhecimento efêmero, não reproduzível. Esses atos, por serem vivos e incapturáveis, excedem ao material permanente de registro. Contudo, isso não significa que o efêmero desapareça; é que, frequentemente, ocorre que o arquivo e o repertório sejam parceiros para formar um plano de memória coletiva.

É dessa forma que Homero descreve, detalhadamente, uma magnífica *performance* de Ulisses entre os feácios. Aqui, temos o transitório gravado em material permanente e registrável – a letra –, e o temos por causa de uma espécie de memória imagética e instantânea do aedo, que fixou gestos que se repetem, ainda hoje, com sutilezas variadas. Todavia, ao registrar o gesto de Ulisses – como Eurípides ao registrar o gesto de Dioniso, veremos mais à frente – Homero instaurou um processo de ficção e metaforização que descreveu um nexo existente entre o fenômeno psíquico e o corpo que agiu. Explicaremos melhor, com uma citação de Barnabas Maj (MAJ, 2004, p. 29) sobre o *Filoctetes* de Sófocles: "... a ferida sempre aberta de Filoctetes coincide com a dor inextinguível da lembrança do abandono e do exílio aos quais os gregos o condenaram." As lembranças corpóreas de Filoctetes – ficcionais ou não – dependem apenas dele, mas assistir ao fato que traz à nossa lembrança a chaga aberta e o abandono, abrir ainda mais essa chaga de forma estética para provocar a catarse artística, é descobrir o recalque, aprofundar em seu entendimento, decifrá-lo e, quiçá, curá-lo. Em outros termos, a representação teatral de um trauma[11] possibilita o estremecimento revivido, (redito, reobservado e reanalisado), o qual, pela repetição, no presente, da experiência passada, como denúncia e pela compreensão da angústia, provoca um processo de cura coletiva. Isso é 'festarte'.

Eis-nos em Esquéria, canto 8, verso 179-193. Lá está enclausurado o ato e a *performance* corporal de Ulisses que quero comentar.

> "Ufanava-me, é certo, de ser dos primeiros,
> Quando confiava no viço da idade e na força do braço.
> Hoje, os trabalhos e as dores me abatem, que muito hei sofrido,
> Tanto nas lutas dos homens, bem como nas ondas penosas.
> Seja, porém! Apesar do sofrer que refiro, desejo
> Exp'rimentar-me; tua fala mordaz conseguiu decidir-me."
> Disse; e assim mesmo vestido com o manto, tomou dum dos discos,
> Bem mais espesso e maior, e de peso excedente ao dos outros
> Quantos folgavam jogar os Feácios amantes do remo.
> Fê-lo girar à sua volta e soltou-o da mão poderosa.
> Zune o projétil; admiram-se todos no campo dos jogos,

Esses Feácios amantes do remo e famosos nos mares,
Ante a violência do tiro, pois todas as marcas dos outros
Ultrapassou, ao soltar-se do punho.[12]

O repertório descrito pode contar a história acumulativa de traumas e prazer do humano. Ulisses, após afirmar que leva o peito repleto de pesares antes que de disputas (v. 153) e depois de receber as afrontas de Euríalo, move-se reativamente com as palavras do feácio. Ele que, em meio aos jogos, cantos e danças, afirmava estar em misérias e dores por causa de pelejas humanas e combates com ondas turbulentas (vv. 182-184), decide que, mesmo curtido por muitos males, arriscará novas disputas. Subitamente, levanta-se e, de manto ainda, toma um disco enorme e robusto, mais pesado – e não pouco – do que aqueles que os feácios costumavam lançar entre si. A. Heubeck, S. West e J. B. Hainsworth (HEUBECK, WEST & HAINSWORTH, 1990, p. 357) afirmam que, nesse ponto, para o herói, a mudança de comportamento é imperativa. Ele é obrigado a entrar na festa.

Com licença. Corta. *Plano médio* de Ulisses. Vejam, ele levanta resoluto e pega o disco. O que significa este gesto senão a recuperação de um homem que ultrapassará os traumas sofridos? Esse homem jogará de novo, entrará na festa com seu corpo marcado. Suas recordações pessoais hão de ser superadas pelos jogos e pela fantasia. A partir de então, o seu corpo não é apenas um corpo vivo, mas um corpo em vida. O seu movimento expedito dilata a sua presença. Ele se torna contínua mutação – expansão que acontece ante nossos olhos. As tensões que governavam secretamente o seu *phren* vêm à tona, são visíveis. Seu movimento é largo: o braço estica, avança. Reparem seu giro sobre si mesmo e a sua mão robusta que se abre para soltar o disco, estão vendo? Dentro dos limites de seu corpo, Ulisses arremessa o disco para a ultrapassagem da vitória. A forma com que Ulisses se movimenta é memória de um modo de pensar e tomando empréstimo das palavras de Eugenio Barba (BARBA, 1995, p. 55) veremos que: "Assim como existe uma forma preguiçosa, previsível, cinza de se movimentar, há também um modo cinza, previsível, preguiçoso de pensar" e em fuga inesperada a este modo cinza de ser, Ulisses e seu corpo, nesses versos, são incandescentes, produzem energia, ampliam os espaços.

Com licença. Mais uma vez corta. Focaliza o projétil. βόμβησεν δὲ λιθος. Zune uma pedra. Ela é extensão enérgica do corpo de Ulisses. Violência feita energia que se libera e ultrapassa todas as marcas. O toque de humor que menciona W. B.Stanford (STANFORD, 1987, p. 237) garante uma entrada esplendorosa para o sofrido Ulisses.

Corta uma última vez. *Close* nos feácios. Não é preciso dizer nada a respeito, eles estão simplesmente estupefatos.

Portanto, na seqüência de cortes tivemos, em primeiro lugar, uma peripécia: da autocomiseração Ulisses passa, por um caminho imprevisto, ao movimento oposto, à assunção da vitória. O corpo dilatado de Ulisses é metáfora de sua mente. Em segundo lugar, o projétil lançado é focalizado para ampliar ainda mais o corpo e a mente de Ulisses; e, por fim, o efeito da *performance*.

Todavia, voltemos ao ponto inicial, quando se buscavam as marcas da dor no santuário da alegria, isto é, buscava-se o princípio de negação da festa. Retomemos Barba (BARBA, 1995, p. 57), que afirma:

> "Há uma regra que os atores conhecem bem: comece a ação na direção oposta àquela para a qual a ação será finalmente dirigida.

Esta regra recria uma condição essencial para todas as ações que na vida cotidiana exigem certa quantidade de energia: antes de desferir um golpe, afasta-se o braço; antes de saltar, dobra-se um dos joelhos; antes de avançar para frente, inclina-se para trás: *reculer pour miex sauter*."

Aplicando esse raciocínio ao trecho estudado, facilmente se observa que Ulisses, antes de realizar seu esplêndido lançamento, ficava entristecido. Entretanto, o lançamento do disco constitui-se como uma atitude oposta àquela inicial. Se colocarmos as duas atitudes em seqüência, quietude entristecida seguida de expansão vitoriosa, notaremos que, se elas são opostas, são, também, de certa forma, complementares. A dor, por meio de uma desorientação inesperada – os reproches de Euríalo –, é obrigada, por uma decisão mental, a se reorganizar para vencer a inércia, a monotonia e constituir-se como vida, exuberância, 'festarte'. Ulisses está pronto para inserir sua dor na festa perene de Esquéria (v. 368).

Passo, rápida e finalmente, para o estábulo de Penteu, quando Dioniso nos relata o sucedido no interior do palácio (616-622):

> "Aí mesmo esteve a afronta que lhe fiz: é que julgando que me aprisionava, nem me tocou nem me agarrou; apenas se alimentava de esperanças. Encontrou um touro no estábulo para onde me levou para me encerrar. Atirou-lhe um laço em volta dos joelhos e dos cascos, a resfolegar de fúria; do corpo gotejava-lhe o suor e mordia os lábios. E eu, presente a pouca distância, estava sentado e tranqüilo, a olhar."[13]

Poderíamos nos deter longamente nessa narrativa para obter uma visão analítica de todas as posturas registradas no texto. Não há tempo para isso. Basta-nos, então, o comentário destes versos:

> "E eu, presente a pouca distância, estava sentado e tranqüilo, a olhar."
>
> (...) πλησίον δ'εγὼ παρὼν ἥσυχος θάσσων ἔλευσσον.

Sobre ele, Dodds (DODDS, 1960, p. 154) realça que, no meio de uma agitação física, provocada pelo terremoto, e de um conflito moral, oriundo de visões que acometeram Penteu, a calma (ἥσυχος) do estrangeiro confere-lhe um caráter sobrenatural. Jeanne Roux (ROUX, 1972, p. 447) dá continuidade ao pensamento de Dodds e reforça a serenidade do estrangeiro e sua calma sobrenatural. Aponta a variedade de verbos de movimento que descrevem o furor de Penteu por oposição a quatro termos justapostos para marcar a imobilidade de Dioniso (παρών, ἥσυχος, θά σσων,ἔλευσσον)[14]. Ela acrescenta a ironia produzida no uso do verbo 'ἔλευσσον': eu contemplava. Nós, de nossa parte, prosseguimos no pensamento de ambos e destacamos da cena o mais puro metateatro. Eurípides apresenta a ação de Dioniso como um repertório do qual até hoje fazemos uso. A ausência de movimento para assistir, sentar e contemplar as muitas visões de um Penteu que combate, afadiga-se, transpira. Dioniso contempla Penteu e nesse ato deleita-se com o jogo entre a realidade e a aparência. A meta final é a ação que existe para os olhos de um espectador imóvel. A memória do corpo aprendeu a quietude que contempla a ilusão. Pelas palavras de Stanislavski (STANISLAVSKI, 1988, p. 1), que instrui seus atores cuidadosamente, sabemos que "a imobilidade exterior não significa passividade" e que podemos "estar sentados sem fazer qualquer movimento e estar em plena atividade". Sem sombra de dúvida, Dioniso que contempla é mármore vivo, estátua percorrida pelo calor e pelo fluxo de vida, repertório repetido no ato de assistir a um conflito.

Transportando-nos, novamente, para Esquéria, encerramos observando o relacionamento de Ulisses e Atena. Ela, sob a forma de um homem, dirá ao filho de Laertes:

> "Hóspede, até mesmo um cego o sinal acertar poderia
> Só com o tato, porque não se encontra no meio dos outros,
> Mas muito à frente. Coragem, portanto, que aqui, já venceste.
> Tanto os feácios não jogam; jamais poderão superar-te.
> Disse: alegrou-se o divino Odisseu, sofredor de trabalhos."

Eis que conhecemos, intimamente ligadas, a dor e a alegria, a queda e a vitória. É isso que tínhamos a dizer: os gregos estão na nossa memória corporal, ensinaram-nos que o sangue dos sacrifícios, o suor dos combates, a desmedida, a queda e o sucesso são elementos pertinentes à festa do existir.

Mas e o vinho que dá título a esse texto? Ora, o vinho é sacrifício, é odor agradável, é memória prazerosamente guardada pelo paladar, é Dioniso e, na Grécia Antiga, é bom lembrar, não se bebe do produto macerado da videira sem mistura. Mistura é uma arte secreta. Dor, prazer, festa de viver. Pura contingência no humano.

NOTAS

[1] Nos combates.

[2] As festas em honra de Dioniso são: Dionisíacas rurais (em dezembro-janeiro/ inverno), as Leneias (janeiro – fevereiro), as Antestérias (fevereiro-março/primavera) e as Grandes Dionisíacas (março-abril/ primavera). Segundo Wilamowitz (WILAMOWITZ-MOELLENDORFF, 2001, p. 31), Pisístrato instituiu *As grandes Dionisíacas "au milieu du printemps, au moment de la pleine lune du mois d'Élaphébolion"*.

[3] prelúdio.

[4] santuário.

[5] Refiro-me aqui ao κῶμος, cortejo menos formal que a πομπή, pândega de homens pintados com borra de vinho na cara, que ocorria provavelmente ao fim da tarde do dia 10 do mês *Elaphebolión*. O cortejo seguia ao som da flauta fazendo gracejos com a população.

[6] Howatson no **Dictionnaire de l'Antiquité**, p. 319, exclui o dia dos preparativos e estabelece cinco dias de festa. Desses, teríamos, para cada dia, uma comédia precedida durante dois dias pelos concursos de ditirambos e durante três dias pelos concursos de tragédias e dramas satíricos.

[7] Cf. idéias de SCHILLER, 1991, p. 72, "Toda arte é dedicada à alegria, e não há tarefa mais elevada e austera do que a de dar felicidade aos homens. A verdadeira arte é aquela que produz a máxima satisfação. A máxima satisfação, porém, é a liberdade da alma no ativo estado lúdico de todas as suas faculdades."

[8] Cf. idéias de NIETZCHE, F. 1984, p. 27, sobre o assunto: "Mas se examinarmos como, sob a influência desta paz final, a potência dionisíaca se manifestou, reconheceremos nas orgias dionisíacas dos gregos, comparadas com a descendência do homem até ao macaco e ao tigre nas festas babilônicas, uma significação superior: a de festas da redenção libertadora do homem e dias de transfiguração. Nelas, pela primeira vez, o alegre delírio da arte invadiu a natureza; pela pri-

meira vez, nelas, o aniquilamento do princípio da individuação tornou-se um fenômeno artístico. O execrável filtro de crueldade e prazer tornou-se impotente: só a maravilhosa mistura e duplicidade dos afetos do sonhador dionisíaco nos faz lembrar dele (...)."

[9] Aqui entendido *lato sensu* como texto escrito, dança, *performance* corporal do ator, vestuário, etc.

[10] SÓFOCLES, **Édipo Rei**, v. 938 – ποίαν δύναμιν ὧδ' ἔχει διπλῆν;

[11] Chamo de trauma a ruptura entre a experiência e a possibilidade de compreendê-la.

[12] Tradução de Carlos Alberto Nunes.

[13] Tradução de Maria Helena da Rocha Pereira.

[14] A tradução dos termos é a seguinte: presente, tranqüilo, assentado, olhava.

BIBLIOGRAFIA

BAKHTIN, M. **A cultura popular na idade Média e no Renascimento: o contexto da François Rabelais**. São Paulo: Hucitec, Brasília: Ed. UnB, 1999.

BARBA, e. & SAVARESE, N. **A arte secreta do ator**. Campinas: Editora Unicamp, 1995.

EURIPIDES. **Bacantes**. Trad. M. H. da Rocha Pereira. Lisboa: Edições 70, 1992.

_________. **Bacchae**. Introd. e comm. E. R. Dodds. Oxford: Clarendon Press, 1960.

_________. **Les Bacchantes**. Comm. J. Rooux. Vol II. Paris: Les Belles Lettres, 1972.

FRYE, N. **Anatomia da crítica**. São Paulo: Ed. Cultrix, 1973.

HEUBECK, A., WEST, S. & HAINSWORTH, J. B. **A commentary on Homer's Odyssey**. Vol I. Oxford: Clarendon Press, 1990.

HOMERO. **Odisséia**. Trad. C. A. Nunes. Rio de Janeiro: Ediouro, 2000.

_______. **Odyssey of Homer**. Introd. e comm. W. B. Stanford. Vol. I. London: St Martin Press, 1987.

HOWATSON, M. C. **Dictionnaire de l' Antiquité.** Paris: Éditions Robet Laffont, S. A., 1993.

LÉVÊQUE, P. Religion et culture. *In* BRIANT, P. & LÉVEQUE, P. **Le Monde Grec aux temps classiques.** Tome I. Paris: Presses Universitaires de France, 1995.

MAJ, B. Lendas, lembranças e memória. *In.* S. Rojo & R. Vecchi (org.). **Transliterando o real: diálogos sobre as representações culturais ...** Belo Horizonte: Faculdade de Letras, 2004, pp. 21-37.

PICKARD-CAMBRIDGE, A. **The dramatic festivals of Athens.** Oxford: Clarendon Press, 1968.

SCHILLER, F. **Teoria da Tragédia**. São Paulo: EPU, 1991.

SEGAL, CH. The Phaeacians and the Symbolism of Odysseus' Return. **Arion,** Boston, v. 1, p. 17-64, 1962.

SERRES, M. **Os cinco sentidos – Filosofia dos corpos misturados 1.** Trad. Eloá Jacobina. Rio de Janeiro: Bertrand Brasil, 2001.

SOIHET, R. **Estudos Históricos**, RJ. Vol. 5, n. 9, 1992, pp. 44-59. acesso dia 25/05/05 - http://www.cpdoc.fgv.br/revista/arq/93.pdf

STANISLAVSKI, C. **Manual do ator**. São Paulo: Martins Fontes, 1989.

TAYLOR, D. Encenando a memória social: Yuyachkani. *In* G. Ravetti, M. Arbex (org.) **Performance, exílio, fronteiras: errâncias territoriais e textuais**. Belo Horizonte: Dep. de Letras Românicas, Faculdade de Letras/ UFMG. 2002, pp. 13-43.

WILAMOWITZ-MOELLENDORFF. U. **Qu'est-ce qu'une tragédie attique?** Paris: Les Belles Lettres, 2001.

CULTURA MATERIAL

REVELANDO O PASSADO: ESTUDOS DA COLEÇÃO EGÍPCIA DO MUSEU NACIONAL

Antonio Brancaglion Junior

O acervo egípcio do Museu Nacional é provavelmente o mais antigo e o mais importante da América do Sul. A maior parte dos objetos data de 1826, quando Nicolau Fiengo, um comerciante italiano, trouxe de Marselha (França) uma coleção de antigüidades egípcias e clássicas para ser vendida em Buenos Aires. Não podendo alcançar seu objetivo, voltou ao Rio de Janeiro, onde colocou as antigüidades em exibição pública. Elas foram arrematadas, em leilão, pelo imperador Dom Pedro I, que as doou ao então Museu Real, fundado em 1818.

Em 1876, quando de sua terceira visita ao Egito, Dom Pedro II foi presenteado pelo Quediva Ismail com o belo esquife pintado da "Cantora e Amon" Sha-amun-em-su, que ele veio a manter em seu gabinete até a Proclamação da República, em 1889, quando, então, foi incluído na coleção do Museu Nacional. Posteriormente a coleção foi acrescida de outros objetos, por doações ou compras de particulares.

Não há registro preciso da procedência da maior parte dos objetos. Entretanto, há indícios de que a coleção comprada por D. Pedro I teria vindo das escavações do famoso explorador italiano, Giovanni Battista Belzoni, que escavou na Necrópole Tebana, no Templo de Karnak e negociou com antigüidades entre 1816 e 1819.

Essa procedência tebana adequa-se perfeitamente às características de várias peças importantes da coleção original. Os esquifes de Hori, Harsiese e Pestjef pertencem a funcionários tebanos; devem ter sido descobertos nos cemitérios de Tebas ocidental. Também a estela real da época greco-romana pertence ao templo do deus Montu, situado na parte setentrional de Karnak, como indicam suas inscrições.

É certo, porém, que as outras estelas são provenientes de Abidos, ao norte de Tebas, como as de Huy, Amenemopet e Huynefer, que apresentam o morto e sua família homenageando a família divina de Abidos Osíris, Ísis e Hórus. Estas estelas são características das capelas votivas erguidas na via processional que levava ao templo de Osíris, que os textos chamam "caminho do grande deus". Essas capelas foram construídas pelos egípcios da "classe média" que buscavam substituir a tumba verdadeira por um monumento comemorativo, de proporções mais modestas, próximo ao local onde se acreditava estar sepultado o próprio deus.

---

*Professor doutor do Museu Nacional da UFRJ.

A coleção egípcia destaca-se ainda por suas múmias humanas e animais, que sempre despertaram o interesse do público e dos pesquisadores. O interesse sobre as múmias teve início com a própria egiptologia. Objeto de curiosidade, despertou o interesse dos primeiros viajantes europeus que chegaram ao Egito junto com a campanha militar de Bonaparte, em 1798.

Desde esta época as múmias começaram a ser levadas como objetos ornamentais para os "gabinetes de curiosidades" dos colecionadores, na sua maioria membros das cortes ou da burguesia européia. Este modismo chegou à corte portuguesa, no Brasil, onde D. Pedro I adquiriu a coleção de Fiengo, que mais tarde seria base da coleção egípcia do Museu Nacional. Seu filho, D. Pedro II, deu prosseguimento a esse interesse pela terra dos faraós, tornando-se um egiptólogo amador.

Esse interesse por objetos egípcios fez com que numerosas múmias pertencentes a colecionadores particulares terminassem mais tarde nos museus, o que as preservou, mas sem nenhuma outra informação quanto à procedência desses objetos.

Muitas das múmias que permaneceram no Egito tiveram um fim menos digno, foram destruídas por diversas razões. A pilhagem foi a principal causa da sua destruição. Na busca por jóias e amuletos, os corpos eram despedaçados e seus restos abandonados ou queimados, ainda no interior de suas sepulturas.

Durante a Idade Média, um manual em árabe ensinava como saquear as tumbas: "O Livro dos Tesouros enterrados" como era chamado, fez tanto sucesso que foi reproduzido durante séculos. Nele os saqueadores aprendiam com precisão como encontrar as tumbas e as múmias e como se proteger magicamente da vingança dos espíritos perturbados.

Outra causa de destruição muito freqüente era a moagem dos corpos mumificados par a obtenção de um pó considerado como possuidor de propriedades curativas devido ao betume contido nos corpos.

Esta prática mencionada pelo médico árabe Ibn Sina (Avicenna) escrita no Século XI e presente no trabalho de outro médico árabe, Abd el Latif, tratava das propriedades do pó de múmia que misturado à água era aquecido para que vapores fossem inalados ou dissolvidos para ingestão com a finalidade de curar abscessos, fraturas, paralisias, náuseas, úlceras e epilepsia. O pó de múmia aparece nas listas de substâncias medicinais na maioria dos textos médicos latinos; foi tão comum que é mencionado mesmo em textos literários, como em "Romeu e Julieta", de Shakespeare, sendo usado até o Século XIX. Quando a rainha Vitória adoeceu, recebeu do rei da Pérsia um frasco contendo pó de múmia para ajudar em seu tratamento de saúde.

O pó de múmia foi amplamente utilizado no Século XIX e início do Século XX também na fabricação de pigmentos utilizados na pintura, por ser considerado como um conservante das cores, e com o mesmo pó obtinha-se uma cor chamada "marrom múmia".

Os tecidos das bandagens também foram utilizados na fabricação de papel. Enquanto as múmias de animais, principalmente as de gato, eram exportadas para a Inglaterra a um custo de aproximadamente 3 dólares a tonelada, para servir como fertilizante agrícola. Além disso, muitas múmias tiveram o seu fim nas fornalhas das locomotivas a vapor no Egito, usadas como combustível no lugar do carvão. Esses diferentes usos mantiveram durante séculos o comércio de corpos mumificados, contribuindo para a sua destruição e promovendo os saques nas tumbas.

O estudo moderno da coleção só começou no século XX. Em 1901, fotografias das estelas do Rio de Janeiro foram mandadas aos organizadores do grande dicionário hieroglífico em Berlim.

Em 1910, o Prof. H. Grapow, em Berlim, traduziu para o alemão as estelas do Rio. Em 1912, Alberto Childe (Dmitri Petrowitch Vanitzin ou Vonizin, 1870-1950) foi nomeado Conservador de Arqueologia no Museu Nacional e, utilizando os seus conhecimentos, estudou as coleções egípcia e clássica, publicando em 1919 o *Guia das Collecções de Archeologia Clássica*.

Mais recentemente foi publicado o *Catálogo da Coleção do Egito Antigo existente no Museu Nacional, Rio de Janeiro/Catalogue of the Egyptian Collection in the National Museum, Rio de Janeiro* por Kenneth A. Kitchen, da Universidade de Liverpool, com a colaboração da Profª. Maria da Conceição Beltrão, em 1990.

A coleção egípcia vem sendo objeto de uma classificação e de um estudo sistemático que propiciará, além da correta classificação e identificação dos objetos, a adequação da atual coleção aos padrões internacionais, o que permitirá uma futura inclusão do acervo em publicações científicas internacionais.

As pesquisas em andamento contribuirão para os estudos de arqueologia e de disciplinas correlatas, como história, história da arte, orientalismo, lingüística, entre outras, em desenvolvimento nas universidades brasileiras, suprindo a deficiência na formação de novos pesquisadores, principalmente, nas disciplinas ligadas ao estudo da cultura material.

Esse estudo fornecerá informações imprescindíveis para a elaboração de catálogos científicos que formarão a base para o desenvolvimento de futuras pesquisas, para utilização museológica, além de fornecer subsídios às futuras e necessárias intervenções referentes à conservação e restauração dos objetos; as corretas classificação e identificação possibilitarão a produção de guias e catálogos temáticos visando ao ensino e à difusão dos conhecimentos científicos. As potencialidades do acervo poderão ser melhor aplicadas na elaboração de exposições temáticas tanto no âmbito do próprio Museu quanto auxiliando outros museus e instituições nacionais e internacionais.

Acerca de um ano iniciou-se uma parceria com centros de pesquisas nacionais: Fundação Oswaldo Cruz - FIOCRUZ; Instituto Nacional de Tecnologia - INT; Centro de Pesquisas Renato Archer - CENPRA; Instituto de Química - Departamento de Química Analítica UFRJ; Clínica de Diagnóstico por Imagem - CDPI; Coordenação de Programas de Pós-Graduação em engenharia – COPPE/UFRJ; e internacionais: Faculty of Life Sciences do The Manchester University no projeto The Egyptian Mummy International Tissue Bank, Materials Transfer Agreement, cujo objetivo é uma análise não-invasiva das múmias humanas e animais que fazem parte da coleção. Uma abordagem multidisciplinar, anatomopatológica e arqueológica, que inclui a coleta de amostras para exames laboratoriais (DNA, pólen, resinas e pigmentos), visa obter informações para uso científico e como base para uma estratégia de conservação e apresentação, além da divulgação para o grande público.

Para este estudo foi desenvolvido o seguinte protocolo:

– Radiografia no local com o objetivo de conhecer o seu estado de conservação e quais as suas condições para manuseio.

– Deslocamento até o CDPI para tomografia.

– Análise das imagens tomográficas e das reconstruções em 3D.

– Prototipagem no INT para reconstrução facial.

– Digitalização da reconstrução para animação virtual.

– Utilização de técnicas de imagem no estudo e reprodução das múmias.

– Coleta de amostras para análise de resinas (vegetais e minerais) e presença de pólen e pigmentos utilizados na decoração dos envoltórios no COPPE e no Instituto de Química.

Um dos exemplos mais interessantes dos resultados já obtidos é uma proposta de datação das múmias a partir da análise química das resinas empregadas pelos embalsamadores encontradas nas amostras.

Amostras do Museu Nacional	Código das amostras	Cronologia		Materiais orgânicos encontrados nas amostras
		Utilizada pelo Museu Nacional	Proposta no Estudo	
Harsiese	1	c.1070 – 767 a.C.	900 – 750 a.C.	Resinas de coníferas Resinas de Pistácia
Hori	2	c.1070 – 767 a.C.	1100 – 900 a.C.	Cera de abelhas (?) Resinas de coníferas
Múmia 158 (Romana)	3	30 a.C – 395 A.D.	750 – 30 a.C.	Betume; Cera de abelhas (?) Resinas de coníferas Resinas de Pistácia
Sha-Amun-em-su	4	c. 750 a.C.	750 – 30 a.C.	Betume (?) Resinas de coníferas Resinas de Pistácia
Múmia de criança 159	5	c. 1070 – 767 a.C.	900 – 30 a.C.	Resinas de coníferas Resinas de Pistácia
Múmia de recém nascido 160	6	c. 1070 – 767 a.C.	1100 – 900 a.C.	Cera de abelhas (?) Resinas de coníferas
Cabeça masculina (sacerdote) 162	7	1570 – 1070 a.C.	30 a.C. – 395 A.D.	Betume - Resinas de coníferas
Cabeça humana (adulto) 163	8	525 – 332 a.C.	30 a.C.– 395 A.D.	Betume - Cera de abelhas (?) Resinas de coníferas
Cabeça humana (adulto) 164	9	Sem data	2300 – 1100 a.C.	Resinas de coníferas
Cabeça humana feminina 166	10	Sem data	2300 – 900 a.C.	Cera de abelhas (?) Resinas de coníferas
Pés humanos mumificados	11	Sem data	30 a.C. – 395 A.D.	Betume - Resinas de coníferas
Pés humanos mumificados	12	Sem data	2300 – 1100 a.C.	Resinas de coníferas
Cabeça humana feminina 176	13	Sem data	30 a.C. – 395 A.D.	Betume - Cera de abelhas (?) Resinas de coníferas
Mandíbula humana	14	Sem data	1100 – 900 a.C.	Cera de abelhas (?) Resinas de coníferas

MÚMIAS HUMANAS E ANIMAIS

Harsiese (nº. 155) H. 1,63m - III Período Intermediário (c. 1070-767 a.C.). Ainda com o seu sudário.

Hori (inv. 527) H. 1,62m - III Período Intermediário (c. 1070-767 a.C.). Atribuída ao sacerdote de Amon Hori, da XXI dinastia (c. 1070-946 a.C.), cuja tampa e cuba fazem parte da coleção (inv. 526 e 525). A múmia encontra-se ainda com o seu sudário externo original.

*Sha-amum-em-su (inv. 532) - XXII dinastia (c. 750 a.C.). Múmia da "Cantora de Amon" ainda fechada em seu caixão original, presenteada ao Imperador Dom Pedro II pelo Quediva Ismail. A sua tomografia revelou a presença de amuletos, entre eles um escaravelho coração.

*Múmia feminina romana (nº. 158) H. 1,45m - Período Romano (30 a.C. - 395 AD). Muito rara em sua aparência externa, com os membros enfaixados separadamente, existem múmias semelhantes no Liverpool Museum, 2 múmias femininas; 3 no Rijksmuseum em Leiden, além de uma cabeça; 1 homem adulto no British Museum e 1 no museu do Royal College of Surgeons em Londres.

Múmia de criança (inv. 171) H. 1,12m - Período Ptolomaico-Romano (c. 304 - 30 a.C.). Tem cerca de 13 anos e está toda enfaixada, incluindo os membros.

Múmia de criança (inv. 170) H. 63cm - Período Romano (30 a.C. - 395 AD). Tem poucos meses de vida. A tomografia revelou olhos artificiais e uma estaca (de madeira) na altura da cintura ao crânio.

*Múmia (inv. 236) H. 52cm - Período Romano (30 a.C. - 395 AD). Anteriormente identificada como uma criança, mas a sua tomografia revelou ser um gato mumificado e uma amostra de seu DNA está sendo estudada para a identificação de sua espécie.

*Cabeça feminina mumificada (Bela de Tebas) (inv. 176) - Baixa Época - Período Romano (525 - 30 a.C.). Primeira das múmias da Coleção do Museu Nacional a ser tomografada e ter o rosto reconstituído, revelou ser uma jovem com cerca de 19 anos de idade, com bom estado de saúde e apresenta uma estaca no interior do crânio que passa pelas vértebras do pescoço.

Três cabeças humanas mumificadas (inv. 177, 164, 168). Uma delas com certeza é feminina (inv. 168), possui os cabelos trançados.

Quatro pés humanos mumificados (inv. 163, 165, 166, 167). O último (inv. 167) possui restos de ataduras decoradas com motivos geométricos coloridos.

Duas mãos (inv. 172, 173) e dedos ainda com bandagens.

A coleção ainda dispõe de alguns animais mumificados: três gatos (inv. 247, 237, 243), todos do Período Romano (30 a.C. - 395 AD), os dois últimos ainda com seus caixões em madeira; uma íbis (inv. 241) do Período Romano (30 a.C. - 395 AD); filhotes de crocodilo (inv. 231, 234, 235, 268, 269, 270-273), todos do Período Romano (30 a.C. - 395 AD); um peixe (inv. 240) do Período Romano (30 a.C. - 395 AD).

Paralelamente ao estudo e prototipagem das múmias do Museu Nacional, foi iniciada uma parceria com o Laboratório de Modelos Tridimensionais (LAMOT) da Divisão de Desenho Industrial do INT, com o objetivo de digitalizar o acervo egípcio utilizando *scanner* 3D para a formação de um banco de dados que permitirá a criação de um museu virtual que poderá ser disponibilizado, via Internet ou CD-ROM, e que está permitindo a replicação dos objetos em material sintético. Os objetos podem ser, de uma forma segura, reproduzidos em suas condições atuais ou também permitindo a reconstrução das partes desaparecidas, dando a aparência original ao objeto.

Com isso, será possível a exibição das reproduções dos objetos da coleção em qualquer local do país, independentemente das condições de exposição, o que não é possível com os objetos originais. Futuramente isso também permitirá a confecção de réplicas para ensino e empréstimo

*Múmias já prototipadas

às escolas, fazendo com que o Museu Nacional amplie o seu papel de instituição pública de ensino e pesquisa, democratizando o conhecimento.

BIBLIOGRAFIA

BRANCAGLION, Antonio Junior. Arte e Arqueologia do Egito Antigo: exemplares egípcios da exposição. *In*: **Cerâmicas Antigas da Quinta da Boa Vista**, Catálogo da Exposição. Rio de Janeiro: Museu Nacional de Belas Artes, 17-21 e 72, 1995.

BRANCAGLION, Antonio Junior. **Tempo, Matéria e Permanência O Egito na Coleção Eva Klabin Rapaport**. Rio de Janeiro: Casa da Palavra/FEKR, 2002.

BRANCAGLION, Antonio Junior. "As Coleções Egípcias no Brasil". *In*: DELANGE, Elisabeth. **O Egito Faraônico Terra dos Deuses**. São Paulo: Masp-Louvre-Casa França Brasil, 2001.

BRANCAGLION, Antonio Junior. "As Coleções Egípcias no Brasil". *In*: BAKOS, Margaret (org.). **Egiptomania. O Egito no Brasil**. São Paulo: Paris Editorial, 2004.

BRANCAGLION, Antonio Junior. "From Egypt to Brazil an Egyptian Collection in Rio de Janeiro". *In*: ELDAMATY, Mamdouh; TRAD, Mai. **Egyptian Museum Colections around the World. Studies for the Centennial of the Egyptian Museum, Cairo**. Cairo: Supreme Council of Antiquities, 2001.

KITCHEN, Kenneth A. **Catálogo da Coleção do Egito Antigo existente no Museu Nacional do Rio de Janeiro I-II**. England, Aris & Phillips, 1990.

JORGE, Sandra. **Aplicação da Química Analítica no Auxílio à Datação da Coleção de Múmias Egípcias do Museu Nacional da UFRJ**. Dissertação de mestrado, Instituto de Química/UFRJ, 2005.

ESPETÁCULOS E REPRESENTAÇÕES NO BAIXO IMPÉRIO

Cláudio Umpierre Carlan*[1]

Introdução

O presente trabalho tem por objetivo principal o de analisar o papel importante dos espetácu los públicos no dia-a-dia romano. Para isso utilizaremos como fonte principal as cunhagens monetárias realizadas por Diocleciano, Maximiano e Constantino I entre os anos de 300 e 330.

Essas moedas pertencem à coleção do Museu Histórico Nacional / RJ, que possui o maior acervo numismático da América Latina. Esse estudo, ainda em sua fase inicial, pretenderá valorizar um importante patrimônio arqueológico brasileiro, ainda inexplorado.

A presença da moeda, além de oferecer um bem-estar econômico, mostra também os seus aspectos icônicos. Analisando os anversos e reversos monetários como imagens fabricadas, elas imitam aquilo a que se referem. Qualquer signo, mesmo o iconográfico gravado segundo processos físicos ou naturais, é construído segundo regras determinadas que implicam convenções sociais. Ela circula de fato nos três níveis, sendo simultaneamente ícone, índice e símbolo convencional. Os povos que habitavam o vasto império romano tinham conhecimento de que o busto representado naquela diminuta peça de bronze, prata ou ouro era do seu governante.

Tetrarquia e suas representações

Tais valores estão bem explícitos nas cunhagens do período. Nos *dupondii* (CAYON, 1985, p. 45), moeda de bronze de diâmetro superior a 2,5 mm, pesando mais de 8 g, identificamos no reverso a representação de Júpiter seminu com os ombros cobertos, nas peças de Diocleciano, ou Hércules com a pele do leão nas de Maximiano, entregando para o imperador o globo, encimado pela Vitória com uma coroa de louros pronta para coroá-lo. Como se as divindades protetoras de Roma estivessem abençoando os novos governantes, fortalecendo assim a legitimação do poder imperial.

Teoricamente, o império continuava a ser uno, tratava-se de uma associação e de um sistema colegial, não de uma divisão territorial, embora cada Augusto, auxiliado ou não por um César, ou

*Professor doutorando em História Antiga pela UNICAMP. Pesquisador do NEE/UNICAMP. claudiocarlan@yahoo.com.br

por outro Augusto menos prestigioso, fosse encarregado da administração e da defesa de uma parte. O próprio Diocleciano era considerado como um *Iuono*, filho de Júpiter, enquanto que o outro tetrarca, Maximiano, era um *Herculeo,* ou filho de Hércules (RÉMONDON, 1973, p. 45).[2]

Numa tentativa de restabelecer o poder da economia romana, Diocleciano realiza, ou pelo menos tenta fazê-lo, uma reforma econômico-administrativa. Além de emitir moedas de ouro e prata, coloca em circulação peças divisionárias de bronze, com tênue invólucro de prata, vulgarmente "banho de prata", as quais serviam para as operações quotidianas, conhecidas como *ou folles.*

Esta moeda, de tamanho e peso inferior ao *dupondius*, instituída entre os anos de 295-8 (JUNGE, 1994, p. 107), apresenta em seu reverso a imagem de Júpiter nu, com o *paragonium* e uma cornucópia simbolizando que a riqueza e abundância estavam de volta ao império. As peças cunhadas no oriente vêm acompanhadas de uma estrela em seu campo. Das 145 moedas de Diocleciano e 107 de Maximiano, 15 peças ainda trazem esta característica, principalmente a conservação do invólucro de prata, o que dá um destaque artístico muito importante.

Em 301, os tetrarcas tentaram através de um edito, *Editum Diocletiani et Collegarum de pretiis rerum venalium*, ou Edito Máximo de Preços, restabelecer a economia do Império.

Também neste período as casas de cunhagem são ampliadas, a fim de satisfazer as obrigações da tetrarquia e as necessidades do comércio: obras públicas e aumento do efetivo militar e civil. Para isso, novas peças começam a circular com letras, na parte inferior do *reverso* da moeda, linha de terra também conhecida por *exergo.* Quando visível, podemos identificar o nome (espécie de sigla) do local da cunhagem (CARLAN, 2000, p. 30).[3]

Durante o governo do *Herculeo* Maximiano, irá ser cunhada uma moeda com um novo *signo.* Esta peça é chamada de votiva ou laudatória, pois no campo do reverso vem a seguinte inscrição: VOT XX, acompanhada da letra H (Heráclea) ou KK (Cartago). O seu significado seria *votamos por vinte anos*, justamente a duração da tetrarquia. Após a renúncia dos *augustos*, Maximiano irá utilizar um outro *signo* VOT XX MVLT XXX, que significa *votamos por vinte anos, depois por mais trinta anos.* No campo, uma coroa de louros cerca o voto. Estes votos expressavam uma espécie de confiança, de fidelidade do povo ao seu governante. Posteriormente, outros imperadores, Constantino, Constante, Constâncio II, Juliano, Joviano, Valentiniano I, cunharam moedas com a mesma legenda ou derivadas, como VOT XXX MVLTIS XXXX ou VOT XX SIC XXX.

Na esfera religiosa, depois da grande perseguição do século III, encerrada no ano de 260, o cristianismo passa a gozar de uma paz externa de aproximadamente quarenta anos, da qual tirou grande proveito.

Estas variações da política religiosa foram dirigidas ao mesmo tempo pela paixão e pelo cálculo, que se refletem nas diversas moedas, demonstrando que a atuação do cristianismo era sentida e passava a ser incorporada, durante esse longo período.

Os símbolos pagãos começam a serem substituídos pelos cristãos. A haste de Júpiter e a clava de Hércules dão lugar ao lábaro cristão de Constantino. Seus filhos e sucessores irão incorporar estes *signos* ao dia-a-dia da população romana nas feiras e nos mercados. A imagem vem acompanhada da legenda, contida no reverso, FEL TEMP REPARATIO, ou seja, um ressurgimento da grandeza romana através do baluarte cristão.

É importante ressaltar que esses símbolos cristãos introduzidos nas moedas de Constantino, a partir do ano de 315, vão sendo incorporados aos pagãos. Tem início uma associação destes *signos*. Lentamente a simbologia cristã irá apoderar-se da pagã no imaginário coletivo. Mesmo assim, Constantino mantém em suas amoedações a representação da loba, alusão à fundação da cidade de Roma. Segundo os especialistas, esta é uma das peças mais constantes nas cunhagens constantinianas (BRUUM, 1991, p. 67).

O paganismo, entretanto, ainda conservava posições muito sólidas. Em sua grande maioria, o exército ainda lhe era fiel. Geralmente, os "mistérios de Mitra", culto de mistérios que prometia a imortalidade aos iniciados, eram adotados pelos soldados (ULANSEY, 1989, p. 114). Sua importância era tanta que, quando Juliano assume a púrpura, manda cunhar moedas cujo reverso são alusões ao mitraísmo, o touro, símbolo pagão do sacrifício, pronto para ser imolado. Funari ainda acrescenta que "a flexibilidade religiosa dos romanos, o respeito a outras religiões e a facilidade de incorporá-las foi um fator importante em sua capacidade de dominar povos tão variados e uma área geográfica tão grande" (FUNARI, 2002, pp. 114-115).

Nas décadas seguintes, permaneceram os mesmos problemas. Constantino apoderou-se dos tesouros do antigo rival, Licínio, mas, dois anos mais tarde, a maior parte das casas monetárias fundadas por Diocleciano era fechada. Em 332, graças ao confisco dos bens dos templos, foi possível reabri-las. Mas Constantino foi obrigado a realizar uma "reforma monetária", baixando o peso do *aureus*, a fim de emitir o *solidus*, e em 324, o *miliarense*, de prata, que poderia chegar ao valor de 1/12 do *solidus aureus*. Quanto à massa em circulação, é constituída por espécies de cobre e bronze, de peso variável.

Essas turbulências políticas, econômicas, sociais e religiosas estão retratadas nas fontes numismáticas da segunda metade do século IV. Nas de Joviano, por exemplo, o MHN só possui duas peças votivas ou laudatórias. Evidência disponível que sugere ser provável uma tentativa de resgatar a aliança governante/governado. Depois do tratado humilhante realizado com os persas, o novo imperador precisaria impor o seu compromisso com os seus pares. Não lhe deram tempo para isto. Já nas amoedações de Valentiniano I, consideradas uma das mais difíceis de serem identificadas pela legenda, pois Valentinianio II e III utilizam o mesmo nome e o título imperial, aparecem nitidamente o seu perfil religioso e a associação do seu irmão, Valente, ao trono. Tais representações encontram-se em um medalhão, no Museu de Munique, em que os dois imperadores são coroados por mãos divinas sobre suas cabeças.

Conclusão

A numismática durante muito tempo ficou confinada às reservas técnicas dos museus, não sendo o objeto central de estudos ou análises, ficando apenas para cotejamentos ou, simplesmente, como um suporte para a documentação escrita. Pretendemos realizar justamente o contrário: darmos um papel central à moeda, cotejando-a com as fontes escritas.

Segundo Florenzano, a moeda é a imagem reduzida de uma idéia, que tem os seus objetivos ideológico e políticos, não apenas comerciais. Por este motivo os grandes depósitos monetários eram feitos em templos, santuários ou locais sagrados, pois a imagem do reverso possuía um poder de afastar o mal. E a moeda falsa tinha um poder maligno sendo assim evitada (FLORENZANO, 2002, p. 59).

FONTES NUMISMÁTICAS

Moedas dos Imperadores Diocleciano, Maximiano e Constantino I, pertencentes à coleção de numismática do Museu Histórico Nacional/RJ, o maior acervo da América Latina.

NOTAS

[1] Doutorando / UNICAMP, pesquisador associado ao Núcleo de Estudos Estratégicos, membro do conselho consultivo da www.historiaehistoria.com.br, bolsista da CAPES. Orientador: prof.dr. Pedro Paulo Abreu Funari.

[2]Nas legendas das moedas de Diocleciano vêm inseridos *IOVI AVGG* ou *IOVI CONSERVAT AVGG*, enquanto que nas de Maximiano, *HERCULI PACIFER*. Apesar do sistema de tetrarquia ter sido criado para estabelecer uma igualdade, essas amoedações comprovam que existia uma hierarquização interna.

[3]Como exemplo, podemos citar: P∪T (Ticinum), ARLQ, PCON, PAR, SCON (Arles); AQ, AQP* (Aquiléia); MRH, SMHA (Heracléia); VRB.ROM, VRB.ROM.Q, R*T, RT (Roma), ASIS, ASSIS, BSISZ (Siscia), SMANAI, SMANB (Atioquia); ALE, ALEA, ESMALE (Alexandria); SMKR, SMAKA (Cízico), entre outras.

Norma Musco Mendes, em seu livro **Sistema Político do Império Romano: um modelo de colapso**, tendo como base Georges Depeyrot, estabelece um mapa dos *ateliers* monetários romanos espalhados pelas diversas regiões do império, deixando claro a intenção, e necessidade, dos governantes em manter o fluxo e o abastecimento monetário contínuo.

BIBLIOGRAFIA

BRUUN, Patrick. **Studies in Constantinian Numismatics.** Papers from 1954 to 1988. Acta Instituti Romani Finlandiae. V. 12. Rome: Illus, 1991.

CAYON, Juan R.**Compendio de las Monedas del Imperio Romano**. V.2. Madrid: Imprenta Fareso, 1985.

CARLAN, Cláudio Umpierre. **Moeda, Simbologia e Propaganda sob Constâncio II**. Dissertação apresentada ao curso de Pós-Graduação em História da Universidade Federal Fluminense. Niterói: Centro de Estudos Gerais/ Instituto de Ciências Humanas E Filosofia, 2000.

DEPEYROT, G. **Economie et Numismatique (284-491)**. Paris: Errance, 1987.

FLORENZANO, Maria Beatriz B. "O Outro Lado da Moeda" na Grécia Antiga. *In*: **O Outro Lado da Moeda**. Livro do Seminário Internacional. Rio de Janeiro: Museu Histórico Nacional, 2001.

JUNGE, Ewald. **The Seaby Coin Encyclopaedia**. Second impression with revisions. London: British Library, 1994.

MENDES, Norma Musco. **Sistema Político do Império Romano do Ocidente: um modelo de colapso.** Rio de Janeiro: DP&A Editora, 2002.

RÉMONDON, Roger. **La Crisis del Imperio Romano. De Marco Aurelio a Anastasio**. Segunda Edición. Barcelona: Editorial Labor, 1973.

ULANSEY, David. **The Origens of the Mythraic Mysteries**. Cosmology and Salvation in the Ancient World. Oxford: Oxford University Press, 1989.

A COMERCIALIZAÇÃO DO VINHO NA ANTIGA ATENAS (SÉC. VI E V a.C.)

Elaine Vasconcellos de Menezes*

O vinho ático, sobre cuja comercialização nos debruçaremos neste artigo, apesar de ser uma bebida popular consumida cotidianamente por todas as camadas sociais da *pólis* ateniense (CHEVITARESE, 2000, p. 220), é descrito como um produto de baixa qualidade. Pesquisadores como Phillips (2003, p. 57), Bertrand e Brunet (1993, p. 178) enfatizam que não há indicação entre os autores antigos de que o vinho produzido nesta região fosse conhecido como um vinho de tradição, qualidade esta que as ilhas de Tasos, Lesbos e Chios detinham. Tal característica aparece de forma marcante no Banquete de Xenofonte (IV, 41); nele, o vinho ático é negligenciado em proveito do oriundo da ilha de Tasos, caracterizado como de valor elevado.

Entre os pesquisadores contemporâneos, o vinho ático aparece como um vinho de características locais, ou seja, bebida de qualidade inferior consumida pelo núcleo familiar dos pequenos e médios proprietários de terra, em oposição aos vinhos de exportação, que eram licorosos, feitos com uvas passas maduras e secas ao sol (AMOURETTI, 1998, p. 151).

O responsável por produzir este vinho local priorizava a quantidade de vinho em detrimento da qualidade, cultivava pés de vinha fortes e utilizava ao máximo o mosto de baixa qualidade para a produção dessa bebida cotidiana, que poderia ser consumida durante o decorrer do ano (AMOURETTI, 1992, pp. 85-86). Há um certo consenso entre os especialistas de que os vinhos de qualidade superior são extraídos do apisoamento de uvas selecionadas e seu processo produtivo é realizado por um vinhateiro profissional, que teria a ocupação de cuidar e manter as vinhas. É possível pensar uma íntima relação entre este profissional e o vinho de qualidade, na medida em que regiões de pouco renome em vinho não teriam recursos para contratar essa mão-de-obra qualificada; isso resultaria em um vinho de baixa qualidade que não teria valor de mercado suficiente para a manutenção desse profissional.

Sobre a profissão do vinhateiro, é necessário atentar para a ausência de indícios na documentação sobre a sua atividade. Apesar de tal característica, pesquisadores como Bertrand e Brunet (1993, p. 178) destacam sua importância. Isto se deve à complexidade da produção da bebida, o que pressupõe grande conhecimento de suas etapas mais importantes (tipos de apisoamentos,

*Professora mestre em História Comparada pelo PPGHC/ UFRJ. Professora colaboradora do LHIA/UFRJ.
elaine_vasconcellos@hotmail.com

utilização de resíduos e etapas da fermentação – alcoólica e monolática). O único indício desta profissão é percebido no verso 190 da comédia *A Paz*, de Aristófanes. Nela, Trigeu, personagem principal, se declara vinhateiro responsável por produzir um vinho de qualidade.

A ausência de um conjunto maior de indícios na documentação sobre essa profissão pode ser um indicativo da não tradição do vinho desta região como um produto de qualidade. Por outro lado, é importante também observar, quando falamos de um profissional detentor da *téchne* de produção do vinho, que esta especialização poderia ser transmitida não-oficialmente através da tradição, ou seja, de pai para filho. A figura de um profissional possivelmente poderia estar atrelada à necessidade das grandes propriedades.

Apesar da constatação da baixa qualidade do vinho ático, é possível verificar, através da documentação, que ele era comercializado.

O primeiro indício na documentação sobre a comercialização do vinho ático vem a ser em um vaso da técnica de figuras vermelhas (fig. 1) com tema no apisoamento das uvas. A cena[1] apresenta a concomitância da extração do sumo das uvas e de sua comercialização; ela ocorre em espaço interno, sendo citada por pesquisadores como realizada no interior de uma loja. Chevitarese (2000, p. 222) sublinha que esta cena se relaciona a ambiente tipicamente urbano, ocorrendo provavelmente em uma loja, onde possivelmente seria realizado o trabalho de apisoamento e a venda do vinho. A possibilidade de a cena ocorrer em espaço urbano deve ser tratada com cuidado, pois seria complicado e custoso o transporte das uvas ainda em cachos para serem apisoadas no espaço urbano. Seria muito mais prático o transporte do vinho já pronto em ânforas, visto que o formato das mesmas as torna fáceis de serem removidas e armazenadas (PHILLIPS, 2003, pp. 61 e 62). Acreditamos que realmente esta cena de comercialização do vinho ocorresse em uma loja localizada no espaço rural, próxima à propriedade[2].

Apesar do estado fragmentado do vaso, que não nos permite definir claramente a cena, é possível constatar que ela é atípica na cerâmica Ática, pois retrata a comercialização do vinho ou mais especificamente do sumo extraído das uvas. A constatação de uma cena de comercialização do vinho pode ser sustentada com base no jovem presente no extremo esquerdo da cena: ele segura uma pequena bolsa em sua mão esquerda, provavelmente de dinheiro[3]; e pelas próprias inscrições presentes no vaso relacionadas com medidas líquidas (IMMERWAHR, 1992, p. 126). Um jovem fala *pente khoí [dia] kalá* (cinco boas medidas de *chóes*), o homem barbado fala *tria* (três *chóes*), o jovem confirma *tria toi d[ódo??]* (eu colocarei em três certamente). De acordo com Immerwahr (1992, p. 124), os personagens desta cena estão negociando, tendo a *chous* por medida. Esta inscrição, segundo este pesquisador, se refere à quantidade que pode ser posta em um recipiente.

Não é possível dizer com base na cena presente no vaso se o que está sendo negociado era o vinho já pronto ou o sumo por eles apisoado, dado que a cena, por estar bem danificada, não nos permite uma visualização clara. Mas, é possível constatar: 1) ausência de recipientes na cena, onde o vinho pudesse ser armazenado para a venda (*píthoi* ou ânforas); e 2) presença de um jovem na cena, com o os pés e braços dentro de uma cuba, indicando assim a possibilidade de estar apisoando as uvas. Um outro aspecto que destaca a dificuldade de especificação do produto que estava sendo comercializado (sumo da uva ou vinho) vem a ser a constatação de que o vinho comercializado nesta loja seria oriundo de uvas colhidas e apisoadas no ano anterior, dado que elas necessitariam de um período de repouso para que ocorresse a fermentação lática e alcoólica. Desta forma, o vinho proveniente do apisoamento realizado na cena só teria seu processo finalizado na primavera do ano seguinte. Tal aspecto indica a necessidade de recipientes onde seria armazenado o vinho novo para venda, o que já sublinhamos não ser observado na mesma. Infelizmente, não é possível fazer paralelos desta cena com outras de comercialização do vinho, dado que, de acordo com Immerwhr (1992, p. 127), este é o único vaso a mostrar a concomitância da atividade de fabricação e venda do vinho novo.

Um segundo indício na documentação imagética de uma comercialização do vinho pode ser observado em dois vasos áticos da técnica de figuras negras, apesar de os vasos em questão apresentarem somente cenas de colheita das uvas, seu transporte em cestos e o apisoamento das mesmas. Podemos pensar, com base na caracterização da produção do vinho ático, que essas cenas retratam a produção do vinho com vista a uma posterior comercialização. Isto se deve:

1) Ao elevado número de trabalhadores envolvidos nas cenas (18 na fig.2 e 8 na fig. 3 (ver descrição final do texto)), apesar de a videira requerer um trabalho intensivo como apresentado no capítulo três, necessitando, de acordo com Amouretti (1992, p. 85), de um apelo massivo de mão-de-obra. O camponês, em sua pequena propriedade, faz uso de mão-de-obra familiar e escrava (HANSON, 1992, p. 165) em pequeno número. Isto se deve à reduzida dimensão da sua propriedade. Desta forma, somente o grande e médio proprietários teriam recursos e necessitariam fazer uso de mão de obra em grande número;

2) As dimensões da videira são um segundo indicativo da possibilidade de comercialização do vinho. As parreiras, nas duas cenas (fig. 2 e 3), ocupam toda a superfície em que são representadas, denotando um maior volume de uvas e, por conseguinte, de vinho produzido.

A única documentação textual a apresentar este elemento vem a ser uma passagem de Demóstenes (42), em que ele fala de Phainippos, um proprietário de terra que, segundo Osborne (1993, p. 123), era relativamente conhecido por se envolver no tribunal em assuntos ligados a propriedade. Através da Oração de Demóstenes, é possível perceber a natureza desta exploração agrícola, em que a produção do vinho apresenta certo destaque.

Os dados fornecidos por Demóstenes, indicam que Phainippos possuía um vinhedo produtivo em sua propriedade. Osborne (1993, p. 127) cita que tal característica pressupõe que esse grande proprietário de terras tivesse à sua disposição uma quantidade significativa de vinho que poderia ser guardada por um longo período ou disposta quando as condições de mercado fossem particularmente favoráveis. Esta constatação (OSBORNE, 1993, p. 127) se deve ao fato de Phainippos, além de produzir para cumprir as exigências do consumo interno de sua propriedade, tinha certa preocupação com o mercado local. Tal fato é constatado não só pela produção do vinho, como sublinhado, como também pela exploração de outros produtos como a madeira, de grande valor comercial.

Apesar de o caso de Phainippos ser o único ao qual se tem acesso na documentação textual sobre a produção do vinho com o objetivo de posterior comercialização, Osborne (1993, p. 128) observa que é possível admitir que a informação que se tem sobre Phainippos não é excepcional, não sendo ele atípico em suas necessidades e práticas. Apesar deste grande proprietário de terra ser o único citado na documentação textual, este não deve ser considerado um caso isolado. Osborne (1993, p. 136) acredita que os cidadãos abastados estavam diretamente envolvidos com o mercado e que esta relação seria uma forma de buscar uma maior demanda por dinheiro.

A realidade descrita por Osborne parece estar intimamente relacionada com a documentação imagética (fig. 2 e 3) que traz indícios sobre a comercialização do vinho, visto que essas cenas parecem diferir muito das que caracterizam uma pequena propriedade, pois demandam maior volume de mão-de-obra e apresentam um vinhedo de grandes dimensões.

Tal característica difere significativamente da prática vinícola do camponês ático. Este, além de possuir uma propriedade de tamanho reduzido, para garantir a sua subsistência, fazia uso de várias culturas diferentes[4]. O reduzido número de parreiras nessas propriedades indica que a maior parte do vinho produzido era consumido no interior da propriedade, impedindo que esta possuísse uma produção extra, para comercializar no mercado local. Sendo assim, apesar de o camponês poder comercializar seus produtos, consegue, de acordo com Osborne (1993, pp. 122-123), se manter fora das necessidades de compra e venda no mercado. Isto porque muitas necessidades não satisfeitas pela sua subsistência poderiam se dar através da troca entre vizinhos (OSBORNE, 1987, p. 108).

Os poucos indícios na documentação textual e imagética da comercialização do vinho podem estar intimamente relacionados à indicação de apenas três locais de mercados na Ática: a Ágora, o Pireu e a região das minas. Acreditamos que poderiam existir outros locais de comercialização do vinho que não estes. Uma constatação disso aparece na documentação imagética (fig.1): a existência de uma loja na cena, onde o vinho era comercializado, pode não ser tão atípica como apresentada na cerâmica. Osborne (1987, p. 108) enfatiza que possivelmente havia outros locais onde a troca regular acontecia, mas estes permanecem desconhecidos.

No que tange à exportação do vinho ático, é possível enfatizar que não há entre os documentos antigos indicações sobre este aspecto. O vinho que apresenta maior indício na documentação sobre sua exportação vem a ser o oriundo da ilha de Tasos. Há duas inscrições referentes ao quinto século que indicam a importância da fiscalização sobre a comercialização deste produto. Osborne (1987, p. 107) salienta que este aspecto indica que a produção desta ilha havia aumentado significativamente. Este mesmo tipo de lei é observado em relação à Ática, mas não no que se refere ao vinho, e sim ao azeite. Por este motivo, Osborne (1987, p. 36) acredita que os antigos atenienses tenham se tornado grandes produtores de azeite de oliva, dado que, de acordo com este pesquisador, Sólon proibiu a exportação de todos os produtos agrícolas, exceto os provenientes das oliveiras.

Apesar de não ser um produto exportável, o vinho ático era consumido nas casas e também em ocasiões públicas. Certamente, o vinho consumido não era o mesmo para todos os segmentos da sociedade, dado que o seu consumo refletia distinções sociais. Enquanto os membros mais abastados da sociedade consumiam vinho mais doce, oriundo de outras regiões do território grego, os grupos populares consumiam o vinho fabricado nas vinícolas locais e até subprodutos de baixa qualidade (MENEZES, 2005, pp. 109-112).

A despeito do consumo de vinho fabricado nas vinícolas locais, podemos citar uma festividade como o local propício para o consumo deste em grande volume: a Antestérias. Esta festividade é fundamental quando se pensa o vinho ático, dado que: 1) era a única festividade presente no calendário oficial que comemorava a produção do vinho novo, e o primeiro consumo do mesmo; e 2) a Antestérias era o momento em que um grande volume de vinho era necessário, possivelmente requerendo para isso os vinhos fabricados nas vinícolas locais.

Essa festividade estava associada ao florescimento e tinha por finalidade celebrar o vinho novo e simbolizar a passagem do inverno para a primavera, sendo, de acordo com Tucídides (2.15.4), o festival grego mais antigo. Sua importância é atestada pelo fato de este festival dar nome ao mês em que ocorre, o *Antesterión*. Penna (2004, p. 1) sublinha que, apesar da Antestérias ter suas principais cerimônias no espaço urbano, *ásty*, ela era um festival de caráter rural. Lima

(2000, p. 92) destaca que esta comemoração proporcionava uma maior integração entre o espaço rural (*chôra*) e o urbano (*ásty*). Como já sublinhado, a Antestérias era responsável por marcar o início da primavera, período em que os camponeses iniciavam um novo ciclo agrícola. Ela era uma festividade de cunho popular, dado que tinha a participação de todos os membros da sociedade, desde crianças até escravos.

O festival se estendia por três dias, 11°, 12° e 13° Antestérion, sendo denominado respectivamente: *Píthoigia* (dia em que eram abertos os *píthoi* e realizadas as primeiras libações a Dionísio); *Chóes* (dia em que ocorria a competição dos bebedores e o casamento de Dionísio); e *Chýtroi* (dia em que eram celebrados os ritos funerários, também denominado dia "das panelas") (PENNA, 2004, p. 14)[5].

Há três etapas desta festividade em que é possível se perceber o consumo do vinho: 1) no primeiro dia, em que os *píthoi* são abertos e há as primeiras libações ao deus; 2) no campeonato dos bebedores, no qual quem participava deveria tomar uma *chous* cheia de vinho. Quem a terminasse primeiro ganhava como prêmio um odre repleto de vinho puro; e 3) nos rituais privados, nos quais ocorreriam banquetes, no dia das *Chóes* (LIMA, 2000, p. 94).

O primeiro dia do festival era marcado pelo transporte dos *píthoi* de barro. Penna (2004, 32) sublinha que no primeiro dia da festividade, *Píthoigia,* haveria uma procissão acompanhada por carroças vindas das áreas rurais (*chôra*) que trariam os *píthoi* lacrados contendo o vinho. Estes tonéis seriam levados até o templo da divindade (*Liminai*) onde seriam realizadas as primeiras libações e se provaria o vinho fabricado no ano anterior. Penna (2004, p. 32, nota 13) enfatiza que a maioria dos autores acreditava que os camponeses de toda a Ática viriam nestas carroças (BURKERT, 1993, pp. 216-218). Parke (1977, p. 107) diverge desta opinião, afirmando que os *píthoi* seriam abertos individualmente pelos produtores de vinho, que levariam uma quantidade menor para o santuário. Hamilton (1995, p. 9) questiona se os *píthoi* poderiam ser levados para o templo de *Liminai,* e sobre o número de pessoas que estariam envolvidas na prática de provar o vinho.

Sobre este aspecto, cabe enfatizar não haver indicação na documentação sobre o fato de este vinho trazido em procissão para o templo de Dionísio do Pântano ser o mesmo consumido no segundo dia da festividade, na competição dos bebedores. Acreditamos na afirmação feita por Burkert de que os camponeses trariam estes *píthoi* repletos de vinho, e que possivelmente este seria consumido no segundo dia da festividade.

O segundo dia da festividade era marcado por uma procissão que percorria a cidade. Van Horn (1951, p. 25) acredita que ela estaria relacionada a um outro aspecto ritual da festa, o casamento de Dionísio. O evento fundamental deste dia para pensar o consumo do vinho ático era a competição dos bebedores. De acordo com Lima (2000, p. 93), nesta competição um certo número de cidadãos era convidado pelo sacerdote de Dionísio para participar do evento que acontecia provavelmente no edifício dos *thesmosthetai*, na *Ágora*. Os participantes, isolados em mesas, tinham sua *chous* repleta de vinho. Após as regras do concurso serem apresentadas pelo arauto e o soar da trombeta (*sálpinx*), o primeiro que esvaziasse a *chous* era o vencedor.

Apesar de o financiamento de festividades oficiais por membros mais abastados na comunidade ser uma prática comum no que se refere a Atenas, não há nenhuma indicação na documentação sobre um financiamento da festividade como um todo. Todavia, Plutarco[6] faz referências sobre os fundos do festival das *Chóes*. Ele cita que Demades, um dos seus organizadores, parecia conter uma soma de 50 *dracmas* para cada cidadão[7]. Este indício na documentação textual traz à tona o consumo do vinho fabricado nas vinícolas locais. Para dar conta do elevado consumo do vinho na festividade, era necessário recorrer aos vinhos fabricados nessas vinícolas. Tal constatação se deve ao elevado custo que a importação de vinhos considerados de qualidade superior como os oriundos das ilhas de Tasos, Meronéia e Chios traria aos financiadores da festa.

Há poucos documentos que se remetem ao segundo dia da festividade. *Os acarnenses* (vv. 1085-1095), de Aristófanes, é um deles; ele apresenta três passagens referentes a este dia. Nestas passagens, Dicaiópolis é convidado para um jantar (*deípnon*) no espaço público, ou seja, no templo de Dionísio do Pântano. Hamilton (1995, p. 12) afirma com relação a estas passagens de Aristófanes que este apresenta indícios de rituais privados e públicos no dia das chóes. Tal aspecto é fundamental se pressupomos distinções sociais no que se refere ao consumo do vinho, dado que era possivelmente nestes banquetes privados que os vinhos oriundos de outras localidades, caracterizados como de qualidade superior, seriam consumidos.

Em suma, é possível perceber sim um escoamento dos vinhos produzidos nas parreiras locais, tanto no mercado local durante o decorrer do ano agrícola quanto especificamente no festival das Antestérias, com vistas a satisfazer a grande demanda por vinho ocasionada pela competição dos bebedores. Todavia, tal característica não coloca o vinho ático como um produto significativo no comércio local ou promove a desvalorização do processo de importação dos vinhos licorosos consumidos pelas elites locais.

NOTAS

[1] Esta *psykter* foi interpretada e publicada pela primeira vez como sendo uma cena de pesca (um grupo de pescadores após o retorno do mar estava guardando redes e separando peixes). Immerwahr (1992, pp. 121-131) questionou esta interpretação através de um estudo minucioso da cena e da observação de objetos, tais como bolsas feitas de pele de cabra para armazenar vinho e sacos de condicionamento de uvas, concluindo que a cena contida neste vaso estaria relacionada à fabricação do vinho e não à pesca, como havia sido afirmado anteriormente.

[2] Não é possível afirmar, mas esta loja poderia se localizar em uma propriedade rural próxima à cidade (*ásty*), facilitando assim a comercialização do produto.

[3] Sobre esta, ver IMMERWAHR, 1992, p. 122, nota 5.

[4] O mesmo é observado nos cultivos dos grandes proprietários. No entanto, devido ao tamanho de sua propriedade ou à quantidade de propriedades que este tivesse dispersa no território ático, seu produto final (oriundo das colheitas, produção de vinho e azeite de oliva) seria significativamente superior ao do pequeno proprietário de terra.

[5] Há toda uma discussão por parte dos pesquisadores sobre a divisão temporal dessa festividade: um ou três dias; este mesmo pesquisador (PENNA, 2004) apresenta em seu primeiro capítulo uma profunda discussão sobre esta possibilidade.

[6] *Political Precepts* 25 (818e) *Apud* HAMILTON, 1995, p. 28.

[7] Hamilton (1995, 32) enfatiza que esta soma é possivelmente exagerada.

BIBLIOGRAFIA

AMOURETTI, Marie-Claire. Oléiculture et Viticulture dans la Gréce Antique. *In*: WELLS, B. (ed.) **Agriculture in Ancient Greece**. Stockholm: Svenska Institute I Athen (1992), 77-86.

________. Cidade e Campos Gregos. In: FLANDRIN (org.) **História da Alimentação**. São Paulo: Estação Liberdade, 1998, 137-154.

ARISTOPHANES. **The Acharnians**. Cambridge: Harvard University Press, 1984.

________. **The Peace**. Cambridge: Harvard University Press, 1995

BERTRAND, J. & BRUNET, M. **Les Athéniens: À la Recherche d'un Destin**. Paris: Armand Colin, 1993.

BURKERT, Walter. **Religião Grega na Época Clássica e Arcaica**. Lisboa: Calouste Gulbenkian, 1993.

CHEVITARESE, André Leonardo. **O Espaço Rural da Pólis Grega: O Caso Ateniense no Período Clássico**. Rio de Janeiro: A. L. Chevitarese, 2000.

DEMOSTHENES. **Private Orations**. Cambridge: Harvard University Press, 1990.

HAMILTON, r. **Choes and Anthesteria: Athenian Iconography and Ritual**. Arbor: University of Michigan Press, 1995.

HANSON, Victor. Pratical Aspects of Grapes-Growing and the Ideology of Greek Viticulture, In: WELLS, B. (ed.) **Agriculture in Ancient Greece**. Stockholm: Svenska Institutet i Athen (1992), pp. 161-166.

IMMERWAHR, H. R. New Wine in Ancient Wineskins. The Evidence From Attic vases, *In*: **HESPERIA** 61 (1992), pp. 121-132.

IMMERWAHR, H. R. New Wine Ancient Wineskin. The Evidence from Attic Vases. *In*: **Hesperia** 61, 1992.

LIMA, A.C.C. **Cultura Popular em Atenas no V século a.C** (Supl. Hélade 1/2000). Rio de Janeiro: 7letras.

MENEZES, Elaine V. **O Viticultor e o Processo de Fabricação do Vinho na *Pólis* Ateniense (VI e V séc. a.C.)**. Rio de Janeiro: UFRJ (Dissertação), 2005.

OSBORNE, Robin. **Classical Landscape With Figures. The Ancient Greek City and Its Countryside**. London: George Philip, 1987.

________ Pride and Prejudice, Sense and Subsistence: Exchange and Society in the Greek City. In: RICH, J & WALLACE-HADRILL, A. (ed.) **City and Country in The Ancient World**. London: Routledge, 1993.

PARKE, H.W. **Festivals of The Athenians**. New York: Cornell University Press, 1977.

PENNA, Fernando de A. **A Participação das Crianças no Festival Ateniense das Antestérias**. Departamento de História, IFCS, UFRJ, 2004.

PHILLIPS. **Uma Breve História do Vinho**. Rio de Janeiro: Record, 2003.

SPARKES, B.A. Treading The Grapes. *In*: **Bulletin Antike Beschaving** 51, 1976.

THUCYDIDES. **History of The Peloponnesian War**. London: Willian Heinemann, vol. 1, 1991.

VAN HORN, G. Choes and Anthesteria. Leiden: E.J.Brill, 1951.

XÉNOPHON. **Banquete**. Paris: Les Belles Lettres, 1961.

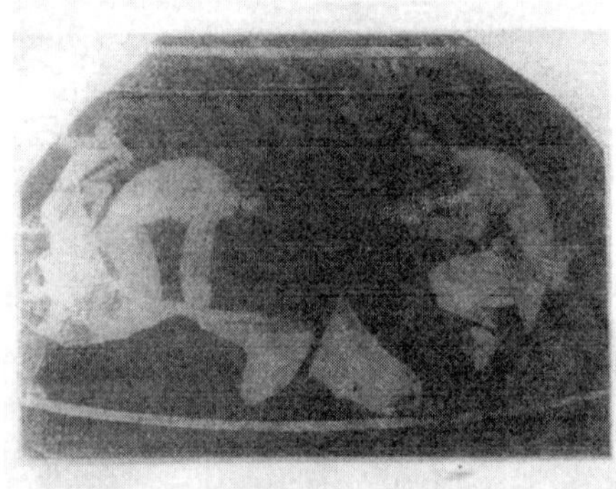

FIGURA 1 – Psýkter Ática, Figuras vermelhas. J. Paul Getty Museum Smirkros. Inv. 83. AE. 285. Final do Arcaísmo.

FIGURA 2 – Taça Ática. Figuras negras. Paris, Bibliothèque National(Cabinet dês Médailles). Inv. 320. The Chiusi Painter.

Descrição: A cena se passa em ambiente externo, há ao fundo uma grande videira repleta de cachos de uvas. No canto direito da cena, um sátiro cujo rosto não pode ser observado, nu, curvado para a esquerda, carrega em seu ombro um grande cesto ou bacia (*phormós* ou *kóphinos*) repleto de uvas. Com sua mão esquerda ele se apóia em um dos ramos da videira. Logo acima dele, na altura da cesta, um sátiro nu e barbado está totalmente curvado, sustentando-se sobre a videira.

No centro da cena um sátiro nu e barbado, voltado para a direita, está sobre uma peneira (*trýgoipos*), sustentada sobre uma prensa (*lénos*). Com sua mão direita ele segura um cacho de uva preso à videira, como se o estivesse arrancando, e com a esquerda, a alça frontal da peneira. O mosto extraído do ato de apisoar flui pelo lado direito da prensa para um vaso (?) enterrado no chão.

Sob a prensa um sátiro curvado para a direita, com as pernas traseiras dobradas, apóia sua mão esquerda no chão e a direita na borda do vaso enterrado. Atrás da prensa, presos ao tronco da vinha, há dois sátiros, ambos virados para a direita. Um primeiro se encontra na parte superior do tronco e o segundo, na parte inferior. Não é possível observar direito o rosto do sátiro da parte superior, mas este se encontra curvado, sustentando-se no tronco da videira. O sátiro da parte inferior tem os cabelos longos, está nu e barbado. Mostra-se de pé sobre o início do tronco da videira, como se desse um impulso.

No canto esquerdo da cena, dois sátiros sobre duas pequenas prensas (*lénos*) de pés longos tiram cachos de uva da videira. O primeiro, nu e barbado, está virado para a esquerda, olhando para o alto com a atenção voltada para a atividade realizada. O segundo sátiro, também nu e barbado, está voltado para a direita e também olha para cima. Entre uma prensa e outra tem-se um grande vaso ou cesto (*phormós* ou *kóphinos*), no qual ambos os sátiros colocam os cachos de uva retirados.

ANÁLISE MEMORIAL E MATERIAL DO ANFITEATRO ROMANO DE UMA CIDADE NA LUSITÂNIA: CULTURA E PODER NO URBANISMO ROMANO DE CONIMBRIGA. SÉCULOS I AO IV d.C.

Fábio Libório Rocha*

Anfiteatro: vida pública e vida civil

> *"O público ri-se, diverte-se (e os deuses também): o rito dos jogos atingiu o seu objectivo".*
>
> Pierre Grimal

Com essas palavras, Pierre Grimal (2001, p. 243) demonstra-nos as assonâncias existentes entre os jogos e o seu culto sagrado. Nesta perspectiva de análise que julga a postura sagrada dos jogos romanos, convém-nos indagar onde tais eventos realizavam-se e, por conseguinte, qual sua real importância na *societas* romana. Trata-se de uma reflexão suplantada na análise material de uma grande edificação para fins festivos, que, com capacidade de abrigar mais de quatro mil espectadores, fosse meio ainda de promoção imperial e centro de diversão, nomeadamente o anfiteatro romano. O *Amphitheatrum* era uma construção em forma oval ou circular, edificado para fins de combates de feras ou gladiadores e para jogos e espetáculos. Segundo Alarcão (1988, p.187) na Lusitânia existem somente duas construções do gênero: uma em Conimbriga, que foi construída no final do período júlio-claudiano, e outra em Bobadela. Conimbriga, enquanto *municipium*, foi uma comunidade céltica organizada à maneira romana, estando padronizada em um quadro jurídico definido por uma lei, a *lex municipalis*. O anfiteatro de Conimbriga é um dos monumentos em melhor estado de conservação, pois todo o seu piso inferior se conservou sob os entulhos da demolição. É notável como tal conservação permite-nos inferir sobre sua importância na sociedade romana da época, e como esta estabeleceu as bases para um atrelamento da vida civil, ordenada em um sentido festivo, à moda romana da vida pública. Bláquez (1962) apresenta o resultado de sua análise na perfeição da autenticidade do monumento como sendo uma ponte de

*Professor doutorando em História Antiga pela UFPR e professor da UNIGUAÇU (PR) e da Universidade do Contestado (SC).

ligação entre a vida pública e a vida civil. Os arqueólogos, ao relacionarem o anfiteatro à vida pública e ao criarem a noção de atrelamento desta à vida civil, elevaram, paralelamente, a análise material ao estatuto de ciência intimamente ligada às interpretações do espaço social, e, nas evidências históricas externas que validassem seus sistemas de interpretação, estabelecem tais relações como resultados de equilíbrio na mesma vida social.

As relações entre o anfiteatro e a vida pública discorrem muito mais do que puramente espetáculos ao corpus social. Grimal (2001, p. 261) assim refere-se a estas ligações: "[...] os espetáculos de anfiteatro eram dominados pelo desejo do maravilhoso, do inédito, da busca do impossível", uma busca que certamente pode ser entendida como a realização do ato heróico em meio ao público. Tais atos heróicos deveriam ser dignos de um espaço determinado segundo a sua grandeza, perpassando muitas vezes o simples espaço urbano determinado.

Marcus Vitruvius Pollio foi um arquiteto romano que viveu no século I a.C. e deixou como legado sua obra em dez livros, intitulada *On Architecture*, em que trata das construções de arquitetura na idade clássica. Vitruvius (1995) observava que as artes de construção no império romano já dependiam de muitas outras ciências a auxiliarem no seu todo, "Architecti est scientia pluribus disciplinis et variis eruditionibus ornata, [cuius iudicio probantur omnia] quae ab ceteris artibus perficiuntur" (VITRUVIUS, I.i), de forma que as construções como as do anfiteatro romano apresentavam algumas características básicas como a forma oval com um conjunto de escadarias na parte central de sua entrada, como demonstrado por *Vitruvius* (1995) nesta representação:

PLATE G.

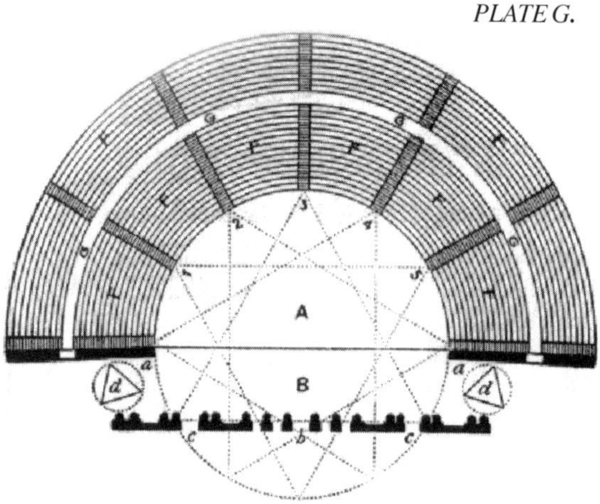

ROMAN THEATRE ACCORDING TO VITRUVIUS

Book V. vi.

A. Orchestra. B. Stage. *a-a.* Front of stage. *b.* Royal door. *c.* Side doors. *d.* Revolving scenes. 1-5. Staircases. F. Blocks of seats. G. Level gangway.

FONTE: *VITRUVIUS*: ***On Architecture***, Liber V. vi, 1995.

Poderemos perceber que, segundo Vitruvius (1995), geralmente as construções dos anfiteatros romanos obedeciam a um padrão muitas vezes semicircular, aportando em seus respectivos níveis os "blocos dos assentos", como definidos na figura "F", voltados para uma "porta real" ao centro e duas portas laterais. Certamente em Conimbriga, foi usado o mesmo modelo latino. Vitruvius explica detalhadamente, em seu tratado, a importância para os romanos da sacralidade na construção das cidades, bem como de templos e centro onde se reunia a *populi*; diria que a regra vitruviana tinha que ser observada como uma lei, pois estava inserida na tradição romana. O fato de Conimbriga apresentar um urbanismo bastante irregular faz considerarmos sua planta como híbrida, porém guardando em seu bojo as profundas características da cultura latina, em que percebemos, segundo a visão do nosso comentador em relação às construções, uma idéia de "primitivo", de "rudimentar", mas efetivamente romana. Os jogos romanos, em sua essência, representavam muitas vezes mais do que puramente diversão. Seu cunho sagrado fazia com que os competidores demonstrassem um espírito, acima de qualquer coisa, heróico. Nas palavras de *Vitruvius*, "Cum forum constitutum fuerit, tum deorum imortalium diebus festis ludorum expectationubus elegendus est locus theatro quam saluberrimus [...]" Nestas palavras, verificamos um ponto importante sobre a imagem de região primitiva que os romanos tinham dos locais de construção, espelhados em suas construções rudimentares, que, segundo o autor, remetiam aos tempos dos homens selvagens do passado remoto, quase que divinizados por sua glória.

O Anfiteatro: veículo de propaganda romana

Na arquitetura clássica, os pressupostos de origens primitivas, seguidos de projeções emblemáticas, identificáveis *a posteriori*, tornaram-se ubíquos em termos analíticos. Os modelos de anfiteatro romano não favoreciam a concepção de misturas ou convergências; mesmo sabendo que a herança nos modelos de construções romanas, segundo *Vitruvius* (1995), foi espelhada nos gregos, reforçamos o axioma inicial de que as características básicas de uma construção à romana teriam uma essência cujos contatos históricos de forma alguma se alterariam. Neste contexto, elencamos a fundamentação teórica dos pressupostos que balizam a hipótese de que os dados colhidos desta maneira foram operacionáveis, ou tiveram eficácia no processo de documentação textual e, especificamente, material, tratando-se de um centro de diversões em uma cidade romana como Conimbriga. Faz-se, pois, importante ressaltar que este tipo de construção que existia em Conimbriga, expressa no Anfiteatro, esboça a função do seu projeto urbano: ressaltar a *potestas* de Roma; saldar o Imperador. Aí ele se torna veículo de propaganda imperial, com sua arquitetura voltada para este tipo de poder, como bem expressa em sua obra. O modelo em quadro utilizado como contraponto para traçar alguns aspectos do anfiteatro romano faz-nos inferir que as construções caracteristicamente se tratavam de uma promoção social com relação entre *status* político e o poder do *imperator*. Desta forma, a discussão da construção da imagem pública, realizada pelo anfiteatro romano, remete também às discussões sobre os elementos que compõem essa construção, existindo, portanto, duas categorias distintas, assim sendo, dois espaços a serem investigados: o da imagem do *potestas* do imperador expressa na construção e a imagem do status público, sustentada por seus freqüentadores. Em ambos os modelos, o anfiteatro romano era um veículo de propaganda, seja do poder público ou privado. A ostentação do poder público e do próprio poder do imperador, nos anfiteatros, era característica por toda a extensão do império, como demonstra Bláquez (1962, p. 55): "Escenas de lucha de fieras en la arena del anfiteatro tienen los mosaicos bizantinos de la Iglesia de S. Cristofo, en Kabi-Hiram, cerca de Tiro, hoy conservados en el

Museo del Louvre [...]". Esta encenação de lutas entre feras, encontrada em mosaicos bizantinos, vem a comprovar nossa observação anterior. Em Conimbriga, contém a construção de um anfiteatro da época do domínio romano. Construção esta ainda inexplorada; sabe-se ao certo sua localização, mas sem maiores detalhes. Segundo Alarcão (1988), esta construção, assim como a de Bobadela, continuou em processo de exploração; as primeiras sondagens arqueológicas deste monumento público foram realizadas, em 1993, pelo arqueólogo Dr. Virgílio Hipólito Correa, sendo pesquisadas também pela sua equipe de arqueólogos, tratando-se, pois, de uma escavação recente.

Considerações finais

O Anfiteatro representava, sobremaneira, um centro de poder e glória, bem como um local destinado à construção e ostentação do próprio poder, suplantado em uma centralização política no império romano. A possibilidade do estudo das construções é um viés que nos instiga diretamente aos estudos iconográficos, epigráficos, culturais e artísticos. Em qualquer direção que se escave, no entanto, sabe-se que o anfiteatro marcou a distribuição das novas casas e arruamentos de Condeixa-a-Velha, enquanto as galerias de acesso da ruína, em um total de seis, se conservaram intactas. À medida que se amplia a escavação, descobrem-se de fato muitas outras possibilidades de estudo. Estes estudos revelam que a ostentação do *potestas* romano, muito mais do que por desejos dos homens, era por vontade dos deuses; desta forma concordamos com Grimal (2001, p. 245) quando diz *"O público ri-se, diverte-se (e os deuses também): o rito dos jogos atingiu o seu objectivo"*.

BIBLIOGRAFIA

ALARCÃO, Jorge. **O Domínio Romano em Portugal**. Lisboa: Publicações Europa - América, 1988.

BLÁZQUEZ, J. M. Venationes y Juegos de Toros en la Antigüedad. *In:* **Zephyrus** n 13. Salamanca: Ediciones Universidad Salamanca, 1962, pp .47-65.

GRIMAL, Pierre. **A Civilização Romana**. Lisboa: Edições 70, 2001.

MUSEU MONOGRÁFICO DE CONIMBRIGA, CONDEIXA-À-VELHA, nº 3150-999, Condeixa-à-Nova, Portugal.

VITRUVIUS. **On Architecture**. London: Loeb Classical and Harvard University Press, 1995.

CERÂMICA E ARQUITETURA TRADICIONAIS DA BRITÂNIA NO PERÍODO IMPERIAL

Maria Isabel D'Agostino Fleming*

Introdução

A memória, tema deste congresso da SBEC, está presente em dois recortes do mundo romano-britânico, que serão analisados neste texto. O primeiro, sob a forma da retomada de valores socioculturais tradicionais pela população local, que reflete uma posição em relação ao poder centralizado após um domínio de mais de 150 anos. Uma das ações deste processo é a construção de casas circulares. O segundo exemplo é a manutenção de uma técnica de fabricação cerâmica (memória tecnológica, poderia ser dito) que contraria o cenário típico do período imperial, com o domínio esmagador do artesanato de modelo e tecnologia romanos, num contexto de circulação de bens extraordinária que unia o Mediterrâneo.

Este fenômeno que permeia as populações dominadas só pode ser devidamente avaliado se ultrapassarmos os enfoques – na maior parte, entraves – que caracterizaram a pesquisa do mundo romano imperial e suas províncias até recentemente, há algumas décadas, ou que persistem em alguns estudos, ainda carregados de uma visão européia colonialista.

Pesquisa histórica e arqueológica da Europa colonialista

O discurso dominante nos estudos sobre a Britânia romana tem um fundamento filosófico que é o **modelo de romanização progressiva**, o qual propõe

> "uma mudança gradual, cumulativa e direcional de um extremo a outro, do modo de existência nativo ao romano. A perspectiva progressiva atribui um sentimento pró-romano à elite social do sul da Britânia romana. Com base na evidência material, incluindo a cerâmica e casas retangulares [tipicamente romanas], este *ethos* pró-romano é estendido à maior parte do resto da população" (HINGLEY, 1997, p. 82).

*Professora doutora do MAE/USP.
mabel_usp@hotmail.com

Esta perspectiva está em total descompasso com os estudos pós-coloniais voltados para os povos da periferia de impérios ocidentais recentes (sécs. XIX e XX). Esses estudos identificam relatos de vozes alternativas das populações dominadas e sugerem que os povos da periferia dos impérios ocidentais tinham uma gama de visões que foram ignoradas e suprimidas pelos centros imperiais. No caso da dominação romana, a dificuldade de fazer uma idéia de como os nativos sentiam-se sobre a conquista romana e seu controle vem da ausência de vozes nativas na literatura clássica e ausência de textos nativos.

Tendo em mente esta diretriz, no caso da Britânia romana e de outras áreas provinciais romanas, para que tenhamos o alcance dos problemas que abordagens mais críticas enfrentam na procura de uma variedade de visões locais sobre Roma e a conquista romana, devemos nos voltar, ainda que rapidamente, para a raiz mesma desses problemas e considerar o histórico da pesquisa tradicional imperialista/colonialista da Europa ocidental do final do séc. XIX até meados do séc. XX. Neste histórico se alternam abordagens da presença romana nos próprios países europeus (principalmente França, Inglaterra e Itália) e nas áreas coloniais, especialmente a África. O fio condutor era o Império romano como modelo e justificativa de ações internas para esses países, sobretudo a Inglaterra, que detinha o maior império do Ocidente moderno.

Um exemplo de arqueologia colonial é a afirmação de J. Toutain, arqueólogo francês das primeiras décadas do séc. XX: "Quanto melhor compreendermos o que os romanos realizaram em suas províncias da África, mais seremos capazes de dirigir nossos esforços e mais rapidamente assegurar seu sucesso" (*apud* BOUCHENAKI, 1978, p. 9; POTTER, 1987, p. 72).

Apesar de uma visão crítica de alguns atuais arqueólogos do mundo romano, relativa ao contexto da arqueologia colonialista, como T.W. POTTER (1987), o foco passa ao largo do problema quando é afirmado que "não se trata de subestimar as realizações desta 'Escola colonial romana', como poderia ser chamada". Segundo o autor,

> "mesmo que primitiva em termos metodológicos, a prática desta arqueologia permitiu criar um enorme *corpus* de dados, especialmente epigráficos; uma série de sítios escavados que proporcionaram uma visão surpreendente sobre a vida da cidade antiga; e, acima de tudo, uma poderosa consciência pública sobre o passado romano" (neste caso a referência é à arqueologia colonial francesa e italiana).

Continua o autor:

> "A maioria dos colonos franceses, ou camponeses italianos podem ter algum conhecimento dos romanos e seu legado arqueológico, entretanto, isso foi manipulado com propósitos políticos em um mundo moderno inconfortável e conflituoso" (POTTER, 1987, p. 72). Temos, portanto um misto de crítica metodológico-política, sem que se atente para o uso que foi feito da cultura material acumulada na explicação da presença romana nas províncias.

Por outro lado, a crítica dos arqueólogos ingleses da Britânia pré-romana sobre a arqueologia romana francesa colonialista ia além das observações de falta de método científico, sobretudo por parte de M. WHEELER (1949), um dos pais da técnica arqueológica moderna que seguiu a escola de Pitt-Rivers. Nesta perspectiva, a pesquisa na região de Maghreb, no norte da África, indicava a omissão da França metropolitana: as fazendas foram em grande parte sacrificadas em favor de cidades romanas limpas, isoladas. Ainda se sabe muito pouco da contribuição indígena e dos sítios menos romanizados. O norte da África foi visto quase que exclusivamente sob um ponto de vista romano, até bem recentemente.

Esta negligência com elementos indígenas pode ser identificada também na Itália, onde apenas em tempos relativamente recentes os chamados povos itálicos (isto é, não-romanos, etruscos ou gregos) começaram a receber a devida atenção. Mais de 40 línguas eram faladas na Península Itálica antes da unificação romana e é correto examinar o papel deste mosaico complexo de povos na formação do primeiro estado internacional do mundo.[1] No território francês, o conceito de uma cultura não-romana, mas galo-romana, foi estabelecido em um estágio relativamente precoce entre os eruditos modernos. Havia o grande herói gaulês Vercingetorix. O elemento celta na Gália Romana foi rapidamente definido, especialmente no campo da arte e da religião, conforme atestam as inúmeras publicações sobre estes temas e especificamente sobre as imagens que representam o Casamento Divino, uma associação de divindades gaulesas femininas e deuses romanos.

Quanto à avaliação da arqueologia romana na Inglaterra, numa visão mais conservadora, se atribui a este país o estabelecimento de bases ainda mais seguras para uma apreciação adequada da natureza da cultura romana provincial. Neste âmbito, foi significativa a contribuição dos antiquários do séc. XIX, com coleções extraordinárias de material romano-britânico, vendido ao British Museum em 1856, especialmente cerâmica (POTTER, 1987, p. 73). A apreciação da contribuição da cultura romana à formação cultural britânica combinava a evidência da literatura antiga, a epigrafia e a arqueologia.

O papel da Inglaterra frente às demais potências coloniais européias dos séculos XIX e XX contribuiu para mais um aspecto das pesquisas sobre a arqueologia provincial como um todo. Nota-se um comportamento diferente entre os estudiosos em abordar a arqueologia provincial na Europa fora de seus próprios países. Segundo JONES (1987, p. 85),

> "A relutância de estudiosos estrangeiros em comentar sobre a Britânia romana contrasta com a tradição britânica de estar preparada para partir e entrar em territórios arqueológicos desconhecidos em qualquer lugar do mundo. Este resíduo de confiança imperial pode deixar perplexos alguns dos arqueólogos locais, e os de outros países que não compartilham as mesmas ambições estrangeiras. A falta de intercâmbio de idéias dentro da arqueologia provincial é notável, quando pareceria que havia muito em comum; mas mesmo os congressos sobre o *Limes* são dominados pelo particular e o descritivo, mais do que discussões analíticas amplas".

Ao defender, sobretudo, o diálogo, o autor se aproxima dos objetivos atuais da pesquisa arqueológica sobre as questões provinciais, que visam, segundo MATTINGLY (1997, p. 7), por um lado, combater as ainda abundantes visões confortáveis e acríticas sobre os benefícios civilizadores do poder romano; por outro lado, evitar que as perspectivas pós-coloniais de imperialismo, que começam a causar impacto nos estudos do Império romano, sejam criticadas por simplesmente substituir um conjunto de estereótipos sociopolíticos por outro.

> "Parte do problema se encontra na natureza monolítica da maior parte das visões do imperialismo romano, seja louvando-o ou condenando-o completamente. Tais estudos dão a impressão de uma estrutura estática e uniforme e sugerem que há, e havia, apenas um único ponto de vista" (MATTINGLY, 1997, p. 7).

Casas circulares

Após esta breve introdução vamos nos deter no primeiro de nossos recortes: a construção de casas circulares. É preciso acrescentar que se a arqueologia francesa sacrificou em grande parte as fazendas africanas em favor de cidades romanas limpas, isoladas, por outro lado, na Inglaterra, uma pesquisa voltada essencialmente para as cidades romanas e áreas adjacentes teve como efeito o descuido da ocupação de áreas periféricas que foi relevante no processo de construção e fortalecimento de movimentos de resistência.

Há uma extensa literatura sobre o período romano e o grande número de relatórios e artigos sobre sítios isolados reflete uma longa tradição de pesquisas de campo que até bem recentemente atribuía uma ênfase enorme aos aspectos militares. A grande visibilidade dos vestígios romanos, combinada com os interesses clássicos de antiquários, assegurou o estabelecimento da origem romana de várias cidades. Por outro lado, a falta de identificação de vestígios de período romano além das principais instalações militares está associada ao nível relativamente modesto na aparência da cultura material e à pouca visibilidade dos sítios.

Neste cenário de contrastes, a *civitas*, no contexto provincial romano, é uma extensão de um mecanismo de observação e controle da elite tradicional por parte do Estado. Os governantes nativos eram utilizados na constituição do conselho tribal com sua sede de poder na *civitas* capital, isto é, a cidade como centro administrativo de um território (HINGLEY, 1997, p. 90). Esta *civitas* capital era normalmente localizada em um centro tribal pré-romano, deste modo aproximando-se de formas nativas de poder, mas também trazendo inovações no que se refere ao planejamento urbano, com um quadriculado de ruas pavimentadas. Normalmente, a cidade era cercada com um forte muro, no qual havia quatro portões principais e várias portas secundárias. Suas casas não eram justapostas, mas, como regra, separadas por pátios e jardins. Um exemplo é Calleva, *civitas Atrebatum*, capital do território de *Atrebatum*. Neste caso, não era uma cidade comercial, com seus edifícios públicos em grande escala, típico de cidades administrativas residenciais.

Segundo HINGLEY (1997, p. 91), nos 350 anos de dominação romana o sistema centralizado não permaneceu estático: as *civitas* capitais mudaram. No final do séc. II d.C., raros edifícios públicos eram construídos. Outros caíram em desuso. Reduziram-se a produção das manufaturas em grande escala e o comércio, enquanto as residências privadas substanciais tornaram-se mais comuns. Isto parece indicar um declínio nos aspectos administrativos oficiais da *civitas* capital e um crescimento das acomodações domésticas de status elevado, talvez refletindo mudanças nas idéias da centralidade de poder.

As *civitas* capitais cessaram de expandir-se e em alguns casos declinaram em tamanho depois do final do séc. II d.C. Não obstante, novas cidades desenvolveram-se em seus territórios, freqüentemente próximas ou nos arredores da *civitas*. Estas novas cidades, ou "pequenas cidades" como foram chamadas, eram não raro maiores em área do que as *civitas* capitais; menos rígidas no desenho com sistemas de ruas menos regulares e formais. As construções públicas são mais raras do que nas *civitas* capitais. Os projetos dessas cidades são mais dispersos e consistem de um número de áreas distintas, talvez com funções diferentes. Neste sentido, as pequenas cidades partilham elementos com as fortificações pré-romanas e os *oppida*. No conjunto, o sistema de ruas irregular, a ausência de edifícios centrais dominantes e o padrão disperso refletem protótipos nativos (HINGLEY, 1997, p. 91). A presença de modelos nativos em período romano tardio vem corroborar os levantamentos de assentamentos rurais que contradizem a impressão geral de que as fortificações nativas foram abandonadas com a ocupação romana. Achados de cerâmica romana, mesmo em pequenas quantidades, em alguns sítios rurais confirmaram sua ocupação no período romano (HIGHAM, 1982, p. 31). Outros dados vêm de estudos de estruturas de fazendas, cujo enfoque são construções essencialmente herdeiras das tradições vernaculares regionais da Idade do Ferro. Nestas, os materiais construtivos são madeira, argila e adobe e pedras justapostas, usualmente para estruturas circulares ou ovóides (Figura 1), embora fossem conhecidas edificações retangulares (KING, 1989, p. 350).

Os dois exemplos são romano-britânicos. As *civitas* capitais eram parte da extensão do controle local pelo Estado e pela elite nativa, e as pequenas cidades eram em alguma medida uma reação a este processo, reação esta expressa por meio de um instrumento tradicional guardado na memória e manifesto mais nitidamente 150 anos após a conquista romana.

A cerâmica negra brunida (*Black Burnished Ware*)

Os romanos trouxeram muitas inovações, estradas, termas e cidades, entre outras, mas uma das introduções mais penetrantes foi a cerâmica produzida em escala de artesanato industrial. Cem anos depois da invasão romana, a Britânia estava coberta de manufaturas por todas as regiões, incentivadas pelo exército romano e sua economia, a qual demandava vasilhas para armazenamento e transporte de produtos, como alimentos e bebidas principalmente. A cerâmica, enfim, era usada para cozinhar, nas construções, encanamentos e telhados. Resumindo, era um material indispensável.

É neste quadro que deve ser analisada a trajetória da cerâmica *Black Burned Ware*. O termo *black burnished ware* refere-se a uma gama específica de cerâmica comum, principalmente vasos para cozinhar, pratos e tigelas, normalmente de argila com forte presença de sílica (GREEN, 1992, p. 56). No período pré-romano os ceramistas nativos estabelecidos no sul de Dorset, próximo da região de Wareham-Poole Harbour, supriam as comunidades locais. Os oleiros trabalhavam sem o uso do torno ou forno, fazendo vasilhas de alta qualidade cozidas em fogueiras, tipicamente negras com a superfície polida (brunida). Muitas das formas das vasilhas eram de tipos usados nas fazendas pré-históricas de Dorset, outras mostram que os oleiros logo começaram a fazer vasos que imitavam os trazidos pelo exército romano. O que é relevante neste processo é a manutenção desta técnica que, de certa forma, ia na contramão do que acontecia na Britânia romana. De tal forma que, mesmo tendo sido introduzido um tipo torneado (em Essex ou Kent), este não teve o mesmo sucesso, tanto pela área muito mais reduzida da distribuição quanto pela sua duração (final séc. I III d.C.), entrou em declínio, enquanto o tipo tradicional, desde o início do séc. I d.C., continuou a ser produzido até o final do séc. IV d.C., praticamente o final do domínio romano. Mesmo nas regiões onde o exército conseguiu investir em manufaturas cerâmicas para suprir suas necessidades básicas de vasilhas para a mesa e cozinha, estas enfrentavam a forte competição da indústria da *Black Burnished Ware* do sul da Britânia, contrariando o aspecto antieconômico de transporte de cerâmica comum.

Na trajetória do sucesso da *Black Burnished Ware*, dois pontos são essenciais:

a) o primeiro é a técnica, que define os passos deste produto extremamente original, e por isso mesmo mantida, ainda que destoasse do padrão vigente ditado pelos romanos e acatado pelas manufaturas que se desenvolviam à sombra dos campos militares e cidades que surgiam. Nesta cerâmica a composição da pasta tem um peso relevante – apresenta a adição de areia grossa ou média como um preenchimento que permitia ao material expandir-se e contrair-se com o calor, suportando repetidos aquecimentos e resfriamentos durante a cocção;

b) aliado à técnica vem o segundo ponto: a rápida adaptação dos nativos às necessidades do exército invasor, através de cópias de formas romanas, entretanto, mantendo as formas tradicionais, sempre bem aceitas. Em 125 d.C. os oleiros de Dorset obtiveram um contrato para suprir o exército e a população civil no sul da Britânia, mas a distribuição não se restringiu apenas a esta área. Suas vasilhas, além da região oeste, atingiram em grandes quantidades o extremo norte da Britânia, na fronteira marcada pela muralha de Adriano, num percurso de cerca de 800 km por mar (Figura 2).

Assim como as casas circulares, também a cerâmica *Black Burnished Ware* é romano-britânica, mas, ao contrário das primeiras, desde o início da ocupação manteve uma tradição artesanal associada a uma adaptação que agia a seu favor. Em troca de algumas formas romanas pôde manter a memória de uma manufatura característica e única, além de desejada em toda a Britânia, apesar do forte comércio mediterrânico.

NOTA

[1] Na 1ª Idade do Ferro começam diferenciações relevantes entre culturas. Formam-se grandes contornos de grandes agrupamentos étnico-lingüísticos. Nos séculos seguintes, esses agrupamentos serão mais bem definidos, em primeiro lugar, pela introdução da escrita em grande parte da Península Itálica e, em segundo lugar, graças à documentação literária grega em termos etnográficos, sobretudo com Hesíodo e Heródoto. Nas regiões mais desenvolvidas, o processo de diferenciação social é acompanhado pelo processo de materialização das diferenças étnicas. Quanto mais elevada é a taxa de desenvolvimento em cada zona, mais aguda e evidente é essa diferença, a qual é traduzida por um fenômeno de natureza material e ideológica. No aspecto material, de um lado, há um grupo de culturas diversificadas, de outro, há uma homogeneidade interna dessas culturas, nas formas produtivas, na homogeneidade das relações sociais de produção próprias e na homogeneidade das relações de troca. O aspecto ideológico é proporcionado pelo grau de consciência étnica que freqüentemente é acompanhado pela emergência de uma superioridade econômica e militar. Devido a esses fatores, não é por acaso que os círculos culturais mais antigos reconhecíveis coincidam com os grupos étnicos do período histórico que, no momento, estavam no mais alto grau de desenvolvimento: em primeiro lugar, os etruscos, cuja forma cultural entre a proto-história e a história é a vilanoviana; em seguida, os latinos, que desde um período muito antigo exprimem uma cultura material própria conhecida como lacial, ainda que fortemente influenciada pela cultura vilanoviana vizinha. No resto da Península Itálica observa-se o reverso deste fenômeno, que é quase imediato nas áreas menos desenvolvidas e que tem uma relação direta e proporcional com o grau de articulação social alcançado em cada área – ou seja, esta articulação é inversamente proporcional ao grau de subdesenvolvimento.

BIBLIOGRAFIA

BOUCHENAKI, J.M. **Cités antiques d'Algérie**. Algers: Art et Culture, 1978.

GREEN, K. **Roman Pottery**. Berkeley, Los Angeles: University of California Press/ British Museum, 1992.

HAYES, J.W. **Handbook of Roman Pottery**. Norman: University of Oklahoma Press, 1997.

HIGHAM, N.J. 'Native' Settlements on the North Slopes of the Lake District. **Transactions of the Cumberland and Westmorland Antiquarian and Archaeological Society**, Carlisle, v. 82, 1982, pp. 29-33.

HINGLEY, R. Resistance and domination in Roman Britain. *In* MATTINGLY, D.J. (Ed.) **Dialogues I*n:* Roman Imperialism. Power, discourse, and discrepant experience inthe Roman Empire. Journal of Roman Archaeology.** Supplementary Series Number 23. Portsmouth, Rhode Island, 1997, pp. 81-100.

JONES, R.F.J. The Archaeologists of Roman Britain. **Bulletin of the Institute of Archaeology**, v. 24, suppl., pp. 85-97, 1987.

KING, A. Rural Settlement in Southern Britain: A Regional Survey. *In* TODD, M. (Ed.) **A Companion to Roman Britain.** Oxford: Blackwell Publishing, pp. 349-370, 1989.

MATTINGLY, D.J. Introdution. Dialogues of power and experience in the Roman Empire. *In*: MATTINGLY, D.J. (ed.) **Dialogues in Roman Imperialism. Power, discourse, and discrepant experience inthe Roman Empire. Journal of Roman Archaeology.** Supplementary Series Number 23. Portsmouth, Rhode Island, pp. 7-24, 1997.

POTTER, T.W. The Institute and Roman Archaeology: Past, Present and Future – An Outsider's View. **Bulletin of the Institute of Archaeology**, v. 24, suppl., pp. 71-84, 1987.

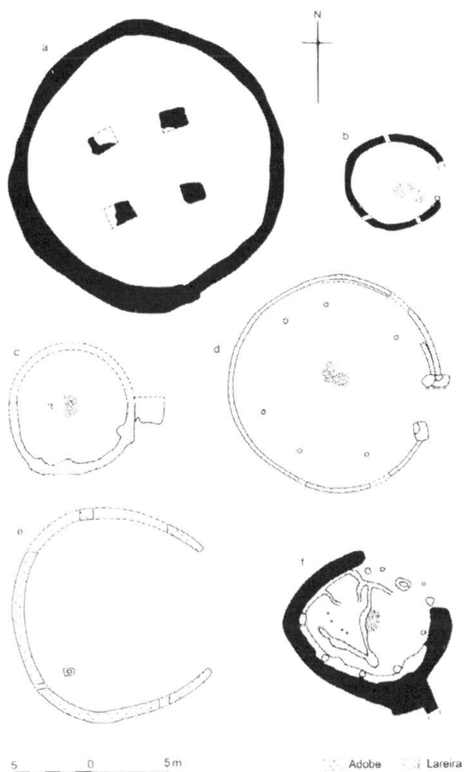

Casas circulares romano-britânicas (final séc. II-séc. IV d.C.):
a) Winterton (Humberside); b) Thorplands (Northamptonshire);
c) Gorhambury (Hertfordshire); d) Whitton (South Glamorgan);
e) Penrith (Cumbria); f) Trethurgy (Cornwall).

(Hingley, 1989, fig. 12)

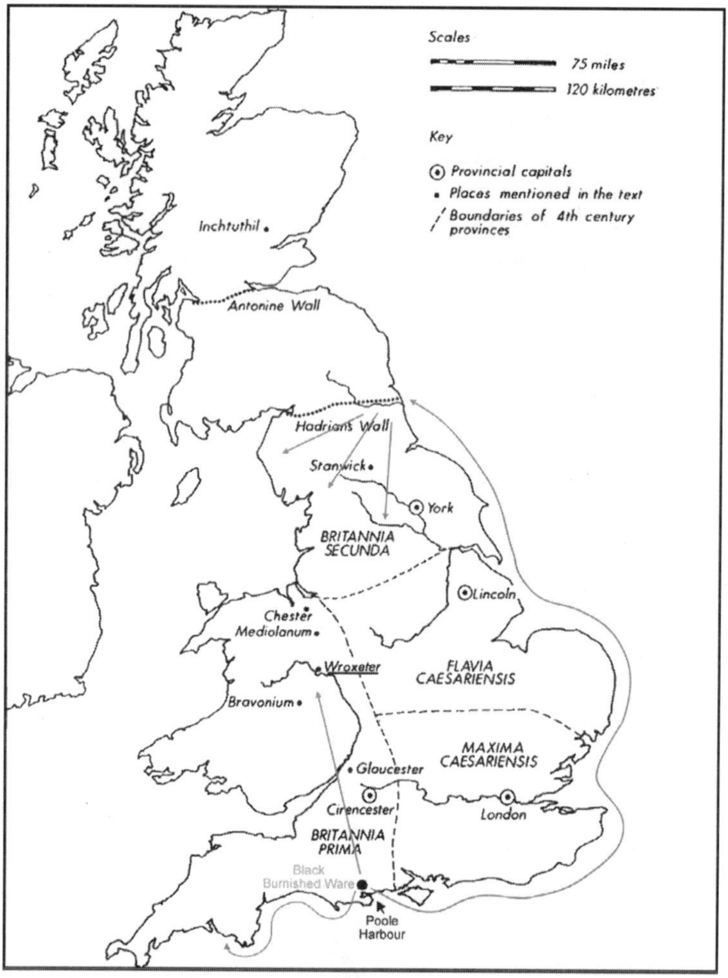

Britânia romana. Centro de fabricação e difusão da cerâmica Black Burnished Ware

MEMÓRIA DA ESCRAVIDÃO: *VERNAE, SERVI* E *LIBERTI* IMPERIAIS DE *SURRENTUM* ROMANA

Marici Martins Magalhães*

Esta pesquisa faz parte de um amplo trabalho desenvolvido na Itália Meridional nos últimos dez anos na área de Epigrafia Grega e Romana, reunindo e estudando as coleções epigráficas das cidades de Sorrento (MAGALHÃES 2003), Stabia (MAGALHÃES, 2005), Nocera (MAGALHÃES, 2006) e uma parte de Pompéia (MAGALHÃES, *passim*), cujo território compõe uma das áreas de maior densidade epigráfica lapidária de toda a região Campânia. Resolvi apresentar-lhes *Surrentum* romana e seus escravos imperiais porque constituem um exemplo interessantíssimo de *municipium* campano, justamente porque a cidadezinha com cerca de 4.000 habitantes e que não superava 30 hectares de cinta muraria urbana conseguiu reunir em suas necrópoles suburbanas e extra-urbanas a maior quantidade de inscrições relativas a indivíduos de condição servil ligados às casas imperiais, e cuja maior concentração aparece na época das estirpes Júlia e Cláudia. É possível afirmar que a coletânea epigráfica sorrentina é muito vivaz e variada, fornecendo elementos que vão desde homenagens a imperadores, presença de senadores e de ilustres personagens da ordem eqüestre, etc.; mas se torna originalíssima e muito mais preciosa devido a essa presença maciça de escravos e ex-escravos, com as respectivas funções especialistas e domésticas que executavam na chamada *domus Augustana*. Até o momento pude individuar bem 65 personagens e um número praticamente igual de epígrafes, das quais serão apresentadas somente algumas, mais expressivas, e duas fotos, de modo a respeitar as normas de editoração nesta Sede[1].

1 – Necrópoles. Tipologias e localização dos monumentos. Colégios e associações com fins funerários.

Antes de tudo, três são os tipos de monumentos funerários individuados em território sorrentino que abrigavam lápides desses personagens. O primeiro e mais raro é o monumento funerário individual ou de tipo familiar e às vezes hereditário, no qual eram fixadas as lastras com as inscrições contendo: o nome do defunto ou do membro daquele núcleo familiar que fundou o monu

*Professora visitante do Laboratório de História Antiga (LHIA) e do Programa de Pós-graduação em História Comparada (PPGHC) do Departamento de História da UFRJ. Bolsista da FAPERJ. marici.magalhaes@uol.com.br

mento e daqueles que ali teriam direito de serem sepultados, como acontece, por exemplo, com um *Augutalis* chamado *(C. Iulius) Apella* (MAGALHÃES, 2003, p. 80) (Fig. 1), liberto declarado do Divino Augusto, e portanto de época tiberiana; fez construir o monumento para si, para a *colliberta (Iulia) Phoebe* (provavelmente também sua *contubernalis*), e, não satisfeito, dá o direito de sepultura a uma liberta de Lívia, *Livia Melie*, e a seu filho *Adrastus*, e com os quais teriam vínculos de amizade por terem trabalhado como escravos na mesma *domus*. Essa mesma situação vai ser encontrada ainda com outros libertos da família dos *Marci Livii*, dos quais consegui localizar bem nove personagens, como ainda aqueles dos *Caii Octavii.*

Um outro tipo de monumento que aparece nas necrópoles sorrentinas é o *monumentum columbariorum*, característico de associações colegiais com objetivos funerários comuns. Como se sabe, trata-se de uma grande construção em alvenaria, cujas paredes internas eram revestidas de nichos ou *aediculae*; dentro de cada uma era depositado um tipo de vaso coberto chamado *olla*, em terracota, vidro e às vezes mármore, que continha as cinzas do defunto. Sob cada nicho era fixada uma lastrinha, por vezes alongada chamada *tabella*, com as referências essenciais sobre o defunto, em geral somente a fórmula onomástica e no máximo a sua função na *domus*. Não obstante seja de tradição romana, esse edifício é também encontrado em outras cidades da Campânia (e.g. em *Puteoli*), e ao *columbarium* da necrópole de Chiomenzano em Sorrento, infelizmente demolido, vão atribuídas as *tabellae* dos libertos dos *Marci Livii* ou da própria Livia, *M. Livius Charito* e *Livia M(arci) l(iberta) Arescusa* (MAGALHÃES, 2003, pp. 187-188).

A última tipologia de monumento funerário que abrigava escravos imperiais é o chamado *columbarium* dito ‘pompeiano’ ou ‘vesuviano’. Trata-se de um edifício em alvenaria mais ou menos como o precedente, mas de menores dimensões. As diferenças fundamentais são: as paredes não continham tantos nichos, em geral somente uma ou no máximo duas fileiras; as tabelinhas fixadas na parede são em prática quase ausentes, pois o *signaculum* de identificação do morto é dado por um *cippus* enterrado no chão, sob o respectivo nicho. Esses *cippi*, vulgarmente chamados *columellae*, são característicos da região que vai da Península Sorrentina até *Herculaneum*, têm a parte superior esboçada em forma arredondada para imitar um perfil humano. Poderia também acontecer de encontrarmos, dentro do nicho, no lugar da *olla*, uma escultura representando o busto do defunto, e encontrarmos a *olla* com as cinzas enterrada aos pés da *columella*, protegida por uma caixa em terracota ou chumbo. Enfim, existem algumas variantes, inclusive para ‘columbários’ com ambientes externos do tipo com recinto.

O segundo ponto que desejo mostrar aqui rapidamente é a localização das necrópoles sorrentinas que abrigavam monumentos de membros da *Família Caesaris*, termo que se usou convencionalmente para definir de maneira geral os escravos e os libertos das casas imperiais. Como já foi demonstrado na planta topográfica de Sorrento e seus arredores (MAGALHÃES 2003, p. 26), desde a localidade *Sottomonte* a leste, passando por *Marano, Borgo, Chiomenzano, Cesarano, Fuorimura*, até *Parsano Nuovo*, corria a chamada *via Minervia*, ladeada de necrópoles, e onde encontramos todas essas tipologias de monumentos funerários já descritos, do tipo familiar, do tipo romano, do tipo pompeiano ou ainda um tipo misto.

Como parece claro, grandes *collegia funeraticia* teriam sido formados nessas necrópoles, e podemos perguntar de quem era a propriedade dos terrenos onde foram construídos esses monumentos coletivos, se da própria associação colegial ou se de propriedade imperial, o que é muito mais provável, mesmo que as despesas com a construção ficassem por conta dos membros do colegiado. O fato de que existam bem três escravos de tipo especialistas e um *verna* que afirmem possuir o *locus sepulturae* não somente para si, mas também para os seus descendentes (que de qualquer modo serão *vernae* do imperador), induz a pensar que esses o tivessem adquirido, com o próprio *peculium* e como 'titulares', em um monumento de tipo coletivo pertencente à *Família Caesaris*, que dava o *ius inferendi* somente aos filhos e aos descendentes. Mas ao mesmo tempo nos faz refletir sobre o fato de que escravos não tinham o direito de fazer legados testamentários! A grande possibilidade de que a propriedade do solo pudesse ser imperial nos conduz a afrontar o debate sobre a existência ou não de um ou de mais *praedia* extra-urbanos de sua propriedade em Sorrento, além da famosa *villa* de Agripa Póstumo dentro da cidade, e da vizinha ilha de *Capreae*, incorporada ao *patrimonium principis* e onde Tibério viveu de 27 a 37 d.C.. De fato a exigüidade de inscrições funerárias relativas a escravos e libertos que viviam e trabalhavam principalmente na *villa Iovis* de Capri induziu alguns estudiosos a pensar que Sorrento servisse somente como 'lugar de sepultura', o que parece absurdo. Diversamente penso eu, juntamente com outro grupo de estudiosos, que interpretam a existência dessas necrópoles como um indício de que a família imperial também possuía propriedades ali. Da mesma forma, para quem conhece bem as problemáticas condições climáticas locais, sempre sujeitas aos caprichos naturais como tempestades, marés e outros inconvenientes, às vezes durante semanas, parece difícil pensar que escravos mortos esperassem dias a fio pela travessia marítima Capri-Sorrento, e somente por um 'lugar da sepultura'.

2 - Os ofícios de tipo 'especializado' e doméstico. Os libertos dos parentes da *Domus Augustana*.

Muitos desses *vernae*, *servi* e *liberti* apresentam uma particularidade, já muitas vezes testemunhada nas inscrições dos grandes *monumenta columbariorum* imperiais e privados de Roma, que é a especialização em um ofício, em uma profissão, ou são simplesmente 'adidos' a um determinado setor da *domus*.

Por exemplo, no setor da propriedade e da atividade agrícola agia um *servus* denominado *Athictus*, um *vilicus* (MAGALHÃES, 2003, p. 165), ou seja, se ocupava principalmente da administração, da distribuição de tarefas entre os outros escravos e da vigilância diária dos mesmos, o que faz lembrar justamente a *familia rustica* e uma propriedade rural, senão ele seria chamado *dispensator*, seu equivalente na propriedade urbana, que agia junto ao *actor*, por sua vez encarregado das contas. Hierarquicamente era inferior ao *procurator*, encarregado da parte financeira e administrativa de maior responsabilidade. Sempre no mesmo setor temos ainda o testemunho de um *servus a possessionibus* chamado *Florus* (MAGALHÃES 2003, p. 173); ele teria seguramente um cargo mais burocrático e deveria centralizar tudo aquilo que dizia respeito à vigilância dos *dominia* ou *praedia* imperiais, e desta função temos outros dois confrontos justamente sob Lívia e Tibério em Roma. Pertencia à secretaria do imperador o *verna* chamado *Cida* (MAGALHÃES 2003, p. 168), dito justamente *a memoria*; esse executava naturalmente tarefas equivalentes àquelas dos copistas e *librarii*, e pertencia a uma equipe formada por uma verdadeira secretaria, dirigido por um *proximus a memoria*, e que se transformará praticamente em um ministério por volta do II século.

Havia também os adidos aos serviços de culto. Um desses era um escravo, *Plocamus*, ao qual se dava o título de *aedituus* (MAGALHÃES, 2003, p. 178). Pois bem, o nosso *Plocamus* era praticamente um guardião e ainda responsável pela administração dos bens de um *sacellum* ou lugar de culto localizado em uma das propriedades. Temos ainda uma outra epígrafe de *Hedymele* (CIL X 709 = MAGALHÃES, 2003, p. 69), escrava de Augusto dita também *Veneria*, quase seguramente uma adida ao culto de Vênus e encarregada dos *horti* da deusa.

Para os cuidados digamos, 'médicos' dos outros escravos da *domus*, conhecemos somente um *servus a valetudine* denominado *Eutychus*, ou seja, um enfermeiro (MAGALHÃES 2003, p. 70). Uma nova aquisição para os nossos conhecimentos da divisão de trabalho escravo é uma interessantíssima inscrição: trata-se de uma liberta, provavelmente de uma *Augusta* não melhor especificada, que por motivos paleográficos preferirei identificar preferivelmente com a figura de Lívia (MAGALHÃES-RUSSO 2005) (Fig. 2). De fato já foi comprovado que algumas especialidades tipicamente femininas, ou seja, executadas por mulheres e destinadas somente a mulheres, tinham uma mulher como *domina*. Se essa *domina* fosse Lívia, podemos deduzir que a epígrafe é datável a partir de 14 d.C., quando Lívia (depois da adoção por Augusto) mudou sua nomenclatura de *Livia Drusilla* para *Iulia Augusta*, mas anterior ao 29, ano de sua morte. Não obstante a mesma tenha recebido o título de *Diva Augusta* em 41, por vontade do neto Cláudio, seguramente a lápide é anterior a esse período, quando os libertos que a ela sobreviveram se denominam *Divae liberti*. A liberta *Secunda* exercia a função de *obstetrix*, naturalmente obstetra das outras escravas da *domus*, e era supervisionada por um *medicus* e um *supra medicos*. Observo que também esse *métier* já é testemunhado inicialmente em Roma a partir dos tempos da própria Lívia, chegando algumas escravas a alcançar a manumissão e tornarem-se profissionais autônomas.

Para os trabalhos domésticos propriamente ditos os escravos também eram divididos por setores da casa. Dentre eles, encontramos um *cubicularius*, *Cerdo* (CIL X 695 = MAGALHÃES 2003, p. 70), que servia o *cubicularius Lupercus*, que por sua vez era um *libertus* de Augusto. O cubiculário era uma espécie de camareiro pessoal do imperador, que acumulava funções de confiança, e do qual o primeiro testemunho aparece justamente sob Tibério, em Roma. Acrescento ainda que a existência de um cubiculário a serviço de um liberto imperial demonstra o alto grau de especialização dentro da hierarquia doméstica e ainda o alto nível econômico que poderia alcançar essa última categoria de libertos. Sempre na *domus* servia como *atriensis* o escravo *Zizes* (CIL X 713 = MAGALHÃES, 2003, p. 70). O *atriensis* era originalmente uma espécie de porteiro, ou seja, um adido justamente ao *atrium* da casa, cuidando do despacho da clientela e depois ganhando maiores responsabilidades como as compras domésticas; era hierarquicamente subordinado ao *dispensator*, do qual temos uma atestação, não propriamente imperial, mas 'emparentada' a essa (MAGALHÃES 2003, p. 163). Na cozinha e no serviço de mesa são registrados dois escravos *structores*: *Blastus* (MAGALHÃES 2003, p. 166) e *Fronto* (CIL X 708 = MAGALHÃES, 2003, p. 70), aqueles que se ocupavam da organização dos banquetes e da preparação das mesas e dos pratos. Assim, ligado também ao serviço nos grandes banquetes era o *servus a corinthis* chamado *Anthus* (CIL X 692 = MAGALHÃES 2003, p. 71), responsável pela manutenção das baixelas ou serviços em prata, os famosos 'vasos de Corinto', feitos de uma liga de ouro, prata e cobre.

Enfim, para os serviços de manutenção e restauro, encontramos um escravo *pictor*, cujo *cognomen* era *Euticus* (CIL X 702 = MAGALHÃES, 2003, p. 71), obviamente um pintor, que trabalhava junto aos *officinatores*, aos *lapidarii*, e assim por diante. Do mesmo modo encontramos o escravo *Lalemus*, um *circitor* (CIL X 711 = MAGALHÃES, 2003, p. 71): esses *circitores* faziam parte de uma verdadeira equipe de abastecimento hídrico, e trabalhavam especificamente na vigilância dos aquedutos junto com os *castellarii*, inspetores dos *castella aquarum*, ambos por sua vez subordinados a um *vilicus*, naturalmente, *aquarum*. Por último temos notícia de um escravo *topiarius* de *Ti. Claudius Caesar Augustus* chamado *Charito* (CIL X 696 = MAGALHÃES 2003, p. 71), que pode ser considerado um jardineiro.

Gostaria de chamar a atenção sobre os libertos de famílias ligadas à casa imperial encontrados em Sorrento. Além dos vários libertos dos *Marci Livii* e dos *Caii Octavii* aos quais já acenei, pude ainda perceber um grupo de libertos da *gens Valeria*, como, por exemplo, o gladiador *scaeva mirmillo Valerius* (MAGALHÃES, 2003, p. 190), e por isso não excluo ainda alguns interesses no território da família de *Valeria Messalina*, terceira mulher de Cláudio. Uma outra constatação é um bom número de servos e libertos dos imperadores Flávios até Trajano, como um *exactor* de Vespasiano, *T. Flavius Tharsus* (CIL X 706 = MAGALHÃES, 2003, p. 94), cuja função era a de controlar a regularidade do pagamento dos tributos.

3 - *Vernae, servi* e *vicarii. Liberti Caesaris* ou *Augusti*? *Liberti* propriamente ditos e *Latini Iuniani.*

Penso que seja um dever, dentro do nosso discurso sobre os escravos de Sorrento, apresentar algumas poucas conclusões que tirei dos textos, em seu aspecto jurídico-social. Foi possível notar que alguns desses servos imperiais, chamados em direito romano *ordinarii*, possuíam também eles os próprios servos, designados *vicarii*, vale dizer, os escravos dos escravos; possuíam também eles filhos naturais que são chamados *vernae*, ou seja, nascidos na *domus* imperial, de união entre ele, um escravo, e uma *ancilla*, diversamente do *servus* simplesmente adquirido por compra ou herança. Sejam os *vicarii* ou os *vernae*, podem passar a integrar ou não, por um lado, o *patrimonium principis*, e por outro lado, o pequeno *peculium* do pai escravo.

Depois de um atento exame dos textos das lápides, pude individuar dois grupos distintos:

1 – o primeiro, dos escravos que denominavam *filii* ou *vernae Augusti* ou *Caesaris*, os filhos naturais, porque nascidos na *domus* onde eles serviam e conseqüentemente esses *filii* ou *vernae* faziam parte do *patrimonium* do imperador, como eles próprios, escravos adquiridos ou herdados, faziam parte. Então teremos: *vernae* (*Augusti* ou *Caesaris*), nascidos de um *servus*, e constituíam *patrimonium* do imperador, que era seu *dominus*, como também do seu *pater naturalis*;

2 – o segundo, dos escravos *ordinarii* do imperador que possuíam *vicarii*, e os denominavam nas inscrições *vernae suae*, ou seja, de sua propriedade; ora, se os *ordinarii* eram propriedade do imperador, os escravos desses, mesmo nascidos de uma *ancilla vicaria* (REDUZZI-MEROLA 1990, pp. 131-208; HERRMANN-OTTO 1994, *passim*, e especialmente p. 217) de sua propriedade, deveriam teoricamente ser chamados *vernae Augusti* ou *Caesaris*, fazendo assim parte do patrimônio imperial, mas isso não acontece nos textos. O que poderia implicar que esses escravinhos nascidos na 'casa' do escravo *ordinarius* fossem considerados parte do seu próprio *peculium*, mas não do imperador como eles próprios eram. Assim concluímos que são: *vernae* (*servorum*), nascidos de uma *ancilla* do *ordinarius*, e faziam parte do *peculium* do mesmo *ordinarius*, que era seu *dominus* e também *nutritor.* E esse *verna* obviamente também será um *vicarius* do *ordinarius*.

Um outro ponto juridicamente discutível nas inscrições de Sorrento se refere aos libertos imperiais com menos de 30 anos. Como se sabe, uma *lex Iunia* concedia o *status* de *Latini Iuniani* aos escravos que tivessem sido manumitidos informalmente (ou seja, *inter amicos*); essa proposta de lei foi feita pelo cônsul *C. Iunius Silanus* em colegiado com o próprio Augusto em 25 a.C., o que é mais provável, ou com *C. Furnius* em 17 a.C., uma espécie de 'sanatória' para essas alforrias irregulares, já que aquelas legais eram concedidas somente por *vindicta* (diante de magistrado *cum imperio*), por *censu* (inscrevendo o escravo na lista de *ciues*) ou *ex testamento* (mediante testamento). Depois, uma *lex Aelia Sentia* do ano 4 d.C. previa ainda que os escravos manumissos abaixo dos 30 anos recebessem o *status* de *Latini* e não de cidadãos romanos. Ora, como esses *Latini* carregam sempre os *tria nomina* nas suas fórmulas onomásticas, se torna hoje para nós dificílimo identificá-los nas fontes epigráficas principalmente a partir de Cláudio, exceto obviamente pela idade, se inferior a 30 anos. Esses, apesar da nova lei *Sentia*, continuaram a ser chamados *Iuniani*, podiam obter a cidadania romana somente através de *iteratio* (nova manumissão depois de completados os 30 anos), por *beneficium principis* (obviamente uma 'graça' ou favor do imperador) ou por meio de um recurso chamado *anniculi probatio*, ou seja, os *Latini* que tivessem um filho de 1 ano, nascido de matrimônio solene. Acrescente-se que esse *status* impedia o acesso até na ordem dos *Augustales*, os incapacitava de fazer testamento ou de ser herdeiros testamentários. Em suma, um *status* intermediário: viviam como se fossem 'quase-libertos', mas na prática morriam como escravos (BARJA DE QUIROGA, 1998, pp. 138-139 e *passim*).

Ora, temos alguns exemplos desse tipo de *Latini Iuniani* entre os nossos libertos imperiais, ou seja, que não haviam atingido ainda a 'idade legal' para receber a manumissão, mas um qualquer *privilegium* teriam recebido... De fato também BOULVERT (1970, p. 98) é de opinião que seguramente os imperadores não teriam desejado expor os seus libertos às severas disposições das *leges Iunia* e *Aelia Sentia*, dando-lhes o estatuto de Latinos, muito menos àqueles especialistas que eram chamados a ocupar por vezes posições muito importantes na administração. Pensa-se então que uma disposição especial ou *usage*, dentro do instrumento de *beneficium principis*, teria sem dúvida suspenso em favor do imperador e de seus escravos as disposições dessas leis. Além disso, teoricamente qualquer ato jurídico deveria ser executado por magistrado *cum imperio*, manumissões inclusas naturalmente; mas nenhum magistrado tinha o *imperium* superior ao do *princeps*, que dispensava o seu poder de maneira permanente, e conseqüentemente não precisava manumitir diante de nenhum outro magistrado, que não fosse ele próprio...

Um outro dado que se pode retirar das amostras epigráficas sorrentinas diz respeito a uma famosa discussão já no seu tempo iniciada por CHANTRAINE (1967, p. 140), BOULVERT (1970, pp. 36-37) e WEAVER (1972, p. 48) sobre o emprego dos termos *Caesaris* ou *Augusti* para indicar o *status*, ou seja, a *dominica potestas* dos imperadores Júlio-Cláudios sobre seus *vernae* e servos ou o patronado sobre os seus libertos. Poder-se-ia concluir que o predomínio do emprego de *Augusti* nos nossos casos sorrentinos de nomenclatura seja talvez um reflexo da gradual 'institucionalização' da chamada *Família Caesaris*, como elemento da nova 'burocracia', e da progressiva e até mesmo ausente distinção entre público e privado, iniciada justamente com Augusto e que teve o seu apogeu sob Cláudio. Enquanto *Caesaris* uma vez se referia à 'propriedade pessoal' da família (*patrimonium Caesaris*) e à posição familiar do imperador, doravante *Augustus* se referirá a uma 'posição oficial' e pública desse último em relação à sociedade, posição essa que depois será generalizada com a dinastia Flávia.

Enfim, um último dado relevante é que dentre cerca de 200 personagens sorrentinos que trazem *cognomen*, bem 65 são escravos ou ex- dos imperadores, ou seja, 33%, além de um outro grande número de escravos não melhor identificados, que chegam aos 50%. Essa porcentagem está em enorme contraste com os outros 50% dos indivíduos, compostos principalmente por senadores, membros da ordem eqüestre e da elite citadina, militares, e com uma amostra muito pequena de elementos pertencentes simplesmente à *plebs* de maneira geral (ingênuos ou libertos), o que poderia denotar uma certa tendência do nosso pequeno *municipium* a 'gravitar' em torno da presença da família imperial, como acontecia praticamente em Capri, mas isso é assunto para uma próxima oportunidade...

NOTA

[1] Para facilitar o entendimento do texto, não será aqui empregada a pronúncia reconstituída do Latim na redação de alguns vocábulos. Assim, por exemplo: onde se lê *verna*, entenda-se *uerna*; onde se lê *vicarius*, entenda-se *uicarius*, etc. Aproveito a oportunidade para agradecer publicamente ao Prof. Mario Russo do *Museo Correale di Terranova* em Sorrento (Itália) pelo apoio durante essa pesquisa, e ao Prof. Pedro López Barja de Chiroga, titular de História Antiga da Universidade de Santiago de Compostella (Espanha), pelo envio das suas últimas conclusões sobre os *Latini Iuniani*.

BIBLIOGRAFIA

BARJA DE QUIROGA, P. L. *Junian Latins: status and number*. ***Athenaeum***, vol. 86, fasc. I, 1998, pp. 133-163.

BOULVERT, G. *Esclaves et affranchis imperiaux sous le haut empire romain. Rôle politique et administratif*. Napoli: Jovene, 1970.

CHANTRAINE, H. *Freigelassene und Sklaven im Dienst der römischen Kaiser.* Studien zu ihrer Nomenklatur. Wiesbaden: Steiner, 1967.

CIL X. *Corpus Inscriptionum Latinarum. X. Inscriptiones Bruttiorum Lucaniae Campaniae Siciliae Latinae. Edidit Th. Mommsen, consilio et auctoritate Academiae Litterarum Regiae Borussicae*, 1883.

HERRMANN-OTTO, E. *"Ex ancilla natus". Untersuchungen zu den "hausgeborenen" Sklaven und Sklavinnen in Western des Römischen Kaiserreiches*. Stuttgart: Franz Steiner Verlag, 1994.

MAGALHÃES, M. M. *"Stabiae" romana. La prosopografia e la documentazione epigrafica: iscrizioni lapidarie e bronzee, bolli laterizi e sigilli*. Castellammare di Stabia: Longobardi, 2005.

MAGALHÃES, M. M. *Storia, istituzioni e prosopografia di "Surrentum" romana. La collezione epigrafica del Museo Correale di Terranova*. Castellammare di Stabia: Longobardi, 2003.

MAGALHÃES, M. M. *"Ordo Populusque Nucerinus". Storia, istituzioni e prosopografia di "Nuceria" romana*. Nocera Superiore, 2006, em curso de estampa.

MAGALHÃES, M. – RUSSO, M. *Due iscrizioni inedite di "Surrentum": un'obstetrix imperiale e un nuovo classiario*. **Epigraphica. Rivista Italiana di Epigrafia**, n. 67, 2005, em curso de estampa.

REDUZZI-MEROLA, F. *"Servo Parere". Studi sulla condizione giuridica degli schiavi vicari e dei sottoposti a schiavi nelle sperienze greca e romana*. Napoli: Jovene, 1990.

WEAVER, P. R. *"Familia Caesaris". A social study of the emperor's freedmen and slaves*. Cambridge: Cambridge University Press, 1972.

Didascalia

Figura 1 – Lastra funerária do *Augustalis (C. Iulius) Apella*, liberto do Divino Augusto.

Figura 2 – *Cippus* funerário da *obstetrix Secunda*, provavelmente liberta de *Iulia Augusta* (Lívia).

CONSTRUINDO ESPAÇOS DE MEMÓRIA: ASPECTOS TOPOGRÁFICOS DAS NECRÓPOLES ATENIENSES CLÁSSICAS[1]

Paula Falcão Argôlo*

Neste artigo, propomos um enfoque empírico dos espaços funerários da Atenas clássica. Sem partir da noção moderna de *cemitério*, nosso interesse é, antes, o de compreender como e por que determinados espaços foram transformados em necrópoles e, ainda, como tais intervenções diretas no território da *pólis* eram percebidas pelas famílias residentes em Atenas, um de seus agentes transformadores. Adotando perspectiva predominantemente arqueológica, examinaremos os aspectos relacionados ao posicionamento e distribuição topográfica de tais espaços, cuja escolha constituía uma dentre as diversas decisões (como forma de enterramento, tipo de tumba, investimento financeiro) que as famílias eram impelidas a tomar quando acometidas pelo falecimento de um dos seus.

Quando abordamos a historiografia que lida com o material de contexto funerário ático e ateniense em particular, um primeiro aspecto que pode ser salientado é o silêncio predominante sobre o interesse em resgatar as concepções sobre os espaços funerários pela perspectiva de seus próprios usuários. Praticamente não se coloca em discussão como, no âmbito da cultura helênica clássica, os espaços funerários eram percebidos ou definidos conceitualmente. Assim, é oportuno indagar se é válido, como tem sido feito, nos valer da nomenclatura moderna de *cemitério* sem antes historicizá-la. Até que ponto tem-se projetado na época clássica uma idéia de *cemitério* aproximada ou ao menos parecida com a noção corrente nas sociedades contemporâneas ocidentais?

O segundo aspecto relevante é mais evidente especialmente na historiografia com foco nos problemas de interpretação iconográfica e epigráfica, a qual, se não se mostra de todo negligente frente aos dados arqueológicos, os incorpora de maneira periférica. O exemplo típico, neste caso, é o uso quase metonímico da expressão 'cemitério do *Kerameikós*', dando a impressão de remeter aos espaços funerários áticos como um todo. De fato, referência à necrópole contígua às Porta Sagrada (*Ierá Pýle*) e Dupla (*Dípylon*), encravada no segmento NO do muro de Temístocles, é automática e apresentada como um dado natural. É contraditório de certa forma que uma produção acadêmica tão extensa, que aborda os contextos funerários clássicos pelos mais variados

*Professora mestranda em Arqueologia pelo MAE/USP.
pfa@pobox.com

vieses, se mostre tão econômica – quando não indiferente – nas referências a outras necrópoles importantes da região, descobertas há pelo menos 4 décadas. [2] Não fosse pela bibliografia de orientação arqueológica empenhada desde a década de 1970 em sistematizar as informações das escavações descontínuas de áreas de necrópoles, teríamos uma visão comprometida a respeito do quadro geral dos espaços funerários de Atenas e da Ática.[3]

A confluência destes dois aspectos resultou na por vezes aparente identificação do termo Κεραμεικός com a condição de cemitério de Atenas *per se*. Embora estejamos diante de um uso consagrado no conjunto dos estudos especializados, é importante evitar que tal convenção acadêmica obstrua a distinção essencial destes dois elementos. Considerada a origem etimológica ou o significado histórico, o termo *Kerameikós* não guardava relação de sinonímia com outros termos do vocabulário corrente à época que porventura conotassem a idéia de cemitério. Correlato de Κεραμεῖς e Κερᾶμος, designava uma região de Atenas que se estendia do NO da agorá clássica até pouco mais de 500m adiante, atingindo as aforas do muro da cidade.[4] Qualificado por Tucídides (II.34) como "o mais belo subúrbio da cidade", o distrito do *Kerameikós* compreendia, pois, uma área residencial intramuros e uma necrópole assentada imediatamente extramuros. Assim como santuários, áreas cívicas, vias e territórios dos dêmos, era demarcado por *hóroi*, cada qual contendo a inscrição ὅρος Κεραμεῖκου. Boa parte deles foi encontrada *in situ*. Tal como empregado por Pausânias (I.2.4, I.3) alguns séculos depois, o termo referia-se a uma área ainda maior. Nos dias atuais, o sítio arqueológico do *Kerámeikós*, muito próximo ao centro da Atenas moderna, consiste em uma porção do distrito antigo.[5]

Nos textos clássicos não foi encontrado um termo específico passível de ser traduzido por *cemitério*. Contudo, a forma plural de uma série de palavras diferentes significando *tumba* ou *sepultura* foi empregada referindo-se a uma área com vários enterramentos, a saber: ταφή, μνῆμα, τάφος, φήκη.[6] Assim como Closterman (1999, p. 158), vemos na ausência de uma terminologia específica para *cemitério* na língua grega clássica um indício consistente da inexistência da distinção conceitual entre "uma área com um único sepultamento e uma área com muitos sepultamentos". De acordo com a autora

> (...) ao que tudo indica, ambas devem ter sido entendidas essencialmente como sendo a mesma coisa. Falta um sentido de unidade para a idéia de terra que abriga sepultamentos, o que está na base da noção de cemitério. Para os gregos, a sepultura era a unidade. Também os precintos familiares (os períbolos e as unidades familiares de sepultamentos de outro tipo, como os *tumuli*)[7] talvez possam ter sido concebidos como tal, como indica o uso do termo πατρῷια μνήματα; ele não indica, no entanto, um cemitério, uma grande área em que mais de uma família poderia sepultar (CLOSTERMAN, 1999, p. 158).

A única área de sepultamento do período clássico que recebeu denominação específica foi o Δημόσιον Σῆμα, trecho entre a Academia e o Dípylon onde transcorriam as cerimônias públicas anuais para os mortos em batalhas, o sepultamento destes últimos e de figuras proeminentes da vida política e cultural da cidade (PAUSÂNIAS. II.34).[8] Tal uso de uma nomenclatura própria, sem paralelos nas demais necrópoles de Atenas, aliado à progressiva especialização do *Demósion Sêma*, fez com que ganhasse força entre os arqueólogos a hipótese de que esta área em particular tratar-se-ia de terra pública, do dêmo, assim como o seria, em princípio, o *Kerameikós* como um todo e áreas como a agorá e a pnýx. Entretanto, a impossibilidade de se determinar o estatuto de outras numerosas necrópoles da Ática impediu o esclarecimento categórico do caráter 'público' do terreno onde estavam assentadas. Quanto a este aspecto, alguns estudiosos lembram de maneira oportuna que, caso constituíssem unidades públicas, seria provável a presença de marcadores de limite espalhados por toda a área das necrópoles, dada a ampla difusão dos *hóroi* (públicos e privados) no período clássico. Os *hóroi* encontrados no *Kerameikós*, por sua vez, referiam-se não ao cemitério, mas ao distrito, que, como vimos, incluía também uma área habitada. Além deles, não se verificou a presença de marcos físicos demarcando a extensão da terra do cemitério. Tampouco é possível atribuir tal função aos monumentos funerários, destinados estritamente à marcação das tumbas e dos períbolos.

Esta ausência de elementos físicos definindo claramente contornos e limites dos espaços da morte, articulada à inexistência no plano conceitual de uma noção de cemitério enquanto unidade pública, nos leva enfim à concepção mais adequada e provável sobre o que chamamos genericamente de cemitérios áticos clássicos. É preciso entendê-los como um agrupamento de unidades tumulares – que abrangem tumbas individuais e os sepultamentos coletivos, dispostos em períbolos e *tumuli* - localizado em uma área sem limites físicos fixos definidos, área esta que não chegava a constituir uma categoria específica de divisão da terra, tal como os santuários, a agorá ou as habitações familiares, todos demarcados por *hóroi*. Convém salientar ainda que o termo *cemitério* aplicado à realidade histórica em questão alude ainda ao aspecto profundamente plástico deste espaço, sujeito a alterações em sua extensão conforme novas estruturas funerárias eram acrescentadas (CLOSTERMAN, 1999, p. 165).

A construção de uma definição histórica de *cemitério* para a Atenas clássica requer que nos voltemos ainda para o perfil topográfico das necrópoles, fundado, de acordo com as evidências arqueológicas, em três critérios básicos: 1º) acompanhamento do curso de importantes vias e estradas públicas que, em geral, conectavam dois ou mais demos, 2º) localização exterior às muralhas que definiam os limites do assentamento urbano, circunscrevendo a parte central do demo; 3º) proximidade de áreas residenciais, sem, no entanto, permeá-las.[9]

De acordo com o primeiro critério, estradas que funcionavam como rotas de ligação entre dois ou mais demos foram ladeadas em ambas as margens por estruturas funerárias desde o período arcaico pelo menos (DAY, 1989). Tal constatação invalida a hipótese de um nexo causal com o desenvolvimento de novas estruturas materiais funerárias características dos séculos V a.C. e IV a.C. Não obstante ter introduzido novas variáveis nas práticas de uso dos espaços funerários, a difusão dos períbolos, por exemplo, não provocou modificações significativas do ponto de vista da organização topográfica dos sepultamentos e monumentos, mas deu continuidade à tradição mais antiga de se associar de modo tangencial às vias públicas. Deve-se observar ainda que este padrão foi verificado tanto para grandes concentrações de sepultamentos nas imediações de áreas urbanas, como para os sepultamentos mais isolados no interior ou nas cercanias de propriedades rurais (GARLAND, 1982; CLOSTERMAN, 1999); ambos gravitavam em torno de estradas ou caminhos, principais ou secundários, que conduziam a áreas urbanas. Como desdobramento deste posicionamento das estruturas funerárias era de se esperar um alto grau de visibilidade para necrópoles e enterramentos esparsos: dado o fluxo regular de transeuntes e a circulação extremamente intensa em vias de ligações entre demos, a probabilidade de não serem vistas era muito baixa.

O segundo critério diz respeito ao fenômeno de enterramentos exclusivamente extramuros. Tradicional em várias partes do mundo grego desde épocas mais recuadas, não foi identificado em Atenas antes passagem do século VI a.C. para o V a.C. Nesse sentido, ele não só representou uma mudança importante no padrão topográfico das estruturas funerárias da cidade, como é alvo de muita controvérsia no que concerne aos antecedentes históricos e interpretações. A idéia mais difundida na historiografia é a de que por volta de 500 a.C., quando cessaram em definitivo os sepultamentos na agorá, os sepultamentos teriam sido banidos das áreas contidas no interior dos muros citadinos (fig. 1). Deslocados para as aforas da cidade, em porções exteriores ao mesmo muro fortificado, acabaram sendo introduzidos em necrópoles tradicionais preexistentes – as da parte N e NO da cidade – e fundando novos espaços funerários, notadamente a parte NE e L. Esta tese foi elaborada com respaldo nas documentações textual e arqueológica. Combinadas, elas atestam o abandono de importantes áreas tradicionalmente utilizadas para enterro dos mortos. A intensa atividade funerária de outrora na agorá, principal das necrópoles intramuros, deixou não mais do que uns poucos rastros, uma vez que apenas as tumbas dos fundadores de Atenas foram conservadas no período clássico. Um conjunto de tumbas de crianças nas proximidades da Acrópole é a outra rara ocorrência no mesmo período de enterramentos no interior do núcleo urbano. Salvo estes dois casos excepcionais, os enterramentos extramuros constituíram prática rigorosamente observada em Atenas durante todo o período clássico e extensiva aos demais demos áticos (CLOSTERMAN, 1999, p. 127; PARKER, 1983, p. 42).[10]

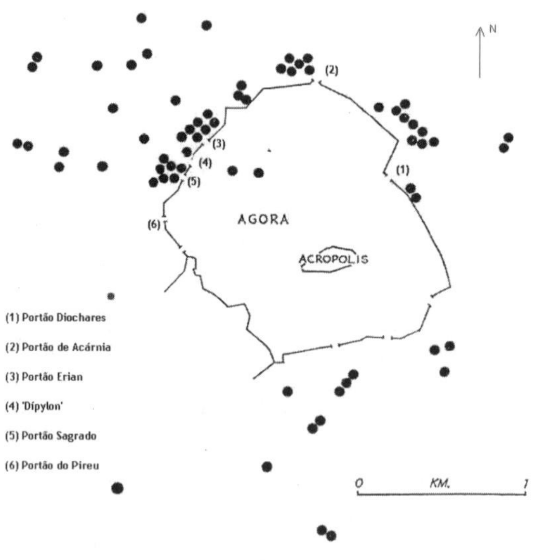

Figura 1 – Cemitérios clássicos de Atenas (KURTZ & BOARDMAN, 1971).

Um argumento proposto com freqüência para explicar tal mudança do registro arqueológico é a associação do *míasma* com a disposição das tumbas. Para os que defendem esta tese, a remoção dos mortos do espaço da cidade teria contado antes de tudo com motivações religiosas, dando-se particularmente pelo aprofundamento, em torno de 500 a.C., de crenças já mais ou menos disseminadas no imaginário coletivo. De um lado, teríamos a afirmação definitiva do desejo de melhor definir o domínio dos mortos, em contraposição aos domínios dos vivos e dos deuses. De outro, o aprofundamento do temor da mancha advinda da morte.

Parker (1983, p. 71-2) aponta, no entanto, alguns equívocos nesta argumentação. Em primeiro lugar estaria o fato de ela pressupor uma oposição muito clara e universal entre a esfera da morte e sua alteridade ditando os moldes de organização da cultura material "desde tempos imemoriais", oposição esta que funcionaria como termômetro do desejo da sociedade em efetuar a separação dos domínios. Em seguida, remetendo-se a algumas experiências etnográficas, o autor chama atenção para a diversidade das formas pelas quais a polução se potencializa nos diferentes contextos culturais. Ainda que se encontrem similaridades, ela guarda significados diferentes, sendo percebida e domesticada também segundo regras culturalmente específicas. Assim, não é possível assumir *a priori* o grau de propagação da 'mancha' entre os gregos, supondo uma contaminação irrestrita e generalizada, extensiva do cadáver à tumba. São poucos e insuficientes os indícios que confirmam esta última como fonte de contágio significativo, e temida o bastante para que fosse segregada do ambiente dos vivos. Do mesmo modo, assim como o enterramento mais afastado da cidade não indica por si só uma reação de enfrentamento do temor do *míasma* associado às tumbas, tampouco deveria neutralizar a condição de tais receptáculos dos mortos como fonte de polução. Cumpre acrescentar o papel central nos costumes funerários áticos do permanente contato com a tumba, com os membros da *anchisteía* prestando-lhe freqüentes visitas para a renovação dos ritos e homenagens aos mortos. Assim, até que fosse preterida algumas gerações depois (GARLAND, 1982, HUMPHREYS, 1993), a tumba era alvo de cuidados especiais sobretudo por parte do sucessor direto do morto. Já a possibilidade das devidas tarefas funerárias não se concluírem adequadamente era motivo de grande preocupação, sobrepujando sem dúvida os supostos temores dos contatos com a tumba e os efeitos nocivos que, advindos de tais circunstâncias, abater-se-iam sobre o *oîkos* e acometeriam a comunidade em geral. Sem descartar ou mesmo atenuar a posição do *míasma* no raio de preocupações dos atenienses, Parker (1983, p. 72) acredita que

> Mesmo que para determinada cidade pudesse ser demonstrada uma completa alteração do padrão [de enterramentos intramuros para extramuros] em determinado período, tal mudança não teria surgido como desdobramento inexorável de novas crenças em relação à morte e concepções sobre o corpo, uma vez que mudanças nas crenças religiosas não se revertem forçosamente em novas práticas. De igual maneira, o processo de desligamento afetivo e psicológico dos vivos perante seus mortos não passa necessariamente pela radical separação física do corpo.

Enquanto tal componente de natureza religiosa não resolve a contento o problema das motivações do novo padrão funerário instaurado no final do período arcaico, os aspectos relacionados ao desenvolvimento da *astý* ateniense, seu adensamento populacional e conseqüente reorganização funcional dos espaços nos permitem pensar o deslocamento dos mortos nos termos da necessidade de otimização dos espaços no crescente processo de urbanização em curso já no século VI. Distribuídas no exterior e ao redor dos muros, as necrópoles garantiriam a ocupação de áreas que de outro modo permaneceriam desabitadas por serem vistas talvez como espaços pouco convenientes para este tipo de uso, antes por sua localização do que por razões religiosas. Esta possibilidade parece mais consonante com a crescente especialização e complexificação dos espaços da *pólis* neste período, processo bem exemplificado pelas intervenções feitas na área destinada a se tornar o centro de convergência da vida política e social da cidade arcaica e sobretudo clássica – substituindo o antigo centro cívico, centenas de metros a L, ainda não escavado (IMMERWAHR, 1982, p. 4; CAMP, 2001, p. 257). Assim, as transformações iniciadas por volta da metade do século VI a.C. na área da agorá, entre as quais a progressiva construção de edifícios públicos e a interrupção do uso como necrópole, muito provavelmente fizeram parte deste mesmo processo mais amplo.

O estabelecimento do padrão extramuros resultou rapidamente na expressiva expansão de necrópoles tradicionais e no surgimento de novas concentrações tumulares em áreas até então desprovidas de funções funerárias. Necrópoles clássicas foram identificadas com segurança nas imediações de pelo menos oito dos 15 portões do muro de Temístocles (fig. 1). As principais delas circundavam o segmento que se estendia de NE e NO desta estrutura e estavam posicionadas mais especificamente no exterior dos seguintes portões: Diochares – assentamento das recém-exploradas necrópoles NE, compreendidas na área limitada pelas atuais rua Kórai e avenida Vasilissis Sofias, passando pela Praça Syntagma (PARLAMA & STAMPOLIDES, 2000); Portão de *Acharnai* (nas cercanias da atual Praça Omonia), Portão Erian, Porta Sagrada (*Ierá Pýle*) e da grandiosa Porta Dupla (*Dípylon*), as duas últimas compreendidas na área de escavação do *Kerameikós*. Cemitérios similares embora menos importantes, ao que indicam até o momento suas incipientes escavações, ocuparam os arredores dos portões meridionais (basicamente na direção da Acrópole), e a parte SE do muro. Muitas tumbas e monumentos funerários percorriam ainda as 'Longas Muralhas', na rota de ligação de Atenas ao Pireu, e concentravam-se na porção setentrional do núcleo urbano da área portuária. [11]

O terceiro e último aspecto do,perfil topográfico das necrópoles atenienses talvez se justificasse pela questão da acessibilidade: realizar os sepultamentos nas proximidades de áreas habitacionais garantia o fácil acesso à necrópole nos funerais e nas regulares visitas ulteriores para renovação das homenagens ao morto (KURTZ & BOARDMAN, 1970, p. 92). Assim, parece plausível supor que famílias locais ou naturais de outros demos habitassem uma área residencial próxima da necrópole. As melhores evidências em favor desta interpretação são provenientes das necrópoles do *Kerameikós*, em cujas estruturas encontra-se assinalada uma variedade de demóticos. Entretanto, permanece por ser esclarecido se isto se deve ao fato de haver muitas famílias de outros demos residindo em Atenas – e por uma questão prática organizavam seus sepultamentos nas proximidades do núcleo urbano – ou se o renome desta região era um fator importante para os que lá decidiam enterrar seus mortos. Convém lembrar uma vez mais que, apesar de assentadas nas cercanias de áreas habitadas, as necrópoles não chegavam a permeá-las.

Centrada principalmente nas evidências materiais do demo ateniense, a breve análise topográfica dos espaços funerários clássicos aqui apresentada nos permite algumas considerações finais. Parece-nos claro, em primeiro lugar, que a destinação de espaços para a atividade funerária não representava uma questão menor, haja visto a existência de um padrão bem estabelecido que, se por um lado não nos permite precisar a natureza do planejamento que parece ter existido, por outro, afasta a idéia de ocupação aleatória do espaço. A preocupação social com o assentamento dos mortos manifestou-se por meio da combinação de costume e tradição funerária, de questões de ordem prática relacionadas à necessidade do cumprimento das obrigações das famílias para com seus mortos e pela relação com as mudanças em curso no espaço urbano mais amplo.

O adensamento em geral das necrópoles ao redor do Muro de Temístocles – com destaque para aquelas surgidas na segunda metade do século V a.C. e que, ao final do século IV a.C., já se encontravam congestionadas (Parlama & Stampolides, 2000) – repercutiu não só o crescimento urbano e aumento populacional, mas também a observância sistemática das práticas funerárias, em particular a realização dos sepultamentos. Homens, mulheres, crianças, atenienses ou não, inumados ou cremados, abrigados em tumbas individuais, *tumuli* ou em períbolos familiares: são estes os elementos que definem internamente os espaços funerários em questão. O significado de tal registro arqueológico, tão múltiplo e diversificado se comparado ao de períodos anteriores, não remete apenas à eficácia da lei que regulou o recolhimento dos corpos de indivíduos falecidos em domínio público (DEMÒSTENES. 43.57-8), mas salienta o discernimento dos atenienses em relação à prática de sepultamento. Eles percebiam que, desprovidos de uma tumba, corpos insepultos não se tornavam *mnêma* e, nesse sentido, comprometiam a um só tempo a continuidade do *oîkos* e da *pólis*, bem como a representação destas duas instâncias no movimentado espaço funerário. Certamente um dos momentos mais delicados da vida doméstica, a interrupção da vida de um *oikeîos*, a despeito da consternação instaurada, revertia-se positivamente na construção ritual da história familiar, momento de rememoração dos eventos passados, renovação dos laços familiares presentes e estabelecimento de perspectivas futuras. O provimento de uma sepultura para um *oikeîos* recém-falecido era também a confirmação da sobrevivência da família. Um grupo que sepultava seus mortos reafirmava para si mesmo e para a comunidade a solidez e a perenidade do liame de suas partes constituintes.

Assim, nos espaços funerários atenienses não havia lugar para a negação da morte e dos que por ela foram levados, nem para qualquer tipo de mobilização coletiva no sentido do esquecimento. Além do rico e complexo conjunto de crenças da religião funerária ateniense, o temor suscitado por esta perigosa alteridade justificava-se em bases reais pelo risco que representava à 'saúde' e à sobrevivência de uma dada *oikía*, ameaçando, em escala maior, o equilíbrio da comunidade políade. Nesse sentido, não surpreende o fato de a tumba ter sido pensada como principal unidade funerária, artefato que, registrando parte da história *pólis*, mais do que ser lembrado, jamais deveria ser esquecido. Da vitalidade de seus conjuntos tumulares que se abriam à saída de seus principais portões dependia, de certa forma, a perpetuação da cidade de Atenas, de cujos vivos, mas também dos mortos, provinham as condições para que ela própria não perecesse.

NOTAS

[1] Este artigo é parte de um capítulo de nossa dissertação de mestrado intitulada *'Imagens' da família nos contextos funerários atenienses do século IV*, orientada pela Profa. Dra. Maria Beatriz Borba Florenzano e desenvolvida com o apoio da Fundação de Amparo à Pesquisa do Estado de São Paulo (FAPESP).

[2] Cf. por exemplo: JOHANSEN, 1951, GARLAND, 1985, SHAPIRO, 1991, OSBORNE, 1997, entre outros.

[3] Além da pioneira e ainda hoje fundamental síntese de Kurtz & Boardman (1971), outras necrópoles clássicas importantes são mencionadas em GARLAND, 1982; HUMPHREYS, 1993 (2ª reedição do trabalho publicado em 1980 no **Journal of Hellenic Studies**, v. 100, pp. 96-126, 1980), MORRIS, 1992, CLAIRMONT, 1993 e PARLAMA & STAMPOLIDES, 2000.

[4] Sobre as origens míticas do termo Kera~moς, ver KNIGGE, 1991, p. 8.

[5] Cf. KNIGGE, 1991; PARLAMA & STAMPOLIDES, 2000, pp. 265-75.

[6] O uso no singular guardava o mesmo significado. Apenas em textos posteriores, dos períodos Helenístico e Romano, começa a aparecer uma terminologia específica na língua grega mais apro-

ximada da idéia moderna de *cemitério*, como, por exemplo, nekrovpoliς (em Estrabão, designando um subúrbio de Alexandria transformado em local de sepultamento), nekrodocei'on (em Luciano, referindo-se a 'cemitério' e também 'mausoléu') e nekrwvn (na tardia **Antologia Palatina**, designando área de sepultamento).

[7] Tipos de estruturas tumulares do período clássico que abrigavam múltiplos sepultamentos. Sobre os *tumuli* ver KURTZ & BOARDMAN, 1971, pp. 105-106 e sobre os períbolos ver GARLAND, 1982, CLOSTERMAN, 1999 e também BERGEMANN, J. **Demos und Thanatos: Untersuchugen zum Wertsystem der Polis im Spiegel der Attischen Grabreliefs.** Munique: Biering and Brinkmann, 1997.

[8] Para a análise do relato de Pausânias, cf. CLAIRMONT, 1983, pp. 29-45. De acordo com o autor, a primeira ocorrência do termo *Demósion Sêma* é encontrada em Tucídides (II.47, 52). Termos como mnh~ma, sh~ma, tavfoς, que significavam 'tumba' ou 'sepultura', também foram utilizados para designar esta área, assim como poluandrei~on, que remete à noção mais particularizada de enterramentos coletivos.

[9] As investigações dos espaços funerários de pelo menos outros seis demos da Ática concluíram em favor da existência de um padrão local. Apenas no demo de Tórico (SSE da Ática) foram observadas importantes variações no que tange aos critérios de posicionamento das necrópoles.

[10] A única referência textual conhecida pouco acrescenta na tentativa de elucidar a motivação e os aspectos práticos relacionados à implementação desta relevante mudança no tradicional padrão de sepultamento ateniense. Na sentença curta e de conteúdo genérico é dito apenas que "foram proibidas com base na religião" (CÍCERO IV 12.3). Concordamos com Kurtz & Boardman (1970, p. 70) em relação às reservas que se devem ter na interpretação deste relato obscuro e muito posterior aos eventos aludidos. Já no âmbito das pesquisas arqueológicas, o principal obstáculo ainda não superado é o desconhecimento da estrutura precedente ao Muro de Temístocles, o qual, erguido às pressas em 478 a.C. imediatamente após a invasão persa em Atenas, é o mais antigo circuito da cidade conhecido por nós em mais detalhes. O trecho mais longo ainda preservado pode ser visto na área de escavação do *Kerameikós*. Dados fragmentários da distribuição topográfica das necrópoles do período arcaico conjugados às referências textuais encontradas em Tucídides (I.89.3, VI.57) e Heródoto (IX.I3) apontam para a existência de um muro anterior construído possivelmente no período dos Psistrátidas (KURTZ & BOARDMAN, 1970, p. 70). Entretanto, a escassez de informações advindas das evidências materiais por ora coletadas – os portões e muros descobertos e investigados pelos arqueólogos são todos clássicos – não permitiu a reconstituição do traçado original do muro arcaico e, por conseguinte, mantém em suspenso a possibilidade de uma avaliação consistente da posição relativa das necrópoles.

[11] Skevlh, como era conhecida na Antigüidade (TUCÍDIDES. I.108), a muralha era pontuada nos lados N e S de portões distribuídos em intervalos irregulares. Contíguos a eles aglutinavam-se sepultamentos de vários tipos. Cerca de 14 períbolos foram atestados no curso da via para o Pireu e nove como sendo oriundos da necrópole do Pireu, cf. GARLAND, 1982; CLOSTERMAN, 1999. Apesar das evidências de existência de períbolos e do volume maciço de estelas funerárias provenientes do Pireu, a grande destruição do material que caracterizou o trabalho arqueológico do sítio inviabilizou toda e qualquer tentativa de investigação do contexto (GARLAND, 1987, p. 223).

BIBLIOGRAFIA

CAMP, J. **The archaeology of Athens.** Londres e New Haven: Yale University Press, 2001.

CÍCERO. **Epistulae ad Familiares**. Cambridge Classical Texts and Commentaries. Trad. D. R. Shackleton-Bailey. Cambridge: Cambridge University Press, 2004.

CLAIRMONT, C. **Patrios nomos: public burial in Athens during the fifth and fourth centuries.** *B. C.* BAR International Series, v. 161. Oxford, 1983.

____________. "The provenance of tombs". *In:* CLAIRMONT, C. **Classical Attic tombstones.** Vol. Introdutório Kilchberg: Akanthus, 1993, pp. 47-65.

CLOSTERMAN, W. E. **The self-presentation of the family: the function of classical attic peribolos tombs.** Tese de Doutorado (DPhil). Ann Arbor: Johns Hopkins University, 1999.

DAY, J. W. "Rituals in stone: early Greek grave epigrams and monuments". **Journal of Hellenic Studies**, v. 109, pp. 16-28, 1989.

DEMÓSTENES. **Private Orations.** Trad. N. W. DeWitt. Vol. V. Loeb Classical Library. Cambridge/ Massachussets: Harvard University Press, 1990.

HERÓDOTO. **Books I-II**. Loeb Classical Library, vol 117. Cambridge/Massachussets: Harvard University Press, 1920. Trad. A. D. Godley.

GARLAND, R. "A first catallogue of Attic peribolos tombs". **Annual of the British School of Athens**, v. 77, pp. 125-76, 1982.

__________. **The Greek way of death.** Ítaca: Cornell University Press, 1985.

__________. **Piraeus: from the fifth to the first century B.C.** Londres: Duckworth, 1987.

HOUBY-NIELSEN, S. " ´Burial language´ in archaic and classic Kerameikos". **Proceedings of the Danish Institute at Athens**, vol. I, pp. 131-91, 1995.

HUMPHREYS, S. "Family tombs and tomb-cult in ancient Athens: tradition or traditionalism?". *In:* HUMPHREYS, S. **The family, women and death. Comparative studies.** 2ª ed. Ann Arbor: The University of Michigan Press, 1993 (1983), pp. 93-129.

IMMERWARH, S. A. **Early burials from the agora cemeteries.** Excavations of the Athenian Agora. Meriden (Connecticut): American School of Athens, 1982.

JOHANSEN, K. F. **The Attic grave-reliefs of the classical period.** Copenhagen: Ejnar Munksgaard, 1951.

KARO, G. **An Attic cemetery: excavations in the Kerameikos at Athens**, 1943.

KNIGGE, U. **The Athenian Kerameikos: history, monuments, excavations**. Atenas: Krene, 1991.

KURTZ, D. C., BOARDMAN, J. **Greek burial customs.** Londres: Thames and Hudson, 1971.

LIDDELL-SCOTT. **An intermediate Greek-English lexicon**. Oxford: Clarendon Press, 1889.

MORRIS, I. **Death-ritual and social structure in classical antiquity.** Cambridge: Cambridge University Press, 1992.

OSBORNE, R. "Law, the democratic citizen and the representation of women". **Past & Present**, v. 155, pp. 3-33, 1997.

PARKER, R. "Birth and death". *In:* **Miasma: pollution and purification in early Greek religion.** Nova Iorque: Oxford University Press, 1983, pp. 32-73.

PARLAMA, L.; STAMPOLIDES, N. C. (eds.). **Athens: the city beneath the city. Antiquities from the metropolitan railway excavations.** Atenas: N. P. Goulandris Foundation Museum of Cycladic Art, 2000.

PAUSÂNIAS. **Description of Greece, I,** Books 1-2 (Attica and Corinth). Trad. W. H. S. Jones. Loeb Classical Library. Cambridge/Massachussets: Harvard University Press, 1918.

POMEROY, S. B. **Families in classical and hellenistic Greece: representations and realities.** Nova Iorque: Oxford University Press, 1997.

SHAPIRO, H. A. "The iconography of mourning in Athenian art". **American Journal of Archaeology**, v. 95, pp. 629-656, 1991.

TRAVLOS, J. **Pictorial Dictionary of Ancient Athens.** Nova Iorque: Praeger, 1971.

TUCÍDIDES. **History of the Peloponesian War, I (Books I-II).** Trad. C. F. Smith. Loeb Classical Library. Cambridge/Massachussets: Harvard University Press, 1919.

LUDI CIRCENSES:
ANÁLISE COMPARATIVA DA SUA REPRESENTAÇÃO IMAGÉTICA EM DOIS ANTIGOS MOSAICOS NORTE-AFRICANOS [1]

Regina Maria da Cunha Bustamante*

Introdução

Uma das cenas mais emblemáticas dos filmes épicos de Hollywood sobre Roma Antiga é a da corrida de quadrigas em *Ben-Hur*, produção de 1959, que ganhou 11 Oscars. De fato, desde a República Romana, as corridas foram um tipo de espetáculo bastante apreciado e difundiram-se por todo Império, inicialmente cobrindo dois meses do ano e, ao final, seis meses. Como ocorriam em um lugar próprio, o *circus*, eram denominadas de *ludi circenses*. Mais que simples diversão, os *ludi* faziam parte do modo de vida romano; eram um elemento importante da sua identidade. Daí, a relevância do seu estudo para compreendermos melhor a antiga sociedade romana.

1. *Ludi*: entre a *Pax Deorum* e o *Panem et circenses*

O caráter religioso marcou o início dos *ludi* em Roma.[2] Originalmente, os jogos eram dados extraordinariamente em resposta a um oráculo, para ganhar os favores de uma divindade religiosa ou, pelo contrário, afastar sua cólera, em um esforço para manter a paz com os deuses (*pax deorum*), que assegurava o bem-estar da comunidade, sem a qual a cidade não podia seguir o seu destino (SCHEID, 1998, pp. 123-124). Essas atividades visavam garantir uma boa colheita, ter os deuses ctônicos e seus mortos bem dispostos (*in bono animo*), manter o Estado firme e inexpugnável, agradecer aos imortais pelas vitórias alcançadas nos campos de batalhas, mitigar-lhes a cólera nos momentos de crise e honrar os seus heróis ilustres. Assim, por exemplo, os *Ludi Megalenses* foram instituídos em 214 a.C. em honra a Cibele (*Magna* ou *Bona Mater*) para enfrentar a ameaça cartaginesa com Anibal durante a 2ª. Guerra Púnica, e os *Ludi Ceriales*, festividade em homenagem a Ceres, buscavam originalmente debelar um longo período de estiagem e fome.

---

*Professora doutora do Laboratório de História Antiga (LHIA) e do Programa de Pós-graduação em História Comparada (PPGHC) do Departamento de História da UFRJ.

Sob a República, os *ludi scaenici* (representações teatrais) e *circenses* acompanhavam as festas religiosas, sendo considerados parte do culto público. Havia os jogos privados (*ludi privati* ou *votivi*), oferecidos por particulares (geralmente, combates de gladiadores), e os públicos (*ludi publici* ou *solemnes*), organizados por magistrados e seguindo um ritual muito preciso, do qual não se podia afastar sob pena de recomeçá-los. Com o tempo, os principais *ludi publici* tornaram-se ordinários, sendo inscritos no calendário religioso e celebrados anualmente; *e.g.*, os *Ludi Megalenses* passaram a ser organizados pelos *edis curuis* de 4 a 10 de abril e os *Ludi Ceriales*, pelos *edis plebeus* de 12 a 19 no mesmo mês. Contudo, ainda permaneceram os *ludi votivi*, oferecidos em épocas não determinadas, de uma única vez, por magistrados ou particulares – em tese, com anuência e sob vigilância das autoridades – para comemorar um evento importante.

Os polemistas cristãos, em sua campanha para coibir a assistência de cristãos nos jogos, ressaltaram o caráter religioso por detrás dos *ludi*. Nos seus escritos, rebateram-se muitas argumentações, algumas advindas de cristãos em favor das corridas. Isto indica que os cristãos estavam inseridos nas práticas sociais romanas como os jogos, que eram apreciados indistintamente, não importando a crença religiosa. Existiam, portanto, áreas ambíguas: o cristianismo interagia em um meio pagão que demandava paradoxalmente uma diferenciação, mas não tão completa que inviabilizasse a sua compreensão neste meio. Apesar da sua campanha, a Igreja Cristã não conseguiu que os festejos fossem abolidos por autoridades locais sob o pretexto de sua associação com os "ritos profanos", que os tinham originalmente acompanhado e que, agora, eram proibidos. Assim, no Código Teodosiano (XVI, 10, 3 de 342; XVI, 10,8 de 382 e XVI, 10, 17 de 399), encontra-se legislação preservando o que imperadores cristãos consideravam como diversões tradicionais de seus súditos para evitar-lhes tristezas (*CTh* XV, 6, 1 de 392 e XVI, 6, 2 de 399), embora buscassem eliminar o contexto religioso com que tinham sido tradicionalmente associados.

A popularidade dos espetáculos fez com que, desde o final da República, o seu oferecimento se convertesse em um meio eficaz de conquistar prestígio político e social. A tendência, já presente na República, de os espetáculos servirem como instrumento político, acentuou-se no período imperial, pois eram atividades que congregavam todos os grupos sociais e canalizavam a energia da população. Em toda parte no mundo romano, do começo ao fim do Império, e em todas as camadas da sociedade, da mais alta à mais baixa, havia pessoas apaixonadas pelas corridas de circo, patrocinando, assistindo, torcendo e apostando. A assistência aos jogos passou a fazer parte da *ciuitas* romana; era um dos direitos da cidadania romana, ao lado do abastecimento alimentar.

2. *Ludi circenses* nos mosaicos norte-africanos: paixão, prestígio e poder

Longe de serem limitados à capital, os *ludi* eram celebrados em todo Império, tanto que particulares tinham o direito de organizá-los, enquanto que somente os imperadores e os magistrados podiam fazê-lo em Roma. Os *ludi privati* inseriam-se na prática do evergetismo, ou seja, na prática social dos ricos particulares, que participavam com sua fortuna no embelezamento de sua cidade ou tomavam ao seu encargo uma parte de suas obrigações financeiras, distribuindo dinheiro aos seus concidadãos, organizando jogos, banquetes públicos, distribuição de azeite e de trigo por ocasião de dedicatórias monumentais... (VEYNE, 1976). Assim, a elite municipal obtinha prestígio político e social. Era um meio de se fazer eleger como magistrados municipais, uma questão de obrigação (*munus*) para os membros da elite local, especialmente por ocasião de sua ascensão às dignidades públicas, provando então sua generosidade. O benefício devia ser proporcional à posição e à fortuna do evergeta, à importância da cidade ou à função almejada. Não se poupavam despesas para agraciar sua cidade e seus concidadãos, constituindo-se em um dever do patrono para com a cidade que protegia. Era uma das maneiras de se manter as comunicações entre os vários grupos sociais.

Na África Romana, o entusiasmo pelos *ludi* era tal, que sobreviveu até mesmo quando o cristianismo já se tornara religião oficial do Império, apesar dos discursos condenatórios dos cristãos, em especial do seu clero, como Agostinho, bispo de Hipona, uma das principais cidades da África do Norte (ver MARKUS, 1997). Os norte-africanos deixaram registrado seu entusiasmo pelos jogos, não apenas através da construção de numerosos monumentos consagrados a esta atividade, mas também pela excepcional popularidade dos temas relacionados aos *ludi* nos esquemas decorativos das casas privadas da elite local. O mosaico foi um dos suportes para representar esta paixão.

Em meados do séc. II, os mosaístas da região renovaram seu repertório iconográfico, inspirando-se na realidade ao seu redor e afastando-se da tradição helenística, que era então seguida. A elite local, que comissionava os mosaicos, estava ansiosa para deixar registrados sua riqueza, propriedades e espetáculos, que oferecia tão luxuosamente para seus concidadãos. Assim, reproduziram os *ludi* em imagens, que decoravam os aposentos de recepção em suas residências urbanas e rurais, exaltando suas próprias atividades como evergetas. Além de representações clássicas dos cavalos e veículos vitoriosos, os mosaístas norte-africanos também "congelaram" em seus trabalhos os momentos mais excitantes das próprias corridas. Para este texto, selecionaram-se dois mosaicos de chão, que apresentam imagens do circo em plena atividade.

O **MOSAICO 1** foi encontrado em Cartago,[3] cidade portuária e capital da então província da África Proconsular, que corresponde atualmente à Tunísia. É considerado o mais antigo mosaico com representação de circo (FANTAR *et al.*, 1994, p. 268; YACOUB, 1996, p. 127; LING, 1998, p. 91). Ele foi datado do séc. III, quando a região passava por um período de prosperidade, advinda da produção e do comércio de cereal e azeite, sendo favorecida ainda pela ascensão da dinastia severiana (193-235), de origem afro-síria, ao poder imperial. Esta prosperidade motivou a atividade edilícia, em especial nas cidades, como atestam as inscrições epigráficas (DUNCAN-JONES, 1965, pp. 159-177; LEPELLEY, 1981, pp. 13-23). O **MOSAICO 1** mede 2,70m X 2,25m e faz parte do acervo do Museu Nacional do Bardo na Tunísia (**A 341**) (CONSTANS, 1916, pp. 247-259; FANTAR *et al.*, 1994, p. 176; YACOUB, 1996, pp. 126-127 e 203; FRADIER, 1997, p. 141; LING, 1998, p. 91).

O **MOSAICO 2** é originário de *Capsa*[4] (atual Gafsa, no interior tunisiano), cidade situada estrategicamente em um oásis pré-sahariano, ao norte do *chott* El Jerid. A datação do mosaico é do séc. VI (FANTAR *et al.*, 1994, p. 180; BLANCHARD-LEMÉE *et al.*, 1996, p. 291; YACOUB, 1996, p. 123), quando, no governo de Justiniano (527-565), empreendeu-se uma campanha militar de recuperação do antigo território da África Romana, então sob domínio vândalo e que se manteve temporariamente em poder de Bizâncio. O **MOSAICO 2** é o exemplar mais recente de mosaico antigo com temática de circo. Suas dimensões são maiores que o anterior (4,70 X 3,40m). Encontra-se também no Museu Nacional do Bardo (**A 19**) (GAUCKLER, 1910, p. 190; FANTAR *et al.*, 1994, pp. 181-185; BLANCHARD-LEMÉE *et al.*, 1996, p. 196; YACOUB, 1996, pp. 123 e 202).

MOSAICO 1

MOSAICO 2

Diferentemente dos mosaicos de espetáculos de anfiteatro (*ludi gladiatorii* e *venationes*), percebe-se aqui o cuidado com o edifício do circo. Este tipo de mosaico era uma forma bem estabelecida de decoração da África Romana (FANTAR, 1994, pp. 178-179) e que, mais tarde, influenciou outras províncias, principalmente a Hispânia (LING, 1998, p. 95). O motivo do circo foi concebido por mosaístas africanos como uma iconografia que, inspirando-se em certas representações italianas, principalmente em sarcófagos, moedas e terracotas, apresentou elementos específicos da África (FANTAR, 1994, p. 179). Um deles aparece no **MOSAICO 1**: o circo é visto tanto do exterior quanto do interior, em plena corrida, mesmo que isto acarrete algumas inconsistências de perspectiva. Enquanto a pista foi representada do ponto de vista aéreo, a fachada externa (dois andares com 16 arcadas cada) e as arquibancadas aparecem em perspectiva frontal e a *spina*,[5] as duas construções se elevando além da arquibancada e as quadrigas (duas em cima da *spina* e duas embaixo) foram mostradas de perfil. Os portões dos *carceres* do lado direito da pista foram representados deitados e colocados a 90° graus em relação aos outros elementos.

Para Ling (1998, p. 91), o mosaísta sacrificou conscientemente a coerência de perspectiva em favor da clareza de apresentação e não por uma incapacidade de realizar desenhos em uma única perspectiva. Era uma característica do estilo esquematizado norte-africano: espalhar a ação sobre a superfície acessível, sem impor ilusões espaciais ou forçosamente priorizar um único ponto de vista. Considero que esta característica ainda se manteve no **MOSAICO 2**, apesar de incluir novos elementos estéticos da época bizantina, como o olhar frontal destacado de todos os personagens humanos, que se distingue dos animais (parelhas das quadrigas, o cavalo do *propulsor*[6] e as estátuas dos dois felinos na *spina*, identificados ainda que danificados com a perda de tesselas[7]), que continuaram a ser representados de perfil. Tal posição contrapõe-se à de Fantar (1994, pp. 180-185) e Yacoub (1996, p. 123), que acentuam as diferenças entre os dois mosaicos ora analisados. Eles vêem o **MOSAICO 2** de forma bastante pejorativa, por seguir o estilo linear e abstrato da época bizantina e excluir ou ser incapaz de manter o naturalismo da escola afro-romana.

No **MOSAICO 1**, a decoração da *spina*, apesar da falta de algumas tesselas, permitiu inferir que a imagem do circo teve como modelo o de Cartago, o que seria previsível, mas não indubitável, em vista do seu contexto de produção. Parcialmente visualizada, devido à falha do mosaico, foi identificada a estátua da Cibele pela figura feminina em uma carruagem, o que contrasta com a tradição italiana em que o obelisco se destaca na *spina* (FANTAR, 1994, p. 180; YACOUB, 1996, p. 126), como no **MOSAICO 2**. A presença desta estátua no circo de Cartago foi mencionada pelo cartaginês Tertuliano[8] (***De spectaculis*** 8): *"A assembléia de demônios seria congelada sem sua Grande Mãe; também ela está lá, presidindo a reunião"*. Na África do Norte, Cibele foi muito cedo assimilada a *Caelestis*, a deusa da região por excelência e associada a Tanit. Ela configurava a energia latente no seio da terra; fonte primordial e ctônica de toda a fecundidade. Personificava a Natureza rude e selvagem, enquanto que Ceres era a deusa da Natureza cultivada pelo homem. Inicialmente, foi representada iconograficamente com pedras, mas passou a ser representada por uma mulher sentada em um carro puxado por leões,[9] como na *spina* do circo de Cartago.

Como acima referido, o **MOSAICO 2** segue a tradição italiana, no que tange à presença do obelisco, que se encontra no meio da *spina* e está todo marcado por linhas horizontais. Fantar (1994, p. 182) considera que estas linhas sejam *"indubitavelmente hieróglifos"* (*sic*). Entretanto, comparando com as *metae* (marcos nas extremidades da *spina*, decorados com três obeliscos encimados por esferas, muito similares aos do **MOSAICO 1**), percebemos que a sua forma de apresentação foi a mesma, ou seja, linhas horizontais tanto na base quanto nos obeliscos. Linhas também aparecem nas colunas da arquibancada, dos *carceres* e da construção triangular dentro da arena. Portanto, acredito que possa ser mais uma forma de mostrar os elementos arquitetônicos do que escrita.

Próximo do obelisco no centro da *spina* do **MOSAICO 2**, há uma figura humana nua, em posição de movimento, parecida com as outras quatro, contidas nas arcadas na extremidade direita da arena. A ausência de roupas, distintamente dos personagens de corpo inteiro que estão na pista, indica que eram de naturezas diferentes; os trajes estão relacionados à esfera da realidade humana. Fantar (1994, p. 182) e Yacoub (1996, p. 123) as consideram estátuas em bronze de atletas, descartando a possibilidade de serem cavalariços negros, como proposto por Constans (1916, pp. 247-259). Estátuas de atletas e de quadrúpedes figuram somente em um número limitado de mosaicos, como os da *Piazza* Armerina na Sicília e de Barcelona, cuja identificação com o *Circus Maximus* de Roma parece muito provável. Portanto, estando estes dois elementos presentes na decoração do circo no **MOSAICO 2**, Fantar (1994, p. 182) deduz que o mosaísta reproduziu o circo por excelência, o de Roma, buscando conferir ao seu quadro e, conseqüentemente, aos próprios jogos um caráter suntuoso, que colocaria em evidência a generosidade do seu cliente.

Se, por um lado, há a referência a Roma, por outro, percebo também o elemento local relacionado ao passado púnico da cidade. Na arena, há uma construção com colunas encimada por um frontão triangular, em que se destaca uma figura feminina esquematizada de braços abertos (triângulo, que tem no seu vértice superior uma linha horizontal e, acima desta, um círculo). Tradicionalmente, esta representação feminina era conhecida como signo de Tanit (YACOUB, 1996, pp. 19-20), que, como mencionado antes, era uma divindade de origem cartaginesa que foi assimilada a *Caelestis* e a Cibele. Fantar (1994, p. 182) aventa que talvez fosse a Vitória. É compreensível esta interpretação em vista da situação de competição e pela figura feminina estar segurando uma palma em cada uma das mãos, emblema clássico do sucesso em uma disputa (LURKER, 1997, p. 514). Entretanto, o atributo iconográfico tradicional, que identificava a Vitória – as asas nas costas –, não se encontra presente. Seja como for, Tanit cartaginesa ou Vitória latina, não há como negar que o ambiente circense ainda continha, mesmo em período cristão, elementos da religiosidade politeísta, como denunciavam os polemistas cristãos desde o séc. II, dentre eles, Tertuliano (***De spectaculis*** 8): *"Cada ornamento do circo é um templo. (...) Considera, ó cristão, o número* *de nomes impuros que possui o circo. Tu não tens nada a ver com um lugar que contém tantos espíritos diabólicos."* No **MOSAICO 1**, além de Cibele na *spina*, encontra-se ainda uma estátua protegida por uma pequena construção colunata que sustenta um telhado piramidal. Em cima da arquibancada superior, há dois edifícios com fachada de colunas e frontões triangulares, que lembram templos.[10]

Os circos eram construções que comportavam um número significativo de espectadores. Em Roma, o *Circus Maximus* podia conter até 150 mil pessoas no final da República e acréscimos permitiram aumentar a capacidade para 485 mil no séc. IV; o de Cartago, construído durante os Antoninos (96 a 192), tinha 60 mil lugares. No **MOSAICO 1**, houve a preocupação de mostrar as arquibancadas cobertas com um toldo (*velarium*), que protegia os espectadores das intempéries. Para entrar e sair das arquibancadas, havia aberturas (*vomitoria*). Priorizou-se o próprio edifício do circo em detrimento da assistência, pois, havendo ainda atividade na arena, paradoxalmente as arquibancadas estão vazias. Distintamente no **MOSAICO 2**, em um dos lados das arquibancadas, coberto por pórticos em arcadas, os assentos estão ocupados por uma platéia repleta de homens de aparências diversificadas (com ou sem barba, de cabelos escuros ou claros, carecas...), mas todos com olhos proeminentes, em perspectiva frontal e atitude rígida, típicos da arte bizantina. Sem dúvida, estamos diante de um espetáculo que continuava a despertar o fascínio e a paixão da população, mesmo quando não mais existia politicamente o Império Romano do Ocidente, que o difundira na região. Para a arena, ainda se voltava a atenção dos espectadores.

No **MOSAICO 1**, na extremidade direita da arena, encontram-se nove portas, sendo oito gradeadas (*carceres*) e uma (a do meio e maior: *porta principalis*) sem grade, por onde entrava o cortejo inicial do espetáculo (*pompa circenses*) e pela qual saía o vencedor. Na *spina*, além da estátua de Cibele e de uma outra divindade, há três hastes verticais, sendo que, entre duas, encontram-se delfins pendurados, que eram virados, quando se completava a volta em torno da *meta*. A vitória era obtida pelo auriga que alcançasse a linha denominada *calx* (cal), pois o término da corrida era originalmente demarcado com cal. Na pista de cima, observa-se que uma quadriga, conduzida por um homem com capacete e chicote na mão direita, está correndo para a esquerda, enquanto uma outra é guiada em sentido contrário por um homem com capacete, cuja mão direita segura uma palma e tem, à sua frente, o *propulsor*. Na pista inferior, uma quadriga galopante é conduzida por um homem na direção direita. Na sua frente, encontra-se outra, sendo refreada por seu auriga e pelo *sparsor*, encarregado de jogar água nas narinas dos cavalos e nas rodas superaquecidas das quadrigas. Tem-se aqui o término da última volta da corrida, mas o vencedor já é conhecido: o auriga da pista superior com a palma da vitória, que está dando sua volta triunfal, tendo o *propulsor* à sua frente, enquanto os outros três concluem a derradeira volta.

No **MOSAICO 2**, há também os *carceres*, mas decorados com estátuas na sua parte superior. São apenas quatro enquanto que há oito no **MOSAICO 1**. O espetáculo é mostrado em seu momento decisivo: na parte superior da pista, o veículo acabou de alcançar a *calx* e, portanto, seu condutor está puxando para trás as rédeas com ambas as mãos, de modo a frear as suas duas parelhas. Atrás, um segundo veículo vem velozmente com o auriga ainda pressionando seus cavalos para tentar alcançar seu concorrente. Os outros dois carros que participam desta corrida, infelizmente, encontram-se praticamente destruídos com a perda de tesselas. Os aurigas estão vestidos com túnica curta e com capacetes semi-esféricos, segundo o costume do circo. Entretanto, o segundo colocado porta uma *echarpe* no pescoço, acessório não habitual e perigoso para condutores, pois poderia se prender em uma das rodas do carro, enforcando-os.

Várias pessoas, que pertencem ao mundo do circo, estão se movimentando ao redor da arena do **MOSAICO 2**: um juiz (*judex*) segurando um pano branco (atributo habitual para dar a largada da corrida) e uma palma para premiar o vencedor; um músico preparando seu instrumento (flauta ou um tipo de gaita de foles?[11]) para tocar a fanfarra da celebração da vitória; um *propulsor*; e os *sparsores*. Estes dois últimos personagens também estão presentes no **MOSAICO 1,** enquanto que os dois primeiros (juiz e músico), não. Isto porque, no **MOSAICO 2**, a premiação ainda está para ocorrer, e no **MOSAICO 1** o auriga vencedor já está saindo premiado com a palma da vitória pela *porta principalis*.

Além de personagens relacionados à premiação, aparecem ainda no **MOSAICO 2**: um pequeno templo encimado por uma estátua de uma divindade feminina carregando palmas da vitória e um estrado de madeira servindo de pódio. Este tipo de estrado constitui uma particularidade do **MOSAICO 2**, que poderia levar a pensar que seria uma imagem de um circo local. Mas, nenhum edifício de circo foi encontrado em *Capsa* até o presente. Nesta cidade, como em outras cidades africanas, onde inscrições sobre *ludi circenses* têm sido descobertas, estes jogos provavelmente se desenrolaram em edifícios improvisados, reduzindo-se muito freqüentemente a uma *spina* rudimentar (FANTAR, 1994, p. 1982).

Durante o Império, eram reconhecidos quatro times (*factiones*), devotados às corridas (THUILLER, 1996, pp. 155-163), que competiam entre si: *Albata*, *Russata*, *Prasina* e *Veneta*, representados pelas suas cores, respectivamente: branco, vermelho, verde e azul (PLÍNIO, O JOVEM.[12] ***Epistula*** VIII, 42; CASSIODORO.[13] ***Variae*** 3, 51; TERTULIANO. ***De spectaculis*** 9), que podiam ser vistas de longe pelos espectadores. No **MOSAICO 2**, é possível identificar as *factiones* dos dois primeiros lugares: o vencedor era dos Verdes e o outro, dos Azuis. Como resultado de fusões no decorrer do séc. III, os Verdes assimilaram os Vermelhos, enquanto os Azuis fizeram o mesmo com os Brancos. Os inumeráveis fãs dessas equipes eram freqüentemente agrupados por afinidade social: a elite apoiando os Azuis e os outros, os Verdes (BLANCHARD-LEMÉE *et al.*, 1996, p. 200; YACOUB, 1996, p. 125; LING, 1998, p. 91). A prática de apostas era amplamente disseminada. Astrólogos eram consultados e sua informação usada para ajudar os apostadores: os astrólogos viam o circo como um microcosmo do universo: o circundar dos veículos na pista reproduzia o movimento das estrelas e dos planetas e as quatro *factiones* representavam as quatro estações. A popularidade das corridas durou até a era bizantina, como se pode comprovar no **MOSAICO 2**.

Conclusão

A paixão dos habitantes da África Romana pelos *ludi circenses* foi expressa na arte do mosaico. A elite local, que comissionava os mosaicos, estava ansiosa para ver publicizados e eternizados os espetáculos, que oferecia tão dispendiosamente aos seus concidadãos, para obter popularidade e prestígio. A riqueza desta elite local, fundamentada, sobretudo, na produção de cereais e na manufatura do azeite e do vinho, encontrou, portanto, uma forma de expressão na decoração sofisticada de suas residências, onde afirmava seu *status* e seus valores culturais. Esta decoração buscava reafirmar a posição privilegiada do seu proprietário frente à comunidade romanizada. A aceitação social dos mosaicos nas cidades norte-africanas era uma prática do estilo de vida urbano romano-africano, constituindo-se em um dos elementos decorativos mais admirados, pois adornavam com cores vivas o chão (*opus tessellatum*), as paredes e o teto (*opus musiuum*), além de levar leveza às residências da elite local, decorando aposentos como se fossem afrescos e tapetes. Ao mesmo tempo, revelavam a vida, os prazeres, os valores e as práticas da elite.

Os mosaicos analisados apresentam espetáculos financiados por notáveis locais; são exemplos de comissionamento, constituindo-se em registros permanentes da beneficência dos patronos. De fato, o papel dos mosaicos era primariamente comemorativo, lembrando *ludi circenses* memoráveis. Os evergetas, que pagaram o trabalho, procuravam recordar a si próprios, aos seus convidados e à posteridade o seu ato conspícuo de munificência cívica através dos mosaicos. Evidenciava-se, assim, a posição central da riqueza da elite local, patrocinadora dos *ludi*, reforçando as conexões entre poder, *status* e prestígio. Através dos mosaicos, comunicava-se a auto-imagem ideal dos proprietários para sua própria edificação e de seus convidados, mostrando sucinta e claramente o papel que os mosaicos poderiam ter na decoração das casas e os tipos de mensagens com as quais eram imbuídos.

A própria natureza do suporte – o mosaico – constituiu-se em um vetor para potencializar o *status* e o prestígio da elite em diversos momentos: nos gastos de recursos significativos para a decoração dos interiores de suas residências com opulentos pavimentos evidenciando assim o aumento da importância da esfera do privado e uma maior hierarquização social; na seleção dos temas retratados relacionados a um estilo de vida faustoso condizente com a fortuna da elite e expressando uma unidade cultural ao buscar manter as tradições e formas clássicas e utilizar um código visual comum com símbolos conhecidos; e na localização dos mosaicos em ambientes de sua casa onde ocorriam a sociabilidade, afirmando sua posição privilegiada frente à sociedade e apregoando sua imagem para o exterior.

NOTAS

[1] O texto é resultante das pesquisas desenvolvidas com a Bolsa de Produtividade do CNPq.

[2] Brandão (1993, p. 176) acentua o caráter religioso dos *ludi* ao apresentar um estudo etimológico da palavra: *"ludere, de onde provém ludus, significaria 'estar solto, livre', isto é, perder o controle sobre si mesmo, [...]; deixar-se arrastar pela força inspiradora divina de um ritmo interior, um como que ser dominado pelo êxtase e entusiasmo dionisíacos"; "ludus teria sido importado juntamente com a instituição [etrusca], quiçá de cunho religioso, que o vocábulo designa".*

[3] Colônia fundada, talvez no séc. IX a.C., por fenícios procedentes de Tiro. Situava-se em uma península no centro da costa norte-africana, nas proximidades da atual Túnis. Cartago assumiu gradualmente a supremacia entre as cidades púnicas ocidentais e fundou numerosas colônias em solo africano, exercendo o poder direto sobre a população nativa. Desenvolveu uma forte atividade comercial marítima no Mediterrâneo Ocidental, que lhe trouxe riquezas e conflito com as cidades da Magna Grécia e, posteriormente, com Roma. Com a derrota cartaginesa nas Guerras Púnicas, foi perdendo seu domínio na região (Sicília, Sardenha e Hispânia) e, finalmente, em 146 a.C., Cartago tornou-se uma província romana. Teve um projeto frustrado de fundação de uma colônia romana com Caio Graco (133 a.C.), que foi retomado por César, mas que somente, após a sua morte, foi realizado por Augusto. No Alto Império, tornou-se a 2ª. cidade do Ocidente. Septímio Severo (193-211) lhe outorgou o *ius italicum*, assimilando-a ao solo isento de imposto fundiário, privilégio excepcional, que poucas cidades receberam. Para Gascou (1972, p. 196-198), esta outorga compensava a perda do domínio sobre a região com a ascensão de numerosas cidades ao *status* de município.

[4] Foi uma cidade púnica e depois integrada ao reino númida (LEPELLEY, 1981, pp. 281-282). Foi tomada e destruída por Mário em 107 a.C., quando da campanha contra Jugurta (SALÚSTIO. **Guerra de Jugurta** LXXXIX, 4-5 e XCI, 4-5). Plínio, o Velho (**História Natural** V, 4, 30) a descreveu como uma das *"cidades que, por direito, podiam também ser ditas nações"*. Sob Trajano (98-117), em 105, era uma cidade peregrina com seus próprios magistrados (*CIL* VIII, 22796: presença de sufetas). Uma inscrição do início do governo de Adriano, anterior a 119, designa *Capsa* como município (*CIL* VIII, 98). Para Gascou (1972, pp. 89-91), *Capsa* alcançou a municipalidade latina durante a dinastia antonina, talvez com Adriano (117-138) ou Antonino (138-161). Ascendeu à colônia honorária em data ignorada (*Tabula Peutingeriana* V, 1). *Capsa* permaneceu uma importante cidade na época bizantina; foi cercada por uma muralha e ali se construiu uma fortaleza bizantina. A presença da cultura romana na cidade manteve-se mesmo após o fim do domínio bizantino. Lepelley (1981, p. 282), citando o geógrafo árabe El Idrisi, informa que, ainda em meados do séc. XII, a população da cidade falava latim, prova da profundidade da sua romanização.

[5] Espécie de plataforma, que dividia a *arena* ao meio para proporcionar uma pista de ida e outra de volta e continha torres, estátuas, obeliscos, fontes e outros ornamentos. A *spina* era terminada nas duas extremidades por um marco (*meta*), em torno do qual os carros deviam fazer suas sete voltas. As arquibancadas eram dispostas tanto nos lados longos da pista quanto na extremidade circular oposta aos *carceres* (cocheiras em que se dispunham as parelhas para a partida). Em cima dos *carceres*, poderiam se erguer construções de serviços (*oppidum*).

[6] Empregado do circo encarregado de seguir, a cavalo, a corrida atentamente e mantê-la em seu trajeto.

[7] Peças de pedra, vidro ou terracota, cortadas no formato de cubos e utilizadas para compor o desenho.

[8] **TERTULIANO:** Filho de um centurião proconsular. Cresceu em uma família pagã. Estudou história, filosofia, retórica, latim e grego. Teve uma juventude dissipada. Casou-se. Converteu-se ao cristianismo, atraído pelo exemplo dos mártires. Em princípios do séc. III, aderiu ao montanismo, movimento ascético religioso frígio nascido na 2ª. metade do séc. II. Levou ao extremo o ideal de vida rígida. Sua atividade literária ocorreu entre os últimos anos do séc. II e as duas primeiras décadas do III; ***De spectaculis*** foi escrito aproximadamente entre fins do séc. II e início do III. (BERARDINO, 2002, pp. 1348-1352)

[9] Os leões eram identificados com Hipômenes e Atalante, que foram transformados em leões como castigo por terem se unido amorosamente em um templo de Zeus (BRANDÃO, 1993, p. 82).

[10] Para Yacoub (1996, p. 126), estas construções, talvez, possam ser cabines dos juízes (*tribunal judicum*).

[11] Ling (1998, p. 91) define como flauta, o que me parece mais próximo do desenho. Considero o objeto no ombro do músico como um odre de vinho, talvez um prêmio ao vencedor. Distintamente, para Fantar (1994, p. 184), trata-se de uma substituição insólita: um tocador de gaita de foles em vez do habitual trompetista, tal como aparece em outras representações de cenas de circo, como a da *Piazza* Armerina, por exemplo. Este detalhe, se bem que já observado no mosaico de Itálica na Espanha, foi visto como uma nota local que o mosaísta de *Capsa* tomou emprestado de seus horizontes familiares. Seja como for, é um músico: flautista ou gaiteiro.

[12] **CAIO PLÍNIO CECÍLIO SEGUNDO:** Viveu de 61 a 113; nasceu em Como, na Itália. Órfão, foi adotado pelo tio (Plínio, o Velho), pertencente à ordem senatorial. Estudou retórica. Advogou

e desempenhou importantes cargos públicos. De sua obra, sobreviveram: ***Trajani Panegyricus*** e ***Epistularum libri decem***, que contêm correspondência dirigida a diversas pessoas (inclusive ao imperador Trajano) sobre os mais variados assuntos (SPALDING, 1968, pp. 169-171).

[13] **CASSIODORO:** nasceu em fins do séc. V no sul da Itália. Era filho de um prefeito pretoriano. Teodorico nomeou-o de início questor e depois cônsul (514). Foi virtualmente 1°. ministro dos três sucessores de Teodorico. Escreveu **História dos godos** (da qual conhecemos apenas um resumo) e outras obras históricas e publicou 12 livros de seus escritos oficiais com o título de ***Variae***, além de um extenso comentário aos Salmos, das ***Institutiones Divinarum et Saecularium Litterarum*** e do ***De Orthographia*** (HARVEY, 1987, p. 103).

BIBLIOGRAFIA

BERARDINO, A. di (org.). **Dicionário patrístico e de antigüidades cristãs**. Petrópolis: Vozes, 2002.

BLANCHARD-LEMÉE, M. *et alii*. **Mosaics of Roman Africa**; floor mosaics from Tunisia. London: British Museum Press, 1995.

BRANDÃO, J. **Dicionário mítico-etimológico da mitologia e religião romana**. Brasília / Petrópolis: EdUnb / Vozes, 1993.

CONSTANS, A. Mosaïque de Carthage répresentant les jeux du cirque. REVUE ARCHÉOLOGIQUE 5ª. série 3: 247-259, 1916.

DECRET, F., FANTAR, M. **L'Afrique du Nord dans l'Antiquité**; histoire et civilisation des origines au Ve. siècle. 2. ed. Paris: Payot, 1988.

DUNBABIN, K. **Mosaics of the Greek and Roman world**. Cambridge: Cambridge University Press, 1999.

DUNCAN-JONES, R. Wealth and munificence in Roman Africa. PAPERS OF THE BRITISH SCHOOL AT ROME 31: 159-177, 1965.

FANTAR, M. H. *et al.* **La mosaïque en Tunisie**. Tunis: Les Éditions de la Méditerranée, 1994.

FÉVRIER, P.-A. **Approches du Maghreb Romain**; pouvoirs, différences et conflits. 2 t. Aix-en-Provence: ÉDISUD, 1989 / 1990.

FRADIER, G. **Mosaïques romaines de Tunisie**. Tunis: Cérès, 1997.

GASCOU, J. **La politique municipale de l'Empire Romain en Afrique Proconsulaire de Trajan à Septime-Sévère.** Rome: École Française de Rome, 1972.

GAUCKLER, P. **Inventaire des mosaïques de la Gaule et de l´Afrique**. v. II. Paris: Ernest Leroux, 1910.

HUSKINSON, J. (ed.). **Experiencing power**; culture, identity and power in the Roman Empire. London: Routledge / Open University, 2000.

JULIEN, C.-A. **Histoire de l'Afrique**; des origines à 1830. 3. ed. Paris: Payot, 1994.

LEPELLEY, C. **Les cités de l'Afrique Romaine au Bas Empire**. 2 v. Paris: Études Augustiniennes, 1979 / 1981.

LING, R. **Ancient Mosaics**. London: British Museum Press, 1998.

LURKER, M. **Dicionário de simbologia**. São Paulo: Martins Fontes, 1997.

MOKHTAR, G. (coord.). **História Geral da África**. v. 2: A África Antiga. São Paulo - Paris: Ática - UNESCO, 1983.

MANTON, E. L. **Roman North Africa**. London: Seaby, 1988.

MARKUS, R. **O fim do cristianismo antigo**. São Paulo: Paulus, 1997.

PICARD, G.-C. **La civilisation de l'Afrique Romaine**. 2. ed. Paris: Études Augustiniennes, 1990.

SCHEID, J. **La religion des romains**. Paris: Armand Colin, 1998.

SPALDING, T. O. **Pequeno dicionário de literatura latina**. São Paulo: Cultrix, 1968.

VEYNE, P. **Le pain et le cirque**; sociologie historique d'un pluralisme politique. Paris: Seuil, 1976.

YACOUB, M. **Le Musée du Bardo (Départements Antiques)**. Tunis: Agence National du Patromoine, 1996.

CONHECENDO AS MÚMIAS DA COLEÇÃO EGÍPCIA DO MUSEU NACIONAL A PARTIR DE IMAGENS TOMOGRÁFICAS

Sheila Maria Ferraz Mendonça de Souza*

Introdução

Descritos há milênios, os corpos egípcios embalsamados têm atraído o interesse científico recente há pelo menos três séculos, sendo seu estudo uma especialidade que já passou por diferentes fases. Recolhidos, comercializados e expostos como parte do descobrimento das Antigüidades, e mais tarde também recuperados em pesquisas arqueológicas científicas, os corpos mumificados de seres humanos e animais foram distribuídas por todo o mundo e hoje encontram-se em coleções particulares e Museus públicos nos mais diferentes países (Ikran & Dodson, 1998). Destacam-se como documentos científicos insubstituíveis, testemunhas de sua época à espera de ser desvendadas. Como representação, no imaginário popular, passam do campo da ciência à ficção (Dérobert, Reichlen & Campana, 1975; Pringle, 2001), sendo explorados na literatura, no cinema e em outras formas de comunicação.

No Museu Nacional da Universidade Federal do Rio de Janeiro há uma coleção diversificada e de grande interesse arqueológico, artístico e histórico, que se destaca por ser uma das primeiras coleções de múmias egípcias musealizada no mundo (ver Brancaglion, neste volume) e também por apresentar exemplares raros e de grande valor científico, provenientes de tumbas de diferentes períodos da região de Tebas. Adquirida e mantida desde o século XIX pelos Imperadores do Brasil, esta coleção passou ao Patrimônio da Nação, sendo, por mais de um século, objeto de estudos principalmente voltados para os textos hieroglíficos e as estelas funerárias que a compõem (Kitchen, 1990). Somente agora começa a ser estudada de forma minuciosa, inclusive no que se refere às múmias. Este momento de estudos também coincide com uma perspectiva mais conservadora que assegura que, pela primeira vez em muitas décadas, as investigações para conhecimento das múmias egípcias não se anteponham à postura ética e à prioridade de conservação de tais testemunhos da religiosidade e da habilidade de um povo, que ficou conhecido por sua arte inigualável e pela habilidade e cuidado com que preparava seus mortos para a eternidade.

*Departamento de Endemias Samuel Pessoa, Escola Nacional de Saúde Pública, FIOCRUZ.
Sferraz@ensp.fiocruz.br

A disponibilidade laboratorial de técnicas sofisticadas como a tomografia helicoidal torna hoje compatível o estudo detalhado destes corpos mumificados e a sua conservação. Ao contrário do que ocorria há algumas décadas, quando estudar, no sentido analítico do termo, exigia abrir e explorar fisicamente as múmias desconstruindo-as, hoje, verdadeiras necrópsias virtuais podem ser realizadas sem que uma faixa de gaze seja removida. Além das imagens em corte, de todos os detalhes internos dos fardos funerários, já é possível fazer reconstruções tridimensionais virtuais e passá-las a forma material pela prototipagem rápida feita a partir de imagens virtuais. Essas reconstruções tridimensionais proporcionam material tanto para análise científica quanto para divulgação científica. Através de parcerias técnicas feitas entre o Museu Nacional da Universidade Federal do Rio de Janeiro (Ministério da Educação), a Fundação Oswaldo Cruz (Ministério da Saúde), o Instituto Nacional de Tecnologia, o Centro de Pesquisas Renato Archer (Ministério da Ciência e Tecnologia) e um parceiro privado, o Centro de Diagnósticos por Imagem, do Rio de Janeiro, iniciamos em 2002 um projeto ambicioso de estudos não-invasivos no acervo de múmias egípcias.

Este projeto, feito a partir da cooperação das instituições citadas, não conta ainda com financiamento específico, mas seus resultados já vêm proporcionando uma grande quantidade de dados sobre as peças da coleção do Museu Nacional, sobre as técnicas de embalsamamento de homens e animais, sobre o período, e sobre os indivíduos embalsamados. Além disto, o projeto vem desenvolvendo a produção de materiais expositivos virtuais e concretos, vem preparando as bases para uma reformulação completa da exposição e para a elaboração de futuras mostras virtuais, de grande interesse didático e museográfico. Nesta nota prévia, trazemos os resultados iniciais do estudo de cinco destas peças mumificadas.

Histórico das pesquisas

O acervo arqueológico, incluindo-se aí as múmias de homens e animais, passa hoje por um cuidadoso processo de conservação em que não se medem esforços para preservar este material cujo valor é inestimável. Dentro deste espírito, os estudos têm como premissa que as análises científicas não tenham precedência sobre a conservação dos objetos e, assim sendo, todo o plano de investigação direcionado a um melhor conhecimento deste acervo foi elaborado com base em duas diretrizes fundamentais: as coletas de amostras para análises fisico-químicas e biológicas devem ser sempre apenas oportunísticas; e as análises morfológicas devem ser sempre não-invasivas, no mais das vezes baseadas em modernas técnicas computadorizadas de aquisição, processamento e uso de imagens.

Desta forma, a investigação sobre as múmias da coleção do Museu Nacional vem sendo feita sem abertura de seus envoltórios, cartonagens ou caixões.

A condição de corpos mumificados, principalmente quando conservados em seus envoltórios originais é, de um modo geral, o das caixas de segredos. Contidos em camadas sucessivas de tecidos e substâncias embalsamadoras, alguns deles guardados em caixões de madeira, cartonagem ou mesmo pedra, são muitas vezes invisíveis aos olhares desarmados. Seu estudo, a não ser pelo aspecto do envoltório mais externo, está condicionado à possibilidade de entrar nos espaços fechados e iluminar as formas ocultas. Para seu estudo exigem-se olhares que penetrem sem ser invasivos, olhares que desvelem sem cortar ou desfazer, olhares que elucidem mas não quebrem a magia e a integridade de peças que assim vêm permanecendo por milhares de anos. Assumimos que seu valor reside, em grande parte, na sua condição de integridade (Ikran & Dodson, 1998).

Uma das mais vantajosas modalidades de olhar não-invasivo aplicado ao acervo egípcio é facultado pelas modernas técnicas da tomografia computadorizada. Estas proporcionam um banco de dados passível de análise direta e de diferentes manejos por computação gráfica. Este recurso, já explorado em diferentes países, pode no Brasil ser utilizado graças à disponibilidade de técnicos altamente capacitados e equipamentos de úlitma geração, que tornam nossa competência nacional à altura do que já se faz de melhor em todo o mundo.

Ao final do século XIX as técnicas radiológicas récem-inventadas deram as primeiras demonstrações de tal possibilidade, efetivando-se ao longo do século XX em numerosos estudos conservadores de corpos mumificados. As primeiras radiografias simples de múmias egípcias foram feitas em 1896 por Köening, em Frankfurt, na Alemanha. Sir Flinders Petrie, o famoso egiptólogo, animado pelos resultados destes primeiros experimentos, fez o que se pode chamar de primeira "autópsia" radiológica em 1898, e a partir daí radiografar múmias tornou-se muito popular, principalmente entre as décadas de 20 e 30 do século XX. Aplicar as novidades do campo médico aos estudos de múmias e outros remanescentes arqueológicos, tal como os estudos histológicos, por exemplo, parece ter sido um grande reforço às ciências médicas. A primeira radiografia de uma múmia real foi a de Tutmosis, feita no Cairo (Ikran & Dodson, 1998), e, a partir do pós-guerra, estudos radiológicos praticamente já estavam incluídos nas rotinas analíticas das múmias egípcias, culminando com o projeto realizado na década de 1970, em que foram radiografadas todas as múmias reais existentes no Cairo (Harris & Weers, 1973). Algumas instituições destacaram-se pelas suas contribuições aos estudos deste tipo, sendo uma delas o Museu de Manchester, onde a equipe do Projeto Múmias, dirigido pela Dra. Rosalie Davies, tem grande produção ao longo de décadas (Davies & Archibold, 2000).

Graças a estas ferramentas para visualização do conteúdo dos corpos embalsamados, tem sido possível confirmar o que há dentro dos envoltórios, identificar fraudes antigas e recentes, verificar os materiais substitutos das verdadeiras múmias bem como as inclusões e modificações feitas intencionalmente nos corpos, confirmar os indivíduos sepultados, sua idade e sexo, distinguir animais e humanos, verificar integridade dos fardos funerários, a presença de amuletos e outros objetos, diagnosticar patologias, distinguir técnicas diferentes de preparação dos corpos, e assim por diante (Filer, 1995; Ikran & Dodson, 1998; Davies & Archibold, 2000).

Em comparação com as radiografias convencionais, a atual disponibilidade de imagens tomográficas computadorizadas permite visualização muito mais detalhada do interior dos fardos, além de proporcionar melhor identificação espacial dos detalhes de cada objeto. Permitindo a reconstrução tridimensional e a viagem no interior dos objetos, penetrando virtualmente nas cavidades e espaços deixados dentro do corpo e dos caixões, a tomografia configura a verdadeira necrópsia virtual.

As primeiras tomografias radiológicas proporcionavam imagens pouco nítidas, ainda que bastante úteis à clínica médica, permitindo verificar diretamente a tridimensionalidade do corpo. Com o desenvolvimento das técnicas mais modernas de tomografia computadorizada, principalmente com os avanços da tomografia helicoidal, além de obter-se maior detalhamento e refinamento das imagens (que podem chegar a ser feitas em escala de microtomografia), tornou-se possível realizar detalhadas reconstruções tridimensionais. *Softwares* de extraordinária capacidade e recursos de estações computadorizadas dotadas de grande reserva de memória e processadores velozes garantem viagens virtuais extraordinárias pelo corpo quase em tempo real. Com as imagens das cabeças ósseas dos corpos mumificados é possível reconstruir sua face sem nunca ter visto diretamente seu corpo (Prag & Neave, 1997).

As primeiras tomografias de múmias egípcias foram feitas em 1977, em Toronto, no Canadá. A primeira reconstrução tridimensional com imagens de uma múmia egípcia foi feita em 1986, por Peter Lewin, que estudou uma cabeça humana e um gato. Em 1990, uma múmia foi pela primeira vez tomografada dentro de seu caixão, sendo revelada sem que o caixão precisasse ser aberto.

No Brasil, as primeiras tentativas de radiografar as múmias da coleção do Museu Nacional foram feitas em 1960, pelo Dr. Roberval B de Menezes. Estas imagens, arquivadas no acervo da casa, dão uma idéia do conteúdo dos fardos, mas deixam ainda muitas perguntas sem resposta. É grande a necessidade de esclarecer a natureza deste acervo, as condições de conservação em que se encontra, confirmar a caracterização cultural destes testemunhos funerários sem precedentes na história humana e responder às demandas da comunidade científica internacional por esta que é a grande coleção egípcia da América Latina.

No presente projeto, além da autora, participam o Dr. Iugiro Roberto Kuroki, do serviço de tomografia computadorizada do CDPI, o Dr. Antonio Brancaglion Júnior, egiptólogo, e a Dra. Tania Andrade Lima, arqueóloga, ambos do Museu Nacional, o Dr. Jorge Lopes, do Instituto Nacional de Tecnologia, entre outros profissionais especializados. Todas as múmias do acervo do Museu Nacional, tanto humanas quanto animais, estao sendo tomografadas. Tal como feito por Lewin há alguns anos, iniciamos nossos estudos por uma cabeça humana e um gato mumificado. Hoje, dois corpos de adultos e uma criança pequena já estão completamente documentados totalizando mais de 5.000 imagens planas que vêm sendo analisadas diretamente e processadas para a obtenção de outras imagens em diferentes planos e reconstituições tridimensionais. Sua análise elucida, pouco a pouco, as estruturas e as condições em cada corpo. Outros fardos e partes de corpos mumificados ainda existentes no acervo deverão ser progressivamente documentados. Os primeiros resultados destas análises não-invasivas estão sendo agora preparados para publicação e vêm sendo comunicados em encontros especializados no Brasil e em outros países.

Resultados

A primeira peça tomografada no acervo do Museu Nacional foi uma cabeça humana (#176) que se encontra totalmente envolta em bandagens e sem identificação. Sem decorações ou registros hieroglíficos que ajudassem a definir sua identidade, esta cabeça permaneceu por longo tempo incógnita. Ao ser tomografada, revelou-se como uma cabeça de estrutura óssea jovem, com dentes completos e saudáveis, com ossatura de aspecto feminino. Sua preparação, mostrando peculiaridades compatíveis com as preparações dos corpos na época Romana, sugere sua data. Sua estrutura óssea, revelada pela tomografia em três dimensões, pode ser prototipada em náilon, estando hoje seu crânio disponível para estudos. Com base no crânio e nas imagens tomográficas, foi possível também reconstruir sua face, hoje conhecida como “A Bela de Tebas”. Embora seu nome ainda seja um mistério, sua face e outros aspectos da sua morte puderam ser revelados.

Outra peça em estudo foi o fardo alongado de um corpo pequeno, inicialmente identificado como o de uma criança (Kitchen, 1990), mas cuja análise das características externas, depois confirmada pelas imagens tomográficas, mostrou tratar-se na verdade de um felino de pequeno porte, um gato, cuja espécie está sendo determinada pela morfologia craniana. Este animal, embalsamado em posição típica, tem seu esqueleto completo, e a forma como foi morto, a julgar pelas imagens tomográficas, foi por fratura cervical.

O corpo de uma criança pequena (#170), com menos de um ano de idade, completamente envolvido em gaze endurecida pela aplicação de resina, foi outro dos corpos tomografados. Esta criança também mostra características de embalsamamento do período Romano. A falta de ossos da perna e a desorganização parcial do esqueleto é sugestiva de que o corpo não estivesse mais íntegro quando foi fechado em seu envoltório, Nenhum objeto acompanha este indivíduo. No entretanto, sua preparação cuidadosa com olhos artificiais semelhantes a conchas alongadas, com perneiras e outros materiais sugestivos de vestimenta, indicam o cuidado com que foi preparado, apesar de sua pouca idade.

O corpo de uma mulher adulta do período Romano (#158), é um dos mais raros exemplares do seu tipo. Outros sete equivalentes, retirados da mesma tumba, estão em grandes museus em Londres, Liverpool, Leiden e Avignon. São únicos no período por terem sido embalsamados com os membros separados do corpo e uma série de peculiaridades do seu bandageamento. O exame confirmou seu sexo, que já era sugerido pelas formas delineadas do corpo, e também a sua idade, inferior ao que se estimava anteriormente, entre 15 e 18 anos. Com bons dentes, crânio e rosto arredondado, ossos sem patologias, esse exemplar tem como peculiaridade inúmeras fraturas *post-morten* observadas em ambos os braços, escápulas e vértebras, À semelhança de seus equivalentes, parece que nesta jovem as fraturas podem ter sido parte da preparação de seu corpo. Apesar de não portar jóias ou amuletos, essa jovem teve a forma de seu corpo cuidadosamente reconstituída por uma sucessão de camadas de gaze e enchimentos que modelaram suas coxas, braços, quadris e seios, dando-lhe aspecto feminino e atraente, sob uma túnica decorada com cartonagens delicadamente pintadas em rosa, vermelho, branco e preto. Seu rosto está agora em processo de reconstituição.

Finalmente, o corpo de outra mulher, dentro do caixão de madeira original, que nunca foi aberto no Brasil, está também em estudo; após a obtenção de mais de 1500 imagens tomográficas, foi possível confirmar neste indivíduo o sexo feminino, o que corresponde ao nome e descrição escrita em hieróglifos sobre a tampa do esquife. Foi possível também confirmar sua idade superior a 35 anos e a integridade do seu corpo. Seus dentes, já desgastados pelo uso e quebrados ou cariados, puderam ser vistos, da mesma forma que seu crânio, com fechamento parcial das suturas, com linhas nucais muito pronunciadas, e sinais inequívocos da retirada do encéfalo pela narina esquerda. Com olhos artificiais esféricos e um penteado peculiar, essa mulher porta ainda o escaravelho sagrado do coração, e um pacote de amuletos junto às mãos posicionadas sobre as coxas. Muito pequena e delicada, essa mulher foi provavelmente, de fato, tal como indicam as inscrições hieroglíficas, a cantora do templo de Amon. Seu crânio já foi prototipado e a seguir deverá ser feita também a reconstrução de sua face.

As análises deste grande banco de imagens tomográficas exige interpretação minuciosa. A contração dos tecidos após a mumificação, as densidades de imagens peculiares a cada tipo de material empregado na preparação do corpo e as diferenças anatômicas resultantes do embalsamamento criam desafios analíticos. A técnica de reconstrução tridimensional, baseada em definição de superfícies, planos e densidades a serem selecionados a partir das imagens, coloca problemas relacionados ao escalonamento das imagens, à perda de informação relacionada à espessura dos cortes tomográficos, à construção de artefatos decorrentes da fusão virtual de imagens, entre outros. A prototipagem, ou construção em material plástico por fusão, polimerização ou escultura, dos componentes representados por imagens tridimensionais, por sua vez, multiplica distorções, apaga detalhes, e torna-se dificultada em superfícies muito recurvadas, e em áreas de pequena espessura como os ossos da face. Estes e outros problemas têm sido o desafio deste projeto no que se refere às técnicas e aportes metodológicos. Apesar disso, o trabalho progride cuidadosamente; à medida que a equipe ganha mais experiência e integra informações, vai aos poucos revelando o conteúdo das caixas de segredo egípcias.

Análises comparativas com os dados disponíveis na literatura, a experiência em egiptologia aliada à experiência em bioantropologia, o domínio das técnicas em seus diversos níveis, sejam tomográficas, sejam de processamento de imagens, sejam de prototipagem, contribuem para o conjunto dos resultados. De cada corpo mumificado emerge uma história. De cada múmia emergem protótipos e um pouco mais de conhecimentos sobre a arte de preparar os corpos após a morte. A ciência produz dados e alia-se à arte do escultor que traz de volta à vida antigas faces; a base estabelecida com a escultura é aperfeiçoada e animada em nova etapa de produção tridimensional de imagens. Aos poucos o acervo de múmias do Museu Nacional recupera vida a partir de estudos não-invasivos.

Conclusão

A aplicação de técnicas baseadas em aquisição e manejo de imagens tomográficas vem se revelando um ponto de partida e um procedimento muito valioso para o estudo das múmias egípcias. Uma enorme quantidade de dados já foi produzida sobre os cinco primeiros exemplares tomografados. Comparações com o material no estrangeiro, bem como a descrição detalhada de cada um destes corpos está em andamento, tanto no que se refere aos aspectos biológicos quanto culturais. A riqueza dos ritos fúnebres de mumificação vem assim sendo melhor conhecida a partir dos exemplares existentes no Brasil, alguns dos quais de grande raridade, como a múmia 178 e a múmia do esquife pintado, a "cantora de Amon".

O trabalho para conhecer as múmias egípcias da coleção do Museu Nacional vem se revelando também um trabalho interdisciplinar de fato. Integra o trabalho de diferentes domínios da técnica e da ciência, e inclui a arte na forma de desenho, escultura e reconstrução virtual em três dimensões.

A proposta de conhecer sem causar dano, preservando e assegurando voltar a estudar no futuro, pela não destruição do objeto, vem sendo alcançada neste projeto, que de resto ajuda também a produção de novos recursos museográficos e o acompanhamento das condições internas dos materiais examinados, essencial para curadores e conservadores responsáveis por este acervo.

BIBLIOGRAFIA

Davies, Rosalie & ARCHIBOLD, Rick. 2000. **Conversation with Mummies**. London: Madison Press. 191p.

DÉROBERT, Léon; REICHLEN, Henri & CAMPANA, Jean-Pierre. 1975. **Le Monde Étrange des Mommies.** Paris: Pygmalion. 159p.

FILER, Joyce. 1995. **Egypt Bookshelf. Disease.** Austin: University of Texas Press. 112p.

HARRIS, james E. & WEERS, Kent R. 1973. **X-Raying the Pharaohs.** New York: Charles Sanbner & Sons. 195p.

IKRAN, Salima & DODSON, Aidan. 1998. **The Mummy in Ancient Egypt.** London: Thames & Hudson. 352p.

Kitchen, Keneth A. 1990. **Cathalogue of the Egyptian Collection in the National Museum.** Wiltshire: Aris & Phillip Ltda.

PRAG, John & NEAVE, Richard. 1997. **Making Faces.** London: British Museum. 256p

PRINGLE, Heather. 2001. **The Mummy Congress.** London: Fourth State. 368p.

O MOMENTO FESTIVO E A ETERNIDADE: A PERPETUAÇÃO DA MEMÓRIA NOS MOSAICOS DE BANQUETE

Silvana Trombetta*

Os mosaicos de banquete retratavam cenas de convivência social e, concomitantemente, expressavam o poder e o prestígio dos proprietários das residências que adornavam. "No mundo antigo permanecer reclinado para comer e beber enquanto outros o servissem era um sinal de poder, privilégio e prestígio" (DUNBABIN, 2003, p.11). Os pavimentos, portanto, enfatizavam duplamente a questão do poder: o retrato do ato do banquete (que por si só já era uma ação dotada de prestígio) e o consciente registro desta atividade no pavimento enquanto um símbolo de poder que reafirmava as ações da elite.

Os mosaicos analisados neste texto são provenientes da província romana do Norte da África. Os diferentes tipos de banquete retratados estão em concordância com o intuito da elite norte-africana de colocar em relevo as diversas ações que compunham seu modo de vida: as *venationes*, o *epulum*, o prazer do ato de banquetear.

Segundo Dunbabin (2003), imagens do indivíduo bebendo isoladamente ou banqueteando-se em meio a vários convivas eram particularmente conhecidas no mundo antigo. Este motivo aparece em grande número de relevos gregos do final do período arcaico e foi regularmente utilizado na Ática em relevos votivos dos séculos V e IV dedicados aos heróis. Ele aparece em contextos funerários da Ásia Menor, principalmente em localidades nas quais o contato com os gregos foi freqüente. Durante o período helenístico e, posteriormente, no decorrer do Império Romano, houve acréscimos de figurações e a presença de valores relativos às tradições locais. O motivo principal (a presença do morto em atitude de banquete) é identificável, porém os elementos locais conferem à imagem um significado que não pode ser desassociado do contexto sociocultural.

O banquete funerário é representado num mosaico (século III/IV d.C.) proveniente da necrópole de Tina (BLANCHARD-LEMÉE, 1995, p.80). O mosaico é composto por dois painéis: um deles retrata um homem (*C. Jvlivs Serenvs* – falecido aos 61 anos, três meses e oito dias) e o outro sua mulher (*Nvmitoria Satvrnina* – falecida aos 48 anos), estendidos em seus leitos de repouso. Os cestos com rosas (no mundo dos vivos trazidos por escravos ou servos – tal qual no conhecido mosaico do *Dominus Julius*) são, no além-túmulo, oferecidos aos senhores por erotes. Nos dois

*Professora doutora em Arqueologia pelo MAE/USP.

painéis, uma figura com asas, provavelmente *psyché*, toca um instrumento musical, assim como os músicos faziam nos banquetes ofertados pela elite. A alusão ao ato de beber dos defuntos igualmente traz embutida um paralelismo com o ato em vida: no mosaico de Douga (fig.1), por exemplo, os escravos carregam ânforas nas quais as inscrições ligam o vinho à longevidade. São, pois, retratados no pavimento aspectos da vida cotidiana que "perduram" após a morte, tendo lugar no túmulo, *aeterna domus*.

Figura 1 – Mosaico de Douga (Tunísia). Pavimento da "Casa do Escanção" – final do século III d.C. (BLANCHARD-LEMÉE, 1995, p.76).

As cenas dos mosaicos possuem múltiplos significados, que se relacionam ao contexto e à intencionalidade da representação. Há figurações que podem representar tanto o morto banqueteando-se numa atitude semelhante à que fazia em vida quanto o desejo de que a vida farta se perpetue após a morte. No mosaico norte-africano de Tina, é nítido o propósito de figurar os indivíduos num ambiente pós-morte: a presença de *psyché* e de erotes retiram da cena um sentido "realista". Por fim, a próprio local onde o mosaico foi encontrado – necrópole ao norte de Tina – enfatiza o significado da boa vida após a morte que a cena revela.

Memória que relembra os banquetes ocorridos em vida ou coloca ênfase no anseio de uma não dissolução do modo habitual de viver no outro mundo: ambas idéias estão relacionadas ao prestígio do ato de banquetear. Na representação do mosaico é permitido "eternizar" os atos, é possível expressar o desejo de bem-estar no além e fazer os atos "reviverem" toda vez que o olhar daqueles que visitassem a necrópole se deparasse com as cenas dos painéis.

O desejo de perpetuação, porém, nem sempre se correlaciona ao além-túmulo. Existem mosaicos cujas cenas de banquete celebram a vida, a confraternização e revelam o intuito do proprietário de registrar suas realizações, petrificando-as nos pavimentos.

A ligação do ato de beber com a longevidade (que aparece no mosaico com cena de banquete funerário) surge, num outro contexto, no já citado mosaico de Douga (fig.1) pertencente a meados ou ao final do século III d.C. Neste pavimento, a consumação do vinho entrelaça-se com o desejo de prolongar a vida. No mosaico, escravos carregando grandes ânforas vertem o vinho para os convidados. Há a intenção de imortalizar a generosidade oferecida pelo proprietário da residência, bem como a memória do ato de beber. Atrás dos escravos encontram-se outros servos (o da direita segurando um cesto com rosas e o da esquerda um jarro e uma toalha) de modo a reforçar o caráter hospitaleiro em relação às figuras centrais que se servem do vinho oferecido. A inscrição em grego nas ânforas ZHCHC (longa vida) e PIE (beba) fazem claramente um convite aos participantes do banquete para que usufruam dos prazeres da bebida. Os cestos com rosas, que no mosaico do banquete funerário são trazidos por erotes, são, neste pavimento, carregados por servos de modo a afirmar atos correntes em vida que são dotados de prestígio e que serão, por isso, desejáveis no outro mundo (como foi visto no mosaico de Tina).

As dimensões maiores dadas às figuras dos escravos podem ser atribuídas a uma iconografia "na qual a figura dos servos no final da Antigüidade passa progressivamente a expressar luxo e hospitalidade" (DUNBABIN, 2003, p.151). Não obstante, há mosaicos africanos da Antigüidade Tardia nos quais as figuras dos servos aparecem em tamanho normal ou diminuto. É o caso do mosaico de Cartago, pertencente ao século IV d.C. (YACOUB, 1996, p.211) e do mosaico de El Jem (fig.2), que data do século III d.C.

Figura 2 – Mosaico de El Jem (Tunísia). Pavimento de uma residência particular – século III d.C. (BLANCHARD-LEMÉE, 1995, p.210).

No caso do mosaico de Cartago, uma explicação possível para a não diferenciação da dimensão das figuras seria a de que a cena de banquete enfatizaria uma comunhão entre iguais. No mosaico de El Jem, por sua vez, a dimensão menor dos servos pode estar relacionada à reafirmação da diferença entre servos e senhores. Outra possível explicação para o tamanho maior da figura dos servos no mosaico de Douga em comparação com os demais mosaicos africanos seria a de que eles "corporificariam" uma representação simbólica – a representação da longevidade. Não se estaria, portanto, tal qual nos demais mosaicos, representando simplesmente a figura do servo. O real (presença de serviçais que devem ser prestativos para com os convivas) se entrelaçaria ao simbolismo da longa vida. O enlace entre real e simbólico é presente em mosaicos com outras temáticas, tal qual a dos cavalos de corrida. De acordo com Fantar (1994), os animais (cavalos vitoriosos que por vezes possuem seus nomes inscritos nos painéis) e as facções às quais pertencem muitas vezes simbolizam as estações do ano: verde (primavera), vermelho (verão), azul (outono), branco (inverno). Um exemplo é o do mosaico da localidade de Douga (Tunísia), pertencente ao século IV d.C. (FANTAR, 1994, p.188).

O ato de verter o vinho, relacionado ao banquete e à hospitalidade, aparece igualmente no mosaico de El Alia, pertencente ao século II d.C. (YACOUB, 1996, p. 213). A imagem retrata a cena de um banquete ao ar livre. Em sua totalidade, o mosaico coloca em voga uma paisagem que une mar e terra, na qual dois indivíduos apoiados em rochedos são servidos por uma mulher. Ao lado, um servo derrama bebida numa taça. A imagem aparece dentre inúmeras outras de um painel composto por cenas de pescadores puxando redes, fazendas fortificadas, residências com pórticos, trabalhadores rurais. Os convivas e a bebida, em conjunto com as demais representações, colocam em relevo aspectos da vida em áreas próximas a rios ou mar. Cabe lembrar que, geograficamente, El Alia possuía pequenos golfos marítimos, o que enfatiza o aspecto realista: a representação das propriedades à beira-mar. No pavimento, o banquete é uma das cenas que, dentre as demais (pesca, cultivo agrícola), evoca o bem-estar de vida das elites em suas propriedades. Os indivíduos da cena do banquete são os únicos no painel que aparecem numa posição de repouso e momento de prazer, em visível contraste com figurações nas quais homens e mulheres são retratados em pleno trabalho. Por sua vez, o trabalho efetuado pelos indivíduos das camadas mais baixas da população, garante à elite o bem estar por ela usufruído em sua propriedade. A fartura propiciada pela terra une-se à fartura de um mar repleto de peixes.

A cena de banquete do mosaico de El Alia se diferencia das demais figurações presentes em pavimentos norte-africanos pelo caráter de informalidade que o conjunto denota. Em outros mosaicos, tais como os da localidade de Cartago e El Jem, o banquete possui um outro caráter, no qual ele se associa às atividades populares patrocinadas pela elite.

No citado mosaico da localidade de Cartago (século IV d.C.), todos os personagens estão dispostos de modo equivalente dentro de um grande painel de forma elíptica. Os indivíduos, os comes e bebes conjugam-se com imagens de dançarinos e músicos, integrando a composição de um grandioso banquete.

Esse pavimento, que adorna uma residência privada, possui a intencionalidade de representar o banquete ligado a uma atividade pública. Nesta cena, o que se observa pode ser "não uma generosa festividade particular, mas o registro de uma munificência pública" (DUNBABIN, 2003, p.90). A posição dos personagens – sentados e não reclinados – mais do que uma discutível mudança nos hábitos das camadas mais altas da população durante a Antigüidade Tardia pode significar a imagem de um *epulum* organizado "não para os decuriões ou a elite da cidade, mas talvez para o conjunto da população; uma forma mais simples, menos honorífica de refeição foi adequadamente adotada. O mosaico, sem paralelo dentre o grande número de mosaicos conhecidos na África neste período, utiliza todos os recursos do meio para restituir a atmosfera da ocasião: os bancos e mesas colocados talvez num espaço público como o fórum; a população vestida com suas melhores roupas; escravos que se movem com cuidado entre os convivas, músicos e dançarinos no centro. No meio disto tudo, os generosos anfitriões exultam devido à admiração de seus seguidores" (DUNBABIN, 2003, p.91).

Outra provável interpretação é a de que o mosaico retrata uma festa organizada para celebrar um evento. Ennaïfer (1995) lembra que, por sua forma oval, o mosaico assemelha-se ao interior de uma arena na qual os convidados tomam lugar e que o painel, por conter um número elevado de personagens numa cena de banquete (vinte e oito pessoas), incita a pensar em uma festa organizada pelos proprietários da casa para festejar com seus amigos um evento familiar: o exercício de uma nova função pública ou a vitória de sua facção eqüestre nas competições.

O fato de este pavimento ser um único exemplar com a imagem de um banquete com vários convivas torna complexa sua interpretação. É particularmente difícil encontrar mosaicos nos quais vestes e/ou atitudes dos personagens não marquem as diferenças de classes. O fato de não haver diferenciação nas vestimentas pode tanto caracterizar uma confraternização entre iguais quanto um desejo do proprietário de se fazer retratar entre seus clientes de modo mais "igualitário". Entretanto, seja num ou noutro aspecto, o proprietário, ao encomendar um pavimento que coloca em relevo sua "generosidade" no ato de ofertar um banquete a seus convidados, reitera a diferença social no intuito maior de registrar uma ação que é realizada não por quaisquer indivíduos, mas por membros de um determinado grupo social (elite).

O mosaico de El Jem (fig.2), no melhor estilo africano de realçar aspectos da vida real, retrata as corporações de *venatores* em pleno ato do banquete. A forma semicircular do local no qual se encontram os cinco participantes lembra o de uma arena, mas não há nela o espetáculo: ele cede lugar à representação dos responsáveis pela organização dos jogos. Cada indivíduo porta o símbolo de sua corporação e inscrições aparecem acima de suas cabeças. Da esquerda para a direita, o indivíduo com uma folha de hera representa a corporação dos *Tauriscus* (a inscrição diz: "dispamo-nos" – *(n) nvdi (f) iemos*); o homem com uma coroa de três pontas acrescida de um S representa a corporação dos *Sinematii* (com a inscrição: "nós viemos para beber" – *bibere venimos*); o terceiro com uma coroa de cinco pontas sobre a qual existe a imagem de um peixe representa os *Pentasii* e sua inscrição diz: "falemos bastante" (*ia (m) mvltv (m) loqvimini*); o quarto personagem com uma espiga representa os *Leontii* (com a inscrição: "divirtamo-nos"- *avocemvr*) e, por fim, a corporação dos *Telegenii* representada pelo homem com um crescente e cuja inscrição diz: "nós nos somos convenientes" (*nostres tenemvs*).

Os animais figurados na arena não estão em atitude combativa. Eles se encontram em estado oposto ao da vigília, expresso não só pela disposição dos touros na arena (agachados), mas também pela inscrição: "silêncio, touros dormindo" (*silentiv(m) dormiant tauri*). Embora à primeira vista o mosaico pareça realçar o aspecto da confraternização, na medida em que os vários representantes são figurados na parte superior do painel sem que nenhum dos personagens se diferencie dos demais, o exame do pavimento simultaneamente revela uma intenção diferente do realce de um ato ameno. A presença de quatro grandes espigas emoldurando o painel dá destaque à corporação dos *Leontii* e a inscrição na arena pode simbolizar o desejo de que a corporação dos *Tauriscus* seja derrotada. Slim (1995) endossa o valor mágico da inscrição, que seria destinada a provocar a derrota da equipe dos *Tauriscus*. Além do banquete, a conexão com o real proporcionada pelo pavimento evidencia a disputa entre as corporações.

Apesar deste mosaico se diferenciar do pavimento de Cartago, no qual o caráter de confraternização dominava o conjunto, sem o aparecimento do aspecto competitivo, o pavimento de El Jem é semelhante ao de Cartago na questão do público e do privado. As corporações de *venatores* são figuradas de modo a colocar em relevo sua importância na organização dos espetáculos públicos. Elas são representadas na parte superior do pavimento com os respectivos símbolos e compartilhando o vinho que lhes é servido. O registro das corporações no ambiente da arena e não num espaço privado acentua a importância dos eventos públicos pelos quais são responsáveis. Tal registro está em concordância com o gosto popular que as *venationes* alcançaram na província norte-africana onde, contrariamente às demais províncias do Império Romano, eram mais apreciadas do que as corridas de carro. Ao mesmo tempo, o pavimento, ao adornar uma residência particular, permite o reconhecimento pelos demais membros da elite e a afirmação no âmbito privado do poder que seu proprietário possuía na esfera pública. No mosaico de Cartago, de modo similar, o proprietário, ao registrar na esfera particular um evento público, realça seu papel enquanto um indivíduo poderoso que oferece um banquete à cidade e, simultaneamente, faz-se retratar no painel de modo a ter seu generoso ato reconhecido pelos integrantes da elite norte-africana que freqüentavam sua residência.

Os mosaicos com cenas de banquete são, portanto, guardiões da memória, testemunhos de um tempo passado no qual os agentes do mundo humano colocaram em relevo seus desejos, seu poder e prestígio, seu modo de vida. Se o intuito primeiro dos antigos era o de perpetuar seus atos para serem reconhecidos por seus semelhantes, paradoxalmente, e de modo complementar, o exame dos pavimentos nos dias atuais permite a apreensão de um estilo de vida não mais existente e a verificação de que a memória assinalada pela elite norte-africana não ficou restrita à sua época. A análise das cenas presentes nos pavimentos obrigatoriamente induz a um constante rememorar e nos aproxima do cotidiano vivenciado pela elite norte-africana durante o período de dominação romana. São lembranças de um mundo antigo eternizadas em mosaicos.

BIBLIOGRAFIA

ALEXANDER, Margareth; ENNAÏFER, Mongi (coord) – **Corpus des Mosaïques de Tunisie**. Tunísia: Institut National d'archeologie et d'arts, 1973-1987.

DUNBABIN, Katherine, M. D. **The roman banquet**.. Cambridge: Cambridge University Press, 2003.

DUNBABIN, Katherine, M. D. **Mosaics of the greek and roman world.** Cambridge: Cambridge University Press, 1999.

ENNAÏFER, M. Xenia et banquets *in*: BLANCHARD-LEMÉE, Michelè (org). **Sols de L´Afrique romaine**. Paris: Imprimerie Nationale, 1995.

FANTAR, M' hamed Hassine. **La mosaïque en Tunisie**. Paris: CNRS, 1994.

HUSKINSON, Janet (ed.). **Experience Rome – culture, identity and power in the roman empire**. Londres: Routledge, 2000.

LA REGINA, Adriano. **Sangue e arena**. Milão: Electa, 2001.

LING, Roger. **Ancient mosaic**. Londres: British Museum Press, 1998.

SLIM, Hédi. Les Spetacles *in* BLANCHARD-LEMÉE, Michelè (org). **Sols de L´Afrique romaine**. Paris: Imprimerie Nationale, 1995.

YACOUB, Mohamed. **Le musée du Bardo**. Tunísia: Agence Nationale du Patrimoine, 1996.

MEMÓRIA, DIVINDADE E PODER: A ICONOGRAFIA MONETÁRIA DE TYCHE-FORTUNA E A PRESENÇA ROMANA NA JUDÉIA/PALESTINA

Vagner Carvalheiro Porto*

A idéia de apresentar esta comunicação partiu das leituras, discussões e observações feitas pelo grupo de estudos organizado pela Profa. Dra. Maria Isabel D'Agostino Fleming no MAE/USP e tem por preocupação fundamental estudar o relacionamento de Roma com suas províncias pelo viés da cultura material. Tivemos como preocupação neste trabalho discutir a presença da deusa Tyche (a Fortuna dos romanos) na iconografia monetária da região da Judéia/Palestina. Assim, procuramos verificar quais as motivações dos imperadores romanos ao decidirem pela emissão em maior incidência desta entidade divina em detrimento, por exemplo, de divindades tão mais expoentes aos nossos olhos como é o caso de Júpiter, Apolo ou Atena. Por fim pretendemos entender que tipo de memória se desejou perpetuar ao escolher tal representação e as relações de poder daí evidenciadas.

As esferas do universo espiritual, cultural e político proveniente da influência do mar são claramente observáveis nos povos que viviam nas regiões litorâneas. Esses aspectos sutis da vida das pessoas podem ser percebidos através das representações do conceito e da imagem de Tyche-Fortuna, deusa da sorte e da possibilidade. Tyche personificou tanto a identidade de um indivíduo, porque era seu o poder protetor pessoal (Daimon no grego ou gênio no latim), quanto o consciente coletivo da comunidade como deusa protetora da cidade. Esta deusa foi interconectada com os mitos centrais de muitas cidades. Um exame de suas representações nas moedas emitidas nas cidades da Judéia/Palestina pode lançar luz sobre estágios obscuros da história de toda esta região.

Já na Grécia arcaica Tyche foi considerada como a filha do deus Oceano e governou a crença religiosa dos marinheiros que freqüentemente tinham que confiar nela. Tyche era, conseqüentemente, venerada também como a salvadora dos marinheiros dos perigos do mar, daí sua associação com destino e sorte. Os gregos acreditavam que cada pessoa e lugar tinham sua própria Tyche. Com o passar do tempo, transformou-se em uma divindade. Cada pólis tinha sua própria Tyche como uma protetora e uma guia divina. Eventualmente, a deusa da possibilidade e da sorte romana, Fortuna, que foi identificada com a Tyche grega, transformou-se também em uma deusa patrona

*Professor doutorando em Arqueologia pelo MAE/USP.

da cidade. Tyche-Fortuna era geralmente retratada na arte e na literatura com símbolos de defesa e de abundância, como a coroa em forma de torres que simbolizavam as fortificações da cidade, um leme, e cornucópias, símbolos esses que eram pretendidos para inspirar sentimentos da segurança, de bem-estar e de felicidade. Algumas vezes uma roda era apresentada junto a ela para enfatizar a instabilidade da sorte (RODAN, 1999, pp. 37-38). Nos países conquistados pelos gregos e pelos romanos, Tyche foi geralmente identificada com divindades locais, como Astarté, Tanit, Isis ou Cibele, e foi retratada ao lado dos protetores dos portos, navios e marinheiros, tais como Dioniso, Asclépio, Atena, Apolo e os Dióscoros. Em Jaffa e em Acco, foi associada com o mito de Andrômeda. Uma das versões do mito coloca Andrômeda como filha do rei de Jaffa, que teve de sacrificar a filha a um monstro marinho para expiar as ofensas de sua mãe e assim salvar a cidade. Este mito foi associado primeiramente com Jaffa no século IV a.C. por Pseudo-Scylax (PERETTI, 1988, pp. 89-90).

Durante o período persa, a religião fenício-cananita era dominante, influenciada pelas cidades de Tiro e Sidon que governaram a maioria das cidades costeiras. Depois da conquista grega, os deuses cananitas foram identificados com os deuses gregos e as Tychai associadas à Astarté fenício-cananita.

Elas eram freqüentemente representadas como Astarté, usando um vestido longo, em pé sobre a plataforma de um navio, acompanhada por emblemas marítimos da vitória. Eshmun, deus da medicina e divindade máxima do panteão sidoneano, foi identificado com Asclépio. Asclépio também foi adorado em Ascalon e aparece ao lado de Tyche na escultura da basílica da cidade datada do período romano.

As relações econômicas e culturais também existiram entre as cidades costeiras da Siro-Palestina e o Egito. Por longos períodos de tempo a influência egípcia prevaleceu nesta área. As Tychai de Cesaréia, Ascalon, Acco e Anthedon foram identificadas com Isis-Pelagia (Isis marítima) e mostrada com um navio, uma vela ou com seu filho, Harpócrates.

Como Astarté, Isis satisfazia todas as necessidades dos habitantes da costa incorporando as características da maternidade, da guerra, da defesa e de proteção aos marinheiros.

Os povos do mar que se estabeleceram nas cidades litorâneas da Judéia/Palestina no fim da idade de bronze também deixaram sua marca na cultura deste lugar. Na costa nordeste, eles eventualmente assimilaram a cultura dos fenício-cananitas, mas no sul eles estabeleceram cidades-estado poderosas, cuja expansão foi parada somente pelo rei David. Os povos de Gaza eram leais a sua herança cretense-filistéia mesmo nos períodos romano e bizantino e mostraram sua Tyche nas moedas ao lado do deus da cidade cretense, Marnas, ou com Io, a ninfa de Creta. As cidades costeiras foram caracterizadas como a vanguarda cultural por causa de seus laços estrangeiros, como no começo do primeiro milênio a.C., e a influência da cultura grega na religião era evidente mesmo antes da conquista grega (RODAN, 1999, p. 42).

Alexandre, o Grande e os governantes helenísticos que o sucederam procuraram empreender uma política de 'sincretismo' como meio para obter a lealdade das populações nativas. Transformaram as cidades em *póleis* e legitimaram a conquista e governo dos gregos. Mitos de fundação das cidades por deuses ou por heróis gregos foram inventados. A fundação das cidades litorâneas na Judéia/Palestina foi relacionada a Doros, a Héracles, a Dioniso e a Ascalos. O culto a Tyche como deusa patrona da cidade era um fenômeno grego e seu busto foi mostrado nas moedas do século III a.C. Ela foi identificada com Cibele e Nêmesis e acompanhada por Dioniso, por Deméter, pelos Dióscoros, por Atena, por Nike, por Io, por Asclépio, por Hígia e por Perseu. Em Raphia, foi mostrada como Leto, junto com Apolo e Ártemis, ou cuidando do bebê Dioniso. A conquista romana da região não diminuiu o domínio grego da língua e da cultura. Os romanos 'identificaram' seus deuses com os deuses gregos e no período romano muitas das cidades litorâneas se transformaram em centros importantes em todos os campos da arte, da ciência e da filosofia. As moedas produzidas na região, aliás, em todo o Médio Oriente, tinham suas inscrições em grego, a língua falada pelo povo do Império Romano do Oriente. Todavia, muitas vezes colocava-se nas moedas inscrição em grego no anverso e em hebraico no reverso (ou vice-versa). Tal atitude se insere na política de amizade pleiteada por alguns reis helenísticos e que, posteriormente, muitas vezes se estenderam a alguns imperadores romanos.

Um busto de Tyche, originado em Chipre, também apareceu nas moedas das cidades costeiras para marcar seu status autônomo. Tyche-Antioquia é uma imitação de uma estátua helenística famosa de Eutíquides e indica uma inclinação para a dinastia dos Selêucidas; foi encontrada somente no nordeste da cidade de Acco, o centro do governo Selêucida na região. A representação de Tyche-Fortuna simbolizava a aceitação do governo e da cultura romana e expressava a gratidão das cidades helenísticas costeiras pela libertação da 'tirania' dos Hasmoneus. Mesmo em moedas emitidas pelos judeus Tyche-Fortuna aparece. É o caso das emissões de Agripa II, como veremos mais à frente.

Dentro do contexto de uma perpetuação da memória, os desenvolvimentos políticos, sociais e econômicos durante os períodos helenístico e romano aumentaram o significado da deusa da sorte que ficou reconhecida como uma força superior que governava a vida dos seres humanos.

Ao mesmo tempo, seu culto como deusa patrona expandiu também com o auxílio das instituições da pólis, incentivado pelas autoridades que viram a cultura greco-romana como um meio para unir os povos subjugados de várias origens, cultos e religiões em uma estrutura uniforme. A pólis também se transformou em uma eficiente ferramenta administrativa e muitas *póleis* novas foram fundadas em todos os estados helenísticos e durante o império romano. Elio Aristides, em seu *Elogio de Roma* (§ 92 ss.) escrito por volta de 150 d.C. vê a diferença principal do Império Persa para o Império Romano pelo grande número de *póleis* nas costas e no interior deste último. No início do século II, seu colega Dião Crisóstomo conta que entre as atividades fundamentais de um soberano romano, uma era fundar *póleis* (DIÃO CRISÓSTOMO, *Oratio*, III, 127, *Appud* KOLB, 1992, p. 170). A conquista da bacia Oriental do Mar Mediterrâneo levou os romanos a terras que, em sua maioria, eram repletas de uma densa rede de *póleis*. A época helenística havia preparado, por assim dizer, o terreno para o nível inferior de administração provincial preferido dos romanos.

Segundo F. Kolb, a República romana não dispunha de uma burocracia como instrumento de administração do Império; tampouco na época imperial, apesar de uma formação paulatina de uma administração burocrática, chegou a ser o Império Romano um estado administrado de forma centralista; nem sequer na Antiguidade tardia, a que se tende a atribuir esta situação (KOLB, 1992, p.172). A hierarquia administrativa centralizada nunca ia além dos governantes provinciais. O governador possuía direitos quase ilimitados de governo sobre a província, mas seu exercício se esgotava geralmente nas funções de controle (exceto nas funções judiciais superiores). De acordo com Anderson, no caso da Palestina, Herodes, substituindo os modelos ptolomaicos, parece ter centralizado seu poder e administração com *toparquias* divididas em aldeamentos e chefiadas por uma aldeia escolhida pelo rei (ANDERSON, 1995, p. 450).

As funções de administração própria estritamente políticas e sociais foram incumbidas às unidades provinciais. Assim, a "federação" continha uma cláusula restritiva a favor de Roma, e, além disso, se mantinha ou se suprimia segundo a vontade dos romanos, pelo que não se podia falar propriamente de autonomia política (KOLB, 1992, p. 170 e YEGÜL, 2000, p.135).

Neste sentido, a elite administrativa (local) possibilitou que o culto dos reis helenísticos e dos imperadores romanos incorporassem o culto da deusa da cidade, a fim aumentar a lealdade dos seus povos subjugados.

Simona Rodan nos lembra que todas as poucas fontes históricas a respeito do culto de Tyche-Fortuna indicam toda a sua proeminência; Eusébio descreve as celebrações do aniversário de Tyche em Cesaréia Marítima e Marcus Diaconos menciona seu templo em Gaza. Os achados arqueológicos concernentes a Tyche são abundantes e variados e demonstram que esta deusa prevalecia na região da Judéia/Palestina. Sua imagem aparece em todas as esferas da arte (em estilos variados), em pertences pessoais, assim como em monumentos públicos: de estatuetas, amuletos, selos, jóias e túmulos às moedas imperiais e urbanas, estátuas grandes e arquitetura em geral (RODAN, 1999, p. 41).

Nas cidades costeiras da Palestina o mar foi predominante nas imagens das Tychai, em contraste às cidades do interior, onde a deusa era representada sem nenhum atributo relativo a este ambiente. A variedade de elementos marinhos, tais como a concha (murex), tritão, deus do porto, a âncora, o navio, a proa do navio, o leme, o aphlaston (ou acrostolium, instrumento usado para medir a força e direção do vento que era colocado na popa do navio), a popa e a vela do navio, foi utilizada na iconografia para demonstrar o mar como a fonte principal da subsistência, do bem-estar e da grandeza econômica e política das cidades litorâneas.

É interessante notar que em cidades como Acco-Ptolemais, Dora, Cesaréia Marítima, Jaffa, Ascalon (fig. 1) e Anthedon, que se localizam na costa, em torno do porto-núcleo, e de onde o mar é sempre visível, Tyche é representada como uma deusa marinha.

Figura 1 – Ascalon sob Domiciano. Data: 81-96 d.C. Metal: bronze. Anverso: Busto laureado de Domiciano. Inscrição grega: CEBACTOC. Reverso: Tyche com coroa em forma de torres em pé sobre proa de navio. Na mão direita, estandarte; na mão esquerda, aphlaston. Altar no campo esquerdo. No campo direito, pomba. Inscrição grega: ACKAΛWN.

Em Gaza e em Raphia, contudo, as quais eram separadas de seus portos e se encontravam um tanto para o interior (embora ainda fossem consideradas cidades marítimas), nenhum símbolo marítimo foi anotado. Em Tiberíades, Gadara e em Hippos-Susita – cidades perto do mar da Galiléia – este fenômeno se repete. Destas três cidades, somente Tiberíades fica à beira-mar e somente as moedas de Tiberíades mostram símbolos marinhos junto com a deusa patrona da cidade. Apesar de sua proximidade geográfica, caráter marítimo similar e cultura greco-romana, as cidades diferiam uma das outras, como a composição étnica, as religiões e o status político de seus habitantes. Cada cidade manteve suas próprias tradições e esforçou-se para enfatizar sua singularidade.

Observando as moedas em que aparece a representação da deusa Tyche-Fortuna nas cidades acima mencionadas, percebemos que os atributos desta divindade são representados de acordo com os locais em que foram produzidas. Assim, nas moedas das cidades ligadas à esfera marítima, a deusa aparece com seus atributos marítimos, ao passo que quanto mais nos afastamos do litoral e rumamos para o interior da Judéia/Palestina percebemos que as moedas apresentam Tyche com atributos que a associam à esfera do campo, à fecundidade do solo e em algumas cidades com atributos de guerra. As moedas são produzidas por uma autoridade emissora oficial; desta forma podemos inferir que há uma intencionalidade direta na escolha da deusa Tyche-Fortuna para ser representada nas moedas, assim como com estes ou aqueles atributos. Dentro deste contexto, Christine Perez nos informa que toda a dinâmica das emissões monetárias nas cidades provinciais romanas estão inseridas dentro de um contexto de propaganda política dos imperadores que são glorificados, que têm suas vitórias imortalizadas, e que dentro deste conjunto de mundo conhecido e habitado visam finalmente impor às populações vencidas a idéia da universalidade do Império Romano, de fazer esta propaganda funcionar como um dogma oficial. Desta maneira, por exemplo, os símbolos marítimos que entram na composição dos troféus das vitórias obtidas uma após outra atestam com vigor o valor cósmico do poder vitorioso de Roma (PEREZ, 1986, pp. 40-47).

O tipo de Tyche-Amazona, representada armada como um soldado romano, foi criado como uma resposta direta à Primeira Revolta e expressa a tentativa de forçar uma 'Romanização' sobre os judeus que contestavam a assimilação cultural e um esforço para manter uma política independente. Tyche aparece somente nas cidades judaicas ao longo da costa: em Cesaréia, onde os judeus reivindicaram superioridade porque foi fundada por Herodes; em Jaffa, que permaneceu por longos períodos nas mãos dos judeus e se transformou no centro de rebelião contra os romanos durante a primeira e a segunda revolta; e em Anthedon, fundada por Herodes, onde Tyche apareceu durante o período Severiano. Nas cidades judaicas do interior, tais como Tiberíades e Séforis, parece que o tipo de Amazona surge principalmente durante ou depois das revoltas. Enquanto nas cidades helenísticas, do interior e no Transjordão, seus símbolos militares e políticos desapareceram e Tyche muda de deusa da guerra para a deusa da fertilidade, Tyche-Amazona é absolutamente ausente das cidades costeiras não-judaicas. Leais sustentadoras do governo romano, algumas cidades aliaram-se a Roma e superaram com sucesso os judeus que se esforçavam por obter maior domínio territorial na região; assim, essas cidades obtiveram maiores favorecimentos do governo romano, como a elevação do status da cidade à Colônia, certas isenções de taxas e mesmo o privilégio de cunhar moedas.

A propósito da discussão sobre a presença de Tyche nas cidades do interior e suas diferentes características das cidades litorâneas, uma interessante contribuição de Yakov Meshorer se faz presente. Este autor nos diz que a figura que aparece nas moedas da cidade de Baneas (fig. 2) é algo peculiar, pois, além de não estar relacionada com os símbolos marítimos das cidades costeiras, também se distingue por ter sido emitida por uma autoridade judaica, Agripa II, filho de Agripa I, bisneto de Herodes. Tyche está vestida com um longo Quíton e usa uma coroa de um tipo incerto – em muitos casos ela está sem coroa. Algumas vezes a coroa parece ter a forma de um modius, a cesta de grãos característica de Demeter, deusa da fertilidade do solo, e algumas vezes ela parece ter o formato de uma coroa em forma de torre, característica de Tyche, a deusa urbana da fortuna. A figura segura uma cornucópia em sua mão esquerda, o chifre que é característico de ambas: Tyche e Deméter. Em sua mão direita, que está estendida, ela segura um feixe de trigo – novamente um atributo de Demeter.

Figura 2 – Banias sob Agripa II. Data: 67-100 d.C. Metal: Bronze. Anverso: Busto laureado de Vespasiano. Em inscrição: AYTOKPA OYECΠACI KAICAPI CEBACTΩ. Reverso: Tyche-Deméter em pé segurando ramos de trigo e cornucópia. Em: Inscrição: ET ΔIBA / AΓPIΠΠA (ano 14 - 74/5 d.C.)

É difícil definir esta figura, mas parece tratar-se da deusa Tyche, com os atributos de Demeter, quem aparentemente simboliza a cidade na qual as moedas foram produzidas – Baneas. Normalmente a cidade de Baneas é simbolizada por uma mão segurando grãos de trigo.

Ao primeiro sinal, o aparecimento de uma deusa greco-romana sobre uma moeda judaica é surpreendente, mas ela não é uma das divindades chefes do panteão greco-romano, que eram consideradas uma abominação entre os judeus ortodoxos. Os judeus adotaram uma atitude tolerante para um número de figuras do mundo externo a eles, porque elas eram consideradas como símbolos de atributos ou conceitos abstratos. Assim, Tyche, a deusa de uma fortuna da cidade, aqui simboliza a prosperidade econômica com atributos da fertilidade em suas mãos. Em Mishna, *Avodah Ararh*, estão códigos de conduta sobre prudências que distinguem entre imagens proibidas e aquelas que não são proibidas (MESHORER, 2001, pp. 102-108).

Esta emissão de Banias foi produzida em nome do recém imperador Vespasiano, e nela aparece Fortuna, a deusa romana da sorte, do destino, em pé, à esquerda. Fortuna era uma figura muito popular, a personificação da boa sorte, e é freqüentemente caracterizada nas moedas de todo Império Romano. Seu aparecimento singular sobre as moedas do "ano 27" da fundação de Baneas, particularmente sobre as moedas de maior valor, sugere que ela foi produzida em conexão com um importante evento em que sua estátua foi erigida e dedicada – na cidade de Baneas, de acordo com todas as evidências. Esta estátua aparece depois sobre as moedas da cidade de Baneas que foram produzidas pelo Imperador romano Heliogábalo entre os anos de 196-221 d.C. Entende-se que a construção desta estátua neste evento simboliza – metaforicamente – toda fertilidade do domínio de Agripa sobre esta cidade.

É difícil saber se os conceitos do mundo romano, os quais eram ricos em várias formas e personificações, já tinham começado a penetrar na região da Judéia/Palestina, mais especificamente entre o povo judeu. Contudo, não há dúvida de que Agripa II despendeu muitos anos de sua vida em Roma, estava bem informado disto e bem instruído sobre esta forma de expressão. De todo modo não acredito que esse fato isoladamente explique o aparente paganismo de suas moedas.

Neste breve trabalho, procuramos tocar em alguns temas importantes do mundo antigo, mais propriamente sobre Roma e suas províncias. Apontamos caminhos para algumas reflexões e acreditamos que a análise iconográfica da moeda, em nosso caso específico a presença da deusa Tyche-Fortuna nas moedas produzidas nas cidades da Judéia/Palestina, nos possibilitaram observar os traços de continuidades e descontinuidades que existiram entre o Império romano e suas províncias; que o conceito de romanização deve ser entendido como um caminho de mão dupla e não uma aceitação irreflexiva de uma imposição cultural dos romanos (ainda mais no caso da Judéia, onde a esfera religiosa conferiu um caráter peculiar à relação de Roma com esta região em especial), e, por fim, que podemos ter um certo padrão para estudar as cidades palestinas dos períodos helenístico e romano, mas que respeitar as sutilezas e singularidades de cada cidade possa ser o caminho para conhecermos melhor a vida e a cultura daqueles povos.

BIBLIOGRAFIA

ANDERSON, J. D. *The impact of Rome on the periphery: the case of Palestina – Roman period* (63a.C. - 324 d.C.). In: **The archaeology of society in the Holy Land**. Nova York: Facts on File, 1995, pp. 446-469.

DUMÉZIL, G. **Servius et la Fortune essai sur la fonction sociale de louange et de blâme et sur les éléments indoeuropéens du cens romain.** Paris: Gallimard, 1943.

FLAVIO JOSEFO. **Obras completas.** Buenos Aires: Acervo Cultural, 1961.

GARDNER, J. F. **Mythes Romains.** Paris: Seuil, 1995.

KIPPENBERG, H. G. **Religião e formação de classes na antiga Judéia.** São Paulo: Paulus, 1988.

KOLB, F. **La ciudad en la Antigüedad.** Madrid: Gredos, 1992.

LACROIX, L. **Études d'archéologie numismatique**. Lion. Publicações da Biblioteca Salomon Reiach, Diffusion de Boccard, 1974.

MATTINGLY, D. J. Dialogues of power and experience in the Roman Empire. In: Dialogues in Roman Imperialism: power, discourse, and discrepant experience in the Roman Empire. **JRA**, n. 23, pp. 7-26, 1997.

MESHORER, Y. **A treasury of Jewish Coins.** Jerusalém: Yad Ben-Zvi Press, 2001.

MESHORER, Y. **City-Coins of Eretz-Israel and the Decapolis in the Roman Period**. Jerusalém: Israel Museum, 1985.

MILLAR, F. **El imperio romano y sus pueblos limitrofes : el mundo mediterraneo en la edad antigua**. Cidade do México: Siglo Veintiuno, 1988.

MILLAR, F. **The Roman Near East 31 BC – AD 337**. Cambridge: Harvard University Press, 2001.

MOMIGLIANO, A. **Os limites da Helenização.** Rio de Janeiro: Jorge Zahar Editor, 1990.

PERETTI, A. Dati storici e distanze marine nel Periplo di Scilace. **Studi Classici e Orientali**, Roma, n. 38, pp. 13-137, 1988.

PÉREZ, C. Monnaie du pouvoir. Pouvoir de la monnaie. Une pratique discursive originale: le discours figuratif monétaire (1er s. av. J.-C - 14 ap. J.-C.), **Annales Littéraires de l'Université de Besançon.** Paris, v. 71, p. 529, 1986.

RODAN, S. Marine Tyche-Fortuna: the goddess of the city, luck and chance in the coastal cities of Eretz-Israel. CMS NEWS - University of Haifa Center for maritime studies. **Haifa,** n. 26, pp. 36-46, Dezembro, 1999.

ROSENBERGER, M. **City coins of Palestine.** (The Rosenberger Israel Collection.) 3 vols. Jerusalém, 1972, 1975, 1977.

WHITTAKER, C. R. Imperialism and culture: the Roman initiative. *In*: **JRA**, n. 23, pp. 143-163, 1997.

YEGÜL, F. K. Memory, metaphor, and meaning in the cities of Asia Minor. *In*: **Romanization and the city**. Rhode Island: Portsmout, 2000, pp. 133-153.

F E S T A S

OS JOGOS E AS INSTITUIÇÕES SOCIAIS EM SOCIEDADES ARCAICAS E PRIMITIVAS

Amós Coelho da Silva*

O termo grego *'agón'* se prende a *'ago' – levar diante de si, tanger (referindo-se ao gado ou aos prisioneiros capturados na guerra* *cf.Il.* 5, 484: *'ágein kaì phérein'*, pilhar, passou, porém, ao significado de dirigir-se para, reunir-se em assembléia, cf. podemos constatar na *Il.* 7, 298. Portanto, o elemento *'agón'* designa o resultado de reunir, *'ágein'*, e daí *assembléia dos deuses*. Pierre Chantraine ratifica que o sentido mais freqüente em Homero é o de assembléia para jogos e, por extensão, combate. Este termo, tão presente nas instituições sociais da vida dos gregos, equivale aos esforços de outras nações do mundo, quando suas reuniões se transformam em características lúdicas e dão surgimento a instituições sociais. Também as sociedades primitivas valorizam tais reuniões. A forma vernácula *agonia, luta, exercício* entrou no português pelo latim eclesiástico, referindo-se aos momentos finais de Cristo (S. Lucas 22, 43).

No capítulo *Lugar dos Gregos na Educação* (JAEGER, 1995, p. 3 em diante), ressalta-se a condição do Homem em contraste com os animais, os quais só se aproximam do ser humano tão-somente nas suas funções biológicas de sobrevivência através da procriação. E é sob formas de brincadeiras que os animais aprendem recursos de sobrevivência. Para o Homem, jogos e brincadeiras tornaram-se ricos e evoluíram para os grandes jogos públicos; transformaram-se de ritos sociais em instituições, emblemáticos da unidade de grupo social.

Numa época como a nossa, em que impera a violência, pode parecer mero idealismo afirmar que a educação, a exemplo da *paidéia* dos helenos, é apanágio do Homem, e o inclui no seio da comunidade. A História fixou *'zôon politikón'* de Aristóteles, e Sêneca traduziu esta expressão em latim *in De beneficiis*, 7, 1, 7 e *De Clementia*, 1, 3, 2, como *sociale animal*, *o homem é um animal social*, o que fundamenta a moderna sociologia, desde as suas bases em Augusto Comte.

E ainda devemos ler um pouco mais Werner Jaeger, neste mesmo capítulo, quando ele esgota e retorna, como um repuxo, a procurar um projeto do que seria *a genuína paidéia grega*. No empenho helênico nao há o individualismo, notável na época helenística, mas no helenismo é que temos o *humanismo*, descartada a significação de uma ação humanitária aqui, mas incluindo a do

*Professor doutor do Instituto de Letras da UERJ.
amosc@oi.com.br

étimo latino, presente em Varrão e Cícero, *humanitas*, um indivíduo amoldado à norma comunitária; assim, *pólis*, para os gregos, seria um conjunto coletivo de interesses espirituais que congrega o indivíduo. Por isso, a *paidéia, a formação do homem grego*, é *mais importante ainda para a formação do espírito do que para a aquisição das aptidões corporais no 'agón'* (JAEGER,1995, p. 18).

Do verbo *'ageíro'*, reunir, temos a cognata, pela prosódia latina, *'ágora'*, praça; todos os termos estão relacionados com *'ágo'* (equivalente ao latino *ago*, impelir), que, por sua vez, como já se viu, é matriz de *'agón'*. A praça, nos dias atuais, ao contrário do tempo antigo, não é um lugar agradável para reuniões, porque se tornou uma *agorafobia*, como se registra em termos psicanalíticos; entre os antigos, não só era motivo de apreciação de monumentos, como também de encontros de toda a sorte, assembléias para votações, para atos religiosos e jurídicos... Dessa forma compreende-se por que Sólon escolheu a praça pública para apresentar suas elegias, cujo conteúdo é a legislação helênica. Jules Humbert e Henri Berguin definem o perfil poético de Sólon como de moral arcaica ou tradicional, mas um mensageiro de novos tempos. Ele contribuiu muito na construção da democracia grega. Por isso, no mundo romano, *forum*, do latim, se tornou sinônimo de sede de justiça. A isso tudo, podemos acrescentar o adjetivo derivado de *'agorá'*, a expressão *'agoraîos'*: preservando aspectos religiosos, é um epíteto dos deuses, *qui protégent les assemblées du peuple, mais aussi les marchés – que protegem as assembléias do povo, mas também os mercados* (CHANTRAINE, 1999').

Enfim, *'agón'* significa assembléia, reunião (para jogos, festas, atos religiosos...), mas, como incluía o elemento competição, passará mais tarde ao sentido de combate; daí, no teatro, pro**tagon**ista: prot-, primeiro; agon-, luta; sufixo -ista, aquele que entra em emulação contra os deuses.

O lendário Téspis, certa vez, destacou um membro do coro e representou um poema em forma de diálogo coral; assim, criou o prot**agon**ista, o primeiro combatente, aquele que se volta contra os deuses, e fixou o diálogo trágico.

Com danças em torno do altar de Dioniso, nos momentos de êxtase (*ékstasis*) e entusiasmo (*enthusiasmós*), o vinho, criado pelo próprio deus Dioniso, era bebido, enquanto se entoava o ditirambo, hino em honra desta divindade. Separemos os elementos de sua composição: di-: dois, triambos, o segundo triunfo de Dioniso, cujo conteúdo são as aventuras dele mesmo; donde, surge a tragédia.

Essas assembléias se desenvolveram em danças nas procissões mascaradas, com ocorrência sempre no final de estação de cada ano, no momento propício ao cultivo, semeadura e colheita agrícola. Elas evocam os eventos das origens e a organização do mundo. Deslocavam-se pelas ruas assembléias, denominadas *kômos,* cantos alegres em honra de Dioniso, deus do vinho. Evoluíram dessas manifestações festas, atos religiosos, etc.; assim, se definiu a comédia, que, no estilo de Comédia Antiga, contém na sua formação o elemento *kômos,* e ainda uma parte denominada *'agón'* no processo da representação cênica, com o significado de debate.

O ator de teatro utilizará uma máscara (em latim, *persona* é a contaminação semântica do grego *prósopon* e *phersu* do etrusco, representando o deus da orgia, outrora cerimônia consagrada à deusa Deméter) para expressar a sua emoção alegre ou triste em traços e pinturas alegóricas. A máscara era um remoto elo entre forças sobrenaturais e o sacerdote. É um símbolo de identificação. O teatro grego dispunha de um grande repertório de máscaras, tanto na tragédia quanto na comédia.

A novidade é que os gregos criaram um *estilo dramático,* o elemento drama denotando ação. Só mais tarde, no Romantismo, principalmente com Victor Hugo, em *Cromwell*, é que drama passa a ser uma peça diferente da comédia e da tragédia. No mundo clássico, drama se divide em tragédia *('trágos'*, bode, *'oidé'*, canto, sufixo *'ia'*), comédia (*'kômos'*, grupo de seguidores de Baco,*'oidé'*, canto, sufixo 'ia') e drama satírico.

O elemento bode (em **trag**édia) tem as mais variadas explicações: uma das possíveis metamorfoses de Dioniso para escapar dos seus perseguidores; um sacrifício ritual do bode sagrado, o ***pharmakós*** (aquele que é imolado pelas faltas de outrem), para a purificação da ***pólis***; reminiscência dos antigos protetores, os sátiros, que são "homens-bode"...

Um outro ***kômos,*** que, do mesmo modo, surgia na época da uva, eram as ***falofórias,*** origem do sentido irreverente da comédia. Enfim, pode-se observar também que o elemento lingüístico *'kômos'* está em **com**édia. Os integrantes das falofórias eram mascarados, muitas vezes em animais, donde os nomes alegóricos dos coros de Aristófanes, e escoltavam um falo, símbolo da fertilização dos campos e lares. A freqüência dessa festividade era mais incidente nos burgos da Ática, ou seja, como os próprios helenos diziam, demos(-dem(o), povo, elemento de composição; em português, por ex.: democracia, epidemia...). O teatro é popular, ou seja, dionisíaco.

E era a partir deste espírito agônico, simbólico do renascimento da hospitalidade, que, numa sociedade arcaica (este conceito se aplica também às sociedades primitivas), como a dos helenos, se fixavam reuniões periódicas com libações aos deuses e confraternização entre os cidadãos, com viagens empreendidas dos mais longínquos pontos geográficos da Grécia. A ponto de, em tempos de hostilidades bélicas, aquele que viajasse para o principal centro de festival – no caso da Grécia era Olímpia – portava uma carta de armistício, uma espécie de "habeas corpus" que o tornava intocável.

Havia, além de Olímpia, outros festivais helênicos, em outros lugares da Grécia: o Pítico, em Delfos, cidade nas faldas do monte Parnaso; o Ístmico, em Corinto; a Panatenéia, em Atenas; e o Nemeu, em Neméia, região da Argólida. Eis uma síntese:

Jogos de competição:

Duração **de 4 dias**:

1 – Ístmicos: em Corinto, em honra a Posídon;

2 – Nemeus: na cidade de Neméia, Argólida, dedicados a Zeus, 2 anos após os Ístmicos;

3 – Píticos: no monte Parnaso, Delfos; em honra a Apolo.

Duração **de 7 dias**:

1 - Olimpíadas. Cidade de Olímpia, início em 776 a. C. Honra a Zeus.

2 - Grandes Panatenéias: Atenas; honra a Atená; competição hípica, concurso musical e de rapsodos.

A primeira competição de Olímpia foi uma corrida com cerca de 192 metros, dimensão do seu estádio. Mais tarde, surgiram o pentatlo – cinco modalidades de competição: salto, lançamento de dardo, inclusão da corrida de 192 metros, lançamento de disco e uma luta, "pále' -, as corridas hípicas no Hipódromo e o pancrácio, força total. Tais festivais, consagrados aos deuses e, em Olímpia, inaugurados com solene juramento de lealdade na competição diante de Zeus, foram exaltados pela poesia de Píndaro, entoando na lira Odes Triunfais, a respeito do *'kalón'*, do belo, e do *'agathón'*, do bom, que se pode traduzir em latim por *mens sana in corpore sano*, já que esta expressão de Juvenal exprime um traço estóico. Note-se, porém, que o Poeta recomendava, com insistência, a moderação, pois só os atletas inspirados pela luz divina é que alcançariam a glória: eram atletas insuperáveis, mas mortais. Desse modo, os olhares humanos não deveriam cobiçar a imortalidade, pois "não se deve pedir aos deuses senão o que convém / a corações mortais", como traduz Junito Brandão a Ode Olímpica XIII, 47. Tudo isso significa a nossa condição frágil, mas alimentada pelo par de olhinhos verdes, restantes na caixinha de Pandora. A mensagem do lirismo coral de Píndaro, o cantor de glórias nos jogos, inclusive os triunfos da cidade de Olímpia, exacerba que a vitória humana depende da vontade divina, como nas odes do próprio Poeta.

Pítica I, traduzida pela Profa. Guida Horta:
Dos deuses provêm os recursos
Para as virtudes humanas;
Eles nos dão o talento,
A força dos braços e a eloqüência.

Em latim *homo* vem de *humus, barro, argila,* o atleta deve ser *humilde, cognata de humus:*

Pítica III: (trad. Prof. Junito Brandão)
Somente a divindade outorga sucessos:
Ora eleva este ao céu, ora sua mão rebaixa aquele.
Saibas encontrar o teu caminho, observando a moderação.

Olímpica XIII: (trad. Prof. Junito Brandão)
Não se deve pedir aos deuses senão o que convém
a corações mortais. É mister ter olhar fixo
nos próprios pés, para nunca esquecer sua condição.

Não aspires, minha alma, a uma vida imortal;
pelo contrário: exaure o campo do possível.
Todas as coisas têm uma medida.

(VIII Ode Pítica, tradução do Prof. Junito Brandão)
Seres efêmeros! Que é cada um de nós?
O que não é cada um de nós?
O homem é o sonho de uma sombra!
Mas, quando os deuses pousam
Sobre ele um raio de sua luz,
Então vivo fulgor o envolve
E adoça-lhe a existência!

Píndaro nos legou um herói de dimensão coletiva. Este herói, no entanto, não está leve, flutuando na glória de suas conquistas vitoriosas, mas dimensionado pela luz dos deuses olímpicos, sem os quais é apenas o sonho de uma sombra, como na *Ode Pítica*, *O homem é o sonho de uma sombra!* Horácio traduziu esse pensamento com a expressão *Pulvis et umbra sumus,[Somos pó e sombra]* (*Odes* IV, 7, 16). É esse o legado que Aristófanes (445 a 388 a. C.) contemplou no dramaturgo Ésquilo (525 a 456 a.C.). Para uma compreensão do pensamento de Aristófanes, que, principalmente em *As Rãs*, critica os trágicos clássicos Sófocles (este, porque minimizou a interferência divina na *pólis* com a presença do oráculo Tirésias) e Eurípides, mas concorda com os propósitos de Ésquilo, o mais religioso dos trágicos, que encena, não na orquestra dionisíaca, mas num cenário apolíneo e religioso, confrontando o Hades e o Olimpo, numa verdadeira evolução cosmogônica: *em Ésquilo o teatro é uma teomorfização...* (BRANDÃO, 1984, p. 57). Apresentamos acima algumas passagens de seus poemas, que são mensagens de moderação e reconhecimento da precária condição existencial do homem. O poeta de Tebas não oculta o seu conhecimento sobre si mesmo: *a musa alimenta em mim talento poderoso* (MAGNE, 1946, p.72).

A tragédia, abordando essa condição humana, é oriunda da religiosidade de Píndaro. Principalmente, Ésquilo, o mais religioso dos trágicos.

Horácio, no século I a.C., menciona cinco séculos depois a imortalidade de Píndaro:

Pindarum quisquis studet aemulari,
Iulle, ceratis ope Daedalea
Nititur pennis, uitreo daturus
Nomina ponto.
Monte decurrens uelut amnis, imbres
Quem super notas aluere ripas,
Feruet immensusque ruit profundo
Pindarus ore.
"Aquele que pretende competir com Píndaro,
Se apóia em penas unidas com cera de Dédalo,
Ö Iulo, há de dar seu nome ao vítreo oceano.
Rio solto da serra, a quem as chuvas
Fizeram transbordar do leito habitual,
Como tal ferve e de profunda boca
*Rui Píndaro!"(*Od. IV, 2,1-8)

Os Jogos Olímpicos ficaram suspensos 1502 anos; a partir de 1896, ressurgiram do idealismo do Barão Pierre de Coubertin, acendendo a tocha olímpica. Ainda bem que continuam a existir no mundo os visionários, alimentados pelos olhinhos verdes dentro da caixinha de Pandora. Pois o que seria do mundo, sempre em guerra, se não houvesse o antigo motivo helênico, ou seja, o sonho?

Johan Huizinga observa que toda poesia tem origem no jogo: o jogo sagrado do culto, o jogo festivo da corte amorosa, o jogo marcial da competição... *Foi isso mesmo que inspirou Gonçalves Dias. No seu poema* I – Juca-Pirama, *apresenta Gonçalves Dias uma nota a respeito do título:* O título desta poesia, traduzido literalmente da língua tupi, vale tanto como se em português disséssemos 'o que há de ser morto, e que é digno de ser morto'.

O ritmo é essencial no seu poema. Na expressão de Afrânio Coutinho, é *como se ouvíssemos a dança, o batepé dos selvagens no festim* (COUTINHO, 1969, p. 101), conforme a associação, na segunda parte, do verso curto, de rima aguda, com um longo verso decassílabo.

Na segunda parte, concluindo a descrição do preparo ritual, propõe o Poeta uma espécie de monólogo, como se uma voz a perguntar a respeito das preocupações do valente guerreiro tupi e a sua expectativa de morte, devido à tradição de sua situação de prisioneiro neste exato momento; com efeito, encontra-se conduzido a um rito de passagem, uma vez que toda essa preparação seria para um banquete, em que o cativo, por ser um bravo, e em especial um tupi, será devorado pelos timbiras, a fim de que todos os guerreiros assimilem a força interior, isto é, a coragem e a energia tupi. Assim, uma sociedade primitiva se comporta como agonística (pelo latim *agonisticu*, significando a arte da luta na antiga Grécia). A partir do verso 25 o poeta romântico ensarilha uma série de perguntas, como *Quem é? – ninguém sabe: seu nome é ignoto, / Sua tribo não diz: - de um povo remoto / Descende por certo – dum povo gentil.* Tudo isso com o fim de recompor qualidades que seriam dignas de um herói. Daí, na mesma estrofe, o símile:

Assim lá na Grécia ao escravo insulano
Tornavam distinto do vil muçulmano
As linhas corretas do nobre perfil.

Ou seja, a definição do cacique da tribo se concebe pela sua força de guerreiro valente. No pescoço do orgulhoso cacique há um colar de *alvo marfim, insígnia de honra, / Que lhe orna o colo e o peito, ruge e freme, / Como que por feitiço não sabido / Encantadas ali as almas grandes / Dos vencidos Tapuias, inda chorem; / Serem glória e brasão d'imigos feros* (terceira parte, primeira estrofe).

Essa luta, que em grego seria um *agón,* continua no desafio do cacique: *As nossa matas devassaste ousado, / Morrerás morte vil da mão de um forte.* O guerreiro tupi se apresenta no meio do terreiro e ouve o desafio do valente chefe timbira: *Dize-nos quem és, teus feitos canta, / Ou se mais te apraz, defende-te.* Exatamente como nos encontros de heróis da épica clássica, grega e latina, quando relatavam a sua genealogia, de onde surgem os epítetos, os quais são a síntese dos seus feitos heróicos.

Há neste poema, como já se ressaltou, uma variação métrica, com o objetivo de ressaltar o ritmo. É o caso da quarta parte apresentada em redondilha menor e a sugestão rítmica de um tom marcial de instrumentos de percussão, acompanhando o discurso do bravo guerreiro tupi.

No entanto, o bravo tupi pede que seja poupado da conclusão do ritual na quarta parte – *Deixai-me viver! / (...) Guerreiros, não coro / Do pranto que choro; / Se a vida deploro, / Também sei morrer* –, embora afirme não ser um covarde por pedir algumas horas de sobrevivência, pois, por ser arrimo do pai, devido à cegueira e velhice paternas, era ele mesmo que lhe restava ainda como guia e amparo nos desafios da densa floresta. Para a admiração de todos, o cacique ordenou (V parte): *Soltai-o!* Mas quando o tupi se dirige ao chefe timbira para agradecer o julgamento, obtém a seguinte resposta: – *Mentiste, que um Tupi não chora nunca, / E tu choraste!... parte; não queremos / Com carne vil enfraquecer os fortes.* O seu fôlego de bravo tupi supera situação tão humilhante e penetra na floresta. Ao aproximar-se do pai, oferece-lhe provisões, a fim de restaurar-lhe forças perdidas.

Não convencido, na sexta parte, das explicações do filho que esteve ausente por muito tempo e tendo a compensação do olfato aguçado, por ter perdido a visão, sente *o acre odor das frescas tintas, / Uma idéia fatal correu-lhe à mente...* E reconhece no tato, ao apalpar ornato macio de penas no corpo do filho, os indícios de um ritual de passagem. Recusa a idéia momentaneamente, para em seguida confirmar no toque de sua mão uma cabeça com corte de cabelo. Não havia dúvida: *–Tu prisioneiro, tu?* E a confissão: – *Vós o dissestes.* A nação fora a dos timbiras. – *E a muçurana funeral rompeste* (...) O velho tupi solicita a posição da taba dos timbiras e faz o filho marchar em sua direção para realizar o ritual interrompido.

Logo, logo, o velho tupi apresenta-se ao chefe e, num breve relato das ocorrências, o velho tupi pede, na sétima parte, *a lenha, o fogo, / A maça* (tacape) *do sacrifício / E a muçurana* (corda) *ligeira: / Em tudo o rito se cumpra!* Aí, de modo firme, retruca o cacique: *É teu filho imbele e fraco / Aviltaria o triunfo / Da mais guerreira das tribos / Derramar seu ignóbil sangue: / Ele chorou de cobarde; / Nós outros, fortes Timbiras, / Só de heróis fazemos pasto.*

Ao saber agora por denúncia do cacique dos timbiras que o filho dele, um tupi, chorou na presença da morte, na frente de um estranho, o velho tupi o renega como filho, a tal ponto de desejá-lo prisioneiro dos *vis Aimorés,* conforme oitava parte.

A reação foi de imediato. A voz do filho ecoa *Noutra quadra melhor. Alarma! Alarma!*, parte IX. Atente-se para o cuidado de linguagem de Gonçalves Dias, quando, como se estivesse esculpindo, o seu cinzel imprime o empréstimo do italiano em vogal temática –a, *alarma* e a precisão etimológica da expressão italiana *alle arme,* para as armas. É isso que o gramático Varrão (116 – 27 a.C.) aborda etimologicamente sobre as palavras *quae obruta vetustate ut potero eruere conabor – as quais cobertas há muito tempo como puder tentarei escavar* (VARRO, 1951, VI,1,2). O pai, agora honrado, na parte IX, *em pranto copioso, / Que o exaurido coração remoça.* Este choro não tem o mesmo significado anterior, em que se depreendeu um ato de covardia, medo perante a morte. São outras lágrimas. São (...)- *estas lágrimas, sim, que não desonram,* diz o pai na parte IX. E sob o *–Basta!* do chefe dos timbiras, há o reconhecimento do cacique do ímpeto do guerreiro valente, na mais autêntica bravura de um tupi.

Na parte dez, semelhante à parte I, é como se houvesse um aedo ou rapsodo relatando o fato, *Um velho Timbira, coberto de glória, / Guardou na memória / Do moço guerreiro, do velho Tupi! / E à noite, nas tabas, se alguém duvidava / Do que ele contava, / Dizia prudente: - Meninos, eu vi!* Note-se um dado: a valorização da memória. A memória é a mídia entre as sociedades arcaicas ou primitivas. A modernidade do terceiro milênio desconhece a memória no sentido dos versos gonçalvinos. Retirado das escolas atualmente o cultivo da memorização, à qual uma nova orientação pedagógica insiste pejorativamente em denegrir com a expressão "decoreba", há, paradoxalmente, cursos de memorização anunciados com freqüência em propagandas. Neste sentido, as sociedades de língua ágrafa preservam a sua história, como aponta Gonçalves Dias acima. Tantas vezes a história seria contada quantas vezes fossem necessárias.

Por isso, Gonçalves Dias fecha a parte X à moda de estribilho, com pouca modificação em relação à parte I: *Assim o Timbira, coberto de glória, / Guarda a memória / Do moço guerreiro, do velho Tupi, / E à noite nas tabas, se alguém duvidava / do que ele contava, / Tornava prudente: "Meninos, eu vi!"* E o termo *prudente* está como no latim: *providens>*proudens>prudens, que prevê; que sabe.*

BIBLIOGRAFIA

BARBOSA, João Alexandre. **A Metáfora Crítica.** São Paulo: Perspectiva, 1974.

BOWRA, C. M. **Introduccion a la Literatura Griega.** Trad. Luis Gil. Madrid: Guadarrama, 1968.

BRANDÃO, Junito de Souza. **Dicionário Mítico-etimológico da Mitologia e da Religião Romana.** Petrópolis: Vozes, 1993.

BRANDÃO, Junito de Souza. **Mitologia Grega**. Petrópolis: Vozes, 1986. 3 v.

CHANTRAINE, Pierre. **Dictionnaire Étymologique de la langue Grecque**. Paris: Klincksieck, 1999.

CHEVALIER, J. & GHEERBRANDT, A. **Dicionários de Símbolos.** Trad. Vera Silvaet alii.Rio de Janeiro: José Olympio,1994.

COUTINHO, Afrânio. **A Literatura Brasileira**.Rio de Janeiro: Sul Americana, 1969.

DIAS, Antônio GONÇALVES. **I-Juca-Pirama, Os Timbiras, Outros Poemas**. São Paulo: Martin Claret, 2002 .

DUFOUR. **Ilíada.** Trad. de Fernando C. de Araújo. Rio de Janeiro, Ediouro, s/d.

DUFOUR. **Iliade.** Texto estabelecido e traduzido por A. Piérron. Paris: Hachette, s/d.

HOMERO. **L'Odissée**. Traduction nouvelle avec introduction des notes et un index de Mérédic DUFOUR et Jeanne Raison. Paris: Garnier, 1934.

HOMERO. **Odisséia**. Trad. de Jaime Bruma. São Paulo: Cultyrix, s/d.

HORTA, Guida N.B.P. **A Luz da Hélade**. Rio de Janeiro: J. di Giorgio, 1980.

HUIZINGA, Johan. **Homo ludens: o jogo como elemento da cultura**. Trad. De J.P.Monteiro. São Paulo: Perspectiva, 1980.

JAEGER, Werner. **Paidéia: a Formação do Homem Grego**. Trad. Artur M. Parreira. São Paulo: Martins Fontes, 1995.

KENT, R. G. **Varro on the Language**. *In two volumes.* London: William Heinemann, 1951.

Lisboa: Fundação Calouste Gulbenkian, 1964.

PEREIRA, Maria Helena da R. **Estudos da História da Cultura Clássica: Cultura Grega**.

VIRGILE. *L'Énéide.*Nouvelle édition revue et augmentée avec introduction, notes, appendices et index par Maurice Rat. Paris: Garnier Frères, 1947. Vols. I e II.

EL CANTO CORAL "FUNDADOR" DE UNA POÉTICA QUE VINCULA FIESTA Y MEMORIA

Ana María González de Tobia*

Los conceptos de fiesta y memoria estuvieron siempre presentes en la concepción griega de las relaciones del ser humano con su trayectoria existencial. La sanción comunitaria que tuvo como únicos destinatarios a los dioses, en un comienzo, mediante las festividades públicas, se trasladó a los héroes de la mitología que contaron con sus propios festivales. En todos estos casos, la festividad estuvo vinculada estrechamente con la intención de preservar la memoria imprescindible para mantener intacta la identidad del pueblo griego. Luego, las festividades consagraron a los hombres que demostraron excelencia y nuevamente se instaló la festividad pública como garante de la memoria colectiva. Un concepto novedoso que unifica la fiesta con la memoria es el de fama, es decir, "lo que se afirma o se dice de alguien". Si bien los griegos supieron sancionar las buenas y las malas famas - recordemos a Píndaro, a Aristófanes-, la fiesta estuvo, esencialmente, al servicio de las buenas famas. Fiesta y memoria confluyen en producciones literarias diversas, dentro de la producción griega, pero son los epinicios los que representan con mayor certeza la conjunción entre la individualidad del poeta y su propio ámbito, la publicidad de la *performance* coral, en el espacio de la excelencia atlética, y la inseparable vinculación entre el vencedor y su ciudad. El poeta coral tuvo en sus manos la posibilidad de dominar el tiempo y unificar espacios. El pasado de la victoria y el presente de la *performance* se proyectan al futuro de la fama. La mortalidad puede trasponer la barrera de la inmortalidad por medio de la poesía.

Las palabras poesía, poeta y poema, han ingresado a muchas lenguas denominadas modernas, desde el Griego antiguo, pero no desde la totalidad de lo que entendemos como griego antiguo. Antes del siglo V antes de Cristo, el término general para denominar lo que hoy llamamos poetas, fue *aoidoi*, "cantores", y la palabra no diferenciaba a los compositores de los ejecutores. Sirvió, en realidad, para hablar de un "canto" que no tenía una clasificación específica como tuvieron *hymnos* o *melos* y la palabra, *aoide*, describe una actividad más que el objeto de esa actividad,"el poema".[1]

Aparte de estas palabras, de una utilización más o menos general, el *lexicon* griego arcaico necesitó un término unitario que comprendiera las numerosas formas individuales de canto, que

*Professora doutora de Língua Grega da Universidad Nacional de La Plata.

se adosaban a contextos específicos. La reconocida clase de cantos fue definida por actividades familiares conectadas con particulares ocasiones sociales y religiosas, y no ya como partes de un dominio de discurso que debía distinguirse de la "prosa".

Pero cambiar los términos por los cuales fue designado el canto puede implicar diferentes definiciones de una actividad y su ubicación en el mundo social, y por eso es importante notar que encontramos primero, en textos del siglo V antes de Cristo, que aquellos que compusieron cantos, llamados "hacedores", "creadores" o poetas fueron claramente diferenciados de los cantores o *aoidoi*, que fueron quienes los ejecutaron; en cambio *aoide*, fue reemplazado por poesía, *poiesis*, del verbo *poiein*. Finalmente, lo que ellos produjeron fue llamado *poiema*, o "cosa hecha", "algo creado". Los cantos resultaron así *arte-factos* producidos por una clase artesanal.

Dejando de lado las evidencias incompletas que hoy tenemos, se puede señalar que la aparición de este vocabulario señaló una concepción nueva y fundamental del arte verbal en Grecia. La diseminación de estos términos coincidió con las nuevas investigaciones críticas relacionadas con las tradiciones del canto y sostuvo las aproximaciones retóricas, que fueron indispensables para el establecimiento de poéticas como "arte de la construcción verbal", en el siglo IV antes de Cristo.

Es necesario trazar las primeras concepciones de la creación artística y sus relaciones para una comprensión del canto. Ambos hechos se encuentran en Simónides de Ceos, que parece que estuvo profesionalmente activo desde la última parte del siglo VI hasta el primer cuarto del V. A Simónides se le atribuye, a menudo, el descubrimiento de la naturaleza *mimética* de la poesía a través de la unidad de las artes. Sus referencias a la pintura, la escultura, y a la elaboración de monumentos fueron tenidas en cuenta para discriminar al canto de otros significados de celebración y para extremar su único poder para elogiar y conmemorar. Simónides presentó la composición poética a través de metáforas y preparó la consideración de la poética como actividad artesanal para sus sucesores, Píndaro y Baquílides.

En la Grecia arcaica, hubo un pequeño incentivo para conectar el canto con la producción tangible, es decir con objetos sólidos. El hecho de que no podamos encontrar comparaciones explícitas entre cantos y obras de arte, *arte-factos*, antes de Simónides puede ser una situación meramente accidental.

Cualquier poética depende, lógica y etimológicamente, de un término unitario para denominar la poesía, simplemente para circunscribir el campo de estudio. Pero cuando un término central también define, a lo sumo en forma implícita, lo que es específico a cada palabra, define también el análisis especial de la poética. En el vocabulario clásico "hacer", "crear", la composición de un canto estuvo enfatizada por encima de su *performance*, y la habilidad verbal de "hacedor" fue iluminada por encima de otras cualidades. En correspondencia, cuando *aoide* y *humnos* resultaron un objeto, un *poiema*, los poemas fueron considerados verdaderos *objetos de arte*, productos tangibles resultantes de un proceso artesanal. El lenguaje, por consiguiente, fue concebido en términos retóricos como si fuera el material que el poeta unió *suntithenai*, traducido al latín, *com-positio* y formado, modelado, por una necesidad artística.

El apotegma de una línea que Plutarco le atribuyó a Simónides dice: *Pintura es poesía silenciosa y poesía es pintura que habla*. En definitiva, lo que Plutarco le atribuye a Simónides es que ambas artes tienen los mismos objetos pero diferentes medios y esto está atestiguado más tarde en *Poética* (1447^{a}, 18-22). Las líneas de Plutarco convirtieron a Simónides en el "descubridor", por así decirlo, de la clase de poesía y de artes representativos. Sin embargo, más que considerar las concepciones de Simónides como nociones trascendentales de estética, se lo puede considerar como un producto de su tiempo, cuando se consideraba al canto y a la escultura como los elementos más obvios y más efectivos para otorgar memoria a los acontecimientos humanos destacables.

Se puede sugerir, en cambio, que los textos de Simónides marcan el comienzo de los cantos conmemorativos, especialmente inscriptos en monumentos que prometen fama. Resulta anacrónico leer a Simónides como el primero de los teorizadores de la *mimesis*; preferimos considerarlo uno de los últimos teorizadores de *kleos*. Como poeta de celebración cívica y conmemoración, su interés en *artefactos*, no fue un interés estético sino una necesidad de explorar la manera de unir la verdad con la representación, que fue la atribución del cantor tradicional, para otorgar amplio y duradero elogio sobre notables elementos. Simónides será visto como modelo para argumentar que el objeto físico – aún piedras en las que se inscribieron cantos- no puede expresar fama tan ampliamente como la *performance*.

Trazando este tema, en Simónides, se puede sugerir que un factor que lo inspiró para comparar cantos con *artefactos* fue la gran expansión, en su época, de inscripciones en verso sobre monumentos funerarios. Desde comienzo del siglo VII antes de Cristo, encontramos escritos utilizados con el significado de recordar fama, en dedicatorias que eran inscriptas con el nombre del destinatario. Estas inscripciones se expandieron en número y complejidad a través el siglo VI y cuando este siglo finalizaba creció la costumbre de agregar unos pocos hexámetros o versos elegíacos, especialmente para grabar marcadores. La palabra recurrente, en estos casos, fue *kleos*. Porque el sentido de fama, de *kleos*, como se repetía en la *performance* oral, persistió a través del período arcaico. La mera instancia de un canto escrito sobre un material duradero podía, eventualmente, otorgar una poderosa imagen nueva de fama.

En el capítulo 4 de la *Poética*, después de haber identificado que, en la tendencia a la imitación y en el placer que de ella se deriva, se encuentran las dos causas naturales que constituyen el origen del hecho poético, Aristóteles señala una distinción entre poesía heroica y poesía yámbica. En la primera, incluye los himnos y los encomios compuestos por autores de ánimo elevado (*oi semnoteroi*) que imitan las bellas acciones (*tas kalas praseis*) y las acciones de los hombres meritorios (*kai tas ton toiouton*) Y a partir de esta complicidad entre "bella acción" y encomio se instala la historia del epinicio. Una historia sobre la cual todavía se pueden decir muchas cosas nuevas ya sea bajo un perfil sincrónico, ya sea sobre uno diacrónico. Por un lado, se afrontará el problema de su pertenencia a aquel complejo sistema de géneros representado por la poesía antigua griega, en cuanto "hecho genérico" determinado por múltiples componentes –incluidos los de naturaleza económica-; por otro lado, el del recorrido, por así decir, *genético*, [2] cumplido por el epinicio a través de los siglos, en concordancia y, o en contraposición, con las otras formas de la lírica.

En lo que respecta al epinicio, hoy vale la pena reabrir la discusión, no sólo porque conocemos mejor los aspectos estructurales y formales de las odas triunfales, sino porque estamos mejor informados sobre el horizonte histórico en el cual maduró la exigencia de celebrar la victoria deportiva con un poema coral y porque las disciplinas como la antropología, la etnografía, la sociología y la historia de la economía han proporcionado los medios para comprender en una medida más completa el fenómeno del agonismo griego.[3]

La importancia y la incidencia de este último aspecto en la vida de los Griegos, y sobre todo sus cambios en el curso de los siglos, representan la clave para ilustrar la génesis y el desarrollo de este género celebratorio que tiene su razón de ser en el agón y se desarrolla y se modifica en correspondencia con él. Las modalidades de la celebración deportiva y de la fiesta religiosa, la atención del público, el deseo de utilización de la victoria de parte del vencedor y su relación con el poeta, son algunos de los condicionamientos que afectaban al poeta que se disponía a componer un epinicio. Se trató de un género fuertemente enraizado en la vida, para utilizar una expresión de JAUSS, [4] así como lo eran todos los géneros líricos en la época arcaica. Por eso, tuvo leyes y normas que se definían en correspondencia con la situación, de las cuales el poeta, realmente, tenía cabal conocimiento. ¿Podemos preguntarnos si se trataba de una toma de conciencia de parte del poeta antiguo que es aplicable a una "noción" embrionaria de género literario, por lo cual, antes, si las leyes no estaban escritas, eran respetadas? ¿O se trataba simplemente de la correspondencia inmanente con la actualidad que, a escala programática, vinculaba al poeta con un determinado programa sin que él tuviera una idea precisa de seguir las normas que se le imponían, a escala teórica, en cuanto distintivas de aquel género? El caso específico del epinicio arcaico, puede entenderse por la segunda hipótesis.[5] Confirman esta teoría las reflexiones que Píndaro hace sobre su propio oficio de poeta. El códice normativo al cual el compositor de un epinicio tiende a adecuarse no deriva de un modelo de epinicio arquetípico que siga las reglas, sino que nace de la ocasión misma, que regía determinado tipo de canto. El triángulo formado entre el poeta, el vencedor y el público ha estado, actualmente, muy ilustrado, así como se han puesto en evidencia los condicionamientos de los últimos dos factores sobre el acto compositivo no sólo desde el punto de vista de la elección (selección) de contenidos, sino también de la forma.[6]

El aspecto convencional y tópico del epinicio refuerza, por otra parte, la idea de que el estilo poético se ha adecuado, desde el inicio, a la exigencia inherente al momento culminante de la aventura agonística. Basta recorrer el elenco de temas y de motivos para constatar que la mayor parte de los epinicios se conecta con la praxis celebratoria y pertenece a la función encomiástica del poema.

Si regresamos a la distinción aristotélica, entre una poesía que trata las bellas acciones y una que trata las viles (*Poética*, 1448b, 25) vemos que esto ilumina el problema del origen del epinicio. Cuando la *kale praxis* se realizó en el *teatro* del estadio o del hipódromo, la voz del *kerux* (heraldo) ya no sirvió para anunciar a los presentes la victoria de los participantes. A la proclamación oficial le siguió el festejo por parte de los familiares, compañeros, en definitiva de los espectadores, y en el ámbito de estos festejos, la música, los cantos y la danza tuvieron, como en otras ceremonias arcaicas, un papel de primer plano.

Gracias a la constante repetitividad de ciertos motivos, es posible reconstruir una tipología del epinicio, de su estructura más simple y más inmediatamente ligada a la ocasión. A la mención de la paternidad se unen la de la patria, la de la especialidad deportiva, la de los triunfos precedentes y se formulan augurios para otros sucesos. Ni siquiera falta el aspecto hímnico que resguardaba a la divinidad venerada sobre el lugar de la competencia, ni el aspecto gnómico y parenético, directamente concerniente al atleta.

En cuanto al mito, se puede sólo suponer cualquier referencia a los dioses y a los héroes de la patria del competidor o del lugar donde se desarrollan las competencias, según lo que es posible encontrar en epinicios breves como la *Pítica 7*, la *Nemea 2* de Píndaro, o el *Epinicio 4*, de Baquílides, poemas sin *pendant*, esto es, sin la continuidad en un segundo epinicio compuesto y representado más tarde.

Las fuentes antiguas, que fueron propensas a encontrar un *protos euretes* para todo, no nos dicen, sin embargo, explícitamente, cómo y cuándo la celebración poética, expresamente encargada, se afianzó, y después fue sustituida por lo que habíamos supuesto que era un canto de elogio espontáneo, ni quién fue el primer poeta que compuso epinicios, prefiriendo, más genéricamente, referirse a la tríada canónica representada por Simónides, Píndaro y Baquílides. Nos faltan elementos, todavía, para reconstruir esta fase de traspaso.

Es necesario tener en cuenta que entre la primera mitad del siglo VI y la primera mitad del siglo V, (es decir durante todo el período en el cual el género del epinicio comenzó a desarrollarse, para llegar después a su acmé) la victoria en los juegos, fueran ellos panhelénicos o locales, representó un invento ambicioso, cargado de potencialidad para disfrutar, no sólo en el nivel agonístico, sino también en el nivel social, económico y político. La historia ciudadana de la Grecia de esa época revela una convivencia entre la política y los agones, que puede explicar y justificar la ventaja propagandística de una victoria mediante el medio que respondía mejor a la expectativa del público.

En esta óptica, resulta claro que el vencedor premiado no sacaba provecho de un canto improvisado y las ventajas que de él podrían derivar por la composición de un poeta famoso. Por eso, en primer lugar, la victoria fue seguida de una *performance* oral, que podía también coincidir con una solemne fiesta religiosa; al menos una copia escrita del epinicio quedaba para quien lo había encargado o en los archivos de la ciudad, como testimonio de la empresa cumplida y como documento para la posteridad. En segundo lugar, a la inevitable situación provisional de un encomio improvisado, la sustituía un elogio que se basaba sobre informaciones detalladas relativas a la familia, a la patria, a las victorias precedentes, al desarrollo de la competencia y algunas veces hasta había referencias a quienes escuchaban.

La lírica coral asentó sus bases en la relación directa entre el patrono, comitente, y el artista, y conoció su máximo esplendor con el impulso de la nueva economía monetaria y mercantil. La nueva economía favoreció las artes no tanto por amor al arte sino por el deseo de gloria y poder: mediante la obra del artista, el aristócrata de la ciudad y, por encima de todos, el tirano, intentaban ennoblecerse y consolidar su poder político. El poeta se convirtió, así, en el profesional del intelecto que recibe una compensación precisa.

La profesionalidad y la función conmemorativa imponían un contenido preciso y el mito fue, una vez más, la materia de los poetas. Se convirtió en un tejido legendario sobre el cual el poeta urdía su trama con un fin ético-social.

El acto interpretativo es siempre una operación que transforma el texto en mensaje enviado por el autor al público de oyentes o lectores, un mensaje que no es sólo comunicación lingüística, sino transmisión de emociones, pensamientos, visiones del mundo y del arte. La "competencia" necesaria para comprenderlo recoge una pluralidad de códigos, lingüísticos, antropológicos, sociológicos, que exigen una atención constante a las categorías mentales, a los esquemas de conducta, a los modos de comunicación, y a los referentes teóricos y culturales, ya sean políticos, filosóficos, artísticos, literarios. Podemos preguntarnos entonces si es lícito deshacerse de los referentes que fueron el soporte del quehacer poético de los griegos, sin incurrir en el peligro de formalizar la lectura crítica de un texto, prescindiendo totalmente del valor estructural de su realidad histórica.

No se han encontrado epinicios enteros anteriores a los de Píndaro y Baquílides, pero nuestro conocimiento puede hoy retroceder a formas precedentes a las atestadas en los fragmentos de Simónides.

Sabemos que los atletas vencedores reclamaban otras prestaciones, no sólo los premios proclamados en los *agones talantiaíoi*, sino también las compensaciones de los *agones stephanítai*. Para los atletas o para los propietarios de importantes caballerías que tenían un rol en la política local además de la victoria, contaba la instrumentación que se podía hacer de ella en el nivel político. Se puede conocer muy bien la relación entre política y deporte que hubo en algunas ciudades de Grecia (Esparta, Atenas, Delos, etc) y también en ciudades de la Magna Grecia (Siracusa, Agrigento) como para poder afirmar que entre el siglo VI y el V ac, esto tenía en realidad, mucho peso.[7]

La correspondencia numérica entre los vencedores en los variados juegos y los vencedores notables como destinatarios de los epinicios, presenta un porcentaje poco elevado y podría jugar a favor de la hipótesis de que hubo otros canales para celebrar y conmemorar la victoria. Es preciso recordar que la difusión de las fiestas agonísticas era vastísima -casi cada *polis* tenía una- que cada disciplina deportiva tenía un vencedor y que para cada disciplina se presentaban diversas categorías de competidores. De los epinicios de Íbico y de Simónides quedan sólo fragmentos, de los de Baquílides sólo conocemos una parte.

Este análisis lleva a la conclusión de que desde el momento en el cual la oda triunfal provee un salario para los poetas profesionales, la costumbre se difunde rápidamente y asume la connotación de una "moda" que produce dinero, lustre y prestigio y asegura la fama de los atletas.

No obstante esta última afirmación, -que no era poca cosa para un hombre griego-, después de poco más de cien años, la "moda" pasó. La brusca interrupción puede ser imputada a la desaparición de Píndaro, cuya última oda, la *Pítica 8*, se presentó en 446. Pero si la "moda" hubiera estado todavía en auge, Píndaro hubiera tenido, seguramente, sucesores. Los atletas, aunque ya de modesta extracción, continuaron en realidad compitiendo y los ricos, también menos aristocráticos, continuaron enviando sus caballos a los certámenes, pero no se acudió a la palabra poética para disfrutar la victoria sobre el plano de la notoriedad personal. Se prefirieron las inscripciones y las monedas conmemorativas; se eligieron estatuas atléticas y monumentos ecuestres para dedicar como *ex voto* en los santuarios de la divinidad protectora de la competencia o para colocar – pero con menos frecuencia- en la ciudad de origen.

Después de pasados 30 años desde la última oda pindárica, el epinicio volvió a la escena poética en ocasión de una victoria clamorosa obtenida por un personaje también clamoroso: tuvo lugar en Olimpia, en el año 416 a.C., en una carrera de carros, y el protagonista fue Alcibíades. Alcibíades justamente había sido elegido el año anterior estratego de Atenas para ese año.

La excentricidad de la iniciativa de Alcibíades no produjo el renacimiento de un género ya desactualizado y fuera de moda. Aunque los géneros literarios tienen en sí mismos capacidad de conservación y de supervivencia, y también de renovación, en el caso del epinicio no bastó este último exponente, tan íntimamente ligado a una instancia personal, para prolongar su vitalidad. La desaparición se esclarece a la luz de la relación sistémica con las otras manifestaciones de la lírica coral que van perdiendo vitalidad o bien se transforman, pero sobrevive subterráneamente también una especificidad de causas que intervienen en relación con el tipo de gozo poético. Sustancialmente, el epinicio, como medio de celebración, no interesó mas. A medida que faltó la necesidad y, por lo tanto, la demanda, faltó también la oferta.

Naturalmente, la herencia "literaria" del epinicio no está perdida, pero aflora por caminos subterráneos en otros géneros, en los cuales se reutilizan los contenidos y el lenguaje del epinicio, en un plano diferente y para fines diversos.[8] Junto con la tragedia, la comedia y el drama satírico hace falta pensar la deuda que la prosa encomiástica tiene con el epinicio. Los juegos continuaron festejando los grandes sucesos; no disminuyó su importancia política y social. El agonismo se entendió como forma de espectáculo. Basta pensar en las grandiosas construcciones helenísticas y más tarde romanas, que fueron la sede de importantes agones. Olimpia siguió siendo prestigiosa. Es el epinicio el que no gozó más de credibilidad, como instrumento público de información y de divulgación de noticias.

Paradójicamente, la mejor prueba de esto estuvo dada por el propio *revival* del epinicio calimaqueo. Un *revival* dictado sin otro impulso que el de la erudición, por la investigación de nuevas combinaciones entre contenidos antiguos y formas insólitas, por el gusto por un mito visto como *aition*, por la tendencia a contaminar los géneros diversos en un producto poético llamativo y excéntrico.

Se ha hablado, a propósito de la poesía alejandrina, de "oralidad residual", esto es una oralidad que resguarda sólo el momento de la fase inicial de la *proekdosis* (primera edición) no el momento de la composición y de la transmisión.

Los otros vencedores prefirieron afirmar su fama por medios menos intelectuales y menos anacrónicos. Utilizaron, preferentemente, las inscripciones, siempre más extensas y complejas, que podían ser leídas por un número muy grande de personas, vista la creciente alfabetización, y porque podían, también, ser verdaderos epinicios tallados sobre piedra. Se destaca la imagen, que era considerada por los poetas arcaicos, inferior respecto de la palabra poética y que deviene portavoz de aquellos valores y de aquellas virtudes atléticas que, en la antigüedad, fueron codificadas sólo por los poetas.

Los poetas líricos corales tuvieron como propósito elogiar la excelencia. La *arete-kleos* es un concepto que, en su forma más simple, aparece en ambos. Pero también aparece en forma muy desarrollada como la teoría de una relación recíproca intrincada entre *arete* y poesía, vencedor y poeta.

Píndaro afirma que el elogio se mezcla con el reproche cuando lo formula alguien que pertenece a la misma comunidad ciudadana que la persona elogiada (fr. 181 MAEHLER. Escolio a *Nemea* 7) una constatación obvia que tiene como referente las tensiones debidas a rivalidades o envidias que nacían inevitablemente entre los miembros de una misma *polis*. La cualidad de huésped extranjero es pues la condición privilegiada para ejercer el elogio; el encargo a un poeta que no pertenezca a la propia ciudad es la garantía más segura de un elogio inmune al reproche. El género *eulogístico* recoge cualquier discurso poético que tenga el propósito de celebrar las virtudes de hombres ilustres e instalarlos en la memoria colectiva.

La antítesis elogio-reproche, que recorre desde sus inicios todo el arco de la cultura griega y encuentra en Píndaro su primera enunciación explícita y en Aristóteles su definitiva sistematización teórica, implica, fuera ya del más estricto ámbito de la poesía, al estatuto mismo de la biografía y de la historiografía, dos tipos de discurso que, desde la perspectiva de Polibio, aunque extremadamente correlativos, se diferencian precisamente, porque el uno, la biografía, tiene un enfoque encomiástico, mientras que el otro, el discurso histórico, requiere, aun en el terreno del registro biográfico, una exposición veraz que una al elogio el reproche, sin pasar por alto ninguna reflexión o hipótesis útil a la valoración objetiva de los hechos.

NOTAS

[1] Cfr. G. NAGY (1989, p. 23-24) para la trayectoria de estos términos.

[2] Cfr. para el uso del mismo término, LANZA (1983, p. 62-63)

[3] Cfr. AGNELI BERNARDINI (1988, *passim*)

[4] Cfr. JAUSS (1970, p. 97)

[5] Cfr. CALAME (1974, p. 124-125)

[6] Un referente imprescindible en este tema es GENTILI (1984, especialmente capítulos 8 y 9)

[7] Cfr. YOUNG (1984, p. 140)

[8] Cf. CALAME (1978) y MASTROMARCO (1987, p. 75-93) entre otros.

BIBLIOGRAFIA

ANGELI BERNARDINI, P., (ed.) **Lo sport in Grecia.** Roma-Bari: Editori Laterza, 1998.

BOWRA, C. M, *Euripides´ Epinician for Alcibíades* en BOWRA, C. **On Greek Margins**, Oxford, Oxford Clarendon Press, 1970, pp. 134-148.

CALAME, C. *Réflexions sur les genres littéraires en Grèce archaique. In*: **Quaderni Urbinati XVI**, pp. 113-128, 1974.

CALAME, C. *Dalla poesia corale allo stasimo tragico: funzione pragmática di voci femminili. In*: DE MARTINO, F., (ed.) **Lo spettacolo delle voci**, Bari, Levante Editore, pp. 79-102.

FANTUZZI, M. *La contaminazione dei generi letterari nella letteratura greca ellenistica: rifiuto del sistema o evoluzione di un sistema?. In* ***Lingua e stile*** **XV**, pp. 433-350, 1980.

GENTILI, B., **Poesía y público en la Grecia antigua.** Bari: Editori Laterza, 1984.

JAUSS, H. R. (1970) "Littérature médiévale et théorie des genres". *In*: ***Poétique*** *1*, pp. 79-101.

LANZA, D. "Aristotele e la poesia: un problema di classificazzione". *In*: **Quaderni Urbinati XIII**, pp. 51-66, 1983.

MAEHLER, H. **Die Lieder des Backchylides**, Leiden, Brill, volumen 1 (I. Y II) 1982,volumen 2, 1997.

MASTROMARCO, G. *La parabasi arsitofanea tra realtà e poesia. In*: **Dioniso 57**, 1987, pp. 75-93.

NAGY, G. *Early greek Views of Poets and Poetry. In* KENNEDY, G. A. (ed.) ***The Cambridge History of Literary Criticism 1.*** Cambridge: Cambridge University Press, 1989, pp.1-77.

YOUNG, D. C., **The Olympic Myth of Greek Amateur Athletics.** Chicago: Ares Publishers, 1984.

A FESTA AMOROSA, NA VISÃO DE OVÍDIO

Ana Thereza B. Vieira*

Inicialmente, a poesia elegíaca era utilizada para tratar de qualquer assunto, sendo considerada a forma poética na qual o autor melhor poderia se exprimir. Somente algum tempo depois de difundida passou a associar-se a temas tristes e sombrios. Primeiramente acompanhada de flauta, aos poucos deixou de se vincular à música e passou a ser simplesmente recitada ou lida, tratando de temas amorosos, patrióticos e políticos, louvores, exortações de luto e dor. Na Grécia Antiga não existia como gênero literário, mas havia composições feitas em dísticos elegíacos, sem unidade de tema ou tom. Somente no tempo de Calímaco (século IV a.C.), a elegia torna-se uma forma popular de poesia e começa a se aperfeiçoar como gênero. Em Roma, foi apenas no reinado de Augusto que recebeu maior destaque, através de seus três principais representantes: Tibulo, Propércio e Ovídio. Todos escreveram sobre um mesmo tema: o amor, seja ele sensual ou mais comedido e saudoso.

Públio Ovídio Nasão (43 a.C. – 17 d.C.) foi um brilhante e talentoso poeta lírico da época de Augusto, refinado e por vezes irônico, elegante e irreverente. Tendo nascido em Sulmona, o pai mandou que ele fosse estudar retórica em Roma, para que pudesse, assim, ingressar mais tarde numa brilhante carreira política. Mas desde cedo se manifesta em Ovídio a vocação poética, que se reforça durante as tradicionais viagens feitas à Grécia, às províncias orientais helenizadas e à Sicília. Voltando a Roma, freqüenta a alta sociedade e entra em contato com os maiores escritores de seu tempo, entre os quais podemos citar Horácio e Propércio. Após dois matrimônios infelizes, desposa uma mulher culta, com relações com a família imperial.

Seus primeiros trabalhos são de sua juventude, provavelmente entre 25 e 20 a.C. As *Heróides* são uma coleção de 21 cartas de amor em versos elegíacos, em que o autor simula que figuras mitológicas femininas escrevem para seus amantes ou apaixonados. Seis dessas cartas são, na verdade, escritas por heróis (Paris, Leandro e Acôncio) dirigindo-se a suas amadas (Helena, Hero e Cídipe), e recebendo suas respectivas respostas.

Quanto aos *Amores*, segunda obra de sua juventude, teriam estes sido compostos inicialmente em cinco livros, e mais tarde condensados em três livros, segundo nos relata o próprio autor:

*Professora doutora de Língua Latina da UFRJ.
thereza@ufrj.br

"Nós que fôramos, outrora, cinco livrinhos de Nasão, agora somos três; o autor preferiu este trabalho àquele (primeiro); e, para que agora não seja enfadonho o teu desejo de nos ler, ao menos a tua pena será mais leve com os dois livros suprimidos".

(Amores I, Epigramma Ipsius)

Ovídio escreverá ainda, após esses trabalhos, a *Arte de amar*, uma espécie de suma do tema erótico, e os *Remédios do amor*. Na maturidade, sempre próximo dos círculos de Augusto, dedica-se a temas diversos com as *Metamorfoses*, em que retoma quase todo o material mitológico da tradição, e os *Fastos*. Em 8 d.C., Augusto determina que ele se estabeleça em Tomos, no Mar Negro, deixando em Roma a mulher e a filha, e manda que se retirem seus livros das bibliotecas, por considerá-los imorais. Os verdadeiros motivos deste desterro são misteriosos, e nem mesmo Tibério revoga essa decisão. No exílio, Ovídio compõe ainda *Íbis*, os *Tristes* e as *Epístolas do Ponto*.

Retomando algumas tendências de seus predecessores Tibulo e Propércio, Ovídio prefere às Musas habituais a deusa Vênus, que assume o papel de sua musa inspiradora, visto que é o amor que domina a poesia deste elegíaco. Entretanto, Ovídio não renuncia às figuras mitológicas em sua obra. Partindo de Vênus, encarnada em Corina, que estimula seu talento, o autor chega às deusas, que sustentam a sua existência.

A elegia amorosa celebra, por definição, a *puella*, a *amica*, raramente a esposa legítima. Nos *Amores*, em que Corina é a figura central, não há senão uma menção à esposa (Am. III, 13).

"Visto que minha esposa nascera nos frutíferos campos Faliscos,

Chegamos às muralhas vencidas por ti, Camila..." (vv. 1-2)

Nos *Amores* poderemos detectar as verdadeiras confidências do poeta. Ele não é herdeiro de nenhuma família nobre; nasceu numa terra fértil em trigo, uvas e oliveiras. Entretanto, nesta obra a atmosfera não é aquela campestre, mas urbana. Foi em Roma que Ovídio conheceu Tibulo e lá também chorou a sua morte. Foi na grande cidade que sucederam os grandes banquetes, as longas esperas pela amada, as trocas de bilhetes e de olhares. Foi lá que o célebre elegíaco pôde melhor analisar e enumerar os diferentes tipos de belezas femininas, como veremos em Am. II, 4. Foi em Roma que os triunfos imperiais e amorosos se realizaram.

A elegia romana de Ovídio encontra sua matéria, seus personagens, lugares, motivos e dramas nas próprias ruas de Roma. A vida pública, com suas manifestações diárias, é a melhor fonte para um elegíaco. Mas a esses fatos deve-se juntar a noção de que as idéias elegíacas já foram anteriormente trabalhadas em outros gêneros, tais como a epopéia, a poesia bucólica ou didascálica. É por isso, então, que a elegia erótica se transforma num espelho da sociedade romana do século I d.C.

Os encontros amorosos que o poeta evoca realizam-se de portas escancaradas, ao contrário do que costumavam cantar Tibulo e Propércio. O poeta sulmonense propõe as receitas que o amante deveria seguir. Na verdade, a preocupação recai sempre no constante distanciamento entre amante e amado: o conquistador deve consultar o tempo, como os camponeses ou marinheiros; ficar lúcido, mesmo perdendo seu tempo seguindo as mulheres; participar de uma bebedeira e ainda assim fazer declarações em que toda mulher deveria acreditar; chorar copiosamente, mesmo que as lágrimas sejam falsas, para emocionar a amada.

O outro, a pessoa amada, é algo indefinível com que o poeta sonha em fazer um troféu de vitória, tão fugaz quanto Corina. Ovídio se apresenta ora como espólio de Corina (Am. I, 3; I, 2), ora como seu triunfador e Corina torna-se sua presa (II, 12). Se o erotismo é a redução do outro ao espólio, nada melhor do que a comparação elegíaca do amante/sedutor ao soldado. Iniciemos, no entanto, com o triunfo do amor sobre o indolente, na elegia I, 5:

> *Fazia calor e passara do meio-dia; repousei os membros cansados sobre o leito. Uma parte da janela estava completamente aberta, e outra, fechada, tal como as florestas quase sempre costumam receber sua luz, tal como os crepúsculos reluzem quando Febo se afasta, ou quando a noite se vai e o dia ainda não nasceu; aquela luz deve ser apresentada às respeitosas meninas, quando o tímido pudor espera ter seus refúgios.*
>
> *Eis que vem Corina, coberta por uma túnica cingida, com sua dupla cabeleira escondendo o ofuscante colo; assim como se diz que a formosa Semíramis se casou e como Laís foi amada por muitos homens. Arranquei-lhe a túnica; que, pouco espessa, não me prejudicava muito, mas, no entanto, ela lutava para esconder-se com a túnica; visto que lutasse como aquela que não queria vencer, não foi dificilmente vencida com sua revelação. Como ficasse diante de meus olhos com o vestido despojado, não havia nenhum defeito em todo o seu corpo. Que ombros, que braços eu vi e toquei! Como a forma dos seios era apta a ser tocada! Como seu ventre era liso sob seu peito regular! Que ancas largas! Que coxa juvenil! Por que falarei de cada coisa? Não vi nada que não fosse louvável e, nua, apertei-a contra meu corpo. Quem desconhece o resto? Repousamos ambos cansados. Que dias assim sucedam para mim com freqüência após o meio-dia!*

Ovídio inicia esta elegia com sua localização temporal (após o meio-dia, v. 1) e espacial (leito, v. 2). Nos primeiros oito versos, o autor faz uma espécie de introdução, em que cita temas ligados à natureza, relembrando, talvez, suas origens interioranas. O ritmo, tom ameno e o apelo às "respeitosas meninas" do v. 8 (*uerecundis puellis*) são subitamente quebrados com a chegada da amada no v. 9 (*Ecce Corinna uenit*) – "Eis que vem Corina", e tudo muda. Daí em diante, temos um verdadeiro poema de sedução e realização. Das jovens inocentes passamos à mulher em sua plenitude. Corina é um pretexto para o poeta poder cantar ou explorar os temas tradicionais da poesia erótica. Muitos estudiosos (vd. Pichon, Wilkinson, Ripert, etc) a consideram como um nome inventado, uma figura imaginária, apenas um nome que procura diversas aventuras. Ainda que inicialmente pudica (vv. 10 e 14), que se envergonha de mostrar seu corpo, logo a mulher se entrega aos prazeres amorosos (v. 25). A luta amorosa é uma constante nas elegias e aqui esta luta se dá entre o próprio Ovídio e sua amada, tentando não se desvencilhar de sua túnica. Mas tudo isso é apenas um jogo, pois a luta de Corina é falsa (v. 15). As alusões mitológicas se fazem aqui presentes com Febo (v. 5), Semíramis (v. 11). Filha de uma deusa metade humana metade serpente, Semíramis fora abandonada por sua mãe logo após o nascimento. A "amante ou amada das pombas", segundo Junito Brandão em seu *Dicionário mítico-etimológico*, teria sido a idealizadora dos jardins suspensos da Babilônia. Já Laís (v. 12) seria um nome comum a duas cortesãs de Corinto, no tempo da guerra do Peloponeso. Mas as associações mitológicas ou literárias param por aqui e iniciam-se as descriçoes sensoriais. Todo o corpo da bela jovem amada é pormenorizadamente descrito. O poeta não se contenta em ver tanta formosura e quer tocá-la. A elegia termina com um apelo (aos deuses) para que tal dia se repita sempre para a alegria de Ovídio.

I, 9

Todo amante combate e Cupido tem seus acampamentos; acredita em mim, Ático, todo amante combate. A idade que é própria para a guerra, é também conveniente ao amor; o soldado velho é ridículo, o amor senil é ridículo. Os vigores que os generais procuram num forte soldado, a bela jovem os procura num companheiro. Ambos passam a noite sem dormir; um e outro repousam sobre a terra. Um guarda as portas da sua senhora, mas o outro guarda aquelas do general; o dever do soldado tem um longo caminho: deixa partir a jovem, e o intrépido amante a seguirá até o limite extremo; irá até as montanhas inimigas e até os rios aumentados pela chuva; caminhará sobre as neves acumuladas, e, quando singrar os mares, não litigará com os violentos Euros e buscará os astros propícios aos navegantes. Quem, a não ser um soldado ou um amante, suportará os frios da noite e as neves acumuladas numa densa nuvem? Um é enviado como observador entre os inimigos hostis; o outro manterá os olhos no rival, como num inimigo. Este se posta diante das grandes cidades, aquele diante da soleira da difícil amada; este quebra as portas da cidade, como aquele as portas da casa. Com freqüência o vulgo aproveitou para atacar os inimigos adormecidos e matar o inerme à mão armada; assim caíram os impetuosos exércitos do trácio Reso e, cativos, abandonastes o dono do cavalo; com freqüência os amantes se servem dos sonos dos maridos e movem suas armas contra os inimigos adormecidos. Transpor as forças dos guardiões e as catervas de vigias é sempre o trabalho do soldado e do infeliz amante. Marte é duvidoso e incerta é Vênus; os vencidos se reanimam e caem aqueles que negarás que algum dia poderiam tombar. Mas, que cesse quem quer que tenha chamado o amor de preguiça; o aflito Aquiles anseia por Briseida raptada; enquanto é lícito, Troianos, destruí as forças argivas. Heitor ia dos abraços de Andrômaca às armas, e, aquela, que lhe dava o capacete para sua cabeça, era sua esposa. Diz-se que o mais importante dos generais, Átrida, ficou maravilhado com as madeixas soltas de Ménade, quando viu a filha de Príamo. Marte, surpreendido, também sentiu os grilhões do ferreiro; não houve no céu fábula mais conhecida. Eu mesmo nascera vagaroso e para tranqüilos descansos; o leito e a sombra abrandaram meus ânimos; o zelo por uma formosa jovem estimulou o indolente e o levou a prestar serviços em seus acampamentos. Assim, tu me vês ágil e preparando guerras noturnas. Que ame quem não quiser se tornar ocioso!

Ovídio inicia este poema com uma comparação freqüente aos elegíacos: o amante / soldado. O amor é uma eterna batalha, de que todos devem um dia tomar parte. A repetição no primeiro e o segundo versos (*militat omnis amans*) – "todo amante combate" enfatiza a idéia do amante/ soldado. Cupido seria o chefe dos exércitos.

O amor é comparado a um serviço militar e a iniciação ao amor torna-se uma espécie de preparação militar, cujos exercícios e provas convocam aqueles a quem se submetiam os jovens romanos, sobretudo os membros dessa ilustre tropa de meninos, chamada de *Troia*, que atuava no *Ludus* de mesmo nome. Este era um jogo de origem etrusca, praticado também em Roma pelos nobres jovens, e que consistia em executar perigosas evoluções, mantendo-se em equilíbrio sobre o dorso de um cavalo. Virgílio faz menção a esse jogo no canto V da *Eneida*, quando descreve os jogos de que participam Ascânio e outros jovens da Trinácia e de Tróia. Diz Enéias:

"*Vai depressa dizer a Ascânio que, se ele tiver consigo sua tropa de meninos já preparados, e se ele tomou as disposições para as corridas de cavalo, conduza para cá os esquadrões em honra do seu avô e se mostre ele mesmo armado*" (vv. 548-551).

E, logo a seguir, Virgílio descreve:

"*É a tradição dessa corrida e desse certame que Ascânio, por primeiro, fez renascer quando cingia Alba Longa de muralhas, e ensinou aos antigos latinos celebrar esses jogos, como ele mesmo fazia, quando era criança, com a juventude troiana; os albanos ensinaram-nos a seus descendentes e é destes que, no correr dos tempos, a grande Roma os recebeu e conservou a tradição ancestral. O jogo tem hoje o nome de* ***Tróia*** *e os meninos o de* ***Esquadrão Troiano***" (vv. 597-603).

Para o novo soldado eram três as provas a que deviam se submeter: encontrar uma mulher, seduzi-la com súplicas e fazer com que o amor perdure. Bem, encontrar a mulher deveria ser fácil na Roma do século I, pois havia um grande número de mulheres solteiras, prontas a se iniciarem na *ars amandi*; seduzir tampouco se apresentava como um grande problema, mas fazer com que o amor perdurasse, essa era a prova mais difícil, pois o poeta – o soldado/amante – deve fazer com que a mulher escolhida, a sua musa, fonte inspiradora, fique eternamente apaixonada por ele, ou então ele não mais conseguirá escrever.

A figura amada vai da menina (*bella puella*, v. 6; *formonsa puella*, v. 43) à amiga (*amica*, v. 19) e à senhora (*domina*, v. 8). O que um amante pode fazer e suportar por sua amada só um soldado experiente agüentaria (vv. 15 / 16). A nau que está prestes a afundar ou sofrer grandes reveses é outra imagem comumente utilizada por Ovídio. Essa é uma espécie de fórmula repetida pelos elegíacos e de que Ovídio também faz uso para parodiar os demais autores. As imagens épicas, personagens heróicas, as viagens de navios e os caminhos fazem parte dessa paródia. Todo o vocabulário utilizado nessa elegia é comum à epopéia e à tragédia. Aquele que ama deve sofrer. Séculos mais tarde, Marsilio Ficino (1433-1499) dirá em seu *Livro do Amor* que os amantes não sabem exatamente o que buscam um no outro. Querem sempre mais e já não sabem o que significa esse "mais". A partir do v. 21 temos uma série de referências literárias a grandes amores conhecidos da literatura greco-romana. Reso (v. 23) fora rei da Trácia, ajudante de Príamo, famoso por seus cavalos brancos velozes como o vento, morto por Ulisses e Diomedes, que lhe tomaram seus cavalos. De Briseida (v. 33), Aquiles matara o esposo e a levara para Tróia como sua escrava e amante. O amor de Aquiles por ela foi tamanho que ele deixou até de guerrear quando ela foi raptada, fato a que Ovídio faz referência. Por fim, Andrômaca (v. 35) era esposa de Heitor e o símbolo do amor conjugal, da esposa terna e da mãe dedicada. Ovídio desenvolve o tema da vitória da arte sobre a violência selvagem da natureza.

Por fim, do v. 40 ao 46, o próprio Ovídio se faz presente na elegia, como o jovem combatente, antes inerte, prestes a enfrentar a batalha (v. 45). A exortação final (v. 46) é o resumo de toda a elegia.

Ovídio não hesita, em momento algum, em contar fatos que outros preferem calar, como um momento de inércia. Ele possui a arte de descrever ou sugerir sem muita insistência a experiência amorosa, em que *libido* e *fides* se justapõem.

A idéia inicial de que ele "nascera vagaroso e para tranqüilos descansos" se opõe à idéia seguinte proposta pela arte de amar, que "estimulou o indolente e o levou a prestar serviços em seus acampamentos". As proposições acima descritas, simetricamente elaboradas, como fases que se sucedem sem maiores relações de causalidade, são bruscamente quebradas em sua cadência pela conjunção "assim", no início do penúltimo verso, alertando o leitor para a mudança real sofrida pelo narrador: "tu me vês ágil e preparando guerras noturnas". O triunfo do amor dar-se-á através da exclamação antagônica do último verso: "Que ame quem não quiser se tornar ocioso!"

A elegia II, 4 serve para descrever o tipo ideal de mulher para o autor:

Não ousarei defender com mentiras os meus costumes repreensíveis,
E servir-me de armas falsas em defesa de meus vícios.
Confesso, se por acaso é útil confessar as culpas;
Mas após a confissão fico louco com minhas faltas.
Eu a odeio, mas não posso não desejar aquilo que odeio:
Ah, como é duro suportar aquilo de que desejamos nos livrar!
Faltam-me as forças e a capacidade de guiar a mim mesmo,
Sou arrastado como uma nau levada pelas ondas impetuosas.
Não é uma beleza certa que excita os meus amores:
Cem são as causas do meu amor ininterrupto.
Se uma tem olhos pequenos voltados para o chão,
Eu me excito: é esse seu pudor que me prende.
Se uma outra é provocante, me fascina porque não é ingênua,
E promete que sabe como se mexer num leito macio.
Se parece insociável e rígida, semelhante às Sabinas, penso
Que ela sente prazer, mas dissimula no fundo do coração.
Se você é instruída, agrada-me por este dote de raras qualidades,
Rude, agradou-me pela sua simplicidade.
Há aquela que diz mal dos versos de Calímaco
Comparados aos meus: logo me agrada aquela a quem agrado.
Uma outra me censura como poeta e critica os meus versos:
De quem me critica sinto que tem as coxas sobre a minha.
Se anda com delicadeza, eu me apaixono pelo seu passo.
Outra é dura, poderá amolecer em contato com um homem.
Daquela que canta docemente e gorjeia com facilidade,
Desejaria arrancar-lhe beijos enquanto canta.
Esta percorre com o hábil polegar as cordas sonantes:
Quem não pode amar mãos assim tão experientes?
Aquela me agrada pelos seus gestos e mexe os braços com ritmo
E curva com doce arte o terno flanco;
Para calar de mim que todas as causas estimulam,
Coloca ali Hipólito, e logo ele se tornará Priapo.
Você que é tão alta, como as antigas heroínas,
E, grande, pode ocupar todo o leito;
E esta outra que é agradável por seu tamanhinho: conquistam-me uma e outra;
Adaptam-se ao meu desejo a grande e a pequena.
Não é elegante, penso no quanto ganharia se estivesse bem-vestida.
É elegante, ela mesma mostra os próprios atrativos.

Há de me conquistar uma carne clara em comparação com uma colorida;
Até mesmo uma bronzeada é agradável no amor.
Se os cabelos negros caem sobre o níveo colo,
Leda foi uma beleza admirada pelas negras madeixas,
Se é loura, a Aurora agrada pelos cabelos cor de açafrão:
O amor se adapta a todos os mitos.
Estimula-me a jovem, excita-me aquela mais velha:
A primeira é melhor pela beleza, a outra pela experiência.
Em suma, a todas as belas mulheres de toda Roma,
A todos se estende o meu ambicioso amor.

BIBLIOGRAFIA

BAYET, Jean. **Histoire politique et psychologique de la religion romaine**. Paris: Payot, 1957.

FEENEY, Denis. **Letteratura e religione nell'antica Roma**. Roma: Salerno Editrice, 1998

MASSONNEAU, Eliane. **La magie dans l'antiquité romaine**. Paris: Librairie du Récueil Sirey, 1934.

OVIDE. **Les amours**. Texte établi et traduit par Henri Bornecque. Paris: Les Belles Lettres, 1952.

ROBERT, Jean-Noël. **Os prazeres em Roma**. Tradução de Marina Appenzeller. São Paulo: Martins Fontes, 1995.

SCHEID, John. **Religion et pitié à Rome**. Paris: Éditions Albin Michel, 2001.

FESTAS PROIBIDAS:
A CONDENAÇÃO DE FESTIVIDADES E COSTUMES DE TRADIÇÃO PAGÃ EM PORTUGAL NA BAIXA IDADE MÉDIA

Beatris dos Santos Gonçalves*

Em Portugal, durante o período da Idade Média, verificamos a presença de inúmeras festividades e costumes folclóricos permeados de traços marcadamente pagãos que, além das comemorações cristãs, se apresentavam inseridos no cotidiano da população.

Apesar de os portugueses possuírem um conjunto de práticas sociais, muitas das quais ancestrais, e mesclarem crenças e ritos cristãos aos pagãos e às outras religiões que constituíam a vivência da fé (THOMAS, 1991, p. 225) da sociedade, estas se apresentavam como desvios que deveriam ser submetidos às leis espirituais e temporais, uma vez que a Igreja e o rei vislumbravam nestas práticas uma ameaça à estabilidade da fé cristã e da ordem do reino.

A Igreja era formada por uma comunidade moral constituída por crentes de uma mesma fé, os quais comungavam da mesma representação do mundo sagrado e do mundo profano. Traduzindo tais representações em práticas idênticas (DURKHEIM, 1979, pp. 60-63), era inaceitável que desvios de crença e cultuais compartilhassem das práticas sociais exercidas em seu cotidiano.

Com o objetivo de construir a sua ortodoxia, a Igreja passou a distinguir as crenças vivenciadas pela sociedade medieval, tomando o Cristianismo por superior, verdadeiro e correto, e as demais crenças, a exemplo das práticas pagãs, por inferiores, falsas e erradas. Todavia, tais definições não eram opostas verticalmente, e sim sobrepostas, de maneira horizontal, determinando o posicionamento dominador da Igreja (BAROJA, 1995, p. 98). Assim, as atividades religiosas iam sendo definidas como lícitas ou supersticiosas, autorizadas ou censuradas (CHARTIER, 1990, p. 191). Deste modo, a Igreja procurou, desde a sua origem, repelir as superstições e as antigas tradições, pois via nestas sobrevivências pagãs desvirtuamentos da doutrina e do culto pregado pelo Cristianismo.

*Professora mestre em História Comparada pelo PPGHC/UFRJ.
beatrisgoncalves@yahoo.com.br

O nível de reflexão religiosa, norteada pela sistematização doutrinária, o conhecimento de Deus e a condução dos homens nem sempre estavam em sintonia com o nível de divulgação, entre a população (BETHENCOURT, 2005, p. 243). Em Portugal, tal fato permitiu a existência de um ambiente favorável à permanência de crenças, ritos e elementos da tradição folclórica que se perpetuaram no mental coletivo (LE GOFF, 1974, p. 88), associados à convivência com, principalmente, as culturas pagãs, árabes e judaicas[1] no interior de um mesmo território, tornando a religiosidade portuguesa particularmente rica. Todavia, esta realidade chocava-se com os interesses da Igreja, que buscava afirmar-se como padrão de verdade a ser seguido.

Para Oliveira Marques, esse contexto religioso verificado no medievo português é considerado como uma "(...) complexa fusão de crenças e de práticas, teoricamente batizada de Cristianismo, mas praticamente desviada dele" (MARQUES, 1974, p. 170). Inferimos que a perpetuação das práticas não-ortodoxas na sociedade medieval deveu-se, não somente à persistência da tradição cotidiana destas, como também à má preparação do clero, misturando ritos sagrados e elementos da nova religião aos ritos profanos, que acumulavam resíduos de antigas práticas pré-cristãs[2].

A explicação para esta questão pode residir na diferente maneira pela qual a fé cristã foi sendo propagada nas áreas urbana e rural. Na área urbana, podia-se encontrar membros do clero letrado, ao passo que, nos campos, era o próprio clero paroquial dos meios rurais e, talvez, mesmo de alguns meios citadinos que presidiam o culto. Assim, o clero das zonas rurais, geralmente, não era letrado e saía do seu próprio ambiente (BOLOGNE, 1998, p. 10). Outro aspecto é o fato de que a Igreja não se restringia apenas ao lugar de culto. Ela também servia como local de reunião e até mesmo recinto de diversão. Falava-se em voz alta, ria-se, e os próprios clérigos davam o mau exemplo. Tanto nos costumes e nas ambições quanto no trajar, os bispos e os padres confundiam-se com a população (MARQUES, 1974, p. 151).

A superstição atravessava tanto o campo quanto a cidade, com contornos específicos, exigindo da Igreja uma flexibilização entre a punição e a contemporização, para que esta exercesse seu domínio, face à multiplicidade de expressões religiosas coexistentes.

> "Renascida a cidade, com toda uma estrutura espacial mais densa e fechada que o campo, com uma divisão mais minuciosa do tempo e com um tecido social variado, nela se vão desenvolver novas superstições de cariz marcadamente urbano. Contra esse ritmar do tempo por horas, meias horas e quartos de horas renovam-se os ritos do velho calendário pagão. Contra a ordem, a contenção e uma moral mais rígida e estruturada, irrompem-se as práticas de exaltação do corpo, do riso e da sátira dos poderes (COELHO, 1995, pp. 11-12)."

Observa-se que em todas as sociedades houve e há desviacionistas[3], a despeito de que, do ponto de vista da coesão e da segurança, seja importante que tal não aconteça. Por isso, todas as sociedades criam mecanismos e instrumentos objetivando preveni-los ou puni-los após o seu aparecimento, incentivando e custeando instituições cuja finalidade é possibilitar a socialização ou a domesticação dos seus membros, para que sejam executados os comportamentos prescritos e que sejam evitados os proibidos, ou seja, elaborar regras, rituais e sanções (MATTOSO, 1997, pp. 304-305).

No medievo português, para que as condutas consideradas desviantes fossem controladas e combatidas, era necessário que os poderes vigentes se utilizassem de instrumentos de controle social, visando aculturar (WACHTEL, 1976, pp. 113-129) os indivíduos, segundo os padrões aceitos pelos representantes do poder naquele momento. Segundo Mattoso, esse procedimento de normatização da sociedade tinha o seguinte intuito:

> "(...) condicionar o enquadramento dos indivíduos dentro de uma "aura de comunidade", para robustecer a coesão e manter a identidade do grupo. São modos e meios conservadores que condicionam para a normalidade, elogiando o conformismo e desconfiando das novidades" (MATTOSO, 1997, p. 305).

Diversas eram as fontes eclesiásticas que denunciam e pregam a condenação de práticas supersticiosas pelos fiéis. Os penitenciais e os livros de visitações, por exemplo, nos fornecem importantes dados para o estudo das práticas cotidianas da sociedade medieval portuguesa.

A realização de concílios e sínodos e a compilação de éditos, bulas e manuais expressavam a preocupação da Igreja em buscar soluções para a permanência dos costumes não-cristãos. Os desviantes eram punidos com penitências, e até mesmo com a excomunhão.

A exemplo da Igreja, o rei, apoiado no direito civil e canônico, passou a punir e a coibir as práticas supersticiosas, prevendo em suas legislações penas contra esse tipo de infração que trazia danos à sociedade e ao espírito. Como representante celeste na terra, cabia ao rei, em uma de suas funções, proteger e manter a integridade do dogma cristão, não permitindo que este fosse ignorado em prol de outra crença ou mesmo reinterpretado com elementos de outra natureza religiosa.

> "(...) a jurisprudência acrescenta pois a sua autoridade à da Escritura: as leis divinas e humanas implicam a repressão mais severa contra todos aqueles que fazem pactos diabólicos, renegando seu Deus e colaborando na perdição dos homens. E a organização mesma do aparelho judiciário não poderia senão estender-se no mesmo sentido" (MANDROU, 1979, p. 78).

No entanto, eram freqüentes os espetáculos de danças populares ante requintadas assistências palacianas. Contratavam-se vilãos que cantavam ou bailavam suas modinhas tradicionais frente ao rei, de grandes senhores ou de convidados ilustres. Apreciavam-se muito as danças típicas de cunho não-cristão. Oliveira Marques descreve-nos as festas em que participavam judeus e mouros, bailando, tangendo e tocando, como na ocasião do casamento de D.Afonso, que ordenou que "(...) de tôdalas mourarias do reino, viessem às festas tôdolos mouros e mouras que soubessem bailar, tanger, cantar (...)" (MARQUES, 1980, p. 107).

Ainda que a permanência de costumes pagãos tenha merecido maior tolerância em Portugal, devido à convivência de múltiplas crenças, a proibição de práticas sociais não-cristãs estava presente nas leis do reino. Exemplo disso foi a carta régia de 1385. Expressando a preocupação régia com os desvios da ortodoxia, tal carta objetivava expurgar a idolatria e costumes supersticiosos dos gentios na cidade de Lisboa.

Nesta cidade e em seu termo, foram proibidos feitiços, invocações de demônios, adivinhações, ligamentos, encantamentos, sortes, agouros e outras práticas semelhantes. A carta régia também impunha a pena que para tais casos estivessem cominadas no direito civil, com a declaração de que, nos casos mencionados não previstos nem punidos na lei, se aplicasse a pena de degredo da cidade e termo até o perdão de El-Rei àquele que praticasse, ensinasse ou consentisse nessas práticas. Também se proibiu cantar Janeiras e/ou Maias[4], ou que se fizesse alguma coisa semelhante em qualquer mês do ano, ou que se lançasse cal nas portas sob título de Jano ou que se furtassem águas, ou que se seguisse qualquer outra prática desse gênero, sob pena de multa de cinqüenta libras (OLIVEIRA, 1887, pp. 275-276).

Na carta de 14 de agosto de 1385, eram ainda expressas e observadas algumas outras práticas de cunho mágico e supersticioso que foram proibidas em Portugal. Visto isso, após a data desta carta, todas as compilações de leis gerais do reino passaram a conter disposições sobre a matéria (PAIVA, 1997, p. 192).

> "(...) os sobreditos stabeleçem e ordinhã que daquy e deante em esta cidade, e em seu termo, nehua pessoa nõ use ne obre de feitiços, ne de legamentos, ne de chamar os diabos, ne descãtações, (...) ne dagoyros, ne de sonhos, ne dencãtamentos, ne lance Roda, ne lance sortes, ne obre dadevinhamentos em algua guisa que deffeso seja per direito çiuel ou canonico (...) "(OLIVEIRA, 1887, p. 275).

Como o costume de carpir e clamar sobre os mortos vinha dos gentios e era contrário à doutrina cristã, foi determinado que dali em diante, naquela cidade e seu termo, nenhum homem ou mulher carpisse sobre qualquer defunto, ainda que fosse pai, mãe, filho ou filha, irmão ou irmã, marido ou mulher, nem por nenhuma outra perda ou morte; o que não impedia que qualquer pessoa pudesse fazer luto e chorar, caso fosse sua vontade. A infração era punida com multa de cinqüenta libras e com a retenção do morto em casa durante oito dias; e quem não tivesse como efetuar o pagamento seria degredado da cidade e termo até conseguir o perdão de El-Rei (ALMEIDA, 1967, p. 402).

Contra os ritos do calendário pagão, proibiram-se as festividades que celebrassem e manifestassem os costumes gentílicos. Condenavam-se a crença nos dias fastos e nefastos e os meios usados para os atrair ou repelir. Lutava-se pela defesa dos lugares e práticas cristãs, não se permitindo cantos, danças e trabalhos desonestos nos mosteiros e nas igrejas (COELHO, 1995, pp. 13-14).

Vigorosamente integrada à sociedade, a Igreja exigia de todos não somente o acatamento à sua autoridade, como também a demonstração pública da fé (ROMERO, 1979, p. 438). Assim, na medida em que a Igreja ia se estruturando, procurava também coibir e punir todas as práticas e celebrações que não se enquadravam na sua ortodoxia, impondo, deste modo, o culto oficial e uma disciplina religiosa. É neste sentido que a Igreja e o rei, através das legislações, uniram-se em busca da normatização das crenças e do comportamento da sociedade portuguesa medieval.

NOTAS

[1] A influência árabe fez-se sentir, sobretudo, nas matérias científicas. A medicina muçulmana, herdada dos gregos, encontrou-se menos impregnada de superstições e de práticas mágicas quando penetrada no Ocidente, no século XII. Alguns domínios como astrologia, geomancia, fisiognomonia, alquimia e outros também deveram-se aos árabes (REILLY, 1996). A luta pela Península Ibérica. Lisboa: Teorema, 1996. Assim também foi a influência judaica, que, por meio da tradição hebraica da *Kabbalah*, desenvolvia fórmulas e ritos próprios que fomentavam

a rotulação negativa da Igreja para estas práticas e para a exclusão de seus adeptos. Sobre os judeus, ver, entre outros: KRIEGEL, Maurice. Judeus. *In*: LE GOFF, J.; SCHMITT, J-C.. *Dicionário temático do ocidente medieval.* São Paulo: Imprensa Oficial de São Paulo/ EDUSC, 2002. 2v. V.2P. 37-53; STOW, Kenneth. Alienated minority. *The jews of medieval latin Europe*. Harvard, 1992; YERUSHALMI, Yosef Hayim. *Sefaradica.* Essai sur l'histoire des juifs, des marranes et des nouveaux-chrètiens d'origine hispano-portugaise. Paris, 1998.

[2] Os camponeses europeus podiam ir à missa aos domingos e assimilar num certo nível os ritos e doutrinas cristãs. Ao mesmo tempo, porém, ainda deixavam leite em pires e faziam inúmeros outros tipos de oferendas (BAIGENT, Michael; LEIGH, Richard. *A Inquisição*. Rio de Janeiro: Imago, 2001, p.118).

[3] Desviacionistas seriam aqueles indivíduos que, com ou sem razão, conscientemente ou não, infringem as normas. Ver: MATTOSO, José (Dir.). *História de Portugal*. A monarquia feudal (1096-1480). Lisboa: Estampa, 1997, v.2, p.304.

[4] Maias são flores de gesta amarela utilizadas nos festejos supersticiosos gentílicos.

BIBLIOGRAFIA

ALMEIDA, Fortunato de. **História da Igreja em Portugal**. Porto: Portucalense, 1967.

BAIGENT, Michael; LEIGH, Richard. **A Inquisição**. Rio de Janeiro: Imago, 2001

BAROJA, Julio Caro. **Las Brujas y su Mundo**. Madrid: Alianza Editorial, 1995.

BETHENCOURT, F. **O imaginário da magia**: feiticeiros, adivinhos e curandeiros em Portugal no século XVI. São Paulo: Companhia das Letras, 2005.

BOLOGNE, J.C. **Da chama à fogueira**: magia e superstição na Idade Média. Lisboa: Dom Quixote, 1998.

CHARTIER, Roger. **A história cultural**: entre práticas e representações. Lisboa: Difel, 1990.

COELHO, Maria Helena da Cruz. **Superstição, fé e milagres na Idade Média**. Coimbra: INATEL, 1995.

DURKHEIM, Émile. **Les formes élémentaires de la vie religieuse**. Paris: PUF, 1979.

KRIEGEL, Maurice. Judeus. *In*: LE GOFF, J., SCHMITT, J-C.. **Dicionário temático do ocidente medieval.** São Paulo: Imprensa Oficial de São Paulo/ EDUSC, 2002. 2v. V.2.

LE GOFF, Jacques. Les mentalités: une histoire ambigue. *In*: LE GOFF, Jacques, NORA, Pierre. **Faire de l'histoire. Nouveaux objects**. Paris, 1974.

MANDROU, Robert. **Magistrados e feiticeiros na França do século XVII.** São Paulo: Perspectiva, 1979.

MARQUES, A. H. de Oliveira. **A sociedade medieval portuguesa**. Lisboa: Sá da Costa, 1974.

MARQUES, A. H de Oliveira. **História de Portugal**. Lisboa: [s.n], 1980.

MATTOSO, José (dir.). **História de Portugal.** A monarquia feudal (1096-1480). Lisboa: Estampa, 1997. v.2.

OLIVEIRA, Eduardo Freire (Org.). **Elementos para a história do município de Lisboa**. Lisboa: Typog. Universal, 1887. Tomo 1.

PAIVA, José Pedro. **Bruxaria e superstição num país sem "caça às bruxas"**(1600-1774). Lisboa: Notícias, 1997.

REILLY, Bernard. **Cristãos e muçulmanos**. A luta pela Península Ibérica. Lisboa: Teorema, 1996.

ROMERO, José Luis. **La revolución burguesa en el mundo feudal**. México: Siglo Veintiuno, 1979, v.1.

STOW, Kenneth. **Alienated minority**. The jews of medieval latin Europe. Harvard: [s.n], 1992.

THOMAS, K. **Religião e o declínio da magia**: crenças populares na Inglaterra séculos XVI e XVII. São Paulo: Companhia das Letras, 1991

WACHTEL, Nathan. A aculturação. *In*: LE GOFF, Jacques; NORA, Pierre. **História**: novos problemas. Rio de Janeiro: Francisco Alves, 1976.

YERUSHALMI, Yosef Hayim. **Sefaradica.** Essai sur l'histoire des juifs, des marranes et des nouveaux-chrètiens d'origine hispano-portugaise. Paris, 1998.

UMA SANGRENTA CONFRATERNIZAÇÃO: *FARSÁLIA* IV, 168-252

Brunno Vinícius Gonçalves Vieira*

Se, em certo sentido, a festa para os romanos está relacionada com a celebração religiosa, como assinala o termo latino *feriae*, 'festas', derivado do radical *fas*-, 'permissão ou ordem divina', pode-se presumir que a epopéia de Lucano é antifestiva por excelência, à medida que representa um mundo desgraçado. Apesar disso, a expressividade antitética e paradoxal da poesia lucaneana, vez por outra, serve-se de ocasiões festivas justamente para realçar o nefas, ou seja, a negação do sagrado presente numa guerra intestina. Episódios como a celebração do *Amburbium* (**Far.**, I, 596-604), o Casamento entre Catão e Márcia (**Far.**, II, 354-91), a Celebração da Concórdia (**Far.**, IV, 168-253) expressam de um modo contraditório esse sentido religioso de festa em tempos de discórdia civil, mas, sendo preciso restringir meu objeto de estudo, procurarei me deter sobre aquela celebração da Concórdia entre os soldados de César e de Pompeu no canto IV, 168-252, em que se narra uma confraternização em pleno campo de batalha.

Tal episódio da História da Guerra Civil entre César e Pompeu é reportado por César no seu **Bellum Ciuile** (I, 74-5), pelo historiador grego Apiano na sua **História Romana** (II, 42-3), e por Suetônio (**D. Iulius**, 75, 2).

Esse evento da guerra parece ter sido tomado pela propaganda cesarista como um dos *exempla* da propalada *clementia* de Júlio César, uma vez que ele mesmo, movido talvez por aquilo que ele chamara *misericordia ciuium*, "compadecimento pelos concidadãos" (I, 72), permitiu as conversações entre as duas tropas, como narra no capítulo 74-75 do livro I, do **Bellum ciuile**, e depois, mesmo com a sanguinária reação do comando pompeiano, César não foi movido por sentimento de ódio ou vingança.

Lucano serve-se desse acontecimento histórico da Guerra Civil para mais uma vez enfatizar seu repúdio *ad nauseam* à luta fratricida. Um verso como *hic fratres natosque suos uidere patresque*, "aqui irmãos e pais e filhos viram-se uns aos outros", considerado interpolado pelos principais editores da **Farsália**, é, pela hipérbole ultra-realista, uma excelente rubrica marginal para condensar o tom do episódio.

*Professor mestre da Faculdade de Ciência e Letras [Araraquara] – Universidade Estadual Paulista. brvieira@fclar.unesp.br

A luta intestina, retratada por Lucano, reelabora em poema um episódio da história recente de Roma, e a exasperação com que o poeta reporta esse evento evoca a expressividade da tragédia. Nesse sentido a identificação de Lucano com a tragédia é algo declarado alusivamente desde os primeiros versos da sua epopéia e essa relação se constitui tanto no estilo quanto no repertório lendário subjacente ao texto.

Conte, no seu comentário sobre o proêmio da **Farsália**, bem explicita a proximidade, literal até, do estilo de Lucano com aquele da tragédia senequeana:

> Aqui o *pathos* [...] não vem insinuado nem sugerido, mas sim fortemente marcado, martelado. Ele vem de per si com a recordação do estilo da tragédia senequeana [...] Não é só em certos contornos da língua que se pode facilmente sugerir a dependência estilística do Sêneca trágico, mas sobretudo no particular movimento e gosto artístico em relação à exasperação das formas expressivas (Conte, 1988, p. 18).

Procurarei mostrar como se constrói essa "exasperação das formas expressivas" de que fala Conte, no episódio em questão, atentando para sua proximidade estilística e mesmo estrutural com os elementos constitutivos da tragédia, tais como instituídos por Aristóteles. Tomo as considerações aristotélicas como representativas de um pensamento sobre a tragédia no âmbito da antiguidade. Isso não significa afirmar que Lucano leu, ou não, a **Poética**, mas, sim, que analiso o trágico lucaneano pelo ponto de referência teórico de Aristóteles.

Como minha leitura da obra de Lucano se dá pela tradução, achei por bem erigir minha análise do excerto pelo caminho da crítica via tradução. Assim sendo, passarei a comentar *pari passu* como se opera a construção de sentido do excerto.

1. O encontro e o reconhecimento (168-182)

illic exiguo paulum distantia uallo
castra locant. postquam spatio languentia nullo
mutua conspicuos habuerunt lumina uoltus,
[hic fratres natosque suos uidere patresque]
deprensum est ciuile nefas. tenuere parumper
ora metu, tantum nutu motoque salutant
ense suos. mox, ut stimulis maioribus ardens
rupit amor leges, audet transcendere uallum
miles, in amplexus effusas tendere palmas.
hospitis ille ciet nomen, uocat ille propinquum,
admonet hunc studiis consors puerilibus aetas;
nec Romanus erat, qui non agnouerat hostem.
arma rigant lacrimis, singultibus oscula rumpunt,
et quamuis nullo maculatus sanguine miles
quae potuit fecisse timet.

Assentam-se ali mesmo em dois acampamentos
de parca paliçada. Então, nada distantes,
se encararam e um brilho no olhar distinguiram,
irmãos e pais e filhos viram-se uns aos outros,

e perceberam o nefas civil. De início,
franzia o medo às faces, mas logo saudavam-se
meneando a cabeça e balançando o gládio.
Daí foi que avivado por algo maior
o amor rompeu as leis, e a soldadesca ousou
deixar seu forte para dar abraços fortes.
O nome um grita do hóspede, outro do parente,
na escola a meninice estoutros rememoram.
Todo romano tinha um conhecido imigo.
Os beijos, o soluço e o choro as armas molham
e o soldado, sem nada de sangue nas mãos,
teme o que quase fez.

O centro dessa primeira parte reside na eclosão do *amor* que pode se encontrar em 175, *rupit amor leges,* "o amor rompeu as leis", em que pese o sentido paradoxal de *leges*, que aqui nomeiam as leis do *nefas*, não do *ius*, consolidando a interpretação lucaneana da Guerra Civil como um *ius datum scelus*, "o direito ser entregue ao crime", **Far.,** I, 2.

A guerra civil está em andamento e o nefas já está instaurado, mas os fados preparam uma peripécia, no sentido aristotélico. A proximidade dos acampamentos fez com que os soldados se reconhecessem e, tal como ocorre na tragédia, se dessem conta de sua falta. O verbo *deprehendere*, "apanhar em flagrante, mas também, compreender, reconhecer", é textualmente citado no **Oedipus** de Sêneca para descrever o momento do reconhecimento trágico *[Nuntius] Praedicta postquam fata et infandum genus/deprendit ac se scelere conuictum Oedipus/damnauit ipse* (915-7), "Depois que reconheceu seus prenunciados fados e a sua origem infanda, o próprio Édipo se condenou, convencido de seu crime". Esse reconhecimento é ainda confirmado com o uso do verbo *agnoscere* (etimologicamente ligado a *agnitio*, tradução latina de *anagnorisis*) na *sententia* do verso 179, *nec Romanus erat, qui non agnouerat hostem*, em que a dupla negação torna o sentido afirmativo, e mais à frente no *agnouere suos* (194).

2. Crítica à hipocrisia do reconhecimento e invocação à Concórdia (182-195)

quid pectora pulsas?
quid, uaesane, gemis? fletus quid fundis inanis
nec te sponte tua sceleri parere fateris?
usque adeone times quem tu facis ipse timendum?
classica det bello, saeuos tu neclege cantus;
signa ferat, cessa: iam iam ciuilis Erinys
concidet et Caesar generum priuatus amabit.
nunc ades, aeterno conplectens omnia nexu,
o rerum mixtique salus Concordia mundi
et sacer orbis amor: magnum nunc saecula nostra
uenturi discrimen habent. periere latebrae
tot scelerum, populo uenia est erepta nocenti:
agnouere suos. pro numine fata sinistro
exigua requie tantas augentia clades!

(Por que esmurras teu peito?
Por que, louco, te atiras num choro leviano,
ao invés de confessares que escolheste o crime?
Até que ponto temes quem temido fazes?
Se ele soa os clarins: cala os gritos de guerra;
se a ordem é avançar: pára e a Erínia civil
baixará e na paz se amarão genro e sogro).
Vinde, ó Concória, unindo todos *ad aeternum,*
ó salvação de um mundo em plena confusão,
amor sagrado e universal! Este momento
é crucial às gerações que inda virão.
Findaram-se as desculpas de tantos delitos,
dos culpados o álibi foi descartado:
aos seus reconheceram. Ah! Fado malévolo,
quantas desgraças armas num breve armistício!

O poeta intervém como que representando o papel de um coro trágico e faz duas apóstrofes: uma dirigida a um soldado recém-irmanado, outra à Concórdia.

Na primeira, ele chama atenção para a hipocrisia daquele ato, evocando o princípio da 'libertas' estóica, que se aproxima do nosso livre-arbítrio. Diz que o soldado está ali *sponte tua*, "de vontade própria", e enfatiza essa idéia de que cada um é sujeito do próprio destino, intimando esse soldado pelos imperativos *neclege*, "recusa", e *cessa,* "pára". No final dessa primeira apóstrofe, o poeta condiciona a morte da Erínia civil e o amor entre genro e sogro à vontade do soldado. O termo *Erinys*, designativo da Fúria, a divindade infernal, é mais um índice da aproximação do episódio ao universo trágico-lendário (Sêneca o usa seis vezes nas tragédias).

Segue a invocação da Concórdia naquilo que se constitui o ponto alto desse reconhecimento. A invocação tem lugar de destaque dentro de uma narrativa épica: o próprio Sérvio a coloca como uma das três partes da narrativa, junto com o exórdio e a narração (nota ao I, 8 da **En.**). Geralmente ela abre uma obra ou chama atenção para o início de uma nova parte da narração (*sequentis operis initium*, nota a VII, 37 da **En.**).

Nesse sentido, essa invocação frustra as expectativas genéricas. Johnson chega a falar que essa seria a invocação desejada pelo poeta para todo o seu poema, mas que teria ficado sem resposta (JOHNSON, 1987, p. 13).

Jal, no artigo "Pax ciuilis - Concordia", que investiga o significado desses termos em latim, refere-se à Concórdia invocada por Lucano nessa passagem. Segundo ele, para o poeta a concórdia significava uma força quase mecânica, cuja existência e funcionamento condicionavam o universo. Essa força, evocada pelo poeta em termos quase míticos, tinha dimensões cósmicas, conforme a escala universal das guerras civis aos romanos (JAL, 1961, p. 229). Sendo assim, é como se, por um momento, o narrador criasse um efeito de sentido de mudança de fortuna, o que contrariaria até mesmo o fato histórico narrado por César. É como se ele acreditasse que aquele reconhecimento pudesse anular os transes seguintes e a quebra narrativa causada pela invocação sublinha esse fato.

Aquela confraternização dos soldados, aliada à invocação da deusa da Paz, soleniza o evento, criando um simulacro de celebração religiosa, e o paganismo, segundo nota Paul Veyne, é uma "religião de festas" (VEYNE, 1995, p. 189).

3. A confraternização e a súbita volta ao nefas (196-211)

pax erat, et castris miles permixtus utrisque
errabat; duro concordes caespite mensas
instituunt et permixto libamina Baccho;
graminei luxere foci, iunctoque cubili
extrahit insomnis bellorum fabula noctes,
quo primum steterint campo, qua lancea dextra
exierit. dum quae gesserunt fortia iactant
et dum multa negant, quod solum fata petebant,
est miseris renouata fides, atque omne futurum
creuit amore nefas. nam postquam foedera pacis
cognita Petreio, seque et sua tradita uenum
castra uidet, famulas scelerata ad proelia dextras
excitat atque hostis turba stipatus inermis
praecipitat castris iunctosque amplexibus ense
separat et multo disturbat sanguine pacem.
addidit ira ferox moturas proelia uoces.

Veio a Paz. Misturaram-se os dois batalhões,
e os amigos transformam o chão duro em mesas,
e fazem libações com vinho misturado.
Os altares de palha queimam e uns nos outros
recostados, insones, madrugam gabando
façanhas: a primeira guerra ou a destreza
com que lançavam dardos, e ora se exaltavam,
ora se desmentiam. Como quis o Fado,
os desgraçados renovaram o antigo vínculo
e com o amor cresceu todo nefas por vir.
Então, quando Petreio soube dessa aliança
sentindo-se traído e vendido o seu campo,
conclamou seus lacaios à guerra nefasta
e com eles caiu sobre os rivais pacíficos,
desfazendo os abraços a golpes de gládio,
desbaratando a paz com um banho de sangue,
e acrescentou irado essas intimações:

Em plena paz, *pax erat*, opera-se a transformação de *hostes* em *concordes*. O narrador apresenta alguns índices de uma cerimônia feita em honra da *Concordia*: são eles os *graminei foci* e os *permixto libamina Baccho*. Eis uma festa em plena guerra civil! Mas o Fado malévolo acrescentará a esse mútuo reconhecimento uma peripécia que levará esses soldados ao cúmulo do nefas, como bem prenuncia o predicado trágico *miseri* atribuído a esses soldados, nos versos 203-205. *quod solum fata petebant, /est miseris renouata fides, atque omne futurum/creuit amore nefas*, "Como quis o fado,/ os desgraçados renovaram o antigo vínculo/ e com o amor cresceu todo nefas por vir."

Eis que vem o general pompeiano Petreio, cuja entrada na narrativa institui a peripécia que trará à cena seu elemento trágico faltante: o patético. Petreio menospreza a *renouata fides* (204), "o vínculo renovado", e *multo disturbat sanguine pacem*, "desbarata a paz com um banho de sangue" (210). Mas para que o efeito trágico do temor e da compaixão (ARISTÓTELES, 1974, p. 173) se consolide, é necessário que os próprios soldados confraternizados matem-se uns aos outros. Como que obedecendo à prerrogativa aristotélica, em que é maior o *pathos* "quando o evento se produz entre pessoas amigas, por exemplo, se irmão mata irmão, ou está para matá-lo, ou lhe faz alguma outra coisa semelhante, estas são situações que se devem buscar" (ARISTÓTELES, 1974, p. 175).

Isso é o que acontecerá na seqüência, mas já nessa celebração há sinais desse mísero desfecho. As **Adnotationes super Lucanum,** coletânea feita por Ednt de escólios do poema, chamam atenção para a citação de Virgílio em *graminei foci*, o que sugere uma leitura alusiva entre esta passagem e aquela do livro XII da **Eneida**, em que Latinos e Troianos ensaiam uma negociação de paz. Aqui, como lá, tem-se o encontro dos dois exércitos e se fazem sacrifícios propiciatórios, mas aqui, como lá, esses pactos de paz fracassarão com os dois exércitos impiamente passando por cima dos altares em mútua carnagem.

4. Petreio subverte os conceitos (228-42)

''inmemor o patriae, signorum oblite tuorum,
non potes hoc causae, miles, praestare, senatus
adsertor uicto redeas ut Caesare? certe,
ut uincare, potes. dum ferrum, incertaque fata,
quique fluat multo non derit uolnere sanguis,
ibitis ad dominum damnataque signa feretis,
utque habeat famulos nullo discrimine Caesar
exorandus erit? ducibus quoque uita petita est?
numquam nostra salus pretium mercesque nefandae
proditionis erit: non hoc ciuilia bella,
ut uiuamus, agunt. trahimur sub nomine pacis.
non chalybem gentes penitus fugiente metallo
eruerent, nulli uallarent oppida muri,
non sonipes in bella ferox, non iret in aequor
turrigeras classis pelago sparsura carinas,
si bene libertas umquam pro pace daretur.
hostes nempe meos sceleri iurata nefando
sacramenta tenent; at uobis uilior hoc est
uestra fides, quod pro causa pugnantibus aequa
et ueniam sperare licet. pro dira pudoris
funera! nunc toto fatorum ignarus in orbe,
Magne, paras acies mundique extrema tenentis
sollicitas reges, cum forsan foedere nostro
iam tibi sit promissa salus.' sic fatur et omnis
concussit mentes scelerumque reduxit amorem.
sic, ubi desuetae siluis in carcere clauso
mansueuere ferae et uoltus posuere minaces

atque hominem didicere pati, si torrida paruos
uenit in ora cruor, redeunt rabiesque furorque
admonitaeque tument gustato sanguine fauces;
feruet et a trepido uix abstinet ira magistro.

"Esquecido da pátria e dos teus estandartes,
não podes mais, soldado, ser um vingador
do senado e voltar com César derrotado?
Mas, podes ser vencido. Não te falta espada.
É incerto o destino. Sangue tens bastante...
Seguireis um senhor e uns brasões criminosos,
e pra que César não vos note entre seus servos,
ireis vos prostrar?! Já rogastes por nós próceres?!
Nosso bem-estar não pagará essa infame
traição: guerras civis não são feitas para
que vivamos. Ao nosso excídio chamam 'paz'.
Não se perfuraria o chão buscando ferro,
nem muros cercariam cidades, nem bravos
corcéis guerreariam, nem sobre o profundo
navegariam naus e mais naus turriformes,
se a liberdade e a paz andassem lado a lado.
Meus imigos juraram em nome de crimes,
mas vosso juramento é mais sórdido ainda,
pois esperais ser desculpados por lutardes
do lado justo! É a derrocada da decência!
Ó Pompeu, sem saber desses últimos transes,
arregimentas efetivos pelo mundo
e os reis das regiões mais remotas da terra,
quando talvez com essa confabulação
já negociam teu destino!" Assim bradou
e os convenceu e os fez amar de novo o crime.
Tal como, as feras adestradas trás as grades,
esquecidas das selvas, tornam-se mansinhas,
dóceis ao domador, mas se um pingo de sangue
lhes cai na boca, ficam doidas desregradas,
e as presas relembradas de outrora se mostram,
e fervendo de raiva a custo o dono poupam.

O esforço retórico de Petreio consiste despertar o sentimento da *fides* entre seus soldados. *Fides*, 'boa-fé" ou "fidelidade" – uma virtude também cultuada como divindade entre os latinos –é o que eles entendiam como "fidelidade à palavra empenhada" (cf. "Fides" em ERNOUT; MEILLET, 1959) e, no contexto de caserna, podemos entendê-la como lealdade ao chefe. Note-se o empenho de Petreio para advertir os soldados sobre o destino dado aos generais numa guerra civil e lembrá-los da *uestra fides*, i. é, dos juramentos feitos anteriormente (228-31).

A função de Petreio para a tragicidade do episódio reside em desfazer aquele primeiro reconhecimento e a *pietas* dele resultante e introduzir um segundo reconhecimento pela evocação da fidelidade partidária e militar. Essa posição, mesmo sendo questionável diante das leis da natureza, convence o coração do soldado movido por uma ferocidade bestial, que o transporta da amizade ao ódio.

Eis que se introduz o símile das feras domesticadas: uma alegoria do retorno ao estado de ânimo anterior ao encontro dos dois exércitos. Lucano reescreve um símile de Sêneca presente nas **Cartas a Lucílio**, 85, 8: *Tigres leonesque numquam feritatem exuunt, aliquando summittunt, et cum minime expectaueris exasperatur toruitas mitigata. Numquam bona fide uitia mansuescunt.* "Os tigres e os leões nunca se despojam da ferocidade, algumas vezes a submetem, e quando menos se espera, a ameaça antes abrandada é inflamada. Jamais os vícios se abrandam diante a boa-fé." Note-se a ironia que Lucano lança através da alusão atribuindo à *fides petreiana* foros de boa-fé.

Acabado o discurso, a mudança de conceitos é substanciada no verso performativo *scelerumque reduxit amorem* (236), "e os fez amar de novo os crimes", em que o *amor orbis* de alguns versos atrás assume um outro objeto *amor scelerum*...

5. As monstruosidades (243-252)

itur in omne nefas, et, quae fortuna deorum
inuidia caeca bellorum in nocte tulisset,
fecit monstra fides. inter mensasque torosque
quae modo conplexu fouerunt pectora caedunt;
et quamuis primo ferrum strinxere gementes,
ut dextrae iusti gladius dissuasor adhaesit,
dum feriunt, odere suos, animosque labantis
confirmant ictu. feruent iam castra tumultu,
ac, uelut occultum pereat scelus, omnia monstra
in facie posuere ducum: iuuat esse nocentis.

Destarte a toda espécie de nefas se lançam,
e a lealdade motivou monstruosidades
algo que a Sorte deveria ter disposto
no breu das guerras, tal a fúria dos celestes.
Entre as mesas e os leitos extripam aqueles
que há pouco acalentavam com beijos e abraços
e, se de início o ferro empunham lastimosos,
logo que o gládio tocam desvirtuador,
já maldizem os seus enquanto lhes trespassam
e aos desacreditados convencem matando.
O acampamento reverbera um transe intenso,
e, como um crime oculto nada vale, expõem
ao chefe as covardias: felizes da infâmia.

Se para Aristóteles "o reconhecimento é uma mudança da ignorância ao conhecimento, para a amizade ou para o ódio, dos destinados à sorte ou ao infortúnio" (Aristóteles, 1974, p. 164), Lucano na sua exasperação expressiva dispôs na sua 'sangrenta confraternização' dois reconhecimentos: um para a amizade (a celebração da Concórdia) e outro para o ódio (a intervenção de Petreio), concentrando toda a sua força retórica para essa cena patética final. A intenção aqui é a comoção do leitor pelo temor e compaixão, levando-o à purgação (catarse) desses sentimentos.

O estilo dramático, que Conte identificou "no tom incisivo da expressão esmiuçada em breves enunciados concisos e sentenciosos" (Conte, 1988, p. 17), está aqui presente em *itur in omne nefas* (243), *fecit monstra fides* (245), *dum feriunt, odere suos* (249). Em que se acrescente um clímax digno da tragédia senequiana, em que amigos e parentes são mortos em frente aos generais, representantes dos espectadores do teatro.

A festa dos soldados acaba, por fim, em tragédia, ou seja, na sublimação do crime parricida em uma sangrenta confraternização.

BIBLIOGRAFIA

Apiano. **História romana II: guerras civis**. Madrid: Editorial Gredos, 1985.

Aristóteles. **Poética.** V. F. Yebra. Madrid: Gredos, 1974

César. **A guerra civil (Bellum Ciuile)**. Trad. A. S. Mendonça. São Paulo: Est. Liberdade, 1999.

Conte, G. B. **La 'Guerra Civile' di Lucano: studi e prove di comento.** Urbino: Quattro Venti, 1988.

Endt. J. **Adnotationes super Lucanum**. Stutgardiae: B. G. Teubner, 1909. (Disponível em<http://gallica.bnf.fr> Acesso em 25 jan. 2002)

Ernout, A.; Meillet, A. **Dictionnaire étymologique de la langue latine.** Quatrième édition. Paris: C. Klincksieck, 1959.

Jal, P. "Pax ciuilis" – "Concordia". **Revue des Études Latines**, n. 39, 1961, pp. 210-231.

Johnson, W. R. **Momentary monsters: Lucan and his heroes.** New York: Cornell University Press, 1987.

Lucani, M. A. **De Bello Ciuili libri decem**. Edition by Housman. Oxford: Oxford University Press, 1970.

Lucano, M. A. **Farsalia.** Intr., trad. e notas de A. H. Redondo. Madrid: Editorial Gredos, 1984.

Séneca. **Tragedias:** Hércules Loco, Las Troyanas, Las Fenicias, Medea. Vol. I. Trad. Jesús Luque Moreno. Madrid: Editorial Gredos, 1997.

________. **Tragedias:** Fedra, Edipo, Agamenón, Tiestes, Hércules en el Eta, Octavia. Vol. II. Trad. Jesús Luque Moreno. Madrid: Editorial Gredos, 1999.

Senecae, L. Annaei. **Tragoediae** ed. O. Zwierlein, 1987. *In*: Phi 5.3. **Latin texts and Bible versions**. The Packard Humanities Institute, 1991. CD-ROM

________. Epistulae Morales ad Lucilium L. Vols. 1-2, ed. L. D. Reynolds, 1965. *In*: Phi 5.3. **Latin texts and Bible versions**. The Packard Humanities Institute, 1991. CD-ROM

Servivs Horonatvs, In Vergilii Aeneidos Libros Servii Grammatici Qui Feruntur in Vergilii Carmina Commentarii. ed. G. Thilo, 1878-'1884. Vols. 1-2. *In*: Phi 5.3. **Latin texts and Bible versions**. The Packard Humanities Institute, 1991. CD-ROM

Suetônio. **As vidas dos doze césares.** Trad. Sady-Garibaldi. São Paulo: Atena, 1962.

Veyne, P. O Império Romano. *In*: ________. (Org.) **História da vida privada 1: Do Império Romano ao Ano Mil.** São Paulo: Cia. das Letras, 1995, pp. 18-223.

A BELA FESTA DO VALE

Cintia Alfieri Gama*

O festival conhecido como *heb nefer en pai net*, isto é, a Bela Festa do Vale, é um dos mais importantes dentre as festividades existentes no calendário egípcio. Ele teria sido iniciado no reinado de Nebhepetre Mentuhotep, faraó da XI dinastia, que construiu um templo localizado na margem oeste do Nilo, na região tebana, mais precisamente em Deir el-Bahari. Neste, a imagem do faraó aparece relacionada com a do deus tebano Amon.

Mentuhotep II é então o responsável pela introdução do culto de Amon-Rê, divindade solar e real que no Alto Egito assume o papel de Rê-Atoum Heliopolitano, na margem ocidental de Tebas. Este ingresso decorre do desejo por parte deste faraó em adaptar o modelo religioso de Heliópolis a Tebas. A renovação dos dogmas reais e solares é, portanto, acompanhada de novos esquemas litúrgicos, dos quais figurava a instauração de uma navegação anual da imagem de Amon-Rê de Karnak (Tebas Oriental) ao templo do faraó em Deir el-Bahari, ambos localizando-se exatamente alinhados, mas nas margens opostas do Nilo (POSTEL, 2000, pp.234-235).

Este festival iniciado no Médio Império e especificamente voltado para o soberano e sua união com Amon desenvolver-se-á, tornando-se o conhecido Festival do Vale do Novo Império, do qual toda a população participa.

Faz-se necessária, então, uma melhor explicação do que acontecia neste festival. Ele ocorria na estação *shemu* – verão –, mais precisamente no mês *pakhons* (no nosso calendário, entre os dias 26 de abril e 25 de maio), cinco meses antes de outro grande festival tebano, Opet, também relacionado a Amon.

Consistia em uma travessia da imagem de Amon-Rê do templo de Karnak para Tebas ocidental, tendo como fim o templo de Deir el-Bahari (imagem 1). A imagem de Amon seguida pelas de sua consorte, Mut, e de seu filho, Khonsu, atravessam o Nilo em barcos, chamados de *Userhat* – "o potente de proa" (imagem 2). Ao chegarem na margem ocidental, as imagens podiam seguir por terra, sendo transportadas em pequenos barcos, cópias reduzidas do *Userhat* para serem carregadas, ou continuavam o trajeto por canais visitando os templos de Deir el-Bahari e os outros "Templos de Milhões de Anos" dos faraós mortos e do faraó reinante. A

*Professora de História pela USP e estagiária do Museu Nacional da UFRJ.
gamacintia@uol.com.br

duração da festa varia de acordo com as fontes, podendo prolongar-se de uma até 11 noites. O que se sabe ao certo é que as imagens dos deuses passariam ao menos uma noite na necrópole tebana, pois o ritual continuava durante o período noturno, tendo em vista que existem relatos da utilização de lamparinas pelos peregrinos que seguiam o cortejo. Não temos certeza, no entanto, se essas imagens pernoitavam sempre em Deir el-Bahari ou no "Templo de Milhões de Anos" do faraó reinante. Sabemos que o cortejo das estátuas de Amon, sua esposa e seu filho era acompanhado pelas imagens dos faraós já mortos e que as efígies dos deuses mencionados "visitavam" os últimos em seus "templos memoriais".

Durante o Novo Império, toda a população começa a participar desta festa, seguindo a procissão divina com imagens dos seus antepassados mortos e oferecendo flores ao deus. Acredita-se que a população, por não poder entrar nos templos, observava os rituais de cima da colina de Deir el-Bahari. As pessoas ficavam apinhadas com suas lamparinas na encosta de Dra Abu el-Naga vendo a chegada do cortejo até a entrada do deus no templo, momento a partir do qual não viam mais nada do ritual, retirando-se, assim, para visitar seus próprios parentes enterrados na necrópole tebana. Supõe-se que esta "Bela Festa do Vale" tenha se tornado um festival dos mortos, em que a população, além de cultuar Amon e, por conseqüência, a imagem do faraó associada a este, ia louvar seus familiares mortos, fazendo oferendas a estes, dormindo na necrópole junto ao sepultamento e realizando banquetes com os mesmos, isto é, com uma possível imagem ou representação destes.

Percebemos aí uma característica bem marcante da religião egípcia que se manifesta freqüentemente, em que preceitos antes voltados apenas para a realeza acabam expandindo-se para toda a sociedade.

Entretanto, pode-se perguntar: qual seria o objetivo desta solenidade?

Podemos perceber uma ligação deste ritual com uma das grandes deusas da necrópole tebana, principalmente da região de Deir el-Bahari, uma divindade feminina que é conhecida como Hathor da necrópole, de quem possuímos referências pelo menos desde o Médio Império. Um dos aspectos desta divindade é o de estar relacionada com a passagem do morto para o além-vida e o subseqüente renascimento do mesmo. Tal divindade, com forma zoomórfica de vaca ou antropozoomórfica em que apresenta apenas a cabeça deste animal, muitas vezes relacionada à deusa Nut, seria uma espécie de mãe que geraria o morto para trazê-lo novamente à vida. Assim, a ida do Deus Amon-Rê ao Ocidente, considerado o próprio Amentet, seria a morte metafórica deste deus seguida pelo seu engendramento e seu ulterior renascimento.

Não podemos deixar de assinalar que a imagem de Amon que se desloca para a necrópole é a de Amon-Rê, deus em seu aspecto solar, o que é observado pelos textos que acompanham sua representação e pelo fato de se utilizar água para a locomoção da divindade, bem como sua barca. Creio não ser necessário nos aprofundarmos na clara relação entre este deus de aspecto solar e o Oceano Primordial. Entretanto, faz-se necessário mencionar que a grande divindade solar egípcia, realiza sua viagem cíclica pelas 12 horas do dia e pelas 12 horas da noite numa barca que por toda noite vai para o Ocidente (navegando durante todo este período pelo Urenes-Nilo Subterrâneo), ressurgindo na manhã seguinte pelo Leste, após ter readquirido suas forças por meio de vários rituais ocorridos no Duat. É interessante observar que, da mesma forma que esta liturgia dos textos do Am-duat, ou "escritos da câmara oculta", tem seu apogeu no Novo Império, o mesmo ocorre com a Bela Festa do Vale, em que o deus vai para o mundo dos mortos e retorna em seu esplendor.

Devemos ainda salientar a importância da água como elemento de purificação dos mortos. Lembremo-nos das imagens de Hathor, do sicômoro realizando libações para os mortos ao chegarem em Amentet. Assim, podemos perceber que a navegação de Amon-Rê para o Ocidente não é apenas proposital para atingir a margem oposta ao templo de Karnak, mas também intencional, sendo a viagem pelo Nilo da imagem deste deus o ato de cerimônia por excelência. Por meio desta travessia e de suas representações, temos reproduzidos os ciclos solares, em que os deuses cosmogônicos de Heliópolis e o próprio faraó aparecem associados ao ato da navegação (FOUCART, 1924, p.132).

Assim, a chegada da barca solar no deserto, isto é, nos confins do mundo dos vivos, sob a ótica egípcia, seria a absorção do Sol pelo céu noturno, o próprio astro sendo enterrado no seio da deusa Hathor da Necrópole para renascer de manhã com suas forças restauradas.

É exatamente neste sentido de restabelecimento de forças e entrada no mundo dos mortos que podemos observar a ligação desse ritual com a imagem do faraó. Por ser o grande oficiante do ritual, o faraó visa sua associação com a divindade, fazendo com que todos os benefícios alcançados pela mesma sejam transferidos para a sua pessoa. Desta maneira, é por meio da visita do deus aos "Templos Memoriais" dos governantes que a divindade entra em contato com estes, proporcionando uma renovação ao faraó, assim como ocorre com o Sol em seu ciclo.

Não podemos deixar de mencionar que os "Templos de Milhões de Anos", muitas vezes apenas tomados pelo seu caráter funerário, são locais de preservação da memória do faraó, em que se visa homenagear o mesmo e concretizar a sua união com o divino, sendo assim, antes de tudo, destinado à memória e ao culto real, mesmo do faraó ainda em vida, como pode ser observado se levarmos em conta as janelas de aparição existentes nestes templos, principalmente em Medinet Habu.

Devemos ainda lembrar que Amon é a divindade tutelar dos faraós da XVIII-XX dinastias; então, além de estes associarem-se ao seu aspecto solar sob a forma de Rê, durante o festival, os mesmos associavam-se a Amon, mantendo vivo e dando continuidade, desta forma, ao ideal de monarquia egípcio.

Com isso, podemos perceber o papel central da figura do faraó e da realeza, pois da mesma forma que o deus é revigorado, o faraó reinante teria suas forças restituídas. Da mesma maneira que, aos faraós já mortos, estaria assegurado um destino solar no além. Com esta manutenção do poder do rei vivo e de seus predecessores já falecidos, percebemos então uma manutenção da própria memória da monarquia e do Ka real.

Como já foi mencionado, no Novo Império, esta festa de caráter divino e real acabou se expandindo para toda a população que visava obter os mesmos benefícios dos quais a divindade dispunha durante o ritual. Através de textos e imagens em tumbas particulares de Tebas, como em Deir el-Medina e Gurna, vemos que os mortos pediam em suas preces que recebessem o mesmo que recebia o deus. Podemos citar os textos direcionados aos visitantes da necrópole encontrados na tumba de Abas, sepultado em Deir el-Medina, em que ele chama os participantes do festival para visitar sua tumba e fazer homenagens a ele. "(Vós que acompanheis vosso deus) vindo de Tebas neste belo dia da Festa do Vale, (vós que vos aproximais desta região, subais até aqui) e penetrais nesta tumba" (FOUCART, 1924 p.107). Sabemos que este tipo de visita às tumbas ocorria realmente, como já foi mencionado, e eram realizadas refeições com o morto, oferendas eram deixadas e podemos crer que as famílias pernoitavam na necrópole. Durante esse festival, a memória do morto era evocada por aqueles que o visitavam, mantendo-o assim vivo em Amentet.

Outro exemplo pode ser tirado da Estela de Amkhent Amenhotep, filho de Auti, em que é enumerado o destino do morto junto ao Sol e num segundo momento o morto expressa o seu desejo de acompanhar Amon durante a Bela Festa do Vale, em que "Tu vês ... Amon (na) sua Bela (festa) do vale, e tu o acompanhas nos edifícios dos templos e das capelas funerárias" e que "(... tudo o que aparece sobre o altar) de Amon-Rê, quando ele repousar no seu sepulcro do horizonte (do Oeste), em sua Festa do Vale do Oeste" (FOUCART, 1924, pp.109-110).

Temos ainda que levar em conta o desejo expresso de uma expurgação pela água que ocorreria durante a travessia do deus de Karnak para a Necrópole, em que por meio desta Amon-Rê seria purificado, sendo tal purificação estendida a todos os mortos da necrópole, como vemos nesta inscrição encontrada no vaso de Osiruro, atualmente no Museu do Louvre: " tu recebes tua purificação da água sagrada das mãos de teu filho, no momento do décimo dia, quando vem de barco a divina purificação em Tebas Ocidental para a efusão da água sagrada, nos territórios funerários de Medinet Habu, diante do pai dos pais" (FOUCART, 1924, p.111). Aqui, pode-se perceber uma clara referência à Bela Festa do Vale.

Vemos então que, assim como o faraó possui como ideal ter o mesmo destino do deus, esta vontade também é expressa pela população em suas tumbas particulares. Porém, à população cabe também preservar a memória de seus antepassados, enquanto que, no que se refere ao faraó, é a memória da monarquia que é mantida. Lembremos ainda que, de acordo com a percepção egípcia de magia, apenas o fato de haver textos escritos sobre esta associação com a divindade já faz com que os mesmos tenham eficácia mágica e realizem a vontade da pessoa a quem estão relacionados.

Ressalta-se que, durante o Novo Império, há várias procissões em que a imagem do deus sai do templo e é neste período que as barcas portáteis são produzidas nos templos (KEMP, 1994, p.185). Estas saídas aproximam, de certa forma, a população desta religião oficial dos templos, nos quais a entrada do povo era proibida, fortalecendo assim o culto às divindades oficiais e tutelares como Amon. Estas, como uma representação do poder faraônico, fazem com que, por meio destes festivais, o faraó reafirme seu poder perante o povo, associando-se com o grande deus.

Por fim, gostaríamos de apresentar as fontes que mencionam este festival. Como principal documento, temos os baixo-relevos do templo funerário da Rainha Hatshepsut em Deir el-Bahari e de sua Capela Vermelha em Karnak. Temos ainda representações encontradas nas tumbas particulares de Deir el-Medina e Gurna, assim como representações em estelas, encontradas na necrópole.

Entretanto, por mais que este festival seja um dos mais citados pela egiptologia, há uma lacuna no que se refere ao seu estudo, pois temos apenas o trabalho de Georges Foucart de 1924 que o discute, mas sem apresentar claramente o que, de preciso, ocorreria no mesmo. Não sabemos, por exemplo, quais rituais eram feitos ao deus Amon e não temos textos referentes ao que acontecia nesta festa. Na verdade, as fontes de informação para o seu estudo são baixos-relevos que representam apenas o *Userhat* no momento da travessia, o que não nos permite saber detalhes deste famoso festival egípcio.

BIBLIOGRAFIA

BARRY, Kemp. **Ancient Egypt: Anatomy of a Civilization**. Londres e Nova York: Routledge, 1994.

FOUCART, Georges. Études thébaines – La Belle fête de la vallée. **BIFAO**, Cairo, n.24, pp.1-209, 1924.

LEGRAIN, Georges. Le logement et le transport des barques sacrées et des statues des dieux dans quelques temples égyptiens. **BIFAO**, Cairo, n.13, pp.1-76, 1917.

POSTEL, Lilian. Notes sur les proscymènes à Amon-Rê dans la nécropole Thébaine au Moyen Empire. **Memnonia**, Paris, n.11, pp. 227-240, 2000.

Referências das Imagens

AUFRÈRE, Sydey; GOLVIN, Jean-Claude; GOYON, Jean-Claude. **L'Egypte restituée. Tome 1: Sites et temples de Haute Egypte**. Paris: Editions errance, 1991, pp.72-73 (imagem 2), p.114 (imagem 1).

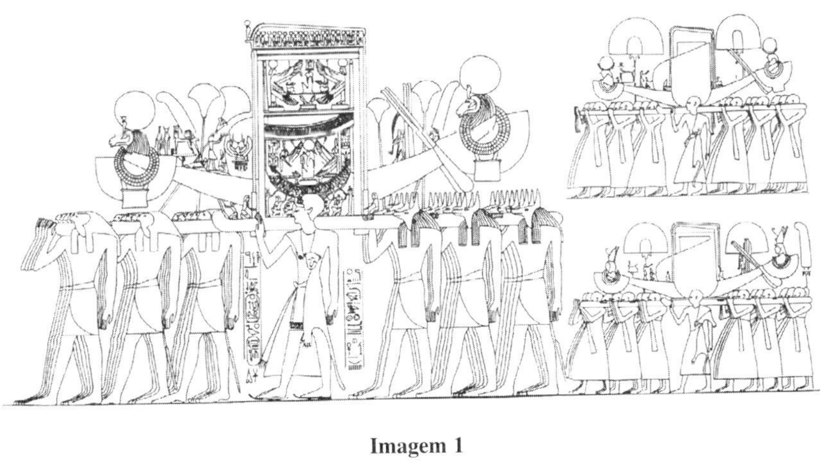

Imagem 1

Imagem 2

O *SAMONIOS/SAMAIN*: A FESTA CELTA QUE ABOLIA A FRONTEIRA COM O OUTRO MUNDO[1]

Filippo Lourenço Olivieri*

Introdução

Toda noite de 31 de outubro, particularmente nos países de língua anglo-saxônica, comemora-se o *Halloween*. Festa curiosa, sobretudo, pelo seu caráter folclórico. As crianças se fantasiam de "criaturas do outro mundo" e saem a pedir doces, do contrário, travessuras são feitas. O que se vê, então, é uma procissão de fantasmas, vampiros, duendes, caveiras, etc. Enfim, todo o séquito do além invade as ruas, mesmo das grandes cidades. Essa festa foi levada para os Estados Unidos pelos imigrantes irlandeses em meados do século XIX. Ainda que muito corrompida pela mentalidade cristã e pelo apelo comercial, rememora uma antiga celebração céltica que marcava o fim de um ano e início de outro. O que nos dias de hoje chama-se *Haloween* e nos países católicos tornou-se o dia de Todos os Santos, festejado em 1º de novembro, é uma celebração cujo simbolismo em grande parte nos escapa; contudo, evoca profundamente a antiga mentalidade céltica.

As informações que temos sobre o antigo calendário dos celtas são provenientes principalmente dos textos da antiga tradição irlandesa. Na antiga Irlanda pré-cristã, o ano dividia-se em quatro festas. Abaixo as quatro festas da Irlanda com suas aproximações com o atual calendário ocidental:

Samain – comemorado em 1º de novembro. Inicia o inverno.
Imbolc – comemorado em 1º de fevereiro. Inicia o outono.
Belteine – comemorado em 1º de maio. Inicia o verão.
Lugnasad – comemorado em 1º de agosto. Inicia a primavera.

A noção de festa para os celtas

Para Christian Guyonvarc´h e Françoise Le Roux (GUYONVARC´H; LE ROUX, 1995, p. 26), a noçao de festa na tradição celta pode ser assim entendida: " (...) a concentração do

*Professor doutorando em História pela Universidade Federal Fluminense.
filippoolivieri@click21.com.br

sagrado em um tempo e em um lugar dados, com as cerimônias que se celebram e os mitos que o comentam e o explicam, tudo limitado, no tempo e no espaço, pelas fronteiras do mundo céltico." De uma forma geral, as festas célticas, de acordo com os textos mitológicos, particularmente os da antiga Irlanda, demonstram que a noção de festa para os celtas tinha o sentido de:

> Reuniões em locais estabelecidos num local central, em certa data do calendário;
> Banquetes realizados, presididos pelo rei;
> Cerimônias religiosas ministradas nos locais estabelecidos;
> Assembléias políticas e administrativas;
> Jogos e transações comerciais (GUYONVARC'H; LE ROUX, 1995, p. 28).

A noção de reunião é premente e esta se realizava em um local consagrado, que poderia ter, pelo menos simbolicamente, uma posição central no território ou mesmo ponto de interseção no território de vários povos. Na Irlanda, o lugar central era Tara[2], que tinha o estatuto de capital do reino de Brega. Em tempos antigos, o grande rei da Irlanda deveria ser também o rei de Tara (RAFTERY, 1994, pp. 65-66). Tara era o centro simbólico da província central de Mide (Meath) – "meio". Corresponde ao Medionanum[3], e existiam dezenas na Gália. O exemplo mais conhecido desses centros é a capital dos ínsubres, Mediolanum (Milão, Lombardia) (BRUNAUX, 2005, pp. 79-80). Outro exemplo relevante é o local de reunião da assembléia dos druidas no território dos carnutos, que César aponta como sendo o centro das Gálias (*totius Galliae media*) (CÉSAR, VI, 13).

Dessa forma, "a festa céltica é a conjugação de um momento e de um lugar" (GUYONVARC'H; LE ROUX, 1995, p. 30). A presença desses locais sagrados (*locus consegratos* dos romanos) pelos territórios habitados por povos de cultura celta atesta a importância dada à topografia. Não uma topografia qualquer, mas locais onde se desenrolavam festas cíclicas, num momento de comunhão da comunidade. Essas festas tinham um sentido radicalmente ligado à passagem do tempo. As quatro festas celtas da Irlanda, já citadas, abrem as estações do ano.

Ainda que em *decalage* em relação ao período das estações nos dias modernos, essas datas, que não eram fixas, representavam uma preocupação com o ritmo da passagem do tempo. Não à toa, César relata que os druidas se ocupavam da observação do movimento dos astros e da terra (CÉSAR, VI, 14).

O sentido do *Samain*.

O ano celta na Irlanda compreendia dois períodos bem marcados. Um período "sombrio", de *Samain* a *Belteine*, logo, de 1º de novembro a 1º de maio. Um período "claro", de *Belteine* a *Samain*, logo, de 1º de maio a 1º de novembro (KRUTA, 2000, pp. 416-417). Os seis meses "sombrios" determinavam a metade do ano fria, enquanto os seis meses "claros" determinavam a metade do ano quente. *Samain* demarcava o fechamento da "estação clara" e a abertura da "estação sombria". Em outras palavras, *Samain* determinava o início do inverno, enquanto o *Beltaine*, o início do verão. Esse tipo de pensamento caracteriza uma forma de dividir o ano, em linhas gerais, em dois períodos distintos.

Samain era a festa mais importante do calendário irlandês. Ela tinha por finalidade a comemoração do ano novo e demarca um período intermediário, intercalado, entre o ano que termina e o ano que começa. Trata-se de um momento em que ocorria uma suspensão do curso do tempo, uma abolição das barreiras entre o Outro Mundo e este (GUYONVARC'H; LE ROUX, 1995, p. 35). O calendário irlandês tinha duas estações diferenciadas, uma quente e clara, e outra fria e escura (GUYONVARC'H; LE ROUX, 1993, pp. 138-139). Começar o ano pelo período sombrio se articula com a citação de César de que os gauleses contavam o início dos dias pelo período da noite: "(...) calculam a divisão do tempo, não pelo número de dias, mas pelo das noites e contam-se os dias natalícios, e os princípios de meses e anos de modo que o dia vem sempre depois da noite" (CÉSAR, VI, 18). Há, então, uma coerência entre o relato cesariano e a maneira como os antigos irlandeses concebiam o início e o fim dos períodos e da contagem do tempo de forma geral. Começavam-se sempre as contagens pela noite, pelo período sombrio, e não pelo período claro. Não se deve esquecer que o calendário celta é lunar e não solar, como veremos mais adiante, ao falarmos do calendário de Coligny.

O significado do vocábulo *Samain* vem sendo motivo de controvérsias há algum tempo. Mas o seu sentido parece reforçar a idéia de um fechamento de um período do ano. Um dos significados aceitos seria de "reunião que encerra o verão" (GUYONVARC'H; LE ROUX, 1995, p. 37), uma vez que os vocábulos *sam* em irlandês e *samo* em gaulês designam o verão (DELAMARRE, 2001, pp. 225-226).

Num relato mitológico irlandês retirado de *O Nascimento de Conchobar*, podemos perceber a importância e parte do sentido dessa festa:

> Uma assembléia tinha lugar para os Ulates[4], cada ano, ou seja, três noites antes do *Samain*, três dias depois e o dia mesmo do *Samain*. É a época em que os Ulates estavam na planície de Murthermne e eles tinham a assembléia de *Samain* em cada ano. E não havia nada no mundo que eles não fizessem nessa época, que não fosse os jogos, as reuniões, pompa e magnificência, boa carne e banquete, e é daí que vêm os três dias de *Samain* de toda a Irlanda (GUYONVARC'H, 1959, p. 61) (Tradução nossa).

Abertura do Outro Mundo

Quase todos os eventos míticos ou épicos ocorriam no *Samain* (GUYONVARC'H; LE ROUX, 1995, p. 39). Dessa forma, é comum que nesses relatos o contato com seres do Outro Mundo ou a comunicação entre mundos seja possível. Um dos sentidos mais relevantes dessa festa reside no fato de que se trata de uma "passagem" entre dois mundos. O Outro Mundo, que na antiga Irlanda era denominado de uma forma geral de *Sid* (sentido de "terra" ou "país"). Nessa festa haveria a abertura do *Sid* (GUYONVARC'H; LE ROUX, 1995, p.46). Nas noites do *Samain*, período mais sagrado, o Outro Mundo estaria mais entrelaçado com o nosso. Nesse momento, vigílias deveriam ser feitas, uma vez que os seres sobrenaturais podiam circular livremente. O entrelaçado da arte céltica bem pode tentar representar esse estado de coisas, pelo qual os limites entre o mundo real e o divino não conhecem fronteiras demarcáveis.

Durante o *Samain*, os feitiços tornavam-se mais fortes e é possível que o homem celta vivesse, de certa forma, preocupado nesse ambiente. As pessoas podiam ser levadas ao Outro Mundo e os seres de lá podiam se presentificar no mundo real. Tal fato indicava uma abolição simbólica do tempo. Nessa abolição, o Outro Mundo penetra no mundo tido como real:

> (...) *Samain* deve sua função de intermediário entre o mundo humano e o cosmos divino. Ele resulta da concepção do tempo segundo a qual um dia, um ano, a eternidade é equivalente na concepção céltica. Isso significa que o momento visado seja esse 'período

> fechado', tipo de parêntese da eternidade paradoxalmente incluso dentro do tempo humano, em que todos os acontecimentos, numerosos, densos, sofrem um lapso de tempo definido, obrigatório, e em que a unidade do tempo não implica qualquer unidade de ação ou de lugar. O *sid* deve assim em tudo estar presente (...) (GUYONVARC´H; LE ROUX, 1995, p. 71) (Tradução nossa).

Na verdade, esse lapso de tempo corresponde às três noites do *Samain*. Noites que compõem esse período de abolição das fronteiras entre os mundos.

Mas, para os celtas, esse acesso ao Outro Mundo se faz principalmente pela via aquática. A água é o elemento por excelência que permite a transposição das barreiras. O Outro Mundo fica além mar (STERCKX, 1986, p. 76). Tal idéia é perfeitamente demonstrada no conto irlandês *A Navegação de Bran*[5]. Nesse relato, o herói Bran empreende uma viagem à Terra das Fadas. Ao voltar à Irlanda, ele e seus homens supõem ter ficado apenas dois meses fora, quando, na verdade, se passaram dois séculos. Por isso, quando um companheiro de Bran pisa em solo irlandês, envelhece instantaneamente e torna-se pó (MARKALE, 2000, p. 91).

Os lagos, os rios são sagrados porque podem permitir o acesso ao Outro Mundo. O contato entre humanos e seres aquáticos é bem atestado nos romances medievais e contos de fadas. Nessas estórias, fica evidente que a água é um elemento de contato com o Outro Mundo, de onde vem o ser sobrenatural. *O Romance de Melusina* (D´ARRAS, 1999, p. 15) é um bom exemplo. Melusina é uma espécie de fada e o contato com o seu futuro marido se dá através de uma nascente. Os morros, lugar de nascimento dos cursos d'água, também recebem uma atenção especial. Para Miranda Grenn, os celtas tinham uma fascinação pela água, e esta era tida como essencial para a vida e a fertilidade (GREEN, 1997, pp. 223-224). Os caldeirões podem ser mágicos, como o Graal e o caldeirão de Dagda, uma vez que contêm em seu interior um líquido que pode dar a vida. Para Markale, o caldeirão céltico[6] possui ao menos duas características: "ele procura a abundância e ele ressuscita" (MARKALE, 1972, pp. 272-273).

A sobrevivência do *Samain* no *Halloween*

O *Halloween* é uma manifestação popular, mesmo folclórica, muito conhecida nos países de cultura anglo-saxã. Os imigrantes irlandeses levaram essa festa para os Estados Unidos e lá acabou por popularizar-se, bem como em boa parte do mundo ocidental.

O *Halloween* caracteriza-se, em linhas gerais, por um momento em que as crianças se fantasiam de seres do outro mundo e saem pela vizinhança para pedir doações (doces geralmente), pois, caso contrário, ameaçam dar algum tipo de prejuízo aos que se negam.

No calendário atual o Halloween é comemorado em 31 de outubro, na verdade, a noite desse dia é que marca de fato a comemoração. A coincidência com o 1º de novembro do *Samain* é notável. O calendário cristão católico "diluiu" a festa em 1º de novembro, Dia de Todos os Santos e 2 de Novembro, Dia dos Mortos. É importante notar que a cristianização da festa manteve a idéia do Outro Mundo, os santos e os mortos. Sobre essa questão, afirma Jean Markale:

> Mais do que nunca, durante essa noite de 31 de outubro a 1º de novembro, o mundo dos mortos está aberto àquele dos vivos – e inversamente -, o tempo era abolido e os fantasmas, termo cômodo para designar as entidades espirituais buscando contato com os humanos, podiam se materializar provisoriamente e travar um diálogo com seus pa-

rentes, seus próximos ou mesmo com desconhecidos que tivessem o dom da 'dupla visão' (MARKALE, 2000, p. 137) (Tradução nossa).

A noção de intercâmbio entre mundos manteve-se intacta, obviamente com as devidas repressões do cristianismo. Na sua origem, na Irlanda, o *Haloween* é uma crença na qual a vigília do Dia de Todos os Santos é valorizada. Nessa noite, as almas dos mortos podem visitar os lugares onde passaram a vida e visitar os seus entes queridos. Porém, os vivos podem ser levados ao Outro Mundo por esses seres (MARKALE, 2000, p. 139).

Conclusão

O *Samônios/Samain* representava um momento de extrema importância na vida dos antigos celtas. O mundo visível e o invisível se entrelaçavam e se uniam, de forma a não haver de fato um limite ou fronteira bem demarcada entre os dois. Para os celtas, o Outro Mundo estaria bem próximo e o acesso pode se dar através de uma caverna, uma floresta, ou os meios aquáticos. No *Samain*, contudo, essa possibilidade de acesso se potencializa e o homem pode ser conduzido para lá com mais facilidade. Trata-se de um momento em que o tempo deixa de ter a sua passagem regulada pela lógica humana e passa a uma lógica que concerne ao Outro Mundo. A ilusão da passagem do tempo pode ser percebida em vários relatos.

O *Halloween* representa a sobrevivência dessa festa. A idéia de contato com o Outro Mundo mantém-se intacta, ainda que não reconhecida, indicando como a força de tais crenças logrou atravessar os tempos. Apesar do caráter não-religioso que a festa adotou já há algum tempo, manteve-se o aspecto de contato com o Outro Mundo através das fantasias de "criaturas do Além" que tradicionalmente se encontram em sua celebração.

NOTAS

1 "O presente trabalho foi realizado com o apoio do Conselho Nacional de Desenvolvimento Científico e Tecnológico – CNPq – Brasil".

2 O sítio de Tara, na Irlanda, não está situado no centro geográfico da ilha. Tara é central no sentido norte-sul, mas não no sentido oeste-leste.

3 Mediolanum significa "planície do meio" (DELAMARRE, 2001, p. 187).

4 Ulates eram os habitantes do Ulster. Corresponde, aproximadamente, à atual Irlanda do Norte.

5 Segundo Jacques Le Goff, a história de Melusina é uma transfiguração de um antigo fundo céltico. Trata-se de uma típica fada do imaginário feudal (D´ARRAS, 1999, pp. VII-X).

6 A mitologia céltica, bem como a arte, está cheia de caldeirões. A palavra caldeirão, em gaulês *pario* (galês *pair*, v. irlandês *coire*), está presente no povo céltico que deu seu nome a Paris, os parísios (DELAMARRE, 2001, pp. 208-209).

BIBLIOGRAFIA

BRUNAUX, Jean-Louis. **Les Gaulois**. Paris: Belles Lettres, 2005.

CAESAR. **The Gallic War**. London: Harvard University Press, Loeb Classical Library, 2004.

D'ARRAS, Jean. **Romance de Melusina ou A História dos Lusignan**. São Paulo: Martins Fontes, 1999.

DELAMARRE, Xavier. **Dictionnaire de la Langue Gauloise. Une approche linguistique du vieux-celtique continental**. Paris: Ed. Errance, 2001.

GREEN, Miranda**. Dictionary of Celtic Myth and Legend**. London: Thames and Hudson, 1997.

GUYONVARC´H, Christian (trad). La naissance de Conchobar. In: (anonyme) ***Ogam***, 11, 1959.

GUYONVARC´H, Christian. et LE ROUX, Françoise. **A civilização celta**. Lisboa: Publicações Europa-América, 1993.

GUYONVARC´H, Christian. et LE ROUX, Françoise. **Les fêtes celtiques**. Rennes: Ed. Ouest-France, 1995.

KRUTA, Venceslas. **Les Celtes Histoire et Dictionnaire. Des origines à la romanization et au christianisme**. Paris: Ed. Robert Lafont, 2000.

MARKALE, Jean. **La femme celte. Mythe et sociologie**. Paris: Payot, 1972.

______. **Halloween: Histoire et traditions**. Paris: Imago, 2000.

RAFTERY, Barry. **Pagan Celtic Ireland. The Enigma of the Irish Iron Age**. London: Thames & Hudson, 1994.

STERCKS, Claude. ***Elements de cosmogonie celtique***. Bruxelles: Ed. de l´Université de Bruxelles, 1986.

A FESTA DAS *ANTHESTÉRIAS* E SUA REFERÊNCIA EM ARISTÓFANES

Isabela Fernandes*

O festival denominado pelos gregos de *Anthestérias* era realizado como parte do quadro institucional do culto do deus Dioniso. As *Anthestérias* comemoravam a abertura dos tonéis do vinho fabricado por ocasião da última vindima de outono, em associação com a chegada da primavera e com o advento da brotação. O festival ocorria no mês *Anthestérion*, que coincide com o fim do inverno. A festa era realizada quando a neve já começava a derreter anunciando a primavera. A raiz comum do nome do mês e do festival nele inserido atesta a relação entre a festa e a estação das flores: a palavra *anthé* significa "flor" ou "brotação", e se liga ao verbo *anthéo*, que tem o sentido de "brotar", "florescer" (URBINA, 1944, p. 44). Tratava-se, pois, de uma celebração sagrada do início do ano agrícola. Mas todo início supõe antes um fim, e toda renovaçao tem de ser precedida por uma dissolução. Neste sentido, a festa das *Anthestérias*, de um lado, se associava a alegrias e diversões que marcavam o reinício da vida da cidade; de outro lado, a festa estava também intimamente ligada à morte.

Segundo Berger, a instância do sagrado se insere no campo do misterioso e do paradoxal porque está articulada inequivocamente à idéia de *anomía* social. Como *anomía* social o autor compreende todas as situações que, ultrapassando as fronteiras da ordem e das instituições sociais, representam a perda total de identidade cultural. A *anomía*, então, se define como uma "separação radical" entre o sujeito e o seu mundo social, e constitui a mais séria ameaça ao indivíduo. Sob a perspectiva de Berger, "*todo nómos representa o luminoso lado diurno da vida, precariamente oposto às sinistras sombras da noite (...) Todo nómos é um edifício levantado frente às poderosas e estranhas forças da anomía*" (BERGER, 1985, pp. 36-37). Sob o enfoque de Berger, por um lado o sagrado vai se identificar extensivamente com o *nómos* social; por outro lado, o sagrado também pode "*saltar para fora*" do *nómos* e se identificar com o caos e com a *anomía*. As representações religiosas, então, operariam neste eixo dialético que integra sentidos contrários: "*Num nível mais profundo, o sagrado tem outra categoria oposta, a do caos. O cosmos sagrado emerge do caos e continua a enfrentá-lo como seu terrível contrário*" (BERGER, 1985, pp. 39-40).

---

*Professora doutora em Literatura – PUC-Rio.
isafel@imagelink.com.br

A partir desta concepção, a festa sagrada pode ser compreendida como um cenário cultural de imagens e práticas coletivas que visa apagar temporariamente as tensões existentes entre o *nómos* social e o seu espelho invertido, a *anomía*. A festa cumpre a função de confirmar a identidade cultural através da expressão de signos que resgatam também a alteridade cultural. Desta forma, por um lado a festa vai se manifestar como espaço de indiferenciação social e de suspensão temporária da ordem estabelecida; por outro lado, a festa tem como objetivo final reforçar a ordem cultural e restabelecer as instituições. A função cultural da festa seria, assim, a criação de um campo imaginário de conciliação pacífica entre o *nómos* e o seu reflexo ameaçador, a *anomía*.

O festival das *Anthestérias* tinha a duração de três dias: os dias 11, 12 e 13 do mês *Anthestérion*, e cada dia possuía uma função religiosa e um nome específicos. O primeiro dia se chamava *Pithoigía*, e nele ocorria a abertura de tonéis especiais denominados *píthos*[1], nos quais era armazenado o vinho fabricado na vindima do outono anterior. O segundo dia era denominado *Chóes* devido ao nome de um cântaro específico no qual os homens bebiam o vinho em um concurso de bebedeiras. O último dia era consagrado a uma refeição comunal em que o povo comia ritualmente uma mistura de grãos em potes de cerâmica chamados *Chýtroi*.

Ao anoitecer do primeiro dia da festa, um misterioso santuário de Dioniso localizado nos pântanos – o *Límnaion* – era aberto. Esta era a única ocasião em que este templo era aberto. Segundo Burkert, este fato é atestado pelo historiador ateniense Phanodemos, que inclusive se refere a Dioniso como "deus dos pântanos" (BURKERT, 1983, p. 217). Qual seria o significado deste curioso templo localizado fora dos limites da cidade? Por que os gregos teriam escolhido um terreno híbrido e pantanoso, um antro impuro e indefinido, para nele alocar um altar sagrado e marginal, que permanecia fechado todo o resto do ano?

Em *As Rãs*, de Aristófanes, há uma referência a este obscuro templo de Dioniso nos "pântanos": "*Brequequequex, coax, coax. Brequequequex, coax, coax. Nós, as filhas das águas pantanosas, harmonizamos nossos tons com os sons das flautas. Vamos repetir este canto harmonioso, coax, coax, que entoamos nos pântanos do santuário do deus Dioniso Nísio, filho de Zeus, quando a multidão embriagada na festa das panelas*[2] *se reúne para celebrar as orgias nos lugares consagrados. Brequequequex, coax, coax*" (ARISTÓFANES, vv. 210-215). É muito significativo o fato de que Aristófanes, nesta peça, vem justamente relacionar o santuário do pântano com as *Anthestérias*. Através deste testemunho podemos compreender como a festa constela um espaço alternativo em que signos de dissolução e de licenciosidade, tais como pântanos, rãs, embriaguez e orgias, se tornam consagrados no paradigma primitivo do deus Dioniso.

Sob a perspectiva aqui adotada, o templo do *Límnaion* vem a ser por excelência a representação do *agrós*, do espaço geográfico não-cultivado, ou não-socializado, identificado com o cenário primordial e selvagem que a festa deseja resgatar. As *Anthestérias* vêm ativar ritualmente um campo imaginário de indefinição e liminaridade em que funcionam significados opostos àqueles estabelecidos pela cidade. Neste sentido, a festa desloca a cidade para fora dela mesma, rumo a um território simbólico de indiferenciação, típico da *anomía*. Realiza-se assim a representação de um retorno mágico da cidade ao tempo das origens caóticas e pantanosas como meio de invocação ritual de um recomeço para a *Pólis*.

Em sua análise dos rituais atenienses, a autora inglesa Harrison (1991 [1922], pp. 43-49) compreende as *Anthestérias* como uma festividade dos mortos. Harrison faz referência a um documento arqueológico precioso para a compreensão do caráter paradoxal, simultaneamente fasto e nefasto, desta festa que representa, ao mesmo tempo, uma celebração da morte e da vida renovada. Trata-se de um lécito – em grego *lékythos*, um tipo de vaso estreito, alongado, que serve para armazenar óleo, azeite ou perfumes – conservado no Museu Universitário de Jena, na Alemanha. Na pintura do lécito descrita pela autora aparece um largo *píthos* semi-enterrado, de cuja abertura escapam, voando, pequenos *dáimones* alados, que são representações das almas dos mortos. Toda a operação é coordenada pelo deus Hermes, o deus *psychopompós,* aquele que guia as almas, que aparece portando o seu gorro e o seu cajado característicos.

Para Harrison, a figura do vaso constitui uma referência ao primeiro dia das *Anthestérias*. Neste caso, a abertura dos *píthoi* corresponderia simultaneamente à inauguração do vinho e à emergência das almas aprisionadas no Hades. O *píthos* representaria tanto o jarro de vinho novo quanto a terra, pois jarro e terra neste dia se abrem para que possam jorrar, das trevas para a luz, o vinho novo, as almas e as sementes. Terra e vaso são semanticamente intercambiáveis, já que guardam em seu seio aquilo que está enterrado e que deseja vir à tona: o êxtase produzido pelo vinho, o ressentimento dos mortos e a criatividade da nova brotação.

No segundo dia das *Anthestérias,* o consumo do vinho novo se transforma em um concurso de beberrões. Será vitorioso aquele que conseguir beber a maior quantidade de vinho. Cada concorrente recebe sua parte de vinho em uma taça especial, a *chóes,* que tem capacidade para mais de dois litros. Crianças e escravos participam do concurso, desfazendo assim as rígidas hierarquias da *pólis*. A partir de três anos, as crianças recebem uma jarrinha bem pequena de vinho, e podem tomá-la junto com os adultos[3]. Ao som de uma trombeta alegre, tal como nos informa Aristófanes em *Os Acarnenses,* todos começam a beber (ARISTÓFANES, v. 1000–1001). Ao final do concurso, o vencedor ganha um odre de vinho e uma bela guirlanda de ramos entrelaçados de hera, uma das plantas associadas ao deus Dioniso por sua associação com a vinha e com os mortos.

"*Quando a multidão embriagada na festa das panelas* (...)"*:* é assim que Aristófanes, em *As Rãs* (ARISTÓFANES, v. 212), relata o clima de embriaguez das *Anthestérias.* Na peça *Os Acarnenses*, Aristófanes nos oferece outro testemunho precioso sobre a presença de alegres bebedeiras no dia das *Chóes*. O autor coloca em cena, ao final de sua obra, um cortejo animado e dançante, um *kômos*, em que Diceópolis, o herói da peça, entoa cânticos de vitória – o *epinício,* reservado aos campeões dos jogos olímpicos –, pois acabou de vencer o torneio de bebedeiras do dia das *Chóes.* Nesta gaiata procissão, todos estão absolutamente bêbados e felizes:

> "***Diceópolis****: E a mim, levem-me aos juízes. Passem-me cá o odre.(...) Vejam! Mais um aqui, escorropichado até a última gota. Eferriá! Hurra! /* ***Coro****: Eferriá! Já que me convidas, velho, hurra! /* ***Diceópolis****: E mais: enchi minha taça de puro vinho, e empinei-a de um só trago. /* ***Coro****: Hurra, seu valente! Pega no odre e vamos lá! /* ***Diceópolis****: Venham comigo, e toca a cantar. Eferriá! Eferriá!*" (ARISTÓFANES, v. 1225-1230).

Em outro trecho da mesma peça, Aristófanes nos oferece de novo um significativo testemunho da expectativa e da alegria com que os cidadãos aguardavam este segundo dia das *Anthestérias,* aparentemente o mais animado de todos. O poeta cômico menciona algo parecido com um banquete comunal, para o qual cada cidadão contribuía com guloseimas diversas:

"**Mensageiro**: *Vem depressa para o banquete. Traz a cesta e o côngio* [4]. *Foi o sacerdote de Dioniso que te mandou chamar. Vamos, apressa-te. O banquete já está muito atrasado, e por tua causa. Todo o resto está prontinho, leitos, mesas, almofadas, mantas, coroas, perfumes, guloseimas, – e já estão lá as cortesãs, as tortas, bolos, pãezinhos de sésamo, broinhas de mel, bailarinas, a cantiga "Querido Hermódio" – tudo pronto há tempos. Vamos lá, despacha-te, depressa!*" (ARISTÓFANES, vv. 1086-1094).

Outras fontes nos falam de uma procissão alegre e irreverente que aconteceria provavelmente também neste dia das *Chóes*. Dioniso chegaria então à cidade vindo da vastidão do mar, e conta-se que uma barca, carregando a estátua do deus, era transportada sobre rodas pelas ruas de Atenas até o templo de *Dioniso Leneu* na *ágora*, acompanhada por uma procissão de homens mascarados que faziam gracejos. Há referências à presença do ritual da *aischrología*: em clima de bagunça e irreverência, os acompanhantes da "barca", possivelmente portando máscaras de sátiros, faziam gestos obscenos, gritavam e insultavam os magistrados e os cidadãos [5].

Contexto verdadeiramente paradisíaco, sim; mas o paraíso esconde sempre a morte. Também neste segundo dia tão alegre a cidade recebia a visita não muito desejada das *Kéres,* as divindades que personificam as almas dos mortos[6]. As portas das casas, bem cedo pela manhã, eram pintadas com piche, para proteger a família da ameaça representada por estes espíritos nefastos. Sob a perspectiva aqui adotada, poderíamos então conjecturar que a procissão irreverente de mascarados constituía possivelmente uma procissão de mortos, que invadiam a cidade naquele dia festejando alegremente seu retorno temporário à vida.

No último dia das *Anthestérias*, uma refeição comunal reunia todos os cidadãos. Nos potes denominados *chýtroi*, uma mistura de grãos de diversas espécies, cozidos com mel, era servida ao povo, e brindava-se às *Kéres*, a *Hermes Chthónios* e aos espíritos dos ancestrais. A fartura fora garantida pela abertura das entranhas da terra, de onde surgiu o deus mascarado trazendo as sementes, a primavera, o vinho novo e a horda dos mortos. No entanto, ao fim da festa, fazia-se necessário voltar à vida normal da *pólis,* e tornava-se premente, para tanto, expulsar de novo a morte e a dissolução. Os mortos, que dançaram e brincaram na cidade por dois dias, eram assim apaziguados, e então podiam se retirar. A refeição comunal terminava com uma aclamação ritual: "*Retirem-se, Kéres: as Anthestérias terminaram*" (HARRISON, 1991 [1922], p. 35).

A festa das *Anthestérias* institui um campo de oposição aos signos da cidade, deslocando a *pólis* para um espaço simbólico de *anomía* e de indiferenciação. Tudo é invertido. Todas as rígidas fronteiras e diferenças fixadas pela cidade são transpostas. Os santuários dos deuses, abertos todos os dias do ano, durante as *Anthestérias* são fechados, enquanto permanece aberto somente um templo pantanoso nos confins obscuros de Atenas. Os mortos invadem o espaço dos vivos, o mar inunda a cidade, que se torna navegável, pois uma barca pode rolar pelas ruas. Um grupo de mascarados xinga todos os cidadãos. Escravos e crianças, criaturas marginais na cidade, participam ativamente na festa. Danças e bebedeiras alegres são rodeadas pela presença ameaçadora das almas.

O cidadão pode melhor compreender a sua cidade, observando-a através do espelho invertido da festa. A prazerosa confraternização em tempos de licenciosidade, liberdade e transgressão fortalece os laços comunais e renova a ordem social. Os atenienses se tornam mais conscientes de sua identidade cultural pelo fato de poderem participar de um período de alegre suspensão de seu estado de atenienses. A festa apresenta um meio simbólico de a cidade vivenciar a *anomía* como forma de ampliar seus limites, reler seus modelos e se colocar "à prova" de tempos em tempos.

***

A partir de agora voltemos com mais cuidado nossa atenção para a peça de Aristófanes, *Os Acarnenses*[7], a fim de compreendermos de que forma o autor cômico vem explorar os signos da festa. Logo que Diceópolis consegue enfim firmar as suas tão desejadas tréguas "particulares" em meio à guerra do Peloponeso, antes mesmo de festejar as *Anthestérias*, a sua primeira providência é retornar à sua casa de campo e festejar as *Dionísias Rurais*:

> "**Diceópolis:** *Óh, Dionísias! Estas, sim, cheiram a ambrosia e néctar.(...) Cá, por mim, livre da guerra e dos meus males, vou correndo para casa celebrar as Dionísias, no campo" (...) Silêncio! Avança um pouco mais para a frente as Canéforas. Oh, Xantias! Ergue o falo bem alto. Pousa aí o cesto, minha filha, para oferecermos as primícias* (ARISTÓFANES, *Acarnenses*, vv. 196-202; vv. 242-244).

Já mais perto do fim da peça, depois de Diceópolis ter celebrado com grande alegria a *phalophória* – a procissão do falo – das *Dionísias Rurais*, ele agora é convidado a participar da festa das *Chóes* pela voz do arauto: "***Arauto****: Senhoras e Senhores! Atenção! Segundo um costume muito antigo, celebram-se hoje os Côngios, a beber ao som da trombeta. E o primeiro que esvaziar a caneca receberá um odre, o de Ctesifonte*" (ARISTÓFANES, *Acarnenses*, vv. 1000–1003).

Na obra de Aristófanes, o caráter renovador da paz particular alcançada por Diceópolis é semanticamente marcado pela analogia com as festas. Somente aqueles que vivem a paz e celebram as festas podem vivenciar a primavera no meio do inverno, usufruindo os prazeres da bebedeira, da alegria e da fartura. Aos soldados é reservado apenas o sofrimento sem fim da guerra. Surge aqui o mais famoso guerreiro de Atenas, Lâmaco, para se confrontar com Diceópolis. A partir deste confronto, a peça vem traçar um jogo cômico de oposições entre guerra e paz, morte e vida, esterilidade e fartura. Através da peça de Aristófanes, ficamos sabendo que, durante a Guerra do Peloponeso, o cidadão não realizava as suas festas sagradas. E este fato deve ter contribuído para a desestabilização do sentimento comunal já bastante corroído por seis duros anos de guerra.

O poeta explora as contradições da cidade e desnuda o absurdo da guerra num jogo cômico de reversões: a comédia se faz festa, e ambas realizam a desconstrução dos ideais guerreiros da *pólis*. No *agón* entre Lâmaco e Diceópolis, enquanto o guerreiro se refere às armas e aos apetrechos de guerra, o pacifista se refere a delícias e prazeres, criando o sentido cômico como resultado do entrecruzamento de planos de tensão:

> "**Diceópolis:** *Rapaz! Rapaz! Tira-me o chouriço do fogo e traz-mo aqui. /* **Lâmaco***: Bem, vou tirar a espada da bainha (...) Traz-me aí o cavalete e o apoio do escudo, rapaz. /* **Diceópolis***: E a mim traz-me bolinhos em apoio de meu estômago /* **Lâmaco***: traz-me o escudo, aquele que tem a Górgona, o redondo. /* **Diceópolis:** *E a mim dá-me essa torta de queijo, a redonda" /* **Lâmaco:** *Traz aqui a minha couraça de guerra, rapaz /* **Diceópolis***: E traga-me a minha couraça também, rapaz, o côngio"* (ARISTÓFANES, *Acarnenses*, vv. 1118-1133).

Além destas oposições acima esboçadas, outras antíteses vão sendo traçadas no diálogo: a lança e a espada de Lâmaco se opõem ao espeto do chouriço e ao falo de Diceópolis; os penachos do elmo do soldado se opõem à coroa de flores na cabeça do folião vitorioso, e assim por diante. Este jogo de antíteses vai sendo ampliado para rumos mais poéticos quando, após algum tempo, o soldado volta ferido, derrotado, arrasado, e Diceópolis volta do concurso das *Chóes* vitorioso, feliz e bêbado. A morte terrível, o desespero da derrota, o horror da guerra, configurados exemplarmente pela menção ao escudo da Górgona, se opõem à vitalidade e liberdade de Diceópolis, envolto em signos de sexualidade, fartura e felicidade (ARISTÓFANES, *Acarneneses*, vv. 1190-1217).

A obra de Aristófanes vem explorar e ampliar todas as oposições já presentes na simbologia das *Anthestérias*. Assim como na festa a promessa da primavera surge no meio do inverno, os vivos se misturam aos mortos e a alegria se coloca sob um cenário de dissolução, também em *Os Acarnenses* a fartura nasce sob o cenário da ruína lúgubre da cidade, a paz é inventada no meio da guerra, a primavera chega no auge do inverno, e a promessa de renovação emerge no seio de uma total angústia comunal. No contexto de *Os Acarnenses*, a festa representa a abundância e a fartura que se contrapõem à realidade cruel e desgastada de uma Atenas totalmente consumida pela guerra. A comédia de Aristófanes vem assim utilizar poeticamente os significantes da festa para explorar ao máximo o seu sentido ambíguo, transgressor e irreverente. A peça *Os Acarnenses*, portanto, apresenta para o público ateniense um cenário cômico de inversão dos modelos mais caros de uma democracia prestes a adoecer.

Segundo os autores que nos servem de guia[8], a comédia teria nascido de uma síntese de elementos díspares de origens diversas, em que teriam se cruzado certas práticas rituais, tais como o *kômos* e a *aischrologia.* O *kômos* vem a ser uma procissão alegre e tumultuada, regada a vinho em abundância, cuja presença é atestada em ritos agrários e no culto de certos deuses da cidade. Os componentes do *kômos*, em geral mascarados e bêbados, executam mímicas, cantam e dançam para celebrar a renovação das forças da terra. Já nas práticas rituais da *aischrologia,* os participantes proferem discursos indecentes, trocam insultos e executam gestos obscenos, em geral dirigidos às classes dominantes ou a uma platéia de surpresos concidadãos [9].

Em *Os Acarnenses*, Aristófanes nos apresenta dois *kômoi:* o *kômos* da procissão das *Dionísias Rurais,* com a presença típica da *phalophória,* e o *kômos* do encerramento. Este último se refere à festa das *Chóes*[10]. Neste *kômos* festivo de encerramento é que Diceópolis e os integrantes do coro dançam, fazem gaiatices e entoam o cântico da vitória enquanto saem de cena completamente bêbados e felizes. Utilizando as duas festas citadas como estratégia cênica para apresentar o *kômos,* Aristófanes estaria nos oferecendo um documento precioso a respeito da possível identificação estrutural entre a comédia e a festa ritual. Portanto, em *Os Acarnenses* teríamos uma expressão viva desta possível evolução histórica que teria levado os "cantos fálicos" do *kômos,* como diria Aristóteles na sua *Poética* (ARISTÓTELES, 1449a, 9-12), a se desenvolverem esteticamente e se transformarem na comédia.

Por sua vez, o ritual da *aischrologia* vem marcar, através do discurso irreverente e licencioso, um ambiente simbólico de oposição aos valores dominantes. Neste sentido, a comédia de Aristófanes se revela uma releitura poética, não apenas do *kômos* festivo, como também do ritual da *aischrologia,* pois o foco central do autor é inverter e desconstruir os modelos da *pólis* democrática. Para tanto, ele não se cansa de xingar e de satirizar algumas das mais importantes figuras políticas e sociais de Atenas. Desta forma, Aristófanes nos oferece um significativo testemunho para a compreensão do rito da *aischrologia* como um dos pilares fundamentais na história da evolução da comédia. Através de um estilo cômico que combina o discurso satírico da *aischrologia*, a alegoria poética e a gaiatice obscena do *kômos*, Aristófanes amplia a identificação estrutural entre a comédia e a festa com o intuito de revelar as contradições da *pólis* e dissecar os seus mais caros valores.

Segundo Burkert, tanto o *kômos* quanto a *aischrologia* se colocam como exemplos de ritos de reversão. Comentando sobre o sentido dos ritos de reversão, o autor explica que certos ritos e festas religiosas encenam periodicamente situações de transgressão e de reversão com o intuito de fortalecer e confirmar, no espaço cotidiano, a identidade social. Burkert explica que as representações religiosas, oferecendo à comunidade uma experiência simbólica de retorno ao caos, de excesso e de licenciosidade, guardam a função de acionar o desejo de reparação e a necessidade de restauração: *"Porque as barreiras que foram quebradas são agora reconhecidas com muito mais ardor. As regras sociais são confirmadas precisamente através de sua tensão e de sua antítese"* (BURKERT, 1983, p.21).

Quando uma cultura, através de suas festas e de sua arte, se torna capaz de assimilar a *anomía* que ameaça o *nómos*, é o próprio caos que pode assim ser domesticado e controlado. A melhor defesa para um inimigo invencível é compreendê-lo e negociar com ele de tempos em tempos, desviando a sua potência destrutiva. A cidade representava para si mesma a integração periódica entre a alteridade e a identidade culturais através desta espécie de espelho invertido oferecido pela festa e pela comédia. No plano das representações imaginárias, a cidade realizava assim a conciliação de suas contradições pela harmonia entre *nómos* e *anomía*. Percebemos, através da obra de Aristófanes, que mesmo no seio de uma experiência de desintegração social proporcionada pela guerra, a comédia e a festa podiam ainda oferecer ao ateniense a possibilidade de uma ampliação da sua identidade cultural a partir da revisão de seus próprios modelos.

NOTAS

[1] O *píthos* é um tonel de terracota grande, arredondado, com a boca bem larga, no qual se armazena vinho ou óleo, e que permanece parcialmente enterrado para uma melhor preservação do conteúdo.

[2] Na sua tradução de *As Rãs*, na edição brasileira de 1996, Mário da Gama Kuri traduz o termo grego "*chýtroi*" por "panelas".

[3] A respeito da presença de escravos e crianças na festa, ver Burkert (1983, p. 218; 1985, p. 237). Em relação às crianças, a competição das *Chóes* constitui um rito de passagem. Quando as crianças atingem a idade de três anos, elas são ritualmente introduzidas no clã familiar e na sociedade justamente por ocasião deste festival. Pequenos vasos das festas das *Chóes* foram encontrados em túmulos de crianças trazendo imagens dos pequenos se divertindo nas *Anthestérias*.

[4] Na tradução portuguesa de *Os Acarnenses* (1988), a tradutora M. de Fátima de Sousa e Silva usa o termo português *côngio* para designar a taça especial que os gregos denominavam *chóes*.

[5] Sobre a procissão de mascarados e de barcas rolando pelas ruas, ver Burkert (1983, p. 229) e Daraki (1983, pp. 40-41, 84–85).

[6] A discussão sobre a presença das *Kéres* nas *Anthestérias* é aprofundada em Burkert (1983, p. 226-227). Veja também Harrison (1992 [1922], pp. 32-36).

[7] Os *Acarnenses* é a mais antiga peça de Aristófanes até hoje conservada. Foi apresentada no festival das *Lenéias* em 425 a.C., ou seja, seis anos após o início da guerra do Peloponeso, ganhando o primeiro prêmio.

[8] Ver Brandão (1992, pp. 66-77), Murray (1958, pp. 211-214) e Jeanmaire (1978, pp. 302–315).

[9] A procissão ritual de *Elêusis* e a festa ateniense das *Thesmophórias* constituem ótimos testemunhos da presença da *aischrologia* em ritos e festivais importantes. Para uma discussão sobre o *kômos,* ver Murray (1958, pp. 210-213) e Brandão (1992, pp. 71-74). Sobre a prática ritual da *aischrologia*, ver Burkert (1985, pp.103-105) e Brandão (1992, p.73).

[10] Para Brandão (1992, p.71), o *êxodo* de toda comédia coincide com um *kômos*: as personagens e o coro saem de cena dançando, cantando e gritando bobagens, formando assim uma procissão cantante que seria, segundo Brandão, uma retomada poética dos *kômoi* das festas agrárias.

BIBLIOGRAFIA

ARISTÓTELES. **Poética**. São Paulo: Ars Poética, 1993.

ARISTÓFANES. **Os Acarnenses**. Trad. M. de Fátima de Sousa e Silva. Coimbra: Instituto Nacional de Investigação Científica, 1988.

————————. **As Rãs.** Trad. Mario da Gama Kuri. Rio de Janeiro: Jorge Zahar, 1996.

BERGER, Peter. **O Dossel Sagrado**. Rio de Janeiro: Editora Paulus, 1985.

BRANDÃO, Junito de Souza. **Teatro Grego: Origem e Evolução.** São Paulo: Ars Poética, 1992.

BURKERT, Walter. **Homo Necans**. Los Angeles: University of Califórnia Press, 1983.

————————. **Greek Religion**. Harvard: Harvard University Press, 1985.

DARAKI, Maria. **Dionysos.** Paris: Editions Arthaud, 1985.

HARRISON, Jane Ellen. **Prolegomena to the Study of Greek Religion.** Princeton University Press, 1991 [1922].

JEANMAIRE, Henri. **Dionysos: Histoire du Culte de Bacchus**. Paris: Payot, 1978.

MURRAY, Gilbert. **Literature of Ancient Greece.** Chicago: University of Chicago Press, 1958.

URBINA, José P. **Diccionario Griego-Español.** Barcelona: Ediciones Spes, 1944.

FESTA E UTOPIA EM *OS ACARNENSES*

Jane Kelly de Oliveira*

O tempo e o espaço na comédia têm um tratamento *sui generis*. O comediógrafo não tem a preocupação de estabelecê-los de modo a torná-los verossímeis. Barthes (1990, p. 66) justifica esse fato ao dizer que "a comédia ateniense ilustra sempre uma tese". A unidade não é dada pela ação decorrida em um tempo que respeita uma evoluçao cronológica constante ou um espaço único, e sim, como também lembra Melero (1988, p. 453), pelo tema proposto como objeto de crítica.

Em *Os Acarnenses* não é diferente. Aristófanes constrói sua comédia contando com uma variedade de lugares, além de fazer referências e nela incorporar vários eventos que aconteciam em diferentes épocas do ano. Ou seja, ele constrói a ação contando com uma sobreposição de tempos e espaços diferentes, que traz uma sobreposição de sentidos. A começar pelos festivais presentes na peça, as Dionísias Rurais e as Antestérias.

As festas apresentadas na peça tentam retomar acontecimentos festivos da cidade como meios de representação da *pólis* e estabelecer algum diálogo crítico em relação aos fatos ocorridos ou ao comportamento dos citadinos. Mas a escolha e a forma de apresentação das situações festivas durante a ação parecem construir-se de forma inversa ao que seria comum na sociedade ateniense do século V a.C. Essa construção às avessas das festas pode trazer novas pistas para analisarmos esta comédia e a relação que ela mantém com a cidade.

Uma freqüente questão a respeito das comédias de Aristófanes e a relação delas com a sociedade é se uma comédia, que conta, por sua natureza, com expedientes como a fantasia, o grotesco e a zombaria, teria a intenção e o poder de influenciar nas questões sérias da comunidade, e se pretensamente poderia, com seus argumentos, convencer o público a tomar alguma direção política.

Fisher (1993, pp. 31-32) resume a situação atual da questão ao dividi-la em duas posições: a doveriana e a de Ste Croix. Para Dover, a comédia vale por sua comicidade e não pela vinculação à política. Ele acredita que a comédia estabelece algumas ligações com mitos e ritos, enquanto as linhas políticas nas peças de Aristófanes são confusas e contraditórias. Ste Croix, ao contrário, vê em Aristófanes um cidadão totalmente contra a democracia radical, os políticos populistas

*Professora doutoranda do Programa de Pós-graduação em Estudos Literários da FCL – *Campus* Araraquara/UNESP. Bolsista da FAPESP.
Janeoliveira77@hotmail.com

e a continuação da guerra. Para ele, Aristófanes escreve deliberadamente para influenciar o público, persuadindo-o nas decisões políticas.

Fisher (1993, p. 38) associa-se a Dover ao dizer que os argumentos usados não são persuasivos em um nível sério porque não são similares aos usados por Tucídides, além de as paródias correrem todo o texto. Segundo ele, os argumentos usados não foram levados a sério pelos cidadãos mas, antes, vistos como um efeito leve sugerindo que a paz pode ser agradável e que a guerra pode ter começado por maquinações políticas. As mudanças de papéis, roupas e quadros teriam apenas a função de divertir a platéia.

Mas ele acredita que se a peça foi usada por Aristófanes para defender os poetas contra os processos, então não se pode negar totalmente a possibilidade de argumentos sérios veiculados a ela. O autor afirma que a defesa da paz e a tentativa de convencimento do público não são a intenção da peça. As possibilidades de seriedade da ficção são limitadas.

Chistopher Carey (1993) acredita que o apelo pela paz em *Os Acarnenses* não deve ser levado a sério. Levanta, inclusive, a possibilidade de este posicionamento não ser interessante para Atenas naquele momento, mas ele considera que, em alguns trechos, como quando Diceópolis prova, em seu discurso de defesa, que a corrupção na política interna pode influenciar a guerra com promessas falsas e mentiras, há um relacionamento entre a fantasia aristofânica e o mundo real. Segundo ele, há um núcleo de verdade no coração da fantasia.

Já MacDowell (1983, p. 147) afirma que o fato de Aristófanes criar uma fala em que Diceópolis defende a paz mostra que o público compartilhava da idéia da personagem, pois, só assim, a defesa da paz encontraria eco na platéia. Ele justifica essa afirmação ao apontar as semelhanças entre Diceópolis e o público. Ambos participam da assembléia. MacDowell sugere, ainda, uma *mise en scène* que contaria com Diceópolis sentado na platéia, o que seria mais uma marca da aproximação do público. Mas o autor, apesar de elencar vários sinais da aceitação da platéia, não descarta a possibilidade de o público ser contra o acordo de paz, já que a paródia a Télefo remete a uma platéia belicosa e hostil (MacDowell, 1983, p. 150).

É fácil perceber a falta de consenso entre os teóricos quando a questão é a seriedade a respeito do pleito pela paz.

Sabemos que o povo grego tinha a agressividade e a competitividade à flor da pele, mas acreditamos que a posição de Aristófanes seja pacifista. A freqüência deste tema em outras peças, como, por exemplo, *Paz* e *Lisístrata*, entre outras, pode ser um indício disto. O posicionamento favorável à paz não trai essa essência grega, pois, apesar da competitividade e do espírito belicoso, os gregos tinham um forte sentimento nacional. E a posição favorável à guerra do Peloponeso por parte do público destruiria esse sentimento de coletividade que unia as *póleis* gregas.

A história, tanto a oficial quanto a transmitida mitologicamente, pela arte, nos mostra que a força bélica dos gregos está na união do povo. A guerra de Tróia, por exemplo, conta com a participação de 12 soberanos que se uniram para resgatar Helena.

A presença de *maratonômacos* na peça é sintomática. Os acarnenses formam, a princípio, o elenco defensor da guerra. Eles trazem consigo a lembrança gloriosa e o espírito guerreiro, condensam em si a *areté* grega que fez deles vencedores. Mas a guerra de Maratona foi bastante diferente da guerra do Peloponeso. Aquela tinha bárbaros como adversário de gregos, esta coloca gregos ante gregos. Além disso, o coro de acarnenses vincula-se à causa de Diceópolis no fim da peça, como veremos logo adiante.

É difícil certificar a posição de um autor, até porque nossa experiência moderna nos permite notar que, muitas vezes, a obra adquire autonomia de significado não planejado pelo seu criador. Mas, se não podemos entrevistar Aristófanes, podemos analisar sua comédia e verificar se ela aponta algum direcionamento ou sugestão.

Acreditamos que a presença das duas festividades em *Os Acarnenses* pode orientar nossa leitura da peça e indicar uma resposta.

Henderson (1996, p. 80), em um estudo que visa estabelecer as relações entre o *demos* e a competição cômica, mostra que os festivais tinham a função de reorganizar a sociedade, servindo como um espelho. Diz ele que os "festivais são um dos principais modos para a cidade se auto-organizar, estabelecendo quem é quem e demonstrando o que é importante".

Pensando na comédia como um espelho, então, e levando em consideração que as imagens refletidas passam por uma "distorção" cômica, podemos notar que os festivais apresentados em *Os Acarnenses,* as Dionísias Rurais e as Antestérias, indicam a forma particular com que a arte cômica de Aristófanes via a sociedade ateniense de 424 a.C, ou como queria que ela se visse.

A realização das Dionísias Rurais é a primeira preocupação de Diceópolis depois do acordo de paz. Diz ele no verso 201-2:

> Por mim, tendo me afastado da guerra e dos males,
> conduzirei as Dionísias Rurais, entrando[1]

Já as *Antestérias* são anunciadas pelo arauto no verso 1000 e o enredo do final da peça resume-se às atividades relacionadas à festa.

É necessário notarmos que as duas festividades acontecem somente depois da realização da paz particular de Diceópolis, o que pode indicar a impossibilidade de a sociedade expressar livremente sua tradição em momentos de conflito bélico.

Bowie (1993, p. 10) diz que os dramas examinam a natureza da cidade e seus meios de representação, de modo positivo ou negativo. Então, a inclusão destas festividades, que são formas de representação da cidade, deveria fazer o público associar estes eventos rituais a acontecimentos mostrados na peça. A função e o significado religioso e social destes festivais em Atenas capacitam-nos a entender alguma coisa da ação de Diceópolis.

Na sociedade, as Dionísias Rurais, um festival de fertilidade agrária, são uma festividade coletiva, celebrada por toda a comunidade. Já as Dionísias de *Os Acarnenses* foram realizadas somente por Diceópolis e sua família. Essa subversão de uma característica definidora do festival parece ser o reflexo da desorganização social enfrentada por Atenas, e notada pelo poeta. Essa diferença é um modo de questionar a legitimidade do tratado de paz particular de Diceópolis.

Tal inversão também é percebida na realização das Antestérias. Este festival pode ser considerado a festividade da ambigüidade. Segundo Kerényi (2002, p. 260), o dia inicial das Antestérias era chamado *pithoigía*, dia da abertura dos *píthoi* de vinho. Devido ao cheiro de vinho exalado dos *píthoi*, os mortos aproveitavam a abertura do mundo subterrâneo para a ascensão de Dioniso e, sedentos de vinho, vinham para o mundo dos vivos guiados por Hermes. O segundo dia, o dia de *khóes*, era, então, marcado pela presença de fantasmas que vinham do subterrâneo. Um dia em que a ordem natural das coisas era subvertida e havia uma inversão de papéis. No terceiro dia, o dia das marmitas, *khýtroi*, os deuses consagrados eram Dioniso e Hermes. Este dia era destinado a apaziguar os espíritos e, segundo se supunha, o deus que os havia conduzido seria o responsável por levá-los de volta. As marmitas continham alimentos para a viagem de volta das *kéres* (KERÉNYI, 2002, p. 261) e, assim, a ordem era restabelecida e cada um voltava a ocupar o seu lugar.

A essa descrição da festa podemos unir outra informação mitológica, também apontada por Kerényi. Segundo ele, na época das Antestérias, Orestes tinha vindo pedir perdão ao rei *Demophon* por ter assassinado sua mãe. O rei não desejava nem rejeitar o suplicante, nem macular a cidade com sua presença. Então, a Orestes foi concedida uma mesa individual para o consumo do vinho e, para evitar ofensa, a mesma atitude foi tomada com todos os outros participantes.

Então a festa pode representar um processo ritualístico de desordem e restabelecimento da ordem, mas com a caracterírtica de ter seus participantes isolados, ao menos no dia da abertura dos *khóes*.

A contradição reside no fato de Diceópolis, em *Os Acarnenses*, quando foi convidado a participar da abertura dos jarros, preparar-se para uma festa coletiva. A presença de outras pessoas em contato umas com as outras é evidente quando Diceópolis volta acompanhado pelas cortesãs.

Assim como as Dionísias representam uma desorganização social por ser representada na peça como uma festa familiar, quando, na verdade, era uma festa de expressão coletiva, também a festa das Antestérias foge das normas vigentes, ao ser mostrada como uma grande algazarra, quando, de fato, era uma realização que previa o isolamento dos participantes.

Podemos dizer que essa imagem invertida dos eventos rituais, refletida no espelho cômico, revela um Estado de Atenas desordenado. Bowie (1993, p. 21) corrobora esta idéia ao mostrar que a cena de apedrejamento de Anfíteo por parte dos acarnenses é muito irônica, pois ele era o *spondophoros*, aquele que carrega o sinal das tréguas e, por isso, tinha proteção divina e não devia ser atacado. A figura do *spondophoros*, na cultura grega, é sagrada, pois ele era responsável por avisar as cidades sobre as tréguas concedidas devido aos festivais cívico-religiosos, como os mistérios de Elêusis ou os Jogos Olímpicos. Anfíteo, ao assumir essa função de levar as tréguas, deveria tornar-se imune aos ataques e o fato de ser atacado demonstra a desorganização da cidade no que tange aos valores políticos e pessoais.

A atitude de Diceópolis de, em primeiro lugar, realizar as Dionísias pode ser vista como uma libertação da escravidão e da proibição imposta pela guerra (BOWIE, 1993, p. 35) e, agora que a paz foi selada, a sua realização é permitida. Mas essa atitude revela uma contradição, pois este festival dá a oportunidade para os cidadãos aliarem sua identidade à identidade do Estado e a celebração desta festa por apenas uma família é fortemente anormal dado que era um rito público expressivo da ideologia e da unidade do *demos* como um todo.

Tal qual foi apresentada, a festa parece revelar uma cisão entre Estado e cidadão, talvez indicando os interesses do indivíduo em contraste com os interesses do governo. Nesta medida, a paz de Diceópolis indica a impossibilidade de identificação do cidadão com a comunidade e reflete a perturbação dos papéis sociais em época de guerra.

Mas parece que a festa das Antestérias representa um processo de restauração da ordem. Depois da presença de almas penadas e da abertura dos *côngios*, no terceiro dia os fantasmas são expulsos e há uma partilha dos alimentos – é o dia da festa das marmitas. Neste dia, há uma ceia em que a comunidade volta a unir-se e, desta forma, a ordem é restabelecida. A representação de um ritual reorganizador no final da peça pode indicar o restabelecimento da identidade social de Diceópolis.

O mito de Orestes nas Antestérias também é bastante significativo, já que Orestes, antes de ser reintegrado à sociedade, foi seguido pelas Erínias. Um processo semelhante acontece a Diceópolis, que, depois de concluir tréguas, é perseguido pelo grupo de acarnenses.

Sendo assim, os dois festivais parecem recompor um processo ritualístico de restabelecimento da ordem social. A peça coloca em cena mecanismos de representação cívica que, a princípio, com as Dionísias, desconstroem a organização política da cidade, indicando que há um problema a ser resolvido pelos cidadãos, mas, depois, com as Antestérias, parecem funcionar como um rito religioso restaurador, que restabelece a ordem.

A peça termina com a volta de Diceópolis da festa das *khoés*. Apesar de não termos a representação da festa das marmitas, que restaura a ordem, e apesar de Bowie (1993, p. 39) afirmar que a peça não convenciona qualquer julgamento final, outros elementos da peça nos permitem dizer que Diceópolis e seu acordo de paz teriam sido aceitos pela comunidade. O fato de haver referência às Eríneas, que se tornaram *Eumênides*; a Orestes, que foi perdoado; ou às Antestérias, que restabelecem a ordem no final do terceiro dia, pode indicar a reintegração do herói à sociedade. A peça fornece várias pistas indicativas de uma aceitação de Diceópolis pela comunidade, como a própria adesão do coro que, no final da peça, comunga da vitória de Diceópolis na competição dos *côngios* (vv. 1228 – 1234):

Coro: "Hurra", sem dúvida, já que conclamas, ancião, "glória ao campeão!"
Dic.: E mais, tendo vertido vinho sem mistura, traguei numa só golada.
Coro: ***"Hurra" então, ó nobre homem! Pegue o odre e mova-se.***
Dic.: Sigam-me, então, cantando. Hurra, hurra, glória ao campeão.
Coro: ***Mas seguiremos para teu agrado,***
Hurra, glória ao campeão, cele-
brando você e o seu odre.

A peça traz para o público a possibilidade de momentos de prazer, que *"suprem os desejos das pessoas comuns de um alívio da luta do dia a dia inserindo-as nas fantasias de auto-afirmação nas áreas de poder, comida, bebida e sexo"* (Fisher, 1993, p. 32).

Henderson (1996, p. 94) diz que o mundo descrito na comédia política é o mundo dos espectadores em seus papéis cívicos. Sendo assim, podemos pensar em duas possibilidades de leitura do percurso descrito pelos festivais apresentados na peça: (i) o restabelecimento da ordem simbolizado no final da comédia é a única forma para a população viver, fantasiosamente, momentos de satisfação fictícia, ou (ii) o reflexo de Atenas mostrado em *Os Acarnenses* revela uma população que anseia por uma reestruturação da sociedade e, conseqüentemente, de seus papéis sociais.

Em ambas as possibilidades de leitura, a imagem apresentada é repleta de satisfações, notadas no deleite de Diceópolis.

As Dionísias indicam o acesso de Diceópolis a prazeres quase divinos:

Oh Dionísias!
Estas cheiram ambrosia e néctar (v. 196)
Estas eu acolho, faço libação e beberei. (v.199).

As Antestérias são anunciadas com promessas de muita diversão e satisfação para o corpo e para a alma:

Para um jantar, imediatamente,
dirige-te, após pegar a cestinha e o côngio.
Pois o sacerdote de Dioniso te manda buscar.
Mas apressa-te! Já retardas o jantar há um bom tempo!
Todas as demais coisas estão preparadas,
leitos, mesas, almofadas, mantas,
coroas, perfume, sobremesas, — e presentes, as putas! —
bolos, tortas, bolinhos de gergelim, pães de mel,
dançarinas, o "Amado Harmódio", há tempos!
Mas despacha-te o mais rápido possível! (vv. 1085-94)

Ao mostrar a possibilidade de restauração fictícia da paz, mesmo que seja uma paz individual e fantasiosa, Aristófanes indica que há uma possibilidade de o mesmo acontecer na vida. A crítica social é feita contrapondo o mundo real a um mundo fantástico (MELERO, 1988, p. 440), já que o mundo descrito na comédia política é o mundo dos espectadores em seus papéis cívicos (HENDERSON, 1996, p. 94).

A imagem de satisfação refletida no "espelho" é resultado da distorção cômica, mas essa utopia também revela um interessante mecanismo que possibilita à sociedade auto-avaliar-se e restaurar as ligações entre indivíduo e sociedade, mesmo que apenas na ficção.

NOTAS

[1] As traduções de *Os Acarnenses* apresentadas neste texto foram feitas pela autora deste trabalho.

BIBLIOGRAFIA

BARTHES, R. O teatro grego. In:______. **O óbvio e o obtuso**. Rio de Janeiro: Nova Fronteira, 1990. pp. 63-84.

BOWIE, A.M. **Aristophanes.** myth, ritual, and comedy. Cambridge: Cambridge University Press, 1993.

CAREY, C. The purpose of Aristophanes' Acharnians. **Rheinisches Museum**, Frankfurt, n.136, pp. 245-263, 1993.

FISHER, N. R. E. Multiple Personalities and Dionysiac Festivals: Dicaeopolis in Aristophanes' Acharnians. **Greece and Rome**, Oxford, v. 40, n. 1, pp. 31-47, 1993.

HENDERSON, J. The *demos* and comic competition. In: SEGAL, E. **Oxford readings in Aristophanes**. Oxford: Oxford University Press, 1996.

KERÉNYI, C. **Dioniso**. Imagem arquetípica da vida indestrutível. São Paulo: Odysseus, 2002.

MACDOWELL, D. M. The Nature of Aristophanes' Akharnians. **Greece and Rome**, Oxford, v. 30, n. 2, pp. 143-162, 1983.

MELERO, A. Comédia. In: LÓPES FÉRES, J.A. **História de la literatura Griega**. Madrid: Catedra, 1988. pp. 431-502.

LAS LUPERCALES: MEMORIA MÍTICA Y FIESTA INICIÁTICA

Jorge Manuel Bedoya*

El proceso de "cristianización de Roma", durante los siglos IV y V, no puede ser considerado como el mero pasaje de una actitud religiosa a otra realizado por los integrantes del conjunto social sino como una compleja trama histórico-cultural cuyas transformaciones alcanzaron al mismo núcleo de la estructura social. Dos hechos ocurridos en esta época muestran las peculiaridades de su tono cultural cuyas permanencias y transformaciones redefinían la organización social y simbólica en los centros urbanos. Uno de ellos ocurrido, hacia el 440, en la ciudad de Ravena, cuando los cristianos, vestidos como los más importantes planetas, participaban de la fiesta de *Capodanno* en ocasión de las Calendas de Enero. Los dioses del panteón romano eran quienes se ocultaban detrás de estos disfraces llevados por los participantes que, con gran solemnidad, desfilaban por el Hipódromo de la ciudad (ZURUTUZA, 1998, p.221).

El otro, sucedido hacia finales del mismo siglo, cuando el Papa Gelasio (FRASCHETTI, 2004, p. IX) o Félix III (DUVAL, 1978, p. 222) reitera la prohibición a los hombres cristianos de participar en las fiestas lupercales a las que continuaban respetando, a pesar de su conversión, por entender que ellas integraban un mundo cultural reconocido como propio, expresión de su identidad.

Las lupercales eran fiestas que, el 15 de febrero de cada año, se realizaba en Roma en honor a Fauno Luperco (LIVIO, I, IV, 9 – V, 5.) y en su origen se encuentra un hecho ocurrido en la juventud de Rómulo y Remo. Ovidio narra que, luego de sacrificar una cabra en honor al dios Fauno y mientras los sacerdotes preparaban la carne para el banquete, los gemelos y sus compañeros ejecutaban diversos ejercicios para desarrollar la fuerza de sus brazos. En un determinado momento, un pastor les gritó, desde las alturas, que unos bandidos se acercaban para apoderarse de sus rebaños. Ante este aviso, todos los jóvenes, que ejecutaban sus ejercicios guerreros desnudos, se dividieron en dos grupos, capitaneados por cada gemelo, para enfrentar a los ladrones. Remo es quien retornó más rápido porque finalizó primero su cometido y, tomando la carne que aún no había terminado de asarse, dijo que ella le correspondía al vencedor. Cuando llegó Rómulo y observó los huesos desnudos lanzó una carcajada reconociendo que su hermano y sus hom-

* Professor titular de Historia de las Artes Plásticas – Universidad de Buenos Aires.

bres, los Fabianos, habían terminado su cometido más velozmente que él y los suyos, los Quintilianos (OVIDIO, 359-380). El poeta, para cerrar su relato, agrega que los lupercos realizaban desnudos su carrera, en recuerdo de este episodio (OVIDIO, 267).

La relación que Ovidio establece entre las lupercales y el mundo de Rómulo y Remo conduce a las circunstancias que rodearon a la fundación de Roma. Sus padres eran el dios Marte y Rhea Silvia, una vestal, y fueron separados de su madre al nacer y abandonados en la ribera del río. Alimentados por una loba y un pájaro (*pico*), animales vinculados con Marte, el pastor Faustolo los encuentra y los cría, junto con su mujer Acca Larenzia, en plena naturaleza (OVIDIO, 381-425; LIVIO, I. III.5- IV.3). Por otra parte, esta relación con la naturaleza aparece señalada desde su concepción porque su madre pertenecía a la familia de los Silvios, hombres vinculados con los bosques y el mundo de los pueblos aborígenes, de cuyos míticos reyes Pico, Fauno y Latino descendían los Silvios de Alba. Más tarde, asimilado a un dios de la naturaleza, es Fauno, quien protegerá, en Roma, los espacios de los bosques y de los campos es decir a aquellos lugares que no integran el mundo urbano.

Los hermanos, después de vengar a su madre matando a su tío Amulio y restituyendo el reino de Alba a su abuelo Numitor, deciden, según un historiador (LIVIO, I, VI,3 – VII,3) fundar una ciudad o, como sugiere otro (HALICARNASO, I, 86-87), por incitación del abuelo puesto que, al ser los seguidores de sus nietos "siervos y rebeldes", eran mirados con desconfianza por los habitantes de Alba (PLUTARCO, I, 9, 1-7). La fundación de Roma pone fin a la vida en la naturaleza de estos jóvenes y, a su vez, crea las circunstancias que conducen a la muerte de Remo. Dado que el criterio de ancianidad no era aplicable en este caso, se resuelve consultar, por consejo de Numitor, a los dioses para obtener las señales que indicaran al fundador. Si bien, ambos hermanos querían concretar dicha fundación en el lugar donde había transcurrido su vida, existían dudas y, por lo tanto, Rómulo decidió esperar los prodigios sobre la colina palatina mientras Remo lo hacía en el Aventino. Júpiter Óptimo Máximo, supremo protector de los augurios, favorece al primero porque doce buitres volaron sobre el Palatino mientras que sólo seis lo hicieron sobre el otro monte. Este hecho, determinante para el fundador, se proyecta hacia el futuro porque serán los augurios los que delimiten la legitimidad del poder de los reyes latino-sabinos y, en la época de la República, el que corresponde a los magistrados (FRASCHETTTI, 1996, p.75). A partir de lo indicado por los dioses, Rómulo trazó el límite de la ciudad utilizando un arado con reja de bronce tirado por dos animales blancos. Su hermano se burló del surco trazado porque podía ser franqueado fácilmente y así, de un salto, penetró en el espacio consagrado. Su actitud, que muestra el desconocimiento de lo establecido por los rituales, conduce a la muerte (PLUTARCO, I, 10, 1-2). Este sacrificio indica que Rómulo abandona el estado de salvaje, transcurrido en selvas y bosques, para comenzar una etapa de vida ciudadana, regida por usos y costumbres reglados por normas, mientras que Remo al no querer aceptar lo dispuesto por los dioses y pretender introducir el período anterior caracterizado por altercados, luchas y rapiñas, en el ámbito urbano, debe ser sacrificado porque no acepta la presencia de aquellas normas que organizan el conjunto social.

A partir de la época augustal, los historiadores han hallado obras cuya iconografía se vincula con los lupercos. Dichas esculturas, que ocupan un determinado lugar en el ámbito cultural creado por el ascenso y permanencia de Octavio en el poder, deben sus características al clima que acompañó a las transformaciones artísticas propuestas por el gobernante. Por estas razones, la actividad augustal implicó la realización de una amplia iconografía, que incluía su retrato y que lo mostraba cumpliendo diversas funciones públicas. Entre todas estas esculturas y relieves puede señalarse aquellas que lo representan cumpliendo labores sacerdotales como, por ejemplo, la obra hallada en la Via Labicana (finales del siglo I a.C.- principios del siglo I) que lo presenta como sacerdote y lo celebra, al mismo tiempo, como el restaurador de las tradiciones. Esta obra, que colabora con la creación del arquetipo imperial, fue aceptada por los integrantes de los distintos grupos sociales, que veían en la función sacerdotal un modo de participar en las transformaciones augustales, y llevó a la multiplicación de realizaciones que mostraban a aristócratas, a notables de las ciudades y a libertos en actitud de ofrecer un sacrificio.

Estas manifestaciones de piedad, llevaron a que el *Princeps*, en cumplimiento de la función moderadora que le competía, atendiera tanto a los deseos de quienes buscaban, por medio de las funciones religiosas, integrarse a sus propuestas como a las necesidades de modificaciones en los cultos religiosos. En relación con el culto de Fauno Luperco y, en consideración con la simbología implicada en el mismo, se dispuso, ante la degradación que el mismo había sufrido a través del tiempo, reorganizarlo y otorgar a los integrantes del orden ecuestre el ejercicio de su sacerdocio el cual, según Plutarco, había estado reservado en sus comienzos al orden senatorial (PLUTARCO, I, 21,7; CICERON, XI, 26). En vista de las transformaciones edilicias ocurridas en la colina palatina y el deterioro sufrido por la Gruta del Lupercal, se la restauró porque en esta cueva sagrada fueron amamantados los gemelos. También se respetó la fuente que manaba de ella tanto como la Higuera Ruminal, que se encontraba a su lado y a cuya sombra las aguas depositaron la canasta que, según una de las versiones de la leyenda, contenía a Rómulo y Remo (AUGUSTO, 19, 1).

El santuario de Fauno Luperco se encontraba en esta gruta sagrada y los ritos, parcialmente conocidos, que se desarrollan en las fiestas lupercales comenzaban en ella y comprendían diferentes momentos. En primera instancia, se inmolaba una cabra cuya piel se cortaba en tiras y, según ciertas leyendas, también a un perro vinculado con la protección y multiplicación de los rebaños. Acto seguido, los sacerdotes tocaban la frente de dos jóvenes, vestidos únicamente con una falda de piel de cabra, con un cuchillo ensangrentado con la sangre de la víctima y luego la limpiaban con un mechón de lana impregnado en leche. En ese momento, los dos jóvenes debían lanzar una carcajada (PLUTARCO, I, 21, 6). Cumplida esta parte del ritual, todos los participantes realizaban una carrera alrededor del monte Palatino durante la cual, golpeaban con las tiras de piel de cabra las manos de las multitud, que se reunía a su paso. En primera fila se ubicaban las mujeres estériles y aquellas que se encontraban próximas a parir (GRIMAL,1994, p. 328). De esta manera se enlazaban en esta ceremonia rituales de pasaje e iniciación con los correspondientes a la fecundidad.

Las estatuas y relieves que representan a los lupercos constituyeron, en su tiempo, una innovación iconográfica ya señalada por Plinio, el Viejo (PLINIO, XXXIV, X, 18) y su aparición puede situarse en época augustal. Una estatua con esta temática (mármol; 1,77 metros de altura), que presenta diversos deterioros, se encuentra en el Museo de Fondi. En ella han desaparecido, la parte inferior de la pierna derecha; el pie izquierdo y la mitad del brazo de mismo lado así como sectores de la mano derecha. Informaciones proporcionadas por el citado museo indican tanto la desaparición, hace unos veinte años, de la cabeza de la escultura como la observación de que la fotografía, publicada por Paul Zanker es una de las pocas existentes que ofrecen la obra tal como se encontraba antes del hecho indicado (ZANKER, 1992, p.160). La escultura muestra a un hombre joven, aproximadamente sobre los treinta años, ataviado como un luperco lo cual implica el torso y, de acuerdo con otras representaciones, los pies desnudos que indican el retorno al estado de naturaleza; la falda de rigor; y, según puede apreciarse por la posición de mano derecha, entre sus dedos apretaba la *februa*, utilizada para azotar a las mujeres infértiles o próximas a parir. El representado, con el cabello cortado según los cánones impuestos por modas de época augustal, muestra un rostro reconcentrado, acorde con la importancia del acto en el cual participa. Esta actitud se expresa por medio el ligero hundimiento de sus mejillas, los pliegues en su entrecejo y la firmeza con que cierra su boca. Según puede observarse en la fotografía indicada, aparece un ligero hoyuelo en su mentón. La reunión de todos estos elementos hace pensar en la posible utilización de algunos retratos juveniles de Octavio como punto de partida para esta realización. La presencia del clasicismo, típico del arte augustal, puede observarse en esta obra lo cual permite pensar en una posible vinculación entre el taller donde fue creada y los talleres imperiales (lámina n ° 1).

Los orígenes de Roma y su relación con el troyano Eneas fueron motivo de interés para Augusto y entre los distintos relatos artísticos que los tienen como un motivo iconográfico importante se encuentra el *Ara Pacis* (AUGUSTO, 12, 2). Su puerta de entrada aparece flanqueada por dos relieves que tienen como tema, el situado a la derecha, "La llegada de Eneas al Lacio y su sacrificio a los Penates" mientras que, a la izquierda de la misma, aparece "El pastor Faustolo encuentra a la loba con los gemelos", conservado muy fragmentariamente. A partir de ciertos fragmentes existentes, del análisis de antiguas descripciones y del estudio de otros relieves que lo han tomado como modelo, se ha intentado una aproximación al original. En éste aparecerían figurados la higuera, el pájaro Pico, la loba amamantando a los gemelos, y el pastor y el dios Marte contemplando la escena (ZANCKER; 1982, p.244; KLEINER 1992, p.90).

Paul Veyne en un trabajo destinado a analizar la iconografía de la *transvectio equitum* incluye el estudio de algunas imágenes de lupercos (VEYNE, 1960, p. 100). Para este investigador, ciertos relieves funerarios muestran a los integrantes del orden ecuestre a través de su participación en actos considerados importantes para su grupo. La *transvectio* se desarrollaba, en Roma, el quince de julio de todos los años y consistía en una ceremonia que, para los jóvenes, era la *probatio* que certificaba su admisión en el orden de los caballeros. Ellos hacían su aparición montados a caballo como *equites pubblici* distribuidos en centurias y batallones y se desplazaban alineados como si estuvieran listos para combatir. Los jinetes vestían la trábea, una túnica de color púrpura, y llevaban una corona de laurel sobre su cabeza (HALICARNASO, 19, VI, 13, 4; PLINIO, XV, 19).

En los Museos Vaticanos se guarda el cipo, confeccionado en mármol, de Ti. Claudius Liberalis, *equo pubblico* de Tibur muerto a la edad de dieciséis años. La obra muestra en sus caras laterales, dos relieves vinculados con las iconografías de la *transvectio* y de las lupercales. En una de estas superficies, el joven aparece de pie, con el torso desnudo y descalzo, la falda de piel de cabra, el flagelo en su mano derecha y destacado, en uno de los dedos de su otra mano, el anillo de los caballeros A sus lados lo observan dos representantes del orden plebeyo, que aparecen también de pie, sin calzado, y ubicados en un plano posterior. En el lateral opuesto, se encuentra al difunto con corona de laurel montado en un caballo que avanza lentamente a la vez que, en el fondo, se destaca un *vexillum*, insignia de caballería que designaba al batallón de pertenencia, y la cabeza de quien lo porta. Desde el punto de vista de la realización plástica, estos relieves muestran ciertas desproporciones tanto en la construcción interna de cada figura como en las relaciones de tamaño entre ellas. Así puede observarse como la imagen de un joven de dieciséis años presenta una relación desproporcionada entre la cabeza y el cuerpo que recuerda a aquella que existe en la figura de los niños pequeños. Por otra parte, el torso del difunto ofrece un cierto alargamiento con relación a las piernas las cuales, a su vez, no mantienen la proporción entre sus partes. La tendencia a reducir los escorzos al plano se manifiesta en el alargamiento de los brazos y el tamaño de las manos. Este aspecto es más notorio en la representación del joven como luperco que como caballero. En la figuración de la *transvectio*, sólo puede observarse la cabeza del portador del vexillum y la insignia no apareciendo otras zonas del cuerpo como, por ejemplo, las manos que lo sostienen o parte de las piernas, que podrían visualizarse entre las patas del caballo, ubicado en primer plano. Todos los aspectos señalados sugieren que estos relieves pueden ser realizaciones de un taller provincial, cuyas pautas estilísticas vinculadas con el arte plebeyo, no son iguales, aunque puedan mostrar ciertas influencias de ellas, a las propuestas por el clasicismo augustal (lámina n ° 2).

Un relieve (Museo de Benevento, mármol; 0,90 x 1,80) presentado por Paul Veyne muestra, figurado sobre el mismo plano, a un joven representado dos veces con los atuendos de caballero y de luperco. En la primera figuración aparece vestido con la trábea, lleva una corona de laurel, cuyas cintas flotan detrás de su cabeza, y, en la segunda, se presenta con el torso desnudo, los pies descalzos, la falda de piel de cabra, la *februa* en su mano derecha y el anillo en un dedo de la izquierda. De acuerdo a lo que permite observar la ilustración, este relieve, muy dañado por el agua, parece haber sido realizado por un taller provincial italiano lo que implica similitudes con la obra anteriormente citada.

Las representaciones de la *transvectio* y de los lupercos constituyen dos iconografías relacionadas con el orden ecuestre que surgen y se desarrollan en momentos en los cuales los diferentes grupos sociales pretendían señalar su situación en la organización propuesta por Augus to. En el caso de los relieves ubicados en monumentos funerarios, cipos y sarcófagos, la juventud de sus protagonistas muestra que, al no haberse podido realizar el *cursus honorum*, se los presenta en aquellas ceremonias que los integran a su orden de pertenencia. Los jóvenes figurados en estos relieves aparecen con menos edad que el luperco del Museo de Fondi que, aparentemente, los dobla en años lo cual señalaría, quizás, que el mayor ha alcanzado algún grado dentro de la cofradía que no han podido obtener los más jóvenes.

El análisis de las fiestas lupercales señala que en ellas aparecen huellas de rituales de iniciación, vinculados con jóvenes de la nobleza a los cuales se sumaron, a través del tiempo, diversos elementos y significaciones. Entre ellos es posible señalar la aceptación de la Gruta del Lupercal, donde se iniciaban las ceremonias, como el lugar donde la loba había amamantado a los gemelos; la derivación de la palabra luperco del nombre de dicha cueva; las carcajadas de los iniciados como repetición de las lanzadas por Rómulo y la carrera, que rodeaba el Palatino, de los jóvenes desnudos y descalzos que no penetraban el la "ciudad de Rómulo". La fiesta representaba para los jóvenes la posibilidad de vivenciar el regreso al reino del dios Fauno donde Rómulo y Remo, "lupercos prototípicos", vivían en un estado salvaje que se manifestaba por el vagar a través de las regiones montuosas y los bosques; la caza, las peleas por los campos de pasturaje y la posesión de los ganados; y los juegos necesarios, que preparaban para enfrentar esa vida. El desconocimiento del ritual de la comensalía por parte de Remo al comer la carne semicruda, desairando a los otros comensales y a los sacerdotes encargados del ritual, aparece como un gesto de barbarie, extrema expresión de las características de la vida en la naturaleza (FRASCHETTI, 1996, p. 18). Esta necesidad por integrarse a un mundo anterior al urbano, puede aparecer en distintos relatos como, por ejemplo, aquel que se encontraba en el origen a la cofradía de los *Hirpi Sorani.* Estos *Lobos del Soracte* eran sacerdotes que celebraban en una montaña cercana a Roma, el Soracte, diversas ceremonias durante las cuales bailaban con los pies desnudos sobre carbones encendidos. En el origen de estos rituales, se ubica en una leyenda que habla de la irrupción de lobos que sustrajeron la carne del sacrificio, durante una ceremonia celebrada en honor a *Dis Pater.* Los animales perseguidos por los oficiantes desaparecieron en una caverna de la cual emanaba un olor pestilente, que mató a los perseguidores y desató una epidemia. La consulta al oráculo dio la siguiente respuesta, para aplacar a los dioses, los habitantes de esa comarca debían "volverse semejantes a lobos" o sea vivir de rapiñas (SERVIO, 785, 15-25). Estos retornos a estadios anteriores también aparecen en otras culturas antiguas como los relatos que hablan de la caza en regiones fronterizas por los efebos atenienses; de la criptia de Esparta cazando ilotes; o de los jóvenes cretenses que, durante dos meses, se dedicaban al reposo placentero y a la caza.

En las lupercales, los participantes, como lo señalan distintos textos, corrían desnudos azotando a las mujeres que les ofrecían la palma de sus manos. La situación de desnudez debe entenderse como despojados de la toga que se reemplazaba por la falda de piel. La toga constituía el atuendo por excelencia de los ciudadanos romanos y los estatutos imponían su uso a la vez que lo prohibían a los extranjeros y a los desterrados. Su ausencia en estas fiestas indicaba el pasaje de estadios anteriores a las responsabilidades de la vida institucional. De igual manera, la carrera, la *celeritas*, constituía la antítesis de la *gravitas* e indicaba las diferencias entre los jóvenes volcados, en esos momentos, a la naturaleza donde regían normas diferentes a las que construían la civilidad. Los rituales efectuados con anterioridad a la carrera, habían contribuido a convertir a los lupercos en seguidores de Fauno y la acción de azotar a las mujeres estériles puede interpretarse como una sustitución del acto de penetración del "macho cabrío".

Los diversos aspectos analizados conducen a considerar a las lupercales como una fiesta que integraba diferentes significados. En ella se reunían los vinculados con ceremonias de pasaje e iniciación, que permitían a los jóvenes superar la etapa de la vida en los bosques con el ingreso en el orden de la *civitas;* con ritos de fecundidad, cuya base se encuentra en la juventud y el futuro renacer de la naturaleza; amalgamados con los orígenes y fundación de Roma insertos en la vida de Rómulo y Remo, convertidos en "figuras de memoria" (FRASCHETTI, 2002, p. 8) que, a través de los tiempos, permitieron a los romanos mantener su identidad.

BIBLIOGRAFIA

BIANCHI BANDINELLI, Ranuccio. **Roma, el centro del poder**. Madrid: Aguilar, 1970. BANDINELLI, Ranuccio. **Roma, el fin del mundo antiguo**. Madrid: Aguilar, 1971.

BIANCHI BANDNELLI, Ranuccio y Mario TORELLI. **El Arte de la Antigüedad Clásica. Etruria – Roma.** Madrid: Akal, 2000.

CESARE OTTAVIANO AUGUSTO. **Res Gestae Divi Augusti**. Roma: Editori Riuniti, 1982.

CHARBONNEAUX, Jean. **L' art au siècle d' Auguste.** París: Clairefontaine, 1948.

CICERON. **Discours (Pour Caelius ; Sur les Provinces Consulaires ; Pour Balbus)**. Paris: Les Belles Lettres, 1962.

CICERON. **L´Orateur. Du meiller genre d'orateurs.** París: Les Belles Lettres, 1924.

D' AMBRA, Eve. **Roman Art**. United Kingdom – USA: Cambridge University Press, 1998.

DUVAL, Y.-M. Des Lupercales de Constantinopla aux Lupercales de Rome. **Revue des Études Latines.** Paris, Les Belles Lettres, v.LV, pp. 222-270,1978.

DYONYSIUS OF HALICARNASSUS. **The Roman Antiquites.** London- Masachusetts: W.Heinemann – Harvard University Press, 1937.

FRASCHETTI, Augusto. *El mundo romano*: LEVI, Giovanni y Jean Claude SCHMIDTT (directores). **Historia de los jóvenes I. De la Antigüedad a la Edad Moderna**. Madrid: Taurus, 1996, pp. 73-115.

FRASCHETTI, Augusto.**La conversione. Da Roma pagana a Roma Cristiana.** Roma – Bari: Laterza, 2004.

FRASCHETTI, Augusto.**Romolo, il fondatore.** Roma – Bari: Laterza, 2002.

GRIMAL, Pierre. **Diccionario de Mitología Griega y Romana.** Barcelona: Paidós, 1994.

KLEINER, Diana. **Roman Sculture.** New Haven & London: Yale University Press, 1992.

MANZI, OFELIA y Jorge Manuel BEDOYA. *La representación del poder entre paganismo y cristianismo*: CABALLERO DE DEL SASTRE, Elizabeth y Beatriz. RABAZA(compiladoras). **Discurso, poder y política en Roma.** Rosario: Universidad Nacional de Rosario y Homo Sapiens: 2003, pp. 293-314.

OVID'S. **Fasti**. London – New York: W. Heineman – G.P. Putman' Sons, 1931.

PLINIO, L' Ancien. **Histoire Naturelle.** Paris: Les Belles Lettres, 1963.

PLUTARQUE. **Vies.** Paris : Les BellesLettres, 1957.

STRONG, Donald. **Roman Art.** New Haven & London: Yale University Press, 1988.

THILO, Georgius y HAGEN, Hermannus/ recensverunt /. **Servii Grammatici qui Feruntun in Vergilii Carmina Commentari** (Aeneidos Librorum VI – XII comentarii). Lipsiae: B.G. Teubneri, 1884.

TITO LIVIO. **Histoire Romaine.** Paris: LesBelles Lettres, 1954.

VEYNE, PAUL. Iconographie de la 'Transvectio Equitum' et des Lupercales. **Revue des Études Anciennes**, Paris, v. LXII, pp. 100-112, 1960.

ZANKER, Paul. **El poder de las imágenes.** Madrid: Alianza, 1992.

ZURUTUZA, Hugo. *Emperadores, burócratas, magos y astrólogos*: ZURUTUZA, Hugo y Horacio BOTALLA (compiladores). **Centros y márgenes simbólicos del Imperio Romano.** Buenos Aires: Universidad de Buenos Aires, 1998, pp.175-232.

Lâmina 1

Lâmina 2

COMEMORAÇÕES FESTIVAS: ASPECTOS SOCIAIS EM SÊNECA

Luciane Munhoz de Omena*

Nossa pretensão é propor uma reflexão sobre a concepção de Sêneca que enfoque a participação social nas comemorações festivas a partir de duas obras: *Apocolocyntoses* e *Epistulae Morales*. Para tal, empreenderemos uma investigação a partir de três itens: uma síntese do que vem a ser festa, como se relaciona aos jogos gladiatoriais e aos funerais, para compreendermos como são conduzidas as relações entre os agentes sociais.

Trataremos primeiro da conceituação de festa. Ainda que estejamos tratando de fontes documentais filosóficas e literárias, imbuídas de valores morais e, neste caso, a sátira que apresenta um excesso de grotesco e exagero literário, vemos o funeral como um ato festivo, que implica uma participação coletiva. A sátira menipéia apresenta o funeral de um homem público – o *imperator* – e, por isso, expressa a participação do *populus romanus*. Dito isto, podemos afirmar que a festa é sempre:

> uma produção do cotidiano, uma ação coletiva, que se dá num tempo e lugar definidos e especiais, implicando a concentração de afetos e emoções em torno de um objeto que é celebrado e comemorado e cujo produto principal é a simbolização da unidade dos participantes na esfera de uma determinada sociedade (GUARINELLO, 2001, p. 972)[1].

Interpretamos a festa como um fenômeno social e não simplesmente por particularidades de cunho individual; a compreendemos por meio de uma ação coletiva que implica, necessariamente, na ênfase dos sentimentos e emoções experimentadas pelos participantes. Como propõe Guarinello, o termo festa circunscreve:

1. uma estrutura social de produção específica que é preparada, custeada, planejada, segundo regras e atividades efetuadas na vida cotidiana;

2. participação da sociedade em seu todo ou grupos dentro dela, com maior ou menor expressão ou força legitimadora;

3. uma comemoraçao que acarreta a interrupção temporária de atividades diárias, como as festas de calendários;

*Professora doutoranda em História Social pela FFLCH/USP.
lu_omena30@yahoo.com.br

4. a atividade articula-se em torno de um objeto real ou imaginário, um acontecimento, um anseio ou uma satisfação coletiva, que atua como motivação da festa que é uma reunião comemorativa; cujo objetivo funciona "como pólo de agregação dos participantes, como símbolo de uma identidade que pode ser, mais ou menos, circunstancial ou permanente" (GUARINELLO, 2001, p. 972);

5. A festa sendo um atributo social produz uma identidade entre os participantes e o compartilhamento do símbolo comemorado. "Representa a produção de memória e da identidade no tempo e no espaço sociais e é, portanto, um produto histórico, uma instituição passível de História e de evolução ao longo do tempo" (GUARINELLO, 2001, p. 971)[2].

Essa produção de identidade que é produzida não gera, necessariamente, um consenso; muito pelo contrário, cria-se uma unidade diferenciada e conflituosa que "une os dois extremos contrastantes e, aparentemente, contraditórios da cooperação e da competição" (GUARINELLO, 2001, p. 973). A festa, como produto da realidade social, exprime conflitos, tensões, censuras e estruturas de poder. O circo romano é um *exemplum*: embora todos os indivíduos participantes estejam ululantes pelos combates, há diferentes lugares que indicam o *status* social do indivíduo e as tensões são expressas através das exigências dos setores subalternos pelas reivindicações de divertimentos públicos, pela crise de habitações – provocadas pelos incêndios, pelas inundações do Tibre e pelo aumento de preços dos aluguéis.

É no circo e no anfiteatro que se demonstram desejos e protestos de toda a ordem como uma prática social[3]. O soberano utiliza os espetáculos oficiais para obter apoio da plebe, pois os jogos desempenham funções político-sociais. É uma festa promovida tanto pelo *imperator* quanto pelos magistrados, que a consideram instrumento de controle sobre as massas urbanas. A platéia pode, no entanto, tanto apoiar as autoridades quanto fazer reivindicações de diversas ordens aos promotores presentes. Daí a relevância de sua participação no circo, onde "o gladiador pode jogar e apelar para a clemência do público" (*Ep. Mor.* 37, 2) e a garantia de que suas exigências serão cumpridas. Não é sem motivo que Sêneca recomenda: um homem precavido, "assim que vê começar a distribuição de presentes, se retira do teatro, pois sabe que muito terá de ceder para conseguir um pequeno favor" (*Ep. Mor.* 74, 7).

Essas agitações representam, segundo Sêneca, o desejo do povo pela violência, pois o homem é exposto à morte "apenas para se servir de divertimento; já era sacrilégio treinar homens para o circo e ser feridos, agora atiramo-los para o circo nus e inertes, basta-nos a simples morte como espetáculo!" (*Ep. Mor.* 95, 33)[4]. O poder que a *multitudo* possui em agir pela violência é um condimento relevante para que o *princeps* trate a *plebs* com mais tolerância.

O *princeps*, na cidade de Roma, deveria voltar-se, portanto, diretamente para as reivindicações da massa, por três motivos: primeiro, por ser uma massa vista como inconstante e, por isso, disposta a qualquer tipo de ação, violenta ou não (*De Clementia* Pr. I, 1); segundo, como tutor da ordem pública, teria que evitar qualquer desordem social ou política; e em terceiro, porque o soberano em Roma, considerada o centro do poder Imperial, deveria manter o equilíbrio social, pois esta "cidade terá deixado de dominar no mesmo momento em que tiver deixado de prestar obediência" (*De Clem.* III, II, 2)[5].

Essas relações que ocorrem em festividades como os jogos gladiatoriais, nos quais a população vocifera sobre as grades do anfiteatro, representam o riso, a devoção aos deuses, a troca de favores e, mais particularmente, a relevância do apoio dos setores subalternos às autoridades. Trata-se da manutenção de um poder que requer, por um lado, um conjunto de responsabilidades e obrigações do governante, que utiliza os símbolos da paz, da prosperidade dos homens e da nação como ícones de propaganda[6]. Em nome do bem público e de um estado de segurança é que se justificam a legalidade e, por conseqüência, a existência do poder político. Por outro lado, este cenário político só é mantido pelo *consentimento* e a *reciprocidade* dos governados. Daí a relevância das festas!

As festas gladiatoriais estão a serviço dos jogos políticos, assim como o funeral. É o que veremos na sátira *Apocolocyntoses*. Composta por historietas de tom popularesco, com fundo cômico, critica as instituições ou pessoas. Vizinha da comédia, do humor, pressupõe uma atitude ofensiva, mesmo quando dissimulada: o ataque perante o estabelecido são as suas marcas indeléveis.

Este gênero literário retrata a tradição romana em que pessoas falecidas, que ocupam um lugar de destaque público, são censuradas. Cláudio é referido com muito sarcasmo, pois o título em grego, *Apokolokynthosis*, fala da transformação deste em abóbora. A narrativa, no entanto, não comenta essa metamorfose, donde sugere uma depreciação de Cláudio, principalmente, pelo fato de as curcubitáceas, nos países mediterrâneos, serem sinônimos de estupidez. Logo, torna-se evidente a figura do imperador ser associada à loucura, à imbecilidade.

Nesse sentido, a sátira revela normas morais relativamente claras nas quais são medidos o burlesco e o absurdo. A sátira requer uma fantasia, um conteúdo que o leitor reconheça como grotesco e pelo menos um padrão moral implícito, sendo o último essencial, numa atitude combativa para a experiência (FREYRE, 1973). A *Apocolocyntosis*, escrita por volta de 54 d.C., após a morte de Cláudio, preenche tais exigências. A sátira relata a trajetória fantástica seguida pela alma de Cláudio, *post mortem,* com uma série de eventos que se realizam em variadas localizações. Como afirma Braren (BRAREN, 1995), a sátira é dividida em quatro fases: *in terris* (II, 1 - IV, 3); *in caelo* (V, 1 - XI, 6); *ad inferos* (XII, 1 - XII, 3); *in inferiis* (XIII, 1 – XV, 2).

É narrado um diálogo entre Mercúrio e Cloto, *in terris*, a respeito do destino de Cláudio. O mensageiro de Júpter roga à deusa pelo rompimento da vida, indagando-a sobre o motivo pelo qual não quer proporcionar um momento de alegria a ele e a seu povo (*Apoc.* III, 1). Seria razoável a morte de um indivíduo que "ninguém nunca pensou que ele tivesse nascido" (*Apoc.* III, 2). Depois dos 64 anos de uma vã existência, "a qual até agora viu tantos milhares de aduladores ao seu redor, diante, atrás, por todos os lados" (*Apoc.* III, 4), Cloto deveria cumprir seu dever: "mata-o; e no trono lhe suceda um outro mais digno" (*Apoc.* III, 2)[7].

Na segunda fase, *in caelo*, discute-se sobre a possibilidade de Cláudio, já morto, tornar-se deus ou não. O personagem Augusto condena a possibilidade da deificação de um homem que, em vida, não teve nenhum tipo de escrúpulos, um indivíduo com características viciosas e ridículas. É um governante tirânico, semelhante a Calígula. O personagem Augusto reprova-o com o seguinte discurso: "e sempre perseguiste o teu predecessor Calígula, também depois de morto. Calígula matou o sogro; Cláudio também o genro" (*Apoc.* XI, 2, 3)[8].

Augusto propõe a condenação de Cláudio sem julgamento e que fosse "levado daqui quanto mais cedo: saia dos céus no máximo dentro de um mês; para deixar o Olimpo: três dias" (*Apoc.* XI, 5). A asserção foi aceita e o senado celestial impediu-o de tornar-se deus. Mercúrio é incumbido de levá-lo até os Ínferos, de "... onde – dizem – ninguém nunca voltou" (*Apoc.* XI, 6).

Cláudio e Mercúrio, *ad inferos*, vislumbram o enterro que se segue pela via Sacra, sendo "o mais esplêndido enterro de todos os séculos; e organizado nos mínimos pormenores: compreendia-se bem que era o enterro de um deus" (*Apoc.* XII, 1). Percebem uma contagiosa emoção, "todo o mundo estava alegre, em festa: o populus romano passeava sentindo-se livre" (*Apoc.*

XII, 2). Cantam o hino fúnebre em anapestos: "chorai o grande que celeremente mais do que os outros sabia processos estudar, uma só parte ouvindo, também nenhuma" (*Apoc.* XII, 3). Temos duas situações que se complementam: o retrato de um *princeps* injusto, que aplica a pena capital sem julgamento, e um povo em estado de júbilo, por estar livre da ira e da insensatez de Cláudio.

O povo romano, aos olhos de Sêneca, está aliviado com a morte de Cláudio e expressa tal sentimento, a partir de cânticos que narram as injustiças provocadas por Cláudio. Nesta festa não faltam flautistas, corneteiros e "todos os tipos de tocadores, tão grande era o barulho que até Cláudio o podia ouvir" (*Apoc.* XII, 1). Somente os bajuladores, segundo Sêneca, choravam como "Agatão e alguns rábulas se queixavam de todo o coração" (*Apoc.* XII, 2). Os juízes, pelo contrário, "deixavam os seus abrigos, pálidos, emagrecidos, quase que no momento de entregar os pontos: gente que recomeçava naquele instante a viver" (*Apoc.* XII, 2).

Cláudio, após vislumbrar seu próprio enterro, é designado a "brincar com os dados, mas usando um copo sem fundo. E Cláudio começa, imediatamente: corre atrás dos seus dados que sempre lhe fogem; e não pode concluir nada" (*Apoc.* XIV, 5). O fim de Cláudio não é nada animador, continua sendo, o que foi em vida, um funcionário inferior que auxilia os inquéritos e processos especiais[9]. Cláudio volta a ser escravo de seu próprio liberto, sendo entregue a Calígula, "que o dá de presente a Éaco; e Éaco o entrega ao seu liberto Menandro, para que faça dele um esbirro na instrução dos processos" (*Apoc.* XV, 2). Reduzi-lo à escravidão é evidenciar seu anonimato, um soberano sem voz, guiado por seus libertos e pelos desmandos de Messalina.

O filósofo da *stoa* não vê os homens de seu tempo, na sua totalidade, preocupados em solucionar os problemas da República, e sim em promover a sua completa destruição.De acordo com suas palavras, "coisa alguma tem um termo, está tudo urdido em círculo, tudo se sucede alternadamente sem parar" (*Ep. Mor.* 24, 26). A influência dos libertos, dos senadores, como Vatínio e Clódio, que colocam à venda a República, reproduz-se, ciclicamente, em seu tempo. Sêneca deseja que Nero seja um rei justo, com poderes extraordinários para ordenar esses homens dispostos à tirania[10]. O novo guardião de Roma é esperado com satisfação e com o compromisso de um futuro prometedor. Nero é o filho de Febo, o filho de ouro. Nada mais razoável que a realização de um funeral grandioso com a participação do *populus romanus* em plena alegria, pois a morte de Cláudio põe fim às injustiças e impunidades ocorridas em seu Principado.

Revelam-se no discurso senequiano o funeral e os jogos gladiatoriais como comemorações festivas, utilizadas para a panfletagem e como recurso do soberano em apoiar-se nos setores subalternos. O governante precisa manter-se no poder e, para isto, deve unir-se aos preceitos da moderação e do prestígio; estando no centro das interações sociais, dele depende a paz e o equilíbrio do Império; assim, garante a preservação da ordem social e, portanto, as proteções e os direitos que ela pressupõe.

NOTAS

[1] Como propõe Guarinello, "o cotidiano não é parte da dimensão particular de um indivíduo, mas como o tempo concreto de realização das relações sociais" (GUARINELLO, 2001, p. 971).

[2] De acordo com Bakhtin: "As festividades têm sempre uma relação marcada com o tempo. Na sua base, encontra-se constantemente uma concepção determinada e concreta do tempo natural (cósmico), biológico e histórico. Além disso, as festividades, em todas as suas fases históricas,

ligaram-se a períodos de crise, de transtorno, na vida da natureza, da sociedade e do homem. A morte e a ressurreição, a alternância e a renovação constituíram sempre os aspectos marcantes da festa. E são precisamente esses momentos – nas formas concretas das diferentes festas – que criaram o clima típico da festa" (BAKHTIN, 1999, p. 8).

[3] Essas agitações são tão visíveis que, no Principado de Tibério, a crise de abastecimento e carestia de cereais provoca protestos por parte da plebe. Segundo Tácito, "governando ainda os mesmos cônsules esteve para haver uma sedição por causa da escassez dos víveres; e o povo por muitos dias fez grande barulho no teatro, dizendo contra o imperador mil coisas que nunca até ali se tinha ouvido" (*Anais* VI, XIII). Consultar Clavel-Lévèque, que interpreta os jogos como uma prática social (CLAVEL-LÉVÉQUE, 1986, p. 2478).

[4] A violência incontida gera um medo permanente e é por isso que o filósofo, no tratado *De Clementia*, faz a seguinte menção: "Outrora, decidiu-se por um parecer do senado que um sinal na roupa distinguiria os escravos dos homens livres. Em seguida, ficou evidente quanto perigo nos ameaçaria se os nossos escravos começassem a nos enumerar" (*De Clem.* III, XXII, 1). Além disso, aos olhos de Sêneca, obedece-se freqüentemente ao que comanda com mais tolerância. "O espírito humano é rebelde por natureza e, pelejando contra o que lhe é contrário e árduo, acompanha mais facilmente do que se deixa conduzir" (*De Clem.* III, XXII, 2).

[5] Como sustenta Guarinello e Joly, "a própria presença física do imperador garantia à plebe que esta se encontrava no centro do Império e que era parte de sua estrutura de dominação" (GUARINELLO & JOLY, 2001, p. 143).

[6] Ana Tereza M. Gonçalves, faz a seguinte afirmação sobre propaganda: "um conjunto de símbolos, idéias e imagens que eram divulgadas no território imperial, mediante a utilização de vários suportes, formando em seu conjunto a imagética imperial (...) o *princeps* dependia de uma adesão mínima dos soldados, das elites das províncias e dos membros da plebe de Roma" (GONÇALVES, 2002, pp.13-14).

[7] Cláudio é expulso da terra e pôde somente exprimir estas palavras: "Ai de mim, acho, talvez, que me sujei". Se era verdade, não sei: o que é certo é que ele sempre sujou em qualquer lugar" (Apoc. IV, 3). Dada tais circunstâncias, o personagem Cláudio é de modo severo ridicularizado, consegue exprimir-se somente pelo ânus, isto é, "depois de ter soltado um som, mais alto do que de costume, pela parte do corpo com que se exprimia mais eloqüência" (*Apoc.* IV, 3).

[8] Como podemos observar, o divo Augusto critica com ferocidade os assassinatos cometidos contra a aristocracia e satiriza a ingenuidade dos deuses em querer divinizar Cláudio, um sujeito regido pela demência, incapaz de ordenar o próprio pensamento. Teriam um deus *"nec cor nec caput habet"* (*Apoc.* VIII, 1), isto é, uma divindade desprovida de razão e do dever ao bem público. Cláudio é o modelo, *in terris*, de um soberano conduzido por trajetórias que se distanciam de uma política humanitária fundamentada na clemência, entre outras.

[9] Pode-se dizer que Sêneca inaugura um tipo específico de realismo, pois os personagens não abandonam o cômico, relacionando-o com a coletividade a partir "de uma acomodação habilidosa ou uma singularização grotesca e reprovável; o indivíduo representado de forma realista nunca tem, em última instância, razão perante a sociedade..." (AUERBACH, 1987, p. 27).

[10] Febo sussurra às Parcas: *"deste fio nada seja tirado", quem a mim se assemelha no aspecto, na graça do rosto, também na voz, no canto. Ele um século de ouro aos opressos vai dar com alegria, vai quebrar o silêncio das leis* (*Apoc.* IV, 1).

BIBLIOGRAFIA

AUERBACH, E. **Introdução aos Estudos Literários.** Trad. José Paulo Paes. São Paulo: Cultrix, 1987.

______. **Mimesis: a representação da realidade na Literatura Ocidental**. São Paulo: Perspectiva, 1987.

BAKHTIN, M. **A cultura popular na Idade Média e no Renascimento**. Brasília: Universidade de Brasília, 1999.

BURKE, P. *A* **fabricação do rei: a construção da imagem pública de Luís XIV**. Rio de Janeiro: Zahar, 1994.

FRYRE, N. **Anatomia da crítica.** Tradução de Péricles Eugênio da Silva Ramos. São Paulo: Cultrix, 1973.

GONÇALVES, Ana Teresa Marques. **A construção da imagem Imperial: formas de propaganda nos governos de Septímo Severo e Caracala.** São Paulo: USP (tese de Doutorado), 2002.

GUARINELLO, N. L. *Festa, trabalho e cotidiano*. *In*: Jancsó, István; Kantor, Íris. **Festa. Cultura e sociabilidade na América portuguesa.** São Paulo: Edusp, 2001.

______. *Ética e ambigüidade no principado de Nero*. *In*: BENOIT, H; FUNARI, P. P. A. (orgs.). **Ética e Política no mundo antigo.** Campinas: Unicamp, 2001.

SÊNECA, L. A.. **De la Clémence.** Trad. François Préchac. Paris: Les Belles Lettres, 1990.

______. ***Lettres a Lucilius.*** Trad. Henri Noblot. Paris: Les Belles Lettres, 1993.

______. ***Apocoloquintose du divin Claude***. Trad. René Waltz. Paris: Les Belles Lettres, 1966.

TÁCITO, C. **Anais**. Trad. J. L. Freire de Carvalho. São Paulo: W. M. Jackson, 1952.

UNA NOCHE EN EL NILO: EGIPTOMANIA NO URUGUAI

Margaret M. Bakos*

Em 30 de dezembro de 2004, a chamada para o réveillon do Hotel Conrad, em Punta Del Este, famoso balneário uruguaio, tinha como título ***Una noche en el Nilo.*** É de se perguntar, em pleno terceiro milênio, sobre as razões da escolha desse tema, para uma festa no extremo sul da América do Sul.

Trata-se da recorrência a um período histórico que produziu ícones bastante relevantes para o patrimônio histórico da humanidade. A escolha é, portanto, plausível, tendo em vista a necessidade de criação de um cenário festivo de caráter internacional, cuja identidade possa ser partilhada por todos, com vistas a congregar gente de várias partes do mundo que ocorre, nessa época, ao referido balneário. Afinal, o que é o ser humano sem a sua história comum? Um produto da natureza que nada possui de pessoal, responderia Hanna Arendt[1]. Mas essa mesma autora alerta, em outro momento, para o fato de que quem *"deseja a ajuda e a proteção da vasta História, na qual nosso insignificante nascimento rapidamente se perde, deve ser capaz de conhecê-la e compreendê-la"* (ARENDT, 1996, p. 16).

A reflexão que segue busca examinar a especificidade e o significado dessa escolha temática, através da utilização de técnicas do método básico de análise de conteúdo, proposto por Ciro Flamarion Cardoso (2005, p. 1), aplicado à descrição desse convite. Afinal, está-se frente a um objeto de estudo, ao se pretender examinar as razões da escolha da temática *Egito* para o réveillon de 2004, em Punta Del Este; um problema de pesquisa, tendo em vista ser essa a primeira prática de egiptomania uruguaia a ser analisada; uma questão heurística, levando-se em conta que a prática registrada pode ser vista como um exercício de transculturação, em que a passagem dos elementos egípcios antigos à modernidade implica a sua interpretação e o seu uso para prestígio e valorização de fatos distintos daqueles para os quais foram criados, uma vez que, assim atualizados, fundamentam-se na cosmovisão dos festeiros latino-americanos.

Para uma melhor compreensão do contexto da festa, veja-se o suporte do convite, um folheto comprido, com medidas generosas de 38 x 15 cm, de 26 páginas. A sua distribuição foi gratuita e universal, mas, obviamente, ela se destinava ao turista endinheirado, freqüentador da

*Professora doutora do Departamento de História da PUC-RS.

cidade e do cassino do Conrad nessa época. Com papel de excelente qualidade e impressão magnífica, o folheto apresenta imagens coloridas de pontos turísticos da cidade de Punta Del Este: restaurantes, casas comerciais, produtos de grifes famosas, caríssimas e sofisticadas. Entre as propagandas, destaca-se a oferta de aluguel de *limousinas*. Não há dúvida, o anúncio destina-se a um turista abonado e fantasioso, acostumado a serviço VIP 5 estrelas em veículos equipados com TV, frigobar com todas as bebidas, incluindo a *infaltable* champagne. À guisa de ilustração, observe-se:

> *"Concrete su fantasia. Quién no há soñado alguna vez con vivir, al menos por um dia la vida de ensueño que vê en las películas?"*

Há dois chamamentos no folheto a respeito da festa a acontecer no hotel Conrad. O primeiro, situado na parte superior da capa, configura-se a partir de um cenário de um hall em estilo egípcio, com seis colunas, ao fundo, cobertas de inscrições em hieróglifos e imagens de deuses egípcios. Em primeiro plano, há apenas um trono dourado, com um homem adulto sentado. Ele porta uma espécie de *nemes*, toucado egípcio usado pelos faraós, de cor azul, com pedrarias; usa também um colar largo, igualmente com incrustações em pedras, e veste uma túnica branca com pequenos bordados. Na mão, leva um chicote, outro símbolo do poder faraônico.

Simpática e descontraída, a figura central representa Mangoldsés III – *O Faraó da Dinastia Conrad* – à direita, ladeado por uma bela jovem, ricamente vestida, com interpretações livres de túnica e jóias egípcias, denominada Silvilufertiti – a *Marketemperatriz*. À esquerda, o Faraó aparece acompanhado de outro governante egípcio, em pé, usando uma coroa branca, do alto Egito, intitulado de Vipñamenotep I, o *Faraón de Kasinops*. Ainda à esquerda do monarca sentado, há uma outra figura real, também portando a coroa do alto Egito, chamado de Sernakámón II, o *Farón Gobernante*.

Além das figuras centrais, que parecem corresponder aos altos executivos do hotel, pois até mesmo assinam os seus nomes acima dessas titulações, ainda podem ser vistas seis outras personagens, todas vestidas com roupas e ornamentos do antigo Egito.

Uma segunda chamada para a ***Una noche en el Nilo*** pode ser encontrada na página 4 do folheto. O cenário ali está construído em torno de uma imagem do próprio hotel Conrad. A esfinge original de Quéfrem, com seus 19m, assume, nessa composição, papel de destaque pela desproporção existente entre o seu tamanho e o do prédio. Ela aparece como uma figura protetora dessa vez do hotel Conrad, em lugar do mausoléu de Quefrém, embora tenha à sua direita a pirâmide de Queóps, que auxilia a compor o contexto faraônico, exemplar na ostentação do seu poderio.

As imagens fincadas na areia assumem inusitados simbolismos, derivados dos incontáveis grãos contidos em seu suporte; bem escolhidos, esses grãos podem significar a multidão que o hotel Conrad tem condições de abrigar e de divertir na sua festa, que propõe à maneira de um útero que se conforma ao feitio dos corpos que abriga (CHEVALIER, 1969, p.825).

Uma pequena legenda, ao pé da imagem, complementa a mensagem. Ela informa que o hotel Conrad vai decorar o grande salão de festas com seiscentos metros de papiro especialmente importado do Egito e apresentar recriações das esculturas da esfinge e de Tutankhamon, utilizando, para tanto, onze toneladas de areia; os anfitriões vão exibir um modelo original da guarda imperial de Ramsés II. O anúncio promete uma noite majestosa na qual mais de quinhentos deuses e deusas, provenientes de toda a região e também representantes da nobreza, estarão desfrutando de *una noche faraônica y se divertirán a la grande.*

As apropriações foram produzidas sob um suporte de conhecimento histórico mínimo, básico, conforme fica demonstrado em alguns detalhes eruditos. Há critério e capricho nas escolhas e na apresentação visual dos ícones da história egípcia – a esfinge e as pirâmides, os monumentos altamente representativos do poder e da riqueza da instituição faraônica. Outros ângulos do cenário da festa apontam para a forma como o imaginário coletivo local representa a sociedade egípcia, concebida como um lugar faustoso, apropriado ao lazer e ao florescimento da sensualidade, espaço em que dirigentes, cercados por criadagem servil, estão bem nutridos e satisfeitos.

A distribuição dos exemplares do livreto foi feita apenas um dia antes da festa, o que aponta para a existência de outras formas de divulgação do seu programa, provavelmente através de lista de endereços e e-mails de hóspedes do hotel, bem como de disponibilidade para a compra de ingressos de última hora. A previsão de circulação da publicação até o dia 5 de janeiro de 2005 indica a expectativa, por parte dos organizadores, de que a festa suscite interesse entre as pessoas presentes e/ou as que circulem em Punta Del Este, mesmo após sua realização. Assim sua difusão favoreceria a manutenção do clima de sucesso esperado pelos promotores, o que justifica o investimento de última hora na divulgação do evento.

As festas, segundo Jean Duvignaud, são manifestações da existência coletiva; sua teatralização põe em cena a ação comportada por uma narrativa. O enredo de uma cerimônia pode tornar-se um conceito operacional para a compreensão das idéias centrais de um período, de pessoas e daquilo que um determinado grupo julga importante representar. Pela sua temática e pelos principais papéis encenados na divulgação de eventos, de lugares, de festas, bem como pelos seus posteriores registros, podem-se avaliar os valores, tradicionais ou não, que estão sendo postos em jogo (DUVIGNAUD, 1983, p.8).

O uso do tema *Egito antigo* em uma festa é prática bastante antiga, no mundo todo, já há milênios. Temos muitos exemplos dessas apropriações no Brasil (BAKOS, 1995), que estão sendo sistematizados e analisados em um vasto projeto em andamento. Mas essa festa em Punta Del Este chamou a atenção pelo seu inusitado. O Uruguai, muito embora tenha longa tradição em estudos de egiptologia, nada tem publicado sobre as práticas de egiptomania que lá ocorrem. Ao contrário, em artigo publicado em 1997, José Carlos Castañeda Reyes lamenta as lacunas existentes nos estudos sobre a atualidade e importância da herança legada pelos egípcios antigos (REYES, 1997, p. 92). Tais estudos, no entanto, estão sendo muito desenvolvidos atualmente e até geraram uma especialidade: a egiptomania.

A egiptomania é muito mais que uma simples mania, moda ou exotismo. Ela consiste no empréstimo dos mais espetaculares elementos, na apropriação da essência original da arte do antigo Egito, então trazidos à vida através desses novos usos (HUMBERT, 1994, p. 21).

Embora tenha começado na Antigüidade, a egiptomania é praticada até os dias atuais. Depois de tantos séculos, ela ainda retém uma extraordinária vitalidade e força, usando, copiando, repensando, e recria formas do antigo Egito.

Mas, nem tudo o que está conectado com o Egito é egiptomania. Por exemplo, viajar para o Egito, ter gosto por antigüidades, trazer objetos e colocá-los em exposição são expressões de egiptofilia, muito mais do que de egiptomania. A fascinação extraordinária pelo Egito antigo tem tido expressões diferentes, através de várias categorias de artes: escultura, pintura, teatro, cinema. Monumentos comemorativos e funerários, prédios comerciais e teatros, apartamentos e casas, objetos decorativos e funcionais, jóias – nada ficou intocado pela egiptomania, como bem nos explica Jean Marcel.

Julgamos importante, para a avaliação e a melhor qualificação das práticas de egiptomania, o entendimento do conceito de transculturação, criado em 1940 por Fernando Ortiz. Este termo aponta para diferentes fases do processo transitivo de uma cultura a outra. Não se trata somente da aquisição de uma nova e distinta cultura, o que define a palavra aculturação. A transculturação é um processo mais complexo que implica também e necessariamente o desprendimento de uma cultura precedente, o que significaria uma desculturação e, então, a conseqüente criação de novos fenômenos culturais, esses, sim, compreendidos como transculturação. Ortiz propõe uma simpática metáfora para exemplificar o seu raciocínio – a da formação genética dos indivíduos. Segundo o autor, *a criatura sempre tem algo de ambos os progenitores, mas também é sempre diferente de cada um dos dois* (BOLANOS, 1999, p. 215).

A egiptomania é o fenômeno mais antigo e longo de transculturação jamais ocorrido na história da humanidade. Pode ser estudado tanto em relação a essa longevidade, manifesta pelo uso sistemático de três grandes ícones – pirâmides, esfinges e obeliscos –, como no que concerne ao entendimento, de cunho genealógico, do surgimento de casos isolados, particulares e localizados em diferentes contextos do planeta, de apropriação, como é o caso de uma festa temática, sobre o Egito faraônico, a acontecer no extremo sul da América do Sul.

Comentários finais

A relação de um ícone com aquilo que ele representa nunca é identidade completa, mas, sim, parcial, conforme bem explica Ciro Flamarion Cardoso (CARDOSO, 1996, p. 199). O ícone coincide com o seu objeto em série de traços, não todos, o que quer dizer que todo ícone tem aspectos icônicos e não-icônicos. As práticas de egiptomania jogam com essa flexibilidade relacional.

O réveillon, em Punta Del Este, trouxe à modernidade os dois maiores ícones do poder faraônico, ao mesmo tempo que conferia ao prédio do hotel, por analogia, uma imagem de solidez e confiabilidade, acompanhada da promessa de uma noitada inesquecível do ponto de vista do luxo e da magia que emanam daqueles monumentos.

A posição hierática, na fotografia, dos altos funcionários do hotel, a assunção de nomes fictícios, pertinentes com o cenário criado para a festa, reproduzem "*algumas condições da percepção comum, baseando-se em códigos perceptivos normais e selecionando os estímulos, com exclusão de outros*" (ECO, U. *Apud* CARDOSO, 1996. p. 199). Alimentam a expectativa de uma festa bem organizada, com abundância de víveres e luxuosa decoração, que reúna uma certa permissividade, possibilitando a quebra de padrões rotineiros de comportamento e a curtição de momentos de descontração, de liberação de sanções tradicionais e de alegria.

Nada foi improvisado no planejamento do réveillon do hotel Conrad, em 2004. Esta organização se inscreve do convite ao cenário da festa, com repercussões na imprensa, como pudemos constatar. É possível que os mentores da comemoração, em sua maioria, desconhecessem a antigüidade dessa prática de transculturação, mas ela testemunha, mais uma vez, a existência de um forte imaginário mundial sobre o Egito antigo, que se fortalece a cada vez em que é praticado. Parodiando Agnes Heller, quando fala na questão da memória histórica, pode-se dizer que a civilização egípcia antiga já não existe mais; mas, enquanto for lembrada, vai permanecer viva entre nós.

Para concluir, é importante pensar que a interação de sons, imagens, tons expressivos e perspectivas, entre a terra nilótica, na Antigüidade, e as sociedades modernas faz parte de um processo de transferências culturais em nível do simbólico/concreto, flexível, polifônico, que ocorre ora de forma tradicional, ora inovadora, mas que não é jamais mecânica, e cujas raízes se encontram na antigüidade: a egiptomania.

BIBLIOGRAFIA

ARENDT, H. **Rahel Varnhagen**. Rio de Janeiro: Relume-Dumará, 1996.

BAKOS, Margaret. ***Egiptomania: Egito no Brasil.*** São Paulo: Paris, 2004.

BAKOS, Margaret. Egyptianizing motifis in architecture and art in Brazil. *In*.:HUMBERT, Jean Marcel; PRICE, Clifford, (org.) v. 8. Imhotep today egyptianizing archicteture. Londres, 2003, pp. 231-245.

BAKOS, Margaret. El antiguo Egipto en Brasil: história de la egiptologia en Brasil. **Arqueoweb revista eletrônica**. 5, (3), 2004.

BERND, Z. LOPES G. **Identidades e estéticas compósitas**. Porto Alegre: La Salle,1999.

BOLANOS, A. Alejo Carpentier: o concerto da transculturação e da identidade. *In*: BERND, Z. & LOPES, C. **Identidades estéticas compósitas**. Porto Alegre, Canoas: La Salle, PPG-Letras UFRGS, 1999, pp. 214-238.

BOURDIEU, P. **O poder simbólico**. São Paulo: DIFEL,1989, p.61.

CARDOSO, C. **Um historiador fala de teoria e metodologia**. Bauru: Edusc, 2005.

CARDOSO, C. **Narrativa, sentido, história**. Campinas: Papirus, 1997.

CHEVALIER, J.; CHEERBRANT, A. ***A dictionary of symbols***. Cambridge: Massachusetts, 1994.

DUVIGNAUD, J. **Festas e civilizações**. Fortaleza: UFRJ/Tempo brasileiro, 1983.

FUNARI, P.P; GARRAFONI, R.S. **História antiga na sala de aula**. Campinas: IFCH/ UNICAMP, 2004. 51 julho.

FUNARI, R.S. O Egito na sala de aula. *In*: BAKOS, M.M. (org.), **Egiptomania: o Egito no Brasil**. R.S. São Paulo: Paris, 2004.

HUMBERT, J-M., PANTAZZI, M.; ZIEGLER, C. **Egyptomania: Egypt in western art, 1730-1930**. Paris, Ottawa: Réunion des Musées Nationaux/National Gallery of Canadá, 1994.

HUMBERT. J.M. La passion de l´Égypte: de la fascination à l´evocation egyptes. *3*. **Histoires & Cultures**, 1993.

LE GOFF, J. **História e memória**. Campinas: Unicamp, 1992.

ZIVIE-COCHE, C. Sphinx. *History of a monument.* **Ithaca.** London: Cornell University Press, 2004.

Sobre Egiptomania consulte:

http://www.pucrs.br/ffch/historia/egiptomania/

OS CORPOS QUE SE COMUNICAM NAS DANÇAS ATENIENSES

Maria Angélica Rodrigues de Souza*

Concebemos que a dança é um ato comunicacional e de integração. Almejamos, neste estudo, abordar as danças entre as atenienses no Período Clássico. Lançaremos mão da comédia de Aristófanes *As mulheres que celebram as Thesmophórias*, das pinturas contidas na iconografia ática de figuras vermelhas e das produções de autores contemporâneos. Objetivamos, ao confrontar documentos de naturezas diferentes, em uma mesma época, apontar tanto as semelhanças quanto as diferenças entre os elementos analisados.

Ao nos propormos pesquisar a dança como canal de comunicação, o corpo se torna uma ferramenta de análise, pois traz em si as marcas da sociedade em que foi construído. Segundo Susan Bordo, o corpo, o que comemos, como nos vestimos, os rituais diários através dos quais cuidamos dele, é um agente da cultura (BORDO; JAGGAR, 1997, p.19).

Neste sentido, os registros deixados pelos pintores, principalmente as representações de figuras vermelhas na cerâmica ática, nos fazem vislumbrar as ações do dia-a-dia dos agentes sociais gregos[1]. Devido a esse destaque, um considerável número de vasos gregos com imagens do cotidiano chegou até os nossos dias. Essa documentação iconográfica se torna primordial em nossa pesquisa, visto que, através dela, compreendemos como os atenienses construíam seus corpos e, especificamente, o corpo feminino. Pedro Paulo Funari, ao refletir sobre as representações do corpo, defende que estas nos remetem a variadas cosmovisões sociais, às diversificadas facetas de como os segmentos da sociedade compreendem e organizam o mundo (FUNARI, 2003, p. 167).

Sobre a discussão acerca do corpo como veículo de comunicação, Porter no seu trabalho *História do Corpo* afirma: "Chegamos nus ao mundo, mas logo somos adornados não apenas com roupas, mas com a roupagem metafórica dos códigos morais, dos tabus, das proibições e dos sistemas de valores que unem a disciplina aos desejos, a polidez ao policiamento" (PORTER, 1992, p. 325). Percebemos que o corpo e as roupas funcionam como portadores de mensagens desde o nosso nascimento e que sofremos influências sociais que foram construídas ao longo dos tempos.

*Professora mestre em História Comparada pelo PPGHC/UFRJ e colaboradora do LHIA/ UFRJ.

Compreendemos que o corpo, na sociedade ateniense, era um canal, ou seja, um veículo que transportava uma mensagem e que as interações culturais entre os seres humanos contribuíram significativamente para que as informações compartilhadas pelas mulheres, principalmente pelas esposas *bem-nascidas*, ultrapassassem os espaços sociais vivenciados por elas e se apresentassem na dinâmica da *koinonía*.

De acordo com Theml, este veículo e outros como, por exemplo, as roupas, os adereços, monumentos, artefatos e imagens possuíam códigos específicos que só podem ser entendidos por intermédio de um estudo do conjunto das práticas sociais, da percepção de mundo da sociedade que o criou. "(...) diversas linguagens se entrecruzam numa determinada sociedade (...), e é nesta sincronia comunicacional que se podem encontrar os códigos de cada linguagem (...), seu suporte de emissão de mensagens, os seus sentidos, os autores e para quem se destina as mensagens" (THEML, 2002, p. 11).

Encontramos na dança um veículo de comunicação. A dança exige sincronia para efetuar os passos e a harmonia só é obtida através da comunicação, seja esta verbal ou não-verbal, principalmente quando se dança em conjunto. A dança é um ato de integração.

O Festival das *Thesmophórias*[2], objeto de reflexão do comediógrafo Aristófanes, além de abordar o próprio ritual festivo em homenagem às deusas Deméter[3] e Perséfone[4], também enfatiza as relações grupais, a fala feminina, a dança, e aponta indícios de desvios ao modelo *mélissa*.

Nesta peça de Aristófanes, especialmente, nos deparamos com esta diversidade no que diz respeito à comunicação, às relações de gênero e ao corpo como anunciador de um discurso. Por intermédio de suas personagens, o comediógrafo, diversas vezes, enfatiza a fala feminina destacando-a, ou seja, elogiando a fala de uma das personagens, como podemos verificar nos seguintes versos: "Nunca ouvi mulher mais engenhosa do que esta, nem mais hábil a falar. Tudo que ela diz é justo. Examinou todos os aspectos da questão, ponderou tudo e, com inteligência, soube encontrar argumentos sutis, bem arquitetados" (ARISTÓFANES, *As mulheres que celebram as Thesmophórias*, vv. 435-440). Esta festa era uma ocasião em que as esposas possuíam liberdade de expressão, em que tradicionalmente tinham a oportunidade de dialogar livremente e trocar impressões. As esposas usufruíam de um momento que fazia parte das programações atenienses e, a partir deste, criavam um espaço especificamente feminino para trocar, planejar, enfim, agir taticamente.

Nessa gama comunicacional, o autor prioriza com abundância a fala. Detectamos que *o dizer* (**λέξειν), ** *o falar* **(λέγειν)** e *a discussão* **(εκκλησιάσοντ̀**) estão presentes, com grande destaque na obra. É valioso destacar a abordagem da dança: "Vamos, avancem com o pé ligeiro, façam roda, dêem as mãos, marquem todas o ritmo da dança sagrada. Avancem com passo leve. (...). Iniciem agora (...), o passo dobrado, o encanto dessa dança. Haja alegria, mulheres, como é de regra. Estamos em jejum absoluto" (ARISTÓFANES, *As mulheres que celebram as Thesmophórias*, vv. 955-956 - 980-982). A presença desta no ritual denota a interação das esposas ao dançar, a questão rítmica. Essa simultaneidade existente na dança e que está inserida na comédia nos remete ao entrosamento das esposas no cotidiano. Sincronia implica diálogo, comunicação e integração. Remetendo-nos ao *corpo que fala*.

Na *hydría* grega de figuras vermelhas a dança foi o tema tratado pelo pintor. Além da dança, os bordados nas roupas das dançarinas e os gestos efetuados por elas ao dançarem contemplam a comunicação não-verbal.

Figura 1 – Dança

Localização: London, British Museum. Temática: Dança. Proveniência: Capua. Forma: *Hydría*. Estilo: Figuras Vermelhas. Pintor: Phiale Boston. Data: 450-425 a. C.. Indicação Bibliográfica: *C.V.A.* Great Britain Museum (Department of Greek and Roman Antiquities) By H. B. Walters e Forsdyke – London, 1930.

No centro desta *hydría* está enfatizada pelo pintor uma lição de dança. Neste espaço, duas jovens meninas com pequenas túnicas bordadas na parte de cima com linhas quebradas e linhas pontilhadas dançam próximas mutuamente. Seus cabelos estão presos e suas cabeças estão viradas para trás e acima delas está escrito **καλή**. Do lado direito, uma instrutora está segurando uma bolsa. Do lado esquerdo um jovem inclinado em um bastão tem o seu olhar voltado para a cena; acima dele está escrito **καλός**, logo *bem-nascidos*. No alto, uma ferradura pendurada em forma de uma lira dourada.

A comunicação, na cena, foi priorizada pelo pintor, à medida que os gestos efetuados pelas dançarinas estão sendo comandados pela instrutora. Os gestos que as duas executam são os mesmos; para que a dança flua harmoniosamente, é necessário o entrosamento da dupla e das mesmas com a instrutora.

A próxima imagem é de um *kráter* de figuras vermelhas, que está localizado em Vila Giulia. Este vaso, em seu contexto social de uso, era um recipiente em que o vinho era misturado com água.

Figura 2 – Dança

Localização: Rome, Museo Nazionale di Villa Giulia – Villa Giulia 909. Temática: Dança. Proveniência: Etrúria. Forma: *Calyx*. Estilo: Figuras Vermelhas. Pintor: De Villa Giulia. Data: 460 a. C.. Indicação Bibliográfica: www.perseus.tufts.edu - 11/08/2002. www.beazley.ox.ac.uk BEAZLEY Archive Pottery Search Number 207149. *C.V.A.* Itália – Museo Nazionale di Villa Giulia in Roma. Fascículo II Tav. 21 e 22.

Neste *kráter* há uma pintura que destaca a integração social, uma representação de dança. As personagens que compõem a cena vestem *chitón* e *himátion* lisos e decorados com linhas retas e *péplos*. Seus cabelos estão presos com fitas, faixas e tiaras bem elaboradas. Algumas usam coques. Elas estão descalças. As personagens estão representadas de mãos dadas e, pelo posicionamento dos pés, avançam para o lado esquerdo. As mulheres se comunicam através dos gestos das mãos e dos pés, da inclinação de alguns corpos e dos jogos de olhares que estão em perfil e frontal. A personagem do lado direito da coluna está tocando uma flauta dupla, portanto, a música se faz presente no ato da dança, servindo para ritmar os gestos. Concebemos que a dança é um ato comunicacional, já que para bailar em conjunto se necessita de coordenação dos movimentos. Para que a dança ocorra de forma ordenada, se faz necessária, neste caso de conjunto, sintonia para efetuar os gestos, e esta só é possível através da comunicação que se faz presente através dos gestos, dos jogos de olhares e do ritmo cadenciado pela música.

De acordo com Fábio Cerqueira, nesta imagem do Pintor de Villa Giulia está representado um coral de moças que, de mãos dadas, seguindo a música de uma *auletrís*, executa uma dança de roda de caráter bastante contido (CERQUEIRA, 2000/2001, p. 86).

Concluímos que, através de várias facetas de seus corpos, as mulheres se comunicavam. Enquanto o modelo teorizava a virtude do silêncio, as mulheres expandiram suas relações com vizinhas, parentes, amas e escravas utilizando seu corpo. Portanto, Atenas não fala com uma só voz.

NOTAS

[1] Temos ciência de que as pinturas não eram uma cópia fiel, imparcial da realidade ateniense no Período Clássico, mas defendemos que os pintores utilizavam elementos de um repertório comum de seu dia-a-dia para compor a pintura.

[2] Consistia em três dias próprios e de mais dois festivais relacionados. O festival era realizado com algumas variações locais em toda Grécia, a nível das *póleis* e a nível local, mas era todo restrito às mulheres. Em Atenas as mulheres assumiam a *pólis*, mantinham seus próprios sacrifícios e realizavam uma série de estonteantes rituais (FOXHALL, 1995, p. 103).

"No primeiro dia, as mulheres retiravam os restos úmidos dos porcos das cavidades em que estavam sepultados, cobrindo suas carapaças com sementes. (...). No dia seguinte, jejuavam, para celebrar a morte de Perséfone; (...). A terceira jornada destinava-se à recuperação da massa fétida depositada na terra, para que fosse plantada como uma substância sagrada" (SENNETT, 1997, p. 63).

[3] Filha de Cronus e Rhea. Deusa da terra, da vegetação e da fertilidade em geral, principalmente do cereal. Deméter gerou Perséphone.

[4] Filha de Zeus e Deméter. Era a deusa da morte e do mundo subterrâneo.

BIBLIOGRAFIA

ARISTOPHANES. **The Lysistrata, The Thesmophoriazusae, The Ecclesiazusae**. Trad. B. Bickley Rogers. London: Harvard University Press, 1996, vol. III (edição bilíngüe).

BEAZLEY, J.D. **Attic Red-Figure Vases Painters**. Oxford: At the Clarendon Press, 1963.

BORDO, Susan R. e JAGGAR, Alison M. (orgs.). **Gênero, Corpo, Conhecimento**. Rio de Janeiro: Record – Rosa dos Tempos, 1997.

C.V.A. Great Britain Museum (Department of Greek and Roman Antiquities) By H. B. Walters e Forsdyke – London, 1930.

C.V.A. Itália – Museo Nazionale di Villa Giulia in Roma. Fascículo II Tav. 21 e 22.

CALAME, Claude. **Le Récit en Grèce Ancienne: Enonciations et Representations de Poètes**. Paris: Meridiens Klincksieck, 1986.

CARDOSO, C. F. **Narrativa, Sentido, História**. Campinas: Papirus, 1997.

CERQUEIRA, F. V. *Música e culto religioso. Estudo do acompanhamento musical das procissões atenienses conforme o testemunho dos textos antigos e da cerâmica Ática tardo-arcaica e clássica*. *In*: **Clássica**. *Revista de Estudos* Clássicos. São Paulo, v. 13/14, n. 13/14, pp. 81-100, 2000/2001.

FOXHALL, Lin. *Women's ritual and men's work in ancient Athen*. IN: HAWLEY, R. & LEVICK, B. **Women in Antiquity: New Assessments**. London and New York: Routledge, 1995.

FUNARI, P. P. A. *Representações do corpo nas paredes Pompeianas*. *In*: THEML, N.; BUSTAMANTE, M. R.; LESSA, F. S. (orgs.). **Olhares do Corpo**. Rio de Janeiro: Mauad/ FAPERJ, 2003, pp. 167-172.

PORTER, R. *História do Corpo*. IN: BURKE, P. (org.) **A Escrita da História. Novas Perspectivas**. São Paulo: Unesp, 1992, pp. 291-326.

SENNETT, R. **Carne e Pedra**. Rio de Janeiro/São Paulo: Record, 1997.

THEML,N. (Coord.) **Linguagens e formas de poder na antiguidade**. Rio de Janeiro: Mauad/ FAPERJ, 2002.

Sites

www.beazley.ox.ac.uk

www.perseus.tufts.edu

CUANDO EL HORROR SE CONVIERTE EN FIESTA. DIONISO, EL MAGO DE LAS ILUSIONES

María Cecilia Colombani*

Introducción

Una de los ejes que guía la presente comunicación es la presencia del dionisismo como una instancia religiosa que parece escapar a la oficialidad del culto. Las configuraciones rituales que dicho registro plasma guardan relación con la noción de fiesta, en tanto momento de fusión con la divinidad. En este marco, escogeremos algunos aspectos de la configuración dionisíaca, a efectos de vincularlos con la idea de fiesta, en tanto momento extra-ordinario, que facilita la comunicación con la divinidad.

Es en este escenario donde la noción de fiesta nos importa como momento de peculiares resonancias antropológicas. No se trata de las fiestas regulares y periódicas de honor al dios, sino de la fiesta como momento privilegiado de fusión con la divinidad.

Frente al registro regular y normativo que atraviesa la religiosidad de los olímpicos, *topos* tranquilizador de la experiencia religiosa y geografía sosegante que el esplendor olímpico supo regalarle al pueblo griego, Dioniso irrumpe desde una lógica áltera, desde un dispositivo nomádico, que altera la espacialidad olímpica, y que despliega un escenario festivo de peculiares consecuencias antropológicas.

Para comprender el corazón mismo de la ritualidad a la que aludimos es necesario entrar a las entrañas de lo que constituye el dionisismo como fenómeno religioso. Es Dioniso el que esquiva toda fijación definitiva, toda regularidad previsible y anticipable. El tema del reconocimiento y del no reconocimiento en su constitución identitaria parece ser un rasgo de vital importancia, que plasma la tensión entre lo «oficial» y lo «no oficial». Tomando la tensión como bisagra interpretativa, lo oficial, en tanto lugar de lo Mismo, parece no conocer los riesgos del no reconocimiento. La religiosidad olímpica así lo demuestra. En cambio, es precisamente el no reconocimiento y la no aceptación del dios lo que le confiere un estatuto peculiar al dionisismo y ubica a Dioniso en el lugar del Otro. (VERNANT, 1986). Dioniso conoce los sinsabores del rechazo y las marcas del

*Professora doutora de Língua Grega da Universidad de Morón e da Universidad Nacional de Mar Del Plata.
mcolombani@unimoron.edu.ar

desconocimiento. La fiesta constituye, en este escenario simbólico, la geografía del reconocimiento, el *tópos* de la visibilidad y la posibilidad del símbolo como geografía del encuentro.

La fiesta marca el momento del re-encuentro, el instante que borra la cotidianidad y fractura el tiempo y el espacio profano abriendo un *tópos* de extra-ordinariedad, en tanto marco que supera lo ordinario.

La fiesta constituye el instante del símbolo, lugar de un encuentro, de una confluencia, de una convergencia exactamente en la huella semántica del término griego *symbolé*.

Constituye el momento en que las fuerzas se liberan, los sentidos se trastocan y los sujetos encuentran nuevas configuraciones subjetivas.

Dioniso promete una fiesta sin par, donde el tiempo habitual se transforma en un tiempo sagrado y el lugar guarda la excepcionalidad de la espacialidad sagrada, y por ende, reservada sólo a los elegidos.

En esta línea de reflexión podemos pensar las relaciones entre mito, fiesta y verdad, cuando el historiador de las religiones Mircea Eliade, advirtiendo la superación positivista del mito, afirma que «en vez de tratar el mito en la acepción usual del término, es decir, en cuanto «fábula», «invención», «ficción», le han aceptado tal como le comprendían las sociedades arcaicas, en las que el mito designa, por el contrario, una historia verdadera y lo que es más, una historia de inapreciable valor, porque es sagrada, ejemplar y significativa.[...] En efecto, esta palabra se utiliza hoy, tanto en el sentido de «ficción» o de «ilusión» como en el sentido, familiar especialmente a los etnólogos, a los sociólogos y a los historiadores de las religiones, de tradición sagrada, revelación primordial, modelo ejemplar». (ELIADE, 1983, p.7.)

El mito resulta entonces una fuente inagotable de sentido porque articula la verdad primigenia, originaria, arcaica, la preciosa y prestigiosa *alétheia*, en su doble acepción de verdad y realidad. El mito se articula así con la Memoria primordial, en tanto reactualización del gesto originario. Es esa verdad la que se solidariza con el concepto de *arkhé*, tanto en su huella semántica de origen, fundamento, principio ordenador, como en su dimensión de poder, autoridad, mando. El propio verbo *árkho* da cuenta del más arcaico fondo de configuración mítica: las tensiones por el poder, la instauración de un *tópos* de soberanía, que despliega un campo agonístico, que toda cosmogonía parece recoger. El mito es, en este sentido, *alethés*.

Mito, fiesta y memoria intersectan sus territorios porque la excepcionalidad que el propio relato mítico supone en tanto dador de sentido, implica la idea de fiesta como marco de celebración y la noción de Memoria como contemporaneidad con el modelo arquetípico.

En este escenario de configuración antropológica, la memoria conserva y re-actualiza la experiencia fundacional, vuelve a poner en acto lo acontecido en ese "*illo-tempore*" sacralizado. La memoria permite la ritualidad, como modo de ficcionar el *tópos* imprescindible para el contacto con lo arcaico y primigenio.

Sobre el fondo de estas consideraciones, Dioniso promete una fiesta-comunión de características peculiares, como modo de re-actualizar el contacto con el plano divino.

La bisagra del reconocimiento

Retornemos a sus características, como modo de acercarnos a su registro áltero. Errancia, no reconocimiento y manía son las primeras bisagras que nos sitúan en un dispositivo paradojal, de difícil cuadriculación en los registros oficiales.

Otros aspectos de la configuración dionisíaca emparentados con lo anterior, rozan la tensión oficial-no oficial. Tal es el concepto de extraño-extranjero, que lo marca significativamente. Basta pensar en su epifanía marítima: "una máscara surge de las profundidades del mar, un rostro desconocido aparece en medio del espacio marino que es como un más allá. Hay en ella algo de divino distinto del compartido por los dioses helénicos. Distinto, en tanto hay sobre este rostro algo extraño y algo extranjero, según el doble sentido de *xénos*". (DETIENNE, 1986, p.28). Lo «oficial» desconoce el rasgo de la extrañeza y la huella de la extranjeridad, desconociendo las marcas del rechazo. Lo oficial, como *tópos* sosegante, goza precisamente de tal registro porque regala la visión tranquilizadora de lo familiar.

Dioniso, en cambio, sacude y transgrede los órdenes oficiales y hace de lo cotidiano una experiencia extra-ordinaria. Convierte lo regular en imprevisible y con ello, plasma el registro festivo que su presencia acarrea. Dioniso plasma con su presencia transgresora la misma transgresión que la fiesta despliega. La fiesta como instancia áltera, trastoca el tiempo y el espacio, abriendo un *tópos* de peculiares resonancias antropológicas. Tiempo y espacio discontinúan la habitualidad antropológica. Se trata siempre de coordenadas heterogéneas, frente a la homogeneidad del espacio y el tiempo profano.

La extrañeza-extranjeridad despliega un espacio-tiempo, medido en distancia, enclave que nos preocupa en tanto da cuenta de la heterogeneidad metafísica que separa el plano humano del divino.

Es este punto el que roza definitivamente el segundo eje que orienta esta comunicación: ¿se puede acortar la distancia que separa al hombre de la divinidad?, ¿se logra achicar la fractura ontológica que parece instalarnos en el seno mismo del desgarramiento humano de no ser dioses?, ¿qué papel ocupa la fiesta en este deseo?, ¿constituye la fiesta ese don por excelencia que reúne a los sujetos sin distinción de tiempo, espacio, clases ni determinaciones, en un acto único que parece disolver las individualidades y las singularidades?

En efecto. La fiesta parece ser el pasaporte al más allá, la posibilidad de tránsito hacia una esfera áltera que pone en términos de aproximación y asimilación un deseo común: entrar en contacto con la divinidad. En ese sentido, Dioniso, parece ser un dios más próximo que Apolo, ese señor muy alto que reina en Delfos, "el que no afirma ni oculta, sólo indica", tal como lo describe Heráclito, sin nombrarlo explícitamente.

Dioniso representa esa figura enigmática, portador de máscara, donde el enigma-máscara se solidariza con el concepto de extraño-extranjero, situándolo precisamente, en un *tópos* no oficial.

Es allí donde se entrecruzan lo extraño y lo extranjero, lo enigmático con lo extraordinario, lo no reconocido con lo rechazado por desconocido, reforzando la idea de distancia ontológica, de brecha metasfísica, que sólo la configuración de la fiesta como espacio ritual parece conjurar. La fiesta es la celebración misma de la distancia, que se trastoca en acercamiento y propone el viaje como metáfora.

Es precisamente sobre este fondo sobrecargado de matices simbólicos, donde la *manía* aparece como un nuevo signo a considerar.

Fiesta y *manía*. Las huellas del horror convertido en fiesta

La solidaridad es siempre la misma: al no reconocimiento que el dios padece en su enrancia itinerante, sucede la *manía* más cruel, la demencia más álgida, como pasaporte a la curación.

Así la *manía* alberga la dimensión paradojal de la locura-catarsis. Extraño estatuto de una experiencia que revela su identidad con un dios múltiple, marcado por las paradojas, siempre proclive a desterritorializaciones, como marca de su configuración nomádica. La *manía* constituye ese extraño enclave que da cuenta de una pertenencia simbólica imposible de encorsetarse en los órdenes oficiales del culto.

Es esta dimensión áltera, su condición de Otro y las marcas de esa alteridad, las que sirven de telón de fondo para problematizar nuestro segundo eje de trabajo, a saber: «la religión dionisíaca es un intento por suprimir la brecha entre lo divino y lo humano a fin de que el hombre devenga dios.»

Efectivamente, las marcas de la extrañeza y los signos de su alteridad plasman las connotaciones peculiares de su manifestación ritual, donde se despliega la supresión aludida. Es allí donde la fiesta ritual deviene en múltiples resonancias de configuración mítico-antropológicas

Una vez más, la fiesta constituye ese *tópos* capaz de achicar la distancia, desdibujar la brecha ontológica, en el marco de la alteridad. Es desde esa extrañeza que la comunión puede darse y sólo la pertenencia a la fiesta determina la posibilidad del contacto. El *enthousiasmós* y el *éxtasis* así lo atestiguan.

Dios del goce, capaz de arrancarle a uno de sí mismo, en un intento de evasión y transporte, de válvula de escape que anida en el corazón mismo de una experiencia inusual, extra-ordinaria y, en tal sentido, extraña. Extrañeza y *kátharsis*. El mismo término *kátharsis* nos marca el rumbo: purificación, limpieza, expiación. Nociones que llevan a pensar en un Dioniso *iatrós*, curador, sanador, recomendado a los atenienses por Delfos. Mas esta experiencia expiatoria y purificadora no acontece en la apacible familiaridad de lo cotidiano. Es la irrupción misma de lo foráneo la que ocupa la escena de la experiencia ritual. «Salirse de sí» es entrar en lo áltero. Ese es el premio que la fiesta otorga. Ese es el viático al más allá de una experiencia orgiástica que supone la iniciación como marca de identidad y pertenencia.

No obstante, se opera en Dioniso un elemento singular en torno al agonismo entre lo Mismo y lo Otro. ¿Es Dioniso mera irrupción de lo instintivo? o, por el contrario, ¿hay algún rasgo integrador en ese Dioniso que parece disolver en el caos del mundo primordial todo el orden que dioses como Zeus, Atenea y Apolo, principales referentes de la nobleza olímpica, parecen donar al mundo de los hombres?

Su función catártica parece inscribirse en esta línea interpretativa, en este rol socializante que sabe integrar lo Otro a lo Mismo, vehiculizar el tránsito entre los márgenes y el centro, integrar la tensión oficial-no oficial en un registro complejo y problemático, antes que excluyente.

Función catártica, matiz sanador, Dioniso liberador, Maestro de Ilusiones Mágicas, dios del goce y de la libertad de la purificación. Dios nómade e itinerante, extranjero y extraño, que desde su alteridad más raigal parece saltar con destreza inusual entre los márgenes y el centro. Es su nomadismo un rasgo inconfundible, ya que, "Dioniso es por excelencia el dios que viene: aparece, se manifiesta, viene a hacerse reconocer. Epifanio itinerante, Dioniso organiza el espacio en función de su actividad deambulatoria" (DETIENNE, 1986, p. 21).

Mezcla, indefinición, desorden, corrimiento de los límites, desdibujamiento de las fronteras. El mismo dios convoca a ello cuando recomienda olvidar la diferencia y, desde ese lugar de indefinición, hallar la identidad. En Dioniso se opera esa especie de mezcla que rechaza cualquier límite, que desconoce jerarquías y órdenes porque la vida, entrelazada con la muerte, abraza y une a todos los seres sin diferencia alguna.

Esta es la configuración antropológica de la experiencia festiva. La fiesta inaugura el espacio de la mezcla, de cierta indiferenciación identitaria que desdibuja las fronteras entre lo Mismo y lo Otro. La fiesta se convierte en un espacio multisemántico porque todos los sentidos son posibles, ya que rompe la hegemonía de la mismidad que fija a territorios identitarios y clausurados para convertirse en un tiempo y en un espacio permeable a la diferencia, a las desterritorializaciones múltiples.

La fiesta dionisíaca supone la afirmación de la vida en el encuentro con la divinidad. Dioniso representa la cara de la seducción, de esa seducción que evoca lo periférico, lo que inaugura un orden nuevo, que reactualiza las fronteras entre lo oficial y lo no oficial, desplegando las tensiones entre lo Mismo y lo Otro.

¿Acaso puede seducir lo extraño, lo enigmático, lo extranjero, aún lo monstruoso y horrendo? Sí. La dimensión de la sacralidad seduce por su propia entidad ontológica, por su particular estatuto extra-ordinario, que quiebra la familiar convivencia con lo habitual cotidiano. Pero también atrapa lo monstruoso, ese registro de lo horroroso que también vincula al sujeto con el más allá, con el fondo abismal de la vida misma. La monstruosa frontalidad del horror sitúa al hombre en el umbral de la muerte, de la noche y la oscuridad. Y eso también fascina, como fascina lo desconocido y enigmático.

En Dioniso la atracción no sólo roza su epifanía, ya que, precisamente de su mano, seduce la promesa de comunicación con él. Seduce y aterra. Atrae y espanta. Fascina y horroriza. Libera y enloquece. Cura y enferma.

Intersticios ambiguos entre lo Mismo y lo Otro, la periferia y el *méson*, lo oficial y lo no oficial, la ciudad y la montaña.

Dioniso fascina porque abre las puertas de un más allá que seduce por extra-ordinario. El fenómeno de la posesión en el ritual dionisíaco representa precisamente esa especie de alienación de sí mismo, la entrega al dios, ya que "en su misma religión, o en los derivados de la misma, es posible reconocer el sentimiento de una fusión momentánea con la divinidad.» (GERNET, 1981, p.17). El dios seduce y transporta a un nuevo tiempo, a un nuevo espacio, a un nuevo estado. Esa es la fiesta en estado puro, la cara más genuina de una experiencia antropológica de la cual se retorna desde otro registro humano. Es la celebración en estado puro, sin máscaras, sin mediaciones. El costo es alto, pues implica una pérdida del sí mismo; más allá de eso, se produce una especie de fusión entre el hombre y dios, esa preciada comunicación que seduce hasta la posesión, ese codiciado momento de achicar la distancia que separa al hombre de dios, aunque más no sea, por un instante ya que parece darse «una aspiración común ante todo: se quiere entrar en contacto inmediato y como sustancial con la divinidad. En resumidas cuentas, se afirma la ambición de ser uno mismo dios" (GERNET, 1981, p. 22). Más allá del deseo, la divinidad es esa forma de alteridad que, si bien convoca a la comunión, se niega cabalmente a una directa comunicación personal, a partir de su propio estatuto ontológico y de su radical heterogeneidad metafísica.

Siempre allí está Dioniso, para ofrecer el don más preciado, el milagro más puro y genuino: lograr esa contigüidad entre hombre y dios, momento sublime en que todas las distancias parecen acortarse y en que los procedimientos de aproximación y asimilación con la divinidad inauguran el más fascinante de los tiempos: la fusión con el dios, la fiesta como experiencia religiosa.

De la mano de su extrañeza y de su alteridad, arribamos al corazón íntimo de la experiencia festiva. No son dos espacios autónomos, sin vinculaciones entre sí. Por el contrario, porque

Dioniso es así, su ritual guarda una forma singular. Dioniso ofrece esa riqueza simbólica y entonces su configuración ritual abre un *tópos* inédito de comunicación con el dios, de permeabilidad entre ámbitos que, naturalmente, parecen custodiar celosamente las fronteras entre lo sagrado y lo profano.

Es por su singularidad identitaria que las formas prometidas de contacto, que la fiesta supone, ofrecen cumplir el mayor sueño humano: suprimir la brecha entre lo divino y lo humano a fin de que el hombre devenga dios.

Es en este punto donde más firmemente se entrecruzan los dos ejes que venimos persiguiendo ya que, a nuestro entender, constituyen las dos caras de una misma moneda, las dos expresiones de una idéntica configuración simbólico-ritual. Su ubicación no oficial en el concierto global de la religiosidad griega o, incluso, las mediaciones efectuadas para alcanzar la ciudad, y así lograr un *tópos* en el escenario oficial, son directa consecuencia de sus manifestaciones rituales, esas que parecen instalarse en las fronteras del horror, la extrañeza y la alteridad, pero que, al mismo tiempo, son las que permiten esa comunión con el dios que parece achicar la natural distancia. Por lo tanto ambas hipótesis no sólo se rozan sino que, a nuestro entender, se autoimplican, se sostienen y se explican mutuamente. Es por su radical extrañeza, por su excepcionalidad ontológica que suprime la brecha, pero esa misma excepcionalidad lo ubica en los márgenes del horror y con ello en un espacio no oficial. Sólo la suavización de los nudos más ásperos de la experiencia ritual permitirá su entrada a la ciudad.

Este es el punto en que la fiesta constituye el nudo de intersección de los ejes a los que aludiéramos. Este es el momento de mayor dureza, el más álgido en la visibilidad del espanto, el más periférico en la gestión de la cordura olímpica, pero el más sublime en el goce reportado, el más seductor en la experiencia vivida, el más excitante en la consumación de una unión anhelada y transformadora del estatuto humano, sólo reportable por la dimensión festiva.

Instalarse en ella, supone captar el núcleo íntimo de tres intersticios por donde el horror fluye, en esa mezcla indiferenciada de terror y seducción: el menadismo, la omofagia y el sparagmós, consumación máxima del deseo de devenir "uno mismo como dios".

Si esa es la aspiración, la ingesta se explica en el horizonte simbólico del dios-animal. El animal es *theion*, divino. Devorando al animal, el dios entra en el cuerpo de los iniciados. El animal mismo como objeto sagrado ha perdido su dimensión de tal para acceder a otro registro ontológico. Nada queda de su estructura familiar y ordinaria; su actual estatuto es del orden de lo extra-ordinario. La fiesta es única y la comunión intransferible.

Claro que la experiencia roza el delirio porque nada se le parece y ya nada volverá a ser igual. Porque Dioniso está allí, entre los danzantes de la montaña. Es esta la verdadera comunión con el dios ya que esos animales despedazados, esa sangre vertida son epifanías o encarnaciones del dios. Es el momento esperado cíclicamente para una cabal identificación. Hemos asistido a un rito de características sacramentales en tanto se da comunión y reunión con la divinidad, bajo un doble aspecto: el Dios entra en el grupo y sus mismos fieles se vuelven *éntheoi*, poseídos o inspirados por la divinidad, y, en segundo lugar, el hombre abandona su mera individualidad, se eleva por sobre su condición humana, finita precaria, limitada, y él mismo deviene inmortal y divino. *Enthousiasmós* y *éxtasis*. Descenso y Ascenso. El rito asegura la permeabilidad de los *tópoi*, la apertura de las fronteras, el atravesamiento de los planos. El ritual instala en la fiesta y los invitados a la misma se entrelazan en una comunión sin par. No sin horror, pero en pleno contacto con Dioniso, ese mago de las ilusiones.

BIBLIOGRAFÍA

DETIENNE, Marcel. **Dioniso a cielo abierto.** Barcelona: Gedisa, 1986.

DODDS, E. R. **The Greeks and the Irrational.** Berkeley: University of California Press, 1964.

ELIADE, Mircea. **Aspects du mythe.** Barcelona: Labor, 1983.

GERNET, Louis. **Antropología de la Grecia Antigua**. Madrid: Taurus, 1981.

GERNET, Louis y BOULANGER, Andre. **El genio griego en la religión.** México: Uteha, 1960.

JAEGER, Werner. **Paideia.** México: Fondo de Cultura Económica, 1974.

NILSSON, Martín P. **Historia de la religiosidad griega.** Madrid: Gredos, 1969.

OTTO, Walter. **Teofanía.** Buenos Aires: Eudeba, 1968.

OTTO, Walter. **Dioniso. Mito y Culto.** Madrid: Siruela, 1997.

VERNANT, Jean Pierre. **La muerte en los ojos.** Barcelona: Gedisa, 1986.

FESTA, QUOTIDIANO AGRÁRIO E PROCEDIMENTOS TEXTUAIS NAS *GEÓRGICAS*, DE VIRGÍLIO, E NO *DE RE RUSTICA*, DE VARRÃO

Matheus Trevizam*

Nas *Geórgicas* e no *De re rustica* de Varrão, obras proximamente relacionadas não só pelo aspecto temático comum mas também pelo fato de, segundo a opinião abalizada dos críticos, manterem entre si os vínculos de fonte e caldatária (com a óbvia derivação de conteúdos do texto varroniano citado no poema de Virgílio), encontramos um rico manancial para compreendermos aspectos variados da vida rural dos antigos romanos. Com efeito, tratando-se de textos até certo ponto comprometidos com propósitos documentais, no sentido do registro de um espectro significativo de usos e costumes vinculados a esse universo da experiência humana, tais obras cristalizam em suas páginas vivas evocações das práticas, saberes, crenças, visões de mundo e valores dos *agricolae* latinos.

Dentre esses aspectos, interessa-nos presentemente ressaltar a importância atribuída às festividades rústicas. Observamos, de fato, que em ambas as obras se concede relevo à questão, seja pela freqüência de sua abordagem, seja pela própria maneira de realizá-la, em inequívoca indicação da consciência de seu papel-chave na vida rural por parte dos autores.

Assim, Virgílio, cujas *Geórgicas* são perpassadas com relativa insistência pela temática das festas, soube variar-lhes as ocasiões, as eventuais divindades eleitas como "patronos" de cada uma, o modo de apresentá-las e as funções no interior do contexto literário do poema, indubitavelmente extraindo desse rico conteúdo um de seus focos de interesse principais.

Em I 268-272, em indicação das atividades necessárias na lavoura nas sucessivas fases da lida agrária, o poeta registrou as seguintes palavras:

Quippe etiam festis quaedam exercere diebus
fas et iura sinunt: riuos deducere nulla
religio uetuit, segeti praetendere saepe,
insidias auibus moliri, incendere uepres
balantumque gregem fluuio mersare salubri.

*Professor doutorando em Lingüística pelo IEL/UNICAMP.
matheustrevizam2000@yahoo.com.br

Esse pequeno trecho já se nos revela instrutivo no tocante a certos significados das festividades rústicas entre os camponeses da época do autor: compreendidas aqui sob a forma de datas comemorativas quaisquer e de fundo religioso, diz-se a seu respeito que não significam necessariamente a interrupção das atividades de manutenção do *fundus*. Desse modo, em que pese a lembrança do sentido religioso desses dias ou mesmo dos escrúpulos dos mais ortodoxos do ponto de vista de suas atitudes para com o sagrado (o que justifica a emissão desse lembrete tranquilizador pelo *magister* didático), Virgílio aponta aqui para uma espécie de afrouxamento lícito das relações entre o homem rural e os entes espirituais que lhe regem absolutos o ambiente de interação no mundo. Referimo-nos ao entendimento dos antigos romanos a respeito de suas relações com seus deuses sob a forma de uma espécie de aliança, cuja manutenção dependia, no que concerne aos homens, do desempenho contínuo de normas de conduta consideradas ideais: quaisquer ofensas aos supremos, dessa maneira, poderiam resultar no rompimento entre ambas as partes e em conseqüências desastrosas para os "devedores".

Do ponto de vista da economia interna do livro I, poder-se-ia dizer que essa prescrição didática contribui para completar o quadro do "Calendário dos trabalhos", vindo, portanto, preencher de maneira imprecisa (sem indicação exata das festas ou dias a que se faz menção) um dos lapsos temporais por ele abrangidos. Além disso, de acordo com a bem conhecida "variação de tons" dos sucessivos livros das *Geórgicas* e a conseqüente afinidade do primeiro sobretudo com a rudeza das condições vitais do homem na fase posterior ao término da mítica Idade Áurea, notamos como que a harmonização de tais conselhos de continuidade dos trabalhos com o espírito geral da parte da obra em que se encontra.

*

Nudus ara, sere nudus: hiems ignaua colono.
Frigoribus parto agricolae plerumque fruontur
mutuaque inter se laeta conuiuia curant.
Inuitat genialis hiems curasque resoluit,
ceu pressae cum iam portum tetigere carinae
puppibus et laeti nautae imposuere coronas.

Os versos acima, por sua vez, ainda situados no mesmo livro, introduzem em relação aos anteriores o elemento da variação por dois motivos: em primeiro lugar, trata-se evidentemente de uma quebra momentânea no ritmo incessante dos trabalhos que parece prevalecer em outros momentos da parte citada da obra; além disso, não encontramos aqui nenhuma vinculação das ocasiões festivas com o elemento do sagrado, constituindo-se os banquetes (*conuiuia*, v. 301) mutuamente freqüentados pelos rústicos durante o inverno em mais uma das atividades de "lazer" a que se entregam durante essa estação, por motivos óbvios menos propícia ao desempenho normal das atividades produtivas em ambientes externos. Pode-se imaginar que essas festividades entre camponeses tenham ainda desempenhado o papel fundamental de elo coesivo de grupo, favorecendo que vizinhos ou parentes nelas encontrassem um espaço privilegiado para unir-se em comemoração pela fartura obtida com o *labor* nas demais fases do ano.

Ainda paralelamente à outra passagem das *Geórgicas* citada, os versos de que nos ocupamos aqui especificam um tipo de atividade vital durante uma fase determinada do ano, sem, contudo, dadas as particularidades desta situação, se tratar de algo vinculado ao trabalho.

*

In primis uenerare deos atque annua magnae
sacra refer Cereri laetis operatus in herbis,
extremae sub casum hiemis, iam uere sereno.
Tum pingues agni et tum mollissima uina;
tum somni dulces densaeque in montibus umbrae.
Cuncta tibi Cererem pubes agrestis adoret;
quoi tu lacte fauos et miti dilue Baccho;
terque nouas circum felix eat hostia fruges,
omnis quam chorus et socii comitentur ouantes
et Cererem clamore uocent in tecta; neque ante
falcem maturis quisquam supponat aristis,
quam Cereri torta redimitis tempora quercu
det motus incompositos et carmina dicat.

Na passagem das *Geórgicas* em que se tematiza o culto a Ceres, encontramos um grau de precisão até então ausente dos versos afins à abordagem do tema das festas na obra. Em vez de simplesmente aludir de modo vago a uma ocasião festiva qualquer, Virgílio indicou dessa vez importantes comemorações do calendário religioso latino cujas datas nos são, por vezes, conhecidas: segundo as observações de J.-N. Robert (1985, p. 314), temos aqui três festas a que a deusa citada se vincula ou não como o ente cultuado. A primeira delas (*Cerialia*), concomitante à fase de crescimento do trigo, ocorria em 19 de abril; a segunda (*Ambarualia*), na fase anterior à maturação dos grãos nos pés, passava-se como comemoração móvel em fins de maio e tinha o intuito de purificar ritualisticamente os campos, sem, entretanto, vincular-se em especial ao culto de Ceres; a terceira, por fim, identificada com a festa anterior às colheitas, passava-se em algum momento indeterminado do outono no hemisfério norte e, fechando o longo ciclo iniciado no começo do ano, tinha como propósito ao mesmo tempo pedir à deusa a permissão para ceifar os frutos que brotaram da terra por sua benevolência e a proteção dos mesmos (e dos lavradores) durante essa nova e decisiva fase dos trabalhos de cultivo.

Independentemente do grau de rigor documental desse trecho (havendo, por exemplo, quem se incline pela presença da mera fantasia na incorporação de um aspecto como os itens sacrificiais ofertados a Ceres na época da primeira festa)[1] e da brevidade do que se diz a respeito dos assuntos em pauta, há que se considerar ainda o aspecto do oferecimento de algumas "diretrizes" ritualísticas sumárias pelo *magister* didático, já que, ao descrever as atividades a que os camponeses se entregam nas sucessivas ocasiões, acaba por delinear os procedimentos do culto. Não podemos nos esquecer de que, muito embora os propósitos de Virgílio ao compor as *Geórgicas* não se identifiquem com o intento de "ensinar a cultivar", mas sobretudo de produzir refinada poesia, a própria dinâmica da constituição dos sentidos nos poemas didáticos pressupõe o estabelecimento de alguma relação de ensino-aprendizado entre "mestres" (os emissores textuais das "vozes" nas obras) e "alunos" (o público receptor). No caso das *Geórgicas*, então, o aspecto apenas ficcional do gesto formador do mestre de técnicas agrárias não basta para impedir a presença moderada da instrução, e todas as indicações oferecidas por ele se prestam em superfície ao imaginário direcionamento dos ouvintes para a ação mais acertada em cada circunstância.

*

Non aliam ob culpam Baccho caper omnibus aris
caeditur et ueteres ineunt proscaenia ludi,
praemiaque ingeniis pagos et compita circum
Thesidae posuere atque inter pocula laeti
mollibus in pratis unctos saluere per utres.
Nec non Ausonii, Troia gens missa, coloni
uersibus incomptis ludunt risuque soluto,
oraque corticibus sumunt horrenda cauatis,
et te, Bacche, uocant per carmina laeta tibique
oscilla ex alta suspendunt mollia pinu.
Hinc omnis largo pubescit uinea fetu,
complentur uallesque cauae saltusque profundi
et quocumque deus circum caput egit honestum.

Nos versos acima, que integram o segundo livro do poema, a questão do suposto prejuízo letal causado às videiras pelas mordidas dos bodes propicia que se passe a tematizar as festas em honra do deus entre gregos (vv. 380-384) e latinos (vv. 385-389): afinal, no domínio helênico, o sacrifício desses animais integra as homenagens ao deus juntamente com os espetáculos teatrais, a oferta de prêmios e as brincadeiras sobre odres untados. Nos cinco versos seguintes, a menção aos costumes diversos dos romanos ao festejarem o deus funciona como uma espécie de contraponto disso, constituindo-se as práticas de mascaramento, canto e riso dos camponeses e de dependurar móbiles votivos (*oscilla* - v. 289) em árvores sob a marca da cor local itálica. Por fim, a menção ao vigor das vinhas como *resultado* dessas homenagens faz-nos crer que se passem, em ambos os casos, em épocas do ano anteriores à plena exuberância dos ramos e cachos.

No tocante à face documental da versão romana dessas celebrações, é importante ressaltar que Virgílio se mostra vago nessa passagem. Um comentador como Mynors, assim, afirma não poder identificar a ocasião tematizada aqui com nenhuma data conhecida do calendário religioso latino,[2] optando apenas por considerá-la uma espécie de evocação simbólica de práticas festivas quaisquer (com danças e *ludi*) dos camponeses da Itália.

Deve-se, por fim, dizer que toda essa passagem se presta a favorecer a *poikilia* (ou *uariatio*) cara a todos os poetas influenciados pelos usos alexandrinos: trata-se, com efeito, de algo em flagrante contraste com os versos imediatamente anteriores (371-379), em que se fala das ameaças naturais às plantas e da necessidade da ação humana para evitar sua destruição, sem mencionar nada afim ao aspecto risonho dos folguedos rústicos e dos campos frutificados pela benevolência divina.

*

I II 1. *Sementiuiis feriis in aedem Telluris ueneram rogatus ab aeditumo, ut dicere didicimus a patribus nostris, ut corrigitur a recentibus urbanis, ab aeditumo. Offendi ibi C. Fundanium, socerum meum, et C. Agrium equitem R. Socraticum et P. Agrasium publicanum spectantes in pariete pictam Italiam. Quid uos hinc? inquam, num feriae sementiuae otiosos huc adduxerunt, ut patres et auos solebant nostros? Nos uero, inquit Agrius, ut arbitror, eadem causa quae te, rogatio aeditumi. Itaque si ita est, ut annuis, morere oportet nobiscum, dum ille reuertatur. Nam accersitus ab aedile, cuius procuratio huius templi est, nondum rediit et nos uti expectaremus se reliquit qui rogaret.*

A passagem supracitada do primeiro livro do *De re rustica* de Varrão, em que é introduzida a ambientação geral dessa parte dos diálogos agrários do autor, permite-nos observar alguns elementos de fundamental importância para sua constituição. Referimo-nos ao fato de que a ocasião de encontro dos amigos no templo de *Tellus* (a deusa terra dos latinos, cultuada como nutriz de todos os seres viventes) passa desde então a ser uma espécie de moldura para o acolhimento textual de todos os preceitos relativos ao cultivo tematizados nessa obra e de que a aura de tradicionalismo evocada pelo festejo privado em sua honra "contamina" o restante do livro, tornando-o algo nostalgicamente próximo da vida dos ancestrais.

No primeiro caso, importa esclarecer que cada um dos três diálogos a comporem o *De re rustica* se passa num âmbito temporal, espacial e circunstancial específico, de maneira que se tentou de algum modo harmonizar os grandes conteúdos da economia rural sucessivamente abordados (cultivo, pecuária e criação especializada de pequenos animais) com o entorno. Para o livro cuja passagem citamos e que nos deverá ocupar maciçamente neste comentário, isso significa: escolher um momento importante do calendário religioso latino (as *Feriae sementiuae* de final de janeiro) como data do diálogo agrário desenvolvido; favorecer, pelo estratagema da ausência do *aeditumus* ou "sacristão" do templo de *Tellus*, que toda a troca de informações sobre o cultivo se dê em nada menos que o ambiente do templo da deusa enquanto o aguardam para um jantar comemorativo por esse dia; e, ainda, pôr em cena personagens cujos nomes [evocativos de aspectos variados da agricultura (a exemplo de "Ágrio" e "Agrásio", vinculados à raiz latina de *ager* – "campo" – e "Fundílio", à raiz de *fundus* – "propriedade rural"– na mesma língua)], ocupações e interesses (Escrofa e Varrão, assim, são-nos apresentados respectivamente como "agrônomo" e dono de terras) concernem de maneira direta ao universo produtivo em questão.

Quanto ao segundo elemento, há que se ressaltar os sentidos ideológicos obtidos pela conjunção dos elementos assim empregados. Sabemos que, historicamente, a questão agrária mostrou-se um dos pontos nevrálgicos da política romana, relacionando-se, já na época dos irmãos Graco, à deflagração de embates violentos entre os partidários da divisão mais igualitária das terras obtidas com as conquistas e aqueles interessados em dominar por completo o instrumento de poder identificado com as mesmas (como os senadores). Diante desse pano de fundo sociopolítico, podemos decerto dizer que Varrão, cujas tendências conservadoras se mostram inclusive por seu reconhecido apego às velhas instituições republicanas, traçou no diálogo inicial do *De re rustica* um retrato otimista da classe dos ricos proprietários de terras, abastados o suficiente para dedicar-se aos novos padrões de cultivo introduzidos com o final das Guerras Púnicas. Desse modo, esses cavalheiros – em vários casos entranhados na administração republicana, ilustrados a ponto de poderem falar com grande autoridade sobre os assuntos agrários (caso típico de Escrofa), capazes de uma convivência civilizada, harmoniosa e bem humorada com seus iguais e ainda interessando-se pela terra, dedicando-se indiretamente ao cultivo e mantendo uma antiga tradição religiosa de fundo agrícola como as *Feriae sementiuae* – prestam-se a emblema da classe em que se inclui o próprio autor, como se de fato o poder lhes coubesse por direito como resultado de seu enraizamento no salutar modo de vida dos *maiores* e de sua "firmeza moral".

*

II I 9. *Quis Faustulum nescit pastorem fuisse nutricium, qui Romulum et Remum educauit? Non ipsos quoque fuisse pastores obtinebit, quod Parilibus potissimum condidere Vrbem?*

Como comentário final a respeito do tema das festas no *De re rustica* varroniano, interessa observar que seu tratamento na obra, além dos modos já citados, ainda se dá sob a forma da erudição, caracteristicamente associável a todo o trabalho de escrita desse autor. Citando um exemplo mítico, em II I 9 é apresentada como uma das provas da antigüidade da agropecuária entre os latinos (e de sua conseqüente respeitabilidade) o "fato" de que Remo e Rômulo foram criados por um pastor ao serem abandonados à própria sorte por Amúlio e também fundaram a Urbe no dia das Parílias (21 de abril), em que se fazem sacrifícios purificadores em honra da divindade rústica Pales.

Dessa maneira, incorporando o tema multifacetado das festividades rústicas às obras citadas, ambos os autores legaram aos pósteros algo de seu papel e destaque na cultura romana. Atentar para esses resquícios, acreditamos, significa para nós entrever pelo véu dos séculos todo um universo das práticas sociais antigas, tal como deve ter-se manifestado no momento de sua plena vitalidade.

NOTAS

[1] Cf. o comentário de Mynors ao verso I 344 das *Geórgicas* (Virgil. *Georgics*. Edited with a commentary by R. A. B. Mynors. Oxford: University Press, 2000, p. 77).

[2] Cf. o comentário do crítico aos versos 380 ss. das *Geórgicas*, p. 149.

BIBLIOGRAFIA

CATO, VARRO. **On agriculture**. With an English translation by W. D. Hooper. London, Cambridge, Massachusetts: William Heinemann Ltd., Harvard University Press, 1936.

ROBERT, J.-N. **La vie à la campagne dans l'antiquité romaine**. Paris: Les Belles Lettres, 1985.

VIRGIL. **Georgics**. Edited with a commentary by R. A. B. Mynors. Oxford: Clarendon Press, 1990.

VIRGILE. **Les Géorgiques**. Traduction de E. de Saint-Denis. Paris: Les Belles Lettres, 1998.

AS MENINAS URSAS: FESTA DE INTEGRAÇÃO SOCIAL

Neyde Theml*

A leitura dos diversos conceitos de festa me fizeram relembrar, comparar e refletir sobre as festas de que participei durante a minha vida. Aos 7 anos fui para a Escola Pública, aos 14 para a Escola Normal e aos 18 para a Universidade. A festa de colação de grau, aparentemente, tanto do Curso Normal quanto da Universidade, seguia o mesmo ritual de muito tempo. A beca branca da normalista ou a beca preta da Universidade, paraninfos, oradores e o baile a rigor com orquestra ao vivo faziam parte da tradição. As décadas de 1950 e 1960, no Rio de Janeiro, são lembradas como os Anos Dourados da sociedade carioca. Que acontecia, então, de diferente? As mães e as avós educavam as filhas com um novo propósito, a despeito da vontade dos maridos. Elas impediam as filhas de entrar na cozinha, elas esconderam as agulhas e tesouras, nada de bordados ou crochês, era o tempo da caneta e do papel nas mãos das meninas. As filhas deveriam estudar para ter um emprego, melhor remunerado que o de professora primária, para não dependerem de marido, de homem ou de qualquer pessoa.

Dizia minha mãe, você não irá precisar de ninguém, só da sua inteligência e competência. Neste sentido, nos preparavam para o mercado de trabalho, garantindo o profissionalismo exigido. As velhas mulheres, silenciosamente e sem passeatas mas no interior de suas casas, com uma determinação obstinada, sem vacilar por nada, iniciavam uma revolução com suas filhas, meninas e moças que não seriam mais tratadas como esposa de fulano de tal, mas de professora, doutora, engenheira e muitas outras profissões. Não eram, as velhas mulheres, feministas, ou desiludidas com o amor, ou indecisas sexualmente, não queriam transformar as jovens em homens. Elas desejavam, para as filhas, direitos iguais de viver por sua própria conta. Não havia contradição no fato de incentivarem intensamente a profissionalização no interior do mercado de trabalho e proibirem veemente o sexo antes do casamento. A virgindade era ainda um tabu porque não podia ser conotado, de nenhuma forma, o que elas queriam com a educação de suas filhas, com a prostituição, atividade antiga das mulheres na rua.

O ato de devolver as becas, no final da festa de Colação de Grau, abria para um grupo de mulheres um novo lugar social, sem retorno para aquelas que o seguiram e do qual muitas ainda

*Professora titular de História Antiga do Laboratório de História Antiga (LHIA) e do Programa de Pós-graduação em História Comparada (PPGHC) do Departamento de História da UFRJ.

ficaram de fora. Ao receberem com beca preta, num rito solene, o "cartucho", diploma simbólico, rapazes e moças cumpriam a etapa final de integração social, numa grande festa entre pais, família, professores e amigos.

Hoje, 38 anos depois, posso dizer que aquela colação de grau, a última realizada no Teatro Municipal do Rio de Janeiro, pela Faculdade Nacional de Filosofia, que parecia uma festa de integração, foi um carnaval no sentido dado por Bakhtin (1987).

Comparando as etapas de educação das mulheres da minha geração com as das atenienses das comédias de Aristófanes[1], observamos um fenômeno interessante. Enquanto na Colação de Grau, citada acima, a festa formal e ritual mudava efetivamente a vida das mulheres que dela participavam, no teatro aristofânico, as festas de integração social se apresentavam sob a forma de carnavalização, como se fosse uma revolução, uma subversão das mulheres, no entanto a comédia reforçava as tradições da *pólis*.

Na peça *Lisístrata*, Aristófanes, nos versos 636 a 650, apresenta o Coro das Mulheres declarando:

> "Escutem todos. Ó cidadãos (*astoi*), pois falaremos de um assunto importante para *pólis*; pois que ela nos nutriu no luxo e no brilho. Desde os sete anos de idade, eu fui arrephora, aos dez anos triturei o grão para nossa patrona; depois vestida *de krokotón fui ursa, (árktos), nas brauronías*. Enfim fui *kanéfora*, sendo uma bela moça tendo um colar de figos secos."

Percorrida estas etapas as mulheres da comédia entendiam que possuíam autoridade para executar o que planejavam, isto é, obter a paz por abstenção sexual.

Na *pólis* dos atenienses, as *arréforas* eram meninas escolhidas para ajudarem a tecer o *peplos* de Atena, a ser oferecido e substituído durante a festa das *Panatenéias*. Elas participavam, ainda, de uma espécie de mistério no qual moíam grãos de um campo sagrado para preparar um bolo para a deusa. *Canéforas* eram jovens que, durante as *Panatenéias*, participavam da procisão carregando cestos que escondiam, entre os grãos ou bolos, a faca que serviria ao ritual de sacrifício. Ter sido *Arréforas* e *Canéforas* significava que as mulheres aprenderam e dominaram o tear, os afazeres da cozinha e a administração da casa. Ou seja, foram preparadas para viver na *koinonía* dos atenienses.

Fica para nós uma questão em relação às *brauronías*. Que significava vestir o *krokotos* e ser ursa? Como era entendida a festa promovida pelo Santuário de Ártemis no Brauron?

As informações que possuímos em relação à festa das *brauronías* (Meninas Ursas) referem-se, principalmente, a citações de alguns autores da literatura grega antiga, como Ésquilo (*Agamêmnon*, vv. 236-245), Heródoto (IV. 145), Aristófanes (*Lisístrata* e *A Paz*), Aristóteles (*A constituição dos Atenienses*. LIV.78), Xenofonte (*Anábasis V.3.9 sq)* e por objetos encontrados, pelos arqueólogos[2], nos Santuários de Ártemis. Neste trabalho nos ativemos à cerâmica da região do Brauron.

Diante da leitura e análise da documentação disponível, levantamos as seguintes hipóteses de trabalho: 1° - As festas, dedicadas a Ártemis, são um complexo ritual particularizado, celebrado em comum, num tempo consagrado e determinado no calendário Ático [outono (*agrotera*) e primavera (*brauronía* e *mounichía*)] que representava a re/novação dos *topo*i sagrados entre a cultura e a natureza/selvagem; 2° - Os santuários de Mounichía e do Brauron assinalavam a orientação marítima da Ática e a necessidade de reorganização dos lugares de culto ao processo de convergência política e territorial da *pólis* dos atenienses, a partir do VI século a.C.; 3°- As processões festivas se dirigiam do litoral para o centro cultual e urbano, na acrópolis de Atenas, promovendo a coesão social e a renovação dos valores *políades*; 4º - Ártemis, a deusa das margens, assim como as ursas em fuga, marcava os espaços da cultura e da natureza, garantindo e vigiando, ao mesmo tempo, a existência de lugares sociais de ambigüidade e transição, tais como a adolescente e a mulher adulta; a cidadã e a estrangeira; entre os navegadores e a população ribeirinha; o homem e a mulher; a família e o espaço religioso cultual da *pólis*.

A *pólis* dos atenienses aparece no bojo de uma revolução abrangente, em que o culto do herói fundador e deuses *políades* catalisavam forças sociais centrífugas. A *agorá* e as atividades que promovia faziam com que existisse um lugar de encontros sociais diários e o templo de *Héstia koiné políade*, que da *agorá* todos podiam ver, constituía-se na representação simbólica de pertença cultural e de compromisso político. O território cívico foi organizado, marcado e representado, de uma maneira circular e concêntrica, em torno da Acrópole. A Acrópole sediava construções planejadas, públicas, institucionais, religiosas e era o centro sociopolítico, religioso e econômico. O território cívico compreendia a união entre a *ásty*, espaço urbano e a *chôra*, espaço rural. Este conjunto interdependente, interligado e complementar, representava, no universo simbólico do ateniense, o espaço da ordem, da segurança, da coisa pública, da memória coletiva e da *paideía*. O centro político-religioso, na Acrópole, integrava os cidadãos e promovia a conquista territorial, marcando os espaços da cultura e do selvagem. O centro político garantia a segurança social e estabelecia as fronteiras (cívicas e simbólicas) ou margens que separavam os atenienses dos estrangeiros. O território cívico delimitado (CHEVITARESE, 2001)[3] propiciava a liberdade de circulação das pessoas e das informações através de uma série de veículos e canais de fácil acesso à maioria da população. O território cívico permitia ao homem uma especialidade referencial para o seu comportamento, para a defesa, para a manutenção de sua terra, para a formação da memória coletiva e para a sua criatividade.

A pluralidade de lugares de culto, tanto na *ásty* quanto na *chôra*, e a celebração freqüente de festas exercidas em comum fortaleciam a solidariedade sociopolítica e possibilitavam a presença do poder político em todo o território, pois a representação circular de espaço pressupõe que todos e tudo estavam em condições de reciprocidade igualitária do centro. A *pólis* foi qualificada como o Estado do Direito[4], da *díke*, e do *nómos* (das leis escritas) (ARISTÓTELES, *Política*, III, 1287ª. 15-16)[5]. Os princípios gerais do direito[6] dos atenienses foram capazes de dirimir conflitos, ordenar o governo e manter a sociedade civil unida. Paralelamente à *díke*, o cidadão convivia com um conjunto de regras não escritas, reconhecidas por todos, ligadas à tradição, à moral e à religião. Estas regras de conduta estabeleciam uma relação social de honra, cuja sanção se materializava na vergonha e na exclusão social. Honra (*timé*) e vergonha (*aidós/aischós*) regulavam o comportamento coletivo, sem que fosse necessário o exercício constante da força instituicionalizada. Honra e vergonha norteavam a valorização do comportamento social e definiam o que era *bem social*, fortalecendo os compromissos coletivos e a pertença à mesma sociedade. Grande parte dos valores tutelados pela *pólis* advinha dos costumes, da tradição e da religião, que reforçavam a *díke* e liberavam o Estado do poder de constrangimento pela força. A honra ativava a necessidade diária de condutas que, indiretamente, reproduziam a ordem *políade* dos atenienses. A tradição expressava uma série de valores, de hábitos, de normas morais e religiosas que se ligavam diretamente à consciência do homem, o qual controlava seu comportamento e se autopunia pelo receio do constrangimento de seu grupo, da perda de seu *status*, do seu lugar na sociedade e da sua morte social. Estas normas referiam-se a relações quotidianas e fundamentais da sociedade, tais como, por exemplo, o respeito e proteção aos pais; o reconhecimento por um favor concedido, isto é, manter a confiança (*psitis*) do amigo; o respeito aos deuses, cumprindo rigorasomente o culto e os ritos (*eusébia*); o respeito ao hóspede, a prática da hospitalidade é um dever de todo cidadão; a proibição de fazer mal a um homem, mesmo criminoso, que se refugiasse num altar, templo ou santuário; não atacar um arauto ou um suplicante; não violar um juramento, num contrato privado; não matar em combate aquele que se rendesse; sepultar os mortos; ser moderado em suas ações (*sophrosýne*) e obedecer às leis da *pólis*.[7]

O crescimento político, militar e econômico da Liga de Delos (477 a 404 a.C.) fez com que os atenienses, por um lado, marcassem culturalmente a sua diferença e fossem conhecidos como *hegemones*, mas, por outro lado, fez com que aflorassem e delimitassem os diferentes perfis étnicos com os quais eles se relacionavam (relações diferentes de reciprocidade: generalizada, eqüitativa ou negativa).

A sociedade dos atenienses (404/360 a.C.) experimentou um processo de mudanças nas relações de identidade e alteridade. O processo de transformação foi duplo. De um lado é o conjunto do contexto social que vai mudando e transformando a continuidade em descontinuidade; homogeneidade em heterogeneidade, de outro lado, é a mudança se acelerando e as imagens sociais prévias perdiam a sua representação formal e o seu significado. Os acontecimentos se aceleraram no tempo e no espaço e tornaram irreversível recompor as imagens e modelos a partir de valores passados. Era a emergência da *cosmopólis*. Podemos observar, por exemplo, na obra de Aristófanes (428-387 a.C.), como os atenienses respondiam às mudanças, em particular, como suportavam, nos planos político, social, econômico e cultural, os resultados da Guerra do Peloponeso - 431- 404 a.C. Este poeta (444 a.C a 387 a.C), ateniense, testemunhou as diferentes formas e reformas constitucionais que sucederam a antiga democracia de Clístenes (± 510 a.C.)[8]. Viveu a derrota *humilhante* de Atenas (404 a.C) e a paz *vergonhosa* que debilitou os atenienses. A derrota de Atenas arruinou suas finanças, paralisou o comércio; a frota e as muralhas destruídas, o poder ficou, no dizer dos textos da época, nas mãos dos *intrigantes sicophantas*. Esta crise do poder político, da democracia e o crescimento da demagogia estão presentes nas peças de Aristófanes. Aristófanes denuncia este contexto e para tal se utiliza: 1º- das exigências do gênero cômico – exagero deliberado; paradoxos, ironias, jogo de espelhos, zombarias, exposição das fraquezas (tudo isto pede uma interpretação particularmente prudente); 2º- das opiniões invocadas nas peças, que não são exclusivamente de Aristófanes. Elas pertencem também a grupos, a boatos e a *classes sociais*. Aristófanes vai abordar várias questões sociais e políticas, tais como: a guerra e a paz; formas de governo e as relações entre homens e mulheres. Sua linguagem é cheia de imagens, comparações e metáforas que revelam suas simpatias e antipatias. O inimigo é amargo e picante, e o amigo, doce e amado. Os sabores revelam os odores, desta forma o inimigo fede e o amigo é perfumado. Quando tudo vai mal, ele termina uma comédia com uma grande festa carnavalizada, como querendo mostrar o fim da fome e das guerras. Aristófanes acentua aspectos sociais, as tensões e as preferências dos atenienses de sua época, tais como: 1º- abundância; 2º- convivência e sociabilidade; 4º - a diversão das festas[9] e das refeições comuns com os jogos de todos os tipos, com a música ao som dos flautistas e as danças[10].

Analisando comparativamente a obra de Aristófanes com as de Platão, Aristóteles e Xenofonte, verificamos que a identidade é dinâmica e variável. O processo de mudança e o esforço que se fazem para se garantir a continuidade, para se valorizar a necessidade de se pertencer a um grupo básico de identidade, nos indicam o estado das relações e representações do eu/outro e de integração/agregação/desagregação. Devemos lembrar que a identidade é um conjunto de diferenças que, através de um processo histórico determinado, faz com que as diversas experiências sociais sejam levadas a um determinado centro/simbólico provocando a integração de grupos sociais. Este centro/simbólico é capaz de dar uma aparente unidade e homogeneidade cultural aos diversos grupos em conflitos (cria-se uma ficção de sujeito coletivo). A expansão ateniense (*arché*) fez com que bandas e franjas de populações, de grupos e de bens culturais atravessassem as fronteiras de Atenas e vice-versa (franjas de bens culturais dos outros entram pelas fronteiras de Atenas). Nossa pesquisa consiste em verificar através de imagens, retóricas e icônicas, do corpo as representações das relações entre homens e mulheres num processo de mudança social em que a identidade da *pólis* parecia se diluir com o contato constante com diferentes culturas.[11] As identidades e hierarquias apareciam em alguns textos como um processo de erosão da soberania da *pólis* e em outros como um processo de formação de um lugar de ambigüidades culturais que aparecia como perigoso. Identidade e alteridade histórica são mais do que um conjunto de conteúdos estáveis; são uma forma de relações e de modalidades de *ser-outro* e *ser-para-outro*, principalmente no espaço delimitado da *pólis*[12].

A tensão entre *pólis autarkeía* e *pan-helenismo* nos parece que torna identidade e alteridade como processos de criação de um lugar de ambigüidades possíveis, em que signos e símbolos passam a ser trocados, apropriados em nome de um patrimônio simbólico comum. Neste lugar de ambigüidades, o corpo antropofagicamente se apropria de signos que fazem cada um poder ser e estar de um lado e de outro ao mesmo tempo sem provocar medo, perigo, resistência, punição ou exclusão (ambigüidade/mestiçagem) (DAMATTA, 1997, p. 13).[13]

Optamos por caminhar nossa atenção para o santuário de Ártemis, no território Ático, da região do Brauron (nordeste)[14] e tentar compreender as *brauronías* no contexto aristofânico.

A deusa Ártemis – *árktos* - ursa; ou *ártamos* sanguinária, a que massacra com flechas certeiras, nascida de Leto, viu Apolo nascer e preferiu ficar virgem. Ela protege os animais selvagens e a semente que precisa crescer e amadurecer para a colheita. Ártemis (lua e mulher) é símbolo de fertilidade, tanto para as mulheres quanto para vegetais, animais e para os pescadores e suas redes. Ártemis está ligada à fecundidade feminina e à boa hora do parto[15]. A deusa Ártemis aparece relacionando-se com diversas divindades e com diferentes atributos, dependendo da situação narrada em textos ou imagens[16].

As duas festas consagradas a Ártemis, mais citadas na documentação, eram a *Brauronía*[17] e a *Mounichía*. Essas festas eram celebradas no início da primavera e na abertura da navegação, entre, aproximadamente, 21 de março e 30 de abril. A *Brauronía* estava ligada ao santuário de Ártemis, na costa leste da Ática, e a *Mounichía* ao santuário da mesma deusa no porto do mesmo nome.

Se observarmos o mapa que se segue, verificamos que as duas festas promovem um percurso de integração do território Ático do litoral leste, Brauron e litoral sul, Mounichia, ao centro urbano de Atenas. Observa-se também que toda a fronteira do território estava pontilhada por templos e santuários que, ao mesmo tempo, demarcavam o território cívico, integravam a população e marcavam zonas de embates entre estrangeiros/cidadãos e selvageria/cultura (dos atenienses).

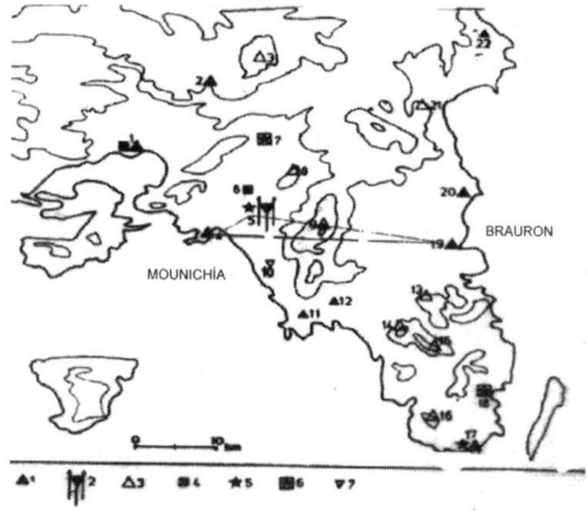

As *brauronías* eram festas realizadas de cinco em cinco anos, no início da primavera, que refaziam o caminho do litoral leste ao centro político e cultural de Atenas, apresentando e integrando as novas mulheres atenienses que estavam prontas para o casamento.

A passagem de menina a mulher, mais particularmente a sua transformação física para gerar e procriar filhos sadios, suscitava cuidados especiais que envolviam a proteção da deusa Ártemis e os conhecimentos relacionados ao seu culto[18].

As *ursinhas* eram meninas de 5 a 7 ou 10 anos que serviam a Ártemis no santuário do Brauron[19]. Elas eram preparadas para esta passagem do estado de criança a mulher/fecunda/mãe/cidadã. Desta forma, a jovem ateniense deveria cumprir o ritual chamado de *Arkteía* como um pré-requesito para o casamento.

Neste trabalho, escolhemos três *krateriskoi*[20] que apresentam imagens relacionadas provavelmente ao ritual da *Arkteía* (das ursas), que foram bem analizadas por Lilly G-Kahil. O nosso objetivo é demonstrar que o ritual das Ursas reforçava os padrões culturais atenienses, fortalecendo as tradições face às mudanças que apareciam como resultado do crescimento político e econômico de Atenas.

O primeiro *krateriskos* está datado entre 430-420 a.C., é proveniente do Brauron, de figuras vermelhas. As imagens estão fragmentadas, mas aparecem ícones que reforçam a relação Ártemis/ursas.

Figura 1

Da esquerda para a direita, encontramos a representação da deusa Ártemis, de perfil, com roupa de caça toda bordada. Ela estica o arco para a caça de um cervo à frente, sobre a primeira alça do *krateriskos*. À sua frente, de perfil, está Apolo (Ver anexo 1). A seguir parte de um loureiro, ao lado, um homem com máscara de urso e uma mulher também com máscara de ursa (Ver anexo 1), com olhar frontal; porta um colar com um amuleto; tem uma das mãos levantadas como numa atitude de prece. No alto da segunda alça, à direita, está outro cervo correndo. Haveria dois frisos nas bordas do vaso com desenhos de folhas de louro.

Todos os personagens invocam um universo mítico/religioso, provavelmente parte dos mistérios do ritual da Arkteía, parte daqueles que poderiam ser apresentados e que eram conhecidos pela personagem Ursa que, com seu olhar frontal, convida o receptor da mensagem do vaso a participar, com ela, do rito.

Figuras 2 e 3 – são *krateriskoi*, de figuras vermelhas, provenientes do Brauron, datados, respectivamente, de 430-420 a.C. e 440-430 a.C.

O segundo vaso apresenta todas as personagens de perfil, jovens vestidas com a túnica curta, provavelmente o *krokotos*[21], e mulheres adultas vestidas com *himátion* longo e plissado. Da esquerda para a direita, encontramos: na primeira alça, parte de uma palmeira; a seguir, uma jovem menina de cabelos longos, usando o *krokotos,* voltada para a direita e de frente para uma mulher que parece arranjar a sua roupa. A seguir, uma outra menina, igualmente vestida como a primeira, voltada de perfil para a direita, de frente para uma mulher que porta um ramo de louros em cada uma das mãos e está de perfil olhando para a direita para uma outra mulher que segura, em cada uma das mãos, respectivamente, ramos de louro e um cesto. Adiante, uma outra menina aparece de perfil, correndo para a direita. Na segunda alça do vaso, aparece outra palmeira, a seguir meninas correndo para a direira, como se fosse uma corrida em roda. Lilly G-Kahill informa que, na primeira alça, junto à palmeira talvez esteja um altar cerimonial. Isto pode nos dizer que as meninas da direita estavam sendo preparadas para uma corrida, e que a corrida poderia indicar um outro plano e ser uma das fases do rito[22] das meninas ursas: correr ritmadamente rodando o altar da deusa.

O terceiro *kraterikos* apresenta os personagens entre duas frisas: a primeira desenhada com folhas de louro, e a segunda, com palmeiras e flor-de-lótus[23].

Os personagens, da esquerda para a direita, representam jovens nuas, de perfil, correndo da direita para a esquerda segurando guirlandas. Acima da segunda alça aparecem duas palmeiras e parte de uma ursa. Segue-se com jovens correndo de perfil, segurando guirlandas, mais na direção direita para a esquerda. A jovem próxima à alça está com a cabeça voltada para a direita, como se olhasse a ursa. Abaixo da segunda frisa, encontram-se cães de caça correndo na direção direita para a esquerda, e entre os cães aparece um cervo (a caça).

Meninas vestindo o *krokotos* em corrida ritual diurna e noturna, com tochas, dança ritmada e dança em roda aparecem pintadas em outros tipos ou formas de vasos áticos (Ver anexo 2). Estes dados nos levam a considerar que os ritos relacionados às meninas ursas estavam ligados à preparação física das jovens para a maternidade e para terem uma prole vigorosa. Os mistérios envolviam velhas tradições que destacavam Calisto e Ifigênia; as transformações da menina em mulher; a relação entre a ursa[24] e a maternidade. Ser *Arktos* era conhecer estas tradições e se fortalecer para a maternidade. Logo, o Coro de Aristófanes apresentava, ao público dos atenienses, mulheres bem educadas, mães bem preparadas que falavam com autoridade para se manterem as tradições nas quais foram formadas e garantir a boa ordem da *pólis* no modelo de paz democrática do início do V século a.C.

Aristófanes não propunha uma subversão da ordem; ao contrário, a fala das mulheres indicava a preservação dos costumes e das tradições.

Anexo 1

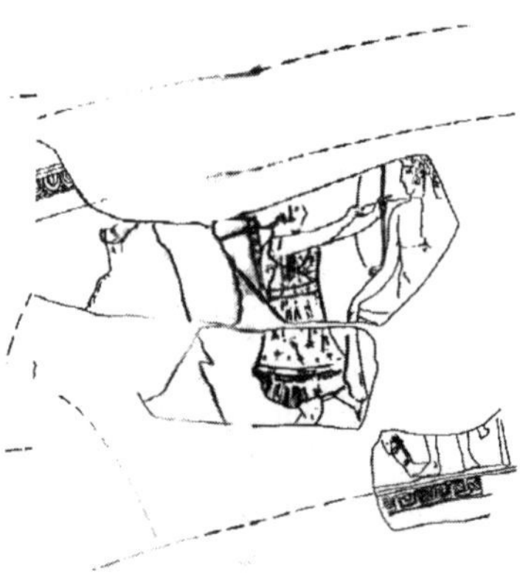

Krateriskos 1 – destaque da imagem de Átemis e Apolo.

Krateriskos 1 – destaque das personagens com máscaras de Urso.

Anexo 2

Kraterisko Ático, V séc. a.C. – corrida de jovens.

Fragmento de *Krateriskos* Ático, V séc. a.C. – menina vestida com o *krokotos* correndo.

NOTAS

[1] Esta pesquisa está ligada ao Projeto patrocinado pelo CNPq com bolsa de produtividade, intitulado "Ofícios e festas entre os atenienses (V século a.C.)".

[2] Iremos nos ater à cerâmica encontrada no Santuário do Brauron. São *krateriskoi*, pequenas crateras rituais ou votivas, datadas do V século a.C., nos quais encontramos pinturas diversas referentes às meninas ursas.

[3] Nas fronteiras, encontramos: ao norte, fortes e templos; no litoral leste, templos; e ao sul e a oeste, templos.

[4] Os atenienses estabeleceram uma relação de obediência às leis, acreditando que o direito era a via de dirimir os conflitos, na maioria das vezes. Isto, porque o Direito se baseava na justiça, no equilíbrio e na harmonia.

[5] [...] é justo (díkaion) governar e ser governado por iguais (archein/archesthai). Isto implica uma lei, pois a ordem é lei (nómos/ táxis) – colocação em ordem, boa ordem.

[6] Numa sociedade de Direito, os mecanismos de controle e de integração social são mediados pela política e pela cultura (costumes e tradições). Assim, o Estado diminui o uso da coerção/ força ostensiva pelo *poder de polícia.*

[7] Ler os Oradores Áticos (Belles Lettres) e DARESTE, 1965.

[8] Aristófanes vivenciou: o "*imperialismo* da democracia de Péricles – (461-429 a.C.), o poder despótico dos demagogos, tais como Cleon, Hyperbolos e outros, como, por exemplo, em 411 e em 404. Nestes momentos ficava claro o regime de violência. O governo dos 400 estabeleceu a constituição dos 5000 mil – uma combinação estranha entre oligarquia e democracia e o retorno aparente à paz interna. Em seguida, o golpe dos Trinta, durante o qual Critias fez grandes perse-

guições – exílios e condenações à morte dos partidários da democracia. Em 403 a.C. nova revolta, o retorno dos exilados *democratas*, a guerra civil e o retorno da Democracia.

[9] Iremos conceituar festa como um tempo socialmente autorizado para as manifestações que geralmente são reprimidas: Neste sentido, a festa compreende: 1º - é o tempo dos excessos, exageros, exaltação (beber, comer, rir, sexualidade; 2º- é uma afirmação – dizer sim à vida – celebrar; 3º- é uma justaposição – da ordem e da desordem, do tempo da festa e do quotidiano. Sendo assim, a festa produz: 1º- identificação social – marca-se bem o eu e o outro; 2º- ocasião de promoção social individual, familiar ou de grupos; prestígio público; 3º- promove integração da família, vizinhos e da sociedade; 4º- libera as tensões – rompendo normas, regras que pressionam e reprimem diariamente; 5º- elabora os valores de beleza, apresentando contornos de uma nova estética; 6º- fato econômico – consumo excessivo de bebida, comida e outros bens; 7º- anula o tempo profano e cria um novo tempo (tempo festivo = passado+presente+ futuro), tempo festivo é lúdico/; 8º- está entre o rito e o jogo; 9º- materializa a identidade sociocultural; 10º- intensidade de mobilização e participação sociais; 11º- cria a situação de comunidade, de unidade; diminuindo a situação de dispersão social; 12º - tem a capacidade de comunicação direta = transmissão de mensagens; 13º - carregada de afetividade – ambiência de festa – todos têm os mesmos sentimentos (alegria ou dor); 14º- transforma o espaço e o tempo social; 15º - marca situações de passagens e mudanças, diluindo as crises individuais e coletivas; 16º - ela é purificadora (o canto, a música, a dança), valor apotropaico/mágico. 17º- promove a coesão política, como restauradora do equilíbrio; 18º - ela é fala, linguagem, memória e mensagem.

[10] Para Aristófanes: o cheiro de um bom vinho era associado à paz. Uma boa trégua se fazia com um bom vinho. A embriaguez passava a imagem de vida agradável, de abundância que faltava na época da guerra (Guerra do Peloponeso – 431 a.C. a 404 a.C – derrota de Atenas). O vocabulário da embriaguez é rico: os bebedores – *pínontes ándres; os que participavam da bebedeira – deílkein*; quando se começava a beber à saúde – *propínein*; *a se embriagar – methýskein*. A embriaguez também aparece entre as mulheres – as *oinopótidai – ou potivstatai – potístatai*. A loucura plena da embriaguez o poeta chama de *kraipalókomos – kraipalovkwmoς*. Aristófanes recorre muito ao *cóttabo*: era um jogo erótico, ele supõe a presença da pessoa amada ou a sua evocação. E mais: a presença de música, *hetairas* e os flautistas criam uma atmosfera sensual. Aristófanes fala da alimentação e bebida dos deuses imortais   a ambrosia e o néctar.

[11] Lembramos a existência de diversas Ligas – Ateniense, Espartana, Tebana; presença dos macedônios, dos persas, dos egípcios, de certa forma dos romanos, via Magna Grécia, e outras etnias sempre estiveram presentes na cultura dos atenienses.

[12] O processo de globalização que vivemos fez com que Baudrillard o chamasse de *crime perfeito*, que se expressa na substituição progressiva das "economias reais", locais, pela economia global submetida ao regime de equivalência generalizada, como um verdadeiro extermínio da experiência da alteridade. Para ele, identidades virtuais, programadas e produzidas em escala mundial e difundidas rapidamente seqüestram e tomam o lugar das formas históricas de "*ser para outro*".

[13] Sociedade é uma entidade entendida de modo globalizado. Uma realidade que forma um sistema. Um sistema que tem suas próprias leis e normas. A sociedade é uma entidade que se faz e refaz por meio de um sistema complexo de relações sociais, elos que se impõem aos seus membros... (p. 124). A mistura, a confusão ou a ambigüidade seria a essência do sistema relacional (mestiçagem). Relacionar ambigüidade é reunir desejo e lei; liberdade e controle; trabalho e malandragem; sexo e casamento; descoberta e rotina; excesso e restrição; relações pessoais e leis universais; vida e morte; indivíduo e relações.

[14] No imaginário dos atenienses, a sexualidade conotava um certo perigo. Associava-se forno com a barriga de uma gestante; desta forma, poderemos associar: forno/parto; parto/gestão; forno/cerâmica; forno/armas; forno/cozido; menstruação/parto/forno/modificação.

[15] Quando se morria durante o parto, a família oferecia as vestes da morta a Ártemis. Quanto à magia, devemos ler CANDIDO, 2004.

[16] Ártemis se relaciona com a Lua e com o ciclo menstrual – *mén, menos* é mês; *émmenon* é o que volta todo o mês; émmena – menstruação (plural de émmenon) e méne, menos – lua. A lua está sempre mudando, mas com tempo previsível.

[17] O Santuário do Brauron em Atenas estava ligado à constelação da Grande Ursa e às leis da ordem do céu. Ártemis do Brauron significa, ainda, força.

[18] Este nosso trabalho está baseado nas pesquisas de Lilly-G.-Kahil e de J. Papadimitriou (*Croniques de l'Ergon*, 1960, pp. 61-62).

[19] Tudo indica que a história na qual Calisto (Calisto - belíssima), antes de ser morta, foi metamorfoseada em ursa era conhecida no Santuário. Ela havia optado pela virgindade e fazia parte do cortejo de Ártemis, vivendo nas montanhas. Zeus se une a Calisto tomando a forma de Ártemis ou Apolo. Deles nasceu Arcas, herói epônimo da Arcadia. Calisto tomava banho numa fonte quando a deusa Ártemis viu que a jovem estava grávida e imediatamente a transformou em ursa. Versões dizem que foi Hera e outras, o próprio Zeus; teria sido, de qualquer maneira, caçada por Ártemis e Zeus a transformou numa constelação: a Ursa maior.

[20] Krateriskoi são pequenos vasos rituais, usados para embeber o solo em volta do altar, em libações de purificação. Foram encontrados em grande número no Santuário do Brauron e de Mounichia, muitos deles fragmentados, com desenhos geométricos ou imagens figuradas.

[21] Krokotos - túnica curta da cor açafrão (amarelo-alaranjado), imitando a pelagem de uma ursa. Árktos – meninas vestidas de ursas. Os ritos que envolvem Ártemis e a Ursa são chamados de *Arkteía*.

[22] Consideramos ritual como um conjunto organizado de práticas verbais e gestuais que expressam o olhar e as preocupações de uma sociedade sobre ela mesma. É elemento de coesão e de transmissão de valores sociais. Ritos de passagem apresentam três fases: 1º- ruptura, 2º- margem e 3º - integração.

[23] O loureiro, a palmeira eram árvores sagradas da deusa e de seu irmão Apolo. A palmeira e loureiro contam vitória e a flor-de-lótus aparece, na imagética, com o significado de nascimento/vida/morte/vida – renascer.

[24] Aristóteles, na *História dos Animais*, apresenta a Ursa como zelosa com os filhotes, animal forte, constante nas suas relações.

BIBLIOGRAFIA

ARISTOPHANE. **Lysistrata**. Paris: Belles Lettres, 1996

BAKTIN, M. **A cultura popular na Idade Média e no Renascimento; o contexto de François Rabelais**. São Paulo: Hucitec, 1987.

BAUDRILLARD, Jean. **Le crime parfait**. Paris: Galilée, 1995.

______________, Jean. **Para uma crítica de economia política do signo**. Lisboa: Edições Setenta, 1981 (1972 Gallimard).

BUXTON, R. **La Grèce de l'imaginaire. les contextes de la mythologies**. Paris: édition la découverte,1996.

CALAME, Cl. **Thésée et l'imaginaire athénien**. Lausane: Editions Payot Lausane, Paris, 1990.

________, Cl. ***Le récit en Grèce ancienne: Enonciations et representations des poètes***. Paris: Klincksieck, 1986.

________, Cl. **Mito e Rito**. *Kernos*, nº 4, 1991.

CANDIDO, M. R. **A feitiçaria na Atenas Clássica**. Rio de Janeiro: Letra Capital, 2004.

CHEVITARESE, A. L. **O Espaço rural da pólis grega: O caso do anteniense no período Clássico**. Rio de Janeiro: Fábrica do Livro SENAI, 2001.

CRAHAY, R. **La religion des Grecs**. Paris: Editions Labor, 1966

DAMATTA, R. **A casa & A rua. Espaço, cidadania, Mulher e Morte no Brasil**. Rio de Janeiro: Rocco, 1997, p.13.

DARESTE, R. *et al.* **Recueil des Inscriptions Juridiques Grecques**. Roma: L'Erma di Brestschneider, 1965.

DELAVAUD-ROUX, M.-H. **Les danses armées en Grèce Antique**. Provence: Publications de l'Universite de Provence, 1993.

DEMONT, P. **La cité grecque archaique et classique et l'idéal de la tranquillité**. Paris: Belles Lettres,1990.

DEVEREUX, G. **Mulher e mito**. Campinas: Papirus,1989.

DURKHEIM, E. **Les formes élémentaires de la vie religieuse**. Paris: Presses universitaires de France, 1968.

G.-KAHIL, L. Autour de l'Artemis Attique. ANTIKE KUNST, 1965, pp. 20-33.

________, L. L'Artemis de Brauron:Rites et Mystère. ANTIKE KUNST, 1977, pp. 86- 98.

KOMORNICKA, A. M. Le pouvoir en question dans les comèdies d'Aristophane. *In*: **Aristophone: la langue, la scène, la cité.** Acts du colloque de Toulouse 17-19. Mars,1994. Bari: 1997, pp. 397-411.

LEACH, E.R. **Rethinking Antropology**. London: Athole Press, 1961

LESSA, F. S. **Mulheres de Atenas – Mélissa do Gineceu à Agorá**. Rio de Janeiro: LHIA/ UFRJ, 2001.

LIMA, A. C. C. **Cultura popular em Atenas do Vº século a C.**, Rio de Janeiro: 7 Letras, 2000.

MURIEL, C. E. **Grecia: Sobre los ritos y las fiestas**. Granada: Universidade de Granada, 1990, pp. 21-47.

OLIVEIRA, R. C. **Identidade, Etnia e Estrutura Social**. São Paulo: Livraria Pioneira Editora, 1976.

PERLMAN, P. – Plato Laws 833 C – 834D and the bears of Brauron. GREEK ROMAN AND BYZANTINE STUDIES. v.24, 1983, pp. 115-130.

ROMANO, R. 'Festas' *In*: **Religião-Rito**. Lisboa: Enciclopédia Einaudi 3O. Imprensa Nacional, Casa da Moeda, 1992, pp. 402-414.

SAN MARTÍN, R. **Identidad y Creacion. Horizontes culturales e interpretación antropológica**. Barcelona: Editorial Humanidades, 1993.

SEGATO, R. L. **Alteridades Históricas/Identidades políticas: Una crítica a las certezas del pluralismo global**. Brasília: UNB, 1998, nº 234, p. 21.

STRATOU, D. **Les danses grecques lien vivant avec la Grèce de l'Antiquité**. Athènes: Dora Stratou, 1967.

THEML, N - Danaé: o corpo e a chuva de ouro. *In*: **Olhares do Corpo**. Rio de Janeiro: Mauad, 2003, pp. 155-166.

VÉRILHAC, A.-M.; VIAL, Cl. **Le Mariage Grec. Du VI siècle av.J._C. à l'époque d'Auguste**. Paris: De Boccard, 1998. pp. 281-376.

VIEIRA, A. L. B. **Os pescadores atenienses: a Métis da ambivalência na Atenas do Período Clássico**. Tese de doutorado defendida na UFRJ/IFCS, 2005.

WILEFORD, W. **The Fool and his Scepter.A study in lows and festers and Their Audience**. Evanston III, Northwestern University Press, 1969.

MARCIAL E AS SATURNAIS [1]

Robson Tadeu Cesila*

As Saturnais, festas em que, como se sabe, os antigos romanos celebravam, no mês de dezembro, o deus Saturno, comparecem freqüentemente nos epigramas de Marcial (c.38 d.C. – c.104), constituindo uma interessante vertente temática de sua poesia. Podemos dividir em dois grupos os epigramas que fazem referência às Saturnais: um que englobaria os poemas em que as festividades surgem como pano de fundo para um tema principal (uma sátira a um indivíduo que o poeta vê na rua, uma crítica a um amigo ou patrono ingrato que não retribuiu um presente, uma homenagem ao imperador ou a algum patrono, etc); e outro grupo que incluiria os epigramas em que as próprias Saturnais são o tema principal e servem como elemento para considerações de ordem poético-literária do autor. Estes últimos são o que se costuma chamar, em crítica literária, *metapoemas*, e que chamamos também *metaepigramas* em nossa dissertação de Mestrado (CESILA, 2004, p. 21). Deles nos ocuparemos mais detalhadamente aqui, uma vez que é por meio desses metapoemas que Marcial constrói a sua conhecida analogia da poesia epigramática com as Saturnais.

Passemos inicialmente ao primeiro grupo. São em número de 25 os epigramas em que as Saturnais surgem como pano de fundo para o tema principal do poema[2]. Na maior parte das vezes, a referência é nominal, por meio do substantivo *Saturnalia* (*Apoph.*, 71.1; IV, 46.1 e 18; V, 84.6 e 11; VI, 24.2; VII, 53.1), do adjetivo *saturnalicius* (*Apoph.*, 182.2; V, 19.11; VII, 91.2) ou, ainda, do substantivo que nomeia a divindade a que eram dedicadas as festas, *Saturnus* (*Apoph.*, 72.2; II, 85.2; III, 29.2; IV; 88.2; X, 29.1; XII, 62.12, 81.1). Mas, em outros dez epigramas, as Saturnais comparecem sem nomeação explícita, seja por meio da referência ao mês (dezembro) ou estação do ano (outono/inverno) em que as festas eram realizadas, seja pela menção a algum costume das pessoas nessa época do ano (*Apoph.*, 79, 142; IV, 19; V, 18, 49; VII, 72; VIII, 41, 71; X, 15, 87).

Em III, 29[3], o ex-escravo Zoilo dedica suas correntes ao deus Saturno, e o poeta brinca que tais grilhões foram os primeiros anéis do personagem. Por que a dedicação é feita ao deus Saturno? Ora, essa divindade estava relacionada aos rituais de libertação, uma vez que os sacrifícios públicos realizados em sua homenagem seguiam o costume grego, mantendo os sacerdo-

*Professor doutorando em Lingüística pelo IEL/UNICAMP.
rcesila@iel.unicamp.br

tes a cabeça descoberta, ao contrário do costume romano (cf. *Oxford Classical Dictionary*, doravante *OCD*, *s.v. sacrifice, Roman*, 1999, p. 1345). Além disso, a estátua do deus permanecia o ano todo coberta, e só era descoberta no dia 17 de dezembro, primeiro dia das Saturnais (*ibid.*, *s.v. Saturnus, Saturnalia*, p. 1360). Daí decorreria a liberdade que caracterizava essas festas, traduzida em liberdade de costumes, inversão de comportamentos, diversão e jogos (muitos proibidos em outras épocas do ano) e suspensão das atividades políticas, econômicas, militares e religiosas (com exceção dos ritos dedicados a Saturno no primeiro dia das festas). Mesmo a veste nacional romana dos homens, a toga, era deixada de lado, e todos usavam a veste de jantar, mais leve, chamada *synthesis*. Em VI, 24, Marcial ironiza um sujeito que usa toga durante as Saturnais, comportamento tão inadequado, segundo o autor, quanto o usar a *synthesis* em meio aos deveres públicos no fórum ou no Senado, por exemplo. O dístico 142 dos *Apophoreta* fora escrito para acompanhar uma veste desse tipo, enviada de presente durante as festividades. Diz o poeta que o recebedor do presente, ao usar a *synthesis*, dará folga de cinco dias para a toga.

Esse dado sobre a duração das Saturnais trazido pelo epigrama em questão merece alguns esclarecimentos. Na época de Cícero, elas duravam sete dias, com início em 17 de dezembro. Augusto reduziu-as depois a três e, na época de Calígula e de Cláudio, elas duravam cinco, embora muitos continuassem a comemorar as festas durante sete dias (*id. ibid.*). Foi Domiciano, já na época de Marcial, quem oficializou essa duração de sete dias, estabelecendo o período de 17 a 23 de dezembro (cf. ROBERT, 1995, p. 88). Essa variação no período de duração das Saturnais pode ser notada na poesia de Marcial, que fala tanto em cinco dias (*Apoph.*, 79 e 142; VII, 53) quanto em sete dias (*Apoph.*, 72)[4].

A diversão, as brincadeiras, os jogos que caracterizavam os dias de Saturnais também são copiosamente retratados nos *Epigramas*. Em V, 84, por exemplo, o poeta refere-se aos jogos de nozes, apreciados, sobretudo, pelas crianças, que os praticavam durante o ano todo, mas também pelos adultos durante as Saturnais[5]. Também trata ali dos jogos de azar, permitidos somente nessas festas. Em VII, 72, faz votos de que seu patrono e amigo Paulo obtenha sucesso nos jogos de dezembro. E toda uma seção dos *Apophoreta* é dedicada a objetos ligados a jogos e diversões: dados (14 e 15), copos para agitar os dados (16), tabuleiros e peças (17 e 18), bolas (45-48).

O epigrama V, 84, porém, trata de um outro costume típico das Saturnais: a troca de presentes. A prática, segundo Sullivan (1991, p. 13), era comum na sociedade romana e remontava a tempos muito antigos, encontrando um paralelo no código de hospitalidade da épica homérica. Se, na épica, hóspede e anfitrião trocavam presentes, na sociedade romana esse costume estava ligado às relações de amizade e de clientela, e seu auge era justamente durante as Saturnais[6]. Como lembra Cristina de Sousa Pimentel (2004, pp. 12-13), os presentes poderiam ser enviados a seus destinatários ou entregues durante os banquetes que se realizavam nessa época do ano. Muitas pessoas enviavam ou entregavam os presentes acompanhados de pequenos poemas divertidos que os explicavam, como uma espécie de legenda, ou propunham charadas, enigmas sobre aquilo que se estava enviando. E os *Xenia* e os *Apophoreta* são justamente duas coletâneas desses poemas, publicados por Marcial, segundo Sullivan (1991, p. 12), exatamente no mês das Saturnais de 85 d.C. Os *Xenia* dizem respeito a comidas, bebidas ou a algum elemento que fazia parte, de uma forma ou de outra, da *cena* romana (lenha, 15; perfume, 126; coroas de rosas, 127). Quanto aos *Apophoreta*, descrevem presentes dos mais variados tipos e dos mais diversos valores, desde tabuinhas de escrever (3-9), pentes (25) e bolas (45-48) até animais de estimação (73-76, 197-200, 202), mesas (89-90) e escravos (201, 203, 205, 210, 212, 214, 216, 218, 220, 222).

Xenia significa "presentes de hospitalidade" e *Apophoreta*, algo como "presentes para levar para casa". Assim, os primeiros diriam respeito, de uma forma mais geral, aos presentes trocados – entre amigos, entre clientes e patronos ou entre o anfitrião e os convidados de um jantar – sobretudo durante as Saturnais, os quais podiam ser simplesmente enviados ou entregues pessoalmente nos banquetes. Os *Apophoreta*, por outro lado, diriam respeito aos presentes distribuídos ou sorteados aos convivas pelo anfitrião dos banquetes, brindes esses que os convivas podiam levar para casa[7]. Porém, deve-se ter em mente que essas funções, a despeito de serem as principais, não eram, provavelmente, as únicas dos epigramas dessas recolhas: como demonstram alguns dísticos dos *Apophoreta*, os presentes por eles descritos não se limitavam a essa função de "lembrancinhas de banquete", mas tinham também a função mais geral de troca de presentes, externa ao banquete, atribuída aos *Xenia*. É o que demonstra o verbo *mittere* ("enviar"), que ocorre em vários epigramas dos *Apophoreta* (11, 114, 126, 132, 152). Da mesma forma, os presentes descritos pelos *Xenia* também podiam ser objeto de sorteio, como indica o epigrama 5 dessa recolha (cf. *sorte datur*, v. 2).

A maior parte dos 25 epigramas que têm como pano de fundo as Saturnais faz referência ao costume de se trocar presentes. E o tema predominante nesses poemas é certamente o ataque aos amigos ingratos, que não retribuem devidamente os presentes recebidos, ou aos patronos avarentos, que não enviam presentes ou não os enviam de acordo com suas posses. A verdade é que a retribuição do presente era – como lembra Sullivan (1991, p. 13) – algo esperado e mesmo obrigatório, de forma que havia uma espécie de quebra de contrato social se ela não ocorria. Além disso, um rico cidadão deveria dar um presente mais dispendioso, enquanto que um cliente seu, mais pobre, retribuiria com algo de menor valor. Assim, em IV, 88, Marcial se queixa de um patrono seu que, passados já vários dias das Saturnais, ainda não retribuiu o presente enviado, mesma queixa feita a Gala em V, 84. o poeta diz que vai vingar-se dela nas Matronais, festas realizadas no dia 1º de março, quando então eram as mulheres que recebiam presentes[8]. No livro VII, epigrama 53, Marcial se queixa a Úmber, que lhe repassou uma série de presentes sem valor recebidos nas Saturnais, e, em XII, 81, insinua, por meio de um jogo de palavras, que Úmber, quando pobre, lhe enviava um presente de maior valor que aquele que envia agora, que é rico. Em VIII, 71, o poeta se queixa de que os presentes que Postumiano lhe enviava durante o inverno foram diminuindo de valor ano a ano; em X, 15, reclama de Crispo, que se diz seu amigo, mas que não lhe faz empréstimos e nem sequer lhe envia uma toga de presente na estação invernal. Em V, 19, Marcial chega a dirigir um poema ao imperador e, com segundas intenções – como confessa o próprio poeta –, incentiva o soberano a ser liberal nos presentes saturnais, já que os patronos da época não o são: estes ficam se gabando, segundo o poeta, mesmo tendo enviado presentes de baixíssimo valor. Durante as festas de Saturno, era comum, aliás, o imperador presentear o povo com alimentos; em V, 49, o poeta satiriza um certo Labieno que, por ser calvo apenas no meio da cabeça (tendo cabelo nas laterais), teria podido receber três cestinhos de pães nas distribuições do imperador, pois se teria pensado que se tratava de três pessoas[9].

Passemos agora aos metapoemas, alguns dos quais traduzimos e comentamos a seguir. Como conclusão geral, aqui antecipada, pode-se dizer que Marcial procura associar a sua poesia (e o epigrama, de uma forma geral) às Saturnais, fixando freqüentemente, como época ideal à leitura de seus poemas, os dias consagrados a essas festas. Não é à toa, talvez, que muitos dos livros de Marcial tenham sido publicados no mês de dezembro: além dos *Xenia* e dos *Apophoreta*, os livros V, VI, VII, VIII, X (1ª edição) e XI (Cf. SULLIVAN, 1991, p. 12, 35, 37, 39, 40, 44 e 46, respectivamente)[10]. Assim como as Saturnais se caracterizavam pela liberdade de costumes e de comportamento, pelos jogos e divertimentos, pelo descanso e a interrupção das obrigações e trabalhos, a poesia do epigramatista se caracterizava, segundo ele próprio, pela liberdade de linguagem, pelo teor satírico-jocoso, pela diversão e pelo humor. É mais ou menos isso o que o autor declara já no prefácio ao livro I, em que define a "franqueza lasciva das palavras" (*lasciua ueritas uerborum*) como a linguagem própria do epigrama (*epigrammaton lingua*):

> "(...) *Já a franqueza lasciva das palavras, isto é, a linguagem dos epigramas, justificá-la-ia, se fosse eu a ter dado o exemplo; assim, porém, escreve Catulo, assim Marso, assim Pedão, assim Getúlico, assim todo aquele que é lido do início ao fim. Se alguém, entretanto, é de tão afetada austeridade que, perto dele, não é permitido, em nenhuma página, falar latim, pode se contentar com este prefácio, ou, antes, com o título. Os epigramas são escritos para aqueles que costumam assistir aos Florais. Que não entre Catão em meu teatro, ou, se entrar, que assista. Creio fazê-lo em meu direito se terminar este prefácio com alguns versos:*
>
> Se o rito caro à alegre Flora conhecias,
> os jogos festivos e a licença do vulgo,
> por que vieste, Catão severo, ao teatro?
> Tinhas vindo só para poderes sair?"

Note-se que a referência, aqui, não é às Saturnais, mas a uma outra festa dos antigos romanos igualmente marcada pela liberdade e licenciosidade: os Florais ou Jogos Florais (*ludi Florales*). Dedicados a Flora, deusa das flores e plantas, ligada aos rituais de fertilidade, esses festivais, que se realizavam entre 28 de abril e 3 de maio, incluíam a representação de mimos repletos de obscenidades (*OCD*, *s.v. Flora*, 1999, p. 601). Segundo nos conta Valério Máximo (II, 10.8), o censor Marco Pórcio Catão – o Catão de Útica (95-46 a.C.), que era, entre os romanos, exemplo de austeridade e de devoção aos antigos princípios – teria entrado certa vez em um teatro em que se representavam mimos. Devido à sua presença, o mimo não se realizou, e ele, percebendo isso, se retirou, sendo aplaudido pelos espectadores. No epigrama que encerra o prefácio, Marcial zomba de Catão, sugerindo que este fora ao teatro somente com o objetivo de se retirar, de forma a poder demonstrar que não aprovava tais divertimentos[11].

Mas, voltemos às Saturnais. Traçando freqüentemente a associação de seus epigramas com as Saturnais, Marcial de certa forma se defende de possíveis acusações contra a obscenidade da linguagem e dos temas de sua poesia: em outras palavras, o poeta reivindica para a sua obra a mesma liberdade e tolerância que eram concedidas aos indivíduos que festejavam as Saturnais [12]. Faz parte dessa estratégia, sem dúvida, a comparação traçada pelo poeta entre seus epigramas e as nozes ou outros objetos utilizados nos vários jogos das festas de Saturno. Já no metaepigrama que abre os *Apophoreta*, essa analogia se mostra claramente:

> Já alegres com a síntese o eqüestre e o senador,
> e o píleo já cai bem ao nosso Jove;
> já o escravo, o fritilo à mão, o edil não teme,
> bem próximos vendo os lagos gelados:
>
> recebe estes cupons, um de rico, um de pobre,
> dando a cada conviva a justa prenda.
> "São nugas, ninharias, o que há de mais baixo."

Quem não sabe? E quem nega algo tão certo?
Mas que fazer de melhor nestes ébrios dias
que em troca do céu Zeus te deu, Saturno?
Eu, falar de Tebas, Tróia, da ímpia Micenas?
"Joga nozes", dizes. E as minhas, perco?

Aqui o poeta dialoga com o próprio deus das Saturnais, a cuja afirmação de que os epigramas do livro são ninharias, coisas sem importância, bobagens (*apinae, tricae*, v. 7), Marcial responde modestamente, concordando com o julgamento do deus, mas lembrando que os escrever é uma atividade adequada para época tão alegre e livre de preocupações como as Saturnais, festas que, segundo o poeta, Zeus/Júpiter concedeu a seu pai, Crono/Saturno, como compensação pela deposição do trono celeste (vv. 8-10). Depois de recusar cultivar as poesias trágica e épica – inadequadas, por sua gravidade e seriedade, para a época (v. 11) –, o autor recusa também a sugestão do deus para que pratique o jogo das nozes: ele não quer perder as *suas* nozes, ou seja, os seus epigramas, que são o *seu* divertimento[13].

Passemos agora a outra questão presente nos metapoemas. Falamos anteriormente do costume de trocar presentes durante as Saturnais e da expectativa de que o valor do presente enviado fosse proporcional às posses de quem enviava. No metaepigrama acima, Marcial informa que os dísticos do livro estão dispostos alternadamente: um descreve um presente de maior valor, "presente de rico" (*diuitis*), outro, um de menor valor, "presente de pobre" (*pauperis*)[14]. E os dísticos serviriam como bilhetes de sorteio, cupons que, retirados pelos convivas, indicariam o prêmio de cada um. No entanto, a recolha tinha também outra função, como já dito anteriormente: as pessoas podiam selecionar nos *Apophoreta* (bem como nos *Xenia*) um dístico adequado para acompanhar um presente a ser enviado, e, nesse caso, a existência de dísticos sobre presentes de diverso valor poderia facilitar a tarefa.

Mas o que queremos aqui destacar – e isso pode passar despercebido numa primeira leitura – é que Marcial está oferecendo seus poemas ao deus Saturno como se fossem presentes de Saturnais (cf. v. 5: *accipe*). Sim, porque os dísticos são bilhetes de sorteio ou legendas para presentes, mas são também eles presentes. E essa nossa leitura é confirmada em *Xenia*, 3, em que o poeta recomenda, a quem, como ele, não tem dinheiro para comprar presentes, que envie às pessoas apenas os poemas do livro[15]:

Toda a multidão de xênias deste livrinho
quatro sestércios vai a ti custar.
Quatro é demais? Poderá custar dois, e lucro
ainda assim dará ao livreiro Trífon.
Dá a teus anfitriões de presente estes dísticos,
se a ti tão rara é a grana quanto a mim.
Junto às coisas terás seus nomes, como títulos:
pula, pois, o que cai mal ao estômago.

A *recusatio* de Marcial quanto aos gêneros mais elevados – tragédia e epopéia –, expressa no epigrama *Apoph.*, 1, v. 11, se repete em outros metaepigramas relacionados às Saturnais. Em meio à alegria e à descontração dessas festas, quando todos os deveres públicos e privados são suspensos, não há, segundo o poeta, lugar para outro tipo de poesia que não seja a dos gêneros "menores". E

"Tebas", "Tróia", "Micenas", em *Apoph.*, 1, representam os gêneros sérios, sublimes, elevados, austeros, pois são o cenário ou o ponto de partida para muitas das sagas e ciclos épicos e trágicos.

Em IV, 14, Marcial pede a Sílio Itálico, político e poeta romano, autor de uma monumental obra épica, *Punica*, sobre a Segunda Guerra Púnica, que deixe um pouco de lado a gravidade e imponência de seus escritos e leia, em dezembro, os livrinhos repletos de leves gracejos do epigramatista [16]:

Sílio, glória das irmãs da Castália,
que os perjúrios do bárbaro furor
com possante voz condenas e os pérfidos
ardis de Aníbal e os penos infiéis
faz sucumbir aos grandes Africanos:
afasta um pouco a tua severidade,
quando o vadio Dezembro em doces jogos
ressoa em imprevisíveis fritilos
e atira ao alvo ossinhos viciados;
teu ócio acomoda às minhas Camenas,
e lê com fronte amena e não severa
livrinhos cheios de alegres gracejos.
Assim ousaria o terno Catulo
seu Pardal mandar ao magno Marão.

Note-se como o epigrama se inicia em tom elevado, até o momento em que Marcial faz a Sílio – que foi provavelmente seu patrono, dado o grande número de epigramas a ele dedicados – o apelo à leitura de obras mais amenas e divertidas. O fecho faz alusão aos poemas 2 e 3 de Catulo, sobre o pássaro de Lésbia, mas o fato referido é cronologicamente improvável, como lembra Izaac (1930, p. 255, nota 5 à p. 121): Catulo morreu em 54 a.C. e Virgílio nascera em 70 a.C., de modo que este último teria, no máximo, 16 anos quando faleceu o poeta veronês. De qualquer forma, Marcial se compara a Catulo, cuja poesia mais conhecida (as *nugae*) se enquadra no mesmo gênero que o seu, e iguala Sílio a Virgílio, o principal poeta épico da literatura latina.

NOTAS

[1] Apresentado no VI Congresso da SBEC (2005) com o título "Saturnais: uma época para ler Marcial". Uma versão mais desenvolvida deste trabalho pode vir a ser publicada na revista *Phaos*, do Instituto de Estudos da Linguagem da UNICAMP.

[2] Incluímos neste número somente os epigramas que fazem referência nominal ou quase nominal às Saturnais, mas é evidente que os *Xenia* e os *Apophoreta* como um todo estão relacionados a essas festas, por sua própria função de descrever os objetos trocados nessa época do ano.

[3] Apenas alguns dos metapoemas serão aqui reproduzidos, em tradução nossa; todos os demais – metapoemas ou não – serão apenas citados ou comentados e podem ser lidos em qualquer boa edição da poesia completa de Marcial, como, por exemplo, a da "Les Belles Lettres", com texto latino estabelecido e traduzido para o francês por H. J. Izaac (é a que seguimos neste artigo), e

a edição da Newton, com tradução do poeta Cesare Vivaldi para o italiano. Em português, tem-se a tradução de Marcial das Edições 70: apesar de não ser edição bilíngüe, é, até onde sabemos, a única tradução da obra completa do poeta em português, feito atingido no ano passado, com a publicação, pela editora, do quarto volume de epigramas de Marcial, traduzidos e comentados por professores das universidades de Coimbra e de Lisboa.

[4] Cf. ainda IV, 88, que se refere, provavelmente, a uma duração de cinco dias, mas que pode também aludir a uma duração maior.

[5] Para uma descrição dos vários jogos em que se utilizavam nozes, ver Robert, 1995, pp. 76-77. Cf. também *Apoph.*, 19 e os metapoemas *Xenia*, 1; *Apoph.*, 185 e V, 30.

[6] Também se costumava dar presentes nas calendas de março (as Matronais, cf. V, 84), nas calendas de janeiro (cf. VIII, 33), etc.

[7] Cf. o epigrama de abertura da recolha, o qual será traduzido a seguir, os dísticos *Apoph.*, 20, 40, 144 e 170 e o epigrama XII, 62, que também fazem referência aos sorteios de brindes nos banquetes. Importante lembrar ainda que o termo *apophoreta* possui a mesma acepção em Petrônio. No *Satyricon*, no conhecido episódio do banquete de Trimalquião (cap. XXVII-LXXVIII), este distribui a seus convidados, como lembrança do jantar, porquinhos feitos de massa (XL, 5: *Et hic quidem apophoreti fuerunt*). A seguir, faz o mesmo com os tordos que saem voando pela fenda aberta na barriga do javali servido no jantar (XL, 6-7). Mais adiante (LVI, 7-10), bilhetes de sorteio são distribuídos aos convivas, cada um correspondendo a um presente dado aos convidados (7: ... *cum pittacia in scypho circumferri coeperunt, puerque super hoc positus officium apophoreta recitauit*). Por fim, no capítulo LX, os convivas recebem novos brindes, vasos de perfume, que descem do teto por meio de um mecanismo (4: *Dum haec apophoreta iubemur sumere, respiciens ad mensam*).

[8] Se bem que, nas Saturnais, não só os homens recebiam presentes, como demonstram vários objetos estritamente femininos descritos por Marcial nos *Apophoreta*: um sutiã (134), um creme para as estrias do ventre (60), um cinto para uma mulher não-grávida (151), etc (cf. Cristina de Sousa Pimentel, 2004, p. 12).

[9] Outros epigramas sobre presentes: II, 85; IV, 19, 46; V, 18; VII, 72, 91; VIII, 41; X, 29, 87.

[10] Esse fato poderia nos levar a incluir, em nosso *corpus* de epigramas cujo pano de fundo são as Saturnais, todos os poemas sobre presentes ou troca de presentes que compõem os livros publicados, segundo os teóricos, no mês dessas festas. No entanto, como já mencionamos anteriormente, só consideramos os epigramas em que a referência às festas de Saturno é clara e inequívoca, mesmo porque o hábito de dar presentes não era exclusivo da época das Saturnais.

[11] Sobre a liberdade de linguagem e de temas dos epigramas, vejam-se também I, 4, 35; III, 68, 69, 86; V, 2; VII, 8, 25; XI, 6 e o prefácio ao livro VIII. Os Florais também comparecem em I, 35.

[12] Esta é também a opinião de Sullivan (1991, p. 14). Vejam-se os metapoemas VII, 28; X, 18; XI, 6 e 15.

[13] Alguns dados para entender o poema: o píleo (*pilleus* ou *pilleum*) era um tipo de gorro usado pelos escravos, mas adotado por todos durante as Saturnais. *Jove*, aqui, refere-se a Domiciano. O edil tinha como uma de suas atribuições a fiscalização dos divertimentos e jogos da plebe (cf. *OCD*, s.v. *aediles*, p. 15-16). Os fritilos eram os recipientes cônicos em que se agitavam os dados antes de lançá-los. *Lagos gelados*: referência à estação fria, ou seja, às Saturnais. No mesmo livro *Apophoreta*, no dístico 185, há a mesma associação dos epigramas com as nozes, bem como em *Xenia*, 1 e em V, 30.

[14] Cf., por exemplo, os pares 5 e 6; 40 e 41; 43 e 44; 61 e 62; 63 e 64; 67 e 68; 89 e 90; 93 e 94; 95 e 96; 103 e 104; 105 e 106; 108 e 109; 159 e 160; 161 e 162. Em geral, eles tratam do mesmo objeto, diferentes, porém, no material com que são fabricados. Vejam-se os epigramas 89 e 90, por exemplo: no primeiro, trata-se de uma mesa em madeira de limoeiro, muito apreciada na Antigüidade; no segundo, a mesa é de madeira de bordo, inferior à primeira. Izaac (1961, p. 296, nota 4 à p. 217) alerta, porém, para o fato de que a alternância não é perfeita, devido à perda de algumas peças ou ao desordenamento dos poemas, de forma que, nas edições da obra do poeta, os pares não estão sempre em seqüência, nem um poema sobre presente "de rico" possui sempre um correspondente sobre presente "de pobre".

[15] Cf. também X, 87, em que Marcial se admira de que o aniversariante Restituto não esperasse receber, de um poeta, poemas como presente, já que o caçador lhe oferece uma lebre, o feitor, um cabrito e o pescador, um peixe. Sobre os livros como presentes de Saturnais, vejam-se ainda os dísticos *Apoph.*, 183-196 e o epigrama V, 18. Cf. ainda o poema 14 de Catulo.

[16] Cf. também V, 30; XI, 2 e *Apoph.*, 185.

BIBLIOGRAFIA

CESILA, R. T. **Metapoesia nos epigramas de Marcial: tradução e análise**. (Dissertação de Mestrado em Lingüística/Letras Clássicas). Campinas: Instituto de Estudos da Linguagem da UNICAMP, 2004.

HORNBLOWER, Simon & SPAWFORTH, Anthony (ed.). **The Oxford Classical Dicitionary**. 3. ed. New York: Oxford University Press, 1999.

MARCIAL. **Epigramas**. Trad. de Delfim Ferreira Leão (*Livro dos Espetáculos*, *Xenia*, Livros IV, VII e XI), José Luís Brandão (Livros I, II, VI, IX e XII) e Paulo Sérgio Ferreira (*Apophoreta*, Livros III, V, VIII e X). Introdução e notas de Cristina de Sousa Pimentel. Lisboa: Edições 70, 2000 (vol. I-II), 2001 (vol. III) e 2004 (vol. IV). 3 vol. (Clássicos Gregos e Latinos).

MARTIAL. **Épigrammes**. Texte établi et traduit par H. J. Izaac. Paris: Les Belles Lettres, 1930-1933 (1. ed.), 1961 (2. ed.). 3 vol.

MARZIALE, M. V. **Gli epigrammi**. Trad. Cesare Vivaldi. Roma: Newton, 1993. (Grandi Tascabili Economici, nº 215).

PETRÔNIO. **Satyricon**. Trad. Sandra Braga Bianchet. Belo Horizonte: Crisálida, 2004.

ROBERT, Jean-Noël. **Os prazeres em Roma**. São Paulo: Martins Fontes, 1995.

SULLIVAN, J. P. **Martial: the unexpected classic**. Cambridge: Cambridge University Press, 1991.

VALÈRE MAXIME. **Actions et Paroles Mémorables**. Traduction nouvelle de Pierre Constant. Paris: Garnier, s.d. 2 vol.

A CONFLUÊNCIA DE DISCURSOS EM *AS TESMOFÓRIAS*, DE ARISTÓFANES

Silvia Damasceno*

Em 411 a.C., Aristófanes, ao que tudo indica, encena, respectivamente, *Lisístrata*, nas Lenéias e, dois meses depois, nas Grandes Dionisíacas, *Mulheres que celebram as Tesmofórias*. Não há registro de rivais do poeta nesses dois certames, tampouco se conhece o lugar por elas obtido na competição cômica.

Adriane Duarte (2005, p. XVIII), na introdução que faz à recente tradução das duas peças, afirma que, embora as duas comédias abordem o universo feminino, visto terem mulheres como personagens, o que as une basicamente é a presença de um coro feminino, em *Mulheres que Celebram as Tesmofórias*, e um semicoro feminino, em *Lisístrata*, haja vista a abordagem temática ser diferente.

Entretanto, a nosso ver, há um outro ponto comum a ambas as peças. Com efeito, elas assinalam o momento em que Aristófanes abandona o ataque frontal às figuras públicas e as invectivas à sátira política, ainda que esses procedimentos cômicos sempre tivessem decorrido em clima de total fantasia, no ambiente festivo e alegre do culto de Dioniso, deus do teatro.

Como é sabido, por ser um gênero literário comprometido com o concreto e o cotidiano, a comédia antiga grega desenvolveu-se paralelamente à sociedade ateniense, e, por isso, a evolução política de Atenas atingiu profundamente a comédia. Democracia e comédia política antiga sempre andaram de braços dados.

Em 411 a.C., contudo, data da apresentação das duas peças em questão, Atenas vive um momento de grande crise: são decorridos alguns anos da funesta expedição dos atenienses à Sicília, e a situação da cidade está difícil. A *parresia*, liberdade de expressão de que dispunha a comédia, sempre amparada pela democracia e respaldada pela opinião popular, nesse momento torna-se impossível.

Como atesta Tucídides (VIII, 53-54), Atenas, nesse momento, está sob o risco de passar da democracia para a oligarquia, o que realmente ocorre, ainda que seja por alguns meses. Nesse contexto político, a forma de a comédia buscar o riso de seus espectadores modifica-se, seja condicionada pelo momento político inadequado à habitual crítica ácida, seja para o próprio poeta resguardar-se, como acreditam alguns críticos.

*Professora doutora de Língua e Literatura Gregas do Departamento de Línguas Clássicas e Vernáculas da UFF.

Em *Lisístrata*, o pano de fundo de todas as peças anteriores de Aristófanes, a guerra, ainda é abordada, mas não se lhe são evidenciadas as dores ou a penúria, tampouco se fala dos mortos, como conseqüência do combate. A personagem-título, *Lisístrata*, primeira heroína cômica, aspira a pôr fim ao combate, assim como o desejaram Diceópolis, em *Acarnenses*, e Trigeu, na *Paz*, mas o enfoque do tema assume um tom mais jocoso, visto ser o sexo a única arma de que as mulheres dispunham para convencer seus maridos a abandonar a funesta pugna e a optar pelos carinhos femininos.

Em *Mulheres que Celebram as Tesmofórias*, no entanto, desaparecem, quase que integralmente, toda e qualquer sátira aos políticos e alusões aos escândalos do momento da representação. Deste modo, que cenário escolher para encenar uma peça que leve ao riso os atenienses, tão acabrunhados com a guerra, com perdas cada vez maiores? Talvez, aos olhos do poeta, todo segmento da cidade conduzisse ao sofrimento, ou, quem sabe, fosse perigoso ser abordado, ou, ainda, nem a arte cômica tivesse a possibilidade de arrancar o riso. Ou todas as hipóteses juntas. Aristófanes escolhe, então, como cenário dessa peça um local que durante alguns dias do ano se tornava interdito aos homens, pois só as mulheres ali entravam: a festa das Tesmofórias, celebradas pelas mulheres em honra de Deméter e Perséfone.

Em *Mulheres que Celebram as Tesmofórias*, o poeta trágico Eurípides deixa de ser constante alusão cômica para transformar-se em personagem da peça, e, como tal, sabedor de que as mulheres, cansadas de ser vilipendiadas em suas tragédias, vão julgá-lo e, talvez, condená-lo à morte, deseja que algum homem vá defendê-lo, disfarçado de mulher. Propõe a tarefa a Agáton, um trágico de aparência feminina, que recusa o encargo, e, então, um parente de Eurípides vai em seu lugar, mas é descoberto. O próprio Eurípides, também disfarçado, vai libertá-lo. Ao final, mulheres e Eurípides entram em acordo, e tudo termina bem, como tão bem convém à comédia antiga. Em linhas gerais, é esse o argumento da comédia, e neste trabalho propomo-nos a analisar alguns discursos, entre os vários da peça em questão.

O movimento dramático desloca-se do centro da *pólis*, onde habitualmente se localizava, encaminha-se para a Pnix, lugar da festa ritual, e nela se concentra. Na festa das Tesmofórias, recriada pela comédia, as mulheres desviam-se de suas tarefas habituais e, investidas de grande autoridade, semelhante à possuída pelos homens na Assembléia, podem julgar e, até, condenar um cidadão à morte. Cria-se, assim, um universo utópico, em forma de caricatura dos tribunais atenienses.

A peça inicia-se com um diálogo entre Eurípides e um personagem, parente seu. Nela, o posicionamento de Eurípides em relação às mulheres aparece radicalizado. Não são feitas referências às heroínas euripidianas, como Alceste, mulher de Admeto, que morre por amor, em lugar do marido, ou Hécuba, que se fortalece para salvar a filha, ou, ainda, Ifigênia, exemplo de abnegação. Só são lembradas Medéia e Fedra, paradigmas femininos negativos. O parente de Eurípides é descrito como um bronco, bem similar a Estrepsíades, de *Nuvens*; e o Eurípides cômico profere um discurso paródico aos textos euripidianos, influenciados pela sofística, com antilogias ou controvérsias, e bem compatível com seu personagem, como evidenciam os versos abaixo transcritos:

Parente: Antes que eu bote completamente os bofes para fora,
posso perguntar para onde você está me levando, Eurípides?
Eurípides: Mas você não precisa ouvir tudo quanto em um instante

verá com os próprios olhos.
Parente: O quê? Repita!
Eu não preciso ouvir?
Eurípides: O que você vai ver, não.
Parente: Também não preciso ver?
Eurípides: O que você deverá ouvir, não.
Parente: Que conselho está me dando? No entanto, tem talento para falar![11]
(vv. 3-10)

Os dois personagens dirigem-se à casa de Agáton e defrontam-se com um servo do poeta trágico, proferindo um monólogo, com um discurso empolado, numa espécie de processo de mimetismo: o amo fala empolado, por conseguinte, também o faz o servo, como se infere dos versos seguintes:

...colocar as escoras, fundações de um drama
Verga novos aros dos versos
Outros torneia, outros ainda cola
E forja frases, emprega antonomásias
Modela, arredonda,
Despeja no molde...
(vv. 50-56)

Esse passo da comédia contém um interessante procedimento cômico que consiste na falta de coerência entre falante e discurso, visto que a fala do servo não é compatível com a função do personagem. Trata-se de uma inadequação vocabular. Num certo sentido, metaforicamente, seria vestir alguém com uma roupa ou muito grande ou muito apertada.

O poeta Agáton permanece em casa, Eurípides mostra-se nervoso e relata os acontecimentos: as mulheres reunidas nas Tesmofórias vão condená-lo à morte. Seu parente deseja saber o motivo: *Por Posêidon, você receberia o que merece! Mas que trama você bolou para sair dessa situação?* (v. 86 sqq.)

A palavra traduzida por « trama » é *mechané*, que tem as acepções de « engenho », « máquina de guerra », mas, no sentido figurado, pode significar também « artimanha », « astúcia », « trama ». Essa *mechané*, a nosso ver, possui dupla função no texto: tanto estrutura o jogo de intrigas cômicas, capaz de introduzir um personagem masculino no reduto, ainda que temporariamente feminino, quanto é a própria engrenagem cênica sustentadora da peça. Pela primeira vez, Aristófanes deixa de parodiar apenas passagens de peças de Eurípides para parodiar toda a estrutura de sua peça, na qual não faltam as intrigas, os segredos, as perseguições e, finalmente, a verdade descoberta. Ao anunciar ao parente seu plano de ação, Eurípides está revelando ao público o próprio esquema da peça. Com medo de ser julgado pelas mulheres, Eurípides pretende solicitar a Agáton, poeta trágico de aparência afeminada, que, disfarçado em mulher, vá defendê-lo no tribunal feminino.

Agáton entra em cena, entoando um coro, e, ao que parece, o parente de Eurípides o avista antes do público e o que verá a seguir: *Mas será que estou cego? Não vejo nenhum homem lá, mas vejo Cirene* (v. 98 sqq.).

Os comentadores referem ser Cirene o nome de uma prostituta famosa, e, pelo fato de Agáton estar vestido como uma prostituta, imagina-se que estivesse exageradamente vestido, mais do que os personagens da comédia habitualmente o faziam.

Quando Agáton termina o canto, o parente de Eurípides dirige-se a ele, demonstrando estar na dúvida quanto ao seu sexo, apontando para a ambigüidade do poeta trágico (vv.140-145). Interpretamos a opinião do parente de Eurípides em relação a um homem com aparência afeminada como se fosse a expressão do senso comum em face de homens que não expressavam uma *andréia* ou os valores de uma *pólis* eminentemente viril. Dover (1994 : 13), em seu célebre livro sobre a homossexualidade grega, afirma que não havia em grego um termo que exprimisse a noção acidental de « homossexualidade ». No entanto, em quase todas as comédias, diversas vezes, homens com trejeitos femininos são referidos comicamente. A relação afetiva entre cidadãos do mesmo sexo não era passível de crítica pela comédia, e não era alvo de ridículo, pois fazia parte daquela cultura, e as pinturas nos vasos são prova disso. Mas uma cidade feita por varões e para varões não tolerava um homem afeminado. Ao encaminhar o foco da ação da comédia para um espaço geográfico circunscrito a mulheres, no caminho para uma Pnix feminina, Aristófanes faz o Eurípides cômico encontrar-se com um personagem ambivalente, oscilando entre a esfera do feminino e do masculino. Sobre ele pode incidir a acidez da sátira.

Assim, Agáton esclarece as dúvidas do parente de Eurípides:

Ancião, ancião, ouvi a censura advinda
da inveja, mas não demonstrei minha dor.
Eu uso as roupas de acordo com minha disposição.
Um poeta deve estar de acordo com elas.
Por exemplo, sempre que se compõem peças sobre mulheres,
deve-se fazer o corpo participar de sua natureza
...
Mas sempre que se compõem sobre homens, no corpo
tem-se o necessário. Aquilo que não temos,
Isso a imitação captura.
(vv.146-156)

A expressão traduzida (*toùs trópous échein*, v. 150) por « estar de acordo com elas » também poderia ser traduzida por « conformar-se com elas ». Embora satirizando Eurípides, trata-se, sem dúvida, de uma paródia das idéias vigentes da relação entre *conceito e imagem*, mas, de uma certa maneira, inicia-se, nessa passagem, uma discussão teórica em que Aristófanes é pioneiro. Modernamente, os diretores e atores fazem laboratórios de interpretação para que se criem personagens o mais possível verossímeis. Pesquisas de campo são realizadas para que peças, filmes, romances, folhetins eletrônicos sejam criados. Aristófanes já apregoa a necessidade de o autor participar da própria natureza dos personagens, de modo a torná-los mais convincentes, o que modernamente diz-se « entrar no personagem ».

E, finalmente, a passagem da peça que nos parece reveladora para os estudos literários está situada entre os versos 154 e 156. Se falta algo à natureza do autor de que sua personagem necessite, não há problema, pois a *mímesis* a captura. O verbo utilizado é *synthereómai*, « capturar », « apoderar-se ». Como assinala Maria de Fátima de Souza e Silva (2001, p. 27), Aristófanes, nessa peça, aborda a *mímesis* antes de Platão e Aristóteles. A autora não discute a significação do termo, mas, ao lerem-se as peças aristofanescas, podemos afirmar, com toda a segurança, que *mímesis*, no âmbito da comédia, implica apropriação e recriação do modelo para aviltá-lo por meio dos vários mecanismos cômicos possíveis.

Agáton recusa-se a defender Eurípides, e o seu parente, disfarçado em mulher, ingressa na Pnix, com a intenção de livrar o trágico da sanha das mulheres.

Inicia-se a festa na Pnix, e, durante o juramento inicial, as mulheres pedem aos deuses a morte para tudo o que lhes constituir ameaça, inclusive para quem estabelecer negociações com Eurípides. E no lugar do ritual habitual, as Tesmofórias transformam-se em Assembléia, com a pauta única de deliberar-se contra Eurípides. A primeira mulher, Mica, toma a palavra:

Caras mulheres, movida por nenhuma ambição,
me ergui para falar, juro pelas duas deusas. Mas
Já há muito, pobre de mim, suporto mal
ver-nos jogadas à lama
Por Eurípides, o filho da verdureira.
Qual dentre aos males este homem não nos atribuiu
Onde não nos caluniou?
(vv. 384-392)

A seguir, Mica enumera uma série de vícios e defeitos comumente atribuídos à mulher, numa sociedade conservadora, como era a ateniense.

E bem ao modo do coro trágico, o coro cômico manifesta-se, induzindo o espectador a analisar o longo discurso de Mica, elogiando, expondo-lhe as partes de que se compõe.

Seguindo a lógica própria da comédia, o parente de Eurípides, travestido de mulher, inicia a defesa do poeta trágico. Como num passe de mágica, desaparece sua incapacidade intelectual, antes demonstrada em todas as passagens, e começa seu discurso. Inicialmente, admite ter o mesmo sentimento de indignação por Eurípides, comum a todas as mulheres. A seguir, põe-se a enumerar as numerosíssimas falhas femininas, como se fossem só suas, assinalando o fato de Eurípides as ter omitido em suas tragédias. Então, ardilosamente, estende essas faltas a todas as mulheres presentes, comprovando, ao final, a inocência de Eurípides.

Diante de um discurso de uma aparente mulher, que não só admite ser culpada de muitas faltas, mas estende-as às demais mulheres (fingir que está com dor de barriga para ir encontrar o amante e deixar o marido na cama dormindo, jogar água na dobradiça da porta para não fazer barulho quando sair, etc. v. 484 seq.), instaura-se o caos na peça.

Uma primeira leitura de *Mulheres que Celebram as Tesmofórias* pode levar o leitor a pensar que se trata apenas de uma peça divertida, sobretudo se for estabelecido algum contraponto com peças aristofânicas anteriores. Contudo, um exame mais apurado trará à tona uma série de fatores que possibilitam uma leitura bem mais substancial da peça.

O deslocamento da cena para uma instância unicamente feminina estabelece certa similaridade com *Vespas*, em que Bdelicléon, proibido de julgar no *dikastérion*, tem um tribunal instalado em sua própria casa, e é obrigado a julgar o cão Labes, com objetos como acusadores e defensores.

Pelas contingências histórico-políticas assinaladas em Atenas, o poeta cômico tem circunscrito o limite de ação sobre o qual poderá fazer inicidir sua sátira destruidora. Em transição da democracia claudicante para a oligarquia, com pedras substanciais em todos os níveis da *pólis*, a comédia política não é mais a festa. Cumpre dirigir o ataque satírico para outro lugar e buscar segmentos passíveis de fazer rir um povo tão sofrido. A encenação abandona o centro da Ágora, dirigindo-se, então, para uma festa em que nenhum cidadão pode ingressar. Aristófanes apresenta cenicamente em *As Tesmofórias* o eterno perseguido por ele, o incompreendido, o pouco premiado, Eurípides, promovido a personagem cômico, juntamente com os elementos silenciosos daquela sociedade patriarcal, a quem o poeta trágico sempre deu voz: as mulheres. Nessa festa, então, realiza a ação da peça. Transfere para a Pnix a assembléia da *pólis*, e a povoa com um dos segmentos sem voz daquela sociedade eminentemente masculina. Se outros personagens surgem, algum traço feminino lhes é atribuído, como Agáton, figura ambígua, oscilante entre o masculino e o feminino.

Até o verso 517 de *Mulheres que Celebram as Tesmofórias*, vários discursos cômicos satíricos confluem: uma forma de discussão literária embrionária, prenunciadora do que ocorrerá em *As Rãs*, quando Agáton propõe disfarçar-se nos personagens para criar suas tragédias; um novo processo de ridicularizar Eurípides, caricaturando-o grotescamente sob a forma de misógino, ao torná-lo emissor do discurso do universo masculino da *pólis*, e, ao mesmo tempo, mostrá-lo tão diminuto a ponto de temer o julgamento da camada mais silenciosa da sociedade ateniense. Finalmente, sua verve satírica incide ferozmente sobre as mulheres – como anteriormente procedia em relação a todos os segmentos da sociedade – mediante discurso sofístico. Em *Mulheres que Celebram as Tesmofórias*, a comédia grega vai à festa.

Nota

[1] As traduções citadas no presente trabalho são de autoria de Adriane da Silva Duarte (*In*: ARISTOPHANES. **Duas comédias: Lisístrata e As Tesmoforiantes**).

BIBLIOGRAFIA

ARISTOPHANE. **Les Thesmofories. Les Grenouilles. (Tome IV)**. Texte établi par Victor Coulon et traduit par Hilaire Van Daele. Paris: Societé d'Édition Les Belles Lettres, 1973.

ARISTOPHANES. **Duas comédias : Lisístrata e As Tesmoforiantes.** Tradução, apresentação e notas de Adriane da Silva Duarte. São Paulo: Martins Fontes, 2005.

ARISTÓFANES. **As mulheres que celebram as Tesmofórias.** Introdução, versão do grego e notas de Maria de Fátima Silva. Coimbra: Edições 70, 2001.

BAILLY, Anatole. **Dictionnaire Grec-Français.** Redigé avec le concours de E. Egger. Édition revue par L. Séchan et P. Chantraine. Paris: Hachette, 2000.

DOVER, K. J. **A homossexualidade na Grécia Antiga.** Tradução de Luís S. Krausz. São Paulo: Nova Alexandria, 1994.

TAILLARDAT, Jean. **Les images d'Aristophane. Études de la langue et de style.** Paris: Societé d'Édition Les Belles Lettres, 1965.

FESTAS ROMANAS: DA ÉPOCA DOS REIS AO ADVENTO DO CRISTIANISMO

Zelia de Almeida Cardoso*

Ao referir-se às festividades promovidas em Roma, sobretudo na época imperial, Carcopino aventa a possibilidade de que tal fenômeno tenha sido a conseqüência da evolução política e social que levou os donos do Império a servirem-se das festas que a religião outrora introduzira em Roma, ampliando-as em número e modificando-as, a fim de que seu domínio sobre as massas se consolidasse (CARCOPINO, 1990, pp. 224-245). O pão e o circo, referidos por Juvenal (JUV. 10, 75 seqs.), eram oferecidos ao povo, para que este, alimentado e distraído, se mantivesse dominado e alienado da complexa problemática que o envolvia. Os espetáculos promovidos pelos poderes oficiais "sustentavam a estrutura do regime imperial" e, sendo "a grande diversão para a ociosidade dos súditos", eram simultaneamente o instrumento seguro para o êxito do absolutismo. Por meio de festas, o Império "preservou sua existência, garantiu a ordem de uma capital superpovoada, assegurou a tranqüilidade de mais de um milhão de pessoas" (CARCOPINO, 1990, pp. 248-250).

As diversas modalidades de realizações ditas "festivas" que marcaram a civilização romana – os jogos do circo e do anfiteatro, as corridas de carros, a matança de animais, as naumaquias e os espetáculos teatrais, aliados às lutas de gladiadores, que não pertencem, na verdade, à categoria dos "jogos"[1] – representam uma espécie de prolongamento das "festas" propriamente ditas, aquelas que vieram de uma época primitiva, impregnadas de religiosidade, e que por séculos conseguiram guardar seus traços mais importantes.

Na raiz dessas festas está o fator sagrado. Assim como em numerosas civilizações antigas, as principais festividades romanas nasceram de rituais – rituais religiosos relacionados com a guerra (cerimônias votivas e comemorações de vitórias), com a política (aclamação de governantes), a família (nascimentos, casamentos e até mesmo sepultamentos), os ciclos sazonais (plantios e colheitas) e as atividades sociais e profissionais de várias espécies[2], cada uma das quais tinha seu patrono na figura de uma divindade.

*Professora doutora do Departamento de Línguas Clássicas da USP.
zlvdacar@usp.br

Ovídio, nos *Fastos*, faz referências a muitas festas religiosas realizadas anualmente em Roma[3]. E, embora se discutam a validade das informações transmitidas e as muitas referências a elementos alienígenas mesclados às práticas religiosas, é lamentável que, dos 12 livros que comporiam a obra, destinados cada um à rememoração das atividades rituais de um determinado mês do ano, só nos tenham chegado às mãos os seis primeiros.

O objetivo de Ovídio, ao compor o poema, foi explicitado no início do livro I: falar da marcha do tempo pelas constelações zodiacais e de tudo que caracteriza os dias festivos e santos de cada mês, lembrando "as cerimônias sagradas, retiradas dos velhos anais"[4]. Seguindo rigorosamente o calendário, o poeta iniciou seu relato falando das festas que ocorrem em janeiro.

Janeiro (*Ianuarius*) deve seu nome a Jano, uma das mais antigas divindades romanas, o deus dos limiares, das entradas e das portas, patrono das calendas, ou seja, do primeiro dia dos meses[5]. Jano é o deus dos dois rostos, cultuado num templo cuja porta se fechava em tempos de paz e se abria durante as guerras, para que o deus "pudesse ver o que estava acontecendo e protegesse os habitantes da cidade". Se todas as calendas são consagradas a Jano, as de janeiro o são de forma especial, por assinalarem a abertura não só de um mês, mas de um novo ano, e ocorrerem apenas alguns dias depois do solstício de inverno[6], ou seja, da chegada de um "novo" sol que começa a revitalizar-se, paulatinamente, depois do "enfraquecimento" ocorrido após o solstício de verão.

O primeiro dia de janeiro era festejado por todos, em Roma. E aí a grande curiosidade pela semelhança ou coincidência daquilo que se fazia com o que ainda se faz hoje nesse dia. Nas primeiras calendas do ano, era necessário que tudo respirasse pureza; as palavras e pensamentos deviam ser belos, não se podia pensar em litígios e discussões; os templos eram iluminados com velas e perfumados com agradáveis essências, as casas recendiam a açafrão e o povo se vestia de branco para dirigir-se à cidadela. Era o dia em que os novos cônsules e magistrados assumiam seus cargos. Novilhos eram sacrificados a fim de que Júpiter protegesse o povo, e as pessoas faziam votos recíprocos e se ofereciam, uns aos outros, presentes singelos, como bolos, tâmaras, figos secos e mel, para que a doçura se estendesse por todo o ano, e também moedas de cobre ou de ouro, igualmente "doces" e simbolizadoras de bons presságios[7].

No mês de fevereiro (*Februarius*), assim chamado por ser o mês das festas de purificação e expiação denominadas Februais (*Februa*) (OVID. *F.* 2, 19), comemoravam-se duas peculiares festividades religiosas, ambas de caráter expiatório-purificatório: as Lupercais (*Lupercalia*) e as Ferálias (*Feralia*).

As primeiras, muito antigas[8], eram realizadas no dia 15 de fevereiro e, sob certos aspectos, lembram práticas carnavalescas. Nesse dia os lupercos, membros de uma confraria de sacerdotes de Pã ou de Fauno Luperco[9], praticavam uma estranha cerimônia. Reuniam-se no santuário de Fauno[10] e, após a imolação de uma cabra e a aspersão do sangue da vítima no rosto dos sacerdotes, dois deles relembravam uma velha prática que, segundo a tradição, teria sido instituída por Rômulo e Remo: fantasiavam-se de faunos e, mal cobrindo a nudez com uma pele caprina, corriam pelas ruas e fustigavam as mulheres com chicotes feitos de tiras de couro de bode, para "purificá-las" e torná-las férteis.

A 21 de fevereiro, ocorriam as Ferálias, festas que representavam o clímax das solenidades realizadas pelas famílias nos nove dias anteriores, em homenagem aos parentes mortos, as chamadas Parentais (*Parentalia*). Durante esses nove dias – de verdadeiras férias –, os magistrados deixavam suas funções, os templos eram fechados, não se realizavam casamentos e os familiares cumpriam ritos propiciatórios junto aos túmulos de seus mortos, acendendo pequenas fogueiras e fazendo-lhes oferendas modestas: coroas de flores, punhados de farinha, que se espargiam sobre a campa, um pouco de sal, vinho, violetas. *Parua petunt Manes,* diz Ovídio (*F.* 3, 833), "Os Manes pedem pouca coisa"[11].

O mês de março (*Martius*), que durante a época de Rômulo foi o primeiro mês do ano para os romanos, ao lado de ser o mês de Marte, deus da guerra e pai de Rômulo e Remo, era o mês das Matronais (*Matronalia*), festas destinadas às mulheres casadas, sobretudo às mães, das festas em homenagem a Juno Lucina e das Qüinquátrias, em honra de Minerva. São festas femininas, por excelência. Juno Lucina, conforme a crença, era a deusa que presidia os partos e em sua homenagem as mulheres grávidas, com os cabelos soltos, lhe ofereciam flores, formulando preces. Minerva era a deusa polivalente, a divindade das mil artes, que devia ser festejada por moças, às quais ela ensinara a fiar, mas também por rapazes, tintureiros, sapateiros, médicos e até pelos mestres desocupados, para que ela lhes enviasse alunos. Em sua honra se realizavam festividades que duravam cinco dias, daí seu nome (*Quinquatrus*). No primeiro dia não se derramava sangue, não se faziam sacrifícios; em compensação, nos dias seguintes celebrava-se a deusa guerreira com lutas na arena (*F.* 3, 809 seqs.)[12].

Em abril (*Aprilis*), o mês em que tudo se abre, cultuava-se Vênus. As homenagens à deusa eram feitas por mulheres de todas as categorias: mães, prostitutas, jovens casadouras. As estátuas da deusa eram despidas, despojadas das jóias e lavadas e eram-lhe feitas muitas oferendas. As prostitutas ofereciam-lhe menta, incenso e guirlandas de rosas, pedindo à deusa que lhes desse beleza e lhes ensinasse a arte das carícias e das palavras excitantes; as moças núbeis eram levadas ao templo da Fortuna Viril e ali elas se banhavam numa fonte térmica.

Eram ainda cultuadas e homenageadas com festas, em abril, três outras importantes figuras: Cibele[13], deusa frígia, Ceres[14], identificada com Deméter, e Pales[15], antiga divindade itálica. As três se relacionam com a terra produtiva e, por conseguinte, com as mulheres.

Maio e junho eram os dois últimos meses do semestre[16]. Em maio cultuava-se Flora, a deusa das flores, responsável pela fermentação do vinho e pela produção do mel, e os Lêmures, almas de mortos no aguardo de descanso eterno. Em junho, realizava-se a festa de Carna, uma das mais antigas divindades de Roma, esposa de Jano e protetora dos gonzos; cultuavam-se ainda Belona, deusa da guerra, em cujo templo se celebravam os armistícios, Vesta, a protetora do fogo, e as Piérides, identificadas geralmente com as Musas.

Os *Fastos* de Ovídio terminam com as referências às festas religiosas realizadas em junho.

Além dessas festividades, de nítido caráter religioso, muitas outras poderiam ser arroladas: as Carmentais (*Carmentalia*), que celebravam Carmenta, muito respeitada como profetisa (*F.* 1, 585 seqs.); as Terminálias (*Terminalia*), festas rurais em honra de Término, o deus dos limites (*F.* 2, 50 e CIC. *At.* 6, 1)[17]; as Fornacálias (*Fornacalia*), em homenagem a Fornax, a deusa dos fornos (*F.* 2, 527), a quem o povo pedia bênçãos para que o trigo ficasse bem torrado[18]; as Vinálias (*Vinalia*), que ocorriam duas vezes por ano, para comemorar a florescência das vinhas e a colheita das uvas (*F.* 4, 863); as Matrálias (*Matralia*), consagradas a Matuta; a Aurora, festividades durante as quais as mães romanas ofereciam bolos à deusa (*F.* 6, 475); as Compitais (*Compitalia*), em homenagem aos Lares, quando se lhes faziam oferendas nas encruzilhadas (*compita*).

Algumas festas, a exemplo das Saturnais (*Saturnalia*) e das Bacanais (*Bacchanalia*), perderam muito cedo seu caráter rigorosamente religioso. As Saturnais, que se realizavam entre 15 e 17 de dezembro, foram provavelmente, na origem, festas de caráter agrário, que homenageavam Saturno, cujo nome se relaciona com *satus* e, portanto, com a semeadura dos cereais. Em algum momento, talvez por ser a foice um de seus atributos, Saturno foi identificado com o *Kronos* grego. Pouco se sabe sobre a origem das Saturnais[19]. Tito Lívio (22, 1, 20) afirma terem-se iniciado em 217 a.C., o que é, sem dúvida, discutível. Na época histórica, de acordo com Catulo (CAT. 14, 15), as Saturnais eram as festas mais alegres do ano. As pessoas se ofereciam presentes, mutuamente, e os escravos obtinham uma liberdade temporária durante três dias: não trabalhavam e se divertiam, cantando e dançando, fazendo-se passar por senhores, dedicando-se a brincadeiras e, num processo de carnavalização que chegou a ser lembrado por Bakhtine, elegendo um "rei", o rei do desgoverno e da desordem, o *Saturnalicius princeps*, que se transformava em objeto de troças e caçoadas.

As Bacanais (*Bacchanalia*), em honra de Baco, originárias possivelmente do sul da Itália, se caracterizavam pelo caráter orgiástico e foram objeto de sanções. Em 186 a.C. o Senado as proibiu por meio de um decreto (*CIL* i. 196), mas é provável que continuassem a ser celebradas clandestinamente, dada a popularidade dos misteriosos cultos que envolviam a figura do deus.

Em algumas festas romanas, ao lado das atividades religiosas – procissões, preces, oferendas, sacrifícios – realizavam-se jogos para entretenimento do povo.

Não havia, em Roma, competições regulares à feição dos jogos pan-helênicos, mas a vida romana era ponteada de *ludi*, que consistiam em espetáculos (danças, cantos, teatro, apresentação de funâmbulos, prestidigitadores e equilibristas) e competições agônicas, tais como as corridas de sacos das Robigálias (*Robigalia*), festas em honra da deusa Robigo (*F.* 4, 907), as de mulas das Consuais (*Consualia*)[20], os campeonatos de pesca dos *Ludi Piscatorii*, as corridas de cavalos, as lutas corporais.

Ao lado desses jogos que complementavam certas festas religiosas, havia os jogos oficiais que, desde o século IV a.C. se realizavam periodicamente, em épocas predeterminadas, durando vários dias, nos quais a vida pública praticamente parava para que todos pudessem deles participar: os Jogos Romanos (*ludi Romani*) ou Grandes Jogos (*ludi magni*), os mais importantes, realizados em setembro; os Jogos Plebeus (*ludi plebeii*), criados possivelmente no século III a.C. e realizados em novembro; os Jogos Apolinários (*Apolinares*), em julho, em honra de Apolo; os Megalenses (*Megalenses*), em abril, em honra da Grande Mãe; os Jogos de Ceres (*Ceriales*), também em abril; os de Flora (*Florales*), entre o fim de abril e o início de maio. A esses jogos se acrescentaram, já no fim da república, os Jogos de Sula (*Ludi Victoriae Sullanae*) e os de César (*Ludi Victoriae Caesaris*)[21]. É possível que os jogos fossem, na origem, votivos ou triunfais, realizados como cumprimento de promessas feitas aos deuses em alguma situação crítica ou como comemoração de vitórias. Esse caráter perdurou nos jogos privados, instituídos por famílias nobres para que se celebrassem grandes ocasiões.

Os jogos ditos oficiais apresentavam-se sob as formas de jogos competitivos e jogos cênicos, ou seja, apresentações teatrais. Caracterizaram-se pela pompa das suas instalações que rivalizavam, como espetáculos, com outros espetáculos a que os romanos estavam acostumados a assistir: os triunfos militares, as procissões fúnebres, os sacrifícios públicos, as demonstrações do poder da palavra no fórum e no Senado. Coexistiram com as festividades tipicamente religiosas, mas as suplantaram, muitas vezes, em termos de interesse despertado entre as camadas populares. Carcopino faz interessantes considerações sobre esse fenômeno, ao analisar o que ocorria na época imperial. Para o autor, nesse momento a antiga religião romana apenas fornecia um pretexto para as festas; o que importava ao povo eram os espetáculos em si, o teatro, os jogos circenses, sobretudo as corridas de carros, as lutas, os combates simulados, as naumaquias. Os grandes circos romanos – o *Circus Maximus*, no vale do Múrcia, entre o Palatino e o Aventino, reformado por Júlio César (PLÍN. *HN* 36, 74), mas cuja construção era do ano 312 a.C.[22], o *Flaminius*, no Campo de Marte, construído em 221 a.C., e o *Circus Gai et Neronis*, do século I de nossa era – são o testemunho da paixão do romano pelas corridas. Impressionantes em suas dimensões, dotados de *carceres*, para 12 times de cavalos, e arquibancadas para os espectadores, os circos eram o principal local de entretenimento do romano. Se Júlio César, Calígula e Nero se empenharam em oferecer ao povo circos dignos da grandeza de Roma, Domiciano e Trajano ultimaram a reforma do Circo Máximo, ampliando-lhe as dimensões. O Circo passou a ter 600 m de comprimento por 200 de largura, podendo abrigar 250.000 pessoas.

Segundo Carcopino (1990, p. 254), os romanos adoravam as corridas, nas quais tudo lhes provocava o entusiasmo:

> "o burburinho de uma multidão em que cada um era arrebatado por todos, a incrível grandiosidade de um cenário onde pairavam perfumes e reluziam adornos, a santidade das velhas cerimônias religiosas, a presença real do augusto imperador, os obstáculos a superar, os perigos a evitar, as proezas a realizar para obter a vitória, as vicissitudes imprevisíveis de cada uma das provas que valorizavam a poderosa beleza dos garanhões, a riqueza dos arreios, a perfeição do porte e, acima de tudo, a bravura dos condutores".

Nos primeiros tempos, as corridas se vinculavam a cerimônias sagradas. Piganiol, em *Recherches sur les jeux romains* (PIGANIOL, 1923, pp. 1-14), fornece importantes informações sobre essa característica. Amplamente documentado, baseando-se em Dionísio de Halicarnasso, Plutarco e Tertuliano, faz ele referência a um altar, que teria existido junto a uma das metas do Circo Máximo, mais propriamente uma boca escavada, um *puteal*, consagrado possivelmente a Conso, em cuja homenagem se realizavam festas a 21 de agosto e a 15 de dezembro.

Além das corridas, que se ampliavam em número com o passar do tempo e ofereciam novidades a cada momento, havia outros entretenimentos para o povo sequioso de diversão. O teatro desempenhava seu papel e para as representações, inicialmente realizadas em provisórios tablados de madeira, foram construídos, a partir de meados do século I a.C., magníficos edifícios de pedra. O teatro de Pompeu, edificado em 55 a.C., o de Balbo, em 13 a.C., o de Marcelo, concluído em 11 a.C., e os numerosos teatros espalhados pelo território ocupado pelo Império dão a medida do interesse do povo por uma atividade que não deixava de ser digna de nota.

Às realizações levadas a termo no circo e no teatro somavam-se as "competições" realizadas nos anfiteatros. E foi nestes que se presenciou a decadência da festa romana. A religiosidade primitiva que se extravasava em procissões, preces, oferendas e sacrifícios foi abafada pela sanha sanguinária daqueles que se compraziam em ver o sangue correr e as vidas se extinguirem na arena.

Na origem dessas "competições" estão, sem dúvida, os espetáculos dos *munera*, as lutas de gladiadores. Piganiol (1923, p. 126-136) não inclui os *munera* na categoria de jogos. Considera-os, antes, como uma sobrevivência de antigos sacrifícios humanos, de caráter religioso, substituídos por lutas, que teriam surgido na Campânia ou na Etrúria. Supõe-se que os combates de gladiadores tivessem sido apresentados em Roma desde meados do século III a.C. Em 105 a.C., segundo Piganiol (1923, p. 130), com base em Enódio, o Estado adotou, ao que parece, uma nova modalidade de rito do culto a Saturno, já que os *munera* ocorriam em dezembro, o mês das festas realizadas em honra do deus ctônico. Foi nesse ano que os cônsules, pela primeira vez, ofereceram *munera* num teatro. A partir dessa época, os combates de gladiadores se tornaram cada vez mais freqüentes, transformando-se num dos muitos espetáculos promovidos para entreter o povo. O episódio da escola de Cápua, em 73 a.C., quando Espártaco, um gladiador trácio, assumiu a chefia dos escravos lutadores, rebelando-se, encabeçando uma revolta significativa, constituindo um exército e chegando a pôr em perigo a própria Roma, é sinal do que ocorria na Cidade. A situação para os gladiadores, no entanto, não se modificou após a problemática derrota de Espártaco, em 70 a.C. No início do período imperial – e agora é Suetônio quem afirma – os Césares patrocinaram amiúde espetáculos de combates de gladiadores.

Para a realização dessa lutas, e de outras que praticamente as complementaram, era necessária a construção de edifícios especiais, diferentes dos teatros e circos. E surgiram os anfiteatros. O primeiro foi construído por Estatílio Tauro, em 29 a.C.; Augusto o ampliou no início do ano I de nossa era para que se prestasse à apresentação de naumaquias, combates navais simulados. Quando foi destruído por um incêndio, Vespasiano, que então detinha o poder, iniciou a construção de um grande anfiteatro, mas não chegou a inaugurá-lo. Tito e Domiciano o completaram e concluíram e lá está ele, ainda, o anfiteatro flaviano, o Coliseu. Em ruínas, é verdade, mas suficientemente grandioso para que se avalie sua antiga imponência, seus 527 metros de perímetro, seus eixos de 188 e 156 metros, os quatro andares de suas muralhas de pedra travertina, com 57 metros de altura, suas arquibancadas que comportavam 45.000 espectadores, suas arcadas, suas portinholas por onde saíam aqueles que iam morrer: feras que lutariam contra feras, homens que lutariam contra homens e contra feras, prisioneiros, gladiadores, mártires, que derramaram o sangue e perderam a vida para a alegria desnaturada de um povo que vibrava ante a crueldade do espetáculo.

As reações, entretanto, começaram pouco a pouco a surgir. Mas só no século IV, com Constantino e o triunfo do cristianismo, é que foram suspensas as condenações *ad bestias* e o recrutamento de gladiadores.

As festas pagãs desapareceram, substituídas pelas cerimônias religiosas cristãs, muitas vezes apresentando ingredientes similares aos das antigas festas romanas, ligeiramente modificados, mas fazendo reviver um tempo que se foi. Ressurgiram as procissões, as preces coletivas, as oferendas, agora com conotação diferente. As festas de Natal relembram as que comemoravam o solstício de inverno; a da Páscoa, as festas da primavera; as de Pentecostes, as do verão. O culto aos santos substitui as homenagens aos deuses, e nem sequer deixou de haver, até uma época relativamente moderna, o suplício público de feiticeiros e hereges que tomou o lugar dos castigos na arena e de martírio infligido aos primeiros cristãos.

É o homem de todos os tempos, de todas as épocas, sempre o mesmo diante das coisas que o impressionam e o tocam de perto. O homem que, como o romano antigo, procura na festa a companhia, o ruído, o esquecimento, o sonho, a esperança, a diversão, a aproximação com o próximo e com a divindade, a auto-identificação, enfim.

NOTAS

[1] A diferença entre os *munera* e os *ludi* é estudada por Piganiol (1923, p. 126 seqs.) no capítulo V da segunda parte de *Recherches sur les dieux romains* ("Les *munera* et le culte des dieux").

[2] Denis Freeney, em *Literature and religion at Rome*, trata de temas básicos referentes à religião romana e discute amplamente a questão dos rituais (FREENEY, 1999, pp.115-136).

[3] Além de Ovídio, outros escritores romanos, tais como Afrânio, Fábio Píctor, Pórcio Catão e Fúlvio Nobílior, trataram das festas romanas em suas obras. Cf. OVIDE, 1934, p. 307. n. 8.

[4] Na referência às constelações zodiacais e aos "velhos anais", pode-se entrever a preocupação do autor com os valores tradicionais e verificar a influência das religiões orientais sobre a obra.

[5] Segundo M. Eliade, Jano, além de proteger as portas da casa (*ianua*), preside o começo da vida, assegurando a concepção e velando pelos embriões. Cf. ELIADE, 1979. p. 139 seqs.

[6] No hemisfério norte, o solstício de verão ocorre nos dias 22 ou 23 de junho e o de inverno, nos dias 22 ou 23 de dezembro.

[7] As grandes festas de Jano, as Agonais (*Agonalia*), eram comemoradas com a realização de grandes sacrifícios, no dia 9 de janeiro (OV. *F* 1, 317). Duas outras festividades importantes ocorriam no primeiro mês do ano: no dia 13, as Carmentais (*Carmentalia*), em homenagem à ninfa Carmenta, divindade da procriação que detinha o poder da profecia (*carmen*); no dia 30, a festa da deusa *Pax*, a Paz: faziam-se preces que antecediam a imolação de uma vítima de imaculada alvura sobre o altar consagrado à divindade. O templo da Paz foi construído por Augusto em seu afã de restaurar os velhos costumes (Ripert, 1921, p. 143 seqs.).

[8] Para Tito Lívio (LIV. I, 5), as Lupercais são anteriores à fundação de Roma. Ovídio discute a origem do nome *lupercus*. Para ele, tanto pode haver nesse nome uma relação com a loba (*lupa*) que amamentou Rômulo e Remo quanto com o nome de uma montanha da Arcádia (*Lupercos*), onde havia um templo em honra de Fauno Liceu (*Faunus Lycaeus*).

[9] Ovídio identifica Fauno Luperco a Pã.

[10] Augusto restaurou o santuário de Luperco e reorganizou o seu culto (GRIMAL, 1966. *s/v. Luperco*).

[11] Um dia após as Parentais, a 22 de fevereiro, realizavam-se as Carístias (*Caristia*). As famílias se reuniam na casa de um de seus membros e participavam de um festim de confraternização; oferecia-se incenso purificador ao Gênio tutelar, colocava-se um prato com alimentos diante do altar dos Lares e, no fim da noite, fazia-se uma oração.

[12] A 18 de março celebrava-se a festa de Baco. Nesse dia, os adolescentes deixavam a toga pretexta, recebiam a toga viril e ofereciam aos Lares o ornamento infantil, a *bulla* de ouro.

[13] Em honra de Cibele celebravam-se os jogos megalenses, em abril.

[14] Nas festas em homenagem a Ceres (*Cerealia*), sacrificava-se uma porca, queimava-se uma raposa e realizavam-se jogos circenses (OV. *F* 4, 401 seqs.).

[15] As Palílias (*Palilia*) ou Parílias (*Parilia*) eram celebradas a 21 de abril, dia em que se comemorava o aniversário da fundação de Roma. Eram festas de purificação dos rebanhos e estábulos, em que as vestais distribuíam elementos purificadores, tais como cinzas, sangue e palha de vagens, os estábulos eram lavados e se faziam fumigações; acendiam-se fogueiras e Pales era invocada quatro vezes durante o dia. Cf. *The Oxford Classical Dictionary*, *s.v.* "*Parilia*".

[16] A origem dos nomes de maio e junho é discutível, segundo Ovídio. Ao mencioná-los pela primeira vez, em *F.* 1, 39-41, o poeta disse que, de acordo com o antigo calendário de Rômulo, em que o ano se iniciava em março, o fundador de Roma consagrara o primeiro mês a Marte, que era seu pai; o segundo, a Vênus, mãe de Enéias e origem de sua raça; o terceiro, aos velhos (*maiores/ Maius*), e o quarto, aos jovens (*iuniores/ Iunius*); os restantes eram designados por ordem numérica (*quinctilis, sextilis, september, october, nouember* e *december*). Nos livros 5 e 6, entretanto, o poeta propõe outras etimologias para *Maius* e *Iunius*. Depois de ter lembrado a hipótese anteriormente mencionada (5, 15-18), aventa mais uma possibilidade: maio devia seu nome a Maia, a amante de Júpiter que gerara Mercúrio, e junho a Juno, a esposa enciumada que exigira uma honra equivalente à que fora tributada à concubina (6, 9).

[17] As Terminálias eram celebradas no dia 24 de fevereiro, em homenagem a Término, divindade que teria sido inventada por Numa quando, após ter feito a partilha da terra entre os romanos, procurou neles incutir a idéia de respeito pelos limites, ensinando-os a colocar uma estátua do deus (uma pedra tosca ou estaca de madeira) na divisória da propriedade. Vejam-se, a esse respeito, SCHILLING, 1960, pp. 89-100, e DUMÉZIL, 1974, pp. 333-339.

[18] Segundo Ripert, assim como Término, Fornax também teria sido criação de Numa que, com a finalidade de evitar incêndios, exigira a torrefação nos grãos em fornos e não em fogueiras ao ar livre (OVIDE, 1934, p. 338, n. 257).

[19] Para Ácio (fr. 3 Courtney), segundo Feeney (1999, p. 132), as Saturnais correspondiam às *Cronia* gregas. Freeney discorda dessa posição.

[20] Tito Lívio diz que o rapto das Sabinas se deu durante um espetáculo de jogos em homenagem a Netuno (uma *Consualia*), para o qual Rômulo convidara seus vizinhos. (LIV. 1, 6).

[21] Sobre a época dos jogos vejam-se CARCOPINO, 1990, p. 242 seqs e PIGANIOL, 1923, p. 75 seqs.

[22] Veja-se, a esse respeito, Tito Lívio 8, 20, 1; 33, 27, 4; 39, 7, 7; 40, 2, 1; 41, 27, 6.

BIBLIOGRAFIA

CARCOPINO, J. **Roma no apogeu do Império.** Trad. de H. Feist. São Paulo: Companhia das Letras/ Círculo do Livro, 1990.

CATULLE. **Poésies**. Texte et trad. G. Lafaye. Paris: Les Belles Lettres, 1974.

Dicionário Houaiss da Língua Portuguesa. Rio de Janeiro: Objetiva, 2001.

DUMÉZIL, G. **La religion romaine archaïque**. Paris: Payot, 1974.

ELIADE, M. **História das crenças e das idéias religiosas**. Vol. I. Tomo II. Trad. de R. C. Lacerda. Rio de Janeiro: Zahar, 1979.

FREENEY, D. **Literature and religion at Rome**. Cambridge: Cambridge University Press, 1999.

FRÉZOULS, E. "La construction du *theatrum lapideum* et on contexte politique". *In*: **Théâtre et spectacles dans l'Antiquité**. Actes du Colloque de Strasbourg. 5-7 novembre 1981, pp.193-214.

GRIMAL, P. **Dicionário da mitologia grega e romana**. Trad. de Victor Jabouille. Lisboa: DIFEL, 1966, p. 87.

OVIDE. **Les Fastes**. Trad., introd. et notes E. Ripert. Paris: Garnier, 1934.

PIGANIOL, A. **Recherches sur les jeux romains**. Paris: Istra, 1923.

PLINE L'ANCIEN. **Histoire Naturelle**. Livre XXXVI . Texte J. André, trad. R. Bloch, commenté A. Rouveret. Paris: Les Belles Lettres, 1981.

RIPERT, E. **Ovide, poète de l'amour, des dieux et de l'exil**. Paris: Colin, 1921.

SALLES, C. **Spartacus et la revolte des gladiateurs**. Bruxelles: Éditions Complexe, 1990.

SCHILLING, R. "Janus, le dieu introducteur". In: **Mélanges d'archéologie et d'histoire**. École Française de Rome, 1960, pp. 89-100.

SUÉTONE. **Vie des douze Césars**. Texte et trad. H. Aillard. Paris: Les Belles Lettres, 1954.

The Oxford Classical Dictionary. Ed. by Cary, M. *et alii*. Oxford: Clarendon Press, 1950.

TITE LIVE. **Histoire Romaine**. Trad., introd. et notes E. Lasserre. Paris: Garnier, 1944.

TURCHI, Nicola. **La religione di Roma Antica**. Bologna: Licinio Cappelli, 1939.

GÊNERO

DECORO E URBANIDADE NA FALA INVECTIVA DE MARCIAL

Alexandre Agnolon*[1]

Marcial (c. 40-104 d.C.), em um de seus epigramas, prescreve, mantido por seu turno o sabor epigramático, a matéria e elocução aptas de seus poemas:

I, 1

Nosses iocosae dulce cum sacrum Florae
festosque lusus et licentiam uulgi,
cur in theatrum, Cato seuere,uenisti?
An ideo tantum ueneras, ut exires?

Já que conheces a doce cerimônia de Flora folgazã
e as alegres brincadeiras e do vulgo a devassidão,
por que ao teatro, ó severo Catão, vieste?
Acaso, vieras apenas para partires? (nossa tradução)

Repare que a referência à "doce cerimônia de Flora folgazã[2]", *iocosa dulce [...] sacrum Flora*, por sinédoque, dá indícios do caráter jocoso e iâmbico de seus versos. Pretendemos, assim, neste texto, analisar alguns epigramas "satíricos" de Marcial que invectivam mulheres por condutas sexuais supostamente indecorosas e estudar as principais maneiras pelas quais, retoricamente, se constitui o ataque a elas. Em particular, tentaremos demonstrar que a fala invectiva, ainda que empregue elocução ínfima e concorde com os vícios que procura evidenciar, se impõe a todo o momento como fala urbana e decorosa, pois ao mesmo tempo que domina os paradigmas de urbanidade que regem o amor erótico, demonstra indubitável conhecimento das categorias discursivas que lhe permitem compor a invectiva, em outras palavras, sua competência propriamente poética, como, por exemplo, a construção de imagens – em sentido próprio – viciosas de mulher, supostamente resultantes do caráter vicioso delas, a justificar o vilipêndio "satírico".

* Professor mestrando do Programa de Letras Clássicas da USP.

I, 34.

Incustoditis et apertis, Lesbia, semper
liminibus peccas nec tua furta tegis
et plus spectator quam te delectat adulter
nec sunt grata tibi gaudia, si qua latent.
At meretrix abigit testem ueloque seraque
raraque summoeni fornice rima patet
a Chione saltem uel Iade disce pudorem
abscundunt spurcas et monumenta lupas.
Numquid dura tibi nimium censura uidetur?
Deprendi ueto te, Lesbia, non futui.

Sempre pecas, Lésbia, com portas sem guardas e abertas,
e teus furtivos amores não escondes
e, mais que teu amante, deleita-te o espectador,
e os prazeres não te são jucundos, se ocultados.
Porém, uma meretriz com véu e tranca a testemunha expulsa e
raras vezes uma fenda se revela no lupanar do *Sumêmio*.
Aprende com o pudor de Quíone ou de Íade ao menos,
pois os sepulcros ocultam estas torpes lobas.
Acaso, demasiado dura te parece minha censura?
Proíbo-te de seres surpreendida, Lésbia, não de seres fodida.

(tradução nossa)

No epigrama acima, a fala invectiva aponta a impudência de Lésbia, indigitada por seu exibicionismo. Marcial, no início do poema, dirige-se diretamente a ela – repare a presença do vocativo no primeiro verso – simulando, desse modo, diálogo cujo intento é deliberativo (Aristóteles, *Retórica*, I, 3): mostrar a Lésbia, por meio de conselho (v. 5-6), a conduta mais apropriada ao exercício amoroso, não sem antes pôr em cena a torpeza de suas ações, que indiciam suas faltas no plano ético (v. 1-4). Ora, segundo Aristóteles, *Retórica* II, 6, "a impudência é certo desdém e indiferença por esses mesmos defeitos", ou seja, os vícios, eticamente vergonhosos, representados no epigrama pelas ações de Lésbia narradas pela *persona loquens* e amplificados por sua intenção consciente em expor suas relações sexuais, objetivando o deleite sexual, como nos dá a conhecer o seguinte verso que retomamos aqui: "mais que teu amante, deleita-te o espectador", *et plus spectator quam te delectat adulter*. Além de impudentes, os atos de Lésbia brotam de sua intemperança, "e os prazeres não te são jucundos, se ocultados", *nec sunt grata tibi gaudia, si qua latent,* que teatraliza o caráter de Lésbia, torpe e não afeito à justa medida, determinada pelo bom senso que ela não tem, uma vez que a oração condicional introduzida por *si* revela ao leitor que a condição da ocultação dos amores, bem entendido, condição virtuosa, obstaria a satisfação sexual de Lésbia, sexualmente excessiva, por incluir a contemplação alheia de sua própria intimidade. Além de seu viés moral, sempre implicado, o regramento do desejo e a dissimulação da nudez são índices de urbanidade, segundo nos demonstra Ovídio, *Ars Amatoria*, II, 613-620:

Ipsa Venus pubem, quotiens velamina ponit,
protegitur laeua semireducta manu.

In medio passimque coit pecus: hoc quoque uiso
auertit vultus nempe puella suos.
Conveniunt thalami furtis et ianua nostris,
parsque sub iniecta veste pudenda latet:
et si non tenebras, ad quiddam nubis opacae
quaerimus, atque aliquid luce patente minus.

A própria Vênus, sempre que depõe suas vestes, inclinada para a frente, protege com a mão esquerda seus encantos. Aqui e ali e à vista de todos, um cão copula; certamente, diante desta visão, uma menina desvia seus olhares. Convém a nossos amores portas e tálamos e nossa parte vergonhosa [vale dizer, íntima] oculta-se sob uma túnica vestida. Buscamos, senão as trevas, alguma sombra opaca e algo menos [claro] que a luz patente [do dia].

(nossa tradução)

Na passagem acima, Ovídio prescreve as leis que regem as circunstâncias convenientes do amor erótico, tendo como critério urbanidade e refinamento. Claramente, o poeta dos *Amores*, ao mesmo tempo que propõe a medida amorosa, preocupa-se em desprezar o ato amoroso praticado em situações públicas, atitude que é própria de um cão, urbanamente indecorosa. A seguir, visualizamos a "menina", *puella*, representante exemplar do *decorum* e do paradigma urbano do desejo, que por pudicícia "desvia os olhos", *auertit uultus puella suos*, da cena do cão que está em pleno coito. Essa imagem[3], juntamente com a Vênus, ocultando suas vergonhas, metaforiza não só elementos genéricos da elegia, mas sobretudo ideais de ética erótico-amorosa, que ilustram decoro e urbanidade, estabelecendo assim limites bem definidos regrados pela virtude (Richlin, 1983, p. 68). Repare que são exatamente esses critérios que mediam a descrição da Elegia, personificada, em *Amores*, 3, 1, 7-10:

Venit odoratos Elegeia nexa capillos,
et, puto, pes illi longior alter erat;
forma decens, uestis tenuissima, uultus amantis,
et pedibus uitium causa decoris erat.

Eis que chega a Elegia, com cabelos cheirosos e trançados
e, creio, tinha um pé mais longo do que o outro.
A bela forma era decente; a vestimenta, muitíssimo tênue; o rosto, de amante:
e o defeito nos pés era causa do decoro.

(Trad. João Angelo Oliva Neto)

Ora, se a dissimulação não apenas da nudez, mas, sobretudo, das relações sexuais configuram-se, segundo o decoro, como índices de urbanidade, o contrário, representado pelas ações de Lésbia, é obsceno. Teofrasto, n'*Os Caracteres* (1978, p. 46), ensina que a exposição indecorosa da nudez é característica da rusticidade, pois o rústico "senta-se com o manto arregaçado acima dos joelhos, de modo a aparecer a sua nudez", e da impudência, pois o impudente "ao encontrar mulheres de condição livre, arregaça a roupa para exibir o sexo" (Teofrasto, 1978, p. 75). Assim sendo, os vícios de Lésbia, narrados pela fala invectiva, não apenas apontam o desprezo pelas convenções morais, mas também, pela rudeza, carência de urbanidade e decoro.

I, 83

Os et labra tibi lingit, Manneia, catellus:
non miror, merdas si libet esse cani.

Teu cãozinho, Maneia, lambe tua boca e lábios:
não me admira que a merda ao cão apraz.

(nossa tradução)

Ao contrário de Lésbia, a mulher figurada no epigrama acima não expõe suas relações, porém, sua torpeza é notória e analogamente sexual, já que a razão do vitupério é a preferência de Maneia por práticas sexuais consideradas indecorosas. Há a possibilidade de que a voz narrativa empregue o termo *labra*, "lábios", para se referir às partes exteriores da genitália feminina, a sugerir que o "cãozinho", *catellus*, pratica a *cunnilinctio* com sua dona. Outro indício que reforça essa hipótese é a presença do verbo *lingo*, "lamber", no primeiro verso, cujo emprego, em registro baixo, bem entendido, é evidentemente sexual: segundo Adams (1982, p. 134), as expressões *mentula*, *cunnus* e *culus* ocorrem amiúde como objetos do verbo. Entretanto, o epigrama pode suscitar outra interpretação, não menos jocosa. Caso a fala invectiva se refira de fato aos lábios da mulher, é possível supor que Maneia, provavelmente uma meretriz, seja adepta da *fellatio*. Ora, neste caso, o emprego de vocabulário escatológico, *merdas*, "merdas", no verso seguinte, faz apenas estabelecer a devida adequação entre a mulher, metonimicamente reduzida às fezes, e suas ações, eticamente vergonhosas, consoante o epigrama 33 do livro II, de Marcial:

Cur non basio te, Philaeni? Calua es.
Cur non basio te, Philaeni? Rufa es.
Cur non basio te, Philaeni? Lusca es.
Haec qui basiat, o Philaeni, fellat.

Por que não te beijo, Filênide? És careca.
Por que não te beijo, Filênide? És vermelha.
Por que não te beijo, Filênide? És caolha.
Quem beija estas coisas, ó Filênide, chupa.

(nossa tradução)

Aqui, o ataque é tão intenso, que só prepara a comparação de Filênide com o membro masculino a fim de acusar como vil a prática da felação: em suma, Filênide é feia no plano da forma do corpo, assim como vergonhosa é a felação no plano ético dos costumes. A estratégia do poema é descrever Filênide e, na descrição, identificá-la ao falo. A descrição, porém, entendida como *enargia* ou *euidentia*, é maneira cara à prescrição retórica, como se vê nesses trechos das *Instituições Oratórias*, de Quintiliano, que traduzimos:

V, 10, 23-27

23. *In primis igitur argumenta saepe a persona ducenda sunt, cum sit, ut dixi, diuisio, ut omnia in haec duo partiamur, res atque personas: ut causa, tempus, locus, occasio, instrumentum, modus et cetera rerum sint accidentia. Personis autem non quidquid* *accidit exequendum mihi est, ut plerique fecerunt, sed unde argumenta sumi possunt.* **24.** *Ea porro sunt: genus (nam similes parentibus ac maioribus suis plerumque filii creduntur, et nonnumquam ad honeste turpiterque uiuendum inde causae fluunt); natio (nam et gentibus proprii mores sunt nec idem in barbaro, Romano, Graeco probabile est);* **25.** *patria, (quia similiter etiam ciuitatium leges, instituta, opiniones habent differentiam); sexus, (ut latrocinium facilius in uiro, ueneficium in femina credas); aetas, (quia aliud aliis annis magis conuenit); educatio et disciplina, (quoniam refert a quibus et quo quisque modo sit institutus);* **26.** *habitus corporis, (ducitur enim frequenter in argumentum species libidinis, robur petulantiae, his contraria in diuersum); fortuna (neque enim idem credibile est in diuite ac paupere, propinquis, amicis, clientibus abundante et his omnibus destituto); condicionis etiam distantia (nam clarus an obscurus, magistratus an priuatus, pater an filius, ciuis an peregrinus, liber an seruus, maritus an caelebs, parens liberorum an orbus sit, plurimum distat);* **27.** *animi natura: etenim auaritia, iracundia, misericordia, crudelitas, seueritas aliaque his similia adferunt fidem frequenter aut detrahunt, sicut uictus luxuriosus an frugi an sordidus quaeritur; studia quoque (nam rusticus, forensis, negotiator, miles, nauigator, medicus aliud atque aliud efficiunt).*

23. Assim, em primeiro lugar, os argumentos devem ser amiúde extraídos da pessoa, visto que, como eu já disse, dividimos todos eles em duas partes: a primeira, relativa às matérias e a segunda, às pessoas, de modo que a causa, o tempo, o lugar, a ocasião, o instrumento, o modo, etc sejam conseqüência das ações . Entretanto, não devo tratar tudo que sucede às pessoas, tal como fez a maioria dos autores, mas só aquilo de que se podem retirar argumentos. **24.** Ei-los: origem, pois quase sempre os filhos julgam-se semelhantes aos pais e aos antepassados e por vezes é disto que emanam as razões de viver honesta ou torpemente; nação, pois os povos têm seus próprios costumes e não é provável que o mesmo costume exista num bárbaro, num romano ou num grego; **25.** pátria, porque de igual modo também nas civilizações as leis, as instituições e as opiniões têm diferença; sexo, pois crê-se que assim como o latrocínio é mais provável num homem, assim também o envenenamento é na mulher; idade, pois uns comportamentos se ajustam mais a algumas idades, outros a outras; educação e instrução, já que é importante saber por quem e por que meio cada um foi educado. **26.** constituição física, pois a beleza é freqüentemente tomada como argumento da libidinagem; a força, como argumento da arrogância, assim como analogamente seus contrários; riqueza, pois é improvável esperar o mesmo de um homem rico e de um pobre, de alguém cheio de parentes, amigos, clientes e de alguém destituído de tudo isso. Há ainda a diferença de condição, pois é muito divergente se alguém é ilustre ou desconhecido, se é magistrado ou cidadão, se é pai ou filho, se é romano ou estrangeiro, se é livre ou escravo, se é casado ou solteiro e se tem filhos ou não; **27.** Natureza do ânimo: com efeito, a cobiça, a cólera, a severidade e outros [caracteres] semelhantes a estes, amiúde, inspiram credibilidade ou a retiram, assim como quando se questiona se os hábitos de alguém são excessivos, moderados ou miseráveis. Importam também os ofícios, pois o camponês, o defensor, o negociante, o soldado, o marujo e o médico desempenham atividades muito diferentes entre si.

I, 90

Quod nunquam maribus iunctam te, Bassa, uidebam,
quodque tibi moechum fabula nulla dabat,
omne sed officium circa te semper obibat
turba tui sexus, non adeunte uiro,
esse uidebaris, fateor, Lucretia nobis.
At tu pro facinus Bassa fututor eras.
Inter se geminos audes commitere cunnos
mentiturque uirum prodigiosa Venus.
Commenta es dignum thebano aenigmate monstrum:
hic, ubi uir non est, ut sit adulterium.

Como nunca te via, Bassa, rodeada de machos
e rumor algum te imputava um amante,
ao contrário, sempre havia ao teu redor uma turba
de teu próprio sexo que, sem a presença de homem, te cobria de todos os favores,
parecias ser, confesso, a nossa Lucrécia.
Mas – ah que crime! – tu, Bassa, eras um fodedor.
Ousas pôr juntas duas bocetas entre si
e travestir de homem tua Vênus monstruosa.
Inventaste um prodígio digno do enigma tebano:
aqui há adultério, onde homem não há.

(nossa tradução)

O poeta aqui condena a homossexualidade feminina (cf. VII, 67, 70). Repare que a estrutura do epigrama é binária: primeiro, a fala invectiva faz alusão à suposta castidade da mulher (v. 1-5); em seguida, torna evidente o lesbianismo da personagem, cujas ações a comprometem no plano dos costumes (v. 5-10). Com efeito, o crime de Bassa é desempenhar papel masculino durante o intercurso amoroso. De certo modo paradoxal, embora mulher, Bassa é um *fututor*, "fodedor", pois que faz de homem sua "Vênus monstruosa", *prodigiosa Venus*, expressão que tanto pode designar seu clitóris, como afirma Bailey (1993, p. 109) neste mesmo passo, como pode ser metáfora para *ólisbos* ou, em latim, *penis coriaceus*, o "consolo". O dístico final engendra engenhosamente o vitupério, aludindo ao enigma da esfinge. Em suma: Marcial, qual Édipo, decifra o enigma de sua esfinge: Bassa, mulher que se pensa homem. Enquanto que, no plano da figuração, a referência ao monstro de Tebas, híbrido fantástico de diversas naturezas, estabelece a devida adequação entre as ações vis de Bassa e seu ânimo, misto de mulher e homem conjugados num mesmo ânimo, o que a impossibilita de discernir o meio termo. Lembre-se de que a constituição de imagens, retoricamente, prescrita, conforme vimos, aponta para um critério de beleza baseado na conveniente analogia, em termos aristotélicos, entre a unidade das partes ao todo e a virtude, tendo como critério o conceito de adequação, de modo que a feiúra e a desproporção indiciam por seu turno os vícios, entendidos aqui como deformidades éticas. Ora, queremos mostrar com isso que o epigrama parece postular no plano ético da figuração de Bassa o mesmo que Horácio no início da *Epístola aos Pisões*, a *Arte Poética*, v. 1-5:

Humano capiti ceruicem pictor equinam
iungere si uelit et uarias inducere plumas
undique conlatis membris, ut turpiter atrum
desinat in piscem mulier formosa superne,
spectatum admissi risum teneatis, amici?

Se um pintor quisesse juntar um pescoço eqüino a uma cabeça humana e prender várias plumas a membros retirados de toda parte, de modo que uma mulher formosa, em cima, termine em um peixe torpemente negro, admitidos ao espetáculo, amigos, conteríeis o riso?

(nossa tradução)

Segundo Aristóteles, devemos "explicar o invisível recorrendo à evidência do visível" (2001, p. 37). São nestes termos que Horácio, na passagem acima, prescreve a adequação entre as partes do discurso, pois seu *monstrum*, constituído por partes de naturezas diversas, teatraliza, em termos de *ut pictura poesis*[4], o discurso inverossímil, recorrendo à torpeza da representação, neste caso conveniente: "uma mulher formosa, em cima, termine em um peixe torpemente negro", *turpiter atrum/ desinat in piscem mulier formosa superne*. Com efeito, a torpitude representada por Horácio tem como conseqüência o riso, "admitidos ao espetáculo, amigos, conteríeis o riso?", *spectatum admissi risum teneatis amici?*, uma vez que a imagem, com seus traços grosseiros e deturpados, é cômica[5]. Este é o mesmo procedimento empregado por Marcial na constituição de imagens de mulher, supostamente viciosas, ou seja: *a inverossimilhança é marca de decoro genérico, já que a deformidade ao mesmo tempo que é risível, representa mimeticamente o vício, eticamente deformidade dos costumes.*

Percebe-se, assim, que o discurso epigramático só faz enfatizar, embora virulentos os ataques aos alvos invectivos, o caráter virtuoso da fala invectiva, tanto no que concerne à sua capacidade propriamente poética, que se reflete no emprego de procedimentos discursivos retoricamente prescritos e no conhecimento dos diversos decoros que regem a composição de poesia, quanto à sua autoridade moral, que lhe permite invectivar, indiciada pelo domínio da convenção, reguladora das normas de conduta, inclusive amorosas, como bem nos demonstra o seguinte epigrama, que com ele encerramos nossa análise:

XII, 96

Cum tibi nota tui sit uita fidesque mariti,
nec premat ulla tuos sollicitetue toros,
quid quase paelicibus torqueris inepta ministris,
in quibus et breuis est et fugitiua Vênus?
Plus tibi quam domino pueros praestare probabo:
hi faciunt ut sis femina sola uiro;
hi dant quod non uis uxor dare. "Do tamen", inquis,
"ne uagus a thalamis coniugis erret amor".
Non eadem res est: chiam uolo, nolo mariscam:
ne dubites quae sit chia, marisca tua est.
Scire suos fines matrona et femina debet:
cede sua pueris, utere parte tua.

Embora a vida e fidelidade de teu marido te sejam notórias,
embora mulher alguma moleste ou perturbe teu leito,
por que te torturas ensandecida, qual escravas concubinas,
cuja Vênus é breve e fugidia?
Mais que teu marido provarei a que servem os meninos:
estes fazem que sejas a única mulher de teu homem;
estes dão, esposa, o que não queres dar. "Dou, todavia", dizes,
"para que vago o amor de meu esposo não erre do tálamo".
Não é a mesma coisa: desejo rosca, não perereca!
Que não duvides qual seja a rosca, tua é a perereca!
Seus limites, a mulher e a matrona devem conhecer:
renuncia à parte que cabe aos meninos, usa a tua!

(nossa tradução)

NOTAS

[1] Mestrando do Programa de Pós-Graduação em Letras Clássicas da FFLCH-USP sob orientação do Prof. Dr. João Angelo Oliva Neto. Projeto de pesquisa financiado desde outubro de 2004 pela CAPES – Coordenação de Aperfeiçoamento de Pessoal de Nível Superior.

[2] Referência às Florais, festa anual em honra de Flora, deusa da primavera. A deusa era figurada com os traços de uma Ninfa, ornada de guirlandas e com um açafate de flores aos pés. A licenciosidade era ingrediente de sua festa, cujo caráter era evidentemente apotropaico.

[3] Catulo lança mão de imagem semelhante no poema 65, que abre a seção elegíaca de seus *Carmina*: "Como a maçã – furtivo presente do amante - / que cai do casto colo da menina/ esquecida, coitada, do fruto escondido/ entre as dobras do manto: vem a mãe,/ ela salta e no chão foge o fruto, em sua face/ infeliz um rubor lhe sobe cúmplice." (trad. J. A. Oliva Neto, 1996, p. 135).

[4] Horácio, *Epistola ad Pisones*, vv. 361-365: "A poesia é qual a pintura [*ut pictura poesis*]: uma mais te cativa, se te conservares mais perto; a outra, se ficares mais distante; esta ama a escuridão; aquela deseja ser contemplada sob a luz, uma vez que não teme a observação arguta do juiz; esta agradou uma vez; aquela, dez vezes repetida, [sempre] agradará". Repare que a doutrina horaciana prescreve pictoricamente o decoro de cada gênero segundo três critérios: contemplação à distância (*si propius stes/ si longius abstes*); claridade (*obscurum/ subluce*); e número de vezes (*placuit semel/ deciens repetita placebit*). Cf. Trimpi, 1978, p. 33.

[5] Aristóteles, *Poética*, V: "A comédia, como dissemos, é imitação de pessoas inferiores; não, porém, com relação a todo vício, mas sim por ser o cômico uma espécie de feio. A comicidade, com efeito, é um defeito e uma feiúra sem dor nem destruição; um exemplo óbvio é a máscara cômica, feia e contorcida, mas sem expressão de dor."

BIBLIOGRAFIA

ARISTÓTELES. **Poética**. Trad. Eudoro de Souza, Lisboa: Imprensa Nacional/ Casa da Moeda, 1992.

______. **Retórica.** Introdução e trad. Manuel Alexandre Júnior, Paulo Farmbouse Alberto e Abel de Nascimento Pena, Lisboa: Casa da Moeda/ Imprensa Nacional, 1998.

______. **Retórica das paixões**. introdução, notas e trad. Isis Borges B. da Fonseca e prefácio de Michel Meyer, São Paulo: Martins Fontes, 2000.

______. **Ética a Nicômacos**. Trad., introdução e notas de Mário da Gama Kury, 3ª. ed., Brasília: Editora Universidade de Brasília, 2001.

HANSEN, João Adolfo. **A sátira e o engenho: Gregório de Matos e a Bahia do século XVII**. São Paulo: Companhia das Letras/ Secretária do estado da Cultura, 1989.

HORACE. **Satires, epistles and Ars poetica.** with an English translation by H. Rushton Fairclough, London: Harvard University Press, 1978.

MARTIAL. ***Épigrammes.*** texte établi et traduit par H. J. Izaac, 2ª. Ed., Collection des Universités de France, Paris: "Les Belle Lettres", 1961.

______. **Epigrams**. with an English translation by Walter C. A. Ker, The Loeb Classical Library, vol. II, Cambridge, MA: Harvard University Press/ London William Heinemann, 1978-1979.

______. **Epigrams**. edited and translated by D. R. Shackleton Bailey, The Loeb Classical Library, vol. I, Cambridge, MA: Harvard University Press, 1993.

OLIVA NETO, João Ângelo. **O livro de Catulo**. Trad., introdução e notas de J. A. Oliva Neto, São Paulo: EDUSP, 1996.

______. **Falo no jardim: Priapéia grega, Priapéia latina**. Tese apresentada para obtenção de título de Doutor junto ao Departamento de Letras Clássicas e Vernáculos da Faculdade de Filosofia, Letras e Ciências Humanas da Universidade de São Paulo, 1999.

OVÍDIO. **Amores; De medicamine faciei femineae; Ars amatoria; Remedia amoris**. Edidit brevique adnotatione critica instruxit E. J. Kenney, Scriptorum Classicorum Bibliotheca Oxoniensis, Oxonii e Typographeo Clarendoniano, 1989.

QUINTILIANO. **Institutio oratoria**. with an English translation by H. E. Butler, Cambridge, MA: Harvard University Press/ London: William Heinemann, books I-III, 1996; books IV-VI, 1995; books VII-IX, 1996; books X-XII, 1998.

RICHLIN, Amy. **The garden of Priapus: sexuality and aggression in Roman humor**. New Haven/ London: Yale University Press, 1983.

TEOFRASTO. **Os Caracteres**. Trad. Daisi Malhadas e Haiganuch Sarian, São Paulo: EPU, 1978.

ALGUMAS REFLEXÕES SOBRE A SANTIDADE, O GÊNERO E A MEMÓRIA

Andréia Cristina Lopes Frazão da Silva*

Desenvolvo desde 2001, com o apoio financeiro do CNPq, a pesquisa *Santidade e Gênero na hagiografia mediterrânica do século XIII: um estudo comparativo*. O principal objetivo deste trabalho é comparar os textos hagiográficos redigidos por dois clérigos contemporâneos, Gonzalo de Berceo e Tomás de Celano, verificando como o gênero se faz presente na significação da santidade feminina e masculina. Optamos pela análise dessas obras porque seus autores eram contemporâneos, clérigos, cultos e redigiram hagiografias sobre pessoas reconhecidas como veneráveis, de sexos biológicos diferentes, que viveram na mesma área geográfica e período.

Através da análise destas hagiografias, vamos discutir, neste trabalho, as relações entre memória, santidade e gênero. Como se trata de uma primeira abordagem, mais do que respostas definitivas, queremos levantar algumas questões e traçar reflexões iniciais.

Para conceituação de memória, partimos da definição de Houaiss: "monumento erigido para celebrar feito ou pessoa memorável" (2001). Assim, compreendemos memória com o sentido lato de ações, objetos e/ou textos que visam, em função das relações de força no momento de sua produção e/ou de sua transmissão, festejar e preservar para a posteridade a lembrança de certos acontecimentos e/ou personagens. Quanto à categoria santidade, definimos como o conjunto de comportamentos, atitudes e qualidades que, num determinado lugar e tempo, são critérios eleitos por um grupo para considerar um indivíduo como venerável. E por fim, no tocante à categoria gênero, seguimos Joan Scott: gênero é o saber a respeito das diferenças sexuais (1994, pp.11-27). Neste sentido, rejeitamos o determinismo biológico e sublinhamos que a distinção entre homem-mulher e masculino-feminino não é natural, universal ou invariante, mas constrói-se discursivamente e está presente em todos os aspectos da experiência humana e a constitui (FLAX, 1991, p. 230), incluindo a memória e a santidade.

Os textos hagiográficos possuem objetivos religiosos e têm como temática central a biografia, os feitos ou qualquer outro elemento relacionado à veneração das pessoas que foram consideradas como santas.[1] Começaram a ser compostos ainda na Igreja Primitiva quando, a partir de

*Professora doutora do Programa de Estudos Medievais (PEM) e do Programa de Pós-graduação em História Comparada (PPGHC) do Departamento de História da UFRJ.
andreiafrazao@ufrj.br

documentos oficiais romanos ou do relato de testemunhas oculares, eram registrados os suplícios dos mártires. Porém, a hagiografia desenvolveu-se e consolidou-se na Idade Média, com a expansão do cristianismo e a difusão do culto aos santos. Assim, durante o medievo, foram produzidas centenas de hagiografias.

O objetivo dessas obras era múltiplo: celebrar a vida de um santo, propagar os seus feitos, atraindo, assim, ofertas e doações para os templos e mosteiros que os tinham como patronos, e apresentá-los como personagens modelares, dignos de serem cultuados e imitados. Por isto, os textos hagiográficos não eram considerados canônicos ou teológicos, mas obras com caráter festivo, que objetivavam comemorar a vitória do santo contra o mal, o diabo e a morte e eram lidos, sobretudo, nas festas, nos refeitórios monásticos, nas escolas e em locais públicos, como praças.

Há, portanto, uma profunda ligação entre hagiografia, santidade e memória, pois na redação dos textos hagiográficos são selecionados e sistematizados os dados sobre a pessoa considerada digna de culto, que se procura cristalizar, transmitir e perpetuar. Mas a constituição e a divulgação destas memórias são imunes às relações de poder, aos compromissos sociais e políticos dos hagiógrafos e ao gênero?

As articulações entre memória e santidade já foram temas de alguns trabalhos historiográficos. Destaco três, que encontramos durante nosso levantamento bibliográfico. Em *Miracle, Memory and Meaning in the Canonization of Vincent Ferrer* (1998), Laura A. Smoller compara o relato de duas testemunhas, Katherina Guernezve e Oliverius Bourric, no processo de canonização do pregador dominicano Vicente Ferrer. Seus depoimentos referem-se à miraculosa ressurreição de Johannes Guerre, que, acreditava-se, teria ocorrido pela ação do santo. A autora discute as discrepâncias entre os dois relatos, para analisar a relação entre a memória e os processos de significação. *The Memory of the Eyes: Pilgrims to Living Saints in Christian Late Antiquity* (2000), de Georgia Frank, analisa o que a autora chama de "piedade sensorial". Para a historiadora americana, os peregrinos, ao se lançarem às suas jornadas, partiam repletos de expectativas sobre o que encontrariam. Estas expectativas, que os motivavam a prosseguir, eram forjadas pelos textos, sobretudo as escrituras sagradas e as hagiografias, que guardavam a memória dos locais e pessoas santas. Por fim, em *Matters Of Time. Manipulation Of Memory In Early Irish Hagiography* (2000), Diane Peters Auslander, partindo das idéias de Patrick Geary presentes no livro *Phantoms of Remembrance,* compara a vida latina de Santa Brígida, do século VII, com o texto irlandês do século XI, *Bethu Brigte*, para demonstrar como a memória do passado foi utilizada para justificar estratégias políticas irlandesas no século XI.

O estudo sobre as relações entre memória e gênero no medievo foi alvo de pelo menos um livro, *Memory and Gender in Medieval Europe*, 900 -1200, de Elisabeth van Houts (1999). Nesta obra, a autora se concentra no estudo da memória das famílias e no papel das mulheres como guardiãs da tradição dos ancestrais. Dentre os diferentes materiais analisados, encontram-se as vidas de santos. Ela destaca que, com o incremento do controle papal nos processos de canonização, as autoridades religiosas passaram a desacreditar, suprimir, ou ignorar os testemunhos das mulheres sobre as pessoas consideradas santas, ainda que nunca as silenciassem totalmente, pela riqueza de informações que detinham.

Sobre as hagiografias selecionadas para análise, não encontramos trabalhos específicos e sistemáticos que articulem memória, santidade e gênero. Há um artigo, de Patricia E. Grive (1993), em que a autora discute, a partir da análise de obra *Milagros de Nuestra Señora*, como

Gonzalo de Berceo constrói o que chama de "espetáculo da memória", um sistema de associações de símbolos e idéias, sem preocupações com a coerência cronológica ou histórica dos acontecimentos ou com a exegese bíblica. Quanto aos textos celanenses, em *Francisco de Assis: Realidade y memoria de una experiencia cristiana* (1994), Giovanni Miccoli aponta como cada biógrafo de Francisco, incluindo Tomás de Celano, constrói sua versão dos fatos da vida do assisense. Ele defende que os hagiógrafos tinham óticas, interesses e idéias a defender e, portanto, destacaram certos aspectos e omitiram outros. Ele conclui que, ao retratar a "realidade", tais escritores propuseram memórias.

A despeito dos trabalhos já desenvolvidos, ao menos entre os que conseguimos localizar, nenhum deles preocupou-se em comparar os escritos berceanos e celanenses, visando verificar como tais textos relacionam memória, santidade e gênero. Neste sentido, nossa proposta é original. A seguir, vamos apresentar a biografia de cada hagiógrafo e traçar algumas reflexões sobre o tema em tela.

Gonzalo nasceu por volta de 1196, em um povoado denominado Berceo, situado em La Rioja, área centro-norte do Reino de Castela. Manteve estreitas ligações com o mosteiro de San Millán de la Cogolla, mas foi ordenado sacerdote. Escreveu 12 poemas, todos sobre temas religiosos. Pelas características formais de sua produção literária, acredita-se que estudou na Universidade de Palência. Dentre os seus poemas hagiográficos, selecionamos para análise a *Vida de Santo Domingo de Silos* (VSD) e a *Vida de Santa Oria* (VSO), já que seus protagonistas viveram no século XI em La Rioja.

A VSD narra a biografia e os milagres de Domingo, que foi clérigo secular, eremita e por fim ingressou na vida religiosa regular no mosteiro emilianense. Após exilar-se em Castela, tornou-se abade do cenóbio de Silos, do qual, segundo a tradição, foi reformador. Esta hagiografia foi composta por volta de 1240, em castelhano, e em versos, a partir de um texto latino do século XI, a *Vita Dominici Siliensis* (VDS), de autoria do monge silense Grimaldo, e foi transmitida por três manuscritos medievais.[2]

Quanto à VSO, relata a vida e as visões de Oria que, ainda criança, tornou-se reclusa do Mosteiro de San Millán de la Cogolla. Esta foi, segundo os especialistas, a penúltima obra elaborada por Gonzalo de Berceo, por volta de 1260, também em castelhano e versificada. A fonte latina deste poema foi uma *vita,* hoje perdida, elaborada no século XI por Munio, monge emilianense, que também foi, segundo a própria VSO 170, o confessor da santa.[3]

Gostaríamos de destacar alguns aspectos da construção da memória dos santos Domingo e Oria em Berceo. Em primeiro lugar, a preocupação do poeta em registrar a sua fidelidade às memórias já constituídas sobre tais santos. Assim, em vários versos ele reafirma que seguiu suas fontes latinas, que denomina como escritos ou tratados, tais como em VSD 5ab, 8ab, 72, 338ab, 336, 645cd; VSO 2b, 4, 5abc, 6d, 10b, 15a, 198c, 89, 90a, 115ab, 187d, 203d, 204a.

A fonte latina de VSO, como já assinalamos, não foi preservada, mas a da VSD, sim. Ao contrapormos a obra berceana à sua fonte, verificamos que o autor não é tão fiel ao "escrito" como procura realçar. Apresentamos um exemplo. A VSD, nas estrofes 126 a 185, relata os embates mantidos entre o rei García de Nájera e Domingo, que culminaram no exílio em Castela deste santo. Gonzalo de Berceo baseou-se em sua fonte latina para compor estes versos. Entretanto, reconstruiu os diálogos, criou novos e acrescentou características aos personagens. Logo, ainda que se mantendo fiel ao texto de Grimaldus em seus elementos básicos, deu-lhes uma nova roupagem, atualizando-os.

Esta atualização pode ser explicada, dentre outros fatores, pela conjuntura política castelhana na primeira metade do século XIII, quando os clérigos castelhanos estiveram submetidos a cobranças periódicas de impostos reais especiais, que visavam, sobretudo, recursos para as guerras de Reconquista que se desenvolviam no sul da Península, o que, certamente, gerava descontentamentos. Desta forma, enquanto na VDS lemos: "de fato, tendo apenas transcorrido meio ano, dirigindo-se o Rei de novo até ele, com uma total falta de vergonha humana, exigia-lhe, por instigação do diabo, as riquezas que o homem de Deus nem tinha nem havia recebido de pessoa alguma..." (VDS I, V, 405-406);[4] na VSD, afirma o narrador: "Mas não podia o rei esquecer o despeito,/ por buscar-lhe pretexto;/ antes de meio ano lhe impôs um grande imposto,/ cuidou desta forma de fazer justiça" (VSD 173).[5] Em vez do termo genérico "riquezas", Gonzalo de Berceo empregou o vocábulo "imposto", adaptando e dando um novo sentido à sua fonte, transformando o seu relato em denúncia e crítica aos tributos exigidos pelo rei.

Podemos observar, portanto, que o fenômeno estudado por Auslander no tocante à Irlanda também pode ser verificado nos textos berceanos: Gonzalo manipula a memória ao compor suas hagiografias, em função de seus compromissos institucionais e da conjuntura política em que vivia.

Em segundo lugar, destacamos o caráter local das hagiografias berceanas em análise: Domingo era natural de Cañas e Oria, de Villavelayo, povoados riojanos. Por que escrever sobre santos locais? No final do século XII La Rioja é incorporada definitivamente ao Reino de Castela, passando a sofrer um processo de castelhinização em diversas áreas – política, administrativa, econômica, religiosa, lingüística, etc. Em face deste movimento de incorporação à cultura castelhana, por que não realçar a história e os símbolos locais?

Em terceiro lugar, sublinho a associação de outras memórias às dos santos sobre os quais o poeta escreveu. Ou seja, ao reafirmar, atualizando, as memórias sobre Domingo e Oria, Gonzalo de Berceo os vincula a outros personagens e lugares, preservando, seja de forma positiva ou negativa, outras memórias. É o que faz, por exemplo, em relação ao mosteiro de San Millán de la Cogolla. Em função de diversos problemas, nas primeiras décadas do século XIII, este cenóbio sofreu com o decréscimo de ofertas e do fluxo de peregrinos. Ao escrever sobre Domingo, que ali foi prior, e sobre Oria, que ali viveu como emparedada, o poeta cristalizou uma memória destes santos, ao mesmo tempo que buscou restaurar a memória do cenóbio emilianense, resgatando seus tempos de glória e visando atrair novamente romeiros e doações.

Mas outras memórias são vinculadas aos santos, e aqui começamos a perceber genderizações. Na VSD são, sobretudo, autoridades – reis (Garcia de Nájera, VSD 127-129; Fernando I, VSD 213, 219, 263, Alfonso VI, VSD 733cd), um legado papal (Ricardo, VSD 668) e um abade (García de Quintanilla, VSD 266) – com envergadura para muito além de San Millán de la Cogolla, que têm sua memória associada ao do silense. Na VSO são personagens ligados ao cotidiano emilianense ou de Villavelayo que figuram na obra: Bartolomeo (VSO 55), Don Gómez de Massiella (VSO 55); Don Xemeno e Galindo, seu criado (VSO 56); abades do próprio cenóbio, como Sancho (VSO 61), García (VSO 61), Pedro (VSO 178); o confessor Munio (VSO 5), Urraca, que fora a mestre da reclusa (VSO 73); Gómez, despenseiro do mosteiro (VSO 163), dentre outros. Ou seja, enquanto a memória sobre Domingo ressalta o seu relacionamento com as grandes autoridades da época, sejam laicas ou eclesiásticas, a referente a Oria coloca-a ligada somente às pessoas com as quais conviveu no dia-a-dia.

Por fim, queremos apontar mais um elemento de genderização da memória nestas obras berceanas. A VSD se centra nos atos do abade, com destaque para os seus milagres, que incluíam curas (VSD 289-315, 337-350, 388-396, 397-418, 419-432), exorcismos (VSD 316-335, 612cd-616), profecias (VSD 282-284, 433-444) e resgate de cristãos encarcerados por muçulmanos (VSD 353-374, 644-674). Na VSO a emparedada não figura realizando atos milagrosos e 66% de seus versos tratam de suas visões. Assim, cristalizou-se uma memória de Domingo como um homem ativo, corajoso, reformador de Silos, redentor dos cativos, exorcista, profeta, etc, enquanto Oria é a mística-visionária, que, passiva e reclusa em sua cela, faz orações, medita, e exercita-se espiritualmente com as visões dadas por Deus.

E quanto aos textos celanenses? Tomás nasceu em Celano, cidade situada em Abruzos, região da Península Itálica então pertencente ao Reino da Sicília. Não são conhecidos muitos dados sobre a sua biografia. Sabemos que se uniu ao grupo de seguidores de Francisco em 1215 e que era clérigo secular. Como as obras do hagiógrafo revelam fidelidade aos textos hagiográficos alto-medievais, profundos conhecimentos de latim, de retórica e de autores patrísticos, saberes mais relacionados ao ambiente monástico, defendemos que ele obteve sua formação intelectual em algum mosteiro. Ele foi custódio de Worms, Moguncia, Espira e Colônia e, posteriormente, ocupou o cargo de ministro regional nesta mesma área. Após regressar para a Itália, trabalhou como copista na biblioteca do Sacro Convento em Assis e, posteriormente, deu assistência espiritual às clarissas de São João de Varri, comunidade situada na Marca de Ancona. Selecionamos para análise, dentre as obras de sua autoria, as *Vida I* (1 Cel), *Vida II* (2 Cel) e a *Legenda de Santa Clara* (LSC).

As 1 Cel e a 2 Cel narram a biografia e milagres de Francisco de Assis, filho de comerciantes que nasceu em 1182 na Itália Central. Renunciando aos seus bens, abraçou a vida penitente. Logo atraiu seguidores, o que o levou a buscar o reconhecimento papal para o seu movimento. Surgiu, assim, a Ordem Franciscana. Franscisco morreu em 1226, sendo canonizado dois anos depois.

A 1 Cel. foi escrita justamente por ocasião da canonização de Francisco, no ano de 1228, a pedido do papa Gregório IX. Como fontes, Tomás de Celano pôde contar, além do processo de canonização, com o testemunho oral de diversos irmãos, bem como com suas próprias memórias. O objetivo da obra era divulgar em toda cristandade a biografia e os milagres do santo recém canonizado. Esta hagiografia foi, durante algumas décadas, a oficial sobre o santo de Assis.[6] A 2 Cel foi composta entre 1244 e 1247, provavelmente a partir do material sobre Francisco que, após a solicitação feita no Capítulo de 1244, foi remetido ao ministro-geral. O escopo desta obra era apresentar Francisco como um modelo a ser seguido pelos próprios frades. Assim, mais do que um público amplo, visava, sobretudo, aos próprios seguidores do Pobre de Assis.[7]

A LSC foi redigida em 1255, ano da canonização de Clara de Assis, jovem nobre de Assis que se juntou a Francisco e tornou-se a fundadora da comunidade de São Damião, que foi a primeira casa franciscana feminina. Discutiu-se, durante algum tempo, quem fora o autor desta legenda. Pelas características estilísticas da obra, concluiu-se que o seu redator foi Tomás de Celano, hipótese que hoje é consenso entre os pesquisadores (BARTOLI, 1998, p.17).[8] Pautando-se, sobretudo, no Processo de Canonização, cartas, relatos orias, o escritor narra a biografia e milagres desta santa, preocupado em atingir as mulheres, "o sexo mais débil", como o próprio Legenda indica no Prólogo.

Diferente do que ocorre com os textos berceanos, Tomás escreve sobre santos recém canonizados, cujos companheiros em vida ainda estavam ativos. Para redigir suas obras, não pôde contar com uma hagiografia anterior. Precisou coletar fontes diversas, selecioná-las e organizá-las. Assim, ao invés de sublinhar sua fidelidade ao escrito, como ocorre nos textos berceanos, ele destaca o caráter lacunar de suas obras. Assim, na 1 Cel ele afirma "quero contar a vida e os feitos do nosso bem-aventurado pai Francisco. Quero fazê-lo com piedosa devoção, guiado e instruído pela verdade e em ordem, porque ninguém se lembra completamente de tudo que ele fez e ensinou." (Prólogo). E na 2 Cel: "Nossa memória, prejudicada pelo tempo como a das pessoas incultas, tem dificuldade para dominar as alturas de suas palavras ou a extraordinária excelência de seus feitos, o que seria difícil mesmo para a acuidade de uma inteligência exercitada, mesmo diante dos fatos. (Prólogo 1).

Tomás de Celano também manipula a memória, em função de seus compromissos e das relações de poder. Assim, se na 1 Cel dá destaque ao então ministro-geral da ordem franciscana, Elias de Cortona (1 Cel 105, 108, 109), na 2 Cel ele é totalmente ignorado, pois caíra em desgraça junto ao papa e a alguns grupos de freis, acusado de negar os ensinamentos do fundador da ordem e se deixar corromper pelas riquezas e conforto.

Por outro lado, como Gonzalo de Berceo, associa outras memórias às dos santos biografados: espaços, como São Damião (1 Cel 116, 2 Cel 10, 207), Porciúncula (1 Cel 21, 45, 2 Cel 18, 63 e o Monte Alverne (1 Cel 94), e autoridades, como os papas Inocêncio III (1 Cel 32, 33, 2 Cel 16), Gregório IX (1 Cel 20, 99, 121, 126, 2 Cel 73, 220, LSC 27), Inocêncio IV (LSC 41).

É perceptível uma clara genderização da memória nos textos celanenses quando verificamos os seus públicos. Como já assinalamos, a 1 Cel visava, sobretudo, aos clérigos seculares e regulares, que precisavam ter acesso à memória de Francisco de Assis, um santo recém-canonizado, para que ele fosse reconhecido e propagado muito além dos limites da ordem. A 2 Cel desejava alcançar os freis, buscando corrigir os radicalismos, os excessos e os relaxamentos face à regra franciscana, que já surgiam no seio da ordem. Quanto à LSC, as mulheres eram o alvo, sobretudo as reclusas.

Ao atender a públicos diferentes, Celano também enfatiza aspectos diferentes da biografia destes santos, genderizando-as. Como nas vidas berceanas, Francisco, associado ao masculino, é apresentado sempre ativo, pregando em vários locais da Europa e até do Oriente, operando milagres, escrevendo sua regra, etc, enquanto Clara é retratada como reclusa, passando seus dias entre orações, contemplações, mortificações corporais e bordados. Quanto aos milagres, se os do assisense são muitos e operados em diversas localidades, os da damianita atingem, sobretudo, os moradores de Assis e de cidades vizinhas. Desta forma, o assisense é retratado como um santo universal, mas o horizonte da freira é mais modesto: ela é associada, sobretudo, ao seu mosteiro e à sua cidade natal.

Gonzalo de Berceo e Tomás de Celano eram clérigos seculares, cultos, comprometidos com a reforma eclesiástica proposta por Roma. Escreveram suas hagiografias no mesmo momento, entretanto, por motivações, com processos de composição e objetivos diferentes. Ao redigirem suas obras, manipularam as memórias, associaram-nas a outros personagens e lugares e, sobretudo, genderizaram-na. Neste sentido, aos santos é imputada a ação, ligações com as autoridades de caráter regional ou universal e um público amplo, formado por clérigos e leigos, homens e mulheres; às santas, a contemplação, a vinculação com o seu local de origem e de reclusão e objetiva-se, com suas memórias, atingir as mulheres.

Como assinalamos no início do texto, esta é uma primeira aproximação ao tema. Muitos outros aspectos ainda podem ser explorados, tais como a memória como instrumento de santificação nas hagiografias; a apreensão, no caso de Oria e Clara, da memória feminina pelas autoridades eclesiásticas; o uso de recursos ligados à memória na estruturação das obras. Ceratemente um estudo comparativo sistemático destes materiais poderá apontar muitos outros aspectos e nuanças das relações entre santidade, memória e gênero.

NOTAS

[1] O termo hagiografia (hagios = santo; grafia = escrita) é também utilizado para designar o estudo crítico das hagiografias e demais materiais relacionados ao culto aos santos.

[2] Os manuscritos **S**, datado de 1240, o **H**, de 1360 e o **E**, também do século XIV.

[3] Este poema foi preservado por um único manuscrito medieval, o **F**, do século XIV.

[4] "En efecto, apenas transcurrido medio año, dirigiéndose el Rey de nuevo hasta él, con una carencia total de vergüenza humana le exegía, por instigación del diablo, las riquezas que el hombre de Dios ni tenía ni había recebido de persona alguna..." (VALCARCEL (Ed.), 1982, p. 136). Tradução para o português elaborada pela autora deste trabalho.

[5] "Mas non podié el rey oblidar el despecho, / por buscarli achaque andával en asecho; / ante de medio año echóli un grand pecho, / cuidó por esta maña aver délli derecho". Tradução para o português elaborada pela autora deste trabalho.

[6] No Capítulo de 1266, a *Legenda de Boaventura* foi alçada a texto hagiográfico oficial de Francisco e ordenou-se que as demais legendas fossem destruídas, dentre elas, a 1 e 2 Cel.

[7] Só em 1786 1 e 2 Cel foram publicadas pela primeira vez, na *Acta Sanctorum*, a partir de manuscritos encontrados em casas não-franciscanas. No início deste século foi feita uma nova edição, por Quaracchi, a partir de 20 manuscritos destas obras, sendo que dois eram provenientes de conventos franciscanos.

[8] A LSC foi transmitida pelo manuscrito 338 da *Biblioteca Comunal de Assis*.

BIBLIOGRAFIA

ALBERZONI, M. P. , LANGELI, A. B, CASAGRANDE, G, et al. **Francisco de Asís y el primer siglo de historia franciscana**. Oñati: Editorial Franciscana Arantzazu, 1999.

AUSLANDER, Diane Peters. **Matters Of Time: Manipulation Of Memory In Early Irish Hagiography**. Apresentado no Annual University of California Celtic Studies Conference de 2000 e disponível on line em www.humnet.ucla.edu/humnet/celtic/22papers/ auslander.pdf.

BARTOLI, M. **Clara de Assis**. Petrópolis: Vozes - IFB, 1998.

DÍAZ BODEGAS, P. **La diocésis de Calahorra y La Calzada en el siglo XIII. La sede, sus obispos e instituciones.** Logroño: Obipado de Calahorra y La Calzada- Logroño, 1995.

DICIONÁRIO Eletrônico Houaiss da Língua Portuguesa 1.0. Rio de Janeiro: Objetiva, 2001.

FLAX, J. Pós-modernismo e relações de gênero na teoria feminista. In: HOLLANDA, H. B. (Org.) **Modernismo e Política**. Rio de Janeiro: Rocco, 1991, pp. 217-250.

FRANK, Georgia. **The Memory of the Eyes: Pilgrims to Living Saints in Christian Late Antiquity**. Berkeley: University of California Press, 2000.

GONZALO DE BERCEO. **Obra Completa**. Organizado por Isabel Úria Maqua. Madrid: Espasa-Calpe, 1992.

GRIEVE, P. E. The spectable of memory/ Mary in Gonzalo de Berceo´s Milagros de Nuestra Señora. **Modern Language Notes**, 1993, v. 108, n. 2, pp. 214-230, 1993.

MICCOLI, G. **Francisco de Asís. Realidad y memoria de una experiencia cristiana**. Oñate: Editorial Franciscana Aránzazu, 1994.

PEDROSO, J.C. C. (Org.). **Fontes Clarianas**. 3 ed. Piracicaba: Centro Franciscano de Espiritualidade, 1994.

SCOTT, W. J. Prefácio a Gender and Politics of History. **Cadernos Pagu**, n. 3, pp. 11-27, 1994.

___. El género: una categoría útil para el análisis histórico. In: LAMAS, M. (Org.). **El género: la construccion cultural de la diferencia sexual.** Cidade do México: PUEG, 1996.

SMOLLER, Laura A. Miracle, memory and Meaning in the Canonization of Vincent Ferrer. **Speculum**, v. 73, pp. 429-454, 1998.

TEIXEIRA, C. M. et al. (Tradutor). **Fontes Franciscanas e Clarianas**. Petrópolis: Vozes, 2004.

VALCÁRCEL, V. (Ed.). **La Vita Dominici Silensis de Grimaldo**. Logroño: Instituto de Estudios Riojanos, 1982.

HELENA, MULHER E PALAVRA

Barbara Cassin*

Ver Helena em toda mulher?

"Ver Helena em toda mulher" é uma frase de Goethe, do *Fausto* de Goethe. *"Com esta bebida no corpo, verás Helena em toda mulher"*, diz Mefistófeles a Fausto na cozinha da feiticeira, fazendo-o beber a poção do amor (**Fausto** I, v. 2604). Efetivamente, Margarida passa na rua e Fausto, que vê seu reflexo no espelho, diz: "Helena!", ele vê Helena em Margarida e fica perdidamente apaixonado.

Esta frase espalhou-se como um rastro de pólvora na Alemanha pós Goethe. Duas ocorrências tocaram-me profundamente. A primeira é de Nietzsche, em 1872, no *Nascimento da Tragédia*, que diz da arte grega: *"Ele vê Helena em toda mulher. O ávido desejo da existência encobre o que não é belo"*. Assim, ver Helena em toda mulher é ver a beleza até mesmo na feiúra.

A segunda é de Freud, em uma carta a Jung datada de 1909, uma carta assaz extravagante, em que ele explica por que está certo de que vai morrer entre 61 e 62 anos. Ele lê o número 61 até no número do quarto do hotel que lhe dão em Atenas, quarto 31: *"com uma licença fatalista, ainda assim a metade de 61-62"*. Para explicar esta aventura com o número 61, ele fala da atenção extremamente alargada por parte do *"inconsciente, que vê Helena em toda mulher"*. Como o consentimento do acaso para o delírio de interpretação, como o consentimento somático para o sintoma histérico, como o consentimento da língua para os jogos de palavras, o inconsciente, segundo o mesmo mecanismo, vê Helena em toda mulher. Portanto, o sentido está até mesmo no insignificante e no trivial.

A pergunta que me fiz é: o que há em Helena, o que há na essência ou na não-essência de Helena para que ela seja "toda mulher"? Para que ela seja, de acordo com o idioma escolhido, o *eidos* mulher, a mulher enquanto mulher, a feminilidade em cada exemplar, em suma: a / uma mulher.

A bem dizer, para explorar a questão, seria preciso considerar Helena como um objeto cultural multimídia. A música é evidentemente de uma importância considerável, em particular as óperas e operetas que foram escritas sobre ela. Mas, qualquer que seja o *medium*, há uma característica forte, digamos, metodológica, do mundo de Helena: ele não é enquadrado. Contra o

*Professora doutora – CNRS / França.

domínio fixo das ordens estritas, todos os gêneros se comunicam, inclusive os gêneros literários: pintura, música, filosofia, mas também epopéia, tragédia, comédia, poesia lírica, romance até. É preciso articular, com esse primeiro traço configurante, um segundo, que libera o tempo: sem parar, os textos, as músicas, as palavras, que fazem frases sobre Helena, são palimpsestos e palimpsestos de palimpsestos, ironicamente estruturados por sua reutilização. Não há um texto que não seja entretecido de outros textos, uma música que não seja entretecida de outras músicas, nenhuma figuração sua sobre um vaso que não seja entretecida de todas as outras; e isto é profundamente grego e profundamente cultural: Helena é um objeto inteiramente produzido. Nesse mundo em circulação e em expansão folheada, que eu disporia de bom grado do lado feminino, não poderia haver, de um lado, o sério ou a profundidade, e, de outro lado, a superfície, o superficial. *"Ah esses gregos, eles sabiam viver: o que exige uma maneira corajosa de se ater à superfície, à dobra, à epiderme, de adorar a aparência, de crer nas formas, nos sons, nas palavras, no Olimpo inteiro da aparência! Esses gregos eram superficiais — por profundidade."* [1] Em uma frase, Nietzsche reencena todas as separações, desde a separação platônica do sensível e do inteligível; não se dirá mais: isto é filosofia, de homem / isto é literatura, feminina. O *kosmos* de Helena, mundo em expansão, vai da cosmética (seu espelho, suas pinturas) à cosmologia (Castor e Pólux, seus irmãos constelações). Uma tal relação entre cosmética e cosmologia, proponho chamá-la de beleza.

Para definir a beleza de Helena, há um sintagma que ressurge sem parar, desde a *Ilíada* e a *Odisséia*: *"Terrivelmente ela aparenta [ainos eoiken]"*. Terrivelmente ela aparenta, sua beleza é uma beleza que terrivelmente aparenta. Assim, ouviremos um dos mais belos poemas a ela dedicados, um dos mais belos poemas, ponto; extraído do **Agamêmnon**, de Ésquilo (os versos 739-744, que traduzo como posso):

"O que primeiro entrou na cidade de Ílion,
eu diria que foi o pensamento
de uma calma sem vento,
a estátua tranqüila da riqueza,
a meiga flecha dos olhos,
a flor de amor que morde o peito."

Poema permutador de semelhanças, entre a organização pensativa do mundo (o pensamento [*phronema*] de uma calma sem vento) e todas os seus enfeites concretos, riqueza, flecha dos olhos, flor de amor: cosmologia e cosmética. Tanto assim que o primeiro trabalho que realizamos em comum, o pintor Mathieu e eu[2], vendo os vasos, foi o de nos deixar surpreender pelo número, a variedade, a invenção, o *design* dos vestidos de Helena: o guarda-roupas de Helena já é Helena, talvez o que há de mais real em Helena. *"Segura firme... não larga a roupa"*, diz Phorkíade a Fausto; e Heitor a Páris em Giraudoux: *"Em suma, como estava despida, nem uma só das roupas de Helena, nem um só de seus objetos foi insultado. Somente o corpo foi maculado. Não tem importância."*[3]

Retomemos então minha questão: como, desde Homero, Helena foi construída para ser vista em toda mulher? A reunir seu mundo textual, percebe-se um fio vermelho: de um modo muito marcante, sua realidade, sua consistência, é inteiramente ligada à linguagem, sob todas as suas formas. Se a vemos em toda mulher, é que ela tem uma consistência, uma existência de linguagem, discursiva. Daí meu título *Mulher e palavra*. A ser tomado em quatro pontos:

Primeiro ponto, seu nome próprio, sobre o qual vou ler um pouco de Ésquilo.

Segundo ponto, sua voz e, então, vou ler um pouco de Homero.

Terceiro ponto, a relação entre palavra e coisa e, aí, vou ler um pouco de Eurípides.

Quarto e último ponto, a relação ao *logos*, ao discurso em geral, em contraste com o ser, neste ponto, vou ler um pouco de Górgias.

Enfim, tentarei, para enlaçar todos esses fios, implicá-los com o **Encore** [Mais, ainda] de Lacan, e ver como isto se mantém.

O nome de Helena: Ésquilo

Primeiro, o nome de Helena. O que eu faço não é ortodoxo: se forem consultar, por exemplo, o excelente **Dictionnaire etymologique de la langue grecque**, de Chantraine (Klincksieck, 1990), vocês saberão que, *"qualquer que seja a interpretação tentada pelos historiadores da religião [...], vão procurar uma etimologia"* para *Helena.* Dito isso, há uma pletora de etimologias, nas quais toda a Grécia acreditou. Por exemplo, *Helena* vem de *helein*, infinitivo passado do verbo *haireo*, *"tomo, rapto, capturo"*: aí está, dizem todos os gregos, uma boa eponímia, conforme ao *etymon* no sentido verdadeiro, no sentido etimo-lógico da palavra. Tanto mais que, no final de *Helena*, reside uma incerteza: não se pode saber se é um ativo, se ela é uma raptora, uma sedutora, ou se é um passivo, se ela é uma raptada, uma seduzida. Ora, esta raptora raptada é assim em todos os poemas: Helena, culpada vítima, ativa enquanto passiva. Como diz Giraudoux, em **La guerre de Troie n'aura pas lieu** [Não haverá a guerra de Tróia], *"Tu conheces as mulheres tão bem quanto eu. Elas só consentem quando forçadas, mas então com que entusiasmo!"*

Vou ler apenas um poema, e todos os demais vêm na seqüência, a respeito do nome de Helena. Ainda o **Agamêmnon**, de Ésquilo, nos versos 681-701:

> *"Quem pode, pois, dar esse nome*
> *autêntico de ponta a ponta? [por "autêntico", traduzo justamente etetymos]*
> *a não ser alguém que não vemos, que*
> *conhecendo de antemão as marcas do destino*
> *acerta a língua bem no alvo,*
> *— a desposada em leilão, a disputada:*
> *Helena? Quem mais encarna Helena que,*
> *raptora de naus, raptora de homens, raptora*
> *de cidades [helenas, helandros, heleptolis, portanto, todas as declinações possíveis*
> *da forma com que rapta e é raptada] solicitando o segredo*
> *de magníficos véus, partiu sobre o mar*
> *ao sopro ligeiro de um zéfiro gigante?*
> *Numerosos os homens, caçadores de escudos, lançaram-se sobre o rastro..."*

Este *etymon* grego é palimpsestamente a matriz de um Ronsard bem francês, ora violento: *"Teu nome grego acaba de tirar, de raptar, de matar, de pilhar, de arrebatar / meu espírito e meu coração, miserável presa tua,..."*[4], ou lânguido : *"Minha doce Helena, pois sim meu doce alento [haleine] / que fria refrescas o ardor do meu peito"*[5]. Mas também do jogo inglês de um Marlowe, que, às vezes, escreve Helena, *Helen*, com dois "l", *Hellen*, como *Hell,* o inferno: *"that heavenly Hellen"*[6].

Tanto mais que Helena com apenas um "l", seu nome, ou melhor, o significante de seu nome, soa também em *Hellenes* (Helenos), com dois "l". O tempo todo, Helena, causa da guerra de Tróia, aparece como a causa do fato de que os Helenos são Helenos: a *"guerra por Helena"* é constitutiva da identidade grega. Testemunha-o, por exemplo, Isócrates no **Elogio de Helena** (4-5): *"É com total justiça que pensaríamos que Helena é a causa de que não somos escravos dos bárbaros, de fato, encontraremos os Helenos graças a ela, consensuais e montando um exército em comum contra os bárbaros, e a Europa erigindo então, pela primeira vez, um troféu de vitória contra a Ásia"*. Leitura suprimida na tradução Budé: *"vemos os gregos unidos"*, pois, perdido, ninguém mais pode entender que se trata do significante Helena / Heleno, esse montinho de sílabas LN[7]. Helena como relação com a língua (os Helenos face ao bla-bla-blá bárbaro), Helena como relação com o território (ao fim de **Helena**, de Eurípides, ela torna-se a ilha que protege a costa da Ática, Pharos, de seu nome verdadeiro: Helena), Helena, pois, para tornar a Europa consensual, por união sagrada contra a Ásia. O nome de Helena a constitui como língua, povo, continente, civilização. Helena ou a própria Grécia: raptada arrebatadora que, vencida, sempre há de vencer seu vencedor. Para dizê-lo ainda com mais força e universalidade, o nome de Helena é o manifesto de que tanto o amor quanto a guerra são, muito essencialmente, e muito explicitamente, por toda uma cadeia de textos, uma questão de palavras, uma relação entre palavras, uma performance significante.

A voz de Helena: Homero

A voz de Helena tem uma consistência, uma existência totalmente singulares. Aí, também, existe um texto matricial, igualmente magnífico – há pouco, me apresentei como filósofa e filóloga: é que fico irada quando leio estes textos nas traduções que são encontradas normalmente no mercado, de ver a que ponto são ilegíveis, até mesmo quando bem traduzidos.

Nesta cena da **Odisséia** (IV,121-190), os versos que me interessam, versos de fato extraordinários, são versos tradicionalmente cortados, atéteses, quer dizer: postos entre colchetes, que são a guilhotina filológica. Desde os primeiros eruditos gregos até Victor Berard (que, todavia, traduz realmente, a ponto de sua língua soar em nossos ouvidos como língua de Homero), tem-se dito: *"Ah não! É impossível, Homero não quis dizer isto; isto não tem sentido"*, e corta-se. É preciso ser livre como Luciano para poder rir afirmando que todos os versos de Homero que foram cortados são dele – encontrei-o nos infernos e "ele os reivindicou todos sem exceção"[8].

Eis a cena. Helena está de volta, ela foi tomada, retomada por Menelau, ele não a matou, ele não se vingou, ela está em casa na condição de boa dona de casa, ela fia, as servas estão fiando fino quando ela chega, ela cozinha, quando aparecem alguns hóspedes, entre os quais Telêmaco, que procura seu pai, já que Ulisses é o único que não voltou. É o dia, aliás, do casamento de um dos filhos, de um dos filhos de Menelau e Helena e, infelizmente, Telêmaco choraminga, o choro vai estragar o jantar. Então Helena – parafraseio, mas as frases abaixo são bem de Homero –, Helena tem uma idéia, ela traz um *pharmakon*, um "remédio-veneno", que ela trouxe do Egito, para pôr no vinho, de modo que todos os que bebam fiquem curados de sua tristeza e possam, na sua frente, ver assassinar o próprio pai e os próprios irmãos sem chorar. Esse *pharmakon nepenthes takholon*, "que dissipa a dor e a ira", serve, está dito, para se deixar levar ao prazer dos discursos (*mythois therpeste*: "gozai dos causos"). Ela derrama então este *pharmakon* no vinho, todo mundo bebe, conversa-se e todo mundo fica contente.

Quem fala e quem conta o quê? Helena começa e faz um elogio bastante complexo de Ulisses – haveria muito a dizer sobre essa cena de esperteza e de duplicidade cruzadas, em que Helena reconheceu Ulisses que se tinha introduzido em Tróia, mas não o denuncia e regozija-se em seu coração de ouvi-lo massacrar alguns troianos. Em seguida, Menelau toma a palavra: *"Ah, como em tudo isso, minha mulher, falas justo."* E acrescenta, para dizer as proezas de Ulisses: *"Saibam o que empreendeu, que sucesso alcançou a energia de Ulisses! No cavalo de pau, nos abrigávamos todos, os melhores, que levávamos aos troianos a morte e o homicídio."* O cavalo de pau, no qual os guerreiros gregos se esconderam, foi trazido para dentro da cidade, está no interior de Tróia, onde Helena vive há dez anos, ela desposou sucessivamente Páris e, como Páris foi morto, seu irmão Deíphobo.

> *"Mas então, apareceu você", diz Menelau dirigindo-se a Helena, "neste lugar, algum deus te trazia para permitir aos troianos uma chance de glória, [em teu encalço, Deíphobo ia belo como um deus] – atétese, ora porque Menelau lembraria por quantos braços Helena passou antes de lhe ser devolvida, nota Berard que tem a noção das conveniências –, e por três vezes rodeaste a oca armadilha apalpando-a por toda parte. Você chamou, nome por nome, os melhores dos dânaos, [fazendo tua voz parecida com a das esposas de cada argivo] – atétese unânime –... Eu, o filho de Tideu e o divino Ulisses, sentado no meio, nós te ouvíamos gritar; todos os dois, já não nos agüentávamos de desejo, já nos precipitávamos para sair, mas Ulisses nos reteve e conteve nossa vontade".*

Vejam a situação complexa: Helena está traindo os guerreiros gregos, entre os quais Ulisses e seu marido, ela gostaria que eles se traíssem. E, afim de que se traíssem, ela os faz perdidos de desejo imitando, para cada um, a voz da mulher que já não vêem há dez anos, e ela chama cada um por seu nome. Portanto, ela diz *"Menelau"* com sua própria voz, *"Ajax"* com a voz da mulher de Ajax e *"Ulisses"* com a voz de Penélope. Evidentemente, *"a imitação das vozes é impossível, completamente ridícula"* diz o escoliasta; *"quanto ao verso 279, este é plenamente incompreensível: como poderia Helena imitar a voz de cada uma das rainhas aquéias, e por que razão?"*, pergunta-se Berard; e Jaccotet, que todavia leu Freud e Lacan, refina: *"Este verso, que pareceu suspeito a mais de um crítico, pode ser simplesmente entendido pelo fato de que Helena fala grego, e não troiano"...*

Destaco que a voz é o *pharmakon*, remédio-veneno, por excelência; que a essência do desejo é a voz que chama cada homem por seu nome. Mas, deduzo disso, sobretudo, que Helena é um equivalente geral de todas as mulheres, que é a / uma mulher. E isto pela virtude de sua voz, que serve para provocar o desejo porque ela é a voz de cada uma das mulheres para cada um dos homens, um por um.

A palavra / a coisa: Eurípides

Terceiro nível: a palavra é mais real que a coisa e, em Helena, é o caso.

Eurípides encena isto em sua **Helena**, que fez muito estardalhaço na época, uma *"nova Helena"*, dizia-se. Na **Helena**, de Eurípides, a novidade é que há duas Helenas. Há uma verdadeira – enfim, não sei qual é que se deve chamar de verdadeira. Digamos que há uma Helena que é Helena, e que Hera, a esposa por excelência, para livrá-la de todo esse lado malsão do rapto, da ruptura de contrato, da infidelidade, encaminha para o Egito, na casa de um velho rei que já não lhe pode sequer fazer mal, Proteu. Ali, ela espera o tempo passar. É o protótipo da mulher fiel, perfeita esposa de marido partido para a guerra.

E depois, há uma segunda Helena que não é nada mais do que "*flatus vocis*", névoa de som, um *agalma* de nuvem, um *eidôlon*, um fantasma: o nome de Helena. Essa Helena foi quem navegou até Tróia, foi ela que Páris raptou, que sobe sobre as muralhas, pela qual os gregos combatem e se matam, é esta que Menelau recupera, com a qual ele chega nessa orla do Egito e se encontra confrontado à outra, a "verdadeira". Portanto, há o nome ou a sombra, a sombra nomeada "Helena", e a própria Helena, Helena de Tróia e Helena do Egito.

Ora, essa peça é a mais antiplatônica possível, pois a palavra é aí mais real que a coisa. O nome é mais real que o corpo, pois tem mais efeitos. Menelau no-lo diz, e volta a ser contado o tempo todo, assim por Bloch em **O Princípio Esperança**: "*É a grandeza de meus sofrimentos lá que me persuade e não você*"[9] – *acredito "nesses dez anos utópicos, com a dor amarga e o amor-ódio do marido enganado, com todas essas noites passadas tão longe da pátria", e não em você que eu vejo, não em você que eu toco e que me fala, acredito, mesmo se for uma sombra, no que teve sobre mim e sobre nós tanto efeito.*

Isto tampouco é fácil de ler nas traduções, mesmo sendo tao massivo que não se consegue eliminar completamente. Por exemplo, quando Helena diz: "*Fui nomeada Helena*", se traduz por "*Eu sou Helena*" (v. 22, trad. Gregoire, Les Belles Lettres), o que, convenhamos, não dá no mesmo neste roteiro!

Eis a maneira com que Helena põe tudo no seu lugar em seu primeiro monólogo, que eu traduzo (31 *ss.*):

"Hera, que recrimina a Páris de não a ter deixado vencer as deusas,
faz que meu leito para ele não passe de vento,
ela lhe dá não a mim, mas, a mim semelhante,
um ídolo que respira, feito com pedaços de céu,
para o filho do rei Príamo. E ele crê me possuir,
aparência vazia, quando não me tem.
[...] Pusemos sob a proteção do ímpeto dos frígios, não a mim,
mas meu nome, prêmio da lança para os gregos."

Não há nenhum equívoco possível, é mesmo o nome que está em Tróia, o nome sob sua forma de sopro-vento-nuvem. A peça termina, aliás, quando o *eidolon* nome, ídolo-fantasma-imagem, sai voando, alcança o céu, porque, como está dito no fim, "*Helena não precisa mais emprestar seu nome aos deuses*" (v. 1653). As duas Helenas se encontram então para tornarem-se uma, uma única Helena que é de uma só vez seu corpo e seu nome. Finalmente, é esta que retorna com Menelau para um *happy end*.

Mas, antes acontece uma cena genial de desconhecimento-reconhecimento digna dos *Misfits*, que não consigo me abster de contar. Quando Menelau desembarca na orla do Egito, ele vê uma mulher que se parece com Helena — é finalmente Helena, melhor: a "Helena", com quem Helena terrivelmente parece —, e ele lhe diz alguma coisa como: "*Ai, ai! Como te chamas?*" Ela responde: "*Helena*". "*Enfim, não podes ser Helena, pois que a tenho aqui, comigo, deixei-a aqui ao lado em uma gruta*". Ela, por sua vez: "*Mas como és parecido com Menelau*". Como ela entende tudo, ela tenta lhe explicar que *"o nome pode estar em vários lugares, o corpo não."* É então que Menelau resiste com toda a força desta frase magnífica: *"É a grandeza de meus sofrimentos lá que me persuade e não você."*

Todavia, eles partirão juntos, mas ficará a lição, de uma vez por todas, que a palavra é mais real que a coisa e que o real na palavra é o efeito que ela faz.

O *logos* ou o elogio de Helena: Górgias

De modo geral, Helena é um produto do discurso, é o próprio *logos* encarnado.

Isto se lê através do **Elogio de Helena**, de Górgias, o primeiro grande texto sobre Helena depois de Homero. Górgias chegou em Atenas com uma delegação, como embaixador, para resolver os negócios da Sicília. Conta-se que ele propôs então aos atenienses fazer diante deles uma *epideixis*, uma demonstração, uma prestação, uma conferência, na ágora: *one man show* relativamente comum sobre Helena, em que ele mostra como ela é culpada – ninguém ficou espantado, todo mundo sabia: ela abandonou seu marido, seu país, seus filhos etc..., é a mais culpada das mulheres, por ela, os gregos morreram aos milhares. Mas, ele acrescenta: *"Voltai amanhã à mesma hora"*. No dia seguinte, mesma hora, mesmo lugar, Górgias pronuncia o único discurso que nos foi conservado: discurso magnífico, que aconselho ler por inteiro, *O* **Elogio de Helena**[10]. E o **Elogio de Helena** está aí para explicar, eu ia dizer de A a Z, porque Helena não só não é culpada como é precisamente a mais inocente das mulheres.

Ela não é culpada por uma série de razões encaixadas, estrutura de encaixe que voltaremos a encontrar até chegar no **Encore** [Mais, ainda]. Helena não é culpada porque foi a fortuna, *"as intenções do destino, as vontades dos deuses e os decretos da necessidade"* que assim quiseram. É todo o lado *fatum*, Offenbach, a fatalidade. Logo, se foi a fatalidade que a fez culpada, ela não é culpada. Ou bem, segunda hipótese, ela foi raptada à força, alguém a levou, a culpa é do raptor bárbaro e, outra vez, ela não é culpada. Ou bem, terceira possibilidade, ela foi *"persuadida pelos discursos"* e, aí então, se ela acreditou no que lhe diziam, ela é menos do que nunca culpada. **Elogio de Helena**, modelo e paradigma de elogio, é um elogio do *logos*, é um elogio dos poderes do *logos*:

> *"[§ 8] Mas se aquele que a persuadiu, que fez ilusão em sua alma, é o discurso, não é difícil tampouco defendê-la contra tal acusação, e destruir assim o fardo: o discurso é um grande soberano [dynastes megas: um grande poderoso, dinasta, tirano] que, por meio do menor e menos aparente dos corpos, consuma os atos mais divinos, pois tem o poder de pôr fim ao medo, de afastar a dor, produzir a alegria, aumentar a compaixão. Vou mostrar como é bem assim. [§ 9] E preciso mostrá-lo àqueles que me escutam".*

Ela é inocentada, pois acreditou no *logos*, como também é um *logos* que a inocenta, que desempenha sua inocência diante dos atenienses desta vez escandalizados, a ponto de forjarem o verbo *"gorgianizar"*. Ora, o *logos*, que vocês sabem o quanto é intraduzível[11], não é nada mais do que um *pharmakon*, como diz muito precisamente Górgias:

> *"[§ 14] Existe a mesma relação entre poder do discurso e disposição da alma, dispositivo das drogas e natureza dos corpos. Como tal droga expele do corpo tal*

humor e que umas dão cabo da doença e outras da vida, assim, entre os discursos, alguns entristecem, outros encantam, dão medo, inflamam um auditório e alguns, por certas más persuasões, entorpecem a alma e a enfeitiçam."

Esta performance consuma-se como se deve: *"Fiz desaparecer, com este discurso, a má reputação de uma mulher, [...] para Helena, um elogio, para mim, um brinquedo [§ 21]"*. Tal é, em toda a sua amplitude, a consistência discursiva de Helena, desde a consideração do menor pedaço de significante que entra em seu nome (*elle* [ela], *haine* [ódio]), até a concepção maior, que eu qualificaria de contra-ontológica, segundo a qual é o discurso que produz o ser. A partir daí ou dela, podemos desenhar a órbita da sofística da seguinte maneira. De um lado, a ontologia, de Parmênides a Heidegger: há o ser, "*es gibt*", e o homem, como bom pastor, está comprometido a dizer o que há. Do outro lado, para retomar uma palavra de Novalis, a logologia, em que vem primeiro o discurso, e em que o ser não é nada além de um efeito de dizer, uma performance discursiva. É o *logos* que faz os objetos serem, que dá a consistência e a existência; tal é o caso em política (a *pólis* grega, o mundo mais falastrão de todos, é uma criação contínua de discurso); tal é o caso no amor e, de maneira geral, para todo objeto de cultura. Tal é o caso, no cruzamento dessas razões, para Helena. É certamente assim, e não de outro modo, que ela é constituída.

Ainda Helena: Lacan

Eu gostaria agora de reunir esses fios, para dar algumas indicações sobre a maneira como Helena me deu vontade de reler **Encore** [Mais, Ainda, Outra vez[12]]. Eu me perguntei, mesmo sendo uma questão arriscada demais, mal formulada, se é a relação de Helena com a linguagem que faz dela, digamos, a / uma mulher. Dito de outro modo: há ou não um impacto da diferença dos sexos sobre a linguagem? Como o desejo, o prazer, o gozo da mulher estão ligados à linguagem?

Proponho algumas pistas através de Lacan, através da minha leitura muito partida e muito parcial de **Encore** [Mais, ainda].

Primeiro, está claro que há pelo menos uma pista negativa, em relação ao "real" da coisa ou do objeto. O desejo de Helena, o prazer de Helena, o gozo de Helena, nos dois sentidos do genitivo, objetivo e subjetivo, os que se têm com ela e os que ela tem, tudo isso não é nada, não é "*rem*", não é alguma coisa. Um pouco de Giraudoux, dramaturgo e cronista sutil, para escorar (**La Guerre de Troie n'aura pas lieu**, ato I, cena 4):

– Páris: "Não tem ela o ar de uma pequena e adorável gazela?"

– Cassandra: "Não."

– Páris: "Mas foi você que disse que ela tinha o ar de uma gazela..."

– Cassandra: "Eu me enganei, eu revi uma gazela depois disso".

– Heitor: "Vocês me chateiam com essas histórias de gazela, ela se parece tão pouco assim com uma mulher?"

– Páris: "Ah, não é o tipo de mulher daqui, evidentemente!"

– Cassandra: "Mas qual é o tipo de mulheres daqui?"

– Páris: "O teu, querida irmã; um tipo assustadoramente pouco distante".

– *Cassandra: "Tua grega está distante no amor?"*

– *Páris: "Dê ouvidos a nossas virgens!... Sabes perfeitamente o que eu quero dizer. Estou farto das mulheres asiáticas. Seus abraços são grudentos, seus beijos são invasões, suas palavras uma deglutição. À medida que se despem, elas parecem revestir-se de uma roupa mais paramentada que todas as outras, a nudez, e também, com suas pinturas, querem decalcar-se sobre nós, e elas se decalcam. Em suma, é terrível ficar com elas... Mesmo entre meus braços, Helena está longe de mim".*

– *Heitor: "Muito interessante! Mas acreditas que isso valha uma guerra, permitir a Páris fazer amor à distância?"*

– *Cassandra: "Com distância... Ele ama as mulheres distantes, mas de perto".*

– *Páris: "A ausência de Helena em sua presença vale tudo".*

Quanto ao desejo que Helena pode ter... O desejo de Helena é sempre, ou bem o desejo de Afrodite, ou bem o desejo de Páris, mas, desde a **Ilíada** e a **Odisséia**, nunca é o seu. Vejam a primeira cena de alcova, na **Ilíada**, um pedaço de bravura. É preciso situá-la para entender (III, vv. 335-449). Helena olha do alto das muralhas o combate singular entre Páris e Menelau, entre o amante e o marido, que poderia pôr fim à guerra; pois se houvesse um vencedor, este levaria Helena e tudo acabava. Mas não! Não há um vencedor, porque Afrodite está lá; quando Menelau vai vencer, ela retira Páris assim: ela o esconde sob um monte de ar, ela o carrega sobre uma nuvem (todas as deusas carregam sobre nuvens), e o traz de volta à cama. Feito isso, ela toma a figura de uma velha mulher, ela puxa a manga de Helena de sobre o muro e lhe diz *"Vem por aqui, Páris pede para voltares para casa. Ele está no quarto e sobre o leito virado, resplandece de beleza", apressa-te.* Helena reconhece a deusa por seus seios desejáveis, seus olhos reluzentes, e ainda assim ela ousa retrucar: *"Pois bem, então vai se instalar com ele, abandona as vias dos deuses, não deixa teus pés voltarem para o Olimpo, mas, suplica sem parar por ele, e protege-o até o dia em que fará de ti, ou sua esposa, ou sua escrava! Eu é que não irei lá, seria indigno demais, para cuidar de sua cama".* Assim Helena põe Afrodite em face de seu desejo. Mas por mais divina que seja, Helena tem razão de temer a cólera da deusa (*"Não me provoques perniciosa, teme que irritada eu te abandone!"*), ela se deixa levar para o quarto. Chega a cena de alcova. Deitando os olhos, Helena repreende seu esposo: *"Você voltou do combate, prestaria um serviço se tivesse morrido, domado pelo homem poderoso que era meu primeiro marido! Antes, sim, você se gabava... Mas então vai..."*, etc. Ora, isso acaba assim: *"Mulher, não maltrata meu coração com dolorosas injúrias, pois vem, vamos nos aconchegar, deitados os dois, nunca antes o amor envolveu assim meus pulmões, nem mesmo quando na primeira vez... Ele diz e mostra o caminho indo em direção ao leito, junto, segue sua esposa."* Depois do desejo de Afrodite, o desejo de Páris no lugar do desejo de Helena.

Parece-me que, para Lacan, em **Encore** [Mais,ainda][13], encontra-se uma tematização consistente e inaudita disso: ela insiste em pôr tolamente os pingos nos "i", nisto que chamarei de *Tratado do não ser do gozo feminino,* para deixar que se ouça a retomada da estrutura que habita e constitui o **Tratado do não ser** de Górgias, e que vimos posto em obra já nas inocências de Helena. O **Tratado do não ser** de Górgias é composto de três teses, agenciadas segundo uma estrutura de recuo absolutamente admirável. 1. "Nada é", 2. "Se é, não é conhecível", 3. "Se é, e se é conhecível, é incomunicável". Essa estrutura de recuo, a reencontramos, por exemplo, na história do caldeirão de Freud: *"Eu nunca emprestei caldeirão nenhum; o caldeirão tinha um* *buraco quando o tomei emprestado; eu devolvi o caldeirão intacto"*. São de fato histórias de chiste, o inverso do desabrochar da física, essa *physis* que brota e que cresce.

Encontro, em Lacan, as três teses do *Tratado do não-ser* aplicadas ao gozo feminino. Não tem mistério. Primeiro, ela não goza (**Encore**, p. 56): *"Não há outro gozo além do gozo fálico [...] Se houvesse um outro, mas não há outro além do gozo fálico [...] É falso que haja um outro, o que não impede de ser verdadeiro o que vem a seguir, a saber, que não precisaria ser este."* Logo, ela não goza.

E depois, se ela goza, ela não sabe disso (leio isso na página 69): *"Há um gozo que é dela, dessa ela que não existe e não significa nada. Há um gozo que é dela, do qual talvez nem ela mesma não saiba nada, apenas que ela o sente – isso ela sabe –. Ela sabe, com certeza, quando isso acontece. Isso não acontece com todas"*. Logo, se ela goza, ela não sabe.

Enfim, se ela goza e se ela o sabe, ela não pode dizê-lo (pp. 69-70): *"O que deixa alguma chance ao que adianto, a saber, que, desse gozo, a mulher não sabe nada, é que, desde o tempo em que lhes suplicamos, que lhes suplicamos de joelhos – eu falava na última vez das psicanalistas mulheres – para tentar nos dizê-lo, pois bem, calada! Nunca que se conseguiu tirar nada."* Logo, em todo caso, ela não pode dizê-lo.

Agora, dessa não-coisa que recua sem cessar, podemos tentar falar positivamente? Partiremos outra vez da tese massiva de que se falha, que falhar é a única forma de realização da relação sexual. Tese massiva de **Encore**. Então, do lado homem, falha-se por causa do corpo, por causa da anatomia, por causa do gozo fálico. *"O gozo fálico é o obstáculo pelo qual o homem não chega a gozar do corpo da mulher, precisamente porque isso de que ele goza é o gozo do órgão"* (p. 13). É porque ele não goza dela, mas de si. Em suma, é para ele que seria preciso dizer que a anatomia é o destino.

Mas, do lado mulher, falha-se um pouco diferente. A provocação de Lacan está em afirmar: *"Não há mulher que exclua pela natureza das coisas que é a natureza das palavras, e é preciso dizer claramente que se há uma coisa da qual elas mesmas reclamam bastante até o momento, é disso mesmo, simplesmente – elas não sabem o que dizem, essa é toda a diferença entre mim e elas"* (p. 68). Aí, prestamo-lhe ouvido, mas, uma vez que lhe demos ouvido, podemos instruí-lo? Falha-se de maneira *"louca"*, diz Lacan, *"enigmática"*, por causa da linguagem. O que isso quer dizer: por causa da linguagem? *"O ser sexuado dessas mulheres nem-todas não passa pelo corpo, mas pelo que resulta de uma exigência lógica na fala"* (p. 15). E ele fala de uma *"outra satisfação, a satisfação da fala"*[14]. Relação com a fala, portanto, e não relação com o corpo. É isso que estou propondo que se entenda como um *"falhar melhor"*, na medida em que o gozo está ligado à linguagem e que a linguagem, como se sabe, é o aparelho do gozo. *"...aparelho, não há outro fora a linguagem"*, e certamente não o corpo. *"É assim que, no ser falante, o gozo está aparelhado"* (p. 52). São apenas citações reunidas de ponta a ponta. Mas elas me permitem dizer que, para a mulher, se falha melhor. Muito precisamente: se falha melhor enquanto ela é Helena, quer dizer, antes da ordem da palavra e da linguagem que da coisa, antes da ordem e na ordem do discurso que do ser.

Donde essa tirada, para não dizer retirada, para terminar: o homem falha e goza como filósofo, a mulher falha e goza como sofista.

Trad. Prof. Dr. Fernando José de Santoro Moreira

NOTAS

[1] Nietzsche, Prefácio à segunda edição da **Gaia Ciência** (1886).

[2] Maurice Mathieu "ilustrou" **Voir Hélène en toute femme**, Les empêcheurs de penser en rond, 2000.

[3] Goethe, *O Segundo Fausto*, v. 9952 *s.*; J. Giraudoux, **La Guerre de Troie n'aura pas lieu**, I, 4. Cf. *Voir Helene en toute femme*, pp. 66-73.

[4] **Des Sonnets pour Helene**, II, 9.

[5] *Ibidem*, I, 3.

[6] **Doctor Faustus**, V, 1, 89.

[7] Raymond Queneau, em **Le Vol d'Icare**, introduz essa " *L.N. em duas letras. Sou de origem cruzadista".*

[8] **História Verdadeira**, II, 20.

[9] Eurípides, **Helena**, v. 593, citado por Bloch, **Le Principe Esperance**, tr. fr. F. Wuilmart, Gallimard, 1976, I, p. 228; eu cito em seguida as pp. 224-225.

[10] Eu o retraduzi em **Voir Helene en toute femme**, pp. 78-82.

[11] Podemos dar uma idéia por meio dos dicionários: o Bailly distingue entre dois grandes domínios semânticos que se complexificam: A) palavra; B) razão. O Liddel Scott Jones justapõe, ao contrário, uma série de itens: I. "*computation, reckoning*", II. "*relation, correspondence, proportion*", III. *explanation*, IV. "*inward debate of the soul*", V. "*continuous statement, narrative*, VI. "*verbal expression or utterance*", VII. "*a particular utterance, saying*", VIII. "*thing spoken of, subject matter*". Constata-se que a passagem se efetua da matemática (I-II), ao racional (prestação de contas ao outro ou a si mesmo, III-IV), depois ao lingüístico (do ponto de vista dos enunciados, da enunciação ou da referência). O primeiro parte da fala para chegar *via* razão, sua capacidade de julgar e avaliar, no sentido matemático de "relação, proporção, analogia", enquanto que, para o segundo, é a matemática que fornece o ponto de partida.

[12] N. do T. **Encore**, no contexto lacaniano, em que o significante e os significados todos estão implicados, é mais um intraduzível. Mais + Ainda + Outra Vez. O livro foi publicado em português com o título "Mais, ainda". E não podemos esquecer o contexto sexual, em que "encore" é o que ordena a mulher ao homem quando ainda quer gozar, em português de alcova, "não pára".

[13] J. Lacan, **Encore**, Le Seminaire, livro XX, Paris, Seuil, 1975.

[14] N. do T. Se Lacan falasse português, ao gozo masculino do Falo, contraporia o gozo feminino da Fala.

O ESPORTE COMO MEMÓRIA E FESTA NA HÉLADE

Fábio de Souza Lessa*

Analisar os jogos esportivos gregos como festa e memória significa pensarmos o sentido que as disputas atléticas adquiriam na sociedade helênica como elemento de identidade e de coesão social no decorrer do Período Clássico (séculos V e IV a.C.). Além de se constituírem em uma festa e em um espaço de integração social, os jogos eram um *locus* privilegiado para a construção de uma memória *políade*, pois o atleta vitorioso, ao se tornar um herói, se *eternizava* entre os seus *ísoi*.

A *pólis*, criação grega por excelência, se constituiu em uma forma de vida em *koinonía* calcada nos princípios da solidariedade, da aceitação do *outro*, da hierarquia jurídica, da *isonomía*, da *isegoría*, da publicidade da vida, das decisões coletivas, da ritualização, da hospitalidade, da honra e da vergonha, entre outros.

Para Jean-Pierre Vernant, a honra – *timè* – designa o *valor* que é reconhecido ao indivíduo e define a sua identidade, coincidindo com a consideração social que foi conquistada por ele (VERNANT, 1994, p. 20). Em um sentido bastante próximo da definição de Vernant, Peristiany afirma que *timè* significa estima, honra, dignidade; e no decorrer do Período Clássico, valor social e ordem de precedência. Este especialista apresenta, como primeiro requisito para a aquisição de honra, a necessidade de que esta seja reconhecida e respeitada pelo próprio grupo doméstico (PERISTIANY, 1988, pp. 147 e 154).

Há uma recorrência entre os autores contemporâneos que se dedicam ao estudo das práticas esportivas na Grécia antiga: a verdadeira aspiração do atleta era a honra e o respeito de todos os helenos. Diferentemente do discurso contemporâneo que exalta a competição e não o resultado, através do tão conhecido *slogan o importante é competir*, para o atleta grego antigo o importante era vencer. Segundo o poeta Píndaro[1], "o vencedor goza, para o resto da vida, uma ventura doce como o mel, graças aos prêmios. Um bem que se não perde acompanha os mortais até ao fim" (PÍNDARO. *Olímpicas* I, 96-99). Sendo assim, vencer *imortalizava* o atleta na memória da sociedade *políade* e o contrário o lançava à desonra, à vergonha social. Conforme analisou

*Professor doutor do Laboratório de História Antiga (LHIA) e do Programa de Pós-graduação em História Comparada (PPGHC) do Departamento de História da UFRJ.
fslessa@uol.com.br

Norbert Elias, a vergonha nos remete à esfera do medo, da degradação social e da superioridade de outras pessoas (ELIAS, 1993, p. 242). Em outras palavras, a vergonha relegaria o cidadão à *morte social*.

No processo de *imortalidade* do atleta vencedor, o papel da poesia era de vital importância. Ao poeta compete salvar do esquecimento aqueles que merecem (ROMILLY, 1984, p. 62) e esta tarefa se faz presente na obra de Píndaro. Este afirma que o único meio de imortalizar um feito é "obter, através do favor de Mnemosine do diadema brilhante, em cantos gloriosos, o prêmio pelas fadigas enfrentadas" (PÍNDARO. *Nemáicas*. VII, 12 ss.). Desta forma, os poetas têm um dom que, da mesma forma que os atletas, advém dos deuses e que permite a eles conferirem a imortalidade àqueles que a merecem. Podemos dizer que os heróis atletas tiveram as suas vitórias imortalizadas nas *Odes* de Píndaro de forma semelhante aos heróis guerreiros que tiveram suas façanhas imortalizadas nos cantos da poesia de Homero. Devemos ressaltar que, além dos poetas, os pintores e artesãos atuaram também com relevância significativa neste processo de construção de uma memória coletiva das práticas esportivas helênicas.

Mas, antes de discutirmos o processo de heroicização do vencedor nos jogos esportivos, é fundamental pensarmos na presença do esporte na formação do cidadão grego. A ginástica ocupava uma das áreas da *paideía* helênica. Platão e Aristóteles, por exemplo, enfatizam que a boa educação permite um equilíbrio entre o corpo – *sómata* – e a alma – *psikhás* –, proporcionando toda beleza e excelências possíveis (PLATÃO. *Leis*. VII, 788c-d. Ver: ARISTÓTELES. *Política*. VIII, 1336 a, 3-5). A ginástica, em especial, era entendida sempre como uma prática que contribuía para a *andreía* do cidadão (ARISTÓTELES. *Política*. VIII, 1337 b, 28), que certamente tinha na representação do corpo bem delineado, forte e rígido do atleta uma de suas expressões.

O esporte pode ser representado como um campo de disputa e de reafirmação de um corpo que, pelo esforço pessoal, atinge a glória, a honra. Um corpo que esbanja força, saúde, beleza, perseverança e virilidade (GOELLNER, 2005, p. 66). Esta colocação feita por uma especialista em Educação Física, ao analisar o filme *Carruagens de Fogo*, certamente pode representar uma permanência com o mundo antigo grego. Ressaltamos apenas que, na ideologia *políade*, o esforço físico exercido pelo atleta é metaforicamente coletivo. Isto porque a *pólis* enaltece os desafios, as disputas, as vitórias e, principalmente, o coletivo. Não nos esqueçamos de que o herói na *pólis* é o corpo cívico.

Apesar do mundo contemporâneo, a cada Olimpíada, diluir cada vez mais as fronteiras da masculinidade no esporte, este ainda continua visto, sob muitos aspectos, como algo *naturalmente* masculino, pois "há muito o esporte tem sido um campo privilegiado do exercício simbólico da virilidade e da construção de valores a ela agregados, visto que culturalmente foi e algumas vezes ainda é representado como um espaço masculino" (GOELLNER, 2005, p. 69). No mundo antigo grego, era um espaço exclusivamente de exercício da cidadania, logo, de atuação do cidadão pleno e da sua masculinidade. Aos não-cidadãos era vedada a participação nos jogos. Até mesmo porque as práticas esportivas ensinavam, e ainda ensinam, regras de solidariedade, de disciplina e de coletividade. É uma prática *civilizatória*, recorrendo a Norbert Ellias, e que na contemporaneidade atua, por exemplo, no sentido de reduzir os índices de violência urbana.

Além da *andreía* e da força, o tornar-se cidadão na Hélade pressupunha um conjunto maior de virtudes, no qual estão incluídas a agilidade de movimentos, a coletividade, a exposição pública, o exercício das atividade políticas, a habilidade com a palavra, a obediência à religião cívica, a defesa da *koinonía*, a prática esportiva, etc.. Este processo nos remete à própria noção de masculinidade. Aqui não iremos discutir tal noção numa perspectiva de História de Gênero, mas, sim, na sua vinculação estreita com o esporte.

Sendo um mosaico de elementos simbólicos, conforme destaca Maurício Murad, as práticas esportivas "... ajudam a traduzir o homem e o ser social que ele é, seus desejos, seus paradoxos e perplexidades, seus contextos e contradições" (MURAD, 2005, p. 76). Na visão de Norbert Elias, o esporte é uma categoria de atividade social que se desenvolveu inserida no processo de civilização, estando a sua continuidade com os Jogos Olímpicos gregos justamente no processo de civilização marcado pelo autocontrole dos comportamentos no conjunto das relações sociais (GARRIGOU; LACROUX, 2001, pp. 69-70). Na *pólis*, a prática esportiva é elemento de civilização, por isso, os não-gregos estão afastados dos jogos, conforme já mencionamos. Enquanto uma prática social e cultural, as atividades esportivas, além de manterem a unidade/identidade dos cidadãos, se constituem em uma das formas de *leitura* da estrutura social *políade*, explicitando o seu caráter *agonístico*.

Elemento de civilização, de coesão social, de disciplina e de solidariedade, o esporte também é memória e festa. Platão, por exemplo, enfatiza que "importa, pois, encher a vida com certa espécie de jogos: sacrifícios, cantos, danças para podermos obter da parte dos deuses a graça de repelir os inimigos e alcançar a vitória nos combates" (PLATÃO. *Leis.* VII, 803 c).

Os atos rituais na *pólis* eram essencialmente públicos e realizados através de festas religiosas, permitindo o estabelecimento de uma solidariedade comum (MURIEL, 1990, p. 134; THEML, 1998, p. 55). Aristóteles enfatiza este aspecto quando destaca que a comunidade política oferece sacrifícios e programa reuniões para esse fim, honrando os deuses e promovendo aprazíveis recreações para si mesma (ARISTÓTELES. *Ética a Nicômaco.* VIII, 9, 20-25).

É uma recorrência constante na historiografia contemporânea a afirmação de que todo ato na *pólis* é um ato religioso. As práticas esportivas confirmam tal afirmação, pois elas se constituíam em um ritual religioso e aconteciam em um santuário. Os vencedores compartilhavam do esplendor dos deuses e da vida atemporal dos primeiros vencedores míticos (YALOURIS, 2004, p. 82). Píndaro afirma que "dos deuses vem todo o engenho que dá as qualidades aos mortais" (PÍNDARO. *Píticas.* I, 41-42). Segundo ainda o poeta tebano, os atletas vitoriosos recebem o néctar, dom das Musas (PÍNDARO. *Olímpicas.* VII, 7-8), assim como a ambrosia, alimento reservado aos deuses. Logo, podemos verificar que os atletas, ao serem vitoriosos, se aproximam dos deuses. A vitória nos jogos era a mais alta honra a que um mortal podia certamente aspirar (YALOURIS, 2004, p. 82).

Passemos agora a analisar as virtudes inerentes a um atleta vencedor enfatizadas tanto pela poesia de Píndaro quanto pela criação dos pintores áticos. Logo de início, podemos destacar a existência de um discurso ideológico *forjado* pela sociedade *políade* que enfatiza o ideal de cidadão. Podemos afirmar que este modelo idealizado de cidadão tinha nos jogos um momento ímpar de divulgação. Sabemos que os jogos helênicos excediam em muito aos limites das práticas esportivas. Eles se constituíam em um espaço de divulgação de informações para todo o mundo helênico. Era um espaço público de plena efervescência das *póleis*.

Na poesia de Píndaro, o herói vencedor nos jogos possui as seguintes virtudes: atribui aos deuses ações belas (*Olímpicas* I, 38), coragem (*Olímpicas* I, 81-82), força (*Olímpicas* I, 95 e VI, 15;*Píticas* VIII, 10), imortalidade (*Olímpicas* I, 96-99; *Píticas* VIII, 90), riqueza, respeito e honra (*Olímpicas* II, 11; VII, 10 e VII, 88-90; *Píticas* I, 99 e VIII, 78), é um leal combatente (*Olímpicas* VII, 15), não se utiliza da violência (*Olímpicas* VII, 91-92; *Píticas* VIII, 15), recebe dos deuses suas virtudes (*Píticas* I, 41-42), recebe o néctar (*Olímpicas* VII, 78), recebe a coroa (*Olímpicas* II, 51 e VII, 81-85; *Píticas* I, 38; I, 100 e X, 25-29) e são heróis (*Píticas* I, 41).

Assim sendo, o herói atleta é um cidadão que cultua os deuses, é forte, viril, leal, corajoso, não utilizador da violência, honrado e imortalizado na memória dos homens através do prestígio social dos seus feitos. Podemos dizer que a verdadeira aspiração do atleta "era, porém, algo ainda maior: a fama e o respeito de todos os helenos, que constituía a mais imperecível de todas as coroas" (YALOURIS, 2004, p. 3).

A idealização do atleta vencedor construída pelos pintores áticos mantém semelhanças com o pensado pela literatura. Passemos à análise imagética de duas cenas áticas do século V a.C.

Aplicaremos às imagens o método de leitura semiótica proposto por Claude Calame[2]. As imagens são, da mesma forma que um texto escrito, suportes de informação. Porém, diferentemente da grande maioria dos gêneros literários, elas nos legam maiores dados sobre a vida cotidiana. Fruto normalmente de uma encomenda, a cerâmica ática expressa nos seus *textos* o mundo idealizado pelo corpo cívico e que legitima a própria vida em *koinonía*. É necessário ainda ressaltar que as imagens constituem uma linguagem específica, sendo essencial analisar os elementos que as compõem e suas combinações. Isto significa dizer que as imagens devem ser imediatamente recolocadas nos seus diversos contextos: cultural, histórico e social (FRONTISI-DUCROUX, 1994/95, pp. 204-205). Sendo a imagem uma linguagem específica e também heterogênea, ela se distingue do mundo real e propõe, através dos signos particulares do próprio mundo real, uma representação escolhida e necessariamente orientada (JOLY, 1996, p. 48). Logo, elas revelam um discurso ideológico.

Na primeira imagem representada numa ânfora temos apenas um personagem no centro da cena. Os signos que o caracterizam como um vencedor de uma das modalidades esportivas são os ramos de palmeira em suas mãos e as fitas de lã vermelhas amarradas em sua perna e braço esquerdos, que recebiam do *hellanodíkes* imediatamente após a sua vitória, já que no mundo antigo a premiação somente acontecia no último dia dos jogos (YALOURIS, 2004, p. 150). O elmo na cabeça do atleta é considerado por Panos Valavanis como raro nas imagens (VALAVANIS, 2004, p. 377).

Figura 1

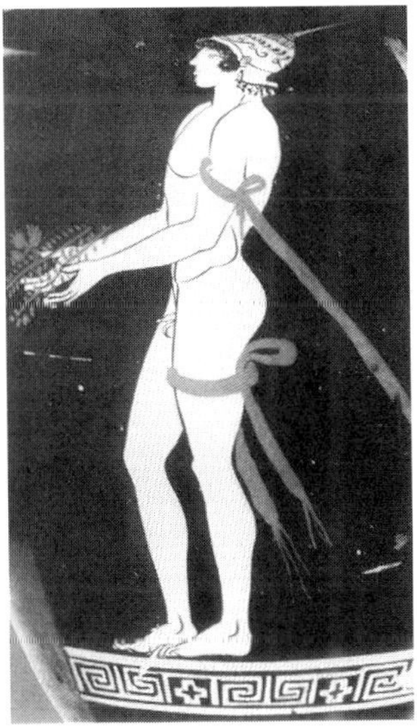

Localização: Hermitage Museum, St. Petersburg, Temática: atleta vitorioso, Proveniência: não fornecida, Forma: ânfora, Estilo: Figuras Vermelhas, Pintor: não fornecido, Data: 490 a.C., Indicação Bibliográfica: YALOURIS, 2004, p. 151, fig 56; VALAVANIS, 2004, p. 377, fig. 543.

Signo bastante presente nas atividades religiosas, a fita de lã era comumente usada para adornar objetos religiosos. A cor vermelha realçava o seu poder, que era transmitido aos homens que as portassem. As folhas de palmeiras aparecem vinculadas a Teseu que, quando retornou de Creta, teria organizado os jogos em Delos em honra a Apolo. Nestes jogos, os vitoriosos eram coroados com um ramo de palmeira (YALOURIS, 2004, p. 150). Os jogos, tanto na imagética quanto na literatura, aparecem vinculados ao passado mítico helênico.

Outro signo que denota ser o personagem um atleta é a nudez do corpo. Esta entre os gregos antigos tinha significados específicos. Além de distinguir os fortes dos vulneráveis, o corpo desnudo dos helenos evidenciava quem era civilizado. O atleta grego em qualquer idade se exercitava completamente despido, demarcando sua alteridade face ao *bárbaro* (MARROU, 1990, p. 200). Richard Sennett associa a nudez à forma de governo democrática adotada pelos atenienses, evidenciando que esta forma de governo dava à liberdade de pensamento a mesma ênfase atribuída à nudez, isto porque o ato de se exibir confirmava a sua dignidade de cidadão, reforçando os laços cívicos (SENNETT, 1997, p. 30).

A representação do corpo do atleta, através da sua proporcionalidade geométrica, explicita as virtudes da força, da rigidez, da exposição pública e da *areté*.

O personagem aparece em perfil, forma mais comum de representação nas imagens áticas. No caso deste tipo de representação, a veiculação da mensagem não permite um diálogo direto com um enunciador-destinatário externo; isto é, não se estabelece uma interação com o público e a cena adquire a conotação de um exemplo a ser seguido pelos receptores (CALAME, 1986, p.108).

Na imagem seguinte – figura 2 – temos representado na cena o momento da entrega das fitas e ramos ao atleta vencedor. Vemos quatro personagens representados. Há na imagem duas oposições nítidas: uma entre o nu e o vestido, e outra entre adulto e jovem. A presença ou a ausência de barba é o signo mais recorrente na imagética ática para indicar idades masculinas. Da mesma forma que na imagem anterior, temos nesta dois jovens atletas imberbes e nus e, certamente, dois *hellanodíkai* barbados e vestidos. Um dos atletas, aquele da esquerda, está recebendo os ramos de palmeiras e as fitas vermelhas. Os dois personagens adultos possuem fitas na cabeça, o que pode indicar que já foram atletas vitoriosos.

A cena se passa no mesmo quadro espaço-temporal, pois existe entre os personagens uma sincronia de movimentos e gestos. Os jogos de olhares, como na imagem anterior, está em perfil, denotando neste caso que a mensagem deve ser *lida* como um modelo a ser seguido pelo público-receptor. Neste caso, possivelmente a imagem se destina a um grupo de jovens que está sendo iniciado na prática cívica. Outra característica que podemos elencar sobre os receptores é o seu *status* social. Devido à riqueza da decoração dos vasos, podemos concluir que eles se destinavam a um grupo social mais abastado. Também podemos ressaltar que o alcance das mensagens veiculadas nas imagens era seguramente mais amplo do que o difundido pela literatura, pois a cerâmica circulava num âmbito mais amplo, incluindo pobres e ricos, além de letrados e iletrados.

Figura 2

Localização: Staatliiche Antikensammlungern, Munich, Temática: atleta vitorioso, Proveniência: não fornecida, Forma: *hydria*, Estilo: Figuras Vermelhas, Pintor: não fornecido, Data: 490-480 a.C., Indicação Bibliográfica: YALOURIS, 2004, p. 155, fig. 58; VALAVANIS, 2004, p. 378, fig. 544.

Pelas duas imagens que analisamos, pudemos perceber que o esporte unia a comunidade *políade* numa dimensão muito mais ampla do que imaginamos no início da pesquisa. Nas cenas de premiação do atleta vencedor, os signos constantes são a fita de lã e a coroa. A confecção das coroas e a tecelagem das fitas de lã são tarefas femininas. Logo, as mulheres, apesar de não participarem das competições, atuam na produção dos signos que *eternizarão* os atletas vitoriosos. Desta forma, toda a população *políade* se faz presente e integrada na festa e na memória dos jogos olímpicos.

Como conclusão, podemos enfatizar que os jogos esportivos produziam a identificação social, marcando-se bem o *eu* e o *outro*; representavam uma ocasião para a promoção social individual, familiar ou de grupo, implicando prestígio social; materializavam a identidade sociocultural helênica; promoviam a situação de comunidade, de unidade, diminuindo a situação de dispersão social, uma comunicação direta, promovendo a coesão cívica e elevando o cidadão à condição de herói.

NOTAS

[1] Dos escritos do poeta Píndaro (518-438 a.C.), sobreviveram apenas seus cantos de vitória para os atletas. De acordo com Jacqueline de Romilly, ele "nada descreve dos feitos que celebra. Nada diz tampouco da vida dos vencedores. Vai direto ao significado mais elevado do feito, considerado no que este representa de universal e de simbólico para a vida humana em geral" (ROMILLY, 1984, p. 58).

[2] O método de leitura semiótica de imagens proposto por Claude Calame pressupõe que:

1º. verifiquemos a posição espacial dos personagens, dos objetos e dos ornamentos em cena;

2º. façamos um levantamento dos adereços, mobiliário, vestuários e os gestos estabelecendo repertório dos signos;

3º. observemos os jogos de olhares dos personagens.

3.1. olhares de perfil: o receptor da mensagem do vaso não está sendo convidado a participar da ação. Neste caso, o personagem deve servir como exemplo para o comportamento do receptor;

3.2. olhares de três quartos: o personagem que olha tanto para o interior da cena quanto para o receptor está possibilitando, a este último, participar da cena;

3.3. olhares em frontal: personagem convida o receptor a participar da ação representada (CALAME, 1986).

BIBLIOGRAFIA

ARISTOTLE. **Politics**. Trad. H. Rackham. Cambridge: The Loeb Classical Library, 1990.

__________. **Nicomachean Ethics**. Trad. H. Rackham. London: Harvard University Press, 1994.

CALAME, Cl. **Le Récit en Grèce Ancienne: Enonciations et Representations de Poètes**. Paris: Meridiens Klincksieck, 1986.

ELIAS, N. **O Processo Civilizatório**. Rio de Janeiro: Zahar, 1993, 2v.

FRONTISI-DUCROUX, F. *L'Image et la Cité*. **Métis: Revue d'anthropologie du monde grec ancien**. Vol. IX-X, 1994/5.

GARRIGOU, A.; LACROUX, B. **Norbert Elias: A Política e a História**. São Paulo: Perspectiva, 2001.

GOELLNER, S.V. *Jogos Olímpicos e desafios*. *In*: MELO, V.A. e PERES, F. **O Esporte vai ao cinema**. Rio de Janeiro: Editora Senac Nacional, 2005.

JOLY, M. **Introdução à Análise da Imagem**. São Paulo: Papirus, 1996.

MARROU, H-I. **História da Educação na Antigüidade**. São Paulo: EPU, 1990.

MURAD, M. *Jogos Olímpicos e Política*. *In*: MELO, V.A. e PERES, F. **O Esporte vai ao cinema**. Rio de Janeiro: Editora Senac Nacional, 2005.

MURIEL, C. E. **Grecia: Sobre los Ritos y las Fiestas**. Universidad de Granada, 1990.

PERISTIANY, J.G. *Honra e Vergonha numa Aldeia Cipriota de Montanha*. *In*: PERISTIANY, J.G. **Honra e Vergonha: Valores das Sociedades Mediterrânicas**. Lisboa: Fundação Calouste Gulbenkian, 1988.

PINDARE. **Olympiques**. Trad. Aimé Puech. Paris: Les Belles Lettres, 1999.

________. **Néméennes**. Trad. Aimé Puech. Paris: Les Belles Lettres, 1967.

________ **Pythiques**. Trad. Aimé Puech. Paris: Les Belles Lettres, 1977.

PLATO. **The Laws**. Trad. R.G. Bury. London: William Heinemann, 2 vols., 1984.

ROMILLY, J. **Fundamentos da Literatura Grega**. Rio de Janeiro: Zahar, 1984.

SENNETT, R. **Carne e Pedra**. Rio de Janeiro/São Paulo: Record, 1997.

THEML, N. **O Público e o Privado na Grécia do VIII ao IV séculos a.C.: O Modelo Ateniense**. Rio de Janeiro: Sette Letras, 1998.

VALAVANIS, P. **Games and Sanctuaries in Ancient Greece**. Athens: Kapon, 2004.

VERNANT, J-P. **O Homem Grego**. Lisboa: Presença, 1994.

YALOURIS, N. **Os Jogos Olímpicos na Grécia Antiga**. São Paulo: Odysseus, 2004.

TRÓIA EM FESTA:
AS BODAS DE HEITOR E ANDRÔMACA NO *FR. 44 VOIGT*, DE SAFO

Giuliana Ragusa*

Para iniciar a leitura desta comunicação, cito a tradução do Fr. 44 Voigt, conhecido como "As bodas de Heitor e Andrômaca", da autoria de Safo, a célebre poeta da ilha de Lesbos nascida em torno de 630 a.C.:

(...)
Chipr(e ?/ Ciprogênia?) [- 22]...;
Veio o arauto ... [- 10 -]... [...]...
Ideu ... ...[..]... ... ... , veloz mensageiro:
< ">
e do resto da Ásia ...[.]... glória imperecível.
Heitor e os companheir[o]s a de vivos olhos trazem
de Tebas sacra e da Plácia de [fo]ntes perenes – ela,
delicada Andrômaca –, nas naus, sobre o salso
mar. E muitos [bra]celetes áureos e vestes
de púrpur[a] fragr[an]tes, adornos furta-cor,
incontáveis cálices prateados e marfins".
Assim falou; e rápido ergueu-se o p[a]i querido;
e a nova, cruzando a ampla cidade, chegou aos amigos.
De pronto os troianos às carruagen[s] de boas rodas
atrelaram as mulas, e nelas su[b]iu toda a multidão
de mulheres e junto as virgen[s] (...[..]...) tornozelos,
mas apartadas as fil[h]as de Príamo[
e cava[los] os homens atrelaram aos ca[rros
[ ](...) moços solteiros, e por um largo espa[ç]o [
[ ](...) os condutores das carruagens [.....].[
[ ](...)[

*Professora doutoranda do Programa de Pós-graduação em Letras Clássicas da USP.

< desunt aliquot versus >
s]ímeis aos deuse[s
] sacro, em multidõ[es
rumou [ ]... em direção a Íli[o
e a flauta de doc[e] som [ ] se mistur[ou
e o s[o][m das c]astanhol[as] e então as vir[gens
cantaram uma canção sac[ra e che]gou aos céus
eco divino ...[
e em toda parte estava ao longo das ru[as
crateras e cálices ... [...] ... [..] ... [.].[
mirra e cássia e incenso se misturavam,
e as mulheres soltavam alto brado, as mais velha[s,
e todos os homens entoavam adorável e alto
peã invocando o Arqueiro hábil na lira, Apolo,
e hineavam Heitor e Andrômaca, aos deuses símeis.

(RAGUSA, 2005, p. 443).

Centrado no universo da saga de Tróia, esse fragmento, de forte sabor épico, divide-se em dois momentos distintos. No primeiro (vv. 1-10), o arauto Ideu profere sua mensagem em discurso direto, anunciando a todos a vinda de Heitor e Andrômaca. No segundo (vv. 11-34), essa notícia se espalha pela cidade e inicia-se uma procissão festiva em honra dos noivos. A linguagem, a atmosfera e a métrica dessas etapas ecoam a tradição épico-homérica, mas a cena das bodas de Heitor e Andrômaca ou, mais precisamente, da chegada do casal à terra do noivo não encontra, até onde se sabe, paralelo na épica ou mesmo na iconografia em torno de suas personagens míticas (PERNIGOTTI, 2001, p. 16).

O tempo da narrativa é o passado que, em linguagem altamente imagética, a memória do narrador distanciado vai reconstituindo, remontando as cenas do evento festivo, das quais a primeira legível no texto é a chegada de Ideu (vv. 2-3), o mais célebre dos arautos troianos da *Ilíada*, caracterizado em Safo como *tákhus ángelos* (*"veloz mensageiro"*, v. 3), uma fórmula épico-homérica. Depois, Ideu profere uma fala (vv. 3ª-10) reproduzida em discurso direto, cujo efeito é o de presentificar uma ação passada. O início dessa fala se perdeu, conforme sinalizam os versos 3ª - em branco, que pode encobrir um ou mais versos (GRENFELL e HUNT, 1914, p. 48) e 4, em que lemos somente *"Ásia"* – em primeira ocorrência – e *kléos áphthiton* (*"glória imperecível"*), síntese de um ideal heróico a alcançar e a ser preservado, sobretudo, pelo canto épico.

Essa famosa expressão aparece em Homero apenas uma vez, no canto IX da *Ilíada*, numa fala de Aquiles em que declara que, ficando em Tróia, não retornará à sua terra, a Ftia, mas alcançará, pelos seus feitos na arena da guerra, *kléos áphthiton* (v. 413). No caso do fragmento de Safo, é impossível observar o contexto em que essa expressão é empregada, mas o *kléos áphthiton* pode ser o "casamento [de Heitor] com a própria Andrômaca" (RISSMAN, 1983, p. 123).

Entre os versos 5 e 10, o discurso do arauto é legível e se concentra na noiva, que é, afinal, o centro das atenções na celebração do casamento. Ideu a ela atribui uma dupla adjetivação: *elikópida*, *"de vivos olhos"* (v. 5) e *ábran*, *"delicada"* (v. 7).

O epíteto composto *elikópida* (do ático *helíkops*) aparece em Homero, no feminino singular, uma única vez, na *Ilíada* (I, v. 98), para qualificar Criseida. A tradução *"de vivos olhos"* é uma das possibilidades para a primeira parte do epíteto, que significa também "negro, escuro". Similar a ele é um outro composto cuja primeira ocorrência consta da *Teogonia* (v. 16), de Hesíodo, o epíteto *helikoblépharon*, que comporta a mesma tradução de *elikópida* e caracteriza Afrodite sublinhando, a um só tempo, sua vivacidade e caráter *coquette* (EVELYN-WHITE, 1998, p. 79). Em ambos é notável a atenção dada aos olhos e ao brilho e movimento deles, e seu emprego no feminino marca a vivacidade das moças e sua sensualidade erótica (GOFF, 1990, p. 20).

Além de *elikópida*, Andrômaca é *ábran* (v. 7), *"delicada"*, epíteto que vem de *habrosúne* ("delicadeza, luxúria, malemolência"), cujas formas adjetivas são freqüentes em Safo. No *Fr. 44 Voigt*, *ábran* caracteriza uma noiva recém-casada, transferindo-lhe, como faz *elikópida*, feminilidade, sensualidade e erotismo (ROMÈ, 1965, p. 230).

Após apresentá-la, Ideu anuncia o dote de Andrômaca conduzido pelo noivo nas naus sobre o *"salso mar"* (v. 7) – diz o epíteto homérico *álmuron* – a Tróia: áureas jóias, tecidos purpúreos fragrantes, adornos, cálices de prata, marfim. O vocabulário grego dos versos 8 a 10 – *"muitos braceletes áureos"* (*pólla elígmata khrúsia*, v. 8); *"vestes / de púrpura fragrantes"* (*kámmata / porphúra kataútmena*, vv. 8-9); *"adornos furta-cor"* (*poíkl' athúrmata*, v. 9); *"incontáveis cálices prateados"* (*argúra t' anárithma potéria*, v. 10); *"e marfins"* (*kaléphais*, v. 10) –, que elencam os dons do dote da noiva reúne itens que são produtos de luxo exportado aos gregos pelos povos orientais (cf. MARZULLO, 1958, pp. 140-150).

Como entender esse dote? O casamento na vida das jovens gregas é uma etapa que funciona como divisor de águas, pois, além de conferir-lhes um novo *status* social – o de esposa –, acarretava, entre outras mudanças, a saída da casa paterna e às vezes também da pátria, a inserção na casa do marido e/ou numa realidade geográfica e cultural diversa. Nesse processo, a mulher passa por uma "transformação", pois ela "parte de uma casa como filha e chega a outra casa como esposa. A filha que o pai entregou ao noivo simplesmente desaparece" (REDFIELD, 1982, p. 187) e surge, em novo contexto, a mulher. No fragmento de Safo, Andrômaca está em pleno processo de transferência da casa paterna e da terra-mãe para a casa e a terra estranhas de seu noivo, e de mudança da sua fase de moça virgem (*koúre* ou *parthénos*) para a de mulher (*gúne*).

O sinal mais importante de que uma união é legítima na Grécia antiga é a entrega ao noivo dos *hédna*, "dotes", da noiva, acumulados pelo pai desta. No *Fr. 44 Voigt*, essa cena não é narrada, mas pode ser pressuposta, pelo fato de Andrômaca ser trazida juntamente com seu dote, uma indicação de que se trata de "um casamento nobre que sela, através da filha, a aliança de duas famílias" (VERNANT, 1999, pp. 55-56).

Após a descrição do dote, cessa o discurso de Ideu, conforme marca a expressão *ôs eĩp'* (*"Assim falou"*), no início do verso 11, que ecoa a fórmula épico-homérica de começo de verso *hôs eipôn* (*"Assim falando"*). Desse ponto ao último verso do fragmento, vemos a família de Heitor e os troianos a aprestarem os preparativos para a recepção dos noivos. O movimento inicial sentido é dado por Príamo, rei de Tróia (v. 11). A seguir, a *pháma*, a *"nova"* se move atravessando a *"ampla cidade"* – caracterização épica de Tróia, *ptólin eurúkhoron* (v. 12).

O verso 13 abre a procissão festiva que ocupará a cena narrativa. Eis aqui um dos acontecimentos típicos das cerimônias de casamento, celebrações "usualmente elaboradas e que se estendiam por muitos dias" (REDFIELD, 1982, p. 188). Essas características permitem que a cerimônia das bodas seja vista como uma espécie de "ornamentação ao ato sexual" (REDFIELD, 1982, p. 188), que é a consumação da união e que deve ser consentida. Toda a festividade servirá a esse propósito, criando uma atmosfera favorável ao enlace dos noivos, que devem ser levados a se desejarem sexualmente. Para tanto, sucedem-se rituais como o banho e o adornamento da noiva, sua apresentação e a retirada de seu véu aos olhos do noivo, a procissão cercada de vinho, música e comida, o acompanhamento dos noivos aos aposentos nupciais, o canto de epitalâmios, canções de casamento em que os noivos são elogiados.

A narrativa da procissão sáfica divide-se em dois blocos. No primeiro, vemos *"os troianos"* (*Ilíadai*, v. 13) a prepararem as *"carruagens de boas rodas"* (v. 13) e os *"carros"* (v. 17). Naquelas, as *satínais*, "carruagens para mulheres" (RISSMAN, 1983, p. 132), sobem *"toda a multidão / de mulheres e junto as virgens* [*partheníkan*]*"* (vv. 14-15); nestes, os *ármata*, sobem os homens. Além disso, as *satínais* são conduzidas por *"mulas"* (*aimiónois*); os *ármata*, por *"cavalos"* (*íppois*). Como se vê, as mulheres são levadas por criaturas resistentes, mas feias e mais facilmente domáveis; os homens, por belos e vigorosos animais, e menos previsíveis.

As *partheníkan*, qualificadas por um epíteto composto cuja primeira metade está corrompida (*?-phuron*, *"?-tornozelos"*)[1], se distinguem socialmente das *"mulheres"* (*gunaíkon*). Estas se inserem na idade adulta, pois têm vida sexual e são as responsáveis pelos principais trabalhos da casa. Aquelas não são iniciadas sexualmente, embora dotadas de sensualidade e não da pureza evocada pela palavra "virgem" na tradição judaico-cristã – no mundo grego, a virgindade era "preciosa e não voluntariamente abandonada" (REDFIELD, 1982, p. 191); todavia, não era um tabu.

No verso 16, vemos as *"filhas de Príamo"* ascenderem às carruagens, *"mas apartadas"* das outras mulheres e virgens. Com isso, estabelece-se mais uma distinção claramente hierárquica entre as troianas comuns e as princesas: todas participam da festa, porém em condições distintas. Desse ponto em diante, o fragmento vai se tornando ilegível. Nos versos 18-20, lêem-se duas palavras e algumas letras; segue-se a isso uma lacuna de um número desconhecido de versos. Entre os versos 21-23, lemos: *íkeloi théois*, *"símeis aos deuses"* (v. 21), expressão de elogio aos noivos usual nos epitalâmios; *"sacro, em multidões"* (v. 22); *"rumou"* e *"em direção a Ílio"* (v. 23).

Os versos 24 a 27 voltam a tornar mais clara a cena da procissão em que, além dos carros e carruagens e seus passageiros, é plena de música: soam a *"flauta de doce som"* (v. 24) que a algo se mistura, as *"castanholas* [*krotálon*]*"* (v. 25), referidas pela primeira vez aqui, e a *"canção sacra"* (v. 26) que as *párthenoi* (*"virgens"*, v. 25) cantam. Dessa canção sobe aos *"céus"* (v. 26) o *"eco divino"* (v. 26), diz a expressão épico-homérica *ákho thespesía* (v. 26) que é marcial na *Ilíada* (canto VIII, v. 159) e festiva e agradável aqui, tanto aos ouvidos mortais quanto aos imortais, aos quais ascende em clara indicação de que o sagrado paira sobre as bodas de Heitor e Andrômaca.

Nos versos 28 a 29, lemos que algo *"em toda parte estava"* – talvez a música – e aparecem na cena *"crateras e cálices"*, decerto para o vinho e um provável banquete. E diz o verso 30: *"mirra e cássia e incenso se misturavam"* não sabemos a quê. Esses arômatas aqui referidos pela primeira vez vinham do Oriente e foram adotados pelos gregos em duas esferas principais: a dos rituais de sacrifícios aos deuses – queimadas, essas substâncias exalavam uma fumaça que carregava as fragrâncias aos deuses como oferendas – e a do casamento. Nessa esfera, a "mirra e os arômatas encontram ali o seu lugar, dessa vez [...] como perfumes, provocando por sua virtude afrodisíaca a emoção do desejo e a aproximação dos sexos" (VERNANT, 1999, p. 127), necessárias para estimular a sua consumação na união sexual dos noivos.

No *Fr. 44 Voigt*, os arômatas apontam, de um lado, para a presença dos deuses e para o sopro sacro que perpassa as bodas de Heitor e Andrômaca, e, de outro, para o caráter sensual implícito nas festividades nupciais e indicado antes na caracterização de Andrômaca, nos artigos de seu dote e na inserção da música, do vinho e das próprias substâncias aromáticas *"mirra e cássia e incenso"* (v. 30). A sensualidade também emana da mescla sáfica em que sobre a tradição grega épico-homérica pairam ares de novos tempos e espaços e de outra tradição poética. A sensualidade está, ainda, na idéia da mistura que estrutura o fragmento de Safo e que está plasmada nas formas verbais *onemígnuto* (*"se misturou"*, v. 24), referente à música, e *onemeíkhnuto* (*"se misturavam"*, v. 30), referente aos arômatas, derivadas de *meígnumi* ("misturo, mesclo"), freqüentemente usado no sentido da fusão sexual entre amantes.

O cenário da procissão guarda, portanto, múltiplas dimensões: a geográfica, a visual, a sonora, a odorífera, a divina, a sensual. No último bloco (vv. 31-34), a festa arrebata toda a cidade: as mulheres *"mais velhas"* soltam *"alto brado"* (v. 31); os *"homens"* entoam *"adorável e alto / peã invocando o Arqueiro* [*Ekábolon*] *hábil na lira* [*eulúran*]*"* (vv. 32-33), Apolo, deus do arco e flecha e da arte da lira. As vozes dos troianos hineam Heitor e Andrômaca, *"aos deuses símeis"*, *theoeikélois*, epíteto que fecha a narrativa como um elogio que retoma a expressão do verso 21, *íkeloi théois*, para a qual a tradução é a mesma; esta, por sua vez, devia se referir a Heitor e Andrômaca, talvez no momento de sua chegada a Tróia.

Eis, aqui, um dos elementos usados em favor de uma tese que, em última instância, visa resolver o desconforto da singularidade do *Fr. 44 Voigt* no *corpus* sáfico: sendo o tema as bodas do casal e havendo no seu tratamento o elogio dos noivos – aspecto característico do gênero praticado por Safo[2] –, o fragmento seria, por essas razões fundamentalmente, um epitalâmio, uma "canção de casamento", cuja finalidade era a de suscitar a atração sexual entre os noivos. Essa tese, porém, não se afirmou e o texto é normalmente considerado o único exemplar entre os fragmentos da poeta de lírica narrativa[3]. Entre os argumentos contrários à sua admissão, dois são mais relevantes: o de que nenhum outro epitalâmio da poeta tem o metro usado no *Fr. 44 Voigt* e o de que a história do casal mítico configura-se como, no mínimo, inadequada para os festejos matrimoniais, que deviam ser alegres e plenos de bons presságios para os noivos (REDFIELD, 1982, p. 182). Para sublinhar essa idéia, passo à *Ilíada*, sobretudo aos cantos VI, XXII e XXIV.

No canto VI, conhecido pela cena de despedida do casal, Andrômaca, cujo renome advém, entre outras coisas, de sua riqueza material (RISSMAN, 1983, p. 125), é referida como *álokhos polúdoros*, *"esposa de múltiplos dons"* (v. 394) – "provavelmente uma esposa que trouxe muitos dons na forma de um dote ao invés de meramente uma esposa generosa" (KIRK, 1995, pp. 210-211). Para o leitor do *Fr. 44 Voigt*, de Safo, é imediata a associação do epíteto aos versos do discurso de Ideu que listam o rico dote da noiva de Heitor. Além disso, o poeta fala de um elemento de identificação muito importante: a genealogia. Ela é filha de Eecião (v. 395), rei na cidade de Tebas, no sopé do monte Placo, na Ásia Menor. No fragmento sáfico, não há menção à genealogia ou mesmo à família de Andrômaca, mas a mesma geografia, outro elemento de identidade, é apontada na fala de Ideu.

Após essa apresentação de Andrômaca, o canto VI enfatiza a legitimidade da união, já sinalizada pela palavra grega *álokhos*, *"esposa"* (v. 394), pois diz que Eecião deu a filha a Heitor (v. 398). Em Safo, é o próprio dote que confirma tal legitimidade.

A dor, a emoção e o sofrimento comovente de Andrômaca e Heitor marcam o tom do derradeiro encontro de ambos. Morto Heitor, a ela restará a viuvez e a escravidão nas mãos do inimigo; ao filhinho deles, Astiánax, restará a orfandade. Ela mesma já perdeu o pai e os sete irmãos, todos mortos por Aquiles – que será, trágica ironia, o algoz de Heitor –, e também a mãe, escravizada pelo herói grego e, depois de libertada, morta pela deusa Ártemis. Perder Heitor é perder tudo, novamente, declara a ele a triste jovem (vv. 429-430). Heitor não oculta a plena consciência (v. 447) de seu fim e do fim de Tróia, de Príamo e dos troianos, tão próximos, mas afirma que sua maior dor virá da imagem e do lamento da esposa escravizada pelo inimigo e desamparada.

Todo o encontro do casal é, pois, um longo adeus à sombra da tragédia que se abaterá sobre o herói, chorado como morto ainda em vida, e sua esposa. Assim, enquanto o *Fr. 44 Voigt* celebra a união de Heitor e Andrômaca, cuja chegada próxima o arauto Ideu anuncia a todos, o que faz espalhar festa e alegria pela cidade que sai em procissão, o canto VI da *Ilíada* canta a separação trágica e iminente dos cônjuges. Depois disso, Andrômaca será o centro de dois poderosos momentos: aquele em que ela, em meio a uma cena doméstica, recebe a notícia da morte de Heitor pelas mãos de Aquiles – o matador do pai e dos irmãos da jovem e, agora, daquele que era, além de marido, toda a sua família –, no canto XXII, e aquele em que ela fala ao cadáver do marido, no canto XXIV.

No *Fr. 44 Voigt*, de Safo, um arauto anuncia a chegada dos noivos *"aos deuses símeis"*, a uma Tróia em festa. No canto final da *Ilíada*, a irmã de Heitor, Cassandra, similarmente, anuncia a chegada deste – não o herói, mas o seu cadáver (vv. 695-774). Aqui, não é a alegria e a celebração das bodas e da vida que arrebatam a cidade, mas a dor, o pranto e o sofrimento da separação definitiva. Em Safo, Heitor vinha numa nau e carros e carruagens conduziam os troianos na procissão. Em Homero, o corpo do herói vem trazido num carro tocado por mulos e acompanhado apenas pelo velho e abatido pai. Nas bodas, a multidão cantava alegremente em honra dos noivos; na morte, o cadáver de Heitor sobre um leito é cercado por trenos (v. 720), canções fúnebres de lamento e pelo pranto das mulheres.

Aproximando-se do marido, a jovem viúva inicia seu *góoio*, seu *"lamento"* (v. 723), sustentando entre as mãos a cabeça de Heitor (vv. 723-745). A dor domina Andrômaca, que termina sua fala em prantos compartilhados pelas mulheres ao seu redor (vv. 746-747). Aqui, como no canto VI (vv. 500-502), a "expressão individual da dor do sofredor é respondida por um eco que afirma a participação da comunidade no sofrimento e na perda [...]" (SEGAL, 1971, p. 35). No *Fr. 44 Voigt*, ao contrário, as vozes de Tróia amplificam a alegria pelas bodas do casal.

Como se vê por essa breve exposição, a história de Heitor e Andrômaca, que primeiro conhecemos pelo poema homérico, está profundamente marcada pela tragédia, pela morte e pela separação inexorável e irremediável. Logo, a atmosfera festiva do *Fr. 44 Voigt* e o contexto de união da narrativa de Safo são completamente distintos da atmosfera e do contexto da *Ilíada*. Esse fato subjaz, de certa forma, ao cenário das bodas, cujos elementos lembram os paralelos que são "especificamente gregos [...] entre o casamento e o funeral" (REDFIELD, 1982, p. 188):

> "Ambas as cerimônias são literalmente ritos de passagem e envolvem uma mudança de residência. Em ambos os casos, a jornada é feita num carro [...] Em ambos os casos, a procissão é acompanhada por flautas [...] Ambas as cerimônias envolvem o canto coral [e] banquetes [...] O funeral, como o casamento, é uma preocupação especial das mulheres. [...]" (REDFIELD, 1982, pp. 188-189).

Na *Ilíada*, acompanhando a cerimônia fúnebre de Heitor, seguimos vários desses passos (vv. 695-804). Na imagem sáfica das bodas também. E em ambos os casos, o funeral e o casamento começam no âmbito privado, mas logo passam ao público.

Por fim, cabe destacar mais uma vez a última palavra do *Fr. 44 Voigt*, *theoeikélois*, epíteto na épica atribuído aos heróis e, na *Ilíada*, a Aquiles (I, v. 131; XIX, v. 155), cujo *kléos* ("glória") é objeto de canto épico (RISSMAN, 1983, p. 124). Ao empregá-lo para qualificar Heitor e Andrômaca, Safo nos faz pensar no algoz de ambos, Aquiles, o que se configura como um mau presságio a pairar sobre a festa das bodas que se encerra, no verso 34, justamente com tal epíteto. A poeta, na última palavra de seu poema, amarra "estreitamente o casamento de Heitor com sua morte nas mãos de Aquiles e, por implicação, a posterior escravidão de Andrômaca; o epíteto que mais alegremente anuncia suas núpcias também anuncia seus trágicos fins. [...] A atitude de Safo para com o casamento de Heitor e Andrômaca reconhece ambas, a alegria do presente e a dor do futuro [...]" (SCHRENK, 1994, pp. 149-150). Esse aspecto duplo faz lembrar, observa o helenista (p. 150), a própria imagem sáfica de *éros*, que é *"doce-amargo"* (*glukúpikron*, Fr. 130 Voigt) – prazer, alegria e dor, ao mesmo tempo.

NOTAS

[1] As duas principais sugestões de leitura são *tanúsphuron*, *"de belos tornozelos"*, e *t' apalosphúron*, *"de macios tornozelos"*. Cf. discussão em Campbell (1998, p. 275). Vide Marzullo (1958, pp. 161-163) e Gerber (1970, p. 173).

[2] De acordo com Fränkel (1975, p. 172), os epitalâmios de Safo "eram os mais famosos" na Antigüidade. Testemunhos antigos afirmam que a poeta teria tido em Alexandria "um livro inteiro", o livro IX, somente de textos desse gênero, diz Bowra (1961, p. 214). Esse dado é, todavia, controverso. Lesky declara seu ceticismo, pois afirma que "não passa de hipótese que o último dos nove livros [da edição alexandrina] compreendesse os *Epitalâmios*. [...]. Os *Epitalâmios* eram uma parte reduzida da sua obra" (1995, pp. 168-169).

[3] Cf. discussão em Page (1987, pp. 72-74; 1ª ed.: 1955), Marzullo (1958, pp. 140-194), Bowra (1961, pp. 227-232), Fränkel (1962, p. 174), Campbell (1998, p. 273; 1ª ed.: 1968), Gerber (1970, p. 170), Kirkwood (1974, pp. 142-147), Rissman (1983, pp. 119-141), Lasserre (1989, pp. 81-106).

BIBLIOGRAFIA

BOWRA, Cecil M. **Greek lyric poetry: from Alcman to Simonides.** 2ª ed. Oxford: Clarendon Press, 1961.

BURKERT, Walter. **The Orientalizing revolution. Near Eastern influence on Greek culture in the early archaic age.** Trad. M. E. Pinder e W. Burkert. Cambridge: Harvard University Press, 1992.

BURNETT, Anne P. **Three archaic poets: Archilocus, Alcaeus, Sappho.** Cambridge: Harvard University Press, 1983.

CAMPBELL, David A. **Greek lyric poetry. A selection of early Greek lyric, elegiac and iambic poetry.** London: Bristol Classical Press, 1998. [1ª ed.: 1967].

CAMPOS, Haroldo de. (trad.). **Ilíada de Homero: volume I.** São Paulo: Mandarim, 2001.

________. (trad.). **Ilíada de Homero: volume II.** São Paulo: ARX, 2002.

CHANTRAINE, Pierre. **Dictionnaire étymologique de la langue grecque.** Paris: Klincksieck, 1984 e 1990. 2 vols.

EASTERLING, Patricia E.; KNOX, Bernard W. (eds.). **The Cambridge history of classical literature. Volume I: Greek literature.** Cambridge: Cambridge University Press, 1990.

EVELYN-WHITE, Hugh. G. (trad.). **Hesiod, Homeric hymns, epic cycle, Homerica.** Cambridge: Harvard University Press, 1998. (The Loeb Classical Library).

FOWLER, Robert L. **The nature of early Greek lyric: three preliminary studies.** Toronto:University of Toronto Press, 1987.

FRÄNKEL, Herman. ***Early Greek poetry and philosophy.*** *Trad. M. Hadas e J. Willis. Oxford:Basil Blackwell, 1975. [1ª ed. orig. alemão: 1962].*

GERBER, Douglas. E. (ed.). **Euterpe. An anthology of early Greek lyric, elegiac, and iambic poetry.** Amsterdam: Hakkert, 1970.

GOFF, B. E. **The noose of words. Readings of desire, violence and language in Euripides' *Hippolytus*.** Cambridge: Cambridge University Press, 1990.

GRENFELL, Bernard P.; HUNT, Arthur S. (eds.). **The Oxyrhynchus papyri – Part X**. London: Egypt Exploration Fund, 1914.

HESÍODO. **Teogonia: a origem dos deuses.** Trad. Jaa Torrano. 5ª ed. São Paulo: Iluminuras, 2003.

HOUAISS, Antonio et alii. **Dicionário Houaiss da língua portuguesa.** Rio de Janeiro: Objetiva, 2001.

HUNT, Arthur S. **The Oxyrhynchus papyri – Part XVII**. London: Egypt Exploration Society, 1927.

KIRK, Geoffrey S. **The Iliad: a commentary. Vol. II: books 5-8.** Cambridge: Cambridge University Press, 1995.

KIRKWOOD, Gordon M. **Early Greek monody: the history of a poetic type.** Ithaca: Cornell University Press, 1974.

LASSERRE, François. **Sappho: une autre lecture.** Padua: Editrice Antenore, 1989.

LESKY, Albin. **História da literatura grega.** Trad. M. Losa. Lisboa: Fund. Calouste-Gulbenkian, 1995. [1ª ed. orig. alemão: 1957].

LIDELL; SCOTT; JONES. **Greek-English lexicon with a revised supplement.** 9ª ed. Oxford: Clarendon Press, 1996.

LOBEL, Edgar; PAGE, Denys. (eds.). **Poetarum Lesbiorum fragmenta.** Oxford: Clarendon Press, 1997. [1ª ed.: 1955].

MARZULLO, Benedetto. **Studi di poesia eolica.** Firenze: Felice Le Monnier, 1958.

NICOSIA, Salvatore. **Tradizione testuale diretta e indiretta dei poeti di Lesbo.** Roma: Ateneo, 1976.

PAGE, Denys. The authorship of Sappho â2 (Lobel). **CQ** 30, pp. 10-15, 1936.

_____. **Sappho and Alcaeus. An introduction to the study of ancient Lesbian poetry.** Oxford: Clarendon Press, 1987. [1ª ed.: 1955].

PERNIGOTTI, Carlo. Tempi del canto e pluralità di prospettive in Saffo, Fr. 44 V. **ZPE** 135, pp. 11- 20, 2001.

RAGUSA, Giuliana. **Fragmentos de uma deusa: a representação de Afrodite na lírica de Safo.** Campinas: Editora da Unicamp, 2005.

REDFIELD, James. Notes on the Greek wedding. **Arethusa** 15, pp. 181-201, 1982.

RICHARDSON, Nicholas James. **The Iliad: a commentary. Vol. VI: books 21-24.** Cambridge: Cambridge University Press, 1996.

RISSMAN, Leah. **Love as war: Homeric allusions in the poetry of Sappho.** Königstein: Verlag Anton Hain, 1983.

ROMÈ, Alessandra. L'uso degli epiteti in Saffo e Alceo con riferimento alla tradizione epico-rapsodica. **SCO** 14, pp. 210-246, 1965.

SCHRENK, Lawrence. Sappho Fr. 44 and the *Iliad*. **Hermes** 122, pp. 144-150, 1994.

SEGAL, Charles. Andromache's *anagnorisis*: formulaic artistry in *Iliad* 22. 437-476. **HSCP** 75, pp. 33-57, 1971.

VERNANT, Jean-Pierre. **Mito e Sociedade na Grécia Antiga.** Trad. M. Campello. 2ª ed. Rio de Janeiro: José Olympio, 1999.

VOIGT, Eva-Maria (ed.). **Sappho et Alcaeus: fragmenta.** Amsterdam: Athenaeu – Polak & Van Gennep, 1971

WEST, Martin. L. (ed. e coment.). **Hesiod. Theogony.** Oxford: Clarendon Press, 1988a.

_____. (trad.) **Greek lyric poetry: the poems and fragments of the Greek iambic, elegiac, and melic poets (excluding Pindar and Bacchylides) down to 450 B.C.** Oxford: Oxford University Press, 1993.

_____. **Greek metre.** Oxford: Clarendon Press, 1996.

PRAZERES FEMININOS: FESTA E SEDUÇÃO DAS MATRONAS NO PERÍODO DE AUGUSTO

Karina Lima da Silva*

Pretende-se, através da análise da documentação jurídica e literária, identificar algumas estratégias dos grupos dominantes no período de Augusto na representação de um modo de delimitação do espaço de atuação feminina tendo como modelo o papel esperado e desejado para uma matrona – entendido como mãe e esposa submissa. Além disso, objetiva-se demonstrar que, apesar da legislação de Augusto que tentou delimitar o papel e o espaço de atuação feminina, a matrona aristocrática romana conseguia circular pelo espaço público e utilizar praticas sociais, entendidas como táticas que questionavam o modelo feminino tradicional de mãe e esposa.

Segundo Certeau (1999), as estratégias de poder são construídas como universais, porém são determinadas pelos interesses dos grupos sociais que as forjam. É um campo de concorrências e de competições sociais, cujos desejos se enunciam em termos de poder e de dominação. Entretanto, existem práticas cotidianas que jogam com os mecanismos da disciplina e não se conformam com ela. São maneiras de fazer, que formam a contrapartida da ordenação sociopolítica. As maneiras de fazer constituem-se de inúmeras práticas articuladas no cotidiano. Isto se torna mais claro nas próprias palavras do autor: "Essas 'maneiras de fazer' constituem as mil práticas pelas quais os usuários se reapropriam do espaço organizado pelos técnicos da produção sócio – política" (CERTEAU, 1999, p. 41).

Existem maneiras de empregar o discurso imposto por uma ordem dominante. A presença e a circulação de um modelo não significam necessariamente o mesmo para os usuários. É necessário analisar como ela é apreendida pelos que não a fabricam. De acordo com Certeau, o estatuto de dominado não quer dizer passivo ou dócil: "O cotidiano se inventa com mil maneiras de caça não autorizada" (CERTEAU, 1999, p. 38). É necessário analisar a manipulação pelos praticantes dos discursos do dominador. Só então é que se pode apreciar a diferença ou a semelhança entre a produção do discurso ou da imagem e a receptividade e/ou a reinterpretação dos processos de sua utilização.

---

*Professora de História da Rede Municipal de São Gonçalo/RJ.
karinatricolor@yahoo.com.br

As virtudes encorajadas para as matronas eram o decoro, a castidade, a graça, a serenidade e a fertilidade. Busca-se problematizar um discurso tradicional que apresenta a matrona como mãe e esposa submissa e analisá-la como um agente da sociedade que atuava na vida social, política e econômica da antiga sociedade romana. "A abertura dos estudos históricos para as abordagens de gênero vem colocando várias questões em relação à construção de um conhecimento..., buscando recuperar a historicidade das relações entre os sexos, desvendando suas características e estabelecendo relações e articulações entre amplas dimensões" (MATOS, 2000, p. 22). Um aspecto dos estudos sobre gênero reside na rejeição ao caráter fixo e permanente da oposição binária – masculino *versus* feminino. Este termo foi proposto por aqueles que defendiam que a pesquisa sobre as mulheres transformaria fundamentalmente os paradigmas da disciplina. A categoria gênero procura destacar que o comportamento que se espera de homens e mulheres é construído no social, na cultura e na história de um determinado tempo.

Nesta comunicação, optou-se por adotar uma perspectiva historiográfica fundamentada no gênero, na medida em que permite compreender o processo de construção cultural do masculino e do feminino através dos discursos e das práticas. Desta forma, acredita-se ser possível trabalhar com as questões de formas de interação social, de exercício de poder, de tensões e de negociações. O desenvolvimento da História de Gênero, articulada às inovações no próprio terreno da historiografia com novas abordagens historiográficas, tem dado lugar a pesquisas de temáticas e grupos sociais até então excluídos, como as pessoas comuns, as mulheres, a maternidade, os gestos, os sentimentos, a sexualidade e o corpo.

Visando a restauração dos valores da família e também a incrementar o aumento demográfico, o imperador Augusto fez aprovar um verdadeiro "código matrimonial", contido na *Lex Iulia de Maritandis Ordinibus* e *Lex Iulia de Adulteriis Coercendis*, ambas de 18 a.C. e na *Lex Papia Poppaea*, de 9 d.C.

As rejeições às leis de Augusto foram enormes, como informa Suetônio ao sumariar essas medidas do soberano na obra *Vida dos Doze Césares*.

> *"Corrigiu leis, restabelecendo algumas delas integralmente como a lei suntuária, as referências ao adultério, à pudicícia, à intriga, ao casamento das diferentes ordens. Como tivesse modificado esta, mais severamente que as outras, encontrou, por isso, uma oposição tão tumultuosa que não conseguiu fazê-la passar a não ser com a supressão ou a suavização de uma parte das pessoas, a concessão de um prazo dilatório de três anos e o aumento das recompensas. Não obstante, tudo isso, resolveram os cavaleiros exigir obstinadamente, em pleno espetáculo, a abolição desta lei. (...) Ao perceber que o espírito da lei ainda estava sendo burlado, com a realização de casamentos prematuros, restringiu a duração dos esponsais e impôs um limite aos divórcios"* (II, 34).

Uma documentação importante para a análise das dificuldades encontradas por Augusto na tentativa de retomada dos valores tradicionais é a literária. Especial atenção para as obras de Ovídio, contemporâneo de Augusto. A literatura como objeto de análise para esta pesquisa vai além de como ela foi produzida e divulgada, se concentrada a atenção na constituição histórica desses elementos.

Ovídio, em sua obra *A Arte de Amar*, enumera vários locais na cidade de Roma propícios para a procura de um objeto de amor e à possibilidade de colocar em prática a arte da conquista. Passeios, edifícios públicos, teatros, circo, todos são espaços em Roma para olhar e ser visto.

Dividido em três livros, os dois primeiros contêm instruções de como encontrar, obter e conservar uma amante; o terceiro é dirigido às mulheres, com o intuito de bem se defenderem dos homens, dando-lhes igualdade de condições na disputa. O sucesso do poema foi enorme. Ciente dos problemas por ele provocados ao ensinar a arte da sedução e de privilegiar o amor-paixão como único valor que dá sentido à vida, Ovídio tentou se explicar. É das libertas que ele fala, e não das respeitáveis matronas. Mas mesmo estas explicações não impediram uma acalorada polêmica em torno da obra.

Para visualizarmos uma dessas damas romanas, Salústio traça um perfil de Semprônia, mãe de Décimo Júnior Bruto:

> *"Pelo berço e pela beleza, pelo marido, pelos filhos, essa mulher só podia se vangloriar da sorte; instruída nas letras gregas e latinas, tocava cítara e dançava com mais arte do que convém a uma senhora honesta, sem contar muitos outros talentos auxiliares da devassidão. Para ela nada valia menos que a honra e o pudor; entre a fortuna e a reputação, não se poderia dizer qual das duas ela apreciava menos: ardente de sensualidade, ocorria-lhe com maior freqüência solicitar os homens que ser solicitada. Muitas vezes traiu sua palavra, negou solenemente uma dívida, participou de assassinatos; a devassidão e miséria aceleram a sua queda. No entanto, ela possuía uma mente incomum; sabia versejar, encontrar a palavra que faz rir, falar ora com recato, ora de modo terno ou provocante; em suma, havia nela tanta finura quanto encanto"* (SALÚSTIO, *Guerra de Catilina*, 25, 2-5).

Augusto estava preocupado com as repercussões sociais da visível relutância da aristocracia em produzir descendentes legítimos em número suficiente, de um estilo de vida extravagante e dispendioso, da licenciosidade pública e, nas classes abastadas, da licenciosidade feminina.

A partir do século III a.C., evidencia-se uma maior atividade social da matrona romana. De acordo com Sarah Pomeroy e Jean - Noel Robert, uma das principais razões para o aumento da importância da mulher foram a aquisição e o uso do poder econômico. As disposições legais que existiam nas Leis das XII Tábuas sobre a igualdade de herança para os filhos (filhos e filhas herdavam com igualdade a herança de um pai que morreu sem deixar testamento), a diminuição da população masculina em vista das constantes campanhas militares durante a República Romana e a tendência para famílias pequenas permitiram que as mulheres tivessem acesso a patrimônios consideráveis. O século II a.C. foi um período de crescimento do luxo e da riqueza na aristocracia para ambos os sexos.

Uma fonte interessante sobre a vida social das matronas é a peça *A Sogra*, do comediógrafo Terêncio, escrita em 165 a.C. Nos versos 593-594, Pânfilo, o personagem principal, responde à decisão de sua mãe de deixar a cidade: *"Então tu ias abandonar as tuas amigas e parentas ... e os dias de festa ... por minha causa?! Não quero!"* É importante ressaltar que na peça o pai de Pânfilo passa a maior parte do tempo no campo, deixando a esposa na cidade para cuidar da casa.

Os deveres da administração doméstica já não são os únicos para as matronas aristocráticas. Assim, ao lado da supervisão da educação dos filhos menores, elas acompanhavam os maridos às festas e aos banquetes. Liberadas da rotina caseira, podiam fazer visitas e assistir aos jogos. Gostavam de receber, passear e mostrar-se em público. Originalmente, essa vida era reservada às cortesãs, e a matrona, na maioria das vezes educada de maneira restrita, ignorava qualquer prazer na sociedade.

A mulher aprende a se enfeitar para seduzir e se inicia nas artes e na cultura. Com o tempo, os cuidados com a toalete foram cada vez mais objetos de prazeres cotidianos. A dama romana tenta a todo custo conservar o frescor da pele, acabar com as manchas e espinhas, e manter a brancura dos dentes. O penteado tem um destaque especial, pois os cabelos devem ser tingidos. Na maioria das vezes, a romana é morena, mas a moda é ter cabelos loiros. O próprio ato de se pentear é uma cerimônia. Na hora de vestir, é importante esconder as irregularidades. Por fim, escolhem-se as jóias do dia. No final da República, as pérolas faziam tanto sucesso entre as mulheres que Augusto, para combater o celibato, proibiu que mulheres sem maridos ou filhos pudessem usá-las. Arrumada, ela está pronta para receber ou sair. Ela deve saber rir, ter uma voz melodiosa, melhor ainda se souber cantar, ser culta, conhecer os poetas e saber dançar. Finalmente, ela não deve temer a multidão.

Os protestos e as manifestações femininas em Roma revelam um aspecto inusitado na condição e na vida das matronas aristocráticas. Estas se reuniram, em 195 a.C., para pedir a abolição da *Lex Oppia* que havia estado em vigor durante vinte anos; representou a primeira manifestação feminina expressa pela antiga documentação textual. Com as constantes guerras empreendidas pela República Romana, muitos romanos foram mortos e suas propriedades divididas entre os membros da família. Aqueles que morreram intestados (sem deixar testamento), de acordo com a Tábua V, 4 da Lei das XII Tábuas, tinham seus bens distribuídos em partes iguais aos filhos e filhas. Para Maria Luiza Corassin (1992), a 2ª. Guerra Púnica proporcionou às aristocratas romanas uma oportunidade para aumentar a sua independência. Algumas, tendo perdido pai e marido, estariam sob a guarda de tutores desinteressados. A riqueza em poder das aristocratas aumentou significativamente, e passaram a ostentá-la. A *Lex Oppia* foi proposta pelo tribuno Caio Ópio em um plebiscito em 215 a. C., durante os percalços de 216 a.C., com a derrota romana para os cartagineses na batalha de Canas durante a 2ª. Guerra Púnica (218-202 a.C.). Esta lei limitava a ostentação de riqueza por parte das mulheres, que teriam que mostrar um comportamento condizente com a situação de desastre militar. Proibiam-se às mulheres: possuir mais de meia onça de ouro (quantidade pequena, menos de 100 gramas), usar carruagem dentro do perímetro de uma milha de Roma – além desta distância, seu uso seria permitido em ocasiões de festas religiosas públicas, e o uso de vestimentas de púrpura.

Depois da vitória romana na 2ª. Guerra Púnica, Roma se recuperou rapidamente. Aos homens, permitiu-se ostentar sua prosperidade. Porém, para as mulheres, a *Lex Oppia* continuava vigente. Em 195 a.C., foi apresentada a proposta de sua abolição pelo tribuno Lúcio Valério e as matronas se manifestaram favoravelmente pela ab-rogação. Somente as mulheres ricas eram afetadas por esta lei e, portanto, foram elas que protestaram em seu próprio benefício. De acordo com Tito Lívio (*História de Roma*, XXXIV, 2-8), enquanto o tribuno Lúcio Valério defendeu a revogação da lei, Catão foi contrário a sua supressão. As mulheres de condição livre e pertencentes às camadas mais altas da sociedade romana dirigiram-se então ao fórum, promovendo ruidosas manifestações a favor da ab-rogação da *Lex Oppia*:

> "*Quanto às mulheres, nenhuma autoridade, nenhum pudor, nenhuma proibição dos maridos podiam retê-las em casa; bloqueavam todas as ruas da cidade e o acesso ao fórum, suplicando aos homens que para lá desciam que, como o Estado estava florescente, como as fortunas privadas estavam aumentando de dia para dia, fossem devolvidas às mulheres os antigos ornamentos. A afluência feminina aumentava dia-*

riamente, pois elas vinham até das outras cidades e das praças – mercados. E já ousavam abordar e interpelar cônsules e pretores, bem como outros magistrados" (TITO LÍVIO. *História de Roma*. XXXIV, 5-7).

Para Catão, tal atitude por parte das mulheres é comparada à secessão da plebe nos primeiros tempos da República. Acusou-as de cometeram uma verdadeira sedição tribunícia para forçar a revogação da lei:

> *"Esta revolta das mulheres – seja espontânea ou instigada por Marco Fundânio e Lúcio Valério – envolvendo, sem dúvida, a responsabilidade dos magistrados, ignoro se é mais vergonhosa para vós, tribunos, ou para os cônsules: para vós, se conseguistes levar as mulheres a excitar sedições tribunícias; para nós, se como outrora a secessão da plebe, hoje a das mulheres força a aceitação de leis"* (TITO LÍVIO. *História de Roma*. XXXIV, 6-7).

Para Catão, as mulheres eram motivadas pela licenciosidade, luxúria e avareza: *"É a liberdade, ou para falar a verdade, a licença geral o que desejam"* (TITO LÍVIO. *História de Roma*, XXXIV, 3). Catão era um defensor do *mos maiorum* (costume dos ancestrais), que considerava ameaçado pela adoção de hábitos e valores de outros povos, com os quais Roma entrou em contato durante sua expansão. Defendia que as mulheres deveriam se submeter aos seus maridos, não se manifestar, restringindo-se ao ambiente doméstico e mantendo o decoro, a discrição e a simplicidade. Critica a nefasta influência do luxo, não apenas nas mulheres, por acreditar que comprometia a própria existência de Roma, ao corromper as virtudes que levaram ao engrandecimento romano:

> "De que pretexto honroso, ao menos na aparência, reveste-se essa sublevação de mulheres? Nós queremos, dizem elas, refulgir de ouro e de púrpura: queremos passear por Roma de carruagem, nos dias feriados ou não, como a triunfar da lei vencida e ab-rogada, dos sufrágios que conquistamos e arrebatamos; queremos que não mais se ponham barreiras as nossas gastanças, ao nosso luxo. (...) dois vícios apostos, a cupidez e o luxo, flagelos que subverteram todos os grandes impérios, assolam a cidade" (TITO LÍVIO. *História de Roma*. XXXIV, 3 e 4).

Lúcio Valério defendeu seu projeto de revogação da *Lex Oppia* procurando demonstrar o exagero de Catão ao comparar o movimento feminino com a sedição da plebe: *"O cônsul emprega há pouco palavras odiosas ao falar de sedição e secessão de mulheres. É de recear que ocupem o monte Sagrado, como outrora a plebe irada, ou o Aventino"* (TITO LÍVIO. *História de Roma*. XXXIV, 7).

Devido à lei atingir apenas a camada mais elevada da sociedade, em condições de consumir objetos de luxo, foram as aristocratas que ousaram abordar cônsules e tribunos da plebe pelas ruas. As manifestações prosseguiram até o dia da votação pela assembléia:

> "Depois desses discursos pró e contra a lei, multidão ainda maior de mulheres se espalhou pelas ruas no dia seguinte; todas, em marcha, partiram a assediar as portas dos Brutos que se opunham à proposta dos colegas, e só foram embora depois que os tribunos retiraram sua oposição. A partir daí já não houve mais dúvida de que todas as tribos ab-rogariam a lei, o que aconteceu vinte anos depois de ter sido promulgada" (TITO LÍVIO. *História de Roma*. XXXIV, 8).

Catão censurou os maridos por não terem sabido conservar seus direitos e sua autoridade sobre as esposas, denunciando o perigo que era deixar as mulheres se reunirem. No futuro, haveria um grande risco de se verem obrigados a aceitar ou recusar esta ou aquela lei sob sua pressão, para vergonha dos magistrados e tribunos. No entanto, o que mais chocou Catão foi o atrevimento das mulheres em se manifestarem em público. Para ele, cada uma deveria falar a respeito com seu respectivo marido. Ele admite que as mulheres usem outras formas de pressão: dentro do lar, discretamente, dirigindo suas solicitações aos próprios maridos. Sair às ruas, barrando a passagem e dirigindo a palavra a homens desconhecidos, constituía um comportamento escandaloso. Afinal, aprovação ou ab-rogação de leis não deveria ser assunto de interesse feminino. No entanto, apesar do discurso de Catao, a lei foi revogada.

Pelo discurso de Lúcio Valério, evidenciam-se algumas transformações nas relações entre os gêneros, pois, mesmo concordando com uma posição de inferioridade feminina, defendeu um tratamento que não considerasse a mulher como propriedade do homem: *"e vós deveis conservá-las sob dependência e tutela, não em escravidão, preferindo o nome de pais ou maridos ao de donos"* (TITO LÍVIO. *História de Roma*. XXXIV, 7). Entretanto, o tribuno justificou a ab-rogação da lei reafirmando a tradicional divisão entre os gêneros, ou seja, ao homem, a política e a guerra, e à mulher, o adorno e a beleza, sendo, portanto, natural que as mulheres se enfeitassem:

> "Nem magistraturas, nem triunfos, nem insígnias, nem recompensas guerreiras ou butim podem ser concedidos às mulheres; a elegância, as tinturas, as roupas, eis as insígnias das mulheres, eis o que faz sua alegria e sua glória, eis o que nossos ancestrais chamaram elegância feminina" (TITO LÍVIO. *História de Roma*, XXXIV, 7).

É preciso destacar que o principal documento para a análise da *Lex Oppia* é Tito Lívio, na sua obra *História de Roma*. Maria Luiza Corassin (1992, p. 109) afirma que:

> *"Lívio, sem dúvida, colheu uma temática que remontava a época em que o debate ocorreu; mas a elaboração do discurso reflete também pontos de vista correntes na sociedade augustana, no momento da redação da obra. Deparamos com numerosas menções à condição feminina, tais como a hostilidade contra a liberdade de movimento da mulher, ao lado de enunciados de ordem geral contra a cultura estrangeira e o excesso de riqueza privada contraposta à legítima opulência de Res Publica."*

Durante o período augustano, quando foi produzido o discurso liviniano, as mulheres da elite praticavam o desporto e as artes, discutiam política, mostravam-se no fórum e nos espetáculos, enveredando por inúmeras atividades antes restritas aos homens (CABECEIRAS, 2002). O modelo tradicional, porém, era vigoroso e, em muitos ambientes, as matronas foram para ele orientados. No entanto, segundo Manoel Rolph Cabeceiras (2002, p. 109),

> *"A despeito de todos os esforços do regime em coibir, além das representações, as práticas apontadas como imorais por alguns setores e vistas como ameaças ao império pelo princeps, neste último terreno, o das práticas, amargou uma flagrante derrota."*

Nem todo o aparato legal e coercitivo (através do qual o próprio Estado, paradoxalmente, intervinha na tradição para preservar a tradição, como quando se imiscuía no âmbito, antes inviolável, das decisões familiares) foi suficiente para impedir as transformações sociais que vinham se apresentando na sociedade romana desde a época republicana.

BIBLIOGRAFIA

ANDRADE, M. M. de. *A cidade das mulheres: cidadania e alteridade feminina na Atenas Clássica.* Rio de Janeiro: LHIA/IFCS, 2001.

ARIÈS, P., DUBY, G. (org.). *História da vida privada.* v.1: do Império Romano ao ano mil. São Paulo: Companhia das Letras, 1990.

AUGUSTO. *Res Gestae Divi Augusti* (trad. M. H. Rocha Pereira) *In*: VV.AA., Romana, antologia da cultura latina. Coimbra: Instituto de Estudos Clássicos, 1986.

CABECEIRAS, M. R. V. "Representação culturais e publicização da vida social na literatura latina: a mulher e o amor no Corpus ovidianum". *In*: *Phôinix 4*: Rio de Janeiro: Sette Letras, 1998, pp. 287–298.

_________ *As "Metamorphoses" de Ovídio e as Lutas de Representações na Roma Antiga.* Rio de Janeiro: UFRJ, 1999. (Dissertação de Mestrado).

CARCOPINO, J. *A vida quotidiana em Roma no apogeu do Império.* s/ed. Lisboa: Edição "Livros do Brasil", s/d.

CERTEAU, M. *A invenção do cotidiano.* v. 1: Artes de fazer. Trad. Ephraim Ferreira Alves. 4. ed. Petrópolis: Vozes, 1999.

CIRIBELLI, M. C. "Reflexões sobre a História da Mulher em Roma". *In*: *Phôinix 1*: Rio de Janeiro: Sette Letras, pp. 137-146, 1995.

CORASSIN, Maria Luiza. "Manifestações de protesto em Roma: a participação feminina". *Clássica.* Belo Horizonte: SBEC, pp. 109-115, 1992.

FINLEY, M. I. *Aspectos da Antigüidade.* São Paulo: Martins Fontes, 1991.

FOUCAULT, M. *História da sexualidade.* v. 1: A vontade de saber; v. 2: O uso dos prazeres; v. 3. O cuidado de si. Rio de Janeiro: Graal, 1984 (5. ed.) / 1985 (4. ed.) /1985.

GRIMAL, P. *A civilização romana.* Lisboa: Edições 70, 1993.

______. *O amor em Roma.* São Paulo: Martins Fontes, 1991.

______. *O Império Romano.* Lisboa: Edições 70, 1999.

LESSA, F. S. *Mulheres de Atenas: mélissa do gineceu à agorá.* Rio de Janeiro: LHIA/IFCS, 2001.

LIVIO, Tito. *Historia de Roma.* v.4. Introdução, tradução e notas de Paulo Matos Peixoto. São Paulo: Editora Paumape, 1990.

MATOS, Maria Izilda S. de. *Por uma Historia da Mulher.* Bauru: EDUSC, 2000.

OVIDIO. *Arte de Amar.* S/ed. Trad. Dúnia Marinho da Silva. Porto Alegre: L&PM Editores, 2001.

______. *Os Remédios do Amor; Os Cosméticos para o rosto da mulher.* Trad. Antonio da Silveira Mendonça. São Paulo: Nova Alexandrina, 1994.

______. *Arte de Amar*; Remedios Del amor. Trad. José-Ignaco Ciruelo. Barcelona: BOSH, 1990.

POMEROY, S. B. *Diosas, rameras, esposas y esclavas; mujeres en la Antigüedad Clásica.* Madrid: Akal, 1986.

ROBERT, J.-N. *Os prazeres em Roma*. São Paulo: Martins Fontes, 1995.

ROLIM, L. A. *Instituições de Direito Romano*. São Paulo: Editora Revista dos Tribunais (RT), 2000.

ROUSSELLE, A. *Pornéia; sexualidade e amor no mundo antigo*. São Paulo: Brasiliense, 1987.

SCOTT, J. "História das Mulheres". *In*: BURKE, P. (org.). *Escrita da História*. São Paulo: UNESP, pp. 63-95, 1992.

SCOTT, J. "Prefacio a Gender and Politics of History". *In*: *Cardenos Pagu: desacordos, desamores e diferencas*. Campinas: PAGU/UNICAMP, 1994, v.3.

SOIHET, R. "História, Mulheres, Gênero: contribuições para um debate". *In*: AGUIAR, Neuma (org). *Gênero e Ciências Humanas: desafio às ciências desde a perspectiva das mulheres*. Rio de Janeiro: Record: Rosa dos Tempos, 1997, pp. 95-114.

SUETÔNIO. *A Vida dos Doze Césares*. Trad. Sady Garibaldi. 2. ed. reform. São Paulo: Ediouro, 2002 (Clássicos Ilustrados).

TERÊNCIO. *A sogra*. trad. Walter de Medeiros. Brasília: Editora UnB, 1994.

THOMAS, Y. A divisão dos sexos no direito romano. *In:* DUBY, G., PERROT, M. (dir.). *História das Mulheres no Ocidente*. v.1: Antigüidade. Porto: Afrontamento, 1993. pp. 127-199.

REMINISCÊNCIAS DE UM MITO: MEDÉIA

Keila Maria de Faria*

Nosso objetivo nesta comunicação é analisar o mito de Medéia, dedicando-nos ao estudo da intensa tragicidade desta personagem, à identificação das diferentes versões deste mito, à análise do caráter festivo da tragédia e do aspecto memorialista do mito. Vamos abranger também a personagem Medéia como um modelo feminino transgressor ao ideário de mulher – a *mélissa* – construído pelo imaginário masculino ateniense do século IV a. C.[1]

Medéia é o nome da protagonista de uma tragédia homônima de Eurípides, apresentada pela primeira vez em Atenas, em um concurso trágico datado de 431 a.C. Tendo em *Medéia* uma obra teatral, a nossa fonte básica para esta pesquisa, percebemos a necessidade de esclarecer alguns aspectos referentes à tragédia. A tragédia é um gênero teatral e literário oriundo da Atenas Clássica[2] que influenciou na estruturação do teatro moderno, não devendo, entretanto, ser confundido com as concepções de tragédia adotadas pelo mesmo. De acordo com Jacqueline de Romilly (1997), a tragédia grega é um gênero literário original, que detém regras e características próprias e que instituiu um novo tipo de espetáculo no calendário das festas públicas da *pólis*.

Foram encontrados resquícios de representações trágicas em diversos pontos do Peloponeso – todavia, essa região não pode ser considerada o "berço da tragédia". O gênero trágico teve como útero o território da Ática, especificamente a cidade de Atenas, onde Téspis produziu pela primeira vez uma tragédia para a festa das Dionisíacas. A data de nascimento da tragédia situa-se entre os anos de 536 e 533.

As Dionisíacas eram festas urbanas realizadas em homenagem a Dioniso[3]. Celebradas na primavera, em março, contrapunham-se às Dionisíacas rústicas, celebradas em regiões rurais durante o inverno, em dezembro. A tragédia foi criada para ser encenada durante as Dionisíacas e, como tal, não se pode negar a especificidade de seu caráter religioso. Segundo Jacqueline de Romilly (1997), a tragédia grega possui sem dúvida uma origem religiosa que se vincula estreitamente ao culto de Dioniso. Somente vinculadas a este culto e ao referido deus é que se representavam as tragédias, isto é, o concurso de seleção das mesmas era realizado em honra a Dioniso, enfatizando, assim, o seu aspecto evidentemente religioso, acompanhado por procissões e sacrifícios.

---

*Professora mestranda em História da Universidade Federal de Goiás.
fmkeila@bol.com.br

Eurípides buscou nos primórdios míticos da civilização grega a inspiração para compor nossa personagem protagonista e diversas outras heroínas de suas tragédias.

Há uma grande complexidade de se trabalhar com os mitos, em função da pluralidade de interpretações existentes sobre a mesma lenda na mitologia. Outro aspecto que gostaríamos de ressaltar sobre o mito é o seu caráter memorialista, ou seja, este constitui-se como elemento formador de memórias. Como foi dito anteriormente, *Medéia* é uma compilação de mitos que se perpetuaram através da repetição. O historiador antigo é um construtor de memórias, assim como o mito, ou seja, é ele quem seleciona "os acontecimentos que deverão ser recordados. Mais que um investigador ou um inventarista, o historiador antigo é um formador de exemplos e um forjador de memórias" (GONÇALVES, 1997, p. 97).

O mito de Medéia pertencia à memória dos gregos desde os primórdios (CÂNDIDO, 1998, p. 266), como sociedade oral que eram, na qual a escrita ainda não se desenvolvera predominantemente frente à oralidade (séculos XII a VIII a.C.). A oralidade era a forma de comunicação básica na transmissão de conhecimentos à posteridade. Os gregos, através dos aedos, cantavam e contavam as suas origens, narrando a sua "verdadeira história". Construíram, assim, uma memória que repassa às gerações futuras.

Como mito que era, *Medéia* é a guardia da memória das origens, assim como qualquer outro mito grego. Mas a releitura do mito de *Medéia* por Eurípides acabou inserindo-o também na memória do teatro trágico. Eurípides foi o primeiro autor a retratar *Medéia* como assassina, dotada de uma carga tão intensa de tragicidade. A *Medéia* euripidiana é uma mulher possuída por uma *hýbris* funesta, uma paixão imensurável que a leva ao desvario, transformando-a em assassina de sua própria descendência. Foi essa dor intensa, quase insuportável, que explodiu em crimes de sangue, que inseriu *Medéia* na memória do teatro trágico, pois a reminiscência de uma mulher enlouquecida pelo ciúme, capaz de matar com as próprias mãos seus filhos, ainda não empalideceu completamente na memória do teatro.

Como padrão de comportamento que é, a memória constitui-se de dois tipos de *exempla*: o bom e o mal exemplo, ou seja, aquele que deve ser seguido e aquele que não deve. No caso de Medéia, figura-se o segundo tipo de *exempla*, pois esta representava para os gregos o modelo de mulher que não deveria ser seguido jamais.

A mitologia grega aponta várias versões sobre a história de Medéia e Jason[4]. A compreensão "total" e nítida de nossa fonte, *Medéia*, só pode ser obtida quando correlacionamos esta com outros mitos, como *Frixo*, uma tragédia de Eurípides que se perdeu, *As filhas de Pélias*, *Jason e os Argonautas*, pois *Medéia* seria o resultado final dos eventos retratados nestas outras lendas.

O encontro de Jason e Medéia se dá quando o herói vai à Cólquida reconquistar o Tosão de Ouro[5]. Medéia, ao vê-lo, apaixona-se e, através de seus conhecimentos mágicos, ajuda-o a recuperar o Velocino de Ouro. Jason, em troca, promete-lhe casamento e jura-lhe fidelidade no templo da deusa de três corpos[6]. É a partir deste encontro que se desenvolve toda a história do amor trágico de Medéia e Jason.

Olga Rinne, em sua obra *Medéia: O Direito à Ira e ao Ciúme* (1988), identifica dois ramos principais sobre a tradição de Medéia: o tessálico e o coríntio.

A tradição tessálica retrata Medéia como descendente do Sol e da Lua. Era neta de Hélio, o deus Sol, possuindo como pai Aietes e como mãe Ídia, Neera, Asteróidea, e até mesmo a própria deusa Hecate, pois não há um consenso entre os mitógrafos acerca da genealogia feminina de

Medéia. Calcíope era sua irmã e Apsirto ou Faetonte seu meio-irmão. Em sua genealogia encontramos também poderosas feiticeiras como Circe, a famosa feiticeira da Odisséia[7], que ludibriara com sua magia os companheiros de Ulisses, que foram transformados em porcos após ingerirem uma bebida oferecida por esta, e também Calipso, que eram suas tias paternas. A própria Medéia está lingüisticamente relacionada com a deusa da sabedoria Métis (prudência) e também com o nome de mulheres sábias, conhecedoras da arte de curar, como Agamede, Polimede. Medéia quer dizer "a do bom conselho".

Há também narrativas nas quais Medéia e Circe são irmãs, tendo por mãe a deusa Hecate.

No mito tessálico, Medéia é imortal, segundo informações que obtivemos através de Rinne. Esta afirma que o país de Medéia, Eea, era morada dos deuses e adjetiva nossa heroína de "divina".

Nesta versão, o juramento de fidelidade entre Jason e Medéia é feito diante do templo de Hecate. Medéia foge com Jason, levando consigo seu meio-irmão Apsirto ou Faetonte, que é morto e esquartejado por esta, que lança seus pedaços ao rio, retardando assim a expedição que seu pai enviara em perseguição aos fugitivos. Difíceis e múltiplos foram os perigos da viagem de retorno à Tessália, que contou com o auxílio dos conhecimentos mágicos de Medéia para que chegassem salvos ao seu porto de destino.

Nesta corrente interpretativa, ainda vemos Medéia praticar mais um crime por amor a Jason. Chegando a Iolco, as portas da cidade estavam fechadas, pois Pélias tinha receio da vingança de Jason, por ter matado toda sua família. Medéia disfarça-se na figura de uma velha sacerdotisa, que consegue abrir as portas da cidade para passar a procissão, e que, a seguir, se metamorfoseia diante do velho Pélias numa jovem e bela mulher. Impressionando com tal transformação, ela oferece para ensinar a magia do rejuvenescimento às filhas de Pélias. Estas esquartejam o pai e o colocam num caldeirão.

Na tradição coríntia, Medéia também descende dos helíades, sendo neta do Sol, Hélio. Tornou-se herdeira do trono de Corinto e escolheu como regente seu marido Jason. São 14 os filhos de Medéia e Jason na tradição coríntia, os quais foram assassinados pelos coríntios, pois estavam insatisfeitos com o governo da feiticeira. Segundo essa linha interpretativa, Medéia era amiga da deusa Hera[8] e fundadora do santuário de Hera Acréia, em louvor da deusa. Esta, em retribuição, elege Medéia sua sacerdotisa e desejava imortalizar os filhos da mesma; entretanto, Jason desconhecia o ritual, que consistia em imergir as crianças no fogo sagrado de Hera. Ao presenciar o início do ritual, não admite ver as crianças tão próximas do fogo e, irado, interrompe o rito. Em seguida, abandona Medéia e retorna a Iolco. Então, Medéia abandona Corinto em seu carro de serpentes, após transmitir o poder a Sísifo. Em outra versão da mesma tradição, Medéia teria gerado somente dois filhos que foram apedrejados pelos coríntios com a conivência do próprio pai, Jason, como vingança por esta ter matado Glauca. O golpe fatal é desferido por Medéia contra Glauca porque Jason passou a dedicar-lhe favores, pretendendo desposá-la. Ferida em sua honra de esposa, Medéia elimina a rival, utilizando seus conhecimentos mágicos:

> "Melhor será seguir diretamente a via
> que meus conhecimentos tornam mais segura:
> vencê-lo-ei com meus venenos" (EURÍPIDES, *Medeia,* vv. 434-436).

Há ainda outras interpretações para o mito. Em um deles o desfecho é feliz, com Medéia, sendo imortal, rejuvenescendo o esposo envelhecido. Nesta versão, o casal possui apenas um filho, Medéio. São múltiplas e variantes as versões sobre o mito de Jason e Medéia. Destarte, não nos alongaremos mais nesta análise, por não ser esse o nosso assunto.

Analisaremos, a seguir, a versão euripidiana, que estrutura nossa fonte. Em sua obra, Eurípides faz algumas alterações do mito, pois o dramaturgo fez uma translação do material mítico para a sua época, adaptando conceitos que queria transmitir. Eurípides substitui Glauca por Creusa, filha de Creonte, rei de Corinto; Medéia deixa de ser uma deusa, apresentando-se como uma mortal detentora de poderosos conhecimentos mágicos, possuída por uma ira desmedida, *aphorosyné*, em razão da infidelidade de seu marido Jason, e transformando-se na infanticida assassina de sua própria prole. Esta tradição aponta dois filhos para o casal: Feres e Mérmero.

A Medéia de Eurípides também é oriunda da Cólquida no Cáucaso, sendo, portanto, bárbara. Utiliza-se de seus poderes mágicos para ajudar Jason, foge e casa-se com ele, exilando-se em Corinto, pois matara em sua fuga Pélias, o rei de Iolco. Após dez anos de matrimônio e já possuindo com Jason dois filhos, o marido abandona o leito nupcial para casar-se com Creusa, filha do rei de Corinto, Creonte. Indignada com a traição do esposo, Medéia mata a nubente e o seu pai, usando seus venenos como vingança contra Jason, pela quebra do juramento de fidelidade feito no templo de Hera. Os presentes foram entregues à noiva pelos filhos de Medéia.

Após concretizar sua vingança, Medéia foge em um carro de fogo enviado por seu avô, o deus Hélio, levando consigo os cadáveres dos filhos, recusando a Jason o direito de enterrá-los, o que demonstra a impunidade aos crimes que praticava, os quais analisaremos *a posteriori*.

Medéia constitui-se como feminino transgressor do modelo de mulher idealizado pelos gregos (silenciosa, discreta, subserviente, casta, obediente, comedida, mãe zelosa, boa administradora do *oîkos*). Assim, diante da situação a que foi exposta a nossa heroína, abandonada no leito pelo marido, que realiza um novo matrimônio, por ser este mais conveniente, ela rebela-se, não aceitando passivamente o fardo imposto (a traição do marido), o qual a mulher deveria aceitar resignada em seu silêncio, segundo o imaginário masculino daquele período.

Além da ausência de submissão e silêncio, diante da conduta do marido, Medéia apresenta também outras características: ser estrangeira, conhecer as artes da magia, ser mãe sangüinária e infanticida, dentre outras, que a constituem como modelo transgressor do feminino idealizado. Sua figura representa, portanto, uma ruptura do mesmo.

Essa ruptura tem início no encontro de Jason e Medéia, na Cólquida. Ao vê-lo, Medéia apaixona-se e escolhe-o para marido, enquanto o modelo *Mélissa* é tutelado, sendo esta escolha realizada pelo *kyrios*. Olga Rinne (1988) apresenta-nos o casamento de Medéia e Jason como atípico ao matrimônio grego patriarcal, no qual a mulher deveria obedecer às ordens do esposo; entre Jason e Medéia, isso não ocorre.

Medéia recusa-se a aceitar serenamente a condição de mulher submissa imposta pela sociedade, pois não se encaixa neste protótipo. Olga Rinne (1988) percebe Medéia como uma mulher independente, consciente de si e inteligente. É por essa capacidade de perceber a si mesma, que Medéia rejeita o modelo imposto, decidindo punir por si mesma os seus agressores, já que a lei não a ampararia nesta questão, pois na concepção masculina tal fato era normal.

Possuída por uma *hybris* funesta, o amor traído de Medéia clama por *timoría* – vingança. Esta se concretizará mediante a aplicação de seus conhecimentos mágicos.

Conhecer a arte da magia é outra especificidade que faz de Medéia uma transgressora, pois, de acordo com vários autores, como Michael Massey (1988), Fábio de Souza Lessa (2001) e Marta Mega de Andrade (2001), dentre as inúmeras funções e saberes que a esposa deveria possuir, os encantamentos mágicos e a arte da magia não figuravam entre eles.

Enfatizaremos, a partir deste momento, o aspecto transgressor da Medéia de Eurípides, que a tornou notável. Embora outros autores tenham, anteriormente, se inspirado no tema *Medéia*, nenhum outro conseguiu retratá-la como fez Eurípides; ele foi o primeiro a caracterizá-la como infanticida.

Dotada de uma fúria imensurável, causada pela traição do marido, Medéia vai até as últimas conseqüências, ultrapassando o limiar da razão e transformando-se na assassina de sua prole. Ao contrário da mulher-abelha, que zela por sua descendência, Medéia mata os próprios filhos.

A rejeição sofrida desperta um ódio e uma raiva descomunal que clamam por vingança. E somente na realização da *timoría* sua alma encontra refúgio e paz. Medéia mata os filhos para infligir dores e tormento a Jason:

> " (....) Monstro! Mulher de todas a mais odiada
> por mim e pelos deuses, pela humanidade!
> Tiveste a incrível ousadia de matar
> Tuas crianças com um punhal, tu, que lhes deste
> A vida, e também me atingiste mortalmente
> Ao me privar dos filhos" (EURÍPIDES, *Medeia,* vv. 1509-1514).

Essa característica de Medéia representa a ruptura definitiva do modelo Mélissa, pois a função precípua da esposa ateniense era a procriação e o cuidado com os filhos, sendo que a ausência desta poderia implicar, segundo Fábio de Souza Lessa (2001), na anulação do matrimônio, pois a esposa não desempenhara a função que lhe era atribuída socialmente.

Medéia rompe com o estereótipo de mãe zelosa, apresentando-se como assassina de seus filhos. Vários fragmentos da peça confirmam essa assertiva:

> "Eu mesma, que os dei a luz os matarei.
> Avante, coração! Sê insensível! Vamos!" (EURÍPIDES, *Medeia,* vv. 1417-1418)

> "Ah! Infeliz! Tu és então de pedra ou ferro
> para matar assim, com tuas próprias mãos,
> os dois filhos saídos de tuas entranhas?" (EURÍPIDES, *Medeia,* vv. 1460-1462).

E, por último, há ainda a impunidade de Medéia, que, após realizar todos os crimes mencionados no decorrer deste estudo, sai impune de Corinto, mediante a intervenção de um imortal, Hélio, o deus-sol, que lhe envia em auxílio um carro de fogo, no qual foge sem nenhum castigo humano ou divino.

Novamente observamos uma transgressão de Medéia ao feminino idealizado pelos atenienses. A personagem, após todos esses delitos, realiza novo matrimônio com aquele que lhe fornecera asilo mediante juramento, Egeu:

"Jura que nunca, em tempo algum, me expulsarás
de tua terra e se qualquer de meus algozes
quiser, com violência, tirar-me de lá,
jamais consentirás enquanto fores vivo" (EURÍPIDES, *Medeia*, vv. 853-856).

Apesar da permissão do divórcio às mulheres, as que possuíam esta condição não eram bem vistas e dificilmente se casavam novamente.

Fica, porém, um questionamento sobre a ausência de punição aos crimes praticados por Medéia, os quais teriam fortes e pesados castigos se outra mulher realizasse tais delitos.

Após esta exposição, concluímos que Medéia rompe completamente com todas as qualidades da mulher idealizada pelos gregos – a *mélissa*. Medéia é estrangeira; não é tutelada, apresentando-se antes como uma mulher independente, dotada de conhecimentos estranhos ao universo da esposa ideal, a magia. Medéia protesta e desafia a autoridade masculina, recusando o modelo de silêncio e submissão idealizado pelo imaginário masculino. E, agravando todos os seus delitos, transforma-se também em assassina de seus próprios filhos, rompendo com a função precípua da esposa ideal – que é a de gerar descendentes. Destarte, Medéia se apresenta como o oposto da mulher idealizada pelos gregos, como protótipo de mulher que causava aversão aos homens, convertendo-se em transgressora do modelo *mélissa* e apresentando-se como um *exemplum* a não ser seguido.

NOTAS

[1] Todas as datas mencionadas na presente pesquisa referem-se ao período anterior a Cristo; dispensaremos, portanto, a observação a.C. para posteriores datações.

[2] Período que abrange os séculos V e IV em Atenas, destacando-se pelo desenvolvimento cultural, econômico e social que caracterizou o governo de Péricles. É também denominado "século de ouro" de Atenas ou Apogeu de Atenas.

[3] Filho de Zeus com a mortal Semele. Dioniso, também chamado Baco pelos romanos, é um dos deuses do panteão grego, considerado, segundo a lenda, o deus das videiras, do vinho e do delírio místico. Sua lenda possui vestígios na Grécia Arcaica, comprovada na escrita linear B (1400-1200 a.C.), o que confirma a sua antigüidade.

[4] A tradução de todos os nomes dos personagens ou deuses mencionados neste trabalho é encontrada na obra de Mário da Gama Kury: *Dicionário de mitologia grega e romana*. Adotamos este como padrão, em função da diferenciação da grafia usada pelos autores quando da transliteração das obras em grego para o nosso vernáculo e também por ser o mesmo tradutor de nossa fonte.

[5] Pele de ouro de um carneiro alado que Frixo, um antepassado de Jason, presenteara Aietes, rei da Cólquida, em agradecimento por este tê-lo recebido em sua terra quando Frixo, juntamente com sua irmã, Helé, fugia para não ser sacrificado por seu pai. Na fuga, foram auxiliados por Zeus, que lhes deu o carneiro.

[6] Deusa Hecate, deusa da magia e protetora das feiticeiras, senhora dos mortos e patrona das encruzilhadas. Representada com três corpos de mulher unidos pelo ombro, rosto em três dire-

ções (ROBERT, 1988, pp. 78-79). Simbolicamente, representa: a mulher jovem, a mulher adulta e a mulher velha, e também o ciclo da vida: nascer, crescer e morrer.

[7] Obra do período arcaico escrita por Homero, na qual narra as aventuras de Ulisses, rei de Itaca, no retorno à sua terra após a guerra de Tróia.

[8] Irmã e esposa de Zeus. Segundo Detienne, seu poder é igualmente dividido com Zeus; é uma mulher de cabeça e ação autoritária (DETIENNE, 1990, p. 48). É a deusa mais importante do panteão grego, era filha de Cronos e Rea. Hera é a divindade protetora das esposas legalmente casadas, constituindo-se como a deusa do lar.

BIBLIOGRAFIA

ANDRADE, M. M. de **A "cidade das mulheres"- Cidadania e alteridade feminina na Atenas Clássica.** Rio de Janeiro: LHIA, 2001.

__________. Uma Atenas das Mulheres. *In*: SILVA, F.C.T. **História e Imagem**. Rio de Janeiro: PPGHIS, 1998, pp. 333-347.

BRANDÃO, J. S. Jasão e o mito dos argonautas. *In*: **Mitologia grega**. Petrópolis: Vozes, 1995, pp. 175-205.

CANDIDO, M. R.. **Medéia: ritos e magia. Phoînix**. Rio de Janeiro: Sette Letras, 1996, pp. 229-235.

__________. Medéia: Mito e Mulher. *In*: SILVA, F.C.T. **História e Imagem**. Rio de Janeiro: PPGHIS, 1998, pp. 265-277.

DETIENNE, M.; SISSA, G. Os deuses, uma natureza, uma sociedade. *In*: ***Os deuses gregos***. São Paulo: Companhia das Letras, 1990, pp. 43-58.

__________. A força das mulher – Hera, Atena e congêneres. *In*: **Os deuses gregos**. São Paulo: Companhia das Letras, 1990, pp. 245-265.

ELIADE, M. **Mito e realidade**. São Paulo: Perspectiva, 1963.

EURÍPIDES. **Medéia: Hipólito; As Troianas**. Trad. Mario da Gama Kury. Rio de Janeiro: Jorge Zahar, 1991.

FINLEY, M. I. Mito, memória e história. *In*: **Uso e abuso da história**. São Paulo: Martins Fontes, 1989, pp. 3-27.

GONÇALVES, A.T.M. A importância da memória política no mundo romano. *In*: **Formas de oposição aos imperadores durante os governos dos Severos: Uma análise da obra de Herodiano**, São Paulo: 1997. (Dissertação de mestrado defendida na USP).

HARTOG, F. O Caso grego: do *Ktêma* ao *exemplum* passando pela arqueologia. *In*: **Os antigos, o passado e o presente.** Brasília: Ed. UNB, 2003, pp. 55-70.

IGLESIAS, L. G.. La mujer y la "polis" griega. *In*: **La mujer en el mundo antíguo**. Madrid: Universidad Autónoma, 1986, pp. 105-121.

KURY, M. G. **Dicionário de mitologia grega e romana**. Rio de Janeiro: Jorge Zahar, 1990.

LESSA, F. S. **Mulheres de Atenas: Melissa do gineceu à Agora**. Rio de Janeiro: LHIA, 2001.

__________. O matrimônio na historiografia grega. **Phoînix**. Rio de Janeiro: Sette Letras, 1996, pp. 83-89.

__________. Redes Sociais Informais e Esposas na Atenas de Aristófanes. **Phoînix**. Rio de Janeiro: Sette Letras, 1996, 2001.

__________. Modelo Mélissa: Obediência ou Transgressão?. **Phoînix**. Rio de Janeiro: Sette Letras, 2000, pp. 165-177.

__________. Rompendo o Silêncio: Vozes Femininas em Atenas. **Phoînix**. Rio de Janeiro: Sette Letras, 1999.

__________. Comportamento Feminino e Vida Cotidiana no Gineceu. **Phoînix**. Rio de Janeiro: Sette Letras, 1998.

__________. Imagem Feminina: Medéia. *In*: SILVA, F.C.T. **História e Imagem**. Rio de Janeiro: PPGHIS, 1998, pp. 279-288.

__________. Divisão sexual dos espaços e conexão das redes de amizade feminina entre os Atenienses. **Phoînix**. Rio de Janeiro: Mauad, 2002, pp. 124-132.

MASSEY, M. **As mulheres na Grécia e Roma Antiga**. Portugal: Publicações Europa-América, 1988.

RINNE, O. **O direito a ira e ao ciúme**. São Paulo: Cultrix, 1988.

ROMILLY, J. de. **A tragédia grega**. Lisboa: Edições 70, 1997.

SNELL, B. Mito e realidade na tragédia grega. *In*: **A cultura grega e as origens do pensamento europeu**. São Paulo: Perspectiva, 2001, pp. 95-115.

VERNANT, J-P.; NAQUET, P. – Vidal. **Mito e tragédia na Grécia Antiga**. São Paulo: Perspectiva, 1999.

CASAMENTO E SACRIFÍCIO: A REMEMORAÇÃO DA FESTA DE PELEU E TÉTIS NA *IFIGÊNIA EM ÁULIS*, DE EURÍPIDES

Paula Cristiane Ito*

Eurípides, como se sabe, é um grande inovador do gênero trágico no século V em Atenas. Dentre as modificações empreendidas por ele, aparecem algumas novidades na figura do coro. O coro da *Ifigênia em Áulis* é, nesse aspecto, deveras interessante. Os cantos corais nessa peça perdem em extensão, ganham uma aparente independência das outras partes, mas continuam intimamente ligados à unidade da peça. O coro pouco intervém na ação, pouco dialoga com as personagens, no entanto, a relação temática entre os cantos do coro e o desenrolar da ação é clara; tais cantos, embora aparentemente não tenham relação direta com a heroína, convergem para o seu drama, intensificando-o. Os acontecimentos evocados vão circundando as personagens, pressionando-as, provocando a intensificação do conflito trágico.

No párodo (vv. 164-302), o coro se apresenta: são mulheres casadas de Cálcis. Esse primeiro dado é essencial, já que conhecemos o falso propósito que leva Ifigênia a Áulis. As núpcias, nesse momento, para ela, nos parecem bastante convidativas, já que para isso as mulheres eram criadas e educadas, e também por tratar-se o noivo de tão valente e afamado guerreiro. Ao saber o motivo real de sua vinda, a dor de Ifigênia só pode ser aumentada, ao ver junto de si mulheres que já conhecem os prazeres da união conjugal; assim como estas, jovens mulheres já casadas, por já terem realizado seu himeneu, compartilham com a heroína a sua dor. Aqui vemos a importância da escolha do poeta: se o coro fosse constituído de *parthenoi*, o sofrimento da jovem talvez não parecesse tão profundo ao público, mas, sendo formado por mulheres que já deixaram o estatuto de virgens, oferece a ela algo a invejar; o autor poderia ainda ter aproveitado o ensejo do acampamento de batalha criando um coro de soldados, o que tornaria ainda menos intenso o drama da jovem, pois tais guerreiros, preparados para encontrar a morte, não partilhariam do sentimento feminino de apego à família, ao lar e à necessidade do casamento.

*Professora mestranda em Letras Clássicas pela USP.
reinodehades@yahoo.com.br

O primeiro estásimo (vv. 543-606) é composto por um conjunto de estrofe e antístrofe, em que se faz uma exortação à moderação no amor, e epodo, no qual se narra o episódio do rapto de Helena e, por fim, saudações das jovens mulheres às donzelas reais que acabam de chegar. A esse estásimo devemos unir o seguinte, para ter uma idéia mais clara do jogo montado pelo poeta. Neste segundo estásimo (vv. 752-800) o coro canta a vitória próxima que alcançarão os gregos e o terror das mulheres sendo feitas cativas, inclusive a rainha, esposa de Príamo. Estas clamam para que tal desgraça nunca venha a cair sobre suas cabeças. Fala-se do nascimento de Helena, engendrada por Zeus em forma de cisne, segundo relatos propagados pelas tabuinhas da Piéria.

É fundamental a observação da disposição desses dois cantos. O primeiro é colocado logo após o *agón* entre Menelau e seu irmão, e o segundo, logo após o episódio da chegada de Ifigênia com sua mãe e o pequeno Orestes. No primeiro momento, quando Agamêmnon vê a inevitabilidade do sacrifício, o coro coloca as questões do amor entre um homem e uma mulher, algo que sua filha nunca irá provar. Em seguida, com a chegada da amorosa jovem, num momento em que os sentimentos do general com certeza pendem menos para a conquista da honra do que para o amor paterno, o coro muda de tom, exaltando o valor da vitória pela pátria. As "inofensivas" mulheres de Cálcis são capazes, com suas palavras, de aumentar o conflito do já atormentado espírito de Agamêmnon. A própria personagem já se coloca entre a ambição pela fama e o amor da filha, e o coro só faz dar intensidade ao dilema que o corrói.

Por fim, o terceiro estásimo (vv. 1036-1097), que mais nos interessa, tem sua estrofe e antístrofe dedicadas ao casamento de Peleu e Tétis. Neste canto, as jovens recém-casadas, além de criarem a imagem de núpcias encantadoras, firmadas pelos deuses, justamente no momento em que o verdadeiro motivo da vinda de Ifigênia é descoberto, narram as palavras do adivinho Quirão, que previu a Tétis um filho que seria a luz da Tessália, que converteria o país de Príamo a cinzas. Tal narrativa tende a aumentar o apego da jovem à vida, pois nesse momento vislumbra não só um casamento digno da presença dos deuses, mas também um valoroso esposo, o que torna a morte inevitável ainda mais dolorosa. Depois desse conjunto de estrofe e antístrofe, que provoca um certo deleite no espectador, que também é capaz de vislumbrar a beleza das núpcias através do poder descritivo do poeta que se mostra pela voz do coro, as mulheres mudam o tom, tomando a platéia de surpresa, num epodo que preconiza o fim de Ifigênia, contrário ao ditoso destino de Tétis e Peleu, sendo coroada para receber a lâmina no pescoço.

O motivo *casamento* x *morte* é recorrente nas artes em geral até hoje, já tendo sido explorado pelos trágicos e mesmo por Eurípides em outras obras. Interessante é notar que os dois elementos que se apresentam aparentemente díspares – neste canto que evoca as núpcias de Peleu e Tétis para contrapô-las duramente à morte de Ifigênia – vão tornar-se indissolúveis no final da peça.

Casamento e sacrifício se ligam em vários pontos na cultura do homem grego, como apresentada pela tradição literária clássica. Os meios pelos quais se consegue a esposa ou a vítima são muito próximos, assim como as preliminares de ambos os rituais e mesmo o seu propósito.

A vítima sacrificial é obtida através da violência, assim como a noiva, em muitos dos casos. Na *Ifigênia em Áulis*, Clitemnestra pergunta ao esposo qual é a origem de Aquiles. Agamêmnon começa a tecer toda a linhagem do jovem. No momento em que ele fala da união dos pais de Aquiles, Peleu e a deusa Tétis, Clitemnestra indaga se esta foi entregue a Peleu por sua vontade ou por violência (βία). Quando Clitemnestra descobre o falso motivo que a levou com sua filha a Áulis, ela busca defender Ifigênia, e para isso lança mão de acusações a seu esposo. Clitemnestra afirma ter sido desposada por Agamêmnon contra sua vontade e através de violência (βία), depois de ter sido assassinado seu primeiro esposo, Tântalo, e seu pequeno filho, brutalmente arrancado de seus peitos e atirado contra o solo. Porém, em contrapartida à violência, há a necessidade de aceitação da vítima e da noiva. No sacrifício faz-se o animal gesticular em consentimento; similarmente em Ésquilo, nas *Eumênides* e nas *Suplicantes*, dá-se ênfase à importância no casamento da persuasão (πειθό) e/ou Afrodite como uma necessária contrapartida para a violência (βία), (FOLEY, 1985, pp. 85-86).

No que diz respeito às preliminares, as semelhanças entre um e outro ritual também são muito acentuadas. Antes de ser levada ao altar nupcial, a noiva banha-se e corta seus cabelos. Os responsáveis pelo sacrifício, depois de lavar as mãos, cortam um pouco dos cabelos da vítima sacrificial e os espalham com água, dedicando-os ao deus a quem a vítima é sacrificada. Em ambos os casos, há a coroação da noiva / vítima. O drama em questão é permeado por uma grande ironia, que se compõe exatamente pela proximidade das preliminares dos rituais de casamento e sacrifício. No momento em que Ifigênia se encontra com o pai, os dois se confundem. O pai, a princípio, não esconde da filha os seus propósitos. Ela o questiona sobre o sacrifício que se fará para as suas bodas, e ele, referindo-se à morte da própria jovem, responde às suas perguntas, que cabem perfeitamente às indagações da moça.

Tanto o casamento quanto o sacrifício envolvem uma morte voluntária (real ou simbólica), designando um resguardo do convívio social. Ambos visam levar a um futuro que é propiciado pela violência, perda e submissão à ordem social. Participação no sacrifício significa participação em uma sociedade e, por implicação, submissão a suas regras e requerimentos, e uma autorização por uma parte em seus benefícios. O casamento requer uma comparável incorporação na ordem social. A noiva e o noivo colocam-se a si mesmos sob o jugo do casamento para a produção de um filho legítimo. O estágio inicial de cada ritual marca a separação dos participantes de seu estado anterior. Ifigênia, filha do chefe maior das tropas que tencionam ir a Tróia, como membro importante de sua sociedade, está sob o jugo de suas normas, sendo levada, a princípio, por meio da violência, e mais tarde, aceitando voluntariamente seu destino, tendo como benefício sua própria fama e a salvação de sua pátria.

Casamento e sacrifício são um acordo de poder. O casamento une duas famílias por interesse, com o propósito da continuidade de sua linhagem No sacrifício animal, o homem estabelece um elo com a divindade, apaziguando-a, e alimenta-se da carne, dando continuidade à sua vida. No caso de Ifigênia, o sacrifício traz a continuidade da honra e do poderio da pátria, que irão manter a continuidade próspera do povo grego (VERNANT,1999, p. 129, retomado por FOLEY, 1985, p. 84).

Nas cenas finais, Ifigênia deixa claro que sua morte é pela salvação da Grécia; além disso, ela é trocada por um cervo no momento do sacrifício, o que faz com que sua união, que passara a ser com o deus Hades em lugar de Aquiles, torne-se uma união com a deusa que a salvou, e ainda uma entrega a todos os gregos, cuja linhagem ela garantirá. Dessa forma, casamento e sacrifício, que se interpenetram ao longo do drama, ao final confluem para o mesmo ponto, tornando-se inextricável essa relação.

Vale observar ainda que Ifigênia, propositalmente, é sacrificada à deusa Ártemis. Na própria figura da deusa, o casamento e o sacrifício de Ifigênia irão confundir-se. A "senhora das feras" não está ligada somente ao mundo selvagem, não encarna a selvageria em estado puro. Na verdade, ela se encontra no limite entre os dois mundos, o selvagem e o civilizado, promovendo o equilíbrio entre ambos. Ao mesmo tempo que é uma divindade da caça, das florestas, do mundo selvagem, é definida como "sagitária", *chruselákatos*, a da "flecha de ouro", o que pode significar "roca, ou agulha de ouro", ligando-a como fiandeira ao interior da casa, não mais à floresta, e sim ao *thálamos*. É ela quem acompanha os jovens desde o seu nascimento, enquanto ainda pertencem ao campo do selvagem, até o momento da mudança de estatuto, do casamento, da perda da virgindade.

Essa mesma fronteira que as "crias" dos homens atravessam, saindo do mundo selvagem em direção ao mundo civilizado, é atravessada por Ifigênia, mas em sentido inverso. Ela abandona o *oikos* paterno para entregar-se ao sacrifício, indo viver nos bosques consagrados à deusa, como sua sacerdotisa.

BIBLIOGRAFIA

BRULÉ, P. **La fille d'Athenes** – la religion des filles à Athènes à l'époque classique: mythes, cultes et société. Paris: Les Belles Lettres, 1987.

EURIPIDE. **Iphigénie à Aulis**. Téxte établi et traduit par François Jouan. Paris: Les Belles Lettres, 1983.

EURIPIDE, **Tragedias.** (vol III) – Helena, Fenicias, Orestes, Ifigenia en Áulide, Bacantes, Reso. Introd. Trad. y Notas de Carlos García Gual y Luis Alberto de Cuenca y Prado. Editorial Gredos, Madrid, 1998, 2ª reimpressão.

EURÍPIDES. **Ifigénia em Áulide**. Trad. e Introd. Carlos Alberto Pais de Almeida. Coimbra: Instituto de Alta Cultura – Centro de Estudos Clássicos e Humanísticos, 1974.

EURIPIDES. **Fabulae** – Helena, Phoenissae, Orestes, Bacchae, Iphigenia Aulidenses, Rhesus. Editor James Diggle. Oxford: Oxford University Press, 1994.

FOLEY, H. P. **Ritual Irony** – poetry and sacrifice and Euripides. Ithaca, New York: Cornell University, 1985, pp. 84-105.

FOLEY, H.P. **Female acts in greek tragedy**. Princeton: Princeton University Press, 2001.

REHM, R. **Marriage to death** – the conflation of wedding and funeral rituals in greek tragedy. New Jersey: Princeton University, 1996.

SIEGEL, H. Self-delusion and the volte-face of Iphigenia in Eurípides *Iphigenia at Aulis*. **Hermes**, 108 (3), 1980, pp. 300-321.

VERNANT, J-P. **Mito e sociedade na Grécia antiga**. Trad. Myrian Campello. 2ed. Rio de Janeiro: José Olympio, 1999, pp. 48-70 e 122-153.

____________. **Figuras, ídolos, máscaras.** Trad. Telma Costa, Lisboa, 1993.

M E M Ó R I A

AS COMEMORAÇÕES SEVERIANAS: FESTEJANDO E CONSTRUINDO MEMÓRIAS

Ana Teresa Marques Gonçalves*

Fazendo um levantamento de como historiadores e antropólogos têm trabalhado com o objeto "festa", percebemos que a maioria absoluta dos trabalhos parte da concepção de que festa é um ato coletivo, ritual, em que acontecem inversões, subversões, por vezes, a instauração do caos, marcado principalmente pela alegria. Os momentos estudados são muitas vezes marcados pela carnavalização social, pelo descarrego de tensões reprimidas, pelo êxtase, pela suspensão da ordem.

Contudo, as duas ocasiões festivas que nos propomos a analisar nesta intervenção não se adeqüam a esta forma de conceituar "festa". Trata-se de festejos oficiais, nos quais as principais características são exatamente a manutenção da ordem, o reflexo de certas posições sociais previamente definidas, a formação de uma identidade e a construção de uma memória oficial e coletiva das festividades e da razão da comemoração.

Devido a isso, utilizaremos a conceituação de "festa" proposta por Norberto Guarinello em seu artigo "Festa, Trabalho e Cotidiano":

> "Festa é, portanto, sempre uma produção do cotidiano, uma ação coletiva, que se dá num tempo e lugar definidos e especiais, implicando a concentração de afetos e emoções em torno de um objeto que é celebrado e comemorado e cujo produto principal é a simbolização da unidade dos participantes na esfera de uma determinada identidade. Festa é um ponto de confluência das ações sociais cujo fim é a própria reunião ativa de seus participantes. Festa, portanto, produz identidade. (...) Toda festa tem suas próprias regras. (...) O que chamamos de festa é parte de um jogo, é um espaço aberto no viver social para a reiteração, produção e negociação das identidades sociais. Um lapso aberto no espaço e no tempo sociais, pelo qual circulam bens materiais, influência, poder. (...) A festa unifica, mas também diferencia, tanto interna quanto externamente. (...) A festa não apaga as diferenças, mas antes une os diferentes. A identidade que cria é uma unida-

*Professora doutora do Departamento de História da Universidade Federal de Goiás. anteresa@terra.com.br

de diferenciada (...). Toda festa é („,) uma estrutura de poder, (...) que se inscreve na memória coletiva e individual dos participantes (GUARINELLO, 2001, pp. 972-974).

Partindo dessas premissas, vemos toda comemoração como uma forma de comunicação (BURKE, 2002, p. 27), um objeto por excelência no qual se pode articular a análise das relações que se estabelecem entre a política, o poder, a propaganda e a memória. As festas continuam a fazer sentir os seus efeitos mesmo quando já acabaram. Associam, pois, a indivisibilidade e a duração característica do sagrado com a divisibilidade do profano (*Enciclopédia Einaudi*, 1994, p.407). Como ressalta Klaus Bringmann, num artigo sobre os festejos triunfais dos Imperadores, os romanos não conheceram festas que não fossem ao mesmo tempo religiosas e profanas, visto que todos os atos que eram realizados em nome da comunidade política eram, ao mesmo tempo, feitos visando uma comunidade de culto (BRINGMANN, 1988, p. 67). As festas antigas traçam perspectivas que apontam o passado e o futuro de uma coletividade. Por elas, a comunidade reunia o que ocorria no presente, relembrava o passado e indicava metas para o futuro.

A festa é um fenômeno gerador de imagens multiformes da vida coletiva e gera e/ou indica vínculos sociais a serem resgatados e/ou mantidos. Toda comunidade precisa de algo para celebrar, pois toda festa é um tempo consagrado. Normalmente, a festividade comporta uma multiplicidade de atividades de naturezas diversas, mas que se encadeiam e ganham sentido quando encadeadas, distinguindo a festa de uma simples cerimônia. Embora a festa seja também um espetáculo, distingue-se dele, pois quase sempre exige a participação ativa daqueles que dela participam. Mesmo ser espectador de uma festa é, de certa forma, relacionar-se com todos os presentes, é atuar para a sua realização de alguma maneira (PEREZ, 2002, pp. 23-28).

A realização de cerimônias públicas, de momentos festivos, é uma forma sofisticada muito antiga de comunicação com objetivo político, pois as festas ajudam a manipular a opinião pública, a persuadir através de imagens e a legitimar o mando, sendo, deste modo, um dos vários instrumentos de poder. No desenrolar das festas, divulgam-se mensagens, imagens, símbolos e mitos, que auxiliam no controle social. A linguagem festiva é, sobretudo, imagética, o que explica seu alto poder de persuasão, de busca de consentimento e de apoio ao poder, garantindo uma impressão de unidade, fundamental para a manutenção do comando. O poder utiliza meios espetaculares para marcar sua entrada na história (comemorações, festas de todo o tipo, construção e reconstrução de monumentos). As manifestações do poder não se coadunam com a simplicidade; a grandeza, a ostentação e o luxo as caracterizam. As emoções tendem a se exacerbar nos espetáculos festivos organizados pelos poderosos. As imagens utilizadas nas festas marcam a identidade dos regimes e dos espetáculos do poder, realizados com o objetivo de mostrar grandiosidade e força política. Nenhum sistema político é mudo. Um poder que não fala pelo *décor*, pela *mise-en-scène*, perderia a adesão do grupo de apoio, pois a persuasão reforça a sujeição. Portanto, as festas são signos e fazem parte de um ritual: não há sociedade sem ritual e não há ritual sem festas, pois elas ajudam a legitimar o regime (CAPELATO, 1998, pp. 19-59).

O ritual pode ser entendido como um conjunto de atos formalizados, expressivos, detentores de uma dimensão simbólica. Ele é caracterizado por uma configuração espaço-temporal específica, pelo recurso a uma série de objetos, por sistemas de comportamento e de linguagem específicos e por sinais emblemáticos cujo sentido codificado constitui um dos bens comuns de um grupo. O ritual insiste na dimensão coletiva, isto é, ele faz sentido para os que o partilham. Ele tem eficácia social, pois ordena a desordem, dá sentido ao acidental, cria situações de adesão e regula conflitos. Como nos lembra Javier Arce, o ritual não é a máscara do poder, mas é em si mesmo uma forma de poder (ARCE, *apud*: TEJA, 1993, p. 642). O Imperador Lúcio Septímio Severo (193-211 d.C.) soube perceber a importância das festas e dos rituais para a manutenção e fortalecimento de seu poder frente ao Império Romano.

Três grandes cerimônias públicas marcaram seu governo: a apoteose de Pertinax, os Jogos Seculares, que comemoravam a Fundação de Roma, e os *decennalia* do Imperador, isto é, a comemoração dos dez anos de governo do Príncipe. Como fundador de uma nova dinastia, após um período de marcante guerra civil, Severo sentiu a necessidade de expor publicamente sua vitória sobre os outros concorrentes ao comando imperial e a imagem de unidade, que devia compor o cenário político romano. E a realização de festas era uma forma tradicional de demonstrar a potência, a importância e a soberania de Roma e de seus soberanos. Nesta intervenção, abordaremos apenas duas destas comemorações: os Jogos Seculares e os *decennalia* do Imperador.

Em 202 d.C., Severo abriu oficialmente em Roma as suas festas decenais. Dion Cássio, em sua obra *História Romana*, informa que os jubileus decenais dos Imperadores tiveram sua origem no governo de Otávio Augusto. Este Príncipe havia recebido do Senado e do povo romano a honra de ter um *imperium* legal por dez anos, vendo-o renovado por mais dez anos e assim sucessivamente. Cada uma destas renovações legais dava lugar à celebração de uma grande festa. A prática da renovação decenal do *imperium* pelo Senado foi abandonada por Tibério, mas não a festa e a comemoração de pelo menos dez anos no poder (DION CÁSSIO, LIII, 16.2-3). E foi assim, separada da concessão do *imperium*, que a festa tradicional chegou ao governo de Severo.

Anualmente, celebrava-se em todo o Império, por intermédio de aclamações, o dia de aniversário da recepção do *imperium* pelo Príncipe, os chamados *dies imperii*. Porém, as festas denominadas de *decennalia* tinham outra amplitude. Davam lugar a cerimônias e jogos espetaculares e eram comemoradas com a construção de grandes obras públicas. Eram sempre realizadas em Roma com a presença do Imperador. A festa decenal era realizada ao início do décimo ano e não ao seu fim; devido a essa prática tradicional, as festividades de Septímio foram em 202 d.C. e não em 203 d.C., já que recebeu o título de *imperator* e o reconhecimento do Senado pela primeira vez em 193 d.C. Estas festividades contaram com uma importante testemunha ocular, Dion Cássio, que nos deixou a descrição dos festejos (DION CÁSSIO, LXXVII, 1.1). Abrem-se as comemorações agradando-se à plebe de Roma e aos Pretorianos, com a distribuição de moedas de ouro. Se observarmos algumas moedas cunhadas em Roma em 202 d.C., verificamos que elas explicitam nas legendas o décimo poder tribunício dado a Severo e as comemorações do fato, ressaltando nas imagens e nas legendas a *Liberalitas* do Príncipe.

Assim, duas idéias/imagens perpassam este início da festividade: a abundância que possibilita a generosidade do Imperador, conquistada graças à expansão do território, e a união da família imperial, que aparece junta na festa e nas moedas, um dos veículos por intermédio do qual se propaga a realização da festa para as províncias. Além disso, aproveita-se a ocasião para se realizar o casamento do novo Augusto e sucessor indicado de Septímio, Caracala, com a filha do Prefeito do Pretório e *comes* do Príncipe, Plautiano, já se buscando a criação de mais uma geração de Severos, pela espera de filhos para Caracala e Plautila.

Plautiano aproveitou a ocasião e a afluência de pessoas a Roma, para assistirem à realização da festa, para expor publicamente sua riqueza, seu poder e sua proximidade com a família imperial. Além de casar sua filha com o Príncipe herdeiro, Plautiano forneceu um dote descomunal que foi carregado, como uma procissão, do Fórum até o Palácio. Aos ritos religiosos que normalmente marcavam o início de uma festividade, Septímio soube habilmente juntar mais um: um casamento, uma cerimônia que marcava a possibilidade de continuidade da família no poder por várias outras gerações. Ao lado da distribuição de dinheiro e de alimentos, fornecia-se também à população imperial, e não somente aos habitantes da cidade de Roma, a idéia/imagem de que o Império estava seguro, rico e ordenado nas mãos da família dos Severos, e que assim deveria permanecer por muito tempo.

Porém, era necessário também integrar os aristocratas na festividade. Então, segundo Dion, foi oferecido um banquete, no qual se revigoravam as forças dos convivas e se uniam em torno da família imperial os principais cidadãos do Império. Este banquete era tanto nupcial, pois sucedeu o casamento de Caracala, quanto de comemoração pelo poder que se mantinha há dez anos. Ele integrava, segundo André Chastagnol, os atos religiosos das festas decenais. Antes do banquete, havia sacrifícios e libações e se faziam procissões religiosas pela cidade até o templo de Marte, buscando-se o apoio das divindades ao governo comemorado (CHASTAGNOL, 1987, pp. 493-496).

Não se concebia organizar uma festa sem que jogos e espetáculos ocorressem. Como afirma Dion Cássio (DION CÁSSIO, LXXVII, 1.4-5) foram três os motivos de comemoração e não apenas um, como no tempo de Otávio, que motivaram as festividades: o retorno de Septímio a Roma, os dez anos no poder e as suas vitórias. Severo acabara de retornar da Antioquia, após ter vencido de forma sucessiva Pescênio Nigro, Clódio Albino e os Partos, portanto, após ter conseguido vitórias internas e externas, além de ampliar o território imperial pela conquista e anexação da Mesopotâmia, de parte da Bretanha e de territórios do norte da África. Tanto que passou a colocar em várias inscrições públicas o título de *propagator imperii*.

Nos jogos, muitos animais exóticos eram abatidos, lutando entre si ou contra os venatores, demonstrando que Roma havia conquistado diferentes territórios, nos quais se encontravam animais diversos, que eram trazidos para a urbs para comemorar o poder do Império, visto que festejar os dez anos de governo de um Imperador era também comemorar a manutenção do Império e da supremacia de Roma sobre o mundo conhecido por mais dez anos.

Plautiano, Prefeito do Pretório de Severo, mais uma vez aproveitou o espaço da festa para demonstrar o seu poderio. Foram dele os sessenta javalis ofertados para se digladiarem para a alegria dos convidados. Só um homem rico e poderoso poderia fazer tal agrado ao Imperador, com a permissão do próprio Príncipe.

Era fundamental se comemorar as vitórias do soberano, pois elas eram vistas como vitórias de todo o povo romano. Pela descrição de Dion, os jogos tiveram lugar no Anfiteatro, mas alguns pesquisadores, como J. Babelon (BABELON, 1945, pp. 149-153) e André Chastagnol (CHASTAGNOL, 1987, pp. 498-499), a partir da análise de moedas da época, defendem que alguns espetáculos ocorreram no Circo Máximo.

Na História Augusta, comenta-se que o Senado ofereceu a Septímio as honras do triunfo, mas que o Imperador teria recusado sob o pretexto de que, sofrendo de gota e de outras doenças da articulação, não poderia suportar ficar de pé sobre a biga até o Capitólio (HA, *Vida de Severo*, 16.7).

Herodiano também faz referência a esta festa em sua obra (HERODIANO, III, 10.1-2), citando os sacrifícios, a distribuição de dinheiro e os jogos que marcaram a comemoração dos *decennalia*, chamando-os de jogos triunfais, pois comemoravam também as vitórias de Septímio, como já nos lembrou Dion Cássio. Além disso, era comum, quando um Imperador assumia o poder e na ocasião da comemoração de seus jubileus, serem dele feitos retratos que se exibiam em todo o Império. Os retratos originais, que serviam de modelo para as oficinas provinciais, saíam costumeiramente de Roma, quer fossem estátuas ou bustos, ou se faziam desenhos que eram coligidos em livros de modelos, que atravessavam o território imperial (SCHUCHHARDT, 1972, pp. 131-138). Lembremos também que, em retribuição às vitórias, o Senado não apenas votou honras triunfais, mas também ordenou a construção, no Fórum de Roma, de um arco triunfal, que foi concluído e dedicado ao Príncipe e seus herdeiros em 203 d.C., sublinhando a importância do restabelecimento da ordem nas fronteiras orientais (FRANCHI, 1960, p. 20).

Por sua vez, os jogos seculares de 204 d.C., celebrados por Severo, foram os sétimos da série canônica; por isso receberam a posição de um evento quase oracular, pois os sétimos jogos seriam comemorados durante o governo de um Imperador chamado Septímio. Desta forma, seu potencial imagético e propagandístico era inegável, já que eles pareciam indicar o apoio divino ao governo de Severo. Otávio Augusto também havia tido a possibilidade de comemorar o jubileu da fundação da cidade de Roma, em seu governo, em 17 a . C., ajudando a glorificar o Principado e a idéia de Pax Romana.

Como Augusto, aproveitou a comemoração da fundação de Roma para reforçar a idéia de que o governo estava estável e havia paz dentro das fronteiras, Severo continuou a comemorar as conquistas párticas, a certeza sucessória e também a paz que existia no Império. F. Coarelli destaca que os Jogos realizados por Augusto e por Severo são os mais conhecidos pelos pesquisadores. Ele acredita que isto não é um mero acaso, mas a comprovação de que estes governantes foram os que melhor souberam aproveitar esta comemoração para divulgar os seus governos (COARELLI, 1993, p. 212). Os documentos escritos pouco falam desta comemoração. Apenas Herodiano, em sua obra, mesclou uma referência aos jogos de 197 d.C. com os Jogos Seculares de 204 d.C. (HERODIANO, III, 8.9-10).

Na concepção de Herodiano, a promoção de jogos equivalia à distribuição de dinheiro, na tentativa de conseguir o apoio da plebe de Roma. Contudo, ele se esquece de que a presença nos jogos e nas outras cerimônias atingia vários outros estratos sociais. Os Jogos Seculares foram, sem dúvida, celebrações grandiosas, pois foram levados animais, atores e gladiadores de todas as partes e ocuparam-se todos os espaços de Roma dedicados a celebrações, indicando que elas foram de diversos tipos; vários rituais religiosos foram empreendidos e todos os habitantes do Império, principalmente da Península Itálica, foram convidados a comparecer. Pierre Grimal enfatiza que os Jogos em Roma eram mais que espetáculos. Eram verdadeiras festas, pois consistiam em momentos de reunião da cidade em torno de seus deuses, pois, para ele, os Jogos tinham funções eminentemente religiosas de agradecimento às potências protetoras, o que se vincula diretamente às comemorações dos Jogos Seculares (GRIMAL, 1999, pp. 84-85). As festividades públicas também eram momentos privilegiados para se fomentar a solidariedade entre os seus participantes e demonstrar riqueza e prazer; por isso se doavam, nestes momentos, altares, templos, arcos e outros prédios públicos (MEIER, 1997, p. 55).

Conhece-se melhor a realização desta comemoração pelas Actas dos jogos realizados por Severo, que foram encontradas em 1931 em Tarento (CIL, VI, n. 32326 a 32336), infelizmente, bastante fragmentárias. Por sua análise, sabemos que toda a família imperial participou das atividades promovidas e, principalmente, das cerimônias religiosas. Os Cônsules do ano dos Jogos foram Cilo e Libo, mas foi Severo quem dirigiu os ritos junto com Caracala, que já era

Augusto desde 198 d.C., tendo também ao seu lado Plautiano, que era sogro do *imperator destinatus* desde as comemorações dos *decennalia*. Sabe-se que vários ritos foram empreendidos no Campo de Marte, o que garantia um certo toque militar e triunfal às comemorações, pois os Jogos tinham um lado *pro victoria* e outro *pro valetudine* (COARELLI, 1993, p.239), já que só com a *virtus* dos governantes se poderia garantir a permanência do Império. Deste modo, são celebrações tanto militares quanto políticas, cívicas e religiosas.

A Imperatriz Júlia Domna, esposa de Septímio, teve papel de destaque no segundo dia da festa, quando capitaneou uma grande procissão de 110 matronas romanas, dentre as quais ela era a primeira, e os ritos em honra de Juno Regina. Junto com ela também estavam duas Vestais, Numísia Maximilla e Terência Flávola, como vimos anteriormente. Sabe-se que esta ligação de Júlia com as matronas era antiga. Ela restaurou para as *matronis* (mulheres de senadores, cavaleiros e altos oficiais do exército, principalmente) um edifício especialmente construído para suas reuniões por Sabina, esposa de Adriano, no segundo século (CIL, VI, n. 997).

Na segunda noite, também foram feitos ritos em honra de Ilithya, a deusa dos Jogos Seculares, que era cultuada em Tarento, cuja equivalente romana seria Juno Lucina, que presidia os nascimentos. Pois estava se comemorando, antes de tudo, o nascimento de um novo século, de tempos novos. Desta maneira, houve no segundo dia uma forte presença feminina nas festividades. Na terceira noite, eram comemorados a fertilidade da terra, a justiça humana e divina, que deviam ser inseparáveis, e o soberano, que não deveria morrer, ao menos por intermédio da memória de suas boas ações à frente do governo.

O objetivo fundamental das celebrações seculares era assegurar a sobrevivência da cidade até o século seguinte. Uma preocupação predominante era obter o favor dos deuses para que os cidadãos fossem poupados de doenças e de epidemias. Era importante também garantir em algum momento da festa o culto à *Dea* Roma, a própria encarnação do poder da cidade frente ao Império conquistado, e o culto à Juno *Moneta*, a representação da riqueza e da abundância imperiais (BRIND'AMOUR, 1972, pp. 1334-1417).

Por isso, o mais importante nas comemorações era garantir a proteção dos deuses para mais 110 anos de abundância para o Império e seus habitantes. Severo não perdeu a ocasião de inaugurar, por um gesto simbólico, exatamente com a realização dos Jogos, uma nova era de alegria e de fecundidade que todo o Império esperava (GAGÉ, 1934, p. 68). Tanto que, antes da realização dos Jogos, costumava-se esperar o surgimento de prodígios, que eram interpretados pelos arúspices como sinais do início de um novo tempo (COARELLI, 1993, p. 219). No caso dos Severos, o final da guerra contra os Partos, com a vitória dos romanos, era um bom sinal da proteção dos deuses aos novos tempos de paz.

Portanto, como afirma Arnaldo Momigliano, as estátuas, os templos, os sacerdotes, os jogos, os sacrifícios e todos os atos cerimoniais, todas as festas que se executavam em honra do Imperador, ajudavam a fazê-lo presente: também ajudavam o povo a expressar seu próprio interesse na conservação do mundo em que vivia (MOMIGLIANO, 1992, p. 170). Comemorar o governante era também festejar a manutenção da situação vigente. Assim, ao analisarmos as celebrações executadas no mundo romano, podemos perceber como o espaço festivo era utilizado para divulgar a imagem positiva do soberano, prática esta que permaneceu presente até o mundo contemporâneo.

BIBLIOGRAFIA

BABELON, J. À Propos d'un Aureus de Septime Sévère au Type de la Galère. **Revue Numismatique**. Paris,7:149 -153,1945.

BRIND'AMOUR, P. L'Origine des Jeux Séculaires. **Aufstieg Niedergang und Romischen Welt**. Berlin, 2 (16), parte 2:1335-1420,1972.

BRINGMANN, K. El Triunfo del Emperador y las Saturnales de los Esclavos em Roma. *In*: SCHULTZ, U. **La Fiesta: Una Historia Cultural desde la Antigüedad hasta Nuestro Dias**. Madrid: Alianza, 1988, pp. 65-75.

BURKE, P. O Carnaval de Veneza. *In*: CUNHA, M. C. P. (org.) **Carnavais e outras Frestas**. Campinas: Editora da Unicamp, 2002, pp. 27-39.

CAPELATO, M. H. R. **Multidões em Cena**. Campinas: Papirus, 1998.

CHASTAGNOL, A. Les Fêtes Décennales de Septime-Sévère. **Bulletin de la Société Nationale des Antiquaires de France**. Paris, 7:91-107,1984.

CHASTAGNOL, A. Aspects Concrets et Cadre Topographique des Fêtes Décennales des Empereurs à Rome. *In*: **L'Urbs: Espace Urbain et Histoire**. Rome: École Française de Rome, 1987, pp.491-507.

COARELLI, F. Note sui Ludi Saeculares. In: **Spectacles Sportifs et Scéniques dans le Monde Étrusco-Italique**. Rome: École Française de Rome, 1993, pp.211-245.

Dio's Roman History. *English translation by Earnest Cary. London: William Heinemann,1961. v.9 (The Loeb Classical Library).*

Enciclopédia Einaudi. Festa. Lisboa: Imprensa Nacional-Casa da Moeda, 1994, v. 30, pp. 402-414.

ERODIANO. **Storia dell'Impero Romano dopo Marco Aurelio**. Testo e versione di Filippo Càssola. Firenze: Sansoni, 1967.

FRANCHI, L. **Ricerche sull'Arte di Età Severiana in Roma**. Roma: L'Erma di Bretschneider, 1960.

GAGÉ, J. Les Jeux Séculaires de 204 ap. J.-C. et la Dynastie des Sévères. **Mélanges d'Archéologie et d'Histoire de l'École Française de Rome**. Paris, 51:33-78, 1934.

GRIMAL, P. **El Alma Romana**. Madrid: Espasa Calpe, 1999.

GUARINELLO, N. L. Festa, Trabalho e Cotidiano. In: JANCSÓ, István; KANTOR, Íris (orgs.). **Festa, Cultura e Sociabilidade na América Portuguesa**. São Paulo: Edusp, 2001, v. 2, pp. 969-975.

MATTINGLY, H.; SYDENHAM, E. A . (ed.). **Coins of the Roman Empire in the British Museum**. London: British Museum, 1950. V.5.

MATTINGLY, H.; SYDENHAM, E. A . (ed.). **The Roman Imperial Coinage**. London: Spink and Son, 1936. V. 4, partes 1 e 2.

MEIER, C. **Política e Graça**. Brasília: Edunb, 1997.

MOMIGLIANO, A. ***De Paganos, Judíos y Cristianos***. México: FCE, 1992.

PEREZ, L.F. Antropologia das Efervescências Coletivas. In: PASSOS, M. (org.). **A Festa na Vida**. Petrópolis: Vozes, 2002. pp. 15-58.

SCHUCHHARDT, W. H. **Arqueologia**. Lisboa: Meridiana, 1972.

SILVA, M. M. de S. e. A Historiografia Descobre a "Festa". **Hélade**. Rio de Janeiro, 1(1): 38-52, 2000.

TEJA, R. Il Cerimoniale Imperiale. In: MOMIGLIANO,A.; SCHIAVONE, A. (dir.). **Storia di Roma**. Torino: Giulio Einaudi, 1993. V.3(1), pp. 613-642.

The Scriptores Historiae Augustae. English translation by David Magie. London: William Heinemann, 1953. V. 1 e 2 (The Loeb Classical Library).

OS MÁRTIRES NA *LEGENDA AUREA*: A REINVENÇÃO DE UM TEMA ANTIGO EM UM TEXTO MEDIEVAL

Carolina Coelho Fortes*

A hagiografia é um gênero literário de grande longevidade. Surge ainda no século II (ALTANER & STUIBER, 1988, pp. 61-62), por conta da perseguição aos cristãos, mas sua difusão inicia-se realmente no século IV. Até então trata dos primeiros santos, os mártires, que haviam lutado até a morte para darem testemunho de sua fé. É sobre o martírio que nos debruçaremos nesta comunicação. Tentaremos perceber as transformações que o marcam, analisando-o em dois momentos: os séculos III e IV, período de seu estabelecimento como gênero literário, e o século XIII, no qual ressurge com bastante força, e figura em maioria na *Legenda Aurea*, obra a ser considerada. Daremos enfoque, em particular, à santidade feminina, tema principal de nossas pesquisas.

O cristianismo é um fator importante na transformação da memória na sociedade ocidental. Tanto este quanto o judaísmo são religiões fundamentadas na história, constroem-se sobre recordações. A memória cristã se manifesta, sobretudo na comemoração de Cristo e, como diria Le Goff, "em um nível mais popular, cristalizou-se nos santos e nos mortos" (LE GOFF, 2003, p. 441). Assim, a noção de memória é primordial para este trabalho, não só por se fundamentar em vidas de santos, mas por se preocupar em entender sua permanência da Antigüidade à Idade Média.

As paixões nos séculos III e IV

A santidade é uma construção social, é um ideal que se desenvolveu historicamente. Portanto, tipos diferentes de pessoas são reconhecidas como santas pelas comunidades cristãs em períodos diferentes. Um dos fatores mais importantes no caráter transitório da santidade através da Idade Média é o gênero. O reconhecimento das mulheres como santas ou, mais ainda, a falta deste, revela os traços misóginos típicos da cultura e sociedade medievais. Enquanto a maioria dos teólogos medievais concebia uma igualdade teórica entre homens e mulheres em sua capacidade de serem salvos, quase uniformemente estes viam os homens como os mais capacitados a praticar as virtudes necessárias para a salvação. Assim, Atanásio (morto em 373) alegava que as mártires demonstravam como algo "contra a natureza" (ou seja, a coragem feminina) poderia dar prova de

*Professora mestre em História Social do Departamento de História da UGF. Pesquisadora do Programa de Estudos Medievais (PEM) da UFRJ.

algo "maior que a natureza" (ou seja, a verdade cristã) (ELM, 1994, p. 163.). Além disso, as mulheres eram excluídas do clero cristão e, desta forma, da vocação que produzia a maioria dos santos reconhecidos durante certos períodos. Por toda a Idade Média as mulheres foram minoria entre aqueles cuja reputação de santidade recebia celebração pública e desta forma tornavam-se merecedores do título de santos.

Os primeiros cristãos a serem reconhecidos como santos foram os mártires, aqueles que tinham morrido para dar seu "testemunho" em nome de Cristo e que tinham, assim, ganho entrada imediata no paraíso. Um bom número de descrições contemporâneas das mortes de vários mártires chegou até nossos dias. Essas *paixões*, como são freqüentemente chamadas, constituem os mais antigos relatos hagiográficos, sendo a primeira de que se tem conhecimento o Martírio de Policarpo, de 167 (BAÑOS VALLEJO, 1989, p. 29). De acordo com as mais variadas fontes, podemos perceber que muitas mulheres cristãs compartilharam os sofrimentos do martírio, pois é grande o número delas que figura nas *paixões* mais antigas. O relato hagiográfico mais antigo sobre uma mártir (c. 200) é a *Paixão de Perpétua e Felicidade* (HEFFERNAN, 1988, p. 185). Esta paixão preserva o relato em primeira pessoa de Perpétua sobre as visões que ela experimentou durante o tempo que permaneceu na prisão esperando por sua execução.

Mártires mulheres, entretanto, não recebiam a mesma atenção que sua contraparte masculina. Desde muito cedo as comunidades cristãs favoreceram clérigos proeminentes, e assim, por definição, homens, em seu reconhecimento de heróis comunais. Logo não surpreende que dos 120 mártires listados por nome na *História Eclesiástica* de Eusébio (c. 313) (EUSÉBIO DE CESARÉIA, 2001), apenas 15 sejam mulheres. Foi somente no século IV, muito depois de seus martírios, que relatos das vidas e mortes de grande parte das mártires começaram a constar no calendário de santos.

O fim da perseguição aos cristãos, marcado pelo Decreto de Milão em 313, não só permitiu o crescimento do reconhecimento público dos mártires, como também levou ao reconhecimento de novos tipos de santos. A primeira categoria importante foi a dos bispos, como Martinho de Tours (397) e Agostinho de Hipona (430). As mulheres, sendo excluídas da hierarquia eclesiástica, foram-no conseqüentemente também desta forma de santidade.

A santidade feminina no século XIII

Outras novas tendências de santidade feminina surgem também no século XIII. Podemos dizer que este século foi o de *boom* da santidade feminina, já que mais de um quarto dos cristãos do século XIII que atingiram a santidade eram mulheres (TIBBETS-SCHULENBURG, 1990, p.58.), provavelmente a percentagem mais alta de qualquer período da Idade Média. Foi também durante este século que o papado tomou controle total sobre o reconhecimento oficial da santidade, a canonização. Ainda a grande maioria dos santos no final da Idade Média não recebera uma bula papal de canonização, mas um culto ou forma de autorização local. Dos 72 processos de canonização julgados pelo papado entre 1198 e 1418, 13 se referiam a mulheres, e houve sete mulheres entre os 35 sucessos (VAUCHEZ, 1989, p.220-223). A par com a santidade que surge nas instituições informais como as *beguinages*, e aquelas associadas à fundação das novas ordens mendicantes, está presente também a santidade laica de mulheres casadas, mas que, em sua maioria, está vinculada à antiga tradição da santidade de sangue, em outras palavras, da adoração a rainhas e reis.

As vidas de santas do século XIII mostravam uma aproximação geralmente nova da vida religiosa. Elas exibiam preocupações com a pobreza voluntária, a caridade urbana e o ensino público, tão proeminentes nos movimentos mendicantes. Porém havia aspectos que eram distintamente femininos. Em adição às visões que por muito tempo foram características da santidade feminina, estas mulheres centravam suas devoções no recebimento da eucaristia, freqüentemente rejeitando todas as outras formas de alimento em jejuns de duração heróica e até fatal (BYNUM, 1988, p. 48-69). Assim elas desenvolveram uma forma de piedade que se baseava no alimento, cuja preparação sempre fora trabalho das mulheres na sociedade medieval. Ao mesmo tempo, essa piedade iluminava a dependência de mulheres religiosas dos clérigos homens, pois somente o padre poderia consagrar a eucaristia ou dar o sacramento da confissão. As vidas dessas mulheres criaram um novo modelo de santidade feminina. A maioria dessas obras era escrita por confessores homens que possuíam uma posição de autoridade sobre elas (MOONEY & BYNUM, 1999, pp. 2-4.).

Uma tradição diferente da santidade feminina também estava se desenvolvendo no Ocidente cristão durante a Idade Média Central e a Baixa Idade Média: a das antigas mártires e das santas penitentes. Viajando desde o Oriente cristão, estas vidas começaram a amadurecer na hagiografia latina no século IX, iniciando um processo de desenvolvimento que continuaria até o fim da Idade Média. Simultaneamente, cresceram os cultos baseados nas relíquias de mulheres como Maria Madalena e Catarina de Alexandria. No século XIII as legendas destas antigas cristãs estavam largamente disseminadas e incorporadas nas coleções hagiográficas voltadas para os pregadores. A mais importante destas foi, sem dúvida, a *Legenda Áurea* (SANTIAGO DE LA VORÁGINE, 2000.). Trinta e uma de 182 legendas incluídas nessa coleção tratam de santas, grande parte delas figuras do Novo Testamento ou da Igreja primitiva.

Características dos martírios

Segundo Altman (ALTMAN, 1975, pp.1-11.), a oposição diametral é a estrutura característica das *paixões*, e consiste no enfrentamento entre dois grupos (mártires e perseguidores) e suas conseqüências concretas: a detenção, o interrogatório e o martírio. Quando a perseguição ao Cristianismo termina, a oposição santo/secular deixa de colocar-se sistematicamente como enfrentamento violento para começar a mostrar-se nas *vitae* de santos confessores como um aperfeiçoamento gradual.

Além disso, os textos literários relativos ao santos, forma de perpetuar a memória destes homens e mulheres, são construídos de acordo com estereótipos narrativos que formam um personagem dado. Nesse tipo de literatura encontramos vários traços comuns e até mesmo eventos semelhantes. Mais importante do que o nome do santo é o modelo construído.

Na hagiografia, o objetivo primário do autor não é compor um relato biográfico do santo, mas, antes, retratá-lo como exemplo de virtude cristã. Hagiógrafos também procuravam mostrar como os santos tinham imitado tais normas, particularmente aquelas estabelecidas pela vida de Cristo e de outros santos. Assim como os religiosos encorajavam sua audiência a imitar o exemplo dos santos, também pregavam os modelos literários oferecidos pela Bíblia e por obras hagiográficas anteriores, boa parte delas ainda da antigüidade. Estórias, temas e *motifs* eram repetidas de uma vida de santo a outra, e cada hagiógrafo adaptava o seu reservatório de material tradicional às necessidades da narrativa que tinha em mãos. O efeito, sem dúvida intencional, era, em parte, enquadrar a particularidade de uma vida de santo em um tipo generalizado de santidade, como a mártir, a virgem ou o santo bispo. Esse uso de modelos ajudava no propósito moral e didático das hagiografias.

Contudo, não podemos nos deixar levar por esse caráter tradicional da hagiografia. Os modelos de santidade mudavam consideravelmente através dos tempos, conforme o uso que cada novo autor fazia deles, desta forma alterando a tradição existente (DUBY, 1988, p.94.). Assim, mesmo sendo inconsistentes no que se refere à dimensão histórico-biográfica, personagens como São Jorge, Santa Catarina de Alexandria e outros se tornaram figuras importantes da devoção cristã medieval, justamente devido à produção hagiográfica sempre renovada de acordo com a mudança das exigências culturais, eclesiásticas e políticas. O santo mártir antigo continuará vivo na literatura e no culto, permanecendo firme como um modelo (BOESCH GAJANO, 2002, p. 455.).

Indubitavelmente a produção hagiográfica medieval apresenta traços peculiares que a distanciam, inclusive nas obras dedicadas aos mártires antigos, das primeiras atas escritas sob o signo da perseguição, nas quais, geralmente, não havia lugar para detalhes biográficos nem prodígios. É assim que ocorrerá a substituição de uma literatura utópica, expressão de uma minoria perseguida, pela literatura ideológica a serviço de uma Igreja que, ao converter-se na Idade Média em elemento fundamental do poder, tende a manter o sistema de valores. Não obstante, o santo, como herói épico, por suas qualidades místicas e sobre-humanas, pode chegar a enfrentar-se com a ordem social existente e desafiar a hierarquia instituída.

Evidentemente, a passagem da forma literária das *Atas* às *Vitae* não se dá bruscamente. Destarte, entre os séculos V e VIII, os elementos biográficos se incorporam também aos relatos de tema martirial, dando lugar a diversos tipos de paixões (BAÑOS VALLEJO, 1989, p. 39.). Reparando a evolução entre as primeiras atas dos mártires e a hagiografia merovíngia, carolíngia e hispano-visigoda, Baños Vallejo conclui que estas constituem o autêntico precedente da hagiografia medieval. Possivelmente a demanda de textos hagiográficos provocou a necessidade de se recorrer a fórmulas e esquemas. Dentro da tendência assinalada, multiplicaram-se os milagres, pois cada vez se identifica mais a santidade com a taumaturgia.

Como bem diz Boesch Gajano, "a história da santidade é sempre, ao mesmo tempo, uma história de inovações e tendências permanentes à conservação, como provam, por um lado, a duração dos cultos e da patronagem das igrejas, e, por outro lado, a presença persistente dos martírios e das vidas de santos antigos até em obras novas pela forma e pela finalidade" (BOESCH GAJANO, 2002, p. 461.).

A *Legenda Aurea* e seus mártires

A Legenda Áurea é uma compilação de vidas de santos escrita pelo frei dominicano Jacopo de Voragine, na segunda metade do século XIII. Compilação porque algumas partes da *Legenda Aurea* são recopiadas palavra por palavra da fonte. Porém, outros capítulos constituem-se como originais, descrevendo as gestas dos santos que eram negligenciadas pelos autores dos legendários condensados precedentes. Neste caso o texto de Jacopo de Voragine é fruto de uma reelaboração original e se distancia muito da fonte, mesmo que este sempre seja um relacionamento de dependência. A parte final do capítulo sobre Maria Egipcíaca pode ser tomada como exemplo desta categoria. No entanto, a maior parte dos capítulos da *Legenda Aurea* foi composta integrando os epítomes dos predecessores de Jacopo de Voragine com o texto das *vitae* e das paixões originais. Por isso, termos como originalidade e autor devem ser usados com muita cautela diante de obras como os legendários condensados. Todavia, algumas partes da *Legenda Aurea* não têm nenhuma fonte direta e são devidas exclusivamente à cultura e a capacidade narrativa, histórica e interpretativa de Jacopo de Voragine (MAGGIONI, 1995, 66-73.). Portanto, ao mesmo tempo que Jacopo faz uma cópia fiel de suas fontes, que se dividem em contemporâneas e antigas, também adiciona novas interpretações. A conseqüência disso é que temos um texto polifônico. Isto é, o material antigo está presente e misturado ao contemporâneo, o que viabiliza uma releitura das paixões da antigüidade tardia.

Para que entendamos o porquê da permanência da figura do mártir nesses escritos do século XIII, é necessário que tracemos aqui uma tipologia de seus santos quanto ao tipo de santidade. Dos 182 capítulos, 21 são dedicados a festas. Contamos, então, com 161 capítulos que contam a vida de santos, individualmente ou em grupo. Em 95 vidas a figura principal é um mártir, 22 se dedicam a apóstolos, bispos e papas que não se submeteram ao martírio; 24 tratam de eremitas, monges e reclusos; e apenas 11 são sobre confessores que representam outras condições de vida. Assim, podemos constatar claramente que o tipo de santidade privilegiado por Jacopo de Voragine era o martírio.

Baseando-se principalmente em relatos recolhidos da Antigüidade Tardia e da Alta Idade Média (MAGGIONI, 1995, p. 19.), a maioria das vidas baseia-se em acontecimentos ocorridos entre os séculos I e IV, o que leva a *Legenda* a valorizar a santidade martirológica. Embora um volume menor de vidas seja relativo aos séculos V-VII, época em que o tipo de santidade privilegiado era o ascetismo, impera nestas um perfil martirológico.

Souza acredita que o uso dessa "matéria antiga" possibilitaria a Jacopo tratar com maior liberdade algumas questões de seu tempo, evitando os incômodos de uma abordagem mais direta. Além disso, era possível encontrar na tradição pontos comuns, como a resistência da heterodoxia e do paganismo. Contudo, para além das conclusões de Souza, é necessário notar que as paixões ocuparam um espaço desproporcional nos legendários da Baixa Idade Média (REAMES, 1985, p. 98.), se considerarmos que muitos séculos haviam passado desde as últimas perseguições. E, como vimos, a obra de Jacopo não é uma exceção, já que dois terços dos santos lembrados por Jacopo podem ser classificados como mártires.

Como afirma Philippart, a produção hagiográfica da Baixa Idade Média foi caracterizada pelo tradicionalismo que se mede pela permanência, através de mil anos de história, de gêneros adaptados aos primeiros séculos do período. Estas narrativas, épicas e fabulosas, continuaram a veicular uma representação antiga do santo, uma moral e teologia em desacordo com as aspirações e as crenças renovadas (PHILIPPART, 1977, p. 47.). Porém, apesar de representarem ainda um ideal antigo de santidade, essas legendas foram capazes de repercutir no público da época através da atualização feita pelos objetivos mendicantes da pregação para a salvação das almas.

As características arcaicas e o subseqüente sucesso da *Legenda Aurea* parecem estar inseridos numa tendência mais ampla, que abrangia a Igreja no período baixo-medieval. Como mostrou Vauchez (VAUCHEZ, 1989, pp. 53-64), o culto dos santos atingiu uma inflexão por volta de 1270. Nos 80 anos anteriores o papado respondera com simpatia incomum aos ideais e aspirações religiosas dos vários grupos da Igreja. Um grupo grande e diverso de novos santos havia sido canonizado. Embora a maioria dessas canonizações refletisse a preferência tradicional por santos da aristocracia ou até de nascimento real, as origens relativamente modestas dos mendicantes e de alguns poucos leigos afirmavam a possibilidade de que a perfeição cristã pudesse nascer, também, nas partes menos privilegiadas daquela sociedade. Igualmente significativo é o número de santos penitentes, antigos pecadores cuja conversão e glorificação final negavam a lição de que os santos são feitos, e não nascidos. Em suma, foi permitida aos fiéis, e até encorajada, a veneração a santos recentes, semelhantes a eles próprios e cujos exemplos eles poderiam seguir.

Na metade final do século XIII, entretanto, a política papal a respeito das canonizações tornou-se muito mais restrita. Cultos locais de santos recentes continuaram a florescer até o fim de Idade Média, mas sua maioria não conseguiu nenhum reconhecimento oficial. Os ideais relativamente igualitários do fim do século XII e começo do XIII foram rapidamente deixados para trás. Agora eram vigentes definições de santidade mais exclusivas e rigorosas que guardam muitas semelhanças com as definições da *Legenda Aurea*.

O que levou a Igreja baixo-medieval a preferir uma definição da santidade tão idealizada e essencialmente monástica às definições relativamente flexíveis e inclusivas que prevaleciam antes de 1270? A teoria principal oferecida por Vauchez é que tal mudança reflete a influência de uma elite conservadora entre o clero que queria restringir e controlar o culto dos santos, majoritariamente por motivos da política da Igreja. O influxo de novos santos foi visto como uma ameaça ao *status* de cultos mais antigos e tradicionais, e também levantou o espectro de uma Igreja fragmentada na qual toda pequena comunidade veneraria santos diferentes. Vauchez sugere, entretanto, que a causa primeira da inquietação conservadora foi o grau com que os novos cultos adotaram uma concepção democrática da Igreja ao invés de uma hierárquica. Ele conclui que a política oficial de canonização depois de 1270 foi construída, em grande parte, para reverter essa tendência, estabelecendo uma distinção bem clara entre a santidade iminente e distinta que merecia a honra especial e o tipo de santidade que os membros comuns da Igreja poderiam esperar atingir.

Em paralelo à ênfase no martírio, Jacopo acentua a defesa contra os adversários, característica também desse tipo de vida, mas que perpassa todos os gêneros de santidade apresentados pela *Legenda*. As obras mais tradicionais nesse sentido, no entanto, continuam sendo as paixões compostas algum tempo depois das grandes perseguições, para celebrar o triunfo dos mártires. Essas paixões reconhecem somente dois níveis de valores, duas alternativas, e o roteiro consiste em separar as personagens honradas das ruins. Aqueles que se opunham aos mártires tendiam a ser identificados como inimigos de Deus; o papel principal do mártir é resistir a eles e derrotá-los; e alguns dos milagres que acompanham a luta servem para provar o favoritismo de Deus em relação aos mártires e ridicularizar a cegueira de seus inimigos (ALTMAN, 1975, p.8).

Deste modo, na *Legenda*, muitas vezes a Igreja é representada por mártires que bravamente enfrentam governantes seculares, de prefeitos a imperadores, porque servem a uma autoridade superior. Não fariam essas narrativas tanto sucesso justamente porque se reconhecia uma conexão entre as versões de Jacopo e as batalhas da época pelos direitos da Igreja? Jacopo dá grande ênfase à ganância e à ambição que motivam os perseguidores de santos. Além disso, o compilador minimiza o sofrimento dos mártires, preferindo insistir nos eventos milagrosos que frustraram os esforços dos perseguidores de quebrantar seus corpos e sua vontade. A idéia de uma luta com os santos, que os perseguidores não podem ganhar, nem sempre se faz de forma explícita; mas capítulo após capítulo Jacopo descreve o que se mostra como o ponto essencial: as punições que recaem sobre os perseguidores, punições essas notadas tanto por Reames quanto por Franco Jr (FRANCO JR., 1996, p. 224). Geralmente, ao invés de manifestar a generosidade de Deus para com a humanidade em geral, o santo da *Legenda Aurea* tem como motivo central a vingança contra seus adversários.

Além da evidência do martírio no perfil de santidade da *Legenda* – a identificação dos santos com um tipo severo de justiça, e a importância dos confrontamentos –, podemos ainda relacionar como ponto presente neste perfil a separação do santo da comunidade e a insistência em seus privilégios e poderes, e não em sua habilidade de ensinar, reformar ou curar os fiéis.

O ideal de separação do mundo tem uma longa história. A tradição já estava viva na Igreja antes do fim da Antigüidade, manifestando-se de forma mais intensa na vida dos primeiros monges que se retiraram para o deserto com o objetivo de evitar a corrupção propiciada pela sociedade secular. A idéia de que era imperativo que um religioso deveria se afastar do mundo, literalmente, tornou-se mais disseminada durante a Idade Média; e ainda era de grande influência na época de Jacopo. Teoricamente as novas ordens mendicantes do século XIII afirmavam a possibilidade de santificação para cristãos que permanecessem no mundo. Contudo, embora os mendicantes não se isolassem fisicamente, não devemos nos esquecer de que em seus primeiros anos eles eram identificados por um ideal compensador: uma quebra mais radical com os valores seculares do que o próprio monasticismo tinha alcançado. É assim que Jacopo reflete a doutrina da Ordem em sua compilação, afastando os santos do mundo o mais possível.

Caracterizando esse afastamento do século, a *Legenda* apresenta uma propaganda extremada da virgindade, incluindo legendas de ortodoxia questionável que condenam terminantemente relações sexuais até dentro de um casamento legal. Além disso, Jacopo de Voragine, tanto em seus sermões (REAMES, 1985, p. 103) quanto na *Legenda Aurea*, faz menção à inferioridade do sexo feminino. Que a mulher era inferior ao homem era evidente para os medievais, mas Jacopo repetidamente se desloca de seu caminho para fazer valer essa lição. O exemplo mais dramático está no capítulo sobre a Purificação da Virgem Maria, que dá lugar a uma discussão longa e aparentemente gratuita da razão pela qual Levítico,12 prescreve um período mais longo para a purificação do parto de uma menina do que de um menino. O período de purificação é identificado com a duração entre a concepção e a formação completa do feto (40 dias para um menino, e 80 para uma menina); a essa suposta diferença biológica são dadas três explicações alegóricas que convergem para uma só: as mulheres são maiores pecadoras que os homens, e a preferência de Deus recai sobre os últimos (REAMES, 1985, pp. 157-158).

Se Jacopo firmemente coloca a mulher em seu lugar tradicional na parte inferior da sociedade cristã, ele nos lembra mais freqüentemente de que as posições de maior autoridade são devidas aos homens da Igreja. Os santos participam de modo ativo na vida eclesiástica, seja como pastores, doutores da Igreja que encabeçam a apologia, ou fundadores. Não é casualidade que a atividade na vida eclesiástica se reserve neste grupo de obras aos homens. Na *Legenda Aurea* algumas santas aparecem esbanjando sua caridade com os cristãos presos (Anastácia), ou com os pobres (Isabel); outras mostram seus conhecimentos em controvérsias com os pagãos (Catarina), e a muito poucas se atribui a fundação de centros religiosos. O papel das santas parece consistir em preservar sua virgindade e dar testemunho de sua fé, aceitando o martírio se preciso for.

Conclusão

Parece-nos, com base na análise da Legenda Áurea, embora tal conclusão possa ser estendida para toda a hagiografia do século XIII, que o martírio é a base da hagiografia medieval. Seus principais elementos: a contraposição de dois personagens – o bom e o mau –, o distanciamento da humanidade comum e a imitação de Cristo estão presentes em todos os outros tipos de santidade. Esses elementos são adaptados respeitando as peculiaridades de cada período, mas, em sua essência, permanecem os mesmos.

BIBLIOGRAFIA

ALTANER, B & STUIBER, A. **Patrologia: vidas, obra e doutrinas dos padres da Igreja.** São Paulo: Paulinas, 1988.

ALTMAN, Charles. Two types of Oppositionand the structure of latin saints Lives. **Medievalia et Humanistica**. S.l., n.6, pp.1-11, 1975.

BAÑOS VALLEJO, Fernando. **La Hagiografía como Género Literário em la Edad Media**. Oviedo: Departamiento de Filologia Española, 1989.

BOESCH GAJANO, Sofia. Santidade. In: LE GOFF, Jacques e SCHMITT, Jean-Claude. (orgs) **Dicionário Temático do Ocidente Medieval**. V.II. Bauru - São Paulo: EDUSC - Imprensa Oficial do Estado, 2002.

BYNUM, Caroline. **Holy Feast and Holy Fast.** Berkeley: University of California Press, 1988.

DUBY, Georges. **O Cavaleiro, a Mulher e o Padre**. Lisboa: Dom Quixote, 1988.

ELM, Susanna. **Virgins of God: The Making of Asceticism in Late Antiquity**. Oxford: Clarendom Paperback, 1994.

EUSÉBIO DE CESARÉIA. **História Eclesiástica**. São Paulo: Paulus, 2001.

FRANCO JR., Hilário A Outra Face dos Santos. Os Milagres Punitivos na Legenda Aurea. In: **A Eva Barbada. Ensaios de Mitologia Medieval**. São Paulo: EDUSP, 1996.

HEAD, Thomas. HEAD, Thomas. Hagiography. In: MARGOLIS, Nadia (ed.)**Women in the Middle Ages: An Encyclopedia, vol. I**. New York: Greenwood, 2004.

HEFFERNAN, Thomas**. Sacred Biographies. Saints and their Biographers in the Middle Ages**. New York-London: Oxford University Press, 1988.

LE GOFF, Jacques. Memória In: **História e Memória**. Campinas, São Paulo: UNICAMP, 2003.

MAGGIONI, Giovanni Paolo. **Richerce sulla composizione e sulla trasmissione della Legenda Aurea**. Firenze: SISMEL, 1995.

MOONEY, C. M., BYNUM, C. W. (eds.) **Gendered Voices: Medieval Saints and Their Interpreters**. Philadelphia: University of Pennsylvania Press, 1999.

PHILIPPART, Guy. **Les Legendiers latins et autres manuscrits hagiographiques**. Turnhout: Brepols, 1977.

REAMES, Sherry. **The Legenda Aurea: A reexaminat of its paradoxical History**. Wisconsin: University Press, 1985.

SANTIAGO DE LA VORÁGINE. **La Leyenda Dorada**. 2 vols. Madri: Alianza, 2000.

TIBBETS-SCHULENBURG. Sexism and the celestial gynecaeum. Apud. DALARUN, Jacques. Olhares de Clérigos. In: DUBY, G. & PERROT, M. (dir.), KAPLISCH-ZUBER, C. (org.) **História das Mulheres. A Idade Média.** Porto-São Paulo: Afrontamento-EBRADIL, 1990.

VAUCHEZ, Andre. **La Santitá nel Medioevo.** Bologna: Molino, 1989.

INTER TRIBUNAL *ET SCAENAM*: ELEMENTOS DA COMÉDIA NA ORATÓRIA CICERONIANA

Claudia Beltrão da Rosa*

Antes que Aristóteles escrevesse a sua monumental *Retórica*, os gregos foram absorvidos pelo fenômeno da linguagem persuasiva, com sua formalização na oratória e com sua abstração teórica, denominada *rhētorikē*. Absorvendo muito da tradição literária grega, era inevitável que os romanos também absorvessem e instituíssem um modelo helenístico de oratória, mas estabeleceram novos fundamentos para a retórica, e isto é evidente na obra de Cícero, que em muito explorou tal arte.

Nosso objetivo é apresentar um dos momentos nos quais a oratória romana interagia com as artes dramáticas, com ênfase na comédia. Com isso, esperamos contribuir para o estudo da retórica com uma visão geral da interação entre a comédia e a oratória romana, observando o uso de elementos cômicos, especialmente a caracterização de personagens, na oratória de Cícero.

Cícero foi um profícuo escritor sobre o tema da retórica, desde o *De Inventione Rhetorica*, escrito quando tinha apenas 19 anos, até o *De Oratore*, de 46 a.C., que escreveu aos 60 anos. Foi ele expressão e um dos grandes responsáveis pelo fenômeno cultural que tão firmemente fecundou, elaborou institucionalmente e codificou minuciosamente. Ele é, indubitavelmente, o maior destaque da oratória romana. Teve um longo período de educação, conhecia a literatura retórica e contribuiu para a teoria do tema. Ao mesmo tempo, ele foi um orador, defendeu numerosos casos em tribunais e participou ativamente de vários debates no Senado romano no século I a.C. Cícero foi o único orador romano cujos discursos chegaram até nós praticamente na íntegra, nos dando a oportunidade de observar a interação da teoria retórica com a prática oratória.

Os discursos ciceronianos foram reescritos, em sua maioria, para a publicação após seu pronunciamento; mesmo assim, acreditamos que nos permitam entrever uma boa imagem dos discursos realmente pronunciados, dada a presença de "estenógrafos" que preparavam *commentari* dos discursos e devido à própria presença de um público numeroso, fazendo com que os acréscimos posteriores não alterassem substancialmente o conteúdo dos mesmos.

*Professora doutora de História Antiga do Departamento de História da Universidade Federal do Estado do Rio de Janeiro (UNIRIO).

Os discursos de Cícero, portanto, podem ser considerados discursos "reais" e devem ser analisados com vistas às condições nas quais nasceram e aos propósitos que visavam. As análises retóricas tradicionais, porém, se fixavam nas regras da retórica grega e nos dão a impressão de que o orador construía seus discursos com o objetivo de seguir as *formulae* da teoria retórica, sem maiores referências às práticas dos tribunais, às exigências dos debates e à situação política de que nasceram. Contudo, os discursos ciceronianos lidam com muito mais fatores do que as regras estritas dos manuais retóricos.

Estas regras eram baseadas nas práticas gregas, e quando a retórica grega se tornou presente em Roma, pouco ou quase nada foi feito para adaptar os manuais às diferentes condições romanas. Mas a prática dos tribunais gregos diferia muito da prática efetiva dos tribunais romanos. Em Atenas, *e.g.*, as testemunhas eram ouvidas antes do pronunciamento dos discursos, enquanto em Roma, em circunstâncias normais de casos criminais, eram ouvidas após os discursos (Cícero. *Flac.* 21). Assim, nos tribunais atenienses, em geral os oradores de ambos os lados, defesa e acusação, estavam de posse de todos os fatos do caso, e os manuais de retórica, baseados em tal experiência, partiam do princípio de que a substância do discurso deveria ser a argumentação, fundada nos fatos revelados pelas provas. Em Roma, a decisão era tomada certamente após as testemunhas serem interrogadas, mas era inevitável que os discursos precedentes lidassem com generalidades e temas não estritamente relevantes para o caso. Um dos motivos pelos quais o discurso *Pro Milone*, de Cícero, se conforma melhor do que a maioria dos seus discursos aos manuais tradicionais de retórica é que as leis de Pompeu sobre os procedimentos nos tribunais fizeram com que as testemunhas passassem a ser ouvidas antes dos discursos.

Além disso, os manuais gregos de retórica pressupunham um discurso breve para cada lado. Em Roma, porém, na época de Cícero, não só os discursos eram longos, como também eram vários. Diversos oradores podiam advogar uma causa; em 54 a.C., *e.g.*, Scauro foi defendido por nada menos do que sete oradores. Quando defendeu Sestio, Cícero era um dos muitos advogados e houve outros casos em que dividiu a defesa com um colega, ou mesmo com dois. Em tais circunstâncias, era natural que os oradores dividissem o caso entre si e que cada um concentrasse seu discurso num aspecto particular do mesmo. Cícero geralmente falava por último, pois era o momento em que seus apelos à emoção do auditório tinham maior impacto, quando considerava que o trabalho árduo da argumentação já fora feito e que seria desnecessário pontuar o caso em detalhes (*Orat.* 130; *Brut.* 190). Nessas circunstâncias, um discurso construído nos modelos tradicionais da retórica grega seria, no mínimo, impróprio.

Em Atenas, era comum que o acusado defendesse a si mesmo, geralmente lendo um discurso escrito por si mesmo ou por um profissional; em Roma, era mais freqüente o uso de advogados. O tópico dos manuais gregos de retórica sobre garantir uma audiência favorável no exórdio e apelar à piedade na peroração pressupunha que o orador fosse o próprio acusado. Este preceito, contudo, foi adaptado sem maiores dificuldades para as condições romanas, em que o orador geralmente estava ligado, pela *amicitia* ou pela *clientela*, àquele que defendia. Cícero demonstra, na maioria dos discursos de defesa, grande afinidade com os interesses do acusado, e não havia motivos, então, para não usar os tópicos tradicionais neste caso. É curioso ver como suas perorações parecem apelar a *pietas* para si mesmo.

Os discursos forenses da maturidade de Cícero são plenos de informações interessantes para o estudo da arena política romana. O *Pro Sestio*, *e.g.*, é principalmente uma exposição e defesa da posição política de Cícero; no *Pro Murena*, a defesa real ocupa apenas uma parte pequena do discurso; cerca de dois terços do *Pro Caelio* e quase todo o *Pro Plancio* não se remetem ao caso que defendiam. Isto se deve a vários fatores: o fato de que os discursos eram proferidos antes de as testemunhas serem interrogadas, a falta de uma visão geral das provas apresentadas, a existência de vários oradores trabalhando no mesmo caso, e, principalmente, cremos, o fato de os tribunais romanos serem o palco de lutas políticas acirradas.

Como sabemos, estes casos criminais estavam, na maioria das vezes, ligados às lutas políticas da época, e os veredictos eram freqüentemente dados em termos políticos, e não jurídicos. Os oradores eram muitas vezes políticos e, em vários casos, ligados aos acusados pela *amicitia* e interesses políticos comuns. Cícero assumiu muitos casos devido a obrigações pessoais, o que era visto como legítimo e louvável em sua época. Foi este o motivo que o levou a tomar a si a defesa de C. Rabírio, ou seja, não somente os "interesses do Estado", mas também sua antiga *amicitia* com o acusado (*Rab. Perd.* 2). Ao defender Murena, explica a Sulpício e a Catão, que o acusavam de negligenciar os laços que o ligavam ao primeiro, que sua *amicitia* com Murena era mais antiga (*Mur.* 7-8).

A marca característica da oratória de Cícero é o apelo às emoções: o apelo emocional demandava *amplificatio* e esta demandava *ornatus*. As passagens brilhantes, ferozes e patéticas de Cícero, que a audiência apreciava pelo poder e pela beleza das palavras, dependiam parcialmente do ritmo e da estrutura, mas também da *lumina dicendi*. As questões retóricas, exclamações, repetições de palavras, estas velhas figuras, que foram refinadas pela arte e que faziam parte da oratória desde os seus primórdios, são encontradas em quase todos os discursos de Cícero, causando um grande efeito emocional, que muitas vezes utilizava figuras mais sofisticadas, como a prosopopéia. Nosso orador tinha o domínio de todas essas figuras de linguagem, que eram essenciais ao seu estilo. As alusões literárias, de certo modo, eram uma novidade nos tribunais romanos, como sugere uma passagem do seu primeiro discurso judicial, o *Pro Roscio Amerino*, quando Cícero promete uma explicação para a referência literária de que se utiliza. Sua explicação é um tanto canhestra e, posteriormente, conforme se tornava mais experiente, Cícero conduzia melhor as coisas. Mas ainda havia momentos em que uma apologia era necessária, pois havia sempre a suspeita, por parte do auditório, de tais temas.

Por vezes, Cícero incluía poesia em seus discursos. Como lembra Quintiliano, isto agradava aos ouvintes, suavizando a severidade do *forum*. Além disso, a poesia servia não só para comover a platéia, mas também como uma espécie de testemunha em favor da veracidade das declarações do orador (*Inst.* 1.8.11-12). Há uma citação de Ênio no *Pro Roscio Amerino*, mas as citações poéticas são mais freqüentes no período da maturidade, na época do *De Oratore*. Geralmente são extratos do drama romano antigo, introduzidos de modo alusivo e ligados magistralmente ao argumento.

Quanto ao uso do patético, foi recorrente em suas perorações, mas nem sua teoria, tampouco sua prática confinam o apelo emocional a uma parte específica do discurso. Nas *Verrinas*, *e.g.*, repetidamente apela para imagens que visam suscitar a indignação em sua platéia. Mesmo a terceira *Verrina*, o discurso mais factual e menos adornado, tem um bom número dessas imagens. Cícero também nos diz que não há artifícios pelos quais os sentimentos de uma platéia pudessem ser estimulados ou atenuados que ele não tenha tentado (*Orat.* 132). E seu uso do *pathos* era tão eficaz que ele mesmo se emocionava: as lágrimas eram comuns e sua voz faltava constantemente (*Planc.* 76). Após sua descrição, no *Pro Caelio*, do leito de morte de Metelo Celer, ele teve de fazer uma pausa antes de prosseguir (*Cael.* 60). Fossem ou não sinceras estas lágrimas, seu efeito era imediato. Mesmo César, quando Cícero suplicou por Ligário, emocionou-se e deixou cair o que tinha em suas mãos (Plutarco. *Cic.* 39.6). Se este era o efeito da oratória de Cícero num homem refinadíssimo como César, qual não seria o seu efeito nos tribunais? Sob a magia de suas palavras, os jurados rompiam em lágrimas, mesmo sem saber, segundo Quintiliano, ao que realmente aderiam, num estado de puro êxtase (*Inst.* 8.3.4).

Os oradores comoviam seu público para melhor persuadi-lo. Quinto Róscio Comoedo, o grande ator cômico do século I a.C., não apenas deu lições de voz e gesticulação a oradores, como o jovem Cícero, como também auxiliou o famoso orador Hortênsio na escolha de temas a empregar no tribunal (Valério Máximo, 8.10.2). De acordo com Macróbio (*Sat.* 3.14.16), Róscio também orientava Cícero ocasionalmente, no tocante a técnicas teatrais, para expressar o máximo de sentimentos em gestos e lhe teria sido proposto escrever um livro comparando sua arte à do orador. Os oradores romanos estavam obviamente habituados à comédia. O jovem Cícero fez referências, em seu primeiro caso público, o *Pro Roscio Amerino*, a três personagens de uma comédia que datava de um século. Mas as referências, para nós, são difusas. Considerações sociais e literárias também contribuem para confundir o quadro. Os romanos jamais superaram sua ambivalência em relação às inovações gregas; à época de Cícero, a retórica e a filosofia eram consideradas respeitáveis, mas as artes cênicas e as belas-artes em geral sempre foram mais suspeitas, a despeito de sua reconhecida utilidade pública. À luz desses fatores, é um tanto surpreendente que estudos sistemáticos das relações entre a retórica e a comédia na Roma republicana sejam ainda raros[1].

Nossas melhores fontes para o estudo da técnica da oratória no século I a.C. são o tratado inacabado da juventude de Cícero (*De Inventione Rhetorica*) e o anônimo *Rhetorica ad Herennium*. Como seria de esperar, não há encorajamentos diretos ao estudo da comédia, tampouco ao uso da comédia na oratória. Ambos os tratados (*Inv. Rhet.* 1, 27; *Rhet. Her.* 1, 13) mencionam, em sua discussão da *narratio*, um exercício declamatório destinado a tornar a narrativa envolvente, tratando-se de uma *narratio in personis* – ou seja, baseado na caracterização das personagens envolvidas. Cícero ilustra este exercício com uma passagem do *Adelphoe*, de Terêncio (60-4). Num esquema que reaparecerá nos seus trabalhos da maturidade sobre retórica, Cícero explica que o exercício deve expressar o modo de falar (*sermones*) e a disposição (*animi*) dos personagens envolvidos, sem chegar, contudo, a defender o estudo das peças de Terêncio. A palavra usada para o objetivo deste exercício é *festivitas*, que podemos traduzir como *vivacidade* (*Inv. Rhet.* 1,27):

> *Este tipo de narrativa deve ter grande vivacidade e estar pleno dos seguintes elementos: variedade de personalidades, severidade, gentileza, esperança, medo, suspeita, desejo, dissimulação, erro, piedade, mudanças da fortuna, desastres inesperados, alegrias súbitas e um final feliz para o caso.*

Com essas frases, a discussão ciceroniana da *narratio in personis* se encerra abruptamente. Cícero jamais completou a seção sobre ornamentação que prometera, para expandir a eficácia do exercício. Notamos que todos os elementos apresentados para garantir a *festivitas* estão presentes no *Adelphoe* e em outras *comoediae palliatae* que conhecemos, como o exame dos ornamentos estilísticos do *Rhetorica ad Herennium* nos demonstra.

Como os estudos já clássicos de Geffcken, Dumont e Axer demonstraram, e estudos subseqüentes confirmaram, a caracterização, a dicção e a estrutura da comédia ocorrem em todas as fases da carreira de Cícero como orador. As limitações de um artigo, porém, nos impedem uma sinopse dos estudos sobre este tópico (AXER, 1980; GEFFCKEN, 1973; DUMONT, 1975; SUSSMAN, 1994). Seria, porém, um exagero dizer que o *Pro Roscio Comoedo*, o *Pro Caelio*, ou qualquer outro discurso, sejam comédias. Há que reconhecer, contudo, que Cícero usava temas cômicos, personagens e técnicas de dicção, visando o fim muito prático da absolvição de seus clientes. O exame de dois de seus primeiros discursos – o *Pro Roscio Amerino* e o *Pro Roscio Comoedo* – nos permite uma visão geral das estratégias e técnicas desta prática em sua carreira.

Em seu primeiro caso público, o *Pro Roscio Amerino*, de 80 a.C., seu cliente era acusado de parricídio. Erúcio, o acusador do jovem Róscio, alegava que o motivo do crime era o ressentimento do rapaz por seu pai tê-lo deixado em Améria, levando seu irmão para Roma. A resposta de Cícero (47) é uma referência direta, sem qualquer indicação *per se*, ao fragmentário *Subditivus*, de Cecílio Statio. Como foi reconstituído pelos especialistas, o texto fala de um pai (não nomeado) que leva um de seus filhos para morar consigo na cidade, deixando o outro filho (Euticus) no campo. Este pai, porém, amava a ambos. Deste modo, vemos que Cícero presume a familiaridade do júri com o palco e define o *ethos* de ambos os Roscii, pai e filho, para demolir o motivo alegado pela acusação: o jovem Róscio era fundamentalmente simples e rústico, enquanto seu pai era o pai bondoso da comédia. Esta declaração ganha a força do retrato estereotipado da comédia, garantindo uma imagem positiva de seu cliente, a despeito de todo o opróbrio que era o parricídio.

Na defesa do ator Róscio – *Pro Roscio Comoedo* – Cícero teve condições mais favoráveis para usar a comédia, e talvez menos a perder; segundo consta, o caso já era considerado cômico *per se*, pois se tratava de uma disputa (ainda obscura) acerca de um escravo que era ator. Este discurso ainda não foi datado consensualmente, mas alguns pesquisadores sugerem o ano de 66 a.C., tendo sido escrito na mesma época do *Pro Cluentio*. Assim como no primeiro discurso citado, o que Cícero profere em favor de seu velho mestre de elocução faz referências diretas à comédia romana, mesmo sem explicitá-la. O acusador do ator, Fânio, é comparado a um dos mais populares papéis cômicos de Róscio, Balião, o parasita do *Pseudolus*, de Plauto. Comparando a aparência física de Fânio com Balião, Cícero apresenta um quadro realmente vivaz. O efeito é constantemente reiterado ao longo do discurso, em meio a sutis alusões à comédia, fazendo o que Axer chamou de "estilização cômica", ou seja, uma série de efeitos que incluem o uso freqüente de diálogos, expressões coloquiais (*e.g.*, diminutivos), repetições e chavões, etc. (AXER, 1980; 1989). O resultado foi fazer o júri acreditar que Róscio seria incapaz de fraudar Fânio, enquanto que Fânio-Balião seria capaz de qualquer má-ação.

Em sua maturidade, o tratado *De Oratore* foi uma tentativa de transcender os limites dos manuais de retórica helenísticos. Cícero recentemente pronunciara a segunda de suas duas peças mais plenas de elementos cômicos, o *Pro Caelio*. Uma década mais tarde, Cícero pronunciará o seu discurso mais carregado de referências e elementos da comédia romana, a *II Filípica*, contra Marco Antônio.

No discurso em favor de Célio, Cícero constrói uma argumentação ímpar. Vários estudiosos denotam as suas inconsistências, as repetições, sua caracterização cômica, alegando serem pontos fracos do discurso. Tudo isso, porém, tem um papel fundamental na argumentação. Entre as "inconsistências", *e.g.*, nota-se o uso do *locus de testibus*, quando Cícero argumenta que qualquer testemunho, no caso, seria inútil (21-22), seguido da declaração de que ele não precisa argumentar por ser uma das testemunhas (!) (55). É interessante o uso de estereótipos da comédia neste discurso. O que ocorre é que, ao lermos o discurso, nos sentimos imediatamente persuadidos da inocência de Célio, e cremos que os jurados devem ter tido muita dificuldade para não sentir o mesmo. O poder de persuasão de Cícero, aqui, radica em sua habilidade de argumentar para além do caso em si, de um modo que a aparência geral do discurso é de uma grande competência racional. Célio era acusado pela *quaestio de vi*, o tribunal para casos de violência sediciosa contra o Estado romano. O acusador, um certo Atratino, renovara, segundo Cícero, uma acusação antiga feita ao pai de Célio, uma acusação *de ambitus* (corrupção eleitoral), para inflamar o espírito dos jurados contra Célio. A acusação radicava, concretamente, num ataque dos bandos de Célio a Nápolis, num assalto em Puteoli e a uma propriedade de Palla, e insinuava o envolvimento de Célio no assassinado de Díon, embaixador alexandrino que pretendia o apoio romano contra Ptolomeu Aulete no Egito. A acusação também teria tocado numa antiga reclamação de Clódia, irmã do tribuno Clódio, de que Célio lhe teria roubado jóias e tentado envenená-la. O tratamento das ações de Célio, na defesa feita por Cícero, indica que estavam em jogo argumentos extrajurídicos.

Célio discursou em benefício próprio, seguido por M. Licínio Crasso, o triúnviro, o segundo a falar. Cícero discursou após Crasso. Neste discurso final da defesa, feito pouco antes de as testemunhas serem chamadas, o orador tinha dois objetivos principais: a) retrucar os ataques da acusação à vida pregressa de Célio, e b) desacreditar as alegações de Clódia, as famosas acusações de que Célio a roubara e tentara envenená-la (*Cael.* 30, 51). Visivelmente, Cícero tentou evitar qualquer referência aos motivos políticos do testemunho de Clódia, diminuindo a dimensão política do caso no discurso, evitando qualquer menção à indignação pública pelo tratamento ignominioso dispensado à Embaixada Alexandrina e à conseqüente hostilidade popular contra Pompeu, que advogava a causa de Ptolomeu contra os alexandrinos. Nem Cícero, nem Crasso e, tampouco, Célio, queriam o rompimento com Pompeu, então, a defesa deveria minimizar as questões políticas do caso, salvaguardando a imagem de Pompeu.

A chave para a defesa de Cícero foi um *affair* entre Clódia e Célio que, Cícero repete insistentemente, foi encerrado por Célio. Este caso de amor, com seu fim lamentável, deu a Cícero a oportunidade de, em primeiro lugar, atribuir a Clódia um motivo para mentir em seu depoimento, sem discutir a rivalidade de sua família com Pompeu e representá-la como o protótipo da *meretrix*, cujo testemunho não devia ser levado em conta (GEFFCKEN, 1973, pp. 27-47). Por fim, permitiu-lhe concentrar o tratamento dos desmandos (e crimes) de Célio neste único episódio do caso. Com isso, Cícero desviou o foco da questão para supostos motivos passionais de Clódia, invalidando a dimensão política do caso. O *affair* entre Clódia e Célio era, possivelmente, de conhecimento público, e a acusação evitara cuidadosamente tocar no tema, a fim de manter a credibilidade de Clódia como uma das principais testemunhas. De fato, Cícero recriou o caso de Clódia e Célio perante o júri, persuadindo sua audiência (e os séculos futuros) da devassidão e da vileza de Clódia. Cícero apresenta o acusado como um jovem apaixonado, fiel e dedicado, e a testemunha como a *meretrix* desregrada e não confiável da comédia.

No caso de Célio, então, a vida privada do acusado foi o tema principal tanto da acusação quanto da defesa (*Cluent.* 1: *consuetudinis causa; Mur.* 11; *Cael.*). Sem se fixar na acusação principal, e investindo principalmente na relação Célio-Clódia, contra Clódia, Cícero dá a entender que está em dúvida quanto à atitude que se deveria adotar em relação aos desmandos do jovem Célio. Deveria adotar a atitude do pai severo de Cecílio ou do pai compreensivo de

Terêncio? Cícero conseguiu macular Clódia de um modo que não o honra, em absoluto. Sabemos, porém, que este processo era, para ele, uma excelente oportunidade de vingança pessoal contra os irmãos Clódio e Clódia, que a má-fé não intimidou. No discurso, as extravagâncias que reprova em Clódia, aprova em Célio. Pede a indulgência do júri para o rapaz, pois *a adolescência deve ter um pouco de liberdade... Deixemos a paixão e o prazer prevalecer às vezes sobre a razão.* (*Cael.* 49). As citações da comédia ajudaram a introduzir a hostilidade em relação à Clódia e uma atmosfera de tolerância em relação ao jovem acusado, garantindo-lhe a absolvição (*Cael.* 37-8).

Ao conciliar a tradição retórica helenística com suas três décadas de experiência na oratória, poderíamos esperar de Cícero ao menos algumas referências mais explícitas aos usos possíveis das técnicas da comédia na oratória. Suas notas sobre o humor, especialmente aquelas relativas ao *De Lege Servilia*, de Crasso, reconhecem a utilidade do uso de elementos cômicos que, salvo pela *narratio in personis* e pela discussão sobre o estilo no *Rhetorica ad Herennium*, é algo completamente ignorado nas discussões sobre a teoria retórica em seu tempo. Após mostrar exemplos do uso da comédia por Crasso, podemos perceber que Cícero está apresentando sua própria prática, no *De Oratore* (2.241):

> *A virtude deste tipo de narrativa é que você demonstra os fatos de tal modo que o caráter (mores) daquele de quem você fala, seu modo de falar (sermo) e sua própria aparência (uultus) são expressos de modo vivo e os ouvintes parecem vê-lo agir, e as coisas acontecerem justamente aqui e agora.*

Este reconhecimento da eficácia do exagero e da invenção cômica é seguido por uma previsível injunção contra uma imitação exagerada da farsa, que é mais apropriada ao menos respeitável dos gêneros para os romanos: o mimo.

Discutindo o tópico mais técnico da *narratio*, como o estabelecimento dos fatos (*De Or.* 2. 326-31), nosso orador defende o desenvolvimento agradável do discurso às expensas da tradicionalmente recomendada brevidade. Cícero oferece, como ilustração, duas passagens do *Andria*, de Terêncio (51 *ff*, 117-18), que elogia por apresentar os *mores, sermo et uultus et forma et lamentatio* de vários personagens, ou seja, os mesmos elementos enfatizados em passagens como os comentários ao estilo de Crasso. Cícero dá o nome de *festivitas* a esta qualidade, que recomenda para o estabelecimento dos fatos, i.e., a mesma qualidade associada aos discursos de César Estrabão e Crasso, na discussão da *narratio in personis*. Contudo, como no tratado de trinta anos atrás, o *De Inventione*, Cícero deixa de explicitar a conexão entre a comédia e a retórica. Neste momento, porém, as referências para nós são mais abundantes. Uma classificação pode ser encontrada no tratado estritamente técnico *Partitiones Oratoriae*, que compilou no início dos anos 40 a.C. Na discussão da *narratio* como o momento do estabelecimento dos fatos (31), ele prescreve que a *narratio* ideal deve ser plausível, clara e suave. Os fatores que contribuem para esta elegância nos são familiares: *o desenvolvimento dos fatos terá elegância se tiver surpresa, suspense, ocorrências inesperadas, um misto de emoções, diálogos entre personagens, momentos de fúria, medo, alegria e desejo*. Claramente, isto é parte da lista de qualidades que caracteriza a *narratio in personis*. A elegância, neste caso, surge como um sinônimo de *festivitas* (vivacidade). E Cícero foi um mestre na aplicação das técnicas teatrais.

Já Quintiliano, no *Institutio*, 10.1.69-71, disforiza a Nova Comédia romana com a frase: *na comédia nos enfraquecemos totalmente* (*in comoedia maxime claudicamus*). Para Quintiliano, a utilidade do estudo da comédia radica em lugares comuns: ela surge somente como um auxílio para a melhoria do estilo. Aqui e ali, ele menciona figuras apropriadas, como a *prosopopoeia*, *energeia* e *ethopeia*, ilustrando suas observações com citações de Cícero, que mostram claramente o uso de técnicas cômicas, mas sempre recomendando extrema cautela em seu uso. Discutindo a *narratio* também como o momento do estabelecimento dos fatos, menciona (*Inst.* 4.2.52) um "meio plausível de relatar os temas" (*ductus rei credibilis*) tal como na comédia e no mimo, com um comentário de que, se feito corretamente, "o próprio juiz antecipará o que você irá dizer a seguir". Isto é uma referência clara aos tipos e lugares comuns baseados nos personagens cômicos, na dicção e na própria estrutura da comédia. Ele é contrário ao uso da prosopopéia no momento do estabelecimento dos fatos (4.2.107), mas cita o diálogo entre dois personagens no *Pro Cluentio* (71-2), admitindo tratar-se de uma violação das regras que acabara de expor, elogiando a passagem, porém, por sua plausibilidade, encerrando o comentário (*Inst.* 4.2. 107) com esta observação:

> *Mesmo que se pense que Cícero o fez sem modelo (o que é uma suposição inacreditável neste caso), observo que, nas Partitiones, ele pontua que o estabelecimento dos fatos deve ser caracterizado por passagens elegantes e caracterizadas por reviravoltas, diálogos entre personagens e apelos a todo tipo de emoção.*

Quintiliano obviamente reconhece elementos cômicos no texto de Cícero. Mas também declara que as narrativas declamatórias de seu próprio tempo não deviam contar com este encorajamento, pois já eram excessivas sem ele. Se o próprio Cícero não explicitou como e quando aqueles que defendia ou vituperava se tornavam personagens de Plauto ou Terêncio, o estudo do uso da comédia na oratória tornava-se particularmente difícil...

Quanto a nós, só muito recentemente conseguimos ultrapassar as evidências fragmentárias e as análises tradicionais, que separavam rigidamente o tribunal do palco. Esperamos que este artigo tenha dado um passo, mesmo que pequeno, para restabelecer esta ligação.

NOTA

[1] Existem catálogos com referências diretas e alusões semiveladas à comédia na retórica ciceroniana, assim como há análises retóricas dos prólogos de Terêncio, como os de J. Schaefler, de 1884; de M. Radin, de 1911; de W. Zillinger, de 1912, analisados por Fantham (1989, pp. 153-55). O *locus classicus* para a apreciação ciceroniana do *drama* é encontrado em Wright, de 1931, recentemente ampliado por Fantham (1989, pp. 156-163).

BIBLIOGRAFIA

AXER, J. "Tribunal-Stage-Arena: Modelling of Communication Situation in M. Tullius Cicero's Judicial Speechs". ***Rhetorica*** 7, pp. 299-311, 1989.

_______. ***The Style and Composition of Cicero's Speech 'Pro Q. Roscio Comoedo***. Warsaw: Wydawnictwa Uniwersytetu Warszawskiego, 1980. *(Studia Antiqua)*

DUMONT, J.-C. "Cicéron et le Théâtre". ***Actes du XIe Congrès d' Association Guillaume Budé***. pp. 424-429, 1975.

FANTHAM, E. "Mime: The Missing Link in Roman Literary History". ***Classical World* 82.** pp. 153-163, 1989.

GEFFCKEN, K. ***Comedy in Pro Caelio, with an Appendix on the In Clodium et Curionem***. Leiden: Bolchazy-Carducci Publishers, 1973.

GOTOFF, H. C. "Oratory: The Art of Illusion". ***Harvard Studies in Classical Philology* 95.** pp. 289-313, 1993.

SUSSMAN, L.A. "Antony as a *Miles Gloriosus* in Cicero's Second Philippic". ***Scholia* 3.** pp. 53-80, 1994.

REFLEXÕES TEÓRICO-METODOLÓGICAS SOBRE A AUTORIA E A AUTORIDADE NA *VIDA I*, DE TOMÁS DE CELANO: A EXPRESSÃO DE UMA MEMÓRIA

Elisabeth da Silva dos Passos*

Introdução

A autoria é um aspecto fundamental, em termos teóricos e metodológicos, para a análise de documentos (textos) históricos. Assim, a presente comunicação tem por objetivo apresentar as reflexões iniciais acerca da problemática em torno da autoria e da autoridade, entendida como expressão de uma memória, para o estudo de uma hagiografia franciscana produzida no século XIII; centrar-nos-emos no caso específico da *Vida I* de Tomás de Celano. É importante salientarmos que as nossas premissas analíticas se inserem nas prerrogativas do paradigma pós-moderno, em que as discussões acerca da linguagem assumem lugar de destaque. Salientamos que existem distintas possibilidades de análise de *documentos* históricos. No estudo da Idade Média no Brasil, trabalha-se, sobretudo, com um manancial textual; além do que imagens, em suas variadas possibilidades (xilogravuras e pinturas, por exemplo), também podem ser analisadas textualmente.[1] Neste emaranhado de reflexões teóricas, está imbuída a problemática do autor, da autoridade e da memória.

1. Parafraseando Foucault: o que é o autor? – a apresentação da problemática

Autor, s. m. 1. aquele que origina, que causa algo; agente; 2. indivíduo responsável pela invenção de algo; inventor, descobridor; 3. o responsável pela fundação ou instituição de algo; 4. pessoa que produz ou compõe obra literária, artística ou científica; 4.1. escritor; 5. Derivação: por metonímia, a obra de um autor; 6. o primeiro a divulgar uma notícia, um boato etc.; 7. Rubrica: termo jurídico, aquele que promove uma ação judicial contra ou em face de outrem; 8. Rubrica: termo jurídico, indivíduo que pratica um delito (DICIONÁRIO ELETRÔNICO HOUAISS).

---

*Professora mestre em História Comparada pela UFRJ. Pesquisadora do Programa de Estudos Medievais (PEM) da UFRJ.

Ao consultar o dicionário, verificamos a existência de oito acepções para o termo autor, além de que existem as palavras correlatas: autoral (relativo a autor) e autoria (qualidade da condição do autor, o que motiva a ocorrência de algo, causa). "Inicialmente", interessa-nos a acepção de autor como escritor de uma obra literária, científica ou artística, e, deste modo, faremos uso da expressão conceitual de autoria. Por que optamos por esta terminologia? Com base nela, lingüistas e literatos fundamentam as suas propostas metodológicas de análise semântica, semiótica e de discurso. Porém, algumas questões devem ser colocadas. Será que essa acepção é usual para o período medieval, uma sociedade marcada essencialmente pela oralidade mista (presença da escrita e da oralidade conjuntamente), como bem coloca Paul Zumthor em sua obra *A letra e a voz*? (ZUMTHOR, 1993, pp. 18 19)[2] Como se apresenta esta questão para o homem medieval, existiria esta identidade "autoral"? A relação entre autor e texto é estabelecida direta e objetivamente numa sociedade em que grande parte dos indivíduos era iletrada?

De acordo com Nicola Abbagnano,

> 2. Na filosofia medieval, *auctoritas* é uma opinião particularmente inspirada pela graça divina e portanto capaz de guiar e corrigir o trabalho de indagação racional. *Auctoritas* pode ser a decisão de um concílio, um dito bíblico, a *sententia* de um Padre da Igreja. O recurso a A. é um dos caracteres típicos da filosofia Escolástica, na qual o filósofo isolado quer sentir-se continuamente apoiado pela responsabilidade coletiva da tradição eclesiástica (ABBAGNANO, 1962, p. 95).

O filósofo apresenta um conceito teórico, que é o de autoridade, perfeitamente usual para a análise dos textos (documentos históricos) no período medieval: pode ser entendida como a expressão de uma memória. *Memória(ae)*, termo de origem latina, significa 'aquele que se lembra, recorda'. Este vocábulo apresentou, ao longo dos séculos, variações, seja em sua grafia e/ou sentido. No século XIII escrevia-se *memorya*; no XIV, duas variações: *memoria*, *memorja*; no XV, *memorea*. Evidenciamos que, no século XIII, a memória era entendida pelos filósofos medievais como o *locus* (o lugar) para e de preservação do conhecimento; deste modo, se proclama como retenção, arquivamento, fixação de um saber/poder (DREYFUS; RABINOW, 1982; FOUCAULT, 1979) que é construído histórica, social e culturalmente (ABBAGNANO, 1962, p. 630).

Prosseguiremos em nossas indagações. Os "discursos", em uma perspectiva foucaultiana, circulavam, a autoridade (conceito que discutiremos adiante) provinha, então, da voz, como defende Paul Zumthor? Sustentamos a hipótese de que a autoridade, legitimidade, de um texto no período medieval proviria de uma forma específica de construção textual e da(s) "autoridade(s)" que o legitimariam; ou seja, estaria relacionado diretamente ao conteúdo do que era dito, ao invés do ato/gesto de ser proferido. Neste caso, salientamos que o anonimato (a problemática acerca do anônimo) desapareceria, pois autoridade(s) lhe(s) concederia(m) autoria, legitimidade. Como isso pode ocorrer?

2. Duas possibilidades de apreensão/ compreensão da autoria; o autor e a autoridade

Atualmente, a prática historiográfica tem sido marcada pelo uso de um método bastante conhecido e propagado, que é a análise do discurso. Esta metodologia estabelece a relação entre autor, texto e contexto, e pode ter como fundamento as pesquisas de renomados pesquisadores, como, por exemplo, Foucault.[3] Mas, ao nos depararmos com a documentação do período medieval, é comum encontrarmos textos em que a autoria (que difere de autenticidade)[4] é discutível. Neste caso, a análise tornar-se-ia inválida? Os estudos e as pesquisas destes documentos históricos continuam sendo perfeitamente possíveis. Para tanto, cogitamos duas possibilidades analíticas, dois referenciais teóricos que podem viabilizar a análise. Referimo-nos às pesquisas do filósofo francês Michel Foucault, já mencionado, e aos estudos do historiador e antropólogo James Clifford.

As contribuições de Foucault para a ciência histórica são notórias (O'BRIEN, 1992; VEYNE, 1982). Como se sabe, grande parte dos estudos vem utilizando sua proposta metodológica de análise do discurso, sendo um dos poucos estudiosos que se debruçou sobre a questão da autoria. Em nosso estudo, faremos uso do texto *O que é um autor?* presente na coleção *Ditos & Escritos III;* este artigo trata-se de uma "conferência" (argumentos apresentados e discutidos diante dos membros da Sociedade Francesa de Filosofia) proferida no Centro Universitário Experimental de Vicennes no ano de 1969, e que foi publicada no *Bulletin de la Société Française de Philosophie* (FOUCAULT, 2001, p. 264).

As reflexões foucaultianas têm início a partir do "apagamento do autor" na contemporaneidade; ou seja, o lugar deixado em aberto/vazio, onde a função autoral "era" exercida. A sua apresentação engloba quatro itens: "o nome do autor", "a relação de apropriação", "a relação de atribuição" e "a posição do autor".

O pesquisador afirma claramente que não fará uma análise sociológica do autor e está ciente da opção que fez; propôs-se ao estudo da relação entre autor e texto.[5] É importante destacarmos que se centra sobre a produção da escrita contemporânea, evidenciando que esta é marcada, sobretudo, por uma indiferença, auto-suficiência.

> Pode-se dizer, inicialmente, que a escrita de hoje se libertou do tema da expressão: ela se basta a si mesma, e, por conseqüência, não está obrigada à forma da interioridade; ela se identifica com sua própria exterioridade desdobrada. O que quer dizer que ela é um jogo de signos comandado menos por seu conteúdo significado do que pela própria natureza do significante; e também que essa regularidade da escrita é sempre experimentada no sentido de seus limites; ela está sempre em vias de transgredir e de inverter a regularidade que ela aceita e com a qual se movimenta; a escrita se desenrola como um jogo que vai infalivelmente além de suas regras, e passa assim para fora. Na escrita, não se trata da manifestação ou exaltação do gesto de escrever; não se trata da amarração de um sujeito em uma linguagem; trata-se da abertura de um espaço onde o sujeito que escreve não pára de desaparecer (FOUCAULT, 2001, p. 286).

Entendemos que esta prerrogativa está vinculada às múltiplas possibilidades de interpretação de um texto. Ou seja, o "autor" não controla a recepção de sua obra; aliás, este "anseio/ desejo" é utópico. Dessa maneira, os leitores a apreendem diferenciadamente, e a escrita desdobra-se.

O filósofo passa a discutir a problemática em torno do nome próprio que seria equivalente ao nome do autor. Quais as implicações do uso deste nome próprio, o "nome" do autor? O nome do autor seria equiparado a uma descrição e também uma designação (FOUCAULT, 2001, p. 268). Foucault conclui que o nome do autor não pode ser compreendido como um nome próprio como os outros, visto que as relações de descrição e designação podem ser facilmente alteradas (FOUCAULT, 2001).

Sublinhamos que, para o estudo dos textos hagiográficos franciscanos produzidos no século XIII, esta relação não é estabelecida, uma vez que pouco importa, por exemplo, a figura do autor Tomás de Celano, mas, sim, o conteúdo de seu texto que está sendo proferido para os seguidores de Francisco de Assis. Durante o período medieval, inferimos que este vínculo específico entre autor e texto (descrição e designação) somente pode ser estabelecido considerando-se a emergência do intelectual atuante nas universidades (LE GOFF, 1985; VERGER, 1990).

Foucault apresenta outra possibilidade de apreensão do autor.

> [O nome do autor] manifesta a ocorrência de um certo conjunto de discurso, e refere-se ao *status* desse discurso no interior de uma sociedade e de uma cultura. O nome do autor não está localizado no estado civil dos homens, não está localizado na ficção da obra, mas na ruptura que instaura um certo grupo de discursos e seu modo singular de ser. (...) A função do autor é, portanto, característica do modo de existência, de circulação, de funcionamento de certos discursos no interior da sociedade (FOUCAULT, 2001, p. 274).

Partindo desta premissa, torna-se possível a análise de "textos" medievais. De acordo com esta perspectiva analítica, os discursos hagiográficos franciscanos exerceriam a função do autor; discursos constituídos a partir de outros que circulavam no período e lhes concediam legitimidade.

Sobre o discurso portador desta função "autoral" e sua relação com os que o circundam, quatro premissas são fundamentais. Primeira, os discursos são objetos de apropriação. Segunda, a função do autor não é homogênea, constante e presente em todos os discursos. Terceira, a função do autor não se constitui como atribuição direta de um discurso a um indivíduo; ou seja, as concepções acerca do que é o autor (compilador, editor, etc) possuem sua historicidade.[6] Quarta, a partir dos textos, a função do autor não é reconstruída de forma direta e objetiva (FOUCAULT, 2001, pp. 275-279). Tais prerrogativas corroboram o que foi dito anteriormente acerca dos discursos hagiográficos franciscanos.

É interessante notar que Foucault faz menção ao conceito de transdiscursividade. Nesta perspectiva analítica, se inserem os textos dos Pais da Igreja. O pesquisador finaliza suas reflexões apresentando três considerações fundamentais. Primeira, a possibilidade de se constituir uma tipologia dos discursos. Segunda, propor uma introdução à análise histórica dessas alocuções. Terceira, estabelecer a relação complexa entre texto e discurso, sendo a "função do autor, uma das especificações possíveis da função do sujeito" (FOUCAULT, 2001, p. 286).

James Clifford, por sua vez, é historiador[7] e antropólogo,[8] e os seus estudos voltam-se, especificamente para a "escrita" antropológica e/ou etnográfica, ou seja, a produção de um "conhecimento" bastante específico que teve início no começo do século XX com as pesquisas de Malinowsky (GOLDENBERG, 1999; LAPLANTINE, 1989). Discute questões pertinentes à ciência antropológica, ao método da observação participante e à legitimidade da produção da escrita etnográfica, que engloba o pesquisador, o(s) nativo(s) e, em muitos casos, o(s) intérprete(s). A sua análise centra-se, sobretudo, sobre a questão da(s) autoridade(s) "etnográfica(s)". Em nosso artigo, concederemos ênfase a este conceito. É importante salientarmos os autores, com perspectivas analíticas tão díspares, que estão presentes em suas reflexões. São eles: Jacques Derrida (e a desconstrução), Mikhail Bakthin (e o seu conceito de heteroglossia) e Walter Benjamin.

No que se refere ao conceito de autoridade, o pesquisador José Reginaldo dos Santos Gonçalves afirma que:

> (...) a "autoridade" em questão não é apenas uma espécie de justificação para uma posição de autoridade do etnógrafo, mas na verdade é a peça fundamental na própria constituição do texto e, simultaneamente, na articulação da experiência representada. Em outras palavras, é o próprio conhecimento etnográfico (e simultaneamente o "sujeito" e o "objeto" do conhecimento) que é constituído por distintas estratégias de autoridade (CLIFFORD, 2002, p. 13).

Quais seriam essas estratégias de autoridade? Para James Clifford, existem diversas possibilidades de autoridade etnográfica (ou antropológica) que se constituíram no decorrer do processo de desenvolvimento da ciência antropológica, com seus rigores teórico-metodológicos. Neste processo, a observação participante assume grande importância. A cientificidade e a experiência presentes na produção da escrita etnográfica tornar-se-iam expressões destas "estratégias" de autoridade.

Entretanto, a autoridade experiencial apresenta algumas implicações específicas para a escrita etnográfica, pois existe uma tênue fronteira entre o que delimita a experiência do antropólogo no campo e a interpretação dos dados e/ou fatos observados.

Com o objetivo de analisar a produção desta escrita, Clifford faz referência aos estudos de Dilthey e de Paul Ricoeur (que influenciou a obra de Clifford Geertz, *A interpretação das culturas*), procurando refletir sobre a atuação do antropólogo na redação de sua etnografia (CLIFFORD, 2002, p. 40). A partir desta perspectiva, que se baseia em uma antropologia interpretativa de caráter, estritamente, hermenêutico, propõe a emergência de um sujeito "absoluto" nas etnografias, cuja finalidade seria expressar a existência deste autor "absoluto". Esta é uma perspectiva válida, porém, existem outras "estratégias" de autoridade a serem consideradas. Clifford volta-se, então, para as discussões referentes às construções narrativas, como, por exemplo, a dialógica (os paradigmas discursivos de diálogo com a polifonia!), que prima pela conversação estabelecida entre o pesquisador e os nativos. Mas, novamente algumas questões se impõem: quem seria este autor? Quem seria o "autor" das anotações feitas no campo, o antropólogo, os nativos, ou os intérpretes? Além disso, "como as presenças autorais dos informantes deveriam manifestar-se?"

Clifford faz uso do conceito de autoridade, no entanto, tal acepção pode vir a desconsiderar um aspecto relevante quando se analisa a produção de uma escrita, seja de que tipo for, científica, literária, poética, etc, que é a recepção do leitor. Tal prerrogativa está presente nas reflexões do historiador e antropólogo:

> A recente teoria literária sugere que a eficácia de um texto em fazer sentido de uma forma coerente depende menos das intenções pretendidas do autor do que da atividade criativa de um leitor. (...) A escrita da etnografia, uma atividade não-controlada e multissubjetiva, ganha coerência através de atos específicos de leitura. Mas há sempre uma variedade de leituras possíveis (além das apropriações meramente individuais), leituras além do controle de qualquer autoridade única. Pode-se abordar uma etnografia clássica buscando simplesmente captar os significados que o pesquisador deduz a partir dos fatos culturais representados. Ou, como sugeri, pode-se também ler a contrapelo da voz dominante no texto, procurando outras semi-ocultas autoridades, reinterpretando as descrições, textos e citações reunidas pelo escritor. Com o recente questionamento dos estilos coloniais de representação, com a expansão da alfabetização e da consciência

etnográfica, novas possibilidades de leitura (e portanto de escrita) das descrições culturais estão surgindo (CLIFFORD, 2002, pp. 57-58).[9]

Tendemos a partilhar desta concepção de autoridade, com suas múltiplas possibilidades para o estudo dos documentos/ textos hagiográficos franciscanos produzidos no século XIII. Que autoridades estariam presentes ao nos voltarmos para o período medieval? Para o estudo das hagiografias franciscanas, temos a autoridade bíblica, a dos Pais da Igreja, os testemunhos orais, os escritos de Francisco de Assis, fundador da *Fraternitas* (Fraternidade) Franciscana, a própria tradição hagiográfica franciscana, e assim por diante.

Contudo, problematizaremos mais a discussão acerca da autoridade. Faremos referência aos estudos de Paul Zumthor, que se dedicou à análise de textos de caráter poético no período medieval, às canções de gesta e aos *fabliaux*. Este pesquisador faz menção à autoridade que a voz assume ao se proferirem os textos poéticos durante a Idade Média, quando tal prática torna-se corriqueira.

> (...) quando um poeta ou seu intérprete canta ou recita (seja o texto improvisado, seja memorizado), sua voz, por si só, lhe confere autoridade. O prestígio da *tradição*, certamente, contribui para valorizá-lo; mas o que o integra nessa tradição é a ação da voz. Se o poeta ou intérprete, ao contrário, lê num livro o que os ouvintes escutam, a autoridade provém do livro como tal, objeto visualmente percebido no centro do espetáculo performático; a escritura, com os valores que ela significa e mantém, pertence explicitamente à performance. No canto ou na recitação, mesmo se o texto declamado foi composto por escrito, a escritura permanece escondida. Por isso mesmo, a leitura pública é menos teatral, qualquer que seja a *actio* do leitor: a presença do livro, elemento fixo, freia o movimento dramático, introduzindo nele as contradições originais. Ela não pode, contudo, eliminar a predominância do efeito vocal (ZUMTHOR, 1993, p. 19) (Grifos nossos).

Entretanto, para nós, essa autoridade extrapola a dimensão vocal/oral, pois volta-se para o conteúdo do que se é proferido, conteúdo de caráter admoestativo, *exempla*. Os significados das palavras é que detêm autoridade, mescla de vários textos. Ou seja, o conteúdo do texto hagiográfico produzido por Tomás de Celano, o significado e/ou sentido das palavras proferidas torna-se mais relevante do que o fato de pronunciá-las. Concedemos ênfase à tradição evocada, expressão da memória para o homem medieval.

3. A *Vida I*, de Tomás de Celano, expressão de autoridade e de uma memória

Adotando a mesma classificação elaborada pelos frades menores Ildefonso da Silveira e Orlando dos Reis, delimitamos a existência de seis fontes hagiográficas franciscanas: as *Vidas I* e *II* de Tomás de Celano, as *Legendas Maior* e *Menor* de Boaventura, a *Legenda dos Três Companheiros* e o *Anônimo Perusino*. Contudo, para trabalharmos com a questão da autoridade de forma específica, privilegiamos a *Vida I* redigida por Tomás de Celano.

Infere-se que o nascimento do hagiógrafo teria ocorrido entre os anos de 1185 e 1190. Este cálculo baseia-se na data de ingresso de Tomás de Celano na Fraternidade, pois no ano de 1215 teria 25 anos de idade, e, por conseguinte, já era considerado adulto para o período medieval e estava apto para exercer a função de sacerdote. A sua cidade natal, como o seu sobrenome indica, é a cidade de Celano da Mársia, localizada na região dos Abruzos; segundo Dalarun, esta urbe foi totalmente destruída pelas tropas de Frederico II (DALARUN, 1998, p. 93). Acredita-se que o mesmo pertenceu à nobreza, à família dos senhores de Celano, que eram proprietários de um grande castelo. Aspectos sobre sua juventude e formação "intelectual" são desconhecidos. Cogita-se que tenha estudado na Universidade de Bolonha ou na Cúria Pontifícia. Provavelmente deve ter tido contato com a Chancelaria da Cúria Pontifícia, o que pode ser inferido a partir de sua proximidade com o papa Gregório IX e através de sua habilidade no uso do latim (URIBE, 1999, p. 67).

Tomás de Celano teria sido admitido na Ordem em 1215 pelo próprio Francisco de Assis, que, na ocasião, teria permitido a entrada de homens letrados e de nobres na Ordem, após o retorno de uma malograda viagem ao Marrocos (1 Cel I, 20). A data da morte de Celano é 1260.

No ano de 1228, em que Francisco foi canonizado, o papa Gregório IX pediu que Tomás de Celano escrevesse a primeira biografia sobre o fundador da Fraternidade Franciscana. Esse fato foi ressaltado pelo próprio autor no documento (1 Cel, Prólogo), que tinha como função resguardar e ressaltar a memória do santo. Neste caso, em especial, visava transmitir a sua santidade e o seu poder. Esta hagiografia foi redigida seguindo a ordem cronológica dos acontecimentos, porém, o autor não descreveu determinados fatos relevantes ocorridos entre os anos de 1219/20 e 1223, como, por exemplo, a redação da *Regra* conhecida por *Não-Bulada* em 1221, pois não foi aprovada pelo papa, e a aprovação da *Bulada* em 1223.

O Decreto Capitular de 1226 determinou que a *Legenda Maior* e *Menor* de São Boaventura seriam os textos oficiais da Ordem. Deste modo, todas as outras legendas deveriam ser destruídas, extintas. Esta regulamentação foi aplicada às *Vidas I* e *II*, assim como à *Legenda dos Três Companheiros*, que foram preservadas em instituições religiosas não-franciscanas, que não necessitavam obedecer ao decreto. Os dois primeiros documentos foram publicados no século XVIII pelos Bolandistas na *Acta Sanctorum*.

Conclusão

Através das informações apresentadas, as duas possibilidades expostas, a foucaultiana e a elaborada por James Clifford, são perfeitamente cabíveis para a análise dos textos históricos produzidos durante o período medieval. Entretanto, partilhamos das premissas analíticas apresentadas por James Clifford; assinalamos, tal como a historiadora Prinzivalli, a existência de duas autoridades, a bíblica e a franciscana (com exceção da *Vida I*). Porém, existem outras autoridades. Para Tomás de Celano, os testemunhos a que teve acesso oralmente foram essenciais na elaboração de seu texto. Além disso, teve contato com figuras extremamente relevantes para a instituição franciscana, como o frei Elias e o papa Gregório IX, o que deve ter influenciado a sua escrita.

A importância dos pressupostos teóricos para o estudo do período medieval no Brasil é indiscutível, uma vez que nos permitem abordagens diferenciadas sobre temáticas já estudadas. No entanto, faz-se mister um estudo sobre a concepção de autoria para o homem medieval. As fontes para a realização de tal empreitada podem ser obtidas através dos textos escolásticos. Mas, esta tarefa requer um outro estudo.

NOTAS

[1] Existem outras possibilidades metodológicas de análise de imagens, como, por exemplo, a semiótica. (BARROS, 1990)

[2] Além disso, o historiador Jean Claude-Schmitt chama atenção para a especificidade da concepção do termo "gestos" para o homem medieval, e que pode ser transposta para a questão da autoria (SCHMITT, 1990, p. 27).

[3] Não temos como objetivo discutir a utilização do método de análise do discurso, porém, refletir conceitualmente sobre a acepção do autor(ia). Sobre a análise de discurso, a partir da perspectiva foucaultiana, ver: BACCEGA, Maria Aparecida. *Palavra e discurso*: literatura e história. São Paulo: Ática, 1995; FOUCAULT, M. *Arqueologia do saber*. Rio de Janeiro: Forense Universitária, 1997; ___. *A ordem do discurso*. São Paulo: Loyola, 2000.

[4] Não é nosso objetivo discutir sobre a autenticidade das hagiografias franciscanas produzidas no século XIII; propomo-nos a refletir sobre uma categoria analítica, a autoria.

[5] O contexto nesse momento não é priorizado.

[6] Para Foucault, a crítica literária moderna tem uma grande influência da tradição exegética cristã no que se refere à determinação do autor (FOUCAULT, 2001, p. 277).

[7] O "historiador" James Clifford é apresentado no capítulo intitulado *As fronteiras da antropologia, entrevista com James Clifford*, que faz parte da obra *A experiência etnográfica*: antropologia e literatura no século XX (CLIFFORD, 2002).

[8] Atualmente, James Clifford leciona no Programa de Pós-Graduação de História da Consciência da Universidade da Califórnia, em Santa Cruz nos Estados Unidos da América; também redigiu importantes obras para a ciência antropológica. São elas: *Person and Myth: and Maurice Leenhardt in the melanesian world*, *The perdicament of culture: twentieth century etnography, literature and art* e *Routes: travel and translation in the late twentieth century*. Editou, juntamente com George Marcus, a obra *Writing culture: the poetics and the politics of ethnography*. Publicou artigos sobre temas diversos, como, por exemplo, as relações entre antropologia, literatura e artes no século XX, estudos sobre coleções, museus, viagens e etnicidade.

[9] James Clifford, assim como Foucault, acaba considerando a importância da recepção do texto produzido. Todavia, quando nos voltamos para o período medieval, esta apreensão é praticamente impossível de ser obtida. Por esta razão, centrar-nos-emos no texto.

BIBLIOGRAFIA

ABBAGNANO, Nicola. (Org.). **Dicionário de Filosofia**. São Paulo: Mestre Jou, 1962.

BACCEGA, Maria Aparecida. **Palavra e discurso: literatura e história**. São Paulo: Ática, 1995.

BARDIN, Laurence. **Análise de conteúdo**. Lisboa: Edições 70, 1977.

BARROS, Diana Luz Pessoa de. **Teoria semiótica do texto**. São Paulo: Ática, 1990.

BURKE, Peter. **Variedades de História cultural.** Rio de Janeiro: Civilização Brasileira, 2000.

CARDOSO, Ciro Flamarion. Epistemologia pós-moderna, texto e conhecimento: a visão de um historiador. **Revista Diálogos** (Maringá), v. 3, n. 3, 1999, homepage: httt://www.dhi.uem.br.

____; VAINFAS, Ronaldo. (Org.) **Domínios da História: ensaios de teoria e metodologia**. Rio de Janeiro: Campus, 1997.

CHEVALIER, Jean-Claude. A língua: lingüística e história. In: LE GOFF, J.; NORA, P. (Org.) **História: novos objetos**. 3. ed. Rio de Janeiro: Francisco Alves, s.d., pp. 84-98

CLIFFORD, James. **A experiência etnográfica: antropologia e literatura no século XX**. 2 ed. Rio de Janeiro, UFRJ, 2002.

DREYFUS, Humberto L., RABINOW, Paul. **Beyond Struturalism and hermeneuties**. 2 ed. Chicago: The University of Chicago Press, 1982.

Edição bilíngüe das fontes franciscanas, disponíveis no *site* www.procasp.org.br.

FOUCAULT, M. **Arqueologia do saber**. Rio de Janeiro: Forense Universitária, 1997.

___. **A ordem do discurso**. São Paulo: Loyola, 2000.

___. **Microfísica do poder**. São Paulo: Graal, 1979.

___. O que é um autor? *In*: ___. **Estética: literatura , pintura, música e cinema**. Rio de Janeiro: Forense Universitária, 2001, pp. 264-298.

GEERTZ, Clifford. **A interpretação das culturas**. Rio de Janeiro: Guanabara, 1989.

GOLDENBERG, M. **A arte de pesquisar: como fazer pesquisa qualitativa em ciências sociais**. Rio de Janeiro; São Paulo: Record, 1999.

JAKOBSON, Roman. **Lingüística e comunicação**. 8. ed. São Paulo: Cultrix, s.d.

LAPLANTINE, François. **Aprender antropologia**. 2.ed. São Paulo: Brasiliense, 1988.

LE GOFF, Jacques. **Os intelectuais na Idade Média**. 4 ed. São Paulo: Brasiliense, 1985.

O'BRIEN, Patrícia. A História da Cultura de Michel Foucault. *In*: HUNT, Lynn. **A Nova História Cultural.** São Paulo: Martins Fontes, 1992, pp. 33-62.

PEDROSO, J. C. C. **Fontes Clarianas**. 3 ed. Piracicaba: Centro Franciscano de Espiritualidade, 1994.

PRINZIVALLI, E. Un santo a la luz de la literatura: Francisco de Asís según las fuentes biográficas. In: ALBERZONI, M. P. *et al.* **Francisco de Asís y el primer siglo de historia franciscana**. Oñati: Editorial Franciscana Aránzazu, 1999, pp. 79-130.

SCHMITT, Jean-Claude. **La raison des gestes dans l'Occident médiéval**. Paris: Gallimard, 1990.

SILVEIRA, Ildefonso & REIS, Orlando dos. (Org.) **São Francisco de Assis. Escritos e biografias de Francisco de Assis. Crônicas e outros testemunhos do primeiro século franciscano**. 8 ed. Petrópolis: Vozes, CEFEPAL do Brasil, 1997.

URIBE, Fernando. Introducción general. In: ___. **Introducción a las hagiografias de San Francisco y Santa Clara de Assis: siglos XIII – XIV**. Murcia: Editorial Espigas Instituto Teológico Franciscano, 1999, pp. 224-226.

VERGER, Jacques. **As universidades na Idade Média**. São Paulo: UNESP, 1990.

VEYNE, P. **Como se escreve a história; Foucault revoluciona a história**. Brasília: UnB, 1983.

ZUMTHOR, Paul. **A letra e a voz: a "literatura" medieval**. São Paulo: Companhia das Letras, 1993.

A *VIDA DE MARIA EGIPCÍACA*: CONSIDERAÇÕES SOBRE A ANÁLISE DO DISCURSO

Fabrícia Angélica Teixeira de Carvalho*

No século XIII, de acordo com o historiador André Vauchez, a partir do movimento de Reforma iniciado com Gregório VII, ainda no século XI, ocorreu uma mudança na concepção de santidade presente nos textos hagiográficos.[1] Esta alteração estaria, de algum modo, vinculada ao processo de canonização papal e evangelização dos fiéis. Propunha-se um modelo de santidade que poderia ser imitado pelos ouvintes das hagiografias; assim, aquele que ouvisse ou lesse sobre um processo de arrependimento e salvação, procuraria imitá-lo, segui-lo (VAUCHEZ, 1991, p. 168). A *Vida de Santa Maria Egipcíaca*[2], poema hagiográfico castelhano escrito no século XIII, encontrava-se neste contexto. E foi com este texto que trabalhamos na pesquisa que realizamos durante o curso de mestrado.[3]

A hipótese que defendemos era que seria possível afirmar que a SME, sendo um discurso que carrega os enunciados das diretrizes papais, expressas no texto canônico do IV Concílio de Latrão, incorporou e propagou entre os castelhanos, ao lado dos textos lateranenses, o sacramento da confissão, que tinha por fim último controlar a vida do fiel, mais especificamente da mulher. Não nos importava analisar se os objetivos desta obra foram efetivamente alcançados, mas destacar que tais diretrizes foram materializadas em diversos discursos e enunciados, como na SME. E acrescentamos: como este sacramento aparecia no texto hagiográfico em estudo sempre vinculado ao pecado carnal por excelência, à luxúria, acreditamos que este texto apresentava, estratégias que deveriam ser utilizadas para regrar e tutelar as mulheres – agentes privilegiadas da luxúria, segundo a visão dos eclesiásticos medievais – através de toda uma regulação de sua vida, sobretudo no tocante às relações sexuais. A SME, por ser uma hagiografia e, como tal, pertencendo à instituição legitimada que era a Igreja, possui, portanto, as prerrogativas de um veículo portador dos enunciados de verdade desta última, e que são fundamentais para sua estratégia de manutenção do poder.

Na análise do discurso que empreendemos, buscamos observar como a presença do sacramento da confissão tem a intenção de formar os fiéis. Mas nesta obra os fiéis assumem perfis mais

---

*Professora mestre em História Comparada pela UFRJ. Professora do Departamento de História da Unigranrio. Pesquisadora do PEM/UFRJ.
fabricarvalho@gmail.com

específicos: trata-se das mulheres. Assim, esse sacramento, nesta obra, serve como uma forma de tutelamento das mulheres. Nossa pesquisa possui, portanto, um objetivo duplo: verificar como o sacramento da confissão está presente na SME, relacionando-o com a formação do fiel; e examinar sua aplicação no controle de um subgrupo de fiéis, as mulheres.

Nosso quadro teórico-metodológico está calcado nas idéias de Michel Foucault. A seguir, apresentaremos os conceitos deste autor adotados na pesquisa. O discurso é, segundo Foucault, um conjunto de saberes que desejam tornar-se poder, mas para isso é necessário que sejam expressos, é preciso ganhar forma, textual e/ou verbal. Essas expressões do discurso são as enunciações. No século XIII temos alguns discursos que, na maioria das vezes, foram construídos pelos intelectuais da Igreja, como, por exemplo, as novas considerações a respeito dos sacramentos; as novas idéias sobre a casuística; os novos cânones oriundos dos concílios e sínodos; e temos também aqueles que nem sempre foram elaborados por aqueles intelectuais, mas que estão inseridos no mesmo contexto discursivo: são as hagiografias. Essas configuram-se mais que simplesmente em vida de santo. Elas são a memória do próprio cristianismo, na medida em que preservam, resgatam e difundem suas teses.

Cada hagiografia, para alcançar seu objetivo, foi transformada em enunciados e em enunciações. Estas enunciações aconteciam no momento da leitura do texto ou mesmo durante um sermão. A enunciação é o momento no qual o discurso é recebido/ enviado/ materializado, não importando que forma ele tenha. Mas ela depende de um elemento fundamental para existir, que é o enunciado. O enunciado é, muitas vezes, o eixo do discurso, pois é a idéia central e pode ter muitas formas. Muitas vezes ele apresenta uma idéia complexa, em outras é apenas uma palavra, ou pode ser as duas coisas: uma palavra que expõe uma idéia complexa.

Após esta breve apresentação dos conceitos propostos por Michel Foucault que nortearam a nossa pesquisa, estaremos apresentando, de forma mais detalhada, os elementos que compõem a análise de discurso: o discurso, o enunciado, a enunciação, o saber, o poder, o autor e o anônimo e a formação discursiva. Para facilitar o entendimento, optamos por apresentá-los separadamente.

O discurso

Ainda no século VIII, o relato da *Vida de Maria Egipcíaca* passou a ser considerado como uma hagiografia. Escrita tanto em prosa quanto em verso, esta narrativa é considerada por nós como um discurso e como tal possui normas de formação e acontecimento.

O discurso é o registro histórico de uma sociedade, é algo dotado de materialidade sócio-histórica. Segundo Michel Foucault,

> [...] em toda sociedade a produção do discurso é ao mesmo tempo controlada, selecionada, organizada e redistribuída por certo número de procedimentos que têm por função conjurar seus poderes e perigos, dominar seu acontecimento aleatório, esquivar sua pesada e temível materialidade (FOUCAULT, 2000, p.56.)

O discurso é, por excelência, o local no qual se manifestam os meios ou as tentativas de controle, sendo ele mesmo uma dessas formas. Durante a Idade Média a intenção de controlar e tutelar as mulheres foi construída, sobretudo, pelos intelectuais da Igreja, detentores do saber, pois é no discurso que saber e poder se articulam. No nosso caso, essa construção discursiva é atribuída à Igreja.

Para empreender a análise de um discurso deve-se antes considerá-lo como um elemento constituinte de uma série; deve-se considerar e conhecer também a regularidade dos fenômenos, isto é, dos eventos que estão em curso durante a elaboração deste discurso, e os limites de probabilidade de sua emergência. Desta forma, ele é uma prática que obedece a regras de formação, de existência, de coexistência e a sistema de funcionamentos (FOUCAULT, 2000, p.56).

O discurso deve ser estudado no próprio sistema no qual foi institucionalizado, assim como deve-se verificar o conjunto de condições que proporcionaram sua emergência e sua ligação com outros discursos. Nessa ligação que um determinado discurso estabelece com outros é preciso também analisar de que forma eles se juntam em "conjuntos estatutários" e quais funções exercem, bem como esquadrinhar os princípios que os guiam e de que maneira são introduzidos nas condutas e nas práticas cotidianas (FOUCAULT, 1994, p.708). É por isso que é necessário enxergá-lo no momento em que ele acontece, durante o período em que pode ser conhecido, reconhecido e transformado, ou seja, é preciso tratá-lo em sua própria instância de aparecimento, no jogo em que vai atuar, mostrando por que ele não poderia ser diferente do que é, e por que motivo ele ocupa, dentre e entre todos os outros discursos, o lugar que nenhum outro poderia ocupar, tornando-o único, individual (FOUCAULT, 1994, pp.705-707).

Outra instância fundamental do discurso é a noçao de que ele é estratégico, ou seja, de que ele faz parte de um jogo estratégico que pressupõe ação e reação, e no qual a dominação encontra resistência, precisando por isso estar sempre se reformulando (DELEUZE, 1992, p.123). Quando analisamos um discurso, precisamos investigar sua "formação discursiva", estando atentos à enunciação e ao enunciado.

A enunciação e o enunciado

Entendemos a SME como uma enunciação. Trata-se de uma obra única: seus enunciados não irão se repetir da mesma forma em outro texto. É relevante a informação de que a história de Santa Maria Egipcíaca possui várias versões, mas nenhuma obra é igual a esta. Para exemplificar, basta lembrar que na Península Ibérica encontramos duas versões desta história em castelhano: uma do século XIII e outra do século XIV. A primeira, com a qual trabalhamos, foi escrita em verso, sendo que o eixo de sua narrativa é Maria Egipcíaca. A segunda versão foi escrita em prosa, mas o centro da história é o monge Zózimo.

A enunciação tende a singularizar o discurso, pois não se repete, enquanto que o enunciado, além de ter modalidades particulares de existência, faz o discurso aparecer, tornando-o material, podendo ser repetido. O objeto-referente aqui é a confissão, e é justamente por poder ser repetida, adquirir outras formas, como expressar a idéia sem utilizar propriamente o vocábulo, é que ela é o enunciado (DELEUZE, 1992, p.122). A repetição do enunciado, por meio das enunciações, vai depender do lugar de onde este é pronunciado, podendo inclusive, em função do contexto, assumir um significado diferente (BRANDÃO, 2000, p.31). No nosso caso, a enunciação é a própria SME, pois não se repete. A enunciação é a inauguração do discurso, ou seja, a cada vez que ele for pronunciado ou lido silenciosamente estará sendo inaugurado. A SME é uma enunciação da história da vida de Maria Egipcíaca e como tal é única.

O enunciado compõe, dá forma ao discurso, estando sempre em contato com enunciados que o precederam; podendo ser repetido, transformado ou reativado, porém, é único como qualquer outro acontecimento (FOUCAULT, 1997, p.28; 90). Assim, o enunciado da confissão na SME pode assumir algumas formas, às vezes aparecendo em uma construção frasal, às vezes aparecendo na forma de uma oração. Como nunca poderemos alcançar o efeito produzido imediatamente pelos enunciados que ela carrega como discurso que é, estaremos apenas trabalhando com os enunciados que a constituem, como eles se formam, como entram em contato com outros, que formas assumem, como se constituem como saber e poder, e como entram no jogo estratégico.

É por isso que a análise da "formação discursiva" deve compreender o enunciado em sua enunciação e no momento no qual o discurso foi elaborado e materializado, pois ele, o enunciado, pode ser composto por um gesto ou por uma fala, mas a partir do momento em que é inscrito em um livro, em um manuscrito ou em uma escultura, ele abre para si mesmo a existência permanente na memória material. O que rege a materialidade de um enunciado é, certamente, a instituição e não somente sua "localização espaço-temporal", até porque o discurso, entendido como composição de enunciados, é diacrônico, na medida em que está sempre presente e em contato com enunciados anteriores e posteriores (FOUCAULT, 1997, pp.135-136; 226).

O enunciado é tudo que é inscrito na superfície, em um local visível. Deve-se, então, instituir a análise na superfície daquilo que está visível, mas só faz sentido, ou melhor, só é possível de enxergar quando exposto à luz de sua própria constituição, no instante de sua emergência e das "relações de forças" que compõem o "campo de possibilidades" em que ele surge.

Saber e poder

As "relações de força" compõem-se das ações e relações entre saber e poder (DELEUZE, 1992, p.115). O saber é composto de formas visíveis e que podem ser enunciadas, enquanto o poder é composto de forças que se inter-relacionam. O saber tenta penetrar, entranhar. Já o poder tenta controlar, apropriar, passando ou por baixo ou por entre as formas de saber. São duas instâncias diferentes, mas inseparáveis. Assim, o domínio do saber é formado por regras codificadas, que são relações entre as "formas de saber." O poder, por sua vez, é composto pelas regras coercitivas, que são as relações da força com outras forças, tanto é que é tido como microfísico (DELEUZE, 1992, p.115). E por agir em relação e com outras forças, o poder incita, induz a produção do saber que permitirá sua permanente renovação. Para Foucault, é por sua capacidade de produção que o poder é aceito, pois além de produzir saber, prazer, também produz discurso (FOUCAULT, 1993, p.8).

Também é preciso atentar para o fato de que a função do discurso na relação saber/poder ocorre no cotidiano, sendo aí reproduzido, reformulado ou retomado, sem perder sua legitimidade. Como exemplo, poderíamos citar os textos religiosos (incluímos aí as hagiografias), os jurídicos e os científicos. Assim, o discurso é considerado como uma prática vinda da formação de saber ou saberes e que se articula com outras práticas que não são necessariamente discursivas, mas que estão sob a influência deste discurso.

O discurso, segundo Foucault, seria o lugar no qual saber e poder estariam articulados e articulando-se num contínuo. Este lugar de onde se fala deve ser reconhecido institucionalmente, tornando-se verdadeiro e legítimo. O discurso que nasce deste lugar reconhecido veicula saber e permite a geração de poder. A produção deste discurso gerador de poder não é aleatória, pelo contrário, ela é metodicamente controlada, escolhida, formulada, distribuída e redistribuída através de procedimentos estratégicos que assegurem a proeminência deste poder, ainda que para isso seja preciso excluir e interditar.

Saber e poder estão presentes e articulando-se continuamente como prática discursiva sobre, por exemplo, a sexualidade. Na relação estabelecida entre confessor e penitente está formalizada uma relação de saber-poder, pois é a carne, entendida como sexualidade, que é o alvo, é ela que deve ser controlada através do discurso veiculado pelo confessor. E como o discurso não é estático nem polarizado, o saber-poder lança mão de outros objetos/referentes[4] para alcançar sua finalidade, pois não basta dizer que não é permitido, é preciso justificar por que não é permitido.

O saber não é um conjunto de conhecimentos, pois se fosse haveria a possibilidade de dizer se são verdadeiros ou falsos, coerentes ou não. O saber é formado pelo conjunto de elementos – objetos ou referentes (que são a mesma coisa que enunciado, para Foucault) – que pertencem a uma mesma "positividade" no espaço da "formação discursiva", ou seja, são enunciados que podem ser individualizados. Assim, o enunciado acerca da confissão irá compor um saber na medida em que pode ser localizado no período histórico de sua emergência, através de suas transformações e dos discursos com que trava contato e se vincula.

É preciso lembrar que a sociedade não é composta apenas por um tipo único de poder. Nela os poderes se sobrepõem, são ligados por interesses e desejos que permeiam o corpo social e é necessário recordar, sobretudo, que os mecanismos culturais também são expostos às regras coercitivas do poder (FOUCAULT, 1994, pp.183-187). E este está presente em todos os lugares e isso não significa que ele consiga abarcar tudo, mas, sim, que advém de todos os lados e é produzido a cada instante na relação que estabelece com outros poderes. Dirigindo o enfoque para a sexualidade, observa-se a construção da lei do corpo regrado, controlado por seus instintos sexuais, através do mito da "Queda" e do desejo como sendo sexual. Por circular entre as formas de saber, o poder mostra-se muitas vezes como regional, localizado, tendo uma função que é específica do local no qual está atuando, produzindo. É nesse espaço que as técnicas disciplinadoras são empreendidas, seja controlando sua conduta e comportamento, seja dizendo como se conduzir e comportar. Nessas técnicas encontramos a confissão desde o momento em que é instituída como parte da tecnologia eclesiástica de formação e controle dos fiéis. Seria uma tecnologia individualizante do poder que tem por objetivos vigiar, controlar os indivíduos, seus corpos e sua sexualidade. Assim, o sexo torna-se instrumento de disciplinização. Através do argumento de controlar os pecados que estão ligados ao sexo e o próprio sexo, controla-se o indivíduo. Não podemos esquecer que o fiel em questão aqui é, sobretudo, a mulher, que é considerada pelos medievais, notadamente os eclesiásticos, como um ser fraco e dominado pela luxúria. Por isso, controlar a mulher torna-se vital. Porém, a SME também busca controlar os homens, que eram vistos como os responsáveis diretos pelas mulheres.

Autor e Anônimo

Não podemos esquecer que a questão do controle e dominação da mulher foi transposta para os textos – sejam os cânones ou a SME - por alguém. A forma como estes discursos sobre os sacramentos – sobretudo a confissão – foram apresentados permitiu discussões nas quais tanto um *juglar* quanto um clérigo jovem foram apresentados como possíveis autores. Para Michel Foucault, cada época permite dizer tudo que é possível ser dito, assim como permite ver o que é possível ser visto, ou seja, cada época tem sua própria visão a respeito de um dado assunto ou age de acordo com seu instrumental. Em um dado período histórico, as formações lingüísticas que compõem um discurso permitem construções que atualmente muitos ainda querem analisar por baixo, ver o que está por trás da mensagem, seja ela qual for, que se apresenta (FOUCAULT, 2000, pp.68-69).

Era alcançar a mensagem implícita que o texto trazia, o que tinha sido dito sem sê-lo. Entretanto, Foucault propõe que se observe o texto como um conjunto de elementos, de formações lingüísticas – palavras, construções de narrativa, prosa ou poesia, que muitas vezes aparecem como enunciados – que não faziam parte do esquema preestabelecido pelo autor quando escreveu tal texto, mas que aparecem em função do período histórico em que o discurso está localizado, em que emerge. O autor também escreve o que pode ser escrito, e aqui se insere a questão do anônimo.

O anônimo é entendido como ausência de uma marca que identifica o texto, que seria o nome do autor. Entretanto, é preciso lembrar que a importância de um texto estar vinculado a um nome é uma criação do campo literário do século XIX (RABINOW, 2002, pp. 48-49). O nome passa a conferir legitimidade a um texto e a fama de seu autor garante sua aceitação. Mas na Idade Média não era assim. Não havia necessidade – e isso não quer dizer que não havia nomes assinando textos – de um autor para legitimar. Como muitos textos recorriam a obras ou a outros textos antigos, o fato de sua fonte estar no passado já bastava para legitimá-lo, pois fazia parte da tradição. E no período medieval esta tradição referia-se aos textos patrísticos e à Bíblia.

A marca do autor é esvaziada quando se entende que o que é escrito está inserido no "campo das possibilidades estratégicas", compondo uma "formação discursiva". Assim, tanto o autor quanto o anônimo não estariam produzindo nada que não fosse ou estivesse dentro de seu campo de emergência, dentro de um conjunto de discursos. E isso não cai no determinismo, na medida em que até mesmo as possíveis táticas, subjetivações ou dobras estão ligadas ao período em que aparecem, pois cada uma corresponde a um tipo de tentativa de apropriação do poder e de entranhamento de saber (DELEUZE, 2001, p. 25).

Considerações finais

Como vimos, uma das obrigações metodológicas fundamentais ao se trabalhar um discurso é recolocá-lo em seu contexto, para que a análise empreendida não seja realizada equivocadamente. Deve-se deixar claro a relação que o discurso estabelece com outros discursos e com a sua conjuntura de realização. E mais: recolocando-o no seu espaço físico e intelectual originário, poder-se-ia ver suas fontes e influências, localizando a tradição da qual buscou seus modelos, tornando-se, então, parte integrante desta mesma linha. Desta forma estaremos individualizando o discurso, posto que ele poderá apresentar um sistema analógico próprio, independente. Entretanto, tal discurso não deve parecer isolado, pois sua construção não foi aleatória, mas, sim, metodicamente elaborada, e seu fim certamente não foi único, mas múltiplo. Seguindo este ponto de vista, caberia ao historiador rastrear a coerência contextual e analógica do dito discurso, em sua própria ordem de existência, o que oferece os caminhos para seus significados. Tal é o caso da *Vida de Santa Maria Egipcíaca.*

Em um primeiro momento pode parecer que tal proposta de análise seja maniqueísta e esteja aceitando a influência e o olhar panóptico da Igreja. Mas não é o caso. O que fizemos durante a pesquisa foi rastrear um momento, um período, no qual mais um discurso, expresso em um enunciado e veiculado pela enunciação da SME, procurara ganhar espaço. Era mais uma tentativa entre tantas outras que estavam acontecendo no mesmo momento e que, pelo que estamos apresentando, continuaram a ser reelaboradas pela instituição eclesiástica nos séculos seguintes.

NOTAS

[1] Optamos por denominar o movimento reformista empreendido por Gregório VII de Reforma Gregoriana, conforme o faz Brenda Bolton.

[2] A partir de agora, sempre que nos referirmos à *Vida de Santa Maria Egipcíaca*, faremos uso da sigla SME. Este poema é anônimo e atualmente encontra-se guardado na Biblioteca do Mosteiro do Escorial, Espanha, sob o códice k.III.4.

[3] O curso de mestrado, que fizemos, foi realizado no Programa de Pós-graduação em História Comparada da UFRJ. Defendemos a dissertação, fruto da pesquisa sobre a *Vida de Santa Maria Egpíciaca* e do IV Concílio de Latrão, em agosto de 2004.

[4] O objeto/referente que estamos tratando aqui é a confissão.

BIBLIOGRAFIA

BRANDÃO, Helena H. N. **Introdução à Análise do Discurso**. São Paulo: Unicamp, 2000.

DELEUZE, Gilles. **A Dobra – Leibniz e o Barroco.** São Paulo: Papirus, 2001.

DELEUZE, Gilles. **Conversações**. Rio de Janeiro: 34, 1992.

FOUCAULT, Michel. **Microfísica do Poder.** Rio de Janeiro: Graal, 1993.

FOUCAULT, Michel. **A Arqueologia do Saber.** Rio de Janeiro: Forense Universitária, 1997.

FOUCAULT, Michel. **A ordem do discurso.** São Paulo: Loyola, 2000.

FOUCAULT, Michel. **História da Sexualidade.** V.1: A Vontade de Saber. Rio de Janeiro: Graal, 1988.

FOUCAULT, Michel. Les Mailles du Pouvoir. *In*: DEFERT, Daniel et EWALD, François. (Dir.). **Dits et Écrits.** Paris: Gallimard, 1994. t. IV, pp. 183-187.

FOUCAULT, Michel. Qu'est-ce qu'un Auteur ? *In*: DEFERT, Daniel et EWALD, François. (Dir.). **Dits et Écrits.** Paris: Gallimard, 1994. t. I.

FOUCAULT, Michel. Sur l'Archeologie des Sciences. Réponse au Cercle d'Epistémologie. *In*: DEFERT, Daniel; EWALD, François. (Dir.). **Dits et Écrits**. Paris: Gallimard, 1994. t. I.

FOUCAULT, Michel. Sur l'Archéologie des Sciences. Réponse au Cercle d'Epistémologie... op. cit., pp. 723-725.

RABINOW, Paul. Sujeito e Governamentalidade: Elementos do Trabalho de Michel Foucault. *In*:____. **Antropologia da Razão. Ensaios de Paul Rabinow.** Rio de Janeiro: Relume Dumará, 2002.

ODISSEUS ENTRE OS FEÁCIOS: APRESENTAÇÃO E REPRESENTAÇÃO NA POESIA

Flávia Maria Schlee Eyler*

O canto VIII da *Odisséia*, de certa maneira, nos fornece a matéria necessária não só para pensarmos as relações entre festa e memória, o tema central deste encontro, como também as relações entre memória individual e memória coletiva. É preciso que a história reconheça a memória não como sua matriz, e sim como um de seus objetos de conhecimento. É preciso uma reflexão sobre as relações externas entre memória e história e sobre as relações internas entre memória individual e memória coletiva (RICOEUR,1983, pp. 112-115).

Desse modo, o quadro institucional e o contexto mental, nos quais o conceito e os usos da memória entre os gregos antigos se desenvolveram, permitem que essas distinções, já por nós naturalizadas, sejam reavaliadas. Os gregos antigos não se perguntavam quem lembrava ou esquecia, não especulavam sobre o tempo e nem exploravam o passado individual do homem. Eles divinizaram a memória (*Mnemosyne*) e elaboraram uma vasta mitologia da reminiscência ligada aos aedos que, pelo aprendizado da inspiração poética e da vidência, deviam revelar a verdade (*alethéia*). Uma verdade que se relacionava à *Kléos* e *Kudos*, à glória que corria de boca em boca entre os mortais e à glória que iluminava os vencedores; àquilo que devia ser lembrado e louvado ou censurado e esquecido. Neste caso, *Odisseus* coloca o aedo *Demódoco* acima de todos os homens mortais, posto que era discípulo das *Musas* e, por isso, *"tão verazmente cantava as desgraças dos homens Aquivos como se as tivesse vivido ou sabido por alguém fidedigno"* (HOMERO, *Odisséia*, canto VIII, vv. 480- 495).[1]

Esse mundo, cantado por Homero, que dá à epopéia seu chão e sua matéria, é guerreiro e cavalheiresco, é o mundo de antes das separações entre os registros de atividades diferenciadas da racionalidade moderna. Ali, o universo dos objetos cotidianos não se separa daquele dos negócios públicos, nem se opõe à personalidade dos indivíduos. Nele o príncipe e o senhor de guerra não se distinguem do chefe da casa e do artesão habilidoso. A maneira de ser não é separada dos modos de fazer, nem dos modos do dizer. Essa positividade indiferenciada entre

---

*Professora doutora de História Antiga e Medieval da PUC-Rio.
feyler@his.puc-rio.br

ficção (representação) e dicção (apresentação), que dependem de um mesmo princípio, é a condição do poema épico (RANCIÈRE,1995, pp. 31-33).

No Canto VIII, vale ressaltar que os feácios, do mesmo modo que *Odisseus*, são mortais, cultivam os campos, realizam sacrifícios, reconhecem *Zeus*, são hospitaleiros, mas estão mais próximos dos deuses do que os aqueus. A comunidade dos feácios vive, ao contrário de Ítaca, em acordo consigo mesma. Ali tudo corre no meio de alegria e bom humor, eles vivem para o mar e seus navios diferem dos outros, *"de timoneiro não têm precisão, nem de leme tampouco, mas compreendem dos homens o espírito e, assim, seus desígnios"* (HOMERO, *Odisséia*, Canto VIII, vv. 550-560).

O poema épico é o lugar em que, o conceito da coisa e seu estar lá pertencem a uma só e mesma totalidade exemplar. Neste sentido, a epopéia grega é o livro de vida de seu povo e, como um corpo exemplar, realiza essa unidade imediata de uma voz individual e de uma comunidade ética que se manifesta em seu próprio enfrentamento. O caráter de cada individualidade exprime, em sua unidade, o *ethos* da coletividade (RANCIÈRE,1995, p. 31).

É preciso considerar que, de Homero à crise das cidades, os gregos sempre intuíram a existência de um cosmos concebido como um todo ordenado em conexão viva, no e pelo qual tudo ganhava posição e sentido (pensamento, linguagem, ação e todas as formas de arte). Nesta ordenação, os gregos colocaram a imagem do Homem genérico, na sua validade universal e normativa, enraizado na vida comunitária. Eles criaram uma imagem do humano capaz de se tornar uma obrigação e um dever. Esse ideal de Homem integrado e integrante de sua comunidade era uma forma viva que se desenvolveu no solo grego e persistiu através das mudanças históricas (JAEGER, 1985, pp. 4-26).

Nos poemas homéricos esse homem é o *áristos*, aquele que reúne em si todas as excelências (*aretai*) e é capaz de desenvolvê-las pela educação e atualizá-las em suas ações. Esses heróis, homens compostos de corpo e espírito[2] (*soma/demas* e *psyché*), viviam atormentados, sabiam que nada existia de mais digno de pena do que eles, posto que os deuses, imortais, viviam "sem preocupação alguma" (Meier, 1977, pp. 40-41). Os homens, ao contrário, tinham o destino dos mortais: quando "o vigor abandonava a ossatura branca, e os tendões não seguravam mais as carnes nem os ossos", a alma, como uma "sombra sem força", ia para o *Hades* (HOMERO, *Odisséia*, Canto XI, vv. 220-230). Proferir palavras e realizar façanhas que ficassem na memória dos vivos era, então, a única forma de conquistar, através dos aedos, a imortalidade. A condição dos heróis, submetidos a forças desconhecidas e incontroláveis, não os isentava do aperfeiçoamento de sua *areté*, sempre associada ao reconhecimento do passado e sua conservação através das virtudes que a compõem. Como diz *Alcinoo*, solidário com o sofrimento de *Odisseus* quando este ouve o canto de *Demódoco* sobre a queda de Tróia: *"Tudo isso foi obra dos deuses; o fio da destruição que eles tecem, para que se façam cantos destinados às gerações futuras"* (HOMERO, *Odisséia*, Canto VIII, vv. 580-590).

De fato, no caso grego, mesmo que os deuses interferissem no destino dos homens, a conquista de honra e fama implicava um esforço de aperfeiçoamento para a conquista da fama. Assim, esse mundo dos heróis, cantado pelos poetas, revela uma certa autonomia do poético com relação à dependência de um único soberano. A epopéia homérica não precisava legitimar dinastias e ambições de poder. Dessa forma, em uma sociedade tão pouco institucionalizada, onde os reis pouco se diferenciavam de outros nobres, consagrou-se a concepção de heróis dotados de grande independência e movidos por critérios de honra, prestígio e autonomia (MEIER,

1997, pp. 42-43). No mesmo sentido, a voz dos poetas apresentava aos homens o mundo dos deuses que, em sua distância e estranheza, tornava-se familiar e acessível à inteligência. A escuta do canto dos poetas era uma verdadeira instituição de memória social; ali eram compartilhados os traços fundamentais de uma cultura comum – especialmente no que concernia às representações religiosas, quer se tratasse dos deuses, dos demônios, dos heróis ou dos mortos (VERNANT, 1992, p. 23).

A sobrevivência desse grupo, selado por compromissos, dependia sobretudo do reconhecimento de necessidades comuns. Neste sentido, a imaginação homérica possibilitou também a apreciação de valores e ideais como equilíbrio, reconciliação, leveza e graça, característicos das potências divinas que, de fato, foram capazes de fornecer um modelo para o estilo de vida nobre. Padrões de atitude corporal e de boas maneiras expressavam o *ethos* da coletividade, tanto do ponto de vista de uma homogeneização interna ao grupo quanto de seu enfrentamento por diferenciação.

O estilo de vida nobre alimentava a reciprocidade entre o ver e o ser visto, entre o eu e o outro. Para os gregos, dentre todos os sentidos, o mais importante era o da visão. Ver significava saber, pois a visão só era possível se entre o que era visto e aquele que via existisse uma total reciprocidade. Quando alcançava o objeto, o olhar transmitia-lhe aquilo que o observador sentia ao vê-lo; os modos de ver eram mais importantes que a função de ver (SNELL,1975, p.23). Por isso, o valor de um homem grego estava tão intimamente ligado à sua reputação, à vergonha e à honra. Qualquer ofensa pública, ato ou palavra que atentassem contra seu prestígio eram interpretados como uma espécie de humilhação ou aniquilamento do próprio ser (VERNANT, 1994, p. 15). Quando *Euríolo* diz:

> *"Hóspede, não te assemelhas a um homem que entenda de jogos, como é de costume entre as gentes, que folgam no seu exercício, mas ao que folga viajar em galeras, de bancos providas, chefe de chusmas, que vive a mercar, tão-somente, nos barcos só tendo em mente o seu lucro e o que possa trazer de tornada, ganho com fraude. De fato, não tens aparência de atleta."*

Com torvo aspecto lhe disse *Odisseu*, o guerreiro solerte:

> *"Não te expressaste com senso; assemelhas-te a homem protervo. Bem se depreende que os deuses não cedem a todos os homens dons primorosos, ou seja na forma, no engenho, ou eloqüência. Este, na forma exterior, pode ser de aparência somenos, mas recompensam-no os deuses com o dom da palavra; os que o vêem sentem prazer indizível, pois ele, com gesto, com gesto seguro, sempre se expressa modesto e se exalta da turba indistinta. Se pelas ruas passeia, honrarias divinas recolhe. Aos mortais outros são, na aparência exterior, semelhantes, mas são privados seus ditos de graça, que os torna aceitáveis, tal como tu; na aparência sem mácula; doutra maneira nem mesmo um deus te gerara; mas frívolo tens o intelecto. Eis que fizeste abalar-me no peito com teus ditos fúteis o coração; inexperto não sou, como inculcas maligno, em nenhum jogo"* (HOMERO, *Odisséia*, canto VIII, vv. 160-170).

Dessa forma, associada à *areté*, estava a honra reconhecida, não na intimidade do ser, mas na sociedade à qual se pertencia. Em Homero, ter virtude e ser bom significavam que alguém era perfeitamente o que devia ser, pois o que é bom, o que alguém é em si, parecia também aos outros (SNELL,1975, p.216).

Aqui, a partilha do sensível, que dá forma à comunidade, está centrada na palavra poética. Através dela existe a participação em um conjunto comum e, inversamente, a separação, a distribuição dos quinhões (RANCIÈRE, 1995, p.7). A visibilidade dessa partilha precisa dos laços da *Éris* (luta) e da *Philia* (amizade). Eles sustentam o reconhecimento de semelhanças e de diferenças que constituem a coletividade. As identidades pessoais e coletivas se constroem com os outros e com o outro, mas não com qualquer outro, não com quaisquer outros. São amigos aqueles com os quais temos as coisas essenciais em comum: as lembranças, as experiências, os valores. É nesse ponto de seleção que aparece a amizade, pois é preciso ter afinidades com esse outro com o qual vamos nos defrontar e que vai nos fazer refletir sobre nós. A amizade tem assim a particularidade de transformação, na medida em que permite que se crie uma forma de entendimento com os diferentes, sem precisar reduzi-los a identidades particulares ou eliminá-los. Ela permite que se entre em acordo com alguém que é diferente de nós, para construir algo em comum (VERNANT, 2001, pp. 27-37). A festa e os jogos são, dessa forma, momentos preciosos para que se compartilhem lembranças, experiências e valores. No caso grego, é preciso que *Euríolo* ofenda *Odisseus*, colocando em dúvida seu pertencimento à aristocracia, para que este possa apresentar tanto o seu valor pessoal quanto os valores da coletividade através do jogo.

No jogo existe alguma "coisa em jogo" que transcende as necessidades imediatas da vida; há nele um elemento não-material que confere um sentido à ação. Ele está baseado na manipulação de certas imagens, numa certa imaginação da realidade que dá expressão à vida. Ele cria uma esfera temporária de atividade com orientação própria, é evasão e distensão da vida ordinária e torna-se, deste modo, uma necessidade, tanto para o indivíduo quanto para a coletividade. A imaginação[3] ativada pelo jogo suspende o passado e o presente e se projeta para o futuro. Ela domina a memória e pode dar aos atos mais familiares um valor de começo.

O jogo, assim como a festa, mesmo depois de ter chegado ao fim, permanece como uma criação nova do espírito, um tesouro a ser conservado pela memória.[4] Quando *Alcinoo* pede que *Odisseus* não se ofenda com o desdém de *Euríolo*, que o confundira com um mercador, ele diz: "*Ninguém que costume falar com prudência, o teu falar, estrangeiro, achar poderia de nulo. Ora atenção me concede que possas as minhas palavras a outros heróis transmitir, quando em casa estiveres de novo banqueteando-te ao lado da esposa querida e dos filhos, e te lembrares de nossos primores, de tudo o que viste*" (HOMERO, *Odisséia*, Canto VIII, vv. 240-250). O esplendor dos jogos e da festa não cessam após o término, pois, quando rememorados, continuam sendo projetados sobre o mundo de todos os dias.

Através do jogo, a *Eris* e a *Philia* dão à comunidade a sensação de estar "separadamente juntos", numa situação excepcional de partilha de algo importante. Embora o jogo esteja para além do domínio do bem e do mal, há um elemento de tensão que lhe confere um certo valor ético, na medida em que são postas à prova as qualidades do jogador: sua força e tenacidade, sua habilidade e coragem e, igualmente, suas capacidades espirituais, sua lealdade e conformidade. Porque, apesar do ardente desejo de ganhar, deve-se sempre obedecer às regras do jogo, ou seja, àquilo que "vale" dentro do mundo temporário por ele circunscrito (HUIZINGA, 1993, p.14). Faz parte do jogo o pedido de desculpas de Euríolo:

"Ó rei Alcínoo, entre todos ilustre e ornamento do povo! Reconciliar-me com o hóspede quero eu também, atendendo-te. Dou-lhe esta espada, que é toda de Bronze, com punho de prata, e com bainha de puro marfim, entalhada a capricho, há pouco tempo; ser-lhe-á, com certeza, presente de preço." Disse; e nas mãos de Odisseus pôs a espada de cravos de prata ao tempo em que lhe dizia as seguintes palavras aladas: "Hóspede pai, sê feliz! Se algum dito insensato me ouviste, grave e ofensivo, que seja desfeito no sopro dos ventos" (HOMERO, *Odisséia*, Canto VIII, vv. 400-420).

Em suma, a matéria da epopéia, como um conjunto de imagens está situada a meio caminho entre a apresentação e a representação, e esse meio caminho é a memória.[5] Toda a trama da Odisséia está ancorada em experiências passadas que o poeta, inspirado pelas *Musas*, torna presente. As reações de *Odisseus* não se fazem sem um apelo à lembrança que situações análogas foram capazes de deixar atrás delas. Neste sentido, quando *Demódoco*, com seu dom de vidência, celebra *Odisseus* na terceira pessoa, é como se ele estivesse morto. No entanto, ele passou pelas experiências, suportou em seu corpo e viu com seus próprios olhos tudo o que é cantado. Ele está vivo, portanto, não pode ter *kléos*, ou seja, viver pelo canto dos aedos e na memória social e ainda não conseguiu o *nóstos*, o retorno ao seu reino (HARTOG, 2004, p. 45).

Essa viagem de retorno, que faz de *Odisseus* um protagonista nem morto, nem vivo, mas desaparecido, desafia nossas ordenações costumeiras e, entre elas, a que teima em separar memória individual e memória coletiva e que torna impensável a existência de um sujeito coletivo. Por isso, retornar ao mundo das epopéias é um exercício que permite à memória ultrapassar os três pronomes pessoais do singular (eu, tu, ele) e se abrir também ao nós, ao vós e ao eles, como desejava Paul Ricoeur.

NOTAS

[1] A memória entre os gregos não visa a reconstrução do passado segundo uma perspectiva temporal. As *Musas*, filhas de *Mnemosyne,* inspiravam o poeta, para que ele tivesse acesso a acontecimentos fora de seu tempo. O poeta tem a função de transmitir "o que é, o que será e o que foi". As *Musas* concedem ao poeta a "representação interna", a informação nebulosa que se converte em poesia, graças a elas. O poeta não canta sua memória individual. Ao ser "transportado" pelas musas ao calor dos acontecimentos, ele os narra segundo os vê, de acordo com a permissão das potências divinas. O poeta era inspirado pela *Mélete*, a disciplina indispensável ao aprendizado do seu ofício; pela *Mnéme*, a função psicológica que permitia a recitação e a improvisação; e pela *Aoide*, o produto final, o canto épico acabado (DETIENNE, 1981, pp. 17-19).

[2] Aqui é importante registrar que esse Homem genérico foi pensado de formas diferentes em determinados momentos da história grega. Em Homero, esse homem não era concebido e designado como unidade. Ao contrário, nas representações do homem o corpo era pluralidade, como a justaposição dos membros. É evidente que os homens homéricos tinham um corpo, mas não tinham a consciência dele "como" corpo, somente como soma de membros. No mesmo sentido, em Homero não há essa unidade de corpo e alma. Ele afirma apenas que a *psyché* abandona o homem na morte ou no desfalecimento e que ela sai pela boca e é expirada – ou também pelas feridas – e voa para o Hades, onde leva uma existência umbrática, como um fantasma, como imagem (SNELL, 1975, pp. 28-29).

[3] Entendemos por imaginação a atualização de objetos e/ou experiências que não estão presentes e, ainda, a criação de imagens sem que se tenha experimentado. Neste sentido, operamos com uma imaginação que é tanto reprodutora do real quanto criadora.

[4] O jogo permite que o espírito salte entre a matéria e o pensamento. Ao dar expressão à vida, o homem cria um outro mundo, um mundo poético, ao lado do da natureza. A vivacidade e a graça estão originalmente ligadas às formas mais primitivas do jogo. O jogo tem algumas características e funções. Ele não é vida "corrente" nem vida "real", é uma evasão para uma esfera temporária de atividade com orientação própria. Todo jogo é capaz de absorver inteiramente o jogador; ele se torna seriedade e a seriedade, jogo (HUIZINGA, 1993, p. 12).

[5] Poderíamos dizer que não temos poder sobre o futuro sem uma perspectiva igual e correspondente sobre o passado; que o impulso de nossa atividade para adiante cria atrás de si um vazio em que as lembranças se precipitam, e que a memória é, assim, a repercussão, na esfera do conhecimento, da indeterminação de nossa vontade (BERGSON, 1999, p. 68).

BIBLIOGRAFIA

BERGSON, H. **Matéria e memória**. São Paulo: Martins Fontes, 1999.

DETIENNE, M. **Os Mestres da Verdade**, Rio de Janeiro: Zahar, 1988.

HARTOG, F. **Memórias de Ulisses**. Belo Horizonte: UFMG, 2004.

HOMERO. **Odisséia**. Trad. Carlos Alberto Nunes. Rio de Janeiro: Ediouro, 2001.

HUIZINGA, J. **Homo Ludens**, São Paulo: Perspectiva, 1993.

JAEGER, W. **Paidéia – A formação do homem grego.** São Paulo: Martins Fontes, 1989.

MEIER,C. **Política e Graça.** Brasília: Editora UnB, 1998

RANCIÈRE, J. **Políticas da Escrita.** Rio de Janeiro: Ed. 34, 1995.

RICOEUR, P. **Temps et Récit, t.1-3.** Paris: Seuil, 1983-95.

SNELL, B. **A Descoberta do Espírito.** Lisboa: Ed.70, 1992.

VERNANT, J-P. **Mito e Política.** São Paulo: EDUSP, 2001.

VERNANT, J-P. **O Homem Grego.** Lisboa: Presença, 1994.

QUEM É O CONTRADITOR DO PRINCÍPIO DE NÃO-CONTRADIÇÃO?

Francisco José Dias de Moraes*

Nem sempre a memória é uma forma de celebração, nem sempre a celebração se traduz em compromisso. Na celebração não se comemora apenas a permanência de algo que não passou, a sua mera persistência. Nela está em jogo a própria memória do celebrado. Esta, no entanto, é, primeiramente, um desafio presente na própria existência do celebrante, pois para celebrar é preciso buscar colocar-se à altura daquilo que se está celebrando.

O grande perigo da memória é o esquecimento de que nós também somos aquilo e como nós recordamos. Nem toda memória se justifica pelo simples fato de não deixar algo cair em esquecimento. Uma inflação de memória pode inclusive tornar-se o "coveiro do presente", como bem lembrou Nietzsche. Mas o maior perigo da memória é a tendência, presente em toda recordação, de pôr de lado a tarefa de investigar o sentido e real significado daquilo que se está recordando. Precisamente aquelas coisas que a tradição cuidou para que não fossem esquecidas são as mais difíceis de serem consideradas, pois tudo leva a crer que elas são conquistas definitivas. Uma dessas coisas que nos parecem terem caído do céu prontas e acabadas é o chamado *princípio de não-contradição*.

O princípio de não-contradição é normalmente entendido como uma evidência. Ninguém contesta, hoje em dia, que alguém que se contradiga deve, somente por isso, estar em erro. Ser pego em contradição significa, para nós, o mesmo que ser surpreendido em falta grave. Esta situação habitual faz com que soe estranho o fato de que Aristóteles, justamente após enunciar o princípio de não-contradição, julgue ainda necessário demonstrá-lo. Certo, não se trata de uma demonstração *stricto sensu*, mas de uma demonstração *por refutação (*Aristóteles, *Metafísica, IV, 4, 1006 a 11).* Esta só pode ter lugar mediante a presença de um contraditor. Mas quem poderia se contrapor a um princípio tão evidente? Onde seria possível encontrar um contraditor para o princípio de não-contradição? Aristóteles, no entanto, parte muito naturalmente da sua existência. Não se trata de um contraditor hipotético. Diríamos antes que o contraditor preexiste ao próprio princípio. O princípio de não-contradição é enunciado de encontro a um contraditor que julga evidente precisamente o contrário daquilo que ele, princípio,

*Professor doutorando em Filosofia – UFRJ.
fjdmoraes@bol.com.br

enuncia, a saber: *que o mesmo pertence e não pertence, ao mesmo tempo, ao mesmo, segundo o mesmo*. Em sua origem, portanto, o princípio de não-contradição não é apresentado sem mais, como uma evidência incontestável, mas como uma evidência que já estava sendo contestada.

São dois, à primeira vista, os contraditores do princípio de não-contradição: de um lado, os que afirmam que uma mesma coisa pode ser e não ser, "*tal como alguns acreditam que Heráclito diz*" (Aristóteles, *Metafísica*, IV, 3, 1005'b 24), e, de outro lado, aqueles que, por ignorância (*apaideusía*), julgam necessário que também esse princípio seja demonstrado (Aristóteles, *Metafísica*, IV, 4, 1006 a 5). Aristóteles, porém, refere-se ao contraditor no singular (*hò amphisbetôn*) (Aristóteles, *Metafísica*, IV, 4, 1006 a 13), sem contudo especificá-lo, a não ser como "alguém" que se dispõe a acusar uma petição de princípio. O contraditor do princípio de não-contradição deve ser, assim, alguém familiarizado com o procedimento argumentativo; ele deve atuar como alguém que, por toda a parte, exerce a refutação com base em algo que ele próprio não admite discutir. Seu ponto de partida é uma pressuposição que deve permanecer inteiramente fora de questão. O contraditor do princípio de não-contradição é aquele que afirma uma tese absoluta e que, como diz Aristóteles, pretende "heraclitizar"(*heracleitízein*) (Aristotételes, *Metafísica*, IV, 5, 1010 a 11). Este é, portanto, o erudito conhecedor das teses de Heráclito e de outros, e que fez delas um mero ponto de apoio para a sua prática refutatória. Sua ignorância não é simples, mas revestida da auto-suficiência de quem "sabe".

A confirmação de que Aristóteles tenha aqui em vista os eruditos nós a encontramos em uma outra demonstração por refutação, que tem lugar no livro VIII da *Física*, precisamente quando este se empenha em demonstrar, contra os *Eleatas*, a existência do movimento. Nessa demonstração por refutação, Aristóteles afirma que "a imaginação e a opinião parecem ser espécies de movimento" (Aristóteles, *Física*, VIII, 3, 254 a 29). Assim sendo, haverá movimento mesmo que a opinião que sustenta a existência do movimento seja falsa, a saber: a própria opinião falsa que sustenta isso.

Aristóteles afirma que em semelhante demonstração não ocorre nenhuma petição de princípio, a não ser por parte daquele que pretende refutar o próprio princípio (Aristóteles, *Metafísica*, IV, 4, 1006 a 15). Seria isso o mesmo que dizer que o contraditor do princípio de não-contradição comete uma auto-refutação? Seria o princípio de não-contradição uma evidência que não admite ser contestada?

Há, sem dúvida, duas espécies de evidências: a primeira é aquela que não admite nenhuma contestação, enquanto a segunda é aquela que é para ser admitida, e que, portanto, mesmo sendo contestada, não deixa de ser o que é. A evidência que não admite ser contestada é, por exemplo, o "acordo tácito", aquele tipo de acordo que ninguém precisou estabelecer com ninguém, que ninguém precisa sustentar, mas que, nem por isso, possui menos força de lei. Quem pretende recusar um acordo tácito é logo posto de lado. Ninguém discute propriamente ou busca persuadir alguém que demonstra "falta de tato", e este é precisamente o caso. Há apenas gestos e olhares silenciosos, de modo a fazer calar aquele que se recusa a reconhecer o que todos já deveriam saber. E se por acaso ele insiste, o que acontece então não é demonstração, mas antes discussão e irritação. O diálogo aqui não apenas não é recomendado, como chega a ser, a todo o custo, evitado. Algo assim é precisamente o que não acontece com a outra espécie de evidência, aquela que é para ser admitida, pois esta pede mesmo o diálogo e o esforço de entendimento, e quando este se vê impossibilitado, chega-se inclusive ao confronto aberto, para destravar o que está travado. Um diálogo exige, para que ele possa acontecer, que se coloquem abertamente em jogo as próprias pressuposições. Pelo diálogo e pela controvérsia aberta, nunca se pode chegar a um acordo tácito, pois este é precisamente uma posição de antemão assegurada, aquilo que o verdadeiro diálogo procura justamente superar.

Encontramos, portanto, na demonstração por refutação, não um procedimento lógico e artificial, destinado a calar simplesmente o adversário, e obrigá-lo a acatar uma evidência incontestável, mas antes uma "indução"(*epagogé*), que possibilita ao contraditor admitir realmente uma evidência e assim passar ele mesmo por uma transformação.[1] Quando Aristóteles exorta o contraditor para que este signifique algo uno, logo no início da demonstração por refutação, ele está, na verdade, propiciando uma experiência que pode efetivamente abrir-lhe o fenômeno em questão. Essa experiência de uma passagem que só pode ser favorecida, mas que nunca pode ser produzida, era até certo ponto familiar para os gregos e constituía um dos elementos centrais de suas tragédias. Comentando as características do que ele chama de "mito complexo", Aristóteles afirma, no capítulo XI da *Poética*, que o reconhecimento, que é a passagem da ignorância para o conhecimento, alcança a sua mais bela forma quando acontece simultaneamente com a peripécia: a passagem da dita para a desdita. Ainda segundo ele, esta transformação radical ocorre, exemplarmente, no mito de Édipo.

Aristóteles tem aqui em vista uma transformação que acontece quando, no curso de certos acontecimentos, dá-se uma "quebra" que subverte inteiramente as expectativas de sentido do personagem. Nesta quebra, o próprio sentido *emerge* e se apropria do personagem. Desse modo, à medida que reconhece o fenômeno do significar, o contraditor experimenta uma transformação cuja responsabilidade ele não poderia atribuir a nenhum outro, mas de cuja efetividade ele já não pode duvidar. Essa transformação poderia afetar a sua existência como um todo, e constituir o que Aristóteles chama de "*escolha de vida*" (Aristóteles, *Metafísica*, IV, 2, 1004 b 24), para diferenciar drasticamente a filosofia da sofística. De fato, só se pode superar o acordo tácito como tal, que é em si mesmo uma espécie de comportamento e conduta, com uma conduta de espécie inteiramente diversa. Trata-se, portanto, de superar uma prática mediante uma nova prática. Esta nova prática consiste, precisamente, em colocar em jogo, sem cessar e por toda a parte, as próprias pressuposições.

O que Aristóteles, entretanto, está ele mesmo pressupondo é que o discurso teria a prerrogativa de revelar a tal ponto uma situação que esta se tornaria, a partir disso, irrecusável. Não é tanto a evidência do princípio o que Aristóteles não admite discutir, mas antes o poder de evidenciação do próprio discurso, o qual acaba ficando inteiramente fora de questão. Certo, Aristóteles chega a afirmar, em um dado momento de sua argumentação, que "*aqueles que buscam a força somente no discurso buscam algo impossível*" (Aristóteles, *Metafísica*, IV, 6, 1011 a 15). Mas isto não o impede de dizer, em um momento anterior, que "*não é para se discutir com todos do mesmo modo, pois alguns precisam de persuasão e outros de força*" (Aristóteles, *Metafísica*, IV, 5, 1009 a 16). Se o discurso não tem o poder de produzir por si mesmo uma situação que seja de todo evidente e irrecusável, não nos parece que Aristóteles ponha em dúvida a sua capacidade de conduzir até ela inclusive os mais renitentes e obstinados, de modo que estes não teriam outro remédio senão renderem-se aos fatos. Como se pode ver, há aqui uma clara confusão entre a evidência do acordo tácito e a evidência que é para ser admitida, como se ambas fossem intercambiáveis.

Por outro lado, Aristóteles não parece duvidar minimamente de que, pelo menos no âmbito do pensamento, as aporias e controvérsias devam cessar completamente tão logo a verdade seja apresentada na sua integridade. A verdade possui ela mesma o poder de constranger, e os filósofos genuínos distinguem-se precisamente pelo fato de se deixarem constranger por ela (Aristóteles, *Metafísica*, I, 3, 984 b 8). É flagrante aqui o contraste que Aristóteles procura estabelecer entre a docilidade dos verdadeiros filósofos, que estariam sempre dispostos a reverem os seus pressupostos, e a intransigência daqueles que falam apenas por falar. Aristóteles, com efeito, não considera que se deva proceder da mesma maneira em relação àqueles que *caíram em aporia* e em relação aos que falam *pela graça do discurso*. Somente para estes últimos é que a força se faz oportuna; para aqueles, porém, cabe a persuasão. No caso em que convém a persuasão, a ignorância deixa-se sanar com facilidade, e a resposta não é contra o discurso, mas contra o pensamento. No caso em que convém a força, pelo contrário, a cura consiste em uma refutação do discurso que está na voz e nos nomes (Aristóteles, *Metafísica*, IV, 5, 1009 a 16).

O esforço de persuasão difere da demonstração por refutação, na medida em que parte do reconhecimento de uma questão ou dificuldade real, que, de algum modo, é preservada nas teses a serem contestadas. Tampouco se trata aqui de denunciar a incompatibilidade de um comportamento em relação à tese sustentada. Muito pelo contrário, há até uma clara preocupação de assinalar o ajuste radical do comportamento à tese, tal como fica evidente na referência à conduta de Crátilo, que, convencido da mutabilidade universal de todas as coisas e da fixidez das palavras, sequer admitia falar, e em vez disso movia o dedo (Aristóteles, *Metafísica*, IV, 5, 1009 a 16). Por outro lado, a demonstração por refutação consiste precisamente em chamar a atenção para o descompasso existente entre o que se está reivindicando como verdade última e a própria conduta imediata no mundo; o que nela se busca refutar é a despreocupação quanto a isso. Assim sendo, o contraditor do princípio de não-contradição não é aquele que comete uma falta lógica, mas antes aquele que não enxerga a necessidade de que o seu comportamento acompanhe as teses e posições assumidas publicamente por ele como evidentes.

Aristóteles não recorre ao princípio de não-contradição como uma posição já de antemão assegurada, para refutar o contraditor. O que ele faz, na verdade, é apelar para uma lei não-escrita, uma lei que ninguém pode simplesmente esclarecer para um outro e que só pode mesmo é ser acatada, a lei que assim se enuncia: *isso que tu dizes é forçoso também que tu o sejas*. Quem nem ao menos sente a pressão desse imperativo já se excluiu da comunidade dos que pensam e dialogam entre si.

De há muito, porém, deixou de ecoar esse apelo, tendo o princípio de não-contradição se convertido em uma posição assegurada, em uma evidência indiscutível, com a qual ninguém mais julga necessário ocupar-se, e desde a qual se pratica então a refutação: exatamente o que caracterizava o comportamento do contraditor. Ou, então, ele é simplesmente descartado em favor de fórmulas "mais precisas" e por não corresponder ao ideal de total demonstrabilidade assumido pela atual lógica simbólica; assim, quando muito, ele teria o seu campo de validade restrito aos debates e assuntos judiciários, tal como defende, por exemplo, o lógico polonês Jan Lukasiewicz[2].

Esta situação não é, de forma alguma, simplesmente casual e encontra a sua fonte já no próprio Aristóteles, quer dizer, em uma expectativa suscitada por seu procedimento demonstrativo. Aristóteles afirma poder refutar pela força o contraditor do princípio de não-contradição. Ora, tal refutação é simplesmente impossível. O discurso filosófico depende, na verdade, de uma solicitude pouco habitual para poder impor-se e tornar-se persuasivo. Esta é a fragilidade que Aristóteles procura dissimular. Fazendo isso, ele apresenta o discurso filosófico como sendo o único capaz de corresponder ao pressuposto reinante em sua época, *e não só nela*, de que um discurso só possui realmente valor se consegue ser impositivo. Desse modo, o princípio de não-contradição não pôde deixar de converter-se na fortaleza inexpugnável do discurso que, em toda ocasião, busca impor-se pela força.

A atitude que se sustenta em algum acordo tácito é, porém, inteiramente irrefutável. Essa atitude só pode ser superada mediante uma transformação que implique assumir um comportamento qualitativamente diverso, mas isso é precisamente o que não pode acontecer sem colaboração. *Ninguém pode ser forçado a transformar-se, ou melhor, só cede à pressão da força aquele que já acedeu à solicitude sem força do sentido*. De certo modo, é isso que testemunha Aristóteles quando, no início da demonstração por refutação, incita o contraditor a dizer algo, isto é, a colaborar. O discurso filosófico conduz, sem dúvida, para o âmbito em que semelhante transformação pode realmente acontecer; o que ele não pode é produzir essa transformação. Não deixa de ser isso o que Aristóteles realiza em sua demonstração por refutação: uma *epagogé*, sendo a forma da refutação, na verdade, uma necessidade imposta pelo acordo tácito vigente, que simplesmente impedia toda e qualquer discussão de princípio. A refutação seria assim, desde o início, uma arma retórica, não podendo jamais converter-se em uma demonstração *stricto sensu*. É preciso, porém, limpar muito bem o terreno para que se possa ouvir com pureza ecoar o apelo silenciado no princípio de não-contradição: *isso que tu dizes é forçoso também que tu o sejas*.

NOTAS

[1] No livro VI da *Ética a Nicômaco* (1139 b 28), Aristóteles se refere à indução como acesso ao princípio.

[2] Eis o que este último afirma ao final de seu artigo: "*Le principe de contradiction n'a sans doute aucune valeur* logique, *puisqu'il peut valoir seulement comme supposition, mais il possède une valeur* pratico-étique, *qui n'en est que plus significative.* Le principe de contradition est la seule arme contre l'erreur et le mensonge. *Si nous ne reconnaissions pas ce principe, et tenions pour possibles l'affirmation et la négation simultanées, alors nous ne pourrions pas nous défendre contre les déclarations fausses ou mensongères d'autrui.*" Jan Lukasiewicz. *Sur le principe de contradiction chez Aristote*. Paris, Rue Descartes : Collège international de philosophie, Avril 1991, pp. 11-31. A revista esclarece tratar-se de uma tradução do artigo apresentado pela primeira vez em 1910 no *Bulletin international de l'Académie des sciences de Cracovie*, pp. 15-38, com o título *Über den Satz des Widerspruchs bei Aristóteles*.

BIBLIOGRAFIA

ARISTÓTELES. **Metafísica.** Trad. Valentín García Yebra. Madrid: Editorial Gredos, 1998.

_____________. **Physique**. Trad. Henri Carteron. Paris: Ed. Les Belles Lettres, 1931.

_____________. **The Nicomachean Ethics**. Trad. H. Rackham. Londres: Ed. Loeb Classical Library, 1999.

CASSIN, B. **Aristóteles e o LÓGOS: contos da fenomenologia comum**. Trad. Luiz Paulo Rouanet. São Paulo: Ed. Loyola, 1999.

BERTI, E. **As razões de Aristóteles**. Trad. Dion Davi Macedo. Sao Paulo: Ed. Loyola, 1998.

MORAES, F. A questão do princípio no livro IV da Metafísica de Aristóteles. **Ítaca**, Rio de Janeiro, nº 3, pp. 138-144, setembro, 2002.

MEMÓRIA E BIOGRAFIA:
ELEMENTOS FORMULARES NA VIDA DE PIRRO

Gabriela Guimarães Gazzinelli*

Introdução

No prefácio à vida de Alexandre, Plutarco diz:

> "Não farei outro prefácio que pedir aos meus leitores que não reclamem se eu não contar todos os atos famosos desses homens e nem falar exaustivamente em cada caso particular, mas, em resumo, na maioria das vezes. Pois não escrevo histórias e, sim, vidas. Nos feitos mais ilustres nem sempre há manifestação de virtude ou vício. Algo ligeiro, como uma frase ou gesto, freqüentemente faz maiores revelações do caráter do que uma batalha onde caíram milhares, os maiores armamentos ou o sítio de cidades. (...) Pois, assim como os pintores destacam as semelhanças a partir do rosto e dos traços das feições, nos quais transparece o caráter, e consideram minimamente os demais membros, é-nos necessário concentrar mais sobre os sinais da alma e, através deles, esboçar cada vida."[1]

Com efeito, se a história antiga compreendia uma memória oficial dos feitos de toda uma nação, sobretudo militares e políticos, a biografia reproduzia formas mais pessoais da memória. Antes sumária do que exaustiva, nela ínfimos detalhes poderiam sobrepujar os fatos notáveis. Vários episódios, tintos por uma avaliação moral, evidenciavam censura ou louvor, inconciliáveis com a suposta neutralidade histórica. Por fim, não sendo necessariamente narrativas cronológicas, suas partes poderiam ser estruturadas conforme alguns princípios operadores de processos mnemônicos: contigüidade, segundo o qual se contempla eventos próximos a momentos importantes como nascimento, reconhecimento, exílio, morte; repetição e semelhança, em que se enfatizam episódios recorrentes em determinadas vidas, estabelecendo-se pois uma tipologia biográfica; relações causais, em que se tenta vislumbrar motivações secretas, que revelam certos aspectos de uma vida ou obra.

---

*Professora mestranda em Filosofia pela UFMG.
ggazzinelli@yahoo.com

As biografias antigas apoiavam-se em fontes literárias e históricas, mas também em uma espécie de κοινὴ ἱστορία. Expressões formulares, como φάσι, λέγεται, ὡς μνημνονεουσιν, que proliferam nos relatos biográficos, indicam a presença dessa história oral. A memória comum, conforme características da tradição oral, obedecia a convenções estilísticas. Evidencia-se, nela, uma estrutura padronizada, bem como um repertório de motivos convencionais. A recorrência desses elementos torna manifesto o aspecto formular do gênero biográfico, um aspecto que reforça a verossimilhança da vida narrada, comprometendo, talvez, a verdade histórica.

Pretendo, na seqüência, examinar brevemente três motivos recorrentes nas biografias de filósofos, ilustrando os através de passagens da vida de Pirro: (i) a sua inclusão em uma sucessão de filósofos consagrados; (ii) a contaminação dos episódios da vida por seu posicionamento filosófico; (iii) invectivas de caráter derrogatório, nas quais transparecem rivalidades entre escolas. Parece-me que estes motivos, dentre outros, ao ordenarem a memória, concedem uma coerência abrangente ao conjunto de biografias, ao mesmo tempo que estabelecem uma coerência interna a cada vida.

Linhagens filosóficas

Nas biografias dos filósofos antigos, grande destaque era dado às 'influências literárias' do biografado. O estabelecimento de antecessores ilustres tinha várias finalidades. Em primeiro lugar, inseria o biografado em uma tradição consolidada, concedendo-lhe legitimidade histórica. Em outro, indicava esses antecessores como fonte de inspiração para as posições do herdeiro, identificando uma natural continuidade nos pensamentos. Por fim, sistematizava as relações filosóficas segundo um princípio de afinidade, de maneira a forjar sucessões coerentes nas escolas.

A disposição dos filósofos em linhagens contínuas mediaria a evolução de seus pensamentos rumo a formas mais elaboradas. Decleva Caizzi (1984, p. 3) aponta que essa tendência historiográfica de aproximar os pensadores em sucessões recua a Sócio (sec. II a.C.), tendo sua formulação inicial em seu livro *Sobre a sucessão dos filósofos*. Por vezes, historicamente atestáveis, por vezes artificialmente forjadas, tais cronologias filosóficas tornam manifesta a maneira como os antigos percebiam e expunham suas filosofias.

Diógenes Laércio, ao tratar das influências literárias de Pirro, ressalta particularmente Demócrito e Homero e apresenta uma linha de descendência de Demócrito a Pirro.[2] Com pequenas variações, outras fontes, como Clemente de Alexandria, Eusébio e Galeno, confirmam esta sucessão.[3] Mas ela tem problemas. O mais óbvio é que quatro intermediários – Nessa, Metrodoro, Diógenes de Smirna e Anaxarco – parecem muito numerosos para o pequeno intervalo temporal que separa Pirro de Demócrito. Assim, vários comentadores consideram-na fictícia (cf. Bailey, 2002, pp. 30-37). No entanto, uma afinidade de idéias (especialmente quanto ao pessimismo epistemológico que marca vários deles) pode justificar a aproximação conceitual entre esses filósofos, conduzindo à fabricação genealógica.

O projeto ordenador de Diógenes Laércio é ainda mais ambicioso: uma linhagem é forjada desde Pitágoras (passando pelos eleatas, atomistas e pirrônicos) até Saturnino, discípulo de Sexto Empírico, compreendendo, ao todo, 23 nomes,[4] encerrando-se no século II d.C. Uma de suas intenções é, através de uma sucessão sem rupturas, conferir unidade ao ceticismo pirrônico, dando-lhe estatuto de escola (αἵρεσις), mesmo na ausência de um corpo dogmático doutrinal.

Deduz-se, então, que, além de legitimar o posicionamento de determinado filósofo, tais sucessões tornam coeso o conjunto de biografias.

Simbiose entre vida e filosofia

A composição da vida de um filósofo, norteada pelo critério de verossimilhança, resulta freqüentemente em uma vida exemplar, coerente com as teorias que sustenta. O alheamento aos fatos históricos é interessante para se pensar em biografias como fonte também filosófica, uma vez que a narrativa embutiria conteúdos teóricos em sua composição. Sendo assim, as biografias de filósofos apresentam um conjunto de ações pelo qual se poderia julgar sua consistência, pois se espera uma conformidade entre prática e ensinamentos.

Segundo Sedley (1980, pp. 10-11):

> [N]ão era a verdade sobre Pirro que importava e sim a lenda que, por bem ou por mal, foi estabelecida permanentemente por seu discípulo e principal divulgador, Timão de Flio. Os versos de Timão retratavam Pirro como modelo vivo de vida cética, livre das mentiras e vaidades de filósofos menores, cheios de opiniões; e pode ter sido em grande parte devido ao seu exemplo moral que sentiram que Pirro abriu uma nova fase no ceticismo.

De fato, o anedotário parece transpor posições pirrônicas às suas ações corriqueiras, fundando uma moral cética a partir do exemplo prático da vida de Pirro.

Várias anedotas ilustram os efeitos de uma disposição cética, como a tranqüilidade (ἀταραξία)[5] e a ausência de afecções (ἀπάθεια).[6] Outras exemplificam os modos pirrônicos, sistematizados por Enesidemo:[7] o primeiro modo (Sexto Empírico, *Hipotiposes Pirrônicas* I 40-79), segundo o qual não temos motivos para privilegiar as percepções humanas em relação às dos demais animais, é exemplificado pela admiração de Pirro por Homero, devido ao poeta comparar, como semelhantes, seres humanos, insetos e animais (Diógenes Laércio 9.67); já as viagens ao oriente, na expedição de Alexandre, e o contato que travou com os *magoi* persas e os gimnosofistas indianos lembram o décimo modo, que contempla a variação dos costumes, leis e crenças em sociedades diferentes (Sexto Empírico, *Hipotiposes Pirrônicas* I, 145-163).

Anedotas derrogatórias

Do mesmo modo como os episódios de uma vida podem ilustrar favoravelmente um posicionamento filosófico, podem também representá-lo desfavoravelmente. Nestes casos, as ações são consistentes com os ensinamentos, todavia, levam a conseqüências práticas absurdas. Revela-se, portanto, uma incongruência entre filosofia e vida. O exame mais escrupuloso das fontes por trás dessas anedotas de caráter derrogatório, muitas vezes, nos conduz a autores de outras escolas que se empenham em desautorizar uma filosofia rival. Esta hostilidade é também expressa através de um repertório comum às tradições biográfica e filosófica.

Voltando-nos para a vida de Pirro, encontramos dois conjuntos de anedotas em que se evidencia semelhante hostilidade: um tornando risíveis as posições pirrônicas, e o outro comprometendo a sua aplicação na vida prática. Primeiramente, três ocorrências fazem parecer que sua filosofia preza sobremaneira os animais, em especial os porcos:[8] Pirro levava porquinhos ao mercado; sua indiferença (ἀδιαφορία) era tamanha que, certa vez, ao limpar a casa, lavou um porco (Diógenes Laércio 9.66); e, como antes mencionado, durante uma tempestade em alto mar, ele apontou a serenidade de porquinhos comendo no convés como exemplo de tranqüilidade a ser seguido por seus companheiros (Diógenes Laércio 9.68, Plutarco, *De profectibus in virtute,* 82ef). Como, para os gregos, os porcos situam-se muito baixo na hierarquia dos animais, as anedotas em que Pirro os tem em alta estima são de natureza bastante corrosiva. Já em Homero, no episódio em que Circe transforma os companheiros de Ulisses em porcos e estes preservam sua mente humana (*Odisséia* X, 233-242), transparece o desprezo grego. A incongruência entre corpo e mente faz a metamorfose tanto mais terrível.

Há outros casos em que comparações desse tipo tentam desautorizar e ridicularizar um filósofo: no *Teeteto* (161c), Sócrates se pergunta porque Protágoras não inicia seu livro dizendo que o porco é a medida de todas as coisas; Na *República* (II 372d), Glauco chama o primeiro modelo de estado de Sócrates uma "cidade de porcos"; segundo seus críticos, o 'hedonismo' epicurista, voltando-se sobretudo para os prazeres físicos, aspiraria a um estado suíno (Diógenes Laércio 10.137; Sexto Empírico *Adversus Mathematicus,* II.96-7; Cícero, *de Fin.ibus* I.29-30, II. 31-32, 109).

O segundo conjunto de anedotas sugere que Pirro, consistentemente com sua doutrina, não se guardava de risco algum que atravessasse seu caminho: carroças, precipícios ou cães (Antígono de Caristo *apud* Diógenes Laércio 9.62). Este trecho nos remete à Metafísica Γ4, 1008 b 15-16, em que Aristóteles descreve conseqüências absurdas para alguém que negue o princípio da não-contradição. Entre os acidentes elencados, Aristóteles pergunta-se por que aquele que nega o princípio não cai em um poço, assim demonstrando, em sua conduta, que não acredita ser igualmente boa e má a sua queda. Episódios semelhantes aparecem na vida de Tales e na fábula de Esopo, *O astrônomo.*

Untersteiner (1979, p. 233) sugere que uma tensão mais fundamental manifesta-se nesse gênero de episódio. Perpassam toda a filosofia grega representações de filósofos, ora como expressão ideal de vida prática, ora como um sábio imerso em suas investigações, destituído de qualquer interesse prático (ἀπραγμοσύνη D.L. 9.64).

Conclusão

Os exemplos acima ilustram a importância de alguns motivos convencionais na economia das vidas de filósofos. Enquanto a estrutura de sucessões garante coerência ao amplo conjunto de biografias, a imbricação de vida e filosofia sustenta ou abala a coerência interna de cada vida, segundo a disposição de sua fonte em relação ao biografado. Vale ressaltar, porém, que convivem, no âmbito da biografia antiga, tipos, caracteres e finalidades diversas que concedem variedade à estrutura formular.

Identificar a interdependência entre vida e obra e analisá-la nos permitem elucidar as convenções do gênero biográfico, bem como a estrutura por trás da composição de uma vida. Nesse, como em outros casos, a correspondência entre vida e obra nos permite entrever a maneira como se dava a transmissão de conhecimento na Antigüidade, no domínio literário. Como indica Nagy (*apud* PÓRTULAS, 1994, p. 61), "biografia e preservação de uma obra poética [ou filosófica] constituem processos paralelos, que avançam *pari passu* e se condicionam mutuamente."

O gênero biográfico é marcado por uma transmissão convoluta. Em um percurso análogo ao da memória, cada vida sofre um longo processo de condensação, composição e degradação. Na formulação de suas várias versões, alguns episódios são duplicados, narrativas incoerentes resultam da composição de fontes variadas e efeitos contraditórios são descritos como resultantes das mesmas posições teóricas. A identificação de elementos formulares facilita, em certa medida, o deciframento de episódios, aparentemente triviais, reunidos nas versões tardias dessas vidas.

Concluindo: os episódios da vida de Pirro são, com freqüência, retomados por autores antigos que discorrem sobre o ceticismo pirrônico e suas conseqüências práticas e morais. Além de ilustrarem etapas ou tropos céticos, tais referências atestam favorável ou contrariamente à viabilidade da vida cética, conforme o posicionamento filosófico de seu autor. Assim, fontes estóicas ou acadêmicas tendem a exagerar o comportamento de Pirro, tornando-o risível e inverossímil. Como conseqüência, comprometem a auto-suficiência de uma vida cética e, portanto, a sua viabilidade. As fontes pirrônicas, em contraste, retomam Pirro como um exemplar moral de vida cética, justamente em resposta aos ataques à viabilidade da suspensão de juízo sobre todas as coisas. Tais críticas ou apologias se fazem, muitas vezes, através da introdução de episódios recorrentes na tradição biográfica. Certos grupos de anedotas parecem associá-lo a diferentes escolas filosóficas, a modelos de sabedoria ou tolice que o antecederam ou a problemas filosóficos já consagrados. Assim, o exame destes elementos formulares, recorrentes nas biografias dedicadas aos filósofos, pode nos ajudar a compreender as disputas subjacentes à composição da vida de Pirro.

NOTAS

[1] οὐδὲν ἄλλο προεροῦμεν ἢ παραιτησόμεθα τοὺς ἀναγινώσκοντας, ἐὰν μὴ πάντα μηδὲ καθ᾽ ἕκαστον ἐξειργασμένως τι τῶν περιβοήτων ἀπαγγέλλωμεν, ἀλλὰ ἐπιτέμνουντες τὰ πλεῖστα, μὴ συκοφαντεῖν. οὔτε γὰρ ἱστορίας γράφομεν, ἀλλὰ βίους, οὔ τε ταῖς επιφανεστάταις πράξεσι πάντως ἔνεστι δήλωσις ἀρετῆς ἢ κακίας, ἀλλὰ πρᾶγμα βραχὺ πολλάκις καὶ ῥῆμα καὶ παιδιά τις ἔμφασιν ἤθους ἐποίησε μᾶλλον ἢ μάχαι μυριόνεκροι καὶ παρατάξεις αἱ μέγισται καὶ πολιορκίαι πόλεων. (...) ὥσπερ οὖν οἱ ζώγραφοι τὰς ὁμοιότητας ἀπὸ τοῦ προσώπου καὶ τών περὶ τὴν ὄψιν εἰδῶν, οἷς ἐμφαίνεται τὸ ἦθος, ἀναλαμβάνουσιν, ἐλάχιστα τῶν λοιπῶν μερῶν φροντίζοντες. οὕτως ἡμῖν δοτέον εἰς τὰ τῆς ψυχῆς σημεῖα μᾶλλον ἐνδύεσθαι καὶ διὰ τούτων εἰδοποιεῖν τὸν ἑκάστου βίον. (PLUTARCO, *Alexandre* 1.2)

[2] A admiração de Pirro por Demócrito marcará todo o pirronismo. Timão, Enesidemo e Sexto Empírico também a expressam, o que vem favorecer a legitimidade de tal construto.

[3] Cf. Clemente de Alexandria, *Strom.* I XIV, 64, 24, Eusébio, *Praep. ev.* XIV 17, 10, Galeno, *Histo. philos.* 3 (*apud* DECLEVA, CAIZZI, *Pirrone Testimonianze,* fr. 25a, 25b, 25c), Diógenes Laércio, livros IX-X das *Vidas dos Filósofos Ilustres.*

[4] Pitágoras - Telauge - Xenofanes - Parmênides - Leucipo - Demócrito - Nessa – Metrodoro de Quios - Diógenes de Smirna – Anaxarco – Pirro – Timão - Eufranor de Seleucia – Eubulo de Alexandria – Heraclides - Enesidemo – Xeuxipo – Zeuxis Gonicpus - Antioco de Laodicéia –

Menódoto de Nicomédia – Heródoto de Tarso - Sexto Empírico – Saturnino.

[5] Pirro, em meio a uma tempestade no mar, aconselha os companheiros aflitos a imitarem os porquinhos da nau, que continuavam a comer imperturbáveis (Diógenes Laércio 9.68).

[6] Pirro nem franze o cenho quando lhe aplicam remédio cáustico a uma ferida (Diógenes Laércio 9.67).

[7] Embora a reunião e sistematização dos modos céticos sejam de autoria de Enesidemo (cf. Diógenes Laércio 9.79-88; Eusébio, *Praeparatio evangelica* XIV 18, 11; Fílon de Alexandria, *De ebrietate* 171-202), é plausível supor que alguns desses modos tenham tido uma formulação inicial por Pirro, Timão e outros filósofos que inspiraram o pirronismo. Com efeito, Aristóteles apresenta uma série de argumentos que pretendem resolver o desacordo de opiniões descrito nos modos céticos (*Metafísica* K 6, 1062 12-24, 1062 b 35-1063 a 10; Γ 5, 1009 a 6-39).

[8] Para uma discussão mais detalhada, cf. WARREN, 2002, pp. 106-115, pp. 129-149.

BIBLIOGRAFIA

BETT, R. **Pyrrho, his antecedents, and his legacy.** Oxford: Oxford University Press, 2000.

BAILEY, A. **Sextus Empiricus and Pyrrhonean Scepticism.** Oxford: Clarendon Press, 2002.

CICERO. **De Finibus.** v. I, Cambridge (Mass.): Harvard, 1979.

DECLEVA CAIZZI, F. Il libro IX delle 'Vite dei filosofi' di Diogene Laerzio. **Aufstieg und Niedergang der Römischen Welt**, II.36.6, p. 4218-4240, 1992.

______, Gli atomi: un "mito"? **Elenchos,** p. 3-21, 1984.

______, **Pirrone Testimonianze.** Naples: Bibliopolis, 1981.

DIOGENES LAERTIUS. **Lives of Eminent Philosophers.** vol. II. Cambridge: Massachusetts: Harvard University Press, 1995.

GENTILI, B.; CERRI, G. **History and Biography in Ancient Thought.** Amsterdam: J.C. Gieben Publisher, 1988.

GIANNANTONI, G. (org.) **Lo Scetticismo Ântico.** vol. I-II. Naples: Bibliopolis, 1981.

LEFKOWITZ, M. **The Lives of the Greek Poets.** London: Duckworth, 1981.

LONG, A. A. Timon of Phlius: Pyrrhonist and Satirist. **Proceedings of the Cambridge Philological Society** 24, pp. 68-91, 1978.

MOMIGLIANO, A. **The development of Greek biography.** Cambridge: Harvard University Press, 1993.

PÒRTULAS, J. Vida y muerte del poeta. **Revista de Occidente** 158/9, pp. 59-69, jul/ago 1984.

PLUTARCH. **Parallel Lives VII: Demosthenes and Cicero, Alexander and Caeser.** Cambridge, Massachusetts: Harvard University Press, 1919.

______. **MORALIA I.** Cambridge, (Mass.) Harvard University Press, 1986.

SEDLEY. The Protagonists. *In* SCHOFIELD, Malcom, *et al.* **Doubt and Dogmatism.** Oxford: Clarendon Press, 1980, pp. 1-19.

SEXTUS EMPIRICUS. **Sextus Empiricus in 4 volumes.** Cambridge (Mass.): Harvard University Press, 1933-49.

STUART, D. R. **Epochs of Greek and Roman Biography.** New York: Biblo and Tannen, 1928.

UNTERSTEINER, M. Le biografie dei Filosofi, Il *Bios,* **Problemi di Filologia Filosofica**, Manuali Cisalpino, 1979.

WARREN, J. **Epicurus and Democritean Ethics,** Cambridge: Cambridge University Press, 2002.

RÔMULO, CAMILO, AUGUSTO: A ROMA RENOVADA DE TITO LÍVIO

Juliana Bastos Marques*

Pretendemos neste trabalho ler a obra de Tito Lívio através de uma determinada proposta: a *Ab Urbe Condita* seria a história não apenas da fundação e do desenvolvimento de Roma, mas também, através das ferramentas de interpretação que o próprio Tito Lívio nos traz, das refundações literais e/ou simbólicas da cidade. Nessa visão, podemos dizer que há um elemento de circularidade da História Romana em Tito Lívio, que demonstra sua originalidade em retrabalhar a tradição para especificar seus objetivos na construção do caráter romano e da definição de romanidade. Essa proposta de interpretação tem sido adotada em trabalhos como os de Kraus e Serres (KRAUS, 1994 e SERRES, 1983), e pretendemos aqui fazer uma leitura que tem primeiramente como base esses estudos. Seguimos, contudo, um pouco mais além, para identificar paralelismos entre as narrativas e construções das figuras de Rômulo e Camilo no *Ab Urbe Condita* com a posição de Augusto na obra de Tito Lívio.

É possível entender estes três momentos como pontos em que a renovação, tanto física, da cidade de Roma, quanto simbólica, da romanidade, são cruciais para o desenvolvimento e consolidação do poderio romano. É claro que existem riscos nessa leitura, dado que obviamente não temos os livros de Tito Lívio relativos ao período augustano, mas podemos inferir vários elementos úteis no relacionamento entre Tito Lívio e Augusto, tanto reconhecíveis no texto quanto indiretos e externos, para que seja possível pelo menos uma tentativa de interpretação.

Um outro problema que devemos considerar para verificar paralelismos de renovação de Roma em Rômulo, Camilo e Augusto é o aparente desequilíbrio na leitura do texto de Tito Lívio, na medida em que avaliaremos para tanto apenas os livros 1 (Rômulo), 5-6 (Camilo) e teoricamente os livros contemporâneos ao autor, descartando assim uma grande parte dos 142 livros do *Ab Urbe Condita*. Mas, quanto a isto, também deve ser observado que há um valor especial na primeira década de Tito Lívio, pelo caráter inicial de construção dos elementos da romanidade que depois, no decurso da História Romana, apenas se reafirmam. Pois tomemos como base os seguintes elementos: 1. tal como atualmente analisado na bibliografia (LUCE, 1977, cap. 7), o livro I narra o período monárquico fazendo uma esquematização de cada um

*Professora doutoranda em História pela FFLCH/USP.
jbastos@usp.br

dos reis de acordo com uma característica ou virtude, simbolizando o surgimento dos diversos atributos morais, cívicos e religiosos do povo romano. Assim, por exemplo, Numa Pompílio seria o consolidador das instituições religiosas e da *pietas*; Tulo Hostílio, da ênfase na guerra; Anco Márcio, dos rituais religiosos em tempo de guerra, e assim por diante. 2. Na primeira pêntade, cada um dos livros é representativo de uma virtude-símbolo do caráter romano, e de como ela é aplicada através do exemplo dos indivíduos ou deturpada pelo exemplo de seus vícios. Então temos, entre outras, a *libertas* no livro 2, como oposição à tirania monárquica de Tarquínio, o Soberbo; a *moderatio* e a *pudicitia* no livro 3, pela vitória da coletividade contra a ambição dos decênviros e a luxúria de Ápio Cláudio contra Virgínia; a *disciplina* que permite a vitória contra os inimigos e a *pietas* no livro 5, que salva a cidade dos gauleses. 3. É interessante considerar também os paralelismos temporais entre os três personagens, já que há um sugestivo equilíbrio na distância de tempo entre a fundação de Roma por Rômulo (cuja data fixada por Varrão seria equivalente a 753 a.C.), a invasão de Roma pelos gauleses e depois reconquista por Camilo em 390 a.C. (AUC 364), e a consolidação institucional de Otaviano no poder (quando lhe é outorgado o título de Augusto - 27 a. C/AUC 726 – exatamente o dobro da data anterior). Este aspecto, que às vezes é tratado pelos estudos atuais como pouco mais do que uma curiosidade, indica bem uma característica peculiar do mundo romano, que é a valorização de paralelos temporais na história da cidade e do império[1].

Como sugere Serres (Cf. KRAUS, 1994, n.19, pp. 270-271), há na tradição da origem da cidade de Roma a necessidade de um padrão de violência, destruição e reconstrução sucessivas de cidades até o seu estabelecimento. Assim, tendo como início a queda de Tróia, o ciclo se caracterizaria pela continuidade troiana na chegada e estabelecimento de Enéias no Lácio: Tróia é destruída para que Enéias se estabeleça em Lavínio. Depois, Alba Longa é destruída para que Tulo Hostílio consolide a força de Roma. Mas o ciclo ainda continua com a destruição e reconstrução da própria Roma no livro V, primeiro indiretamente, pela tomada de Veios, e depois pela da *Urbs*, com os gauleses. Segundo Tito Lívio, em duas ocasiões os romanos propõem abandonar Roma para se estabelecer em Veios, no começo e no fim do livro V, mas, como veremos, Camilo finalmente rompe com o ciclo da troca de cidades e convence os cidadãos a não abandonarem Roma e seus deuses – Roma é literalmente refundada em cima de si mesma. Tanto isso é claro para Tito Lívio que ele inicia o livro VI com um prefácio em que utiliza novamente a expressão *ab urbe condita*:

> "Os feitos dos romanos, *da fundação da cidade de Roma até a sua captura*, primeiro sob os reis, depois sob os cônsules, ditadores, decênviros e tribunos consulares, guerras no exterior, sedições domésticas, narrei em cinco livros. (...) De agora em diante, uma história das guerras e acontecimentos internos mais clara e precisa será narrada, *a partir da segunda origem da cidade*, que renasceu, assim como de raízes, mais vigorosa e fecunda"[2].

E, assim como Camilo refundou Roma após a destruição pelos gauleses, Augusto também refunda Roma após a destruição da guerra civil. Mesmo dentro do padrão da mudança física de cidades, Augusto pode ser visto como um paralelo a Camilo se considerarmos o que diz Suetônio[3] a respeito de Júlio César, com o forte boato que se espalhara em Roma de que ele queria transferir a capital do império para Alexandria ou Tróia. Levando-se também em conta todas as demonstrações conscientes da política de Augusto para erguer e mostrar uma Roma renovada, presentes na reforma urbanística da cidade, na literatura, e na *Res Gestae*, entre outros, podemos vislumbrar os três personagens como pontos cruciais na vida da cidade. Rômulo é responsável pela fundação física e religiosa, na medida em que estabelece o culto principal a Júpiter *Optimus Maximus* (como veremos no próximo tópico); Camilo, por sua vez, "refunda" Roma quando expulsa os gauleses e impede o abandono da cidade por uma nova ocupação de Veios, num aspecto não só físico, como também moral/simbólico e de piedade religiosa, por se recusar a abandonar os deuses da cidade; e, por fim, Augusto "refunda" Roma fisicamente, pois que ele a "encontrou feita com tijolos e a deixou em mármore."[4]

Vejamos mais detalhadamente como cada um dos três personagens refunda Roma. Rômulo é a figura primordial e tem características bastante peculiares que irão delinear o caráter do desenvolvimento e poderio posterior de Roma. Ele apresenta um típico elemento divino que legitima o fundador de uma cidade, pois seria descendente direto dos deuses, filho de Marte[5]. Tito Lívio resolve selecionar propositalmente uma dentre diversas tradições a respeito do nascimento de Rômulo, mas, na verdade, não chega a confirmar se essa versão é realmente legítima. Porém, isso não invalida o mérito de Rômulo:

> "Mas o destino já tinha, como acredito, determinado a origem desta grande cidade e a fundação do maior império sob os deuses. Tendo a Vestal, violentada com força, dado à luz gêmeos, nomeou Marte como responsável pela paternidade suspeita – fosse por que realmente acreditasse nisso, ou fosse porque a falta pareceria menor se fosse atribuída a um deus."[6]

Mesmo com a incerteza sobre sua origem divina, Rômulo consegue se impor, em parte porque os deuses assim o querem – é vontade divina e destino certo que Roma seja a cidade mais poderosa do mundo –, mas também como uma espécie de *self-made man* do Lácio primitivo. Conquista tudo e todos pelo seu valor e caráter, não apenas pelo mérito de suas origens. Sua infância e juventude são simples, num ambiente rústico, e isso se refletirá na sua austeridade, coragem e equilíbrio. É, nesse sentido, um arquétipo do romano primordial e um modelo que se reflete nos personagens posteriores oriundos do mesmo tipo de ambiente. Vale a pena citar um trecho de Miles, que sintetiza com lucidez a questão e propõe significados importantes:

> "*... the distinguishing emphasis of Livy's account was especially pertinent to at least three prominent themes in the ideology of his Roman contemporaries. The first is the notion that the Romans were a self-made people who surpassed Hellenistic peoples in morality, practical wisdom, and warfare. Closely related to this idea is a second notion, that the Romans were superior not in spite of but precisely because of their their apparent cultural backwardness: the simple austerity of their rustic traditions fostered a strength of character that the literary sophistication of the Hellenes could not equal. A further variation of these two themes, constituting a third, arose as the consequence of the appropriation of the first two themes by* noui homines, *who argued that precisely because they were self-made they were closer to the traditional source of Roman excellence than contemporary* nobiles *were, and in fact embodied the very qualities on which the ancestors of the Roman* nobilitas *had based their original claims to distinction and privilege*" (MILES, 1997, p. 149).

Um outro aspecto de como a atitude de Rômulo é determinante para a formação e o futuro de Roma, e pelo qual podemos associá-lo com Augusto, é também o fato de que ele conquista o poder, estabelece-se e se legitima através de sua própria *auctoritas*. Este é um valor-chave para Augusto, que se valeu disso para legitimar sua posição política durante décadas após Ácio, sem, no entanto, dissolver os cargos e instituições oficiais da República. É importante observar que a *auctoritas* tem duas características principais, que estão presentes em ambos os casos de Rômulo e Augusto: ela é construída e acumulada com o passar do tempo pelas ações de um indivíduo, sendo, portanto, não-automática, e também não pode ser imposta, mas, sim, atribuída ao indivíduo por outrem, em especial a coletividade (Senado, povo, exército, etc.)[7].

Ainda, Rômulo é responsável pela apresentação da *pietas* como uma das características típicas da romanidade. Rômulo será um símbolo a ser imitado na devoção aos deuses da cidade, mas também se torna ele próprio um deus depois de morto (lembremos que assim como Augusto), seguindo o desejo dos outros deuses de que Roma seja grandiosa[8]. O próximo renovador da cidade, Camilo, embora não tenha sido deificado, traz como uma de suas principais características essa mesma *pietas*, determinante última da existência de Roma, na medida em que conservar o culto aos deuses significa não abandoná-los, e abandonar os deuses significa abandonar a própria Roma[9].

Camilo é associado explicitamente a Rômulo em Tito Lívio, quando do obituário do general no início do livro VII: "Por vinte e cinco anos ainda (...) foi digno de uma glória grande como seu mérito, e foi considerado digno de ser nomeado, depois de Rômulo, segundo fundador de Roma."[10] Sua carreira foi marcada por duas grandes conquistas, separadas por um exílio. Foi o general responsável pela conquista de Veios, e Tito Lívio constrói a narrativa dessa conquista numa analogia, retomando as sucessivas refundações vistas acima, que remete ao cerco e conquista de Tróia (KRAUS, 1994, pp. 271-273): ambos os cercos duraram dez anos; o mecanismo de invasão em ambas as cidades é semelhante, pois o túnel que os romanos escavam por baixo das muralhas da cidade permite que o exército entre sorrateiramente e ataque Veios por dentro; ambas as cidades são caracterizadas pelo seu luxo e opulência; e a profecia do harúspice etrusco de Veios (V, 15) é análoga à do adivinho troiano Heleno (*Ilíada*, 24). Mas, estariam sendo assim os romanos associados aos gregos? Kraus esclarece: *"There is a topological logic to that: if the fall of Troy is the literary archetype for all captured cities, then all besiegers will potentially be Greeks, all besieged Trojans"* (KRAUS, 1994, p. 273). A vitória romana é, no entanto, um aviso sobre o destino, já que, pela ambição e falta de fidelidade aos deuses demonstrada pelos romanos após a conquista de Veios, a própria Roma será depois conquistada.

Terminados o sítio e a destruição da cidade pelos gauleses, Camilo faz um longo discurso em Tito Lívio, no qual são apresentados os argumentos que convencerão os romanos a desistir de emigrar para Veios. Em termos gerais, o discurso mostra a importância da *pietas* e da *fides* como elementos de ligação com Roma e de definição da identidade romana. Roma não deve ser abandonada porque é a morada dos deuses, através dos templos no Capitólio. Foi exatamente a manutenção do culto aos deuses que, em última instância, permitiu a vitória sobre os gauleses:

> "Abandonados pelos deuses e pelos homens, ainda assim não interrompemos os cultos divinos. Por isso eles nos recobraram a pátria, a vitória e a glória na guerra, que tínhamos perdido. E sobre os inimigos, que, cegos pela cobiça e pelo peso do ouro, romperam o tratado e o juramento, verteram o terror, a debandada e a morte."[11]

Enfim, viver, estar fisicamente em Roma, assim como estão os deuses, é a condição *sine qua non* para ser romano. Sendo assim, Camilo faz com que Roma não seja a nova Tróia caída, quebrando, portanto, o ciclo de destruição das cidades e tornando a herança se Tróia um modelo abstrato, não mais uma realidade concreta. A Tróia que no final acaba por triunfar sobre os gregos perpetua-se em Roma.

Augusto, durante seu governo, é comumente associado a Rômulo, como um novo fundador da cidade. Suetônio relata que alguns senadores tinham mesmo sugerido a Otaviano a adoção oficial de "Rômulo" como título, mas o nome "Augusto" foi escolhido pelo seu aspecto religioso e de dignidade em relação a santuários e locais consagrados pelos áugures[12]. Mas os dois nomes ainda estão interligados, quando vemos que Augusto aparece como um segundo Rômulo no sentido de refundar os pilares religiosos que definiam a identidade própria dos romanos. Para isso, foram adotadas diversas medidas para a retomada de cultos antigos que haviam caído em desuso e também para a restauração e construção de templos para diversas divindades[13].

Augusto ainda pode ser visto como um novo Camilo, pois que a refundação da cidade passou com o último também pela reconquista militar frente a uma invasão. Se Camilo derrotou os gauleses, Augusto derrota na guerra civil as forças de Marco Antônio e Cleópatra, que tinham uma forte tendência orientalizante. Camilo ressalta, como vemos no discurso de Tito Lívio, as virtudes fundamentais que constroem o caráter dos romanos, e Augusto, na verdade, faz o mesmo, pelo fortalecimento desses mesmos elementos perante a ameaça de orientalização do império com Marco Antônio.

Nesse sentido, é fácil entender como essa refundação de Roma por Augusto tomou um caráter conservador. Augusto procura, em todas as mudanças que realiza – seja em nível urbanístico, institucional ou outros , promover o reestabelecimento da *res publica*[14] tradicional, dos princípios do *mos maiorum*, os valores antigos. O contraponto se dá explicitamente com o estado de degeneração moral da guerra civil: os valores tradicionais estavam corrompidos e deturpados por atitudes "não-romanas", como a ambição pelo poder e o desrespeito pela coletividade. Como observa Eder:

> "*His greatest political achievement consists in having promoted the development of a patriotism that combined the legacy of the Republic and his own accomplishment in preserving that legacy. The Republic lived on, because Augustus had summoned once more to the consciousness of the Romans the responsibility that was traditional to them and befit them alone, namely, the responsibility of ruling over the earth:* Tu regere impeio populos Romane memento [Virgílio, *Eneida*, 6.851]" (EDER, 1990, p. 87).

Como vimos acima, é através da *auctoritas*, que remete a Rômulo, que Augusto irá impor suas reformas e legitimizá-las. O texto das suas *Res Gestae* é revelador nesse sentido, pois nele Augusto pretende demonstrar que seus feitos foram voltados nada mais do que para o bom funcionamento do Estado, e todo o seu poder foi conquistado e perpetuado apenas para viabilizar a volta à ordem antiga[15]. É pelo exercício de sua *auctoritas* que ambos os personagens servem de *exemplum*, pois o poder para eles não é veículo para seus interesses pessoais (como acontece com o tirano, ou com aristocratas egoístas como Ápio Cláudio), mas, sim, ferramenta para a maior dedicação possível ao Estado – função principal e identificadora do romano ideal. E, assim como o poder é determinado pela *auctoritas*, ele também determina o correto equilíbrio pela *concordia ordinum*, outro conceito muito importante para Tito Lívio.

NOTAS

[1] Presente, por exemplo, nas questões sobre os Livros Sibilinos, mas também em situações mais triviais, como em Tácito, *Anais*, XV, 41.

[2] VI. 1: *"quae ab condita urbe Roma ad captam eandem Romani sub regibus primum, consulibus deinde ac dictatoribus decemuirisque ac tribunis consularibus gessere, foris bella, domi seditiones, quinque libris exposui. (...) clariora deinceps certioraque ab secunda origine uelut ab stirpibus laetius feraciusque renatae urbis gesta domi militiaeque exponentur."* As traduções são da autora.

[3] *Júlio César*, 79.

[4] Suetônio, *Augusto*, 28: *"marmoream se relinquere, quam latericiam accepisset."*

[5] Tradição de origem helenística.

[6] *Ab Urbe Condita*, I.4: *"sed debebatur, ut opinor, fatis tantae origo urbis maximique secundum deorum opes imperii principium. ui compressa Uestalis cum geminum partum edidisset, seu ita rata seu quia deus auctor culpae honestior erat, Martem incertae stirpis patrem nuncupat."*

[7] "Auctoritas *is not simply a given, but needs to be constantly reacquired and validated. In that sense, it is part of the Augustan* ethos *that emphasized process and ongoing effort rather than fulfilment"*. GALINSKY, K. *Augustan Culture*, Princeton, Princeton University Press, 1996, p. 15. Este trecho é parte de um capítulo exclusivamente destinado ao conceito de *auctoritas* no mundo romano e no período de Augusto.

[8] *Ab Urbe Condita*, I. 16.

[9] Tito Lívio mostra inúmeros exemplos disso na primeira década. Para vermos como a presença do deus e de seu culto é definidora da existência de uma cidade no mundo antigo e especialmente na Itália, um exemplo interessante é a remoção de Juno do templo em Veios, na vitória dos romanos contra a cidade, em *Ab Urbe Condita* V, 22. É importante ver como a apropriação da estátua de Juno por Roma é fonte absoluta de legitimação da sua conquista sobre Veios, ainda mais porque tem a anuência da própria deusa.

[10] 7. 1.: *"par deinde per quinque et uiginti annos (...) titulo tantae gloriae fuit dignusque habitus quem secundum a Romulo conditorem urbis Romanae ferrent."*

[11] *Ab Urbe Condita* V. 51: *"deorum cultum deserti ab dis hominibusque tamen non intermisimus. reddidere igitur patriam et uictoriam et antiquum belli decus amissum, et in hostes qui caeci auaritia in pondere auri foedus ac fidem fefellerunt, uerterunt terrorem fugamque et caedem."*

[12] Suetônio, *Augusto*, 7.2. Cf. SCOTT, Kenneth. "The Identification of Augustus with Romulus-Quirinus", **Transactions and Proceedings of the American Philological Association,** v.56, 1925, 82-105. Ver também Díon Cássio, 53.16.7, e Floro, 2. 34, 66.

[13] *Ab Urbe Condita* IV, 20: *"templorum omnium conditorem ac restitutorem"*.

[14] Evitaremos aqui o uso do termo "República", já que, entendido como oposição a "Principado", nunca foi assim utilizado entre os romanos.

[15] *"Augustus' claim was to have liberated the* res publica *on his own initiative and at his own expense. This is the keynote of the* Res Gestae, *fittingly amplified by the emphasis on his* auctoritas, *which he ultimately mentions explicitly in the concluding section."* GALINSKY, K. *op. cit.*, p. 48.

BIBLIOGRAFIA

CHAPLIN, Jane D. **Livy's Exemplary History**. New York: Oxford University Press, 2000.

EDER, W. "Augustus and The Power of Tradition: The Augustan Principate as Biding Link Between Republic and Empire". *In* RAAFLAUB, Kurt and TOHER, Mark (ed.) **Between Republic and Empire - Interpretations of Augustus and his Principate**. Berkeley/Los Angeles/London: University of California Press, 1990, pp. 71-122.

FELDHERR, A. **Spectacle and Society in Livy's History**. Berkeley/Los Angeles: University of California Press, 1998.

GALINSKY, Karl. **Augustan Culture: An Interpretive Introduction**. Princeton: Princeton University Press, 1996.

GETTY, Robert J. "Romulus, Roma, and Augustus in the Sixth Book of the Aeneid", **Classical Philology**, v.45, n.1, 1950, pp. 1-12.

HOPE, Valery. "The City of Rome: Capital and Symbol". *In*: HUSKINSON, Janet. **Experiencing Rome: Culture, Identity and Power in the Roman Empire**. London: Routledge, 2000, pp. 63-93.

JAEGER, M. **Livy's Written Rome**. Ann Arbor: University of Michigan Press, 1997.

KRAUS, Christina S. **Livy. Ab Urbe Condita. Book VI**. Cambridge: Cambridge University Press, 1994 (Cambridge Greek and Latin Classics).

________. "No Second Troy": Topoi and Refoundation in Livy, Book V". **Transactions of the American Philological Association**, 124, 1994, pp. 267-290.

KRAUS, C. S. & WOODMAN, A. J. **Latin Historians**, Greece & Rome, New Surveys in the Classics, 27. Oxford: Oxford University Press, 1997.

LIVY, **History of Rome**. Cambridge, Mass.: Harvard University Press, 1970 (The Loeb Classical Library).

LUCE, T. J. **Livy – The Composition of His History**. Princeton: Princeton University Press, 1977.

MILES, G. B. **Livy: Reconstructing Early Rome**. Ithaca/London: Cornell University Press, 1997.

PETERSEN, H. "Livy and Augustus". **Transactions and Proceedings of the American Philological Association,** vol. 92, pp. 440-452,1961.

RAAFLAUB, Kurt and TOHER, Mark (ed.) **Between Republic and Empire - Interpretations of Augustus and his Principate**. Berkeley/Los Angeles/London: University of California Press, 1990.

SCOTT, Kenneth. "The Identification of Augustus with Romulus-Quirinus". **Transactions and Proceedings of the American Philological Association**, v.56, pp. 82-105, 1925.

SERRES, M. **Rome: le livre des fondations**. Paris: Éditions Grasset & Fasquelle, 1983.

SYME, R. **The Roman Revolution**. Oxford: Oxford University Press, 1939.

________. "Livy and Augustus". **Harvard Studies in Classical Philology**, Vol. 64, pp. 27-87,1959.

TITE-LIVE, **Histoire Romaine**. Paris: Les Belles Lettres, 1947-1998.

WALSH, P. G. “Livy’s Preface and the Distortion of History”. ***American Journal of Philology***, vol. 76, No. 4, pp. 369-383, 1955.

____________. **Livy: His Historical Aims and Methods**. Cambridge: Cambridge University Press, 1961.

WOODMAN, A. J. **Rhetoric in classical historiography**. Portland: Areopagitica, 1988.

...*MEA CULPA*...
FRANCISCO DE ASSIS, UM HOMEM SANTO?... CULPADO E PENITENTE... UMA ANÁLISE COMPARATIVA ACERCA DOS ESCRITOS DIRIGIDOS AOS IRMÃOS PREGADORES

Karina Dias Murtha*

Este trabalho consiste em uma adaptação da primeira versão do projeto de pesquisa orientado pela Profª. Drª. Andréia Cristina Lopes Frazão da Silva, que se destina a atender aos requisitos necessários ao ingresso no curso de Mestrado. Meus objetivos nesta pretendida pesquisa seriam analisar os escritos de Francisco,[1] a partir da [pré]suposta perspectiva escatológica, tendo como ênfase a perfeita alegria proposta pelo assisense e o binômio culpa/ penitência; avaliar a influência do texto bíblico na elaboraçao dos escritos de Francisco voltados para os irmãos pregadores sob o prisma do binômio culpa/ penitência; analisar a extensão do discurso presente nos escritos em relação à missão apostólica dos irmãos menores; identificar como a perfeita alegria se articula nestes textos ao binômio culpa/ penitência; avaliar quais são e como são utilizadas as referências à culpa e à penitência presentes nos escritos de Francisco; questionar o [pré] suposto de um contexto cultural escatológico no século XIII, em relação aos escritos de Francisco.

> "... um dia (...) Francisco (...) chamou a Frei Leão e lhe disse: '(...) Escreve (...) **o que é a verdadeira alegria**'.
>
> (...)
>
> Eis que volto de Perusa no meio da noite, chego aqui num inverno de muita lama e tão frio que na extremidade da túnica se formaram caramelos de gelo que me batem continuamente nas pernas fazendo sangrar as feridas. E todo envolvido na lama, no frio e no gelo, chego à porta, e depois de bater e chamar por muito tempo, vem um irmão e pergunta: 'Quem é?' E eu respondo: 'Frei Francisco'. E ele diz: 'Vai-te embora; não é hora própria de chegar, não entrarás'. E ao insistir, ele responde: 'Vai-te daqui, és um ignorante e idiota; agora não poderás entrar; somos tantos e tais que não precisamos de ti'. E fico sempre diante da porta e digo: 'Por amor de Deus, acolhei-me por esta noite'. E ele responde: 'Não o farei. Vai aos crucíferos e pede lá'.

* Professora de História e Pesquisa do Programa de Estudos Medievais (PEM) da UFRJ.

Pois bem, se eu **tiver** tido paciência **e permanecer imperturbável**, digo-te que **aí está a verdadeira alegria, a verdadeira virtude e salvação da alma**" (OPÚSCULOS DITADOS, 1997. p. 174) (grifos nosso)).[2]

Período de grande importância histórica, o século XIII – época em que a *memorya* era entendida pelos sábios como "o lugar" (*locus*), por excelência, de preservação de um conhecimento e/ ou de fixação de um saber (o poder foucaultiano) – foi marcado por mudanças e acontecimentos, muitos dos quais estavam intrinsecamente ligados entre si: o reaquecimento de muitas cidades e a fundação de tantas outras; a eclosão de um turbilhão de novas correntes religiosas consideradas, ou declaradas, insubordinadas ao Papa, portanto, heréticas; a tentativa da Igreja de manter o controle sobre a situação; e, também, o surgimento das chamadas Ordens Mendicantes. Estas últimas, em muitos aspectos, eram semelhantes aos movimentos heréticos. O motivo da distinção, que levaria à condenação ou ao sucesso, teria sido, dentre outros, o fator que do ponto de vista da instituição religiosa estabelecida era o mais importante: o reconhecimento ou não da autoridade pontifícia.

O interessante é que, tal como relatam as fontes, estes Movimentos Mendicantes (especialmente dominicanos e franciscanos[3]) causavam, com sua exortação a um retorno aos *Evangelhos* e a uma *vita vera apostolica*, um verdadeiro furor por onde passavam. Principalmente quando o mendicante a que nos referimos se tratava de Francisco de Assis. Isso despertou minha curiosidade e, então, decidi pesquisar a pregação na época de Inocêncio III. Mais especificamente, o apostolado exercido por Francisco de Assis,[4] no século XIII.[5]

Durante essa investigação, deparei-me de início com o documento cujo trecho foi acima citado em que Francisco exalta a alegria incondicional e isso me intrigou: em um mundo teoricamente marcado pelo temor da danação eterna, conseqüência dos pecados carnais, haveria espaço para este tipo de pregação, para nós, tão interiorizante[6]?...

Não demorou nada para que eu descobrisse que não era bem assim...

Tomás de Celano[7] teria dito que a atividade missionária de Francisco de Assis consistia, em suma, no anúncio da paz, do reino de Deus, da salvação das almas, dos pecados, do arrependimento, da penitência[8] e do perdão.[9]

> Francisco, o incansável soldado de Cristo, percorrendo as cidades e povoados **anunciando o reino de Deus**, proclamando a paz, pregando a salvação e a **penitência** para a remissão dos pecados, (...) na doutrina e na demonstração do Espírito. Apoiado na autorização apostólica que lhe tinha sido concedida, (...).[10]

Quanto à "autorização apostólica", tratada no último trecho citado, vale lermos, no capítulo 13 do primeiro livro da *Vida I*, as palavras atribuídas a Inocêncio III pelo mesmo Celano: "Ide com o senhor, irmãos, e conforme o Senhor se dignar inspirar-vos, pregai a todos a **penitência.**"

Percebe-se com isso que se atribuiu à prática missionária de Francisco de Assis duas dimensões fundamentais: a penitencial[11] e a escatológica.[12]. O que acaba chamando atenção para uma outra questão: como pode o binômio culpa/ penitência, impresso na rigorosa ascese de Francisco de Assis, ligado diretamente à idéia generalizante que se tem hoje daquilo que seria uma mentalidade escatológica medieval, conviver com a mensagem relacionada à "verdadeira alegria", explicitada logo no início do texto?

As duas idéias parecem se contradizer... Como seria possível sua coexistência em uma mesma abstração religiosa?...

Enfim, baseada nessas reflexões, minha problemática giraria em torno da seqüência culpa / penitência, dentro de uma suposta mentalidade escatológica, e a possibilidade (ou impossibilidade) de coexistência com uma alegria transcendente. O que me levaria a verificar como um medieval do século XIII definiria esses conceitos.

Durante a fase preliminar de levantamento da bibliografia para o desenvolvimento deste projeto, deparei-me com uma grande dificuldade: apesar de existir uma quantidade considerável de trabalhos históricos sobre Francisco de Assis, em sua grande maioria, biografias, pouco se falava sobre o tema "pregação" e menos ainda se versava sobre a problemática desta proposta. Selecionei, entretanto, um punhado de autores que, embora em alguns casos trabalhassem diferentes aspectos e assuntos, dedicaram uma parte de suas obras ao estudo de algumas questões relativas ao tema. Vamos a eles.

O primeiro selecionado é o trabalho do historiador Jean Delumeau intitulado *História do medo no Ocidente, 1300-1800, uma cidade sitiada* (DELUMEAU, 1989). Neste texto, o autor aponta as preocupações que os medievais teriam em relação à morte. Assim, aparecem claramente as referências à culpa e à penitência. Entretanto, apesar de o autor iniciar suas reflexões a partir do século XIV, ou seja, não tratar do período em estudo nem se aprofundar nas questões que me proponho a tratar referentes a Francisco de Assis, sua abordagem é importante por anunciar as questões relacionadas – culpa/ penitência – dentro do contexto escatológico.

Já o historiador Jacques Le Goff, em seu artigo intitulado *As Ordens mendicantes* (BERLIOZ, 1994. p. 227-41), como também posteriormente em seu livro *São Francisco de Assis* (LE GOFF, 2001), comenta algumas diferenças entre a pregação franciscana e a clerical. Segundo esse autor, para se manter firme frente aos hereges – que, desde a segunda metade do século XII, discutiam os *Evangelhos* e as coisas da fé nas praças públicas – e frente às comunidades urbanas – que almejavam por alguém que lhes falasse de Deus de maneira diferente –, a Igreja sentia a necessidade de adaptar de forma eficaz seu trabalho de conversão, atento às novas exigências dos fiéis. Dentro deste contexto surgiram as Ordens Mendicantes, que, para Le Goff, impulsionaram consideravelmente e metamorfosearam extraordinariamente a pregação, na medida em que se dirigiam diretamente ao público. Em praças e em púlpitos exteriores (provisórios ou permanentes), estes pregadores ambulantes esforçavam-se para falar-lhes de seus problemas específicos e preocupavam-se em prender sua atenção recorrendo a narrativas (mesmo as fantásticas) que divertiam. Com e por tudo isso, conclui, tornaram-se "verdadeiros ídolos da multidão" (BERLIOZ, 1994, p. 234).

Os trabalhos do autor são imprescindíveis para as investigações acerca da pregação franciscana, todavia, pouco úteis no que concerne ao conteúdo desta pregação, mais especificamente àquele de que tratamos aqui.

De nossa problemática de pesquisa, Le Goff nada fala.

Outro historiador que gostaríamos de citar é Luis Maldonado que, em *Genesis del catolicismo popular: el inconsciente colectivo de un processo historico* (MALDONADO, 1979), fala de um Francisco de Assis como um monumento e um documento histórico à religiosidade popular. Proveniente do laicado das cidades, teria adaptado a cortesia cavalheiresca criando o que chama de "pregação laico-franciscana" (BERLIOZ, 1994, p. 234), através da qual teria também expandido sua comunidade. O autor também ressalta que seu sermão não parecia com o praticado em tradições monásticas ou universitárias, na medida em que encerrava um grande realismo e uma preocupação moral. Em sua exortação, ainda segundo o autor, Francisco teria empregado a língua do povo, imagens que captassem sua atenção e anedotas, associando palavras à representação teatral, e culminando com uma efusão lírica. Maldonado encerra o raciocínio afirmando que Francisco teria influenciado a criação de uma arte popular e sido um percussor do que seria um dia o Renascimento.

Assim como Le Goff, Maldonado não trata do binômio culpa/ penitência, porém, quando define Francisco de Assis como um monumento e um documento histórico à religiosidade popular, acaba despertando ainda mais minha curiosidade e salientando a importância das fontes franciscanas, não apenas para alcançar um grupo de religiosos de um século distante, quase remoto, como também para inferir acerca da religiosidade de toda uma cultura estrangeira para nós.

Não posso esquecer de acrescentar André Vauchez que, em seu artigo intitulado *S. Francisco de Assis* (BERLIOZ, 1994, p. 243-62), trata sobre a alternância, muito utilizada pelos primeiros franciscanos, entre o ser eremita e o ser pregador, além de descrever, ainda que brevemente, a pregação nos primórdios do movimento. O mesmo pode-se dizer de sua obra *A espiritualidade na Idade Média.*[13] Em suas pesquisas, o autor em questão fala de um Francisco que percorria as aldeias e pequenas cidades pregando a **penitência** e anunciando o *Evangelho*, que soube vencer a resistência inicial do público e convencer a hierarquia da igreja de sua ortodoxia e submissão. Acrescenta que o Francisco de Assis falava de Deus de um modo inovador e que sua atividade evangelizadora era, ao mesmo tempo, ação e espetáculo. "Mas [afirma o autor a esse respeito] não se trata unicamente de fazer ver para fazer crer (...) desta maneira de viver a realidade do *Evangelho* se situa muito para além do procedimento pedagógico do jogo" (BERLIOZ, 1994; VAUCHEZ, 1995).

Vauchez também atende às necessidades da pesquisa no que concerne à pregação, porém, apesar de mencionar o conteúdo da pregação e até de fazer referência a penitência, suas elucubrações não vão muito além disso.

E, por último, mas não menos importante, devo acrescentar o historiador Raoul Manselli, autor da biografia intitulada *São Francisco* (MANSELLI, 1997), que traça uma visão geral da vida e da obra do fundador do Movimento Franciscano, além de dedicar um capítulo inteiro de seu trabalho ao tema pregação. Nele Manselli se detém na maneira como Francisco teria adaptado alguns aspectos da cortesia cavalheiresca em suas pregações (que, segundo este autor, não se assemelhava à empreendida por outros membros da igreja), na tentativa de atrair e prender a atenção da platéia. A esse respeito, discorre sobre o termo *ioculator Domini*, que, no seu ver, melhor designaria o personagem que Francisco encarnava durante sua exortação à luz do *Evangelho*, uma espécie de "bufão de Deus" ou "menestrel do Senhor".

Trata-se de um autor importante porque, além de tratar da pregação, dedicando ao tema um capítulo inteiro de sua obra, Manselli apresenta superficialmente nossa problemática. Embora não trabalhe mais profundamente a questão, o autor menciona e apresenta como um problema passível de ser estudado o fato de que, apesar da exaltada perfeita alegria franciscana, o fundador do movimento pregava a penitência.

Todos os pesquisadores citados acima, conforme pode ser observado, estavam preocupados, nos referidos trabalhos, com outros aspectos da vida de Francisco. Minha pesquisa se diferencia da deles basicamente (e não unicamente) por se dispor a analisar a questão do conteúdo da pregação de Francisco de Assis e, de forma específica e sistemática, a questão relacionada à tensão existente entre o binômio culpa/ penitência, dentro de uma, [pré]suposta por muitos autores, "mentalidade" escatológica, e a alegria transcendente (chamada pelo autor do documento citado: "verdadeira alegria"), referente à possibilidade (ou impossibilidade) de essas duas correntes de pensamento religioso, hoje distintas e opostas, de certa maneira, coexistirem em um mesmo modelo de sermão.

Dado que meu objeto de análise faz referência aos estudos da chamada História Cultural e está indissoluvelmente ligado a uma "ação" (ao ato de pregar) e como acredito que o homem age em função de uma situação que lhe é própria e que depende dos recursos (materiais, cognitivos, dentre outros) de que dispõe, especialmente o cultural, daquilo que alguns autores chamam de universo de possíveis, considero importante, em primeiro lugar, esclarecer o que entendo por **Cultura**. Defino "cultura" como sendo todos os meios através dos quais os homens se relacionam entre si, interagem com o mundo a sua volta e com o sagrado. Independentemente do caráter que este relacionamento venha a tomar e/ ou da expressão que ele venha a assumir. Ou seja, "cultura" seria todo o emaranhado de relações, bem como de expressões, de uma dada sociedade, em um determinado período. Inserida nesta perspectiva óptica, a realidade seria, então, culturalmente construída.

Levando-se em consideração a constataçao de que o mundo social não é perfeitamente integrado e que todos os sistemas de normas são fragmentados por incoerências; atentando-se à enorme heterogeneidade que prevalece em toda sociedade no tocante à distribuição dos recursos de um modo geral, principalmente o cultural; conclui-se que a cultura é distributiva, compartilhada por alguns, mas não por todos, e que o comportamento social não poderia depender simplesmente da obediência mecânica a um sistema de normas, o que impõe que se leve em consideração a posição particular de cada membro da população estudada (daí a necessidade de um "micro-recorte"). Isso levou-me a desconfiar dos grandes sistemas abstratos, das interpretações conjecturais baseadas em esquemas preestabelecidos, das causalidades mecanicistas e das receitas historiográficas já prontas. Por esse motivo, rejeito neste trabalho a diferenciação "clássica" entre "Cultura popular" e "Cultura erudita", recuso, inclusive, a muito comentada atualmente "Cultura intermediária", dado que estas não deixam de ser uma espécie de tipologia *a priori*, que divide o mundo social em três grandes blocos e não leva em consideração as variadas formas de subjetivação (DELEUZE, 2001) presentes em uma dada sociedade, nem mesmo os múltiplos pertencimentos de seus agentes (BARTH, 2000).

Alguns valores são irredutíveis uns aos outros e não podem ser considerados da mesma forma.

Dentro deste contexto, acredito que o que existe *a priori* é uma enorme diversidade de linhas de tradições culturais, que se relacionam, absorvendo, à sua própria maneira, elementos característicos umas das outras, imbrincando-se de tal forma que, freqüentemente, torna-se impossível delimitar uma fronteira entre elas.

Além de não ser coerente, a cultura é feita de diferenciais, sendo que cada um deles (sempre em movimento) oferece uma possibilidade de mudança e permite que uma determinada inovação, em princípio insignificante e pouco difundida, se generalize e acabe institucionalizando-se (ROSENTHAL, 1998). Um processo relativamente lento, mas constante, que poderíamos chamar de "circulação cultural". E acredito que somente dentro desta perspectiva é que seria possível considerar a existência, *a posteriori* e por atribuição, de uma cultura dividida bipolarmente entre *popular* (de caráter herético, laicizante e folclórico) e *erudita* (ortodoxa, oficial e clerical).

Inserido nesta perspectiva de análise, um outro pressuposto teórico que precisa ser explicitado é o de que o saber/ poder, bem como as relações de força subtendidas neste conceito, também é expressão das muitas culturas presentes nos discursos analisados.

A igreja, segundo Foucault (filósofo que trabalha conceitos de autoridade que podem perfeitamente ser entendidos como expressão de uma memória), pelo menos no século XIII, detinha o processo de constituição do "Poder Pastoral",[14] que consiste em uma técnica/ forma de poder bastante específica, cujas "origens" encontramos em textos pertencentes à Antigüidade, como, por exemplo, *O Político*, de Platão,[15] mas que também foi utilizado pela Igreja no século XIII para assegurar o seu poderio, instituindo técnicas de exame, confissão, direção de consciência e obediência.

O "Poder Pastoral" tem como prerrogativa básica o controle sobre a vida de cada indivíduo,[16] um controle extensivo em que a metáfora do pastor é perfeitamente aplicável nesse sentido, uma vez que deve cuidar de todas as suas ovelhas.

De acordo com Foucault, a Igreja teria utilizado os franciscanos e os dominicanos, aqui nos referindo à forma de pregação destas ordens religiosas, como técnicas de manutenção do processo de construção do "Poder Pastoral". Seguindo estas diretrizes foucaultinas, as heresias ameaçavam a Igreja e conseqüentemente o "Poder Pastoral". Francisco, ao optar pela ortodoxia, tornou-se um veículo de atuação da *eclesia*, assegurando o poderio desta instituição religiosa sobre seu rebanho.

O fundador do Movimento Franciscano, bem como seus primeiros seguidores, por estar, desde o início, subordinado à autoridade pontifícia, não pôde ser considerado herege. Por pertencer a outra linha de tradição cultural (desvinculada da dos heréticos e da proposta pela *Ecclesia*), neste primeiro momento, e através de suas eficientes técnicas de pregação, teria sido uma arma poderosíssima na luta contra as heresias durante o processo de constituição do "Poder Pastoral".

Quanto ao conteúdo da pregação franciscana e à possibilidade de coexistência, dentro de um contexto religioso baseado, dentre outras coisas, em um fundo escatológico, dessas duas idéias: alegria transcendente e culpa/ penitência, podemos inferir que isso seria possível sim, e sem ser incoerente, graças à multiplicidade de formas de subjetivação do(s) sujeito(s), indissociáveis da sociedade da época, estarem presentes em um sermão.

NOTAS

[1] Na elaboração deste trabalho conto com uma vasta gama de documentos que remontam a Francisco de Assis e ao século XIII. Todos os documentos citados são parte integrante da obra: SILVEIRA, I, REIS, O. (Org.). *São Francisco de Assis. Escritos e biografias de São Francisco de Assis. Crônicas e outros testemunhos do primeiro século franciscano.* 8.ed. Petrópolis: Vozes, 1997. Excetuando-se o *IV Concílio de Latrão*, cuja tradução por nós utilizada é: FOREVILLE, Raimunda (Ed.). *Lateranense IV*. Vitória: Eset., 1973., e a *Bíblia de Jerusalém*, cuja referência é ANDERSON, A. F., GORGULHO, G. da S., STORNIOLO, I. (at. All.) *Bíblia de Jerusalém.* 3ª.Ed.São Paulo: Paulus, 2004. Devido a esta grande variedade de documentos selecionados, é necessário que sejam traçadas algumas considerações sobre eles.

As fontes franciscanas, ou seja, cuja autoria nos remete a Francisco de Assis, que estarei utilizando nesta pesquisa são: a *Regra Não-Bulada da Ordem dos Frades menores*, a *Regra da Ordem dos Frades menores*, o *Testamento* (de caráter legislativo), os *Opúsculos Ditados* e o *Cântico da*

Criaturas. A autoria de todas recai sobre o fundador do Movimento de Assis e são de extrema importância, já que fornecem uma idéia aproximada sobre o que ele teria pensado e legislado a respeito do tema central de nosso estudo.

As fontes não-franciscanas que serão analisadas em nossa pesquisa são: os cânones do *IV Concílio de Latrão* e a *Bíblia de Jerusalém*. O primeiro é importante porque expõe o que a Igreja desejava da pregação de seus clérigos da época, incluindo o que se refere à tensão: culpa/penitência e alegria transcendente, dentro do apregoado contexto cultural escatológico do medievo. Já o segundo torna-se fundamental se pensarmos que todos os escritos de cunho religioso da época teriam sido fundamentados nos *Evangelhos*.

[2] OPÚSCULOS DITADOS. In: SILVEIRA, Ildefonso; REIS, Orlando dos. *São Francisco de Assis. Escritos e Biografias de São Francisco de Assis. Crônica e Outros Testemunhos do Primeiro Século Franciscano*. 8. ed. Petrópolis: Vozes, 1997, p. 174. (grifos nosso)

O trecho citado estaria fazendo menção a muitos pontos importantes relacionados ao processo de institucionalização da Ordem Franciscana e merece, por conseguinte, uma interpretação detalhada que será executada durante as investigações e não cabe aqui. Sua função nesta introdução é de caráter temático/ilustrativo.

[3] Duas ordens que surgem no século XIII voltadas especificamente para pregação, dominicanos e franciscanos, dentre os muitos outros *paupere Christi* do mesmo período.

[4] O apostolado exercido por Francisco de Assis teria atravessado dois momentos distintos e significativos: o primeiro diz respeito ao surgimento do chamado Movimento Franciscano e o segundo, ao estabelecimento e oficialização da Ordem Franciscana. O divisor de águas seria a aprovação pontifícia da Regra.

Sempre que me referir a Movimento Franciscano estarei fazendo menção a este primeiro momento: pré-aprovação; já quando falar em Ordem Franciscana, a referência remete ao segundo momento: pós-aprovação papal.

[5] Entendo *pregação* como sendo todo ato de exortação pública na tentativa de converter os demais a uma determinada crença. Estou trabalhando o termo como sinônimo de sermão, apostolado, evangelização, atividade evangelizadora, atividade apostólica, trabalho de conversão, dentre outros

[6] Essa alegria incondicional possuiria um equivalente em diversas correntes religiosas da atualidade (além do cristianismo tradicional, o budismo e seus semelhantes de origem oriental, o chamado espiritismo e suas diversas ramificações, dentre outros) e basear-se-ia em um estado de abstração e de afastamento do mundo, que levaria o "indivíduo" assim tomado a ter uma visão "de fora" que visasse, sobretudo, à transcendência e que levaria inevitavelmente à minimização de tudo o que pudesse, aos olhos do mundo (de "dentro"), ser considerado ruim/ triste. Tudo viria de Deus, ou de seu equivalente na cultura que estiver sendo tratada, e teria um caráter disciplinar pedagógico ou um caráter penitencial.

Fosse qual fosse seu significado, uma vez aprendida a lição ou pago o preço de seus pecados, o crente estaria em melhores condições espiritualmente. Isso torna qualquer sofrimento que possa ser infligido à carne algo bem-vindo e menor diante da grandiosidade da eternidade.

Bem, mas isso é o que significa agora; a questão que se coloca é o que teria significado em uma longínqua cristandade (se é que podemos chamar assim) no século XIII.

[7] Primeiro hagiógrafo de Francisco de Assis.

[8] Cujo significado específico esboçaremos mais adiante, mas esmiuçaremos no decorrer da pesquisa.

[9] Verificamos diretrizes semelhantes para pregação no capítulo 9 da *Regra da Ordem dos Frades Menores*, do mesmo compêndio da citação anterior.

[10] 1 Cel I, 15. Do mesmo compêndio de fontes. Grifo nosso.

[11] Para nós, "penitência" pode significar arrependimento por falta cometida, contrição ou expiação dessa falta. Seguindo essa linha de pensamento, "penitenciar (-se)" significa impor penitência a alguém ou castigar-se por **culpa** cometida, arrependendo-se. Assim, "penitenciária" seria o estabelecimento oficial a que são recolhidos os condenados à penitência da reclusão ou detenção e "penitente" é aquele que se arrepende ou faz confissão de seus pecados.

Já "culpa" é definida atualmente corriqueiramente como sendo conduta negligente ou imprudente danosa a outrem ou a si mesmo; falta voluntária contra a moral, contra um preceito religioso ou uma lei; e responsabilidade por ação ou omissão prejudicial, reprovável ou criminosa.

Como é possível observar, os termos atualmente são extremamente pejorativos.

[12] Trabalho com o conceito de "escatologia" de Hilário Franco Júnior, de quem se lê: "doutrina relativa ao destino último do homem e do Universo." Para maiores informações, vide: FRANCO JÚNIOR, Hilário. *A Idade Média: nascimento do Ocidente*. São Paulo: Brasiliense, 1999, p. 190.

[13] Idem. *A espiritualidade na idade Média Ocidental (séculos VIII a XIII)*. Rio de Janeiro: Jorge Zahar Editor, 1995.

[14] Devo ressaltar que, para este filósofo, durante a Idade Média, o "Poder Pastoral" não teria sido uma realidade coextensiva a toda sociedade, tal como o Estado o era na época em que desenvolveu suas idéias.

[15] O texto de Foucault privilegia a presença do "Poder Pastoral" na Antigüidade e na Época Moderna. O estudioso não se atém ao Período Medieval, pois afirma que o pastorado, conceito deveras complexo, não estava presente na Idade Média. Entretanto, faz uma sucinta menção a sua existência no século XIII, a partir da incidência das Ordens Mendicantes. Mas, para Foucault, devido ao surgimento de diversos movimentos religiosos que angariavam para si as mesmas prerrogativas do "Poder Pastoral", a igreja não o detém completamente, ou, melhor dizendo, não é sua detentora exclusiva.

[16] É importante lembrarmos que, tal como acontece com outros conceitos corriqueiramente utilizados, a concepção de indivíduo presente em nossa sociedade atual é inaplicável ao estudo do Período Medieval, posto que a dicotomia indivíduo/ sociedade é inexistente.

Nossa compreensão de mundo, utilizando as premissas heideggerianas, é importante no processo de estranhamento, como entendem os antropólogos, indispensável para todo trabalho de pesquisa, incluindo o historiográfico, mas, defendem alguns autores, sua importância se limita a isso. Devemos ter sempre em mente que as outras épocas, assim como outras sociedades, possuem sua própria visão de mundo e que para o historiador é determinante compreender as nuances do contexto estudado.

Desse modo, ainda adotando uma postura foucaultiana, consideramos que no Período Medieval não existe nem indivíduo nem sujeito como os entendemos, existiriam sim diversas e variadas formas de subjetivação específicas, as quais devem ser apreendidas para que possamos entender como era a esfera de atuação do "Poder Pastoral".

BIBLIOGRAFIA

Bíblia de Jerusalém, cuja referência é ANDERSON, A. F., GORGULHO, G. da S., STORNIOLO, I. (at. All.) **Bíblia de Jerusalém**. 3ª.Ed.São Paulo: Paulus, 2004.

DELUMEAU, Jean. **História do medo no Ocidente, 1300-1800, uma cidade sitiada**. São Paulo: Companhia das Letras, 1989.

DEULEUZE, Gilles. **Empirismo e Subjetividade. Ensaios sobre a natureza humana segundo Hume**. São Paulo: Ed. 34, 2001.

FERREIRA, Aurélio Buarque de Holanda. **Minidicionário da Língua Portuguesa**. Rio de Janeiro: Nova Fronteira, 1977.

FOREVILLE, Raimunda (Ed.). **Lateranense IV**. Vitória: Eset., 1973

FRANCO JÚNIO, Hilário. **A Idade Média: nascimento do Ocidente**. São Paulo: Brasiliense, 1999.

LE GOFF, Jacques. As ordens mendicantes. *In*: BERLIOZ, Jacques (Org.). **Monges e Religiosos na Idade Média**. Lisboa: Terramar, 1994, pp. 227-241.

LE GOFF, Jacques. As ordens mendicantes. *In*: BERLIOZ, Jacques (Org.). **Monges e Religiosos na Idade Média**. Lisboa: Terramar, 1994, p. 234.

LE GOFF, Jacques. *São Francisco de Assis*. Rio de Janeiro – São Paulo: Record, 2001, 251p.

MALDONADO, Luis. *Genesis del catolicismo popular: el inconsciente clectivo de um processo historico*. Madrid: Ediciones Cristiandad, 1979.

ROSENTAL, Paul-André. Construir o "macro" pelo "micro": Fredrik Barth e a "microstoria". *In*: REVEL, Jacques (org.). **Jogos de Escalas. A Experiência da Microanálise**. Rio de Janeiro: Fundação Getúlio Vargas, 1998.

SILVEIRA, I, REIS, O. (Org.). **São Francisco de Assis. Escritos e biografias de São Francisco de Assis. Crônicas e outros testemunhos do primeiro século franciscano**. 8.ed. Petrópolis: Vozes, 1997.

VAUCHEZ, André. S. Francisco de Assis. In. BERLIOZ, Jacques (Org.). op. cit., pp. 243-262.

Ver BARTH, Fredrik. **O guru o iniciador e outras variações antropológicas**. Rio de Janeiro: Contra Capa Livraria, 2000.

O MUNDO COMO REFERÊNCIA – SOBRE A *MIMESIS* EM PLATÃO

Luisa Severo Buarque de Holanda*

Segundo Jaeger em seu comentário sobre a *República* (JAEGER, 1995, p. 836), Platão herdou da Grécia primitiva dois conceitos, aceitando-os e ao mesmo tempo transformando-os: o conceito de paradigma e o de *mimesis*, ou ainda, de modelo e de imitação. A paidéia grega mais antiga era inteiramente baseada na suposição de que a educação se realiza a partir da imitação de modelos. Os paradigmas míticos e históricos eram padrões de comportamento, e essa era a tarefa educadora da poesia. Platão não nega essa suposição. Com efeito, o aprendizado na *República* acontece também por meio da imitação, e é precisamente por isso que a poesia deve ser exaustivamente examinada e controlada.

A questão poética, então, tal qual aparece na *República*, está longe de ser analisada a partir de uma perspectiva estética. A análise é moral e ética, e nos ensina muito mais sobre a natureza humana do que sobre a natureza da poesia; e o que ela revela é precisamente a natureza imitadora da alma humana que, por não saber inicialmente seu *ethos*, seu lugar adequado e sua função conveniente, tem grandes possibilidades de enganar-se. Esse engano aparece como *hybris*, como ignorância, como injustiça e como falsidade. A imitação não é, inicialmente, algo condenável em si. É, pelo contrário, algo necessário, mas cuja necessidade pode ser fonte também de atitudes condenáveis. A imitação é imprescindível enquanto meio de aprendizado, de desenvolvimento, de formação, e deve ser bem direcionada e bem elaborada para que não cause maiores danos.

Há uma passagem na *República* que trata da educação e que pode auxiliar a compreensão desse desdobramento do conceito de *mimesis*. No Livro II, encontra-se a descrição de um homem perfeitamente injusto que parece ser justo e que, "ao cometer as maiores injustiças, granjeia para si mesmo a mais excelsa fama de justo". Esse homem é confrontado com o homem justo que "não quer parecer bom, mas sê-lo", e que, apesar de justo, tem fama de injusto e não recebe honrarias (*República, 360 e – 361 e*). Na expressão "parece ser" podemos ler também o sentido de: um homem injusto que finge ser justo, ou seja, que imita exteriormente o homem justo. Essa passagem esclarece o motivo da condenação de Platão a um tipo de imitação, que é

*Professora doutoranda em Filosofia pela Universidade Federal do Rio de Janeiro.
luisa.severo@terra.com.br

o "parecer ser, sem ser realmente". Imitar, certas vezes, é parecer ser algo que não se é, assumir um disfarce ou sustentar um fingimento. É ter meramente a aparência de algo, mas não a sua realidade nem a sua essência. Esse sentido de imitação, então, está na base do estabelecimento da oposição entre ser e aparecer, entre a essência e a aparência, e é por isso um problema ontológico. Apelidemos de "imitação falsa" esse sentido de *mimesis*. É também ele que justifica a condenação platônica à pintura e à escultura, por exemplo, já que elas produzem imagens que se parecem com as coisas, mas que não são, e que imitam apenas seus exteriores, deformando as reais medidas para que as imagens se pareçam com nossas perspectivas e pontos de vista.

É ainda esse tipo de imitação que permite a reprimenda platônica ao discurso falso tanto do sofista quanto do poeta, que modelam suas palavras às opiniões gerais, da multidão, deixando de modelá-las segundo a verdadeira essência dos entes. De fato, no diálogo *Sofista*, na ocasião das divisões dos gêneros para obter a definição do sofista, este último e os artistas são descritos de modo muito semelhante, e a chamada "arte de exibição" é comparada à sofística em vários sentidos. Por isso, ambas as técnicas – a sofística e a artística – são incluídas em uma "arte que produz imagens, ou mimética", cuja subespécie apelidada de "arte do simulacro" se divide em simulacros "por meio de instrumentos" e simulacros em que "a pessoa é um instrumento". Esse último divide-se ainda em "imitações onde a pessoa conhece o objeto imitado, ou mimética sábia", e "imitações onde não se conhece o objeto imitado, ou doxo-mimética". Esta é dividida entre "imitação ingênua" e "imitação irônica", e aqui encontra-se finalmente o sofista (*Sofista, 235 c*).

Contudo, a própria divisão operada no *Sofista*, somada às afirmações acerca de um tipo de imitação chamado aqui de "imitação falsa", pede um esclarecimento: qual seria, afinal, o outro tipo de imitação? Se o sofista é encontrado dentro da subdivisão apelidada de doxo-mimética, por oposição a uma mimética sábia, é necessário delinear de forma mais precisa qual é este segundo tipo de imitação.

No Livro III da *República* encontra-se a seguinte afirmação com relação aos guardiões:

> "Se imitarem, que imitem o que lhes convém desde a infância – coragem, sensatez, pureza, liberdade, e todas as qualidades dessa espécie. Mas a baixeza, não devem praticá-la nem ser capazes de a imitar, nem nenhum dos outros vícios. Ou não te apercebeste de que as imitações, se se perseverar nelas desde a infância, se transformam em hábito e natureza para o corpo, a voz e a inteligência?" *(República, 395 c).*

Se aprendemos pela imitação é porque, de tanto imitar, acabamos por incorporar aquilo que imitamos, ou seja, a imitação influencia o caráter do imitador. O que se imita desde a infância se transforma em hábito e natureza; por conseguinte, devemos, e essa é uma recomendação explícita, imitar homens virtuosos em ações vituosas, para nos tornarmos iguais ou superiores a eles. Assim sendo, Platão deixa entrever, de modo paradoxal, que nesses casos pode não haver diferença entre imitar e ser.

Entretanto, essa colocação, de certa forma, funde duas imitações diferentes: a imitação proposital e nada ingênua de quem quer fingir algo, como a imitação do ator, por exemplo, e a imitação do aprendizado que, como passo necessário dentro de um caminho, influencia e deve influenciar aquele que pratica a imitação. Logo, se tanto o que realmente almeja algo quanto o que finge almejá-lo precisam igualmente da imitação, será que é possível haver alguma distinção entre um homem honesto e um homem que imita a honestidade e os atos honestos? Para delinear essa diferença, talvez seja possível fazer alusão à tênue, mas decisiva distinção platônica entre aquele que já avistou a essência da honestidade e aquele que ainda não o fez, e que pode estar, ou não, a caminho de fazê-lo.

Mas em vocabulário platônico podemos dizer, grosso modo, que a essência da honestidade coincide com a idéia de honestidade. O homem honesto, que avistou a essência da honestidade, que foi capaz de compreendê-la, de enxergá-la tal como ela verdadeiramente é, é o homem que imita a idéia de honestidade. É esse o segundo sentido da *mimesis* em Platão que é preciso salientar. A diferença entre o que estou aqui chamando de "falsa imitação" e o que chamo de "verdadeira imitação" é a diferença entre "parecer ser, sem ser" e "parecer ser, sendo verdadeiramente". Se precisamos imitar para aprender, é pela imitação da idéia que aprendemos de fato. Ou seja: conhecer a idéia, para os homens, pressupõe imitá-la, e nessa hipótese se baseia a afirmação de que existem dois tipos de imitação em Platão. Essa afirmação, aliás, é corroborada pela seguinte passagem da *República*: "... olhando e contemplando objetos ordenados e que se mantêm sempre do mesmo modo, (...) é isso que imitamos e a isso nos assemelhamos o mais possível. Ou achas que há alguma maneira de não imitar aquele com quem convivemos, se o admirarmos?" (*República, 500 b*).

A própria novidade platônica que ressalta a ilusão e o erro das imitações, portanto, precisa de um canal aberto para a possibilidade do conhecimento, gerado igualmente pela *mimesis*, mas por uma *mimesis* verdadeira. A imitação verdadeira é a imitação da idéia, do paradigma, da referência, do mais perfeito modelo. É imitar o que se *deve* imitar. Nesse dever entra a problemática da educação, e nela a da poesia na *República*.

A existência de uma imitação verdadeira em Platão pode ser igualmente demonstrada pela oposição entre a produção artística e a confecção de artefatos e instrumentos. O abismo que separa esses dois tipos de produção e de construção – a do artista e a do artesão – é o fato de que o primeiro, segundo Platão, parte apenas do olhar mais imediato, do formato e das cores para realizar sua obra, e o segundo parte de uma noção mais profunda daquilo que será confeccionado. No ato de produção de uma cama, por exemplo, é preciso ter em mente tanto sua utilidade e seus propósitos quanto suas dimensões e seus possíveis materiais. É preciso saber, portanto, a que finalidade se destina aquele objeto, quem dele usufruirá e qual a melhor maneira de executá-lo. Sendo assim, este produtor precisará conhecer a definição do objeto que executará.

No décimo livro da *República*, em que o autor explora de modo exaustivo a idéia da *mimesis* artística, contrapondo-a à produção do artesão, é possível encontrar uma excelente demonstração de que esta última também pode ser considerada mimética (*República, 596 c*). Nesse contexto, Sócrates compara um hipotético artífice que fosse capaz de tudo criar quando andasse pelo mundo com um espelho na mão, a refletir todas as coisas que encontrasse, com um marceneiro, que não executa a própria idéia da cama que fabrica, mas algo de semelhante a ela. O primeiro, o que tudo reflete por meio de um espelho, e que representa o poeta, produz apenas objetos aparentes, desprovidos de existência real. Mas o segundo, igualmente, não pode fazer o que existe, a idéia, mas algo que, ao se assemelhar ao que existe, também não constitui uma realidade completa. Ambos, portanto, são apenas *semelhantes* a um outro objeto que, para eles, constitui uma referência. O exemplo do marceneiro em contraposição ao artífice que tudo reflete é bem claro quanto a isso porque, ao afirmar que o marceneiro faz uma cama semelhante à cama que existe, liga diretamente este tipo de produção à imitação. Fazer algo semelhante é imitar, e porque imita a idéia torna-se imitação verdadeira. A diferença entre esta e a imitação falsa fica evidente a partir do exemplo platônico: uma procura se assemelhar à própria idéia, ao mais elevado, ao mais real, e a outra procura se assemelhar a algo que já é em si uma semelhança. Procura, portanto, imitar algo que já é uma imitação, tornando-se assim uma imitação duplamente afastada da realidade, ou, ainda, tornando-se duas vezes mais mimética.

Em suma, podemos dizer que a imitação verdadeira, correspondendo à essência e não apenas à aparência, simultaneamente difere da imitação falsa e se assemelha a ela. Difere porque direciona seu olhar para a idéia, mas se assemelha porque o homem aprende e conhece imitando, assim como finge e desconhece imitando. Ao imitar, pode estar apenas parecendo ser algo que não é, ou pode estar, pelo contrário, compreendendo aquilo que imita.

Um outro bom exemplo da dupla acepção da *mimesis* platônica é o *Crátilo*. Nesse diálogo, cujo tema é a justeza dos nomes, a linguagem é definida como algo que, utilizando-se dos sons, tanto é capaz de imitar as essências das coisas, assemelhando-se a algo divino, quanto é capaz de "permanecer embaixo com o comum dos homens" (*Crátilo, 408 c*), produzindo fábulas e mentiras. Sendo produto e instrumento humano para o conhecimento do mundo, a linguagem participa também daquela natureza dúbia do homem, capaz do acerto e, justamente por isso, capaz do erro. É imitação das essências das coisas quando acerta e quando habita os cumes divinos. Quando erra e habita as profundezas, criando fábulas, ilusões, ficções e mentiras, imita igualmente, mas dessa vez imita as meras aparências e sombras de coisas. Estão aí, portanto, na duplicidade da linguagem e da natureza humana, precisamente os dois sentidos de *mimesis* delineados anteriormente: a linguagem, imitando a essência, é mais um exemplo de *mimesis* verdadeira. A própria linguagem, imitando a aparência, é mais um exemplo de *mimesis* falsa. O *logos*, portanto, assim como a *techne*, sempre imita, quer seja verdadeiro, quer seja falso. Essa conclusão só faz ratificar a hipótese de que é próprio do homem imitar, tanto quando aprende e conhece quanto quando desaprende e desconhece. A *mimesis*, sendo própria da natureza humana, deve ser, portanto, tão dupla quanto ela.

A relação entre imitação e modelo em Platão, portanto, deve ser entendida como um remetimento. O modelo é uma referência. Mais do que isso, ele é uma boa referência, ou a melhor referência possível. A imagem, por meio da imitação, refere-se a ele, e nessa referência precisa tomá-lo como base, como ponto de partida, como padrão de qualidade. A imitação precisa estar à altura do modelo imitado, baseando-se nele, remetendo-se a ele e referindo-se a ele. A noção de referência é ao mesmo tempo, no tocante à natureza humana, a visão de que o homem, ao produzir, precisa de um ponto de partida. Imitar é *partir de* algo. Seu resultado pode ou não reproduzir um conteúdo, mas a ação sempre tem início tendo em vista algum modelo.

É justamente nesse ponto que a presente hipótese se apóia para afirmar que a idéia da imitação de um paradigma se reflete na metafísica platônica de forma profundamente marcante. Em primeiro lugar, note-se como ocorre, no sistema platônico apresentado no *Timeu*, por exemplo, a própria geração natural, da *physis*. Assim como a idéia de cama é só uma e cada marceneiro executa uma cama individual baseando-se na idéia natural de cama, a idéia do universo é também única, e todo o cosmos surgiu por obra de um demiurgo, que o produziu tendo em vista um modelo imutável, sempre igual a si mesmo. Esse demiurgo nada mais é do que um artífice natural, que produz os entes físicos ao modo dos entes técnicos. Os conceitos de imitação e de modelo, portanto, foram evidentemente transportados para a própria estrutura da realidade, de modo que a visão platônica de mundo parece basear-se inteiramente neles.

A partir do que foi afirmado acerca do aprendizado humano e da estrutura icônica do cosmos, nota-se que a metafísica platônica, mais do que duplicar o mundo, nos coloca sempre na posição de ter um trabalho a realizar. O mundo como referência a algo outro não necessariamente retira a importância do nosso mundo, pois o fato a ser frisado não é o outro, mas a necessidade de que o nosso se assemelhe a algo que é mais perfeito. Este trabalho, então, consiste em estar sempre mirando uma referência para que o processo não estanque.

Não se pode esquecer, além disso, que na *República* o modelo não precisa ser atingido (*República, 472 c e República, 592 b*), pois o próprio conceito de paradigma implica na impossibilidade de sua plena realização, a não ser, quando muito, de forma aproximada; quanto menos dele nos distanciarmos, tanto melhor será para o nosso exercício de aprimoramente, mas ainda que, no fim das contas, o modelo se mostre inatingível, ele não deve ser jogado fora. Desprezar o modelo significa a falta de referências e de parâmetros, portanto, a falta de um ponto de partida. A falta de pontos de partida, por sua vez, significa a carência de um princípio, isto é, de um fundamento. A ontologia platônica dá fundamento ao mundo, não a título de desvalorização, mas a título, talvez, de exortação.

Se for possível, portanto, descrever uma espécie de esquema platônico de mundo, comum aos tão variados diálogos, nota-se sobretudo um tipo de jogo no qual a realidade por vezes se esconde atrás de sombras e por vezes se apresenta como modelo a ser refletido pelos mais diversos espelhos: a natureza, a técnica, o conhecimento, a linguagem. O mundo, então, como imagem da realidade, é por sua vez retratado e representado pelas sombras ilusórias da arte, que por mais enganadora que possa ser, e mesmo sendo imagem da imagem, serve inversamente como modelo para esse esquema de mundo. Esse jogo, portanto, ao localizar a arte por baixo de uma certa escala de realidade, coloca-a também como referência para a própria estrutura da realidade, dando assim uma volta completa. Ou seja: a condenação de Platão à arte deve ser relativizada, não no sentido de minimizar o discurso explicitamente condenativo, mas na medida em que esta, por meio de uma inversão possibilitada precisamente pelo conceito de *mimesis*, torna-se parâmetro para todas as atividades, gerações e produções da natureza e da humanidade. O jogo não deixa de ser um círculo, em que a idéia serve de modelo para o mundo, que serve de modelo para a arte, que serve de modelo para a estrutura geral. E a *mimesis* é a atividade que articula toda essa relação entre modelo e produção.

Dentro desse jogo de espelhamento, modelagem, projeção e reflexo que constitui a realidade platônica, a sua obra deveria, igualmente, refletir tal estrutura de mundo. Isso equivale a dizer que a noção de *mimesis* precisa determinar o próprio estilo do filósofo. Em formato de diálogo, estilo direto em que o autor não se coloca como personagem, mas escolhe as personagens mais adequadas para cada discussão, Platão precisa imitar e parodiar o estilo de fala e a estrutura de linguagem de cada uma. Em certos casos, o pastiche é explícito. Alguns diálogos são considerados como perfeitas obras dramáticas, trágicas ou cômicas, conduzidas de modo a envolver o leitor em sua trama, e divididas em atos, incluindo prólogos e interlúdios, que influem positivamente na persuasão do interlocutor e na compreensão da obra. Em tais diálogos, as personagens são particularmente bem construídas, o que fez com que Platão fosse considerado por muitos comentadores como estando, sob esse aspecto, no mesmo patamar dos grandes dramaturgos da história. Sua obra aparece, portanto, sob um formato literário-teórico, que espelha uma metafísica poética e apresenta um conteúdo ontológico em forma artística.

Em outras palavras, pode-se afirmar que, imitando a própria estrutura reflexiva da realidade, a obra de Platão tem como conteúdo o espelhamento de tal estrutura e como forma um metadiscurso mimético. Assim sendo, o mundo platônico se torna referência, o que possui um duplo significado. De um lado, o mundo como referência é o mundo que tem princípio e fundamento; é o mundo que parte de algo, portanto que tem projeto e se refere a uma outra realidade – o que constitui o significado metafísico. De outro lado, o mundo como referência é em si mesmo uma pauta e um projeto para a realidade produtora do homem que, com obras, produções, invenções, descobertas e ações, espelha as imagens fornecidas pela natureza.

BIBLIOGRAFIA

BRISSON, Luc. **Platon – Les Mots et Les Mythes. Comment et pourquoi Platon nomma le mythe?** Paris: Éditions la Découverte, 1994.

FERRAZ, Maria Cristina Franco. **Platão, As Artimanhas do Fingimento.** Rio de Janeiro: Relume Dumará, 1999.

JAEGER, W. **Paidéia, A Formação do Homem Grego.** São Paulo: Martins Fontes, 1995.

LASSEGUE, M. L'imitation dans le Sophiste de Platon. Dans: Aubenque, P. (Dir.) **Études sur le Sophiste de Platon.** Napoli: Bibliopolis, pp. 247-265, 1991.

NIETZSCHE, Friedrich. **Introduction à la Lecture des Dialogues de Platon.** Combas: Éditions de l'Éclat, 1991.

PLATÃO. **A República.** Lisboa: Fundação Calouste Gulbenkian, 2001.

________Sofista. *In*: **Os Pensadores**. São Paulo: Abril Cultural, 1983.

________ **Protagoras, Euthydème, Gorgias, Menexène, Ménon, Cratyle.** Paris: GF-Flammarion, 1967.

________ **Timeu, Critias.** Belém: Universidade Federal do Pará, 1986.

________ **O Banquete.** Lisboa: Edições 70, 1900.

________ **Apologia de Sócrates.** Lisboa: Guimarães Editores, 1988.

________ **Górgias.** Rio de Janeiro: Editora Bertrand Brasil, 1989.

________ **Phaedrus and Letters VII and VIII.** London: Penguin Books, 1986

________ **Statesman, Laws.** London: Encyclopaedia Britannica, INC., 1952.

RIBEIRO, Luís Felipe Belintanni. **Fundamentação Crítica da Metafísica Platônica das Idéias.** Rio de Janeiro: Universidade Federal do Rio de Janeiro, 1997.

VILLELA-PETIT, Marie. La question de l'image artistique dans le Sophiste. Dans: Aubenque, P. (Dir.) **Études sur le Sophiste de Platon.** Napoli: Bibliopolis, pp. 53-90, 1991.

UN TRATAMIENTO HOMÉRICO DEL TIEMPO Y EL ESPACIO EN *THE LORD OF THE RINGS*

Luz E. A. Pepe de Suárez*

La crítica especializada en general considera la parataxis como una característica de la épica oral. Esta característica no se limita a la estructura verbal y sintáctica sino que matiza de una manera especial todo la composición. Toohey señala la existencia en la épica homérica de una redundante estilización de la narrativa, del desarrollo de los temas, de la caracterización "and a stylization of the shape of the poem itself wich seems to mirror the cumulative nature of paratactic syntax". (Toohey, 1992, p. 14). De esta manera la analogía o el paralelismo se constituyen en el rasgo más destacado de la épica homérica. La naturaleza repetitiva se evidencia especialmente en las escenas de combates, en particular las *aristeiai,* pero no se limita éstas. Con frecuencia se manifiesta en el llamado paralelismo situacional.

Este tipo de paralelismo situacional proporciona a menudo, tanto en los poemas homéricos como en la obra de Tolkien, la plataforma temática y conceptual. La estilización repetitiva del relato se relaciona con la composición paratáctica que conecta o yuxtapone amplios bloques narrativos. Los patrones más usados de combinaciones paratácticas son la *Ringkomposition* (que despliega un esquema simétrico A-B-C-B-A) y la *spiral form* (que toma la forma A-B-C-A-B-C, o simplemente A-B-A-B-) (Toohey,1992, p. 13-19). Este tipo de recursos puede llevarse a cabo en un pasaje completo o en un discurso, o incluso llegar a comprometer la estructura de todo el poema, tal como lo ha demostrado Whitman (1963, p. 97-8 y 249-284.) con su propuesta sobre el diseño simétrico de *Ilíada,* en donde espeja el canto I (comienzo de la cólera de Aquiles y pelea con Agamenón) con el canto XXIV (fin de la cólera y reconciliación de Aquiles y Príamo); el canto II (Asamblea del ejército aqueo) con el canto XXIII (Asamblea aquea por el funeral de Patroclo) y el canto III (el combate singular entre Paris y Menelao) con el canto XXII (el enfrentamiento entre Héctor y Aquiles).

Odisea propone, según Thalmann (1984, p. 52)[1] en cambio una construcción en espiral con un primer bloque A (cantos 1-4) abarcando los sucesos en Ítaca y la Telemaquia que resultaría

* CELC – Área filología griega – UNLP.

paralelo a otro bloque A (cantos 13-16) con el retorno de Odiseo y la reunión con Telémaco; el segundo bloque B (cantos 5-8) ocupado por los acontecimientos en la corte de los Feacios correspondería a otro bloque B (cantos 17-20) que abarcan la llegada de Odiseo a su corte; y un tercer bloque C (cantos 9-12) ocupado por los Apólogos resultaría paralelo a otro bloque C (cantos 21-4) que relata el rescate de su hogar. Esto no obstaculiza que algunos críticos señalen dentro de la composición del poema escenas que podrían adjudicarse a la *Ringkomposition* tal como lo hace Alsina (1983, p. 148) en relación al caso del episodio del ἀναγνωρισμός de Euriclea (*Odisea*, 19, vv. 392-466) en el que la nodriza al proceder al lavado de pies del forastero reconoce la cicatriz que el jabalí le hiciera cazando en las tierras de su abuelo. Se inserta allí la historia acerca de las circunstancias que rodearon el episodio de caza que se abre:

αὐτίκα δᾰ ἔγνω
οὐλήν, τήν ποτέ μιν σῦς ἤλασε λευκῷ ὀδόντι
Παρνησόνδᾰ ἐλθόντα μετᾰ Αὐτόλυκόν τε καὶ υἷας.
(1. 392-394)

(En seguida reconoció la cicatriz que le infiriera un jabalí con su blanco diente cuando fuera a cazar con los hijos de Autólico)

Y luego de un detallado relato se dispone el cierre con dos versos casi idénticos a los iniciales:

ὥς μιν θηρεύοντᾰ ἔλασεν σῦς λευκῷ ὀδόντι
Παρνησόνδᾰ ἐλθόντα σὺν υἱάσιν Αὐτολύκοιο.
(19, 465-466)

(cómo cuando fue a cazar con los hijos de Autólico un jabalí lo hirió con su blanco diente)

lo que para Alsina constituye un claro ejemplo de *Ringkomposition* coincidiendo con la opinión de Whitman que la incluye dentro de lo que denomina "functional ring composition"(WHITMAN, 1963, p. 119 y 252).

En el caso de *The Lord of the Rings*, aparentemente su esquema correspondería, como en *The Hobbit* a "una ida y una vuelta" como llamó el autor a su primer libro. Esto lo inscribiría dentro de los límites de la *Ringkomposition*. Pero la estructura interna, como en el caso de *Odisea* se dispone en un escalonamiento de bloques paralelos que basan su operatividad a partir de un juego exacto de contrastes y oposiciones. Jane Chance (1992) lo enfoca desde el esquema establecido por Campbell (1992) en cuanto a las funciones de Partida y Retorno determinadas para el monomito de la empresa heroica, pero no deja de percibir que la travesía de los hobbits se puede encuadrar en el esquema del *Bildungsroman* o *novela peregrinatio*, puesto que los cuatro hobbits a su manera completan un aprendizaje y así como reciben heridas también son sanados (con excepción de Frodo que debe partir a los Grey Havens a fin de acceder a una restauración en Eldamar). Pero Chance intenta demostrar que los tres volúmenes estructuran sus aventuras en igual manera, estableciendo un paralelismo que creemos le funciona, forzándolo un poco, para los dos primeros libros de los cuales presenta un esquema, pero el planteo no resulta convincente en los cuatro restantes y además, no se acompaña de esquema gráfico (Cfr. en ANEXO I el patrón narrativo de Chance y nuestro esquema). Para Chance cada uno de los seis libros se acomoda dentro de la estructura épica de a) separación de la comunidad; b) descenso al otro mundo (que denomina etapa de Aprendizaje); c) ascenso a un mundo superior (para ella Gracia) y d) retorno del sujeto a reinsertarse en la comunidad.[2] Este es el esquema que para Chance se espeja en cada pareja de libros que integran cada uno de los tres volúmenes que componen *The Lord of the Rings*.

Pero si aceptamos como válido el paralelo establecido entre los capítulos 1-5 del primer libro y los capítulos 1-3 del segundo (aún haciendo la salvedad de que la fiesta de cumpleaños de Bilbo no se compadece con la semántica del Concilio de Elrond), resulta desde todo punto inaceptable la inclusión del episodio de los *barrow wights* en los acontecimientos del mundo natural, cuando en realidad es una especie de *katábasis* preparatoria para la *Fellowship hobbítica*, precursora de la que atravesará toda la *Fellowship of the Ring* en el amenazante escenario de las minas de Moria. Tampoco es posible aceptar un paralelo entre la "seguridad" (que no es tal) de la posada de Bree, acosada por los Black Riders y el espacio incontaminado e inexpugnable de Lothlorien.

Reconocemos en cambio el acierto de la comparación entre los dos finales con Frodo perseguido y hostigado por los Black Riders en el primer caso y en el segundo por Boromir, que Chance señala como los peligros externos. El peligro interno en ambos casos estaría representado por el Anillo y establece el contraste en la solución que se aporta en ambas situaciones: para el primer caso cierra los ojos y da rienda suelta a su cabalgadura, en el segundo los abre sobre Amon Hen, el Sitial de la Vista, a una visión en extremo esclarecedora. La acción heroica en cada ocasión está definida también de diferente manera: en el primer caso desenvaina la espada blandiéndola amenazante contra los Black Riders, en el segundo rechaza categóricamente la agresión de Boromir y se dispone a apartarse de sus compañeros para retomar la Empresa solo.

A nuestro parecer, el paralelismo a la par que el juego de contrastes y opuestos se cumple en otro sentido que se acerca más al tipo de esquema odiseico A-B-A-B- a lo largo de todo el relato y dentro de un esquema general de *Ringkomposition*. Toda la historia está estructurada sobre el continuo enfrentamiento de Obstáculos o peligros (A) a los que se les acopla el Escape o triunfo consiguiente (B). A lo largo de los 12 capítulos del primer libro las líneas de acción de los hobbits alternan las etapas de Obstáculo-Peligro con las Escape-Recuperación, acompañados desde el capítulo 10 por Strider y hasta alcanzar el anhelado Rivendell. Allí, ya en el segundo libro, después del Concilio y la integración de la Fellowship, fijada por Elrond en nueve miembros para oponerlos a los Nueve Ringwraiths, se dispone la partida con la posibilidad de nuevos Obstáculos y Escapes.

Pero a partir del libro tercero con la Fellowship escindida se produce la diversificación de los hilos de acción de los personajes y los posteriores entrecruzamientos. El tercer libro contempla los pasos de Aragorn, Gimli y Legolas (capítulos 1 y 2) en su seguimiento de Merry y Pippin, cuyas desventuras órquicas son expuestas a su vez en 3 y 4 hasta su refugio en Fangorn, que contribuirá a reactivar la ira de los ents y a su integración a la lucha contra Isengard. El capítulo siguiente retoma el contacto de los pasos de Aragorn, Gimli y Legolas en el inesperado reencuentro con Gandalf y su inserción en el reino de Rohan con reclutamiento de los Rohirrim para el combate en Helm's Deep y la marcha contra Isengard (capítulos 5-8). En ese punto se reúnen las líneas de acción con las de Merry y Pippin y siguen hasta el capítulo 11, en donde se producirá un nuevo desmembramiento con la partida abrupta de Gandalf y Pippin hacia Gondor y la división de las restantes fuerzas en dos grupos: el liderado por Aragorn siempre acompañado por Gimli y Legolas partirá junto con los Dúnedain y los hijos de Elrond a enfrentar la particular *katábasis* del Path of the Dead que constituye el comienzo de la ἀριστεία de Aragorn, y el encabezado por el rey Théoden -que culminará con su ἀριστεία y las de Merry y Éowyn- al frente de los Rohirrim a los que se acoplará Merry.

Se dispone así desde este momento la presencia, en cada uno de los frentes de acción, de un hobbit que proporcionará su visión de los acontecimientos. (Queda despojada del enfoque hobbítico la ἀριστεία de Aragorn que será recreada posteriormente en la narración del enano y el elfo a sus compañeros hobbits). Y cada uno de estos grupos escindidos atravesará alternativamente situaciones de Peligro y Recuperación, hasta que las líneas vuelvan a reunirse y se reconstruya la *Gestalt*, lo que recién se llevará a cabo en el sexto libro. Así el quinto se ocupa de reunir las líneas de acción de los personajes que se habían separado al finalizar el tercero, en la batalla de Pelennor y, después de la última deliberación, en el asalto final contra Mordor. Recién en los primeros capítulos del libro seis se retoman las líneas de Sam y Frodo (1-3), para desembocar en el capítulo siguiente con las acciones paralelas en el campo de Cormallén que rematan en la llegada de las Águilas que proveen el nexo entre los miembros de la Fellowship. Reunidos finalmente todos los compañeros y reconstituida la *Gestalt* de la Fellowship se llevan a cabo los festejos de la victoria y el restablecimiento del Rey en Gondor.

De este modo resulta cumplida aparentemente la empresa y se disponen los νόστοι, que se llevan a cabo en un viaje a la inversa y en paulatinas separaciones. Pero la llegada a los límites de la Comarca prepara una sorpresa. Al igual que le sucede a Odiseo en su retorno, los hobbits encuentran sus dominios invadidos y su patrimonio arrasado. (Cfr. Pepe de Suárez, 1997 *passim*), lo que demandará enfrentar una nueva situación de Peligro con su consecuente recuperación. Aquí finalizaría el esquema tradicional del "quest hero". Pero Frodo ha recibido heridas que han dejado en él una impronta indeleble: "I am wounded with knife, sting, and tooth, and a long burden. Where shall I find rest?" (*LOTR*, 967) y debe emprender la travesía hacia los Grey Havens con los elfos en busca de su restauración en el Oeste. A lo largo de todo el relato se formulan en forma reiterada referencias temporales con fechas precisas y cronologías puntuales, que actúan a modo de nexos conectores que proveen la actualización en cuanto a la simultaneidad de los acontecimientos.

Dentro de un contexto espacial, Homero como autor implícito se mueve con una total libertad de acción entre dos planos, el divino y el humano, a lo largo de todo el relato. En *Ilíada* el escenario, en el plano humano, está limitado al campamento aqueo y a la ciudad troyana y los cambios de locación están generalmente justificados por el seguimiento de un personaje que se traslada de un sitio a otro (En *Ilíada*, VI, 86-101 se recurre a la excusa de mandar a Héctor con un mensaje a Troya) o se provee alguna conexión de pensamiento para disculpar un abrupto cambio de escena (excepto en el caso de la brusca transición entre la escena de la restitución de Criseida y la de Aquiles irritado y solitario junto a las naves, que aparece como un contraste deliberadamente buscado en *Ilíada*, I, 487 a 488) o un personaje permanece en vela mientras otro duerme llevándonos de un canto a otro (I a II, IX a X y XXIII a XXIV). En la *Odisea* el panorama se complica debido a la mayor diversidad de escenarios ya que a los dos planos consabidos -divino y humano- debemos añadirles otras escenas de acción: Ítaca con Penélope y los pretendientes, Esparta y Telémaco y finalmente Odiseo en Feacia, a pesar de lo cual sólo se registran dos traslados cortantes: el primero de Esparta a Ítaca, en *Odisea*, 4, 620 y ss, y el segundo de Ítaca a Olimpo en la transición de *Odisea*, 14, 533 a 15, 1.

Dentro del contexto temporal en cambio Homero no parece manejarse con la misma libertad con la que lo hace en relación al espacio. En *Ilíada* la línea narrativa es continua y prospectiva; en *Odisea,* lo mismo que en el caso de las coordenadas espaciales, las alternativas de los diversos acontecimientos la complican en exceso. Sin embargo, el poeta narra sucesos simultáneos uno a continuación del otro y al decir de Edwards (1992: 34) aún "when the scene changes, time continues interrupted", lo que contribuye a provocar en ciertos casos la duplicación de escenas (El consejo de los dioses en O*disea,* 1, 45-95 para enviar a Atenea en apoyo de Telémaco se duplica en *Odisea,* 7-42 donde se envía a Hermes con un mensaje a Calipso para que libere a Odiseo, lo que ya había sido decidido en el caso anterior). El tiempo precedente se ofrece preferentemente narrado por los personajes: tal el caso de la captura de Criseida y su entrega a Agamenón que es relatado por Aquiles en *Ilíada*, I, 366-69 o la reunión de las naves en Áulide y el prodigio interpretado por Calcas que recuerda Ulises en *Ilíada*, II, 301ss. La analepsis que sigue al *anagnorismós* de Euriclea con la génesis de la cicatriz consituiría para Edwards una excepción aparente ya que podría ser explicada como la proyección de los pensamientos de la nodriza.[3]

El manejo de las coordenadas espacio-temporales por parte del autor implícito en *The Lord of the Rings* contempla actitudes particulares dado que desde el comienzo asistimos a una partida y a las sucesivas etapas de un viaje y los cambios de escenas de acción se dan progresivamente con el desarrollo de la línea de la travesía en donde tiempo y espacio se acoplan en el devenir hasta la culminación del segundo libro en donde se produce la escisión de la Hermandad y las líneas de acción se diversifican. El autor implícito es un meticuloso cronometrador de los tiempos que maneja y además se preocupa por tenernos al tanto de los acontecimientos simultáneos creando por medio de sutiles referencias, lineas conectoras entre personajes y ámbitos, de modo tal de no perder de vista las acciones que se desarrollan al mismo tiempo en otros escenarios. El tiempo anterior a la acción de la historia toma forma en la voz de los diversos personajes, al igual que en los poemas homéricos con la excepción de la historia de Ungoliant que se inserta en el momento climático previo al combate con Shelob y puede ser interpretado como un modo de relajar la tensión casi insoportable creada en la loca carrera hacia la salida del túnel bajo la amenaza monstruosa que se cierne sobre ellos.

Pero hay algo muy particular en el autor implícito de *The Lord of the Rings* respecto al manejo del tiempo: en todo momento uno percibe que tiene una preocupación especial por cronometrar con precisión de relojería los tiempos de las diferentes acciones y los calendarios de las diferentes razas. Esto se evidencia en notas aclaratorias e incluso en los calendarios que acompañan en forma de apéndices la obra, como asimismo en la mención de las fechas precisas en las que tienen lugar ciertos acontecimientos. Pero además hay referencias curiosas de ciertos personajes que nos alertan sobre ciertas singularidades, como la observación de Sam sobre la faz de la luna y el tiempo transcurrido al abandonar Lothlorien, donde se han restaurado física y moralmente antes de emprender la etapa más comprometida de la Misión. En la alternativa dialógica que se establece entre Frodo y Sam hay manifestaciones semánticamente reveladoras. Ante la imposibilidad de establecer los parámetros cronológicos de la estadía, Sam acaba por formular su desconcierto: "Anyone would think that time did not count in there!"(*LOTR*: 379). La respuesta de Frodo confirma la idea de que el ámbito élfico debe ser transitado con una clave especial: "In that land, maybe, we were in a time that has elsewhere long gone by. It was not, I think, until Silverlode bore us back to Anduin that we returned to the time that flows through mortal lands to the Great Sea" (*LOTR*: 379). Esta declaración al abandonar el reino de Galadriel, consolida la toma de conciencia de todo lo experimentado allí y pone en palabras los sentimientos e impresiones que lo sacudieran al atravesar el Silverlod para penetrar por primera vez en el Naith: "it seemed to him that he had stepped over a bridge of time into a corner of the Elder Days, and was now walking in a world that was no more. In Rivendell there was memory of ancient things: in Lorien the ancient things still lived on in the waking world" (*LOTR*: 340). Sam por su parte explica esa sensación desde su manera elemental y sencilla: "I feel as if I was inside a song, if you take my meaning" (*LOTR*: 342) Queda así establecido que al entrar a Lothlorien, The Fellowship ha ingresado a un mundo circunscripto, un espacio cerrado conformado como un no-espacio y un no-tiempo. Flieger (1999: 89-115) dedica un capítulo entero que denomina "Over a Bridge of Time" a los alcances significativos de este tema en *The Lord of the Rings*, deteniéndose en el análisis del tiempo élfico y en particular en los alcances semánticos de la escena dialógica anteriormente citada.

NOTAS

[1]Citado por Toohey, 1992:15.

[2]En esta última etapa también resultaría discutible el planteo de Chance ya que el Héroe (Frodo) se ve imposibilitado de reinsertarse en la Comunidad -como dejamos establecido- y debe partir nuevamente para su restauración, reiniciándose así el ciclo.

[3]Tolkien registra una analepsis semejante en el episodio de Cirith Ungol que podría justificarse como la proyección conjunta de los pensamientos de las dos fuerzas malévolas de Shelob y Gollum. (*LOTR*: 707-708)

BIBLIOGRAFIA

ALAN, J.B. y otros. **A cokmpamiom to Homer**. London: Macmillian, 1963.

ALSINA, J. **Literatura griega**. Barcelona: Ariel, 1983.

BOWRA, C.M. **Heroic Poetry**. Hong Kong: Macmillan Press, 1978.

CAMPBELL, J. **El héroe de las mil caras; psicoanálisis del mito**. Buenos Aires: F. De C. E.,1992.

CAMPBELL, J. (con B.MOYERS) **El poder del mito**. Barcelona: Emecé, 1991.

CHANCE, J. **The Lord of the Rings; The Mythology of Power**. New York: Twayne Publishers,1992.

EDWARDS, M.W. **Homer, poet of the Iliad**. London: John Hopkins University Press, 1990.

FLIEGGER, V. **A question of Time; J.R.R.Tolkien's Road to Faërie**. Kent, Ohio & London: The Kent State Univ. Press, 1997.

HOMER. **Opera**. 2 t. Oxonii,1953.

KiRK, G.S. **Los poemas de Homero**. Barcelona: Paidós, 1985.

THALMANN, W.G. **Conventions of form and thought in Early Greek Epic Poetry**. Baltimore, 1984.

TOOHEY, P. **Reading epic: an introduction to the ancient narratives**. London: Redwood Press, 1992.

TOLKIEN, J.R.R. **The Hobbit**. London: Unwin Paperbacks. 1981.

TOLKIEN, J.R.R. **La historia del Señor de los Anillos**. Barcelona: Ed. Por Christopher Tolkien. 4 t. 1993-1997.

TOLKIEN, J.R.R. **The Lord of the Rings**. London: Harper Collins, 1997.

WHITMANN, C. H. **Homer and the heroic tradition**. Cambridge: Mass,1963.

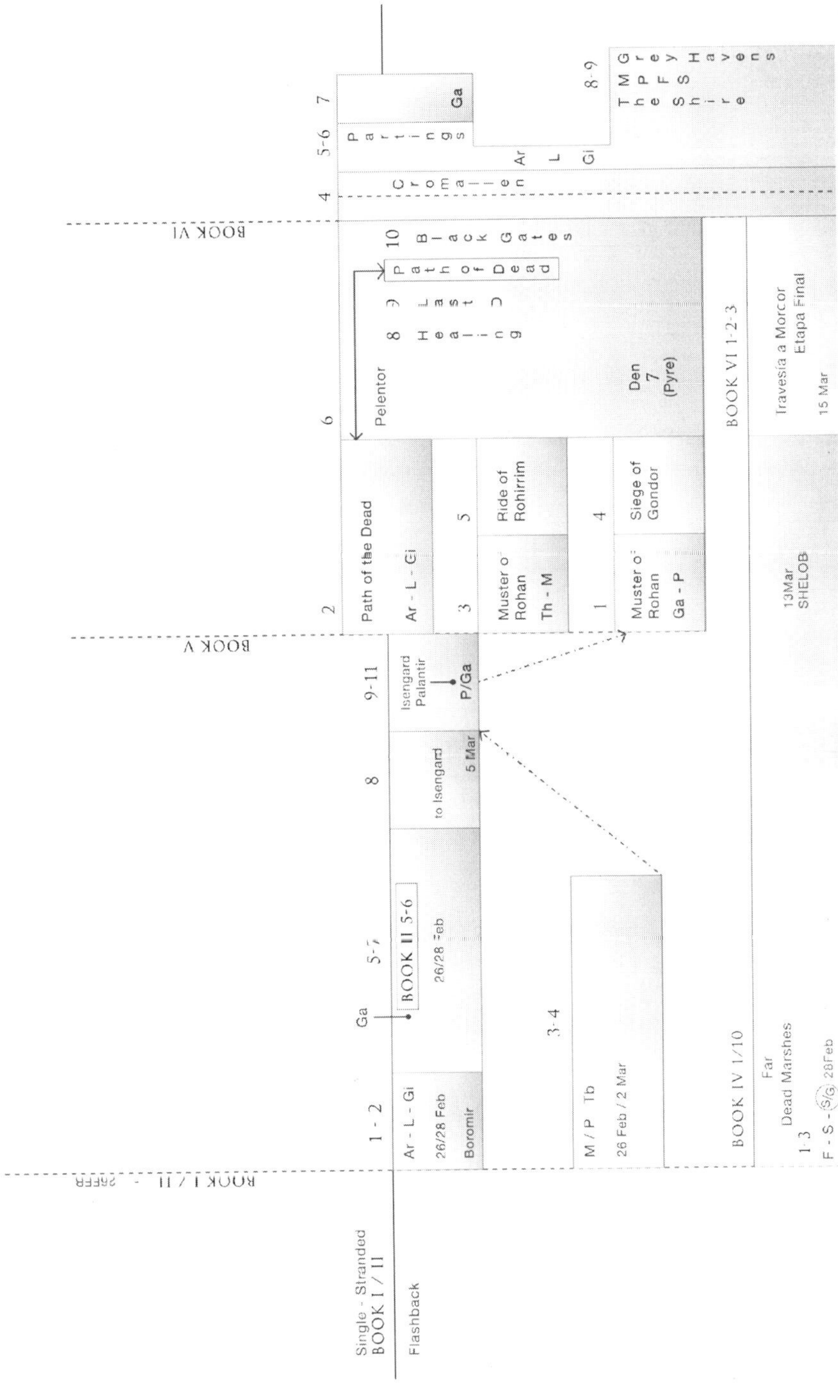
Single - Stranded
BOOK I / II
Flashback
BOOK I / II - 26FEB
1 - 2
Ar - L - Gi
26/28 Feb
Boromir
Ga
BOOK II 5-6
26/28 Feb
3-4
M / P Tb
26 Feb / 2 Mar
BOOK IV 1/10
1-3
Far
Dead Marshes
F - S - S/G 28Feb
8
to Isengard
5 Mar
9-11
Isengard
Palantir
P/Ga
BOOK V
2
Path of the Dead
Ar - L - Gi
3
Muster of Rohan
Th - M
5
Ride of Rohirrim
1
Muster of Rohan
Ga - P
4
Siege of Gondor
13Mar
SHELOB
6
Pelentor
8
Healing
9
Last Debate
10
Black Gates
Path of Dead
Den
7
(Pyre)
BOOK VI 1-2-3
Travesía a Morcor
Etapa Final
15 Mar
BOOK VI
4
Cromallen
5-6
Partings
7
Ga
Ar
L
Gi
8-9
The Shire
M P F S
Grey Havens

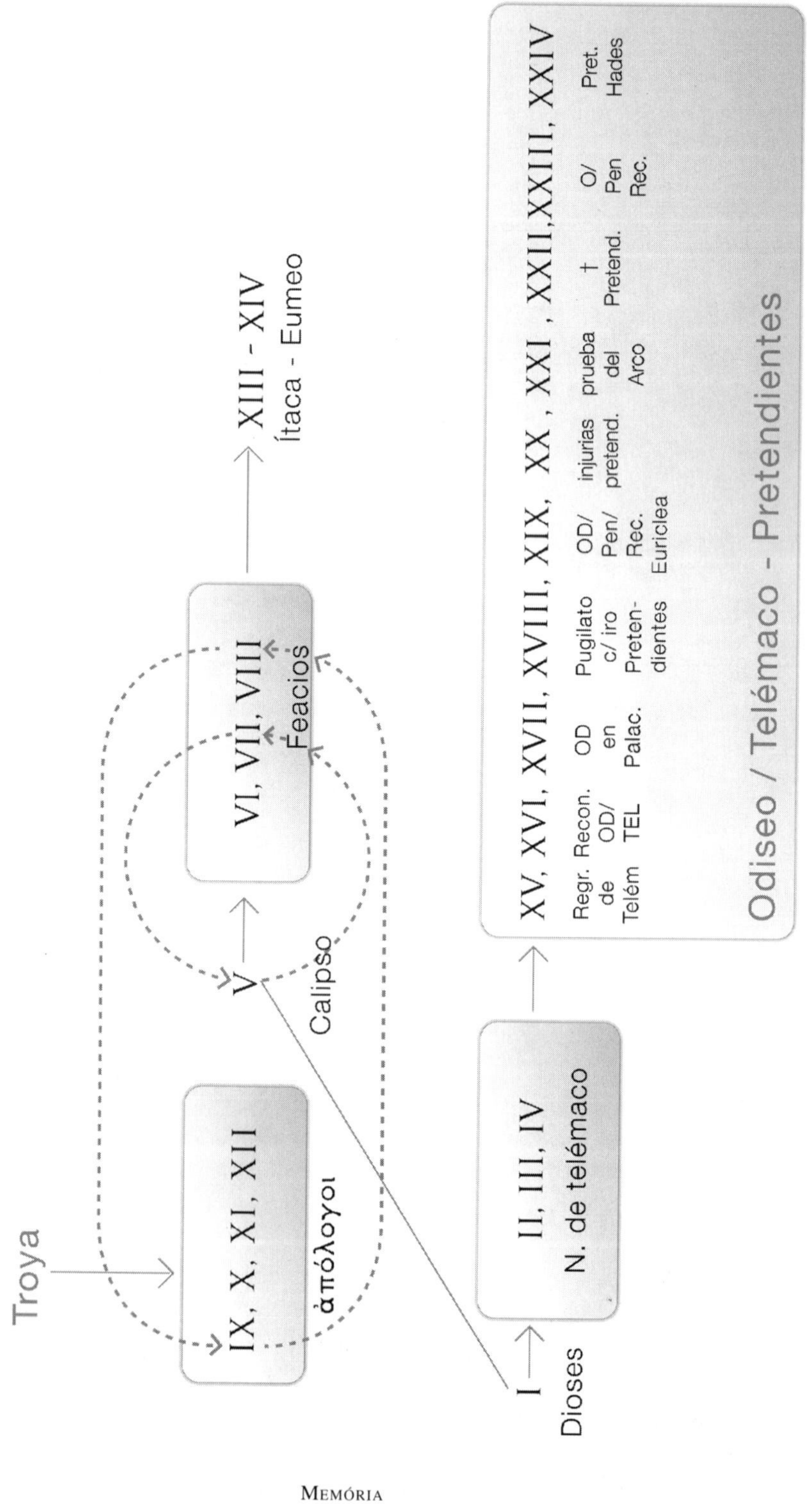
Troya
IX, X, XI, XII
ἀπόλογοι
V
Calipso
VI, VII, VIII
Feacios
XIII - XIV
Ítaca - Eumeo
I
Dioses
II, III, IV
N. de telémaco
XV, XVI, XVII, XVIII, XIX, XX, XXI, XXII, XXIII, XXIV
Regr. de Telém
Recon. OD/ TEL
OD en Palac.
Pugilato c/ iro Preten-dientes
OD/ Pen/ Rec. Euriclea
injurias pretend.
prueba del Arco
† Pretend.
O/ Pen Rec.
Pret. Hades
Odiseo / Telémaco - Pretendientes

MEMÓRIA E IDENTIDADE EM PLUTARCO

Maria Aparecida de Oliveira Silva*

Selecionar o memorável, uma premissa historiográfica, ato no qual o historiador valida ou não a realidade passada, construindo um saber histórico (BÉDARIDA,1998, p. 6), uma vez que a memória é a capacidade de conservação de certas informações, o que pressupõe um processo de seleção daquilo que será registrado pelo historiador (LE GOFF, 1984, p. 11). Citando Pierre Janet, Le Goff destaca a importância do ato mnemônico para aquilo que o autor denomina de "comportamento narrativo", no qual o narrador exerceria sua função social (LE GOFF, p. 15), concluindo que a memória é um elemento essencial do que se costuma chamar identidade, seja individual ou coletiva (LE GOFF, p. 46). Em contrapartida, Pierre Nora, refletindo sobre esse poder de seleção dos fatos, alerta para o fato de os historiadores também perpetuarem memórias duvidosas (NORA, 1989, p. 9).

Ao tecer sua narrativa, o historiador coloca em evidência não apenas suas concordâncias, mas também suas divergências com os fatos relatados. Em vista disso, Murari Pires afirma: "a memória, ao dizer, também cala; ao revelar, também oculta; ao declarar, também suprime; ao lembrar, também esquece" (MURARI PIRES, 1995, p. 50). Por essa razão, as tramas da narrativa histórica merecem abordagens variadas, tornando possível identificar a multiplicidade de sentidos, nem sempre preclaros, das narrativas produzidas no mundo antigo. A porta de entrada para a compreensão desses escritos é considerar tudo o que foi registrado como parte integrante da memória. Assim sendo, captar a transmissão e a conservação de valores individuais e coletivos, os quais resistem em maior ou menor grau às tentativas de unificação do comportamento humano.

A memória está relacionada com a sociedade, na qual ela foi preservada, exercendo seu papel coletivo na exploração de uma identidade compartilhada entre seus membros, embora estes apresentem motivaçoes e interesses distintos. Por esse motivo, o estudo da memória de um povo perpassa a sua representação em si, pois o fundamental em sua manifestação é a recepção e rejeição do memorável (CONFINO, 1997,1390). Tarefa árdua para o historiador da Antigüi-

*Professora doutoranda em História Social pela FFLCH/USP.
madsilva@usp.br

dade, dada a complexidade em se avaliar a recepção das obras literárias no mundo antigo, advém do fato de os textos trafegarem por um restrito círculo de indivíduos (STARR, 1987, p. 213).

Embora Roma tenha dominado toda a região circundante ao mar Mediterrâneo, estudos arqueológicos demonstram que os povos submetidos ao poder político e militar dos romanos mantiveram suas práticas autóctones. Povos que, apesar de subjugados, continuaram a cultuar a religião de seus antepassados e zelaram pela preservação de seus monumentos e construções. Os bretões provenientes das camadas sociais menos abastadas inscreviam seus nomes originários acompanhados do nome latino, recorrendo ao expediente da *interpretatio* (HINGLEY, 1997, pp. 88-89), o que nos revela a resistência cultural de um povo por intermédio da formação de um patrimônio mnemônico, o que Nora denomina de *lieux de memoire* (NORA, 1989, p. 8).

Diante do exposto, vemos o outrora bem-sucedido processo de romanização, decantado pela historiografia anterior à segunda metade do século passado, demonstrar-se inconsistente e de grande utilidade política para a Europa imperialista. O exemplo corrente da imissão do nacionalismo europeu na produção intelectual do século passado está no uso da Arqueologia como instrumento ideológico (JONES, 1997, p. 2). Do mesmo modo o processo de descolonização, iniciado no século XIX e intensificado no século XX, demonstrou que a dominação militar e econômica encontram barreiras nem sempre visíveis, como o sentimento de soberania de um povo.

No caso de Plutarco, podemos pensar a composição de sua obra como um movimento de preservação da cultura literária helena, pois a maioria das fontes citadas por ele pertence à tradição literária grega. Vemos no autor beócio inúmeras referências às poesias épica e lírica, às tragédias, às comédias produzidas na Grécia, em especial, aquelas do período clássico. Encontramos na obra plutarquiana menção a quase todos os antigos historiadores gregos conhecidos ou não em nosso tempo. Essa postura adotada por Plutarco nos leva a pensar sobre o porquê de sua preferência pelos autores gregos do período clássico em plena época romana. Plutarco nasceu em 45 d.C, época em que a dominação romana já persistia por pouco mais de dois séculos na Grécia. Pertencia à elite de Queronéia, cidade da Beócia, recebeu o título de cidadão romano, bem como cargos políticos relevantes no quadro burocrático romano; portanto, poderíamos esperar de nosso autor uma escrita permeada de elogios ou de citações aos romanos, o que não verificamos.

Com efeito, vemos em Plutarco a intenção de preservar elementos culturais caros à cultura grega, tais como a literatura, a filosofia e a religião, o que pode ser interpretado como afirmação de sua identidade helena no império. Para demonstrar a intenção plutarquiana de preservar a memória da cultura helena, e ainda de diferenciá-la da dos romanos, tomamos como exemplo as biografias de Teseu e de Rômulo, personagens míticas responsáveis pela formação de suas cidades. Porém, conforme apontou Jiménez, esses míticos fundadores aparecem descritos como reais por alguns historiadores gregos e latinos, fornecendo dados sobre acontecimentos históricos e transformações sociais comprovados pelos historiadores modernos (JIMÉNEZ, 1985, p. 140).

No prefácio da biografia de Teseu, Plutarco diz comparar o fundador da bela e ilustre Atenas com o pai da invencível e gloriosa Roma. A escolha lexical de Plutarco merece a nossa atenção: para Atenas emprega as palavras *kalós* (belo) *e aoidímos* (cantado, celebrado com cantor), e para Roma, *anikéton* (invencível) *e megalodókson* (de grande reputação ou prestígio). É interessante ressaltar que *kalós e aoidímos* são palavras relacionadas às artes, ao passo que *aníketon* remete-se ao campo militar e *megalodókson* relaciona-se à esfera político-militar, denotando a popularidade adquirida por Roma em virtude de seus sucessivos êxitos nas guerras. Assim, vemos em Plutarco que, enquanto Atenas é celebrada pelas artes, Roma é cultuada pelo seu poderio militar, cuja fama advinha de sua invencibilidade nos campos de batalha.

Durante o relato da vida de Teseu, Plutarco revela conhecer detalhes da vida do herói, traçando sua genealogia, descrevendo sua infância, adolescência, amores. Plutarco retrata as aventuras de Teseu, ocorridas no caminho de Trezena para Atenas, a luta contra os Palântidas e, por fim, a conquista do trono da cidade Ática, em virtude de ter promovido o sinecismo das tribos atenienses. Na biografia de Rômulo, Plutarco apresenta várias e contraditórias versões, revelando a ausência de uma tradição historiográfica que discutisse e estabelecesse a verdade dos fatos, a fim de que o povo romano conhecesse sua história. A narrativa plutarquiana conduz o leitor a concluir pela superioridade da tradição da literatura helena frente à romana, como veremos nas páginas seguintes. Plutarco afirma que a história da fundação de Roma mais confiável é a registrada por um grego da Sicília, Diocles de Pepareto.

No prólogo da biografia de Rômulo, Plutarco inicia seu relato com uma pergunta: de onde virá o nome de Roma, cuja glória percorreu o mundo? A nosso ver, tal indagação pretende contrastar a historicidade dos gregos com a ausência de memória dos romanos. O nome de Atenas estava relacionado aos nomes das tribos áticas, as quais Teseu visitou com o intuito de agregá-las, formando uma única cidade (*Teseu,* XXIV, 1-2); quanto a Roma, ninguém conhecia a origem de seu nome e menos ainda a história de vida de seu fundador (Rômulo, I, 3-4 e II, 1-3). Salientamos que a retórica de Plutarco procura convencer o leitor de que sobre as vidas de Rômulo e Remo há inúmeras contradições que justificam as dúvidas sobre a origem deles. Com esse artifício, Plutarco embasa sua preferência pela versão histórica do grego Diocles de Pepareto, séc. V a.C., primeiro historiador a publicar uma história sobre a fundação de Roma, seguida por Fábio Pictor, senador e historiador romano, primeiro romano a escrever uma história de Roma em língua helênica (*Rômulo,* III,1).

Em consonância com a tradição literária helênica, Plutarco reforça a visão de Diógenes de Pepareto, ao relatar a ascendência troiana de Rômulo e de Remo, segundo a qual os gêmeos teriam sido filhos ilegítimos de Ília, segundo outros, de Réia e, segundo outros ainda, de Sílvia, que era uma vestal descendente direta dos reis de Alba. Na multiplicidade das informações sobre a origem de Rômulo, mesmo nos escritos de Diocles de Pepareto, Plutarco indica que também os gregos mergulhavam em incertezas quanto à origem de Roma, o que revela a contribuição dos gregos na preservação da memória histórica romana, ainda que contraditória. Nesse sentido, Plutarco apresenta a história como algo constituinte da cultura helênica, ou seja, como um traço identificador do mundo helênico. Outro ponto interessante e subliminar dessa passagem plutarquiana é o estágio desenvolvido da historiografia helênica, já que não se atinha somente à história de seu povo, mas à composição de história universal.

Para assinalar a distinção dos costumes e práticas romanas daquelas empregadas pelos gregos, Plutarco narra a história da formação das cidades de Roma e Atenas, com o objetivo de demonstrar que suas diferenças já são perceptíveis desde a origem. Para estabelecer sua cidade, Rômulo atacou os seus vizinhos, raptando suas filhas (*Rômulo,* XV-XVI). Depois Rômulo lutou contra Fidena, tomando-lhe a cidade e, segundo Plutarco, não a destruiu nem a arrasou: transformou-a em colônia romana e enviou para lá dois mil e quinhentos cidadãos. A incorporação de territórios e de novos povos é avaliada por Plutarco como decisiva para a grandiosidade atingida por Roma (*Rômulo*, XXIII, 5-6). Já Teseu lutou para chegar ao seu destino, eliminando ladrões e seres perigosos, o que auxiliou na segurança de sua cidade, além de eliminar os ambiciosos palântidas. Mas, de acordo com Plutarco, a obra maior de Teseu foi a formação de Atenas, como vimos, por intermédio de um acordo entre as tribos áticas, o que explicaria a tradição ateniense de persuadir seus aliados através das palavras (*Teseu,* II, 1-2).

Outro ponto importante na descrição plutarquiana da origem de Roma está nas várias histórias que circulam entre os romanos. Plutarco revela em duas ocasiões que o nome de Roma está associado à *róme,* que ele traduz como força. Tal pensamento reafirma o poderio militar romano, enfatizando a conquista de territórios pela força bruta (*Rômulo,* I,1). No que diz respeito a Atenas, como vimos, sua história está associada à beleza e aos cantos dos aedos, ou seja, relacionada ao mundo das artes literárias e cênicas, distante da conduta militarista dos romanos. No nosso entender, a comparação estabelecida não se traduz em uma intenção plutarquiana de hierarquizar, mas de enfatizar as diferenças entre gregos e romanos para a construção de uma identidade helênica em um mundo, em grande parte, romanizado.

Na comparação estabelecida entre Teseu e Rômulo, Plutarco registra que Teseu escolheu empreender feitos grandiosos; Rômulo, ao contrário, por necessidade, para escapar à escravidão e ao castigo iminente, tornou-se um herói corajoso. Além disso, a maior realização de Rômulo foi a morte de apenas um tirano, enquanto Teseu obteve inúmeras vitórias contra ladrões e assassinos (*Comparação de Teseu e Rômulo,* I, 1-2). Vemos, nessa passagem, a exaltação do fundador de Atenas como um homem verdadeiramente corajoso, que optou lutar contra as ameaças como demonstração de virtude, em contraponto ao papel de herói circunstancial que Rômulo representa.

Quanto ao tipo de governo adotado por Teseu e Rômulo, Plutarco não isenta nenhum de suas críticas, dizendo que tanto Teseu quanto Rômulo possuíam talento para governar, mas nem um nem outro soube conservar o poder em sua forma original, considerando que Teseu transformara a realeza em democracia, e Rômulo a tornou uma tirania. Mais uma vez, notamos a diferenciação entre atenienses e romanos, quando Plutarco critica o regime democrático ateniense e ainda a concentração de poderes nas mãos do romano, a tirania (*Comparação de Teseu e Rômulo,* II, 1-2). Plutarco acentua as diferenças entre seus biografados, sem fazer com que gregos pareçam romanos e que romanos pareçam gregos, em uma tentativa de fundir as duas culturas.

Percebemos a alusão de Plutarco ao tipo de governo instituído em sua época, no qual o imperador representava o poder máximo e era responsável pelas ações de Roma. Não nos esqueçamos de que Plutarco conheceu os desmandos de Nero e de Domiciano, e provavelmente é a eles que se refere. Ressaltamos o conteúdo diacrônico dos relatos plutarquianos, nos quais a fonte transpassa a relação temporal entre o passado e o presente, ao relatar práticas antigas que permaneceram no cotidiano romano vivenciado por ele.

Como Jones notou, na vida de Numa, Plutarco registrou a criação das vestais romanas, bem como o estabelecimento do castigo de ser enterrada viva aquela que não permanecesse casta (*Numa*, X, 8-10). O fato pareceria improvável aos olhos de um pesquisador rigoroso, no entanto, há referências às vestais nas cartas de Plínio. Como C. P. Jones observou, tal passagem confere atualidade ao relato plutarquiano, pois, pelo menos, até 90 d.C., foi mantida a prática de enterramento vivo da vestal como forma de punição (JONES, 1972,22). Esse conhecimento de Plutarco do mundo romano o torna um ser ambíguo marcado pela diferença imposta pela posição de dominado e pela proximidade com o poder dominante, portanto, um conhecedor capaz de estabelecer vários níveis de paralelos entre gregos e romanos, entre os quais, o identitário.

BIBLIOGRAFIA

BÉDARIDA, F. L'historien régisseur du temps? Savoir e responsabilité. **Revue Historique.** Paris, v. 1, n° CCXCVIII, pp. 3-24, Janvier/Mars, 1998.

CONFINO, A. Collective Memory and Cultural History: Problems of Method. **The American Historical Review.** v. 102, n° 5, pp. 1386-1403, December, 1997.

DUGAS, Ch. L'evolution de la légende de Thésée *In:* **Recueil Charles Dugas.** Paris : De Boccard, 1960, pp. 93-107.

FLACELIÈRE, R. **Thésée: images & récits**. Paris: De Boccard, 1958.

HINGLEY, R. Resistance and Domination: Social Change in Roman Britain. **Journal of Roman Studies.** Supplementary, vol. 23, pp. 81-100, 1997.

JIMÉNEZ, A. P. *Introducción. In:* **Vidas Paralelas – Teseo-Romulo, Licurgo-Numa.** Trad. Aurélio Pérez Jiménez, Madrid: Gredos, 1985, pp. 139-147.

JONES, C. P. **Plutarch and Rome**. Oxford: Clarendon Press, 1972.

LE GOFF, J. *História e Memória. In:* **Enciclopédia Einaudi**. Porto: Imprensa Nacional, Casa da Moeda, 1984, pp.11-50.

MURARI PIRES, F. *Memória histórica e dominação social. In:* FÉLIX, Loiva Otero. GOETTEMS, Miriam Barcellos (orgs.). **Cultura Grega Clássica**. Porto Alegre: Editora da UFRGS, 1995, pp. 44-53.

NORA, P. Between Memory and History: les lieux de memoire. **Representations**. California, n° 26, pp. 7-26, 1989.

PLUTARCH. Theseus and Romulus. Lycurgus and Numa. *In*: **Lives**. vol. I. Trad. Bernadotte Perrin. Cambridge, London: Harvard University Press, 1998.

EL LENGUAJE DEL ARTE, LA FIESTA Y LA MEMORIA DE LA ANTIGÜEDAD CLÁSICA Y SU PROYECCIÓN EN LA GENERACIÓN DEL CENTENARIO DE TUCUMÁN (1910-1930)

María Claudia Ale*

En esta comunicación abordaremos la fiesta de la antigüedad clásica en el ámbito cultural de Tucumán durante el período del epígrafe. La hipótesis es que el mismo trae a la memoria las fiestas del arte de la antigüedad clásica, a fin de recrearlas en conjunción con la cultura regional. En el primer apartado, veremos cómo estas fiestas se vinculan con un paradigma educativo de la época, en el cual la estética y el arte clásico desempeñaron un rol de importancia. Luego, analizaremos la presencia de las fiestas en el ámbito de la producción artística de la época y cómo fueron interpretadas de manera reflexiva y crítica.

Las Fiestas de la antigüedad clásica y el paradigma educativo de la época: su lectura e interpretación.

Juan B. Terán, fundador de la Universidad de Tucumán, constituye junto con otros de la Generación del Centenario, uno de los protagonistas principales de un proyecto político que mostró la vigencia de la cultura clásica. En sus reflexiones no sólo desacredita la antinomia teórica ya trazada entre enseñanza clásica y profesional, sino que además las vincula en una unidad inseparable que regirá la enseñanza universitaria de la época.

El abogado tucumano, también escritor y político destacado del ambiente nacional, se refiere a la educación griega, en particular la concepción de los diálogos platónicos, según la cual la educación es el conocimiento nuevo de una persona. Para Terán es éste el paradigma educativo que debe conducir a los proyectos pedagógicos (TERÁN, 1926, p. 112-113)

[...] "He pensado en una institución universitaria cuyo fin sea facilitar el contacto permanente de los jóvenes con los hombres superiores, Sócrates, proporciona el contacto de la conversación, el diálogo espontáneo y familiar que conduce como el azar, hacia los caminos de la verdad y la sabiduría, algo que ha hecho Sócrates un modelo. Sócrates preguntaba a sus discípulos lo que ellos pensaban y sabían antes que imponerles su propia ciencia".

---

*Professora da Universidad Nacional de Tucumán (Argentina).

También forma parte de esta generación interesada en los estudios clásicos el poeta boliviano Ricardo Jaimes Freyre, radicado desde principios del siglo en Tucumán.[1] Ya por entonces, hacia 1902, expresaba sus deseos de un renacimiento de las fiestas helénicas en Tucumán en las que resplandezca el arte y el juego al servicio de los hombres:

> [...] "Ved como el Arte se pone al servicio de la Caridad. Renacen entonces las Gracias helénicas y son su acompañamiento Risas, Juegos, Amores, y son sus escenarios de las fiestas mundanas y de las artesanías"(*La Gaceta*, Tucumán, 19 de agosto de 1913, p. 9)

Este propósito se vincula con el llamado de Sarmiento en 1886, idea que resurge en los primeros años del siglo XX con la Sociedad Sarmiento. Era la exigencia de reconstruir en Tucumán, con sus limoneros y naranjales tan regocijada como la de griegos y romanos, el jardín de las Hespérides, un lugar donde los poetas canten himnos y cantares a las maquinarias, donde el vapor no ahuyente en los mares a las ninfas, ni a las náyades en los ríos, ni a los faunos en los bosques (PÉREZ, 1904, p. 5-7).

Por eso, el objetivo de Freyre muestra la continuidad con este imaginario de fin de siglo pasado. En 1912, con motivo de la Celebración de los juegos florales en el Teatro Odeón, Freyre se refiere a la conveniencia de recrear un clima de arte y de poesía, como el de las fiestas helénicas de la poesía, ya que los paisajes norteños eran -según el estudioso- los ámbitos propicios para la creación estética y las charlas filosóficas:

"Señoras que ponéis bajo el prestigio de vuestros nombres los juegos florales:

Habéis querido dar a la ciudad, tres veces ilustre- á la ciudad de Tucumán, de nombre sonoro y harmonioso- habéis querido darle como gloria nueva: la gloria de estas fiestas de luz y de belleza, que jamás encontraron escenario tan hermoso desde los tiempos del insigne florecimiento helénico ó de la dulce y brillante civilización provenzal!" (*El Orden*, 13 de julio de 1912, p. 3 y 4).

Este mismo pensador, en 1919, reitera la necesidad de volver a las fuentes grecolatinas. En *La palabra más fuerte que la acción*, nombre de las conferencias de extensión universitaria sobre oratoria pronunciadas en la Escuela Sarmiento, describe la vivencia estética de los griegos -opuestas a las de carácter práctico de Tiro y de Cartago- y plantea el deber de llevar una vida en la que el arte y la belleza eduquen a la sociedad:

"Práctica, práctica y mucha práctica piden los hombres de nuestro siglo. Recordemos que Tiro y Cartago fueron muy prácticas porque en su comercio dominaron al mundo. Mientras que Grecia y Roma sentían la belleza y creaban las leyes, Tiro y Cartago tenían sus señores burgueses que paseaban por las calles rectas y limpias de sus ciudades. Los guiaba ...afán práctico; de enriquecerse y en tanto, Grecia y Roma, construían su Ágora, creaban la República. En aquellas ciudades de los mercaderes flota hoy el soberano olvido como recompensa por su afán de ser prácticos. En estas obras del siglo de Pericles, de la épica voz de Homero, de la palabra de Demóstenes, de la filosofía de Sócrates y Platón, y de los Aristófanes, Sófocles, pléyades de genio, salvan del olvido a Grecia, y a Roma el código de Justiniano, las églogas de Virgilio, y en otro sentido sus acueductos y ruinas famosas que hablan del genio de sus hombres perduran por los siglos" (*La Gaceta*, 9 de octubre de 1919).

El mensaje del poeta es pues volver el arte y la palabra, pues ellos conducen, como ocurrió con Grecia y con Roma, a la armonía y al orden social; de allí que los pueblos deben superar la mera vida de los sentidos a través de una conversión hacia una civilización estética, como la grecolatina:

[....] "Pero, entonces, ¿Quién gobernará, quien juzgará? Y sobre todo ¿Quién salvará del olvido a estos pueblos para que no sean Tiros y Cartagos, sumamente prácticos, sino Grecias y Romas inmortales por sus obras y sus hombres?" (*La Gaceta*, 9 de octubre de 1919)

El discurso de Freyre en torno a la exigencia de volver al pasado artístico de los antiguos se relaciona además con las preceptivas de estos mismos lenguajes artísticos. A ellas se refiere en 1919, y con anterioridad hacia 1912, con el estudio de Neoclasicismo literario. Estas leyes estéticas poseen - según Freyre -un significado ético para la sociedad actual, pues enseñan cómo el método, la regla y la justa medida que aparecen en los poetas clásicos pueden ser trasladados al ámbito de la vida cotidiana y producir un estado de equilibrio social.

En 1919, el pensador plantea la distinción de las escuelas literarias, clásica y romántica y describe el clasicismo griego, que fue imitado en Roma. Enseña cómo el alma del clásico es serena, ajustada a método y regla, copiando la naturaleza e inspirándose en su fuente, "sin arranques violentos, como el vuelo del cóndor por el espacio despejado y azul bebiendo en la fuente Castalia, ayudado por las musas del Parnaso y gloriando a los dioses del Olimpo, siempre hundida la pupila en la luminosidad del día, bajo las ardientes rayos de Febo" (*La Gaceta*, 24 de octubre de 1919)

También el filósofo Alberto Rougés trae a la memoria por estos años el ámbito artístico-literario de la antigüedad. En *Meditación lírica sobre Jaimes Freyre* considera el imperativo artístico de Grecia, representado a través de la figura de Sócrates. El estudioso llamaba así a la necesidad del hombre griego de ser artista y filósofo, de respetar la tradición de poesía, de sabiduría y de leyes del pueblo helénico, aún bajo la amenaza de muerte próxima:

> "La vida cuya memoria acaba de honrar Tucumán, no ha sido una vida como casi todas, una brújula loca que oscila entre mil direcciones y sigue por azar una de ellas. Esta vida ha nacido para algo, para algo grande. Ha nacido predestinada, con su destino escrito en alguna parte por una mano divina. Ha nacido para cantar, para cantar siempre a pesar de todo, hasta el fin. Ah, cantar, cantar a pesar de todo! En la prisión condenado a la última pena, mientras navegaba la barca cuyo arribo debía señalar el fin de sus días, Sócrates sintió que una voz interior le ordenaba: ejercítate en la música, una voz que le quería decir: sé fiel al imperativo artístico de Grecia" (ROUGÉS, folios 82-83).

Vemos, pues, cómo está presente en el político, el poeta y el filósofo de este período una visión pedagógica del pensamiento y el arte de la antigüedad clásica. También, cómo esas personalidades traen a la memoria las fiestas artísticas del pasado grecolatino a fin de reconstruir en Tucumán un ámbito de creación artística vinculado a un proyecto político. Sin duda, esto muestra que el pensamiento y la vivencia artística de la antigüedad clásica fueron referentes educativos para los pensadores de la época, especialmente para los profesionales universitarios y además- como veremos – el interés por las fiestas de la antigüedad- tuvo que ver con este clima intelectual.

La fiesta del Arte de la antigüedad y el clima artístico de Tucumán.

Las fiestas de la época, tanto patrióticas como artísticas, reflejan el pensamiento y el arte de la antigüedad clásica. Las del Centenario de la Independencia Argentina, que se desarrollaron en julio de 1916, importantes pues implicó la reflexión en torno al avance de un proyecto de civilización en marcha. En diversos festejos está presente de la tradición grecolatina, la sabiduría, la justicia, la virtud que elevan a los pueblos, el pensamiento-fuerza- armonía síntesis del héroe griego, la tradición de solemnizar a dioses y héroes con regocijos públicos, donde el arte y el talento hallaban ocasión para revelarse y hacerse admirar, como así también el ideal educativo de cultura física que sirvió de lazo de unión entre los pueblos helénicos (Celebración Nacional del Centenario de la Independencia de Tucumán, 1917, p. 151, 168)

También, las fiestas del arte pertenecientes a la antigüedad clásica se reflejan en las veladas artísticas y literarias de este período de la historia tucumana, en el que se interrelacionan la música, la danza, el teatro y la plástica.

En los primeros años de la década del '10 está presente la danza griega, abordada desde la música, el teatro y fundamentalmente, desde la danza.

La melodía que lleva el nombre *Danza griega Las Erinias* es ejecutada musicalmente en una retreta popular de abril de 1911, por la Banda de Música de la Provincia (*El Orden* 1 de abril de 1911, p. 5). Se trata de una obra de Massenet, repetida por la banda en el mes de octubre, en un espectáculo público (*El Orden*, 21 de octubre de 1911, p. 5)

También, por este mismo año, *Danza de las Bacantes*, pieza musical de Gounod, forma parte del programa de una retreta de marzo en la plaza Independencia (*El Orden* 24 de marzo de 1911, p. 5). *Las Bacantes* vuelve en una retreta de octubre ejecutada por la Banda Provincial (*El Orden* 28 de octubre de 1911 8, p. 5)

La expresiones melódicas que recrean la danza griega reaparecen hacia 1917. Esta vez, en una velada literaria musical organizada por la Asociación Española de Beneficencia para el 2 de mayo, en conmemoración del aniversario de España. Aparece allí como parte del programa la ejecución de *Danza griega* (*El Orden* 28 de abril de 1917, p. 5).

También hacia 1918, *Danza de Bacantes*, de Gounod, por la Banda de Música de la provincia, en una velada literaria-musical organizada por el Centro Juventud Antoniana del Colegio San Francisco, festejando el día de San Antonio, patrono de la institución, y que tuvo lugar en la Sociedad Sarmiento (*El Orden*, 13 de julio de 1918, p. 6)

En el mismo año, enriquecen el clima artístico y mitológico de la danza antigua en Tucumán las piezas musicales *Danza de las Ondinas* y *Vals de las Sirenas*, ejecutados en un concierto musical (*El Orden*, sábado 6 de julio de 1918). Seguidamente, *La danza de las ondinas*, de la ópera de Loreley de Catalini, en una velada del Teatro Alberdi (*El Orden*, 20 de julio de 1918, p. 5)

En el mismo año, *Danza de las sílfides,* de Pfeiffer para violín, como parte de una audición musical organizada por la Academia de Bellas Artes en septiembre de 1918, en el Salón de actos de la Sociedad Sarmiento (*El Orden*, 5 de setiembre de 1918, p. 8).

Estas expresiones musicales que recrean el ámbito de las fiestas, la mitología y el arte del pasado clásico tiene como fin - como expresa José Ruta, director de la banda mencionada- proporcionar a los sectores populares el conocimiento y el goce estético de manifestaciones de las obras de los grandes maestros, experiencias necesarias para el pueblo:

> "Aprovecho esta bella circunstancia en que se evidencia la utilidad de la institución que me está confiada, para reafirmar mis propósitos, tantas veces enunciadas, de que no pudiendo las masas populares, en general, asistir a los conciertos orquestales que se llevan a cabo en las grandes capitales, como altas manifestaciones del arte; ni pueden permitirse el lujo de concurrir al teatro, en busca de alimento espiritual que necesita, al presentar la banda a los oyentes de los distintos puntos de la provincia y fuera de ella, que pondré todo mi empeño en convertir siempre más esta banda, con la ayuda de los poderes públicos, en "un anillo de conjunción entre el pueblo y las producciones de los grandes cultores" (*La Gaceta,* 15 de enero de 1924, p. 5).

No sólo en las fiestas musicales de la época brilla la danza antigua, sino también en las expresiones de la danza y la gimnasia. En 1911, en el homenaje a Sarmiento con motivo del centenario de su natalicio, en la Escuela Normal de maestras, en el mes de mayo, se presentó *La danza griega*, ejecutada con corrección, como señala la crónica (*El Orden,* 15 de mayo de 1911, p. 3)

Años más tarde, en mayo de 1918, se destaca la actuación de bailarines rusos en Tucumán, quienes evocan a través de movimientos rítmicos la danza, la mitología y el ámbito de la fiesta clásica. Según la crónica, la danza antigua con el escenario del Partenón despierta en el público una emoción estética perdurable:

> "Los bailarines rusos fueron mimados, desde ese momento por los públicos y lo que al principio se tornó simplemente como un novedad, fue; poco después entrando en el ánimo de todos, con una nueva y verdadero manifestación de belleza, una singular prueba de arte" (*La Gaceta*, 19 de mayo de 1918, p. 5).
>
> "Y así renacieron en las escenas, las danzas admirables que decoran los pisos del Partenón, ..."

En sus actuaciones, estos bailarines reconstruyen en Tucumán el mundo mitológico de Grecia a través de la representación de *Miniature,* que tiene como personajes *a*l dios Pan con su flauta, a los jóvenes amantes Aurora y Ganímedes. Estos juegan alrededor de la estatua del dios, mientras el dios contempla las armoniosas danzas de los amantes. En la representación, Aurora en un rapto de entusiasmo y locura ruega al dios que encarne en la estatua y la anime con un soplo divino de vida. El dios, abandonando su hierática inmovilidad, danza alrededor de Aurora. Comienza la danza báquica entre Pan y la danzarina, que termina, con el retorno del dios a su postura primitiva, y ante la desesperación de Aurora que la ve desaparecer. Una crónica de la época alude a esta ejecución de tema mitológico como una poética de amor y de gracia (*La Gaceta*, 22 de mayo de 1918, p. 5)

En 1919, las fiestas helénicas de la danza son recreadas nuevamente por una compañía extranjera de bailes clásicos. Sus bailarines traen a la memoria las fiestas báquicas y lo hacen a través de una integración de las artes:

> "La música, la poesía, la escultura y la pintura se combinan en el "balet" en forma tan íntima y apropiada, que producen un cuadro de delicadeza insospechado para los que no los conocen. El ritmo de la danza; las voces de los instrumentos que interpretan las páginas maestras de los clásicos; las actitudes plásticas que evocan, ora a las divinidades de los tiempos heroicos, ora a las suaves pastoras helénicas danzando deli-

ciosamente al son de las flautas pastoriles, mientras faunos y sátiros revolotean enloquecidos a su alrededor, [....]" (El *Orden*, 10 de mayo de 1919, p. 5)

También, en este año, la danza griega evocada en el *Momento musical,* de Schubert, en un concierto realizado en el hotel Savoy durante el mes de septiembre. Adquiere relieve especial en esta ocasión una danza griega, protagonizada por niñas, espectáculo que despertó la admiración y el interés del público. Según una crónica periodística, la concurrencia, encantada por la admirable precisión y la adorable gracia con que las pequeñas danzantes ajustaban sus clásicos evolución al ritmo de la música, obligó a bisar cuatro veces el "Momento musical" (*El Orden* 8 de setiembre de 1919, p. 5).

Un año después, en 1920, las fiestas de la danza antigua son evocadas por Maud Allan. La bailarina, que debutó en mayo de 1920 en el teatro Odeón, manifestó su afinidad a la danza antigua y a la plástica inspirada en ella, además de su sensibilidad a las melodías evocadoras de las bacanales, como *Bacanal*, de Strauss. Su objetivo – según lo manifestó en esta oportunidad- era reproducir las danzas griegas y las recordar las esculturas helénicas (*La Gaceta,* 29 de mayo de 1920, p. 5)

En la actuación de la bailarina, como la evocación del teatro griego el vals *El Danubio Azul,* de Strauss, recreación que produjo en los espectadores la evocación del esplendor estético que caracterizó a los antiguos (*La Gaceta,* 21 de mayo de 1920, p. 4). "Y en palcos y plateas la poesía reinaba soberana, porque ojos, cuellos, manos, labios y sonrisas de mujer trasuntaban el Helícona, el Parnaso" (*La Gaceta* ,1 de junio de 1920, p. 4).

También las fiestas de la música de la antigüedad están presentes en los eventos culturales de la época, como un concierto de cítara de 1914, en el Hotel París por Leuneh, acontecimiento de revistió importancia para la sociedad debido a la escasez del ejercicio del instrumento en la provincia (*El Orden* 14 de diciembre de 1914, p. 5).

Por último, en cuanto a la poesía y teatro del ambiente, un espectáculo de carácter poético teatral, musical y también danzante que tuvo lugar en un concierto de caridad de 1913 en el teatro Odeón, patrocinado por las Conferencias de San Vicente de Paul de San Francisco. En esta oportunidad se interpretó alegóricamente *La conquista del espíritu por las musas*, preparada como novedad del concierto (*El Orden*, 2 de julio de 1913, p. 5).

Se destaca el repertorio de los personajes protagonizados por niñas con arpas y con violines. Ellas personifican al dios Apolo y a las musas en un escenario que evoca al Parnaso. En éste, Apolo está por Calíope, musa de la poesía heroica, por Melpómene, musa de la tragedia; por Talía, musa de la comedia; por Erato, musa de la poesía lírica; por Euterpe, musa de la música; por Urania, musa de la astronomía; por Polimnia, musa de la retórica; por Clío y Terpsícore, musas de la historia y el baile (*El Orden,* 12 de julio de 1913).

Este cuadro alegórico del Parnaso- tuvo según la crónica de la época – un brillo particular a través Euterpe, la musa de la música personificado por una de las niñas:

> Aquí deténgase un momento la pluma del cronista. Evoqué a todas las "Musas del Parnaso", robé de las paletas de todos los artistas los colores más divinos, pido á todos los poetas su verso más sonoro, arrúllese en un ensueño sublime de ideal, embriáguese de sol, de arte y de belleza...para que así inspirado puedo entonar un himno al triunfo". (*El Orden,* 14 de julio de 1913, p. 5).

Años después, en 1919, el tema de las Musas y las fiestas de la antigüedad reaparece en otra velada artística. Se trata de interpretación lírica-plástica del poema *Las musas* de Jaimes Freyre, que tuvo lugar en el teatro Odeón el 7 de julio de 1919 a beneficio de la Conferencia de San Vicente de Paul de San Francisco. De acuerdo a las crónicas, este recreación lírica muestra reminiscencias de *Alma helénica*, poema de Freyre que recuerda a las musas del Parnaso (*El Orden* , 2 de julio de 1919, p. 5).

La efusividad del público ante el recitado del poema es destacado una cronista del evento:

> "Otro de los números sobresalientes de la velada y que el público aplaudió mucho, fue el poema lírico "Las Musas", del señor Ricardo Jaimes Freyre, magistralmente interpretado por distinguidas señoras" (*El Orden,* 8 de julio de 1919, p. 5).

A modo de conclusión, las actuaciones mencionadas implicaron una revalorización de la danza antigua en Tucumán y además, la gestación de un aprendizaje estético del público, el cual aprecia las fiestas de la antigüedad clásica desde la experiencia del arte. Las fiestas artísticas de la antigüedad son interpretadas durante la época a fin de recrear un clima de creación, de pensamiento, de leyes, de medida, de armonía y unidad social, pues como vimos ellas sirvieron no sólo para la producción artística de la época, sino también para la vivencia y goce estético de una sociedad.

Además, muestran la unidad de una época en cual las diversas disciplinas, tanto artísticas como literarias, se unieron a fin de potenciar los valores éticos y estéticos de un proyecto de civilización, de libertad y de progreso puesto en marcha.

Así, la evocación de las fiestas y lenguajes artísticos de la antigüedad clásica tuvieron en Tucumán una proyección educativa, pues busçaron la superación de las limitaciones culturales de una región, el perfeccionamiento integral del hombre del norte, del abogado, del maestro, del campesino, pero especial la de los niños y jóvenes como una futura generación fuerte, reflexiva y equilibrada. Por eso, la antigüedad clásica surge como instrumento para la transformación social.

Queda demostrado además cómo, para la Generación del Centenario, el lenguaje del arte grecolatino fue una expresión viva y actualizada de un momento histórico, que fue útil para asumir una realidad histórica compleja y concretar progresivamente un proyecto de vida ciudadana, en el que el arte y la filosofía marche armónicamente en conjunción con el crecimiento de la ciencia, de la industria y el trabajo del pueblo.

NOTA

[1] En Ricardo Jaimes Freyre permanecen inolvidables y vivas las expresiones estéticas de la antigüedad clásica, especialmente de la poesía en sus dimensiones éticas y estéticas. Fue gestor de la *Revista de Letras y Ciencias Sociales*, órgano de difusión que reunía los intelectuales y artistas de la Sociedad Sarmiento. En esta revista se hallan algunos ensayos del poeta inspirados en la mitología grecorromana, como *La pompa de Dionisos* y *El banquete de Atenas*.

BIBLIOGRAFIA

Álbum General de la provincia de Tucumán. En el Primer Centenario de la Independencia Argentina. Tucumán: Publicación aprobada por la Comisión oficial del Centenario, Establecimientos Gráficos Rodríguez Giles, Bs. As.

Celebración Nacional del Centenario de la Independencia de Tucumán. Tucumán: Publicación del Gobierno de la provincia de Tucumán, 1917, págs. 151, 168.

Conferencias sobre la oratoria. **La Gaceta**, Tucumán, 15 de octubre de 1919, pág. 4.

Conocimientos del orador (De la conferencia de ayer, dictado por Don Ricardo Jaimes Freyre). **La Gaceta.** Tucumán, 10 de octubre de 1919, pág. 4.

FREYRE, Ricardo Jaimes, "El taller de Eufranor". **El Orden**, Tucumán, 13 de mayo de 1922, pág. 12.

FREYRE, Ricardo Jaimes, "Roma". **La Gaceta**, Tucumán, 12 de marzo de 1922, pág. 12.

FREYRE, Ricardo Jaimes, **Los sueños son vida. Anadiómena. Las víctimas.** Buenos Aires, "Buenos Aires": Sociedad cooperativa editorial limitada, 1917.

Inauguración del Museo de Bellas Artes. Tucumán: Universidad Nacional de Tucumán, Tipografía de la Cárcel Penitenciaría, 1916, pág. 11-12.

Legajo Nro. 2912, Dirección de Personal de la Universidad Nacional de Tucumán.

Legajo Nro. 7239 y Nro.7243, Dirección de Personal de la Universidad Nacional de Tucumán .

Legajo Nro. 7630, Dirección de Personal de la Universidad Nacional de Tucumán.

Obras completas de Juan B. Terán. Tucumán: Universidad Nacional de Tucumán, 1981. Tomo VII.

Pérez, Manuel. **Tucumán intelectual**. Producciones de los miembros de la Sociedad Sarmiento, Tucumán, colección y edición por Manuel Pérez, Imprenta *La Argentina*, págs. 5-7.

ROUGÉS, Alberto, Meditación lírica sobre Jaimes Freyre, Colección Ernesto Padilla, Archivo Histórico de la provincia de Tucumán, Carpeta Nro. 1, Folios 82-83.

TERÁN, Juan B., Pro Lola Mora. **El Orden**, Tucumán, 28 de septiembre de 1904.

TERRAGNI, Atilio: "Tucumán artístico". **Tucumán Panorámico**, Tucumán: publicación del Colegio de Abogados de Tucumán, Imprenta *La Velocidad*, pág. 81-83.

TERRAGNI, Atilio: *"TUCUMÁN ARTÍSTICO"*. **Tucumán Panorámico**, Tucumán, publicación del Colegio de Abogados de Tucumán, Imprenta *La Velocidad*, pág. 81-83. Tucumán,

Universidad Nacional de Tucumán, Libro Copiador, 2 de mayo de 1930 hasta 11 de mayo de 1935, folio 32.

A MEMÓRIA REPUBLICANA PRESENTE NA NOÇÃO ROMANA DE *IMPERIUM*

Moisés Romanazzi Tôrres*

Segundo Ernest Barker (1992, p.61), podemos dizer que Roma construiu um império em um mundo impregnado do pensamento da Grécia e que este pensamento grego continuou a impregnar, chegando mesmo a cimentar o império que Roma construíra. Tal perspectiva, ainda que correta, deve ser adequadamente matizada. Podemos dizer que se *imperium* era uma palavra latina, a idéia de um império e a idéia de um imperador não eram de origem latina. Assim, a princípio, devemos reconhecer no Império Romano o resultado da fusão da evolução política romana com as idéias helenísticas. Mas, por outra, não podemos negar, no próprio campo das idéias, o legado romano, mais exatamente republicano, presente na construção da Noção de Império.

Três são os aspectos que, no Oriente, contribuíram para o desenvolvimento desta noção: o legado político e institucional de Alexandre; a crença estóica de que o universo inteiro é concebido como uma unidade inteligível permeada pela razão, sendo que a idéia estóica de um mundo-Estado é simplesmente o aspecto político desta concepção filosófica geral; finalmente, uma tendência geral a uma fusão de cultos e a uma crença geral num único Deus do Universo. O desenvolvimento político de Roma foi de encontro ao sistema de pensamento implícito nas monarquias helenísticas, à filosofia do estoicismo e à nova tendência religiosa.

Com a passagem da Realeza à República, a magistratura que substituiu o rei foi o consulado. Os cônsules eram dois, ambos patrícios, e tinham os mesmos poderes que o antigo rei, à exceção do religioso, que era da alçada de outro magistrado, reminiscência da realeza desaparecida – o *rex sacrorum*. Na realidade, o supremo órgão religioso era o Colégio dos Pontífices, sacerdotes que interpretavam o costume, que tinha o valor de lei. Os cônsules eram, no entanto, sobretudo chefes militares. Eram eleitos pelas *Comitia Centuriata*. Recebiam o *imperium* dos *Comitia Curiata*, o que lhes dava o supremo poder militar fora de Roma (era proibido, como sacrilégio, entrar na *Urbs* com tropas). O Senado lhes conferia a confirmação chamada *auctoritas*

*Professor doutor de História e Filosofia da Universidade Federal de São João del-Rei (UFSJ). mrtorres@ufsj.edu.br

patrum, em virtude da qual recebiam a *potestas* (capacidade de exercer uma magistratura). Com as conquistas militares[1], as províncias que foram constituídas eram governadas por magistrados (procônsules, propreptores). Tais magistrados foram também investidos do supremo poder militar, o *imperium*, restrito, no entanto, aos limites da província e ao período que durasse seu governo.

Tais conquistas, no entanto, se, por um lado, transformaram Roma, de uma pequena cidade do Lácio, na cabeça de um imenso império que unificou toda a bacia do Mediterrâneo, por outro ocasionaram graves crises internas: a do século II a.C. e a do século I a.C. O resultado das crises foi a extensão do poder pessoal baseado no exército. Tendia-se à suspensão das liberdades provinciais e locais, e das liberdades individuais. Eram comuns os golpes de Estado. Chegou-se enfim à centralização e à formulação, pelos juristas, especialmente por Cícero, de uma idéia nova de Estado enquanto personalidade jurídica abstrata, justificando um novo sistema que foi o Principado.

Com Mário (final do século I a.C.) e com a Ditadura de Sulla (82 a 79 a.C.), tiveram início o poder pessoal baseado no exército e a era dos golpes de Estado. Seguiu-se o Primeiro Triunvirato – Júlio César, Crasso e Pompeu (60 a 48 a C.), a Ditadura de César (48-44 a.C.) e o Segundo Triunvirato – Marco Antônio, Lépido e Otávio (43 – 30 a.C.), em meio a sangrentas guerras civis. Enfim, após a vitória na batalha naval do *Actium* (31 a C), o duplo suicídio de Cleópatra e Marco Antônio e a conquista do Egito (30 a.C.), Otávio, sozinho no poder, gradualmente instaurou o Principado.

Em 30 a.C., Otávio foi empossado como *imperator* (chefe dos exércitos), *princeps* (primeiro cidadão; o senador que fala em primeiro lugar) e *augustus* (divino), pondo fim à República e dando início ao Principado, a forma inicial que tomou o Império Romano (30 a.C. a 235 d.C.). Seus títulos principais, ao longo de seu reinado, foram, no entanto, *augustus*, pai da *patria*, *imperator* (título a que faziam jus os generais vencedores). A "fórmula" do Principado, utilizada por Otávio, havia sido idealizada, conforme comentamos acima, por Cícero, visando sua aplicação por Pompeu. O sistema não se formou de vez: foi se estruturando aos poucos durante o governo de Otávio (30 a.C. a 14 d.C.).

O Principado representou uma tentativa de manter as aparências republicanas. Com o estabelecimento do Império (*Imperium*), o antigo poder temporário do magistrado republicano (*imperium*) assume um caráter vitalício. A base do poder de Otávio era o *imperium proconsulare maius*, isto é, o supremo comando militar em caráter vitalício e extensivo a todo o Império, inclusive à própria Roma. Mas ele também açambarcou as atribuições de todas as magistraturas republicanas, através de concessões sucessivas do Senado. Continuavam a ser eleitos cônsules, pretores, e outros magistrados, mas sem poder efetivo, e, além disto, Otávio fazia a indicação eleitoral e, desta forma, somente seus candidatos se elegiam. O Principado foi uma acomodação entre a forma republicana e o poder pessoal baseado no exército. Teoricamente, era uma diarquia, fundamentada na harmonia do *princeps* com o Senado. Na prática, todo o poder ficava nas mãos do primeiro. Otávio, no entanto, não quis ser tribuno da plebe, pois para isto teria de deixar a *gens julia* (*gens* de Júlio César, de quem era filho adotivo) e ele não queria perder o prestígio militar ligado ao nome de César (o tribuno da plebe tinha de ser plebeu ou adotado por família plebéia); entretanto, por uma acomodação, Otávio tinha o poder tribunício sem ser tribuno (*potestas tribunicia*), o que lhe conferia inviolabilidade e veto.

Com os descendentes de Otávio, o termo *imperator* ganhou uma importância crucial e seu significado foi alargado: além do supremo comando militar, ele passou a designar um sistema complexo de direitos civis, militares e judiciários. Com efeito, segundo Léon Homo (HOMO, 1970, p.250), o termo *imperator*, que caracterizava o príncipe enquanto detentor do *imperium proconsulare* sobre seu triplo aspecto – civil, militar e judiciário –, foi sempre a primeira designação dos governantes do Império Romano, sendo César (*Caesar*) um prenome genérico que lembrava o prenome individual (de Júlio César), e Augusto (*Augustus*) um sobrenome de natureza religiosa que elevava o imperador acima da humanidade e lhe conferia um caráter sagrado.

Gradualmente, a idéia romana de *imperium*, recuperando a tradição helenística, foi sendo associada à deificação da figura imperial e, em geral, à idéia monárquica oriental. Já com Otávio teve início a estruturação, ainda tímida porém, do culto imperial. No Oriente (onde há milênios o governante era, em formas diversas, ligado à divindade), ele foi adorado ao lado da deusa Roma, e isto se espalhou aos poucos por todo o Império, respondendo a necessidade de se criar laços mais profundos entre cada habitante do Império e o seu imperador.

O Império se constituía então na solução de um problema; até mais era uma espécie de "salvação". Os sentimentos religiosos sustentavam a instituição e sua continuidade. Este sentimento religioso era de adoração a um deus presente, enviado pela Providência para o fim da guerra e a salvação da humanidade. Após o reinado de Macrino (217 a 218 d.C.), uma conspiração militar pôs no trono Heliogábalo (218 a 222 d.C.), que introduziu em Roma o culto solar, sinal da crescente orientalização religiosa e cultural do Império. Quando Aureliano (270 a 275 d.C.) transformou a adoração do Sol em religião do Império, o imperador passou então a ser a imagem e a epifania do *Sol Invictus*. Era o nimbo emanado do sol que lhe conferia uma graça sobrenatural; e se ele deixava ao sol o título de "Senhor do Império Romano", ainda assim pôde reivindicar para si não só o título de Senhor (*dominus*), como também o de Deus (*deus*).

Com efeito, foi durante a chamada crise do século III d.C. que o culto imperial encontrou o seu apogeu. Desde meados do século II d.C., o belo edifício do Império se rachava: guerra civil, grave crise de falta de mão-de-obra ("crise do escravismo"), perigo germânico nas fronteiras, inflação, despovoamento dos campos, grande elevação dos impostos, entre outras crises. Mediante tal estado de coisas, os imperadores queriam eliminar os fatores de divisão e estreitar os laços entre os habitantes do Império por intermédio do culto oficial do imperador, tido como demonstração da lealdade ao Estado Romano na figura do imperador. Foi só então que os cristãos passaram a ser perseguidos de forma sistemática, e, por diversas vezes, foi elaborada uma legislação anticristã destinada ao conjunto do Império[2], pois, embora afirmassem sua lealdade a Roma, se recusavam, logicamente, a realizar o culto imperial.

O desenvolvimento do culto imperial, cada vez mais orientalizado, prosseguiu no *Dominato* (o Baixo Império – de 285 d.C. a 476 d.C.). O imperador, *dominus et deus*, vivia então cercado por luxuoso cerimonial de corte e por rigorosa etiqueta, o que dificultava o acesso a ele. Era assim um monarca de tipo oriental; devia-se ajoelhar na sua presença, sua imagem era adorada.

Porém o Império, em grave crise desde finais do século II, tentou a superação desta através da aproximação com o cristianismo. O primeiro passo foi a "Conciliação Constantiniana", possibilitada pelo "Edito de Milão". Em fevereiro de 313, como salienta Jean Meyendorff, (MEYENDORFF, 1993, p.20), os imperadores romanos Constantino (Ocidente) e Licínio (Oriente) entraram em acordo sobre o princípio de uma nova política religiosa. A política consistia em pôr fim à perseguição contra o cristianismo, declarando-o *religio licita*, restituindo-lhe as propriedades anteriormente confiscadas e instituindo um regime de tolerância religiosa. Na realidade, a *Pax Ecclesiae* foi somente uma das conseqüências do "Edito de Milão". Este, no entanto, não se referia especificamente ao cristianismo, e sim a todas as religiões do Império.

A transformação progressiva do Império em uma sociedade formalmente cristã continuou, no entanto, sob os sucessores de Constantino. Mas esta lenta evolução foi plena de contrastes e de paradoxos, marcada por revivescências do paganismo e por medidas radicais tomadas por parte dos imperadores adeptos do cristianismo. Em 380, Teodósio I declarou ser o Cristianismo a religião oficial do Império e, em 392, os demais cultos foram proscritos.

Podemos entender o cristianismo enquanto religião oficial do Estado Romano como a realização de uma verdadeira comunhão de interesses. A Igreja, favorecida e privilegiada desde 313, tornou-se então verdadeiramente institucionalizada. Quanto ao Império, segundo Francisco José Silva Gomes (1979, p.38), este encontrou no cristianismo uma nova forma de legitimação da ordem vigente, sacralizando-a; e na Igreja, um aparelho de hegemonia.

Como comenta Francisco Gomes (1979, pp.38-39), a divinização do poder imperial não lograra na fórmula do *Dominato*, em parte pela resistência que os cristãos lhe haviam oferecido. Os imperadores encontraram então uma nova legitimação da sua autoridade em termos cristãos. O imperador não era mais sobre a terra um deus de glória, mas a imagem visível do Deus invisível, do senhorio de Cristo (*Kyrios*). O poder imperial tornava-se a imagem da monarquia divina. A missão do Imperador enquanto *vicarius Christi*, juntamente com os bispos, ainda que de modo diverso, investia-o da tarefa de propagar o Reino e de defendê-lo dos inimigos. Os imperadores também se julgavam obrigados a manter a unidade da fé para manter a unidade do Império, a defender a divindade de Cristo contra as heresias que a negavam, para sustentar a sua função vicarial. Para tanto, passaram a organizar e presidir concílios que elaboravam as decisões dogmáticas e canônicas das questões conflitivas em matéria de doutrina e de disciplina, respectivamente.

A combinação dos poderes real e sacerdotal era de fato a principal característica da singularidade da posição do imperador. Segundo Walter Ullmann (1983, p.35), considerava-se, efetivamente, que a plenitude do poder de Jesus Cristo no céu descia à terra encarnada na pessoa do seu vigário. As leis, os decretos, as ordens do imperador eram leis, decretos e ordens da Divindade publicados através da pessoa do imperador. No início do século IV, Eusébio de Cesaréia dizia que o imperador é um "bispo de fora": ele possui assim uma espécie de poder episcopal sobre o conjunto do seu Império. Nítida concepção sagrada do poder político, pelo lado do Império; franca justificação "teológica" da monarquia imperial, pelo lado dos cristãos. Por fim, entre os séculos IV e V, São João Crisóstomo (bispo de Constantinopla entre 398 e 404) chegou mesmo a recomendar aos súditos que deviam escutar as Sagradas Escrituras com o mesmo temor e a mesma reverência com que viam, "em sagrado silêncio", a publicação das leis imperiais.

As funções do imperador enquanto *vicarius Christi* implicavam, segundo a análise de Walter Ullmann (1983, p.35), que sua pessoa e seu cargo estivessem rodeados por uma aura de sacralidade que caracterizava seu *status* singular frente aos outros mortais. Devido à sua função de sacerdote, oficializava cerimônias litúrgicas. Neste contexto, era de particular importância a função do imperador no terreno da doutrina religiosa como promulgador de decisões sobre o dogma. Ademais, ele era considerado a "lei viva" (*lex animata*), o que significava que sua vontade, e nada mais que ela, tinha força de lei. Enquanto rei, a política tributária, a organização do Império, o comando militar, a decisão da paz e da guerra, enfim, todo o poder público era de sua exclusiva competência. E, ainda aqui, todas as suas ações levavam o selo de ações divinas.

Ainda de acordo com Walter Ullmann (1983, p.36), este sistema de governo culminava no que, em efeitos práticos, constituía o exercício do poder e da autoridade divinas por meio da pessoa do imperador. O imperador era o *Autocrator* e *Cosmocrator*, governava o "mundo", que se identificava com o Império Romano, como se fosse ele o próprio Deus. Estava totalmente acima da lei, uma vez que não havia corpo, autoridade ou tribunal que podia julgá-lo. Tatava-se ao mesmo tempo de um poder pessoal de caráter supremo.

Entretanto, o governo monárquico do imperador também tinha seus limites. Ele, como aliás observa Ullmann (1983, p.36), não se considerava como portador de uma *carte blanche* para o exercício de um governo "tirânico". Pelo contrário, dado que apenas o imperador conhecia os desígnios divinos, ele era a primeira custódia das leis e podia mudá-las de acordo com sua vontade, se a justiça divina o exigia. As leis imperiais se denominavam mesmo "leis sagradas", uma vez que nelas e através do imperador se manifestava a própria vontade divina. Também o aspecto "sacerdotal" da dignidade imperial não se referia à qualificação sacramental, carismática e pneumática do imperador, mas simplesmente às suas funções de governante, de legislador; em outras palavras, aos aspectos exteriores do seu governo. Nenhum imperador pretendeu ter poderes para ordenar, consagrar ou para levar a termo qualquer dos atos especificamente sacramentais que pressupõe a posse de um carisma.

Mas também a penetração da idéias helenísticas na Roma Imperial não fez "tábua rasa" das antigas concepções políticas e ideológicas. É preciso se levar em conta a longa tradição republicana. Com efeito, é mais exato se falar que as idéias helenísticas se misturaram à tradição republicana, formando algo inteiramente novo. Pois bem, segundo esta tradição, o poder podia somente emanar dos cidadãos romanos. Igualmente, apenas a estes cabia fazer as *leges*. Como que tais concepções podem ser conciliáveis à perspectiva de um imperador *vicarius Christi, Autocrator* e *Cosmocrator, lex animata in terris*?

Foi particularmente no campo do Direito que a fusão entre a tradição republicana e as idéias helenísticas forjaram a concepção de imperador que atravessou todo o Império Romano. É preciso, portanto, desenvolvermos, antes de tudo, algumas linhas sobre o direito romano na época imperial. Nos nove parágrafos seguintes, P. G. Stein (1995, pp. 38-41) traça-nos um quadro resumido da sua evolução do século I ao VI.

Com efeito, quando a República cedeu lugar ao Império, as leis, no sentido de decisões das assembléias populares, logo desapareceram. Em substituição, os *senatusconsulta*, as decisões do Senado (um corpo composto em grande parte de antigos magistrados), que não tinham força coercitiva legal na época da República, adquiriram a qualidade de *lex*. Elas se tornaram uma fonte do Direito ao longo dos séculos I e II.

Na época do imperador Adriano (117-138), o edito pretoriano foi codificado sob uma forma permanente pelo jurista Juliano. Gradualmente, ao curso do Principado, o imperador exerceu os poderes legislativos, que ele exprimia nas constituições imperiais. Ele podia legislar e ele legislava efetivamente por intermédio dos editos, mas sua influência sobre o direito se exercia geralmente sob a forma de glosas, de respostas escritas preparadas pela chancelaria imperial a partir de questões ou de pedidos que lhe eram enviados por funcionários, como governadores de províncias, ou por cidadãos a título privado.

No tempo de Adriano, os mais eminentes juristas eram membros do conselho do imperador. A maior parte das glosas eram redigidas por eles e, assim, exprimiam o direito dos juristas sob a forma de constituições imperiais. Normalmente, essas glosas serviam para tornar mais claro, diminuindo ou eliminando o risco de erros de julgamento, o direito já existente. No domínio do direito privado, os imperadores não mostraram nenhuma inclinação a efetuar mudanças importantes.

No começo do século III, as idéias jurídicas foram resumidas na obra de três grandes juristas: Palpiniano, prefeito pretoriano na época de Sétimo Severo (193-211), que se especializou na análise de causas individuais, Paulo e Ulpiano, dois assessores de Palpiniano. Estes escreveram comentários sobre o edito pretoriano e sobre o direito civil (*ad Sabinum*). A obra de Ulpiano, em particular, tratava de todos os aspectos do direito, recuperando grande parte das idéias jurídicas anteriores. Depois de sua morte, em 223, os escritos jurídicos de qualidade tornaram-se bastante raros, se bem que as constituições do imperador Diocleciano (285 a 305) demonstrem que sua chancelaria possuía ainda juristas sábios e interessados em salvaguardar o direito clássico.

Os séculos IV e V conheceram um declínio dramático do nível da ciência jurídica. Em meio às agitações sociais que colocavam em risco a própria estabilidade do governo, não se pôde preservar um sistema jurídico evoluído e, também, mediante a afirmação do cristianismo enquanto religião do Estado Romano, os melhores espíritos passavam comumente do direito à teologia.

O Edito de Caracala ou *Constitutio* Antoniana (212) tinha virtualmente tornado cidadãos todos os habitantes do Império, mas as regras do direito romano não eram mais aplicadas uniformemente através do Império. Na prática, elas eram modificadas para se adaptar às constituições locais das diversas províncias.

Reconhecia-se então abertamente que o imperador era um monarca absoluto, e o abandono da teoria, largamente difundida no Principado, de que ele dividia o poder com o Senado foi simbolizada pela mudança de um dos títulos imperiais: *princeps* para *dominus*. As constituições imperiais, deste momento em diante reconhecidas formalmente como *leges*, continuaram a ser freqüentemente publicadas e tomando, mais freqüentemente que antes, a forma de *leges generales*, de regras normativas de cunho geral.

A lei dos cidadãos publicada por Teodósio II (426) identificava cinco autoridades principais entre os juízes: Palpiniano, Paulo, Ulpiano, *Modestinus* (um aluno de Ulpiano, que se tornou o primeiro dos juristas clássicos) e Gaios, um mestre do século II, pouco reputado em seu tempo, mas que conheceu uma celebridade póstuma por causa da clareza de suas exposições. Em 438, foi publicado o Código de Teodósio, uma compilação oficial das constituições imperiais de caráter geral promulgadas depois da época de Constantino I.

Pelo visto acima, a função do imperador enquanto *lex animata in terris* apresentava na prática determinadas limitações. Em termos gerais, tal função, expressa por intermédio dos editos, se exercia geralmente sob a forma de glosas. Ou seja, como supradito, eram respostas escritas formuladas a partir de questões ou de pedidos enviados por funcionários, como governadores de províncias, ou por cidadãos a título privado. Tais glosas, no entanto, só raramente eram desenvolvidas pelos próprios imperadores. A maior parte delas era redigida pelos juristas da chancelaria imperial. Desta forma, na realidade, tais glosas exprimiam, sob a forma de constituições imperiais, o direito destes juristas. Ademais, elas normalmente serviam tão-somente para esclarecer o direito já existente.

No Baixo Império, as constituições imperiais, só então reconhecidas formalmente como *leges*, continuaram a ser freqüentemente publicadas. Mas tomavam então, geralmente, a forma de *leges generales*, de regras normativas de cunho geral. De fato, como já comentado, ao menos desde o século III as regras do direito romano não eram mais aplicadas uniformemente através do Império. Eram, na prática, modificadas para se adaptarem às constituições locais das diversas províncias. Ou seja, as constituições imperiais tornaram-se apenas regras referenciais para as constituições provinciais.

Com relação, no entanto, à questão da proveniência do poder, isto é, se a supremacia pertencia aos cidadãos romanos ou ao imperador e, em conseqüência, a quem cabia o direito de fazer as normas que regiam o Império Romano, Stein (1995, p.45) salienta que o texto de Juliano, em particular o *Cod.,8,52,2*, afirma que o costume tem autoridade somente quando ele não é contrário à *lex* ou à razão, mas, de uma maneira geral, a codificação realizada por Juliano do edito pretoriano confirma que o costume não escrito deve ser seguido como a lei, porque ele foi aprovado pelo povo.

Contrastando com a idéia de supremacia popular expressa no texto de Juliano, alguns textos parecem justificar o poder legislativo ilimitado do imperador. Isto foi sendo aceito de uma forma progressiva. Os primeiros imperadores se consideravam ligados às leis, ao menos que o Senado os dispensasse da aplicação de uma lei determinada. Posteriormente, no entanto, os imperadores, de certa forma, procuraram se desligar das leis. Foi o que Ulpiano caracterizou no texto célebre que descreve o imperador como estando "*legibus solutus*" ("desligado das leis") (*Digesto, 1,3,31*). Em um outro texto freqüentemente citado (*Digesto, 1,4,1*), Ulpiano afirma que o que o imperador decidiu (*quod principi placuit*) tem força de *lex*.

Mas, segundo Stein (1995, p.45), Ulpiano desejava provavelmente dizer apenas que onde a lei era duvidosa, era a vontade do imperador que devia decifrá-la. O próprio Ulpiano explica sua declaração citando a *lex de imperio* da Assembléia Popular, votada ao princípio do reinado de cada imperador, que formalmente lhe dava o poder de fazer tudo o que fosse necessário para o bem do Estado. Na época de Otávio, esta medida se referia ao poder executivo, mas ela foi mais tarde utilizada pelos juristas para justificar também um poder legislativo do imperador.

No entanto, sublinha Stein (1995, p.45), ficava sempre subentendido que, de uma certa maneira, quando o imperador legislava, ele agia a título de delegado do povo, apoiando-se em textos como o *Cod., 1,14,4* (*digna vox*), uma constituição promulgada por Teodósio II em 429, que afirmava que o imperador devia se declarar ele próprio ligado às leis, pois sua autoridade repousava sobre a autoridade das leis.

Com efeito, os textos do período clássico e mesmo textos posteriores parecem sugerir, ainda segundo Stein (1995, p.45), que o poder legislativo do imperador era limitado pela necessidade de respeitar o direito tradicional e dele se afastar somente em caso de necessidade patente, e pela necessidade de aprovação do povo para toda mudança.

Mas com relação à questão inicial, de como associar a perspectiva de um imperador *vicarius Christi* e identificado como a lei viva sobre a terra com a do poder e capacidade legislativa emanando dos cidadãos de Roma, devemos ainda tecer algumas considerações.

O princípio, helenístico, de um poder imperial teocrático (*dominus et deus*) que, com o cristianismo, foi transformado numa perspectiva hierocrática, a do representante terreno de Cristo (*vicarius Christi*), constituía de fato o exercício do poder e da autoridade divinos por meio da pessoa do imperador. Todo o poder público era realmente de sua exclusiva competência e, nisto, todas as suas ações levavam com efeito o selo de ações divinas. Significava, inclusive, que as leis do imperador eram leis divinas promulgadas por intermédio dos imperadores.

Mas como havia uma associação destas perspectivas, de cunho helenístico (ainda que redefinidas pelo cristianismo), com a tradição republicana, que dizia que o poder emanava do "povo" de Roma, o imperador, ainda que sagrado, era, efetivamente, um delegado dos cidadãos romanos. A visão compartilhada por quase todos era a de que a origem do poder imperial é divina porque é Deus quem inspira os cidadãos romanos e, assim, este é o instrumento de Deus quando escolhe, através da *lex de imperio* da Assembléia Popular, o imperador.

Também as leis imperiais, com todas as suas já vistas limitações, tinham de fato um caráter sagrado. Mas, longe de expressar a vontade do imperador a título puramente pessoal, representavam sim, na forma de um consenso, a vontade popular promulgada pelo imperador.

Com efeito, a vontade consensual dos cidadãos romanos também provinha de uma inspiração divina. Havia assim coincidência entre esta e a própria vontade divina. Destarte, podemos dizer, em resumo, que as constituições imperiais eram "leis sagradas", uma vez que nelas se expressava a vontade inspirada dos cidadãos romanos.

NOTAS

[1] A unificação da Península Itálica por Roma nos séculos IV e III a.C.; a vitória sobre Cartago nas Guerras Púnicas (263 a.C. a 202 a.C.), que valeu a Roma o controle de toda a bacia do Mediterrâneo Ocidental; e, finalmente, o grande surto expansionista dos séculos III e II a.C., que levou à conquista, em linhas gerais, da maior parte dos territórios dos povos célticos a Ocidente e dos Reinos Helenísticos a Oriente.

[2] As perseguições durante os séculos I e II de nossa era tinham um caráter local e eram muito limitadas no tempo. Ademais, na época de Nero (54 a 68 d.C.), na de Trajano (98 a 117d.C.) e na de Marco Aurélio (161 a 180 d.C.), não foi jamais elaborada uma legislação anticristã precisa.

BIBLIOGRAFIA

BARKER, E. O Conceito de Império. *In*: BAILEY, C. (org.). **O Legado de Roma**. Rio de Janeiro: Imago, 1992, pp. 61-106.

GOMES, F. J. A Igreja e o Poder: Representações e Discursos. *In*: RIBEIRO, M. E. B. (org.). **A Vida na Idade Média**. Brasília: EdUnb, 1979, pp .33-60.

HOMO, L. **Les Institutions Politiques Romaines**. Paris: Albin Michel, 1970.

MEYENDORFF, J. **Unité de l'Empire et Divisions des Chrétiens**. Paris: Cerf, 1993.

STEIN, P. G. Le Droit Romain. *In*: BURNS, James Henderson (org.) **Histoire de la Pensée Politique Médiévale.** Paris: Presses Universitaires de France, 1995, pp. 37-46.

ULLMANN, W. **Historia del Pensamiento Político en la Edad Media.** Barcelona: Ariel, 1983.

DESCONSTRUINDO A MEMÓRIA DO IMPERADOR *LUCIVS AURELIVS COMODVS*

Norma Musco Mendes*

Marc Bloch e Lucien Febvre vincularam o trabalho do historiador a toda produção material e espiritual humana. A perspectiva documental ganhou contornos mais amplos e o filme passou a fazer parte do laboratório do historiador. A postura de um historiador que se utiliza de um filme como um documento histórico deve ser norteada pelo pressuposto básico de que um filme fala sempre do presente. Será sempre um ponto de vista sobre o seu contexto de produção e nunca revela a totalidade da sociedade e da história de uma época, pois não tem preocupação com a veracidade histórica. As narrativas filmicas constroem um mundo ficcional cujas relações com o mundo real são complexas e permeadas pela lógica de mercado, pois correspondem ao amplo *spectrum* de opiniões e de valores, evitando qualquer mensagem que possa descontentar uma parcela importante do seu público alvo.

A questão central é analisar o significado da mensagem fílmica. Preocupar-se sempre com a materialidade de seu texto, entendido como um discurso e com seus parâmetros interpretativos, visto que o filme é uma prática cultural, um evento comunicacional criador de pensamento.

Diante do exposto, cabe a pergunta: quais os objetivos que os historiadores que estudam Roma na Antigüidade têm ao se utilizarem de uma análise/interpretação fílmica de intenção social?

Realizar um esforço crítico para não permitir que as apropriações do passado sejam postas a serviço da manutenção ou crítica do *status quo*, através da análise da releitura destas apropriações e identificando as especificidades históricas dos anacronismos e alegorias.

É justamente diante de tais pressupostos que se justifica o título de nossa apresentação neste encontro. Como devemos analisar a representação do Imperador Cômodo nos filmes *A Queda do Império Romano*, dirigido por Anthony Mann, produção norte-americana de 1964, e *Gladiador*, dirigido por Ridley Scott, produção norte-americana de 2000?

Por que o apelo da indústria cinematográfica norte americana à Antigüidade Romana?

---

*Professora doutora do Laboratório de História Antiga (LHIA) e do Programa de Pós-graduação em História Comparada (PPGHC) do Departamento de História da UFRJ.

Sabemos que se construiu desde fins da Antigüidade a idéia do mito de Roma como parte de uma mitologia política secular que oferece um modelo bem documentado de crescimento, manutenção e desagregação do mais bem-sucedido império da história da humanidade, fornecendo importantes lições para os impérios que se sucederam.

A visão de Roma na percepção européia no século XVIII e XIX pode ser sistematizada em dois arquétipos: Roma Republicana e Roma Imperial.[1]

Roma Republicana é associada ao ideal de liberdade e de participação política do cidadão, que termina com a gradual centralização do poder nas mãos dos imperadores. Roma Imperial se transforma num arquétipo da megalomania dos imperadores tiranos, de poder militar, de exploração dos escravos, de símbolo de luxúria, de corrupção e de violência, aliado aos jogos de gladiadores e à perseguição de cristãos. Estes últimos foram interpretados como indicativos da "queda" do Império Romano. A partir da Segunda Guerra Mundial, a intenção norte-americana[2], também, foi apresentar Roma Imperial como uma analogia à Germânia Fascista e ao totalitarismo. Isto fica evidente nos filmes *Quo Vadis* (1951), *Julius Caesar* (1953), *Demétrio e o Gladiador* (1954). *Ben- Hur* (1959) e *Espártaco* (1960).

Inicialmente, deve ser ressaltado que os filmes em estudo foram elaborados em contextos históricos distintos e apresentam mensagens ideológicas também distintas. No entanto, a matéria do discurso fílmico é a mesma: narrativa do processo que deu início à "decadência" do Império Romano. Coloca o ponto de inflexão nos últimos anos do imperador Marco Antonio, sua morte e a sucessão de Cômodo. Este recorte temporal tem apoio na historiografia: Gibbon e Mazzarino.

O filme *A Queda do Império Romano* é uma exceção à visão negativa de Roma, como inimiga da Cristandade, como a antítese de tudo o que é bom e decente na humanidade. Exalta a grandeza de sua história e cultura e demonstra que a ação do exército não precisa ser necessariamente fascista, significado da mensagem representada pelas imagens construídas em torno do personagem Lívio. Na época da produção do filme, a equação entre Roma Imperial e a Alemanha fascista já havia enfraquecido. Porém, o filme é um questionamento de como compreender o crescimento e a queda de Roma, sendo esta última articulada à existência de um governante cruel, tirânico e ensandecido pelo poder. A narrativa fílmica alia a manutenção do Império à visão utópica representada pela política de Marco Aurélio de criar um mundo pacífico e igualitário, compartilhado por romanos e bárbaros. Trata-se da concepção de *Pax Romana*, que representava para a sociedade americana da época uma mensagem e um modelo de associação com a *Pax* Americana, almejada pela sociedade norte-americana, inserida na "guerra fria". O filme não apenas reflete as questões de desenvolvimento político e econômico, mas oferece uma resposta criativa para um mundo em construção após a Segunda Grande Guerra.

Diferentemente, o filme *Gladiador* não discute os assuntos relacionados com a criação, manutenção e desagregação do Império. Toda a sua narrativa alegórica, centrada na estória pessoal de vingança do herói Máximo contra Cômodo, imperador tirânico, cruel e assassino, é "uma alegoria do tempo presente lendo o tempo passado" (TEIXEIRA DA SILVA, 2001). Euforiza a eficiência feroz do exército romano, a sua invencibilidade, ambas baseadas na rígida disciplina e hierarquia militar e no alto nível da tecnologia militar. É, sem dúvida, uma analogia à arrogância militar de hoje dos Estados Unidos. Na saga pessoal do General Máximo contra o imperador Cômodo, podem ser observados os símbolos que nos remetem à crise do sistema democrático, à imposição de governantes personalistas, cruéis e populistas, às guerras imperialistas de extermínio e exclusão do "outro" e à retomada de repúdio às forças neonazistas.

O filme *Gladiador* euforiza a admiração pelo militarismo, pela grande extensão do poderio romano e pelo seu poder invencível como potência imperialista, cujo único problema era a vitória sobre os germanos.

Máximo se une à conspiração de Lucila e Graco, cujo objetivo era matar Cômodo e realizar o plano de Marco Aurélio: transformar a dominação violenta e exploradora do mundo num sistema global multicultural e pacífico.

Cabe ressaltar que ambos os filmes apresentam a mensagem de que a complexidade esmagadora de um amplo sistema mundial faz com que a dinâmica da mudança escape dos protagonistas: Lívio e Lucila abandonam Roma e Máximo morre. Os dois filmes não veiculam mensagens conspiratórias, visto que representam um sistema político global, a fim de fornecer um significativo comentário sobre o contexto histórico da sua produção.

Limitar-me-ei neste texto a traçar considerações sobre as alegorias construídas para a representação do Imperador Cômodo.

Praticamente os filmes englobam o reinado de Cômodo desde a morte de Marco Aurélio em 180 até o seu assassinato em dezembro de 192. Praticamente 13 anos de governo, os quais, nos filmes, parecem reduzidos a alguns meses.

Desde o início a narrativa fílmica projeta a idéia de que Cômodo era carente de afeição paterna, nutria desejos incestuosos pela irmã e pelo sobrinho e assassinou o seu pai, por ter sido rejeitado como o seu sucessor.

A caracterização de Cômodo como um imperador covarde, cruel, irresponsável, que se deixava guiar pelos excessos sexuais e pela bebida, encontra respaldo na documentação textual, que se utilizava destes recursos retóricos para descrever um governante tirânico. Ou melhor, aqueles que não conseguiam estabelecer um *modus vivendi* entre o poder imperial e a aristocracia senatorial. Também, de acordo com as fontes, é exaltada a popularidade de Cômodo, articulada ao seu amor pelos jogos de gladiadores e pelo combate às feras (HERODIANO, 1.15.7).

A atuação de Cômodo na arena é descrita, tanto nas fontes quanto nos filmes, como uma forma de maximizar o comportamento violento e sanguinário de Cômodo em relação aos seus inimigos e conspiradores, como uma linguagem de poder.

Essas características são ainda mais acentuadas na forma como é apresentada a política externa de Cômodo. A decisão de abandonar a conquista ou assimilação dos germanos é representada como um forte indicativo de sua incompetência, comodismo e covardia, pois preferia ficar em Roma desfrutando os prazeres e o conforto da cidade do que enfrentando as privações do campo de batalha (DIO CÁSSIO, 73.1). No desenrolar da narrativa fílmica esta decisão foi considerada errada e perigosa do ponto de vista militar e um ultraje aos ideais humanitários e de liberdade de Marco Aurélio.

Vejamos como podemos analisar esta narrativa alegórica em torno do Imperador Cômodo.

Inicialmente, não corresponde à documentação o fato de que Marco Aurélio preteriu o seu filho, elegendo como sucessor alguém que pudesse restaurar a antiga liberdade republicana ou criar um império multicultural. Não existem paralelos históricos para Lívio e Máximo e se trata de um anacronismo, pois, desde a época do imperador Otávio Augusto, o ofício de imperador já era reconhecido universalmente como necessário para a manutenção do Império. Ademais, a documentação comprova que Marco Aurélio demonstrava cuidados com a formação de Cômodo, pois, quando se afastava para os locais das batalhas, deixava o filho aos cuidados de médicos e tutores. A documentação nos passa a idéia de que Marco Aurélio temia a personalidade e o caráter de Cômodo e, portanto, hesitou em indicá-lo como seu sucessor. Isto foi um recurso retórico criado pela documentação para comprometer a personalidade de Cômodo, desacreditá-lo e justificar o seu assassinato. Marco Aurélio nunca deixou dúvida sobre a sua intenção de criar uma dinastia. Em 166, durante o triunfo contra os partos, Cômodo, seu irmão Marco e Anio Vero, filho de Lucio Vero, foram proclamados Césares (H.A.Marc.12-7; Com.11.13).

Em 172, Cômodo recebe juntamente com Marco Aurélio o título de Germânico (Herod.1.2.1;5.3; H.A.Com.11.14). Em 175, Cômodo, que já havia recebido a *toga virilis*, se une ao pai no *limes* germânico e o acompanha na viagem para o leste, após a revolta de Avídio Cássio. Marco Aurélio, nesta viagem, também foi acompanhado pela imperatriz Faustina e seus outros filhos, objetivando assegurar a lealdade das províncias à sua família (H.A. Com.2.3; Marc.26.49; Dio 71.29).

Em 177, Cômodo recebeu o *imperium* e, no triunfo para celebrar a derrota de Avidio, Cássio dirigiu a carruagem da vitória (H.A.Marc.16.2;Com.2.4;12.4-5). Depois desta data, Cômodo já era co-regente e as decisões imperiais eram emitidas em nome de Marco Aurélio e de Cômodo (WARD, 2004, p. 36). Em 178, ambos partiram de Roma para a fronteira do Rio Danúbio para comandar a guerra contra os germanos e lá ficaram até a morte de Marco Aurélio (H.A.Com 2.5, 12.7)

Há duas versões para a morte de Marco Aurélio que contrariam as narrativas fílmicas. Na História Augusta (Marc.27.11-12) e em Aurélio Victor (209-10), Marco Aurélio morreu, em 180, de morte natural, possivelmente vítima da peste que causava grandes baixas no exército romano. Dio Cássio afirma que o imperador foi envenenado pelo seu médico, que esperava vantagens do novo imperador (71.33-4)

Ao apontar Cômodo como imperador, Marco Aurélio fugiu ao ideal de "príncipe perfeito", que foi responsável pela concórdia entre os imperadores antoninos e a aristocracia senatorial, retornando ao princípio da hereditariedade para a sucessão imperial.

Certamente, por princípio, Cômodo já contava com o descontentamento da aristocracia senatorial. Daí, as razões de ter optado pelo modelo já iniciado por Calígula, Nero e Domiciano, os quais procuraram dar uma base divina à natureza do poder imperial.

Calígula se aproxima do culto de Ísis. Nero se associa ao deus Apolo. Domiciano queria ser designado *dominus et deus noster* (nosso senhor e deus) (Suet.Dom.13.2; Plínio, Paneg.2.3 e 52.2).

Esta tendência se acentua com Cômodo, que se associa a Hércules, semideus benfeitor, relacionado com a vitória. J. Bayet (1984, p.287) afirma que, a partir do século II, diante da generalização da idéia do Deus salvador dos cristãos, os pagãos começaram a buscar no panteão greco-romano um contraponto para Cristo e suas imagens em certos deuses-homens como Esculápio, Baco e Hércules.

A identificação de Cômodo com Hércules era reforçada pela prática de ter como abre-alas, quando andava pelas ruas de Roma, alguém carregando os atributos de Hércules (pele de leão e o porrete) e pela transformação da grande estátua de Nero, chamada de *Colossus*, cuja cabeça foi substituída pela de Cômodo e foram acrescentados os atributos de Hércules (Dio.Cas. 73. 15, 22).

Dio Cássio informa que Cômodo assumiu as seguintes designações:

"Amazonio, Invicto, Felix, Pio, Lucio, Aélio, Cômodo, Augusto, Hercúleo, Romano, Conquistador.(...) Amazonio e Invicto ele se auto-atribuía para indicar que em todos os aspectos ele sobrepujava os superlativos humanos: então, superlativamente maluco havia se tornado o patife. E para o Senado ele poderia enviar mensagens nos seguintes termos: O Imperador César, Lucio, Hélio, Aurélio, Cômodo, Augusto, Pio, Felix, Sarmático, Germânico, Maximo Britânico, Pacificador de toda a terra, Invencível, o Hercules Romano, Pontifex Maximo, Tribuno por 18 vezes, Imperator por 8 vezes, Cônsul por 7 vezes, Pai da Pátria, para os cônsules, pretores, tribunos e para o afortunado Senado de Cômodo, Saudações. Grande número de estátuas foram construídas o representando como Hercules. E foi votado que a sua época deveria ser chamada de Era de Ouro, e que isto deveria ser gravado em todos os registros sem exceção" (73.15).

Portanto, Cômodo não inovou. Seguiu a tendência de melhor definir a natureza do poder imperial, a qual somente será encontrada por Constantino, através da ligação entre o Estado e a Igreja.

Os filmes são caracterizados como violentos e ensangüentados. Certamente, sinais semióticos explícitos para reforçar o sentido da caracterização negativa do governo e do próprio imperador Cômodo. No entanto, a linguagem da violência não era um monopólio de Cômodo. O mundo romano era violento e ensangüentado. Mas, não sei se o devemos considerar mais ou menos violento do que as sociedades industriais modernas.

A vida no campo e nas cidades superpovoadas era constantemente ameaçada pela ação de bandidos e salteadores. Na época de Marco Aurélio, as guerras foram uma constante: Britânia perturbada por incursões e rebeliões, Hispânia assaltada pelos mouros, os germanos atacavam as regiões do Rio Reno e Danúbio, atingindo a Itália e a Gália. A Armênia se revoltou e a peste provocou muitas mortes no exército e na população da Itália.

Na política da corte imperial, as conspirações desde a época de Calígula, Nero e Domiciano eram uma constante, causando uma onda de assassinatos. A corte de Cômodo não fugiu a esta tendência, principalmente após a conspiração de 182, quando Cômodo mandou executar a sua própria esposa, Bruttia Crispina (H.A. Mar. 20.6).

A versão apresentada pelo filme *A Queda do Império Romano* para a morte de Marco Aurélio reproduz a forma como Marco Aurélio teria assassinado o seu irmão Lucio Vero (H.A. Vero.10.1-5; Marc.15.5-6 e DIO CÁSSIO, 71.3.1).

Talvez esta violência e a própria percepção da morte expliquem o sucesso da agonia dos gladiadores na arena: lutas de homens com homens e homens com feras. Tais espetáculos eram carregados de religiosidade, usados para manter o controle social e político e rearfirmar a identidade romana.

Parafrazendo Carlin Barton (1996:187), podemos dizer que o sucesso popular dos jogos estava ligado ao fato de que representavam metáforas inanimadas dos aspectos mais inquietantes da vida dos romanos; eram alegorias dos extremos. Isto pode ser visto no significado dos gladiadores como símbolos de disciplina, de treinamento, de habilidade, de bravura, de capacidade de respostas aos golpes do adversário, algo que os tornava um modelo para os soldados. Por outro lado, os gladiadores, ao serem relacionados à violência, ao sofrimento, à desesperança, à punição, ao abandono, ao confinamento, ao ascetismo, tornavam-se um modelo para os homens honrados.

A glória e o status de um gladiador dependiam da audiência, a qual interagia com os gladiadores, pois a agonia dos gladiadores na arena os tornava *pharmakos*, ao passo que era uma *askesis* para os espectadores. Era um paralelo para a luta diária enfrentada por todos e um modelo de percepção gloriosa da morte. Logo, são a-históricas as análises que se baseiam nas analogias entre os festivais e o gosto pela crueldade, pela violência e pelo sadomasoquismo na sociedade romana. Podemos interpretar os jogos como uma resposta a um sentimento intenso e torturante de humilhação e insegurança e uma tentativa de encontrar compensação e exaltação na morte gloriosa em combate ou pela obtenção de honra e de fama eternas, através do assassinato de outros (MENDES, 2000, pp. 282-294).

Neste sentido, o filme *Gladiador* consegue expressar devidamente o sentido da realidade existencial dos gladiadores nas seguintes frases:

Juba para Máximo:

> – "*Por que você não luta? Todos nós temos que lutar. Enfrentando a morte heroicamente, pode-se superá-la no presente pela derrota de um adversário ou por uma luta corajosa mesmo diante de situações terríveis, obter um grau de honra heróica na derrota que transcende a morte*"

Próximo diz isto:

> – "*Vocês são todos homens mortos. Infelizmente, não podemos escolher como, mas podemos decidir quando encontraremos o fim numa forma em que seremos lembrados como homens*".

Logo, nada melhor para resumir a lição da arena do que:"*Força e Honra*"!

Podemos concordar com a afirmação de A. Ward, no sentido de que Máximo redime o seu destino pela vingança contra o inimigo (WARD, 2004, p. 41).

A narrativa fílmica sobre a decisão de Cômodo de abandonar a conquista dos germanos na região do médio e alto Rio Danúbio apresenta o significado de seduzir ainda mais o espectador para um pensamento negativo sobre Cômodo.

A decisão de Cômodo correspondia à tradição cultural e geopolítica de Roma e não significou o fim da concepção de *imperium sine fine* (MENDES, 1999, pp. 307-324).

A República, por muitos historiadores, é considerada uma máquina de guerra diante da importância da política militar para a formação do *ethos*, no qual a vitória era o principal caminho para a glória pública, obtenção de riqueza e poder na sociedade. Certamente, o Império Romano foi criação da sociedade republicana. No entanto, cabe a pergunta:

– Por que a expansão parou com o estabelecimento do Principado?

Tácito (*Anais*, I.II) e Dio Cássio (56.33.5-6) mencionam que Augusto deixou para Tibério o seguinte conselho. "*O império deveria ser mantido dentro das pedras de limites*". Com base neste *consilium*, E. Luttwak sustenta a hipótese de que a derrota de Q. Varo na floresta de Teutoburgo em 9 d.C, frente ao exército bárbaro comandado por Armínio, significou o fim da política de conquista romana e a consolidação da fronteira com a periferia germânica norteada pela noção de uma estratégia imperial que objetivava a criação de um perímetro fronteiriço de defesa com base em limites naturais guarnecidos por tropas auxiliares, estacionamento de legiões, sistema de comunicações rápidas entre as linhas de frente e um bom fluxo de informações entre os generais e o imperador.

Não concordamos com esta posição porque a noção de fronteira era vaga, não implicava num sistema coerente e consciente. Era uma franja territorial que não separava grupos étnicos e eram locais de realização de trocas comerciais e culturais.

Por outro lado, também é preciso considerar com restrições a idéia de que a República era uma máquina de guerra, gerada pela guerra e por ela mantida. A expansão republicana não foi um ato planejado, deliberado, regular em sua intensidade. Variou de acordo com as crises externas a serem enfrentadas. As ações foram mais intermitentes do que regulares, e as áreas conquistadas dependeram da ação dos procônsules, que agiam como administradores e pacificadores, mais do que generais em campanha.

Durante o Império, as guerras se tornaram mais caras e passaram a exigir a presença física do imperador, pois era perigoso permitir que outra pessoa obtivesse o prestígio militar. Não existiam mais como no período republicano, outros imperialismos que pudessem ser alvos do imperialismo romano. Roma não inventou os seus inimigos, teve de se relacionar com estados expansionistas também brutais e agressivos. Quando eram derrotados e reconheciam a superioridade romana, não eram mais considerados uma ameaça, e as guerras paravam (ECKSTEIN, 2004, p.68).

Certamente, a política externa de Augusto consistiu no estabelecimento dos *limes* [3] da Britania, dos Rios Renos e Danúbio, do Oriente e do norte da África, considerados como caminhos de passagem de tropas e suprimentos para o exército, canal de comunicação e base de defesa, mas, também, de conquista.

O conselho de Augusto a Tibério estaria relacionado aos efeitos da derrota de Q.Varo e não ao fim da expansão militar romana.

> " (...) *possuidores das melhores partes da terra e do mar eles (os imperadores) tinham que desejar preservar seu império pelo exercício da prudência, mais do que o expandir indefinidamente sobre as pobres e não lucrativas tribos bárbaras*" (Prefácio, 7.3).

Esta passagem de Apiano – a concepção de *imperium sine fine*, a dinâmica das relações de identidade e alteridade – nos leva a sustentar a hipótese de que, de certa forma, os imperadores romanos tinham consciência do custo marginal da ação imperialista. Portanto, afirmamos que as conquistas se restringiam às áreas, cujo desenvolvimento da complexidade social era suficiente para justificar o custo da conquista e tornar possível a "missão civilizadora" de Roma. Os germanos não tinham cidades, viviam em aldeias, eram seminômades e, ao se sentirem ameaçados, fugiam para as florestas, transformando os confrontos em desgastantes combates de guerrilhas.

Apesar de não haver um planejamento político em relação à política externa, a linha administrativa de fronteira nunca inibiu os romanos de avançar por onde tivessem reais interesses.

De acordo com Eckstein, W. (2004, p. 63) talvez pudéssemos colocar as conquistas de Pompeu no Leste (67-63 a.C.), de César na Gália (60-52 a.C.), de Cláudio na Britania (43), a invasão de Trajano na Dácia (106-110), e as guerras marcomanas de Marco Aurélio numa mesma categoria, aquela de serem eventos não-usuais, realizados pela ação de grandes dinastas, ampliando o império com a anexação de regiões com alto índice de produção de alimentos e possibilidade de trocas comerciais.

Neste sentido, o comportamento de Trajano e Marco Aurélio representariam exceções na política externa do Principado, e não o de Cômodo, que, de certa forma, manteve a tradição.

Depois de um longo período de paz, as tribos da região do Danúbio, por volta de 168, invadem a Itália, possivelmente em decorrência da movimentação dos godos em direção ao sudeste. Em 172, são derrotados e empurrados para além do Danúbio. Sabemos que Marco Aurélio regularizou o comércio existente entre os marcomanos e as províncias de fronteira, determinando os dias e locais. Tal atividade comercial é considerada de grande importância, pois a suspensão, em 175, do comércio com os germanos através do Danúbio contribuiu para ampliar a carestia de alimentos entre os marcomanos, impulsionando os ataques às províncias romanas.

Logo após a morte de Marco Aurélio, em 180, sem que tivesse sofrido derrota contra os quados e marcomanos, Cômodo resolveu voltar para Roma e fazer um tratado com os germanos favorável aos romanos, pois de acordo com Dio Cassio:

> "*Os romanos sairiam das terras ocupadas ao norte do Danúbio e em troca as tribos devolveriam os prisioneiros e desertores e 23.000 recrutas para o exército romano. Dariam parte de suas armas e barcos e ficariam proibidos de construir outros. Não poderiam ultrapassar 10 milhas além da margem do rio e pagar a Roma um tributo anual em grãos e suas assembléias somente poderiam se reunir uma vez por mês e com a presença de um centurião romano. As tribos estavam proibidas de fazer guerra com os aliados romanos ao norte do rio e de auxiliar inimigos de Roma*" (73.2-3).

A decisão de Cômodo não foi irracional nem violou as normas culturais romanas: evitou uma perda desnecessária de vidas, principalmente diante da ameaça da peste e de gastos em larga escala sem perspectivas de lucros, e manteve intocável o ideal de vitória militar, a superioridade de Roma frente aos quados e marcomanos, tanto que somente teremos notícias de problemas com estas tribos nos reinados de Valeriano e Galieno, em 253-260.

Apesar da caracterização de Cômodo na documentação textual, altamente comprometida por ter sido elaborada por membros da aristocracia senatorial e pelos filmes como um monstro, há evidências nas próprias fontes de sua popularidade. Dio Cássio (76.7.4) afirma que Sétimo Severo preocupou-se em dar uma base legítima e sólida para o seu governo através da mudança do nome de seu filho mais velho para Marco Aurélio Antonino, em 196 d.C., e, no ano seguinte, proclamou-se filho de Marco Aurélio e *frater Commodi*, decretando que sua *damnatio memoriae* deveria ser interrompida e substituída por uma apoteose, convencendo o Senado, após suas gloriosas vitórias internas e externas, a promover a *consecratio* de Cômodo. Ora, esta propaganda não teria sentido positivo se Cômodo, apesar de todo o ódio da aristocracia senatorial, não tivesse tido popularidade entre a população do Império.

NOTAS

[1] O presente texto é fruto dos resultados da pesquisa que venho realizando sobre "As estratégias de intervenção no espaço e a construção da paisagem na Lusitânia", com o apoio do CNPq através da concessão da bolsa de produtividade em pesquisa.

[2] Vide TRABULSI, J.A. D. Liberdade, Igualdade, Antiguidade: a Revolução Francesa e o Mundo Clássico. *In*: **PHOINIX**, Rio de Janeiro: Sette Letras, 1998, pp.205-254.

[3] WINKLER,M.M. The Roman Empire in American Cinema after 1945. *In*: **The Classical Journal**, vol.93,nº2,1998 e ARCINIEGA, A.P. **El Fin del Imperio Romano**. Editorial Síntesis, 1991.

[4] *Limes* é comumente traduzido como fronteira. Porém a idéia de fronteira no mundo romano não deve ser entendida em termos lineares, estanques, mas como uma franja de território, local de união e integração entre aqueles que eram culturalmente diferentes (MENDES, 1997, p. 323).

BIBLIOGRAFIA

APPIAN. Roman History. **The Loeb Classical Library**. London: Willian Heinemann Ltda., 1982, vol.I.

ARCINIEGA, A.P. **El Fin del Imperio Romano**. Editorial Síntesis, 1991.

AURELIUS VICTOR. **De Caesaribus**. Translated with an introduction and commentary by H.W.BIRD. Liverpool University Press, 1994.

BARTON, C. A. **The sorrows of the Ancient Roman; the gladiator and the monster**. Princeton: University Press, 1996.

BAYET, J. **La religión romana; historia política y psicológica**. Madrid: Cristandad, 1984.

CASSIUS DIO **The Roman History**.Peguin Books, 1987.

DA SILVA TEIXEIRA, F.C. **Força e Honra, os gladiadores contra atacam**. Mimeo, 2001.

ECKSTEIN, A.M. Commodus and the Limits of the Roman Empire. *In*: WINKLER, M.M. (edit.) **Gladiator. Film and History**. London: Blackwell, 2004.

HERODIAN. **History of the Empire from the time of Marcus Aurelius**. London: Willian Heinemann Ltda, 1969. (The Loeb Classical Library).

HISTORIA AUGUSTA. *In*: **Biografos y Planegiristas Latinos**. Trad., preambulos y notas por Luis Escolar Bareno e outros. Madrid: Aguilar, s/d.

MENDES, N.M Romanização; cultura imperial *In*: **PHOINIX**. Rio de Janeiro: Sette Letras, pp. 307-324, 1999.

MENDES, N.M. Feriae Romani: discurso imperial romano. *In*: **PHOINIX**. Rio de Janeiro: Sette Letras, pp.307-324, 2000.

MENDES, N.M. O Limes Reno-Danubiano, conceito e prática no Alto Império. *In*: **PHOINIX**. Rio de Janeiro: Sette Letras, pp.321-334, 1997.

PLINIO. Panegírico a Trajano. *In*: **Biografos y Planegiristas Latinos**. Trad., preambulos y notas Luis Escolar Bareno e outros. Madrid: Aguilar, s/d.

SUETONIO. Comodo. *In*: **Biografos y Planegiristas Latinos**. Trad., preambulos y notas por Luis Escolar Bareno e outros. Madrid: Aguilar, s/d.

TACITUS **The Annals**. Harvard: University Press, 1992. (Loeb Classical Library).

TRABULSI, J.A. D. Liberdade, Igualdade, Antiguidade: a Revolução Francesa e o Mundo Clássico. *In*: **PHOINIX**, Rio de Janeiro: Sette Letras, 1998, pp. 205-254.

WARD, A.M. Gladiator in Historical Perspective. *In*: WINKLER, M.M. (edit) **Gladiator. Film and History**. London: Blackwell, 2004.

WINKLER, M.M. (edit.) **Gladiator. Film and History**. London:Blackwell, 2004.

WINKLER,M.M. The Roman Empire in American Cinema after 1945. *In*: **The Classical Journal**, vol.93, nº2, 1998.

O ESTILO HISTORIOGRÁFICO DE TUCÍDIDES E A FORMAÇÃO DE UMA HISTÓRIA MONUMENTAL

Renato Nunes Bittencourt*

Introdução

A proposta central deste texto consiste em analisar e interpretar as características da investigação historiográfica elaborada pelo renomado Tucídides, sob o elucidativo viés da obra de Friedrich Nietzsche. Devemos salientar que a obra do historiador grego é citada nos mais diversos textos nietzscheanos[1], de forma deveras elogiosa, sobretudo pela pretensa presença do sentimento de afirmação do renome e da imortalidade que existiria nos relatos de Tucídides, em virtude do modo envolvente utilizado por este historiador para narrar os fatos ocorridos ao longo da Guerra do Peloponeso.

Em vista do enriquecimento conceitual do presente projeto, devemos ressaltar que um dos grandes temas do conjunto de idéias filosóficas elaboradas por Nietzsche reside na sua crítica ao problema do exacerbado eruditismo que se manifestava no seio da cultura alemã do século XIX, influenciada sobretudo pelo historicismo hegeliano e pela crença exacerbada na idéia da marcha do progresso como efeito primordial da ação da Razão no decorrer da história da humanidade. Nietzsche considerava que essa perspectiva, adotada como valor condutor da vida prática, poderia estagnar as forças produtivas da sociedade, motivando inevitavelmente a sua terrível decadência, uma vez que essa proposta retirava do próprio momento presente o seu fundamento vital, outorgando para um futuro idealizado a possibilidade de se alcançar plenamente a felicidade absoluta, o estado definitivo de perfeição, o qual, no entanto, nunca seria alcançado, posto que, quando o futuro se tornasse efetivamente presente, esse ciclo de dedicação altruísta aos valores da posteridade mais uma vez se instalaria, num círculo vicioso interminável, no qual a satisfação e a felicidade do ser humano nunca seriam efetivamente concretizadas.

Por conseguinte, Nietzsche salienta que a investigação historiográfica então vigente deveria sofrer uma reformulação radical nas suas bases, para que o seu fundamento original adquirisse novamente evidência: estimular o homem a agir, a ampliar a sua própria força (NIETZSCHE,

*Professor mestrando em Filosofia pela UFRJ.
renunbitt2@yahoo.com.br

2003, p. 5). Para tanto, Nietzsche recorre aos antigos gregos como exemplo de povo que foi capaz de afirmar a beleza presente nos elementos primordiais da vida, através da ação dos heróis e dos grandes homens que souberam dignificar a existência através da realização de feitos extraordinários. Esse tipo de historiografia, na acepção nietzscheana, se vincula sobretudo ao "gênero monumental", discurso histórico que privilegia as grandes ações praticadas por nobres indivíduos e povos empreendedores, em detrimento dos traços menores, das irrelevâncias fatuais, que nada acrescentam para a afirmação do belo e do grandioso presente na história de uma sociedade.

A partir de uma leitura nietzscheana, podemos considerar Tucídides como um dos grandes representantes dessa "historiografia monumental", uma vez que este gênio grego teria elaborado uma qualidade de discurso caracterizado sobretudo pelo fato de instigar o seu povo a venerar honradamente o seu passado glorioso, a partir do conhecimento efetivo das ações dos seus grandes personagens como estímulo para a realização de novos empreendimentos no presente e no futuro. Vejamos então de que modo podemos justificar essa perspectiva, primeiramente analisando o conceito de "história monumental" aludido por Nietzsche.

A história monumental

Nietzsche reflete a sua extrema preocupação com a tendência historicista que se manifestava na cultura européia, sobretudo nas suas obras de juventude, ainda que tal tema continue em voga no desenvolvimento posterior de sua filosofia. Conseqüentemente, ao analisar essa questão, Nietzsche dissertará sobre três definições historiográficas principais que teriam prevalecido na constituição da interpretação histórica no mundo ocidental: a "monumental", a "antiquária" e a "crítica" (NIETZSCHE, 2003, p. 18). Contudo, conforme havia citado, de acordo com a presente proposta, versarei apenas sobre a historiografia monumental, postergando para outra oportunidade uma interpretação pormenorizada das demais historiografias, assim como a possibilidade de comparação entre esses gêneros.

Desse modo, Nietzsche considera que a história monumental se vincula sobretudo com a proposta de se narrar o caráter grandioso existente nas ações humanas, muitas vezes abrindo mão da descrição dos fatos irrelevantes ou que possam comprometer a imagem mitificada do grande herói. Afinal, a narrativa da história monumental é o discurso destinado por excelência à descrição dos feitos dos povos empreendedores, guerreiros, caracterizados principalmente por suas grandes conquistas. Conseqüentemente, a sua narrativa deve servir como um estímulo para o fortalecimento do estado de espírito do ouvinte, de maneira que este, ao conhecer as peculiaridades das ações extraordinárias de um grande herói, possa desenvolver a compreensão de que, se porventura um homem valoroso foi capaz de realizar grandes feitos, ele, um homem comum, também poderá vir a praticar ações semelhantes, desde que se esforce para concretizar as mesmas, através do aprimoramento das suas disposições corporais e do fortalecimento de seu ânimo. Podemos considerar que esse tipo de narrativa foi desenvolvido e aplicado de modo magistral na Antigüidade, mais precisamente na Grécia e em Roma, mantendo, muitas vezes, estreito vínculo com as epopéias, seja no modo eloqüente de seu discurso, seja na exaltação das grandes ações dos seus personagens.[2]

O aspecto positivo da história monumental salientado por Nietzsche seria o de despertar nas disposições de ânimo do indivíduo o sentimento de amor pela glória, através do conhecimento dos feitos extraordinários dos seus ancestrais, os quais, na urgência dos períodos de luta, não hesitaram de forma alguma em enfrentar as dificuldades da disputa, superando, conseqüentemente, as suas próprias limitações pessoais. A glória é o elemento primordial que se encontra presente no desenrolar dos fatos da narrativa monumental, pois reforça no indivíduo o sentimento de atividade, uma vez que o estado de glória somente pode ser obtido quando se realizam ações valorosas, as quais, muitas vezes, requerem a superação das próprias capacidades individuais, a negação da própria dor corporal, o esquecimento de qualquer afeto, de medo ou pânico diante na iminência do desafio bélico, para que os grandes fins sejam concretizados.

Contudo, Nietzsche considera que, quando utilizada inadequadamente pela sociedade, a história monumental cria uma grande ruptura entre o herói do passado, glorioso, mitificado e imortalizado pelo discurso laudatório, e o homem comum do presente, que aspira a se tornar também, no futuro, um herói reconhecido pelo povo. Pois a exacerbação do caráter monumental das ações pode vir a motivar, nessas circunstâncias, o sentimento de inferioridade do indivíduo em relação aos grandes nomes da sua sociedade, de modo que ele pode, inclusive, chegar ao ponto de se humilhar moralmente perante o aspecto extraordinário do passado, considerando-se indigno de viver na mesma sociedade em que viveram outrora esses grandes homens. Por conseguinte, ao invés de proporcionar ao indivíduo comum o sentimento de atividade, por meio da demonstração do exemplo edificante dos heróis, a história monumental, mal utilizada, amedronta o homem que aspira ao agir, retirando dele a plena confiança nas suas próprias forças vitais, as quais, por não serem canalizadas para ações edificantes, acabam sendo internalizadas, diminuindo a intensidade da sua potência de agir. Esse problema, devemos ressaltar, retira do indivíduo o vínculo primordial entre conhecimento e prática, o que denota um grande equívoco na formação da conduta de um homem, pois o conhecimento que não serve de estímulo para a atividade é estéril. Nessas condições, podemos dizer, indubitavelmente, que a história monumental se torna prejudicial para a vida (NIETZSCHE, 2003, p. 23).

O estilo historiográfico de Tucídides

Talvez o elemento mais extraordinário ao longo da narrativa de Tucídides na *História da Guerra do Peloponeso* consista na célebre oração fúnebre, pronunciada pelo *strategos* Péricles, em homenagem aos guerreiros atenienses mortos no primeiro ano dessa disputa. Esse discurso pretende despertar no ouvinte, através do encanto das belas palavras, o sentimento de respeito aos grandes heróis que tombaram em defesa da *pólis*, assim como o amor pela mesma, pois a narrativa salienta que os homens que sucumbiram na guerra lutaram não apenas em vista de si mesmos, mas pela conservação da integridade de toda a sociedade. Devemos ressaltar que, nesse discurso, não existe a preocupação do orador em enunciar as ações individuais de cada guerreiro morto, como seria de uso comum noutras circunstâncias, quando se fazia o elogio das virtudes heróicas do grande homem enaltecendo a sua extraordinária individualidade.[3] No discurso de Péricles, podemos constatar uma situação completamente distinta, pois não havia mais a valorização do herói como indivíduo destacado dos demais no campo de guerra, mas a compreensão de que o verdadeiro heroísmo reside na abdicação de se obter a glória pessoal na disputa em prol do sucesso do conjunto da tropa. Desse modo, se tornava um tanto dispensável o elogio das características individuais do guerreiro, pois tal atitude retiraria dos homens envolvidos na guerra o sentimento de coletividade e comunhão em prol da afirmação do bem comum. A estratégia bélica desse período não favorecia mais o desenvolvimento da ação extraordinária de apenas um herói, tal como ocorria na narrativa homérica, mas a afirmação do poder de conjunto existente entre o grupo de guerreiros. Pretender prevalecer sobre os demais, motivado pela exacerbação desenfreada do sentimento de glória, era considerado manifestação do sentimento de orgulho, uma grave afronta ao rígido parâmetro de conduta da sociedade apolínea, sendo, por conseguinte, uma ação desmedida no mais alto grau, passível da aplicação das mais severas punições.[4] A rigidez na repressão contra esse tipo de conduta decorria do fato de que uma atitude desmedida poderia tirar a estabilidade da pujança de uma tropa, motivando a sua completa desordem no momento da batalha. Conseqüentemente, os grandes líderes desenvolviam táticas de combate em que haveria a participação harmônica de todo o conjunto no decorrer da disputa. Desse modo, não era mais o herói individual que lutava em prol de si mesmo contra todos, mas o herói que abdicava da sua individualidade, fornecendo a sua virilidade em prol do êxito coletivo.

Na disputa homérica, o grande herói, ao realizar as suas proezas singulares, favorecia o sucesso do seu grupo, do todo, pois um nobre homem, dotado de grande força, vale por muitos. Contudo, no tempo histórico de Péricles, essa concepção se modifica consideravelmente, de modo que o verdadeiro heroísmo consiste na associação de forças dos homens, que lutavam não mais pela exaltação do próprio nome, mas, sim, pela defesa da *pólis* natal. Nessa perspectiva, o herói somente poderia vir a conquistar a glória e o reconhecimento popular caso lutasse não apenas em consideração ao brio de seu próprio nome, mas em prol do sucesso do organismo de guerra que se manifestava nos confrontos.

Esta consideração poderia motivar uma contradição: como conciliar, na história monumental, a exaltação, num primeiro momento, da ação individual com o elogio, noutro momento, da ação coletiva no somatório de forças, em detrimento do heroísmo singular e desmedido? A solução deste impasse reside no fato de que a história monumental não trata apenas da afirmação do caráter extraordinário presente na singularidade do herói, mas também do enaltecimento da potência e da dignidade da própria força bélica presente numa tropa de guerreiros, de modo que o fundamento pedagógico nesse tipo de discurso não se perde de forma alguma. Nessas condições, o homem comum, ao travar contato com as narrativas das guerras que envolveram os membros da sua sociedade, se tornava capaz de compreender que teria sido através do somatório de esforços, da associação coletiva de potências guerreiras, que se tornou possível o sucesso de todos, decorrendo assim a concretização dos objetivos políticos. Desse modo, esse homem podia se afetar positivamente nas suas disposições de ânimo com o sentimento de amor pela história empreendedora de sua sociedade, compreendendo a grande necessidade de, no devido momento, dedicar também as suas forças pelo crescimento e segurança do seu torrão natal, ainda que às custas de sua própria vida.

Portanto, a narrativa da história monumental de Tucídides, ainda que venha a privilegiar na sua modalidade de discurso o movimento coletivo das ações dos homens, estimula, por outro lado, o indivíduo que se prepara para se tornar um guerreiro a, numa circunstância oportuna, a desempenhar ações tão valorosas e importantes como as que fizeram os seus antecessores, utilizando a brilhante imagem desses grandes homens, associados por uma causa comum de grande relevância, como respeitável modelo de conduta. Por isso podemos afirmar que, nessas condições, de forma alguma se perderia o caráter monumental existente nas ações humanas, uma vez que, conforme vimos anteriormente, esse tipo de discurso privilegia sobretudo aquilo que existe de belo e grandioso nos caracteres marcantes dos empreendimentos de outrora, salientando essas peculiaridades extraordinárias para que o indivíduo comum possa, um dia, se tornar um homem valoroso para o desenvolvimento feliz da sua sociedade. O caráter edificante dos grandes feitos do passado se caracteriza comumente por despertar no indivíduo o sentimento de amor sagrado pela pátria, e a grande necessidade de preservar a beleza e a integridade das suas instituições sociais.

Por conseguinte, podemos defender a hipótese de que Péricles, ao elogiar a virtude heróica dos mortos valorosos, pretendia despertar no público o sentimento de amor e veneração pela grandiosidade dos feitos extraordinários daqueles que tombaram em prol do sucesso coletivo das forças bélicas atenienses, como estímulo para que este mantivesse adiante a continuidade do vigor característico de sua sociedade. Afinal, é justamente na oração fúnebre que se concentra a essência da historiografia monumental da narrativa de Tucídides, sendo a beleza expressiva das palavras no elogio à honra e dignidade dos mortos que reforça no ouvinte os afetos de vigor, coragem e dedicação perante uma causa cuja importância supera os próprios limites, a compreensão e as aspirações individuais. Vejamos alguns daqueles que considero como os seus mais edificantes fragmentos, para elucidar essa questão:

> Falarei primeiro de nossos antepassados, pois é justo e ao mesmo tempo conveniente, numa ocasião como esta, dar-lhes este lugar de honra rememorando os seus feitos. Na verdade, perpetuando-se em nossa terra através de gerações sucessivas, eles, por seus méritos, no-la transmitiram livre até hoje. Se eles são dignos de elogio, nossos pais o são ainda mais, pois aumentando a herança recebida, constituíram o império que agora possuímos e a duras penas nos deixaram este legado, a nós que estamos aqui e o temos. Nós mesmos aqui presentes, muitos ainda na plenitude de nossas forças, contribuímos para fortalecer o império sob vários aspectos, e demos à nossa cidade todos os recursos, tornando-a auto-suficiente na paz e na guerra (...) Parece-se me ainda que uma morte como a destes homens é prova total de máscula coragem, seja como o seu primeiro indício, seja como sua confirmação final. Mesmo para alguns menos louváveis, por outros motivos, a bravura comprovada na luta por sua pátria deve com justiça sobrepor-se ao resto; eles compensaram o mal com o bem e saldaram as falhas na vida privada com a dedicação ao bem comum. (...) Assim estes homens se comportaram de maneira condizente com nossa cidade; quanto aos sobreviventes, embora desejando melhor sorte, deverão decidir-se a enfrentar o inimigo com bravura não menor. Cumpre-nos apreciar a vantagem de tal estado de espírito, não apenas com palavras, pois a fala poderia alongar-se demais para dizer-vos que há razões para enfrentar o inimigo. Em vez disso, contemplai diariamente a grandeza de Atenas, apaixonai-vos por ela e, quando a sua glória vos houver inspirado, refleti em que tudo isto foi conquistado por homens de coragem cônscios de seu dever, impelidos na hora do combate por um forte sentimento de honra; tais homens, mesmo se alguma vez falharam em seus cometimentos, decidiram que pelo menos à pátria não faltaria o seu valor, e que lhe fariam livremente a mais nobre contribuição possível. De fato, deram-lhe suas vidas para o bem comum e, assim fazendo, ganharam o louvor imperecível e o túmulo mais insigne, não aquele em que estão sepultados, mas aquele no qual a sua glória sobrevive relembrada para sempre, celebrada em toda ocasião propícia à manifestação das palavras e dos atos. Com efeito, a terra inteira é o túmulo dos homens valorosos, e não somente o epitáfio nos mausoléus erigidos em suas cidades que lhes prestam homenagem, mas há igualmente em terras além das suas, em cada pessoa, uma reminiscência não escrita, gravada no pensamento e não em coisas materiais. Fazei

agora destes homens, portanto, o vosso exemplo, e tendo em vista que a felicidade é liberdade e a liberdade é coragem, não vos preocupeis exageradamente com os perigos da guerra (TUCÍDIDES, II, 36, 42-43).

Esse grandioso epitáfio ressalta claramente ainda uma questão importantíssima: o guerreiro valoroso que tomba pela defesa da pátria se torna apto a adquirir o renome universal, elevando-se acima das contingências históricas e dos limites políticos de sua sociedade, pois todo o orbe se digna a receber no seu seio o corpo do grande herói como leito derradeiro. A terra é pequena para conter, na sua dimensão extensiva, a presença do homem extraordinário. Os grandes feitos do guerreiro não são olvidados quando existe um homem nobre capaz de relatá-los ao povo. Do mesmo modo que o herói valoroso merece que o seu corpo seja depositado na terra, em sinal de reconhecimento por seus feitos, ele também merece uma dádiva ainda mais importante: ser lembrado dignamente pelos membros de sua sociedade, através da utilização adequada do relato histórico monumental.

Considerações Finais

O estilo historiográfico de Tucídides, cuja maestria descritiva granjeou a profunda admiração de Nietzsche, representa nitidamente a idéia de uma "história monumental" capaz de afirmar a vida e a potência de agir do homem, pois o equilíbrio do imponente discurso do historiador grego demonstra, ao longo do texto, o anseio pela afirmação do valor dos guerreiros gregos e de seus grandes condutores, associado à proposta de elevação da hegemonia ateniense perante toda a região do Peloponeso. Conseqüentemente, a obra de Tucídides seria a manifestação primorosa dos benefícios da historiografia monumental utilizada de modo adequado para a educação cívica dos indivíduos gregos, que poderiam, através do conhecimento dos feitos dos antepassados, adquirir a compreensão de suas tarefas patrióticas e, por conseguinte, um fortalecimento da ação prática.

O modelo de discurso contido na narrativa de Tucídides valoriza a divulgação dos empreendimentos gloriosos, sem que, no entanto, seja criada uma ruptura entre a ação do grande homem e a possibilidade de açao singular do homem comum, o qual, numa exacerbação da leitura monumental da história, poderia se apequenar diante do extraordinário, perdendo o vínculo com a atividade construtiva e produtiva. Na obra de Tucídides, pelo contrário, esse problema, na minha interpretação, é completamente inexistente, pois o modelo de discurso se desenvolve através do despertar do sentimento de unidade social entre os homens, de modo que estes, unidos em torno do sagrado espaço da *pólis*, pudessem associar forças em prol da conservação saudável da mesma e de seus elementos constituintes. Eis, portanto, um grande exemplo de narrativa histórica, cujo uso, por parte do homem, demonstra a magistral capacidade de se conciliar o caráter extraordinário das ações humanas no seu modelo de discurso, através do estímulo para a realização de ações tão grandiosas como as que foram realizadas pelos heróis valorosos no passado.

NOTAS

[1] Por exemplo, na "Tentativa de Autocrítica", § 1, para a terceira edição (1886), de *O nascimento da Tragédia*, ou ainda em *Aurora* , III, § 168, seção na qual Nietzsche desenvolve a consideração de que Tucídides via sobretudo os caracteres valorosos nos homens envolvidos na Guerra do Peloponeso, não se importando com qualquer consideração parcial destes homens em relação a eles próprios, posto que, mesmo aqueles que desagradavam o historiador, eram tratados elogiosamente e dignamente por ele.

[2] Desse modo, a épica de Homero representaria, podemos dizer, o caráter "monumental" de forma propriamente poética, servindo como modelo para a criação desse gênero historiográfico.

[3] Podemos citar o caso da épica homérica, na qual havia a preocupação em se narrar detalhadamente os feitos extraordinários do herói, a "aristia", para que toda a Hélade pudesse conhecer a singularidade do grande homem. Inclusive, está presente na narrativa de Homero, no momento da derrocada física do herói, a afirmação da "morte heróica", a máxima glória que poderia ser obtida por um guerreiro virtuoso, elogio concedido a todo aquele que enfrenta corajosamente a ameaça do próprio aniquilamento, não renunciando, no entanto, ao próprio ato de enfrentar os desafios.

[4] Como, por exemplo, o caso de Hermodoro, um herói grego que pretendeu superar a todos os seus pares numa batalha, desrespeitando a tática bélica do exército do qual fazia parte, uma vez que qualquer exaltação ou pretensão de ser o melhor dentre muitos era considerada uma desmedida. O grande Heráclito de Éfeso, revoltado contra o destino imposto pelos seus conterrâneos ao herói, no fragmento DK 121, expressa uma célebre invectiva: "É justo que todos os efésios adultos sejam mortos e os menores abandonem a cidade, eles que baniram Hermodoro, seu melhor homem, dizendo: 'Nenhum de nós será o melhor, mas se alguém o for, então que seja na alhures e entre outros'".

BIBLIOGRAFIA

HERÁCLITO. **Fragmentos**. Trad. José Cavalcante de Souza. São Paulo: Nova Cultural, 1997. Col. **Os Pensadores.**

NIETZSCHE, Friedrich. **Aurora**. Trad. Paulo César de Souza. São Paulo: Companhia das Letras, 2004.

________________. **O nascimento da Tragédia ou helenismo e pessimismo.** Trad. de Jacó Guinsburg. São Paulo: Companhia das Letras, 1996.

________________. **Segunda Consideração Intempestiva: Da utilidade e desvantagem da história para a vida**. Trad. de Marco Antônio Casanova. Rio de Janeiro: Relume Dumará, 2003.

TUCÍDIDES. **História da Guerra do Peloponeso**. Trad. Mário da Gama Kury. Brasília: UnB, 1997.

A FACE DO PERSEGUIDOR NO SÉCULO IV d.C.: A CONSTRUÇÃO DE UMA MEMÓRIA

Rosane Dias de Alencar*

Na obra póstuma *Memória Coletiva*, Maurice Halbwachs (HALBWACHS, 1968) faz alguns apontamentos acerca da relação entre memória e História. A memória seria o vivido, a tradição mantida pela coletividade, seja um grupo social mais restrito ou mais amplo. O tempo dessa memória coletiva – e Halbwachs afirma que ela sempre o é – é o tempo de vida do grupo que a mantém. Seu fim exige seu resgate e a memória se torna então fonte e objeto, passando a fazer parte da história que a resgata de acordo com o lugar, seja esse lugar uma instituição financiadora da pesquisa, o lugar de onde se fala ou do qual se fala. A memória é então selecionada de acordo com os interesses desse (s) lugar (es). O resgate dessa memória pode trazer o esquecimento ou a imortalidade. As obras escritas por cristãos no Baixo Império Romano refletem bem essa realidade de seleção e manipulação da memória.

Objeto de debate na modernidade, a memória sempre foi muito cara ao homem romano.Almejava-se a imortalidade e ela só era possível de ser alcançada através da memória, selecionada pela História, fazendo assim com que feitos e pessoas pudessem "(...) permanecer na companhia das coisas que duram para sempre" (ARENDT,1988, p.78). Essa, para Hannah Arendt, era a função da história na Antigüidade.

Segundo Pedro Paulo Funari, "(...) a historiografia antiga (...) não quer descrever fatos reais, mas sim ser memória que direciona a ação no presente".(FUNARI, *apud*: Gonçalves, 1997, p.96). Através da seleção de memória distingue-se o que merece e o que não merece ser lembrado através de uma outra seleção: a dos acontecimentos que merecem ou não serem privilegiados em uma narrativa. Jaques Le Goff já afirmou em sua obra *História e Memória* (LE GOFF, 1994, p. 215) que o historiador romano é sempre, de certo modo, um *'laudator temporis acti'*, uma vez que, além da imortalidade, a memória selecionada pela História seria também fonte de modelos a serem seguidos ou a serem evitados.

Na sociedade do antigo Império Romano, era a memória dos Imperadores e de seus feitos que servia de modelo aos súditos, sendo sua imagem trabalhada de forma estereotipada, seguin-

*Professora mestranda em História da Universidade Federal de Goiás.
rosanegyn@hotmail.com

do uma tradição da historiografia romana antiga. Assim, cristãos como Lactâncio escreveram suas obras tendo como objeto justamente a figura do Imperador, uma vez que "aos súditos sempre lhes é agradável viver tomando como modelo seu chefe", como nos informa Herodiano (HERODIANO; *apud* GONÇALVES, 1997, p. 99). Seria essa a forma de melhor chamar a atenção do Império para as suas obras.

Os cristãos são percebidos no Império já no século I d.C., quando também surgem obras escritas por eles num viés quase profético, como que anunciando o fim iminente do Império Romano e, é claro, do mundo por eles conhecido. Esse tipo de literatura se prolifera, segundo Momigliano (MOMIGLIANO, 1989, p. 230), com a vitória cristã, tomando como marco 314 d.C., quando o Imperador Constantino destituiu o cristianismo de seu caráter ilícito. Tais obras estão sempre impregnadas de um sentimento de ódio e rancor em relação aos pagãos.Aqui elas se diferem das obras publicadas no Alto Império, no sentido de que estão voltadas para a exaltação dos mártires. Sua produção é considerável já no século III d.C, quando o Imperador Valeriano pôs fim ao que Donini (DONINI,1988, p.189) chamou de a mais sangrenta perseguição anticristã.

Um dos representantes dessa literatura cristã no IV século d.C. é Lactâncio, a quem é atribuída a obra *Sobre a morte dos perseguidores* ou *De Mortibus Persecutorum.* Deste autor presume-se que tenha nascido na Numídia, no norte da África, e que seu nome fosse L. Caecilius Firmianus, sendo Lactâncio um cognome ou apelido. Teria escrito várias obras; a que analisaremos neste trabalho faz parte do grupo das poucas que restaram. Lactâncio teria ainda trabalhado para o Imperador Diocleciano como professor de retórica na própria Numídia, onde permaneceu até 305 d.C. Convertido ao cristianismo desde 303 d.C., tudo indica não ter sido nessa época um cristão declarado, uma vez que não foi molestado por suas crenças. Lactâncio trabalhou também para o Imperador Constantino, cuja imagem faz oposição à de Diocleciano, para cuidar da educação de seu filho Crispo. Portanto, trata-se de um membro culto da elite norte-africana no Baixo Império, e um homem ligado à vida na corte, duas características que devem ser estudadas em relação à sua obra.

Escrita no século IV d.C., tendo sido concluída por volta do ano de 314 d.C, *De Mortibus Persecutorum* foi descoberta na biblioteca de Paris, no ano de 1876, por S.Belize. Trata-se de uma obra de 52 capítulos, dedicada a um cristão de nome Donato, que teria sido submetido a tortura durante a perseguição de Diocleciano, tendo passado seis anos aprisionado, até 311 d.C., quando da publicação do Edito de Galério.

Lactâncio tem sua narrativa limitada pelo lugar. O lugar a partir do qual se escreve, o lugar ideológico, social e o lugar político. O autor conclui a obra *Sobre a Morte dos Perseguidores* em um período de paz para a igreja cristã, o que o torna mais livre para executar seu objetivo proselitista, mas se encontra limitado por uma sociedade ainda majoritariamente pagã, pelo lugar político, uma vez que trabalha para o Imperador Constantino, e se encontra limitado também pelos conceitos de bom e mau Imperador, já definidos pela tradição. A esta definição de bom e mau Imperador, Lactâncio acrescentou como pré-requisito desse perfil a postura adotada pelo governante em relação aos cristãos. O mau Imperador é aquele que promove perseguições contra os cristãos.

A historiografia cristã não se preocupava com uma "(...) interpretação em termos comuns da história militar, política e diplomática (...)" (MOMIGLIANO, 1989, p. 85). Lactâncio teria sido o único autor a tratar de questões sociais e políticas adaptando-as a uma versão cristã e tendo ainda que obedecer às regras historiográficas da época, basicamente pagãs, pois, em um mundo onde o paganismo ainda era forte, o cristianismo é que se via na obrigação de se adequar para ser aceito e conseguir novos adeptos.

A fonte utilizada por nosso autor é a memória que, tomando por base a classificação de Jacy Seixa (SEIXAS, s/d), pode ser definida como memória voluntária, pois é contextualizada e manipulada a fim de se fazer uma seleção adequada ao lugar. É a partir dessa ferramenta que Lactâncio pinça do cotidiano e da política dados que imortalizam a imagem do Imperador como bom ou mau. Sua obra abrange Alto e Baixo Império Romano. Lactâncio trabalha tendo como pano de fundo o fenômeno das perseguições.

Sabe-se que, durante o Alto Império, a perseguição aos cristãos tem seu ápice sob o governo de Nero, sendo, por outro lado, freqüentes as intervenções do Estado no Baixo Império Romano. Nessa trama se envolvem Imperadores cujas memórias são manipuladas, trabalhadas pela seleção e/ou pelo esquecimento. Sua narrativa é eminentemente panfletária em seu aspecto religioso e pró-constantiniano em seu aspecto político, sendo, portanto, o Imperador Constantino o personagem que é colocado mais em evidência na construção de memória feita por Lactâncio.

Nesse trabalho de construção de memória, a figura de Constantino é, com maior freqüência, trabalhada de forma indireta, destacando o que o autor considera vícios entre os tetrarcas para reafirmar suas virtudes através da comparação. Assim, faz-se referência aos "maus" Imperadores, para, em seguida traçar linhas acerca das virtudes do "bom" Imperador, que é Constantino por excelência.

É no contexto da abdicação do Imperador Diocleciano que Lactâncio inicia a construção da memória de Constantino. Deveria-se escolher dois novos Césares, ao que se aventou o nome de Constantino. O diálogo teria seguido da seguinte forma:

> – Diocleciano: "Mas Constantino é, em verdade, estimado e quando se tornar imperador será julgado como melhor e mais clemente ainda que seu pai".
>
> – Galério: "Então não poderei fazer o que deseja. Convém eleger pessoas que permaneçam sob minha dependência, que me temam, que não façam nada sem que eu lhes ordene".
>
> – Diocleciano: "A quem nomearemos então?"
>
> – Galério: "A Severo".
>
> – Diocleciano: "A esse bailarino turbulento, bêbado, que da noite faz o dia e do dia faz a noite?" (LACTANCIO, II. 119).

O nome de Severo é, enfim, definido como um dos Césares. Parte-se agora para o segundo nome, outra escolha atribuída por Lactâncio a Galério. O indicado é Maximino Daya, ao que o Imperador Diocleciano reage. "Não me dás nomes idôneos a quem eu possa confiar a tutela do Estado" (LACTANCIO, II. 120). Os Césares escolhidos representariam o oposto de Constantino que, através da menção aos vícios de Maximino Daya e Severo, tem suas virtudes reafirmadas. Da mesma forma, os vícios de Maximiano Hércules, como a covardia, seu caráter criminoso e sua postura anticristã, assim como o desequilíbrio e a postura anticristã de Maximino Daya, serviram de espelho para a reafirmação das virtudes de Constantino. O contexto que marca a guerra pela púrpura entre os Imperadores ilustra bem isso.

Segundo Lactâncio, depois de ser forçado por Galério a abdicar, Diocleciano teria forçado Maximiano Hércules a fazer o mesmo. Este teria tentado de várias formas retomar o poder, inclusive tentando destituir seu filho Maxêncio quando este foi proclamado Augusto pelo seu exército, em Roma. Nas palavras de nosso autor, Maximiano

> "(...) convocou o povo e os soldados, como se se tratasse de uma assembléia, para tratar sobre os males do Estado. Depois de falar largamente disso, apontou com sua mão seu filho e acusando-o de ser a origem de todos os males e a causa de todas as desgraças pelas quais passava o Estado, arrancou a púrpura de seus ombros" (LACTANCIO, II.149).

Fracassada a tentativa de usurpar o trono do filho Maxêncio, Maximiano Hércules teria fugido e procurado proteção sob seu genro, Constantino, de quem também teria tentado usurpar o poder, aproveitando-se de sua ausência. Segundo Lactâncio, Maximiano Hércules teria aconselhado o "santíssimo" Constantino – como é chamado pelo autor – a lutar contra os francos com um número reduzido de soldados para que morresse em combate e, na sua ausência, teria se proclamado Imperador. Constantino teria sabido do acontecido e voltado aceleradamente para pegar de volta o que era seu, o poder. Teria se iniciado, então, uma luta pela posse da púrpura. É interessante notar o pouquíssimo valor que Lactâncio confere à questão política do acontecido. Na análise que faz sobre a batalha entre Constantino e Maximiano Hércules, o segundo é descrito de tal maneira que nos passa a imagem de uma pessoa histérica, completamente desequilibrada. Segundo Lactâncio, Maximiano Hércules, surpreendido por Constantino, "(...) lançava maldições desde a muralha (...)" (LACTANCIO, II.154). Em contraposição, mostra Constantino como um homem equilibrado, pois teria tentado, com palavras, convencer Maximiano Hércules de que estava errado, agindo mal, assim "(...) em tons nem duros, nem hostis, lhe perguntava o que desejava (...) que o que estava fazendo era impróprio dele, mais nada" (LACTANCIO, II.154).

A vitória de Constantino teria se dado com a repentina abertura dos portões e a volta dos soldados para o seu lado. Acontecido isso, Maximiano Hércules teria sido levado ao Imperador Constantino que, apesar de reprovar o que fizera, lhe teria generosamente perdoado, poupando-lhe a vida.

O segundo atentado de Maximiano Hércules é descrito de forma a justificar a sua condenação à morte por Constantino, que ainda teria sido clemente o suficiente para deixá-lo escolher o tipo de morte que teria.

Sobre Maximino Daya, a característica trabalhada para servir de espelho à memória de Constantino é sua postura anti-cristã. Lactâncio afirma que:

> "Quando havia começado a pôr em prática esses planos, Constantino lhe intimidou. Mas, Maximino Daya agiu de forma dissimulada. Em efeito, aquele que casualmente caía em suas mãos era arrojado ao mar em segredo" (LACTANCIO, II. 172).

Aqui nosso autor, além de ilustrar a virtude de Constantino em relação aos vícios de Maximino Daya, ainda coloca o segundo como se tivesse medo do primeiro.

A memória também se constrói com o silêncio e pode marcar uma atitude seletiva. O silêncio como construção de memória é usado em acontecimentos que comprometem a boa imagem que se pretende criar de Constantino. Assim, Lactâncio se cala em relação ao acordo deste com o perseguidor Maximiniano Hércules quando do episódio da tomada de Roma por Maxêncio; o silêncio se faz ainda ao ignorar a nomeação de Constantino como Augusto pelo mesmo Hércules. A memória destinada ao esquecimento inclui ainda as determinações da conferência de

Carnuntum, em que, segundo Teja (TEJA, 1981), teria sido grande a responsabilidade de Constantino sobre as decisões tomadas.

Quando a memória não pode ser calada, Lactâncio a manipula. Tal é o caso da morte de Maximiano Hércules. A fim de justificá-la, descreve uma série de atitudes que teriam forçado o Imperador Constantino a tal ato. Esse homem generoso e clemente o teria já perdoado uma vez, mas, diante de nova traição, teria se visto obrigado a mandar matar Maximiniano Hércules.

O fato é assim narrado: denigre-se a imagem de Maximiniano Hércules, para não manchar a de Constantino. Contudo, Constantino teria lhe concedido o direito de escolher como morrer.

A antítese é um recurso narrativo muito usado por Lactâncio. Com essa ferramenta, da qual partem os dados que são utilizados para fazer o mundo pagão perceber quem merece ser seguido em suas virtudes ou esquecido por seus vícios – afinal, retomando Hannah Arendt (ARENDT, 1988), a função da história na Antigüidade é a de selecionar a memória que merece ser lembrada –, é que Lactâncio mostra a face do perseguidor, que seria aquela face oposta à de Constantino. É assim que, colocando os tetrarcas perseguidores como espelho, se constrói a memória de Constantino, cuja imagem faz oposição à dos perseguidores e sua memória ganha a imortalidade em Lactâncio como bom Imperador, exemplo de modelo a ser seguido pelos súditos e pelos imperadores seguintes.

BIBLIOGRAFIA

ARENDT, H. **Entre o Passado e o futuro**. Sao Paulo : Perspectiva, 1988.

BROWN, P. **O fim do mundo clássico: de Marco Aurélio a Maomé.** Lisboa: Verbo,1972.

CERTAU, M. de. **A Escrita da História**. Rio de Janeiro: Forense Universitária, 2002.

DONINI, A. **História do Cristianismo**. Lisboa: Setenta, 1988.

GONÇALVES, A.T.M. **Formas de Oposição aos Imperadores durante os governos dos Severo : Uma análise da obra de Herodiano**,1997 (dissertação de mestrado defendida na USP).

GRANT, M. **História de Roma**. Rio de Janeiro: Civilização Brasileira, 1987.

HALBWACHS. M. **A Memória coletiva**. São Paulo:Vértice,1990.

JEFFERS, J.S. **Conflito em Roma**. São Paulo: Loyola, 1995.

LACTANTIUS. **Sobre la muerte de los perseguidores**. Tradução de Ramon Teja. Madrid: Gredos, 1981.

LE GOFF, J. **História e Memória**. Campinas: Ed. Unicamp, 1994.

LOT, F. **O fim do mundo antigo e o princípio da Idade Média**. Lisboa: Setenta, 1995.

MAZZARINO, S. **O fim do mundo antigo**. São Paulo: Martins Fontes, 1988.

MOMIGLIANO, A. **De Paganos, Judios y Cristianos.** México: Fundo de Cultura Economica, 1992.

MOMIGLIANO, A. *et alii*. **O conflito entre Paganismo e o Cristianismo no século IV.** Madri: Alianza Editorial, 1989.

MEMÓRIA E DISCURSO EM APULEIO

Rosângela Maria Souza Silva*

Introdução

Apuleio, a quem alguns estudiosos, como Enrico Cochia, atribuem o prenome de Lúcio,[1] nasceu em Madauro,[2] cidade da província de África, localizada entre a Numídia e a Getúlia, em 125 d.C. Estudou na Grécia, na Itália e em outros importantes centros de cultura. O seu pai, oriundo da Itália, foi, provavelmente, enviado à África em uma expedição com outros veteranos para repovoar a colônia de Madauro.

Viajou muito e por onde andou fez conferências. Parece que tentou exercer a advocacia em Roma, mas não obteve sucesso. Retornou à África, onde advogou com brilho e fez o seu nome ser reconhecido em todos os lugares por onde passava. Daí, terem erguido em sua homenagem duas estátuas em Cartago; obteve, também, a honra sacerdotal, os cargos públicos do Império, além de ter sido homenageado novamente com duas outras estátuas em outros locais. Foi um digno representante de seu tempo, pois foi variado e inteligente, audacioso e inventivo. Fez experimentos científicos, leu autores antigos, expôs o seu pensamento em conferências e textos, percorreu os diversos gêneros literários, buscou compreender os mais diversos enigmas do mundo e criticou os puristas, ou seja, esteve atento a todos os acontecimentos sociais.

A notícia que temos é a de que não faltou tema ou argumento para que Apuleio iniciasse um texto. Escreveu em língua latina e em grega obras filosóficas, científicas, poéticas, novela, hinos e obras de eloqüência. Além disso, traduziu alguns textos gregos para o latim. No entanto, apenas seis de suas obras chegaram até nós: *Metamorphoseon* libri XI ou *Asineus Aureus* (novela), *Pro se de magia liber* ou *Apologia* (tratado de eloqüência), *Florida* (antologia), *De deo Socratis, De mundo e De Platone et eius dogmate* (tratados filosóficos ou pseudofilosóficos).

Muitos de seus escritos se perderam; entretanto, conservamos o nome de alguns de seus títulos: a) em poesia, *Ludicra, Carmina Amatoria, Hymni in Aesculapium*; b) em prosa, *Fédon de Platão, De Arboribus, De Arithmetica, De Musica, De Piscibus, De Proverbiis, De Republica, De Re Rustica, Naturales Quaestiones, Quaestiones Convivales, Hermagoras, Epitome*

---

*Professora mestre da UFCG.

Historiarum, De Herbarum Virtutibus, De Remediis Salutaribus, Physiognomonia. Não temos certeza se escreveu também textos como *De Astrologia, De Medicina*, uma tradução poética de uma passagem de Menandro, o *Perí Ermeneías* e o diálogo *Asclepius*, pois muitos outros lhe foram atribuídos ou por causa da fama, que o seu nome alcançou, ou por causa das características individuais que daquelas obras transpareciam.

De Deo Socratis

Dentre as obras de Apuleio, escolhemos apresentar *De Deo Socratis*, em virtude do assunto envolvido e dos questionamentos sobre a obra.

Não há precisão sobre a data em que essa obra foi escrita. Contudo, podemos considerar que tenha sido pronunciada depois de *Apologia* e antes de *As Metamorfoses*, visto que Apuleio apresenta-nos alguns seres especiais, habitantes das sublimes regiões aéreas e que têm por função intermediar as nossas mensagens aos deuses. Esses seres especiais recebem os nomes de Demônio, entre os gregos, e de Gênio, entre os latinos. A obra, que tem 24 livros, recebeu algumas classificações diferenciadas dos críticos.

Alguns estudiosos a consideraram filosófica,por terem encontrado no texto um argumento típico de meditação da filosofia médio platônica sobre a existência dos *daemones*. Entretanto, há, também, alguns estudiosos que identificam o texto como pseudofilosófico: alegam que o autor mistura e introduz superstições, misticismo, cultos greco-orientais nos temas da filosofia vigente, além de pertencer ao movimento da nova sofística, sendo ele um produtor de pseudodiscursos. Outros estudiosos afirmam ser o texto um escrito de cunho religioso, pois o autor, além de defender a idéia dos demônios como seres divinos, afirma que há uma multiplicidade de deuses.

Entretanto, o texto é um escrito cuja finalidade poética é percebida em virtude de:

(i) o discurso ter um conteúdo de caráter inventivo; o autor dá vida à sua linguagem, revivifica expressões com lucidez, reelabora conceitos comuns a todos, reinventa palavras e transforma poetas e filósofos precedentes em personagens que participam do discurso poético do escritor dessa obra: tanto isto é verdade, que encontramos algumas partes desse texto em sua outra obra, *Florida*;[3] (ii) apresentar freqüentes citações não só de poetas precedentes, como Homero, Virgílio, Ênio, os *poetae noui*, etc., como também de outros personagens ilustres para o mundo greco-romano; (iii) além de tudo isso, o seu principal objetivo não é o de fazer especulação filosófica, mas vulgarizar e divulgar a doutrina dos demônios a partir do que já existe. Ou seja, o tema, centrado no pensamento filosófico-religioso, é reconhecidamente importante para a época.[4]

Memória e Discurso

Na Grécia Arcaica, havia uma preocupação com a composição oral. Os poetas transportavam para o seu discurso um juízo de valor de uma dada cultura e utilizavam uma linguagem própria para ser cantada ou declamada. Conseguiam fama a partir do momento em que demonstrassem ter capacidade de reproduzir discursos utilizando-se da própria memória.

Os poetas não possuíam fala própria, recitavam a fala de outrem; eram responsáveis pela produção da memória na cidade. As Musas falavam através deles ou por eles no momento em que recitavam as proezas dos heróis. Mnemosyne, a Memória, presidia a função poética, mas o poeta, ao retomar o passado através de Mnemosyne, o presentificava.

Em geral, acreditava-se que a memória registrava os fatos do presente com mais eficiência, pois o registro do passado, além de ser parcial, poderia estar sujeito a falhas.[5] Os antigos se valiam de recursos sonoros ou de códigos que já estavam previamente implantados na memória de todo o público ouvinte para que tivessem efeito; ou seja, era necessário que já tivessem sentido dentro de seu próprio meio.[6] Sócrates prestigiou mais o discurso oral que o escrito, pois aquele permitiria o novo e, por estar atualizado, poderia ser reconhecido por mais de uma pessoa: o discurso tinha de conter a verdade.

A memória oral passou a ter outros significados a partir do momento em que começou a ser considerada um importante recurso para o orador. Cícero compara a composição da memória a uma tabuinha encerada ou a um local onde se poderia guardar todas as coisas:

> "Tal qual uma tabuinha encerada, usa lugares e neles coloca imagens e letras". (CICERO, *De Oratore: De partitione oratione*, VII, 26).
>
> "É a memória a guardiã de todas as coisas..." (CICERO, *De Oratore: De partitione oratione* , I,3).

A memória passa a ser entendida como uma técnica retórica e dom, que as pessoas podiam aprender. De qualquer modo, era parte importante do discurso. O orador ou declamador demonstraria a importância de seu discurso a partir do momento em que o público reconhecesse no tema tratado um eco em seus ouvidos.

O poeta atualiza a sua memória não só a partir do momento em que ouve as diversas vozes ecoar no seu meio social, como também a partir do momento em que a representa através de imagens como sinais, desenhos, figuras, letras ou outros valores que seriam reconhecidos não só por quem os produziu, isto é, ou o poeta ou o orador ou o filósofo, mas também pelo público presente, pois o seu funcionamento seria reconhecido como uma espécie de memória social.

A apresentação ou a leitura pública de textos começa a fazer parte do cotidiano dos intelectuais e de um público romano mais diversificado a partir dos séculos I a.C. e II d.C. Em geral, o autor-declamador, ao ler o seu próprio texto, esperava que o ouvinte demonstrasse interesse participando ativamente da produção do texto através de interferências diretas. Assim, podemos compreender que a realização de uma obra na Antigüidade representava não só o pensamento do autor, como também as diversas vozes que ecoavam na memória da coletividade.

Sabemos que, antes de o texto final ser escrito, alguns autores, como o próprio Apuleio, apresentavam uma primeira versão de suas idéias ou de seu próprio texto a um público restrito de amigos e, depois das prováveis reações críticas, faziam as alterações ou modificações se tivessem como finalidade a publicação da obra.

Para um autor ser reconhecidamente famoso, era necessário que participasse desses tipos de leituras e que representasse o seu texto publicamente.

A Mímese na obra de Apuleio

Encontramos no texto de Apuleio influências que recebeu de alguns escritores da Antigüidade greco-romana. Estas influências são percebidas em diversas passagens do texto em estudo, tais como a citação e a remissão, que são recursos da mímese.

Segundo Jean Beaujeu, Apuleio procura o efeito retórico e espelha seu propósito em lembranças e em expressões literárias de autores do passado. Assim, cita versos de poetas como Homero, Ênio, Plauto, Terêncio, Virgílio e Lucrécio para não só dar credibilidade ao argumento tratado, mas também comover o ânimo de seu público com as imagens advindas dos outros discursos (BEAUJEU, 1973, p. 207).

Assim, apresentaremos alguns dos autores importantes do passado que Apuleio cita visando despertar o interesse do público para os temas tratados em sua obra. Na verdade, o seu discurso tem valor a partir do momento em que os autores citados estão presentes também na memória coletiva daquela sociedade.

a) Virgílio

De Virgílio, ele revivifica as *Geórgicas* e a *Eneida*. A primeira dessas obras é uma poesia de finalidade didática que visa não só agradar, como também ser útil a quem a ler. A sua linguagem elaborada faz com que os críticos afirmem que foi escrita para a classe culta de Roma, aquela que sabia ler. O poeta discorre, nesse texto, sobre alguns tipos de cultura que deveriam ser preservadas, como a terrena e a humana. Apuleio cita dois trechos dessa obra visando solidificar o seu argumento. Os versos escolhidos discorrem (i) sobre a crença dos homens nos deuses e, também, sobre o poder e a influência dos deuses na natureza: "...vós, as mais brilhantes luzes do mundo, que conduzistes a fuga do ano através do Céu" (VIRGILE, 1935, I,5). Numa segunda passagem, Apuleio cita um verso que lhe serve como alegoria para falar sobre (ii) a importância de conhecer a natureza humana em sua essência e de saber cultivá-la, contrapondo-a com a idéia da riqueza material: "a cabeça fina, o ventre estreito, o lombo espesso e um peito corajoso que excede em músculos de um belo animal" (VIRGILE, *Les Géorgiques*, III, 80 *passim*).

Apuleio não deixa de ter *Eneida* como referência para enriquecer a sua obra, fazendo citações a partir desse texto. Nestas citações, discorre sobre a existência e a importância dos deuses visíveis e dos invisíveis para os homens. Cita alguns deuses visíveis, os astros: "o Arcturo, as Híades, as duas Ursas" (VIRGILE, *Énéide*, III, 515 *passim*) e revela a crença existente nos deuses invisíveis, os mitológicos: "juntou-se àquela multidão e não foi reconhecida por ninguém" (VIRGILE, *Énéide*, I, 440). Apuleio escolhe, também, outros assuntos importantes, como os votos de juramento, a crença e a coragem dos romanos: "eu juro por minha cabeça, pela qual o meu pai já estava habituado"? (VIRGILE, *Eneide*, IX, 300 *passim*), "A minha mão direita é o deus e o dardo é a arma de arremesso que eu lanço" (VIRGILE, *Énéide*, X, 773). e "acaso os deuses acrescentam um certo ardor à nossa alma, Euryalo, ou um deus é feito segundo o funesto desejo de cada um"? (VIRGILE, *Énéide*, IX, 184).

b) Homero

Homero está presente em quase toda cultura greco-romana, por isso não nos surpreende encontrá-lo em Apuleio, uma vez que este escritor buscou na Grécia elementos para compor quase todas as suas obras. Deste poeta, Apuleio cita um verso da *Ilíada*, tentando induzir o público a crer na função intermediadora da deusa Minerva. Com esta citação, Apuleio volta, neste capítulo, a apresentar e a ratificar a sua tese, segundo a qual os deuses se misturam aos homens através das intervenções de demônios: "ela é visível a um só; nenhum dos outros a observa" (HOMÈRE, *Iliade*, I, 198). Jean Beaujeu acredita que Apuleio entra em contradição quando julga, nessa passagem, a personagem Minerva um demônio real, pois, em outra parte de seu tratado, em uma remissão à mesma obra, ele apresenta Minerva como que assimilada à Prudentia, faculdade abstrata do homem, e introduz uma teoria sobre os demônios próxima às crenças populares da época (BEAUJEU, 1973, p. 224). Nesta teoria, os demônios são seres independentes, providos de corpo, translúcidos e habitualmente invisíveis; todavia, esses seres, além de intervirem na vida dos homens, são visíveis apenas para algumas pessoas.

c) Plauto

Cita um verso da obra *O soldado fanfarrão*, de Plauto I, 1, 4, com o objetivo de ampliar a teoria sobre a existência de demônios independentes: "no momento que fere com a espada os olhos dos inimigos". Acredita na existência de demônios protetores, e refere-se a isto tornando o escudo uma alegoria que significa proteção.

d) Terêncio

Na ocasião em que Apuleio cita um verso da obra *Eunuco*, de Terêncio (III, sc.2, v.454), visa esclarecer que "aquela voz" ouvida por Sócrates provém de um ser divino específico. Todavia, ao apresentar o verso de Terêncio, ele remete-nos a um outro tipo de voz que quem ouviu soube, assim como Sócrates, identificar: "eu procuro apenas ouvir a voz do soldado".

e) Lucrécio

Apuleio incluiu duas citações da obra *Sobre a natureza*, de Lucrécio (V, 575, *passim*). Na primeira citação, o nosso escritor se preocupou em dissertar sobre as fases da lua: "ela lança uma luz imprópria através do seu corpo". Jean Beaujeu nos coloca que esta citação deve ter sido desenvolvida a partir da memória de Apuleio, visto a ligação que o nosso escritor faz com o verso precedente (BEAUJEU, 1973, p. 207). De fato, antes de fazer essa citação, o autor já tinha nos remetido a uma passagem dessa mesma obra, ou seja, fez daquela remissão a sua fundamentação para o que queria compor nas linhas subseqüentes (LUCRÈCE, *De La Nature*, v. 703-713).

Numa segunda citação que faz de Lucrécio, Apuleio define o local onde os demônios vivem e sobre a sua formação corpórea. Segundo o autor, esses seres divinos têm, assim como as nuvens, uma estrutura física diferente: são formados por uma massa de Ar Puro e habitam o Éter: "inicialmente, as planícies azuladas do céu são agitadas pelo trovão". "E porque elas voam no ar, as nuvens etéreas se entrechocam em resposta aos ventos contraditórios" (LUCRÈCE, *De La Nature*, VI, 95-7).

O outro recurso da mímese que Apuleio utiliza em seu texto é o da remissão. Este recurso irá funcionar, enquanto imitação, se o ouvinte/leitor conhecer e ou compreender a mensagem remetida a partir de uma idéia desenvolvida em um outro texto. Esta mensagem deverá complementar a idéia em desenvolvimento. A sua decodificação tem de se realizar para que possamos afirmar que houve uma comunicação. Além disso, o ouvinte/leitor tem de se lembrar/conhecer o texto que contém ou complementa a idéia remetida. Ou seja, o orador só irá remeter o público para uma outra obra se o seu objetivo for complementar a idéia do seu texto, senão a remissão não terá sentido dentro da obra.

Como vimos, tanto Apuleio quanto outros escritores desse século utilizaram-se da mímese com o objetivo de compor os seus argumentos. Todavia, os recursos da mímese, além de utilizarem a citação para dar autoridade ao discurso, tiveram, muitas vezes, necessidade de usar a remissão como recurso mimético toda vez que estivessem precisando complementar algum tema ou idéia de seu texto. Homero, Platão, Aristóteles e Cícero são os autores que, de certo modo, o nosso escritor busca com mais freqüência para complementar a sua obra.

a) Homero

De Homero, Apuleio não apenas cita versos, como também nos remete, em diversas passagens, a lembranças que julga importantes naquele momento. Parece que tem como propósito demonstrar que é um erudito, um conhecedor da cultura helênica.

Para Apuleio não só os populares procuravam se aconselhar com os adivinhos. Assim, nos capítulos XVII e XVIII, ele nos remete a Homero, visando trazer exemplos que sustentem a sua tese: até mesmo os homens sábios e virtuosos já necessitaram e procuraram a arte da adivinhação para auxiliá-los em algum momento de suas vidas; por isso é necessário acreditar também neles.

> "de fato, existem muitas situações, muitas em que até mesmo os homens sábios se dirigem aos adivinhos e aos oráculos (PLATON, Phèdre, XXII, 244a-e). Porventura, tu não vês em Homero (...) de um lado, os ofícios da adivinhação; de outro, os ofícios da sabedoria? (...) Entretanto, no momento que devemos escolher exploradores de circunstâncias obscuras e desesperadas, que penetrem na calmaria da noite no acampamento dos inimigos, não podemos escolher Ulisses com seu companheiro Diomedes como os representantes do pensamento e da ação, do espírito e da força, da alma e da espada? (...) Além disso, Calcante, aquele homem muito famoso por ser adivinho, contemplou ao mesmo tempo os pássaros agourentos, o altar dos sacrifícios e uma árvore e, rapidamente, por causa de sua arte divinatória, desviou as tempestades, conduziu uma frota de navios e predisse dez anos de guerra. (...) todos escutam em silêncio quer os presságios desagradáveis de Heleno quer as desacreditadas profecias de Cassandra."

Para Apuleio, independentemente do conhecimento do homem, é possível acreditar em algo. Aliás, todo êxito que o ser humano alcança deve ser causa de agradecimento aos deuses. Por isso, todos os homens precisam ter algo que os auxilie a superar algumas dificuldades da vida: "(...) (Ulisses) sempre quis ter a Prudência como sua mestra".

b) Cícero

Apuleio parece ter lido Cícero com uma certa freqüência, pois em diversas passagens de seu texto percebemos a necessidade de ele tentar dialogar com o famoso orador latino. Em geral, refere-se a algum tema ligado à religião, como a fé, os votos de juramento, os presságios, etc. Para Cícero, a *fides* é resultado de um pacto feito entre pelo menos duas partes concordantes, devendo ser estabelecida segundo o costume.

Conclusão

Apuleio reproduziu em seu texto temas que vigoravam no momento da produção de seu discurso, e que versavam sobre a preocupação com a essência do divino. Deu valor ao movimento do arcaísmo, visto que assim poderia tornar o passado valoroso; afinal, a memória é a guardiã de discursos. Apuleio foi um escritor que, em virtude do estilo, absorveu discursos de outros autores, pois tinha a intenção de dialogar com eles.

NOTAS

[1] E. Cochia (*Romanzo e realtà nella vita e nell'attività letteraria di Lucio Apuleio*) acredita nessa hipótese. Contudo, outros estudiosos ignoram o prenome Lúcio para Apuleio, como FOWLER, H. (*A History of Roman Literature*, p. 238); BOLAFFI, E. (*Storia della Letteratura Latina*, p.275); FERRERO, L. (*La Letteratura Latina*, p. 392); CENTRANGOLO, E. (*La Letteratura Latina*, p. 180); MARCHESI, C. (*Storia della Letteratura Latina*, n.r. 1, p. 349).

[2] *Apud* HADAS, *A History of Latin Literature*, p.340. Esta cidade da província da África era rica, populosa e altamente romanizada.

[3] Obra esta classificada como literária por todos os analistas de Apuleio.

[4] Além desse, podemos encontrar outros temas nessa obra, organizados em conformidade com o estilo do seu escritor.

[5] De fato, a memória pode falhar. Há buracos na memória que só se tornam evidentes no momento de se produzir o discurso, ou seja, a partir do momento em que o apagamento foi produzido no interior do próprio indivíduo. Há entre a memória e o esquecimento, o dizer e o que poderia ser dito. Nessa perspectiva, precisamos fazer, também, uma reflexão sobre o esquecimento, pois ao estarmos admitindo as falhas, estamos, também, admitindo que o sentido das palavras possa faltar, e que, por algum motivo, o apagamento momentâneo ocorre. E, por ter ocorrido esse fato, a necessidade fará com que o novo seja produzido. O que já foi dito e realizado poderá se transformar no novo, no que ainda não se realizou: a memória necessita de movimento.

[6] O passado, mesmo que realmente memorizado, trabalha a partir de reformulações enquadradas no discurso do presente.

BIBLIOGRAFIA

APULÉE. **Apologie, Les Florides, Traités philosophiques**. Trad. Henri Clouard. Paris: Garnier, s.d.

______. **Apologie, Florides**. Trad. Paul Vallette. Paris: Les Belles Lettres, 1971.

______. **Opuscules philosophiques et fragments**. Trad. Jean Beaujeu. Paris: Les Belles Lettres, 1973.

BAYET, Jean. **Littérature Latine**. Paris: Armand Colin, 1950.

BEAUJEU, Jean. "Commentaire", In: APULÉE: **Opuscules philosophiques et fragments.** Paris: Les Belles Lettres, 1973.

BIGNONE, Ettore. **Il libro della letteratura latina : storia della letteratura latina**. 3. ed., Firenze, Felice Le Monnier, 1948, v. 3.

______________. **Études de philosophie antique**. 1. ed., Paris: PUF, 1955.

BRÉHIER, Émile. **Historia de la filosofia**. 3. ed., Buenos Aires: Sudamericana, 1962, t. 1.

CICÉRON. **De oratore: De partitione oratione**. Transl. By H. Rackham, London: William Heinemann, Cambridge: Harvard University Press, 1948.

CLOUARD, Henri: Introdution et notes, In: APULÉE: **Apologie, Les Florides, Traités philosophiques**. Paris: Garnier, [s.d].

COCCHIA, E.: **Romanzo e realtà: nella vita e nell'attività letteraria di Lucio Apuleio**. Catania: Francesco Battiato editore, 1915.

FRAILE, Guillermo. Historia de la filosofía. Madrid, Ed. Católica, 1956, v. 1.

FULLER, B.A.G. **A History of philosophy**. New York: Henry Holt, 1952.

GUDEMAN, Alfred. **Historia de la literatura latina**. (trad. Carlos Riba), 3. ed. rev. reimp., Buenos Aires, Labor, 1952.

HOMÈRE. **Iliade**. Trad. Paul Mazon. Paris: Les Belles Lettres, t. 1 (c. 1-6), 1987.

HOWATSON, M. C. **The Oxford companion to classical literature**. 2. ed., Oxford - New York: Oxford University Press, 1989.

LEO, Federico. **La Letteratura Romana Antica**. (trad. B. Lavagnini e F. Rosanelli). Firenze: Vallecchi Editore, 1926.

LUCRÉCE. **De La Nature**. **Henri Clouard**. Paris: Garnier Frères, 1939.

MARACHE, R. **La critique littéraire de langue latine et le développement du goût archaisante au IIe. Siècle de notre ère**. Rennes, 1952.

MARCHESI, C. **Storia della letteratura latina**. 7. ed., Milano: Casa Editrice Giuseppe Principato, 1949, v. 2.

MARMORALE, Enzo V. **História da literatura latina**. Lisboa: Estúdios Cor, 1974, v. 1 e 2.

MARTIN, René & GAILLARD, Jacques. **Les genres littéraires à Rome**. Paris: Nathan, 1990.

MOKHTAR, G. (org.). **A África Antiga**. São Paulo: Ática, (Paris): UNESCO, 1983.

PARATORE, Ettore. **História da literatura latina**. Lisboa: Calouste Gulbenkian, 1987.

PICHON, R. **Histoire de la littérature latine**. Paris: Hachette, 1897.

PLATON. **Oeuvres complètes: Phèdre**. Texte ét. et trad. Léon Robin. Paris: Les Belles Lettres, t. 4 – 3e. partie, 1933.

PLAUTE. **Menaechmi, Mercator, Miles Gloriosus**. Texte ét. et trad. Alfred Ernout. Paris: Les Belles Lettres, t. 4, 1952.

RAVEN, Susan. **Rome in Africa**. London: Routledge, 1998.

REALE, Giovanni. **História da filosofia antiga**. São Paulo: Loyola, 1994, v. 4.

______________. **Storia della letteratura latina**. Torino: Unione Tipografico-Editrice, 1955, t. 2.

ROSTAGNI, Augusto. **Storia della letteratura latina**. Milano: A. Mondadori, 1938.

TÉRENCE. **Andrienne, Eunuque**. Texte ét. et trad. J. Marouzeau. Paris: Les Belles Lettres, t. 1, 1947.

VIANSINO, Giovanni. **Introduzione critica alla letteratura latina**. Palermo, Elea Press, 1995.

_______ . _____. Texte ét. René Durand. Trad. André Bellessort. Paris: Les Belles Lettres, 1967.

_______. **Énéide**. Texte ét. Henri Goelzer; Trad. André Bellessort. Paris: Les Belles Lettres, 1956.

VIRGILE. **Les géorgiques**. Trad. Henri Goelzer. Paris: Les Belles Lettres, 1935.

VIVONA, Francesco. **Storia della letteratura romana**. Bologna: Nicola Zanichelli Editore, 1936-XIV.

A MEMÓRIA DA CONJURAÇÃO DE CATILINA EM SALÚSTIO E PLUTARCO

Sônia Regina Rebel de Araújo*

Introdução: a conjuração de Catilina

Pretendemos analisar uma memória dos valores republicanos na conjuntura da queda da República tomando como *locus* as circunstâncias da escrita do texto de Salústio sobre a conjuração de Catilina, bem como seu teor, no intuito de demonstrar que, ao fazê-lo, o autor queria criticar as proscrições decorrentes da atuação dos triúnviros Marco Antônio, Otaviano e Lépido, e enaltecer a figura de Júlio César, de quem era amigo. Observamos que a centralidade dos dois discursos proferidos no Senado por Júlio César e Catão no texto de Salústio é uma opção, pois há outra tradição a respeito da participação dos senadores na conjuntura da repressão aos catilinários conduzida por Cícero no dia 5 de dezembro de 63. Enquanto vários autores, entre os quais Plutarco e Apiano, ressaltam os discursos de outros senadores, como Catulo, condenando os catilinários à morte, Salústio contrapõe César a Catão, como se apenas estes tivessem se envolvido naquela situação. Ao fazê-lo, Salústio aponta, através da recriação do discurso de César, a condenação às proscrições triunvirais, ao colocar na fala de César uma menção à ilegalidade das proscrições silanas. Por outro lado, Catão, cujo discurso Salústio recupera, insinua a ligação de César com os catilinários. Neste trabalho, ressaltamos as diferenças entre os dois relatos, o de Salústio e o de Plutarco, verificando quais eram, em uma época de conflito extremo, os valores caros a cada uma das facções que se enfrentavam na conjuntura da queda da República.

A Conjuração de Catilina deu-se por volta do ano de 63 a.C., durante o Consulado de Cícero. Os primórdios da conspiração prendem-se a anos anteriores, pelo menos 65 a.C., quando Lúcio Sérgio Catilina vislumbrou no acesso a altos cargos públicos, especialmente o consulado, a solução para suas enormes dívidas, pois estava arruinado. Nada conseguindo, sendo derrotado para a eleição de Cônsul no ano de 63 por Cícero, apoiado pelos senadores, juntou-se a outros homens nobres, mas arruinados como ele, para tramar o assassínio de senadores e de autoridades, inclusive o Cônsul. A conjuração foi denunciada a Cícero, que o expulsou de Roma[1], logo após ter pronunciado a I Catilinária no Senado no dia 8 de novembro de 63, tendo Catilina ido

*Professora doutora de História Antiga do CEIA/UFF.

juntar-se a suas tropas chefiadas por Mânlio na Etrúria. No dia seguinte, 9 de novembro, Cícero pronunciou a II Catilinária, considerada a mais perfeita de suas orações, na assembléia popular.

A III Catilinária foi pronunciada no dia 3 de dezembro, logo após a prisão dos principais conjurados e da reunião das provas materiais da conjura. O senado deliberou, a seu pedido, pela continuidade da detenção dos envolvidos na conjura. No dia 5 de dezembro, Cícero reuniu o senado para ouvir sua opinião sobre a sorte dos rebelados. Foi nessa ocasião que pronunciou a IV Catilinária e em que se deu o famoso debate entre César e Catão, o que constitui nosso objeto de análise, pois tal debate expressou o cerne das questões que cindiam a república. César falou depois do cônsul designado, Silano, que afirmara a necessidade de condenação à morte dos catilinários, propondo sua prisão perpétua e confisco de bens. Sua habilidade foi tamanha que fez com que o próprio Silano voltasse atrás, mudando seu voto. Catão, em seu discurso, tentou arrolar César entre os catilinários, e propôs a pena de morte, voto este acompanhado pela maioria dos senadores. Após o discurso de Catão, Cícero achou-se autorizado a mandar executar os prisioneiros. A conjuração foi debelada pelo Cônsul e Catilina, morto no campo de batalha.

Para a presente discussão, importa-nos situar o contexto do embate entre César, líder dos *popularis,* e Catão, da facção conservadora, de resto, àquela época, dominante, representada por Cícero e Silano, além de Catão. Para isto, apoiamo-nos nos relatos de Plutarco, principalmente porque é em suas narrativas sobre as vidas de Cícero e de César que aparece a menção ao fato de César ter sido arrolado como um dos catilinários, o que explica a virulência do discurso de Catão reagindo à proposta de César de se poupar a vida dos conjurados, assim como a ameaça à vida de César naquela conjuntura.

Mas o fulcro de nossa análise reside nos dois discursos recuperados, ou talvez recriados, por Salústio[2]. Afirmamos que tais discursos são, eles mesmos, uma atuação política, indicam um agir, um fazer, na República em crise. A prova de que importava, para Salústio, ligar a Guerra de Catilina ao assassinato de César e às proscrições triunvirais é o fato de ele mencionar as proscrições silanas no capítulo 11 de sua obra sobre Catilina:

> "*Ora, depois que Sila, investido do poder pelas armas, ao bom começo fez seguir anos ruins, puseram-se todos a roubar e a pilhar, uns a cobiçar a casa, outros as terras dos seus inimigos, não tiveram os vencedores nem medida nem moderação, praticaram contra seus cidadãos atos indignos e cruéis. Além do mais, Sila, para granjear a fidelidade do exército que comandava na Ásia, contrariando a tradição dos antepassados, habituara-o ao luxo e a uma disciplina indulgentes demais.*" [Sall: GC, 11]

A conjuntura que cercou os pronunciamentos de César e de Catão

Cícero reuniu as provas contra os conjurados apreendidas pelos embaixadores dos Alóbrogos e, após a prisão de Lêntulo e Cétego, soube que os escravos destes rondavam a prisão onde seus amos estavam custodiados para libertá-los [App. *BC,* II, 5]. Saiu a toda pressa do Senado para tomar providências e o cônsul eleito, Silano, tomou a palavra pedindo a condenação à morte dos réus.

Ocorre que César não estava isento de suspeita de ser um dos catilinários, como atesta Plutarco[3]. César propôs que se poupasse a vida dos Catilinários, que seriam presos em municípios italianos da escolha de Cícero, até o julgamento[4].

A opinião de César pareceu tão humana e equilibrada que o próprio Silano voltou atrás e mudou seu voto, renunciando à condenação dos conjurados à pena máxima, como se pode ler em Plutarco, tanto em **Cícero, 21** quanto em **César, 8.** Após estes fatos, vários senadores, pensando que seria mais vantajoso para o próprio Cícero não condenar tão notáveis cidadãos romanos à morte, começaram a expressar apoio à opinião de César, quando Catulo e Catão, tomando a palavra, expressaram a necessidade de se decidir pela pena máxima.

O recuo de Silano, após o discurso de César, é narrado assim por Salústio:

> (,,,) Mas, um pouco antes, o plenário do Senado os tinha declarado culpados de crime contra o Estado. Então, Júnio Silano, convidado a exprimir seu voto em primeiro lugar, propôs que fossem entregues ao suplício os que se encontrassem em custódia (,,,,); posteriormente, impressionado com o discurso de César, disse que acompanharia a proposta de Tibério Nero que era de opinião que se deliberasse sobre o caso somente após o reforço da guarda" [Sall, *GC*, 50].

É interessante contrapor ao texto de Salústio o de Plutarco, pois este mostra outros personagens influentes naquela conjuntura. Na **Vida de César**, **8**, Plutarco narra que Catulo, além de Catão, tomou a palavra depois de Silano ter desistido de pedir pena de morte para os Catilinários. Já em **Vida de Cícero, 21**, ele reforça o mesmo argumento, mas alude ao fato de que os seguidores de Cícero viram no voto de César uma oportunidade de o Cônsul não ser acusado de condenar ilegalmente à morte um cidadão romano.

> "A esse parecer indulgente (o de César) emanado de um homem habilíssimo no falar, Cícero acrescentou um notável complemento: tomando por seu turno a palavra, manobrou nos dois sentidos, isto é, ora apoiando a primeira proposta, ora a de César. Os amigos de Cícero, cuidando de que a de César seria vantajosa para ele (pois ficaria menos sujeito a acusações se não enviasse os conjurados ao suplício), preferiram adotá-la também, *embora o próprio Silano, voltando atrás, se desculpasse alegando que na verdade não aludira à pena de morte, pois, acreditava, a prisão era para um senador o supremo castigo*. Catulo Lutácio, ao ouvir essas palavras,foi o primeiro a se opor. Catão, falando depois dele, *repisou as suspeitas que pairavam sobre César*, e conseguiu inspirar aos senadores tamanha fúria e coragem que votaram a morte dos conjurados." [Plut., *BP*, Cícero,21][5]

A avaliação do próprio Cícero dos dois discursos, o de Silano e o de César, demonstrou o embaraço sentido pelo Cônsul. Este, na verdade, desejava a condenação à morte, por isso o fato de Silano ter retirado, ou modificado, sua proposta não foi favorável aos seus desígnios. Elogiou os dois discursos, mas terminou dizendo que os senadores deveriam deliberar sobre o que seria melhor para a República e ele, o Cônsul, cumpriria o que fosse votado[6].

Depois de seu discurso é que se deu a atuação de Catão e de Catulo, como se lê nos dois relatos plutarqueanos, de molde a reagir ao recuo dos senadores quanto à condenação à morte dos catilinários, mas acrescentando um detalhe importante: a insinuação de que o próprio César era um dos catilinários[7].

Os Discursos de César e de Catão recriados por Salústio

Muito diferente é o relato de Salústio, pois ele contrapõe César a Catão no intuito de rememorar os valores romanos republicanos caros à facção de César e do próprio Salústio .

O Discurso de César

Os argumentos

"Todas as pessoas, senadores, que deliberam sobre questões controvertidas, devem estar isentas de ódio, amor, rancor e compaixão. Dificilmente o espírito divisa a verdade quando ocorrem tais sentimentos e ninguém pode servir ao mesmo tempo às paixões e ao seu dever. (...) jamais nossos antepassados, quando tiveram oportunidade, praticaram atos semelhantes: preocupavam-se mais em agir de acordo com sua dignidade do que poder aplicar-lhes justos castigos. De igual forma, senadores, deveis acautelar-vos para que a vossos olhos o crime de P. Lêntulo e de seus cúmplices não tenha mais importância do que vossa dignidade e cuideis mais de vossa ira do que de vossa reputação. *Pois, se encontramos castigo proporcional aos atos praticados, aprovo a decisão sem precedentes, mas se a grandeza do crime supera toda imaginação, sou de parecer que se devem aplicar as medidas previstas nas leis.*

A maioria dos que falaram antes de mim lamentou com arte e beleza as desventuras da república.(...) Mas – pelos deuses imortais! – a que visa este tipo de discurso?Acaso para nos levar a odiar a conjuração? Quer dizer que a quem um fato tão grave e tão cruel não comoveu, a ele um discurso irá inflamar? Não é assim. (...) Assim, quanto maior é a fortuna, menor é a liberdade; não devem ter paixões, nem odiar, muito menos encolerizar-se. O que nos outros se chama irascibilidade, tem o nome de arrogância e crueldade quando se está no poder. Quanto a mim, senadores, penso que os castigos são menores do que os crimes desses homens. (...)

Observe-se, no discurso de César, que o centro de sua argumentação é a obediência ao *mos maiorum* e às leis. Afirma que os crimes dos catilinários são grandes, mas as penas a serem aplicadas devem estar de acordo com as leis da República. A seguir, Salústio, através da fala de César, insinua que a condenação à morte, proposta por Silano, é semelhante às proscrições do período de Sila.

A insinuação de proscrições

Estou convencido de que Silano, homem corajoso e bravo, o que disse, disse-o por amor à república, nem em assunto de tão grande relevância nele interferiu a simpatia ou a inimizade (...) No entanto, seu voto não me pareceu cruel – o que poderia parecer cruel para homens como esses? – *mas estranho à prática republicana.* Pois de duas, uma: ou o medo ou *a enormidade do crime te levou, Silano, Cônsul designado, a propor um tipo de castigo sem precedentes. Da pena posso falar o que realmente é: no luto e nas misérias, a morte é descanso das aflições, não é um tormento; é a libertação de todos os males; além dela não há lugar nem para preocupação nem para alegria.* Mas – pelos deuses imortais! – por que não acrescentaste ao teu parecer que em primeiro lugar fossem eles açoitados? Será porque a lei proíbe? *No entanto, outras leis igualmente prescrevem que não se tire a vida aos cidadãos condenados, mas lhes facultem o exílio. Será porque é mais grave ser açoitado do que ser entregue à morte*? Pode haver punição rigorosa e cruel demais para homens culpados de tais crimes? *Se, ao contrário, porque é mais suave, como então aceitar que se tema a lei em questões menores, quando não a levamos em conta nas maiores?" [Sall. Catilina, 51].*

A seguir, apresenta a proposta de prender os catilinários nos municípios italianos:

A proposta

"Meu voto será então soltá-los e aumentar o exército de Catilina? De forma alguma. *Meu parecer é o seguinte: que se confisquem seus bens, permaneçam presos nos municípios mais providos de recursos, que no futuro possa levar o caso à deliberação do senado ou o discuta perante o povo; quem contrariar esta proibição o senado declarará ter agido contra a república e a salvação de todos" [Sall. Catilina, 51].*

Esse argumento de comparar a condenação à morte dos catilinários às proscrições da época de Sila foi decisivo para que muitos senadores, inclusive Silano, voltassem atrás quanto à pena de morte, o que enfureceu Catão, cujo discurso Salústio recupera:

O discurso de Catão

"Bem diferente é meu ponto de vista, senadores. Quando analiso a situação e os perigos que corremos e quando me ponho a refletir comigo sobre as propostas de alguns de nós. *Com arte e talento César há pouco discorreu sobre a vida e a morte, tendo a meu ver feito juízo equivocado sobre as tradições relativas aos infernos, segundo as quais os maus, por caminhos diferentes dos bons, ocupam lugares sombrios, selvagens, horríveis e pavorosos.*

A insinuação de que César é um dos catilinários

Seu parecer foi de que se confiscassem os bens dos culpados e fossem mantidos em prisão, nos municípios, com medo de que, se permanecessem em Roma, poderiam ser libertados pelos partidários da conjuração ou por uma multidão mercenária: *como se existissem maus e criminosos apenas em Roma e não em toda a Itália, (....) Por isso essa medida é inócua, se é que ele temia alguma ameaça da parte dos conspiradores; se em meio ao pânico geral, apenas ele não teme, tenho maiores razões para temer por mim e por vós. É por isso que quando vos pronunciardes sobre o destino de Lêntulo e dos outros prisioneiros, devereis estar conscientes de que estais decidindo, ao mesmo tempo, sobre o exército de Catilina e de todos os conjurados. Quanto maior for o empenho com que tratardes dessa questão, menor será a segurança deles; se eles virem que vós vos afrouxais, pouco que seja, estarão lá, cheios de insolência* (Sall: GC,52)".

A proposta

"É por isso que meu parecer é o seguinte: uma vez que por execrável conluio de cidadãos criminosos a república correu os maiores riscos e eles, (...) confessaram que prepararam chacinas, incêndios e outros crimes abomináveis e cruéis contra os cidadãos e a pátria, *sejam, segundo suas confissões, condenados à morte de acordo com o costume dos antepassados, como se tivessem sido surpreendidos em flagrante delito" [Sall: GC,52].*

Com este discurso, Catão conseguiu reverter a situação criada por César, e os catilinários foram condenados à morte. Salústio então traça os perfis de César e de Catão e, ao fazê-lo, mostra os valores que caracterizavam as duas facções: generosidade, clemência, doçura, do lado de César; inclemência, firmeza, retidão, por parte de Catão.

Comparação entre César e Catão

"Eram então quase iguais em nascimento, idade e eloqüência; a grandeza da alma igual, igual a glória, mas cada um à sua maneira: César se distinguia pelos favores e generosidade, Catão pela vida inatacável. Aquele se tornou ilustre pela doçura e clemência, a este a severidade lhe conferia respeito. César granjeou a glória, dando, amparando, perdoando, Catão, em nada prodigalizar. Um era o refúgio dos infelizes, o outro a desgraça dos maus. De César se louvava a afabilidade, de Catão a firmeza" [Sall.: *GC*,53].

A ação depois dos discursos: a execução dos conjurados e a ameaça à vida de César

Depois do voto condenando à morte os catilinários, o cônsul, que só esperava esta decisão, saiu para fazer cumpri-la e assistiu à execução de Lêntulo e Cétego. Ao voltar, comunicou aos senadores ainda reunidos o que ocorrera. Ao sair do Senado, César teria corrido grande perigo, pois foi cercado por correligionários de Cícero que intentavam matá-lo, sendo dissuadidos por um gesto do próprio Cícero. Outros senadores deixaram o local aliviados por não terem sido descobertos entre os catilinários. Este episódio da ameaça a César é significativo, por aproximar esse episódio ao seu assassinato ocorrido vinte anos mais tarde[8].

A recriação destes discursos por Salústio tem o mérito de apresentar as facções que cindiam Roma, à época em que Salústio os reescreveu, ou seja, das proscrições triunvirais. Daí a sua enorme importância, pela exaltação da figura de Júlio César, seu amigo, cuja morte é evocada sutilmente em seu texto.

Quanto a Catão, várias fontes informam que seu discurso foi recuperado por Salústio, graças aos estenógrafos que Cícero espalhara pelo Senado; tal discurso, na verdade, teria sido muito mais virulento do que o indica a recriação que dele fez Salústio. Ainda sobre este personagem, há aqui uma ilação entre a participação de Catão nesse episódio e a condenação dos tiranicidas, Cássio e Bruto, sobrinho de Catão. Bruto seria descendente daquele Bruto mítico fundador do Senado e da República, que não hesitou em condenar à morte os próprios filhos que se aliaram aos reis etruscos. Catão seria idêntico em firmeza e severidade a esse Bruto, ancestral de sua família.

Em outras palavras, a lembrança da ilegalidade da execução dos catilinários, por sua vez, evoca uma sucessão de ilegalidades da qual o próprio Cícero sofreu as conseqüências anos depois. A oportunidade de se rememorar a participação de César na conjuntura da revolta de Catilina prende-se à análise de outra conjuração, aquela em que o próprio César foi a vítima.

NOTAS

[1] A base teórica deste artigo prende-se a dois trabalhos de M. Finley, **A Política no Mundo Antigo** e **Democracia Antiga e Moderna,** especialmente o último Capítulo, A Censura na Antigüidade, pp. 159-187. Neste, o autor afirma que a censura na Antigüidade Clássica por vezes tomou a forma de eliminar fisicamente o adversário. Na democracia ateniense, essa eliminação tomou a forma de ostracismo, banimento, enquanto na República romana, além do banimento, houve execuções, como no caso dos catilinários. Numa sociedade de cultura oral, explica Finley, em que os políticos convenciam os votantes pelo uso da palavra, era mito difícil conviver com a oposição, com a presença física do opositor, sendo necessário, por vezes, bani-lo de uma forma ou de outra.

[2] Ver a discussão excelente sobre o texto de Salústio em L. Cânfora, *O discurso no senado recriado por Salústio*, *in* **Júlio César: o ditador democrático.** São Paulo: Estação Liberdade, pp. 84-91, 2002.

[3] App., **BC**, II, 6; Plutarco, *Vida de César*, 7, *in* **BP**.

[4] Plutarco. *Vida de César 7,* **BP**.

[5] É importante notar que a oposição César *versus* Catão é uma criação de Salústio, pois outros oradores, como Catulo Lutácio, que falara antes dele, também optaram pela condenação à morte.

[6] Cícero, *Catilinária* IV, 4.

[7] Cícero, *Catilinária* IV, 4.

[8] Ver, a esse respeito, Plutarco, BP, César, 8, em que o autor narra ter sido César cercado por jovens armados, seguidores de Cícero que, com um gesto, impediu seu assassinato. Apiano, GC, II, 6, acrescenta uma informação importante: a de que vários senadores saíram discretamente do Senado, aliviados por não terem sido descobertos e arrolados como catilinários.

BIBLIOGRAFIA

CANFORA, L. **Julio César: o ditador democrático**. São Paulo: Estação Liberdade, 2002.

BRUNT, P. **Conflits Sociaux em République Romaine**. Paris: François Maspero, 1979.

FINLEY, M. I. **A Política no Mundo Antigo**. Rio de Janeiro: Jorge Zahar Ed., 1979.

FINLEY. M. I. A Censura na Antiguidade. *In*: FINLEY, M. I. **Democracia Antiga e Moderna.** Rio de Janeiro: Graal, pp.159-187, 1988.

CP II: HERANÇA CLÁSSICA E TRADIÇÃO HUMANÍSTICA

Vera Lucia Cabana Andrade*

A presente comunicação é um recorte da linha de pesquisa desenvolvida no NUDOM – Núcleo de Documentação e Memória do Colégio Pedro II – que trabalha o colégio como lugar de memória da história da educação no Brasil, a partir do processo de (re)construção da história-memória como instrumento de preservação da secular instituição de ensino no tempo, através da socialização de seu "passado de glórias" – *"vivência que transborda de um momento histórico para outro na dialética da lembrança e do esquecimento."*[1]

Na luta pela sobrevivência do colégio e sua manutenção na esfera federal de ensino, a comunidade escolar acadêmica e afetiva, formada por professores, alunos, ex-professores e ex-alunos eminentes, reconstruiu a memória coletiva do CP II em duas dimensões:

1ª - a da pesquisa histórica, que refaz a trajetória legal do colégio através das reformas de ensino, num processo de apropriação de sua identidade de *"colégio modelo"* da instrução pública secundária, sedimentando a posição privilegiada e a imagem idealizada do Imperial Colégio de Pedro II – *"num sentimento de continuidade presente"* [2] – que resguardam o CP II nos períodos de crise vivenciados na República e sustentam sua representação atual de colégio de referência do ensino público de qualidade;

2ª - a da geração de documentos monumentos, em que a palavra escrita transcende sua dimensão primeira de comunicação e atinge o sentido grego de revelação, extrapolando o tempo de seus produtores e fazendo emergir das fontes históricas *"as formas de pensar, sentir, crer e operar de uma cultura"*[3] – cultura escolar esta marcada pela herança clássica e tradição humanística.

Nos limites deste recorte, destacaremos algumas reformas de ensino da instrução pública que exemplificam a questão sempre recorrente das polêmicas travadas acerca da manutenção do Colégio como modelo de educação humanística e/ou sua mudança de perfil institucional para o cientificismo.

Durante o processo de consolidação do Estado e construção da Nação, no século XIX, a preocupação com a instrução pública foi uma das metas do projeto civilizador do Império. A

*Coordenadora do Núcleo de Documentação e Memória do Colégio Pedro II.

educação, concebida como elemento de controle social, deveria fornecer o instrumental necessário para a garantia da ordem e o caminho para o progresso, assegurando a moralização dos indivíduos e a superação dos problemas sociais.

O padrão do ensino secundário oficial foi o Imperial Colégio de Pedro II, fundado em 2 de dezembro de 1837, por decreto do Ministro Bernardo Pereira de Vasconcelos. Modelado pelos melhores educandários franceses da época, o Colégio foi criado para, segundo seu fundador, *"oferecer um exemplar ou norma aos que já se acham instituídos nesta capital (Município da Corte) por alguns particulares; convencido (o Governo) de que a educação colegial é preferível à educação privada."*[4]

A filosofia educacional e a proposta de ensino do Colégio de Pedro II estão contidas no Regulamento Nº 8, de 31 de janeiro de 1838, também obra do Ministro Vasconcelos, que ainda registra, de forma detalhada, a estrutura organizacional e acadêmica da escola. O perfil do Colégio, configurado pelos critérios do saber erudito, é evidenciado desde seus primeiros Planos de Estudos que distribuem, durante os seis, depois sete anos de curso, o ensino das línguas portuguesa, latina, grega, francesa e inglesa, da retórica e da poética, dos princípios da geografia, história, filosofia, zoologia, mineralogia, álgebra, geometria e astronomia, e do desenho e da música, conforme preconizado pelos documentos fundadores citados: o Art. 3º do Decreto de 1837 e o Cap. IX do Regulamento de 1838.

A composição do corpo docente – formado por intelectuais de reconhecida capacidade nos meios acadêmicos –, a seletividade do corpo discente – determinada pelos exames de admissão e promocionais –, os programas de ensino – de base clássica e tradição humanística –, e a rígida disciplina – imposta pelos Regulamentos – deram ao ensino secundário oficial, representado pelo Imperial Colégio, uma função formativa dirigida às elites, através da preparação dos alunos para o ensino superior. O Colégio de Pedro II foi o único estabelecimento de ensino secundário a conferir o Grau de Bacharel em Letras a seus formandos, título que dava o direito de ingressar nos cursos superiores do Império, normalmente os de Direito e de Medicina, sem a obrigatoriedade dos exames das matérias preparatórias, o que confirma o caráter erudito do curso[5].

A concepção humanística era a essência da educação clássica que privilegiava o conhecimento ilustrado do latim e das línguas estrangeiras, notadamente o francês, garantia da participação social no mundo civilizado; da literatura, da retórica e da poética, formas de domínio político do homem culto; e da história, sagrada e universal, identificação da genealogia da nação brasileira branca, civilizada e cristã.

A defesa do curso de humanidades era feita pelos grupos de políticos mais conservadores que consideravam o ensino secundário e, portanto, o "colégio modelo" como uma etapa preparatória para os cursos superiores, sendo a educação clássica essencial aos futuros "doutores" no Parlamento. Outro grupo de políticos liberais criticava a concepçao da educação ilustrada e procurava introduzir, na legislação de ensino, disciplinas de caráter científico, como as "matemáticas" e as ciências naturais, defendendo um ensino secundário mais prático e voltado para a modernização e o progresso. Nas duas visões de educaçao, um ponto em comum: o ensino da História da Civilização e da História Pátria como base da construção da identidade nacional e da formação do cidadão.

No conjunto das 15 reformas da instrução pública do Império, destacamos a Reforma proposta pelo Ministro Marquês de Olinda, em 1857, que tinha o propósito de harmonizar as duas visões de educação da época.[6]

Pela reforma do Ministro Marquês, o Colégio de Pedro II foi dividido em duas seções: Externato, mantido no antigo prédio do Seminário de São Joaquim, na Rua Larga, e Internato, localizado inicialmente na Chácara da Mata do Engenho Velho (transferido, em 1888, para o Campo de São Cristóvão), com o objetivo de ampliar o número de vagas oferecidas e receber um número maior de alunos que vinham das outras províncias.

O Programa de Ensino, tanto para o Externato quanto para o Internato, foi organizado pelo Conselho Diretor e aprovado pela Secretaria de Estado dos Negócios do Império para o ano letivo de 1858 e estabelecia as aulas de:[7]

> "**1º ano** – Doutrina Cristã e história sagrada; português; latim; francês; aritmética; geografia".
>
> **2º ano** – português; latim; francês; inglês; aritmética; geografia.
>
> **3º ano** – português; latim; francês; inglês; aritmética; álgebra; geografia; história da Idade Média.
>
> **4º ano** – latim; inglês; geometria; história moderna e contemporânea; corografia e história do Brasil; botânica e zoologia.
>
> **5º ano** – latim; inglês; trigonometria; corografia e história do Brasil; física, botânica e zoologia; grego e alemão.
>
> **6º ano** – latim; grego; alemão; italiano; filosofia (lógica e metafísica); retórica; história antiga; química e física.
>
> **7ºano** – latim; grego; alemão; filosofia moral e história da filosofia; retórica e poética; análise e crítica dos clássicos portugueses; história da literatura portuguesa e *nacional; química, geologia e mineralogia".*[8]

O ensino das línguas recomendava o estudo da gramática, a prática da leitura, os exercícios de ortografia, as versões e a conversação, em graus crescentes de complexidade.

O ensino das "matemáticas" abrangia dos princípios elementares das 4 operações até as equações de 2º grau, através de exercícios de repetição e aplicação de conhecimentos de aritmética e álgebra e aperfeiçoados pelos estudos de geometria elementar e trigonometria retilíneos.

O ensino da filosofia compreendia a lógica e a metafísica, a moral e a história resumida dos sistemas filosóficos comparados.

Este plano de estudos apresenta como inovação a criação das cadeiras de História Sagrada e História e Corografia do Brasil. O estudo de História Sagrada tinha por base o Catecismo Cristão do Cônego Fernandes Pinheiro que abrangia, em 45 itens, os temas doutrinários *"da criação do mundo e do homem (cosmogonias mosaicas) até a Vida, Paixão e Morte de Jesus Cristo e os Sacramentos".* O programa de História e Corografia do Brasil começava com as *"considerações gerais sobre as viagens e descobrimentos dos portugueses no século XIV, e se estendia até a independência e a maioridade".*

Considerada importante inovação, a cadeira de História Sagrada e Doutrina Cristã era vista como primordial para a formação do bom cristão, assim como o ensino de História e Corografia do Brasil era considerado essencial para a formação do bom cidadão.

A proposta de ensino era ainda enriquecida com aulas complementares de desenho, música, dança e ginástica.

Paralelo ao curso regular completo de sete anos, que formava o Bacharel em Letras, foi criado um curso especial de cinco anos que, apesar de não ter explicitado o objetivo de sua criação no texto do decreto, tinha a intenção de responder às críticas ao *"ensino livresco e ornamental do bacharelismo clássico"*, apresentando uma alternativa entre a formação clássica e científica, com vistas a uma preparação mais rápida de um grupo de alunos para o gerenciamento do comércio, atuação na indústria e para o funcionalismo público:

> *"Este curso consta nos estatutos dos quatro primeiros anos do curso completo com as mesmas matérias e segundo a mesma ordem, e além disto, demais um quinto ano a saber: trigonometria; física; química; mineralogia e geologia; botânica; corografia e história do Brasil. Não são necessários os estudos complementares de desenho, música, dança, ginástica e italiano como no curso completo."*[9]

Na reforma de 1857, o ensino elitista paralelo ao ensino propedêutico legitimava a ascensão social de dois diferentes grupos e reproduzia a crença na existência de lugares sociais definidos numa sociedade hierarquizada não só pelas classes mas também pelo saber.

A reforma a seguir, do Ministro Souza Dantas, de 1862, apesar de estreitar a antiga parceria entre o ensino literário e o ensino religioso e enfatizar o estudo das línguas e das humanidades, redefiniu o curso secundário regular de sete anos e suprimiu o curso especial de cinco anos.[10] Mais uma vez a justificativa da supressão do curso propedêutico não consta do texto legal, embora suas raízes se prendam à lógica da criação da própria instituição educacional de base erudita e ao seu papel social de formação de elites culturais no Império.

O Imperial Colégio de Pedro II cumpriu, apesar de voltado para a realidade do Município da Corte, seu papel de colégio padrão do ensino tradicional, clássico e erudito, bacharelando um grupo considerável de homens públicos formados pelos paradigmas europeus de civilização e progresso.

Nos primeiros tempos da República no Brasil, o processo de reorganização do Estado e reconstrução da nação, baseado no aprendizado das virtudes cívicas para o bem comum, elegeu, também, como uma de suas metas, a tese da educação pública para todos, a ser concretizada pela adoção de modelos de instrução laica de caráter prático e popular para o ensino elementar, de base literária e científica para o ensino secundário e continuadamente elitista para o ensino superior.

O primeiro ano letivo no Instituto Nacional de Instrução Secundária, primeira designação republicana do Imperial Colégio, assinalou a eliminação dos programas de instrução religiosa, da teodicéa e da moral, de acordo com os postulados apropriados do positivismo.[11]

A mais importante reforma educacional da Primeira República foi a do Ministro Benjamin Constant que propôs significativas mudanças no âmbito da instrução pública. No concernente ao ensino secundário, ficou estabelecido que este ensino integral seria dado pelo Estado no Ginásio Nacional *(segunda designação do Colégio de Pedro II) e o curso de 7 anos compreenderia as seguintes cadeiras obrigatórias:*

> **"1º ano** – aritmética e álgebra, português, francês, latim, geografia, desenho, ginástica e música";
>
> **2º ano** – geometria e trigonometria, português, francês, latim, desenho, ginástica e música;

3º ano – geometria, álgebra, cálculo diferencial e integral, geometria descritiva, latim, inglês ou alemão, desenho, ginástica e música. Revisão inicial;

4º ano – mecânica e astronomia, inglês ou alemão, grego, desenho, ginástica e música Revisão de cálculo, geometria, mecânica, astronomia, geografia, português, francês, latim e geografia;

5º ano – física e química ,inglês ou alemão, grego, desenho, ginástica e música. Revisão de cálculo, geometria, mecânica, astronomia, geografia, português, francês e latim;

6º ano – biologia, zoologia e botânica, meteorologia, mineralogia, geologia, história universal, desenho e ginástica. Revisão de cálculo, geometria, mecânica, astronomia, química, francês, inglês ou alemão, grego e geografia;

7º ano – sociologia, moral, noções de direito e economia política, história do Brasil, história da literatura nacional e revisão geral."[12]

O plano de estudos elaborado estava de acordo com o projeto pedagógico da educação científica. A classificação das ciências proposta por Comte foi utilizada para determinar a ordem de estudo dos fenômenos matemáticos, astronômicos, físicos, químicos, biológicos e sociais. Os estudos de teologia e da metafísica, eliminados da interpretação dos fatos, cederam lugar à história e à sociologia.

A Reforma de 1890 foi duramente criticada pelos intelectuais católicos que combateram a *"pedantocracia cultural"* da formação do *Bacharel em Ciências e Letras*, e defenderam a liberdade de ensino, afirmando que o Governo não tinha competência para determinar doutrinas e métodos de estudos, segundo os preceitos constitucionais de liberdade de consciência. Apesar das divergências, católicos e positivistas tinham em comum a crença na educação como elemento regenerador.

No Ginásio Nacional, a reforma foi considerada inexeqüível pela maioria dos professores catedráticos e substitutos. Na opinião geral, as questões de dedução dos princípios científicos que norteavam o plano de estudos não eram compatíveis com o desenvolvimento intelectual dos alunos na faixa etária de 10 a 16 anos.

Durante a República Velha, o *Colégio Pedro II* (designação definitivamente restaurada em 1911, pela Reforma Rivadávia Correa) sobreviveu a vários períodos de crise institucional, perdendo os privilégios de colégio padrão do ensino, em face da política das equiparações dos ginásios estaduais ao Ginásio Nacional do Distrito Federal, e tendo sua identidade "apagada" em diferentes momentos das novas diretrizes educacionais, como as mudanças de nome e a supressão do título de bacharel e das defesas de tese como acontecimentos culturais.

Triunfante o movimento de 30, com a concentração e centralização do poder político pelo Governo Federal e o fim do regime federativo, foi estabelecida uma reforma de ensino, mais condizente com a diretriz política do novo regime republicano.

A tendência "centralizadora – modernizadora" da Reforma Francisco Campos enfatizava a necessidade de preparação do aluno para o exercício da cidadania. A normatização da instrução pública – laica, gratuita e obrigatória – baixada pelo Ministério da Educação e Saúde consolidou as disposições do ensino secundário seriado e integral, tendo o Colégio como campo experimental, nos seguintes termos:

"**Art. 1º** - O ensino secundário oficialmente reconhecido, será ministrado no Colégio Pedro II e em estabelecimentos sob regime de inspeção oficial.

Art. 2º - O ensino secundário compreenderá dois cursos seriados: fundamental e complementar.

Art. 3º - Constituirão o curso fundamental as disciplinas abaixo indicadas, distribuídas em cinco anos, de acordo com a seguinte seriação:

– ***1ª série:*** *Português, Francês, História da Civilização Geografia, Matemática, Ciências Físicas e Naturais, Desenho, Música (Canto Orfeônico);*

– ***2ª série:*** *Português, Francês, Inglês, História da Civilização Geografia, Matemática, Ciências Físicas e Naturais, Desenho, Música (Canto Orfeônico);*

– ***3ª série:*** *Português, Francês, Inglês, História da Civilização Geografia, Matemática, Ciências Físicas e Naturais, Desenho, Música (Canto Orfeônico);*

– ***4ª série:*** *Português, Francês, Inglês, Latim, Alemão (facultativo), História da Civilização Geografia, Matemática,Física, Química, História Natura, Desenho;*

– ***5º série:*** *Português, Latim, Alemão (facultativo), História da Civilização Geografia, Matemática,Física, Química, História Natura, Desenho;*

Art. 4º - O curso complementar, obrigatório para os candidatos à matrícula em determinados institutos de ensino superior, será feito em dois anos de estudo intensivo, em exercícios, trabalhos e práticas individuais, e compreenderá as seguintes disciplinas:

– *Alemão ou Inglês, Latim, Literatura, Geografia, Geofísica e Cosmografia, História da Civilização, Matemática, Física, Química, História Natural, Biologia, Higiene, Psicologia, Lógica, Sociologia, Noções de Economia e Estatística, História da Filosofia e Desenho.*"[13]

Através das *"Instruções Metodológicas"*, a Reforma Campos determinou os programas de ensino unificados que apresentavam, para todas as escolas do país, a seleção de conteúdos, a definição dos objetivos e indicavam as técnicas pedagógicas mais apropriadas a cada disciplina.

A cadeira de História da Civilização englobava conteúdos de História Geral, da América e do Brasil, contextualizando o passado americano e colonial na civilização ocidental.

O ensino da língua portuguesa foi todo modificado em função do Decreto nº 20108, de 15 de junho de 1931, que dispôs sobre o uso da ortografia simplificada do idioma nacional nas repartições públicas e nos estabelecimentos de ensino.

O ensino das línguas vivas estrangeiras também sofreu radical transformação, em decorrência do disposto no Decreto nº 20833, de 21 de dezembro de 1931: o ensino passou a ter caráter prático, para fins utilitários, sendo ministrado na própria língua através do método direto de expressão oral e escrita.

No sentido de oferecer enriquecimento curricular, o Colégio passou a oferecer Cursos Livres, abertos à comunidade, como, por exemplo, os Cursos de grego, de literatura francesa e de língua e literatura italianas.

A Reforma Campos possibilitou, ainda, a admissão regular de estudantes do sexo feminino (classes divididas por sexo em1932) e a criação do Curso Noturno (em 1933) no Externato, destinado aos alunos maiores de 18 anos, medidas estas que tiveram grande aceitação por parte da sociedade.

Na década de 1980, após atravessar mais um período de crise, o CP II ressurge como uma fênix, no sentido de buscar transformações efetivas. O projeto "Novo-Velho Colégio Pedro II" tinha o objetivo de alavancar as mudanças estruturais que se faziam necessárias. *"Novo"* porque se abre às inovações legais, filosóficas e metodológicas, e *"Velho"* porque, no esforço de responder às diferentes demandas da legislação e da sociedade, preserva e resguarda seu perfil de tradicional instituição de ensino.

Nestes termos, os anos 80 são marcados pela volta dos exames de admissão de alunos e concursos de professores e pela criação dos "Pedrinhos" – unidades escolares de 1° segmento do então 1° grau.

Além da ampliação do ensino a formulação do Plano Geral de Ensino do CP II foi bastante significativa em termos de renovação. O PGE – composto pelos currículos formais das disciplinas, os programas de ensino com a seleção de conteúdos, a definição dos objetivos, delimitação da carga horária e proposta metodológica – referendou, como obra coletiva do corpo docente e técnico do Colégio, sua origem e a trajetória histórica como base para a fundamentação das alterações necessárias às diretrizes educacionais dos anos 1990.

O Colégio Pedro II é, atualmente, auto-referenciado pelo Projeto Político Pedagógico (2002), também obra e gestão coletiva da comunidade desde o final da década de 90.

O Currículo Pleno do CP II proposto pelo PPP para todo o complexo escolar que possui 11 Unidades Escolares - UEC - UEEN I e II - UEH I e II - UET I e II - UESC I, II e III e U Experimental de Realengo –, mais de 12.000 alunos e cerca de 1000 professores, inclui, além das áreas de conhecimento regulares, atividades de enriquecimento e opcionais, a saber:

"Ensino Fundamental:

1° Segmento – língua portuguesa, literatura infantil brasileira, matemática, ciências e estudos sociais, mais atividades de informática, laboratório de ciências e sala de leitura.

2° Segmento – língua portuguesa e literaturas, inglês, francês, artes visuais, educação física e folclore, matemática, ciências, geografia e história, além de aulas de informática educacional, desenho geométrico, língua e cultura gregas e educação musical.

Ensino Médio:

Área 1 – Linguagens, códigos e suas tecnologias: língua portuguesa, literatura, inglês, francês/espanhol, artes visuais, educação musical e educação física.

Área 2 – Ciências da natureza, matemática e suas tecnologias: biologia, física, química, matemática, desenho geométrico.

Área 3 – Ciências humanas e filosofia: história, geografia, filosofia e sociologia" [14]

O Projeto Político Pedagógico do CP II – apesar de ancorado nos fundamentos legais da Lei de Diretrizes e Bases (1996) e das Diretrizes Nacionais do Ensino Fundamental e Médio (1998) e assentado nos modernos princípios educacionais preconizados pelos PCNs (competências e interdisciplinaridade) – não pode ignorar, em seu processo de construção e avaliação permanentes, o perfil de escola tradicional pelo qual o Colégio se reconhece e é reconhecido.

Sua herança clássica inscreve sua imagem na comunidade e seu viés humanista consagra seu prestígio na sociedade brasileira. Nos discursos sobre a instituição, no tempo da memória e no tempo presente, sua tradição secular é ressaltada como patrimônio cultural.

A partir das fontes de sua história-memória, procuramos entender "tradição", não como conservadorismo saudosista, ou seja, como o peso do passado que emperra o presente, e sim como herança cultural continuadamente reconstruída, isto é, compromisso com a experiência adquirida nas lutas desenvolvidas ao longo das comemorações dos 168 anos de existência em prol da escola pública, gratuita e de qualidade. O movimento de preservação/renovação do *novo-velho Colégio Pedro II* está sempre partindo da fronteira entre a tradição e a modernidade.

NOTAS

[1] NORA, Pierre. **Les lieux de mémoire: la République entre mémoire e histoire:** la problematique des lieux. Paris: Galimard, 1984, pp. XIX-XXV.

[2] HALBAWCHS, Maurice. **A memória coletiva**. São Paulo: Vértice: Ed. Revista dos Tribunaes, 1990. p. 81.

[3] GAY, Peter. **O estilo na história**. São Paulo: Cia. das Letras, 1990, p. 91.

[4] VASCONCELOS, Bernardo Pereira de. **Discurso de inauguração das aulas do Colégio** Pedro II em 25 de março de 1838. Rio de Janeiro: Colégio Pedro II.

[5] BRASIL. **Decreto-lei** n. 296 de 30/09/1843.

[6] BRASIL. **Decreto-lei** n. 2006 de 24 /10/1857.

[7] BRASIL. **Aviso da Secretaria de Estado dos Negócios do Império** de 23/01/1858.

[8] COLÉGIO PEDRO II. **Programa de Ensino da Instrução Secundária do Município da Corte**. Rio de Janeiro: Typ. Nacional, 1858.

[9] COLÉGIO PEDRO II. **Programa de Ensino da Instrução Secundária do Município da Corte**. Rio de Janeiro: Typ. Nacional, 1858.

[10] BRASIL. **Decreto n**.2882 de 01/fev./1862.

[11] BRASIL. **Decreto n**. 9 de 21/nov./1899.

[12] BRASIL. **Decreto n**. 891 de 08/nov./1890. Ministério da Justiça e Negócios Interiores. Rio de Janeiro, 1898.

[13] BRASIL COLÉGIO P COLÉGIO PEDRO II. **Projeto Político Pedagógico.** Brasília, 2002.

[14] COLÉGIO PEDRO II. **Projeto Político Pedagógico.** Brasília, 2002.

PRÁTICAS RELIGIOSAS

ASPECTOS DO CULTO DINÁSTICO NO EGITO PTOLOMAICO

Alex dos Santos Almeida * [1]

Este artigo se propõe a apresentar alguns elementos da política ptolomaica referentes ao culto dinástico. Em linhas gerais, o culto dinástico pode ser observado como uma ação política empreendida pelos governantes gregos no Egito, com a finalidade de tornar a casa real existente, sob os diversos Ptolomeus, mais próxima de seus súditos gregos e egípcios. Em outros termos, legitimar a dinastia Lágida por meio de uma política religiosa.

Há dois elementos, entre tantos, a respeito dos quais gostaríamos de comentar aqui, que possuem uma estreita relação com a promoção da memória familiar através das festas. O primeiro deles é a festa conhecida como **Ptolomaieia**; o segundo é o cerimonial de ascensão ao trono conhecido como **Anacletéria**.

Antes de expormos esses dois aspectos do culto dinástico, precisamos comentar, em linhas gerais, o processo que desembocou na divinização da monarquia ptolomaica.

O interesse dos gregos pela realeza concentra-se no aspecto de reavaliação do papel do homem na sociedade; passo este que teve a contribuição de pensadores como Platão, Aristóteles e Xenofonte – que foram os primeiros a avançar na idéia de que somente um indivíduo divinamente talentoso podia, através das suas ações, ser capaz de trazer paz e prosperidade à sociedade (KOESTER, 1995, p. 34). Deste modo, a população podia ou até mesmo deveria demonstrar uma reverência por estes indivíduos mais proeminentes e, eventualmente, consagrar-lhes honras divinas, em muitos casos ainda em vida. Isto é claramente perceptível em um trecho da *Retórica*, de Aristóteles:

> "(...) honra é um reconhecimento de uma boa reputação por benefícios, e é com justiça que ela é especialmente concedida para aqueles que tem conferido favores, ainda que seja honrado quem é um benfeitor em potencial (...). Honras consistem de sacrifícios, comemorações métricas e não métricas, privilégios, recintos sagrados, (...), tumbas, imagens, alimentos na despesa pública, (....)" (Aristóteles, *Retórica*, 1.5,1361a).

*Professor mestrando em Arqueologia do MAE/USP.
asalmeida2002@yahoo.com.br

O vazio político gerado entre as cidades gregas pela Guerra do Peloponeso e as mudanças políticas ocorridas ao longo do séc. IV a.C. criaram o ambiente ideal para a ascensão de Alexandre, o Grande, que, por sua vez, foi o motor pelo qual a expansão grega para além das suas fronteiras continentais impulsionou um contato mais íntimo entre gregos e outros povos, encontro este que já existia, mas que se aprofundou em uma dimensão até aquele momento inexistente (AYMARD, 1993). Quando os novos reinos helenísticos se estabeleceram no terceiro século, uma mudança já havia ocorrido e todo um *corpus* de doutrinas para a interpretação das monarquias estabelecidas já existia (WALBANK, 1999, pp. 75-79). Pensadores do porte de Aristóteles, Xenofonte e Hecateu de Abdera já haviam procurado compreender a nova realidade. Outros como estes escreveram tratados sobre a realeza, tratados muitas vezes encomendados pelos próprios soberanos, de sorte a justificarem ou legitimarem seus anseios políticos como descendentes de linhagens divinas – isto é muito claro no caso dos Ptolomeus, que têm em Heracles e Dioniso seus ancestrais divinos, conectando-os a Zeus. Observe-se, por exemplo, esta passagem da Inscrição Adulis, um documento datado da época de Ptolomeu III:

> *"O grande rei, Ptolomeu (III), filho do Rei Ptolomeu / e da rainha Arsinoe, os deuses Adelfos, as crianças do Rei / Ptolomeu e da Rainha Berenice, os deuses Soteres, / descendente através de seu pai de Héracles, o filho de Zeus, e através de sua mãe de Dioniso, o filho de Zeus, tendo herdado de seu pai / domínio sobre o Egito e Líbia e Síria / e Fenícia e Chipre e Lícia e Caria e as / ilhas Cíclades, ele marchou para o interior da Ásia com / forças da infantaria e da cavalaria e uma frota // e elefantes – Trogrodítico e Aithíope – que seu pai / e ele caçaram primeiro nestas regiões, e, tendo trazido-os de volta ao Egito, treinado para / uso militar. (...)"* (**Orientis graeci Incriptiones selectae**, 54, 1960).

Com a morte de Alexandre, em 323 a.C., havia dois candidatos naturais ao cargo de monarca da Macedônia – Felipe Arrideu, o irmão mentalmente incapacitado de Alexandre, e Alexandre IV, o filho recém-nascido de Alexandre e Roxana, uma princesa bactra. Com a impossiblidade de regência de ambas as partes, o cargo de regente do império acabou confiado a Pérdicas. Com as disputas entre os generais de Alexandre – os Diádocos – pelo controle do império, uma das primeiras medidas que Pérdicas tomou para assegurar seu controle e posição foi enviar um mensageiro à Babilônia para trazer o corpo morto de Alexandre de volta à Macedônia, para que a ele se pudessem conferir as honras fúnebres de acordo com a tradição macedônica. No entanto, o cortejo foi interceptado por Ptolomeu I, que assegurou a posse do corpo para si, levando-o para o Egito, pois a sua presença em solo egípcio daria a Ptolomeu o aval de que necessitava para a legitimação de seu governo:

> *"Quando Arrideu passou aproximadamente dois anos preparando este trabalho [a carruagem fúnebre de Alexandre], ele [Ptolomeu] trouxe o corpo do rei da Babilônia para o Egito. Ptolomeu, além disso, prestando honra a Alexandre, foi encontrá-lo [o corpo] com um exército até a Síria, e, recebendo o corpo, considerou merecedor de grande consideração. Ele decidiu, no momento, não o enviar a Amon, mas sepultá-lo na cidade que foi fundada pelo próprio Alexandre, o qual faltou pouco para ser a mais renomada das cidades habitadas da terra. Aí ele preparou um recinto digno da glória*

de Alexandre em tamanho e construção. Sepultando-o neste [recinto] e honrando-o com sacrifícios tais prestados a semideuses e com magníficos jogos, ele ganhou recompensa justa não somente aos homens, mas também aos deuses. (...)" (DIODORO SÍCULO, Livro XVIII, 28.2-5).

A existência de uma monarquia no território egípcio era uma realidade há muitos séculos, mesmo durante os confusos anos em que diversos reis foram se sucedendo no conflito com os persas. Pode-se considerar que a instituição monárquica no Egito manteve uma continuidade até a época de Alexandre, quando este libertou o Egito do jugo do império persa e se fez aclamar filho de Zeus-Amon pelo oráculo de Siwah, no deserto líbio. O reconhecimento de uma ancestralidade divina das dinastias macedônicas era um tema que já havia sido trabalhado por Felipe II e, sendo assim, não foi uma novidade nem para Alexandre nem para seus generais (BADIAN, 1996). Uma das tradições da época helenística cita, até mesmo, que Alexandre era filho de Zeus e de sua mãe, Olímpia. A conquista do Egito pelo exército de Alexandre permitiu que a divinização fosse oficializada e que o limite entre deus e o homem ficasse diluído diante dos povos conquistados, e também diante do exército. Ainda assim, uma coroação oficial como faraó não poderia acontecer, pois isso significaria que o monarca deveria renunciar à condição de herdeiro e filho legítimo de Felipe II, o que não seria visto com bons olhos pelas tropas (BADIAN, 1996, pp. 13-14; KOESTER, 1995, p. 36). Contudo, Alexandre adotou o papel de protetor do Egito com todos os atributos de um soberano egípcio, e sua imagem como faraó foi mantida na documentação e na arte (HÖLBL, 2001, pp. 78-79; BADIAN, 1996, p. 14). Apesar das constantes tentativas para estabelecer um reconhecimento divino, o máximo que os gregos lhe concederam foi uma aceitação não universal como *isothéos*, que era uma designação distante de divino (BADIAN, 1996, pp. 20-21). Apesar da existência de um culto espontâneo oferecido a Alexandre nas cidades da Ásia Menor, não há evidências de que, mesmo usando uma variedade de trajes divinos, para sua identificação para com os deuses, Alexandre tenha demandado uma deificação ainda em vida, mesmo quando tentou, sem sucesso, estabelecer uma adoração de tipo oriental (BADIAN, 1996, pp. 24-25; KOESTER, 1995, p. 36). A efetivação concreta de um culto só foi realizada quando da apropriação do corpo de Alexandre por Ptolomeu I. Este general iniciou e fundamentou o seu próprio direito à realeza no Egito, valendo-se, dentre outras ações, da continuidade da cunhagem de moedas de Alexandre e, conseqüentemente, da adoção do retrato de Alexandre em suas próprias emissões monetárias. Além disso, instaurou o culto a Alexandre como fundador da cidade de Alexandria com o estabelecimento de um sacerdote epônimo que serviria de base para o culto dinástico dos Ptolomeus nesta cidade. Isto fica claro na passagem abaixo, extraída de um papiro do séc. II a.C., no qual toda a linhagem ptolomaica já se encontra devidamente e cronologicamente estabelecida. Neste caso, a função foi exercida por um membro da casa real antes de ascender ao trono:

"No ano 02, 18 de Phamenoth, da Rainha Cleópatra (III) e Ptolomeu (IX) deus Soter Filometor, quando o Rei Ptolomeu, o deus Soter Filometor, era sacerdote de Alexandre, dos deuses Soteres (Ptolomeu I e Berenice I), e dos deuses Adelfos (Ptolomeu II e Arsinoe II), e dos deuses Euergetes (Ptolomeu III e Berenice II), dos deuses Filopatores (Ptolomeu IV e Arsinoe III), dos deuses Epifanes (Ptolomeu V e Cleópatra I), (...)" (P. Cairo dem. 30602 + UPZ 1130).

Com o estabelecimento desse culto a Alexandre, uma primeira fase do processo de divinização da casa real foi completada. Embora Ptolomeu I tenha estabelecido esse culto, ele próprio não se atreveu a tomar para si o manto da divindade, ainda que cidades, como Rodes, tenham estruturado honras divinas para esse governante (DIODORO, Livro XX, 100). Contudo, evidências materiais apontam para a apresentação da imagem do soberano com 'uma aura divina'; essas evidências são demonstradas por uma cabeça-retrato de Ptolomeu do tipo criselefantina (estátuas erigidas com materiais nobres como o ouro – *chrysos*, e marfim – *elephas*, reservados somente para os deuses), datada do início do terceiro século, e em sua própria efígie monetária através de um estilo qualificado como *dramático-chiaroscuro*, que denotaria uma imagem inspirada pela divindade (BROWN, 1995). Notemos aqui que, se não há uma autodeclaração de divindade por parte de Ptolomeu I, ela se encontra muito próxima.

Antes de passarmos a comentar os dois tipos de celebrações (a Ptolomaieia e a Anacletéria), precisamos retomar aqui algumas características principais no tocante à questão do culto dinástico, que se diferencia do culto ao soberano, que era uma forma de veneração oferecida exclusivamente ao rei e que podia ser estabelecida em um templo, recinto, altar, podendo incluir objetos ritualísticos específicos. O culto ao soberano era basicamente de caráter não-estatal, isto é, a sua prática vinha dos adoradores e não era instituída pelo próprio rei.

O culto dinástico tem basicamente os mesmos componentes e rituais praticados no culto ao soberano, com duas diferenças importantes. Em primeiro lugar, a sua motivação não vinha dos adoradores, mas, sim, do próprio rei, que pretendia legitimar o seu governo e a sua dinastia através do estabelecimento desta modalidade de culto. A outra diferença importante são as festas e cerimoniais que este reis promoviam, justamente para se autopromover, principalmente em épocas de crise ou de guerra. Entre as diversas festas 'reais' existentes no passado, temos a *Basiléia* – em honra a Zeus Basileu e a Ptolomeu II Filadelfo –, a *Arsinoéia* – em honra a Arsinoe II –, e a *Nikefória* – em honra a Ptolomeu IV (PERPILLOU-THOMAS, 1993). Neste contexto de festas e de cerimoniais do culto dinástico é que se insere a Ptolomaieia.

A Ptolomaieia foi um festival criado por Ptolomeu II para honrar os seus pais falecidos e para divinizá-los. Ela se apresenta como uma combinação de jogos esportivos de caráter isolímpico e de uma procissão dionisíaca, ambos ocorrendo a cada cinco anos, daí também ser chamado de festival Pentetérico. A finalidade última destes festivais era promover a imagem do rei junto aos seus súditos gregos, além de expor a grandeza da dinastia para os outros reinos helenísticos. Há muito debate entre os especialistas no que concerne à data de sua criação e à sua verdadeira razão de existência.

A procissão dionisíaca foi o alvo de trabalho de um antigo escritor grego chamado Calixeino de Rodes, cuja obra nos chegou por meio de Atenaios, um escritor do séc. II d.C. Em seu relato, Calixeino descreve essa procissão com uma riqueza de detalhes, em que estão presentes e expostos o poder militar e econômico ptolomaico, além de apresentar Ptolomeu II e seus parentes em forma já divinizada e, inclusive, ligá-los aos seus ancestrais, como Dioniso e Alexandre:

> *"(...). E depois destas coisas vieram as procissões de Zeus e de todos os outros deuses, e depois deles, a procissão de Alexandre, cuja estátua dourada era apresentada sobre uma quadriga de elefantes reais com a Niké e Atena em cada lado. Na procissão eram também conduzidos em companhia de muitos tronos construídos de marfim e ouro; sobre um destes permanecia uma stéfane dourada, sobre um outro um chifre*

dourado, e sobre um outro um diadema de ouro, e ainda sobre um outro um chifre de ouro puro. Sobre o trono de Ptolomeu Soter permanece uma coroa feita de 10.000 peças de ouro.(...)"

"(...). Ptolomeu (I) e Berenice [eram honrados] com três estátuas em carruagens douradas e com recintos sagrados em Dodona. O total gasto em moeda somou 2.239 talentos e 50 minas; e todo este dinheiro era considerado pelos oikonomoi antes do fim do espetáculo (...). Seu filho Ptolomeu (II) Filadelfo [era honrado] com duas estátuas douradas em carruagens de ouro, e com outras sobre colunas, uma de 9 pés, cinco de 7 ½ pés e seis de 6 pés" (Athenaeus, *Deipnosophistae*, Livro V 197C – 203B).

Nas passagens acima, temos a presença importante dos deuses e de Alexandre sobre uma quadriga de elefantes. A referência a Alexandre sobre uma quadriga aparece em uma das primeiras imagens monetárias de Ptolomeu I, em que Alexandre representa o papel de Dioniso retornando da Índia. Dois pontos nos chamam a atenção nessas passagens: o primeiro é a ocorrência de carruagens douradas, e o segundo são as estátuas de ouro dedicadas aos elementos da família Lágida, inclusive Alexandre. Na ideologia real helenística, os reis, entre outras qualidades apresentadas aos súditos, tinham de ser grandes guerreiros, e os seus reinos e a manutenção destes teriam de ser conseguidos 'pela espada'. A arte da guerra tinha de ser uma qualidade inerente a todo soberano – principalmente no período helenístico, em que as guerras entre os diversos reinos eram fatores constantes –, assim como a manutenção da estabilidade interna destes reinos. Tanto Alexandre quanto Ptolomeu I eram guerreiros naturais, grandes generais que obtiveram o direito aos seus reinos por meio da guerra. Ptolomeu II, ao contrário do seu pai, não era um líder militar, mas, antes, um grande diplomata, ainda que Ptolomeu II tenha enfrentado a Guerra Cremonídea e dado início à primeira das Guerras Siríacas (HÖLBL, 2000).

Richard Hazzard, em sua obra *Imagination of a Monarchy: studies in Ptolemaic propaganda,* nos apresenta uma tese interessante sobre a razão de ser da Ptolomaieia. Para ele, essa procissão nada mais foi do que uma grande propaganda política, inserida em algo maior que ele intitula de Era Soter. Essa Era Soter teria sido uma tentativa de Ptolomeu II de promover o seu ramo familiar, ao se ligar como herdeiro legítimo de Ptolomeu I, garantindo assim o seu direito ao trono, em detrimento do ramo euridiciano (de Eurídice, uma esposa anterior de Ptolomeu I, antes de ele desposar Berenice, a mãe de Ptolomeu II). Essa promoção foi estabelecida com a divinização do casal monárquico já falecido como deuses Soteres (deuses salvadores), isto é, Ptolomeu I e Berenice I. A divinização pode ser vista em uma emissão monetária da época de Ptolomeu II (por volta de 263 a.C.), em que no anverso se encontra o busto de Ptolomeu I com o diadema e, no reverso, a águia ptolomaica com a inscrição em caracteres gregos "*PTOLEMAIOU SOTEROS*". Essa emissão permitiu a Filadelfo apresentar o seu ancestral já divinizado, da mesma forma que, daquele momento em diante, o distinguiria, pelo menos nos documentos, do antigo Ptolomeu.

Na imagem nº 1 nós temos um exemplo material dessa ligação entre Ptolomeu II e Ptolomeu I. Trata-se de uma moeda, um octadracma de ouro, emitida por Ptolomeu II por volta de 261 a.C. No anverso, temos os bustos sobrepostos de Ptolomeu II e Arsinoe II com a inscrição em caracteres gregos "*ADELPHON*" acima das faces reais; no reverso, os bustos sobrepostos de Ptolomeu I e Berenice I e a inscrição "*THEON*". Essa moeda é muito interessante, pois ela foi emitida logo em seguida àquela com a inscrição em caracteres gregos "*SOTEROS*". Embora Ptolomeu tenha divinizado seus parentes falecidos, Ptolomeu II nunca instituiu um culto conjunto com eles; ao contrário, no título honorífico do sacerdote epônimo consta apenas o nome de Alexandre e os dos deuses Adelfos (Ptolomeu II e Arsinoe II divinizados). Os deuses Soteres possuíam um culto à parte, que só viria a ser integrado àquele de Alexandre e dos demais Ptolomeus durante o governo de Ptolomeu IV. Mesmo assim, Ptolomeu fez questão de cunhar essa moeda como prova da ligação familiar entre ambos os casais.

Em linhas gerais, a Ptolomaieia pode ser compreendida como uma festa monárquica que comportava uma procissão (*pompé*), um sacrifício, um concurso isolímpico e um banquete (PERPILLOU-THOMAS, 1993, p. 154), cujo objetivo era aumentar o prestígio da dinastia junto aos gregos.

A segunda festa que comentaremos é a Anacletéria, evento ocorrido no Egito helenístico e que marcava a ascensão do monarca ao trono quando era estabelecida sua maioridade. Os únicos dois testemunhos de sua realização são uma passagem em Políbio, em que ela seria preparada para Ptolomeu V, e o Decreto de Mênfis, de 27 de março de 196 a.C. (mais conhecido como Pedra de Roseta, vide imagem abaixo), em que os sacerdotes egípcios registraram esse acontecimento erigindo esse documento redigido e exposto em todos os templos egípcios do país.

Abaixo temos a passagem em que Políbio relata a preparação da Anacletéria:

> "*Depois que os oficiais da corte tinham estabelecido fazer justiça ao assunto do Etólios, eles imediatamente começaram a se ocupar com a celebração da Proclamação do rei [Anacletéria]. Embora sua idade não fosse, por exemplo, para fazer isto urgente, eles pensaram que isto contribuiria para o estabelecimento dos negócios e ser o começo de uma mudança para melhor se o rei fosse considerado ser recentemente investido com autoridade completa. Tendo feito preparações em uma generosa escala, eles executaram a cerimônia de certa forma merecedora da dignidade de Sua Majestade, Polícrates, como parece, tomou participação na promoção deste esquema (...)*" (POLÍBIO, Livro XVIII, 54).

No Decreto de Mênfis, temos a seguinte passagem:

> *"O alto sacerdote, os profetas, e aqueles que entram no santuário para o vestir dos deuses, os* ***pterophoroi****, os* ***hierogrammates*** *(escribas sagrados) e todos os outros sacerdotes que vindos dos templos do interior para Mênfis para estar com o rei para a celebração da coroação de Ptolomeu, o eterno, amado de Ptah,* ***Epifanes Eucaristos****, sucessor de seu pai, e se encontrou no templo em Mênfis neste dia, declarou: desde que o Rei Ptolomeu o eterno, amado de Ptah,* ***Epifanes Eucaristos****, nascido do Rei Ptolomeu e da Rainha Arsinoe, deuses Filopatores, conferiu benefícios de muitos modos aos templos e a todos aqueles neles e sobre todos os súditos de seu governo, e sendo um deus nascido de um deus e uma deusa, (...)"* (Orientis Graeci Incriptiones selectae, 90).

Ainda que o testemunho de Políbio não seja muito esclarecedor com relação ao próprio cerimonial, ele nos assegura que uma festa de grandes proporções foi realizada para a ascensão de Ptolomeu V ao trono, e nos permite também fazer uma ligação com o testemunho do decreto. E mesmo que o cerimonial em sua versão grega não esteja a nosso alcance, a versão egípcia está.

Algumas considerações são necessárias para que o Decreto sacerdotal de Mênfis possa ser compreendido aqui como um documento inserido dentro de um contexto histórico muito específico. Como mencionado mais acima, ele foi escrito em 217 a.C. e expõe a decisão tomada em um conselho sinodal realizado na cidade egípcia de Mênfis, primeira capital real do Egito e ainda muito importante na época ptolomaica. O texto descreve em minúcias os deveres realizados pelo rei ptolomaico (no documento ele é apresentado em seu papel faraônico de mantenedor da ordem), além das honras conferidas pelos sacerdotes ao rei e a sua família, incluindo os fazeres diários para com a estátua do rei e de seus parentes:

*"Os sacerdotes de todos os templos através do reino resolveram aumentar grandemente as [honras] existentes [nos templos] para o Rei Ptolomeu o eterno, amado de Ptah, **Epifanes Eucaristos**, e também para aqueles seus parentes os deuses Filopatores, e para aqueles seus antepassados os deuses Euergetes [e aqueles] para os deuses Filadelfos, e para os deuses Soteres. Uma estátua do Rei Ptolomeu o eterno, **Epifanes Eucaristos**, precisa ser instalada em cada templo nos mais diferentes locais, para ser chamada [a estátua] de Ptolomeu o vingador do Egito, próximo da qual permanecerá o deus principal de cada templo lhe apresentando uma arma da vitória, que será preparada no estilo [egípcio], e os sacerdotes venerarão as estátuas três vezes ao dia e colocará sobre eles a vestimenta sacra, (...)"*

É muito importante ter em mente que, quando este documento foi redigido, Ptolomeu V tinha pouco mais de 14 anos de idade e a sua maioridade havia sido adiantada para que ele pudesse assumir o trono e, assim, colocar fim à desordem política que vigorava no Egito nessa época. O contexto histórico do documento é muito relevante para compreendermos a razão da sua existência. É nessa época (final do terceiro século e início do segundo) que o Egito e o governo ptolomaico passavam por um momento de agitação política e social, tanto externa quanto internamente. No contexto externo, Antíoco III avançava sobre as possessões ptolomaicas na Ásia Menor e na Coele Síria[2], e no contexto interno, o governo mudava de mãos desde a morte de Ptolomeu IV, e o interior do país, mais precisamente a região da Tebaida[3], sofria mudanças e agitações políticas e sociais.

O Decreto sacerdotal de Mênfis, da mesma forma que os outros antes dele, indica uma mudança em relação ao povo nativo do Egito. Se, antes, eles eram quase ignorados pelo governo de Alexandria, a partir dele observamos uma mudança de atitude com relação aos egípcios. Mudança política, social e visual. A inclusão de elementos da população nativa na administração do reino e no efetivo militar é cada vez maior. A necessidade de suporte nativo faz com que um processo de egipcianização da dinastia ocorra cada vez mais rápido, embora haja estudiosos que discordem desse processo, afirmando que esta egipcianização nada mais é do que mera propaganda em favor dos nativos (JOHNSON, 1995). Isso é perceptível nos retratos reais ptolomaicos, principalmente os de Ptolomeu V, em que estátuas em estilo egípcio passam a ter uma face grega com corpo e adornos egípcios, e os bustos numismáticos contêm cada vez mais elementos egípcios, como, por exemplo, um retrato monetário de Arsinoe II com o chifre de Amon, ou um camafeu com os bustos de Ptolomeu II e Arsinoe II (hoje no Kunsthistorisches Museum - Viena), em que se nota a referência à cobra egípcia uraeus (protetora da realeza) e a Amon.

Tanto a Ptolomaieia quanto a Anacletéria são manifestações festivas do desejo político dos monarcas ptolomaicos de legitimar a sua dinastia promovendo a memória de si mesmo e de seus ancestrais, do mesmo modo que serviam como instrumentos de manutenção do poder sobre um país de maioria não grega e sobre os seus súditos gregos em períodos de agitação política e social.

NOTAS

[1] Mestrando em Arqueologia Clássica sob a orientação da prof[a.] Dra Maria Beatriz Borba Florenzano – Bolsista CAPES.

[2] A região da Coele-Síria corresponde hoje aos territórios do Líbano até a fronteira de Israel com o Egito. No período helenístico, foi uma região que manteve uma posição estratégica muito valorizada, pois servia de bolsão contra ataques estrangeiros, além de ser uma importante rota comercial para outras regiões. A Coele-Síria foi alvo de constantes disputas entre o reino ptolomaico e o selêucida pelo seu controle.

[3] A região da Tebaida corresponde ao Alto Egito e às regiões circunvizinhas da cidade de Tebas, fazendo fronteira com a região núbia ao sul. O seu controle permitia ao governo manter uma constante rota de ouro, elefantes africanos, entre outras mercadorias. De 206 a.C. a 186 a.C., a região foi mantida sob o governo de dois faraós rebeldes, Haronnophris e Chaonnophris, em um período de grande turbulência social, econômica e política. A derrota dos dois faraós rebeldes sob a investida de Ptolomeu V é testemunhada nos dois Decretos de Filae (HÖLBL, 2000).

BIBLIOGRAFIA

ARISTÓTELES. **Retórica**. Madrid: Editorial Gredos, 1990.

AUSTIN, M. M. **The Hellenistic World from Alexander to the Roman Conquest**. Cambridge: Cambridge University Press, 1988.

AYMARD, A. A Monarquia Helenística e o Homem: a ideologia e o governo monárquicos. In: CROUZET, Maurice (dir). **História Geral das Civilizações**. Rio de Janeiro: Bertrand Brasil, v 2, 1993.

BADIAN, E. Subject and Ruler: the cult of ruling power in classical antiquity. **Journal of Roman Archaeology**, supplement 17, 1996, pp. 11-26.

BERNAND, A. **La prose sur pierre dans l'Égypte hellénistique et romaine**. Paris: CNRS, 1992.

BROWN, B.R. **Royal Portraits in Sculpture and Coins: Pyrrhos and the successors of Alexander the Great.** New York: Peter Lang, 1995.

DIODORUS SICULUS. **Diodorus of Sicily in twelve volumes**. London: Harvard University Press: Heinemann, 1993.

DUNAND, F. Grecs et Égyptiens em Égypte Lágide: le problème de l'acculturation. In: ***Forme di Contratto e processi di Transformazione nelle societá antiche*: atti Del convegno di Cortona (24-30 maggio 1983)**. Paris: De Boccard; Roma: l'Erma di Bretscheneider, 1983, pp. 45-87.

HAZZARD, R.A. **Imagination of a Monarchy: studies in Ptolemaic propaganda** (Phoenix supplementary volume, 37). Toronto: University of Toronto Press, 2000.

HÖLBL, G. **A History of the Ptolemaic Empire**. London: Routledge, 2000.

JOHNSON, C. G. Ptolemy V and the Rosetta Decree: the egyptianization of the Ptolemaic Kingship. In: **Ancient Society**. Leuven: Peeters, v. 26, 1995, pp. 145-155.

KOESTER, H. **History, Culture and Religion of the Hellenistic Age**. New York: W. de Gruyter, 1995.

PERPILLOU-THOMAS, F. **Fêtes d'Égypte Ptolemaïque et Romaine d'aprés la documentation papyrologique grecque**. Leuven : Peeters, 1993.

POLYBIUS. **The Histories**. Cambridge, Mass.: Harvard University Press, v5, 1980.

ROWLANDSON, J. **Women and Society in Greek and Roman Egypt: a sourcebook**. Cambridge: Cambridge University Press, 1998.

THE BRITISH MUSEUM. www.thebritishmuseum.ac.uk

WALBANK, F.W. Monarchies and Monarchic Ideas. *In*: WALBANK, Frank W. (ed) **Cambridge Ancient History: the Hellenistic world**. Cambridge: Cambridge University Press, v 7, 1999, pp. 62-100.

O ESTUDO DO POLITEÍSMO EM CORINTO CYPSÉLIDA

Alexandre Carneiro Cerqueira Lima*

A sociedade dos coríntios durante a Tirania Cypsélida

Em nossa pesquisa de Doutorado (LIMA, 2001) sobre a representação do *kômos* – procissão dionisíaca na cerâmica coríntia, percebemos quanto era diversificada a economia da *pólis* dos coríntios (FORNIS, 1999, p. 7). Esta cidade possuía um território com aproximadamente 900 km^2 e seu espaço rural – *chôra* – não ultrapassava 200 km^2 . Daí a necessidade de importar muitos produtos, em especial, o trigo para a alimentação da população. Em contrapartida, os coríntios possuíam uma vocação para as práticas artesanais e comerciais. A própria localização geográfica da *pólis*, com as vias que cruzavam o Istmo (WILL, 1955, p. 19-20), aliada à construção do *díolkos* durante a tirania dos Cypsélidas (SALMON, 1997, p. 37), estimulava as trocas comerciais.

De acordo com o filósofo Aristóteles, a tirania dos Cypsélidas teve a longevidade de setenta e três anos e meio. O primeiro tirano – Cýpselos – governou por trinta anos. O seu filho Períandros por quarenta anos e meio e Psaméticos, filho de Górdias, por três anos (ARISTÓTELES. *Política*, 1315 b, 22). Adotamos a cronologia que identifica o regime dos Cypsélidas entre 620 e 550 a.C. (DUCAT, 1961, pp. 418-425). Evidentemente que estes números são simbólicos, os historiadores antigos podiam contar o tempo de diversas formas, tendo em vista que os calendários nem sempre eram iguais entre as *póleis*, mas de qualquer forma podemos dizer que a *pólis* dos coríntios passou de um regime aristocrático para o oligárquico por meio da tirania (MOSSÉ, 1969, pp. 1-2). Não é este fato que nos interessa, e sim como os cultos politeístas interagiram na sociedade e foram organizados pelos regimes políticos adotados pelas lideranças coríntias.

No fim do VII século a.C., Cýpselos se voltou contra o *"génos"* dos Baquíades e instaurou a tirania em Corinto. Evidentemente, Cýpselos não agiu sozinho; uma boa parte do *dêmos* e de muitos *áristoi* descontentes com o regime aristocrático apoiaram esta *stásis* (TRABULSI, 2001, p. 60). O futuro tirano também era um *áristos*, pertencia à família baquíade por linha materna.

---

*Professor doutor em História Social pela UFRJ e editor da Revista Hélade.
www.heladeweb.net

O golpe de Cýpselos e de seus aliados contra os Baquíades pode ser compreendido por dois fatores da vida política das *póleis*: 1 – a atuação de grupos políticos com um intuito de *stásis*; 2 – o uso da falange *hoplítica* criando as condições materiais de conflito armado – *stásis* – e determinando a expulsão dos aristocratas Baquíades de Corinto (O'NEILL, 1930, p. 121).

Quanto ao primeiro fator, iremos nos basear nas palavras de Nicholas de Damas ao afirmar que Cýpselos contou com a ajuda de *hetairikón* (fr. 58-60 [Mu] = fr. 57-60 [Jac]). O termo *hetaireía* deriva de *hetairiké* – camaradagem guerreira. Isso quer dizer que um *hetaíros* era um companheiro de armas. Durante o período arcaico este tipo de amizade passará do âmbito guerreiro para o político, assumindo assim as idéias de solidariedade e de ações combinadas com o intuito de defender posições particulares de poder (PIZZOLATO, 1993, p. 4). Uma *hetaireía* pode passar de um simples grupo político a uma *synomosía*, ou seja, grupo de descontentes que confabula contra o regime vigente em sua *pólis* (AURENCHE, 1974).

Geralmente esses grupos se reuniam em banquetes privados – *symposía*. Tais ocasiões foram propícias para os *áristoi* de Corinto planejarem a expulsão dos Baquíades. Talvez seja por isso que o segundo tirano – Períandros – tenha proibido a prática das reuniões das *hetaireíai* (ARISTÓTELES. *Política*, IX, 1313b, 2). Ele sabia perfeitamente que estes grupos representavam uma séria ameaça ao equilíbrio e à boa ordem no interior da *pólis*.

Cýpselos, ao assumir o poder, expulsou os Baquíades e confiscou suas terras e seus bens (MOSSÉ, 1989, p. 171). Os autores antigos insistem em caracterizar Cýpselos como um governante "doce e pacífico". Entretanto, seu filho Períandros teria uma feição mais belicosa e agressiva (DIÓGENES LAÉRCIO. *Vidas de Filósofos Eminentes. Períandros*, I, 98), sendo criticado nos textos que viam na tirania um regime provisório para estabelecer o governo dos oligarcas (HERÓDOTOS. *Histórias*, V, 92). Cýpselos empreendeu a construção de muralhas, principalmente no *Bairro dos Oleiros*, Salmon vê nesta iniciativa um ato defensivo, pois, por meio do Istmo, a *ásty* ficava aberta ao ataque em quase todas as direções (SALMON, 1997, pp. 220-221).

No governo de Períandros, Corinto se urbanizou de forma mais complexa e intensa. Obras foram feitas nas fontes Peirene e Glauké, nos dois grandes portos (*Kenchréai* e *Léchaion*) e foi construído o santuário de Aphrodite na *Acrocorinto*, além de ter havido uma fase arquitetural no santuário de Deméter e Koré. O tirano foi responsável pela edificação do *díolkos*: a via de pedra que tinha 4,20m a 5,80m de largura e portava, sobre toda a sua extensão, duas valas, as quais permitiam arrastar os barcos, de um golfo ao outro, por via terrestre (THÉOPHILOPOULOU, 1983, p. 96).

Vale ressaltar que a *ásty* de Corinto, mais especificamente o *Bairro dos Oleiros*, presenciou uma fase arquitetural. Neste *dêmos* foi construído um prédio em que havia oficinas de pintores e de oleiros; este complexo foi identificado pelos arqueólogos como o *Edifício Longo Meridional* (*South Long Building*). Suas paredes eram feitas de cascalho e o telhado de colmo, uma espécie de sapê. O prédio estava voltado para uma rua onde do outro lado foram reconhecidos os vestígios das muralhas de Cýpselos. Atrás do prédio havia pátios com pequenas coberturas, depósitos para armazenamento ou trabalho com argila e canais d'água (SALMON, 1997, pp. 101-102).

Constatamos desta maneira que o período da tirania trouxe inovações à urbanização. A construção de fontes, vias, oficinas, muros e santuários consiste em uma forma de *publicizar* o regime, além de atender aos interesses de diversos grupos. Os cultos em santuários procuraram tecer uma identidade entre os vários grupos no interior da *pólis*. O culto de Aphrodite na acrópole atendia principalmente aos interesses dos comerciantes que passavam pelo Istmo de Corinto. Já o culto no santuário de Deméter e Koré na *ásty* proporcionava coesão entre camponeses e citadinos, pois as *pompaí* invadiam o centro urbano. O Héraion de Pérachora seduzia viajantes e os próprios coríntios a cruzarem o promontório e oferecerem sacrifícios e oferendas à divindade olímpica nos limites do território coríntio. Os Cypsélidas deixaram por todo o território (*ásty* e *chôra*) marcos arquitetônicos, com o propósito de criar uma unidade cultual e cultural (criação da identidade dos coríntios), além de reforçar o prestígio do regime.

O poder dos Cypsélidas ultrapassava os limites da *pólis* dos coríntios. A tirania participou da colonização do VII século a. C. Para Édouard Will, a política colonial dos tiranos poderia ser justificada por meio de três pontos de vista: 1 - a problemática da crise agrária em Corinto; 2 - a *thalassocracia*, ou seja, assegurar a segurança das embarcações coríntias. Do Golfo de Corinto ao Mar Adriático seriam estabelecidas escalas e pontos de policiamento para as rotas comerciais para a Itália e Sicília (como diz Will, um policiamento dos mares por meio das colônias, como pode ser o caso de Ambrácia); 3 - um ponto de vista monetário, ou seja, a necessidade das minas da Ilíria (WILL, 1955, pp. 528-530).

A. J. Graham acredita também na hipótese de a colonização, no período da tirania, ter ajudado as trocas comerciais no ocidente. Os filhos de Cýpselos foram *oikistaí*, ou seja, fundadores das colônias de Ambracia, Leucas e Anactorium. Já o *oikistés* de Potidaea foi Êugoras, filho do tirano Periandros. Graham salienta que as colônias não eram extensões da *cidade-mãe*; elas foram conquistando autonomia e no V século a.C. as *apoikíai* coríntias não faziam mais parte de um "império coríntio". Contudo, no período cypsélida, os tiranos usaram as colônias para seus próprios interesses (GRAHAM, 1964, p. 30). A colonização, em Corinto, pode ser interpretada como uma crise econômica interna e o estabelecimento de novos circuitos comerciais, diminuindo as pressões sociais (FRANKENSTEIN, 1997, p. 87). Corinto, a partir deste período, começava a perder a hegemonia comercial de vasos para a forte concorrência da cerâmica produzida na Ática.

O VII século a.C. é um período de plena transformação nas *póleis*. Este século é caracterizado pela historiografia dentro de um contexto de penúria e de falta de terras cultiváveis para os *agroikoí*; os tiranos, por meio da colonização, tentaram minimizar o problema da questão agrária (HESIODO. *Os Trabalhos e os Dias*, vv. 302-303; 361-362). Este movimento favoreceu o 'patrulhamento' dos mares, a fim de impedir a ação de 'piratas'. A prática da colonização e do comércio estabeleceu contatos entre os coríntios e outros povos, difundindo idéias, costumes, ritos e experiências.

O Politeísmo em Corinto Cypsélida

Todos os dados apontados no item acima nos indicam uma economia extremamente diversifica em Corinto. Pretendemos em nossa atual pesquisa estudar o politeísmo nesta cidade. O estudo de seus deuses e dos cultos espalhados em seu território pode nos ajudar a compreender as práticas econômicas e mesmo políticas durante o regime de tirania. Ao mesmo tempo que detectamos o incremento das práticas comerciais e artesanais, percebemos também um período de crise na produção e circulação da cerâmica coríntia. Dentro de poucas décadas as olarias áticas estarão monopolizando a produção de vasos no Mediterrâneo (tanto Oriental – Mar Egeu

– quanto Ocidental – Mar Tirreno). Desta forma, encontramos um panorama intrigante: valorização das práticas comerciais e artesanais, bem como crise na exportação da cerâmica. Os dados são escassos e imprecisos sobre estas questões econômicas.

O estudo do politeísmo pode ser precioso para mapear não somente as divindades e seus cultos em uma determinada cidade, como também as atividades praticadas pelos grupos de cultuadores. Marcel Detienne propõe a análise comparativa dos deuses, ou seja, as relações estabelecidas entre duas ou mais divindades durante ocasiões de cultos. Esta análise comparativa tem como princípio levantar as posições ocupadas por uma mesma divindade em diversas situações, a delimitação do campo de atuação das divindades, como elas se agrupam e, principalmente, as relações de oposição e de complementaridade entre os deuses (DETIENNE, 2000, pp. 81-104). É necessário observar também os saberes, as atividades e as técnicas comuns entre as divindades (guerra, caça, domesticação do cavalo). A partir do estabelecimento dos conjuntos situacionais, abre-se um leque maior de possibilidades em torno da *compreensão da fauna, da flora, das práticas esportivas, da caça, da guerra sobre todos os aspectos materiais e concretos de uma cultura politeísta.*

Em nossa pesquisa de Doutorado, enfocamos duas divindades: Aphrodite e Dionisos. As duas tiveram grande prestígio durante a tirania Cypsélida. O culto de Aphrodite substituiu o de Hélios na Acrocorinto, conhecida como *Heliopólis*. Os tiranos silenciaram o culto dos aristocratas Baquíades na *pólis*. E apoiaram a difusão do culto dionisíaco, antes confinado na *chôra*, no espaço urbano. O culto de Aphrodite materializava-se na prostituição sagrada das *hiérodoules*. Estas sacerdotisas/ escravas sagradas ofertavam seus serviços aos estrangeiros e comerciantes que passavam pelo Istmo.

O culto de Dionisos evidenciou o apoio ao regime por parte de agricultores e, mais especificamente, dos viticultores. Os dançarinos pançudos (*komástai*) poderiam agora *carnavalizar* pelas ruas da *ásty*. Aphrodite e Dionisos eram duas divindades identificadas na esfera da política cypsélida. Existem outras? Podemos relacioná-las? O método sugerido por Marcel Detienne pode ser aplicado para o caso de Corinto?

Essas perguntas e questões nos levam a outra divindade, a outro culto: o de Poseidon. Entretanto, não é o culto de Poseidon no Istmo, mas o de PenteSkouphia. Os arqueólogos encontraram no *témenos* (santuário) de Poseidon em PenteSkouphia (localizado a sudoeste do centro urbano) placas votivas (*pínax*) de terracota (FOWLER, 1932, p. 9). Nestas placas podemos identificar a representação de várias etapas da atividade de oleiro/ pintor, desde a extração da argila à feitura do vaso na roda do oleiro (PAYNE, 1931).

Compreendemos estas placas votivas no âmbito do sagrado: elas são objetos votivos oferecidos pelos artesãos às divindades *políades*. Produzir, pintar e ofertar uma placa de terracota em um rito no santuário de Poseidon expressam um conjunto de atitudes por parte do grupo dos artesãos, que atingia as esferas religiosa e econômica. Segundo o antropólogo Marc Augé, *"os sistemas religiosos, esforço de compreensão do mundo, tendem a proporcionar-lhe os meios para agir sobre ele (...)"* (AUGÉ, 1978, p. 14). É bastante provável que aqueles artesãos tiveram algum estímulo para oferecer à divindade marinha tais votos. A proteção das naus dos comerciantes que levavam o fruto de seu trabalho poderia ser uma de suas preocupações. Não esqueçamos que Poseidon, além de ser o domador de cavalos, era o protetor dos navegantes (HOMERO. *Hino a Poseidon*, 4).

Poderíamos levantar a seguinte hipótese: o período de produção destas placas coincide com o de crise nas exportações da cerâmica coríntia (primeira metade do VI século a.C.). O pedido destes artesãos possui um objetivo 'econômico', ou seja, o de favorecer a aceitação dos vasos confeccionados em Corinto. O momento crítico que estes artesãos estavam vivendo motivou-os a elaborar tais placas e endereçá-las à divindade marinha.

A pesquisa encontra-se ainda em seus primeiros passos. Estamos organizando nosso *corpus* documental, com o intuito de analisar maior número de placas votivas. Pretendemos levantar os temas representados pelos pintores nestes artefatos e avaliar se há alguma relação entre as cenas pintadas e o culto a Poseidon no santuário de PenteSkouphia. Além disso, testaremos a validade de nossa hipótese e a possibilidade de aplicação do método de Marcel Detienne para compreensão do politeísmo coríntio no período dos Cypséldias. Verificaremos, então, se é viável traçar uma relação entre os cultos de Dionisos, de Aphrodite e de Poseidon na *pólis*.

BIBLIOGRAFIA

ARISTOTLE. **Politics**. Trad. H. Rackham. Cambridge: Harvard University Press.

AUGE, M. **A Construção do Mundo: Religião, Representações, Ideologia**. Lisboa: Edições 70, 1978.

AURENCHE, O. **Les Groupes d'Alcibiade, de Leógoras et de Teucros: Remarques sur la Vie Politique Athénienne en 415 av. J.-C**. Paris: Les Belles Lettres, 1974.

DETIENNE, M. **Comparer l'Incomparable**. Paris: Seuil, 2000.

DIOGENES LAERTIUS. **Lives of Eminent Philosophers**. Vol. I Trad. R. D. Hicks. Cambridge: Harvard University Press.

DUCAT, J. **Note sur la chronologie des Cypsélides**. *BCH*, LXXXV, 1961, pp. 418-425.

FORNIS, C. **Estabilidad y Conflicto Civil en la Guerra del Peloponeso: las Sociedades Corintia y Argiva**. Oxford: Hadrian Books, 1999.

FOWLER, H.N. and STILLWELL, R. **Corinth Vol I: Introduction-Topography, Architecture**. Cambridge: Harvard University Press - American School of Classical Studies at Athens, 1932.

FRANKENSTEIN, S. **Arquelogía del Colonialismo: el Impacto Fenicio y Griego en el Sur de la Península Ibérica y el Suroeste de Alemania**. Barcelona: Crítica, 1997.

GRAHAM, A. J. **Colony and Mother City in Ancient Greece**. Manchester University Press, 1964.

HERODOTUS. **History**. Books V-VII. Trad. A. D. Godley. Cambridge: Harvard University Press.

HÉSIODE. **Théogonie - Les Travaux et les Jours - Le Bouclier**. Trad. Paul Mazon. Paris: Les Belles Lettres, 1993.

HOMÈRE. **Hymnes**. Trad. J. Humbert. Paris: Les Belles Lettres, 1976.

LIMA, A. C. C. **Cultura Popular em Corinto: Kômoi nos VII-VI Séculos a. C**. Tese de Doutorado. Rio de Janeiro: UFRJ/PPGHIS, 2001.

MOSSE, Cl. **A Grécia Arcaica de Homero a Ésquilo**. Lisboa: Edições 70, 1989.

MOSSE, Cl. **La Tyrannie dans la Grèce Antique**. Paris: Presses Universitaires de France, 1969.

O'NEILL, G. J. **Ancient Corinth I**. Baltimore: Johns Hopkins Press, 1930.

PAYNE, H. **Necrocorinthia: a Study of Corinthian Art in the Archaic Period**. Oxford: Clarendon Press, 1931.

PIZZOLATO, L. **L'Idea di Amicizia nel Mondo Antico Clássico e Cristiano**. Torino: Giulio Einaudi Editore, 1993.

SALMON, J. B. **Wealthy Corinth: a History of the City to 338 B.C**. Oxford: Clarendon Press, 1997 (1984).

THEOPHILOPOULOU, M. **Le Dévéloppement Urbain de Corinthe de L'Époque Géometrique à 146 av. J.-C**. Paris, Université de Paris X - Nanterre, 1983.

TRABULSI, J. A. D. **Ensaio sobre a Mobilização Política na Grécia Antiga**. Belo Horizonte: UFMG, 2001.

WILL, E. **Korinthiaka: Recherches sur l'Histoire de la Civilisation de Corinthe des Origines aux Guerres Médiques**. Paris: E. de Boccard, 1955.

DA FESTIVIDADE DO *KOMOS* PRIMITIVO À ORIGEM DO *AGON* NA COMÉDIA

Cláudia Manoel Rached Féral*

A origem da tragédia e da comédia é bastante obscura. Aristóteles na *Poética*, entretanto, ilumina nossas mentes na passagem do livro 4, 49 a 9-12 na qual entendemos que: i) ambos os gêneros dionisíacos tinham, na sua origem, algo em comum: eram executados por um coro conduzido por um chefe do coro – *exarkôn*; ii) do desenvolvimento dessa forma antiga de expressão performática dos condutores do ditirambo e dos cantos fálicos teriam surgido os primeiros elementos da tragédia e da comédia, respectivamente. No caso da comédia, os cantos fálicos manifestaram-se no *kômos* primitivo, o que justifica o termo *kômoidia* (*kômos* – cortejo; *ode* – canto), i.e., canção ritual por ocasião do cortejo em homenagem a Dioniso. Propomos, portanto, um breve estudo sobre a origem do *agon* que, ao que parece, coincide com a origem festiva da comédia.

Na passagem

> Γενομένη οὖν ἀπ'ἀρχῆ αὐτοσχεδιαστικῆ - καὶ αὐτη καὶ κωμῳδία, καὶ ἡ μὲν ἀπο τῶν ἐξαρχόντων τὸν διθύραμβον, ἡ δὲ ἀπὸ τῶν τὰ φαλλικὰ ....
>
> (*Poética* 4, 49 a 9-12)

Aristóteles declara que tanto a tragédia quanto a comédia nasceram de um princípio de improvisação (ἀρχῆς αὐτοσχεδιαστικῆς) e que uma, no caso a tragédia, veio dos que conduziam o ditirambo (τῶν ἐξαρχόντων τὸν διθύραμβον) e a outra, no caso a comédia, dos que conduziam os cantos fálicos (τῶν τὰ φαλλικὰ). Se por um lado pode-se ter, nos dias de hoje, um estudo mais bem detalhado sobre o ditirambo[1], por outro se sabe bem pouco sobre os cantos fálicos e seu real papel no nascimento da comédia. Em seu princípio, o gênero cômico está ligado ao culto de Dioniso agrário, em particular a uma de suas formas mais antigas: as Dionisíacas

*Professora assistente de Língua e Literatura Gregas da FCL/UNESP (Araraquara).

Rurais que se organizavam em torno de uma manifestação *phallophorica* em que se transportavam os *phalloi*, símbolo de fertilidade e do deus. Cabia aos *phallophoroi* essa função. Na descrição de Pickard-Cambrigde (1966, p. 141), esses bufões vestiam uma roupa grossa de lã, usavam na cabeça coroas de amor-perfeito com hera e penduravam flores na frente de seus rostos, não usavam máscaras, apenas tinham suas faces decoradas com fuligem. Quanto ao modo como o falo era transportado, há controvérsias: se fixo ao corpo ou em punho. Pode-se ter uma idéia da manifestação *phallophórica* no próprio texto da Comédia Antiga. No párodo de *Os Acarnenses*, o herói Diceópolis organiza a procissão do *phallos* e anuncia que vai cantar o *phallikon*, i.e., um canto do *phallos*:

'εγὼ δ'ἀκολουθῶν ᾄσομαι τὸ φαλλικόν (v.216)

Segundo Dupont-Roc e Lallot (1980, p. 171), essa passagem ilustra concretamente a ligação que Aristóteles estabelece entre os cantos fálicos e a comédia. E, de fato, a relação comédia/canto existe na própria etimologia do vocábulo comédia. Navarre (1975, pp. 108-109) escreve que as localidades mais pobres honravam o deus à moda antiga, ou seja, através de uma procissão e de um *kômos*, e que deste teria saído a comédia. Isso explicaria a etimologia da palavra comédia: cortejo – *kômos* – e canto – *ode* – , daí *kômoidia* –, etimologia também aceita por Pickard-Cambridge (1966, pp. 132-147).

Abre-se aqui um parênteses. Aristóteles (*Poética,* 3 48 a 34-38) declara

καὶ τῆς τραγῳδίας ἔνιοι
τῶν ἐν Πελοποννήσῳ ποιούμενοι τὰ ὀνόματα σημεῖον· οὗτοι
μὲν γὰρ κώμας τὰς περιοικίδας καλεῖν φασιν,'Αθηναῖοι
δὲ δήμους, ὡς κωμῳδοὺς οὐκ ἀπὸ τοῦ κωμάζειν λεχθέντας
ἀλλὰ τῇ κατὰ κώμας πλάνῃ ἀτιμαζομένους ἐκ τοῦ ἄστεως·

Constata-se pelo excerto acima que os dóricos do Peloponeso chamavam os bairros de *kômai*, enquanto os atenienses de *dèmoi*, e que o nome *kômôidoi* não vem de *kômazein*, mas dos que, proibidos de se instalarem no vilarejo, iam de *kôme* em *kôme*. Entende-se, portanto, que a etimologia do vocábulo comédia viria de *kôme* – bairro, vilarejo – e não de *kômos* – procissão, cortejo. Todavia, a etimologia recebida que os dóricos refutam, conforme citação aristotélica, é a aceita. Em nota, Dupont-Roc e Lallot (1980, p.163) esclarecem que os *kômôidoi* são na origem os "cantores, provavelmente improvisadores, do *kômos*", i.e, da procissão dionisíaca da qual vêm os denominativos *kômazein*, *kômastai* e, conseqüentemente, *kômôidia*.

Essas cenas de procissão podem ser observadas em objetos áticos, provavelmente do século VI a.C. No museu britânico há um vaso ático que data aproximadamente de 500 a.C., em que estão estampados um flautista e dois dançarinos fantasiados de pássaros. No comentário de Pickard-Cambrigde (1966, p. 152), há uma possibilidade de este documento arqueológico ser anterior à performance mais antiga de comédia que data de 486 a.C. Dessa pintura pode-se ter uma noção da natureza pré-dramática desse *kômos*: representação, dança e canto.

Quanto à canção ritual executada pelos componentes do cortejo dionisíaco, Saïd (1997,p.169) escreve que o vocábulo *kômos* designaria: i) um bando de pândegos que, mais ou menos embriagados, iam de casa em casa e à saída de cada banquete passeavam pelo vilarejo cantando, dançando e zombando dos que passavam; ii) uma espécie de charivari, algazarra acompanhada de violências verbais e, às vezes, física. A propósito desses comportamentos, Navarre (1975, pp.148-149), baseado em fatos narrados por Heródoto, conclui que pouco a pouco essa forma desordenada do *kômos* se disciplinou e que desse combate verbal surgiu um concurso com recompensa para o vencedor. A esse respeito Pickard-Cambrigde é mais preciso que Navarre. Segundo este autor inglês (1966, p. 159), a primeira forma de *agon* seria a de um combate de canções solo para ver qual dos participantes cantaria melhor. Margot Berthold julga, entretanto, que o conflito verbal originou-se com o aparecimento da *personae*. Segundo a autora alemã (2000, p. 107), nesse *kômos* primitivo o conflito verbal se estabeleceu com o nascimento da personagem e, conseqüentemente, do primeiro ator: em 534 a.C, Téspis de ático, que se colocou à parte do coro como solista, rompeu o canto coral uníssono e criou o papel do *hypokrites* que, em grego, significa *respondedor*. Téspis inventou, portanto, o primeiro (*protos*) a combater (*agonizesthai*), daí o termo protagonista.

Após o estudo de Zielinski no século XIX, constatou-se que a comédia ática deve ao *kômos* quatro de seus elementos principais: párodo/ êxodo, *agon*/ parábase, que juntos formam um todo. O párodo e o êxodo estariam para as evoluções barulhentas e movimentadas de canto e dança dos *kômastai* na sua chegada e na sua partida, respectivamente; o *agon* e a parábase, que respeitam formas rítmicas precisas e recorrem a uma métrica determinada, conforme demonstração de Zielinski, seriam uma reminiscência do episódio essencial do *kômos*. Navarre (1975, pp. 150-151) reconhece ainda que há um resquício do *kômos* na natureza performática da parábase: os *kômastai* usariam máscaras e num determinado momento interromperiam as provocações feitas ao público e retirariam essas máscaras revelando sua identidade. O chefe da trupe aproveitaria, então, esse ensejo para se vangloriar e emitir sua opinião sobre os assuntos públicos. E conclui que, diante dessas evidências, já se poderia pensar em algum germe do drama. Quanto à natureza performática do *agon* nesse *kômos* primitivo, Pickard-Cambrigde (1966, pp. 161-162) propõe: i) coro e *exarkôn*; ii) coro e antagonista, iii) dois semicoros, cada um com seus *exarkôntes*. No primeiro caso, coro e *exarkôn,* trata-se de o coro estabelecer um combate verbal contra seu próprio líder, fato este que não ocorre em nenhuma das comédias aristofânicas; o segundo caso, coro e antagonista, pode ser ilustrado no *agon* de *As Mulheres que celebram as Tesmofórias*, em que Mnesíloco enfrenta o coro feminino; o terceiro caso, dois coros, cada um com seus *exarkôntes*, é encontrado em *Lisístrata*, em que há o confronto de dois semi-coros sexualmente opostos.

Para Duchemin (1968, p. 31), nesse *kômos* primitivo, em que se constatam ataques com invectivas grosseiras, encontram-se duas formas de expressão: os combates físicos, herdeiros de uma cena bélica, e os combates dialéticos. Dessas duas formas de conflito, a primeira foi a mais antiga. Por causa deste fato, a estrutura agonística, e também parabática, se explica facilmente: o canto guerreiro sugeriria o canto do coro (*ode*); uma ordem de movimento inspiraria o encorajamento do corifeu (*katakeleusmós*); a batalha proporcionaria o discurso explicativo entre as partes (*epirrema*); enfim, o canto de vitória inspiraria a exaltação do vencedor num único fôlego (*pnigos* ou *makrón*). Esse quadro de luta foi, então, desdobrado de maneira a dar ora a vitória a um, ora a outro. Talvez tenha sido isso que sugeriu a idéia de dois discursos de defesa adversos, tal qual havia nos tribunais, e de guerreiro o *agon* tornou-se dialético. Na parábase sucedem-se as seguintes partes: *kommátion*, que é um convite ao público para escutar os anapestos, ou a parábase propriamente dita, momento em que o poeta exprime suas opiniões pessoais a respeito de assuntos diversos; por fim, o *pnigos*. Há também a alternância entre as partes cantadas, *ode / antode*, e as partes dialogadas, *epirrema / antepirrema*.

Na análise de Pickard-Cambrigde (1966, pp. 148-150), a forma do *agon* está mais sujeita a alteração do que a forma da parábase. E por esse motivo, provavelmente, a forma epirremática pertenceu originalmente à parábase e depois teria sido transferida ao *agon*. Deve-se admitir que não há uma evidência direta da existência de um *kômos* exato que explique as partes epirremáticas da comédia. Mas a existência de uma forma, como a da estrutura párodo / *agon* / parábase, pode ser tomada como evidência para a existência de um *kômos*, de um modelo similar.

De acordo com o que se pode verificar, a estrutura epirremática, em sua forma mais rígida, é muito antiga: ode / antode cantadas, epirrema / antepirrema recitados. Assim sendo, na interpretação de Pickard-Cambrigde (1966, pp. 156-158), alguma forma de *kômos* ático teria incluído um tipo de *agon*, e talvez as partes epirremáticas da Comédia Antiga sejam, possivelmente, uma adaptação de mais de um tipo de *kômos* durante os quais algum debate/luta teria se desenrolado, se tornado habitual e concluído com uma fala, sem dúvida na parte satírica e zombeteira que os primeiros poetas cômicos desenvolveram.

O fato é que se sabe pouco ou quase nada a respeito desses precursores do gênero cômico, além de alguns fragmentos e do que Aristófanes e Aristóteles declararam. Na passagem da *Poética* (5, 49b 5-9), Aristóteles escreve:

> τὸ δὲ μύθους
> ποιεῖν'Επίχαρμος καὶ Φόρμις· τὸ μὲν ἐξ ἀρχῆς
> ἐκ Σικελίας ἦλθε, τῶν δὲ'Αθήνησιν Κράτης πρῶτος ἦρξεν
> ἀφέμενος τῆς ἰαμβικῆς ἰδέας καθόλου ποιεῖν λόγους καὶ
> μύθους.

Verifica-se que o filósofo grego cita três nomes: Epicarmo e Phórmis, poetas sicilianos, além de Crates, ateniense. Aos dois primeiros é atribuída a idéia de compor mitos, entendendo este vocábulo como enredo; de Crates, que abandona a invectiva, teria vindo o requinte cômico. Na comédia *Os Cavaleiros*, Aristófanes comenta três de seus predecessores: Magnes, Cratino e Crates, já mencionado anteriormente. Nessa passagem (v.517 ss.), de Magnes a comédia herdou a verve satírica; de Cratino, a invectiva; e de Crates, o refinamento. Conforme suposições de Jones (1997, p. 326), Magnes teria desenvolvido o elemento cômico do *kômos* formado por homens fantasiados de animais, e Cratino teria contribuído com a postura ferina da comédia por meio de paródias mitológicas, políticas e sociais.

O documento mais descritivo que se possui sobre o *kômos* está certamente em Aristófanes: no párodo de *Os Acarnenses*, a procissão *phallophorica* é uma reprodução do que teria sido esse *kômos* primitivo que recua a tempos incertos, mas não tão incertos assim quando se pensa na tradição festiva inerente ao mundo grego. Ocorre que essa comédia é um documento literário, pois trata-se de uma ficção, e não um documento teórico. Por essa razão, este breve estudo partiu do texto da *Poética*. E se alguns helenistas aceitam que a comédia veio dos que conduziam os cantos fálicos, conforme enuncia o texto aristotélico, Pickard-Cambrigde (1966, pp. 147-151) interpreta que a derivação de comédia por Aristóteles a partir da folia fálica é uma teorização e não um registro de um determinado desenvolvimento histórico, e defende que, provavelmente, a comédia se originou não de um elemento especificamente fálico, mas tivesse saído de um *kômos* associado a um festival.

O que se pretendeu nestas poucas páginas foi investigar a origem do *agon* que, ao que parece, coincide com a origem festiva da comédia saída do *kômos* primitivo. Mas como adverte Navarre (1975, p. 148), a Comédia Ática é uma combinação de doses desiguais não só do *kômos* ático, mas também da farsa peloponesa, da comédia siciliana e da tragédia. A cada um desses gêneros anteriores ela deve algumas de suas formas.

NOTAS

[1] Cf. Pickard-Cambridge, A. **Dithyramb, Tragedy and Comedy**. Webster, Oxford, 1962.

[2] Esses vocábulos referem-se ao verbo *kômazo* (κωμάζω): ir pelas ruas cantando e dançando ao som da flauta. Os *kômastai* (ὁ κωμαστής, ου) eram o chefe do *komos*; os *kômôidoi* eram os cantores da procissão.

[3] Segundo o Dicionário Houaiss da língua portuguesa, charivari significa: barulho ensurdecedor, barulheira; manifestação ruidosa; gritaria, alvoroço; balbúrdia, confusão.

[4] *Apud* Mazon (1904,5).

BIBLIOGRAFIA

ARISTOPHANE. **Les Acharniens. Les Chevaliers. Les Nuées.** Texte établi par Victor Coulon. Paris: Les Belles Lettres, 1967.

BAILLY, A. **Dictionnaire Grec-Français**. Paris: Hachette, 1950.

BERTHOLD, M. Grécia. *In:* BERTHOLD, Margot. **História Mundial do Teatro**. Tradução de J. Guinsburg et alli. São Paulo: Perspectiva, 2000.

DUCHEMIN, J. L'ΑΓΩΝ dans la comédie ancienne. *In:* DUCHEMIN, J. **L'ΑΓΩΝ dans la tragédie grecque**. Paris: Les Belles Lettres, 1968.

DUPONT-ROC, R.; LALLOT, J. **Aristote, La Poétique**. Texte, traduction, notes. Paris: Éditions du Seuil, 1980.

JONES, P. V. (org.) **O Mundo de Atenas: uma introdução à cultura clássica ateniense.** Tradução de Anna Lia de Almeida Prado. São Paulo: Martins Fontes, 1997.

MAZON, P. **Essai sur la Composition des Comédies D'Aristophane.** Paris: Hachette, 1904.

NAVARRE, O. **Le Théatre Grec**. Toulouse: Éd. D'Aujourd'hui, 1975.

PICKARD-CAMBRIDGE, A. **Dithyramb, Tragedy and Comedy**. Webster, Oxford, 1962.

PAVIS, P. **Dicionário de Teatro**. Tradução de J. Guinsburg e Maria Lúcia Pereira. São Paulo: Perspectiva, 1999.

SAÏD, S.; TRÉDÉ, M.; BOULLUEC A. **Histoire de la littérature grecque**. Paris: PUF, 1997.

A ESTÉTICA DA MORTE:
O CANTO FÚNEBRE EM *ALCESTE* (741-46)

Fernando Brandão dos Santos*

Introdução

Alceste é o primeiro texto de Eurípides a chegar até nós. O estudo dessa peça interessa sobretudo pela data de sua apresentação, estabelecida no ano de 438 a.C. Sabe-se, porém, que essa peça não seria representativa dos primeiros trabalhos de Eurípides, que teria estreado como compositor trágico por volta de 455 a.C. (Cf. LESKY, 1981, p. 208; CONACHER, 1967, pp. 327-339).

No entanto, sendo, pois, a primeira peça disponível de Eurípides que temos, é interessante observar sua construção dramática. O foco do presente trabalho recairá sobre o pequeno canto coral (741-46) inserido no quarto episódio (o maior de toda a peça) de *Alceste* (vv. 606-961), estabelecendo conexões com outras passagens que o iluminam um pouco mais.

O texto base para as reflexões aqui apontadas e citações e traduções é o editado e comentado por A. M. Dale (EURIPIDES, 1978), contrastado com as edições de James Diggle (EURIPIDIS, 1984) e a de D. J. Conacher (EURIPIDES, 1993).

Estrutura geral da peça

Esta peça tem suscitado muitos debates, sobretudo por ser considerada por alguns estudiosos um drama satírico, pela última posição que ocupava na tetralogia apresentada pelo autor. Mas A. M. Dale, em sua edição comentada, apresenta-a como uma peça "pró-satírica": "Talvez nenhuma outra peça de Eurípides, exceto *As Bacantes,* provocou tanta controvérsia entre os estudiosos na busca de seu *significado real*." (EURIPIDES, 1978, p. xviii). Dale ressalta ainda a ausência de indicações, nas hipóteses ou em qualquer outro comentário antigo, de que Eurípides teria produzido sua *Alceste* para ocupar o lugar de um drama satírico, ao final de uma tetralogia (EURIPIDES, 1978, p. xix). Segundo ela ainda, o tom satírico da peça vem da cena após o funeral de Alceste, com um Héracles comilão e fanfarrão, quase bêbado, uma caracterização

*Professor doutor do Depto. de Lingüística da FCL/*Campus* Araraquara, UNESP.
fbs.frc.si@uol.com.br

típica de um Héracles da comédia. (EURIPIDES, 1978, p. xx). O fato de *Alceste* ser reconhecidamente um drama pró-satírico não constitui uma modificação muito profunda em sua essência dramática, segundo A. M. Dale. (EURIPIDES, 1978, p. xxi).

Albin Lesky, em seu *Greek Tragic Poetry*, argumenta que, apesar de ocupar o quarto lugar numa tetralogia, isto é, o lugar de um drama satírico, *Alceste* não seria necessariamente um drama satírico, já que são poucos os títulos conhecidos dos dramas satíricos (menos de vinte e dois) e que as realizações de Eurípides nesse gênero, em relação às de Ésquilo e às de Sófocles, eram inferiores. Para o autor, os estudiosos têm errado ao forçar uma interpretação cômica da *Alceste* simplesmente pelo fato de ocupar o lugar de um drama satírico. Segundo Lesky, o realce dado às presenças de Morte e de Héracles quase bêbado foi exagerado: "*Alceste* é uma tragédia genuína, pelo menos no sentido antigo da palavra." (LESKY, 1981, p. 209).

O prólogo é protagonizado por Apolo e Morte (1-76); o párodo é aberto por um coro de velhos cidadãos de Feres, uma cidade da Tessália (77-135) e, ao que tudo indica, está dividido em dois semicoros; no primeiro episódio, temos uma serva de Alceste que dialoga com o coro, trazendo as últimas notícias dos acontecimentos de dentro do palácio (136-212); o primeiro estásimo é entoado pelo coro (213-243); no segundo episódio Alceste entra em cena entoando um canto e Admeto lhe responde falando (244-272); temos ainda algumas intervenções do coro e um canto do filho de Alceste, numa monodia (393-414) após a morte de Alceste em cena, terminando o episódio com uma fala de Admeto (v. 434); o segundo estásimo, então, é entoado (435-475) pelo coro; no terceiro episódio, temos a entrada em cena de Héracles, que se dirige ao coro e depois ao próprio Admeto (476-567); o terceiro estásimo introduz o funeral de Alceste (568-605); no quarto episódio, durante o funeral, temos a chegada de Feres, pai de Admeto, e um *agón* trágico e, após o féretro, também Héracles que, a esta altura, já está meio bêbado (606-961); o quarto estásimo prepara a volta de Héracles com Alceste (962-1005); no êxodo, temos a volta de uma Alceste silenciosa, trazida de volta do Hades pelas mãos de Héracles (1008-1163).

Portanto, não é exatamente a estrutura de um drama satírico que temos neste trabalho mais antigo de Eurípides. Ao contrário, como procurei demonstrar num estudo anterior (SANTOS, 1998, pp. 38-116), trata-se de um espetáculo teatral típico do autor, com todas as particularidades da composição euripidiana, que não poupa esforços para inundar a cena trágica com personagens que atraem totalmente a atenção do público enquanto estão em cena. Essa dispersão na ocupação do centro da ação tem sido considerada dispersão da ação central, presente em quase toda a obra de Eurípides, até onde se pode constatar.

O estudioso G. M. Grube insiste, em sua análise, que a tragédia tem como personagem principal Admeto e não Alceste:

> É necessário, entretanto, um alerta geral. Nossa moderna perspectiva romântica é capaz de criar dificuldades ao concentrar atenção na mulher, depois deixar a peça bem fora de foco. Apesar da beleza da cena de morte de Alceste, não é ela, mas Admeto, que é a personagem principal; a tragédia repousa amplamente no conflito das emoções em seu coração, um conflito apresentado com toda a visão psicológica de Eurípides. Se os críticos sentiram algo não satisfatório na personagem de Alceste, é porque eles muitas vezes a lêem erroneamente e forçam sobre ela uma parte de estrela de suas próprias imaginações (GRUBE, 1973, p. 131).

Não é exatamente essa a leitura que estabelecemos para o texto, já que, mesmo depois de morta, Alceste continuará a ser evocada em cena insistentemente até sua aparição de volta do Hades, no êxodo, como personagem muda. Assim, mesmo depois de sua morte no segundo episódio, Alceste, com seu ato heróico, continua sendo o alvo da atenção. A motivação de Héracles para resgatá-la do Hades é, de fato, a amizade por Admeto. Mas os conflitos sofridos pelo viúvo até a reaparição de sua mulher são eivados de ambigüidades.[1]

O interlúdio lírico

Tendo essas considerações iniciais em mente sobre a estruturação especial de *Alceste*, apreciemos um pouco mais de perto o canto fúnebre que acompanha o corpo de Alceste na cerimônia de enterro.

Como assinala François Duysinx, num estudo sobre as passagens líricas na *Alceste* de Eurípides, dentro do quarto episódio, os funerais de Alceste introduzem o trágico e, conseqüentemente, o lirismo. O sistema anapético dos versos (741-746), com numerosos espondeus entoados pelo coro, retoma o movimento de marcha fúnebre, interrompido pela entrada de Feres (cf. v. 614 e seq.) enquanto o corpo de Aleste é levado pelos serventes da casa (cf. vv. 606-608).[2] É um elogio lamentoso a Alceste, novamente apresentada como γενναία καὶ μέγἅ }ρίστη (742). Já no prólogo, quando Alceste ainda estava viva, porém moribunda, o coro e a ama tinham assinalado sua excelência:

Χορός

ἴστω νυν εὐκλεής γε
γυνή τἅ }ρίστη τῶν ὑφἅ ἡλίῳ μακρῷ.

Θερ9παινα

πῶς δἅ οὐκ }ρίστη; τίς δἅ ἐναντιώσεται;

Coro

Que a que vai morrer saiba que é realmente uma mulher insígne
e a melhor das que existem sob a extensão do sol!

Ama

Como não é a melhor? Quem há de negar? (150-152)

No canto fúnebre, como no segundo episódio, o imaginário grego para o outro lado da vida aparecee retomando, de certa forma, a entrada lírica de Alceste moribunda e em delírio em contraposição com recitativo de um Admeto "cheio de razão" (cf. vv. 244-79). Podemos perceber as conexões entre este canto e o canto de Alceste na economia do espetáculo. Assim, Alceste em sua primeira aparição em cena canta:

ᾳΑλκηστις

Αλιε καὶ φ9ος ἁμέρας
οὐρ9νιαί τε δῖναι νεφέλας δρομαίου.

Alceste

Sol e luz do dia,
celestes turbilhões de nuvem rápida. (244-45)

A. M. Dale acentua a criação poética de Eurípides que, de maneira inextricável, alia no canto os velhos mitos e as novas idéias que circulavam na pólis (EURIPIDES, 1978, p. 71).[3]

Nas manifestações seguintes de Alceste, Eurípides centra-nos na tradição do mundo subterrâneo:

ᾳΑλκηστις

ὁρῶ δίκωπον ὁρῶ σκ9φος ἐν
λίμνᾳ· νεκύων δὲ πορθμεὺς
ἔχων χέρα̈ ἐπὶ κοντῷ Χ9ρων
μα̈ ἤδη καλεῖ· Τί μέλλεις;
ἐπείγου· σὺ κατείργεις. τ9δε τοί
με σπερχόμενος ταχύνει.

Alceste: *Vejo, vejo um barco de dois remos no pântano*
e o barqueiro dos mortos
com a mão sobre o bastão, Caronte
já me chama: 'Por que demoras?
Apressa-te; tu me retardas.' Com isso,
impetuoso, ele me apressa. (252-57)

Temos a figura de Caronte, o condutor da barca que leva os mortos para o reino de Hades, fazendo-os atravessar o pântano formado a partir do rio Aqueronte, cujas águas são estagnadas.[4] Alceste reproduz a fala de Caronte, impaciente por levá-la ao mundo dos mortos (244-56). As visões de Alceste tornam-se mais intensas, seu estado alterado aumenta, quando surge o próprio Hades:

ᾳΑλκηστις

ἄγει μα̈ ἄγει τις· ἄγει μέ τις - οὐχ ὁρὶς; -
νεκύων ἐς αὔλ9ν,
ὑπα̈ ὀφρύσι κυαναυγέσι
βλέπων πτερωτός - † Αιδας †.
[μ έθες με] ·τί ῥέξεις; ἄφες. οἵαν ὁδὸν ἁ
δειλαιοτ9τα προβαίνω.

Alceste: *Leva-me, leva-me alguém. Leva-me alguém - não vês? -*
para a residência dos mortos,
olhando sob as sobrancelhas
sombrias, o alado - Hades.
[Solta-me!] O que hás de fazer? - Larga-me! Que percurso,
infeliz, atravesso! (259-63)

Para A. M. Dale, trata-se da mesma Morte que aparece no prólogo (EURIPIDES, 1978, p. 72).[5] No prólogo, a Morte apresenta-se como uma personagem implacável; no entanto, no canto fúnebre é apenas evocada sobretudo por imagens ligadas ao mundo subterrâneo: Hades e Trevas, noite.

Marcando a passagem para um outro momento dessa patologia da morte, Alceste, exaurida de suas forças físicas, pede que a deitem, entoando sua primeira despedida dirigida aos filhos:

ᾳΑλκηστις

μέθετε μέθετέ μα̈ ἤδη·
κλίνατα̈, οὐ σθένω ποσίν.
πλησίον α̈Αΐδας,
σκότια δα̈ ἐπα̈ ὄσσοισι νὺξ ἐφέρπει.
τέκνα τέκνα̈ οὐκέτι δὴ
οὐκέτι μ9τηρ σφῷν ἔστι .
χαίροντες, ὦ τέκνα, τόδε φ9ος ὁρῷτον.

Alceste: *Soltai, soltai-me já!*
Deitai-me, não tenho forças nos pés.
Hades está próximo.
Trevas, sobre os olhos a noite avança.
Filhos, filhos não mais,
não mais existe vossa mãe.
Adeus, ó filhos, que vedes esta luz! (266-72)

Estabelecidos esses elementos que antecedem a cena em questão, examinemos, então, o pequeno canto fúnebre, que também não deixa de ser um encômio a Alceste feito pelo coro ou pelo corifeu, como uma última homenagem à morta gloriosa:

Χορός

ἰὼ ἰώ. σχετλία τόλμης,
ὦ γενναία καὶ μέγα̈ }ρίστη,
χαῖρε· πρόφρων σε χθόνιός θα̈ □Ερμῆς
Αιδης τε δέχοιτα̈. εἰ τι κ}κεῖ
πλέον ἔστα̈ }γαθοῖς, τούτων μετέχουσα̈
Αιδου νύμφῃ παρεδρεύοις.

Coro: *Ió, ió! Resoluta na ousadia,*
ó nobre e em muito a melhor,
adeus! E que, tanto, benevolente, Hermes ctônio
e Hades te recebam. E se lá houver
algo mais para os bons, tomando parte disso,
que possas sentar-te ao lado da noiva de Hades. (741-46)

Como já dissemos, F. Duysinx assinala que a predominância de numerosos versos espondeus confere a este canto o tom de marcha fúnebre, retomando o mesmo ritmo do começo do episódio antes do *agón* entre Admeto e Feres. Para o estudioso, as duas exclamações de dor (ἰὼ ἰώ.) podem ser acompanhadas de um tempo de silêncio para acentuar a lentidão da marcha correspondendo ao tempo de mais uma vogal longa em cada exclamação (DUYSINX, 1962, p. 219).

O termo σχετλία nesta passagem pode soar estranho. No entanto, aqui ele destaca a força moral de Alceste naquilo que seu gesto tem de resistente, resoluto, forte, associado ao termo seguinte, τόλμης, coragem, ousadia, intrepidez.

Segundo A. M. Dale, o desejo de que Alceste seja bem recebida por Hermes Ctônio e Hades é um voto modesto. (DALE, 1978, p. 108). Uma vez morta, o coro deseja que agora Alceste seja recebida por duas divindades de primeira grandeza, Hermes ctônio e o próprio rei do mundo infernal, Hades. O coro também expressa seu desejo de que Alceste seja bem recebida nesse mundo infernal, dado o seu caráter nobre e a excelência do seu feito, que é comparável apenas, no mundo masculino, à conquista do *kléos áphthiton* dos heróis homéricos mortos em combate. Assim, uma mulher só pode alcançar a glória imorredoura justamente por dar sua vida por seu marido?[6]

O canto finaliza ainda com o desejo de que ela partilhe (μετέχουσᾰ, 745) do que houver, se houver (?), para os bons lá (κ}κεῖ, 744), lá nesse lugar a que nenhum mortal deseja ir. No mundo dos mortos parece que tudo é hipótese. A dúvida sobre essa sobrevida "do lado de lá" se acentua justamente pelo uso dos dois optativos (δέχοιτᾰ, 744; παρεδρεύοις, 746). Que Alceste ocupe, então, um assento ao lado de Perséfone. A. M. Dale nota: que o conceito de *páredros* pode variar de acordo com o contexto; às vezes é mais técnico, tendo um sentido de 'assessor', como Éaco em Isócrates; no contexto da peça, a estudiosa julga que talvez dificilmente seja um pouco mais que uma "Dama de Companhia especialmente honrada, como o Amor 'acompanha' a Sabedoria na *Medéia* (843)." (EURIPIDES, 1978, p. 108).

É durante este canto que o corpo de Alceste é retirado de cena. Todos o seguem, Admeto e coro (em silêncio?) para fora do palco.

O palco fica vazio como poucas vezes acontece na tragédia grega (Cf. SANTOS, 1998, pp. 97-98). Esse silêncio é o que acompanhará, inclusive, a volta de Alceste do mundo dos mortos, conduzida pelas mãos de Héracles, no final da peça (vv. 1006-7). Um silêncio, talvez, por demais eloqüente.

NOTAS

[1] Cf. o estudo "*Alceste*: o heroísmo no sacrifício ou o sacrifício do heroísmo? (Uma leitura da *Alceste* de Eurípides." (SANTOS, 1988, pp. 101-108). Veja-se tamém a discussão de Anne Pippin Burnett no capítulo II, sobre *Alceste* (BURNETT, 1985, pp. 22-46).

[2] "The Chorus, or the Coryphaeus, speaks these anapaests to music as it turns and follows Admetus and the funeral procession" (EURIPIDES, 1978, p. 108).

[3] Charles Segal, estudando o momento histórico que serve de pano de fundo para o *Édipo Rei*, de Sófocles, também observa: "Such a rationalistic physical speculation, characteristic of Greek philosophy in the sixth and fifth centuries B.C., naturally aroused suspiction among the more conservative Athenians, as it challenged the traditional anthropomorphic divinities of the Greek pantheon. Aristophanes, for example, made popular entertainement out of the novel scientific theories in his comedy in the *Clouds* (423), which parodies thinkers like Anaxagoras for dethroning Zeus with a new god, the scientific principle Whirl or Vortex. The suspicion of intellectuals also had more serious results; Pericles' political enemies tried to get at him to flee

Athens, sometimes around the outbreak of the Peloponnesian War in 431. Some 30 years later Socrates was put to death on a similar charge, and political motives were probably paramount with his accusers as well." (SEGAL, 1993, p. 5).

[4] Cf. o comentário de D. J. Conacher (EURIPIDES, 1993, pp. 166-67).

[5] Hades é adicionado, então, à lista das figurações da morte.

[6] Veja-se uma discussão sobre o caráter heróico do feito de Alceste em "*Alceste*: o heroísmo no sacrifício ou o sacrifício do heroísmo? (Uma leitura da *Alceste* de Eurípides)." (SANTOS, 1988, pp. 101-118).

BIBLIOGRAFIA

BURNETT, A. P. **Catastrophe Survived. Euripides' Plays of Mixed Reversal**. OXFORD: Clarendon Press, 1985.

CONACHER, D. J. **Euripidean Drama. Myth, Theme, and Structure**. Toronto: University of Toronto Press, 1970 (reimp. de 1967).

DUYSINX, F. "Les passages lyriques dans l' "*Alceste*" d' Euripide". **L' Antiquité Classique**, 31, 1962, pp. 189-233.

ESTÈVE- J. **Les innovations musicales dans la tragédie grecque à l' époque d' Euripide**. Nimes: La laborieuse, 1902.

EURIPIDES. **Alcestis**. Edited with introduction and commentary by A. M. Dale. Oxford: Oxford University Press, 1978 (reimpressão de 1954).

EURIPIDES. **Alcestis.** Edited with translation and commentary by D. J. Conacher. 2nd. ed. Warminster, Wiltshire: Aris & Phillips Ltd., 1993 (1988).

EURIPIDIS. **Fabulae (vol. I) - Ciclops, Alcestis, Medea, Heraclidae, Hippolytus, Andromacha, Hecuba.** Edidit James Diggle. Oxford: Clarendon Press, 1984.

GRUBE, G. M. A. **The Drama of Euripides**. London: Methuen & Co., 1973, reimpressão de 1941.

LESKY, A. **Greek Tragic Poetry**. Trad. inglesa de Matthew Dillon. New Haven/London: Yale University Press, 1981.

___. **A Tragédia grega**. 2a. ed. Trad. Alberto Guzik. São Paulo: Editora Perspectiva, 1976.

MASQUERAY, P. **Théorie des formes lyriques de la tragédie grecque**. Paris: Librairie C. Klincksieck, 1895.

MURRAY, G. **Euripides and His Age.** 2nd. Ed. London/NewYork/Toronto: Oxford University Press, 1955.

SANTOS, F. B. "*Alceste*: o heroísmo no sacrifício ou o sacrifício do heroísmo? (Uma leitura da *Alceste* de Eurípides)", **ALFA**, Araraquara, SP, nº 32 (1988), pp. 101-118.

___.**Canto e espetáculo em Eurípides**: ***Alceste, Hipólito*** *e* ***Ifigênia em Áulis***. Tese de Doutoramento, da FFLCH, USP, São Paulo, 1998.

SEGAL, Ch. **Oedipus Tyrannus. Tragic Heroism and the Limits of Knowledge**. Toronto/ New York: Twaine Publishers, 1993.

A COMEMORAÇÃO DA VIDA NA CELEBRAÇÃO DO DEUS DIONISO

Izabela Aquino Bocayuva*

Costumamos estar, hoje, em geral muito distantes da simples e direta influência do deus Dioniso. Antes até, o anúncio mais tênue de sua proximidade habitualmente nos põe a correr em direção contrária. Como assim? Que tipo de anúncio pode ser esse que no mundo grego, diferente disso, implicava em festa e comemoração? Dioniso é o deus que, sob o ponto de vista da lógica cotidiana, "ao manifestar-se por palavras se exprime em termos contraditórios" (COLLI, 1990, p.15). Ele é vida/morte. É o renascido, único deus que morreu. Dioniso é o deus do vinho, da embriaguez; é o deus delirante e cujo delírio é a atuação de uma sabedoria visionária, acordada para o que vê e aprende em pleno delírio. O que vêem e aprendem os iniciados? Algo que os faz dançar. Trata-se de um saber que dança. Na verdade, os iniciados nos mistérios de Dioniso escutam a música da realidade: a própria simultaneidade de vida emergindo da morte e morte emergindo da vida, música esta afim com os mistérios de Eleusis: celebração por excelência da vida. E não nos enganemos com as manifestações atuais de rebeldia em relação à forma e à norma. Muitas vezes aí mesmo num modo estereotipado de ser "louco", ou, como querem muitos, de "ser dionisíaco" é que está ainda mais mascarada a nossa distância em relação ao deus que não é exatamente um rebelde ou coisa que o valha.

Dioniso era festejado na tragédia: sonho que sonhava sempre inabitualmente ou exemplarmente o extraordinário jogo musical e gestual de vida e morte, ambos constitutivos simultâneos do limiar que sempre já é este aqui e agora, presença, o inexorável incontrolável, chamado pelos gregos de moira, mas que, através da experiência dos mistérios dionisíacos, precisa ser entendida como kairós, o momento oportuno. Podemos dizer que a tragédia grega consiste na comemoração da coragem frente a esse inexorável, coragem por suportá-lo e acolhê-lo em sua obscuridade constitutiva sempre já numa configuração. Música e dança. Assim, a tragédia enquanto celebração de Dioniso inclui sempre a imagem e que podemos bem chamar de ilusão. Mas ilusão também consiste no modo de concretização da simultaneidade de vida emergindo da morte e morte emergindo da vida, beleza, rasgo, dor no dilaceramento do desabrochar e do perecer, loucura, pois há loucura neste aqui e agora, tanto a cada vez conhecido, como, ao mesmo tempo, jamais cognoscível. Esta aparente contradição os gregos faziam questão de tra-

*Professora doutora de Filosofia da UERJ.

zer junto a si, como mostram os ritos em comemoração, em memorização do deus Dioniso (OTTO, 1997). Na verdade, não só a tragédia, mas também a própria filosofia grega em sua nascividade explicitou o mistério da duplicidade na unidade originária. Trata-se da copertinência indeslindável de vida e morte, de conhecido e incognoscível. É só lembrarmos, por exemplo, de Anaximandro e a coincidência de *génesis* e *phtorá* da qual ele fala interpretando o sentido de *ápeiron* ou princípio. Mas sabemos o quanto a filosofia se tornou com Sócrates, Platão e Aristóteles um discurso incomodado e problematizador dessa coincidência, de tal modo que, ao lidar cuidadosa e especialmente com ela, acabaram por provocar, por isso mesmo, uma dicotomização do que, na verdade, sempre esteve reunido em um. Uma tal dicotomização, porém, deve e precisa ser pensada hoje mais a partir de uma tensão indeslindável, do que de uma dicotomia propriamente dita como costuma acontecer nas interpretações correntes. Neste sentido, há muito de dionisíaco até na mais apolínea forma de realização da filosofia grega. Esse, entretanto, é um assunto imenso e que exige outro lugar de tematização.

Quando dizemos que hoje costumamos estar em geral muito afastados da realidade do deus Dioniso, não se trata de meramente estarmos afirmando um distanciamento cronológico, mas, sim, ontológico pois isso tem sua origem justamente numa certa interpretação do ser que não depende do tempo sujeito à mensuração. Ela brota de uma disposição milenar que tende a somente perceber a realidade como o que se apresenta meramente numa dicotomia, situação em que é aberto o espaço para a experiência não só da contrariedade, mas também da contraditoriedade. Surge nesse horizonte, que instaura insegurança, o desejo de garantias frente ao que, pressentido no fundo, é como uma avalanche, a avalanche do mistério da unidade originária que mal consegue ser suportado em sua perplexidade constitutiva. Por isso, nossa comum e contemporânea compreensão de ser ou tende a evitar contato com o contraditório, pretendendo privilegiar de cada vez só um lado dos supostos pólos dicotomizados e excluindo também inteiramente a loucura do seu horizonte, ou tende, ao contrário, a fazer alarde positivo da desorientação. Em ambos os casos, nós, epígonos da modernidade, fundados na decisão histórica que nos toma a nós à nossa própria revelia, somente somos deixados a ver tudo tomar corpo a partir de uma disposição, aquela que é a petição por certeza, controle e asseguramento, aquela que se encontra extraviada da experiência originária da verdade como evidência, extraviada de um ver que simplesmente é direto e impossível de provar, de um ver que simplesmente vê a verdade, não porque não é o errado ou não é o falso, mas por se impor ao olhar, ao ouvir, ao perceber, ao pensar, ao sentir, já fora da gangorra de todo certo ou errado, de todo verdadeiro ou falso, porque justamente aqui, agora, já abarca o todo em seu jogo incessante do Possível. Possível aqui não pode ser entendido como a mera possibilidade representável por um indiferente "talvez". Possível é o poder do que é e que se impõe à nossa revelia, tal como por exemplo o nosso fundamento historial hoje e desde há muito consistir na disposição que parece sempre precisar da certeza quanto ao controle e asseguramento para garantir o sucesso do desenvolvimento progressivo das tecnologias que cada vez mais obstruem para nós a experiência da morte, mas também a experiência da vida. Não estamos aqui para julgar se isto é certo ou errado. Não se trata disto. Na verdade, a avalanche kairônica é completamente amoral.

Possível é, pois, vida/morte, este aqui e agora eminentemente *kairônico* em que já somos felizes ou infelizes na realização de algo, em que já agimos ou falamos belamente ou não e somos inteiramente responsáveis, com tudo que houver de imprevisto. Ora, neste "já", que é o próprio acontecimento da vida e no qual se dá a responsabilidade por excelência, está sempre resguardada a morte, a qual, se for aqui bem entendida, não será vista como término, mas enquanto inexorável proveniência do próprio Possível que incessantemente se desenrola mostrando esta presença aqui: a sempre surpreendente realidade porvindo. É justamente a partir deste "já" que tudo vem a ser. Nesse sentido, não há nada de mórbido na morte, à medida que ela aparece como princípio vital, como força poética, pura potência do agir que chamaremos aqui de "simples e verdadeiro", do agir que acolhe com leveza o que é e não pode não ser o que é, que acolhe com serenidade a moira. Neste sentido, morte aparece como a própria força da vida em seu desdobramento sempre nesta presença que não pode não ser surpresa ao mesmo tempo que é voz da necessidade: sabedoria que manda dançar uma dança que, na verdade, nunca cessa, por mais que cotidianamente, descompassados, nos iludamos de que vida se reduz ao ordenamento desengonçado de nossos esquemas e programações.

Para os ouvidos atuais é muito difícil não ouvir como morbidez uma fala que faz uma apreciação positiva da morte. Mas isso provém de nossa atual imensa doentia resistência em relação à vida. O que pode ser mais nosso do que nos armarmos a fim de controlar todo "já" de cada inexorável situação? Com isso nós procuramos nos prevenir de qualquer surpresa com a qual possamos nos deparar em nosso aqui e agora. Prevenindo-nos assim das surpresas, podemos certamente nos tornar seres cujo planejamento pode oferecer resultados mais garantidos em termos de produção e ganho em diversos níveis. E o que poderia ser mais marca da tradição ocidental do que esta disposição do controle enquanto princípio de toda atitude? Mas, com isso, agindo como seres aparentemente tão fortes, pretensos controladores da morte, a qual consiste a cada vez em todo "já" estarmos nesta ou naquela situação, controle esse em favor de uma vida sem, ou o mais sem perigos ou erros, nos tornamos também seres doentes, mas de uma doença tão mais intensa quanto mais permanece invisível em meio à tamanha fortaleza forjada. É como se quiséssemos, através do esforço exagerado de antecipar representativamente cada situação, pular a própria sombra. Mas, é justamente com esta sombra que chega a si o encanto da diferença, pois somente com ela a memória criativa pode promover criação. E não há nada de maior importância do que isto. Coincidência de *génesis* e *phtorá*. Exatamente o acontecimento dessa vitalidade da criação é o acontecimento da verdade entendida para além do verdadeiro ou falso: verdade da inexorável presença deste aqui e agora. Assim, se de alguma forma tentamos eliminar o elemento criador de nossas falas, ações e relaçoes, não há como já não estarmos instaurando para nós o império desvitalizado da indiferença, fundo essencial de nossa doença. E fazem parte dela, além do exagero da representação e da indiferença, uma pressa incansável que quer chegar antes de tudo com as garantias, mas sempre chega tarde demais, assim como também o tédio de vivermos num imenso deserto ainda que povoado de uma pluralidade infinita de coisas sem valor vital. Porque valor vital não depende da idiossincrasia de um ou de outro, não depende de programações, ainda que sejam as mais sofisticadas, mas consiste no mais simples e que não envelhece nem fica maior, nem menor, nem é acessível por escolaridade ou etiqueta, nem se presta ao cálculo e quantificação de qualquer tipo. Vitalidade consiste no cuidado com a vida, ela mesma em seu advento extraordinário, mesmo nas horas mais ordinárias, consiste no enfrentamento direto e simples deste aqui e agora, isto é, o Possível sendo puro gesto que dá o que há. Isto é o que jamais envelhece. Absolutamente não somos hoje melhores (nem piores) do que os de outrora por sermos mais desenvolvidos tecnologicamente ou mais prevenidos em relação a erros já detectados. O papel de nosso furor de progresso e sucesso, ainda que seja o de nos preparar através dele uma fortaleza, revela-se mais como papel de dissimular a fragilidade diante de um tal gesto tão simples que nada assegura e que tragicamente não cessa.

Dioniso, o louco, o que devora a carne de sua presa dilacerada ainda pulsando, festeja ele mesmo o simples gesto que dá e que consiste na própria vida/morte. Mas, a loucura dionisíaca à qual vai se reunir o vidente Tirésias em *As Bacantes*, de Eurípides, nada tem a ver com aquilo que imagina Penteu em sua forma de loucura-castigo, a qual é mais uma cegueira doente, uma demência. A loucura festeira dionisíaca não é a bacanal, o mero desregramento, ou rebeldia moral, que por uns é rejeitado enquanto por outros é escolhido como prática e nos dois casos a partir de um ponto de vista voluntarista. Tirésias, o sábio vidente cego, vê na loucura dionisíaca a iniciação, vê ali o sagrado ele mesmo. Isso quer dizer que a loucura dionisíaca não é doença nem extravagância, mas um sair de si fora do comum, um deixar-se tomar pelo extraordinário que há em todo ordinário. Trata-se da experiência do sagrado em sua essência e que por isso mesmo abre a capacidade para uma certa divina visão. Diz Giorgio Colli acerca da mania dionisíaca:

> Assim, o estado daquele que foi possuído por Dioniso, a saber a imagem do deus ele mesmo no homem, não consiste em uma extenuação letárgica, em uma perda total de consciência, não mais que uma gesticulação bestial, mas é um estado de delírio, isto é, um estado de consciência que se opõe ao estado "normal", cotidiano. O resultado desta mania também é uma visão, a mesma que o apogeu da iniciação de Eleusis proporcionava através da *epopteía* (COLLI, 1990, p. 19).

É exatamente aquilo do que nos fala Platão no *Fedro*, quando trata positivamente da mania divina como sendo aquela que nos tira dos hábitos cotidianos, mas que nada tem a ver com uma mania produzida por doenças humanas (265 a).

Em *As Bacantes*, temos a indicação da visão extraordinária, não cotidiana, que somente podia ser acessível para os iniciados. Nessa tragédia grega, um mensageiro narra para o incrédulo Penteu o que eram as supostas bacanais realizadas pelas Mênades, as possuídas, as iniciadas:

> ...uma delas bateu com o tirso numa rocha e fez jorrar da mesma, num instante, um jato de água límpida; outra, ferindo o chão com sua varinha, viu esguichar da terra por obra do deus uma fonte de vinho. As que sentiam falta do alvo leite, esfregavam no solo os dedos e o recolhiam de repente em abundância. Do tirso recoberto de folhas de hera pingava o mel mais doce. Ah! Meu senhor e rei! Por que não estavas presente para ver o espetáculo? Gostarias sem dúvida de dirigir tu mesmo preces fervorosas ao deus que aqui blasfemas! Nós, simples pastores, nos reunimos para trocar impressões e discutir e chegamos à conclusão de sermos todos testemunhas de prodígios dignos de admiração (EURÍPIDES, vv 924-941).

Uma visão de milagres. A loucura dionisíaca está no convívio com esses milagres mesmos. Mas e se dissermos com Guimarães Rosa que tudo hoje, aqui e agora, não é senão a ponta de um mistério? Não de um mistério que um dia possa ser resolvido, que um dia possa ser suficientemente explicado para ouvidos que se satisfazem apenas com demonstrações não-contraditórias. O mistério que a loucura dionisíaca veicula consiste poeticamente no poder insondável que faz água brotar de pedra, leite e vinho brotarem do chão. Dioniso é o poder ele mesmo, mas um poder cuja força não vem nem da obediência a uma lógica da causalidade, nem de uma mera desobediência a ela. Uma tal lógica sempre é epigonal em relação ao dionisíaco e, aliás, nasce exatamente a fim de controlar a avalanche do âmbito desse deus que instaura diretamente o simples, o Possível.

Ao contrário do que se costuma imaginar, para a nossa saúde, em todos os tempos, precisamos muito mais da loucura do que de nada mais, mas dessa loucura que abre a sensibilidade para a presença. Há que se experimentar também o extraordinário que há em todo ordinário, pois, por mais que o evitemos por temermos a morte e a loucura, ele mesmo não pode não ser a proveniência de tudo. Estamos habituados a não nos espantarmos com o ordinário, o qual entendemos perfeitamente em seu "natural" funcionamento. Entretanto, o quanto não há de loucura em tudo isso? Por que simplesmente dá-se esse aqui e agora e não o nada? Cada instante seria, pois, fundamentalmente "loucura". O mar em seu ir e vir é "loucura", ainda que a ciência nos apresente todas as suas teorias explicativas a seu respeito. A inesgotabilidade do reino do Possível é "loucura". Uma loucura que, se a ouvirmos e a ela nos abandonarmos, logo deixaremos cessar nossa habitual correria. Subitamente a totalidade passa a ser este aqui e agora, o que "já" se encontra serena e simplesmente aí onde "já" estamos, no acontecimento do milagre da existência e somente nisso, milagre que caracterizamos como vida emergindo da morte e morte emergindo da vida. O tédio também se dissipa, porque alguém encontrou, então, o que fazer. A partir daí, o agir é poético e justo no tempo da oportunidade. Tudo está a seu tempo num movimento de desabrochar, de um vir a ser o que precisa vir a ser. É quando nos encontramos à altura da vida. E este tão simples acontecimento que pode ser visto como pouco (e realmente o é), é, na verdade, incomensurável em poder e importância.

Quando dizemos que hoje, em geral, nos encontramos distantes do deus Dioniso, não é porque não damos importância à existência. Nós até mesmo nos empenhamos intensamente, com todo o avanço tecnológico e até ecológico, por conservá-la o mais que se possa. É que numa atitude reativa diante da vida nos tomamos como aqueles que precisam e têm o direito de corrigi-la e isso significa precisamente eliminar dela a morte e o erro, o fracasso e o engano, o desconserto afinal. Mas vida é o que, à nossa revelia, dispensa consertos. Ela nos arrasta sempre para esta presença em que "já" acontece realidade de algum modo, inclusive este em que hoje habitualmente procuramos nos assegurar de como ela deve ser segundo nosso ilusório arbítrio e controle, um modo de ser que, ele sim, traz consigo morbidez, ainda que o negue, uma morbidez que provém do convívio não com a morte que emerge da vida e que a deixa emergir, mas com o que está morto e morto pelo excesso de luz que, ofuscando, torna tudo igual porque previsível. Mas, não estaríamos, através deste questionamento de nosso atual distanciamento em relação a Dioniso, querendo consertar a vida à medida que parece estarmos querendo consertar-nos? Não, não se trata disso. Devemos falar com o compositor brasileiro Itamar Assunção que "não há saídas. São tudo ruas, estradas, avenidas." Quer dizer que é somente desde a experiência da constituição ambígua da realidade e compreensão dos limites do que é e do que somos, que encontramos o que também é e somos, mas agora a partir dessa experiência e dessa compreensão mesmas. Não há nisso nenhum conserto, mas, sim, transformação. Renascimento. Iniciação. Falamos, então, a partir de uma experiência que, tendo transformado seu próprio modo de compreender ser e relacionar-se, pode encontrar-se agora na proximidade de Dioniso, mas também na cercania de um ar mais leve para o simples respirar, a cercania da saúde.

Não podemos deixar de citar Nietzsche e Heidegger como pensadores contemporâneos que vêm nos provocando a fazer com eles o convite para uma experiência de uma maior saúde. Trata-se de uma celebração de Dioniso hoje. É certo que um abismo nos separa daquela tragédia que era capaz de, pela catarse, promover até mesmo abortos durante o espetáculo. Mas principalmente a música continua encantando, continua nos fazendo sair do chão habitual, dançar sobre o fio da navalha da presença inexorável de som, ritmo e harmonia. São o kairós, mas também a moira que assim comparecem em todo seu vigor.

A música brasileira especialmente tem este mérito do encantamento, tanto a puramente instrumental quanto a letrada. Como não podemos, nesta nossa comunicação discursiva, nos valer de exemplos instrumentais, escolhemos nos fazer acompanhar de uma composição muito conhecida, a qual consideramos uma celebração a Dioniso. É uma música de Chico Buarque de Holanda. Ela é só uma das inúmeras manifestações de sabedoria que residem na língua brasileira, e que precisam ainda ser investigadas como um todo com muito cuidado e vagar na intenção de vislumbrarmos o quanto o pensamento radical tem muito mais formas de aparecimento do que usualmente costumamos perceber.

Aqui alguns trechos de

O que será? (À flor da pele)

O que será que me dá
Que me bole por dentro, será que me dá
Que brota à flor da pele, será que me dá
E que me sobe às faces e me faz corar
E que me salta aos olhos a me atraiçoar
E que me aperta o peito e me faz confessar
(...)
O que não tem remédio, nem nunca terá
O que não tem receita.

O que será, que será
Que dá dentro da gente e que não devia
Que desacata a gente, que é revelia
(...)
O que não tem descanso, nem nunca terá
O que não tem cansaço, nem nunca terá
O que não tem limite

O que será que me dá
Que me queima por dentro, será que me dá
Que me perturba o sono, será que me dá
Que todos os tremores me vêm agitar
(...)
E uma aflição medonha me faz implorar
O que não tem vergonha, nem nunca terá
O que não tem governo, nem nunca terá
O que não tem juízo.

BIBLIOGRAFIA

COLLI, G. **La sagesse grecque**. Trad. Marie-José Tramuta. Paris: Éditions de L'Éclat, 1990.

EURÍPIDES. **As Bacantes**. Trad. Mário da Gama Curi. RJ: Jorge Zahar Editor, 1993.

OTTO, W. **Dioniso mito y culto**. Trad. Cristina García Ohlrich. Madrid: Ediciones Siruela, 1997.

"A HISTÓRIA DE PIGMALEÃO", DE OVÍDIO, E "VERDADEIRA ESTÓRIA DE UM AMOR ARDENTE", DE MARINA COLASANTI: O CRIADOR E A SUA CRIATURA

Leandro Passos*

Destacar elementos da mitologia primitiva em uma determinada ficção significa considerálos em um universo específico em que atuam com significações próprias, ou seja, tratá-los como elementos já transfigurados por uma consciência crítica que lhes deu uma configuração peculiar, deslocando-os de sua origem antiga para um novo contexto. Por isso, deve-se tomar cuidado para que tal inter-relação não corra o perigo de incidir na evidência das significações universais dos mitos, propostos pelos manuais/dicionários de simbologia.

É com este intuito que se pretende realizar uma leitura analítica do texto poético "A história de Pigmaleão", inserido na obra *Metamorfoses*, do escritor latino Ovídio; e do conto "Verdadeira estória de um amor ardente", presente na obra *Contos de amor rasgados* (1986), de Marina Colasanti. O olhar que se lança sobre as relações intertextuais, aqui, não é ingênuo, tampouco anacrônico, mas atento a seu percurso histórico rumo à modernidade. Desse modo, é possível compreender que o mito não interessa, unicamente, como imagem em si mesma, pairando em sua esfera absoluta, autônoma, mas como objeto passível de reconstrução permanente, o que pode ser feito sob o olhar crítico da paródia.

Sant'Anna (1985) rastreou os vários conceitos de paródia e concluiu que, a princípio, a paródia era vista como um contracanto, isto é, um poema que era pervertido por outro, muitas vezes, por meio do canto, da música, pois, etimologicamente, a origem é musical e implicava na idéia de uma canção proferida ao lado de outra. Assim, a própria etimologia da palavra marca o caráter polifônico da paródia. Já em uma visão mais moderna, a paródia se define por um jogo intertextual.

Hutcheon (1985) apresenta várias propostas para explicar a paródia. A primeira delas se refere à paródia como uma repetição e como uma diferença. Em seguida, afirma que a paródia nada mais é que um ir e vir intertextual, um misto de homenagem e ironia, uma superposição que incorpora o texto antigo ao novo. Esse duplicar textual da paródia, explica Hutcheon, "ao

---

*Professor mestrando em Letras – UNESP/IBILCE/SJRP.
passosle@yahoo.com.br

contrário do pastiche, da alusão, da citação, etc., tem por função assinalar a diferença" (p.74). Partindo da dupla etimologia do prefixo "para", a pesquisadora defende que o nível pragmático da paródia não se limita, apenas, a produzir um efeito ridicularizador: "para" como *contra* ou *oposição*, mas "para" como *ao longe de* permite um alargamento do âmbito da paródia, a saber, intimidade, acordo e até cumplicidade.

E é com esse intuito que se passa a falar, agora, da presença do mito de Pigmaleão no conto de Marina Colasanti.

O escultor, no texto "A história de Pigmaleão[1]", de Ovídio, dispensou horas, dias, semanas e meses para criar a sua obra. Ele elaborou, fez e refez a sua criação; verificou o ponto mais sensível a fim de *transfigurar* o material bruto: marfim. Sua obra Galatéia, por sua vez, soube o quanto o seu criador havia dispensado todo o tempo necessário para que ela pudesse ser *metamorfoseada*. O tempo em que ambos ficaram juntos foi suficiente para, num determinado momento, torná-los um SER único: artista e obra ao mesmo tempo. Desse modo, o artista preparou a sua obra, e o encontro com esta foi inevitável: "[...] A imagem parecia / Ser a de uma virgem, quase de verdade, quase viva, / E disposta, salvo pela modéstia, / A se movimentar. A melhor arte, dizem, / É aquela que dissimula a arte, e assim Pigmaleão / Se maravilhou, e se apaixonou pelo corpo que ele próprio construiu" (OVIDIO, vv. 9 a 14).

O criador tocou a sua criatura, "Seria de carne, ou apenas marfim?" (OVIDIO, v. 16). O momento exigia adoração; Pigmaleão falava com ela; abraçava-a e temia machucá-la; fazia-lhe elogios; trazia-lhe presentes; levava-a para a cama e colocava um travesseiro macio sob sua cabeça e chamava-a de "Querida, meu amor adorado".

Eros já havia se instalado no coração do artista. Apenas Vênus poderia ajudá-lo neste assunto amoroso. No *Feriado* de Vênus, Pigmaleão aproveitou a ocasião da *Festa:* "Novilhas alvas como a neve / Tiveram os chifres enfeitados com ponteiras de ouro, / Foram colocados nos altares, / Onde o incenso queimava" (OVIDIO, vv. 36 a 39). Esse ponto observado merece uma breve elucidação de Brandão (1999, p. 39), que comenta:

> [...] por meio do rito, o homem se incorpora ao mito, beneficiando-se de todas as forças e energias que jorraram nas origens. A ação ritual realiza no imediato uma transcendência vivida. O rito toma, nesse caso, 'o sentido de uma ação essencial e primordial através da referência que se estabelece do profano ao sagrado'. Em resumo: o rito é a práxis do mito. É o mito em ação. O mito **rememora** [grifo nosso], o rito **comemora** [grifo nosso].

Logo, a *Festa* – ritual religioso – da deusa Vênus trouxe luz ao coração do apaixonado: "[...] rezo para que minha mulher possa ser / [...] como a minha menina de marfim" (OVIDIO, vv. 41- 43). Vênus atendeu ao pedido de Pigmaleão. Posteriormente, a estátua de marfim podia sentir o toque do amante. Fruto desse amor, nasceu uma menina que recebeu o nome de Pafos.

Em "Verdadeira estória de um amor ardente[2]", a personagem vive sem a presença de uma mulher: "Nunca tivera namorada, esposa, amante", "Desde jovem, vivia só" (COLASANTI, 1986, p. 35); por isso, decide dar fim àquela solidão e providenciar uma companheira. É interessante destacar a gradação de um envolvimento amoroso: namorada, esposa e amante. A ausência desta fase reforça o caráter solitário da personagem, sua inexperiência nos assuntos amorosos, e informa que é um homem mais velho, visto que "Desde jovem, vivia só".

Essa inexperiência é salientada porque, em vez de procurar um relacionamento amoroso, ele prefere *moldar* uma companheira: "Em loja especializada adquiriu grande quantidade de cera, corantes, e todo o material necessário" (COLASANTI, 1986, p. 35); para tanto, teve que aprender a técnica "em breves estudos nos almanaques e tratados" (p. 35). Logo, ele começou a moldar aquela que preencheria seus desejos. Merece um destaque a ambigüidade do verbo moldar que possui o sentido de *dar forma* ou *contornos* a, e *submeter, sujeitar alguém.* Ao mesmo tempo que molda com cera e corantes a sua futura amada, ou seja, dá-lhe formas e contornos, ele molda seus comportamentos para que ela realize todos os seus desejos. A personagem, então, prefere aprender técnicas novas para construir alguém a aprender a arte da conquista.

Outro aspecto importante a ser notado é a reação da personagem quando se depara com a estátua de cera:

> [...] A suavidade opalina, rósea palidez que aqui e ali parecia acentuar-se num rubor, não tinha semelhança com a áspera pele das mulheres que porventura conhecera. Nem a elegância altiva desta podia comparar-se à rusticidade quase grosseira daquelas (COLASANTI, 1986, p. 35).

Como se vê, a personagem despreza as mulheres e supervaloriza a sua companheira de cera; as noites de amor entre o casal são caracterizadas pela "maleabilidade em que todo toque se imprimia, formando e deformando a amada no fluxo do seu prazer" (COLASANTI, 1986, p. 36).

Contudo, o desfecho disfórico do conto inicia-se com a luz que faltou numa noite; a partir desta ausência de luz, que se pode relacionar à falta de sentimento, a personagem, antes apaixonada, começou a cansar-se da mulher; a suavidade òpalina, rósea palidez, deu lugar agora às manchas acinzentadas. Ele acendeu o cigarro, pegou o livro e inflamou a trança da mulher, iluminando o aposento.

No último parágrafo, percebe-se uma quebra dos sentimentos da personagem que se mostrou, inicialmente, só, em que a tristeza instalou-se no seu cotidiano; depois de apaziguada a carência e saciados os prazeres, ele, embora para mais perto de si, arrastou a estátua, refestelou-se na poltrona e, sereno, "começou a ler à luz do seu passado amor que, queimava lentamente" (COLASANTI, 1986, p. 36). Assim, a luz volta para o lar do casal, servindo para que a personagem leia o livro e, desta forma, afaste o tédio do seu cotidiano amoroso.

O conto resgata o texto clássico de Ovídio com outros valores: no mito, o desfecho amoroso é positivo, tendo em vista que o escultor conseguiu que sua obra tivesse vida. Pigmaleão, antes, beijava e acariciava sua amada, mas sentia-lhe a rigidez do marfim. A personagem do conto, por sua vez, era capaz de sentir a suavidade opalina e a rósea palidez de sua estátua de cera, bem como conferiu a maleabilidade do corpo, formando e deformando a amada no fluxo do seu prazer. Todavia, diferente de Pigmaleão, a personagem do conto não enfeitava tampouco presenteava a estátua de cera e corantes. Ambos tinham problemas com mulheres. A solidão fez com que eles tomassem uma providência: no conto, a construção de uma estátua de cera e corantes; no mito uma estátua de marfim. Pigmaleão era um talentoso artista e sabia como fazer uma bela obra; a personagem do conto teve que aprender, lendo almanaques e tratados, a técnica de construção.

A rapidez de técnica de construir foi mais rápida para a personagem, o que salienta o caráter dinâmico que o conto deve ter, mesmo assim, por causa de a perfeição de sua obra de cera, pode-se dizer que a personagem é também talentosa.

Pigmaleão foi vítima da perfeição de sua arte; a personagem do conto, ao contrário, moldou a mulher para, justamente, pôr fim à tristeza que se instalou no seu cotidiano. Mas, o tédio visitou novamente a casa da personagem que, ironicamente, queimou a estátua de cera. No mito, a concretização da felicidade amorosa atinge seu ápice com o nascimento de Pafos, filha de Pigmaleão e Galatéia.

A *qualidade* de um conto reside na forma de combinar recursos da tradição com os que vão surgindo nos novos tempos, ou seja, a estória mitológica, no conto analisado, adquiriu uma nova significação, visto que, no discurso narrativo e seus procedimentos de construção, o mito foi resgatado com um olhar transgressor e criativo. Desse modo, na arte literária não há temas melhores ou piores que outros, mas, sim, um tratamento estético criativo (ou não) dado a determinados temas.

Em "Verdadeira estória de um amor ardente", as ações conflituosas ficaram em evidência: uma personagem solitária que foi em busca de apaziguar a dor da intrusa lamentosa, a saber, solidão; o tédio e a destruição de um relacionamento amoroso. Moisés (1971, p. 124) comenta que:

> [...] se tudo estivesse em plena paz e ordem entre as personagens não haveria conflito, portanto, nem história. [...] Só a dor, o sofrimento, a angústia, a inquietude fazem com que as criaturas se imponham e suscitem interesse nos outros.

Desse modo, de acordo com as leituras dos textos de Ovídio e de Marina Colasanti, pôde-se verificar de que forma os artistas tiveram uma relação amorosa com suas obras de marfim e de cera. Se no texto poético o desfecho sugere uma continuidade com o nascimento de Pafos, no conto ocorre uma destruição da obra, queimada pelo próprio criador, que utilizou a luz das chamas para ler um livro.

NOTAS

[1] Consultar "A história de Pigmaleão" em OVÍDIO. **Metamorfoses**, Livro X, 1-65.

[2] Consultar "Verdadeira estória de um amor ardente" em COLASANTI, M. **Contos de amor rasgados**. Rio de Janeiro: Rocco, 1986, pp. 35-36.

BIBLIOGRAFIA

BRANDÃO, J. de S. **Mitologia grega**. Petrópolis: Vozes, 1999.

COLASANTI, M. **Contos de amor rasgados**. Rio de Janeiro: Rocco, 1986.

HUTCHEON, L. **Uma teoria da paródia**. Lisboa: Ed. 70, 1985.

MOISÉS, M. **Dicionário de termos literários**. São Paulo: Cultrix, 1971.

SANT'ANNA, A. R. de. **Paródia, paráfrase & Cia**. São Paulo: Ática, 1985.

A COMÉDIA LATINA: UMA FESTA A REMEMORAR

Lívia Lindóia Paes Barreto*

Falar de comédia latina é falar de música, de festa, de dança e até mesmo de ritual religioso, pois que ela comporta todos esses elementos, mesmo que a poeira dos tempos já nos tenha levado a música. Também não podemos deixar de dizer que a comédia latina é uma arte e, como tal, imita a vida ainda que intermediada pela imaginação dos poetas e apresentada por personagens/figuras da realidade. Três são os fatores que levam o instinto imitativo humano a reproduzir a realidade: a celebração das cerimônias religiosas, as comemorações coletivas e a vida cotidiana.

Entre os antigos latinos, temos registro de manifestações desse instinto desde as mais primitivas cerimônias religiosas celebradas com fórmulas e rituais sagrados imutáveis, como o ritual dos sacerdotes arvais e seus poemas dialogados – *carmina arualia* – e o ritual dos sacerdotes sálios com seus cânticos, danças, procissões e sacrifícios – *carmina saliare*. No *Latium* podemos encontrar ainda outras cerimônias importantes, de caráter popular/religioso, como as festas das colheitas e da vindima em honra dos deuses campestres. Era o momento em que os camponeses, para festejar os sucessos de boa safra, bebiam à solta do vinho que lhes aquecia o sangue e subia à cabeça proporcionando momentos de liberação. Por esta ocasião reinava a embriaguez que dava curso à licenciosidade e à rude criatividade dessa população campesina. Nestas festas primitivas está a origem das composições dialogadas, de conteúdo extremamente licencioso, que eram recitadas ou cantadas por ocasião de bodas nupciais ou mesmo para invocar a proteção de *Fascinus*, deus protetor do falo, símbolo de fertilidade e das forças geradoras da natureza. Tais formas de poesia popular eram conhecidas como "cânticos fesceninos" ou "versos fesceninos" talvez por serem originários da cidade falisca de *Fescenna* ou, segundo Ernout-Meillet (1959, p.231), por estarem relacionadas com a festa de *fascinus*. Com o passar do tempo tais celebrações dão lugar a outras, ainda de cunho bastante obsceno e satírico. Surgem, em Roma, os poemas improvisados, em forma de diálogo, com personagens estereotipados e que continuam o mesmo espírito obsceno dos antigos cânticos fesceninos.

Tais poemas tomaram o nome de *atellanae*, em virtude de sua origem na cidade osca de *Atella* na região da *Campania*. Neles já está esboçado um roteiro baseado nas peripécias de

*Professora doutora de Língua Latina do Instituto de Letras/UFF.

quatro tipos fixos: *Maccus*, camponês grotesco, *Bucco*, camponês idiota e guloso, *Pappus*, velho avarento, *Dossenus*, também camponês, porém astuto e pedante. Segundo os historiadores, temos notícias de representações das *atellanae* até o século I a.C.

Relata-nos Tito Lívio em sua História de Roma - *Ab Urbe Condita*, livro VII, que, por ocasião de uma peste que assolava a cidade, por volta do ano 346 a.C., o Senado romano manda buscar na Etrúria músicos, dançarinos e acrobatas – os chamados *histriones* – que, com mímicas e danças ao som da flauta, deveriam apresentar um espetáculo para acalmar o que se julgava ser a cólera dos deuses e assim livrar a Cidade da peste. Segundo Jean-Pierre Cèbe,

> (...) aos olhos dos primitivos, o riso, manifestando uma vitalidade exuberante, marcando não somente a vida, mas a plenitude, o desenvolvimento da vida, é uma das armas mais aptas para combater as forças misteriosas que trazem a decadência, o desaparecimento, a morte (CÈBE, 1966, p.20).

Embora proveniente da Etrúria, depois tais jogos tomam, em Roma, nova forma: a música e a dança dos bailarinos etruscos passam a ser seguidas de brincadeiras em forma de versos que os jovens trocam entre si. É de se supor que Tito Lívio esteja aí se referindo à chamada sátira dramática e, como diz Pierre Grimal (1986, pp.79-80),

> o que logo nos faz pensar em uma das componentes da comédia grega, o *comos* e nas trocas de gracejos entre os membros da procissão e os espectadores. Mas depressa se vêem as diferenças: o *comos* não é ainda uma comédia, ele é livremente representado nas aldeias e ao longo dos caminhos; a *satura* já está integrada nas representações cênicas, em uma cerimônia oficial diante de todo o povo reunido.

O espetáculo a que se refere o autor são os *ludi scaenici.*

Fica esboçado assim um quadro, mesmo que resumido, das origens italianas da comédia latina. Segundo a fonte de Tito Lívio, também a *satura dramatica* está entre os seus antepassados, marcadamente entre os antepassados da comédia de Plauto. Mas interrogamos Tito Lívio (in VII, 2) quando ele se refere a tais representações como *impletas modis saturas*: será que não podemos ver nestas "modulações" um embrião da diversidade de metros de Plauto? Senão, vejamos: as modulações a que se refere o autor eram acompanhadas por um tocador de flauta, o *tibicinum;* sabemos que tal personagem ocupava um espaço considerável nos costumes dos romanos: suas festas e jantares se desenrolavam ao ritmo da música e da dança. Na verdade tratava-se de uma forma de espetáculo musical oferecido a pessoas habituadas a se divertir e cantar pequenas dramatizações em ritmos variados. Quem não se lembra da conhecida *"Cena Trimalchionis"* no *Satyricon* de Petrônio? Assim parece-nos que podemos dizer que a *satura* é o primeiro momento da inserção dos *cantica* na comédia plautina.

Nesta comédia, os *cantica* adquirem uma importância tão grande que lhe concedem um aparato musical diferente daquele da comédia nova grega que, embora no "cadinho" dos antepassados da latina, não o possuía.

A grande inovação de Plauto, em relação à comédia nova foi tirar a música do coro e colocá-la na boca dos personagens, fazendo do texto um pretexto para a música. Para tanto o poeta faz uso de ritmos variados que adapta à língua latina e ao ouvido romano.

A partir da análise da conhecida "canção da velha embriagada" ou "canção de beber" (v.79-155), propomos uma leitura do *Curculius* como um texto de espetáculo típico do povo romano.

E o espetáculo vai começar! A cena é típica do palco romano: à esquerda, a porta de entrada de uma casa; no centro, o templo de Esculápio e um altar de Vênus; à direita, outra porta de entrada de casa. A ação tem início com o aparecimento de um jovem em traje de festa, que sai da porta à esquerda segurando uma tocha acesa, seguido por um escravo que leva um cântaro com vinho, uma taça e outros objetos rituais. Caminhando a passos lentos e cadenciados, os dois personagens, imitando uma procissão, se dirigiam em direção à outra porta. Tão logo os dois se afastam da casa, a porta se abre e sai um segundo escravo.

Este início do *Curculius* inserido nos *ludi scaenici* se assemelha à procissão que carregava as estátuas das divindades homenageadas nos jogos. Mas logo, logo, a pequena procissão é interrompida pelo segundo escravo – Palinuro – que, espantado diante do que vê, interpela o jovem – Fédromo – querendo saber o que acontecia.

Quo Ted hoc noctis dicam proficisci foras

Cum istoc ornatu cumpre hac pompa, Phaedrome? (v.1-2)

(Para onde vais sair para fora, a esta hora da noite, com esta roupa de festa e com este cortejo, Fédromo?)

Fédromo, depois de mostrar a Palinuro a casa de Cappadox (o mercador de escravos), diz-lhe que vai até ali para tentar encontrar-se com a jovem por quem está apaixonado. Após uma discussão entre os dois, o jovem consegue convencer o escravo a acompanhá-lo. Eles seguem até a porta da casa e ali Fédromo mais uma vez persuade Palinuro a ajudá-lo:

Sequere hac, Palinure, me ad fores fi mi obsequens. (v.87)

(Segue-me, Palinure, até esta porta; obedece-me).

É interessante notar que o poeta ressalta, em jogo etimológico, os verbos *sequor* e *obsequor* em primeira e última posição no verso, conferindo à frase um tom elevado. Estamos no início de uma paródia com Fédromo imitando a celebração de um ritual religioso. Era costume entre os antigos cavar uma fossa e ali derramar sangue em oferenda aos mortos que, atraídos por este cheiro, ali vêm beber. O mesmo faz o jovem ao derramar um pouco do vinho que traz no cântaro e invoca a porta a beber desse vinho.

Ph. *Agite, bibite, festiuae fores,*
Potate, fite mihi uolentes propitiae.

Ph. *Excuscitate uostram huc custodem mihi* (v.88-89-91)
(Tomem, bebam, alegres portas, bebam, sejam propícias aos meus desejos).

A libação de Fédromo não é ainda propriamente um *canticum*, esses versos são como que um prelúdio para o que se segue na outra cena.

O uso dos imperativos *agite, bibite, potate, fite, exsuscitate* e as aliterações *-te, -te, -te, -te, -te,* funcionando como exortações à porta, seguem o mesmo ritmo exortativo dos rituais e acentuam o tom de imitação burlesca confirmada no verso 95 com a fala de Fédromo ordenando a Palinuro que faça silêncio.

Ph: *Tace, occultemus lumem et nocem.* (v.95).

(cala-te, ocultemos a tocha e calemo-nos).

Termina a cena I com os dois personagens, patrão e escravo, ansiosos por uma resposta da "porta"! O odor do vinho surtiu efeito de encantamento nas narinas da velha escrava guardiã da porta e ela, atraída como os mortos o são pelo odor do sangue, sai de casa trôpega e sedenta. Começa a cena II que é inteiramente cantada ou um *canticum* que se desenvolve em ritmo de intensidade crescente, composto por dois solos intercalados por um dueto. A cena tem começo e fim em perfeita harmonia resultante da seguinte disposição:

a) O solo da velha em honra do vinho – v.96-109.

b) O intervalo preenchido por um curto dueto entre o jovem e o escravo Palinuro – v.110-112 e depois por um trio: a velha se une ao canto dos dois (v.113-146).

c) O solo do jovem apaixonado diante da porta fechada – v.147-155.

Os solos têm por função marcar um patamar da ação ou após uma peripécia; eles exprimem os sentimentos resultantes da situação: alegria, tristeza, temor, ternura, cólera, incerteza, etc. Na cena II, o solo de *Leena* – a velha escrava – expressa a alegria e o prazer provocados pelo aroma e o sabor do vinho que Fédromo lhe oferece:

Le. *Flos ueteris uini meis naribus obiectust;*
Eius amor cupidam me huc prolicit per tenebras.
Vbi ubi est, prope me est. Euax! Habeo.
Salue, anime mi, Liberi lepos;
Vt ueteris uetusti cupida sum!
Nam ommium unguentum odor prae tuo nauteast.
Tu mihi stacta, tu cinnamum, tu rosa,
Tu crocinum et casia es, tu telinum
Nam ubi tu profusu's, ibi ego me perueli, sepultum.
Sed quom adhuc naso odos obsecutust meo,
Da uicissim meo gutturi gaudium.
Nil ago tecum; ubi est ipsus? ipsum expeto
Tangere, inuergere in me liquores tuos,
Sine, ductim, Sed hac abiit, hac persequar. (V.96-109).

Le. Um suave aroma de vinho antigo
Atingiu minhas narinas ardendo de desejo até aqui,
Em meio a estas trevas.
Onde está, onde está, ele está perto de mim...
Ah! Eu tenho ele nas mãos.
Salve, minha alma, prazer de Baco.
Como estou desejosa da tua velhice!
Todos os perfumes do mundo não são senão

Uma sentina perto do teu cheiro.
Para mim és óleo de mirra,
És cinamomo, rosa, açafrão,
Canela, és odor de alforva!
Onde tu estás derramado, ali mesmo
Eu queria ser sepultada.
Mas já que, até agora, ao meu nariz,
O teu cheiro apenas iludiu
Dá, rapinho, à minha goela um prazer.
Nada faço contigo, onde ele está?
É por ele que eu estou ardendo de vontade de tocar,
Eu quero derramar em mim os teus líquidos em longos tragos.
Mas ele se foi,
Vou atrás dele!

Este solo é cantado pela velha, que caminha com passos trôpegos, procurando pelo vinho enquanto Fédromo dança diante dela. Segundo Jean-Pierre Cèbe (Ibid., p.91), a cantiga do vinho é muito semelhante "a um verdadeiro hino, pelas aliterações e duplicações, pelo *salue* do quarto verso... e a repetição do pronome tu no sexto, sétimo e oitavo versos" e, acrescentamos nós, parodia um poema erótico por meio de termos como o adjetivo *cupida*, ou de expressões como *lius amor, anime mi, Liberi lepos, expeto tangere;* com associações a odores afrodisíacos como *stacta, cinnamum, rosa, crocinum* e, no penúltimo verso, com a expressão altamente erótica quando ela sugere que deseja que o vinho deslize pelo seu corpo: *inuergere in me liquores tuos* (v.108).

Após o dueto entre Fédromo e Palinuro, a velha se junta aos três e, finalmente, tendo conseguido beber o vinho, sai de cena. Fédromo, assustado, sem saber se será atendido, entoa, o que ele mesmo chama, um poema encantatório, a conhecida "canção dos ferrolhos" (v.147-154), em que ele retoma o famoso tema da porta fechada que impede o seu encontro com a amada.

Ph. *Pessuli, heus pessuli, uos saluto lubens,*
Vos amo, uos uolo, uos peto atque obsecro,
Gerite amanti mihi morem, amoenissumi;
Fite causa mea ludii barbari,
Sussilite, obsecro, et mittite istanc foras,
Quae mihi msero amanti ebibit sanguinem.
Hoc uide ut dormiunt pessuli pessumi,
Nec mea gratia commouent se ocius!
Respicio nihili meam uos gratiam facere.
Sed tace, tace. (v.147-155).

Fed. Ferrolhos, oh, ferrolhos,
Eu vos saúdo com prazer,

Eu vos amo, eu vos quero, eu vos peço, eu vos imploro.
Mostrai-vos complacentes com os meus amores,
Ö queridíssimos;
Transformai-vos, por minha causa,
Em dançarinos italianos.
Pulai, saltai, eu vos imploro,
E deixai sair aquela por quem eu morro de amor
E que bebe de mim, infeliz,
A última gota do sangue.
Vejam só como dormem,
Os malditos ferrolhos
E nem querem mover-se mais
Em meu favor.
Mas cala-te, cala-te...

Outra paródia de um *carmen* de feitiçaria ou encantamento, que é, na verdade, uma retomada ou continuação do "prelúdio" que encerrou a cena I, com Fédromo derramando vinho na entrada da porta. No mesmo processo de retomada, agora o poeta associa o movimento do saltitar dos ferrolhos às danças dos bailarinos itálicos, adjetivados por *barbari* em associação com os primitivos dançarinos romanos. O tom de encantamento ainda é ressaltado no segundo verso, pela reiteração de verbos desiderativos *nolo, peto, obsecro* e pelo verso que encerra a canção, análogo ao que fechara o *carmen* de libação: *tace, occultemus lumen et uocem* (v.95).

Fédromo ouve um barulho: é a porta que se abre, os ferrolhos animizados atenderam aos seus pedidos. Os encantamentos surtiram efeito. A cena termina e termina o *canticum*, a velha retorna ao palco trazendo a moça pelo braço. Novas peripécias, novas aventuras, novos acontecimentos, outros ritmos e o espetáculo continua...

BIBLIOGRAFIA

ADRADOS, F. R. **Fiesta, comedia y tragedia.** Planeta: Barcelona, 1972.

BERGSON, H. **O riso, ensaio sobre a significação do cômico.** 2ª ed., Ed. Guanabara: Rio de Janeiro, 1987.

CÈBE, J-P. **La caricature et la parodie dans le monde romain antique: des origines à Jurenal**. Paris: G. de Boccard, 1966.

ERNOUT, A.; MEILLET, A. **Dictionnaire étymologique de la langue latine; histoire des mots.** 4ª ed., Rev. Paris: Klincksieck, 1959.

GAFFIOT, F. **Dictionnaire illustré latin-francais**. Paris: Hachette, 1934.

GRIMAL, P. **O teatro antigo**. Trad. Portuguesa de Antonio M. Gomes da Silva, Lisboa: Edições 70, 1954.

LÍVIO, Tito. **Titi Livi ab urbe condita**. Tome II. Lib. VI-X. London: Oxford, University Press, 1954.

MAROUZEAN, I. Un exemple de purisme: la langue de Plaute. *In*: **Quelques aspects de la formation du latin littéraire**. Paris, Klincksieck, 1949.

PLAUTE, T.M. **Comédies**. Tome III, Texte établi et traduit par Alfred Ernout. Paris: Belles-Lettres, 1935.

PLAUTO, T. M. **O gorgulho**. Trad. port. de Walter Medeiros, Instituto de Estudos Clássicos e Humanísticos da Universidade de Coimbra, Coimbra, 1986.

O *DE ADULTERATIONE LIBRORUM ORIGENIS* COMO ARQUIVO DA CONTROVÉRSIA ORIGENISTA

Luís Carlos Lima Carpinetti*

Como proposta para trabalhar o tema da memória em literatura, apresentamos dados sobre o tratado que serviu de objeto a inúmeras críticas ao polemista São Jerônimo, o *De adulteratione librorum Origenis*, pelas moções ali contidas de defesa da obra de Orígenes e da tese da alteração dos livros de Orígenes por interpolações de terceiros e a anulação da responsabilidade de autoria das teses heréticas, contestadas na controvérsia que ocupou muitos eclesiásticos no Oriente e no Ocidente, na última década do século IV, entre eles Jerônimo e Rufino. O *De adulteratione* atesta, como documento, importantes informações sobre a controvérsia e aponta para a existência de fraudes literárias tão comuns nessa época.

Histórico da controvérsia origenista

A obra *Apologia de Jerônimo contra Rufino*, cujo viés de refutação ora apresentamos, em relação ao tratado de autoria de Rufino *De adulteratione librorum Origenis*, está completando seu décimo sexto centenário, pois, justamente na passagem do quarto para o quinto século de nossa era, é que os acontecimentos que presidiram o surgimento de tal obra de São Jerônimo trouxeram à luz do dia e ao centro do debate as idéias e doutrinas do consagrado teólogo alexandrino Orígenes, em proporções nunca antes imaginadas. O texto da edição francesa de Pierre Lardet nos traz três unidades principais: os dois livros da Apologia contra Rufino e o terceiro livro que é a Epístola contra Rufino, que datam, respectivamente, do verão de 401 e da primavera de 402. A *Apologia contra Rufino* praticamente encerra um complicado conflito entre Jerônimo e Rufino, como veremos a seguir.

A controvérsia origenista tem início com o gesto imprescindível de Atárbio, durante sua visita a Jerusalém, no ano de 393. Atárbio lançou a uma assembléia reunida em uma igreja, na cidade de Jerusalém, uma acusação dirigida à diocese de Jerusalém, segundo a qual tão importante cidade para a religião cristã era um foco da heresia origenista. A acusação teria sido desne-

*Professor doutor de Língua e Literatura Latina da Universidade Federal de Juiz de Fora. luclica@acessa.com

cessária para que se percebessem os aspectos heréticos das obras de Orígenes, mas tornou-se ponto de partida para o debate acerca daquela doutrina, desencadeou todos os incidentes que passamos a enumerar e revelou-se também elemento-chave para a dessacralização da doutrina do alexandrino Orígenes. Os acontecimentos que se seguiram à acusação lançada por Atárbio serviram para demarcar na Palestina a existência de grupos antagônicos. Assim, Epifânio de Salamina, com suposto zelo ortodoxo, cria profundo melindre junto ao bispo João, da diocese de Jerusalém, ao usurpar a autoridade que lhe caberia de realizar a ordenação sacerdotal de Pauliniano, irmão de Jerônimo, em território sob jurisdição do bispo de Jerusalém. Rufino e Jerônimo se dividem, afinal, em grupos diferentes. De um lado, João de Jerusalém, Rufino, Melânia, Vigilâncio e outros. De outro, Jerônimo, Epifânio de Salamina, Pauliniano, Pamáquio, Teófilo de Alexandria, e outros monges e mulheres que se colocavam sob a orientação do monge Jerônimo. João de Jerusalém não poupa Jerônimo que, vivendo em Belém, depende de sua autoridade episcopal: submete-o a uma excomunhão só anulada em abril de 397, quando então Jerônimo reconcilia-se temporariamente com Rufino.

Jerônimo investe contra João de Jerusalém aquilo que Yves-Marie Duval chama de insinuações (DUVAL, 1970, pp. 353-374) de que seu bispo ocultava, sob a máscara de origenismo, heresia ainda não condenada em concílio da Igreja, concepções da heresia ariana, que já fora condenada no concílio de Nicéia, em 325. Ao lado disto, Rufino, de retorno a Roma depois de muitos anos, inicia aí a divulgação das obras de Orígenes, começando com a tradução da *Apologia de Orígenes*, do mártir Pânfilo, e compõe o tratado *De adulteratione librorum Origenis*. Mais posteriormente, Rufino empreende a tradução do *Tratado dos Princípios* (*Peri Archon*) de Orígenes, para o público latino. Mas, introduz no prefácio desta tradução elogios comprometedores, nos quais associava a longa dependência que teve Jerônimo em relação ao mestre Orígenes, ao traduzir deste teólogo grande número de obras, a uma tendência sistemática de corrigir nas traduções latinas o teor do texto grego para ocultar ao leitor de suas traduções o contágio da heresia. A notícia dos elogios contidos em tal prefácio de Rufino não agradou a Jerônimo, o qual é provável que se tenha sentido contrariado ao ver-se associado a tradutor dado a fraudar o teor dos originais para ocultar ao público leitor um autor herético como Orígenes, que passara a ser considerado como tal havia pouco tempo. Jerônimo atende a instâncias de amigos que denunciam os elogios comprometedores de Rufino no prefácio da tradução publicada do *Peri Archon* e republica a tradução do mesmo texto, respeitando nela todos os sentidos do texto original, mesmo que esses revelem aspectos heréticos de um autor consagrado. O resultado foi um terrível escândalo, responsável pela quase total destruição da tradução empreendida por Jerônimo do texto grego de Orígenes. A reação de Rufino foi escrever uma *Apologia contra Jerônimo*, sem publicá-la para o grande público, mas cuja notícia chegou aos ouvidos de Jerônimo e forçou a que Jerônimo compusesse os dois primeiros livros da Apologia e os enviasse a Rufino. Rufino publica então sua Apologia contra Jerônimo e a faz chegar até ele, o qual, tomando conhecimento do teor da mesma, decide compor a Epístola contra Rufino, que constitui o terceiro livro da Apologia contra Rufino, conforme podemos verificar na edição de Lardet.

A controvérsia origenista que aqui enfocamos limita-se ao conflito entre Jerônimo e Rufino, em cujo âmbito encontramos discussões que permanecerão ainda um bom período, uma vez que a controvérsia durou mais tempo depois da morte dos dois antagonistas, e envolveu um maior número de personagens eclesiásticos.

Doutrina origenista

A doutrina origenista era considerada heresia. Cabe aqui dar o conceito de heresia. Heresia ou heterodoxia pressupõe o seu contrário, que é a ortodoxia. Podemos dizer que a ortodoxia é a prática religiosa calcada nas crenças ou doutrinas certas, adequadas, coerentes, isentas de erros, equívocos, incorreções. A heresia, pelo contrário, se distancia da ortodoxia, traz em si as interpretações oriundas de outros saberes e crenças, geralmente incompatíveis com os textos sagrados de uma religião, com sua tradição e dogmas.

Na época de Jerônimo, era muito comum que as religiões e filosofias clássicas greco-romanas se tornassem fontes dessas concepções filosóficas que consistiam na construção dessas concepções que conhecemos sob o conceito de heresia. Diante de elementos desconhecidos de uma nova religião, o homem imbuído da tradição clássica nativa construía as suas interpretações e tomava os seus partidos filosóficos, passando à categoria de herege. A época de Jerônimo é pródiga em heresias e foi esse o motivo principal da sua obra polêmica. Diante desse fato, a empresa de combater heresias consagrou Jerônimo como homem de grande sabedoria e sua obra o colocou em lugar de doutor da Igreja pelo papel que desempenhou, na Igreja, em busca de purificar a doutrina da Igreja dos elementos pagãos e estranhos à tradição cristã. Importante sob esse ponto de vista é a obra de Benoît Jeanjean, *Saint Jérôme et l'hérésie*, que descreve esse traço bastante pertinente à obra de São Jerônimo, que foi a heresia.

Enumeramos a seguir pontos da doutrina origenista que colhemos indiretamente no tratado *Contra Iohannem Hierosolymitanum*, capítulo 7, de modo a dar uma notícia rápida daquilo que constituía o cerne do debate que mobilizava forte e principalmente o Oriente, ambiente em que vivia, em sua vida madura, São Jerônimo.

A doutrina origenista acredita que haja subordinação entre as pessoas da Santíssima Trindade e, na crença subordinacionista, reedita a heresia ariana. Atribui a origem das almas à queda dos anjos e sustenta que as almas teriam sido atiradas no corpo como se este fosse um cárcere. Sustenta a apocatástase ou redenção do diabo e dos demônios. Interpreta alegoricamente as túnicas de pele como os corpos humanos de que se revestiram Adão e Eva depois da culpa e da expulsão de ambos do Jardim do Éden. Nega abertamente a ressurreição da carne e a reunião dos membros. Interpreta alegoricamente todos os elementos do Paraíso, em prejuízo da possibilidade de interpretação histórica. A semelhança com Deus foi irremediavelmente perdida por Adão, quando de sua saída do Paraíso. Apregoa ainda o encadeamento de numerosos mundos. Por fim, lembra a reiteração da paixão de Cristo.

Os pontos mencionados constituem os principais elementos encontrados no texto da *Apologia contra Rufino*, de Jerônimo. Por ora, limitamo-nos a citá-los, visto que a extensão deste trabalho não nos permite que neles nos detenhamos.

O *De adulteratione librorum Origenis*, de Rufino

O tratado *De adulteratione librorum Origenis* tem como preocupação central a defesa da tese de que os livros de Orígenes sofreram, como tantas obras de autores cristãos ilustres, diversos processos de adulteração, como interpolações, correções e falsificações. Diante da situação criada a partir dos debates em torno das doutrinas de Orígenes, na qual Orígenes passa a ocupar o lugar de heresiarca, os grupos e os indivíduos passam a se definir como polaridades, os favoráveis e os contrários às doutrinas de Orígenes. Nos dois pólos, prevalece como pano de fundo o gesto de Atárbio que acusou publicamente a diocese de Jerusalém de estar dominada pela presença da heresia, declarando que a heresia que dominava era a que procedia das doutrinas de Orígenes. Tal como costumava acontecer a muitos autores, como apontava G. Bardy, em sua análise da literatura dessa época, Rufino defende a tese da interpolação e falsificação das obras de Orígenes por hereges, inocentando Orígenes da responsabilidade pelo conteúdo dos textos que eram lidos e conhecidos na época de Jerônimo e Rufino.

É nesse sentido que o tratado *De adulteratione* acaba tendo uma utilização polêmica dentro da obra de Rufino e de Jerônimo. A refutação do tratado de Rufino sobre a *Adulteração dos livros de Orígenes*, de Rufino, ocupando a segunda parte do segundo livro da obra *Apologia de Jerônimo contra Rufino*, constitui um importante tópico na querela entre Jerônimo e Rufino, como veremos a seguir, além de ser uma interessante reflexão sobre a propriedade literária em uma época bastante recuada em relação à nossa, quando vemos tantas vezes esta questão ser colocada com muita pertinência, em razão das inúmeras ocorrências de falsa atribuição de autoria, de um lado, e falta de reconhecimento de autoria, de outro. Em outras palavras, um tema sempre atual em várias épocas (ver: BARDY, 1936, pp. 275-302).

Quanto à querela que trouxe a dissidência entre Jerônimo e Rufino com a ruptura da antiga amizade, o tratado *De adulteratione librorum Origenis* transforma-se em ocasião propícia a novos embates entre os antagonistas no que diz respeito à defesa de Orígenes por parte de Rufino, e a refutação das teses apontadas no *De adulteratione librorum Origenis*, por parte de Jerônimo, em sua *Apologia*. Precisamente neste ponto, este tópico contribui para a construção do polêmico na obra *Apologia de Jerônimo contra Rufino*.

O tratado de Rufino em questão (MIGNE, 1878, col. 615-632), que acompanha a *Apologia de Orígenes* (MIGNE, 1878, col 541-616) atribuída por Rufino ao mártir Pânfilo, oferece ampla abertura a refutações, pois em princípio nega aquilo que na prática, do ponto de vista de quem o refuta, realiza de diversos modos. A saber, a defesa das teses de Orígenes, com a alegação de que todos os conteúdos heréticos encontrados na obra são resultantes de acréscimos, interpolações, correções feitas por hereges, em épocas diversas, sobre o texto de Orígenes. A questão consiste em determinar se Orígenes é ou não é responsável pelas heresias que sua obra veicula. Rufino isenta Orígenes desta responsabilidade; Jerônimo, ao contrário, crê que Orígenes seja autor dos textos heréticos e refuta a tese da adulteração dos livros de Orígenes. Já no prólogo à sua tradução do Perì Archôn, Rufino menciona a causa dos pontos que traziam dificuldade ao leitor latino (alguns *offendicula*) e sua completa explicação em sua tradução da *Apologia de Orígenes*, cujo texto Rufino fazia acompanhar de um opúsculo, o *De adulteratione librorum Origenis,* do qual reproduzimos a citação seguinte,com as provas, a seu ver evidentes, da corrupção dos escritos origenianos: "...Dubitari non puto quod hoc nullo genere fieri potuit, ut vir tam eruditus, tam prudens, et certe (quod indulgere etiam accusatores ejus possunt) vir qui neque stultus, neque insanus fuerit, ipse sibi contraria et repugnantia suis sententiis scriberet..." (MIGNE, 1878, col. 616)

Aquilo que, para Rufino, é resultante da ação de terceiros e isenta Orígenes de responsabilidade de heresia em seus textos não pode atribuir-se à estultícia ou insanidade de Orígenes, senão ao fato de que os elementos discrepantes e de sentido contrário não são da autoria de Orígenes, nem revelam, como sustenta Jerônimo em sua *Apologia* (citando palavras do tratado *De adulteratione*), mutação do pensamento de Orígenes de acordo com as épocas em que foram escritos os textos, uma vez que todos os trechos intercalados, de sentido contrário, observáveis de um capítulo a outro, não devem ser imputados a Orígenes.[1] Para Jerônimo, ao contrário, esses argumentos são como bijuterias, ou jóias de ouro falso. Retomando Pérsio, Jerônimo compara o texto de Rufino a uma jóia de lavor grosseiro, ao qual acrescenta o dado importante de sua relação de conhecimento pessoal de quem o elaborou.[2] A refutação do tratado *De adulteratione librorum Origenis*, como dissemos há pouco, traz-nos importante reflexão sobre a propriedade literária, uma vez que a crença na partilha indiscriminada de tudo o que se sabe e se declara, sem a devida atribuição da autoria, origem e época, acaba por gerar uma espécie de comunitarismo literário, sem distinção de autores e de referências culturais precisas, sem o devido respeito à alteridade, uma vez que são abolidas as fronteiras necessárias ao reconhecimento devido ao que é alheio e ao que é próprio. Em seu combate contra a heresia, principalmente o origenismo em nosso estudo, que constitui o motivo principal de sua polêmica, Jerônimo reconhece o caos no qual tudo acabaria se se desse atenção a teses como aquelas do tratado *De adulteratione*, visto que não se poderia mais diferenciar autores católicos de autores heréticos, uma vez que os autores heréticos não poderiam ser responsabilizados pela sua doutrina herética, sendo impossível reconhecer os agentes que agiriam em segredo e, portanto, saber a quem atribuir a heresia. Maniqueu, Eunômio, Ário, Valentino e Marcião estariam isentos do labéu de heresia, já que seus textos foram, com toda probabilidade, "falsificados" por hereges, sujeito indeterminado de quem ignoramos paradeiro, nome, época em que viveu, propósito com que alterou o texto. Tudo acaba pertencendo a todos e a ninguém simultaneamente.

Jerônimo toma como ponto e exemplo desta falta de escrúpulos quanto à apresentação dos textos o caso de uma epístola de Orígenes, citada no tratado *De adulteratione*, que se acha truncada, uma vez que Rufino inicia a citação do texto da epístola já lá pela metade (segundo testemunho de Jerônimo), ocultando a seu leitor boa porção de texto. A ocultação da porção de texto que Jerônimo apresenta no parágrafo 18 do segundo livro ocorre em função de um propósito que Jerônimo deixa a seu leitor a vez de percebê-lo, bem como perceber o que Rufino apresentou da epístola de Orígenes em seu tratado, que Jerônimo também transcreve em sua *Apologia*.[3]

São citados também na refutação o diálogo de Orígenes e Cândido. Jerônimo denuncia a utilização mentirosa, a seu ver, do nome de Hilário de Poitiers, como autor, a exemplo de Orígenes, cuja obra sofreu adulteração por hereges, valendo esta adulteração a sua excomunhão e o abandono forçado da assembléia reunida para realizar o Concílio de Rimini. Igualmente mentirosa a atribuição do *De trinitate* a Tertuliano – segundo Rufino, era utilizado largamente em Constantinopla, sob o nome de Cipriano; nesse caso, nem a um nem a outro a atribuição era devida, mas a Novaciano.[4] Para finalizar este item, Rufino atinge com maior agudeza o seu adversário pessoal quando alude a um tempo em que Jerônimo tinha sido secretário do papa Dâmaso e a ele era confiada a redação das cartas eclesiásticas. A Jerônimo fora atribuída uma correção feita em uma obra de Atanásio, mas tratava-se de uma manobra suspeita dos Apolinaristas.[5]

NOTAS

[1] São Jerônimo(1983), pp. 140-141, o final do parágrafo 15, que ilustra os aspectos contraditórios do texto de Orígenes, segundo o testemunho de Rufino, que J. cita.

[2] Pérsio, *Sat. 3, 30*: "...Ad populum phaleras! Ego te intus et in cute noui..."

[3] São Jerônimo, *Apologia*, pp. 148-155.

[4] São Jerônimo, *Apologia*, pp. 154- 159.

[5] MIGNE, J.-P., *PL VII*, col. 629-630: "...Damasus episcopus, cum de recipiendis Apollinarianis deliberatio haberetur, editionem ecclesiasticae fidei, cui iidem editioni, si Ecclesiae jungi velint, subscribere deberent, conscribendam mandavit amico suo cuidam presbytero viro disertissimo, qui hoc illi ex more negotium procurabat. Necessarium visum est dictanti in ipsa editione De incarnatione Domini, hominem Dominicum dici. Offensi sunt in hoc sermone Apollinaristae: novitatem sermonis incusare coeperunt. Adesse sibi coepit qui dictaverat, et ex auctoritate veterum scriptorum catholicorum virorum confutare eos qui impugnabant. Decidit ut uni ex ipsis qui novitatem sermonis causabantur, ostenderet in libello Athanasii episcopi scriptum esse sermonem de quo quaestio habebatur. Quasi suasus jam ille cui hoc probatum fuerat, rogavit dari sibi codicem, quo et aliis ignorantibus satisfaceret. Accepto codice, inauditum excogitavit adulterationis genus. Locum ipsum in quo sermo iste scriptus erat, rasit, et ipsum sermonem rursum rescripsit quem raserat. Codex redditus simpliciter receptus est. Movetur iterum pro eodem sermone quaestio: ad probationem codex profertur; invenitur sermo de quo erat quaestio, ex litura in codice positus; fides proferenti talem codicem derogatur, eo quod litur illa corruptionis ac falsitatis videretur indicium. Sed quoniam(ut iterum eadem dicam) viventi haec facta sunt a vivente, continuo egit omnia ut fraus commissi sceleris nudaretur, et nequitiae macula non innocenti viro, qui nihil tale gesserat, adhaereret, sed in auctorem facti atque in uberiorem ejus infamiam redundaret..."

Bibliografia

BARDY, G. *Faux et fraudes littéraires dans l'Antiquité chrétienne*. **Revue d'Histoire Ecclésiastique**, 32. Paris: 1936, pp. 5-23, pp. 275-302.

BROCHET, J. ***Jérôme et ses ennemis***. Étude sur la querelle de S. Jérôme avec Rufin d'Aquilée et sur l'ensemble de son oeuvre polémique. Paris: Albert Fontemoing, 1905.

CAVALLERA, F. **Saint Jérôme, sa vie et son oeuvre**. Paris: Honoré Champion, 1922.

CLARK, E. A. ***The origenist controversy***. The cultural constructionof an early Christian. Princeton: Princeton University Press, 1992.

JEANJEAN, B. ***Saint Jérôme et l'hérésie***. Paris: Institut d'Études Augustiniennes,1999.

RUFINO DE AQUILÉIA. *De adulteratione librorum Origenis*. *In*: MIGNE, J.-P. ***Patrologia Latina*** 7 *col.615-632*. Paris: Garnier Frères, 1878.

______. ***Traité des principes***. Introduction, texte critique de la version de Rufin. Trad. par H. Crouzel e M. Simonetti. Paris: Cerf, 1978.

______. *Apologiae in Sanctum Hieronymum libri duo*. *In*: MIGNE, J.-P. ***Patrologia Latina*** 21. *col. 541-624*.

SÃO JERÔNIMO. ***Apologie contre Rufin***. Introduction, texte critique, traduction et index par Pierre Lardet. Paris: Cerf, 1983.

______. *Contra Iohannem Hierosolymitanum*. *In*: MIGNE, J.-P. ***Patrologia Latina*** *23, col. 371- 412*. Paris: Garnier Frères, 1878.

CERIMÔNIAS DE CASAMENTO E MORTE NO *AGAMÊMNON*, DE ÉSQUILO

Luís Fernando Milan Muniz Cavalheiro*

Apresentação

A presente análise tem base na primeira tragédia da *Oresteia*, *Agamêmnon*, no que concerne à confluência do casamento e da morte encontrados no gênero trágico, como traços não meramente ficcionais ou vagos em essência, existentes em um recorte histórico ou mítico.

As alusões ao casamento e à morte, ou melhor, aos ritos matrimoniais e funerários, referem-se a uma prática coeva àqueles que a praticam – os gregos no século V, especificamente – e à matéria analisada – a tragédia. Desses rituais tem-se a possibilidade de abstrair uma maneira eficiente para os tragediógrafos inscrirem recortes de narrativas históricas e míticas no âmbito do pensamento do século V, promovendo assim contato imediato com o público e com cada espectador individualmente. Isto posto, pode-se concluir que a tragédia incita o raciocínio de sua platéia com a visão de suas próprias vidas, de maneira implícita, por intermédio da visão da vida do herói trágico, de maneira explícita, no que concerne ao casamento e à morte para os gregos.

A tragédia que servirá de base a esta análise, como já mencionado, é o *Agamêmnon*, de Ésquilo, principalmente por conta de suas personagens femininas: Clitemnestra, Cassandra (que vão ao procênio), Ifigênia e Helena (que, apesar de evocadas, não vão ao procênio). Suas histórias e sacrifícios remetem a uma forma desfigurada de cerimônia de casamento que leva ao derramamento de sangue da noiva, parte da complexa trama de rituais da *Oresteia*.

A confluência dos ritos que celebram o casamento e a morte no *Agamêmnon* se faz perceptível por sua força dramática através de quatro mulheres: Clitemnestra, Cassandra (que entram em cena), Ifigênia e Helena (que, apesar de evocadas, não entram em cena). Com conseqüências fatais, as irmãs Clitemnestra e Helena traem seus respectivos votos de casamento com os irmaos filhos de Atreu, Agamêmnon e Menelau, respectivamente. Ifigênia e Cassandra estão destinadas ao sacrifício, como vítimas, mas suas mortes também tomam a forma de uma cerimônia conturbada de casamento.

*Professor mestrando em Letras da USP.

No párodo, o coro se refere a Helena como *polyándro anfi gynaikóv* (mulher de muitos homens, ÉSQUILO, v. 62), a razão pela qual troianos e gregos combateram *én protelêion* (este termo se remete à oferenda ou sacrifício preliminar, sobretudo em rituais de casamento e sacrifício, e também se refere a Helena, que foi a causa primeira, primordial do confronto). Segundo Rehm, de acordo com seqüência de rituais – as mortes dos soldados troianos e gregos – deveriam vir antes do casamento de Helena e Páris (...). Aqui, abre-se a possibilidade de que o *télos* (fim, cumprimento, complemento) servido como sacrifício não é simplesmente o casamento destrutivo de Páris e Helena, mas (...) a importância do casamento para a *pólis*.

O coro retorna ao casamento fatídico no primeiro estásimo, o qual refere que Helena "traz para Tróia o dote da morte, passando reluzente pelos portões" (vv. 406-8). A imagem da chegada da noiva antecipa a aparição de Cassandra, posteriormente na peça, e sua entrada no palácio através dos "portões de Hades" (v. 1291). Cassandra chega para encontrar sua morte, mas Helena é a noiva que traz morte em seu rastro.

No segundo estásimo, o coro desenvolve o conceito de que Helena e Páris casaram-se com a morte. A "belinubente e litiginosa" (v. 686) – Helena abandonou os "luxuosos envoltórios" (v. 691) da casa espartana, aludindo ao **véu** que ela usou em sua cerimônia de casamento com Menelau. A raiz do nome citado, *kálymma*, é usada por Cassandra (ÉSQUILO, v. 1178) para se referir a véus de noiva (mas a etimologia permite também a menção ao véu que cobre o cadáver ou ainda, segundo Torrano, ao cortinário do quarto nupcial, que passa a ser o quarto conjugal); Electra aplica a mesma palavra para a rede na qual fica preso Agamêmnon e para o tecido que cobre seu cadáver (v. 494). Empregando mais sentidos duplos sobre casamentos e funerais, o coro usa o termo *kêdos* para Helena, referindo-se a seu relacionamento, por intermédio do casamento, com a casa de Príamo e aos ritos prantosos que resultam dessa união. O hino de casamento (vv. 705-7) torna-se uma nênia (vv. 711-14), posto que a cama matrimonial tornou-se o leito de morte. Por fim, a chegada de Helena a Tróia efetua "o amargo termo das núpcias" (TORRANO, 2004, p.155), ritos que revelam a Fúria lamentosa da noiva. Como última palavra da estrofe, ecoa o nome *Erinýs* (Fúria).

Clitemnestra carrega em si um semblante de Fúria, parecença com Helena, sobretudo quando em presença dos cadáveres de Agamêmnon e Cassandra. O coro compara seu duplo homicídio à destruição provida por Helena e menciona vingativa força divina que vive no âmago de sua raça e, ao trair seu marido, a Helena furiosa liberta a morte sobre muitos jovens em Tróia. O "supra-humano" que leva à vingança faz com Clitemnestra acabe "conspurcando o leito do marido" (TORRANO, 2004, p.217) e traga a morte para dentro de sua própria casa.

Os vários motivos matrimoniais e funerários vêm mais claramente à tona na cena de Cassandra. Sua entrada com o rei Agamêmnon em seu carro alude à jornada que um casal de noivos faz a sua nova casa - cena presente em alguns vasos – e, considerando essas capacidades nupciais, Agamêmnon apresenta Cassandra a Clitemnestra como sendo uma estrangeira a receber gentilmente as boas-vindas no palácio. Por ser troiana, Cassandra é literalmente uma forasteira (*xénê*, o coro assim a chama nos versos 950, 1062 e 1093), mas a palavra também define a noiva grega, uma estrangeira incorporada à cidade de Tróia, à casa (*oíkos*) de seu novo marido. Clitemnestra reitera a Cassandra que ela permanecerá no altar, junto dos outros escravos, e tomará parte dos ritos da casa (ÉSQUILO, vv. 1036-38), particularmente do sacrifício a ser conduzido ao fogo (vv. 1056-1058). Um ritual de incorporação recepcionou tanto uma nova escrava (a ser sacrificada) quanto uma nova noiva à casa, e a linguagem deve aludir (alude) a um ritual justaposto (do casamento e do sacrifício). O próprio rei Agamêmnon menciona, na apresentação de Cassandra, o "jugo servil" (TORRANO, 2004, p. 169), em alusão à vestimenta e uma metáfora para a condição de servidão; o jugo tem também implicações maritais. Cassandra não é apenas jungida em escravidão, mas, como o próprio Agamêmnon diz, ela é sua "flor" (*ibid*, p. 169), uma metáfora/tropo para a noiva grega.

Após permanecer muda sobre o palco por cerca de 250 versos, as últimas 31 linhas focam a recusa de Cassandra de falar com Clitemnestra e ela finalmente irrompe do silêncio ao proferir o nome do seu algoz, o deus Apolo (ÉSQUILO, v. 1073). O coro pergunta posteriormente se o contato íntimo com o deus não resultou no "ato gerativo" (v. 1207), frase que reiteraria a todo ouvinte ateniense a fórmula solene do casamento. Punida por negar cria a Apolo, Cassandra é tomada pela profecia como se fosse tomada pelo deus. Não há resultado, posto que ela carrega a maldição de fazer previsões nas quais ninguém iria acreditar – mas o coro crê, apesar disso, porém temendo conhecer infortúnio que o futuro reserva e isso torna Cassandra uma presença indesejada. A fonte do poder profético de Cassandra faz com ela fique particularmente sensível a uma união sexual entre diferentes espécies, em alusão à união de Clitemnestra e Egisto no palácio, o odioso adultério com um inimigo ao qual Clitemnestra sucumbiu.

Se Cassandra é possuída e arruinada por Apolo, ela tem uma relação semelhante com Agamêmnon: ela está atada ao general inimigo que destruiu sua cidade. Cassandra é um exemplo perfeito de fêmea inocente dominada pelos machos, divinos (na figura de Apolo) e mortais (na figura de Agamêmnon). Ela até mesmo viria a morrer pelas mãos de uma mulher com pensamentos de homem (Clitemnestra é *andróboulon*, semelhante ao homem em pensamento, ÉSQUILO, v. 11). Desprovida de forças num mundo masculino, Cassandra pode prever, mas não controlar suas previsões, vivendo em penoso cenário para uma "noiva" com poderes proféticos. Conhecendo o passado e o futuro da casa, ela se focaliza na descendência de um casamento prévio: os filhos de Tiestes, os quais Atreu matou e serviu de alimento para o próprio pai das vítimas (vv. 1096-97). Ao se referir a essas vítimas como "testemunhas" (v. 1095), Cassandra enfatiza sua afinidade com elas, pois também carrega o fardo do testemunho do assassínio no qual ela mesma deve figurar como vítima. A similaridade e simpatia de Cassandra para com as crianças chacinadas sugerem quão próximo está seu destino ao de outra jovem inocente, Ifigênia, que também se torna uma criatura a ser vítima de sacrifício.

Cassandra muda o presente imediato, particularmente a conspiração de Clitemnestra para matar o marido em seu próprio banho, "com negricórnio ardil ela captura e fere / e ele tomba na banheira cheia d'água" (vv. 1127-28). Ao fato funde-se o uso de termos de complementação e cumprimento (*teleís*, v. 1107 e *télos*, v.1109), o *télos* de casamento e o *télos* de morte, e Cassandra situa o piso comum para esses ritos no banho em que Clitemnestra matará Agamêmnon. Há aí uma alusão ao banho nupcial, o fato de Clitemnestra ser a cônjuge (*xúneynos*, v. 1116) de Agamêmnon sugere o leito nupcial que o rei nunca mais tornará a ver. Ao arranjar este banho fatal, Clitemnestra também se assemelha a uma esposa respeitosamente (ou ironicamente) banhando o cadáver do marido para o ritual. Uma ligação mais profunda com os ritos funerários faz-se pela palavra que designa a "bacia/banheira" (*lébês*, v. 1129) também usada pelo coro para as urnas cinerárias que retornaram de Tróia no verso 444 de *Agamêmnon* e por Orestes para a urna na qual suas próprias cinzas supostamente teriam sido colocadas, no verso 686 de *Coéforas*. Introduzido por Cassandra, o banho se torna o lugar propício para o assassínio do marido por sua esposa e o recipiente para o ritual de purificação do cadáver.

Na última estrofe, est. 7, Cassandra se volta a outra união fatal, "*Ió!* Núpcias de Páris funestas aos seus! / *Ió!* Pátrio fluxo do Escamandro" (TORRANO, vv. 1156-57). Ela reclama as águas do rio Escamandro onde havia crescido (ÉSQUILO, vv. 1157-59), contrastando com as águas do Cocito e do Aqueronte, os rios gêmeos do Hades, onde ela logo cantaria sua canção profética (vv. 1160-61). Rios de vida e morte promovem um contraste natural, mas fica o aspecto sugestivo aos ritos funerários e maritais: "uma antiga fonte Ateniense diz que donzelas troianas banhavam-se no Escamandro antes do casamento, sua versão para o banho nupcial" (REHM, 1994, p. 47). Ao relembrar o rio de sua infância, Cassandra alude ao seu casamento troiano que nunca viria a ter, mesmo que o banho derradeiro que a espera venha a "consumar seu noivado" com Agamêmnon. O coro fecha, na seqüência, seu diálogo lírico com Cassandra em uma nota funerária, referindo-se a "Um malévolo Nume grave / ao surgir faz que modules / deploráveis dores mortais. O término ignoro" (TORRANO, vv. 1174-77).

À menção da violação promovida por Apolo, as primeiras de Cassandra no diálogo situam suas visões de morte por entre um contexto nupcial: "O oráculo agora não mais através dos véus / estará fitando como recém-casada noiva" (vv. 1178-79). Comparando-se a uma noiva desprovida de seus véus e evocando o ritual de casamento, Cassandra destaca esforço par revelar totalmente os segredos da casa à qual ela foi trazida como um engodo de noiva. Dados os vários motivos em sua lírica, o símile de Cassandra faz mais do que simplesmente comparar atos físicos e verbais de manifestação e revelação. A justaposição do desvelo da noiva "tornada pública", feita por Cassandra sobre a manhã seguinte à noite do casamento, promove uma metáfora com a clara luz do alvorecer. A ação ritual imaginada ilumina sua própria complexa transição da inocência à experiência; Cassandra joga fora seus (metafóricos) véus da mesma maneira como posteriormente ela se desfaz de sua vestimenta de sacerdotisa de Apolo (ÉSQUILO, vv. 1269-78). Com ambos os desnudamentos, ela toma conhecimento da realidade de sua situação, de que ela adentrará sua nova morada como uma noiva e tomará parte nos rituais de sacrifício que, paradoxalmente, a incorporará para sempre na casa de Atreu.

À medida que suas revelações são expostas, Cassandra lança-se a outros aspectos do casamento e do funeral. Ela identifica o coro como "(...) bêbado de sangue / humano, o bando que perdura no palácio, / cortejo difícil de sair, congêneres Erínies. / Assíduas na moradia, hineiam num hino / o primeiro error, e uma após outra abominam / o leito do irmão, hostis a quem pisou" (vv. 1188-93). Esta revelação permite a interpretação do bando de Fúrias como sendo as celebrantes que acompanham a procissão de casamento e cantam do lado de fora do aposento dos recém-casados noite adentro. Entretanto, o hino das Fúrias não cessa na manhã seguinte ("Assíduas na moradia") nem louva novo matrimônio. Ao invés disso, seu canto denuncia a traição de um casamento ("o leito do irmão, hostis a quem pisou"), referindo-se à fatal sedução de Tiestes por Aérope, mulher de Atreu, expondo a mácula da linhagem e da casa. Há aqui uma antífrase: as Erínies não são celebrantes, mas denunciantes.

O hino da casa carrega tons de outras hostilidades ou "casamentos conturbados". A saber: o de Páris e Helena (cujo hino de casamento a torna uma nênia); o de Egisto e Clitemnestra; e o de Agamêmnon e Cassandra. O mesmo termo, o verbo *patein* – que possui o sentido de aviltar, além do primeiro, pisotear, marchar –, aplicado ao leito matrimonial de Atreu, é também usado para o rapto de Helena por Páris; para Clitemnestra e Egisto ao chacinar Agamêmnon; para a marcha do rei Agamêmnon sobre tapeçaria vermelha, conforme caminha em direção ao seu destino; e para a descrição da partida de Cassandra quando ela finalmente adentra o palácio para se juntar a Agamêmnon na morte (*patounti*, *patois*, *patountes*, *patwn*, *pateis*, respectivamente nos versos 1193, 372, 1357, 957 e 1298).

Chegada e morte, casamento e assassinato, os portões da casa e os portões do Hades – estes são os focos da percepção inspirada de Cassandra. Ao ser elaborada tão cuidadosamente, a saída (a de Cassandra) para o palácio contrasta sua profundamente trágica capacidade de ciência com a de Agamêmnon, que falha em compreender o que se passa no interior de sua casa quando marcha pelos tapetes vermelhos a caminho da morte. Em sua conduta com Cassandra, Clitemnestra também compartilha algo da "cegueira" de seus dois maridos. O excesso retórico ao dar as boas-vindas a Agamêmnon volta-se contra o rei ao incluir Cassandra, e seus últimos esforços para adular a cativa prisioneira troiana para seguir os passos de Agamêmnon são representados por um eloqüente silêncio.

BIBLIOGRAFIA

AESCHYLI. **Septem quae supersunt tragoedias**, Denys Page (ed.) Oxford: Clarendon, 1972.

ÉSQUILO. **Orestéia**. Estudo e trad. Jaa Torrano. São Paulo: Iluminuras/FAPESP, 2004.

LIDDELL; SCOTT'S. **Greek – English lexicon**. Oxford University Press, 1991.

REHM, Rush. **Marriage to death: the conflation of wedding and funeral rituals in Greek tragedy**. Princeton: Princeton University Press, 1994.

TORRANO, Jaa. **Orestéia** - Estudo e tradução. São Paulo: Iluminuras/FAPESP, 2004.

CONTRA AS SUPERSTIÇÕES ANTIGAS: *DE CORRECTIONE RUSTICORUM*, DE MARTINHO DE DUME

Patrick Falmbigl*

S. Martinho de Dume, também conhecido como S. Martinho de Braga, viveu no século VI, foi bispo de Braga no norte de Portugal e escreveu algumas obras breves em latim para impor o catolicismo romano em Portugal. Primeiro, da sua biografia sabe-se muito pouco. Houve um epitáfio no seu túmulo na catedral de Dume, que, aliás, assim como o túmulo, não foi descoberto, mas o texto do epitáfio ainda chegou à nossa memória.

Em português:

> *"Nascido nas Panónias, atravessando vastos mares, impelido por sinais divinos para o seio da Galécia, sagrado bispo nesta tua igreja, ó Martinho confessor, nela instituí o culto e a celebração da missa. Tendo-te seguido, ó patrono, eu o teu servo Martinho, igual em nome que não em méritos, repouso agora aqui na paz de Cristo."*

S. Martinho foi natural da Panónia (atual Hungria) como seu grande ídolo, S. Martinho de Tours (ca. 316-397), que se tornou famoso pela sua caridade, quando partilhou o seu manto e deu metade dele a um mendigo na porta de Amiens. Não se devem confundir os dois santos: S. Martinho de Tours viveu no séc. IV na França e S. Martinho de Dume, no séc. VI em Portugal.

Agora o "nosso" S. Martinho nasceu entre 518 e 525 e passou alguns anos em peregrinação na Terra Santa, onde não só adquiriu uma vasta erudição na área da antiga filosofia pagã, mas também contatou os monges anacoretas e conheceu a cultura e espiritualidade monástica oriental. Na sua viagem de regresso, na qual se sentia guiado pela vontade de Deus, teve que superar várias provas de virtude. Quando finalmente chegou ao norte de Portugal, por volta de 550, dedicou-se à missão do povo ainda apegado ao paganismo romano ou inclinado a heresias como o arianismo ou o priscilianismo.

*Professor doutorando em Filosofia Clássica – Universität Wien (Áustria)
patrick_falmbigl@yahoo.de

Imagem 1 – GALÉCIA: As províncias da Península Ibérica a partir do séc. IV. Situação política (OLIVEIRA MARQUES, 1977, p. 28.).

O norte de Portugal e a região espanhola da Galiza, naquela época, oficialmente ainda formavam a província romana *Gallaecia*, cuja capital era *Bracara Augusta*, hoje chamada Braga. Esta província foi estabelecida pelo Imperador Diocleciano por volta de 300, quando a *Tarraconensis* foi dividida em três partes. Quando S. Martinho chegou ao norte de Portugal, aí reinavam os suevos, povo germânico que tinha invadido a península em 409. Tinham sua capital em Braga. No entanto, os visigodos, outro povo germânico, possuíam o resto da península e tinham sua capital em Toledo. Os suevos foram muito pouco letrados e de fato não há nenhum testemunho da sua língua que nos deixassem. Quando invadiram o Império Romano, os reinantes suevos adotaram a língua latina e se converteram à fé cristã, porque se consideravam reinantes de províncias do Império Romano cristão. Mas assim como os visigodos, preferiam a heresia arianista. Ainda mais: grande parte do povo camponês "romano" continuou a agarrar-se à sua religião tradicional pagã e nas cidades ainda se manifestava outra heresia: o priscilianismo. Pode-se, portanto, falar de uma verdadeira crise religiosa que a Galécia vivia, quando S. Martinho chegou, no sentido de que o cristianismo, as várias seitas e o paganismo viviam juntos no território bastante pequeno da Galécia. Faltava uma autoridade forte que desse uma ordem centralizadora àquela parte tão afastada do centro do antigo Império Romano e por isso também afastada dos centros da cultura cristã.

É bastante difícil avaliar o quão intensamente o povo rústico da Galécia naquela época já conhecia o cristianismo católico e suas doutrinas. Ainda mais: é também muito difícil opinar sobre quem era o povo rústico galaico. Foram eles pessoas celtas romanizadas ou romanos "celtizados"? E os suevos, que haviam chegado mais do que 100 anos antes do tempo de Martinho, que influência demográfica tinham eles? Viviam no campo ou nas cidades? Tinham aceito a religião, os costumes e a língua celto-romanos ou viviam já convencidos da religião cristã? O que consta é que o norte de Portugal de fato sempre foi menos romanizado que o sul com os seus latifúndios e centros urbanos importantes. Grande parte da população continuou a viver nos campos, em aldeias pequenas e perto de um dos típicos castros. Há alguns historiadores que até defendem que "os galegos e minhotos nunca se integraram de fato no Império. Também por essa razão os vestígios da religião romana existentes na Lusitânia e na Galécia se relacionam exclusivamente com aquartelamentos militares e com a presença de corpos administrativos romanos" (ESPÍRITO SANTO, 2002, p. 296.).

Como monge que procura a sedimentação do cristianismo católico, S. Martinho vai fundar o Mosteiro de Dume nos arredores de Braga; tornou-se o primeiro abade do mosteiro e, em seguida, bispo.

Imagem 2 – BISPADOS: Os bispados das dioceses Lugo e Braga em 572 (OLIVEIRA MARQUES, 1977, p. 42.).

O mosteiro constituiu-se em um pólo produtor de cultura clássica cristã, bem como disseminador do cristianismo. As obras literárias de Martinho, muitas compostas por poucas páginas, visam estabelecer uma estrutura religiosa, ou têm como objetivo a reforma da sociedade, em sintonia com os valores do cristianismo católico. Relativamente rápido conseguiu convencer os reis suevos das vantagens da fé católica. O rei Carrarico converteu-se primeiro em 550, porque viu o seu filho ser curado de uma grave doença por Martinho, que tinha acabado de chegar de suas viagens ao Oriente. Em 561, teve lugar o I Concílio de Braga, do qual participaram todos os bispos da diocese de Braga, entre eles Martinho como bispo de Dume. Renovaram-se disposições antigas acerca dos erros priscilianistas e redigiram-se capítulos sobre assuntos litúrgicos e disciplinares. Os seguintes reis, Teodomiro e Miro, davam-se ao trabalho de propagar o catolicismo, mas precisavam de um conselheiro experienciado e culto que lhes explicasse em pormenor em que consistia a fé cristã e como levar uma vida honesta de acordo com ela. S. Martinho viu-se preparado para ser aquele conselheiro desejado e compôs várias obras de caráter ético-moral.

Obras de caráter ascético-moral:

Formula vitae honestae – Regra da vida virtuosa
De ira – Da ira
Pro repellenda iactantia – Para repelir a jactância
Item de superbia – O mesmo acerca da soberba
Exhortatio humilitatis – Exortação à humildade
Sententiae patrum Aegyptiorum – Sentenças dos padres do Egipto
De correctione rusticorum – Da instrução dos rústicos

Obras canônico-litúrgicas:

Canones Martini – Cânones orientais
De pascha – Sobre a páscoa
De trina immersione – Acerca da tríplice imersão

Poesias:

In basilica – Na basílica
In refectorio – No refeitório
Epitaphium – Epitáfio

A maior parte das obras trata de problemas morais, portanto, de como levar uma vida honesta e feliz. Nos primeiros cinco tratados, S. Martinho praticamente não menciona o cristianismo, mas fala como um antigo filósofo e simplesmente dá conselhos sobre como ser mais contente e equilibrado na vida. As outras obras já fazem referência ao cristianismo e suas doutrinas. De interesse especial são a *Formula vitae honestae* e o *De correctione rusticorum*. A primeira porque se trata de uma instrução para uma vida virtuosa e exemplar dirigida ao rei Miro e aos membros da sua corte. Assim podemos entendê-la como um fundamento para a prática política. É uma obra inspirada fortemente pelo estoicismo romano, mais precisamente pelas obras morais de Sêneca, e não recorre nunca à autoridade ultimativa que é a bíblia. Antes descreve as quatro virtudes: a prudência, a magnanimidade, a temperança e a justiça, e tenta, portanto, a conversão pela persuasão racional e filosófica. Prevenindo sempre contra os perigos da desmesura, seja ela por excesso ou por defeito, tanto rejeita a luxúria quanto o puritanismo e defende o que se pode chamar "bom senso" ou "meio termo", algo tão necessário a todos aqueles que têm responsabilidades políticas. Devido à similitude de estilo e temática das obras de Sêneca, durante longo tempo a *Formula vitae honestae* gozou na Europa medieval de uma imensa difusão, muitas vezes considerada como uma obra do filósofo romano.

A situação no *De correctione rusticorum* é completamente diferente, porque é dirigido aos homens mais simples, que vivem no campo, e não sabem ler nem escrever. Aí o seu primeiro objetivo é explicar-lhes o essencial do cristianismo e desviá-los da superstição antiga. Esta obra também se encontra intitulada *Pro castigatione rusticorum* ou *De origine idolorum*. Assume-se como uma instrução pastoral em forma de sermão. O seu destinatário primeiro é o bispo Polémio de Astorga, que vem a ser mencionado no primeiro capítulo: *"Bispo Martinho, para o meu beatíssimo Senhor e amadíssimo irmão em Cristo, bispo Polémio. Recebi a carta da tua Santa Caridade, na qual me solicitas que escreva sobre a instrução dos rústicos, que apegados ainda às antigas superstições dos pagãos, prestam culto de veneração mais aos demónios que a Deus, e também poucas coisas acerca dos ídolos e dos seus crimes."*

Este opúsculo foi redigido no seguimento da realização do II Concílio de Braga, a que S. Martinho presidiu já como bispo metropolitano de Braga, em 572. Este concílio, assim como o anterior, tentou uniformizar o cristianismo na Galécia e nesta época, de fato, como já dissemos, era necessário fazer-se um trabalho apologético do cristianismo romano-católico, consolidando-o e acabando tanto com o paganismo quanto com as heresias arianista e priscilianista. O sermão é dirigido ao povo camponês da Galécia. Por isso, já no primeiro capítulo, S. Martinho sublinha através de uma metáfora que nem se trata de uma obra filosófica-moral nem usa a linguagem típica de tal, mas quer, antes de tudo, realçar que este sermão é um resumo breve da fé cristã e que usa uma linguagem propositadamente simples e adaptada à linguagem dos rústicos daquela região. *"Foi-me necessário resumir a imensa floresta dos tempos e dos acontecimentos passados, num compêndio abreviado e simples, e temperar com uma linguagem rústica o alimento dos rústicos."* (c. 1) Realmente Martinho tentou explicar assuntos importantes de uma maneira breve e simples, e também a linguagem que usa não é complicada e muitas vezes parecida com a linguagem do Novo Testamento. Segue-se um resumo de alguns trechos interessantes do *De correctione rusticorum*.

Capítulos 3-5:

Aí o que interessa mais a Martinho é explicar a livre vontade com que os primeiros homens escolheram a rebelião contra Deus e para o vício. Parece que está seguindo o caminho que já S. Agostinho traçava nas suas obras, especialmente no *De libero arbitrio*, em que defende a doutrina do pecado original. Segundo Martinho, o homem escolheu a rebelião contra Deus, porque quis ser como Deus e preferiu seguir a vontade dos anjos rebeldes. Contudo, o homem é sempre livre para voltar ao caminho certo, se obedecer aos mandamentos que Deus lhe deu.

Capítulos 6-7:

É bastante interessante como Martinho, outra vez seguindo os pensamentos de S. Agostinho, p. ex. no livro 18 da sua Cidade de Deus, explica a origem da religião pagã: os homens, obcecados e afastados de Deus por própria vontade, já se esqueceram de que atrás de tudo que podem ver na natureza, como as estações do ano, o caminho do sol, da lua e das estrelas, está Deus, que criou o mundo e tudo que nele está contido. Os homens começaram a considerar todos estes fenômenos naturais como deuses e começaram também a adorá-los como tais, *"acreditando que todas estas coisas não tenham sido feitas por Deus, para uso dos homens, mas que tinham nascido de si mesmas, como deuses"* (c. 6). Os demônios logo aproveitaram-se deste erro e começaram a vaguear entre os homens e a exigir sacrifícios. Aí enumera algumas divindades pagãs, como Júpiter, Juno, Marte, etc. e dá algumas interpretações bastante curiosas: *"Um chamou a si mesmo Júpiter, o qual fora mago e se manchara com tantos adultérios e incestos, de tal modo que tomou por mulher a irmã, que se chamava Juno, corrompeu as suas filhas Minerva e Vénus e cometeu incesto, torpemente, com todos os seus parentes"* (c. 7).

Capítulos 8-9:

Fala de uma temática muito delicada: os nomes dos dias da semana. Já há séculos os sete dias da semana tinham os nomes de sete deuses pagãos: Dia da Lua, de Marte, de Mercúrio, de Júpiter, de Vênus, de Saturno, do Sol. Portanto, esses nomes já formavam parte integral da tradição cultural do mundo antigo. Porém, Martinho esforçou-se para que esse costume, que ele considerava uma ofensa ao Deus verdadeiro, fosse abolido, assim como todo o culto pagão. Defende que os sete dias devem ser designados assim como no Gênese: primeiro dia, segundo dia, etc., porque os deuses pagãos *"não fizeram nenhum dia, mas foram homens péssimos e celerados entre a gente grega"* (c. 8). Há alguns eruditos que pensam que foi por causa de Martinho e seu esforço que, em português, os dias da semana são designados assim: segunda-feira, terça-feira, etc. e de fato o português é a única língua românica que deixou de usar os nomes dos dias pagãos.

Capítulos 10-12:

Vários exemplos de superstição e do vão culto aos deuses falsos. Nas festas tradicionais do início do ano, que ainda hoje mantemos, os homens *"acreditam que, se no primeiro dia do ano estiverem fartos e alegres, assim permanecerão durante todo o ano"* (c. 11). Primeiro diz que não se deve celebrar o início do ano no dia 1° de janeiro, como fazem os pagãos, mas, sim, no dia 25 de março. Segundo, que esse costume de festa que tem a ver com uma certa superstição é tão falso como outra prática supersticiosa: *"observar os dias das traças e dos ratos"*. *"Acreditam que, para salvaguarda do armário e da arca, se não os alimentarem com pão e roupa, traças e ratos não pouparão nada do que encontrarem"* (c. 11). Por isso, em certos dias do ano, os homens davam pão e roupa a estes bichos, para que o resto do ano não os prejudicassem. *"Toda esta adivinhação e os augúrios são coisas vãs, porque Deus não quis que o homem conhecesse o futuro"* (c. 12).

Capítulo 16:

Volta à superstição e dá alguns exemplos de práticas que podemos designar costumes cotidianos, mas que, segundo Martinho, eram ligadas diretamente ao paganismo: *"Celebrar as festas de Vulcano e do início de mês, guarnecer mesas, pôr ramos de louro, entrar com o pé direito, derramar cereais e vinho sobre o fogo a arder, deitar pão nas fontes, que é isso senão culto do Diabo?"* (c.16).

Martinho no *De correctione rusticorum* apresenta o que de fundamental se devia saber acerca da Sagrada Escritura, no que diz respeito ao Antigo e Novo Testamentos. Dá uma breve explicação acerca do Gênese, bem como faz referência ao pacto que, no batismo, o homem estabeleceu com Deus. Aí segue sobretudo as doutrinas de S. Agostinho. Dirige-se a um público que quase ainda não tinha tido contato com o cristianismo e ainda vivia nas tradições do paganismo arcaico. Queria não só desviar o povo rústico do culto aos deuses, como também fazer com que mudassem muitos dos seus costumes do dia-a-dia. Era necessário mostrar às pessoas da Galécia que havia práticas, por elas usadas, que não eram consentâneas com o seu estatuto de cristãos, a saber: comportamentos idolátricos, culto aos demônios, rituais supersticiosos. Nesse sentido, começa por fazer uma referência à idolatria para, em seguida, levar os rústicos a que se afastem dos cultos demoníacos e se aproximem da verdade que, na opinião de Martinho, o cristianismo veicula. Esta verdade está contida na Sagrada Escritura e, por isso, S. Martinho de Dume apresenta um tratadozinho com vistas a, de um modo adaptado aos destinatários, se referir ao essencial do ser cristão, à maneira de um guia prático.

Sempre defende que a moral faz parte da religião, quer dizer, que o homem religioso, que acredita no verdadeiro Deus, tem que mostrar sua fé também levando uma vida honesta e moralmente aceitável. Na sua opinião, a religião faz parte da moral e vice-versa. Martinho introduziu na Galécia uma religião, no nosso ponto de vista, moderna e individualista, porque o essencial do que prometeu ao povo rústico é o seguinte: "*A vida eterna e a morte eterna dependem do arbítrio do homem. O que cada um escolher para si mesmo, será isso que terá*" (c. 14). É esta a grande diferença entre o cristianismo primitivo e o paganismo antigo, porque no mundo pagão a religião não dava instruções morais nem prometia aos honestos uma vida eterna e melhor no além, porque não contava com um juízo final, segundo o qual os feitos bons e maus de cada pessoa seriam julgados. A religião, antes de mais nada, fazia parte do cotidiano e regulava costumes e ritos. Assim, na opinião dos pagãos, também o guarnecer da mesa, como é mencionado no c. 16, era um ato religioso, mais do que dar esmolas aos pobres ou falar sempre a verdade, como exige o cristianismo.

S. Martinho foi chamado Apóstolo dos Suevos pelos eruditos na história eclesiástica portuguesa. Produziu um número considerável de obras que podiam ser utilizadas para a missão, tanto entre a corte dos reinantes quanto entre o povo simples. Naturalmente não sabemos se alguma vez o *De correctione rusticorum* foi proferido entre o povo galaico, e, "a bem da verdade, se o santo bispo fez missão neste domínio foi ineficaz porque o povo do norte de Portugal ainda acredita e pratica muito do que o bispo se propôs corrigir" (ESPÍRITO SANTO, 2002, 295). Mas conseguiu implantar o cristianismo em Portugal, que, ao longo dos séculos seguintes, fundindo-se com o paganismo antigo, lentamente veio a prevalecer.

Durante a Idade Média, o *De correctione rusticorum* foi usado em grandes partes da Europa em circunstâncias que eram parecidas com aquelas na Galécia do séc. VI. Por exemplo, o monge Pirmino de Reichenau (Suíça) tirou dele vários capítulos e assim compôs o seu *Scarapsus,* que serviu para converter o povo germânico da Suíça e da Alemanha.

BIBLIOGRAFIA

ALARCÃO, Jorge de. **O Domínio Romano em Portugal.** Lisboa: Europa-América, 2002.

ALMEIDA, Carlos Alberto Ferreira de. **Paganismo. Sua Sobrevivência no Ocidente Peninsular**, Vol. 2, Lisboa: Instituto de Alta Cultura. Junta de Investigações científicas do Ultramar, 1974, pp. 17-37.

ESPÍRITO SANTO, A. M. **Origens do Cristianismo português.** Lisboa: Instituto de Sociologia e Etnologia das Religiões, 2001.

FERREIRO, Alberto, Sueves and Martin of Braga. Historiography and Future Research Projects, *In*: KOLLER, Erwin e LAITENBERGER, Hugo. **Suevos-Schwaben. Das Königreich der Sueben auf der Iberischen Halbinsel (411-585)**. Tübingen: Narr, 1998, pp. 37-62.

LOPEZ PEREIRA, J. E. La Galicia sueva vista por los escritores indígenas contemporáneos, *In*: KOLLER, Erwin e LAITENBERGER, Hugo. **Suevos-Schwaben. Das Königreich der Sueben auf der Iberischen Halbinsel (411-585)**. Tübingen: Narr, 1998. pp. 21-35.

NASCIMENTO, A. A. **Religiões da Lusitania. Loquuntur saxa.** Lisboa: Museu Nacional de Arqueologia, 2002.

OLIVEIRA, M. de. **História eclesiástica de Portugal.** Lisboa: Europa-América, 2001, pp. 34-53.

OLIVEIRA MARQUES, A. H. De. **História de Portugal. Bd. 1: Desde os Tempos mais antigos até ao Governo do Sr. Pinheiro de Azevedo**. Lisboa: Palas Editores, 1977, pp. 35-45.

ROEDEL, Leila Rodrigues. **O De Correctione Rusticorum como instrumento de evangelização.** Rio de Janeiro: UFRJ, Instituto de Filosofia e Ciências Sociais, 1992.

ROEDEL, Leila Rodrigues. **Monarquia e igreja na Galiza na segunda metade do séc. VI. O modelo de monarca nas obras de Martinho de Braga dedicadas ao Rei Suevo.** Rio de Janeiro: UFRJ, Instituto de Filosofia e Ciências Sociais, 1996.

SIRGADO GANHO, Maria de Lurdes. **Martinho de Dume. Opúsculos morais.** Lisboa: Instituto Nacional da Casa da Moeda, 1998.

SOARES, Franquelim Neiva. Os Concílios Suevos de Braga (561 e 572), *in*: KOLLER, Erwin e LAITENBERGER, Hugo, **Suevos-Schwaben. Das Königreich der Sueben auf der Iberischen Halbinsel (411-585).** Tübingen, Narr, 1998, pp. 63-79.

T E A T R O

MEMÓRIA DE PAZ E GUERRA: FRONTEIRAS ATENIENSES E AS PRIMEIRAS COMÉDIAS ARISTOFÂNICAS

André Leonardo Chevitarese*

Acho oportuno chamar a atenção do leitor, como já o fiz em outros lugares (CHEVITARESE: 2005; 2004, 2004a), que praticamente não há pesquisa publicada sobre as fronteiras no mundo antigo grego. Implica dizer, este trabalho ainda está na fase de testar as hipóteses levantadas, a fim de avaliar a escolha do quadro teórico (CHEVITARESE: 2004a) que as viabiliza.

Como o objeto em questão tem a ver estritamente com a Atenas clássica, serão enfatizadas aqui quatro definições conceituais relativas às fronteiras espaciais internas e externas da *pólis* ateniense entre o início da Guerra do Peloponeso e a chamada Paz de Nícias. É importante ressaltar, no entanto, que elas não deverão ser lidas como produtoras de compartimentos estanques, nem deverão ser deslocadas do fator temporal. Busca-se enfatizar, a partir destas definições, um duplo significado: o de heterogeneidade e o de ambivalência. No primeiro caso, elas podem significar separação ou contato entre ambientes que venham a ser reconhecidos como diversos, produzidos por diferenças sociais, políticas e econômicas. No segundo, elas podem gerar contraste e tensão, ao mesmo tempo que produzem relações e contatos (ROCCHI, 1988, p. 13, pp. 28-29, p. 30, pp. 225-240).

1ª. As fronteiras, antes de existirem como convenções baseadas em marcos geográficos entre as partes envolvidas em disputas fronteiriças, ganham os seus primeiros contornos na mente de quem as estabelece. Estes contornos então ressaltam a descoberta do outro como diferente, recebendo diferentes níveis de classificação em um longo espectro.

De imediato, há uma flagrante diferença entre os saberes campesino e citadino. Apesar de não ser a única, ela é provavelmente a principal. Essa diferença se torna mais evidente na peça

*Professor doutor do Laboratório de História Antiga (LHIA) e do Programa de Pós-graduação em História Comparada (PPGHC) do Departamento de História da UFRJ. Pesquisador do NEE/UNICAMP.
andrechevitarese@yahoo.com.br

As Nuvens. O que se ensina no frontistério é um conhecimento bastante refinado, voltado para um público restrito, já que ele demanda tempo e dinheiro para ser aprendido (*As Nuvens*, vv. 98, 245, 1146). Discutem-se lá os seguintes temas: o céu e sua mecânica; curso e revoluções da lua; astronomia, geometria, geografia e espacialidade da Terra; oratória e retórica; métrica, ritmo e versos (*As Nuvens*, vv. 95-97, 171, 194, 200-216, 239, 637). O ensino aparece bem delimitado espacial e culturalmente: há uma visível fronteira espacial definida pelo binômio campo / cidade; existe um marco cultural proposto pelo par tradição (entendido como saber campesino) e novidade (caracterizado pelo saber citadino). A própria maneira de Aristófanes representar cenicamente Sócrates e Estrepsíades, situando-os em planos diferentes, já é por si só bastante reveladora desta delimitação. O primeiro se encontra numa altura mais elevada, muito acima das preocupações mundanas, enquanto que o segundo é colocado ao nível do solo, marcando o seu pertencimento às coisas cotidianas. Esta diferença de interesses, caracterizada pela presença de dois planos espaciais, obriga Estrepsíades a pedir a Sócrates que desça para ensiná-lo as coisas do alto, entendido aqui como o novo saber (*As Nuvens*, vv. 218-238). Para aprendê-lo, no entanto, é necessário que Estrepsíades tenha uma boa memória e saiba se expressar corretamente (*As Nuvens*, vv. 483, 485). Estas duas exigências lhe estão muito aquém, na medida em que ele é um homem velho, de raciocínio lento, ignorante, bárbaro, rústico, imbecil e esquecido (*As Nuvens*, vv. 129-130, 491, 512-515, 628-629, 647, 655, 789-790, 794, 854-855). Por não conseguir atendê-las, além de se mostrar completamente perdido diante de um universo cultural que lhe é totalmente estranho, Estrepsíades é expulso por Sócrates do frontistério (*As Nuvens*, v. 783). Em seu lugar, ele consegue enviar o seu filho Fidípides. Trata-se de um jovem robusto, de hábitos citadinos, que está no auge da sua pujança (*As Nuvens*, vv. 69-74, 799-800). Diferentemente do pai, Fidípides se sai muito bem, tornando-se um ótimo discípulo de Sócrates.

Se o saber reforça o sentido explícito do outro como diferente, há elementos contidos no material aristofânico que revelam essa descoberta de maneira bem mais sutil. Eles se mostram de tal forma circunscritos aos limites do dia-a-dia, que hábitos ou realidades incorporados ao cotidiano, assumidos como sendo compartilhados por todos, servem para reforçar as fronteiras mentais. Para efeito do que se quer demonstrar, considerem o hábito de um ateniense em se lavar diariamente e a sua inserção na economia de mercado da *ástu* de Atenas, do Pireu, da região mineira (Láurion) do Soúnion (CHEVITARESE, 2004a, p. 69, notas 21, 22) e Oropos (COSMOPOULOS, 2001, p. 76). Poderia ser assumido que ambas as características se aplicariam a todo o corpo cívico. Mas, e se esse cidadão fosse uma personagem campesina (por exemplo, Diceópolis), como Aristófanes o situaria no interior da prática da higiene e da economia de mercado?

Do ponto de vista da higiene, Diceópolis (*Os Acarnenses*, v. 17) deixa transparecer que o ato de se lavar passou a fazer parte da sua rotina de vida, desde que ele se viu inserido no espaço urbano. Implica dizer, enquanto ele vivia no seu *dêmos* rural, a prática de se limpar por inteiro não era tão corriqueira assim. Admitindo que por se lavar (ῥύπτω) Aristófanes possa estar se referindo ao ato de tomar banho (βαλανείον)[1], vê-se então uma possível crítica citadina à falta de hábito do camponês em se banhar. Mas, na medida em que Diceópolis está na *ástu* e que assimilou essa prática, era de se esperar que essa diferença fosse superada. Não deixa de ser interessante notar, porém, a partir de Teofrasto (*Caracteres*, 4:16), que, aos olhos citadinos, as críticas continuaram a existir, porque o camponês não se adapta às regras de sociabilidade urbana, já que ele canta (alto) nos banhos públicos.

Com relação à economia de mercado, Diceópolis (*Os Acarnenses,* vv. 33-35) afirma não gostar da *ástu* e sente saudades do seu campo. Ele explica o motivo: o seu *dêmos* nunca empregou o verbo τρίω, nunca lhe disse "compra carvão", nem vinagre, nem azeite. Era a sua terra quem lhe dava tudo o ele que precisava. Em oposição, o contexto urbano impôs-lhe uma nova realidade, a do verbo comprar, a qual ele não estava nem um pouco acostumado. Na economia de mercado, sem dinheiro, ninguém sobrevive. Na *ástu* ateniense, durante o primeiro decênio da guerra do Peloponeso, o cidadão-camponês corre o sério risco de virar mendigo. É esse o grande temor de Diceópolis.

2ª. As fronteiras internas atenienses articulam relações de poder, de dominação e de graus variados de uma complexa hegemonia. Elas acompanham de perto, e de um modo previsível, outros marcos centrados nas diferenças sociais, econômicas, religiosas e culturais.

Uma análise dos elementos utilizados por Aristófanes para caracterizar algumas de suas personagens centrais torna explícita esta segunda definição.

Trigeu, do *dêmos* de Atmónia[2], é um vinhateiro (*A Paz,* v. 190). Diceópolis, do *dêmos* de Colídes[3] (*Os Acarnenses,* v. 406), apesar de estar associado aos alhos (*Os Acarnenses,* v. 164), está afastado do seu campo há seis anos (*Os Acarnenses,* vv. 266-267). Muito embora ele lamente as suas vinhas derrubadas (*Os Acarnenses,* v. 512) e o seu longo tempo no espaço urbano, Diceópolis não parece se encontrar numa situação financeira difícil, já que ele dá oito dracmas para Anfíteo negociar a paz com os lacedemônios (CHEVITARESE, 2001, pp. 186-188). Bem entendido, trata-se de tréguas privadas entre ele, seus filhos e sua mulher e os lacedemônios (*Os Acarnenses,* vv. 130-132). Estrepsíades, filho de Fídon, do *dêmos* de Kikynna[4] (*As Nuvens,* vv. 134,210), se diz um morador do campo (*As Nuvens,* v. 138), que está vivendo numa casa na cidade[5] (*As Nuvens,* v. 92). Ele é um homem velho, sem memória e de raciocínio lento (*As Nuvens,* vv. 129-130, 512-515, 789-790, 794, 854-855).

Na medida em que camponês, lavrador, rústico são condições comuns dos heróis de Aristófanes e que os dados que este poeta dá sobre Estrepsíades são abundantes, buscarei (a) não apenas aprofundá-los, mas (b) compará-los com aqueles que o referido comediógrafo oferece sobre Sócrates, a personagem tipicamente citadina, a qual se opõe a Estrepsíades. Tal procedimento busca demonstrar como as relações de poder acompanham de perto, e de um modo previsível, outros marcos centrados nas diferenças sociais, econômicas, religiosas e culturais.

Estrepsíades, enquanto era um camponês solteiro, tinha uma vida agradável, na medida em que andava sujo, despreocupado, com farturas de abelha, de rebanhos e de bagaços de uva (*As Nuvens,* vv. 41-45). Mas, ao se casar com uma sobrinha de Mégacles, filho de Mégacles, uma citadina orgulhosa, arrogante, uma verdadeira Césira[6] (*As Nuvens,* vv. 46-48), a sua vida mudou. Ele se tornou um homem repleto de dívidas, contraídas para manter a paixão que o seu filho nutria pelos cavalos (*As Nuvens,* vv. 11-13, 16-24, 26-27, 29-31, 33-34, 37). Essas dívidas foram todas registradas num livro (*As Nuvens,* v. 19). Estrepsíades estabelece três interessantes oposições: (1ª) ele é um campônio e a sua esposa uma citadina (*As Nuvens,* vv. 46-48); (2ª) no dia do seu casamento, ele cheirava a vinho novo, a grades de secar figos e queijo, a lã; a sua esposa, por sua vez, a perfumes, a açafrão, a beijos lascivos, a esbanjamentos, a gula, a Afrodite Cólias e Genétilis; e (3ª) quando Fidípides, o seu filho, nasceu, a sua esposa queria vê-lo guiando o carro (puxado por cavalos) para a cidade, como Mégacles, vestindo uma túnica púrpura. Ele, por seu turno, queria ver o seu filho trazendo as cabras do monte Feleu, usando roupas típicas de um camponês ático, tais como pele de cabra no corpo e gorro feito de pele de cachorro na cabeça (*As Nuvens,* vv. 69-74, 268). De fato, a vestimenta que Estrepsíades sonhava para o seu filho não diferia em nada daquela que o Coro das vespas atribuía aos escravos rurais (*As Vespas,* vv. 443-445)[7].

Sócrates aparece como um pensador. Aristófanes, de forma proposital, lhe dá um caráter ambíguo, fazendo-o filósofo e sofista, como se ambos os indivíduos fossem sinônimos. O referido comediógrafo pode estar marcando aí uma possível dificuldade do próprio público ateniense em estabelecer linhas demarcatórias claras entre o que seria um e outro, pelas quais ambos os profissionais seriam denominados popularmente de charlatães, mal-humorados, desonestos, judiciosos, que nunca cortam os cabelos, nem se friccionam com óleo e também não tomam banho (*As Nuvens,* vv. 829-840, 853, 1484; ver também: Platão: *Fédon,* v. 70c; Xenofonte. *Econômico,* v. 11:3). Esta confusão é evidente, já que ela aparece também na boca de Fidípides, quando ele classifica os que ensinam no frontistério de maus, pedantes, cujas faces são pálidas e andam descalços (*As Nuvens,* v. 102), de que fazem parte o miserável Sócrates e Querofonte[8]. Tal aspecto aparece reforçado uma vez mais quando se enfatiza a reputação do sofista entre os homens: esse aparece como atrevido, eloqüente, audacioso, insolente, despudorado, coletor de mentiras, tagarela, chicaneiro, trapaceiro, castanhola, raposa, ladino, manhoso, fingido, visguento, fanfarrão, infame, canalha, astucioso, insuportável, lambedor de tigelas, pálido, desgraçado e hábil para os processos (*As Nuvens,* vv. 445-451, 1105-1112).

3ª. As fronteiras geográfica e histórica imaginativas ajudam a mente a intensificar o sentido de si mesma mediante a dramatização da distância e da diferença, enfatizando o que lhe está próximo e o que lhe está distante.

De imediato, o texto aristofânico acompanha de perto a visão das elites letradas e citadinas atenienses quanto à forma de apresentar o camponês, principalmente, por causa da guerra do Peloponeso, onde muitos deles se encontravam vivendo em situações dramáticas no interior dos muros da *ástu*, vendo e sendo vistos cotidianamente pelos seus conterrâneos citadinos (*Os Cavaleiros,* vv. 792-794; Tucídides, 2.14:1,17:1-3,52:1-4)[9]. Seguindo este olhar, Estrepsíades aparece com traços bastante negativos (*As Nuvens,* vv. 491, 628-629, 647, 655, 789-790).

Obviamente que cada um dos elementos pejorativos que lhe são aplicados parte de um lugar preciso, que não é obviamente o campo, mas o seu oposto, a cidade; de um autor que não é camponês, mas o seu contrário, citadino. O *ágroikos* é apresentado justamente como sendo o outro, o não-citadino. A sua identidade, demarcada tão negativamente, só pode ser estabelecida por quem não é camponês, por quem não vive no campo, por quem não se insere no mundo do trabalho e dos conceitos campesinos. Isto não é a mesma coisa que dizer que Aristófanes desconhecesse as atividades rurais. A sua referida comédia está toda ela interessada em marcar campos de oposição, em estabelecer marcos entre *ástu* e *khóra*. No diálogo que inaugura a entrada de Estrepsíades no Frontistério, um discípulo não nomeado de Sócrates lhe dirige a seguinte pergunta (*As Nuvens,* v. 184): "Tí ethaúmasas" (Estás admirado)? Esta questão serve mesmo para demarcar linhas fronteiriças entre universos que são completamente diferentes. Estrepsíades está espantado com o que os seus olhos vêem: indivíduos investigando inúmeras questões relacionadas à natureza que o cerca. Ele está tão confuso que não pára de perguntar ao seu guia (*As Nuvens,* vv. 187, 191, 200-203): "Mas, por que olham para a terra assim?"; "E que fazem estes tão curvados para frente?"; "Pelos deuses, dize-me, o que é isto?"; "Isto, o que é?"; "Pra que serve isto?" Não há dúvida, Estrepsíades descortina um mundo totalmente novo e, ao mesmo tempo, tão distante do seu *dêmos* rural.

O citadino, representado na comédia através das personagens Sócrates e Fidípides, é a absoluta alteridade do camponês, é o seu outro. Tal situação torna-se ainda mais evidente, na medida em que parte dos camponeses áticos se viu obrigada a passar um certo período de tempo, eu diria curto, porém, dramático, pelos sofrimentos que lhes eram impostos, no interior da cidade. É justamente neste momento, durante o contexto da guerra do Peloponeso, que os textos literários mais se interessaram em falar sobre os camponeses. Uma fala por demais elitizada, preocupada em dramatizar a distância e as diferenças que separavam os cidadãos atenienses da *ástu* e da *khóra*, cuja ênfase recaía naquilo que estava próximo – os violentos contrastes que os separavam – e no que estava distante – o espaço rural lido como um lugar conservador, situado lá longe, em oposição ao espaço urbano aberto às novidades que chegavam a Atenas todos os dias de todas as partes da Hélade.

4ª. As fronteiras implicam também uma idéia de movimento controlado, onde se admite o fluxo de pessoas, de idéias e de bens. Neste sentido, a criação de fronteiras (internas e / ou externas) está associada à idéia de equilíbrio entre as duas partes do binômio (eu / outro).

A guerra do Peloponeso explicita uma realidade aos olhos dos citadinos atenienses: a sua *pólis* também é composta por habitantes rurais, a maioria deles pertencentes ao corpo cívico. Tem-se a sensação, ao ler as comédias aristofânicas, que as grandes muralhas, que cercavam e protegiam a *ástu* e o Pireu, serviam a dois propósitos: evitar que os exércitos inimigos avançassem sobre essas duas áreas e impedir que os habitantes urbanos vissem a extensa população de atenienses que vivia para além delas. As grandes muralhas, porém, por serem permeáveis, admitiam uma grande circulação de valores e de bens econômico e cultural advindos de várias proveniências, a partir de movimentados caminhos de mão dupla: da *khóra* à *ásty*; do Egeu ao porto do Pireu; do Mediterrâneo à *pólis* de Atenas. Não deve ser perdido de vista o sentido de mão e contramão que se faz presente na fluidez dos marcos fronteiriços, no caso em questão, das grandes muralhas atenienses: elas jamais impediram que valores e bens campesinos estivessem presentes na *ástu* ou que valores e bens citadinos circulassem na *khóra* Ática durante todo o período clássico. Assim, por exemplo, quando Trigeu diz que os lavradores são os únicos interessados na paz (*A Paz,* vv. 508-519, 603) e que eles gozaram um papel decisivo no retorno da deusa Paz, ele os convida a voltarem aos campos (*A Paz,* vv. 550-559). Verifica-se, neste exato momento, o emprego do termo ταρίχιον que designa a carne ou o peixe que se conserva em sal. Trigeu sugere aos agricultores, já que eles estavam no espaço urbano, que adquirissem na *ástu* produtos em conserva, os quais eram difíceis de se obter nas aldeias e nos *dêmoi* rurais (*A Paz,* vv. 560-563).

Constata-se, por outro lado, bons indícios na comédia aristofânica de que os atenienses reconheciam pelo menos dois critérios fronteiriços, os quais estavam bem entrelaçados:

1º. O Critério Ético-Cultural

A ênfase aqui reside no binômio eu = ateniense / outro = estrangeiro, não importando aqui se o *xénos* é bárbaro ou heleno. De fato, o que os dados querem reforçar é a noção de alteridade. Assim, por exemplo, os trácios são identificados como a hoste dos circuncisos odomantos (*Os Acarnenses,* vv. 157-161), enquanto que a Pérsia aparece como uma terra rica e luxuosa, porém distante e com uma língua estranha (*Os Acarnenses,* vv. 61-124). Não deixa de ser significativo notar que este último elemento serve também para marcar as diferenças entre as personagens atenienses e helenas ou bárbaras. Muito embora o grego falado pelo megarense (*Os Acarnenses,* v. 729ss), beócio (*Os Acarnenses,* v. 860ss), lacedemônio (*A Paz,* vv. 212-214) e do guarda cita (*Tesmofórias,* v. 1001ss) seja compreendido na Ática, os seus sotaques reforçam o quanto eles são diferentes dos atenienses. Aos ouvidos desses últimos, o grego "estropiado" que os bárbaros e / ou os outros helenos falavam ajudava a reforçar as diferenças. Este elemento cultural poderia, muito rapidamente, se transformar em um marco fronteiriço, já que as fronteiras entre *póleis* vizinhas não eram claramente definidas, servindo como um dado informativo ao exército invasor de que ele acabara de entrar no território do "outro", do inimigo. Provavelmente esse indício pode estar por detrás da fala do megarense, quando observa a Diceópolis que o exército ateniense, ao invadir o seu território, arrancou todo o alho do solo e o levou embora para Atenas (*Os Acarnenses,* vv. 761-762).

2º. O Critério Físico

Dados relacionados à fronteira externa são mais raros de se obter na comédia. Talvez essa raridade possa ser explicada pelos critérios (a) do distanciamento, já que as fronteiras do território políade estão situadas para além das áreas agrícolas; e (b) da imprecisão, resultando na pequena presença da população políade nessa faixa de terra fronteiriça. O reduzido número de sítios situados aí pode ser explicado pela sua vulnerabilidade à presença de salteadores e de soldados inimigos e pela ausência de acordos bilaterais entre *póleis* vizinhas. De fato, os critérios do distanciamento e da imprecisão apontam um aspecto por demais interessante, qual seja: quanto mais distante um indivíduo estiver do espaço urbano, mais dificuldade ele terá em precisar geograficamente o seu território. De qualquer forma, os dados advindos das comédias parecem definir as fronteiras externas em dois níveis:

2.1. A Espacialidade do Território

A colocação de marcos fronteiriços, *hóroi* em grego, nos limites do território (*Os Acarnenses,* v. 719)[10]. É assim que Diceópolis procede, tão logo ele obtém as tréguas de trinta anos. Esse procedimento pode mesmo ser entendido como a regra, mais do que a exceção (Chevitarese, 2005). Diceópolis busca definir os limites do seu "mercado", ou melhor, do seu território, para que ele possa protegê-lo com "soldados" (representados como *agoranómoi*, ver: *Os Acarnenses,* v. 824) das possíveis incursões do "inimigo" (simbolizado aqui através das seguintes personagens: sicofanta, Nicarco, mensageiro de Lâmaco, e lavrador). Dessa forma, ele garante que todos os peloponésios, megarenses e beócios possam fazer ali negócios, com a condição de só negociarem com ele, vedando-lhes toda e qualquer possibilidade de comércio com Lâmaco (*Os Acarnenses,* vv. 720-722).

A fixação dos *hóroi* nos limites do território não implica, de forma alguma, que aquela fronteira seja reconhecida pelas partes envolvidas na sua disputa. Como já tive a oportunidade de observar (CHEVITARESE, 2001, p. 47-48), a Ática tinha uma área estimada em 2600 km², incluindo aí as regiões de Oropos (TUCÍDIDES, 2.23:3, 3.91:3, 4.96:7; XENOFONTE. *As Helênicas* 7.4:1; DIODORO DA SICÍLIA 12.65:3, 12.70:4, 15.76:1) e de Eleutherai (XENOFONTE. *As Helênicas*, 5.4:1; Pausânias 1.38:1), na medida em que elas estiveram submetidas aos atenienses durante a maior parte do período clássico[11]. No entanto, devido ao não reconhecimento da Beócia quanto a esse controle do Panakton por Atenas, essa área foi palco de intensa disputa fronteiriça (TUCÍDIDES 4.91, 8.60:1-2; PAUSÂNIAS, 1.34:1; ver também: CHEVITARESE, 2001, p. 218). É justamente aí que se insere a fala de um personagem agricultor que reclama com Diceópolis o fato de ter perdido a sua junta de bois para os beócios lá em Fíle (*Os Acarnenses*, vv. 1022-1023).

2.2. Defesa do Território

De fato, desde muito cedo, o cidadão ateniense jura defender as fronteiras do território, o trigo, a cevada, as vinhas, as oliveiras e as figueiras (TODD, 1948, pp. 303-304, nº 204, linha 20). Constata-se a importância desse compromisso solene assumido pelos efebos em dois momentos distintos da comédia de Aristófanes: de imediato, a preocupação da *pólis* em colocar os seus *hoplitas* controlando os desfiladeiros da Ática, provavelmente na região do Panakton, a fim de impedir invasões provocadas por salteadores beócios (*Os Acarnenses*, vv. 1073-1077,1187-1088). A seguir, torna-se evidente que a presença desses *lesthaí* é um forte indício de incursões inimigas no território da Ática (*A Paz*, 449), com fortes implicações na agricultura da região.

Os fortes instalados nas fronteiras e as patrulhas ao redor do território não são as únicas preocupações de Atenas em relação ao outro, ao estrangeiro. Ela temia principalmente, nesse contexto de guerra, o risco de uma traição (*Os Cavaleiros*, vv. 475-479) ou de um atentado praticado pelo *xénos* ou mesmo por um ateniense mancomunado com o *xénos* (*Os Acarnenses*, vv. 915-924; cf. Tucídides 4.48:1).

As diferenças entre saberes (campesino e citadino), além de outras bem mais sutis, não apenas reforçam as diferenças espaciais (*ástu / khóra*) e culturais, como também servem para delimitar o enorme fosso que separa os grupos sociais no interior do próprio corpo cívico, particularmente entre *kaloí kagathoí* e *pléthos*. Talvez este último binômio explique de maneira mais satisfatória o diálogo entre Estrepsíades e Sócrates, em que o primeiro vê o mundo que o cerca por um viés teológico, enquanto que o segundo rompe com esta perspectiva, impondo, em seu lugar, uma ótica norteada estritamente por critérios científicos (*As Nuvens*, vv. 366-374), com os deuses dando lugar à ciência. Ao abordar essas diferenças, Aristófanes parece estar sistematizando um tipo de visão compartilhada por muitos dos seus contemporâneos atenienses que vivem preferencialmente na *ástu*. Este olhar elitista, produtor de violentas tensões nos campos político, econômico e social, pode ser mesmo sistematizado no binômio camponês velho = incompetente e esquecido / citadino jovem = competente e de excelente memória.

NOTAS

[1] Assim pensa Hilaire Van Daele, tradutor da edição francesa da "Les Belles Lettres".

[2] Situado na planície superior de Atenas, ele fazia parte da tribo Kekropis, contribuindo anualmente com cinco bouleutaí para o Conselho dos Quinhentos.

[3] Situado na planície superior de Atenas, ele fazia parte da tribo Leontis, contribuindo anualmente com dois bouleutaí para o Conselho dos Quinhentos.

[4] Situádo na Mesógeia, ele fazia parte da tribo Akamantís, contribuindo anualmente com dois bouleutaí para o Conselho dos Quinhentos.

[5] Deve-se relativizar tal afirmação, na medida em que a peça também deixa transparecer a possibilidade de Estrepsíades morar no campo. Para uma rápida discussão, ver: WHITEHEAD, 1986, p. 355.

[6] Césira, conferir também: ***Acarnenses***, V. 614. Os comentaristas associam-na a uma ateniense rica, célebre por sua vaidade, orgulho, luxúria (BAILLY, 1950, p. 1111). Este dado, possivelmente, pode ter sido extraído dos escólios de Suda (E 87-88); convém observar, porém, que Osborne e Byrne (1994, p. 269) mencionam uma Césira em Atenas. Ela estaria situada no século IV a.e.c. Os referidos autores, no entanto, não fornecem qualquer outro detalhe. Também Fraser e Matthews (1987, p. 268) citam uma Césira em Erétria, na Eubéia. A superficialidade de registros em torno deste nome feminino grego parece sugerir que ele não seria tão comum, pelo menos a ponto de aparecer registrado em inscrições. Salvo um outro registro contido em uma outra comédia aristofânica (***Os Acarnenses***, v. 614), a referida Césira não deixou vestígios históricos.

[7] Esta comparação quer apenas mostrar o quanto Estrepsíades não sonhava os mesmos sonhos da sua mulher. De forma alguma se quer, com esta comparação, passar por cima, como o fez Pseudo-Xenofonte (***A Constituição dos Atenienses,*** 1:10) por razões marcadamente ideológicas, do enorme fosso político que separava o cidadão-camponês do escravo rural (ou urbano) durante a democracia ateniense.

[8] Como amigo e discípulo de Sócrates, ver: Aristófanes. ***As Nuvens***, vv. 144, 503, 831, 1465, 1505; sobre o seu apelido ser morcego, ver: Aristófanes. ***As Aves,*** vv. 296, 1564.

[9] Para uma crítica a um tipo de historiografia que insiste em situar os camponeses na *ástu* durante a guerra do Peloponeso, ver: CHEVITARESE, 2001, pp. 25-27, 184-190.

[10] Em trabalho recentemente publicado, Grammatico (2005, pp. 180-186) analisou, sob o ponto de vista da filologia clássica, as palavras antigas gregas aplicadas à fronteira, ao espaço, ao tempo e à etnia.

[11] Para um rápido balanço histórico da tensa relação entre Oropos e Atenas, ver: COSMOPOULOS, 2001, pp. 14-16.

BIBLIOGRAFIA

BAILLY, A. **Dictionnaire Grec-Français**. Paris: Hachette, 1950.

CHEVITARESE, A. L. Aristófanes e as Fronteiras Espacial e Cultural na Atenas Clássica. Conferência apresentada durante o **II Seminário Internacional Archai** em 2004 (texto ainda não publicado).

CHEVITARESE, A. L. Fronteiras Internas Atenienses no Período Clássico. (Re)Definindo Conceitos e Propondo Instrumentais Teóricos de Análise, **Phoînix**, Rio de Janeiro, 10, pp. 63-76, 2004a.

CHEVITARESE, A. L. **O Espaço Rural da Pólis Grega. O Caso Ateniense no Período Clássico**. Rio de Janeiro: Laboratório de História Antiga, 2001.

CHEVITARESE, A. L. Política e Religião na Delimitação da Fronteira Políade Ateniense, *In*: CERQUEIRA, F. V. e POZZER, K. **Fronteiras e Etnicidade no Mundo Antigo. Anais do V Congresso da Sociedade Brasileira de Estudos Clássicos**. Pelotas / Canelas: editora da

Universidade Federal de Pelotas / editora da Universidade Luterana do Brasil, pp. 47-67, 2005.

COSMOPOULOS, M. B. **The Rural History of Ancient Greek City-States. The Oropos Survey Project**. Oxford: Archaeopress, 2001.

FRASER, P. M. e MATTHEWS, E. **A Lexicon of Greek Personal Names – The Aegean Islands, Cyprus, Cyrenaica**. Oxford: Clarendon Press, 1987.

GRAMMATICO, G. La Noción de Frontera en la Antigua Helade. Análisis de Algunos Textos Heraclíteos, *In*: CERQUEIRA, F. V. e POZZER, K. **Fronteiras e Etnicidade no Mundo Antigo. Anais do V Congresso da Sociedade Brasileira de Estudos Clássicos**. Pelotas / Canelas: editora da Universidade Federal de Pelotas / editora da Universidade Luterana do Brasil, pp. 179-195, 2005.

JONES, N. F. **Rural Athens under the Democracy**. Philadelphia: University of Pennsylvania Press, 2004.

OSBORNE, M. J. e BYRNE, S. G. **A Lexicon of Greek Personal Names – Attica**. Oxford: Clarendon Press, 1994.

ROCCHI, G. D. **Frontiera e Confini nella Grecia Antica**. Roma: L'Erma di Bretschneider, 1988.

SAID, E. **Orientalismo. O Oriente como Invenção do Ocidente**. São Paulo: Companhia das Letras, 1990.

TODD, M. N. **A Selection of Greek Historical Inscriptions**. Oxford: Clarendon Press, 1948, volume II.

WHITEHEAD, D. **The Demes of Attica 508/7-ca. 250 B.C. A Political and Social Study**. Princeton: Princeton University Press, 1986.

ZIENTARA, B. Fronteira, in: **Enciclopédia Einaudi (Estado – Guerra)**. Lisboa: Imprensa Nacional – Casa da Moeda, volume 14, pp. 306-317, 1989.

RISOS NO TRIBUNAL: AS REFERÊNCIAS DE SÓCRATES À COMÉDIA E A ARISTÓFANES, NA *APOLOGIA*

Fernando José de Santoro Moreira*

Que a defesa de Sócrates no tribunal popular dos Heliastas possa ser comparada a uma encenação teatral, isto é algo bastante aceito e repetido. A própria disposição arquitetônica desses tribunais, com julgamentos que às vezes se realizavam de fato em teatros, como o Odeon, e a quantidade de juízes, 501, podendo aumentar segundo a importância política da causa, o atestam. Também, que o texto de Platão, mais do que o de Xenofonte, privilegie este aspecto dramático, quando mimetiza a fala de Sócrates em vez de narrar os acontecimentos, é outra opinião largamente aceita. O que quero problematizar agora, nesta rápida nota, é, contudo, algo que não segue a ortodoxia. Ao comparar o texto platônico da Apologia com um espetáculo dramático, costuma-se dizer que se assemelha a uma tragédia, posto que desde o início prenuncia-se o destino fatal da condenação à morte.

Quero suspender esta opinião geral de que a defesa de Sócrates se assemelha a uma tragédia. Vou tentar apontar para a compreensão de que, se há um gênero dramático a que a Apologia se aproxime, este gênero está muito mais para a Comédia. E quero tirar desta avaliação algumas importantes conseqüências filosóficas.

Uma dessas conseqüências filosóficas próprias do socratismo usarei agora como premissa da interpretação que proponho. A condenação à morte não é uma catástrofe, tampouco uma punição por um erro trágico cometido por Sócrates. Para Sócrates, não é possível fazer mal a um homem justo, visto que este se basta a si mesmo e tudo o mais que aconteça por força exterior não é capaz de atingir sua integridade, fonte última de sua felicidade. A felicidade é um atributo da ação virtuosa e não de qualquer coisa que se padeça, seja prazerosa ou dolorosa. Na mesma linha de raciocínio, a morte não é considerada um mal. Aliás, como é bem lembrado, a condenação à morte não é exclusiva de Sócrates, mas é da natureza de todos os humanos. Não precisamos lembrar do silogismo exemplar de Aristóteles, repetido em todo bê-á-bá de lógica. Nem da pérola colhida numa prova de vestibular dizendo que "se Sócrates não fosse condenado à morte

*Professor doutor de Filosofia da UFRJ.

estaria vivo até hoje". Seja segundo o que diz a tradição, que a morte é uma passagem para outra realidade ao encontro dos outros mortos, seja segundo a opinião mais naturalista de que ela é um aniquilamento total do indivíduo, como um sono profundo infinito; em ambas as hipóteses, a morte não aparece como um mal. Se filosofar é aprender a morrer, a morte não é um mal, mas um limite que consuma a própria condição humana.

Ora, se a morte não é um mal para Sócrates, a condenação não chega a ser para ele uma catástrofe. Contudo, poderia sê-lo para Atenas, por estar cometendo uma injustiça, mas uma tal catástrofe já não seria uma característica trágica, pois na tragédia é o indivíduo quem é aniquilado, justamente pelo excesso de sua individualidade. Portanto, a morte de Sócrates não é trágica, e ainda, podemos dizer que, mais do que todas as suas ações e conversas ao longo da vida, a sua morte é a consumação do seu caráter irônico. Sim, a morte de Sócrates é sumamente irônica, e nisto já se aproxima da comédia. E mais ainda da comédia de Aristófanes "As Nuvens", que parece fugir do *happy end* usual das comédias, com a cena final do incêndio do Pensatório Socrático. Mas aquela aniquilação pelas chamas, trazida pela revolta tumultuada de Strepsíades, está muito mais próxima de uma celebração festiva do que de um desfecho funesto; um bom encenador deveria pôr as personagens bebendo, cantando, dançando em volta desta fogueira que ainda vai produzir muita fumaça e muita nuvem socrática...

A morte de Sócrates é irônica porque dá a ele a oportunidade da ação política de que sempre se esquivou em vida, buscando sempre a conversa com particulares. Com a condenação à morte, Sócrates entra para a história como o mais célebre cidadão de Atenas. Sem a condenação à morte, ele possivelmente nunca seria tão lembrado, pois não deixou nada escrito à posteridade. A morte de Sócrates o imortaliza para a História bem à sua moda metafísica em que a alma sobrevive ao aniquilamento do corpo. Esta é uma das conseqüências filosóficas da compreensão desta morte, não como trágica, mas como irônica e, assim, mais próxima da comédia.

Mas não é apenas a morte que é encarada com ironia por Sócrates. Toda a sua defesa no tribunal popular também o é; e o que quero fazer, a seguir, é apontar alguns dos elementos próprios da comédia que são utilizados nesse último grande discurso irônico do Filósofo réu. Para tanto, seguirei, um por um, esses elementos, tomando como orientação as partes constitutivas de uma comédia, segundo indicações da Poética de Aristóteles. Comecemos pelo que diz respeito à encenação, para depois vermos o que aparece na elaboração discursiva.

Na Apologia, o espetáculo cômico fica insinuado, por exemplo, nas tantas vezes em que Sócrates dirige-se à platéia, digo, aos juízes, para pedir silêncio. É que a horda de juízes populares faz tumulto (*thorybei*) toda vez que Sócrates faz alguma provocação irônica. Este tumulto não é descrito em detalhe, mas podemos imaginar que comporte vaias de indignação e risos misturados, de modo muito parecido ao momento da parábase na comédia, quando o bufão se dirige à platéia incitando-a, provocando-a. Sócrates é um bufão que escarnece dos seus acusadores e suas acusações, mas, pelo tom irônico do seu discurso, escarnece muitas vezes também de todo o tribunal e de sua sentença. Esta ironia para com a sua condenação aparece em seu auge na proposição da pena que considera justa para si: ser sustentado no Pritaneu, prêmio que se oferece aos vencedores das competições olímpicas e que Sócrates acredita merecer mais que aqueles. Depois, reaparece ao comentar a sentença de morte, dizendo que os juízes foram impacientes: se dessem mais tempo para ele se defender e convencê-los de que agia com justiça, a natureza sozinha se encarregaria antes de trazer-lhe a morte.

Quanto à parte cômica da elaboração discursiva, ainda temos muito mais. A começar pelo uso da figura de linguagem da ironia, que é usada e abusada em todas as suas formas e níveis, tanto que citá-las todas seria praticamente ler a Apologia na íntegra. E se tomarmos a sentido original da palavra grega *eironéia,* falar em lugar de outro, responder por ele, não é esta toda a tática de defesa de Sócrates? Primeiro, quando toma a palavra de Aristófanes como porta-voz dos antigos acusadores para refutar cada uma das características que lhe impinge o vulgo: não é um fisiólogo, tampouco um vendedor de virtudes, sequer é alguém que pretenda ter algum conhecimento para além de que "nada sabe"... Depois, quando refuta Meleto, a *eironéia* é ainda mais dura; ante o silêncio do interlocutor, Sócrates assume a fala do adversário para nela fazer surgir a contradição de que "ele não acredita nos deuses, mas acredita nos deuses".

Quero, sobretudo, apontar para um fato de linguagem, melhor, de literatura, que deixa ver toda a estratégia de defesa socrática, ou de ataque platônico, sejam estes golpes premeditados ou não; isso pouco importa.

Vimos que Sócrates articula a sua defesa em dois momentos, contra os antigos acusadores, primeiro, e depois, contra os acusadores atuais que prestaram acusação no tribunal. Sócrates explicitamente diz considerar os primeiros mais importantes, e a eles dedica quase toda a defesa. A segunda parte, em que faz um interrogatório para refutar e ridicularizar Meleto, ocupa um tempo mínimo e é sempre tratada com derrisão. O que importa mesmo é a defesa contra os antigos acusadores.

Estes antigos acusadores, salvo uma honrosa exceção, perdem-se no anonimato da multidão, são produtores de boato, ainda que em tempos democráticos o boato, assim como o clamor das massas, tem grande força política, mesmo se não embasado na verdade, aliás quanto mais novelesco mais força tem na multidão. Mas o que nos interessa é mesmo aquela honrosa exceção, que não só é explicitamente nomeada, como também é citada, recebendo indiretamente os créditos.

Diz Sócrates: "E o mais desconcertante é que nem ao menos se pode saber ou dizer os seus nomes, fora o fato de que há entre eles um autor de comédias". Logo depois vem a citação, na formulação das acusações: "Sócrates age injustamente, excedendo-se ao investigar as coisas que estão debaixo da terra e no céu, e ao fazer do discurso fraco um discurso forte, ensinando os outros a fazerem o mesmo"; em seguida, os créditos: "Vós próprios vistes coisas como estas na comédia de Aristófanes: um certo Sócrates dando voltas em cena, vangloriando-se de que caminhava pelos ares, proferindo muitas outras besteiras sobre assuntos em que eu não sou nem muito nem pouco entendido".

A referência ao grande comediógrafo me parece um bom indício, mesmo sob a forma de uma certa denegação, de que estamos entrando no campo literário da comédia. Aqui vou novamente questionar a ortodoxia, que vê em Aristófanes um dos grandes acusadores e culpados pelo processo contra Sócrates. Esta opinião me parece não entender nada da ironia socrática e muito menos do valor que Platão atribuía ao grande comediógrafo. De modo que ponho para nós a pergunta: por que citar Aristófanes e sua comédia "As Nuvens", agora, neste tribunal popular?

Pois bem, Platão, que aprendeu com Sócrates a Filosofia, não tinha menos em conta o seu contemporâneo Aristófanes. Conta a doxografia que, certa vez, questionado por um estrangeiro sobre a política ateniense, Platão indicou-lhe a leitura do comediógrafo. Contam também que encontraram suas comédias no leito de morte de Platão, entre outras notícias afins. Proponho, então, duas razões para a presença de Aristófanes na Apologia: uma na conta de Platão, que a redigiu, outra na de Sócrates e sua estratégia retórica. Estas duas razões nos fazem pensar nas conseqüências filosóficas da aproximação à comédia.

A razão platônica me parece de ordem agonística, mas de modo algum uma agonística ressentida que pretendesse vingar a condenação do mestre, como muitos pensam. Platão é grego, muito grego, a despeito do quadro decadente que nos tenha pintado Nietzsche, e que eu ponho mais na conta de um certo platonismo recalcitrante. Um grego adora uma disputa, uma competição. E tanto mais interessante quanto em mais alta conta estiver o adversário. Nós conhecemos duas apologias, a de Xenofonte e a de Platão. Ora, Xenofonte não era adversário à altura de Platão. Com quem iria então Platão medir seus dotes literários? Sim, acredito que Platão quis não só escrever um retrato mais fiel de Sócrates do que já tinha sido a comédia "As nuvens" de Aristófanes, como mais, e talvez eu me exceda aí, mas não importa, quis o Filósofo dos Diálogos escrever uma comédia melhor do que aquele, assim como, na República, quis reescrever a epopéia melhor do que Homero, melhor platonicamente, com certeza, quer dizer, agora a serviço da verdade – uma gaia filosofia.

A razão socrática, gostaria de ler como uma estratégia de defesa num tribunal popular. Sócrates quer ridicularizar ao máximo os seus atuais acusadores. Pois bem, não apenas diz que são acusadores de segunda ordem, como põe em primeira ordem uma comédia. Assim, Meleto e seus comparsas ficam mais ridículos do que uma comédia. Com a grande diferença que uma comédia precisa ser ridícula para funcionar, é de sua natureza rebaixar as celebridades. Já trazer acusações ridículas a um tribunal é brincar com coisa séria, é um ato de impiedade. É o que diz Sócrates: "digo que Meleto comete crime ao brincar com coisas sérias e acusar homens levianamente". Sócrates utiliza a estratégia que aprendeu com o grande retórico, forjador de magistrais discursos de defesa, Górgias de Leontini, que dizia que é necessário desfazer a seriedade dos oponentes com ironia e a gaiatice com seriedade.

Mas teriam os atenienses entendido a graça da filosofia?

BIBLIGRAFIA

ARISTÓFANES. **As nuvens.** Trad. Gilda M. Reale Starzynski. São Paulo: Abril, 1973. (Col. Os Pesandores, 2)

____________. **As nuvens**. Trad. M. G. Kury. 2º ed. Rio de Janeiro: Zahar, 2000.

BURNET, John. **Platonis Ópera**, Oxford: University of Oxford Press, 1900

HALL, F. W. & GELDART, W. M. **Aristophanis Comoediae**, 2º ed. Oxford: University of Oxford Press, 1906.

KIERKEGAARD, Soren. A. **O Conceito de Ironia, Constantemente Referido a Sócrates**, Trad. Álvaro LM Valls. Petrópolis: Vozes, 1991.

NIETZSCHE, Friedrich W. **Crepúsculo dos Ídolos.** Trad. M.A. Casa Nova. Rio de Janeiro: Relume-Dumará, 2000.

PLATÃO. **Defesa de Sócrates.** Trad. J. Bruna, São Paulo, Abril, 1973. (Col. Os Pensadores, 2).

_______.**Eutífron, Apologia de Sócrates, Criton.** Trad. J. Trindade Santos, Lisboa. INCM,1994.

_______.**Apologie de Socrate, Criton.** Trad. L. Brisson, Paris: Flammarion, 1997.

XENOFONTE. **Apologia de Sócrates.** Trad. L. Rangel São Paulo, Abril, 1973. (Col. Os Pensadores, 2).

HÉRCULES NO ETA:
UMA TRAGÉDIA EM QUATRO TEMPOS

José Geraldo Heleno*

Partindo da idéia segundo a qual a finalidade com que se escreve um texto influi nos recursos que são utilizados, deveria haver duas formas de analisar uma tragédia de Sêneca: supondo que ela tenha sido escrita para ser recitada em público, como era comum em seu tempo; ou supondo que tenha sido produzida para a cena.

Essa circunstância, de fato, influi na concepção do texto escrito, exceto quando se trata de uma tragédia como a de Sêneca, uma vez que os romanos observavam um código único, tanto para uma tragédia escrita para a cena quanto para uma outra produzida para a leitura pública. Em razão desse código, as tragédias de Sêneca, independentemente das intenções do autor, são perfeitamente qualificadas para a encenação.

Segundo Florence Dupont (DUPONT, 1995, pp. 13-14), a poesia dramática tinha por objetivo deleitar e comover; e o teatro romano deve ser sempre entendido dentro do contexto lúdico em que era realizado.

O termo moderno "teatro" não tem um equivalente exato na literatura latina, pois o que entendemos hoje por teatro corresponde à soma dos três elementos: o teatro (*theatrum*), que é o edifício onde se podia encenar uma peça; os jogos (*ludi*), que é o teatro como instituição social; e a *fabula*, a história que a peça conta. O teatro propriamente corresponde aos *ludi scaenici* e fazia parte da instituição geral dos *ludi*, ao lado dos *ludi circenses* e de outros *ludi*. O *ludus scaenicus* é um jogo (*ludus*) que conta uma história (*fabula*).

Esses *ludi* são um elemento novo, que o romano acrescenta ao aspecto sacrificial da tragédia grega. A partir de Lívio Andronico (240 a.C.), o teatro latino passou a ser, predominantemente, o teatro grego traduzido no interior da cultura dos jogos. A tragédia romana era, por isso, sacrificial como a grega, acrescida do componente lúdico. Eram os dois elementos centrais da cultura romana: o sacrifício e o circo, como demonstra o número de circos e de teatros existentes em

*Professor doutorando em Letras/USP.
jgheleno@terra.com.br

toda parte do Império. Enquanto o sacrifício é a ocasião para os homens oferecerem aos deuses carnes e frutos da terra, nos jogos, os homens lhes oferecem espetáculos (*ludicra*).

O teatro romano (*ludi scaenici*) pertence, pois, à diversificada instituição romana dos *ludi*. Segundo, ainda, Florence Dupont (DUPONT, 1995, p. 27), os jogos são e continuam sendo, até a Roma do baixo-Império cristão, um ritual religioso e social. Com isto, além das autoridades e do povo, os deuses estarão sempre presentes, tanto no circo quanto no teatro.

Como jogo e ritual religioso juntos, o teatro é uma festa.

Em *Hércules no Eta*, o herói, depois que realizou os trabalhos que lhe impusera Juno, dirige-se a seu pai Júpiter, para exigir deste sua recompensa, sua subida para o céu, onde se encontram os deuses. Como um exemplo de sábio (*sapiens*), Hércules não tem que pedir para partir para junto dos deuses. Isso seria um direito dele, como escreve Sêneca: "Nem é por causa dessa esperança, diz o sábio, que eu parto com mais coragem, por acreditar que o caminho me está aberto para os deuses, meus semelhantes. Eu mereci, sem dúvida, ter assento entre eles e já me vi entre eles, e já elevei minha alma até eles, e eles já enviaram sua alma até mim." (*Nec hac spe, inquit sapiens ille, fortius exeo, quod patere mihi ad deos meos iter iudico. Merui quidem admitti et iam inter illos fui animumque illo meum misi et ad me illi suum miserunt - Ad Lucilium*, 93,10). Como Júpiter não reage às palavras provocadoras do Hércules do início da tragédia, ele mostra como mereceu essa recompensa, após vencer todos os monstros que assolavam a terra. Desafia aquela que o condenara a tais trabalhos, Juno: se ela julga que as provas a que o submeteu não foram suficientes, que ela, então, acrescente outras. Por mais difíceis que sejam, ele declara que sairá vencedor de todas. Manda a Licas que anuncie ao mundo a derrota de Êurito e seus lares destruídos, enquanto ele próprio ordena a seus outros companheiros que providenciem o rebanho para o sacrifício a Júpiter Ceneu.

<u>Primeiro tempo</u>: Corresponde à ordem para que os companheiros de Hércules preparem o sacrifício a Júpiter: "E vós, mais que depressa, capturai o rebanho onde a praia, que conduz ao templo de Júpiter Ceneu, contempla o mar da Eubéia, tão temido quando sopra Austro" são palavras do herói dirigidas a seus companheiros. (*Vos pecus rapite ocius/ Qua templa tollens ora Cenaei Iouis /Austro timendum spectat Euboicum mare – Hercules Oetaeus*, 101-103).

Esse é o primeiro tempo. Hércules prepara o sacrifício de agradecimento a seu pai Júpiter. As vítimas, ele pensa que serão os rebanhos que pastam nas proximidades do mar de Eubéia, por isso, manda a seus companheiros que os capturem.

Hércules, neste momento, comporta-se como quem ainda não sabe o que o destino lhe reserva. Pelo menos parece que o homem Hércules não o sabe, como é certo que ele, como homem, não atingiu ainda o nível de sabedoria que imagina ter alcançado, e que lhe daria direito ao céu. Ele julga que já tem o direito de estar junto aos deuses. Pensa equivocadamente, pois lhe falta vencer os monstros internos das paixões. Os elogios que faz a si mesmo, a respeito de suas proezas e da superioridade com que venceu os monstros, são uma prova a mais de seu estágio humano de ignorância. A *laudatio* é própria do homem comum, enquanto a atitude interior da *laus* é própria do sábio. Ele está preparado para a *gloria*, que é o louvor do povo, mas não está pronto para a *claritas* (*Ad Luc*. 102,17), que é o reconhecimento do sábio. O corpo ainda é, para Hércules, um peso, e não permite que a alma se liberte e atinja a sabedoria plena dos deuses. Esse rebanho, que ele ordena que seja reunido para o sacrifício, não terá muita utilidade, pois a vítima será outra.

Segundo tempo: em lugar dos bois, a vítima é o próprio Hércules: "Logo que todo o rebanho a ser imolado foi reunido em volta do altar, e todo o bosque sagrado ecoou ao mugido dos touros consagrados, Hércules despiu a pele do leão suja de sangue. Desfez-se do peso de sua clava, e livrou seus ombros da pesada aljava. A seguir, refulgente com a túnica, cingindo com o choupo branco sua cabeleira hirsuta, ele acendeu o altar. 'Recebe em teu altar estes frutos da terra, meu pai verdadeiro', diz ele, 'e o fogo sagrado se avive pelo incenso em profusão, incenso que o rico árabe, devoto de Febo, colhe das árvores sabéias. 'A terra está pacificada', diz, 'e também o céu e os mares. Subjugados todos os monstros, eis-me de volta vencedor. Depõe o raio'. Tocado por seu próprio espanto, um gemido irrompe em meio a suas preces. Nesse momento, ele enche o céu com um clamor horrendo". Com essas palavras, o filho Hilo narra o início desse segundo tempo. (*Ut stetit ad aras omne uotiuum pecus/ Totumque tauris gemuit auratis nemus,/ Spolium leonis sordidum tabo exuit/ Posuitque clauae pondus et pharetra graui/ Laxauit umeros. Veste tum fulgens tua,/ Cana reuinctus populo horrentem comam,/ Succendit aras: 'Accipite has' inquit 'focis/ Non false messis genitor et largo sacer/ Splendescat ignis ture, quod Phoebum colens/ Diues Sabaeiis colligit truncis Arabs./ Pacata tellus' inquit 'et caelum et freta,/ Feris subactis omnibus uictor redi:/ Depone fulmen'. Gemitus in medias preces/ Stupente et ipso cecidit; hinc caelum horrido/ Clamore complet - HO*, 784-798).

A descrição do início do sacrifício é ambígua. O espectador, tanto pode ver nela a preparação da vítima quanto a do próprio sacrificador. Mas esse espectador não tem muito que esperar, pois, antes de prosseguir o sacrifício, Hércules solta um grito horrível: o grito da vítima que se imola. Ele começa a sentir os efeitos do filtro que lhe enviara Dejanira. Por isso, solta clamores horríveis de dor. A vítima principal a ser sacrificada não é o rebanho, mas o próprio Hércules. O homem Hércules nao sabia que a vítima seria ele, porque ao homem não é dado normalmente conhecer o seu destino. O destino é o entrelaçamento de causas, em que Júpiter é a *causa causarum* (*De beneficiis*. IV,7): essa causa primeira, instância última, que se confunde com o próprio criador de tudo.

O pensamento estóico é o pensamento do presente, pois só aí se constrói, tanto a virtude quanto o vício. Por isso, a importância tão grande que atribui ao presente, e ao habitante privilegiado desse tempo: o indivíduo. "O sábio basta-se a si mesmo" (*Ad Luc*. 9,3), escreve Sêneca. Num outro momento de sua obra, acrescenta: "O que passou e o que há de vir são coisas ausentes" (*Ad Luc*. 74,34). O presente tem ainda uma importância excepcional, na medida em que as coisas passadas, na sua sucessão inexorável de causas, passam forçosamente pelo presente. E o futuro, por sua vez, é a meta à qual poderá chegar esse entrelaçamento de causas cujos vetores se entrecruzam no presente.

Vista depois de acontecida, a trajetória de Hércules requer, com uma certa lógica, o desfecho que ela tem. A sucessão de fatos é bem encadeada, sugerindo uma relação de causalidade entre uns e outros. Assim, a morte de Nesso leva o centauro a doar a Dejanira um filtro. A presença da cativa Iole desperta ciúmes e insegurança em Dejanira, que resolve usar o filtro com as recomendações do centauro. O efeito do filtro é oposto àquele que lhe havia atribuído o centauro: em vez de preservar o amor de Hércules, causa-lhe a morte.

Entra-se no terceiro tempo: Hércules compreende o seu destino. Percebe que chegou a hora de mostrar a si mesmo seu nível de virtude, pois é no sofrimento que o homem se mostra virtuoso. Dirige estas palavras a Filoctetes: "Estou vencido. Está tudo acabado. Meu destino se abre diante de mim. Este é o último dia de minha vida. Minha sorte fora, certa vez, prevista pelo carvalho fatídico e pelo bosque sagrado do monte Parnaso cujo mugido faz retumbar o templo de Cirra: 'Vitorioso, ó Alcides, um dia serás morto pela mão do homem que tu venceste. Esse fim derradeiro te está reservado, quando tiveres percorrido os mares, a terra e os infernos'. Eu não choro por nada mais: este é o fim que deveria ser, para que nenhum vencedor de Hércules lhe sobrevivesse. Escolhamos agora uma morte ilustre, memorável, célebre, perfeitamente digna de mim. Eu tornarei este um dia célebre. Que se corte toda esta floresta, e que o bosque do Eta seja derrubado. Que uma grande pira receba Hércules, antes porém de sua morte. Tu, jovem filho de Peante (Filoctetes), executa para mim este ofício fúnebre. Que a chama que consome Hércules arda durante o dia inteiro (*Habet, peractum est, fata se nostra explicant;/Lux ista summa est: quercus hanc sortem mihi/Fatidica quondam dederat et Parnassio/Crrhaea quatiens templa mugitu nemus:/"Dextra perempti uictor, Alcide, uiri/olim iacebis; hic tibi emenso freta/ terrasque et umbras finis extremus datur."/Nil querimur ultra: decuit hunc finem dari./Ne quis superstes Herculis uictor foret./Nunc mors legatur clara, memoranda, incluta,/Me digna prorsus. Nobilem hunc faciam diem./Caedatur omnis silua et Oetaeum nemus/Considat: ingens Herculem accipiat rogus,/Sed ante mortem. Tu, genus Poeantium,/Hoc triste nobis, iuuentis, officium appara;/Herculea totum flamma succedat diem.- HO*, 1472-1487).

Hércules não deu a devida importância à fala do oráculo sobre seu destino. Essa previsão, devidamente valorizada, dispensaria o herói do equívoco de preparar um sacrifício de animais. "Vitorioso, ó Alcides, um dia serás morto pela mão do homem que tu venceste. Esse fim derradeiro te está reservado, quando tiveres percorrido os mares, a terra e os infernos" (*HO*, 1476-1479). A recordação das palavras oraculares e a revelação do filtro por Hilo constituem o terceiro tempo desse ritual. Hércules entende o seu destino. E a perspectiva do sofrimento se eleva, para ele, como a ocasião suprema do exercício da virtude: "Quando um homem enfrenta com coragem os tormentos, todas as virtudes estão sendo por ele postas em prática" (*Cum aliquis tormenta fortiter patitur, omnibus virtutibus utitur*. – *Ad Luc*. 67,10). Em outro lugar, Sêneca escreve sobre o quanto é útil o sofrimento para se exercitar na virtude. Ter o domínio sobre as torturas, a indigência, as acusações, os suplícios, o desgosto, é a prova maior de liberdade (*At illud scis quam muiltis utilis sit, quam multos liberet tormentis, egestate, querellis, supliciis, taedio – Ad Luc*. 91,21). Quando não se teme a morte, então, não se está mais sujeito ao domínio de ninguém (*Non summus in ullius potestate cum mors in nostra potestate sit. - Ibidem*). Essa independência é sinônimo de felicidade. Em D*e otio*, Sêneca escreve ainda: Até na hora da morte o sábio permanece atuante (*Usque ad ultimum uitae finem in actu erimus- De Otio, II,4*). É sempre um exemplo de firmeza e de constância (*Nos summus qui nullis annis uacationem damus – Ibidem)*. Os versos 1739 e ss. de *HO* parecem uma ilustração de tudo isso: "É assim que convém que tu estejas de pé junto à fogueira, minha mãe", diz ele a Alcmena. "Assim é que convém chorar teu Hercules". Mas, pondo-se de pé no meio das labaredas, e imóvel ante as ameaças do fogo, inabalável, não movendo seus membros calcinados para lado algum, ele exorta, aconselha; enquanto se consome, ele se move. Enche de coragem a todos os seus servidores, de modo que se pensaria que ele é que queimava o fogo, observa Filoctetes. ("*sic stare ad rogum / te, mater" inquit, " sic decet fleri Herculem."/Inter uapores positus et flammae minas/Immotus, inconcussus, in neutrum latus/Correpta torquens membra adhortatur, monet,/Gerit aliquid ardens. Omnibus fortem addidit/Animum ministris; urere ardentem putes*).

Entra-se, enfim, no quarto tempo: Queimado seu corpo, Hércules se torna apenas alma, ou deus, pronto pra o convívio celeste: "Nunca uma virtude tão ilustre desce até as sombras do Estige", inicia o coro, em sua última intervenção, para concluir: "Vivei corajosamente, e o destino cruel não vos arrastará através das águas do Letes. Mas, quando o último dia exigir seus momentos finais, a glória vos abrirá o caminho para a morada dos deuses. Quanto a ti, grande vencedor de monstros, e, ao mesmo tempo, pacificador do mundo, sê-nos propício. Agora mesmo, vela sobre nossa terra e, se algum monstro de aspecto desconhecido atacar os povos com ameaça grave, aniquila-o, tu, com os raios trissulcos: atira teus raios com força ainda maior do que a de teu pai", . (*Numquam Stygias fertur ad umbras/Inclita uirtus: uiuite fortes/Nec Lethaeos saeua per amnes/Uos fata trahent, sed cum summas/Exiget horas consumpta dies,/Iter ad superos gloria pandet./Sed tu, domitor magne ferarum,/Orbisque simul pacator, ades;/Nunc quoque nostras respice terras/Et si qua nouo belua uoltu/Quatiet populos torrere graui,/Tu fulminibus frange trisulcis:/Fortius ipso genitore tuo/Fulmina mittes.*(*HO*, 1983-1996).

Uma vez libertado do peso do corpo, Hércules se reduz ao componente divino de sua alma. Ele, que começou a tragédia, encerrado em sua individualidade, e desafiando deus, encerra a peça, como um ser identificado com deus e, ao mesmo tempo, solidário a toda a humanidade, modelo do sábio que, segundo Sêneca, ainda em vida, compartilha das prerrogativas divinas: "Nós teremos o direito de nos felicitar, quando nossa alma, libertada de suas trevas nas quais ela circula, em vez de perceber fracamente a claridade, será totalmente inundada de luz, ao entrar no céu, sua pátria, quando recuperará o lugar em que o privilégio de nascer a pôs no princípio. Sua origem a chama para cima. Ela aí estará, mesmo antes de deixar a prisão de seu corpo, quando, lançando longe dela suas impurezas, se elevará pura e leve, no mundo dos pensamentos divinos" (*Tunc animus noster habebit, quod gratuletur sibi, cum emissus his tenebris, in quibus volutatur, non tenui visu clara prospexerit, sed totum diem admiserit et redditus caelo suo fuerit, cum receperit locum, quem occupavit sorte nascendi. Sursum illum vocant initia sua: erit autem illic etiam antequam hac custodia exsolvatur, cum vitia disiecerit purusque ac Levis in cogitationes divinas emicuerit* (*Ad Luc.* 79,12).

Após a preparação do sacrifício de Júpiter por ordem do próprio herói, o grito de dor mostra que ele começa a ocupar o lugar da vítima. É o início da realização do oráculo, que previa a morte de Hércules por alguém morto por suas mãos. Esse início aponta para o fim de seu corpo que se consumirá no fogo, o elemento mais nobre da matéria, e da qual são constituídos os deuses. A alma se livra do peso da matéria inerte e se identifica ao princípio ativo da natureza: à parte do Logos, ou razão universal, que habita a alma. O herói fica pronto para a apoteose. Com a realização desses quatro passos, Hércules testemunha; por um lado, uma convergência entre religião, moral, política e filosofia; por outro, ele reúne num espetáculo, em torno de um dos mitos mais populares entre os romanos, o jogo cênico e o sacrifício.

BIBLIOGRAFIA

DUPONT, Florence. **Les monstres de Sénèque: pour une dramaturgie de la tragédie romaine**. Paris: Éditions Belin, 1995.

SÉNÈQUE, *Hercule sur l'Oeta (Hercules Oetaeus)*. Ed bilíngüe, texte établi par Léon Herrmann. Paris: Les Belles Lettres, 1967.

——— **De beneficiis**. *e*d. Bilíngüe. Trad. François et Pierre Richard. Paris: Garnier, s/data.

——— **De otio**. Ed. Bilíngüe. Trad. Port. José Rodrigues Seabra Filho. São Paulo: Nova Alexandria, 1994.

——— **Lettres a Lucilius**, ed bilíngüe, 5 vol. Trad. Franc Henri Noblot. Paris: Les Belles Lettres, vol. I e V: 1964; vol. II: 1947; vol. III: 1971; vol IV: 1957.

TRAGÉDIA GREGA:
A RESSEMANTIZAÇÃO DO CÂNONE

Leni Nobre de Oliveira*

Uma das sensações mais inquietantes que nos envolve ao mergulharmos nos estudos com que hoje contamos sobre a tragédia é exatamente a insegurança que permeia o discurso a respeito do que realmente teria sido esse gênero e como ele teria perdurado. Para Gerd Bornheim, a tragédia se dissolveu no tempo, já que a primeira obra que a estuda, a *Poética*, de Aristóteles, escrita no século IV a.C., silencia sobre a elucidação da essência do fenômeno trágico. No resgate e na manutenção memorialística da tragédia, ao longo dos anos, seu sentido teria sido banalizado e, hoje, o que temos seria a ressemantização do sentido do que seria o trágico. No entanto,

> (...) a principal dificuldade que oferece a compreensão da tragédia não reside tanto neste processo de dissolução, nem mesmo na divergência existente entre as diversas teorias que pretendem interpretá-la. A principal dificuldade advém da resistência que envolve o próprio fenômeno trágico. Trata-se, em verdade, de algo que é rebelde a qualquer tipo de definição, que não se submete integralmente a teorias. Justifica-se: deparamos na tragédia com uma situação humana limite, que habita regiões impossíveis de serem codificadas. As interpretações permanecem aquém do trágico, e lutam com uma realidade que não pode ser reduzida a conceitos. (BORNHEIM, 1975, p. 71)

Diante da dificuldade de se definir tal espécie dramática, nosso interesse em encontrar indícios nos textos teóricos que possam torná-la mais visível e mais compreensível em sua estrutura canônica nos leva a um campo excitante porque os estudiosos admitem que ela tenha alcançado seu máximo esplendor e sua forma mais perfeita na Grécia clássica; porém, exerce influência na dramaturgia ocidental como modelo até hoje. Nesta discussão, o fato de que a exibição das tragédias fazia parte das festividades como evento concorridíssimo é forte argumento a favor da ressemantização dessa espécie dramática.

*Professora doutoranda em Literatura Comparada da Universidade Federal de Minas Gerais. arievila@terra.com.br

Ninguém há de negar que um fenômeno mantido nos debates há 25 séculos após seu auge tenha também canonizado autores e obras dramáticas por meio dos textos escritos para a encenação, já que é mais precisamente deles que se tem registro. Os textos teóricos que tentam elucidar a tragédia também se canonizaram, assim como seus autores. A *Poética*, de Aristóteles, é uma leitura discutida e questionada, mas obrigatoriamente tomada como parâmetro inicial dos estudos sobre o gênero.

A tragédia é uma espécie dramática de difícil compreensão, devido à falta de informações sobre o espetáculo, já que é gênero representativo, constituindo-se de enredo (*mythos*), caráter, pensamento, elocução, espetáculo e melopéia (música). "As peças gregas somente eram produzidas em celebrações" (GASSNER, 1974, p. 28), que davam oportunidades ao acontecimento dos festivais. "Freqüentemente esses festivais, o equivalente grego para as tournées ou excursões, reapresentavam peças que haviam sido produzidas nas Dionísias Urbanas, mas não podiam ser repetidas em Atenas – até que um edito legalizou a reapresentação de peças de Ésquilo após sua morte." A encenação enquanto evento era por demais importante e dependia do momento apropriado para o acontecimento, além de atender a uma série de regras de convenções de palco, pertinentes ao evento e aos aspectos ritualísticos próprios da origem da tragédia. Portanto, as tragédias de Ésquilo, bem como as de seus sucessores, não podem ser compreendidas adequadamente sem que se conceba um esboço das convenções de palco e um conhecimento da ocasião para a qual eram escritas. Para Most,

> [a] tragédia no seu sentido literal, é um gênero dramático específico de literatura que floresceu muito raramente na cultura ocidental: na Grécia antiga, sobretudo em Atenas no século V a C., e então em algumas outras tradições literárias que foram profundamente influenciadas pelo modelo grego: Roma antiga, a Renascença por toda a Europa, a Alemanha na virada do século XIX. Mas apesar da produção esporádica de verdadeiras tragédias, a tragédia é o gênero que tem atraído a atenção de sérios teóricos da literatura e filósofos pelo período mais longo da cultura ocidental. Na antigüidade, nenhum outro gênero foi teorizado tão cedo e tão intensamente. (MOST, 2001, p. 20.)

Por que a tragédia teria despertado tanto interesse e recebido toda essa atenção? Trata-se de uma pergunta interessante. Em parte, devido ao fato de que, no século de Péricles, a própria tragédia era uma invenção recente, não obstante o quão antigas são suas primitivas raízes perdidas, que justapunha polimorficamente todos os gêneros poéticos anteriores e contemporâneos. A título de exemplo, o fato de revitalizarem a épica de Homero retomando-lhe personagens e episódios. Desse modo, as encenações afirmavam uma tradição grega enquanto se firmavam na memória coletiva como parte da cultura.

Para refletirmos sobre esse fenômeno pertinente a tal espécie dramática e sua estrutura canônica, pareceu-nos necessário compreender o conceito de cânone, antes mesmo de discutir a tragédia, e decidimos tomar como ponto de partida o dicionário, por considerarmos que é essa uma fonte de consulta automática e de primeira mão, mas nem por isso menos complicada em se tratando de se pensar sobre a tragédia. O verbete *Cânon* (FERREIRA, 1986, p. 337) possui em sua segunda acepção a idéia de repetição rigorosa de um antecedente, feita pelos conseqüentes, de forma uníssona ou variada, conceito aplicado à música. Parece-nos que, tal como a música, o cânone literário também tende a ser retomado e repetido, em uníssono ou com alterações. Aristóteles trata a tragédia de modo formal e textual, pois ele acentua aqueles aspectos da peça que são comunicados por meio da sua leitura ou mesmo da audição a seu respeito, minimizando sua teatralidade. Se considerarmos essa espécie dramática como fenômeno literário, esse aspecto se aplica às obras dos escritores trágicos na forma escrita que nos resta, não enquanto espetáculo. Sem dúvida, a fortuna teórica e crítica com que se tenta compreendê-la são elementos próprios da estrutura de investigação para a canonização de algum objeto. Também os textos das tragédias têm sido relidos, retomados para encenações, debatidos nas diversas áreas do pensamento humano, tais como a psicanálise, a sociologia, a filosofia e a literatura e retomados de tempo em tempo, de forma variada, como sugere a definição de cânone. Mas, ainda assim, o objeto de estudo escapa ao controle.

> Desde o início do século XX, os filósofos, os autores literários e outros intelectuais passaram a usar e estabelecer discussões sobre palavras como " tragédia" e " trágico" de maneira mais prolífica – enquanto o corpo clássico das peças trágicas do passado desfrutava mais uma vez de renovado respeito da parte de diretores e da audiência, em vez de inspirar outra onda de produção textual intensificada (GUMBRECHT, s/d, p.14).

Porém, vários teóricos, entre eles Gumbrecht, Gassner e Most, concordam que a tragédia não se repetiu enquanto fenômeno porque o trágico não surge de qualquer situação humana. Para Most, modernamente há dois conceitos de trágico: um coloquial e um filosófico. O coloquial, que usa o predicado trágico para acontecimentos com as seguintes características: são geralmente tristes, não são apenas um tanto tristes, mas extrema e nobremente tristes, envolvem uma perda irreparável de um indivíduo único ou coisa (de valor semelhante), tendem particularmente a envolver morte, e especialmente a morte de um ser humano ou o que for considerado seu equivalente; entretanto, não qualquer tipo de morte, mas apenas tipos particulares, excluindo a morte natural, ou uma morte que pode ser considerada justificável e que deve ser paga como o preço pela obtenção do que é percebido como um bem maior, particularmente a morte inesperada, desnecessária e prematura. (Baseado em MOST, 2001, p. 22).

O conceito filosófico se desenvolveu entre filósofos e intelectuais com mentalidade filosófica nos últimos dois séculos.

> Apesar de ter muitas variantes, nós talvez possamos caracterizá-lo como um complexo grupo de concepções relacionadas envolvendo todas ou a maioria das seguintes características: uma aparência de significação que esconde a arbitrariedade fundamental das coisas; uma responsabilidade pessoal esmagadora que vai muito além dos estreitos limites da liberdade de ação e não é diminuída pelas limitações evidentes da necessidade cega; uma nobreza indestrutível no espírito humano, revelada especialmente no sofrimento, na insurgência, na renúncia e na compreensão; um inextricável nó do destino, cegueira, culpa e expiação; uma sabedoria final a respeito da grandeza e da inconseqüência do homem no universo, finalmente alcançada através da purificação conferida por um profundo sofrimento no mínimo parcialmente não merecido e às vezes pagando o preço de total aniquilação (MOST, 2001, p. 24.).

Ambos os entendimentos modernos do "trágico", o coloquial e o filosófico, envolvem uma separação fundamental entre "tragédia" como um gênero que compreende um conjunto de textos específicos e o "trágico" como um certo tipo de experiência, ou de traços básicos da existência humana como deve ter sido próprio de Atenas, no século V a.C. Os poetas gregos antigos colocavam em suas tragédias "não tanto angústias metafísicas sobre o lugar do homem em um universo ininteligíveis, mas as tensões políticas entre o indivíduo e a comunidade associadas à democratização rápida e controversa de Atenas, que acompanhava, se alimentava e era refletida na tragédia ateniense" (MOST, 2001, pp. 23-24), como uma espécie de plebiscito coletivo.

Essa situação própria do cenário cultural, político e social de Atenas não se repetiu. Assim, os conceitos modernos de tragédia são ressemantizações que mantiveram o gênero em debate. Most contrapõe ao conceito de tragédia como gênero dramático específico da literatura a idéia de que, "o termo [trágico] não é estético mas antropológico e metafísico: ele não define um gênero literário. Mas a essência da condição humana, em sua estrutura inimitável ou como se manifesta em circunstâncias excepcionais, catastróficas" (MOST, 2001, p. 24). Se pensarmos por esse lado, o que fazemos ao estudar a tragédia enquanto cânone é uma prática prontamente literária porque é nesse estado que ela permaneceu: por meio de textos, embora devamos salientar que há nesses textos marcas próprias da encenação, por exemplo, as ordens de palco, de movimentação e o diálogo entre os atores. Mas não ficou para a posteridade a música que devia acompanhar o coro. A tragédia teria surgido a partir do efeito do ceticismo sobre a superstição, que também libertou de seus entraves primevos o drama essencial que havia no rito. Elementos relacionados às danças ditirâmbicas, como os versos cantados em uníssonos, começaram a assumir a forma de um diálogo individual, mas nada disso nos restou. Na passagem de um aspecto primevo para um aspecto mais elaborado ou ressemantizado do rito, apresenta-se uma evolução do gênero dramático a partir da melopéia, estando, portanto, a tragédia estreitamente relacionada ao canto.

Nietzsche propõe a música como o núcleo da tragédia, considerando que ela nasce do coro, e esse é um dos elementos mais perecíveis do teatro, pois o que os espectadores viam e ouviam durante a representação só pode ser descrito de forma tosca, dado que a encenação é a parte mais perecível do teatro. Mas não há dúvida de que os artistas do teatro grego esforçavam-se por obter o efeito teatral, ardentemente.

O sentido dicionarizado de *Cânon* (FERREIRA, 1986, p. 337) traz, na acepção 1 o conceito de regra geral da qual se inferem regras especiais, o que se aplica bem ao fato de se adotar o que restou da tragédia grega, como elementos primordiais para a sua compreensão e para uma compreensão da cultura grega. A tragédia ática é a regra primeira da qual se inferem outras regras para a representação do trágico, mesmo que esse conceito tenha sido ressemantizado ou banalizado pela ausência de segurança referencial e de condição própria do estado de ser humano daquela época e, portanto, inimitável.

A situação conflituosa de Atenas que, num período delicado e curto formula seu código jurídico, concomitantemente com a mudança de um estado de superstições e crenças para um estado racional, passa a representar o modo de ser dos atenienses, ao tornar espetáculo as encenações ritualísticas que, na dramaturgia grega, configuraram uma crise entre o direito divino e o direito humano, os deuses ancestrais e os deuses novos, uma antiga ordem e uma nova ordem social. Como presentificar, imitar e representar, portanto, a tragédia? Nesse sentido, confirmamos, não há repetição.

O povo, ao participar dos festivais, via aquilo que aos dramaturgos era permitido e louvável colocar nos espetáculos. Assim, é possível que a tragédia contasse com um aspecto importante do objeto canônico: gozar do assentimento coletivo, em seu momento de encenação, por representar o modo próprio de ser da *pólis*. Porque os elementos dessa espécie dramática, tais como palco, sonoplastia, atuação, efeitos especiais, entre outros, pereceram como todo o evento em si.

Perdidos esses elementos, resta-nos um texto literário em dormência, aguardando o momento de entrar no palco, de ganhar ação, que é seu modo próprio de ser, despertando aplausos ou vaias do público. Quando Aristóteles escreveu a *Poética*, ele já não podia ter mais viva noção do que a tragédia teria sido. Após essa primeira retomada teórica com a *Poética*, somente aproximadamente 15 séculos depois ela ressurgiu, com a Renascença, e de novo adormece por aproximadamente quatro séculos, vindo a renascer, na Alemanha, na virada do século XIX. Daí por diante, a tragédia parece não ter mais saído de cena nas discussões teóricas, mas é um cânone retomado pelos textos literários e por informações que se ajuntam para caracterizá-lo e torná-lo compreensível, porém estruturados *a posteriori*, em um tipo de arquivo (o livro) que não é o modo próprio de ser do gênero dramático por não conter elementos importantes, entre eles o visual e o auditivo, associados ao acontecimento do evento como integrado à *pólis* com seu conjunto de convenções, representada pelo coro e pelo público que desse evento participava, num momento específico.

O assentimento coletivo nos festivais de que nos pareceu gozar a tragédia no século V a.C. pode ter suas explicações também embasadas na própria origem do teatro. Para Gassner, o dramaturgo primitivo, imitado pelos dramaturgos que criavam as tragédias, teria sido um poeta, ao personificar suas forças como espíritos; um cientista, ao ser um fazedor de milagres; um feiticeiro, por exorcizar e antecipar para prevenir e para curar, e também pode-se considerar um filósofo social, ao exercer o poder de dominar pelos rituais as forças do divino. Torna-se ainda intelecto diretor porque formula e conduz a pantomima. "Em outras palavras, esse dramaturgo é, antes uma personalidade abrangente que um carpinteiro do palco. Nada há de humilde em sua profissão, e um Ésquilo ou um Ibsen simplesmente continuaram essa nobre tradição quando abarcaram todo um mundo" (GASSNER, 1974, p. 6).

As máscaras, tão freqüentemente empregadas no ritual primitivo, não eram apenas uma sagrada convenção escrupulosamente mantida pelo teatro grego, mas um poderoso meio de prender a atenção, criando excitação e expressando as essências do drama, carregadas de elementos míticos e ritualísticos primitivos, capazes de despertar a empatia.

Aristóteles afasta a tragédia do rito. Para ele, a evolução da tragédia evidentemente se afasta do culto e se aproxima da literatura: a tragédia se torna a tragédia ao tornar-se descontextualizada institucionalmente, ao tornar-se um texto livremente disponível, em vez de uma encenação que faz parte de um evento festivo. Esse canonizador da tragédia grega, ao desvinculá-la de seus elementos próprios do gênero dramático enquanto representação, dá-lhe passagem para a perenidade, porque ela pode ocorrer ressemantizada em outras épocas, mantida pelo texto escrito.

As tragédias dependiam de regras para serem repetidas e isso deveria limitar a memória coletiva a longo prazo sobre as peças. Pelo fato de a configuração de um cânone depender do assentimento por parte dos leitores, durante um período de tempo relativamente longo, em que se desenvolvem a leitura e a análise crítica da obra, não poderia acontecer de modo diferente com a tragédia quanto à sua acepção canônica, aqui representada pelos textos escritos, pois ela gozou desse prestígio enquanto texto. A encenação das peças como parte das festividades não teriam seguido o processo de canonização, repetindo-se, porque a tragédia enquanto evento

> não é apenas uma forma de arte, é uma instituição social que, pela fundação dos concursos trágicos, a cidade coloca ao lado de seus órgãos políticos e judiciários. Instaurado sob a autoridade do arconte epônimo, no mesmo espaço urbano e segundo as mesmas normas institucionais que regem as assembléias ou os tribunais populares, um espetáculo aberto a

todos os cidadãos, dirigido, desempenhado, julgado por representantes qualificados das diversas tribos, a cidade se faz teatro (VERNANT, VIDAL-NAQUET, 1977, p. 20).

A canonização procede por meio da aceitação da obra, de sua escolha, de sua consagração pela crítica, de um autêntico ritual de sagração. Os processos citados podem ser comprovados por meio, em primeiro lugar, de aceitação da peça pelo arconte, escolha da obra para figurar nos concursos, julgamento dos juízes, classificação e premiação. Em segundo lugar, por meio da recepção pelo público. Naquela época, parte de tais rituais acontecia em clima de festa. A aceitação da obra no seu tempo e sua permanência, por um período longo e por um número significativo de leitores, estabelecem-se como uma das muitas formas de acusar sua perenidade e sua imortalidade, motivo por que são denominados imortais os autores cujas obras se tornaram referência obrigatória e recebem reverência inevitável.

Antecipadamente as peças eram julgadas pelo arconte, que lhes dava o aval para serem encenadas e participarem do concurso. Tal arconte inscrevia por decisão sua certa tragédia e certo dramaturgo no rol de obras apropriadas para serem encenadas. Esse assentimento contemporâneo da tragédia pode ter assegurado a vitalidade de que ela goza enquanto fenômeno. Isso porque os dramaturgos eram inscritos como aqueles que mereciam ser considerados de excepcionais virtudes. Tanto que Gassner relata que "[os] gregos consideravam Ésquilo como um homem intoxicado de deuses que conseguia seus efeitos por inspiração: segundo Sófocles, ele fazia ' o que devia fazer, mas o fazia sem sabê-lo' "(GASSNER, 1974, p. 23). Assim, as festividades como evento cultural de que a tragédia participava revestem-na de uma certa grandiosidade própria dos rituais de canonização.

A compreensão do trágico ao longo de sua permanência em debates provocou sua ressemantização, como nos apresentam Gerd Bornheim e Most. A canonização, portanto, vem precedida de um julgamento envolvendo parâmetros preestabelecidos, endossados por um conjunto de padrões, modelos, normas e regras, que estabelecem o que é tragédia. No entanto, são vários os estudiosos que apontam a insegurança nesses elementos. Canonizar de acordo com o dicionário já citado (p.338) é inscrever no cânon ou rol dos santos; é declarar santo. É ainda louvar, enaltecer, exaltar excessivamente, consagrar, autorizar, considerar ou declarar santo. Tudo isso nos ajuda no entendimento sobre a canonização da tragédia.

Louvar, enaltecer, exaltar excessivamente são expressões que apresentam atitudes coerentes com a consagração de uma obra literária, já que sua aceitação pelo público e pela crítica é importante aspecto do ritual de canonização. A seleção das peças em concurso, em Atenas, atendia a esse rito de forma festiva.

> Após dois dias de provas ditirâmbicas, que consistiam em concursos corais por coros de homens e rapazes, um dia era dedicado às comédias, com cinco dramaturgos na competição; depois reservavam-se três dias à tragédia. Seis dias eram devotados ao grande festival; cinco após 431 a C. – com cinco representações diárias durante os últimos três dias – três tragédias e um "drama satírico", sendo que as peças eram mais ou menos correlatas, embora pareça que apenas Ésquilo escreveu trilogias ou tetralogias estritamente relacionadas entre si (GASSNER, 1974, p. 29).

A preparação para o concurso era feita algum tempo antes do festival. "As peças eram cuidadosamente selecionadas pelo primeiro leitor profissional do teatro, o funcionário público ou *arconte* que também escolhia o intérprete principal ou 'protagonista'"(GASSNER, 1974, p. 29). Derrida considera os arcontes como os primeiros guardiões dos arquivos.

> Não eram responsáveis apenas pela segurança física do depósito e do suporte. Cabiam-lhes também o direito e a competência hermenêuticos. Tinham o poder de *interpretar* os arquivos. Depositados sob a guarda desses arcontes, estes documentos diziam, de fato, a lei: eles evocavam a lei e convocavam a lei. Para serem assim guardados, na jurisdição desse *dizer a lei* eram necessários ao mesmo tempo um guardião e uma localização. Mesmo em sua guarda ou em sua tradição hermenêutica, os arquivos não podiam prescindir de suporte nem de residência (DERRIDA, 2001, p. 13).

Se o arconte era funcionário público, então, é provável que a tragédia era regulamentada pelo Estado a quem o arconte prestava contas. Com razão, Vernant e Vidal-Naquet consideram-na enquanto instituição social. Aqueles que indicavam as peças que iriam a palco e quais seriam os protagonistas nos festivais, arcontes do arquivo formado por essas obras, teriam sido os primeiros a exercer o importante papel no processo de canonização das tragédias gregas. De certa forma, a obra ia a palco já canonizada por atender aos pressupostos de julgamento baseado em padrão, modelo, norma e regras próprios para o evento. "Por certo, nem os juízes, que não eram especialistas como nossos críticos teatrais, nem os espectadores, interessavam-se pelas considerações acadêmicas sobre as três unidades de tempo, lugar e ação, que tanto atraíram a atenção dos críticos durante e depois da Renascença" (GASSNER, 1974, p. 33).

Não se pode precisar até que ponto os juízes e arcontes não seriam também representantes de uma ordem maior. Acredita-se que o fato de Ésquilo haver perdido o concurso para seu rival mais jovem, Sófocles, em 468, entrava na esfera de uma repercussão política.

Gassner relata também que, "ao que parece, *Édipo Rei*, considerada como a maior das tragédias da antigüidade, perdeu o primeiro prêmio porque seu *coregus* ou mecenas era avarento" (GASSNER, 1974, p. 33). Assim, o poder de seduzir a partir de recursos de palco era importante estratégia na obtenção de boas notas durante o festival e o que chamamos de maior das tragédias da antigüidade, *a posteriori*, no momento próprio de sua encenação, não recebeu o mesmo tipo de recepção.

Embora ressalte que "a *Poética* não apenas é a primeira obra significativa na tradição como os seus conceitos e principais linhas de argumentação influenciaram persistentemente o desenvolvimento da teoria ao longo dos séculos" (CARLSON,1997, p. 13), esse estudioso assegura que "quase todos os tópicos dessa obra seminal suscitaram opiniões divergentes" (CARLSON,1997, p. 14). Entre os aspectos que Carlson destaca estão a perda do texto grego original, responsável pela insegurança sobre a qualidade e a pertinência das traduções e sobre a própria autoridade da obra, a obscuridade das versões e o estilo elíptico, que sugere que a *Poética* seria constituída de apontamentos de classe, e a data exata da composição. "Sejam quais forem suas limitações, esta teoria aristotélica da tragédia – poética, textual, teleológica, psicológica e acima de tudo natural – permanece um marco importante da teoria de gênero antiga" (MOST, 2001, p. 29).

Considerando tal obra como a referência mais antiga da tragédia, mesmo com todas as incertezas e dúvidas que envolvem sua compreensão, deparamo-nos com a ausência de opção mais segura. Provavelmente outros estudiosos trataram da tragédia, antes mesmo de Aristóteles. Mas nos falta o arquivo e contamos com fragmentos que acrescem pouco para uma discussão mais acertada. Assim, restou-nos uma construção memorialística, resgatada de cacos, retalhos e fragmentos insuficientes para retratar um fenômeno tão acentuado da cultura grega.

Se, após 25 séculos da decadência da tragédia, ainda nos debatemos tão ardentemente sobre tal gênero, essa é uma explicação para a sua vitalidade. Para Nietzsche, Eurípides, em cumplicidade com Sócrates, o primeiro gênio da decadência, é o primeiro responsável pela morte da tragédia. O pensamento racional próprio do pensamento socrático não permite um pensamento em construção com suas oscilações, incertezas e ambigüidades de que se nutre a tragédia. Gerd Bornheim alega que o subjetivismo repele a tragédia, e "na medida em que o subjetivismo dos tempos modernos se torna mais forte, menos exeqüível é a tragédia" (BORNHEIM, 1975, p. 83).

Para nosso entender, ao finalizarmos esta discussão com poucos rendimentos que expliquem a tragédia enquanto instituição canônica, nós não nos sentimos impotentes, nem esvaziados, nem decepcionados, uma vez que nos resta a certeza de que as reconstruções sobre a memória dessa espécie dramática atestam seu valor canônico para a memória ocidental, fortemente marcada pela cultura grega. Pelo contrário, toda vez que nos debruçamos sobre os estudos dessa espécie dramática, lucramos a inevitável tendência humana de tentar compreender não só o que nos resta nos arquivos, mas a nossa própria complexidade humana. E sendo a tragédia grega, conforme vários estudiosos, uma reflexão profunda sobre o humano, exibida em um momento de festividades coletivas que propiciavam a aglomeração dos cidadãos de toda a Grécia, consideramos que o gênero nasceu canônico, devido ao assentimento coletivo, e isso bastou para que ecoasse até nossos ouvidos o que não ouvimos, encantasse nossos olhos aquilo que não vimos e nos seduzisse aquela atmosfera própria dos gregos em Atenas, que não vivenciamos.

BIBLIOGRAFIA

ARISTÓTELES. **Poética**. Trad. Eudoro de Souza. São Paulo: Ars Poética, 1992.

BORNHEIM, Gerd A.. **O sentido e a máscara**. São Paulo: Perspectiva, 1975.

CARLSON, Marvin. **Teorias do teatro.** Trad. Gilson César. São Paulo: Fundação Editora Unesp, 1997.

FERREIRA, Aurélio Buarque de Holanda. **Novo dicionário da língua portuguesa.** 2.ed. rev. aum. Rio de Janeiro: Nova Fronteira, 1986.

GASSNER, John. **Mestres do teatro I.** Trad. A. Guzike J. Guinsburg. São Paulo: Perspectiva, 1974.

GUMBRECHT, Hans Ulrich. Os lugares da tragédia. *In*.: ROSENFELD, Kathrin A. (org.) **Filosofia e literatura: o trágico**. Trad. Lawrence Flores Pereira. Rio de Janeiro: Jorge Zahar, 2001, pp. 9-19.

LESKY, Albin. **A tragédia grega**. São Paulo: Perspectiva, 1976.

MOST, Glenn W. *Da tragédia ao trágico. In*: ROSENFELD, Kathrin A. (org.) **Filosofia e literatura: o trágico.** Trad. Constança Ritter. Rio de Janeiro: Jorge Zahar, 2001, pp. 20-35.

ROSENFELD, Kathrin A. (org.) **Filosofia e literatura: o trágico.** Rio de Janeiro: Jorge Zahar, 2001.

VERNANT, Jean-Pierre; VIDAL- NAQUET, Pierre. **Mito e tragédia na Grecia antiga**. São Paulo: Duas Cidades, 1977.

TEATRO, MEMÓRIA E EDUCAÇÃO NA ATENAS CLÁSSICA

Maria Regina Candido*

Consideramos a tragédia grega[1] como uma arte em forma de poesia que emite uma mensagem a ser decodificada. A temática e questões apresentadas pelos poetas apontam para os acontecimentos da *pólis* dos atenienses do período clássico. Isto porque o poeta trágico, ao exercer o ofício da dramaturgia, não está obrigado a expressar a verdade dos fatos, e sim a estética do discurso, porém a sua criação, por mais livre que seja, está relacionada ao seu tempo e acontecimentos por ele vivenciados.

Como espetáculo público, a tragédia nasce, floresce e desaparece em Atenas no espaço de um século. Diante dessa constatação, afirmamos que o teatro como instituição social apresenta temas político, social e religioso visando trazer à memória do cidadão as normas, as regras e a tradição dos ancestrais. O dramaturgo usa o teatro como espaço da denúncia, visando promover o debate e a reflexão para educar o cidadão (VERNANT, 1988).

Podemos afirmar que a *pólis* dos atenienses orgulhava-se de duas grandes inovações do período clássico, entendida por nós como legado dos gregos para o mundo ocidental, a saber:

- O sistema político definido como democracia.
- O festival cívico representado pelo teatro denúncia.

Para os cidadãos atenienses, não havia distinção entre a *corégia* e a liturgia militar. Isto porque o cidadão que fazia parte da falange dos *hoplitas* e lutava em defesa da comunidade *poliade*, era o mesmo indivíduo que participava dos sorteios das magistraturas e, entre elas, o exercício cívico de atuar como ator - *hypocrites* nas representações do teatro.

Por outro lado, não podemos esquecer que, como gênero literário, a tragédia só foi possível durante a democracia, o que nos leva a afirmar que o teatro tornara-se o veículo difusor das idéias de participação política e dos princípios democráticos legados ao mundo ocidental.

O teatro celebrava tanto a *pólis* dos atenienses quanto a sua forma específica e singular de governo (ZELENAK,1998). A democracia em Atenas constituiu-se em uma experiência singu-

*Professora doutora de História Antiga do NEA/UERJ.
medeiacandido@uol.com.br

lar no mundo grego. O ateniense não teve um projeto de governo semelhante anterior para servir de modelo ou algum conhecimento vivenciado por outras culturas.

O fato de a atividade do teatro ser desenvolvida ao ar livre nos leva a supor que seguia a estrutura física da Ágora e da Pnix, onde circulavam o uso da palavra. Outro dado semelhante está na forma circular que tinha por fim ratificar o princípio da isonomia no debate, nas decisões e no direito de participação políticos dos cidadãos de Atenas.

O processo isonômico encontra-se presente junto à seleção prévia dos concorrentes na disputa pela premiação, que seguia a organização de acordo com a reforma territorial e política instituída por Clístenes Alcmeonidas, a saber:

- cada um dos dez juízes era um cidadão ateniense sorteado para analisar e julgar as tragédias;
- cada um dos integrantes do júri era proveniente de uma das dez tribos espalhadas pela Ática, cujo *demos* era formado por uma trítia composta pela montanha, litoral e planície.

Alguns pesquisadores, entre eles Alan M. G. Little (LITTLE, 1967, p. 22), afirmam que, quando Pisistratos trouxe Dionisos para o espaço urbano, fez da tragédia grega a principal atração do festival. Partindo desse princípio, a historiadora Jacqueline de Romilly, na obra *La Tragedie Grecque*, afirma que "*Pisistratos, em certo sentido é Dionisos*" e ressalta que o tirano de Atenas teria desenvolvido o culto dionisíaco, construindo ao sopé da Acró*pole* um templo ao deus *Dioniso de Eleutério*[2] e fundado a Dionísia Urbana por volta de 536/5.

Em meados de 1995, o pesquisador e arqueólogo Martin Allain (1995), seguido por outros historiadores[3], suscitou a dúvida sobre a questão de relacionar Dioniso a Pisistratos. O pesquisador trouxe a público e fomentou o debate sobre a tese defendida em 1973 por Romilly, alegando a necessitava de estabelecer alguns ajustes no item de datação.

O autor refuta a tese de que Pisístratos teria favorecido o desenvolvimento do culto ao deus Dioniso presidindo a criação do drama trágico. Martin Allain interage com as idéias e contestações dos pesquisadores alemães, a saber: Fr. Kolb, em 1977, e K.H. Kinlz[4], em 1980. Ambos têm por base a biografia de Suda (ver: MARTIN, 1995, p.16), um erudito do período helenístico que construiu um quadro cronológico sobre as eminentes personalidades do mundo antigo.

Os pesquisadores alemães situam o desenvolvimento da tragédia sob a perspectiva política. Inscrevem o início das atividades trágicas no final do VI século, período em que se observa um quadro de alargamento progressivo do exercício do poder político junto aos habitantes de poucos recursos, visando torná-los cidadãos ativos. Os autores comparam o teatro com o espaço da *Pnix* - lugar de debate público e complementar à extensão da Ágora como espaço cívico.

Para Fr. Kolb, não há vestígio da atuação do tirano Pisístratos na promoção das atividades do teatro e nem indícios de uma atividade política ativa organizada pelo *demos*. O tirano promoveu a inserção dos cidadãos de poucos recursos nas atividades econômicas ao incentivar a expansão do espaço urbano e das atividades artesanais no *Kerameikos*, assim como a concessão de empréstimos em grãos e espécie para a população rural de poucos recursos.

Pisístratos fomentou o *sinoecismo cultual* visando à integração do território ático através da centralização dos cultos religiosos rurais no espaço urbano através da inserção dos heróis regionais ao Altar dos Doze Deuses, cujo ritual culminava com a procissão das Panatenéias, que terminava no templo de Atená, na Acrópole de Atenas. Compreendemos a inserção dos deuses e heróis da Ática como resposta de Pisístratos às atividades dos Alcmeonidas. Isto porque, para os pesquisadores, não há como atribuir a Pisístratos o incentivo à participação política ativa do demos. Analisando as narrativas das tragédias, podemos perceber que os temas priorizam a participação ativa dos cidadãos em defesa e manutenção da democracia, tecendo acentuadas críticas à centralização do poder nas mãos de um só indivíduo.

Neste contexto, o incentivador do gênero trágico teria sido Mégacles Alcmeônidas, contemporâneo de Pisístratos, que inaugurou o coro trágico e o culto a Dioniso como forma de adquirir o apoio dos camponeses e dos grupos à margem da sociedade. Os Alcmeonidas tiveram um papel político de destaque contra a tirania de Pisístratos e seus filhos.

Como mecanismo de supressão da tirania, indicamos a reforma territorial de Clístenes Alcmeonidas e os concursos trágicos que adquirem a forma que conhecemos hoje, a partir da democracia de Péricles. Esse instituiu o incentivo à participação dos cidadãos de poucos recursos através do pagamento do *theoricon* e da premiação, ou seja, o vencedor ganhava como prêmio um bode a ser sacrificado ao deus Dioniso.

O fato de o ritual de sacrifício ao deus acontecer no espaço do teatro de Atenas tem suscitado um debate sobre o possível significado do sacrifício do bode ao deus Dioniso, a saber: o termo tragédia tem sido analisado como uma palavra composta por *tragos*=bode / *oide* = canto e definido como o canto do bode.

Mas, o autor O. Szemerényi[5] questiona tal possibilidade e afirma que o termo *tragos* faz parte da família etimológica do verbo hititi *tarkuwai*, que significa dançar. Este termo seria muito antigo e conhecido na Anatólia e na Jônia. A imagem do bode não teria nenhuma relação com o deus Dioniso como o deus do *exctase* e do *entusiamo*. A relação deve ser estabelecida com o rito de passagem da infância para a adolescência, cuja cerimônia em Atenas estava relacionada ao ritual de Efebia. Para o autor, o bode e Dioniso significam mudança psicológica e social para a puberdade, ou seja, a passagem do adolescente para a idade adulta.

John M Camp II (1995) ratifica essa linha de abordagem ao defender que Dioniso está relacionado ao exercício e à prática militar dos jovens efebos, ratificando a função cívica do teatro de ser o lugar de memória e educação dos jovens atenienses. Os efebos necessitam aprender a movimentar-se na forma de ordem única e em linha reta, treinamento da formação *hoplítica*. O significado desta formação integra os preceitos *poliades* de *koinonia*-comunidade, ressaltando a ajuda mútua pela proteção do *hoplon-/*escudo e a marcha uniforme em defesa do território comum dos ancestrais.

A partir dessa perspectiva, o primórdio do teatro não seria circular, mas retilinear como indica as escavações dos teatros de *Ikarion* e de *Thorikos*. As duas regiões, situadas no sul do território ático, apresentam os vestígios mais antigos do teatro retilíneo. Os dados arqueológicos deixam transparecer que a orquestra era retangular, usada como pista de corrida e treinamento dos jovens atletas. A *agorá* reafirma-se como o espaço da mudança, da atuação política e cívica através da promoção do treinamento militar dos jovens efebos que, ao chegarem à idade adulta, atuariam neste mesmo espaço em defesa da forma política do governo democrático.

Concluímos que os primórdios da tragédia grega definem-se como um espaço de memória e da educação militar. No período clássico, o poeta age como um *didaskalos* – instrutor – educador e constrói uma arte que tem por fim a *paidéia* – educação política visando ratificar a atuação cívica dos jovens atenienses e futuros cidadãos ativos, defensores e mantenedores da forma de governo democrático.

NOTAS

[1] Esta comunicação faz parte da Linha de Pesquisa História Comparada das Formas Narrativas cujo projeto integra o programa de pós-graduação PPGHC da UFRJ/IFCH.

[2] Pisistratos promoveu o culto a Dionisos visando salvaguardar a fronteira de Atenas contra a Beocia.

[3] Desde 1942, os historiadores têm afirmado que Pisístratos teria introduzido o deus Dioniso em Atenas e instituído os concursos trágicos (LITTLE, 1967).

[4] Konrad H. Kinzl.ZurVor-und Fruhgeschichte attischen Tragodie. In: **Klio 62** (1980), p. 177-90; Fr.Kolb, Das Griechische Drama. Ed.G.A. Seech,1977.

[5] Na obra *The Origins of Roman drama and Greek Tragedy,* **Hermes** 103, 1975, afirma que no VIII/VII século ocorreu a implantação de cultos orientais na Ática

BIBLIOGRAFIA

ALLAIN, M. **La tragedie Attique de Thespis a Eschyle**. Bruxelles, 1995.

CAMP II, J. M. Athens and Attica: The tower and its countryside. *In*: **Culture et Cité**. Bruxelles, 1995.

LITTLE, A. M. G. **Myth and Society in Attic Drama**. New York: Octagon, 1967.

REHM, R. **Greek Tragic Theatre**. London: Routledge,1994.

ROMILLY, J. **La Tragedie Grecque**. Paris, 1982.

VERNANT. J-P. **Mito e Tragédia na Grécia Antiga**. São Paulo: Brasiliense,1988.

WALTON, J.M. **The Greek Sense of Theatre**. Amsterdan: Harwood,1996.

ZELENAK, M. X. **Gender and Politics in Greek Tragedy**. Boston: Peter Lang, 1998.

IPHIGENIA AULIDENSIS E *BACCHAE*: FESTA, SACRIFÍCIO E IRONIA TRÁGICA

Wilson A. Ribeiro Jr.*

A obra total de Eurípides, conhecida através de dramas completos e fragmentos substanciais de textos perdidos, é em larga medida multiforme, experimental e inovadora. Autor polêmico, Eurípides explorou o registro trágico em várias direções, às vezes paradoxais, tocou audaciosamente os limites do cânone trágico e os ultrapassou freqüentemente. RIVIER (1975) chegou a ver nele "dois Eurípides": um, que se aproximou de Ésquilo e de Sófocles, "nas largas alamedas da tragédia", especialmente nos mais antigos dramas conservados (*Alceste*, *Medéia*, *Hipólito*); outro, que enveredou "pelas trilhas mal traçadas do drama psicológico e do romanesco", como se vê nos dramas mais recentes. Essa aparente divergência da inspiração poética de Eurípides pode ser explicada, em grande parte, pela evidente sensibilidade diante da evolução natural do gênero trágico nas duas últimas décadas do século V a.C. As "inovações" de suas tragédias mais recentes, tão decantadas, não são exclusivas dele: sabe-se que outros poetas contemporâneos foram igualmente influenciados por conceitos estéticos "inovadores" que se afastavam, em certa medida, do cânone trágico tradicional. Sófocles, por exemplo, recorreu à sofística na *Antígona*, em 442-440 a.C., e ao *deus ex machina* no *Filoctetes*, em 409 a.C. Agaton, que obteve a primeira vitória em 416 a.C. (*Pl.Smp.*173a), utilizou cantos corais independentes do tema central, verdadeiros interlúdios entre as partes dialogadas (*Arist.Po.* 1456a).

De qualquer modo, há evidências de que os últimos anos do século V a.C. praticamente testemunharam o fim da tragédia ática, pelo menos enquanto gênero literário "puro". *As Rãs*, comédia de Aristófanes representada pouco depois da morte de Eurípides, lamenta a decadência do gênero trágico e a não-conservação de textos posteriores ao século V a.C., assim como a pequena quantidade de tragédias do século V que chegaram até nós confirmam com significativa ênfase a opinião de Aristófanes[1].

Bacchae e *Iphigeneia Aulidensis*, representadas em 405 a.C., constituem em diversos aspectos o legado final de Eurípides[2] — quiçá de todo o gênero trágico. Conforme a visão de RIVIER,

*Professor mestrando da Pós-graduação em Letras Clássicas da FFLCH/USP.
warj@classica.org.br

a autoria de cada uma delas poderia ser então atribuída a cada um dos "dois Eurípides": com *IA*, assistiu a um espetáculo semelhante aos apresentados em anos anteriores, calcado na retomada e aperfeiçoamento dos inovadores recursos dramáticos utilizados anteriormente por Eurípides e por outros trágicos; com *Ba*, guardadas as devidas proporções, a platéia assistiu ao resgate do aspecto religioso e cultual originalmente envolvido na gênese da tragédia ática e a um renascimento do papel do coro. As duas tragédias parecem, à primeira vista, indubitavelmente diferentes, tanto na forma quanto no conteúdo; exame mais cuidadoso, porém, revela marcantes semelhanças, desenvolvidas a partir do mesmo tema básico. Nesta oportunidade, examinaremos apenas dois dos recursos trágicos envolvidos, o uso do mito e da ironia trágica, notadamente em referências a festividades que envolvem sacrifícios humanos. Ambos ilustrarão como o gênio euripidiano pôde produzir efeitos trágicos tão diferentes, desenvolvendo motivos trágicos que, na própria mente do autor, provavelmente se formaram a partir de uma única idéia.

Lembremos, inicialmente, que *IA* e *Ba* são tragédias da "fase tardia" de Eurípides. Assim como *Electra*, *Héracles*, *Ifigênia em Táuris*, *Íon*, *Helena*, *Fenícias* e *Orestes*, que as precederam, elas têm certas características métricas comuns, ágones com expressivos elementos retóricos e apresentam / descrevem imagens capazes de desencadear o riso. Eurípides nunca deixou, ademais, de aproveitar expedientes bem-sucedidos em tragédias anteriores, e há por conta disso evidentes recorrências em sua obra. *Ba* e *IA* encerram pelo menos dois bons exemplos: o "tema da vingança do deus indevidamente cultuado", antes presente em *Hipólito*, e o "tema do sacrifício humano", já visto em *Fenícias*, *Troianas*, *Hécuba*, *Heráclidas* e *Erecteu*. Mais ainda, a súbita reviravolta de Ifigênia (vv. 1374-1376) é comparável à de Penteu (vv. 810). Note-se que, logo depois da reviravolta, Ifigênia caminha diretamente para o anunciado sacrifício e à sua substituição pela corça, e Penteu, por sua vez, é conduzido diretamente para o sacrifício, que efetivamente se realiza. *IA* é a tragédia de Ifigênia e *Ba* é a tragédia de Penteu; ambos encontram seu destino final e inexorável, direta ou indiretamente providenciado pelas divindades envolvidas.

Nas últimas décadas, diferenças de tema, estrutura e efeito dramático da *IA* e de *Ba* têm sido destacadas pelos estudiosos. Tipicamente, considera-se *Ba* um drama religioso (ROSENMEYER, 1963) e ideológico (ADRADOS, 1995); *IA*, melodrama, meia tragédia (KITTO, 1990), espetáculo de heroísmo juvenil (CONACHER, 1967) ou drama psicológico (POHLENZ, 1954). Na opinião de García Gual e Cuenca y Prado (1979), "da *IA* a *Ba* há uma grande distância dramática e espiritual; que o velho dramaturgo as tenha escrito em curto espaço de tempo revela a complexidade de sua arte e a complexidade de seu pensamento", o que sintetiza a visão predominante de grande parte dos eruditos. Grube (1961), no entanto, argumentou que muitas vezes "se coloca o poeta em frente da tragédia, ao invés de atrás dela". Penso que uma postura assim prudente nos possibilitará compreender melhor aquilo que García Gual e Cuenca y Prado chamaram, com propriedade, de "complexidade do pensamento" euripidiano, e examinar mais de perto certos elementos básicos semelhantes de *IA* e de *Ba*, sem nos deixarmos ofuscar pelo efeito trágico final das duas tragédias.

O mito da *IA* reflete um dos episódios do ciclo troiano, não encontrado na *Ilíada* mas conhecido pelos poetas cíclicos (*Cypr.* = *Procl.Chr.* 80.42-49; *Hes.Fr.* 23a M-W). Agamêmnon, comandante da coalizão grega formada para atacar Tróia, é colocado diante do dilema de sacrificar a Ártemis sua própria filha, Ifigênia, para que a deusa permita a partida do exército estacionado em Áulis. Ifigênia decide ir voluntariamente para o sacrifício mas, no último momento, é milagrosamente substituída por uma corça. Para alguns estudiosos, a lenda heróica é vestígio do culto a uma antiga divindade pré-helênica, assimilada a Ártemis e a Hécate (REINACH, 1915; LLOYD-JONES, 1983; LÓPEZ FÉREZ, 2002), durante o longo período de contato entre antigos habitantes do continente grego e os indo-europeus. Kjellberg (1916) e Séchan (1931) situam a possível origem do culto dessa antiga Ifigênia na Ásia Menor, de onde teria chegado à costa oriental da Ática e ao Peloponeso[3]. No Período Clássico, Ifigênia e Ártemis foram cultuadas em conjunto na Ática, na Beócia e no nordeste do Peloponeso.

Dioniso, deus do vinho e do delírio místico, patrono de festividades como as *Dionísias Urbanas* e a *Lenéias* de Atenas, célebres pelos concursos dramáticos, era por sua vez cultuado em quase toda a Hélade. Tudo leva a crer, porém, que era divindade originária da Ásia Menor, mais especificamente da Lídia, como se lê no prólogo de *Ba*; a descoberta do nome de Dioniso em tabuinhas escritas em Linear B (BURKERT, 1993) não invalida a hipótese. As fontes mais antigas da lenda parecem ser Hesíodo (*Hes.Th.* 940-2), um antigo hino homérico (*h.Bacch.*) e a própria *Ba*. Nessa tragédia, ao retornar à Hélade acompanhado de mênades da Lídia, Dioniso quer implantar seu culto em Tebas, terra da mãe, mas encontra a resistência de suas tias e de seu primo Penteu, o rei da cidade. Enganado pelo deus, Penteu é surpreendido em pleno ritual dionisíaco pelas mulheres tebanas; morto e desmembrado, sua própria mãe mostra em cena a cabeça do filho, acreditando ter matado apenas um animal. *Ba* mostra a versão mais difundida do mito; menos conhecida é a versão órfica, em que Dioniso criança, filho de Zeus e de Perséfone, é descoberto pelos titãs, despedaçado e devorado. Graças a Atena, que conseguiu salvar-lhe o coração, o deus posteriormente renasceu (West, 1983). Eurípides conhecia muito bem essa versão, como se depreende de um de seus fragmentos (*E.Fr.* 472 Nauck).

Tanto a lenda de Ifigênia quanto a de Dioniso vieram possivelmente da Ásia Menor, e ambas envolviam sacrifícios humanos, pois há nítida semelhança entre o sacrifício de Ifigênia e sacrifícios associados a rituais dionisíacos. Dodds (1960) e outros defendem que em tempos remotos representantes humanos do deus podem ter sido mortos e devorados como parte desses rituais; West (1983), por outro lado, não encontrou evidências confiáveis para tal conclusão. Não se trata, todavia, do fato de sacrifícios humanos terem ou não efetivamente ocorrido em antigos cultos de Ifigênia e de Dioniso, e sim de os antigos gregos realmente acreditarem que esses mitos constituíam uma realidade situada em passado remoto (*Paus.* 7.21.1, *Porph.Abst.* 2.55), porém não totalmente nebuloso[4]. Eurípides explorou tais elementos míticos com notável competência, ao abordar nas tragédias dois sacrifícios humanos motivados pela vingança divina, a de Ártemis (*IA*) e a de Dioniso (*Ba*).

Até aqui, notáveis paralelos entre certos recursos dramáticos e entre o tema mítico da *IA* e de *Ba* foram apresentados; vejamos, agora, o uso da ironia trágica em algumas passagens da IA: 427-438 (fala do Mensageiro), 460-462 (monólogo de Agamêmnon), 609-612 (monólogo de Clitemnestra), 660-676 (diálogo Ifigênia-Agamêmnon) e 718-721 (diálogo Clitemnestra-Agamêmnon):

Me. A multidão toda veio correndo para o espetáculo,
para ver tua filha, pois os bem-aventurados são
famosos e em tudo admirados pelos mortais.
Dizem: "vai acontecer um casamento ou o quê?"
Ou: "o senhor Agamêmnon, com saudades da filha,

trouxe a menina?" E deles poderias ouvir isto:
"A Ártemis, soberana de Áulis,
consagrarão a mocinha; quem será que vai conduzí-la?"
Mas vamos, começa a dispor os cestos para esses eventos! 435
Coroai as cabeças! E tu, senhor Menelau,
apronta o himeneu, que sob as tendas
soe a flauta e que se ouça o impacto dos pés.

Ag. Além disso, a desditosa donzela — que donzela? 460
Hades, parece, depressa a conduzirá como noiva —
como eu lamento! Imagino as suas súplicas.

Cl .tenho esperança de que a venturosas núpcias
conduzo a noiva. Mas carregai para 610
fora da carruagem os presentes nupciais[5] que trago para minha filha
e enviai-os com cuidado para o abrigo.

If. Quanto tempo estiveste distante, nesta baía de Áulis! 660
Ag. E ainda agora algo realmente não me deixa enviar o exército. 661
If. Ah!
Se fosse adequado a ti me levar, contigo, a bordo! 666
Ag. Para ti há também uma navegação em que recordarás teu pai.
If. Navegarei com minha mãe ou irei sozinha?
Ag. Sozinha; e estarás só, distante de teu pai e de tua mãe.
If. Vais estabelecer-me em alguma outra casa, pai? 670
Ag. Nada de preocupações! Moças não devem saber de tais coisas.
If. Apressa-te a voltar dos Frígios, pai, depois de lá resolveres (a questão).
Ag. Preciso, primeiro, oferecer aqui um sacrifício .
If. É mesmo necessário investigar, com oferendas, o sagrado.
Ag. Tu o verás; ficarás perto dos vasos de libação. 675
If. Acaso formaremos coros ao lado do altar, pai?

Cl. Já ofereceste à deusa o sacrifício propiciatório por nossa filha?
Ag. Pretendo fazê-lo. É disso que, por acaso, eu tratava.
Cl. Depois, mais tarde, darás a festa de casamento? 720
Ag. Após oferecer aos deuses uma vítima que preciso sacrificar.

Na IA, grande parte das ironias se refere à correlação entre casamento, morte, sacrifícios "de sangue" e às semelhanças entre rituais e festividades envolvidas[6], como, por exemplo, as danças (IA 676). O casamento pode ser visto como uma forma de morte para a mulher, uma transição que marca o fim da existência anterior, na casa paterna, e o início de uma existência totalmente nova na casa do noivo[7]. Quando morria uma virgem, dizia-se que Hades era o noivo (SEAFORD, 1997), que Hermes a conduziu e que o palácio de Hades era a nova morada da noiva[8]. Abundante iconografia mostra a enorme semelhança pictórica entre a condução da noiva e a condução da donzela morta ao Hades (REHM, 1994). Outra fonte de ironia é o sacrifício propiciatório (προτέλεια γάμων ou προγάμεια) oferecido pelo pai da noiva (e, eventualmente, também pelo pai do noivo) pouco antes do dia do casamento, ou no próprio dia, às divindades protetoras do casamento. Em Atenas, Ártemis era certamente uma delas (*Poll.* 3.38; *Plu.Arist.* 20). A ironia reside no fato de que também se dá o nome de προτέλεια, "oferenda propiciatória", ao sacrifício de animais a divindades protetoras antes de uma batalha. Os espartanos, por exemplo, costumavam sacrificar uma cabra em honra de Ártemis Agrotera (X. *Lac.* 13.8).

Eis duas passagens ilustrativas de *Ba*: 217-225 (monólogo de Penteu) e 953-960 (diálogo Penteu-Dioniso):

Pe. As mulheres abandonam nossas casas
em fictícios ritos Báquicos, percorrem montanhas
de espessa vegetação e esta nova divindade,
Dioniso, seja quem for, honram com coros.
No meio do tíaso, erguem crateras
cheias e umas e outras se esgueiram
até locais desertos para servir leitos de machos e,
a pretexto de serem mênades sacrificantes,
celebram Afrodite antes de Baco.

Pe. Falaste bem: não é pela força que se deve vencer
as mulheres. Ocultarei meu corpo sob os abetos.
Di. Tu ocultarás a ocultação que é preciso ocultar
indo ardilosamente espionar as mênades.
Pe. Realmente espero, como aves em armadilhas,
pegá-las nas redes de seus queridíssimos leitos.
Di. Não é para isso mesmo que foste enviado como guarda?
Vais agarrará-las, talvez, se não fores agarrado antes.

Para VELLACOTT (1975), a *IA* é um dos exemplos mais acabados do uso que Eurípides fez da ironia dramática; em *Ba*, por outro lado, o poeta utilizou a com mais parcimônia. A ironia refere-se predominantemente à confusão que Penteu faz entre "rituais dionisíacos" e festivos "rituais de Afrodite", metáfora habitual para o amor carnal. Há certamente uma relação distante, porém nítida, entre o amor carnal e o casamento, pois é através daquele que se atingia a finalidade precípua deste, "gerar filhos legítimos" (LEDUC, 1993, p. 321). Mas rituais dionisíacos refletem na verdade a fertilidade própria da natureza, e não orgias de caráter sexual. Ao contrário do que se pode inferir das cenas pintadas na cerâmica grega, as mênades tomadas pelo êxtase dionisíaco repeliam as investidas impertinentes dos sátiros (BURKERT, 1993, p. 326). A confusão mantida por Penteu entre Afrodite e Dioniso será, todavia, instrumento imediato de sua perdição, e a cada menção que faz às pretensas orgias das mênades, a platéia sabia que ele mais e mais se aproximava de seu destino.

O que se pode então concluir das semelhanças entre *IA* e *Ba*, maiores no caso do mito, e menores do caso da ironia dramática? Parece-me que Eurípides partiu de uma idéia primeira, inicial, que envolvia aparentemente o tema dos sacrifícios humanos e o inexorável destino dos sacrificados, marcado pela reviravolta que os conduzia definitivamente ao sacrifício. Tanto Ártemis quanto Dioniso eram com freqüência envolvidos em mitos de sacrifício humano (HUGHES, 1991). Essa idéia desdobrou-se e seguiu eventualmente caminhos criativos diversos, os caminhos dos "dois Eurípides" de Rivier (1975). As diferenças técnicas e estruturais entre *IA* e *Ba*, acima de qualquer julgamento estético, estão ofuscadas pelo efeito final — na *IA*, melodrama e πάθος; em *Ba*, o efeito trágico propriamente dito. As duas tragédias sinalizam que, no final da vida, Eurípides estava ciente de que o gênero trágico se aproximava do fim e novos caminhos haveriam de ser franqueados. Na visão do velho poeta, o gênero trágico teria que evoluir em apenas dois sentidos; a tendência apontada por *Ba* representou uma guinada, uma reviravolta nos rumos que o gênero trágico havia aparentemente tomado nas duas décadas precedentes, verdadeiro retorno às origens: "voltemos", incitava o Eurípides de *Bacantes*. Ao assistir à *IA*, porém, a platéia ouvia o outro Eurípides, com a mesma voz, aduzir: "continuemos...".

O poeta não tinha decidido ainda, talvez, qual dos dois caminhos seguiria; a morte poupou-o da decisão. Sabemos nós, porém, qual o caminho escolhido por seus sucessores, uma vez que *IA* inspirou vários gêneros literários do Período Helenístico e Greco-Romano, além do drama moderno e de todas as suas numerosas variantes.

NOTAS

Α. As passagens de *IA* e de *Ba* citadas baseiam-se no texto editado por DIGGLE (1994).

Β. A fonte grega *SPIonic*, criada por James R. Adair, "available for use for non-commercial purposes", está disponível em http://rosetta.reltech.org/TC/fonts/. © James R. Adair, 2000.

Γ. Referências a obras da Antigüidade (inclusive fragmentos), assim como siglas e abreviaturas não listadas abaixo, seguem o preconizado por Liddell-Scott-Jones em *A Greek-English Lexicon*, Oxford, Clarendon Press, 1940.

Δ. Conspectus siglorum:

Ag.	Agamêmnon	M-W	Merkelbach & West
Ba	*Euripides Tragicus: Bacchae*	Me	Mensageiro
Cl.	Clitemnestra	Pe	Penteu
Di	Dioniso	Sch.	*Scholium*
Fr.P.	*Fragmenta papyracea*	v.	*uide*
IA	*Euripides Tragicus: Iphigenia Aulidensis*	v.g.	*uerbi gratia*
If.	Ifigênia	vv.	verso / versos

[1] *Reso*, tragédia não datada e anteriormente atribuída a Eurípides, pode ser o único exemplo da poesia trágica do século IV a.C. que chegou até nós. Kovacs, assim como muitos outros, enfatizou que "esta peça está longe de ser uma obra-prima" (KOVACS, 2002, p. 352).

[2] Quanto ao *Álcmeon em Corinto*, o terceiro drama da trilogia apresentada em 405 a.C., os fragmentos e um enredo conservado pelo Pseudo-Apolodoro (*Apollod.* 3.7.2-6) apontam suas semelhanças com o *Íon* (413 a.C.) e, portanto, afinidades com *IA*.

[3] Baschmakoff (1939) acredita que o mito deve ter-se originado na região caucasiana; essa não é, porém, a opinião da maioria dos eruditos.

[4] O assunto era fascinante para os antigos e nos primeiros séculos de nossa Era foram compiladas listas de sacrifícios humanos, cuja grande maioria teria ocorrido na Hélade (*Clem.Al.Protr.*, 3.42; Porph. *Abst.*, 2.53-56; Lact. *Div. Inst.* 1.21). Mitos e anedotas, porém, estão situados lado a lado, e a falta de corroboração por fontes independentes levanta sérias dúvidas a respeito da historicidade de todos os relatos (cf. Hughes, 1991).

[5] Clitemnestra usa a palavra φερνή ("aquilo que é levado pela esposa", "dote", "presentes nupciais"). No plural neutro dórico, atestado em uma inscrição do século V-IV a.C. (IG 42[1].40.6, 41.7), φερνά, palavra que pode também significar "porção da vítima reservada ao deus". A platéia ateniense, que há mais de 100 anos via tragédias e já estava acostumada com Eurípides, conhecia sem dúvida essa delicada nuance e reconhecia a sutileza da ironia, uma quase cumplicidade entre poeta e platéia.

[6] O sacrifício humano pode ser considerado um tipo de sacrifício "de sangue", cujas etapas são descritas sucintamente por Burkert (1983, pp. 3-7), a partir de várias fontes antigas. Os procedimentos envolvidos na cerimônia de casamento foram sumarizadas por REHM (1994); Eurípides ademais descreve, em diversas passagens da *IA*, etapas e detalhes dos rituais do casamento (436-439, 714-724, 1110-1114 e 1036-1057).

[7] V. Foley, 1994, pp. 81-82, para discussão e referências, e Foley, 2001, pp. 309-312.

[8] Sófocles e Eurípides utilizaram esse *topos* em várias ocasiões: *S.Ant.* 653-654 e 810-816; *E.IT.* 369-371 e *E.Or.* 1109

BIBLIOGRAFIA

ADRADOS, F.R. La estructura formal de las tragedias tebanas. **Humanitas**, Lisboa, v. 47, pp. 151-163, 1995.

BASCHMAKOFF, A. Origine tauridienne du mythe d'Iphigénie. **Bulletin de l'Association Guillaume Budé**, Paris, pp. 3-21, 1939.

BURKERT, W. **Homo Necans**. Trad. P. Bing. Berkeley and Los Angeles: University of California Press, 1983.

________. **Religião Grega na Época Clássica e Arcaica**. Trad. M.J. Simões Loureiro. Lisboa: Calouste Gulbenkian, 1993.

CONACHER, D.J. **Euripidean Drama: Myth, Theme and Structure**. Toronto: University of Toronto Press, 1967.

DIGGLE, J. **Euripidis Fabulae**, tomus III. Oxford: E Typographeo Clarendoniano, 1994.

DODDS, E.R. **Euripides Bacchae**. 2° ed. Oxford: Oxford University Press, 1960.

FOLEY, H.P. (ed.). **The Homeric Hymn to Demeter**. Princeton: Princeton University Press, 1994.

_________. **Female acts in greek tragedy**. Princeton and Oxford: Princeton University Press, 2001.

GARCÍA GUAL, C. & CUENCA Y PRADO, L. A. Ifigenia en Áulide. In: _______. **Eurípides. Tragédias**, v. 3. Madrid: Gredos, 1985, p. 251-321.

GRUBE, G.M.A. **The Drama of Euripides**. London - New York: Methuen and Barnes & Noble, repr., 1961

HUGHES, D.D. **Human Sacrifice in Ancient Greece**. London - New York: Routledge, 1991.

KITTO, H.D.F. **A tragédia grega**, 2v. Trad. J.M. Coutinho e Castro. Coimbra: Arménio Amado, 1990.

KOVACS, D. Euripides. **Bacchae, Iphiogenia at Aulis, Rhesus**. Cambridge and London: Harvard University Press, 2002.

KJELLBERG, L. Iphigeneia. In: PAULY, A.F. & WISSOWA, G. **Real-Encyclopädie der Classischen Altertumswissenschaft**. Stuttgart: J. B. Metzler, v. 9, 1916, p. 2588-2622.

LEDUC, C. Como dá-la em casamento? A noiva no mundo grego (séculos IX-IV a.C.). *In*: DUBY, G. & PERROT, M. (dir.), **História das Mulheres no Ocidente**, v. 1. Trad. M. H. C. Coelho et alii. Porto e São Paulo: Edições Afrontamento e EBRADIL, 1993, p. 277-350.

LLOYD-JONES, H. Artemis and Iphigeneia. **Journal of Hellenic Studies**, London, v. 103, p. 87-102, 1983.

LÓPEZ FÉREZ, J. A. Mitos en las obras conservadas de Eurípides. In: _______ (ed.), **Mitos em la Literatura Griega Arcaica y Clásica**. Madrid: Ed. Clásicas, 2002, p. 231-386.

POHLENZ, M. **Die griechisce Tragödie**, 2v. Göttingen: Vandenhoeck und Ruprecht, 1954.

REHM, R. **Marriage to Death: the conflation of wedding and funeral rituals in Greek Tragedy**. Princeton: Princeton University Press, 1994.

REINACH, S. Observations sur le Mythe d'Iphigénie. **Révue des Études Grecques**, Paris, v. 28, p. 1-15, 1915.

RIVIER, A. **Essai sur le tragique d'Euripide**. 2° ed. Paris: De Boccard, 1975.

ROSENMEYER, T. G. Tragedy and religion: the Bacchae. In: E. SEGAL (ed.), **Oxford Readings in Greek Tragedy**. Oxford: Oxford University Press, 1983, p. 370 - 389.

SEAFORD, R. A. S. The tragic wedding. **Journal of Hellenic Studies**, London, v. 107, p. 106-130, 1987.

SÉCHAN, L. Le Sacrifice d'Iphigénie. **Révue des Études Grecques**, Paris, v. 44, p. 368-426, 1931.

SMITH, W. (ed.). Dionysus. In: _______, **Dictionary of Greek and Roman antiquities**. 2° ed. Boston: Little and Brown, 1870, p. 1046-1049.

VELLACOTT, P. **Ironic Drama**. London: Cambridge University Press, 1975.

WEST, M.L. **The Orfic Poems**. Oxford: Clarendon Press, 1983.

Leia também da MAUAD Editora:

Linguagens e Formas de Poder na Antigüidade
Neyde Theml (organizadora)

O Feminino em Atenas
Fábio de Souza Lessa

Olhares do Corpo
Neyde Theml, Regina Maria da Cunha Bustamante e Fábio de Souza Lessa (organizadores)

PHOÎNIX 8, 9, 10, 11
Laboratório de História Antiga – UFRJ

Para saber mais sobre nossos títulos e autores,
visite nosso site:
www.mauad.com.br

Este livro, da MAUAD Editora,
foi impresso em papel ofsete 75g,
na gráfica Sermograf